utb 1669

AF803792

Eine Arbeitsgemeinschaft der Verlage

Brill | Schöningh – Fink · Paderborn
Brill | Vandenhoeck & Ruprecht · Göttingen – Böhlau · Wien · Köln
Verlag Barbara Budrich · Opladen · Toronto
facultas · Wien
Haupt Verlag · Bern
Verlag Julius Klinkhardt · Bad Heilbrunn
Mohr Siebeck · Tübingen
Narr Francke Attempto Verlag – expert verlag · Tübingen
Psychiatrie Verlag · Köln
Psychosozial-Verlag · Gießen
Ernst Reinhardt Verlag · München
transcript Verlag · Bielefeld
Verlag Eugen Ulmer · Stuttgart
UVK Verlag · München
Waxmann · Münster · New York
wbv Publikation · Bielefeld
Wochenschau Verlag · Frankfurt am Main

Klaus-Dieter Borchardt

Die rechtlichen Grundlagen der Europäischen Union

Eine systematische Darstellung für Studium und Praxis

8., überarbeitete Auflage 2025

Prof. Dr. Klaus-Dieter Borchardt war 33 Jahre lang bei der Europäischen Kommission tätig, davon u.a. 12 Jahre im Juristischen Dienst der Kommission, 5 Jahre Kabinettchef der Kommissarin für Landwirtschaft und ländliche Entwicklung, sowie 4 Jahre Rechtsreferent im Kabinett des deutschen Richters am EuGH.

Nach seinem Ausscheiden aus der Kommission im Jahre 2020 war Prof. Borchardt 4 Jahre als Senior Energy Advisor in der Rechtspraxis für Europäisches Recht und Wettbewerbsrecht im Brüsseler Büro von Baker McKenzie tätig. Seit Oktober 2024 ist er als selbständiger Berater in europäischen Rechtsfragen tätig.

Klaus-Dieter Borchardt ist Professor an der Bayerischen Julius-Maximilians-Universität Würzburg (seit 2001), Gastprofessor an der Copenhagen Business School (CBS) und Senior Research Fellow am Oxford Institute for Energy Studies (OIES).

Bibliografische Information Der Deutschen Nationalbibliothek

Die Deutsche Nationalbibliothek verzeichnet diese Publikation in der Deutschen Nationalbibliografie; detaillierte bibliografische Daten sind im Internet über http://dnb.d-nb.de abrufbar.

Druck und Bindung: CPI – Ebner & Spiegel, Ulm
Einbandgestaltung: Atelier Reichert, Stuttgart
Printed in Germany
ISBN 978-3-8252-6460-4
e-ISBN 978-3-8385-6460-9

Vorwort zur 8. Auflage

Die Europäische Rechtsordnung steht in einem sehr dynamischen Prozess, der ständige Anpassungen und Ergänzungen des EU-Rechts mit sich bringt. In den letzten Jahren seit der Vorauflage haben vor allem der Beitrittsprozess weiterer Staaten zur EU, der Vollzug des Brexits, die Neugestaltung des Europäischen Stabilitäts- und Wachstumspakts, die Reform des Gemeinsamen Europäischen Asylsystems (2024), die Vertiefung der Justiziellen Zusammenarbeit in Strafsachen (vor allem EUStA, Geldwäsche, Kodex für polizeiliche Zusammenarbeit) sowie das Krisenmanagement im Hinblick auf die Bewältigung der erheblichen wirtschaftlichen Auswirkungen der Coronavirus-Pandemie im Jahre 2020 sowie den Angriff Russlands auf die Ukraine im Jahre 2022 die europäische Szene beherrscht. Dies sind deshalb auch die Schwerpunkte der vorliegenden Aktualisierung. Hinzu kommen die vielfältigen institutionellen Änderungen im Zuge der Direktwahl des Europäischen Parlaments im Juni 2024 und der Neubesetzung der Kommission zum 1. Dezember 2024. Daneben werden wie immer die neuen Entwicklungen, einschließlich der neuen Rechtsprechung, in allen Kapiteln des Lehrbuches eingearbeitet.

Mit dem vorliegenden Lehrbuch soll ein Einblick in die weitverzweigte Rechtsordnung der Europäischen Union vermittelt werden. Es ist in erster Linie für Studenten und Referendare gedacht, denen die Grundzüge der Rechtsordnung der EU in eingehender und systematischer Form aufbereitet werden; aber auch Praktiker, wie Rechtsanwälte, Richter oder Verbandsjuristen können dieses Buch zur Hand nehmen, da es sich um Praxisnähe bemüht und einen raschen Überblick über die wesentlichen Strukturmerkmale der Rechtsordnung der EU, einschließlich des Rechtsschutzsystems, vermittelt.

Der Aufbau folgt dem eines klassischen Lehrbuchs. In einem 1. Teil wird die Politische Verfassung der EU dargestellt, wobei die Schwerpunkte bei den Rechtsquellen, den Verfassungsprinzipien und der Organisationsstruktur liegen. Gerade im letzten Bereich werden die in der täglichen Arbeit in den EU-Organen gesammelten praktischen Erfahrungen in die Darstellung miteingebracht. In einem 2. Teil wird ein Überblick über die Grundzüge der Wirtschaftsverfassung gegeben. Der 3. und 4. Teil sind dem Binnenmarktrecht gewidmet, in dessen Zentrum die vier Grundfreiheiten sowie das Wettbewerbsrecht gestellt sind. Der abschließende 5. Teil beleuchtet die Politik über den Raum der Freiheit, der Sicherheit und des Rechts.

Auf die Behandlung der einzelnen Unionspolitiken außerhalb der Grundfreiheiten, der Wettbewerbspolitik und des Raums der Freiheit, der Sicherheit und des Rechts ist ganz bewusst verzichtet worden. Abgesehen davon, dass eine solche Darstellung den Umfang eines einbändigen Werkes gesprengt hätte, erfordert eine brauchbare Bearbeitung der vielfältigen Politikbereiche Kenntnisse in den einzelnen Bereichen, die heute kaum noch in einer einzigen Person vereinigt sind.

Danksagen möchte ich all denen, die mir Hinweise und Anregungen für Verbesserungen und Vertiefungen geschickt haben, die ich so weit wie möglich in der Neuauflage berücksichtigt habe. Da das Lehrbuch den Anspruch erhebt, besonders benutzerfreundlich zu sein, freue ich mich auch weiterhin über Zuschriften aus der Leserschaft (gerne auch per e-mail: borchkl@gmail.com).

Dieses Buch ist Prof. Dr. Eberhard Grabitz gewidmet.

Brüssel, im Januar 2025 Klaus-Dieter Borchardt

Inhaltsübersicht

Inhaltsverzeichnis

Allgemeines Literaturverzeichnis

(Auswahl aus der deutschsprachigen Literatur)

I. Lehrbücher

Fetzer. T./Fischer.K., Europarecht, 12. Auflage (Heidelber 2019)

Frenz, W., Europarecht, 3. Aufl., (Berlin 2021)

Bieber, R./Epiney, A. /Haag, M., Die Europäische Union – Europarecht und Politik, 14. Aufl. (Baden-Baden 2021)

Hafner, G., Kumin, A.J., Weiss, F. (Hrsg.), Recht der Europäischen Union – Entwicklung, Institutionen, Politiken, Verfahren, 2. Aufl. (Wien 2019)

Hakenberg, W., Europarecht, 10. Aufl. (München 2024)

Haratsch, A./Koenig, C./Pechstein, M., Europarecht, 13. Aufl. (Tübingen 2023)

Herdegen, M., Europarecht, 24. Aufl. (München 2022)

Hobe, Europarecht, 11. Aufl. (Köln 2023)

Kilian, W., Wendt, D.H., Europäisches Wirtschaftsrecht, 9. Aufl. (Baden-Baden 2023)

Klamert, M., EU-Recht, 3. Aufl. (Wien) 2021

Oppermann, T./C; D. Classen/M. Nettesheim, Europarecht, 10. Aufl. (München Februar 2025)

Schroeder, Grundkurs Europarecht, 8. Aufl. 2024

Streinz, R., Europarecht, 12. Aufl. (Heidelberg 2023)

Schwabe, W., Europarecht – Materielles Recht & Klausurenlehre, Lernen mit Fällen 3. Aufl. (Stuttgart 2024)

II. Kommentare und Handbücher

Bergmann, J., Handlexikon der Europäischen Union, 6. Aufl. (Baden-Baden 2021)

Calliess, C./Ruffert, M., Kommentar zu EU-Vertrag und EG-Vertrag, 6. Aufl. (Neuwied 2021)

Dauses, M./M. Ludwigs (Hrsg.), Handbuch des EG-Wirtschaftsrechts, Loseblattsammlung (München – Rechtsstand 2024))

Fischer, K., Der Vertrag von Lissabon, 2. Aufl. (Baden-Baden 2010)

Fischer, H.G., EUV/AEUV (Köln, 2010)

Frenz, W., Handbuch Europarecht. Band 1: Europäische Grundfreiheiten, 2. Aufl. (Berlin 2012); Band 3: Beihilfenrecht, 2021; Band 4: Europäische Grundrechte, Band 5: Rechtsschutz, 1. Aufl. 2010, Band 6: Institutionen und Politiken, 1. Aufl. 2010

Geiger, R./Khan, D.-E./Kotzur, M., EUV/AEUV, 7. Aufl. (München 2023)

Grabitz, E./Hilf., M. /Nettesheim, M. (Hrsg.), Kommentar zur Europäischen Union (Loseblattsammlung, München – Rechtsstand 2024)

Lenz, C.-O./Borchardt, K.-D., EU-Verträge. Kommentar, 6. Aufl. (Köln 2012)

Schulze, R./Zuleeg, M./Kadelbach, S., Europarecht. Handbuch für die deutsche Rechtspraxis, 4. Aufl. (Baden-Baden 2020)

Schwarze, J./U. Becker/A. Hatje/J. Schoo (Hrsg.), EU-Kommentar, 4. Aufl. (Baden-Baden 2019)

Streinz, R., EUV/EGV, Kommentar, 3. Aufl. (München 2018)

Terhechte, J.P., Verwaltungsrecht der Europäischen Union, 2. Aufl. (Baden-Baden 2022)

Vedder, Ch./Heintschel von Heinegg, W., Europäisches Unionsrecht, 2. Aufl. (Baden-Baden 2018)
Weidenfeld, W./Wessels, W., Europa von A bis Z, 16. Aufl. (Baden-Baden 202316)

III. Fallsammlungen

Bilic, M./Zelger, B., Falllösung im Europarecht – Alle vier Grundfreiheiten Tatbestandsmerkmal für Tatbestandsmerkmal, 2024
Fetzer. T./Fischer.K., Fälle zum Europarecht, 9. Aufl. 2019
Heselhaus,S. M., Examinatorium Europarecht, März 2025
Lecheler, H./Gundel, J., Übungen im Europarecht, 2. Aufl. Juni 2025
Hummer, W./Vedder, Ch./Lorenzmeier,S, Europarecht in Fällen – Die Rechtsprechung des Gerichtshofs der Europäischen Union, deutscher und österreichischer Gerichte, 8. Aufl. Januar 2025
Pechstein, M., Entscheidungen des EuGH, 12. Aufl. 2023
Thiele, A., Standardfälle Europarecht, 2020

IV. Textsammlungen

Amtsblatt der Europäischen Union, Nr. L (Legislation-Rechtsetzung); Nr. C (Communication-Mitteilungen)
Sartorius II, Internationale Verträge – Europarecht (Loseblattsammlung München)
v. Borries, R./Winkel, K., Europäisches Wirtschaftsrecht (Loseblattsammlung, München – Rechtsstand 2021)
Pechstein, M., Entscheidungen des EuGH: Kommentierte Studienauswahl, 12 Aufl. (Tübingen 2023)

Abkürzungsverzeichnis

a.a.O.	am angegebenen Ort
ABl.	Amtsblatt der Europäischen Gemeinschaften
Abs.	Absatz
AdR	Ausschuss der Regionen
AEUV	Vertrag über die Arbeitsweise der Europäischen Union
a.F.	alte Fassung
AKP	Afrikanische, Karibische und Pazifische Staaten
AMIF	Asyl-, Migrations- und Integrationsfonds
AMLA	Anti-Money Laundering Agency
AMLD	Anti-Money Laundering Directive
AMLR	Anti-Money Laundering Regulation
Anm.	Anmerkung
AöR	Archiv des öffentlichen Rechts
Art.	Artikel
AstV	Ausschuss der Ständigen Vertreter
BayVBL	Bayerische Verwaltungsblätter
BB	Der Betriebs-Berater
Bd.	Band
BGBl	Bundesgesetzblatt
BGH	Bundesgerichtshof
BT-Drucks.	Bundestagsdrucksache
BullEG	Bulletin der Europäischen Gemeinschaft
BVerfG	Bundesverfassungsgericht
BverfGE	Entscheidungen des Bundesverfassungsgerichts
BVerwG	Bundesverwaltungsgericht
DÖV	Die Öffentliche Verwaltung
DVBl	Deutsches Verwaltungsblatt
DWA	Direktwahlakt
EA	Europa-Archiv
EAG	Europäische Atomgemeinschaft (EURATOM)
EASO	Europäische Unterstützungsbüro für Asylfragen
ECU	European Currency Unit
EEA	Einheitliche Europäische Akte
EEA	Europäische Ermittlungsanordnung
EFSF	Europäische Finanzstabilisierungsfazilität
EFSM	Europäischer Finanzstabilisierungsmechanismus
EFTA	Europäische Freihandelszone
EG	Europäische Gemeinschaften
EGKS	Europäische Gemeinschaft für Kohle und Stahl
EGKSV	Vertrag zur Gründung der Europäischen Gemeinschaft für Kohle und Stahl
EGMR	Europäischer Gerichtshof für Menschenrechte
EGV	Vertrag zur Gründung der Europäischen Gemeinschaften
EIB	Europäische Investitionsbank

EP	Europäisches Parlament
EPA	Europäischen Polizeiakademie
ER	Europäischer Rat
ESM	Europäischer Stabilitätsmechanismus
ESZB	Europäisches System der Zentralbanken
EU	Europäische Union
EuG	Europäisches Gericht
EuGH	Gerichtshof der Europäischen Union
EuGRZ	Europäische Grundrechtszeitschrift
EuGVÜ	Europäisches Gerichtsstands- und Vollstreckungsübereinkommen
EuR	Europarecht
EURATOM	Europäische Atomgemeinschaft (EAG)
EURODAC	Europäische System für den Abgleich der Fingerabdruckdaten von Asylsuchenden
Europol	Europäisches Polizeiamt
EUStA	Europäische Staatsanwaltschaft
EUV	Vertrag über die Europäische Union
EuZW	Europäische Zeitschrift für Wirtschaftsrecht
EUZBBG	Gesetz über die Zusammenarbeit von Bund und Ländern in Angelegenheiten der Europäischen Union
EUZBLG	Gesetz über die Zusammenarbeit von Bundesregierung und Deutschen Bundestag in Angelegenheiten der Europäischen Union
EVV	Vertrag über eine Europäische Verfassung
EWG	Europäische Wirtschaftsgemeinschaft
EWGV	Vertrag über die Europäische Wirtschaftsgemeinschaft
EWR	Europäischer Wirtschaftsraum
EZB	Europäische Zentralbank
FS	Festschrift
FusV	Fusionsvertrag
GA	Generalanwalt
GATT	Allgemeines Zoll- und Handelsabkommen v. 1947
GEAS	Gemeinsamen Europäischen Asylsystems
GG	Grundgesetz für die Bundesrepublik Deutschland
ggf.	gegebenenfalls
GO	Geschäftsordnung
GPKA	Gemeinsamer Parlamentarischer Kontrollausschuss
GRCh	Grundrechtecharta
GS	Gedächtnisschrift
GWB	Gesetz gegen Wettbewerbsbeschränkungen
GZT	Gemeinsamer Zolltarif
Hrsg.	Herausgeber
IBMF	Fonds für integriertes Grenzmanagement
IntVG	Gesetz über die Wahrnehmung der Integrationsverantwortung des Bundestages und des Bundesrates in Angelegenheiten der Europäischen Union
IWF	Internationaler Währungsfonds
JA	Juristische Arbeitsblätter

JRP	Journal für Rechtspolitik
JuS	Juristische Schulung
JZ	Juristenzeitung
KMU	Kleine und mittlere Unternehmen
KOM	Dokumente der europäischen Kommission
KSE	Kölner Schriften zum Europarecht
KSZE	Konferenz über Sicherheit und Zusammenarbeit in Europa
MiCAR	Markets in Crypto-Assets Regulation
Montanunion	Europäische Gemeinschaft für Kohle und Stahl (EGKS)
MWSt	Mehrwertsteuer
NATO	North Atlantic Treaty Organization
NJW	Neue Juristische Wochenschrift
NJOZ	Neue Juristische Online Zeitschrift
NRP	Nationale Reformprogramme
n.F.	neue Fassung
NJW	Neue Juristische Wochenschrift
NZKart	Neue Zeitschrift für Kartellrecht
OECD	Organisation für wirtschaftliche Zusammenarbeit und Entwicklung
OEEC	Organisation für Europäische wirtschaftliche Zusammenarbeit
OSZE	Organisation für Sicherheit und Zusammenarbeit in Europa
PJZS	Polizeiliche und justizielle Zusammenarbeit in Strafsachen
Ratsdok.	Dokumente des Rates der EU
RdA	Recht der Arbeit
RIW	Recht der internationalen Wirtschaft
RL	Richtlinie
Rs.	Rechtssache
SA	Schlussanträge
SDÜ	Schengener Durchführungsübereinkommen
SIS	Schengener Informationssystem
SKP	Stabilitäts- und Konvergenzprogramme
Slg.	Sammlung der Rechtsprechung des EuGH
TFR	Transfers von Kryptowerten
u.a.	und andere
UN	Vereinte Nationen/United Nations
UWG	Gesetz gegen den unlauteren Wettbewerb
VVDStRL	Veröffentlichungen der Vereinigung deutscher Staatsrechtlehrer
VerfO	Verfahrensordnung
VO	Verordnung
WEU	Westeuropäische Union
WHO/WTO	Welthandelsorganisation/World Trade Organisation
WSA	Wirtschafts- und Sozialausschuss
WVK	Wiener Übereinkommen über das Recht der Verträge
WWU	Wirtschafts- und Währungsunion
ZaöRV	Zeitschrift für ausländisches und öffentliches Recht und Völkerrecht
ZHR	Zeitschrift für das gesamte Handelsrecht und Wirtschaftsrecht
Ziff.	Ziffer
ZPO	Zivilprozessordnung

Zeittafel

26. Juni 1945	Unterzeichnung der Charta der Vereinten Nationen in San Francisco
9. September 1946	Rede von Winston Churchill in Zürich über die Vorzüge der Vereinigten Staaten von Europa
17. März 1948	Unterzeichnung des Vertrags über die Gründung der Westeuropäischen Union (WEU) in Brüssel
4. April 1949	Unterzeichnung des Nordatlantikvertrags zur Gründung der NATO in Washington
16. April 1949	Gründung der Organisation für Europäische Wirtschaftliche Zusammenarbeit (OEEC) in Paris
5. Mai 1949	Unterzeichnung des Vertrags über die Gründung des Europarats in Straßburg
9. Mai 1950	Deklaration von Robert Schuman über die Schaffung der Montanunion als erster Etappe einer Europäischen Föderation
4. November 1950	Unterzeichnung der Europäischen Konvention zum Schutze der Menschenrechte und Grundfreiheiten in Rom
18. April 1951	Unterzeichnung des Vertrags über die Gründung der Europäischen Gemeinschaft für Kohle und Stahl (EGKS-Vertrag) in Paris durch die Benelux-Staaten, Deutschland, Frankreich und Italien – Laufzeit 50 Jahre
23. Juli 1952	Inkrafttreten des EGKS-Vertrags
1. Juni 1955	Außenministerkonferenz von Messina zur Vorbereitung des EWG-Vertrags
25. März 1957	Unterzeichnung der Verträge zur Gründung der Europäischen Wirtschaftsgemeinschaft (EWG-Vertrag) und zur Gründung der Europäischen Atomgemeinschaft (EAG-Vertrag) in Rom durch die Benelux-Staaten, Deutschland, Frankreich und Italien (Römische Verträge)
1. Januar 1958	Inkrafttreten der Römischen Verträge
4. Januar 1960	Gründung der Europäischen Freihandelsassoziation (EFTA) in Stockholm durch Dänemark, Österreich, Norwegen, Portugal, Schweden, Großbritannien und die Schweiz
14. Dezember 1960	Unterzeichnung des Übereinkommens über die Organisation für Wirtschaftliche Zusammenarbeit und Entwicklung (OECD) in Paris
8. April 1965	Unterzeichnung des Vertrags zur Einsetzung eines gemeinsamen Rates und einer gemeinsamen Kommission der Europäischen Gemeinschaften (Fusionsvertrag)
1. Juli 1967	Inkrafttreten des Fusionsvertrags
1. Januar 1973	Beitritt Dänemarks, Großbritanniens und Irlands zu den Europäischen Gemeinschaften

1. August 1975	Unterzeichnung der Schlussakte der Konferenz für Sicherheit und Zusammenarbeit in Europa (KSZE) in Helsinki
18. Dezember 1978	Gründung des Europäischen Währungssystems (EWS)
7.–10. Juni 1979	Erste Direktwahl des Europäischen Parlaments
1. Januar 1981	Beitritt Griechenlands zu den Europäischen Gemeinschaften
1. Januar 1985	Austritt Grönlands aus der EWG
14. Juni 1985	Schengener Abkommen zwischen Frankreich, Deutschland, Belgien, Luxemburg und den Niederlanden betreffend den schrittweisen Abbau der Grenzkontrollen
1. Januar 1986	Beitritt Portugals und Spaniens zu den Europäischen Gemeinschaften
17./18. Februar 1986	Unterzeichnung der Einheitlichen Europäischen Akte (EEA) in Luxemburg und in Den Haag
1. Juli 1987	Inkrafttreten der EEA
3. Oktober 1990	Beitritt der DDR zur Bundesrepublik Deutschland und Eingliederung in die Europäischen Gemeinschaften
7. Februar 1992	Unterzeichnung des Vertrags über die Europäische Union in Maastricht (Unions-Vertrag)
2. Mai 1992	Unterzeichnung des Abkommens über den Europäischen Wirtschaftsraum (EWR-Abkommen) in Porto
1. Januar 1993	Inkrafttreten des EG-Binnenmarktes
1. November 1993	Inkrafttreten des Unions-Vertrages (Vertrag von Maastricht)
1. Januar 1994	Inkrafttreten des EWR-Abkommens
1. Januar 1995	Beitritt Österreichs, Finnlands und Schwedens zur Europäischen Union
1. März 1995	Inkrafttreten des Schengener Durchführungsübereinkommens (weitere Mitglieder bis März 2001: Italien, Spanien, Portugal, Griechenland, Dänemark, Österreich, Finnland und Schweden)
16. Juli 1997	„Agenda 2000" der Europäischen Kommission zur Erweiterung der Europäischen Union
2. Oktober 1997	Unterzeichnung des Vertrages von Amsterdam
12. Dezember 1997	Beginn des Erweiterungsprozesses der Europäischen Union durch den Europäischen Rat in Luxemburg
1. Oktober 1998	Inkrafttreten der Europol-Konvention (Polizeiliche Zusammenarbeit in der EU)
1. Januar 1999	Einführung der gemeinsamen europäischen Währung „Euro"
1. Mai 1999	Inkrafttreten des Vertrages von Amsterdam
24. März 2000	Verabschiedung der Lissabon-Strategie zur wirtschaftlichen, sozialen und ökologischen Erneuerung der EU
8. Dezember 2000	Feierliche Proklamation der Charta der Grundrechte der Europäischen Union
26. Februar 2001	Unterzeichnung des Vertrages von Nizza
1. Januar 2002	Einführung der Euro-Banknoten und Euro-Münzen als Zahlungsmittel

28. Februar 2002	Konstituierung des Konvents zur Ausarbeitung einer Europäischen Verfassung
28. Februar 2002	Errichtung von Eurojust (Europäische Stelle für justizielle Zusammenarbeit
1. Februar 2003	Inkrafttreten des Vertrages von Nizza
1. Mai 2004	Beitritt von Polen, Ungarn, Tschechische Republik, Slowakei, Slowenien, Lettland, Litauen, Estland, Malta, Zypern zur EU
29. Oktober 2004	Unterzeichnung des Vertrages über eine neue Verfassung für Europa
Mai/Juni 2005	Ablehnung des Vertrages über eine Verfassung für Europa in Referenden in Frankreich (54,7 % NEIN) und den Niederlanden (61,7 % NEIN)
1. Januar 2007	Beitritt Bulgariens und Rumäniens zur EU
1. Januar 2007	Einführung des Euro in Slowenien
1. März 2007	Errichtung einer Agentur der Europäischen Union für Grundrechte
25. März 2007	Feierliche Begehung des 50. Geburtstages der Römischen Verträge in Berlin
12. Dezember 2007	Feierliche Proklamation der Charta der Grundrechte der Europäischen Union durch das Europäische Parlament, den Rat und die Europäische Kommission in Straßburg
13. Dezember 2007	Unterzeichnung des Vertrages von Lissabon
21. Dezember 2007	Estland, Lettland, Litauen, Malta, Polen, die Slowakei, Slowenien, die Tschechische Republik und Ungarn treten dem Schengen-Raum bei
1. Januar 2008	Einführung des Euro in Zypern und auf Malta
15. Februar 2008	1. Referendum in Irland über den Vertrag von Lissabon (53,13 % NO)
1. Januar 2009	Einführung des Euro in der Slowakei
2. Oktober 2009	2. Referendum in Irland über den Vertrag von Lissabon (58,93 % YES)
1. Dezember 2009	Inkrafttreten des Vertrages von Lissabon
1. Dezember 2009	Herman van Rompuy wird erster Präsident des Europäischen Rates; Baroness Catherine Ashton wird erste Hohe Vertreterin der Europäischen Union für Außen und Sicherheitspolitik
17. Juni 2010	Verabschiedung der Strategie 2020
21. Juni 2010	Schaffung eines Europäischen Auswärtigen Dienstes
1. Januar 2011	Einführung des Euro in Estland
1. Januar 2011	Europäische Finanzaufsichtsbehörde nimmt ihre Arbeit auf
25. März 2011	Euro-Plus-Paket zur wirtschaftspolitischen Koordinierung der WWU
24. Juni 2011	Abschluss der Beitrittsverhandlungen mit Kroatien
19. Dezember 2011	Liechtenstein tritt dem Schengen-Raum der EU bei

30. Januar 2012	25 Mitgliedstaaten einigen sich auf einen Vertrag über Stabilität, Koordinierung und Steuerung in der WWU
2. Februar 2012	Europäischer Stabilitätsmechanismus (EMS) wird vertraglich besiegelt
1. Juli 2013	Beitritt Kroatiens zur EU
1. Januar 2014	Einführung des Euro in Lettland (18. Mitglied der Eurozone)
18. September 2014	Referendum über die Unabhängigkeit Schottlands: 55,3 % stimmen mit nein, 44,7 % stimmen mit ja
1. Januar 2015	Einführung des Euro in Litauen (19. Mitglied der Eurozone)
12. März 2015	Island nimmt seinen Beitrittsantrag förmlich zurück.
23. Juni 2016	Austrittsreferendum im Vereinigten Königreich (51,89 % stimmen für den Austritt)
30. Dezember 2016	Inkrafttreten des im Dezember 2015 vereinbarten „Klimaschutzübereinkommens von Paris" durch die Europäische Union nach Ratifizierung durch die Mitgliedstaaten
29. März 2017	Notifizierung des Austrittsverlangens durch britische Premierministerien Theresa May
31. Januar 2020	Austritt des Vereinigten Königreichs aus der EU nach 47 Jahren Mitgliedschaft, der nach einer Übergangszeit von einem Jahr am 1. Januar 2021 vollzogen wurde.
9. Mai 2020	70 Jahre Schumann Erklärung
10. März 2021	Unterzeichnung der Gemeinsamen Erklärung von EP, Rat und Kommission Zur Konferenz über die Zukunft Europas
28. Juni 2021	EU verabschiedet sein erstes Klimagesetzbuch
1. Januar 2023	Beitritt Kroatiens zum Euro und zum Schengen Raum
1. Januar 2025	Rumänien und Bulgarien treten dem Schengen Raum bei

1. Teil

Die politische Verfassung der Europäischen Union

§ 1 Die Entstehung und Entwicklung der Europäischen Union

A. Die frühen europäischen Einigungsbemühungen

Die Konzeption eines Zusammenschlusses europäischer Staaten ist in der Geschichte des Kontinents fest verankert und hat lange vor Gründung der Europäischen Gemeinschaften in verschiedenen Formen politischen Ausdruck gefunden[1]. Allerdings galt der souveräne Nationalstaat über Jahrhunderte als optimale Organisationsform, so dass die Einsicht in die Notwendigkeit einer Union europäischer Staaten auf vertraglicher Grundlage sich zunächst nicht durchzusetzen vermochte. 1

I. Die Konkretisierung der Europäischen Idee zwischen den Weltkriege

Erst nach dem Ersten Weltkrieg aufgrund der durch ihn bewirkten Erschütterungen der überkommenen nationalen Strukturen wurden Modelle einer freiwilligen und friedlichen Zusammenführung gleichberechtigter Partner entwickelt[2]. 2

Ende des Jahres 1923 forderten der österreichische Graf *Coudenhove-Kalergi* und die von ihm ins Leben gerufene Paneuropäische Bewegung die Schaffung der „Vereinigten Staaten von Europa"[3]. Als Vorbilder dienten dabei die erfolgreichen Einigungsbemühungen der Schweiz von 1648, die Gründung des Deutschen Reiches von 1871 und vor allem die Entstehung der Vereinigten Staaten von Amerika im Jahre 1789.

In seiner Rede vom 5. September 1929 vor dem Völkerbund in Genf unterbreitete der französische Außenminister *Aristide Briand* – unterstützt von seinem deutschen Amtskollegen *Gustav Stresemann* – den europäischen Regierungen den Vorschlag, eine Europäische Union im Rahmen des Völkerbundes zu gründen[4]. Obwohl zunächst nur eine engere Zusammenarbeit der europäischen Staaten im Rahmen der weltweiten Organisation des Völkerbundes angestrebt wurde, welche die Souveränität der europäischen Staaten unangetastet lassen sollte, hatte dieser Vorstoß zur Einigung Europas keinen Erfolg. Als zu übermächtig erwiesen sich in diesen Zeiten noch die Gedanken des Nationalismus und Imperialismus. 3

---

1 Zur historisch-politischen Entwicklung des Europagedankens vgl. *Constantinesco*, Das Recht der Europäischen Gemeinschaften, Bd. 1 (1977), S. 69 ff.

2 Vgl. dazu *Coudenhove-Kalergi*, Die Europäische Nation, Stuttgart (1953).

3 *Coudenhove-Kalergi*, Pan Europa, Wien/Leipzig (1924).

4 Die detaillierten Pläne der französischen Regierung zur Schaffung einer Art „fedération européenne" finden sich im *Briand* Memorandum, in: Europa, Dokumente zur Frage der europäischen Einigung, Bd. 1, München (1962), S. 29–40.

II. Die Nachkriegszeit

4 Erst der völlige Zusammenbruch Europas mit dem Ende des Zweiten Weltkrieges sowie der politische und wirtschaftliche Verfall der europäischen Staaten schufen die Voraussetzungen für einen Neubeginn und gaben der Idee einer neuen europäischen Ordnung Aufschwung. Die verschiedenen Anläufe zu einem Zusammenschluss Europas entsprangen vor allem drei Erkenntnissen:

- Zunächst war es das Wissen um die eigene Schwäche. Europa hatte infolge seiner kriegerischen Auseinandersetzungen seine jahrhundertealte Stellung als Zentrum des Weltgeschehens eingebüßt. Es wurde verdrängt von den zwei neuen Supermächten, den Vereinigten Staaten von Amerika und der früheren Sowjetunion, die beide über mehr militärische, politische und wirtschaftliche Macht verfügten als ein in zahlreiche Einzelstaaten zersplittertes Europa.
- Zum anderen war aufgrund der leidvollen Erfahrungen die Maxime jedes politischen Handelns: „Nie wieder Krieg!" Nach zwei Weltkriegen, die als europäische Bruderkriege begannen und Europa zum eigentlichen Schlachtfeld und zum Hauptleidtragenden gemacht hatten, war die Vorstellung neuer kriegerischer Konflikte in Europa unerträglich.
- Hinzu kamen schließlich der Wunsch und das Verlangen nach einer besseren, freieren und gerechteren Welt mit einer vollkommeneren Ordnung des menschlichen und staatlichen Zusammenlebens.

5 In ihrer Gesamtheit bieten die europäischen Einigungsbemühungen der Nachkriegszeit ein verwirrendes Bild komplizierter und nur schwer überschaubarer Organisationen. So existieren heute nebeneinander und ohne rechte Verbindung zueinander die OECD (Organization for Economic Cooperation and Development = Organisation für wirtschaftliche Zusammenarbeit und Entwicklung), die NATO (North Atlantic Treaty Organisation = Nordatlantikpakt), der Europarat und die Europäische Union. Die Zahl der Mitgliedstaaten schwankt bei diesen verschiedenen Organisationen zwischen 27 (EU) und 46 (Europarat).

Diese Vielfalt europäischer Gebilde gewinnt erst dann eine Struktur, wenn man sich vergegenwärtigt, welche konkreten Zielsetzungen sich hinter diesen Organisationen verbergen. Sie lassen sich in drei große Gruppen einteilen:

- **Erste Gruppe: Die europäisch-atlantischen Organisationen**

6 Die europäisch-atlantischen Organisationen sind aus der nach dem Zweiten Weltkrieg entstandenen Verbundenheit der Vereinigten Staaten von Amerika mit West-Europa hervorgegangen. So war es kein Zufall, dass die erste europäische Organisation der Nachkriegszeit, die im Jahre 1948 gegründete **OEEC** (Organisation for European Economic Cooperation = Organisation für europäische wirtschaftliche Zusammenarbeit), auf eine Initiative der Vereinigten Staaten zurückgeht[5]. Deren da-

5 OEEC-Konvention und Schlußakte, in: *Siegler*, Dokumentation der Europäischen Integration 1946–1961, 1961, S. 10 ff.

maliger Außenminister *George Marshall* forderte 1947 die Staaten Europas auf[6], ihre Anstrengungen für den wirtschaftlichen Wiederaufbau zu vereinen. Hierfür sagte er die Unterstützung der USA zu, die sich im Marshallplan verwirklichte und die Grundlage für den schnellen Wiederaufbau Westeuropa bildete. Das Hauptanliegen der OEEC bestand zunächst in der Liberalisierung des Handels zwischen den Staaten. Als ergänzende Zielsetzung wurde 1960, dem Beitrittsjahr der USA und Kanadas, die Wirtschaftsförderung in der Dritten Welt durch Entwicklungshilfe festgeschrieben; aus der OEEC wurde die **OECD**[7], **die heute über 38 Mitglieder verfügt**.

Der OEEC folgte im Jahre 1949 als militärischer Pakt mit den Vereinigten Staaten 7
und Kanada die NATO[8]. Zur Stärkung der sicherheitspolitischen Zusammenarbeit zwischen den europäischen Staaten wurde im Jahre 1954 die **Westeuropäische Union (WEU)** gegründet. Die WEU markierte 1954 den Anfang der Entwicklung einer Sicherheits- und Verteidigungspolitik in Europa. Ihre Rolle wurde jedoch nicht ausgebaut, da die meisten ihrer Kompetenzen an andere internationale Institutionen, insbesondere die NATO, den Europarat und die EU übertragen wurden. Konsequenterweise wurde die WEU zum 30. Juni 2011 aufgelöst.

- **Zweite Gruppe: Europarat und OSZE**

Für die zweite Gruppe europäischer Organisationen ist kennzeichnend, dass sie ihrer 8
Struktur nach so aufgebaut sind, dass möglichst vielen Staaten die Mitwirkung in ihnen ermöglicht wird. Dabei wurde bewusst in Kauf genommen, dass diese Organisationen über die **traditionelle zwischenstaatliche Zusammenarbeit** nicht hinauskommen.

Zu diesen Organisationen gehört der am 5. Mai 1949 als politische Organisation 9
gegründete **Europarat**[9]. Im Statut des Europarats gibt es weder einen Hinweis auf das Streben nach einer Föderation oder Union, noch sieht es die Übertragung oder Zusammenlegung von Teilen der nationalen Souveränität vor. Die Entscheidungen werden im Europarat in allen wesentlichen Fragen nach dem Grundsatz der Einstimmigkeit getroffen. Jeder Staat kann demnach durch ein Veto das Zustandekommen von Beschlüssen verhindern. Die parlamentarische Versammlung ist ausschließlich mit beratenden, nicht aber mit legislativen Funktionen ausgestattet. Sie kann nicht mehr tun, als Empfehlungen an den Ministerrat zu richten, der ihr nicht verantwortlich ist und eine Empfehlung bereits mit einer einzigen ablehnenden Stimme zu Fall bringen kann. Auch die Vorlagen, die den Ministerrat passieren, müssen, um Rechtsverbindlichkeit zu erlangen, erst noch durch die nationalen Parlamente ratifiziert werden. Damit bleibt der Europarat in seiner Konstruktion ein Organ internationaler Zusammenarbeit. Dennoch kann der Beitrag, den der Europarat für die europäische Einigung und das europäische Zusammengehörigkeitsgefühl geleistet

---

6 Vgl. die Rede *George Marshalls* v. 5. Juni 1947 an der Harvard Universität, in EA, 1947, S. 821.
7 OECD-Übereinkommen, dt. BGBl. 1961 II S. 1151, abgedruckt in: Sartorius II, Nr. 70.
8 Nordatlantikvertrag, dt. BGBl. 1955 II. S. 289, abgedruckt in: Sartorius II, Nr. 55.
9 Vgl. Satzung des Europarates, dt. BGBl. 1950; Sartorius II, Nr. 110.

hat, nicht hoch genug geschätzt werden. Sein Ziel bestand darin, eine enge Verbindung zwischen den Staaten Europas herzustellen und ihren wirtschaftlichen und sozialen Fortschritt zu fördern. Dies ist gelungen, denn aus den ursprünglich zehn Gründerstaaten sind inzwischen 46 Mitgliedstaaten geworden[10].

Im Rahmen des Europarats wurden zahlreiche Konventionen auf dem Gebiet der Wirtschaft, der Kultur, der Sozialpolitik und des Rechts geschlossen. Die bedeutendste und zugleich auch bekannteste ist die Europäische Konvention zum Schutz der Menschenrechte und Grundfreiheiten vom 4. November 1950[11] **(EMRK = Europäische Menschenrechtskonvention), der inzwischen alle 46 Mitglieder des Europarates beigetreten sind**. Mit ihr wurde für die Mitgliedstaaten nicht nur ein praktisch bedeutsamer Mindeststandard für die Wahrung der Menschenrechte geschaffen, sondern auch ein Rechtsschutzsystem verankert, das es den durch die Konvention in Straßburg eingerichteten Organen, der Europäischen Kommission für Menschenrechte und dem Europäischen Gerichtshof für Menschenrechte, erlaubt, im Rahmen der Konvention Menschenrechtsverletzungen in den Mitgliedstaaten zu verurteilen.

10 Zu dieser Gruppe gehört weiterhin die „Organisation für Sicherheit und Zusammenarbeit in Europa" **(„OSZE")**, die im Jahre 1994 gegründet wurde und aus der „Konferenz für Sicherheit und Zusammenarbeit in Europa" **(„KSZE")** hervorgegangen ist. Die OSZE, der gegenwärtig 57 Länder angehören, ist den Grundsätzen und Zielen verpflichtet, wie sie in der Helsinki-Akte von 1975 und der Pariser Charta von 1990 niedergelegt sind. Dazu gehört neben der Förderung vertrauensbildender Maßnahmen zwischen den europäischen Staaten auch die Schaffung eines „Sicherheitsnetzes", das die Beilegung von Konflikten mit friedlichen Mitteln ermöglichen soll.

- **Dritte Gruppe: Die Europäische Union**

11 Die dritte Gruppe der europäischen Organisationen bildet die Europäische Union (EU). In ihrer heutigen Form ist die EU hervorgegangen aus der (inzwischen aufge-

---

10 Vereinigtes Königreich, Frankreich, Belgien, Niederlande, Luxemburg, Italien, Irland, Dänemark, Norwegen, Schweden, Griechenland, Türkei, Deutschland, Österreich, Zypern, Schweiz, Malta, Island, Portugal, Spanien, Liechtenstein, Finnland, San Marino, Ungarn, Tschechische Republik, Slowakische Republik, Polen, Estland, Lettland, Litauen, Slowenien, Rumänien, Bulgarien, Albanien, Moldau, Andorra, Kroatien, Am 26.3.2022 wurde Russland aufgrund des am 22.2.2022 begonnenen Krieges gegen die Ukraine wegen eklatanter Verstösse gegen die Satzung des Europarates aus der Organisation förmlich ausgeschlossen, nachdem bereits mit Schreiben vom 15.3.2022 der Aussenminister Russlands Lawrow den Austritts Russlands aus dem Europarat und die Kündigung der EMRK verkündete und das Ministerkomitee des Europarats die sofortige Beendigung der Mitgliedschaft Russlands in einer Resolution vom 16.3.2022 festgestellt hatte. Zum Ausschluss Russlands *A. Nussberger*, Russland und der Europarat – Rückblick und Abgesang, DriZ 2022, S. 148ff.

11 EMRK, dt. BGBl. 1952 II S. 686, 953 (mehrfach geändert, abgedruckt in: Sartorius II, Nr. 130).

lösten) Europäischen Gemeinschaft für Kohle und Stahl, der Europäischen Atomgemeinschaft und der Europäischen (Wirtschafts-) Gemeinschaft, die mit dem Vertrag von Lissabon mit der Europäischen Union verschmolzen wurde[12]. Die Europäische Union verfügt gegenwärtig über 27 Mitgliedstaaten[13]. Das gegenüber den herkömmlichen internationalen Staatenverbindungen grundlegend Neue der EU besteht darin, dass die Mitgliedstaaten zugunsten der EU auf Teile ihrer Souveränität verzichtet und diese mit eigenen, von den Mitgliedstaaten unabhängigen Machtbefugnissen ausgestattet haben. In Ausübung dieser Befugnisse ist die EU in der Lage, europäische Hoheitsakte zu erlassen, die in ihren Wirkungen den staatlichen gleichkommen[14].

III. Die Gründung der Europäischen Gemeinschaften

Den Grundstein zur Bildung der EG legte der damalige französische Außenminister Robert Schuman mit seiner Erklärung vom 9. Mai 1950, in der er den von ihm und Jean Monnet entwickelten Plan vorstellte, *„die Gesamtheit der deutsch-französischen Produktion von Kohle und Stahl unter eine gemeinsame oberste Autorität innerhalb einer Organisation zu stellen, die der Mitwirkung anderer Staaten Europas offensteht“*[15]. **12**

Hintergrund dieses Vorschlags war die Erkenntnis, dass es einerseits wenig sinnvoll war, Deutschland einseitige Kontrollen aufzuzwingen, andererseits aber ein völlig unabhängiges Deutschland immer noch als eine potentielle Friedensbedrohung empfunden wurde. Der einzige Ausweg aus diesem Dilemma bestand darin, Deutschland politisch und wirtschaftlich in eine festgefügte Gemeinschaft Europas einzubinden.

Mit Abschluss des Gründungsvertrages der **Europäischen Gemeinschaft für Kohle und Stahl (EGKS)** durch die sechs Gründerstaaten (Belgien, Bundesrepublik Deutschland, Frankreich, Italien, Luxemburg und die Niederlande) am 18. April 1951 in Paris und seinem In-Kraft-Treten am 23. Juli 1952 wurde der Schuman-Plan schließlich Realität[16]. **13**

Von der Existenz dieser Gemeinschaft erhoffte man sich eine Initialzündung für eine dieser Gemeinschaft nachfolgende weitere politische Einigung Europas, die mit der Schaffung einer europäischen Verfassung konkrete Gestalt annehmen sollte.

---

12 Einzelheiten dazu s. unter B.

13 Einzelheiten zur Beitritts- und Austrittsgeschichte s. unter C.

14 Einzelheiten dazu s. unter § 5 C.

15 Abgedruckt in: EA 1950, S. 3091 f.

16 EGKS, dt. BGBl. 1952 II S. 445, 447 (mehrfach geändert), abgedruckt in: Sartorius II, Nr. 145. Der auf 50 Jahre geschlossene EGKS-Vertrag ist am 23. Juli 2002 ausgelaufen; mit Wirkung vom 24. Juli 2002 galten für die Bereiche Kohle und Stahl zunächst die Regeln des EG-Vertrages und seit In-Kraft-Treten des Vertrages von Lissabon gelten die EU-Verträge.

14 Schon im Oktober 1950, also noch vor Unterzeichnung des Gründungsvertrages der EGKS, wurde auf französische Initiative die Idee einer **Europäischen Verteidigungsgemeinschaft (EVG)** geboren. Vor dem Hintergrund zunehmender Spannungen zwischen den Supermächten USA und der damaligen UdSSR entsprach es den Sicherheitsbedürfnissen der westeuropäischen Staaten, ihre Verteidigungsanstrengungen zu verstärken und die europäische Integration voranzutreiben, um auf diese Weise den Bedrohungen des Kalten Krieges entgegenzuwirken[17]. Die Lösung sah man abermals in einer auch Deutschland umfassenden supranationalen Gemeinschaft (sog. Plevenplan). Dieser Plan scheiterte jedoch im August 1954 an der Ablehnung durch die französische Nationalversammlung, deren Mehrheit nicht bereit war, einen so starken Eingriff in die französische Souveränität, wie ihn der Verzicht auf eine nationale Armee darstellte, mitzutragen[18].

Mit dem Scheitern der EVG hatten zugleich auch die Bemühungen um eine politische Einigung Europas einen schweren Rückschlag erlitten. Einem Jahr der Resignation folgte aber bereits im Juni 1955 ein neuer Vorstoß der Außenminister der Mitgliedstaaten der EGKS zur „Schaffung eines Vereinigten Europas".

15 Auf der **Konferenz von Messina** beschlossen die sechs Gründerstaaten der EGKS, ihre Arbeit am europäischen Einigungswerk dort fortsetzten, wo man mit der EGKS begonnen hatte, nämlich auf dem weniger von nationalen Emotionen geprägten Gebiet der Wirtschaft. So war man zwar bescheidener geworden, kam aber dadurch der europäischen Wirklichkeit näher, die augenscheinlich mit den Plänen der EVG überfordert worden war. Die Untersuchung der Möglichkeiten einer fortschreitenden Integration übertrugen die sechs Außenminister einem Ausschuss, der unter dem Vorsitz des belgischen Außenministers *Spaak* tagte. Der Spaak-Ausschuss legte 1956 seinen Bericht vor, der als Grundlage für die Vertragsverhandlungen zur **Gründung der Europäischen Atomgemeinschaft (EAG)** und der **Europäischen Wirtschaftsgemeinschaft (EWG)** diente. Die Verträge wurden im März 1957 unterzeichnet und traten am 1. Januar 1958 in Kraft[19].

IV. Die Bildung der europäischen Freihandelszone

16 Nach der Gründung der EWG und der EAG stellte sich die Frage, was mit den europäischen Staaten geschehen sollte, die zwar Mitglieder der OEEC waren, sich der EWG aber nicht angeschlossen hatten. Die Gründerstaaten der EWG hatten im EWG-Vertrag verschiedene Formen der Beteiligung dritter Staaten vorgesehen und

17 Vgl. dazu *Monnet,* Mémoires Paris 1976, S. 312 ff.

18 Vgl. dazu die Regierungserklärungen des französischen Ministerpräsidenten *René Pleven* v. 24. Oktober 1950 zur Schaffung einer Europäischen Armee, in: EA 1950, S. 3518 ff.

19 EWGV, dt. BGBl. 1957 II S. 766, 1678, dt. BGBl. 1958 II S. 64 (mehrfach geändert), abgedruckt in: Sartorius II, Nr. 150, EAGV, dt. BGBl. 1957 II S. 1014, 1678 (mehrfach geändert), abgedruckt in: Sartorius II, Nr. 200.

damit zum Ausdruck gebracht, dass sie sich keineswegs von dritten Staaten abschotten wollten. Zu diesen Beteiligungsformen gehörte u.a. auch die Bildung von Freihandelszonen. Die ersten Bemühungen richteten sich in den Jahren 1956–1958 deshalb darauf, zwischen der EWG als Zollunion und den übrigen OEEC-Staaten eine Freihandelszone zu gründen. Eine Freihandelszone sieht wie die Zollunion ebenfalls den Abbau der Zölle zwischen den Mitgliedern vor, im Unterschied zur Zollunion kann jedes Mitglied gegenüber dritten Staaten jedoch einen eigenen Außenzoll beibehalten. Diese Regelungsfreiheit war vor allem für Großbritannien, das seinerzeit prominenteste Nichtmitglied der EWG, mit Rücksicht auf die Commonwealth-Länder von entscheidender Bedeutung. Die Bildung einer solchen Freihandelszone zwischen EWG- und OEEC-Staaten scheiterte jedoch im Dezember 1958 an unüberwindlichen Meinungsverschiedenheiten zwischen Frankreich und Großbritannien.

Als Antwort darauf schufen 1959 Norwegen, Schweden, Dänemark, Österreich, die **17**
Schweiz und Portugal unter Führung Großbritanniens die Europäische Freihandelszone (EFTA), der später Island beitrat und Finnland assoziiert wurde[20]. Das Ziel der EFTA-Staaten war nach wie vor eine Beteiligung an den Handelsvorteilen, die die EWG ihren Mitgliedern gewährte. Entsprechende Abkommen zwischen der EWG und den EFTA-Staaten wurden zunächst jedoch nicht geschlossen, da die EWG-Mitgliedstaaten darauf bestanden, dass die EFTA-Staaten der Gemeinschaft mit allen Rechten und Pflichten als volle Mitglieder beitreten müssten. Diese „Alles-oder-Nichts-Haltung" wurde im Laufe der Zeit von der EWG aufgegeben und mit einigen EFTA-Staaten wurden bilaterale Handels- und Assoziierungsabkommen geschlossen[21]. Im Zuge der Verwirklichung des Binnenmarktes wurde schließlich zwischen der EWG und ihren Mitgliedstaaten einerseits und den EFTA-Staaten andererseits ein Abkommen über die Schaffung eines **Europäischen Wirtschaftsraums (EWR)** ausgehandelt, das die Beziehungen zwischen der EG/EU und den EFTA-Staaten umfassend regelt[22].

Weiterführende Literatur: *Arnold,* Verfassungsidentität und Letztentscheidungsrecht, in: FS für Scheuing, 2011, S. 17; *Bieber/Schwarze,* Verfassungsentwicklung in der Europäischen Gemeinschaft, 1984; *Foerster,* Die Idee Europa 1300–1946. Quellen zur Geschichte der europäischen Einigung, München 1963; *Isensee,* Europa als politische Idee und als rechtliche Form, 2. Aufl. 1994; *Kraemer,* EWG und EFTA – Entwicklung, Aufbau, Tätigkeit, 1968; *Monnet,* Mémoires, 1976, S. 312 ff.; *Siegler,* Dokumentation der Europäischen Integration, 2 Bde., 1961/64.

---

20 Vgl. dazu *Kraemer,* EWG und EFTA-Entwicklung, Aufbau, Tätigkeit, Stuttgart (1968), S. 9 ff.

21 *Friedrich,* Die Freihandelsabkommen der Europäischen Gemeinschaften mit den EFTA-Staaten, NJW 1983, S. 1237.

22 Zum Europäischen Wirtschaftsraum s. unter § 1 C. IV.

B. Von den Europäischen Gemeinschaften zur Europäischen Union

I. Die vergeblichen Versuche zur Vertiefung der Europäischen Gemeinschaften

18 Ermutigt durch die Anfangserfolge, insbesondere der Europäischen Wirtschaftsgemeinschaft, wandte man sich zu Beginn der sechziger Jahre erneut dem zu keiner Zeit aufgegebenen Ziel der Schaffung einer auch *politischen* Einheit der Mitgliedstaaten zu.

So beauftragten die Staats- und Regierungschefs der sechs Gründerstaaten der E(W)G eine Kommission unter Leitung des französischen Botschafters *Christian Fouchet*, Vorschläge für ein politisches Statut einer *„Union der europäischen Völker"* vorzulegen. In zwei Anläufen versuchte die Studienkommission vergeblich, den Mitgliedstaaten einen für alle annehmbaren Vertragsentwurf zu unterbreiten (Fouchet-Pläne I und II)[23]. Die Interessengegensätze der Partnerländer erwiesen sich im Hinblick auf die Form und Qualität eines politischen Zusammenschlusses als derart hartnäckig, dass auf der Außenministerkonferenz am 17. April 1962 in Paris beschlossen wurde, die Verhandlungen über eine politische Union zunächst nicht fortzusetzen.

19 In den Aufbaujahren der EWG fehlte es dann auch weitgehend an Initiativen, dem politischen Ziel der europäischen Einigung, *„die Grundlagen für einen immer engeren Zusammenschluss der europäischen Völker zu schaffen"*, näherzukommen. Neue Impulse für die politische Einigung gingen erst wieder von verschiedenen Gipfelkonferenzen der Staats- bzw. Regierungschefs der EWG gegen Ende der 60er Jahre aus. Auf der Grundlage des im Dezember 1969 auf dem Haager Gipfel beschlossenen Auftrags, Fortschritte auf dem Gebiet der wirtschaftlichen und politischen Einigung zu erreichen, wurde auf den Pariser Konferenzen von 1972 und 1974 als Instrument und neue Zielsetzung der europäischen Einigung die Schaffung einer Europäischen Union proklamiert[24]. Allerdings blieb es in der Folgezeit auch weitgehend bei derartigen Proklamationen, da nach wie vor zwischen den Mitgliedstaaten über die Verfassungsstruktur der Europäischen Union und die notwendigen Reformen des institutionellen Systems erhebliche Meinungsverschiedenheiten bestanden, über die keine Einigung erzielt werden konnte.

20 Gleichwohl brachten die 70er Jahre im Integrationsprozess wichtige Ergebnisse. So hat die Gemeinschaft neue politische Instrumente entwickelt, welche die Grundlage für eine Koordinierung nationaler Politiken erweiterten. Dies gilt zunächst für die **Europäische Politische Zusammenarbeit (EPZ)**[25]. Dabei handelt es sich um

---

23 Die Fouchet-Pläne I und II sind dokumentiert in: EA 1964, S. D 466 ff.

24 Vgl. die Berichte der Außenminister an die Staats- und Regierungschefs der EG-Mitgliedstaaten, 1. Bericht EA 1970, S. D 520 ff., 2. Bericht EA 1973, S. D 515 ff., 3. Bericht EA 1982, S. D 45.

25 Vgl. *Rummel*, Zusammengesetzte Außenpolitik – Westeuropa als internationaler Akteur, 1982, S. 62 ff.

ein Instrument, das die Mitgliedstaaten der EWG im Jahre 1970 für eine freiwillige außenpolitische Abstimmung geschaffen haben und das in der Folgezeit stetig verbessert und ausgebaut worden ist[26]. Daneben ist die Errichtung des **Europäischen Währungssystems (EWS)** im März 1979[27] zu nennen, durch das die währungspolitische Zusammenarbeit in Europa in eine neue Dimension vorstieß.[28]

II. Die Reformdiskussion der 80er-Jahre

Mit Beginn der 80er Jahre setzte eine sehr intensive Reformdiskussion ein, die unter den Stichworten „Europa der zweiten Generation", „Relance Européenne" oder „Europäische Union" geführt wurde. Von den europapolitischen Initiativen und Reformvorschlägen, die von verschiedenen Seiten eingebracht worden sind, verdient vor allem der von *Altiero Spinelli* initiierte und vom Europäischen Parlament am 14. Februar 1984 mit großer Mehrheit verabschiedete **„Entwurf eines Vertrages zur Gründung der Europäischen Union"** besondere Beachtung[29]. 21

Das Europäische Parlament wagte mit diesem Vertragsentwurf einen qualitativen Sprung zur Europäischen Union. Der Entwurf sah die Übertragung neuer Zuständigkeiten auf die Union vor, die in Zentralbereiche staatlicher Politik vordrängten. Zu ihnen gehörten u.a. die Wirtschafts- und Währungspolitik, die Gesellschaftspolitik mit Sozial- und Gesundheitspolitik sowie im Bereich der Außenpolitik die Fragen nach Sicherheit, Frieden und Abrüstung. Die Rechtsetzung in der Union sollte durch eine Art Zweikammersystem erfolgen, das sehr stark an die Verhältnisse in einem Bundesstaat erinnerte. Ziel dieses Systems war es, ein Gleichgewicht zwischen Europäischem Parlament und Rat der Union, der aus Mitgliedern der Regierungen bestehen sollte, herzustellen.

Auch wenn dieser Vertragsentwurf keine Aussicht hatte, von den nationalen Parlamenten ratifiziert und damit geltendes Recht zu werden, stellte er für die Mitgliedstaaten eine große Herausforderung dar. Diese Herausforderung haben die Regierungen der Mitgliedstaaten angenommen. Während sie sich noch im Juni 1983 auf dem Europäischen Rat in Stuttgart lediglich darauf verständigen konnten, *„der EG in einer umfassenden Aktion Impulse zur Neubelebung zu geben"*, kamen die Staats- und Regierungschefs auf dem Europäischen Rat Ende Juni 1985 in Mailand überein, mit der Schaffung eines Wirtschaftsraumes ohne Grenzen, der Stärkung des Systems der EPZ unter Einschluss von Fragen der Sicherheit und Verteidigung sowie der 22

---

26 Vgl. dazu *Regelsberger* in: Weidenfeld/Wessels, Jahrbuch der Europäischen Integration 1988/1994, S. 222 ff.; vgl. auch die Erklärung des Europäischen Rates anlässlich seiner Tagung im Juni 1990, abgedruckt in: EA 1990, S. D 413 ff.

27 *Ypersele/Koeune*, Das Europäische Währungssystem, S. 39 ff.

28 Einzelheiten werden unter § 8 behandelt.

29 Vgl. BullEG 5-1983, S. 26 ff. Zum Entwurf s. ausführlich *Capotorti/Hilf/Jacobs/Jacqué*, Der Vertrag zur Gründung der Europäischen Union, Kommentar zu dem vom Europäischen Parlament am 14. Februar 1984 verabschiedeten Entwurf (Baden-Baden 1986).

Verbesserung der Entscheidungsstrukturen der EG durch eine Stärkung der Rechte des Europäischen Parlaments den noch weiten Weg zur Europäischen Union einzuleiten. Zu diesem Zweck beschloss der Europäische Rat die Einberufung einer Regierungskonferenz, die bis zum nächsten Europäischen Rat am 2. Dezember 1985 in Luxemburg zum einen über einen Vertrag über eine Außen- und Sicherheitspolitik und zum anderen über Änderungen des E(W)G-Vertrags verhandeln sollte.

Die Verhandlungen der Regierungskonferenz offenbarten allerdings in aller Deutlichkeit, dass keines der Mitgliedsländer zum damaligen Zeitpunkt bereit und in der Lage war, unter Preisgabe wesentlicher Teile seiner Souveränität den großen Sprung zur Europäischen Union zu wagen, den das Europäische Parlament mit seinem Vertragsentwurf vorgezeichnet hatte. Es konnte deshalb auch niemanden überraschen, dass der Europäische Rat auf seiner Konferenz am 2. Dezember 1985 in Luxemburg den Beginn einer Europäischen Union noch nicht schaffte.

III. Die Einheitliche Europäische Akte

23 Die Beschlüsse von Luxemburg lieferten gleichwohl eine tragfähige Grundlage für eine verstärkte europäische Zusammenarbeit in den Bereichen der Herstellung eines europäischen Binnenmarktes[30], der Umwelt-, Forschungs- und Technologiepolitik sowie der Außenpolitik. Von besonderer Bedeutung ist dabei, dass die konkret ins Auge gefassten Fortschritte nicht – wie nach anderen Gipfelkonferenzen – in einem Schlusskommuniqué niedergelegt wurden, sondern in Gestalt der **„Einheitlichen Europäischen Akte“** (EEA)[31] ein rechtliches Gewand erhalten haben.

Die Präambel dieser Akte stellt noch einmal das allgemeine Ziel, die Schaffung einer „Europäischen Union“, heraus, zu dessen Verwirklichung die EG und die EPZ beitragen sollten. Im Anschluss daran wurden im Einzelnen die rechtlichen Rahmenbedingungen zur Umsetzung der auf der Gipfelkonferenz beschlossenen Fortschritte im Bereich der Institutionen der EG, der Herstellung eines europäischen Binnenmarktes, der Zusammenarbeit in der Wirtschafts- und Währungspolitik, der Sozialpolitik, der Forschung und technologischen Entwicklung und des Umweltschutzes geschaffen. Der Form nach handelte es sich dabei um Änderungen und Ergänzungen der bereits bestehenden Gründungsverträge der EG. Der dritte Teil der EEA war der bis dahin nur informell betriebenen außenpolitischen Zusammenarbeit innerhalb der EPZ gewidmet, die mit der EEA ein rechtliches Dach erhalten hatte[32].

---

30 S. dazu noch ausführlich unter § 2 A. II. und § 7 A.–C.

31 Veröffentlicht in: BullEG, Beilage 2–86, S. 1 ff.

32 *Glaesner*, Die Einheitliche Europäische Akte, EuR 1986, S. 119 ff; *Grabitz*, Die Einheitliche Europäische Akte, Rechtliche Bewertung, integration 3/1986, S. 95 ff. Kritisch *Pescatore*, Die Einheitliche Europäische Akte – Eine ernste Gefahr für den gemeinsamen Markt, EuR 1986, S. 153 ff.

Mit ihrem In-Kraft-Treten am 1. Juli 1987 wurde die EEA Bestandteil des rechtlichen Fundaments, auf dem die EG beruhte und auf dem eine Europäische Union errichtet werden sollte.

IV. Der Vertrag über die Europäische Union

1. Der Vertrag von Maastricht

Die Gründung der Europäischen Union durch den **Vertrag von Maastricht** eröffnete eine neue Etappe auf dem Weg zur politischen Einigung Europas. Dieser Vertrag, der bereits am 7. Februar 1992 in Maastricht unterzeichnet, aber erst wegen einiger Hindernisse im Ratifizierungsverfahren (Zustimmung der dänischen Bevölkerung erst in einem zweiten Referendum; Verfassungsklage in Deutschland gegen die parlamentarische Zustimmung[33]) am 1. November 1993 in Kraft treten konnte[34], bezeichnet sich selbst als *„eine neue Stufe bei der Verwirklichung einer immer engeren Union der Völker Europas"*. Er beinhaltet neben einer Reihe von Änderungen des EWG-Vertrages und des EAG-Vertrages den Gründungsakt der Europäischen Union, ohne diese allerdings selbst zu vollenden. Es ist ein erster Teilschritt auf dem Weg hin zu einer endgültigen europäischen Verfassungsordnung. Die so gegründete Europäische Union ersetzte auch nicht die Europäischen Gemeinschaften, sondern stellte diese mit den neuen „Politiken und Formen der Zusammenarbeit" (ex-Art. 1 UAbs. 3 EUV) unter ein gemeinsames Dach. Dies führte bildlich gesprochen zu drei Säulen, auf denen die Europäische Union beruhte: Die *erste Säule* bildeten die zwei noch verbliebenen Europäischen Gemeinschaften (EG und EAG), die weiter vertieft und um eine Wirtschafts- und Währungsunion erweitert wurden. Die *zweite Säule* bestand in der Zusammenarbeit der Mitgliedstaaten der EU im Bereich der Gemeinsamen Außen- und Sicherheitspolitik, die darauf abzielt, die Sicherheit der EU und ihrer Mitglieder zu stärken, den Weltfrieden zu wahren und die internationale Zusammenarbeit zu fördern sowie Demokratie, Rechtsstaatlichkeit und Menschenrechte zu gewährleisten. Die *dritte Säule* schließlich betraf die Zusammenarbeit der Mitgliedstaaten der EU in den Bereichen Polizeiliche und Justizielle Zusammenarbeit in Strafsachen. 24

33 In Deutschland wurden gegen das Zustimmungsgesetz Verfassungsbeschwerden beim Bundesverfassungsgericht (BVerfG) mit der Behauptung erhoben, der Vertrag über die EU führe zu Eingriffen, die die Identität der Verfassungsstruktur der Bundesrepublik Deutschland veränderten. Das BVerfG hat diese Beschwerden zwar in seinem Urteil vom 12. Oktober 1993 zurückgewiesen, gleichwohl aber einige bedeutsame Akzente gesetzt, die den Integrationsspielraum für die politisch Handelnden in der Bundesrepublik Deutschland erheblich einengen (BVerfGE 89, 115; abgedruckt auch in: EuGRZ 1993, S. 429 = JZ 1993, S. 1100 – NJW 1993, S. 3047 jeweils mit Erklärung von *Zuleeg*. Einzelheiten dazu vgl. unter § 4 C. II.

34 Sartorius II Nr. 145. ABL 1992 Nr. C 191, S. 1 ff.

2. Der Vertrag von Amsterdam

25 Eine erste Weiterentwicklung hat die EU dann mit dem **Vertrag von Amsterdam** erfahren, der am 2. Oktober 1997 in Amsterdam unterzeichnet wurde und nach Abschluss der Ratifizierungsverfahren in den Mitgliedstaaten am 1. Mai 1999 in Kraft getreten ist[35]. Er verstärkte vor allem die Gemeinsame Außen- und Sicherheitspolitik und die Zusammenarbeit der Mitgliedstaaten in den Bereichen Justiz und Inneres. Die Asyl- und Einwanderungspolitik wurde von der dritten in die erste Säule überführt. Dies hatte rechtlich die bedeutsame Konsequenz, dass diese Bereiche nicht mehr der bloßen Regierungszusammenarbeit unterlagen, sondern den strengen Verfahren und Grundsätzen der im Rahmen des EG-Vertrages durchgeführten Gemeinschaftspolitiken. Darüber hinaus verbesserte der Vertrag auch die demokratischen Grundlagen der Union und schaffte mehr Bürgernähe dadurch, dass etwa die Beschäftigung zu einem Anliegen von vorrangigem und gemeinsamem Interesse gemacht wurde und auch die anderen bürgernahen Politikbereiche, wie z.B. Umwelt-, Gesundheits- und Verbraucherpolitik, verbessert wurden. Gestärkt wurde auch der bereits mit dem Vertrag von Maastricht in „Verfassungsrang" erhobene Grundsatz der Subsidiarität, der durch ein spezielles, dem Vertrag beigefügtes Protokoll konkretisiert wurde. Nicht gelungen ist hingegen die ebenfalls mit dem Vertrag von Amsterdam angestrebte institutionelle Reform, mit der die Gemeinschaftsinstitutionen auf den gewünschten und in Aussicht genommenen Beitritt der ost- und mitteleuropäischen Staaten vorbereitet werden sollten. Nicht zuletzt dieses Defizit führte schon sehr bald nach dem In-Kraft-Treten des Amsterdamer Vertrages zur Einsetzung einer neuen Regierungskonferenz, die sich dieses Problems annehmen und eine Lösung in einem neuen Vertragswerk erarbeiten sollte.

3. Der Vertrag von Nizza

26 Am 11. Dezember 2000 wurde nach zehn Monaten intensiver Verhandlungen die Regierungskonferenz zum Abschluss gebracht, deren Auftrag darin bestand, die EU institutionell auf die Erweiterung vorzubereiten. Die Ergebnisse sind im **„Vertrag von Nizza"** zusammengefasst, der Ende Februar 2001 in Nizza unterzeichnet wurde und nach der Ratifizierung durch die Mitgliedstaaten am 1. Februar 2003 in Kraft getreten ist.

Der Zweck dieser Vertragsreformen war es, der EU ihre Handlungsfähigkeit auch in einer um eine Vielzahl neuer Mitgliedstaaten erweiterten Union zu erhalten. Die beiden Verträge führten deshalb in erster Linie zu institutionellen Reformen. Im Vergleich zu vorangegangenen Reformrunden blieb der politische Wille zur Vertiefung der europäischen Integration vergleichsweise schwach.

35 Sartorius II Nr. 147.

4. Der Vertrag über eine Verfassung für Europa

Die dadurch vielfach hervorgerufene Kritik gab Anstoß zur Einleitung einer Debatte über die Zukunft der EU und ihrer institutionellen Ausgestaltung. Diese mündete in die Annahme einer Erklärung zur Zukunft der Europäischen Union durch die Staats- und Regierungschefs am 5. Dezember 2001 im belgischen Laeken. Darin verpflichtete sich die EU, demokratischer, transparenter und effizienter zu werden und den Weg zu einer Verfassung zu eröffnen. Als ein erster Schritt zur Umsetzung dieser Zielvorgabe wurde die Ausarbeitung einer Europäischen Verfassung in die Hände eines Konvents zur Zukunft Europas gelegt, dem der frühere französische Staatspräsident *Valéry Giscard d'Estaing* vorstand. Der vom Konvent ausgearbeitete Entwurf des „Vertrags über eine Verfassung für Europa" wurde dem Vorsitzenden des Europäischen Rates offiziell übergeben und von den Staats- und Regierungschefs am 17. und 18. Juli 2004 in Brüssel mit verschiedenen Änderungen verabschiedet. **27**

Mit dieser Verfassung sollte aus der bisherigen Europäischen Union und der bisherigen Europäischen Gemeinschaft eine neue, einzige Europäische Union werden, die auf einem einzigen Verfassungsvertrag beruht. Daneben sollte lediglich die Europäische Atomgemeinschaft als weitere eigenständige Gemeinschaft bestehen bleiben, die jedoch – wie bisher – eng mit der neuen Europäischen Union verzahnt sein sollte. Dieser Verfassungsansatz ist dann aber im Ratifizierungsprozess gescheitert. Nach anfänglichen positiven Voten in 13 der damals noch 25 Mitgliedstaaten wurde der Verfassungsvertrag der EU in Referenden in Frankreich (54,68 % Neinstimmen bei 69,34 % Beteiligung) und den Niederlanden (61,7 % Neinstimmen bei 63 % Beteiligung) abgelehnt. **28**

5. Der Vertrag von Lissabon

Nach Verstreichen einer Reflexionsphase von beinahe zwei Jahren gelang es erst in der ersten Hälfte des Jahres 2007, ein neues Reformpaket auf den Weg zu bringen. Dieses Reformpaket nimmt formell Abschied vom europäischen Verfassungskonzept, wonach alle bestehenden Verträge aufgehoben und durch einen einheitlichen Text mit der Bezeichnung „Vertrag über eine Verfassung der EU" ersetzt werden sollten. Stattdessen wurde ein Reformvertrag entworfen, der ganz in der Tradition der Verträge von Maastricht, Amsterdam und Nizza grundlegende Änderungen an den bestehenden EU-Verträgen vornimmt, um die Handlungsfähigkeit der EU nach innen und außen zu erhöhen, die demokratische Legitimation zu stärken und ganz allgemein die Effizienz des Handelns der EU zu verbessern. Ebenfalls nach guter Tradition wurde dieser Reformvertrag nach dem Ort seiner Unterzeichnung *Vertrag von Lissabon* getauft. **29**

Die Ausarbeitung des Vertrags von Lissabon ging außerordentlich zügig voran. Das lag insbesondere daran, dass die Staats- und Regierungschefs selbst auf der Sitzung des Europäischen Rates in Brüssel am 21. und 22. Juni 2007 in den Schlussfolge- **30** rungen im Detail festgelegt haben, in welcher Weise und in welchem Umfang die für den Verfassungsvertrag ausgehandelten Neuerungen in die bestehenden Verträge eingearbeitet werden sollten. Dabei gingen sie ganz untypisch vor und beschränkten sich nicht, wie sonst üblich, auf allgemeine Vorgaben, die dann von einer Regierungskonferenz umgesetzt werden sollten, sondern entwarfen selbst die Struktur und den Inhalt der vorzunehmenden Änderungen, wobei häufig sogar der genaue Text einer Vorschrift vorgegeben wurde. Besonders strittig dabei waren vor allem die Abgrenzung der Zuständigkeiten zwischen der EU und den Mitgliedstaaten, die Fortentwicklung der Gemeinsamen Außen- und Sicherheitspolitik, die neue Rolle der nationalen Parlamente im Integrationsprozess, die Einbindung der Charta der Grundrechte in das Unionsrecht sowie mögliche Fortschritte im Bereich der Polizeilichen und Justiziellen Zusammenarbeit in Strafsachen.

31 Die 2007 einberufene Regierungskonferenz hatte somit nur wenig eigenen Handlungsspielraum und war lediglich ermächtigt, die gewünschten Änderungen technisch umzusetzen. Die Arbeiten der Regierungskonferenz konnten so bereits am 18./19. Oktober 2007 beendet werden; sie wurden auf dem zu gleicher Zeit in Lissabon stattfindenden informellen Treffen des Europäischen Rates politisch abgesegnet. Der Vertrag wurde schließlich am 13. Dezember 2007 von den Staats- und Regierungschefs der damals noch 27 Mitgliedstaaten der EU in Lissabon feierlich unterzeichnet.

32 Allerdings gestaltete sich auch das **Ratifizierungsverfahren** dieses Vertrages äußerst schwierig. Zwar nahm der Vertrag von Lissabon, anders noch als der Verfassungsvertrag, die Ratifizierungshürden in Frankreich und den Niederlanden, jedoch scheiterte die Ratifizierung zunächst in Irland in einem ersten Referendum am 12. Juni 2008 (53,4 % Neinstimmen bei 53,1 % Beteiligung). Erst nach Abgabe einiger rechtlicher Zusicherungen über die (begrenzte) Tragweite des neuen Vertragswerkes stimmten die Bürger in Irland im Oktober 2009 in einem zweiten Referendum dem Vertrag von Lissabon zu (67,1 % bei 59 % Beteiligung). Der erfolgreiche Ausgang des Referendums in Irland machte zudem auch den Weg der Ratifizierung des Vertrages von Lissabon in Polen und der Tschechischen Republik frei, wo die Ratifizierung von dem erfolgreichen Ausgang des irischen Referendums abhängig gemacht worden war. Der Vertrag von Lissabon konnte schließlich am 1. Dezember 2009 in Kraft treten.

33 Durch den Vertrag von Lissabon werden die Europäische Union und die Europäische Gemeinschaft zur einzigen *Europäischen Union* verschmolzen. Der Ausdruck „Gemeinschaft" wird durchgängig durch den Ausdruck „Union" ersetzt. Die Union tritt an die Stelle der Europäischen Gemeinschaft und wird deren Nachfolgerin. Mit dem Vertrag von Lissabon wird außerdem das *„Drei-Säulen-Modell"* der EU aufgegeben. Die erste Säule, bestehend im Wesentlichen aus dem Binnenmarkt und den EG-Politiken, wird verschmolzen mit der zweiten Säule, bestehend aus der Gemeinsamen Außen- und Sicherheitspolitik, und der dritten Säule, bestehend aus der Polizeilichen und Justiziellen Zusammenarbeit in Strafsachen. Allerdings bleiben die besonderen Verfahren im Bereich der Gemeinsamen Außen- und Sicherheitspolitik, einschließlich der Europäischen Verteidigung, in Kraft; dem Vertrag beigefügte Erklärungen der Regierungskonferenz unterstreichen den spezifischen Charakter und die besondere Verantwortung der Mitgliedstaaten für diesen Politikbereich.

Weiterführende Literatur: *Berg/Karpenstein,* Änderungen der rechtlichen Grundlagen der EU durch den Vertrag von Amsterdam, EWS 1998, S. 77; *Blanke,* Der Unionsvertrag von Maastricht – Ein Schritt auf dem Weg zu einem europäischen Bundesstaat?, DÖV 1993, S. 412; *Bleckmann,* Der Vertrag über die Europäische Union, DVBl. 1992, S. 335; *Borchmann,* Der Vertrag von Nizza, EuZW 2001, S. 170; *Breus/Fink/Griller,* Vom Schuman-Plan zum Vertrag von Amsterdam. Entstehung und Zukunft der Europäischen Union, 2000; *Fischer,* Der Vertrag von Nizza. Text und Kommentar, 2001; *Fischer, K.H.,* Der Vertrag von Lissabon, Text und Kommentar zum Europäischen Reformvertrag, 2008; *Glaesner,* Die Einheitliche Europäische Akte, EuR 1986, S. 119; *Henrichs,* Der Vertrag über die Europäische Union und seine Auswirkungen auf die Verfassungen der Mitgliedstaaten; DÖV 1994, S. 368; *Hilf/Pache,* Der Vertrag von Amsterdam, NJW 1998, S. 705; *Hummer* (Hrsg.), Rechtsfragen in der Anwendung des Amsterdamer Vertrages, 2001; *Kadelbach* (Hrsg.), Europäische Verfassung und direkte Demokratie, 2005; *Karpenstein,* Der Vertrag von Amsterdam im Lichte der Maastricht-Entscheidung des BVerfG, DVBl. 1998, S. 942; *Kuschnik,* Integration in Staatenverbindungen vom 19. Jahrhundert bis zur EU nach dem Vertrag von Amsterdam, 1999; *Lecheler,* Die Fortentwicklung des Rechts der Europäischen Union durch den Amsterdamer Vertrag, JuS 1998, S. 392; *Lieb/Maurer,* Der Vertrag von Lissabon, Kurzkommentar, 3. Aufl. Berlin 2009; *Magiera,* Die Einheitliche Europäische Akte und die Fortentwicklung der EG zur Europäischen Union, in GS Geck, 1989, S. 509; *Sattler,* Die Entwicklung der EG vom Ende der Übergangszeit bis zur Erweiterung auf zwölf Mitgliedstaaten, JöR 1987, S. 365; *Schmidt,* Europäische Union, 2005; *Schuppert/Pernice/Haltern,* Europawissenschaft 2005; *Schwarze/Hatje (Hrsg.),* Der Reformvertrag von Lissabon, EuR Beiheft 1/2009; *Seidel,* Zur Verfassung der Europäischen Gemeinschaften nach Maastricht EuR 1992, S. 125; *Streinz,* Der Vertrag von Amsterdam. Einführung in die Reform des Unionsvertrags von Maastricht und erste Bewertung der Ergebnisse, EuZW 1998, S. 137; *Vedder/Heintschel,* Europäischer Verfassungsvertrag, 2005; *Wittinger,* Der Europarat: Die Entwicklung seines Rechts und der „europäischen Verfassungswerte", 2005.

C. Mitgliedschaft, Beitritt und Assoziierung

I. Die Gründerstaaten der Europäischen Gemeinschaften

Auch wenn die erste Europäische Gemeinschaft, die EGKS, in erster Linie die institutionelle Vereinigung der deutschen und französischen Kohle- und Stahlindustrie zum Ziel hatte, war diese Verbindung zu keiner Zeit als ein deutsch-französischer Sonderweg konzipiert, sondern stand allen demokratisch verfassten Staaten Europas offen[36]. Diese Möglichkeit nahmen **Belgien, Italien, Luxemburg** und die **Niederlande** wahr, die zusammen mit der **Bundesrepublik Deutschland und Frankreich** 1952 zunächst die EGKS und im Anschluss daran im Jahre 1957 auch die EWG und die EAG gründeten. 34

36 Der Beitritt neuer Mitgliedstaaten ist nunmehr in Art. 49 EUV geregelt.

II. Die Beitrittsgeschichte

1. Der Beitritt des Vereinigten Königreichs, Irlands und Dänemarks

35 Bereits im August 1961 stellte das Vereinigte Königreich einen ersten offiziellen Antrag, mit dem es sich um die Vollmitgliedschaft in der E(W)G bewarb. Dänemark, Norwegen und Irland sind diesem Beispiel gefolgt. Der Beitritt dieser Länder scheiterte zunächst jedoch an dem Widerstand des französischen Staatspräsidenten *de Gaulle*, der mitten in den Verhandlungen im Jahre 1963 aufgrund seines Misstrauens gegenüber der Beitrittskandidatur des Vereinigten Königreichs erklärte, dass er keine Fortsetzung der Verhandlungen wünsche. Auch der zweite britische Antrag auf Mitgliedschaft in der E(W)G aus dem Jahre 1967, dem sich abermals Irland, Dänemark und Norwegen anschlossen, konnte zunächst aufgrund französischen Zögerns nicht positiv beschieden werden. Der endgültige Durchbruch der Frage des Beitritts dieser Länder konnte erst nach dem Rücktritt *de Gaulles* im April 1969 auf der noch in demselben Jahr abgehaltenen Konferenz der Staats- und Regierungschefs in Den Haag erzielt werden. Nach langwierigen Verhandlungen wurden die Beitrittsverträge schließlich am 22. Januar 1972 unterzeichnet. Der Beitritt des Vereinigten Königreichs[37], Irlands und Dänemarks konnte nach erfolgreicher Durchführung einer Volksabstimmung (Irland und Dänemark) und der Ratifizierung durch die Parlamente (Vereinigtes Königreich, Irland und Dänemark) zum 1. Januar 1973 vollzogen werden. In Norwegen scheiterte der Beitritt in einer Volksabstimmung, in welcher sich 53,49 % der norwegischen Bevölkerung gegen einen Beitritt ihres Landes zur E(W)G ausgesprochen hatten.

2. Der Beitritt Griechenlands, Spaniens und Portugals

36 Nach der Rückkehr zur Demokratie wurden zunächst Griechenland (zum 1. Januar 1981) als zehntes Mitglied und danach Spanien und Portugal (zum 1. Januar 1986) als elftes und zwölftes Mitglied in die EG aufgenommen.

3. Die Eingliederung der früheren DDR

37 Die Herstellung der **Einheit Deutschlands** hat mit Wirkung vom 3. Oktober 1990 zur Eingliederung der früheren DDR in die EG geführt, nachdem die Staats- und Regierungschefs der EG bereits am 28. April 1990 in Dublin festgestellt hatten, dass hierfür lediglich einige Anpassungen, nicht aber das eigentliche Beitrittsverfahren erforderlich seien.

---

37 Zum Austritt des Vereinigten Königreichs aus der EU siehe unter III.2.

4. Der Beitritt Österreichs, Finnlands und Schwedens

Im Zuge der Vollendung des europäischen Binnenmarktes hatte die EG weiter an Attraktivität gewonnen. Das Binnenmarktkonzept und die mit dem Vertrag über die EU eingeleitete Entwicklung in Richtung auf eine politische Union haben den anderen europäischen Staaten die Überzeugung vermittelt, dass das europäische Einigungswerk in eine neue Dimension vorstößt und dass es besser wäre, an der konkreten Ausformung der neuen Ordnung aktiv und gleichberechtigt mitzuwirken, als sich in einem späteren Stadium in bereits verfestigte Strukturen einpassen zu müssen. **38**

Vor diesem Hintergrund wurden konkrete Beitrittsverhandlungen mit Österreich, Finnland, Schweden und Norwegen aufgenommen und im Jahre 1994 zu einem Abschluss geführt.

Im Sommer/Herbst 1994 wurden in den Ländern der Beitrittskandidaten Volksabstimmungen über die Frage des Beitritts durchgeführt. Während sich die Bürger in Österreich, Finnland und Schweden mehrheitlich für einen Beitritt ihrer Länder zur EU ausgesprochen haben, lehnte die Bevölkerung Norwegens – wie bereits im Jahre 1972 – die Mitgliedschaft ihres Landes in der EU mit 52,4 % der Stimmen ab.

Mit dem Beitritt Österreichs, Finnlands und Schwedens am 1. Januar 1995 erhöhte sich die Zahl der Mitgliedsländer in der EU auf 15.

5. Der Beitritt von zehn ost- und mitteleuropäischen Staaten sowie Malta, Zypern und Kroatien

Am 1. Mai 2004 traten der EU zehn neue Länder bei: die baltischen Staaten und ehemaligen Sowjetrepubliken **Estland, Lettland** und **Litauen**, die ost- und mitteleuropäischen Staaten **Polen, Ungarn, Tschechische Republik** und **Slowakische Republik**, die ehemalige jugoslawische Republik **Slowenien** sowie die zwei Mittelmeerinseln **Zypern** und **Malta**. Nur gut zwei Jahre später wurde mit dem Beitritt **Bulgariens** und **Rumäniens** zum 1. Januar 2007 die Osterweiterung vorläufig abgeschlossen. Jüngstes Mitglied der EU wurde zum 1. Juli 2013 **Kroatien**, dessen Bürger sich am 22. Januar 2012 in einem Referendum mit 66 % für den Beitritt ausgesprochen haben (bei allerdings nur 43,6 % Beteiligung). Damit vergrößerte sich die Zahl der Mitgliedstaaten der EU von 15 auf 28, und die Zahl der Unionsbürger wuchs auf 512,6 Millionen. **39**

Diese historische Erweiterung der EU bildet den Höhepunkt eines langen Prozesses, der die Wiedervereinigung der über ein halbes Jahrhundert durch den Eisernen Vorhang getrennten europäischen Völker ermöglicht hat. Hinter dieser Erweiterung der EU steht vor allem der Wille, Frieden, Stabilität und wirtschaftlichen Wohlstand auf einem vereinten europäischen Kontinent herbeizuführen.

6. Weitere Beitrittsverhandlungen

a) Beitrittskriterien und Beitrittsverfahren

40 Die EU steht auch weiteren Staaten zum Beitritt offen, sofern diese die vom Europäischen Rat 1993 in Kopenhagen festgelegten **Beitrittskriterien** erfüllen:

- **Politische Kriterien**: Stabilität der Institutionen, Demokratie, Rechtsstaatlichkeit, Garantie der Menschenrechte sowie Achtung und Schutz der Minderheiten.
- **Wirtschaftliche Kriterien**: Die Existenz einer funktionierenden Marktwirtschaft, die dem Wettbewerbsdruck und den Marktkräften in der EU standhält.
- **Rechtliche Kriterien**: Die Fähigkeit zur Übernahme der mit der Mitgliedschaft in der EU verbundenen Pflichten, einschließlich des Einverständnisses mit den Zielen der Politischen Union sowie der Wirtschafts- und Währungsunion.

41 Das **Verfahren des Beitritts** hat drei Stufen, die von allen derzeitigen Mitgliedsländern der EU genehmigt werden müssen:

(1) Einem Land wird die *Perspektive* der Mitgliedschaft eröffnet, d.h. es erhält den offiziellen Kandidatenstatus, sobald es die Beitrittsvoraussetzungen erfüllt.
(2) Ein Land erhält den offiziellen *Status als Kandidatenland* für die Mitgliedschaft, was jedoch noch nicht heißt, dass offizielle Verhandlungen eingeleitet werden.
(3) Mit dem Kandidatenland werden *formelle Beitrittsverhandlungen* aufgenommen, in denen die Modalitäten und Verfahren zur Übernahme der jeweils geltenden EU-Rechtsvorschriften vereinbart werden.

Wenn die Verhandlungen und begleitenden Reformen zur Zufriedenheit beider Seiten abgeschlossen sind, werden die Ergebnisse und die Bedingungen für den Beitritt in einem Beitrittsvertrag niedergelegt. Diesem Beitrittsvertrag muss zunächst das EP mit der absoluten Mehrheit seiner Mitglieder zustimmen. Danach muss der Rat zustimmen, und zwar mit Einstimmigkeit. Die Unterzeichnung des Beitrittsvertrags obliegt dann den Staats- und Regierungschefs der EU und des Beitrittslandes. Jeder Beitrittsvertrag muss danach von den Mitgliedstaaten der EU und dem Beitrittsland nach den jeweiligen verfassungsrechtlichen Bestimmungen „ratifiziert“ werden. Mit der Hinterlegung der Ratifikationsurkunden ist das Beitrittsverfahren abgeschlossen und der Beitrittsvertrag tritt in Kraft. Das Beitrittsland wird dann zum Mitgliedstaat.

42 Ein Sonderverfahren gilt für den Westbalkan. Die Staaten im Westbalkan durchlaufen ein **besonderes Beitrittsverfahren**, den sogenannten Stabilisierungs- und Assoziierungsprozess (SAP). Das betrifft aktuell Albanien, Bosnien und Herzegowina, Kosovo, Montenegro, Nordmazedonien und Serbien. Ziel des SAP ist es, diese Länder politisch und wirtschaftlich zu stabilisieren und sie so auf eine mögliche EU-Mitgliedschaft vorzubereiten. Die EU will dies durch folgende Maßnahmen erreichen: (i) Bereitstellung von finanzieller Unterstützung, (ii) Erleichterung des Zugangs zu den EU-Märkten und (iii) Förderung der Zusammenarbeit zwischen den Westbalkanstaaten. Die EU-Kommission hat kürzlich einen neuen Wachstumsplan für den Westbalkan verabschiedet. Dieser sieht vor, die Westbalkanstaaten mittels

Wirtschaftsreformen und Investitionen fit für einen Beitritt zu machen und den Menschen in der Region bereits vorab einige der Vorteile einer EU-Mitgliedschaft zu gewähren[38].

b) Kandidatenländer

Land	Antrag	Kandidaten-status	Aufnahme von Verhandlungen
Albanien	4/2009	6/2014	7/2022
Bosnien-Herzogowina	2/2016	12/2022	
Georgien	3/2022	12/2023	
Moldau	3/2022	6/2022	6/2024
Montenegro	12/2008	12/2010	6/2012
Nord-Mazedonien	3/2004	12/2015	3/2022
Serbien	12/2008	12/2010	6/2012
Türkei	4/1987	12/1999	10/2005
Ukraine	2/2022	6/2022	6/2024
Kosovo[39]	12/2022		

Folgende Entwicklungen verdienen besondere Erwähnung:

Die **Republik von Nordmazedonien** hat noch unter dem früheren Namen Ehemalige Jugoslawische Republik Mazedonien (FYROM) am 22. März 2004 den Antrag auf EU-Mitgliedschaft eingereicht und am 16. Dezember 2005 den Status als Kandidatenland erhalten. Nachdem mit dem Prespes-Abkommen der 30-jährige Streit zwischen Griechenland und Mazedonien mit der Umbenennung in „Republik Nordmazedonien" endgültig beigelegt wurde[40], stand der Aufnahme von Beitrittsverhandlungen nichts mehr im Wege stehen. 43

Serbien hat seine EU-Mitgliedschaft am 22. Dezember 2009 beantragt. Die Beitrittsverhandlungen wurden am 21. Januar 2014 aufgenommen und haben durchaus Fortschritte gebracht; allerdings hängt das Tempo der Gesamtverhandlungen stark von der Normalisierung der Beziehungen zum Kosovo ab. 44

Seit 2005 laufen Beitrittsverhandlungen mit der **Türkei**, die ihren Beitrittsantrag bereits am 14. April 1987 gestellt hat. Die Beziehungen zwischen der EU und der Türkei haben jedoch eine noch weiter zurückreichende Geschichte. Schon 1963 45

38 KOM (2023) 691 edg. Vom 8.11.2023.

39 Entsprechend dem durch die Resolution 1244 des Sicherheitsrats der Vereinten Nationen definierten Status.

40 Ratifizierung am 25.1.2019 mit 153 zu 146 Stimmen im griechischen Parlament.

wurde ein Assoziationsabkommen zwischen der damaligen EWG und der Türkei geschlossen, in dem auf eine Beitrittsperspektive Bezug genommen wird. 1995 wurde eine Zollunion gegründet. Im Dezember 1999 hat der Europäischen Rat in Helsinki der Türkei offiziell den *Status eines Beitrittskandidaten* zuerkannt. Dies war Ausdruck der Überzeugung, dass dieses Land die Grundlagen für ein demokratisches System besitzt, auch wenn noch enormer Handlungsbedarf bei der Achtung der Menschenrechte und dem Schutz der Minderheiten besteht. Die *Beitrittsverhandlungen* beruhen auf drei Säulen: Die *erste Säule* betrifft die Zusammenarbeit zur Unterstützung des Reformprozesses in der Türkei, insbesondere im Hinblick auf eine fortlaufende Erfüllung der politischen Beitrittskriterien. Die Kommission kann im Falle schwerwiegender und fortgesetzter Verletzungen der freiheitlichen und demokratischen Grundsätze, der Achtung der Menschenrechte und Grundfreiheiten sowie der Rechtsstaatlichkeit eine Aussetzung der Verhandlungen empfehlen. Eine solche Aussetzung hat das EP in einer Entschließung vom 13. März 2019 wegen der schlechten Bilanz bei der Achtung der Menschenrechte, der Rechtsstaatlichkeit, der Freiheit der Medien und der Korruptionsbekämpfung sowie des Präsidialsystems gefordert (370 Ja-Stimmen, 109 Nein-Stimmen, 143 Enthaltungen). Nach einer solchen Empfehlung kann der Rat mit qualifizierter Mehrheit die effektive Aussetzung der Verhandlungen beschließen. Bei der *zweiten Säule* geht es um die spezifische Herangehensweise in Bezug auf die Beitrittsverhandlungen mit der Türkei. Die Beitrittsverhandlungen finden im Rahmen einer Regierungskonferenz mit voller Beteiligung aller EU-Mitglieder statt. Für jedes Verhandlungskapitel legt der Rat die Referenzkriterien für den vorläufigen Abschluss der Verhandlungen fest, wozu insbesondere eine befriedigende Bilanz in Bezug auf die Umsetzung des unionsrechtlichen Besitzstandes gehört. Die rechtlichen Verpflichtungen, die sich aus der Übernahme des Besitzstandes ergeben, müssen vor Aufnahme der Verhandlungen über die betreffenden Kapitel erfüllt sein. Hier können sich längere Übergangszeiträume als notwendig erweisen. In Bezug auf die Freizügigkeit der Arbeitnehmer zieht die Kommission unbefristete Schutzklauseln in Betracht. Außerdem ist der Beitritt der Türkei mit einschneidenden finanziellen und institutionellen Konsequenzen verbunden, die vor dem Abschluss der Beitrittsverhandlungen einer konkreten Lösung zugeführt sein müssen. Die *dritte Säule* sieht einen wesentlich verstärkten politischen und kulturellen Dialog zwischen den Völkern der Mitgliedstaaten der EU und der Türkei vor. In diesem Dialog geht es um kulturelle und religiöse Unterschiede, um Migrationsfragen, Probleme im Zusammenhang mit den Minderheitenrechten und um Terrorismus. Das *Endziel dieser Verhandlungen ist der Beitritt.* Allerdings besteht *keine Garantie* dafür, dass dieses Ziel auch erreicht wird. Das im Jahre 1999 anvisierte Datum für einen möglichen Beitritt im Jahre 2014 ist verstrichen und es wurde keine neue Zeitlinie vorgegeben[41]. Zudem hat sich die Türkei in den letzten Jahren erheblich von der EU wegbewegt, vor allem in den Bereichen Rechtsstaatlichkeit und Grundrechtsschutz. Nach Verabschie-

41 Vgl. den Fortschrittsbericht 2014–2015, KOM (2014) 700 endg. Zur Stand der Beitrittspolitik im Jahre 2018 s. die Mitteilung der Kommission KOM (2018) 450 final.

dung der Leitlinien des Europäischen Rates vom April 2024 sind die Beziehungen zur Türkei durch eine schrittweise Wiederannäherung gekennzeichnet. Zudem sind konkrete Schritte für einen konstruktiven Austausch über Themen von beiderseitigem Interesse unternommen worden. Es bleibt abzuwarten, ob dies in absehbarer Zeit tatsächlich auch zur Wiederaufnahme der Beitrittsverhandlungen führen wird.

Zwar hatte der Europäische Rat **Georgien** im Dezember 2023 den Kandidatenstatus zuerkannt, doch wurde der EU-Beitrittsprozess aufgrund der von der georgischen Regierung seit dem Frühjahr 2024 ergriffenen Maßnahmen in der Zwischenzeit de facto zum Stillstand gebracht[42]. Diese negative Tendenz hat sich noch weiter verstärkt, nachdem die gemeinsame internationale Wahlbeobachtungsmission unter der Leitung des OSZE-Büros für demokratische Institutionen und Menschenrechte in den am 26. Oktober 2024 durchgeführten Parlamentswahlen eine Reihe von Mängeln benannt hat. Dazu gehören etwa die jüngsten Änderungen an der Wahlgesetzgebung, die häufige Beeinträchtigung des Wahlgeheimnisses, verfahrenstechnische Inkonsistenzen, Einschüchterung und Druck auf Wählerinnen und Wähler. All dies hat sich negativ auf das Vertrauen der Öffentlichkeit in den Wahlprozess ausgewirkt. **46**

Das **Kosovo** hat im Dezember 2022 einen Antrag auf EU-Mitgliedschaft gestellt. Die Kommission hält sich bereit, eine Stellungnahme zum Beitrittsantrag des Kosovos auszuarbeiten, sobald der Rat darum ersucht. Bei der Bekämpfung der organisierten Kriminalität wurden Fortschritte erzielt und die Rahmenbedingungen für Unternehmen verbessert. Die Visaliberalisierung für das Kosovo trat am 1. Januar 2024 in Kraft. Das Land muss seine Anstrengungen zur Stärkung der Rechtsstaatlichkeit und der öffentlichen Verwaltung sowie zum Schutz der Meinungsfreiheit intensivieren. **47**

Seit der „Orangenen Revolution" 2004 bildet die wirtschaftliche Integration und politische Zusammenarbeit der **Ukraine** mit der EU ein zentrales Ziel ukrainischer Außenpolitik. Auch die EU sieht in der Ukraine einen „prioritären Partner" im Rahmen der Europäischen Nachbarschaftspolitik. Die Ukraine ist Partnerland der sogenannten „Östlichen Partnerschaft" der EU, die 2009 gegründet wurde. Im Sommer 2014 schloss die EU trotz anhaltender Spannungen mit Russland ein Assoziierungsabkommen mit der neuen ukrainischen Regierung ab, das schließlich zum 1. Januar 2016 in Kraft trat. Anfang 2019 verankerte das ukrainische Parlament mit einer Mehrheit von 334 der 450 Abgeordneten in der Verfassung des Landes eine „strategische Orientierung der Ukraine zum vollständigen Beitritt zur EU und der NATO". Mit dem am 24.2.2022 begonnenen Angriffskriegs Russlands gegen die Ukraine wird der Ruf nach einem baldigen Beitritt der Ukraine in die EU immer lauter. Insbesondere seit sich abzeichnet, dass ein NATO-Beitritt aufgrund des massiven Drucks aus Russland im Zeichen des Krieges zunächst nicht mehr angestrebt werden kann. Der ukrainische Präsident Selenkyj hat die EU wiederholt um eine rasche Aufnahme sei- **48**

42 Inzwischen hat auch die neue pro-russische Regierung Georgiens die Beitrittsverhandlungen zur EU bis 2028 ausgesetzt.

nes Landes in die EU gebeten und wenige Tage nach Beginn der russischen Invasion bei der EU einen Beitrittsantrag eingereicht. Zwar soll nach dem Willen der Kommissionspräsidentin von der Leyen eine EU-Mitgliedschaft der Ukraine beschleunigt vorangetrieben werden, jedoch ist ein EU-Beitritt der Ukraine frühestens für 2030 realistisch. Auch wenn die Voraussetzungen in Bezug auf Demokratie, Rechtsstaatlichkeit Korruptionsbekämpfung sowie die Wahrung der Minderheitenrechte seitens der Ukraine in den kommenden Jahren grundsätzlich erfüllt würden, müsste der „Besitzstand der EU" auch noch in nationales Recht überführt werden, ein Prozess der Jahre in Anspruch nehmen wird.

III. Die Austrittsgeschichte

49 Mit dem Vertrag von Lissabon wurde im EU-Vertrag eine *Austrittsklausel* eingeführt, die es einem Mitgliedstaat erlaubt, die EU zu verlassen (Art. 50 EUV). Danach kann ein Mitgliedstaat im Einklang mit seinen verfassungsrechtlichen Vorschriften den Beschluss fassen, von seinem einseitigen und an keine weiteren Voraussetzungen geknüpften Austrittsrecht nach Art. 50 Abs. 1 EUV Gebrauch zu machen. Der Mitgliedstaat hat dann dem Europäischen Rat nach Art. 50 Abs. 2 S. 1 EUV seine Austrittsabsicht mitzuteilen. Erst mit der offiziellen Notifizierung des Rates wird das förmliche Austrittsverfahren und damit auch die Zwei-Jahres-Frist des Art. 50 Abs. 2 S. 1 EUV in Gang gesetzt. Der Europäische Rat beschliesst sodann nach Art. 50 Abs. 2 S. 2 EUV einstimmig verbindliche Leitlinien, die den nun folgenden Verhandlungen eines Austrittsabkommens zugrunde gelegt werden, über das er schließlich mit qualifizierter Mehrheit entscheidet (Art. 50 Abs. 4 S. 2 EUV i.V.m. Art. 238 Abs. 3 lit. b AEUV). Der Abschluss eines Austrittsabkommens ist für die Wirksamkeit des Austritts allerdings nicht konstitutiv. Kommt es innerhalb von zwei Jahren nach der Ausübung des Austrittsrechts durch Notifizierung des Europäischen Rates nicht zu einem Austrittsabkommen, so wird der Austritt automatisch wirksam (sog. sunset clause), sofern die Zwei-Jahres-Frist nicht im Einvernehmen mit dem austrittswilligen Mitgliedstaat durch einstimmigen Beschluss des Europäischen Rates verlängert wird (Art. 50 abs. 3 EUV). Im Rahmen der turbulenten Verhandlungen über den Brexit wurde der EuGH auf Vorlage durch ein schottisches Gericht mit der Frage befasst, ob, wann und wie eine Notifizierung vor Ende der Zwei-Jahres-Frist einseitig zurückgenommen werden kann. Der EuGH hat hierzu entschieden[43], dass eine einseitige Rücknahme der Austrittserklärung *„in Übereinstimmung mit den verfassungsrechtlichen Notwendigkeiten"* im Vereinigten Königreich möglich sei. Dann bliebe das Vereinigte Königreich unter unveränderten Bedingungen Mitglied der EU. *„Kein Staat kann gezwungen werden, gegen seinen Willen der Europäischen Union beizutreten und genausowenig kann er gezwungen werden, die Europäische Union gegen seinen Willen zu verlassen."* Die Möglichkeit einer einseitigen Rücknahme besteht bis zum Ende der

43 EuGH C-621/18, Andy Wightman/Secretary of State for Exiting the European Union, ECLI:EU:C:2018:999.

Zwei-Jahres-Frist bzw. einer entsprechend verlängerten Austrittsfrist. Mit der Wirksamkeit des Austritts durch Ablauf der Zwei-Jahres-Frist bzw. einer entsprechend verlängerten Austrittsfrist finden die EU-Verträge und damit auch das europäische Sekundärrecht auf den ausgetretenen Mitgliedstaat automatisch keine Anwendung mehr.

Eine Bestimmung über den Ausschluss eines Mitgliedstaates aus der EU wurde in Art. 50 EUV nicht aufgenommen.

1. Austritt Grönlands

Der erste Fall des Austritts geht zurück auf den Februar 1982, als sich die Bevöl- **50**
kerung Grönlands in einer Volksbefragung mit einer knappen Mehrheit gegen den Verbleib der Insel in der damaligen E(W)G aussprach. Die Eingliederung Grönlands in die EG erfolgte 1973 aufgrund seiner Zugehörigkeit zu Dänemark. Obgleich der Fall des Austritts in den damaligen EG-Verträgen nicht vorgesehen war, kamen die dänische Regierung und die EG im Februar 1984 überein, Grönland mit Wirkung vom 1. Februar 1985 aus der EG zu entlassen. Grönland wird von diesem Zeitpunkt an der Status eines mit der EG assoziierten überseeischen Gebietes gewährt[44].

2. Austritt Vereinigtes Königreich (Brexit)

Drei Jahre nach dem britischen Referendum über den Austritt des Vereinigten Kö- **51**
nigreichs aus der EU vom 23. Juni 2016 (51,9 % dafür – 48,1 % dagegen bei einer Beteiligung von 72,2 %) und nach äußerst turbulenten Verhandlungen über das **Austrittsabkommen**[45] wurde der Austritt des Vereinigten Königreichs aus der EU nach 47 Jahren der Zugehörigkeit zur EU zum 31. Januar 2020 endgültig besiegelt[46]. Mit dem Ablauf der Übergangsfrist am 31. Dezember 2020 hat das Vereinigte Königreich die EU am 1. Januar 2021 vollständig verlassen und ist damit vor allem aus dem europäischen Binnenmarkt, der Zollunion, den EU-Politiken und EU Handelsabkommen ausgeschieden.

Die Beziehungen der EU zum Vereinigten Königreich als Drittstaat sind in dem bila- **52**
teralen **Handels- und Kooperationsabkommen** niedergelegt, das zusammen mit dem **Austrittsabkommen**, mit dem die Grundlagen des Austritts geregelt wurden, und der **Politischen Erklärung**, die den Rahmen der Verhandlungen über die zukünftigen Beziehungen zwischen dem Vereinigten Königreich und der EU vorzeichnete, das Kernstück des Austritts bildet.

---

44 ABl. 1985 Nr. L 29/1. Zur Entlassung Grönlands und den daraus herrührenden Rechtsfolgen; vgl. *Ehlermann*, Mitgliedschaft in der EG, Rechtsprobleme der Erweiterung, der Mitgliedschaft und der Verkleinerung, EuR 1984, S. 113.

45 Veröffentlicht in ABl. 2020 L 29/7.

46 Der Verlauf der Verhandlungen und die wichtigsten Stationen bis zum Austritt am 31. Januar 2020 23h GTM (24h CTM) sind in der Vorauflage im einzelnen aufgeführt.

a) Austrittsabkommen

53 Aus dem Austrittsabkommen sind vor allem zwei Gesichtspunkte besonders hervorzuheben:

- *Das Problem der irischen Grenze*

Nachdem der von der EU verlangte **„Backstop"**, der zur Vermeidung einer fühlbaren Grenze zwischen Nordirland und der Republik Irland praktisch das gesamte Vereinigte Königreich in eine Zollunion mit der EU gezwungen hätte, enthält das Austrittsabkommen nun eine auch für das Vereinigte Königreich akzeptable Regelung.

Ein Protokoll zum Austrittsabkommen stellt unmissverständlich klar, dass Nordirland Teil des Zollgebiets des Vereinigten Königreichs ist. Die Handelsabkommen, die das Vereinigte Königreich nach Ablauf der Übergangsfrist am 31.12.2020 (soweit keine Verlängerung vereinbart wird) und dem Verlassen der Zollunion der EU schließen kann, gelten auch uneingeschränkt in Nordirland. Nordirland wird deshalb eine Grenze mit der Republik Irland und damit mit dem Binnenmarkt und der Zollunion der EU haben, was theoretisch auch Warenkontrollen an dieser Grenze verlangen würde. Dies widerspräche aber dem Friedensabkommen von Belfast aus dem Jahre 1998 (auch bekannt als *Good Friday Agreement*), das nach 30 Jahren Bürgerkrieg zwischen dem Vereinigten Königreich, der Republik Irland und Unionisten sowie Nationalisten in Nordirland geschlossen wurde.

Deshalb wurde im Austrittsabkommen vereinbart, die Zollgrenze zwischen dem Vereinigten Königreich und der EU ins Meer zwischen dem Vereinigten Königreich und Nordirland zu verlegen. Nordirland bleibt dabei allen relevanten Zoll- und Marktregelungen der EU unterworfen, insbesondere den Warenverkehrsregelungen, den Gesundheitsstandards, den Produktionsstandards, den Verkaufsmodalitäten für Agrarprodukte, den Mehrwert- und Verbrauchssteuerregeln sowie den Regelungen über die staatliche Beihilfenaufsicht. Die in Nordirland hergestellten Waren können so ohne jede Grenzkontrolle in die Republik Irland (und von dort an jeden Ort der EU) verbracht werden.

Alle anderen Waren und Produkte, die nach Nordirland eingeführt werden, werden von den britischen Zollbehörden in den Schiffs- und Flughäfen kontrolliert. Dabei muss vor allem festgestellt werden, ob diese Waren und Produkte allein für einen der britischen Märkte bestimmt sind, oder ob sie das „Risiko" in sich bergen, über die Republik Irland in das Marktgebiet der EU verbracht zu werden. Ein Gemeinsamer Ausschuss wird auf der Grundlage bestimmter Kriterien (Natur und Wert des Produkts, Verwendung zum Direktverbrauch oder zur weiteren Verarbeitung, Wahrscheinlichkeit des Missbrauchs, etc.) das „Risiko" einzugrenzen versuchen und Ausnahmen vorsehen. Die zollrechtliche Behandlung richtet sich dann nach der Zuordnung zum jeweiligen Zollgebiet: sofern die Ware für den Markt in Nordirland vorgesehen ist, finden die britischen Zollregeln vollumfänglich Anwendung; besteht hingegen das „Risiko", dass sich diese Waren auf dem Binnenmarkt der EU wiederfinden, gelten die zollrechtlichen Vorschriften der EU.

Nach der Übergangszeit kann das nordirische Parlament alle vier Jahre mit einfacher Mehrheit entscheiden, ob es die Anwendung der europäischen Regeln beibehalten will. Bei einer (nicht sehr wahrscheinlichen) negativen Entscheidung verlieren die europäischen Vorschriften nach zwei Jahren auch in Nordirland ihre Gültigkeit; der Gemeinsame Ausschuss muss in diesem Fall während der zwei Jahre eine andere Lösung finden, die eine physische Grenze zwischen Nordirland und der Republik Irland verhindert.

- *Gegenseitige Bürgerrechte*

Vor dem Hintergrund, dass 3,2 Millionen Unionsbürger im Vereinigten Königreich ansässig sind, und dass 1,2 Millionen britische Staatsangehörige in der EU leben, ist die Frage des gegenseitigen Schutzes der Bürgerrechte eine absolute Priorität. Nach dem Austrittsabkommen genießen Unionsbürger und britische Bürger, die ihr Recht auf Aufenthalt im jeweiligen Hoheitsgebiet vor dem Ende der Übergangszeit (31.12.2020 plus eventuell maximal 2 Jahre Verlängerung) ausgeübt haben und danach weiter dort wohnen, auf Lebenszeit alle Rechte, die ihnen auch vor dem Austritt zugestanden haben; dies schließt ihre Familienangehörigen mit ein. Sie können auch nach dem Ende der Übergangszeit weiter ihren Lebensschwerpunkt dort bewahren, arbeiten oder studieren. Ihre Ehepartner, Kinder oder Enkelkinder, die in einem anderen Staat leben, können jederzeit in das Hoheitsgebiet des Familienangehörigen übersiedeln. Die Berechtigten behalten auch sämtliche Ansprüche auf Gesundheitsleistungen und sonstige Leistungen der sozialen Sicherheit. Die gegenseitige Anerkennung von Berufsqualifikationen wird gewährleistet. Jedwede Diskriminierung aus Gründen der Staatsangehörigkeit ist auch weiterhin verboten, und dies über den Übergangszeitraum hinaus. Sie genießen vollständige Gleichbehandlung, insbesondere im Hinblick auf gleiche Rechte und Chancen beim Zugang zur Beschäftigung und Ausbildung.

Allerdings gelten diese Rechte nicht automatisch. Vielmehr mussten etwa Unionsbürger bis zum Juni 2021 ihren Status als Aufenthaltsberechtigter im Vereinigten Königreich geltend machen. Bei Versäumung der Frist kann dieser Status nur bei Vorliegen guter Gründe für die verspätete Antragsstellung erlangt werden.

- *Institutionelle Bestimmungen*

Ein Gemeinsamer Ausschuss, der sich zu gleichen Teilen aus Vertretern des Vereinigten Königreichs und der EU zusammensetzt, hat die Aufgabe, die Umsetzung und Anwendung des Austrittsabkommens zu überwachen und zu erleichtern. Er kann Beschlüsse fassen und beiden Parteien geeignete Empfehlungen unterbreiten (Art. 164ff. VK-EU-Abkommen). Der Ausschuss ist darüber hinaus insbesondere auch für die Regelung von Streitfällen zuständig. Falls es dem Ausschuss nicht gelingt, eine für beide Seiten akzeptable Lösung zu finden, kann jede der beiden Parteien ein spezifisches Schiedspanel bestehend aus 5 Richtern anrufen, an dessen Entscheidung die Parteien gebunden sind und deren Nichtbeachtung mit Sanktionen oder sogar der Aussetzung des Abkommens (allerdings mit Fortgeltung der gegenseitigen Bürgerrechte) geahndet werden kann. Falls der Streitfall Fragen zur Auslegung des Unionsrechts aufwirft, müssen diese dem EuGH zur Vorabentscheidung vorgelegt werden.

- *Finanzbestimmungen*

Das Vereinigte Königreich muss alle unter dem mehrjährigen Finanzrahmen der EU 2014–2020 eingegangenen finanziellen Verpflichtungen vollumfänglich erfüllen, einschließlich solcher, die über die Übergangsperiode hinausgehen (Art. 135ff. VK-EU-Abkommen). Auf eine einfache Formel gebracht bedeutet dies: die von der EU-28 eingegangenen finanziellen Verpflichtungen sind von der EU-28 zu erfüllen. Das Vereinigte Königreich zahlt folglich seinen Anteil am Europäischen Entwicklungsfonds oder der Fazilität für die Flüchtlinge in der Türkei. Es erfüllt seine Verpflichtungen gegenüber der Europäischen Investitionsbank bis 2030, während die Europäische Zentralbank dem Vereinigten Königreich seine Einlagen zurückbezahlt. Bis 2064 muss das Vereinigte Königreich auch seinen Anteil in die Pensionskasse der EU einzahlen. Obwohl noch keine endgültigen Zahlen vorliegen, wird der Gesamtaufwand des Vereinigten Königreichs allgemein auf 40 Milliarden Euro geschätzt.

b) Politische Erklärung

54 Dem Austrittsabkommen wurde eine Politische Erklärung vom 17. Oktober 2019 beigefügt[47], die die groben Linien für die Verhandlungen zwischen der EU und dem Vereinigten Königreich über die zukünftigen Beziehungen vorgezeichnet hat[48].

Die Politische Erklärung bekräftigt den Willen beider Parteien zu einer **ehrgeizigen, breiten, tiefen und flexiblen Partnerschaft,** deren Kern eine Freihandelszone sein sollte. Als Grundprinzip sollten dabei gelten, dass jedes einzelne Verhandlungsergebnis auf der einen Seite die vier Grundfreiheiten der EU, d.h. den freien Verkehr von Waren, Dienstleistungen, Kapital und Personen, und auf der anderen Seite die Souveränität des Vereinigten Königreichs respektieren soll.

Die Parteien strebten ein **ambitioniertes Freihandelsabkommen** an mit „Null-Zollsätzen, Null-Quoten und Null-Dumping". Es war ein besonderes Anliegen der EU, dass die künftigen Handelsbeziehungen auf **„gleichwertige Wettbewerbsbedingungen (level playing field)**" gegründet werden, wozu vor allem gemeinsame Standards in den Bereichen staatliche Beihilfen, soziale Sicherheit, Umwelt und Steuern vereinbart werden sollten.

47 ABl. 2020 L 34.
48 KOM (2019) 8000 endg.

Die Politische Erklärung enthält darüber hinaus Hinweise für die Verhandlungen betreffend die Finanzleistungen, die Zusammenarbeit in den Bereichen Sicherheit und Verteidigung und die Fischereirechte in den britischen Gewässern. Eine enge Zusammenarbeit sollte auch in den globalen Aufgaben wie z.B. dem Klimaschutz, dem Umweltschutz oder der Entwicklungshilfe vereinbart werden.

c) Handels- und Kooperationsabkommen

Das Handels- und Kooperationsabkommen wurde am 30. Dezember 2020 unterzeichnet. Es wurde seit dem 1. Januar 2021 vorläufig angewandt und trat am 1. Mai 2021 endgültig in Kraft. Das Handels- und Kooperationsabkommen begründet unter anderem eine umfassende Wirtschaftspartnerschaft. Diese beruht im Kern auf einem Freihandelsabkommen, das weder Zölle noch Quoten vorsieht und damit bedeutende Handelshemmnisse abwendet. Eine solche Partnerschaft braucht aber auch gerechte Rahmenbedingungen. Deshalb haben beide Seiten weitreichende Regelungen vereinbart, um fairen Wettbewerb zu garantieren. Dies betrifft den Bereich der staatlichen Beihilfen ebenso wie Standards im Verbraucherschutz, Arbeitnehmerschutz, Umwelt- und Klimabereich. Von einer echten Wirtschaftspartnerschaft könnte aber nicht die Rede sein, wenn die zukünftigen Beziehungen nicht auch über Handelsfragen hinausgingen. Die EU und das Vereinigte Königreich haben sich deshalb auch in vielen anderen Feldern über den Rahmen der künftigen Kooperation geeinigt: Hierbei geht es um Dienstleistungen, Berufsqualifikationen, öffentliche Beschaffung, Umwelt- und Energiefragen, Luft-, See- und Schienengüterverkehr sowie Regelungen zu Sozialversicherung oder Forschung und Entwicklung. Im Rahmen des Abkommens wird sich das Vereinigte Königreich auch in Zukunft an einer Reihe von EU-Programmen beteiligen. Um der engen Verflechtung und geographischen Nähe von EU und Vereinigtem Königreich Rechnung zu tragen, begründet das Abkommen darüber hinaus auch eine enge Sicherheitspartnerschaft. Diese ermöglicht die Kooperation in den Bereichen Justiz und Inneres. Konkret heißt das, dass beide Seiten weiterhin beispielsweise im Rahmen von Europol eng bei der Verbrechensbekämpfung zusammenarbeiten und sich gemeinsam in der Bekämpfung von Geldwäsche, transnationalem Verbrechen und Terrorismus abstimmen. Zudem regelt das Abkommen den gegenseitigen Datenaustausch, so zum Beispiel von Fluggastdaten oder Strafregistereinträgen. Entgegen dem Wunsch der EU enthält das Abkommen keine Regelungen zur Zusammenarbeit in der Außen- und Sicherheitspolitik. Die EU und das Vereinigte Königreich bleiben wichtige Partner in NATO, OSZE oder den Vereinten Nationen. **55**

IV. Die (Beitritts-)Assoziierung

Die Assoziierung ist eine besondere Form der vertraglichen Beziehungen zu den Drittstaaten, die über rein handelspolitische Regelungen hinaus eine enge wirtschaftliche Kooperation und finanzielle Unterstützung gewährt. **56**

In Gestalt der **Beitrittsassoziierung** ist sie gleichsam eine Vorstufe des Beitritts, auf der eine Annäherung der wirtschaftlichen und sozialen Bedingungen eines Beitrittskandidaten an die Verhältnisse innerhalb der EU angestrebt wird[49]. Dieses Verfahren hat sich bereits im Falle Griechenlands, das der damaligen EWG im Jahre 1962 assoziiert wurde, bewährt. Diesen Weg hat die EU auch zur Vorbereitung des Beitritts der mittel- und osteuropäischen Staaten mit den sogenannten **„Europa-Abkommen"** eingeschlagen. Anwendung findet diese Strategie nun auch im Rahmen des Beitrittsprozesses der Staaten des westlichen Balkans, die durch **Stabilisierungs- und Assoziierungsabkommen** (Republik Nordmazedonien, Albanien, Serbien, Montenegro), bzw. **Europäische Partnerschaftsabkommen** (Bosnien und Herzegowina,Kosovo) auf ihrem Weg zu einem möglichen Beitritt zur EU begleitet werden.

57 Eine institutionell wie materiell bereits weit reichende (Beitritts-) Assoziierung beinhaltet das **Abkommen über den Europäischen Wirtschaftsraum** (EWR), das zwischen der EU und ihren Mitgliedstaaten einerseits und den EFTA-Staaten andererseits besteht[50]. Innerhalb des EWR soll auf der Grundlage des Bestandes an primärem und sekundärem Unionsrecht („acquis communautaire") der freie Waren-, Personen-, Dienstleistungs- und Kapitalverkehr verwirklicht, eine einheitliche Wettbewerbs- und Beihilfenordnung statuiert sowie die Zusammenarbeit im Bereich der horizontalen Politiken (z.B. Umweltschutz, Forschung und Entwicklung, Bildung) vertieft werden[51]. Durch das EWR-Abkommen mit der EU verbunden waren ursprünglich Österreich, Island, Norwegen, Schweden, Finnland und Liechtenstein. Durch den Beitritt Österreichs, Finnlands und Schwedens zur EU sind Vertragspartner der EU im Rahmen des EWR-Abkommens nur noch Norwegen, Island und Liechtenstein.

Weiterführende Literatur: *Adam,* BREXIT, Eine Bilanz, 2019; *Beise,* Die DDR und die EG, EA 1990, S. 149 ff.; *Bruha,* Verfassungsrechtliche Aspekte der Rechtsetzung im EWR, Außenwirtschaft 1991, S. 357; *Burtscher,* Der EWR, in: Röttinger-Weyringer, Handbuch der europäischen Integration, S. 508; *Doehring,* Einseitiger Austritt aus der Europäischen Gemeinschaft, in FS Schiedermair, 2001, S. 695; *Ehlermann,* Mitgliedschaft in der EG, EuR 1984, S. 113 ff.; *EG-Kommission* (Hrsg.), Die Zwölfergemeinschaft nach dem Beitritt Spaniens und Portugals, 1985; *Hummer,* Der EWR und seine Auswirkungen auf Österreich, EuZW 1992, 361; *Jansohn,* Brexit means Brexit, Akademie der Wissenschaften und der Literatur, 2018; *Köck,* Ist ein EWG-Beitritt Österreichs zulässig?, 1987; *Kreidler-Pleus,* Der EG-Beitritt Portugals, 1990; *Lasok,* The UK as member of the EC, 1986; *Miller,* Rechtsprobleme der Mitgliedschaft Irlands in der EG, 1986; *Priebe,* Drei neue Beitrittsanträge – Was tun?, EuZW 2022, 345; *Rentmeister,* Österreich und die EG, Die politische Dimension

49 Vgl. dazu *Herrmann,* Das Institut der Assoziierung im Recht der EG, 1976; *Petersmann,* Struktur und aktuelle Rechtsfragen des Assoziierungsrechts, ZaöRV 1973, S. 266 ff.

50 Dieses Abkommen ist zum 1.1.1994 in Kraft getreten (Teilnahme Liechtensteins zum 1.5.1995).

51 Vertragstext in dt.BGBl. 1993 II 267; zum EWR-Vertrag s. *A. Streit,* Das Abkommen über den Europäischen Wirtschaftsraum, NJW 1994, S. 555 ff.

eines möglichen Beitritts, EA 1989, S. 155 ff, *Schumann*, Dänemark in der Gemeinschaft, 1985; *Sommermann*, Rechtsprobleme nach dem Eintritt Spaniens und Portugals in die EG, DVBl. 1987, S. 936; *v.d. Groeben*, Die Erweiterung der EG durch den Beitritt der Länder Griechenland, Spanien und Portugal, 1979; *Wölker*, Rechtsprobleme nach dem Eintritt Spaniens und Portugals in die EG, JZ 1988, S. 140 ff.

§ 2 Ziele, Methoden und Akteure der europäischen Einigung

A. Ziele der europäischen Einigung

Die verstärkten europäischen Einigungsbemühungen nach dem Ende des Zweiten Weltkriegs beruhten – wie bereits gesehen – auf der Einsicht, dass nur durch die Einigung Europas ein Schlussstrich unter die Geschichte der Kriege und des Blutvergießens, der Leiden und der Zerstörung in Europa gezogen werden konnte. **58**

Von diesem Grundanliegen sind auch die ursprünglichen Gründungsverträge der EG und die heute geltenden EU-Verträge geprägt. Als oberste Ziele formulieren sie die Wahrung und Festigung des Friedens, die wirtschaftliche Einigung zum Nutzen aller innerhalb der EU lebenden Bürger durch Schaffung eines europäischen Binnenmarktes, das Streben nach politischer Einheit und nicht zuletzt die Stärkung und Förderung des sozialen Zusammenhalts in der Union (vgl. den Zielekatalog in Art. 3 EUV).

I. Die Sicherung des Friedens

Bereits der Schuman-Plan, der zur Gründung der EGKS geführt hat, sah in der deutsch-französischen Aussöhnung nicht nur das Kernstück einer neuen europäischen Ordnung, sondern zielte ausdrücklich auf die Schaffung von Bedingungen ab, die jeden Krieg unwahrscheinlich, wenn nicht unmöglich machen sollten. Dies ist mit der Schaffung zunächst der E(W)G und danach der EU gelungen. Mehr als 70 Jahre Frieden in Europa beweisen das. Gewalt in der Form des Krieges ist zwischen den Mitgliedstaaten der EU undenkbar geworden. 2012 wurde die EU für ihren Einsatz für Frieden, Versöhnung, Demokratie und Menschenrechte in Europa mit dem Friedensnobelpreis ausgezeichnet. **59**

Frieden in Europa ist aber keine Selbstverständlichkeit, wie der am 24.2.2022 begonnene Angriffskrieg Russlands gegen die Ukraine nachdrücklich vor Augen geführt hat. Deshalb gilt es mehr als je zuvor über die innerhalb der EU geschaffene Friedenszone hinaus friedensstiftend tätig zu werden. Der EU kommt hier eine besondere Rolle und Verantwortung zu, die im Rahmen der Zusammenarbeit der Mitgliedstaaten der EU in der Außen- und Sicherheitspolitik wahrgenommen werden muss.

II. Die wirtschaftliche Einigung

60 Die wirtschaftliche Einigung war stets die Triebfeder des europäischen Einigungsprozesses. Die **Europäische Gemeinschaft für Kohle und Stahl** (EGKS) erfüllte diese Aufgabe bis 2002 im Rahmen der gemeinschaftlichen Verwaltung der Kohle- und Stahlindustrie. Mit Wirkung vom 24. Juli 2002 wurden die Bereiche Kohle und Stahl zunächst den Regeln des EG-Vertrages und später den Regeln der EU-Verträge unterstellt. Zu den Zielen der **Europäischen Atomgemeinschaft** (EAG) heißt es in Art. 1 des EAG-Vertrages: „Aufgabe der Atomgemeinschaft ist es, durch die Schaffung der für die schnelle Bildung und Entwicklung der Kernindustrien erforderlichen Voraussetzungen zur Hebung der Lebenshaltung in den Mitgliedstaaten und zur Entwicklung der Beziehungen mit den anderen Ländern beizutragen." Die **Europäische Wirtschaftsgemeinschaft** (EWG) ging über den sektoriellen Ansatz der beiden anderen Gemeinschaften hinaus, indem sie die Mitgliedstaaten auf allen Wirtschaftsgebieten zu einer Gemeinschaft zusammenführen sollte.

61 Als **grundlegende Ziele dieser Einigung** gelten bis heute:
- die harmonische Entwicklung des Wirtschaftslebens
- eine beständige und ausgewogene Wirtschaftsausweitung
- die Hebung des Lebensstandards
- das Bemühen um ein hohes Beschäftigungsniveau
- die Gewährleistung wirtschafts- und währungspolitischer Stabilität.

Im Mittelpunkt der wirtschaftlichen Einigung stehen dabei (1) die Errichtung eines Gemeinsamen Marktes/Binnenmarktes, (2) die schrittweise Annäherung der Wirtschaftspolitiken der Mitgliedstaaten und (3) die Errichtung einer Wirtschafts- und Währungsunion.

1. Die Errichtung eines Gemeinsamen Marktes/Binnenmarktes

62 Was mit der Errichtung eines Gemeinsamen Marktes gemeint war, wird deutlich, wenn man die zur **Herstellung des Gemeinsamen Marktes** notwendigen Maßnahmen betrachtet:
- die Abschaffung der Zölle und mengenmäßigen Beschränkungen bei der Ein- und Ausfuhr von Waren sowie aller sonstigen Maßnahmen gleicher Wirkung zwischen den Mitgliedstaaten
- eine gemeinsame Handelspolitik gegenüber dritten Ländern
- die Beseitigung der Hindernisse für den freien Waren-, Personen-, Dienstleistungs- und Kapitalverkehr zwischen den Mitgliedstaaten
- die Errichtung eines Systems, das den Wettbewerb innerhalb des Gemeinsamen Marktes vor Verfälschungen schützt
- die Angleichung der innerstaatlichen Rechtsvorschriften, soweit dies für das Funktionieren des Gemeinsamen Marktes erforderlich ist.

Neben dem Begriff des Gemeinsamen Marktes ist durch die EEA der Begriff des **Binnenmarktes** eingefügt worden. Nach Art. 26 Abs. 2 AEUV umfasst der Binnenmarkt *„... einen Raum ohne Binnengrenzen, in dem der freie Verkehr von Waren, Personen, Dienstleistungen und Kapital ... gewährleistet ist."* Die Konzeption des Binnenmarktes[52] orientiert sich inhaltlich an der des Gemeinsamen Marktes und soll die gleichen Ziele verwirklichen, bedeutet jedoch eine qualitative Verbesserung von Marktfreiheits- und Gleichheitsrechten[53]. **63**

2. Die schrittweise Annäherung der Wirtschaftspolitik der Mitgliedstaaten und die Errichtung der Wirtschafts- und Währungsunion

Nach Art. 119 AEUV umfasst die Tätigkeit der Mitgliedstaaten und der EU im Rahmen der wirtschaftlichen Einigung: **64**

„(1) ... die Einführung einer Wirtschaftspolitik, die auf einer engen Koordinierung der Wirtschaftspolitik der Mitgliedstaaten, dem Binnenmarkt und der Festlegung gemeinsamer Ziele beruht und dem Grundsatz einer offenen Marktwirtschaft mit freiem Wettbewerb verpflichtet ist.

(2) Parallel dazu umfasst diese Tätigkeit ... eine einheitliche Währung, den Euro, sowie die Festlegung und Durchführung einer einheitlichen Geld- sowie Wechselkurspolitik, die beide vorrangig das Ziel der Preisstabilität verfolgen und unbeschadet dieses Zieles die allgemeine Wirtschaftspolitik in der Union unter Beachtung des Grundsatzes einer offenen Marktwirtschaft mit freiem Wettbewerb unterstützen sollen.

(3) Diese Tätigkeit der Mitgliedstaaten und der Union setzt die Einhaltung der folgenden richtungweisenden Grundsätze voraus: stabile Preise, gesunde öffentliche Finanzen und monetäre Rahmenbedingungen sowie eine dauerhaft finanzierbare Zahlungsbilanz."

III. Die politische Einigung

Die politische Einigung Europas sollte nach den Vorstellungen der Gründungsväter der früheren EWG zwangsläufig aus dem wirtschaftlichen Integrationsprozess hervorgehen. Die wirtschaftliche Einigung, auf die man sich zunächst in konkreter Form verständigt hatte, war zu keiner Zeit Selbstzweck, sondern lediglich ein Zwischenstadium auf dem Weg zur politischen Einigung. In der Präambel zum EGKS-Vertrag wird dies mit den Worten zum Ausdruck gebracht, durch *„konkrete Leistungen"* sei zunächst eine *„tatsächliche Verbundenheit" zu* schaffen, und die *„Einrichtung einer wirtschaftlichen Gemeinschaft"* solle *„den ersten Grundstein für eine weitere und vertiefte Gemeinschaft unter Völkern legen"*. Die Präambel des EWG-Vertrages spricht den festen Willen aus, *„die Grundlagen für einen immer engeren Zusammenschluß der europäischen Völker zu schaffen"*. **65**

52 Vgl. dazu *Grabitz*, Über die Verfassung des Binnenmarktes, in: FS für Steindorff, 1990, S. 1229 ff.

53 S. dazu ausführlich unter § 7 B.

66 Bereits zu Beginn der 60er Jahre zeigte sich jedoch im Scheitern der Fouchet-Pläne, dass auch ein erfolgreiches Wirken der Wirtschaftsgemeinschaft nicht automatisch in die Qualität einer unauflöslichen politischen Gemeinschaft umschlägt. Dies vor allem deshalb nicht, weil zwar über die Grundlagen der wirtschaftlichen Einigung ein mehr oder weniger breiter Konsens unter den Mitgliedstaaten bestand, eine gemeinsame „europäische Philosophie“ im Hinblick auf Struktur und Inhalt der künftigen politischen Gemeinschaft aber selbst unter den ursprünglichen sechs Mitgliedstaaten nicht vorhanden war. Die später vollzogenen Beitritte haben diese Situation noch verschärft. Die zunächst vorherrschenden Integrationsvorstellungen der europäischen Föderalisten, für die eine europäische politische Gemeinschaft nur in Form eines Europäischen Bundesstaates denkbar war, wurden vor allem durch den vom französischen Staatspräsidenten *de Gaulle* vorgetragenen Gedanken eines „Europa der Vaterländer“, das auf der Zusammenarbeit souveräner Nationalstaaten beruht, zurückgedrängt. Seine konkreten Vorstellungen über dieses „Europa der Vaterländer“ umriss *de Gaulle* am 5. September 1960 auf einer Pressekonferenz wie folgt:

„Die Schaffung Europas, das heißt seine Einigung, ist sicher eine wichtige Sache … Warum sollte dieser große Herd der Zivilisation, der Stärke, der Vernunft und des Fortschrittes unter seiner eigenen Asche erlöschen? Allerdings darf man auf einem solchen Gebiet nicht Träumen nachhängen, sondern muss die Dinge so sehen, wie sie sind. Welches sind die Realitäten Europas und die Eckpfeiler, auf denen man weiterbauen könnte? In Wirklichkeit sind es die Staaten … Es ist eine Schimäre, zu glauben, man könne etwas Wirksames schaffen und dass die Völker etwas billigen, was außerhalb oder über dem Staat stehen würde … Gewiss trifft es zu, dass, bevor man das Europa-Problem in seiner Gesamtheit behandelt hat, gewisse mehr oder weniger supranationale Einrichtungen geschaffen werden konnten. Diese Einrichtungen haben ihren technischen Wert, aber sie haben und können keine Autorität und politische Wirksamkeit besitzen … Frankreich hält die Gewährleistung der regelmäßigen Zusammenarbeit der europäischen Staaten für wünschenswert, möglich und praktisch auf dem Gebiet der Politik, der Wirtschaft, der Kultur und der Verteidigung … Das erfordert ein organisiertes, regelmäßiges Einvernehmen der verantwortlichen Regierungen und die Tätigkeit von den Regierungen unterstellten Spezialorganisationen auf jedem der gemeinsamen Gebiete.“

67 Erst nach dem Rücktritt *de Gaulles* konnten der politischen Einigung auf den Gipfelkonferenzen der Staats- und Regierungschefs in Den Haag Ende 1969 und den Pariser Konferenzen von 1972 und 1974 wieder neue Impulse gegeben werden. Der hier begonnene Neuanfang der politischen Einigung wurde sehr behutsam vorbereitet, da auch Frankreich unter Staatspräsident *Pompidou* grundsätzlich an der Idee des Europas der Vaterländer festhielt. Deshalb versuchte man auch nicht die ideologischen Fragen der europäischen Einigung zu lösen, sondern die Staats- und Regierungschefs beschränkten sich unter Bekräftigung ihres *„Glaubens an die politischen Zielsetzungen, die der Gemeinschaft ihren ganzen Sinn und ihre Tragweite verleihen“*

auf die Proklamierung einer noch nicht näher definierten *„Europäischen Union"* als Fernziel für die achtziger Jahre[54].

Diesen Gedanken von der „Europäischen Union" nahm die Einheitliche Europäische Akte (EEA) von 1986/1987 auf, indem sie in ihrer Präambel den Willen der Staats- und Regierungschefs der damals bereits 12 Mitgliedstaaten bekundet, die Gesamtheit der Beziehungen zwischen den Mitgliedstaaten in eine Europäische Union umzuwandeln. Der Einstieg in diese Europäische Union ist schließlich mit dem am 1. November 1993 in Kraft getretenen „Vertrag über die Europäische Union" vollzogen worden. Der frühere Unionsvertrag verstand sich als *„eine neue Stufe bei der Verwirklichung einer immer engeren Union der Völker Europas […], in der die Entscheidungen möglichst bürgernah getroffen werden"* (ex-Art. 1 UAbs. 2 EUV). **68**

Mit dem Vertrag von Lissabon ist der politische Bereich weiter gestärkt und ausgebaut worden. Konkrete politische Aufgaben sind der EU dabei im Zusammenhang mit dem Kampf gegen den *Klimawandel*, der *Unionsbürgerschaft* sowie der *Gemeinsamen Außen- und Sicherheitspolitik* übertragen worden. **69**

Die EU bekämpft den **Klimawandel** durch eine ehrgeizige Politik innerhalb ihrer eigenen Grenzen und durch enge Zusammenarbeit mit internationalen Partnern. Der Klimaschutz steht im Mittelpunkt des europäischen Grünen Deals, eines ambitionierten Maßnahmenpakets, das von einer erheblichen Senkung der Treibhausgasemissionen über Investitionen in Spitzenforschung und Innovation bis hin zur Erhaltung der natürlichen Umwelt Europas reicht. Zu den ersten Klimaschutzinitiativen im Rahmen des Grünen Deals gehören:

- das europäische Klimagesetz zur Verankerung des Ziels der Klimaneutralität bis 2050 im EU-Recht,
- der europäische Klimapakt zur Einbindung der Bürgerinnen und Bürger sowie aller Bereiche der Gesellschaft in den Klimaschutz,
- der Klimazielplan für 2030 zur Erhöhung des Reduktionsziels für die Netto-Treibhausgasemissionen auf mindestens 55 % bis 2030,
- die neue EU-Strategie zur Anpassung an den Klimawandel mit dem Ziel, Europa bis 2050 zu einer klimaresilienten und vollständig an die unvermeidbaren Folgen des Klimawandels angepassten Gesellschaft zu machen.

Mit der **Unionsbürgerschaft** wurden die Rechte und Interessen der Staatsangehörigen der Mitgliedstaaten innerhalb der EU weiter gestärkt[55]. Im Bereich der Justiziellen Zusammenarbeit in Strafsachen geht es vor allem um die Wahrnehmung von Aufgaben durch die EU, die im gemeinsamen europäischen Interesse liegen. Dazu gehören insbesondere die Bekämpfung der organisierten Kriminalität und des Menschenhandels sowie die Strafverfolgung[56].

---

54 Vgl. etwa die „Feierliche Deklaration zur Europäischen Union" auf dem Stuttgarter Gipfel vom 19.6.1983, abgedruckt in: BullEG 5-1983, S. 26 ff.

55 Einzelheiten dazu unter § 4 D.

56 Einzelheiten dazu unter § 19.

Im Rahmen der **Gemeinsamen Außen- und Sicherheitspolitik** kommen der EU insbesondere folgende Aufgaben zu: (1) Wahrung der gemeinsamen Werte, der grundlegenden Interessen und der Unabhängigkeit der EU, (2) Stärkung der Sicherheit der EU und ihrer Mitgliedstaaten, (3) Wahrung des Weltfriedens und Stärkung der internationalen Sicherheit, (4) Förderung der internationalen Zusammenarbeit, (5) Förderung von Demokratie und Rechtsstaatlichkeit sowie Wahrung der Menschenrechte und Grundfreiheiten, (6) Aufbau einer gemeinsamen Verteidigung.

IV. Die soziale Dimension

70 Die europäische Einigung enthält schließlich auch eine soziale Komponente. Ziel der EU ist die Sicherung des sozialen Fortschritts und die Verbesserung der Lebens- und Arbeitsbedingungen sowie die Stärkung des sozialen Zusammenhalts. Die EU bekämpft soziale Ausgrenzung und Diskriminierung und fördert soziale Gerechtigkeit und sozialen Schutz, die Gleichstellung von Frauen und Männern, die Solidarität zwischen den Generationen und den Schutz der Rechte der Kinder (Art. 3 Abs. 3 EUV).

Die soziale Dimension ist im Laufe der Jahre immer weiter gestärkt worden. Setzte man ursprünglich auf das Wirken des Gemeinsamen Marktes, der gleichsam automatisch zu einer Angleichung der nationalen Sozialordnungen führen und damit letztendlich die soziale Identität der EU hervorbringen sollte, so wurden vor allem im Zuge der Verwirklichung des Binnenmarktes und der Schaffung der Europäischen Union die Befugnisse der EU im sozialpolitischen Bereich erheblich erweitert. Während bis dahin die Sozialpolitik weitgehend Sache der Mitgliedstaaten war, kann die EU nunmehr die sozialpolitischen Tätigkeiten in geteilter Zuständigkeit mit den Mitgliedstaaten wahrnehmen (Art. 4 AEUV)[57].

B. Die Methode der europäischen Einigung

71 Die europäische Einigung wird geprägt von zwei unterschiedlich angelegten Konzeptionen der Zusammenarbeit der europäischen Staaten. Sie lassen sich durch die Begriffe **Kooperation** und **Integration** kennzeichnen. Daneben hat sich als weitere Methode die **Verstärkte Zusammenarbeit** herausgebildet.

I. Kooperation der Staaten

72 Das Wesen der Kooperation besteht darin, dass die Nationalstaaten zwar über ihre nationalen Grenzen hinweg zur Zusammenarbeit mit anderen Staaten bereit sind, dies jedoch nur unter prinzipieller Aufrechterhaltung ihrer nationalstaatlichen Souveränität. Das auf einer Kooperation beruhende Einigungsbemühen richtet sich

57 Weitere Einzelheiten dazu unter § 4 C. IV.

dementsprechend nicht auf die Schaffung eines neuen Gesamtstaates, sondern beschränkt sich auf die Verbindung souveräner Staaten zu einem Staatenbund, in dem die nationalstaatlichen Strukturen erhalten bleiben *(Konföderation)*. Dem Prinzip der Kooperation entspricht die Arbeitsweise im Rahmen des Europarats und der OECD.

II. Das Konzept der Integration

Das Integrationskonzept durchbricht das traditionelle Nebeneinander von National- **73**
staaten. Die überkommene Auffassung von der Unantastbarkeit und Unteilbarkeit der Souveränität der Staaten weicht der Überzeugung, dass die unvollkommene Ordnung des menschlichen und staatlichen Zusammenlebens, die eigene Unzulänglichkeit des nationalen Systems und die in der europäischen Geschichte zahlreichen Machtübergriffe eines Staates auf andere (sog. Hegemonie) nur überwunden werden können, wenn die einzelnen nationalen Souveränitäten zu einer gemeinsamen Souveränität zusammengelegt und auf höherer Ebene in einer übernationalen Gemeinschaft verschmolzen werden. Das Ergebnis dieser Operation ist die Existenz eines Europäischen (Bundes-) Staates, in dem unter Bewahrung der Eigenheiten der in ihm zusammengeschlossenen Nationen die Geschicke der Menschen von Gemeinschaftsgewalten gelenkt und ihre Zukunft gesichert wird *(Föderation)*.

Die EU ist eine Schöpfung dieses Integrationskonzeptes, auch wenn es aufgrund des Beharrungsvermögens der Mitgliedstaaten hinsichtlich ihrer nationalen Souveränität einer Modifikation bedurfte. Die Mitgliedstaaten waren nämlich nicht bereit, die nach dem Zweiten Weltkrieg wiedererlangte und gerade verfestigte Struktur ihres Nationalstaates zugunsten eines Europäischen Bundesstaates preiszugeben. Es musste also ein Kompromiss gefunden werden, der – ohne einen Europäischen Bundesstaat errichten zu müssen – mehr als eine bloße Kooperation der Staaten gewährleistete. Die Lösung bestand darin, den Mitgliedstaaten nicht die vollständige Preisgabe ihrer Souveränität abzuverlangen, sondern lediglich die Aufgabe des Dogmas von ihrer Unteilbarkeit. Es ging also zunächst nur darum, festzustellen, auf welchen Sachgebieten die Mitgliedstaaten bereit waren, auf einen Teil ihrer Souveränität zugunsten einer ihnen allen übergeordneten Gemeinschaft freiwillig zu verzichten. Das Ergebnis dieser Bemühungen spiegeln die drei Gründungsverträge der EGKS, der EWG und der EAG wider.

In ihnen und den heutigen Unionsverträgen sind diejenigen Gebiete im Einzelnen aufgeführt, auf denen der EU Hoheitsrechte übertragen worden sind. Dabei wird der EU und ihren Organen keine generelle Befugnis zum Erlass der zur Verwirklichung der Vertragsziele erforderlichen Maßnahmen erteilt, sondern Art und Umfang der Befugnisse zum Tätigwerden ergeben sich aus den jeweiligen Vertragsvorschriften *(Prinzip der begrenzten Ermächtigung)*. Auf diese Weise bleibt der Verzicht auf eigene Befugnisse für die Mitgliedstaaten überschaubar und kontrollierbar.

III. Verstärkte Zusammenarbeit

74 Mit dem Instrument der verstärkten Zusammenarbeit wird die Grundlage für die Umsetzung der Idee von der **Integration mit verschiedenen Geschwindigkeiten** geschaffen. Es soll auch kleineren Kreisen von Mitgliedstaaten die Möglichkeit gegeben werden, auf einem bestimmten Gebiet, das in die Zuständigkeit der EU fällt, in der Integration fortzuschreiten, ohne dabei durch die zögernden oder ablehnenden Mitgliedstaaten gehindert zu werden.

Nachdem die Bedingungen und Verfahren für die Nutzung dieses Instruments ursprünglich (Vertrag von Amsterdam) noch sehr streng gehalten waren, wurden sie im Hinblick auf die Erweiterung der EU auf damals 27 Mitgliedstaaten etwas offener gestaltet (Vertrag von Nizza). Der Vertrag von Lissabon bündelt die bisherigen Vorschriften zur Verstärkten Zusammenarbeit in Art. 20 EUV (Rahmenbedingungen) und in den Art. 326–334 AEUV (ergänzende Bedingungen, Beitritt, Verfahren, Abstimmungsregeln).

Die Regelungen für eine verstärkte Zusammenarbeit können wie folgt zusammengefasst werden:

- Eine derartige Zusammenarbeit kann nur im Rahmen der bestehenden Kompetenzen der EU genutzt werden und muss der Verwirklichung der Ziele der EU dienen und den europäischen Integrationsprozess fördern (Art. 20 EUV). Sie ist deswegen nicht geeignet, die in der EU-Vertragsarchitektur angelegten Defizite der Wirtschafts- und Währungsunion abzubauen. Die verstärkte Zusammenarbeit darf den Binnenmarkt und den wirtschaftlichen und sozialen Zusammenhalt der EU nicht beeinträchtigen. Zudem darf sie zu keiner Behinderung, zu keiner Diskriminierung im Handel zwischen den Mitgliedstaaten sowie zu keiner Verzerrung des Wettbewerbs führen (Art. 326 AEUV). Die Zuständigkeiten, Rechte, Pflichten und Interessen der nicht an der Zusammenarbeit beteiligten Mitgliedstaaten müssen beachtet werden (Art. 327 AEUV).
- Die verstärkte Zusammenarbeit muss allen Mitgliedstaaten offenstehen. Außerdem muss es den Mitgliedstaaten gestattet sein, sich jederzeit der Zusammenarbeit anzuschließen, vorausgesetzt, die betroffenen Mitgliedstaaten kommen den im Rahmen der verstärkten Zusammenarbeit gefassten Beschlüssen nach. Die Kommission und die Mitgliedstaaten tragen dafür Sorge, dass sich eine möglichst große Zahl von Mitgliedstaaten an der verstärkten Zusammenarbeit beteiligt (Art. 328 AEUV).
- Eine verstärkte Zusammenarbeit kann nur als letztes Mittel in Anspruch genommen werden, wenn der Rat zu dem Schluss gelangt ist, dass die mit dieser verstärkten Zusammenarbeit angestrebten Ziele unter Anwendung der einschlägigen Bestimmungen der Verträge nicht in einem vertretbaren Zeitraum verwirklicht werden können. Die Mindestschwelle für eine verstärkte Zusammenarbeit beträgt neun Mitgliedstaaten (Art. 20 Abs. 2 EUV).
- Die im Rahmen einer verstärkten Zusammenarbeit angenommenen Rechtsakte sind nicht Teil des Besitzstandes der EU. Diese Rechtsakte haben nur in den Mit-

gliedstaaten, die sich an der Beschlussfassung beteiligen, unmittelbare Geltung (Art. 20 Abs. 4 EUV). Die Mitgliedstaaten, die sich nicht daran beteiligen, stehen deren Durchführung allerdings nicht im Wege.

- Die sich aus einer verstärkten Zusammenarbeit ergebenden Ausgaben werden mit Ausnahme der Verwaltungskosten von den beteiligten Mitgliedstaaten finanziert, sofern der Rat nicht nach Anhörung des Europäischen Parlaments durch einstimmigen Beschluss etwas anderes beschließt (Art. 332 AEUV).
- Rat und Kommission müssen sicherstellen, dass die im Rahmen einer verstärkten Zusammenarbeit durchgeführten Maßnahmen mit dem sonstigen politischen Handeln der EU im Einklang stehen (Art. 334 AEUV).

Für die Einhaltung des Verfahrens für eine verstärkte Zusammenarbeit gelten mit Aus- **75**
nahme der Gemeinsamen Außen- und Sicherheitspolitik folgende allgemeine Regeln (Art. 329 Abs. 1 AEUV): Die Mitgliedstaaten, die in diesen Bereichen eine verstärkte Zusammenarbeit zu begründen beabsichtigen, richten einen Antrag an die Kommission, die dem Rat einen entsprechenden Vorschlag vorlegen kann. Auf Vorschlag der Kommission erteilt der Rat die Ermächtigung mit qualifizierter Mehrheit nach Zustimmung des Europäischen Parlaments. Über einen Antrag eines Mitgliedstaats, sich einer verstärkten Zusammenarbeit anzuschließen, entscheidet die Kommission.

In der **Praxis** ist auf dieses Instrument bisher in **vier Fällen** zurückgegriffen worden: Erstmals in der Geschichte der EU bedienten sich 14 Mitgliedstaaten Mitgliedstaaten (Belgien, Bulgarien, Deutschland, Frankreich, Italien, Lettland, Luxemburg, Malta, Österreich, Portugal, Rumänien, Slowenien, Spanien und Ungarn) des Verfahrens der verstärkten Zusammenarbeit, um eine Regelung zu treffen, die Ehepaaren unterschiedlicher Staatsangehörigkeit bei einer **Scheidung** die Wahl des anwendbaren Rechts überlässt. Das Ergebnis ist in der Verordnung (EU) Nr. 1259/2010 des Rates vom 20. Dezember 2010 über die Umsetzung der verstärkten Zusammenarbeit im Bereich des bei Scheidung und Trennung anwendbaren Rechts niedergelegt[58]. Ein zweiter Anwendungsfall betrifft die Schaffung eines einheitlichen **Patentschutzes in Europa**, der es Unternehmen oder Privatpersonen ermöglichen, ihre Erfindungen in 25 Mitgliedstaaten mit einem einzigen Europäischen Patent schützen zu lassen (nur Spanien und Kroatien unterstützen diese Initiative nicht)[59] Für die Durchführung der verstärkten Zusammenarbeit regelt die Verordnung (EU) 1257/2012[60], die Bestimmungen zu den Voraussetzungen für den Erhalt eines einheitlichen Patentschutzes, zu seiner Rechtswirkung und zu den anzuwen-

58 ABl. 2010, Nr. L 343/10. In Ergänzung hierzu hat die Kommission am 2. März 2016 Vorschläge zur Präzisierung des Güterrechts für internationale Ehen oder eingetragene Partnerschaften vorgelegt, die von 17 Mitgliedstaaten unterstützt werden.

59 ABl. 2011, Nr. L 76/53. Die Klagen gegen den Beschluss über die verstärkte Zusammenarbeit hat der EuGH abgewiesen (C-274/11 u. C-295/11, Spanien u. Italien/Rat, ECLI:EU:C:2012:782.

60 VO (EU) 1257/2012 über die Verstärkte Zusammenarbeit im Bereich eines einheitlichen Patents, ABl. 2012 L 361.

denden Übersetzungsregelungen enthalten. Ergänzt wird diese Verordnung durch ein Abkommen über die Errichtung eines europäischen Patentgerichts, dem sich 25 Mitgliedstaaten angeschlossen haben und an das derzeit 18 Mitgliedstaaten gebunden sind. Sobald das Abkommen von mindestens 13 Mitgliedstaaten ratifiziert worden ist, können diese Regelungen in Kraft treten. Ein dritter Anwendungsfall betrifft die **Einführung einer Finanztransaktionssteuer**, die von insgesamt 10 Mitgliedstaaten (Belgien, Deutschland, Griechenland, Spanien, Frankreich, Italien, Österreich, Portugal, Slowenien und Slowakei) unterstützt wird[61]. Ein vierter Anwendungsfall ist die **Errichtung einer Europäischen Staatsanwaltschaft**, an der sich gegenwärtig 22 Mitgliedstaaten beteiligen[62]

76 Im **Bereich der Gemeinsamen Außen- und Sicherheitspolitik (GASP)** gelten spezifische Anwendungsregeln (Art. 329 Abs. 2 AEUV). Eine verstärkte Zusammenarbeit im Bereich der GASP hat zum Ziel, die Werte der EU zu wahren und ihren Interessen zu dienen, insbesondere unter Achtung der Grundsätze, der Ziele, der allgemeinen Leitlinien und der Kohärenz der GASP sowie der Zuständigkeiten der EU und der Kohärenz zwischen der Unionspolitik insgesamt und dem außenpolitischen Handeln der EU. Die Mitgliedstaaten, die eine verstärkte Zusammenarbeit zu begründen beabsichtigen, richten einen Antrag an den Rat. Dieser Antrag wird dem Hohen Vertreter der EU für die GASP, der insbesondere zur Kohärenz der beabsichtigten verstärkten Zusammenarbeit mit der GASP Stellung nimmt, sowie der Kommission, die insbesondere zur Kohärenz der beabsichtigten verstärkten Zusammenarbeit mit der EU-Politik Stellung nimmt, übermittelt. Der Antrag wird ferner dem Europäischen Parlament zur Unterrichtung übermittelt. Die Ermächtigung zur Einleitung der verstärkten Zusammenarbeit erfolgt durch den Rat, der einstimmig entscheidet. Dabei können alle Mitglieder des Rates an den Beratungen teilnehmen, aber nur die Mitglieder des Rates, die an der verstärkten Zusammenarbeit teilnehmen, sind stimmberechtigt. Einstimmigkeit bezieht sich deshalb auch nur auf die Stimmen der Vertreter dieser Mitgliedstaaten (Art. 330 AEUV). Einen praktischen Anwendungsfall hat es bisher nicht gegeben.

C. Die Akteure der europäischen Einigung

I. Die Rolle der Mitgliedstaaten

77 Die Mitgliedstaaten sind nach wie vor die Verfassungsgeber. Sie sind die „Herren der Verträge"[63]. Sie bestimmen bis zur Übertragung auch der verfassungsgebenden Ge-

---

61 Vorschlag für eine RL des Rates über die Umsetzung der Verstärkten Zusammenarbeit im Bereich der Finanztransaktionssteuer, KOM (2013) 71 endg.

62 Verordnung (EU) 2017/1939 des Rates vom 12.10.2017 zur Durchführung einer Verstärkten Zusammenarbeit zur Errichtung der Europäischen Staatsanwaltschaft (EUStA), ABl. L 283/1-71; siehe Einzelheiten untet §20 E.

63 Diesen Ausdruck prägte *Everling*, Sind die Mitgliedstaaten der Europäischen Gemeinschaften noch Herren der Verträge? FS für Mosler, 1982.

walt auf die Union über die Grundlagen und Wesenszüge sowie über Fortschritte und Veränderungen der europäischen Einigung. Dies geschieht in Form des Abschlusses völkerrechtlicher Verträge. Ausdruck dieser verfassungsgebenden Gewalt sind neben den Gründungsverträgen der Europäischen Gemeinschaften (EGKS, EWG, EAG) etwa auch die Einheitliche Europäische Akte und die Verträge über die Europäische Union (Verträge von Maastricht, Amsterdam, Nizza und zuletzt Lissabon).

Auch die der EU übertragenen Kompetenzen sind nicht genereller Natur, sondern 78 beziehen sich auf mehr oder weniger klar umrissene Regelungsbereiche, die den Organen der EU zur Wahrnehmung überantwortet wurden. Dies geschieht im Wesentlichen im Wege der Gesetzgebung. Der Vollzug dieser Gesetze liegt hingegen weitgehend in den Händen der Verwaltungen und Gerichte der Mitgliedstaaten. Damit hängt zugleich die Lebensfähigkeit der EU entscheidend von den Mitgliedstaaten ab. In Kenntnis dieser Abhängigkeit haben sich die Mitgliedstaaten deshalb selbst gewisse rechtliche Bindungen auferlegt. In erster Linie ist hier der Grundsatz der Unionstreue zu nennen. Danach treffen die Mitgliedstaaten alle geeigneten Maßnahmen, um ihre unionsrechtlichen Verpflichtungen zu erfüllen. Sie unterstützen die Organe der EU bei der Erfüllung ihrer Aufgaben und unterlassen alle Maßnahmen, die die Verwirklichung der Ziele der EU gefährden könnten (Art. 4 Abs. 3 EUV).

II. Die Rolle des Europäischen Rates

Die Aufgabe des Europäischen Rates besteht vor allem darin, die für die weitere Ent- 79 wicklung erforderlichen Impulse zu geben und die allgemeinen politischen Zielvorstellungen und Prioritäten hierfür festzulegen (Art. 15 Abs. 1 EUV). Dies geschieht durch den Erlass politischer Grundsatzentscheidungen oder die Formulierung von Richtlinien und Aufträgen für die Arbeit des Rates der EU und der Kommission. Derartige Anstöße sind vom Europäischen Rat etwa für die Wirtschafts- und Währungsunion, die Direktwahlen des Europäischen Parlaments sowie für sozialpolitische Aktivitäten und Beitrittsfragen ausgegangen. Der Präsident des Europäischen Rates nimmt die Außenvertretung der EU in Angelegenheiten der Gemeinsamen Außen- und Sicherheitspolitik wahr.

III. Die Rolle der anderen Unionsorgane

Den anderen EU-Organen kommt vor allem die Aufgabe zu, den durch die Mit- 80 gliedstaaten vorgegebenen Integrationsrahmen durch unionseigene Rechtsetzung auszufüllen. Die Hauptakteure im Rechtsetzungsverfahren sind das Europäische Parlament, der Rat der EU, die Europäische Kommission sowie zwei beratende Ausschüsse in Gestalt des Europäischen Wirtschafts- und Sozialausschusses und des Ausschusses der Regionen[64]. Nur in Ausnahmefällen, wie etwa im Bereich des Wettbewerbsrechts, treten die EU-Organe, allen voran die Europäische Kommissi-

64 Die einzelnen Organe werden ausführlich unter § 5 A. vorgestellt.

on, auch als Vollzugsorgane auf. Die Wahrung des Rechts durch diese Organe bei der Erfüllung ihrer Aufgaben sichert der Gerichtshof der EU. Über die Rechtmäßigkeit und Ordnungsgemäßheit der Einnahmen und Ausgaben der EU sowie über die Wirtschaftlichkeit der Haushaltsführung wacht der Europäische Rechnungshof. Die einheitliche Währung, der Euro, liegt in den Händen der Europäischen Zentralbank.

Weiterführende Literatur: *Behrens*, Integrationstheorie, RabelsZ 1981, S. 8; *von Bogdandy* (Hrsg.), Die Europäische Option, 1993; *Everling*, Reflections on the Structure of the European Union, CMLRev. 1992, S. 1053 ff.; *ders.*, Vom Zweckverband zur Europäischen Union – Überlegungen zur Struktur der Europäischen Gemeinschaft, FS für Ipsen, 1988, S. 596; *Fischer/Kommer*, Verstärkte Zusammenarbeit der EU. Ein Modell für Kooperationsfortschritte in der Wirtschafts- und Sozialpolitik?, Friedrich Ebert Stiftung, 2011; *von der Groeben*, Ziele und Methoden der Europäischen Integration, 1972; *Hallstein*, Die Europäische Gemeinschaft, 5. Aufl. 1979; *Merten* (Hrsg.), Föderalismus und Europäische Gemeinschaften, Berlin 1990; *Oppermann*, Die Europäische Gemeinschaft als parastaatliche Superstruktur – Skizze einer Realitätsbeschreibung, FS für Ipsen, 1988, S. 685–699; *Zuleeg*, Die Europäische Gemeinschaft als Integrationsverband, FS für Carstens, 1984, S. 289.

§ 3 Die Rechtsquellen des Unionsrechts

81 Der Begriff „Rechtsquelle" hat eine zweifache Bedeutung. In seiner ursprünglichen Wortbedeutung umschreibt er den Entstehungsgrund des Rechts, d.h. die Motivation zur Schaffung des Rechts. In diesem Sinne wäre Rechtsquelle des Unionsrechts die internationale Solidarität und der Wille, ein einiges Europa im Wege wirtschaftlicher Verflechtung zu schaffen. Im juristischen Sprachgebrauch wird unter dem Begriff „Rechtsquelle" dagegen die Herkunft und Verankerung des Rechts verstanden. In diesem Sinne bilden die Rechtsquellen in ihrer Gesamtheit die Unionsrechtsordnung. Sie können unterschieden werden nach geschriebenen Rechtsquellen, ungeschriebenen Rechtsquellen und Absprachen zwischen den Mitgliedstaaten.

A. Geschriebene Rechtsquellen

I. Das primäre Unionsrecht

82 Als primäres Unionsrecht wird das **unmittelbar von den Mitgliedstaaten geschaffene Recht** bezeichnet. Es enthält die grundlegenden Rechtssätze über die Zielsetzungen, die Organisation und die Funktionsweise der EU sowie Teile des Wirtschaftsrechts. Das primäre Unionsrecht gibt damit die verfassungsrechtlichen Rahmenbedingungen der EU vor, die von den dazu eigens mit legislativen und administrativen Befugnissen ausgestatteten Unionsorganen im Unionsinteresse auszufüllen sind.

Zum primären Unionsrecht gehören die Unionsverträge (dazu unter 1.), die an diesen Verträgen vorgenommenen Änderungen und Ergänzungen (dazu unter 2.) sowie die Beitrittsverträge (dazu unter 3.).

1. Die Unionsverträge

Als geschriebene Quellen des Unionsrechts sind zunächst die **beiden jüngsten Unionsverträge** (einschließlich der den Verträgen beigefügten Anhänge, Anlagen und Protokolle) zu nennen, die durch den am 1. Dezember 2009 in Kraft getretenen Vertrag von Lissabon neu gestaltet bzw. neu geschaffen wurden: 83

- Der *Vertrag über die Europäische Union* („EUV"), der aus dem Vertrag zur Gründung der EU (Vertrag von Maastricht) hervorgegangen ist.
- Der *Vertrag über die Arbeitsweise der Europäischen Union* („AEUV"), der aus dem Vertrag über die Errichtung der Europäischen Gemeinschaft hervorgegangen ist.
- Der EU-Vertrag und der AEU-Vertrag haben den *gleichen rechtlichen Stellenwert.* Diese ausdrückliche rechtliche Klarstellung ist nötig, da der neue Titel des früheren EG-Vertrags („Vertrag über die Arbeitsweise der EU") und die Art der Regelungsdichte in beiden Verträgen den falschen Eindruck erwecken können, dass es sich beim EU-Vertrag um eine Art Grundgesetz oder Grundlagenvertrag handelt, während der AEU-Vertrag eher als Durchführungsvertrag konzipiert erscheint. EU-Vertrag und AEU-Vertrag haben keinen formellen Verfassungscharakter.
- Daneben besteht weiterhin der *Vertrag zur Gründung der Europäischen Atomgemeinschaften* („EAGV" – EURATOM) vom 25. März 1957 – „Römischer Vertrag".

Den Unionsverträgen gleichgestellt ist die **Charta der Grundrechte der Europäischen Union** (vgl. Art. 6 Abs. 1 EUV).

2. Änderungs- und Ergänzungsverträge

Die Gründungsverträge von EGKS, EWG und EAG sahen bereits Bestimmungen zur **Fortbildung und Änderung** des primären Gemeinschaftsrechts vor. Im EU-Vertrag sind die Regeln über die Fortbildung und Änderung des primären Unionsrechts nunmehr einheitlich in Art. 48 EUV niedergelegt. Von der Möglichkeit der Änderung und Ergänzung der Verträge ist bereits häufig Gebrauch gemacht worden. Erwähnung verdienen vor allem das Abkommen über die Einsetzung Gemeinsamer Organe für die Europäischen Gemeinschaften vom 25. März 1957 (l. Fusionsvertrag), das Abkommen zur Einsetzung eines gemeinsamen Rates und einer gemeinsamen Kommission der Europäischen Gemeinschaften vom 8. April 1965 (2. Fusionsvertrag) einschließlich des Protokolls über die Vorrechte und Befreiungen der EG sowie die Verträge zur Änderung bestimmter Haushalts- und Finanzvorschriften der Gründungsverträge vom 22. April 1970 bzw. vom 22. Juli 1975, die Einheitliche Europäische Akte (EEA) vom Februar 1986 (am 1. Juli 1987 in Kraft getreten), der Vertrag über die Europäische Union vom 7. Februar 1992 („Maastricht-Vertrag" – am 1. November 1993 in Kraft getreten) mit seinen Änderungsverträgen von Amsterdam (am 1. Mai 1999 in Kraft getreten) und von Nizza (am 1. Februar 2003 in Kraft getreten) sowie zuletzt die Verträge über die EU und die Arbeitsweise der EU („Lissabon-Vertrag" – am 1. Dezember 2009 in Kraft getreten). 84

3. Beitrittsverträge

85 Zum primären Unionsrecht gehören schließlich auch die im Zuge der Erweiterung der EG/EU geschlossenen Beitrittsverträge von 1972 (l. Erweiterung 1973: Dänemark, Irland und Vereinigtes Königreich)[65], von 1979 (2. Erweiterung 1981: Griechenland)[66], von 1985 (3. Erweiterung 1986: Spanien und Portugal)[67], von 1994 (4. Erweiterung 1995: Österreich, Finnland und Schweden)[68], von 2004 (5. Erweiterung: Estland, Lettland, Litauen, Malta, Polen, Slowakische Republik, Slowenien, Tschechische Republik, Ungarn, Zypern), von 2007 (6. Erweiterung: Rumänien und Bulgarien) und von 2013 (7. Erweiterung: Kroatien), einschließlich der Akte über die Beitrittsbedingungen und die Anpassungen der Verträge, soweit sie Vorschriften des primären Unionsrechts betreffen.

II. Das sekundäre Unionsrecht

86 Das sekundäre Unionsrecht umfasst das von den Organen der EU aufgrund der Verträge geschaffene Recht. Es besteht aus Rechtsakten mit Gesetzescharakter, Rechtsakten ohne Gesetzescharakter (einfache Rechtsakte, delegierte Rechtsakte, Durchführungsrechtsakte), unverbindlichen Rechtsakten (Empfehlungen und Stellungnahmen) sowie sonstigen Rechtshandlungen, die keine Rechtsakte sind[69].

Die Schaffung des sekundären Unionsrechts erfolgt allmählich und fortschreitend. Durch seinen Erlass wird das primäre Unionsrecht, das durch die Unionsverträge gebildet wird, mit Leben erfüllt und die europäische Rechtsordnung im Laufe der Zeit verwirklicht und vervollständigt.

III. Völkerrechtliche Abkommen der EU

87 Diese **dritte Rechtsquelle** hängt mit der Rolle der EU auf internationaler Ebene zusammen. Als einer der Anziehungspunkte in der Welt kann Europa sich nicht darauf beschränken, nur seine eigenen inneren Angelegenheiten in die Hand zu nehmen, sondern muss sich vor allem auch um seine wirtschaftlichen, sozialen und politischen Beziehungen zu anderen Ländern in der Welt bemühen. Zu diesem Zweck schließt die EU mit den „Nichtmitgliedstaaten" der EU (sog. Drittstaaten) und anderen Internationalen Organisationen völkerrechtliche Abkommen, die von Verträgen über eine umfassende Kooperation auf handelspolitischem, industriellem, sozialpolitischem oder technischem Gebiet bis zu Abkommen über den Handel mit einzelnen Produkten reichen (Art. 207, 217, 218 AEUV).

---

65 ABl. 1972 Nr, C 73.

66 ABl. 1979 Nr. C 291.

67 ABL 1985 Nr. C 302.

68 ABL 1994 Nr. C 241.

69 Vgl. Einzelheiten dazu unter § 5 C. „Die Rechtsakte und Rechtshandlungsformen".

Drei Formen vertraglicher Beziehungen zu den Drittstaaten sind hervorzuheben:

1. Assoziierungsabkommen (Art. 217 AEUV)

Die **Assoziierung** geht über die Regelung rein handelspolitischer Fragen weit hinaus und ist auf eine enge wirtschaftliche Kooperation mit weitreichender finanzieller Unterstützung des Vertragspartners durch die EU ausgerichtet[70]. Zu unterscheiden sind drei Formen von Assoziierungsabkommen: **88**

a) Abkommen zur Aufrechterhaltung der besonderen Bindungen einiger Mitgliedstaaten der EU zu Drittländern (Art. 198 AEUV)

Anlass für die Schaffung des Instruments der Assoziierung waren insbesondere die außereuropäischen Länder und Gebiete, die mit Belgien, Dänemark, Frankreich, Italien, den Niederlanden und dem Vereinigten Königreich als deren ehemalige Kolonien besonders enge Wirtschaftsbeziehungen unterhielten. Da die Einführung eines gemeinsamen Außenzolls in der EU den Handelsaustausch mit diesen Gebieten erheblich gestört hätte, waren Sonderregelungen notwendig. Ziel der Assoziierung dieser Länder und Hoheitsgebiete ist deshalb die Förderung ihrer wirtschaftlichen und sozialen Entwicklung und die Herstellung enger Wirtschaftsbeziehungen zwischen ihnen und der gesamten Union (Art. 198 AEUV). So bestehen eine ganze Reihe von Präferenzregelungen, die die Einfuhren von Waren aus diesen Ländern und Hoheitsgebieten zu einem ermäßigten oder Null-Zollsatz ermöglichen. Die finanzielle und technische Hilfe der EU wird über den Europäischen Entwicklungsfonds abgewickelt. **89**

Das in der Praxis mit Abstand wichtigste Übereinkommen ist das EU-AKP-Partnerschaftsabkommen, das die EU mit 77 Staaten **A**frikas, der **K**aribik und des **P**azifiks verbindet. Es wurde am 23. Juni 2000 in **Cotonou** (Benin) unterzeichnet[71] und galt bis 2020. Dieses Abkommen wurde in ein neues **Wirtschaftliches Partnerschaftsabkommen** (**E**conomic **P**artnership **A**greement) zwischen der EU und ihren Mitgliedstaaten einerseits und den Mitgliedern der Organisation afrikanischer, karibischer und pazifischer Staaten andererseits überführt, das am 15.11.2023 unterzeichnet wurde und seit dem 1.1.2024 vorläufig angewendet wird. Die vorläufige Anwendung gilt bis das für das Inkrafttreten des Abkommens erforderliche Verfahren auf beiden Seiten abgeschlossen ist.[72] Ziel dieser Abkommen ist die Schaffung **90**

70 *Herrmann*, Das Institut der Assoziierung im Recht der Europäischen Gemeinschaften, 1976; *Petersmann*, Struktur und aktuelle Rechtsfragen des Assoziierungsrechts, ZaöRV 35 (1975), S. 213.

71 ABl. 2000 Nr. L 317; zuletzt geändert durch das 2. Änderungsabkommen v. 23.6.2010, ABl. Nr. L 287/3.

72 Partnerschaftsabkommen zwischen der europäischen Union und ihren Mitgliedstaaten einerseits und den Mitgliedern der Organisation afrikanischer, karibischer und pazifischer Staaten andererseits, ABl. 2023 Nr. L 2023/2862 vom 28/12.2013.

einer Freihandelszone, die den AKP-Staaten schrittweise den freien Zugang zum europäischen Binnenmarkt gewährt, die regionale Integration fördert sowie Handel für Wachstum und nachhaltige Entwicklung nutzt.

91 Darüber hinaus hat die EU im Rahmen der **Östlichen Partnerschaft Assoziierungsabkommen** mit der Ukraine (Inkrafttreten 1.9.2017)[73], der Republik Moldawien (Inkrafttreten 1.7.2016)[74] und Georgien (Inkrafttreten 1.6.2016)[75] abgeschlossen.

b) Abkommen zur Vorbereitung eines möglichen Beitritts (Art. 217 AEUV)

92 Daneben wird die Assoziierung auch zur Vorbereitung eines möglichen Beitritts eines Landes zur EU eingesetzt[76]. Sie ist gleichsam eine Vorstufe des Beitritts, auf der eine Annäherung der wirtschaftlichen Bedingungen eines Beitrittskandidaten an die EU angestrebt wird.[77]

c) Abkommen über den Europäischen Wirtschaftsraum „EWR"

93 Das Abkommen über den EWR erschließt den (Rest-)EFTA-Staaten (Norwegen, Island und Liechtenstein) den EU-Binnenmarkt und stellt durch die Übernahmeverpflichtung von beinahe zwei Dritteln des Unionsrechts eine sichere Grundlage für einen möglichen späteren Beitritt dieser Länder zur EU dar[78].

2. Kooperationsabkommen (Art. 218 AEUV)

94 Nicht so weit wie die Assoziierungsabkommen gehen die sogenannten **Kooperationsabkommen**, die allein auf eine intensive wirtschaftliche Zusammenarbeit gerichtet sind. Solche Abkommen verbinden die EU u.a. mit den Maghreb-Staaten (Marokko, Algerien und Tunesien), den Mashrik-Staaten (Ägypten, Jordanien, Libanon und Syrien), mit Israel und nach dem Brexit auch mit dem Vereinigten Königreich.

---

73 Assoziierungsabkommen zwischen der Europäischen Union und der Europäischen Atomgemeinschaft und ihren Mitgliedstaaten einerseits und der Ukraine andererseits, ABl. Nr. L 161/3-2137 vom 29.5.2014.

74 Assoziierungsabkommen zwischen der Europäischen Union und der Europäischen Atomgemeinschaft und ihren Mitgliedstaaten einerseits und der Republik Moldau andererseits, ABl. Nr. L 260/4-738 vom 30.8.2014.

75 Assoziierungsabkommen zwischen der Europäischen Union und der Europäischen Atomgemeinschaft und ihren Mitgliedstaaten einerseits und Georgien andererseits, ABl. Nr. L 261/4-743 vom 30.8.2014.

76 Zu den Europa-Abkommen und dem erweiterten Stabilisierungs- und Assoziierungsprozess (SAP) vgl. § 1 C. IV.

77 Vgl. dazu unter C. IV.

78 Weitere Einzelheiten unter § 1 C. IV.

3. Handelsabkommen (Art. 218 AEUV)

Schließlich gibt es eine Vielzahl von Handelsabkommen, die mit einzelnen Drittstaaten, Gruppen von Drittstaaten oder im Rahmen internationaler Handelorganisationen auf zoll- und handelspolitischem Gebiet abgeschlossen werden. Die wichtigsten internationalen Handelsabkommen sind das *„Übereinkommen zur Gründung der Welthandelsorganisation"* (World Trade Organisation „WTO") und die in seinem Rahmen abgeschlossenen multilateralen Handelsabkommen, von denen als die wichtigsten zu nennen sind: das **„General Agreement on Tariffs and Trade"** (GATT 1994), der *„Antidumping- und Subventionskodex"*, das *„Allgemeine Übereinkommen über den Handel mit Dienstleistungen"* (GATS), das *„Übereinkommen über handelspolitische Aspekte der Rechte des geistigen Eigentums"* (TRIPS) sowie die *„Vereinbarung über Regeln und Verfahren zur Beilegung von Streitigkeiten"*. Daneben haben in immer stärkerem Maße **bilaterale Freihandelsabkommen** gegenüber den multilateralen Abkommen an Boden gewonnen. Aufgrund der enormen Schwierigkeiten, im Rahmen der WTO multilaterale Liberalisierungsabkommen zu schließen (ein Beispiel sind die ernüchternden Ergebnisse der Verhandlungen der Doha-Agenda), haben sich alle großen Handelsnationen, darunter auch die EU, dem Abschluss bilateraler Freihandelsabkommen zugewendet. Beispiele für die EU sind der erfolgreiche Abschluss der Verhandlungen mit Süd-Korea, Kanada (CETA-Comprehensive Economic and Trade Agreement), Singapur, Japan, Neuseeland, Vietnam, Chile, Mexiko, Schweiz. Vetrhandlungen laufen gegenwärtig vor allem mit Australien, Indien, Indonesien, Thailand und den Mercosur Staaten (Argentinien, Brasilien, Paraguay, Uruguay), wobei über den Handelsteil bereits im Juni 2019 eine politische Eingung erzielt wurde. Hingegen sind die Verhandlungen mit den USA (TTIP) gescheitert und durch ein Mandat für eine weit weniger weitreichende Übereinkunft betreffend die Abschaffung von Zöllen auf industrielle Güter ersetzt worden[79]. Sobald auch nur eine Bestimmung der Abkommen in die geteilte Zuständigkeit der EU und der Mitgliedstaaten fällt, z.B. eine Regelung zu Investment-Schiedsgerichten, kann die EU diese dann gemischten Freihandelsabkommen nur gemeinsam mit den Mitgliedstaaten und unter Mitwirkung der nationalen Parlamente abschließen[80]. 95

B. Ungeschriebene Rechtsquellen

Den bisher aufgeführten Rechtsquellen der EU ist gemeinsam, dass es sich dabei um **geschriebenes Unionsrecht** handelt. Wie jede andere Rechtsordnung auch kann die Unionsrechtsordnung aber nicht ausschließlich aus geschriebenen Normen bestehen, weil jede Rechtsordnung Lücken aufweist, die durch **ungeschriebenes Recht** auszufüllen sind. 96

79 Ratsbeschluss v. 15.4.2019, 6052/19.

80 So EuGH, Gutachten 2/15 v. 16.5.2017, ECLI:EU:C:2017:376.

I. Allgemeine Rechtsgrundsätze

97 Ungeschriebene Quellen des Unionsrechts sind zunächst die **allgemeinen Rechtsgrundsätze**[81].

Dabei handelt es sich um Normen, die die elementaren **Vorstellungen von Recht und Gerechtigkeit** zum Ausdruck bringen, denen jede Rechtsordnung verpflichtet ist. Das geschriebene Unionsrecht, das im Wesentlichen nur wirtschaftliche und soziale Sachverhalte regelt, kann diese Verpflichtung nur zum Teil erfüllen, so dass die allgemeinen Rechtsgrundsätze eine der wichtigsten Rechtsquellen der EU darstellen. Durch sie können die vorhandenen Lücken geschlossen oder das bestehende Recht durch Auslegung im Sinne des Gerechtigkeitsprinzips fortentwickelt werden.

98 Die **Verwirklichung** der Rechtsgrundsätze erfolgt durch die Rechtsanwendung, insbesondere durch die Rechtsprechung des Gerichtshofs der EU[82], der gemäß Art. 19 EUV *„die Wahrung des Rechts bei der Auslegung und Anwendung der Verträge"* zu sichern hat.

99 **Bezugspunkte** für die Ermittlung der allgemeinen Rechtsgrundsätze sind vornehmlich die gemeinsamen Rechtsgrundsätze der Rechtsordnungen der Mitgliedstaaten. Sie liefern das Anschauungsmaterial, aus dem die für die Lösung eines Problems notwendige Rechtsregel auf EU-Ebene entwickelt wird.

Zu diesen allgemeinen Rechtsgrundsätzen gehören etwa neben den Verfassungsgrundsätzen der Eigenständigkeit, der unmittelbaren Anwendbarkeit, des Vorrangs des Unionsrechts und der Grundsatz der Haftung der Mitgliedstaaten für Verletzungen des Unionsrechts auch die Gewährleistung der Grundrechte sowie die Grundsätze der Verhältnismäßigkeit und des Vertrauensschutzes, die inzwischen teilweise positiv-rechtlich geregelt sind (Charta der Grundrechte, Grundsatz der Verhältnismäßigkeit in Art. 5 Abs; 4 EUV und Protokoll Nr. 2).[83]

II. Gewohnheitsrecht

100 Zum ungeschriebenen Unionsrecht zählt daneben auch das Gewohnheitsrecht. Darunter versteht man durch Übung und Rechtsüberzeugung entstandenes Recht, das primäres oder sekundäres Recht ergänzt oder ändert. Die Möglichkeit der Existenz solchen Gewohnheitsrechts wird grundsätzlich anerkannt[84]. Die tatsächliche Her-

81 Dazu allgemein: *Meessen*, Zur Theorie allgemeiner Rechtsgrundsätze des internationalen Rechts. Der Nachweis allgemeiner Rechtsgrundsätze des Europäischen Gemeinschaftsrechts, JIR 17 (1975), S. 283.

82 *Lecheler*, Der Europäische Gerichtshof und die allgemeinen Rechtsgrundsätze, Schriften zum Öffentlichen Recht, Bd. 177 (1971); *Rengeling*, Die Entwicklung verwaltungsrechtlicher Grundsätze durch den Gerichtshof der Europäischen Gemeinschaften, EuR 1984, S. 351 f.

83 Einzelheiten dazu unter § 6 B. IV.

84 Vgl. *Bleckmann*, Zur Funktion des Gewohnheitsrechts im Europäischen Gemeinschaftsrecht, EuR 1981, S. 101–123.

ausbildung von Gewohnheitsrecht unterliegt auf der Ebene des Unionsrechts allerdings wesentlichen Grenzen.

Eine Grenze ergibt sich aus der Existenz eines speziellen Verfahren zur Vertragsänderung (Art. 48 EUV). Dadurch wird zwar die Herausbildung von Gewohnheitsrecht nicht schlechthin ausgeschlossen, jedoch verschärft diese Tatsache die Anforderungen, die an den Nachweis einer lang andauernden Übung und einer entsprechenden Rechtsüberzeugung zu stellen sind. Jedes Organhandeln der EU muss zudem seinen Geltungsgrund in den Unionsverträgen finden, nicht jedoch aufgrund des tatsächlichen Verhaltens und eines entsprechenden Rechtsbindungswillens. Daraus folgt, dass Gewohnheitsrecht im Range von Vertragsrecht in keinem Fall von den EU-Organen, sondern allenfalls von den Mitgliedstaaten unter den soeben beschriebenen verschärften Bedingungen ausgehen kann. Übungen und Rechtsüberzeugungen der EU-Organe können allerdings im Rahmen der Auslegung der von diesen Organen geschaffenen Rechtssätze herangezogen werden, wodurch unter Umständen die rechtliche und tatsächliche Tragweite des betreffenden Rechtsaktes geändert wird. Allerdings sind auch hierbei die durch das primäre Unionsrecht vorgegebenen Voraussetzungen und Grenzen zu beachten.

C. Absprachen zwischen den Mitgliedstaaten der EU

Als *letzte Rechtsquelle* der EU sind die Absprachen zwischen den Mitgliedstaaten zu **101**
nennen. Diese werden zum einen getroffen, wenn es um die Regelung von Fragen geht, die zwar in einem engen Zusammenhang zur Tätigkeit der EU stehen, für die den EU-Organen aber keine Kompetenz übertragen worden ist.

I. Völkerrechtliche Abkommen

Zunächst existieren echte völkerrechtliche Abkommen zwischen den Mitgliedstaa- **102**
ten, mit denen insbesondere die territoriale Beschränktheit nationaler Regelungen überwunden und einheitliches Recht auf Ebene der Union geschaffen werden soll. Dies ist vor allem von Bedeutung im Bereich des internationalen Privatrechts. Als Beispiele seien hier erwähnt:

- Übereinkommen über die **gerichtliche Zuständigkeit** und die **Vollstreckung gerichtlicher Entscheidungen** in Zivil- und Handelssachen vom 27.9.1968, in Kraft getreten am 1.2.1973[85]; dieses Übereinkommen ist im Verhältnis zwischen den Mitgliedstaaten mit Ausnahme Dänemarks durch die Verordnung (EG) Nr. 44/2001 des Rates vom 22.11.2000 über die gerichtliche Zuständigkeit und die Anerkennung und Vollstreckung von Entscheidungen in Zivil- und Handelssachen (EuGVVO) ersetzt worden[86].

---

85 ABl. 1973 Nr. C 97/2.

86 ABl. 2001 Nr. L 12/1; diese VO ist am 1.3.2002 in Kraft getreten.

- Übereinkommen über die **gegenseitige Anerkennung von Gesellschaften und juristischen Personen** vom 29.2.1968[87].
- Übereinkommen über die **Beseitigung der Doppelbesteuerung** im Falle von Gewinnberichtigungen zwischen verbundenen Unternehmen vom 23.6.1990[88].

103 Die Mitgliedstaaten der EU können daneben völkerrechtliche Abkommen schließen, deren Regelungsgegenstand zwar in einem engen faktischen Zusammenhang mit der Tätigkeit der EU steht, für die aber keine Kompetenz an die EU-Organe übertragen worden ist. Zu nennen sind vor allem

- das Übereinkommen über das auf **vertragliche Schuldverhältnisse** anzuwendende Recht vom 19.6.1980[89],
- die Vereinbarung über **Gemeinschaftspatente** vom 15.12.1989[90]; diese Vereinbarung ist im Rahmen der Verstärkten Zusammenarbeit in die Verordnung (EU) Nr. 1257/2012 über das EU-Patent überführt und damit dem EU-Recht unmittelbar zugeordnet worden[91],
- Das Abkommen über Stabilität, Koordinierung und Steuerung in der Wirtschafts- und Währungsunion (sog. **Fiskalpakt 2012**), das von 25 der damals 27 Mitgliedstaaten (Vereinigtes Königreich und die tschechische Republik blieben dem Pakt fern, Kroatien war noch kein Mitglied der EU) am 2. März 2012 unterzeichnet wurde.[92]

Diese Abkommen unterliegen uneingeschränkt den völkerrechtlichen Regeln.

II. Beschlüsse der im Rat vereinigten Vertreter der Regierungen der Mitgliedstaaten

104 Auf diese Handlungsform wird zurückgegriffen, wenn Zweifel über die Reichweite der Zuständigkeit der EU bestehen, die zu treffende Regelung jedoch zur Verwirklichung der Vertragsziele als notwendig erachtet wird. Dabei handelt es sich um Übereinkommen der Mitgliedstaaten in Form eines Beschlusses der im Rat vereinigten Vertreter der Regierungen der Mitgliedstaaten, der gleichzeitig mit einem Unionsrechtsakt des als EU-Organ handelnden Rates verbunden wird[93]. Ihre formelle Zugehörigkeit zum Unionsrecht ist jedoch nur insoweit sichergestellt, als sich diese Rechtsakte in den Rahmen der Unionsverträge einfügen[94]. Dabei kommt es ent-

87 BGBl. 1972 II S. 370 f.

88 ABl. 1990 Nr. L 225/10.

89 ABl. 1980 Nr. L 266/1.

90 ABl. 1989 Nr. L 401/1. Diese Vereinbarung ist jedoch nie in Kraft getreten.

91 Vgl. dazu unter § 2 B. III. „Verstärkte Zusammenarbeit“.

92 Einzelheiten dazu unter § 8 II.2.e).

93 Bsp.: Beschluss des Rates 76/787 (EGKS, EWG, EAG) vom 20.6.1976 und der ihm beigefügte „Akt zur Einführung allgemeiner unmittelbarer Wahlen der Abgeordneten der Versammlung“ (d.h. des EP).

94 *Everling*, Zur rechtlichen Wirkung von Beschlüssen, Entschließungen, Erklärungen und Vereinbarungen des Rates oder der Mitgliedstaaten der EG, GS für Constantinesco, 1983, S. 133–156.

scheidend darauf an, ob diese Rechtsakte eine von der Zuständigkeit der EU erfasste Politik betreffen und eine allgemeine Überzeugung über die Verbindlichkeit dieser Rechtsakte besteht[95].

D. Schematische Übersicht über die Rechtsquellen des Unionsrechts

(1) Primäres Recht:
- Unionsverträge (EUV, AEUV, EAGV), Charta der Grundrechte
- Allgemeine (Verfassungs-)Rechtsgrundsätze

(2) Völkerrechtsabkommen der EU

(3) Sekundäres Recht:

- ***Rechtsakte mit Gesetzescharakter***
  - Verordnungen
  - Richtlinien
  - Beschlüsse
- ***Rechtsakte ohne Gesetzescharakter***
  - Einfache Rechtsakte
  - Delegierte Rechtsakte
  - Durchführungsrechtsakte
- ***Unverbindliche Rechtsakte***
  - Empfehlungen und Stellungnahmen
- ***Sonstige Handlungen, die keine Rechtsakte sind***
  - Interinstitutionelle Vereinbarungen
  - Entschließungen, Erklärungen, Aktionsprogramme

(4) Allgemeine Rechtsgrundsätze

(5) Übereinkommen zwischen den Mitgliedstaaten:
- Völkerrechtliche Übereinkommen
- Beschlüsse der im Rat vereinigten Vertreter der Regierungen der Mitgliedstaaten

Weiterführende Literatur: *Bernhardt,* Quellen des Gemeinschaftsrechts: Die „Verfassung der Gemeinschaft", in: Kommission (Hrsg.), Dreißig Jahre Gemeinschaftsrecht, 1983, S. 77–90; *Bleckmann,* Die Rechtsquellen des Europäischen Gemeinschaftsrechts, NVwZ 1993, 824; *Gilsdorf,* Die Rechtswirkungen der im Rahmen von Gemeinschaftsabkommen erlassenen Organbeschlüsse, EuZW 1991, S. 459; *Hirsch,* Die Rechtsprechung des Europäischen Gerichtshofs zu Assoziierungsabkommen, BayVBl. 1997, S. 449; *Knauff,* Ungeschriebenes Primärrecht, in: FS für Scheuing, 2011, S. 127; *Kort,* Zur europarechtlichen Zulässigkeit von Abkommen der Mitgliedstaaten untereinander, JZ 1997, S. 640; *Ott,* GATT und WTO im Gemeinschaftsrecht, 1996.

95 EuGH Rs. 44/84, Hurd, Slg. 1986, 29/77.

§ 4 Die Verfassungsprinzipien

A. Rechtscharakter der Europäischen Union

105 Der Rechtscharakter der EU lässt sich wie bei jeder politischen Organisation anhand ihrer Rechtsnatur und ihrer Rechtspersönlichkeit bestimmen.

Während es bei der *Rechtsnatur* um die allgemeine rechtliche Erfassung einer Organisation geht, regelt die *Rechtspersönlichkeit* die Frage, inwieweit die betreffende Organisation im Rechts- und Geschäftsverkehr Träger von Rechten und Pflichten ist.

I. Rechtsnatur der EU

106 Die Rechtsnatur der EU ist anhand ihrer charakteristischen Eigenschaften zu bestimmen. Diese sind bereits im Hinblick auf die ursprüngliche EWG in zwei grundlegenden Urteilen des Gerichtshofs der EU aus den Jahren 1963 und 1964 herausgearbeitet worden, haben aber nach wie vor Gültigkeit auch für die Europäische Union in ihrer heutigen Gestalt.

- **Die Rechtssache „Van Gend & Loos"**

In diesem Rechtsstreit klagte das niederländische Transportunternehmen „Van Gend & Loos" vor einem niederländischen Gericht gegen die niederländische Zollverwaltung, die für die Einfuhr eines chemischen Erzeugnisses aus Deutschland einen gegenüber früheren Einfuhren erhöhten Zoll erhoben hatte. Das Unternehmen sah in dieser Praxis einen Verstoß gegen Artikel 12 EWGV (jetzt Art. 30 AEUV), der den Mitgliedstaaten die Einführung neuer und die Erhöhung bestehender Zölle im Gemeinsamen Markt verbietet. Das niederländische Gericht setzte daraufhin das Verfahren aus und rief den EuGH mit der Bitte an, die inhaltliche und rechtliche Tragweite der fraglichen Vorschrift des Gründungsvertrages der EWG zu klären.

Der EuGH nahm diesen Rechtsstreit zum Anlass, einige grundlegende Feststellungen zur Rechtsnatur der EWG zu treffen. In seiner Entscheidung vom 5. Februar 1963 führt der EuGH aus:

„Das Ziel des EWG-Vertrages ist die Schaffung eines gemeinsamen Marktes, dessen Funktionieren die der Gemeinschaft angehörigen Einzelnen unmittelbar betrifft; damit ist zugleich gesagt, dass der Vertrag mehr ist als ein Abkommen, das nur wechselseitige Verpflichtungen zwischen den vertragsschließenden Staaten begründet. Diese Auffassung wird durch die Präambel des Vertrags bestätigt, die sich nicht nur an die Regierungen, sondern auch an die Völker richtet. Sie findet eine noch augenfälligere Bestätigung in der Schaffung von Organen, welchen Hoheitsrechte übertragen sind, deren Ausübung in gleicher Weise die Mitgliedstaaten wie die Staatsbürger berührt … Aus alledem ist zu schließen, dass die Gemeinschaft eine neue Rechtsordnung des Völkerrechts darstellt, zu deren Gunsten die Staaten, wenn auch in begrenztem

Rahmen, ihre Souveränitätsrechte eingeschränkt haben, eine Rechtsordnung, deren Rechtssubjekte nicht nur die Mitgliedstaaten, sondern auch die Einzelnen sind"[96].

- **Die Rechtssache „Costa/ENEL"**

Bereits ein Jahr später gab die Rechtssache „Costa/ENEL" dem EuGH Gelegenheit, seine Analyse noch zu vertiefen. Dieser Rechtssache lag folgender Sachverhalt zugrunde: Im Jahre 1962 verstaatlichte Italien die Elektrizitätserzeugung und -versorgung und übertrug die Betriebsanlagen der Elektrizitätsgesellschaften auf die Elektrizitätswerke E.N.E.L. Herr Costa sah sich als Aktionär der von der Verstaatlichung betroffenen Aktiengesellschaft Edison Volta um seine Dividende gebracht und verweigerte daraufhin die Begleichung einer Stromrechnung in Höhe von 1926 LIT. Vor dem Friedensrichter in Mailand rechtfertigte Herr Costa sein Verhalten unter anderem damit, dass das Verstaatlichungsgesetz eine Reihe von Bestimmungen des damaligen EWG-Vertrages verletze. Um diese Einlassung des Herrn Costa beurteilen zu können, legte das Friedensgericht dem EuGH verschiedene Fragen zur Auslegung des EWG-Vertrages vor. In seiner Entscheidung vom 15. Juli 1964 führte der EuGH zum Rechtscharakter der EWG aus:

„Zum Unterschied von gewöhnlichen internationalen Verträgen hat der EWG-Vertrag eine eigene Rechtsordnung geschaffen, die … in die Rechtsordnung der Mitgliedstaaten aufgenommen worden und von ihren Gerichten anzuwenden ist. Durch die Gründung einer Gemeinschaft für unbegrenzte Zeit, die mit eigenen Organen, mit der Rechts- und Geschäftsfähigkeit, mit internationaler Handlungsfähigkeit und insbesondere mit echten, aus der Beschränkung der Zuständigkeit der Mitgliedstaaten oder der Übertragung von Hoheitsrechten der Mitgliedstaaten auf die Gemeinschaft herrührenden Hoheitsrechten ausgestattet ist, haben die Mitgliedstaaten ihre Souveränitätsrechte beschränkt und so einen Rechtskörper geschaffen, der für ihre Angehörigen und sie selbst verbindlich ist"[97].

Seine Schlussfolgerungen aus diesen Ausführungen fasst der EuGH wie folgt zusammen:

Aus alledem folgt, dass *„dem vom Vertrag geschaffenen, somit aus einer autonomen Rechtsquelle fließenden Recht wegen dieser seiner Eigenständigkeit keine wie immer gearteten innerstaatlichen Rechtsvorschriften vorgehen (können), wenn ihm nicht sein Charakter als Gemeinschaftsrecht aberkannt und wenn nicht die Rechtsgrundlage der Gemeinschaft selbst in Frage gestellt werden soll. Die Staaten haben dadurch, dass sie nach Maßgabe der Bestimmungen des Vertrages Rechte und Pflichten, die bis dahin ihren inneren Rechtsordnungen unterworfen waren, der Regelung durch die Gemeinschaftsrechtsordnung vorbehalten haben, eine endgültige Beschränkung ihrer Hoheitsrechte bewirkt, die durch spätere einseitige, mit dem Gemeinschaftsbegriff unvereinbare Maßnahmen nicht rückgängig gemacht werden kann"*[98].

---

96 EuGH Rs. 26/62, Slg. 1963, 1.

97 EuGH Rs. 6/24, Slg. 1964, 1253; bestätigt in jüngeren Urteilen des EuGH in C-430/21, RS, Urteil v. 22.2.2022, ECLI:EU:C:2022:99 sowie C-357/19, C-379/19, C-547/19, C-811/19 und C-840/19, Euro Box Promotion u.a., Urteil v. 21.12.2021, EU:C:2021:1034, Rn. 245.

98 Ebenda.

107 Als Elemente, die in ihrer Gesamtheit die Besonderheit und Eigentümlichkeit der Rechtsnatur der EU ausmachen, bleiben nach diesen beiden Grundsatzurteilen des EuGH festzuhalten:

- der **institutionelle Aufbau,** der gewährleistet, dass die Willensbildung in der EU auch von dem europäischen Gesamtinteresse, d.h. den in den Zielen niedergelegten Unionsinteressen, geprägt oder beeinflusst wird;
- die **erfolgte Übertragung von Zuständigkeiten** auf die EU-Organe, die weiter geht, als dies bei anderen internationalen Organisationen der Fall ist, und sich weit in üblicherweise den Staaten vorbehaltene Bereiche erstreckt;
- die **Errichtung einer eigenen Rechtsordnung,** die von den Rechtsordnungen der Mitgliedstaaten unabhängig ist;
- die **unmittelbare Anwendbarkeit des Unionsrechts,** wonach die Bestimmungen des Unionsrechts ihre volle Wirksamkeit einheitlich in allen Mitgliedstaaten entfalten und sowohl die Mitgliedstaaten als auch deren Bürger berechtigen und verpflichten;
- der **Vorrang des Unionsrechts,** wodurch gewährleistet ist, dass das Unionsrecht durch nationales Recht weder aufgehoben noch abgeändert werden kann und im Kollisionsfall dem nationalen Recht vorgeht.

108 Die EU erweist sich danach als ein eigenständiger Herrschaftsverband mit eigenen Hoheitsrechten und einer von den Mitgliedstaaten unabhängigen Rechtsordnung, der sowohl die Mitgliedstaaten als auch deren Bürger in den der EU zugewiesenen Aufgabenbereichen unterworfen sind.

II. Rechtspersönlichkeit der EU

109 Zur Wahrnehmung der Aufgaben, die der EU durch die Unionsverträge aufgegeben sind, wurde der EU Rechtspersönlichkeit verliehen. Sie ist in Art. 335 AEUV geregelt.

Diese Eigenschaft als Rechtssubjekt versetzt die EU in die Lage, Träger von Rechten und Pflichten zu sein **(Rechtsfähigkeit)**, und verleiht der EU die Fähigkeit, allgemein zulässige Rechtsgeschäfte durch Abgabe rechtserheblicher Willenserklärungen selbständig und vollwirksam wahrnehmen zu können **(Geschäftsfähigkeit)**. Der Umfang der Rechts- und Geschäftsfähigkeit der EU bestimmt sich jeweils danach, in welchem **Rechtsraum** und unter welchem **Rechtssystem** sie handelt. Zwei Fälle sind zu unterscheiden: zum einen die Rechts- und Geschäftsfähigkeit der EU im **Völkerrechtsverkehr** und zum anderen ihre Rechts- und Geschäftsfähigkeit in den **Rechtsordnungen der Mitgliedstaaten**.

1. Völkerrechtsfähigkeit der EU

110 Die Völkerrechtsfähigkeit der EU ergibt sich nicht unmittelbar aus den Unionsverträgen. Der Art. 335 AEUV spricht ganz allgemein nur von der Rechtspersönlichkeit. Da Art. 335 AEUV jedoch die zivilrechtliche Rechts- und Geschäftsfähigkeit zum

Gegenstand hat, ist anerkannt, dass durch diese Vorschriften auch zum Ausdruck gebracht wird, dass die EU über die Fähigkeit verfügt, im Rahmen der in den Verträgen aufgeführten Ziele selbständig völkerrechtliche Rechte auszuüben und völkerrechtliche Pflichten einzugehen, mit anderen Worten „Völkerrechtsfähigkeit" zu besitzen.

Die klassischen **Attribute der Völkerrechtsfähigkeit** sind das Recht, Abkommen zu schließen, das Recht, vor Gericht aufzutreten oder generell in Streitverfahren Partei zu sein, die Inanspruchnahme von Privilegien und Immunitäten, die Verwendung von Hoheitssymbolen sowie die aktive wie passive völkerrechtliche Haftung.

Inwieweit die EU die Völkerrechtsfähigkeit auch gegenüber **Drittstaaten** und **internationalen Organisationen** besitzt, hängt von ihrer Anerkennung als Subjekt des Völkerrechts durch diese Staaten oder Organisationen ab. Diese Anerkennung ist beinahe universell erfolgt, und zwar entweder ausdrücklich durch Abschluss völkerrechtlicher Verträge oder konkludent durch Ausübung des Gesandtschaftsrechts. Dies belegt nachdrücklich die Zahl von mehr als 150 bei der EU akkreditierten Vertretungen von Drittstaaten. **111**

2. Mitgliedstaatliche Rechtsfähigkeit der EU

Die Rechts- und Geschäftsfähigkeit in den Mitgliedstaaten der EU wird der EU unmittelbar durch Art. 335 AEUV verliehen. **112**

Aufgrund ihrer Rechts- und Geschäftsfähigkeit kann die EU, nicht jedoch ihre Organe, selbständig mit Rechtssubjekten in jedem Mitgliedstaat Rechtsgeschäfte abschliessen. Dabei ist es unerheblich, ob der jeweilige Geschäftspartner eine natürliche oder juristische Person ist und ob letztere öffentlich-rechtlich oder privatrechtlich organisiert ist[99]. Bei der Aufnahme von Rechtsbeziehungen unterliegt die EU – wie auch ihr nationaler Geschäftspartner – den Vorschriften des nationalen Rechts. Als Beispiel möglicher Rechtsgeschäfte, zu deren Abschluss die EU befähigt ist, nennen die genannten Vorschriften lediglich den Erwerb und die Veräußerung von beweglichem und unbeweglichem Vermögen. In der Praxis umfasst das Spektrum der von der EU getätigten Geschäfte jedoch nahezu sämtliche Vertragstypen wie Kauf-, Dienstleistungs-, Werk-, Arbeits-, Miet-, Leasing-, Autoren- und Versicherungsverträge.

Außerdem kann die EU in den Mitgliedstaaten „vor Gericht stehen". In die Sprache des deutschen Prozessrechts übersetzt, bedeutet dies, dass die EU die Partei- und Prozessfähigkeit besitzt.

III. Abgrenzung zu anderen Formen politischer Organisation

Die charakteristischen Eigenschaften der EU legen zugleich auch die Gemeinsamkeiten und die Unterschiede zu den völkerrechtlichen Organisationen einerseits und zu (Bundes-)Staaten andererseits offen. **113**

---

99 EuGH Rs. 43, 45 und 48/59, Lachmueller, Slg. 1960, 965.

Mit den **herkömmlichen völkerrechtlichen Organisationen** hat die EU lediglich **gemeinsam**, dass auch sie durch völkerrechtliche Verträge ins Leben gerufen worden ist. Diese Verträge sind jedoch gleichzeitig der Gründungsakt zur Errichtung einer selbständigen, mit eigenen Hoheitsrechten und Kompetenzen ausgestatteten Union. Die Mitgliedstaaten haben zugunsten dieser Union auf Teile ihrer Hoheitsgewalt verzichtet. Auch der Katalog von Aufgaben, die der EU übertragen worden sind, unterscheidet sich wesentlich von anderen internationalen Organisationen. Während es sich bei letzteren hauptsächlich um genau begrenzte technische Aufgaben handelt, die von einem internationalen Organ wahrgenommen werden, fallen der EU Tätigkeitsbereiche zu, die in ihrer Gesamtheit existenzprägenden Charakter für Staaten besitzen.

Diese **Unterschiede der EU zu den herkömmlichen völkerrechtlichen Organisationen** rücken sie in die Nähe eines staatlichen Gebildes. Insbesondere der teilweise Souveränitätsverzicht der Mitgliedstaaten zugunsten der EU wurde als Indiz dafür gewertet, dass die EU bereits bundesstaatsähnliche Strukturen aufweise[100]. Diese Auffassung berücksichtigt jedoch nicht, dass die Organe der EU nur die zur Erreichung der in den Unionsverträgen niedergelegten Ziele und nur für bestimmte Materien die im Einzelnen festgelegten Befugnisse besitzen. Sie können deshalb ihre Ziele nicht wie die Staaten frei wählen und allen Anforderungen gerecht werden, denen sich heute ein moderner Staat stellen muss. Der EU fehlt sowohl die einen Staat kennzeichnende Allzuständigkeit als auch die Befugnis, neue Zuständigkeiten zu schaffen (sog. Kompetenz-Kompetenz).

114 Deshalb ist die EU weder eine übliche internationale Organisation noch ein staatlicher Verband, sondern eine zwischen diesen traditionellen Modellen von Staatenverbindungen einzuordnender Herrschaftsverband. Im juristischen Sprachgebrauch hat sich zur Umschreibung dieser Sonderstellung der Begriff **„supranationale Organisation"**[101] eingebürgert. Diese „überstaatliche" Organisation ist selbst nach dem Lissabon-Vertrag noch kein fertiges Gebilde, sondern vielmehr immer noch ein „System im Werden"[102].

IV. Verfassungsrechtliche Grundlagen der Integration in den Mitgliedstaaten

115 Die Errichtung der EU und ihre Ausstattung mit eigenen Aufgaben und Befugnissen, die bis dahin von den Staaten selbst wahrgenommen worden sind, hat die staatliche Existenz der Mitgliedstaaten berührt und ihre Staatlichkeit verändert. Deshalb bedurfte die von den Mitgliedstaaten getroffene Entscheidung der Zugehörigkeit zur EU und der damit verbundene teilweise Verzicht auf ihre Souveränität einer Verfassungsgrundlage.

---

100 So *Hallstein*, Die Europäische Gemeinschaft, 1979. Dagegen *Ipsen*, Europäisches Gemeinschaftsrecht, S. 184; *Constantinesco*, EG-Recht Bd. 1, S. 312.

101 *Ipsen*, Europäisches Gemeinschaftsrecht, 1972, S. 70, 255.

102 BVerfGE 22, 293.

In einigen Mitgliedstaaten war dies kein Problem, da bereits vor der Errichtung der ersten Europäischen Gemeinschaft, der EGKS, Verfassungsbestimmungen existierten, die die Zuweisung von Befugnissen an oder die Beschränkung der staatlichen Souveränität zugunsten einer zwischenstaatlichen Einrichtung ausdrücklich erlaubten[103]. In den anderen Mitgliedstaaten musste hingegen eine entsprechende Verfassungsgrundlage im Hinblick auf die Mitgliedschaft in der EU erst neu geschaffen werden[104].

1. Die Rechtslage in Deutschland im Einzelnen

Den verfassungsrechtlichen Weg zur Mitgliedschaft der Bundesrepublik Deutschland in der EGKS, der EAG und der EWG ebnete Artikel 24 Abs. 1 GG, wonach der Bund *„durch Gesetz Hoheitsrechte auf zwischenstaatliche Einrichtungen übertragen"* kann. **116**

Der Abschluss der Gründungsverträge der Gemeinschaften erfolgte – wie bei allen anderen völkerrechtlichen Verträgen – durch zustimmende Gesetze der gesetzgebenden Körperschaften, d.h. des Bundestages und des Bundesrates, nach Art. 59 Abs. 2 GG[105]. Diese Vertragsgesetze erfüllten neben der vom Grundsatz der Gewaltenteilung geforderten parlamentarischen Kontrolle des völkerrechtlichen Vertragsschlusses zugleich auch die Funktion des in Art. 24 GG vorgesehenen Gesetzes, durch das der Ausschließlichkeitsanspruch der Staatlichkeit für den Bereich der Aufgaben der EU aufgegeben und die deutsche Rechtsordnung gegenüber der Unionsrechtsordnung geöffnet wird.

Mit den Vertragsabschlüssen und dem Erlass der Zustimmungs- oder Beitrittsgesetze war die Frage ihrer Verfassungsmäßigkeit aber noch nicht entschieden. Hintergrund dieser Frage ist die Diskussion in der Verfassungsliteratur über den Umfang der durch das Grundgesetz vorgegebenen verfassungsrechtlichen Bindungen bei der Übertragung von Hoheitsrechten. Nach einer Ansicht darf der Bund nur Hoheitsrechte auf eine internationale Organisation übertragen, wenn deren „Verfassung" die im Art. 20 Abs. 1 und Art. 79 Abs. 3 GG bezeichneten Strukturprinzipien widerspiegelt und vor **117**

---

103 *Deutschland* – Art. 24 a.F. GG, ergänzt im Zuge der Grundgesetzänderung von *1992* durch Art. 23 n.F. GG; *Dänemark* – § 20 der Verf., zur Rechtslage in *Dänemark* vgl. *Hofmann*, Der Oberste Gerichtshof Dänemarks und die europäische Integration, EuGRZ 1999, S. 1; *Frankreich* – Abs. 15 der Präambel der Verf. der IV. Republik von 1946, Abs. 1 der Präambel der Verf. der V. Republik von 1958. *Italien* – Art. 11 der Verf.; *Niederlande* – Art. 67 der Verf.

104 Zum Bsp. *Belgien* – Art. 25 der Verf. von 1831, der erst im Jahre 1970 nach heftigen Auseinandersetzungen in den Kammern des Parlaments eingefügt wurde; *Luxemburg – Art. 49* der Verf., der im Jahre *1956*, d.h. noch vor Abschluss der Gründungsverträge von EWG und EAG eingefügt wurde; *Irland* – Art. 29 Abs. 4 Nr. *3* der Verf. von 1937, eingefügt durch einen Volksentscheid im Jahre 1972; *Griechenland* – Art. 28 der Verf. von 1975; *Spanien* – Art. 97 der Verf. von 1978; *Portugal* – Art. 8 Abs. *3* der Verf. von 1976, eingefügt im Zuge der Verfassungsrevision von 1982.

105 Sog. Vertragsgesetze: EGKS Vertragsgesetz v. 29.4.1952, dt. BGBl. II 1952, S. 445; EWG und EAG – Vertragsgesetze v. 27.7.1957, dt. BGBl. 1957 II, S. 753.

allem den dort niedergelegten demokratischen und rechtsstaatlichen Anforderungen entspricht[106]. Die Gegenansicht wendet sich gegen eine strikte Anwendung der Art. 20 Abs. 1 und Art. 79 Abs. 3 GG und beschränkt die aus den elementaren Grundsätzen des Grundgesetzes folgenden Forderungen nach Demokratie und Rechtsstaatlichkeit auf ihren Wesensgehalt. Die Ausgestaltung dieser Grundforderungen misst sie hingegen nicht an den Verhältnissen in Deutschland, sondern berücksichtigt dabei Funktion und Wirkungsweise des neu geschaffenen Hoheitsträgers[107].

Dieser Meinungsstreit blieb letztendlich im Hinblick auf die Verfassungsmäßigkeit der Vertragsgesetze zu den Gründungsverträgen der Europäischen Gemeinschaften rein theoretischer Natur; denn ungeachtet der Meinungsunterschiede im Einzelnen bestand durchweg Einigkeit darüber, dass die Vertragsgesetze verfassungsmäßig sind. Auch das BVerfG ist mehrfach von der innerstaatlichen Geltung des von den Unionsorganen gesetzten Rechts und damit von der Verfassungsmäßigkeit der Gründungsakte der EU ausgegangen. Gleichwohl hat das BVerfG in diesem Zusammenhang unmissverständlich klargestellt, dass Art. 24 Abs. 1 GG nicht dazu ermächtigt, *„die Identität der geltenden Verfassungsordnung der Bundesrepublik Deutschland durch Einbruch in ihr Grundgefüge, in die sie konstituierenden Strukturen, aufzugeben"* [108].

118 Diese materielle Begrenzung der Tragweite des in Artikel 24 Abs. 1 GG niedergelegten Integrationshebels hat im Zusammenhang mit der innerstaatlichen Zustimmung zum Vertrag über die Gründung der Europäischen Union („Maastricht-Vertrag") Zweifel darüber aufkommen lassen, ob der Maastrichter Unionsvertrag in Artikel 24 Abs. 1 GG noch eine ausreichende verfassungsrechtliche Ermächtigung finden konnte. Dabei wurde vor allen Dingen auf das durch die Errichtung einer Wirtschafts- und Währungsunion, die Einführung einer Unionsbürgerschaft und die Zusammenarbeit in der Außen- und Sicherheitspolitik sowie in den Bereichen der Justiz und der inneren Angelegenheiten erheblich angereicherte Integrationspotential in der EU verwiesen, das es verbiete, die EU noch als zwischenstaatliche Einrichtung i.S.d. Artikel 24 Abs. 1 GG zu qualifizieren. Daraus ergab sich die Forderung nach einer grundlegenden Verfassungsänderung, der schließlich mit der Schaffung des neuen Art. 23 GG im Dezember 1992 nachgekommen wurde[109].

Artikel 23

(1) Zur Verwirklichung eines vereinten Europas wirkt die Bundesrepublik Deutschland bei der Entwicklung der Europäischen Union mit, die die demokratischen, rechtsstaatlichen, sozialen

---

106 So v.a. *Kraus*, Das Erfordernis struktureller Kongruenz zwischen der Verfassung der Europäischen Verteidigungsgemeinschaft und dem Grundgesetz, in: Kampf um den Wehrbeitrag, 2 Halbbd. 1953, S. 545.

107 So die herrschende Meinung: Vgl. *Badura*, VVDStRL 25 (1966), S. 39, *Zuleeg*, JIR 16 (1973), S. 61. In diesem Sinne auch BVerfGE 37, 271/279; E 73, 330/378.

108 Vgl. BVerfGE 22, 293; 37, 271; BVerfGE 73, 339/375 ff.

109 Vgl. *Scholz*, Europäische Union und Verfassungsreform, NJW 1993, S. 1690; *H.-P. Schneider*, Das Grundgesetz – auf Grund gesetzt?, NJW 1994, S. 558.

und föderativen Grundsätze und dem Grundsatz der Subsidiarität verpflichtet ist und einen diesem Grundgesetz im Wesentlichen vergleichbaren Grundrechtsschutz gewährleistet.

Auf der Grundlage dieses neuen Artikels 23 GG haben Bundestag und Bundesrat dem Maastrichter Unionsvertrag mit überwältigender Mehrheit zugestimmt (Bundestag mit 543 von 568 abgegebenen Stimmen, Bundesrat einstimmig).

Gegen diese Zustimmung wurden verschiedene **Verfassungsbeschwerden** beim **119**
BVerfG erhoben. Darin wurde im Wesentlichen geltend gemacht, dass die Zustimmung zum **Maastrichter Unionsvertrag** weder durch ein einfaches noch durch ein verfassungsänderndes Gesetz habe erfolgen können, weil der Inhalt des Unionsvertrages nicht nur den staatsrechtlichen Rahmen des Artikel 23 GG, sondern auch die Grenzen einer zulässigen Verfassungsänderung nach Artikel 79 Abs. 3 GG überschreite, welche im Kern dem deutschen Volk die Bundesstaatlichkeit und das Demokratieprinzip und damit letztendlich die *deutsche Staatlichkeit* garantiere. Das Wesen dieser Staatlichkeit wird dabei darin gesehen, dass der Staat – trotz begrenzter Souveränitätsverluste – die Selbstbestimmung und Letztverantwortung für seine Bürger und die Gesamtheit des Staatsvolks behält. Die Eingliederung in einen supranationalen Bundesstaat würde die so verstandene Staatlichkeit der Bundesrepublik Deutschland preisgeben. Darin liege ein unzulässiger Einbruch in die absolute Tabuzone des Artikel 79 Abs. 3 GG. Die Preisgabe der deutschen Staatlichkeit sei mithin auf der Grundlage des Grundgesetzes auch dem verfassungsändernden Gesetzgeber verwehrt. Sie unterliege ausschließlich der verfassungsgebenden Gewalt des deutschen Volkes. Da der Vertrag über die Europäische Union einen europäischen Bundesstaat errichten und somit die deutsche Staatlichkeit aufheben solle, könne er nur außerhalb des Grundgesetzes durch einen Volksentscheid gebilligt werden.

Das BVerfG hat die Verfassungsbeschwerden gegen das Zustimmungsgesetz zum Unionsvertrag vom 28. Dezember 1992 als unbegründet zurückgewiesen[110]. Das BVerfG betont zunächst, dass die Europäische Union kein Staat und damit auch kein Bundesstaat sei, ohne allerdings selbst eine genaue Bestimmung der Rechtsnatur der Union vorzunehmen. Stattdessen werden verschiedene Begriffe gebraucht, wie zum Beispiel „Staatengemeinschaft" (C.I.2.a), „mitgliedstaatlicher Verbund" (C.II.2.d) oder schließlich auch „Staatenverbund" (C.I.2.b). Mit der zutreffenden Feststellung fehlender Staatsqualität hatten sich bereits eine Reihe der vorgebrachten Einwände erledigt.

Als größte Klippe der Verfassungsmäßigkeit des Maastrichter Unionsvertrages blieb danach lediglich noch das Demokratieprinzip. Dieses sehen die Karlsruher Richter angesichts des Fehlens einer öffentlichen Meinung in Europa als notwendigen Unterbau des demokratischen Prozesses so lange als gewahrt an, wie die eigentliche demokratische Auseinandersetzung in den Staatsvölkern der Mitgliedstaaten der EU und in deren jeweiligen nationalen Repräsentativorganen gewährleistet ist. Dies set-

110 Das Urteil ist abgedruckt in: EuGRZ 1993, S. 429 = JZ 1993, S. 1100 = NJW 1993, S. 3047.

ze – so das BVerfG – allerdings voraus, dass hinreichend bedeutsame Aufgabenfelder der Zuständigkeit der nationalen Parlamente vorbehalten werden. Die zulässige Grenze der Aufgaben- und Befugnisübertragung ist mit dem Vertrag über die Europäische Union nach Auffassung des BVerfG noch nicht überschritten, so dass dieser Vertrag vor den Augen des BVerfG unter dem Gesichtspunkt des Demokratieprinzips Bestand hat.

Gleichwohl verbindet das BVerfG mit dieser Unbedenklichkeitsbescheinigung einige Mahnungen und Warnungen, die sich sowohl an die politisch verantwortlichen Organe der Bundesrepublik Deutschland als auch an die Unionsorgane richten. An die Adresse der deutschen Staatsorgane ist etwa die Mahnung gerichtet, dass eine Preisgabe der deutschen Staatlichkeit zugunsten eines europäischen Staatswesens auf der Grundlage des geltenden deutschen Verfassungsrechts nicht erfolgen kann. Den Unionsorganen wird deutlich gemacht, dass Rechtsakte, die von den übertragenen Hoheitsbefugnissen nicht oder nur über deren vertragsausdehnende Auslegung gedeckt sind, *„im deutschen Hoheitsbereich nicht verbindlich"* sind und *„die deutschen Staatsorgane aus verfassungsrechtlichen Gründen gehindert wären, diese Rechtsakte in Deutschland anzuwenden"*[111]. Integrationspolitisch gesehen gibt damit das BVerfG den Takt für eine Vertiefung der Europäischen Union vor.[112]

120 Anlässlich der Prüfung einer **Verfassungsbeschwerde**, die gegenüber dem Zustimmungsgesetz zum **Vertrag von Lissabon** eingebracht worden war, hatte das BVerfG erneut Gelegenheit, seine grundsätzlichen Überlegungen zu den verfassungsrechtlichen Grenzen der europäischen Integration weiter zu präzisieren[113]. Zunächst wiederholt das BVerfG sein *„Staatsverständnis"* von der EU. Ausgangspunkt ist insoweit das vom Grundgesetz vorgeschriebene demokratische System auf Bundesebene, das dem erreichten Niveau selbständiger Herrschaftsausübung auf europäischer Ebene gegenübergestellt wird. Der Umfang der politischen Gestaltungsmacht der EU ist dabei nach Ansicht des BVerfG nicht zuletzt durch den Vertrag von Lissa-

111 Zur Problematik dieser Aussage und weiteren Klarstellungen durch das BVerfG s. noch unter § 4 B. IV.

112 Aus der Vielzahl der Reaktionen auf dieses Urteil vgl. nur *Frowein*, Das Maastricht-Urteil und die Grenzen der Verfassungsgerichtsbarkeit, ZaöRV, 1994, S. 1 ff.; *Tomuschat*, Die Europäische Union unter der Aufsicht des Bundesverfassungsgerichts, EuGRZ 1993, 489; *Götz*, Das Maastricht-Urteil des Bundesverfassungsgerichts, NJW 1993, 3038; *Schwarze*, Europapolitik unter deutschem Verfassungsrichtervorbehalt, Neue Justiz 1994; *Bleckmann/Pieper*, Maastricht die grundgesetzliche Ordnung und die „Superrevisionsinstanz", RIW 1993, 969; *Meessen*, Maastricht nach Karlsruhe, NJW 1994, 549; *Schröder*, Das Bundesverfassungsgericht als Hüter des Staates im Prozeß der europäischen Integration, DVBl. 1994, S. 316; *M. Zuleeg*, Die Rolle der rechtsprechenden Gewalt in der europäischen Integration, JZ 1994, S. 1.

113 BVerfG-Urteil vom 30.6.2009, 2 BvE 2/80, abgedruckt in NJW 2009, 2267. Vgl. dazu *T. Oppermann*, Den Musterknaben ins Bremserhäuschen! – Bundesverfassungsgericht und Lissabon-Vertrag, EuZW 2009, 473; *Schorkopf*, Die Europäische Union im Lot – Karlsruhes Rechtsspruch zum Vertrag von Lissabon, EuZW 2009, S. 718.

bon so weit angewachsen, dass inzwischen in einigen Politikbereichen die EU einem Bundesstaat entsprechend – staatsanalog – ausgestaltet ist. Demgegenüber blieben jedoch die internen Entscheidungs- und Ernennungsverfahren überwiegend völkerrechtsanalog dem Muster einer internationalen Organisation verpflichtet, was besonders darin zum Ausdruck komme, dass die EU weiterhin im Wesentlichen nach dem Grundsatz der Staatengleichheit aufgebaut sei. Dies führt das BVerfG zu der Erkenntnis, dass angesichts des Fehlens eines einheitlichen europäischen Volkes als Legitimationssubjekt, das seinen Mehrheitswillen gleichheitsgerecht politisch wirksam formulieren kann, allein die in den Mitgliedstaaten der EU verfassten Völker die maßgeblichen Träger der öffentlichen Gewalt, einschließlich der Unionsgewalt, sein können. Zu einer Änderung dieser Rechtslage bedürfe es einer europäischen Bundesstaatsgründung, die aber auch durch den Vertrag von Lissabon nicht erfolgt sei. Auch danach stelle die EU weiterhin einen völkerrechtlich begründeten Herrschaftsverband dar, der dauerhaft vom Vertragswillen souverän bleibender Staaten getragen wird. Für den Beitritt zu einem europäischen Bundesstaat wäre in Deutschland zudem eine Verfassungsneuschöpfung erforderlich, mit der ein erklärter Verzicht auf die vom Grundgesetz gesicherte souveräne Staatlichkeit einherginge[114].

Das Zustimmungsgesetz zum **Vertrag von Lissabon** hielt diesen Prüfungsanfor- **121**
derungen des BVerfG stand und wurde folglich für mit dem Grundgesetz vereinbar erklärt. Einen Verstoß gegen Art. 38 Abs. 1 GG i.V.m. Art. 23 Abs. 1 GG stellte das BVerfG allerdings im Hinblick auf das Begleitgesetz über die Ausweitung und Stärkung der Rechte des Bundestages und des Bundesrates in Angelegenheiten der Europäischen Union insoweit fest, als Bundestag und Bundesrat im Rahmen von europäischen Rechtsetzungs- und Vertragsänderungsverfahren keine hinreichenden Beteiligungsrechte eingeräumt wurden. Da die primäre Integrationsverantwortung in der Hand der für die Völker handelnden nationalen Verfassungsorgane liegt, seien bei wachsenden Kompetenzen und einer weiteren Verselbständigung der EU-Organe entsprechende Sicherungen zugunsten der nationalen Verfassungsorgane notwendig, um das Grundprinzip der begrenzten und von den Mitgliedstaaten kontrollierten Einzelermächtigung zu wahren. Diese Vorgaben sind im September 2009 durch drei Gesetze umgesetzt worden: (1) das *Gesetz über die Ausweitung und Stärkung der Rechte des Bundestages und des Bundesrates in Angelegenheiten der Europäischen Union*, das in seinem einzigen Artikel das *„Integrationsverantwortungsgesetz"*[115] statuiert. Im Einzelnen regelt es die Beteiligung von Bundestag und Bundesrat bei Änderungen des Primärrechts, die nicht den üblichen Ratifikationsverfahren unterliegen, und bei der Anwendung von primärrechtlichen Rechtsgrundlagen, mit denen die Kompetenzen der EU ausgedehnt werden können. Zugleich wird die Beteiligung in

114 BVerfG-Urteil vom 30.6.2009, 2 BvE 2/80, Rdn. 240. Vgl. auch noch unter B.IV.

115 Gesetz über die Wahrnehmung der Integrationsverantwortung des Bundestages und des Bundesrates in Angelegenheiten der Europäischen Union (Integrationsverantwortungsgesetz – IntVG) vom 22.9. (BGBl. I S. 3022), das durch Artikel 1 des Gesetzes vom 1. Dezember 2009 (BGBl. I S. 3822) geändert worden ist.

den Fällen geregelt, in denen die Mitgliedstaaten einer Vertiefung der europäischen Integration Einhalt gebieten können. Generell gilt, dass bei Anwendung des vereinfachten Vertragsänderungsverfahren (Art. 48 Abs. 6 EUV) oder der besonderen Vertragsänderungsverfahren in den Bereichen Binnenmarkt, Wirtschafts- und Währungspolitik und Beschäftigungspolitik, der allgemeinen Brückenklausel (Art. 48 Abs. 7 EUV), den Kompetenzverteilungsklauseln (z.B. Art. 83 Abs. 1 UAbs. 3 AEUV) oder der Flexibilitätsklausel (Art. 352 AEUV) ein Gesetz im Sinne des Art. 23 Abs. 1 GG erforderlich ist. Bei Anwendung von besonderen Brückenklauseln genügt ein Beschluss des Bundestages für die Zustimmung des deutschen Vertreters im Europäischen Rat bzw. im Rat der EU, ggf. zusätzlich dazu ein Beschluss des Bundesrates, falls Gesetzgebungsbefugnisse der Länder betroffen sind. Auch können Bundestag und in bestimmten Fällen auch der Bundesrat den deutschen Vertreter im Rat der EU durch Beschluss anweisen, das „Notbremseverfahren" anzuwenden, wonach ein Mitglied des Rates der EU den Europäischen Rat anrufen kann, wenn es durch den Entwurf eines Gesetzgebungsaktes grundlegende Aspekte seiner Strafrechtsordnung oder seines Systems der sozialen Sicherheit beeinträchtigt sieht. Schließlich werden die primärrechtlich garantierte Subsidiaritätsrüge und die damit im Zusammenhang stehende Klage im Integrationsverantwortungsgesetz näher ausgestaltet. (2) Das *Gesetz zur Änderung des Gesetzes über die Zusammenarbeit von Bundesregierung und Deutschem Bundestag in Angelegenheiten der Europäischen Union* (EUZBBG)[116] und (3) das *Gesetz zur Änderung des Gesetzes über die Zusammenarbeit von Bund und Ländern in Angelegenheiten der Europäischen Union* (EUZBLG)[117]. Inhaltlich regeln EUZBBG und EUZBLG übereinstimmend die in Art. 23 Abs. 2 GG vorgesehene umfassende und frühestmögliche Unterrichtung des Bundestages und des Bundesrates in Angelegenheiten der EU durch die Bundesregierung. Ebenfalls konkretisiert wird die grundgesetzlich vorgesehene Möglichkeit der diesbezüglichen Stellungnahmen von Bundestag und Bundesrat. Die Bundesregierung hat die Stellungnahmen des Bundestages und des Bundesrates bei den Verhandlungen im Europäischen Rat oder Rat der EU zu berücksichtigen, eine Bindungswirkung besteht allerdings nicht. Aufgenommen wurde auch eine ausdrückliche Regelung über Unterrichtungspflichten zur Gemeinsamen Außen-, Sicherheits- und Verteidigungspolitik.[118]

122 Nach In-Kraft-Treten dieser Gesetze war letztendlich auch der Weg frei für die Ratifizierung des Vertrages von Lissabon durch die Bundesrepublik Deutschland.

---

116 Gesetz über die Zusammenarbeit von Bundesregierung und Deutschem Bundestag in Angelegenheiten der Europäischen Union (EUZBBG) vom 4.7. 2013 (BGBl. I S. 2170).

117 Gesetz über die Zusammenarbeit von Bund und Ländern in Angelegenheiten der Europäischen Union vom 12.3.1993 (BGBl. I S. 313), zuletzt geändert durch Artikel 1 des Gesetzes vom 22.9.2009 (BGBl. I S. 3031).

118 *Hahn*, Die Mitwirkungsrechte von Bundestag und Bundesrat in EU-Angelegenheiten nach dem neuen Integrationsverantwortungsgesetz, EuZW 2009, S. 758; *Hatje/Terhechte*, Grundgesetz und Europäische Integration – Die Europäische Union nach dem Lissabon-Urteil des Bundesverfassungsgerichts, EuR Beiheft 1/2010.

2. Die Rechtslage in Österreich im Einzelnen

Mit dem zum 1.1.1995 vollzogenen Beitritt musste Österreich das gesamte zum Beitrittszeitpunkt geltende EU-Recht („aquis communautaire") in seine nationale Rechtsordnung übernehmen. Dies war mit einer umfassenden Übertragung von Hoheitsrechten verbunden, die mit dem bis dahin bestehenden Integrationshebel des Art. 9 Abs. 2 Bundes-Verfassungsgesetz nicht zu realisieren war, da dieser nur die Übertragung „einzelner Hoheitsrechte des Bundes" auf zwischenstaatliche Einrichtungen zuließ. Deshalb musste eine neue Rechtsgrundlage für die Übertragung der Hoheitsbefugnisse geschaffen werden, die zudem eine Gesamtänderung der Bundesverfassung i.S.v. Art. 44 Abs. 3 Bundes-Verfassungsgesetz erforderlich machte. Zu diesem Zweck wurde ein eigenes Bundesverfassungsgesetz über den Beitritt Österreichs zur EU („EU-Beitritts-BVG") erlassen, das in einer Volksabstimmung bestätigt wurde (mit 66,58 % Ja-Stimmen) und nach erfolgloser Anfechtung der Volksabstimmung am 9.9.1994 in Kraft treten konnte. 123

Damit war die verfassungsrechtliche Grundlage für die Unterzeichnung und nationale Verabschiedung des EU-Beitrittsvertrages gelegt. Der Beitrittsvertrag wurde am 24.6.1994 in Korfu unterzeichnet, Anfang November von Nationalrat und Bundesrat mit qualifizierter Mehrheit genehmigt und trat nach Hinterlegung der Ratifizierungsurkunde bei der italienischen Regierung am 24.11.1994 zum 1.1.1995 in Kraft. Mit dem In-Kraft-Treten des Beitrittsvertrages wurde das EU-Beitritts-BVG obsolet, da es nur die verfassungsrechtliche Grundlage für die Verabschiedung des Beitrittsvertrages schaffte, nicht jedoch die notwendigen Verfassungsänderungen selbst bewirkte; letztere erfolgten durch den Beitrittsvertrag selbst. 124

Dieser verfassungsrechtliche Ansatz macht es in Österreich erforderlich, bei allen nachfolgenden und zukünftigen Änderungen der Unionsverträge neue verfassungsrechtliche Maßnahmegesetze zu erlassen, die es Österreich ermöglichen, die unionsrechtlichen Änderungsverträge in Kraft zu setzen. So wurden eigene Verfassungsgesetze für den Abschluss der Verträge von Amsterdam, Nizza und Lissabon verabschiedet[119]. 125

Im Zusammenhang mit dem EU-Beitritts-BVG wurde auch diskutiert, ob die verfassungsrechtliche Ermächtigung zum Beitritt zur EU auch **Integrationsschranken** enthalten sollte, die den Wesensgehalt bestimmter Grundsätze und Grundwerte der Bundesverfassung schützen. Aus rechtspolitischen Überlegungen wurde darauf zwar verzichtet, jedoch wurde klargestellt, dass zukünftige Änderungen des europäischen Primärrechts an den Grundprinzipien der Bundesverfassung zu messen sind, was bedeutet, dass jede Änderung der Unionsverträge neuerlich einer Volksabstimmung unterzogen werden muss, wenn die inhaltliche Prüfung der Vertragsänderung ergibt, dass eine Gesamtänderung der Grundprinzipien der Bundesverfassung 126

119 Ö. BGBl. I 1998/76 (Amsterdam); ö. BGBl. I 2001/120 (Nizza); ö. BGBl. III 132/2009 (Lissabon).

vorliegt. Hiervon zu unterscheiden ist die Frage, ob und inwieweit sich aus dem Bundesverfassungsrecht Integrationsschranken in Bezug auf das nach dem Beitritt Österreichs erlassene sekundäre Unionsrecht ergeben, die ggf. – ähnlich wie in Deutschland – vom Bundesverfassungsgericht durchzusetzen wären. Eine solche Prüfungs- und Verwerfungskompetenz wird nach ganz herrschender Lehre in Österreich abgelehnt[120]. Der bewusste Verzicht auf Integrationsschranken durch den Verfassungsgesetzgeber gelte auch im Hinblick auf das sekundäre Unionsrecht, da er in voller Kenntnis des durch die Rechtsprechung des EuGH beanspruchten Vorrangs des EU-Rechts auch vor nationalem Verfassungsrecht und dem Auslegungs- und Verwerfungsmonopol des EuGH für EU-Rechtsakte erklärt worden ist.

127 Eine messbare Integrationsschranke stellt auch nicht die heute immer noch in der Bundesverfassung niedergelegte **„dauernde Neutralität Österreichs"** dar. Aufgrund der Beendigung des Kalten Krieges und des Ost-West-Konflikts ist diese Neutralität ohnehin auf ihren militärischen Kern reduziert[121]. Darüber hinaus wurde Ende 2001 durch die Bundesregierung und das Parlament eine neue „Sicherheits- und Verteidigungsdoktrin (SVD)" verabschiedet, nach der *„Österreich im internationalen Vergleich nicht mehr als neutral sondern nur mehr als bündnisfrei anzusehen ist"*[122]. Auch wenn diese Doktrin den Kerngehalt der Neutralität Österreichs nach dem Bundesverfassungsgesetz über die Neutralität von 1955 nicht beseitigen kann (dies könnte aufgrund der klaren Festlegung der Bundesregierung in einem entsprechenden Verfassungsgesetz allenfalls nach vorheriger Volksabstimmung geschehen), zeigt sie doch sehr nachdrücklich das veränderte neutralitätspolitische Denken in Österreich.

128 Im Zuge der Durchführung des Vertrages von Lissabon sind in der sog. „Lissabon-Begleitnovelle"[123] eine Reihe von Verfassungsänderungen vorgenommen worden, mit denen vor allem die Beteiligung von Nationalrat und Bundesrat bei der Gestaltung der EU-Politiken neu geregelt wird, insbesondere im Hinblick auf die neue Rolle der nationalen Parlamente bei der Subsidiaritätskontrolle. Die wichtigsten Neuregelungen der Verfassung betreffen die Einführung eines neuen:

- Art. 23f, der die Minister verpflichtet, dem Parlament jährlich einen Bericht über das Arbeitsprogramm von Rat und Kommission zu erstatten,
- Art. 23g und h, welche die Verfahren der Subsidiaritätskontrolle durch beide Häuser des Parlaments festlegen,
- Art. 23i, der für die Anwendung der „Brückenklauseln" (Übergang von Einstimmigkeit zur qualifizierten Mehrheit) die Zustimmung Österreichs von einer 2/3 Mehrheit in beiden Häusern des Parlaments verlangt.

---

120 *Schweizer/Hummer/Obwexer*, Europarecht (2007), Rz. 2767.

121 Vgl. die erläuternden Bemerkungen zur Regierungsvorlage betreffend das B-VG-Novelle 1994 (EU-Beitritts-Begleit-BVG – RV 1546 BlgNR XVIII. GP.).

122 Vgl. *Hummer*, Beistandspflicht – Solidarität – Neutralität, in *Kernic/Hauser* (Hrsg.), Handbuch zur europäischen Sicherheit (2005), 115ff.

123 Ö. BGBl. I 2010/57.

Weiterführende Literatur: *von Bogdandy/Nettesheim,* Die Verschmelzung der Europäischen Gemeinschaften in der Europäischen Union, NJW 1995, S. 2324; *dies.*, Die Europäische Union: Ein einheitlicher Verband mit eigener Rechtsordnung, EuR 1996, S. 3; *Busse,* Die völkerrechtliche Einordnung der Europäischen Union, 1999; *Doehring,* Die nationale „Identität" der Mitgliedstaaten der Europäischen Union, FS Everling, Band I 1995, S. 263; *Dörr,* Zur Rechtsnatur der Europäischen Union, EuR 1995, S. 334; *Frowein,* Die Verfassung der Europäischen Union aus der Sicht der Mitgliedstaaten, EuR 1995, S. 315; *Friauf/ Scholz,* Europarecht und Grundgesetz, 1990; *Grimm,* Braucht Europa eine Verfassung?, JZ 1995, S. 581; *Häberle,* Europa als werdende Verfassungsgemeinschaft, DVBl. 2000, S. 840; *Hölscheidt/Baldus,* EU und EG als terminologisches Problem, DVBl. 1996, S. 1409; *Ipsen,* Über Verfassungshomogenität in der Europäischen Gemeinschaft, in: FS für Dürig, 1990, S. 159; *Kirchhof,* Die Gewaltenbalance zwischen staatlichen und europäischen Organen, JZ 1998, S. 965; *Kube,* Die Zukunft der europäischen Union – Kooperation oder Abgrenzung?, EuZW 2013, S. 281; *Lecheler,* „Supranationalität" der Europäischen Gemeinschaften – Rechtliche Beschreibung oder unverbindliche Leerformel?, JuS 1974, S. 7; *Ludwigs,* Der Ultra-vires-Vorbehalt des BVerfG – Judikative Kompetenzanmaßung oder legitimes Korrektiv?, NVwZ 2015, S. 537; *Magiera,* Die Grundgesetzänderungen von 1992 und die Europäische Union, Jura 1994, S. 1; *Ress,* Die Europäische Union und die neue juristische Qualität der Beziehungen zu den Europäischen Gemeinschaften, JuS 1992, S. 985; *Scheuing,* Zur Europäisierung des deutschen Verfassungsrechts, in Kreuzer/ Scheuing/Sieber (Hrsg.), Die Europäisierung der mitgliedstaatlichen Rechtsordnungen in der Europäischen Union, 1997, S. 47; *Schwarze,* Das schwierige Geschäft mit Europa und seinem Recht, JZ 1998, S. 1077; *Tomuschat,* Das Endziel der europäischen Integration. Maastricht ad infinitum?, DVBl. 1996, S. 1073; *Zuleeg,* Die Verfassung der Europäischen Gemeinschaft in der Rechtsprechung des Europäischen Gerichtshofs, BB 1994, S. 581; *ders.*, Wandlungen des Begriffs der Supranationalität, Integration 1988, S. 103.

B. Das Verhältnis zwischen Unionsrecht und nationalem Recht

I. Die Eigenständigkeit des Unionsrechts

Die Unionsverträge sind zwar völkerrechtlichen Ursprungs; das durch sie geschaffene Unionsrecht bildet jedoch eine eigenständige Rechtsordnung, die sich von ihren völkerrechtlichen Grundlagen weitgehend gelöst hat. Eigenständigkeit beansprucht die Unionsrechtsordnung daneben auch gegenüber den nationalen Rechtsordnungen. **129**

Die Eigenständigkeit der Unionsrechtsordnung ist für den Bestand der EU von grundlegender Bedeutung, da nur durch sie die Aushöhlung des Unionsrechts durch nationales Recht verhindert und die einheitliche Geltung des Unionsrechts in allen Mitgliedstaaten gewährleistet werden kann. Sie gehört deshalb nach der Rechtsprechung des EuGH in dessen beiden bereits erwähnten Urteilen in den Rechtssachen **„van Gend & Loos"** und **„Costa/E.N.E.L."** zu den charakteristischen Merkmalen und zu den Grundlagen der Unionsrechtsordnung. **130**

Aufgrund der Eigenständigkeit der Unionsrechtsordnung werden etwa die unionsrechtlichen Begriffe grundsätzlich nach den Erfordernissen des Unionsrechts und den Zielen der EU bestimmt. Auch ist Prüfungsmaßstab für die Rechtsakte der EU ausschließlich das Unionsrecht, nicht aber das nationale Gesetzes- oder Verfassungsrecht.

II. Das Zusammenwirken der Rechtsordnungen

131 Dieser Aspekt des Verhältnisses von Unionsrecht zum nationalen Recht umfasst diejenigen Beziehungen, in denen sich das Unionsrecht und das nationale Recht gegenseitig ergänzen. Art. 4 Abs. 3 EUV umschreibt diese Beziehung sehr anschaulich mit den Worten:

„Nach dem Grundsatz der loyalen Zusammenarbeit achten und unterstützen sich die Union und die Mitgliedstaaten gegenseitig bei der Erfüllung der Aufgaben, die sich aus den Verträgen ergeben. Die Mitgliedstaaten ergreifen alle geeigneten Maßnahmen allgemeiner oder besonderer Art zur Erfüllung der Verpflichtungen, die sich aus den Verträgen oder den Handlungen der Organe der Union ergeben. Die Mitgliedstaaten unterstützen die Union bei der Erfüllung ihrer Aufgabe und unterlassen alle Maßnahmen, welche die Verwirklichung der Ziele der Union gefährden könnten."

Dieser allgemeine Grundsatz wurde in dem Bewusstsein formuliert, dass die Unionsrechtsordnung allein nicht in der Lage ist, die mit der EU verfolgten Ziele zu verwirklichen. Anders als die nationalen Rechtsordnungen bildet die Unionsrechtsordnung kein in sich geschlossenes System, sondern sie bedarf zu ihrer Durchführung des Unterbaus der nationalen Rechtsordnungen.

Dieses Zusammenwirken des Unionsrechts und nationalen Rechts ist so vielgestaltig, dass es hier nur anhand **einiger wichtiger Beispiele** verdeutlicht werden kann.

- **Das System der Richtlinie**

132 Ausdruck der engen Verbindung und Ergänzung der Unionsrechtsordnung durch die nationalen Rechtsordnungen und umgekehrt der nationalen Rechtsordnungen durch die Unionsrechtsordnung ist zunächst das System der Richtlinie[124]. Während die Richtlinie selbst nur das zu erreichende Ziel in einer für die Mitgliedstaaten verbindlichen Form festlegt, bleibt es den innerstaatlichen Stellen, d.h. dem nationalen Recht überlassen, in welcher Form und mit welchen Mitteln dieses Ziel verwirklicht wird.

- **Das Vorabentscheidungsverfahren**

133 Im Bereich der Gerichtsbarkeit wird eine enge Verbindung zwischen nationaler Gerichtsbarkeit und Gerichtsbarkeit der EU durch das Vorabentscheidungsverfahren (Art. 267 AEUV) hergestellt[125]. In diesem Verfahren können (müssen) die nationalen Gerichte dem EuGH Fragen zur Auslegung und Gültigkeit des Unionsrechts zur Vorabentscheidung vorlegen, die in den bei ihnen anhängigen Verfahren entschei-

124 Einzelheiten dazu unter § 5 C. II. 2.
125 Vgl. dazu § 6 C. III.

dungserheblich sein können. Das Vorabentscheidungsverfahren verdeutlicht zum einen, dass auch die Gerichte der Mitgliedstaaten das Unionsrecht zu beachten und anzuwenden haben, und zum anderen, dass die authentische Auslegung und die Beurteilung der Gültigkeit des Unionsrechts in die ausschließliche Zuständigkeit des EuGH fallen.

- **Vervollständigung eigener Regeln**

Die gegenseitige Abhängigkeit von Unionsrechtsordnung und nationaler Rechtsord- **134**
nungen zeigt sich schließlich auch dann, wenn es darum geht, Lücken in der Unionsrechtsordnung zu schließen. Dies geschieht etwa dadurch, dass das Unionsrecht zur Vervollständigung eigener Regeln auf die jeweils bereits in den mitgliedstaatlichen Rechtsordnungen bestehenden rechtlichen Regelungen verweist. Das Schicksal einer unionsrechtlichen Regelung wird damit von einem bestimmten Punkt an von den jeweiligen nationalen Rechtsvorschriften bestimmt[126]. Allgemein gilt dies für den gesamten Vollzug von Unionsrecht, sofern das Unionsrecht keine eigenen Regeln für den Vollzug des Unionsrechts aufstellt. In allen diesen Fällen gehen die nationalen Behörden bei der Durchführung der Unionsregelungen nach den Bestimmungen des nationalen Rechts vor. Dieser Grundsatz gilt freilich nur insoweit, als dabei die Wirksamkeit der Unionsregelung nicht in Frage gestellt und den Erfordernissen der einheitlichen Anwendung des Unionsrechts Rechnung getragen wird, da in jedem Fall zu vermeiden ist, dass Wirtschaftsteilnehmer nach unterschiedlichen Maßstäben und damit ungleich behandelt werden[127].

Weiterführende Literatur: *Pescatore,* Das Zusammenwirken der Gemeinschaftsrechtsordnung mit den nationalen Rechtsordnungen, EuR 1970, S. 307.

III. Die unmittelbare Geltung und Anwendbarkeit des Unionsrechts

Die unmittelbare Geltung des Unionsrechts folgt bereits aus der Eigenständig- **135**
keit der Unionsrechtsordnung. Als unabhängige, neben den jeweiligen staatlichen Rechtsordnungen auf dem Territorium der Mitgliedstaaten existierende Rechtsordnung bedarf das von der Unionsrechtsordnung umfasste Recht keines staatlichen Aktes, um in den Mitgliedstaaten Geltung beanspruchen zu können. Es gilt in den Mitgliedstaaten nicht als nationales Recht, sondern unmittelbar als Unionsrecht.

Von der „unmittelbaren Geltung des Unionsrechts" zu unterscheiden ist seine **„unmittelbare Anwendbarkeit" in den Mitgliedstaaten**. Die unmittelbare Anwendbarkeit des Unionsrechts besagt, dass das Unionsrecht neben den Unionsorganen und den Mitgliedstaaten auch den Unionsbürgern/Unternehmen unmittelbar Rechte verleihen und Pflichten auferlegen kann.

---

126 So heißt es z.B. in Art. 299 UAbs. 2 AEUV: *„Die Zwangsvollstreckung erfolgt nach den Vorschriften des Zivilprozeßrechts des Staates, in dessen Hoheitsgebiet sie stattfindet."*

127 Einzelheiten dazu vgl. unter § 6 B. III.

136 Die Grundlage der unmittelbaren Anwendbarkeit des Unionsrechts findet sich ebenfalls in der Eigenständigkeit der Unionsrechtsordnung. Die unmittelbare Anwendbarkeit bestimmt sich deshalb nicht nach nationalem Recht, insbesondere nicht nach nationalem Verfassungsrecht, sondern ausschließlich nach Unionsrecht. Vor diesem Hintergrund hat der EuGH die unmittelbare Anwendbarkeit des Unionsrechts im Wesentlichen aus der **Natur und der Zweckbestimmung der Union** abgeleitet. Danach sind die Unionsverträge mehr als nur eine Übereinkunft, die nur wechselseitige Verpflichtungen zwischen den Mitgliedstaaten begründen. Vielmehr erstrecken sie sich durch die Ausrichtung auf die Schaffung eines Binnenmarktes auch auf die Verhältnisse der Unionsbürger/Unternehmen und beziehen diese damit in ihr Regelungswerk mit ein.

137 Bei dieser Aussage bleibt allerdings noch offen, **welche Vorschriften** des Unionsrechts **unmittelbar anwendbar** sind. Der EuGH hat sich dieser Frage zunächst im Hinblick auf die Vorschriften des primären Unionsrechts angenommen und festgestellt, dass alle diejenigen Normen der Unionsverträge für den Einzelnen unmittelbar anwendbar sein können, die

- unbedingt formuliert,
- in sich vollständig und rechtlich vollkommen sind und deshalb
- zu ihrer Erfüllung oder Wirksamkeit keiner weiteren Handlungen der Mitgliedstaaten oder der Unionsorgane bedürfen[128].

138 Im Zuge dieser Rechtsprechung hat der EuGH die unmittelbare Anwendbarkeit einer Reihe von Vertragsvorschriften anerkannt, von denen insbesondere diejenigen über die **Grundfreiheiten des Binnenmarktes**[129] herausragen, d.h. die Vorschriften über den freien Warenverkehr (Art. 34 AEUV)[130], die Freizügigkeit der Arbeitnehmer (Art. 45 AEUV)[131], die Niederlassungsfreiheit (Art. 49 AEUV)[132], die Dienstleistungsfreiheit (Art. 56 AEUV)[133] sowie die Kapitalverkehrsfreiheit (Art. 56 AEUV)[134]. Von großer praktischer Bedeutung ist schließlich auch die Anerkennung der unmittelbaren Anwendbarkeit des Grundsatzes der Lohngleichheit für Männer und Frauen (Art. 157 AEUV)[135] sowie des allgemeinen Diskriminierungsverbots (Art. 18 AEUV)[136].

---

128 Rs. 6/64, Costa/ENEL, Slg. 1964, 1251 (1269 f.).
129 S. ausführlich dazu im 2. Teil.
130 EuGH Rs. 13/68, Salgoil, Slg. 1968, 679 (693).
131 EuGH Rs. 41/74, van Duyn, Slg. 1974, 1337.
132 EuGH Rs. 2/74, Reyners, Slg. 1974, 631 (652).
133 EuGH Rs. 33/74, van Binsbergen, Slg. 1974, 1299.
134 EuGH C-110/05, Skatteverket, Slg. 2007, I-11531 Rdn. 21.
135 EuGH Rs. 43/75, Defrenne II, Slg. 1976, 455 (476).
136 EuGH Rs. 1/78, Kenny, Slg. 1978, 1489 (1497); Rs. 152/82, Forderi, Slg. 1983, 2323 (2336); Rs. 293/83, Gravier, Slg. 1985, 611.

Im Bereich des **Sekundärrechts** stellt sich die Frage der unmittelbaren Anwendbarkeit nur im Hinblick auf die Richtlinien[137], da diese Wirkung im Hinblick auf die Verordnungen und die an bestimmte Adressaten gerichteten Beschlüsse bereits unmittelbar aus den Unionsverträgen folgt. Seit dem Jahre 1970 hat der EuGH die Grundsätze über die unmittelbare Anwendbarkeit des primären Unionsrechts auch auf die Richtlinien ausgedehnt[138]. **139**

Die unmittelbare Anwendung des Unionsrechts in der Form, wie sie vom EuGH anerkannt und entwickelt worden ist, kann in ihrer praktischen Bedeutung kaum überschätzt werden: Sie verbessert die Stellung des Einzelnen, indem sie die Freiheiten des Binnenmarktes zu Rechten ausgestaltet, die der Einzelne vor den nationalen Gerichten durchsetzen kann[139]. **140**

Weiterführende Literatur: *Beljin,* Unmittelbare Anwendung des EG-Rechts und EG-rechtskonforme Auslegung, JZ 2003, S. 768; *Klein,* Unmittelbare Geltung, Anwendbarkeit und Wirkung von europäischem Gemeinschaftsrecht, 1988; *Nettesheim,* Der Grundsatz der einheitlichen Wirksamkeit des Gemeinschaftsrechts, GS für Grabitz, 1995; *Riegel,* Die unmittelbare Wirkung des Gemeinschaftsrechts – Vorlageverfahren und Mitwirkungspflichten der mitgliedstaatlichen Gerichte, BayVBl. 1982, S. 617.

IV. Der Vorrang des Unionsrechts

Die Eigenständigkeit der Unionsrechtsordnung gegenüber den nationalen Rechtsordnungen führt zwangsläufig zu der Frage, welches Recht im Falle der Kollision Vorrang vor dem anderen beanspruchen kann. **141**

Ein solches Problem besteht nicht im Verhältnis Völkerrecht – staatliches Recht. Da das **Völkerrecht** erst durch den Akt der Inkorporation oder Transformation Bestandteil der staatlichen Rechtsordnungen wird, entscheidet sich die Frage des Vorrangs allein nach den Regeln des staatlichen Rechts. Je nach dem Rang, den das staatliche Recht dem Völkerrecht in der staatlichen Rechtsordnung zuweist, geht dieses dem Verfassungsrecht vor[140] oder steht im Range zwischen Verfassungsrecht und einfachem Gesetzesrecht[141] oder hat nur den Rang einfachen Gesetzesrechts[142]. Das Verhältnis von gleichrangigem inkorporierten oder transformierten Völkerrecht und staatlichem Recht bestimmt sich nach der Regel *„lex posterior derogat legi priori"*. **142**

137 Siehe dazu ausführlich unter § 5 C. II. 2.

138 EuGH Rs. 41/74, van Duyn, Slg. 1974, 1337; Rs. 8/81, Becker, Slg. 1982, 53/70; C-327/01, Pfeiffer, Slg. 2004, I-8835, Rdn. 105.

139 Einzelheiten dazu unter § 5 C. I. 2.

140 Vgl. die Rechtslage in den Niederlanden.

141 So die allg. Regeln des Völkerrechts in Deutschland (Art. 25 GG).

142 So das durch Zustimmungsgesetz nach Art. 59 GG transformierte Völkervertragsrecht in Deutschland.

143 Diese staatlichen Kollisionsregeln sind hingegen auf das Verhältnis zwischen Unionsrecht und staatlichem Recht nicht anwendbar, weil das **Unionsrecht** nicht Bestandteil der staatlichen Rechtsordnungen ist. Ein Konflikt zwischen Unionsrecht und nationalem Recht kann deshalb allein aus der Unionsrechtsordnung heraus gelöst werden[143].

Das geschriebene Unionsrecht enthält auch nach dem Vertrag von Lissabon keine ausdrückliche Regelung, die etwa besagt, dass das Unionsrecht dem nationalen Recht vorgeht oder dass es dem nationalen Recht nachsteht[144]. Es war erneut der EuGH, der in seinem bereits vorgestellten Urteil vom 15. Juli 1964 in der Rechtssache „Costa/ENEL"[145] zwei für das Verhältnis des Unionsrechts zum nationalen Recht grundlegende Feststellungen getroffen hat:

- Die Staaten haben **Hoheitsrechte** endgültig auf das von ihnen geschaffene Gemeinwesen **übertragen**. Dies können sie durch spätere einseitige, mit dem Unionsbegriff unvereinbare Maßnahmen nicht rückgängig machen.
- Es ist ein Grundsatz des Vertrags, dass kein Mitgliedstaat die Eigenart des Unionsrechts antasten kann, im gesamten Bereich der Union **einheitlich und vollständig zu gelten**.

Aus alledem folgt:

- **Unionsrecht**, welches den Befugnissen der Verträge entsprechend gesetzt wurde, geht **jedem entgegenstehenden Recht** der Mitgliedstaaten vor. Es ist nicht nur stärker als das frühere nationale Recht, sondern entfaltet eine Sperrwirkung auch gegenüber später gesetztem Recht.

144 Ihre unionsrechtliche Grundlage findet diese Vorrangregel in Art. 4 Abs. 3 EUV, wonach die Mitgliedstaaten alle Maßnahmen unterlassen, welche die Verwirklichung der Ziele der Union gefährden könnten[146]. Eines der Hauptziele der Union besteht in der Errichtung und Erhaltung des Binnenmarktes. Dieser Binnenmarkt umfasst die Freiheit des Waren-, Personen-, Dienstleistungs- und Kapitalverkehrs sowie die Gleichheit der Wettbewerbsbedingungen. Seine Herstellung und Erhaltung setzt aber zwingend voraus, dass die zu diesem Zweck erlassenen Unionsnormen ein-

---

143 Einen zusammenfassenden Überblick gibt *Everling*, Zum Vorrang des EG-Rechts vor nationalem Recht, DVBl. 1985, S. 1201 ff. m.w.N.

144 Allerdings hat die Konferenz der Vertreter der Regierungen der Mitgliedstaaten bei der Annahme des Vertrages von Lissabon in ihrer Erklärung Nr. 17 zum Vorrang, die der Schlussakte der Regierungskonferenz, die den Vertrag von Lissabon angenommen hat, beigefügt ist (ABl. 2012, C 326/346), ausdrücklich darauf hingewiesen, dass *„die Verträge und das von der Union auf der Grundlage der Verträge gesetzte Recht im Einklang mit der ständigen Rechtsprechung des Gerichtshofs unter den in dieser Rechtsprechung festgelegten Bedingungen Vorrang vor dem Recht der Mitgliedstaaten haben"* (vgl. in diesem Sinne EuGH, C-357/19, C-379/19, C-547/19, C-811/19 und C-840/19, Euro Box Promotion u.a., Urteil v. 21.12.2021,EU:C:2021:1034.

145 Slg. 1964, 1251 (1269/1270).

146 So bereits *Ipsen*, Europäisches Gemeinschaftsrecht, S. 285.

heitliche Geltung haben. Die einheitliche, d.h. die im Gebiet der gesamten Union gleiche Geltung des Unionsrechts kann jedoch nur gewährleistet werden, wenn das **Unionsrecht Vorrang vor dem nationalen Recht**, einschließlich des nationalen Verfassungsrechts, beanspruchen kann.

Als **Rechtsfolge** aus dieser Vorrangregel ergibt sich im Kollisionsfall, dass dem Unionsrecht widersprechendes nationales Recht unabhängig davon, ob es früher oder später als die Unionsrechtsnorm ergangen ist, **unanwendbar** ist[147]. Die Rechtsfolge der Unanwendbarkeit des nationalen Rechts tritt automatisch ein, d.h. ohne dass es der vorherigen Beseitigung der nationalen Bestimmung auf gesetzgeberischem Weg oder durch irgendein anderes verfassungsrechtliches Verfahren bedarf[148]. Das später als die Unionsrechtsnorm erlassene nationale Recht ist, soweit es mit der Unionsrechtsnorm unvereinbar ist, als unwirksam, aber nicht als „inexistent" zu betrachten[149]. **145**

Der Vorrang des Unionsrechts wird von den Gerichten der Mitgliedstaaten, nach anfänglichem Zögern[150], allgemein anerkannt. **146**

Dies gilt auch für das BVerfG. In einem Beschluss des Zweiten Senats vom 6. Juli 2010 heißt es dazu: *„Das Recht der Europäischen Union kann sich nur wirksam entfalten, wenn es entgegenstehendes mitgliedstaatliches Recht verdrängt. … Im Anwendungsbereich des Unionsrechts ist entgegenstehendes mitgliedstaatliches Recht grundsätzlich unanwendbar. Der Anwendungsvorrang folgt aus dem Unionsrecht, weil die Union als Rechtsgemeinschaft nicht bestehen könnte, wenn die einheitliche Wirksamkeit des Unionsrechts in den Mitgliedstaaten nicht gewährleistet wäre."*[151] Allerdings sieht das BVerfG diesen Anwendungsvorrang als nicht umfassend an, sondern sieht sich als berechtigt und sogar verpflichtet an, *„Handlungen der europäischen Organe und Einrichtungen darauf zu überprüfen, ob sie aufgrund ersichtlicher Kompetenzüberschreitungen oder aufgrund von Kompetenzausübungen im nicht übertragbaren Bereich der Verfassungsidentität (Art. 79 Abs. 3 GG) erfolgen"*. Diese sog. **„Ultra-vires-Kontrolle"** hat das BVerfG zusammen mit seiner Doktrin vom **„ausbrechenden Rechtsakt"** erstmals in seinem Urteil v. 12. Oktober 1993[152]

---

147 *Zuleeg*, Das Recht der Europäischen Gemeinschaft im innerstaatlichen Bereich, KSE Bd. 9, Köln 1969.

148 EuGH C-573/17, Popławski, EU:C:2019:530, Rn. 61 und 62; C-357/19, C-379/19, C-547/19, C-811/19 und C-840/19, Euro Box Promotion u.a., EU:C:2021:1034, Rn. 252;. C-416/00, Morellato, Slg. 2003, I-9343 Rdn. 43; C-118/00, KOM/Italien, Slg. 2001, I-5063 Rdn. 52; Rs. 106/77, Simmenthal, Slg. 1978, 644 Rdn. 16–23.

149 EuGH C-10/97 – C-22/97, IN.CO.GE.'90 u.a., Slg. 1998, I-6307 Rdn. 20/21.

150 Einen Überblick über die Rechtsprechung der staatlichen Gerichte zur Vorrangfrage geben *Bieber/Beutler/Pipkorn/Streil*, Die Europäische Union, 4. Aufl., S, 98–110; zur Haltung des franz. Conseil d'Etat s. *Stotz*, Vorrang des Gemeinschaftsrechts – Anm. zum Boisdet-Urteil des Conseil d'Etat, EuZW 1991, S. 118.

151 BVerfG – 2 BvR 2661/06 – (Mangoldt-Beschluss) Rdn. 53.

152 BVerfGE 89, 155/195, S. 210; abgedruckt in EuGRZ 1993, 429 ff. – JZ 1993, S. 110 ff. = NJW 1993, S. 3047 ff., jeweils mit Erklärung von *Zuleeg*.

zum Vertrag über die Europäische Union (Maastricht-Vertrag) formuliert, wo das BVerfG für sich in Anspruch nimmt, zu prüfen, ob Rechtsakte der EU-Organe und Einrichtungen, wozu auch die Urteile des EuGH gehören, sich in den Grenzen der eingeräumten Hoheitsbefugnisse halten oder aber eine vertragsausdehnende Auslegung der Verträge durch die Gerichtsbarkeit der EU vorliege, die einer unzulässigen autonomen Vertragsänderung gleichkomme[153]. Dieser Vorbehalt oder diese „Reservezuständigkeit" soll zwar in einem „Kooperationsverhältnis" zum EuGH ausgeübt werden und – wie das BVerfG in seinem Urteil zum Lissabon-Vertrag ergänzt – nur ausnahmsweise in Betracht kommen, wenn Rechtsschutz auf EU-Ebene nicht zu erlangen ist[154], das BVerfG hat dabei allerdings noch weitgehend offengelassen, wie diese Kontrolle verfahrensmäßig abgewickelt werden soll. Dies hat das BVerfG in seinem Beschluss vom 6. Juli 2010 nachgeholt. Zunächst stellt das BVerfG fest, dass die Ultra-vires-Kontrolle mit der vertraglich dem Gerichtshof der EU übertragenen Aufgabe zu koordinieren ist, die EU-Verträge auszulegen und anzuwenden und dabei Einheit und Kohärenz des Unionsrechts zu wahren. Dazu führt das BVerfG aus: *„Wenn jeder Mitgliedstaat ohne weiteres für sich in Anspruch nähme, durch eigene Gerichte über die Gültigkeit von Rechtsakten der Union zu entscheiden, könnte der Anwendungsvorrang praktisch unterlaufen werden, und die einheitliche Anwendung des Unionsrechts wäre gefährdet. Wenn aber andererseits die Mitgliedstaaten vollständig auf die Ultra-vires-Kontrolle verzichten, so wäre die Disposition über die vertragliche Grundlage allein auf die Unionsorgane verlagert, und zwar auch dann, wenn deren Rechtsverständnis im praktischen Ergebnis auf eine Vertragsänderung oder Kompetenzausweitung hinausliefe. … Die nach dieser Konstruktion im Grundsatz unvermeidlichen Spannungslagen sind im Einklang mit der europäischen Integrationsidee kooperativ und durch wechselseitige Rücksichtnahme zu entschärfen."* Dieses Gebot der Rücksichtnahme gebietet, dass die Ultra-vires-Kontrolle allein durch das BVerfG und nur zurückhaltend und europarechtsfreundlich ausgeübt werden darf. Dazu gehört vor allem, dass (1) das BVerfG die Entscheidungen des Gerichtshofs der EU grundsätzlich als verbindliche Auslegung des Unionsrechts zu beachten hat, (2) vor der Annahme eines Ultra-vires-Akts dem Gerichtshof der EU im Rahmen eines Vorabentscheidungsverfahrens (Art. 267 AEUV) die Gelegenheit zur Vertragsauslegung sowie zur Entscheidung über die Gültigkeit und die Auslegung des fraglichen Rechtsakts zu geben ist und (3) die Kontrolle nur in Betracht kommt, wenn ersichtlich ist, dass Handlungen der Unionsorgane außerhalb der übertragenen Kompetenzen ergangen sind. Ersichtlich ist dabei ein Verstoß gegen das Prinzip der begrenzten Ermächtigung nur dann, wenn der Kompetenzverstoß hinreichend qualifiziert ist, was voraussetzt, dass der Verstoß offensichtlich und erheblich ist. Mit diesen Konkretisierungen hat das BVerfG seinen markigen Ausführungen im Maastricht-Urteil die Schärfe genommen und hat letztendlich eine praktikable und

153 So schon BVerfGE 89, 155/188-210, ähnlich auch das tschechische Verfassungsgericht in seinem Urteil zum Lissabon-Vertrag vom 26.11.2009, Rdn. 338.

154 BVerfG-Urteil vom 30.6.2009, 2 BvE 2/80, Rdn. 240 und Rdn. 340; vgl. dazu auch noch unter § 4 IV.

auch unter dem Gesichtspunkt der Autonomie der EU-Rechtsordnung akzeptable verfahrensmäßige Absicherung der Ultra-vires-Kontrolle vorgestellt.

Es bleibt aber festzuhalten, dass das BVerfG mit der *„Identitätskontrolle"* einen Prüfungsvorbehalt bzw. eine Reservezuständigkeit (auch „Reservevorbehalt" genannt) formuliert hat, soweit es um die Überprüfung der Wahrung des durch Art. 79 Abs. 3 GG geschützten materiellen Identitätskerns des Grundgesetzes geht. Allein das BVerfG sei zu der Prüfung berufen, ob der unantastbare Kerngehalt der Verfassungsidentität des Grundgesetzes nach Art. 23 Abs. 1 i.V.m. Art. 79 Abs. 3 GG gewahrt ist.

Diesen Reservevorbehalt hat das BverfG in seinem Urteil zum Anleihenaufkaufprogramm der Europäischen Zentralbank vom 5. Mai 2020 genutzt und die Staatsanleihenkäufe der EZB als kompetenzwidrig und als Verstoß gegen das deutsche Grundgesetz beanstandet[155]. Ein zuvor vom BVerfG im Wege der Vorabentscheidung beim EuGH erbetenes Urteil zur EU-Rechtmäßigkeit des Anleihenaufkaufprogramms[156] wird vom BVerfG im Hinblick auf die Kontrolle der Verhältnismäßigkeit der zur Durchführung des Ankaufprogramms ergangenen Rechtsakte als *„schlechterdings nicht mehr nachvollziehbar"* qualifiziert und deshalb verworfen. Mit diesem Urteil geht das BVerfG auf klaren Konfrontationskurs zum EuGH und macht zugleich deutlich, dass es den Anwendungsvorrang des EU-Rechts vor nationalem Recht, den es in einer früheren Entscheidung selbst noch als für das Funktionieren der EU unentbehrlich angesehen hat, von Fall zu Fall selbst prüfen will und auch nicht davor zurückschreckt, sich dabei über ein Urteil des EuGH in der Sache hinwegzusetzen. Die Europäische Kommission hatte deswegen am 9. Juni 2021 ein Vertragsverletzungsverfahren gegen Deutschland eingeleitet. Nach Auffassung der Kommission hat das BVerfG mit seinem Urteil dem zuvor ergangenen EuGH Urteil die Rechtswirkung in Deutschland abgesprochen und damit Grundprinzipien des EU-Rechts wie die Autonomie, den Vorrang und die einheitliche Anwendung des EU-Rechts verletzt. Die Kommission befürchtete zudem, dass das Urteil des BverfG einen Präzedenzfall für weitere BVerfG-Entscheidungen oder auch für die Verfassungsgerichte anderer Mitgliedsstaaten darstellen könnte. Die Kommission hat dieses Vertragsverletzungsverfahren letztendlich im Dezember 2021 eingestellt, nachdem Deutschland förmlich erklärt hat, den Vorrang und die Autonomie des Unionsrechts, insbesondere auch für den Bereich der Rechtsstaatlichkeit sowie die Autorität des Europäischen Gerichtshofs, anzuerkennen.

Das die Befürchtung der Kommission, wonach das Urteil des BverfG einen Präzedenzfall auch für die Verfassungsgerichte anderer Mitgliedsstaaten darstellen könnte, nicht unbegründet war, ist mit dem Urteil des *polnischen Verfassungsgerichts* vom 7. Oktober 2021, in dem Teile des EU-Rechts für mit der polnischen Verfassung unvereinbar erklärt

155 Das Urteil ist abgedruckt in NJW 2020, 1647.

156 Vgl. den Beschluss des BverfG 2 BvR 2728/13 und das daraufhin ergangene Urteil des EuGH vom 11.12.2018 in der Rs. C-493/17, Verfahren auf Betreiben von Heinrich Weiss u.a. ECLI:EU:C:2018:1000.

wurden, bestätigt worden. Nach Ansicht des polnischen Verfassungsgerichts verstosse der Versuch des EuGH, sich in das polnische Justizwesen einzumischen, gegen die Regel des Vorrangs der Verfassung und gegen die Souveränität Polens. Der EuGH hatte in seinem Urteil vom März 2021[157] festgestellt, dass EU-Recht Mitgliedstaaten zwingen kann, einzelne Vorschriften im nationalen Recht außer Acht zu lassen, selbst wenn es sich um Verfassungsrecht handelt. Konkret befürchtete der EuGH, dass das Verfahren zur Besetzung des Obersten Gerichts in Polen gegen EU-Recht verstoßen könnte. Die Europäische Kommission hat nach diesem Urteil unverzüglich deutlich gemacht, dass die Grundprinzipien der europäischen Rechtsordnung nicht zur Disposition der nationalen Gerichte, auch nicht der Verfassungsgerichte, stünden. EU-Recht habe Vorrang vor nationalem Recht, auch nationalem Verfassungsrecht.

Es bleibt zu hoffen, dass BverfG und EuGH den durch das Uretil des BverfG aufgerissenen Graben bald überbrücken können und zu einer loyalen Kooperation und gegenseitiger Rücksichtnahme zurückfinden, zumal das BVerfG den Vorrang des EU Rechts auch vor nationalem Verfassungsrecht nicht grundsätzlich in Frage stellt, sondern sich in bestimmten, eher seltenen Fällen die Letztkontrolle vorbehält.

V. Die unionsrechtskonforme Auslegung des nationalen Rechts

147 Zur Vermeidung eines unter Anwendung der Vorrangregel zu lösenden Normenkonflikts zwischen Unionsrecht und nationalem Recht kann von den nationalen Rechtsanwendern und Gerichten auf die **unionsrechtskonforme Auslegung des nationalen Rechts** zurückgegriffen werden.

148 Die Figur der unionsrechtskonformen Auslegung ist erst relativ spät in der Rechtsprechung des EuGH anerkannt und in die Unionsrechtsordnung eingeführt worden. Nachdem der EuGH zunächst nur auf Anfragen nationaler Gerichte es für „zweckmäßig" erachtet hatte, eine einheitliche Auslegung nationaler Rechtsvorschriften im Anwendungsbereich einer Richtlinie „sicherzustellen"[158] wurde eine **Verpflichtung zur richtlinienkonformen Auslegung** erstmals im Jahre 1984 in der Rechtssache *„Von Colson und Kamann"* festgestellt[159]. In diesem Fall ging es um die Feststellung der Höhe des Schadensersatzes für die Diskriminierung von Frauen bei der Berufseinstellung. Während die deutsche Regelung dafür nur den Ersatz des Vertrauensschadens (insbesondere also die reinen Bewerbungskosten) vorsah (§ 611a Abs. 1 BGB), verlangte die Richtlinie 76/207 EWG, dass im nationalen Recht zur Durchsetzung der Chancengleichheit beim Zugang zum Beruf effektive Sanktionen verhängt werden. Da allerdings die Sanktion nicht weiter konkretisiert war, konnte die Richtlinie in diesem Punkt nicht für unmittelbar anwendbar erklärt werden, so dass ein Urteil drohte, das zwar die Unionsrechtswidrigkeit des

157 EuGH, C-562/19 P, Kommission/Polen, Urteil v. 16.3.2021, ECLI:EU:C:2021:201.
158 Vgl. EuGH Rs. 67/74, Bonsignore, Slg. 1975, 306, Rdn. 4.
159 EuGH Rs. 14/83, Slg. 1984, 1891.

nationalen Gesetzes festgestellt, aber dem nationalen Gericht keine Grundlage geboten hätte, die nationale Vorschrift außer Acht zu lassen. Ein solches Urteil wurde schließlich durch die Erklärung der Bundesregierung im Verfahren vor dem EuGH verhindert, wonach § 611a BGB den Anspruch auf Schadensersatz nicht beschränkt und insbesondere die Anwendung allgemeiner Schadensersatzbestimmungen nicht ausgeschlossen habe. An diese Aussage anknüpfend entschied der EuGH, dass die nationalen Gerichte verpflichtet seien, die innerstaatlichen Zivilrechtsvorschriften so auszulegen und anzuwenden, dass eine effektive Sanktion einer Diskriminierung aufgrund des Geschlechts gewährleistet ist. Eine bloß symbolische Entschädigung genüge den Anforderungen an eine wirksame Umsetzung der Richtlinie nicht.

Die **rechtliche Grundlage** für die **unionsrechtskonforme Auslegung** sieht der EuGH in Art. 4 Abs. 3 EUV. Danach sind die Mitgliedstaaten gehalten, alle geeigneten Maßnahmen allgemeiner oder besonderer Art zur Erfüllung der Verpflichtungen, die sich aus den EU-Verträgen oder aus Handlungen der Unionsorgane ergeben, zu treffen. Hierzu gehört auch, dass die nationalen Stellen die Anwendung und Auslegung von innerstaatlichem Recht, das durch unionsrechtliche Vorschriften überlagert wird, am Wortlaut und Zweck des Unionsrechts auszurichten haben (Pflicht zur Unionstreue). Für die nationalen Gerichte spiegelt sich hier zugleich auch ihre Rolle als europäische Gerichte im Sinne von Sachwaltern für die korrekte Anwendung und Beachtung des Unionsrechts wider[160]. **149**

Für die **richtlinienkonforme Auslegung** tritt zu Art. 4 Abs. 3 EUV als spezielle rechtliche Grundlage Art. 288 Abs. 3 AEUV hinzu. Danach sind die Mitgliedstaaten zur Umsetzung der Richtlinien verpflichtet. Rechtsanwender und Gerichte haben über die richtlinienkonforme Auslegung dazu beizutragen, dass dieser Verpflichtung in vollem Umfang durch den betreffenden Mitgliedstaat nachgekommen wird. Die richtlinienkonforme Auslegung dient der Herstellung von Richtlinienkonformität auf der Ebene der Rechtsanwendung und gewährleistet damit die einheitliche Auslegung und Anwendung von nationalem Umsetzungsrecht in allen Mitgliedstaaten. Es soll auf nationaler Ebene nicht das auseinanderdividiert werden, was durch die Richtlinie auf Unionsebene gerade erst angeglichen wurde.

Die Verpflichtung zur unionsrechtskonformen Auslegung **richtet sich gegen alle staatlichen Organe**, die konkrete Rechtsanwendung oder Rechtsprechung betreiben. Erfasst wird damit neben der Verwaltung und den Gerichten auch der Gesetzgeber. Soweit der Gesetzgeber die Verfassung durch Gesetzesrecht konkretisiert, muss er sich über Inhalt und Umfang der zu konkretisierenden Verfassungsnorm **150**

---

160 EuGH C-378/07, Angelidaki, Slg. 2009, I-3071 Rdn. 200; C-268/06, Impact, Slg. 2008, I-2483 Rdn. 101; C-212/04, Adeneler, Slg. 2006, I-6057 Rdn. 108-111; C-397/01 – C-403/01, Pfeiffer, Slg. 2004, I-8855 Rdn. 114; vgl. auch die Ausführungen des BGH [Urt. v. 26.11.2008 – VIII ZR 200/05, abgedruckt in EuZW 2009, 155] zur richtlinienkonformen Auslegung aus der Sicht der nationalen Gerichte.

ein klares Bild machen oder, anders ausgedrückt, er muss die Verfassungsnormen auslegen; diese Auslegung hat unter Beachtung unionsrechtlicher Verpflichtungen zu erfolgen, d.h. sie muss unionsrechtskonform vorgenommen werden.

151 Der unionsrechtskonformen Auslegung zugänglich sind **alle nationalen, generellen Rechtssätze**, einschließlich der Verfassung. Den wichtigsten Anwendungsfall bilden natürlich auch hier diejenigen nationalen Rechtsnormen, die unmittelbar der Umsetzung von Richtlinien dienen. Dabei ist allerdings zu berücksichtigen, dass das nationale Gericht das gesamte nationale Recht in Betracht ziehen muss (und nicht etwa nur den konkreten Umsetzungsakt), um zu beurteilen, inwieweit es so angewendet werden kann, dass es nicht zu einem der Richtlinie widersprechenden Ergebnis führt[161]. Problematisch war lange Zeit, ob die Verpflichtung zur unionsrechtskonformen Auslegung sich nur auf nationales Recht erstrecken kann, das zeitlich **nach dem betreffenden Unionsrecht** erlassen wurde. Nach dem zu dieser Frage wegweisenden Urteil in der Rechtssache ***„Marleasing"*** ist es unerheblich, ob das nationale Recht vor oder nach In-Kraft-Treten des Unionsrechts (im konkreten Fall eine Richtlinie) erlassen worden ist[162]. Im Hinblick auf die richtlinienkonforme Auslegung ist zudem die Feststellung wichtig, dass diese Form der Auslegung nicht nur im Hinblick auf Richtlinienvorschriften mit unmittelbarer Wirkung gilt, sondern gerade auch für solche Richtlinienvorschriften, die keine unmittelbare Wirkung entfalten; gerade für letztere ist die richtlinienkonforme Auslegung wichtig, da mit Ausnahme der inzwischen vom EuGH anerkannten Haftung der Mitgliedstaaten für fehlende oder fehlerhafte Umsetzung von Richtlinien sonst keine Möglichkeit für Gerichte bestünde, korrigierend einzugreifen.

152 Die Verpflichtung zur unionsrechtskonformen Auslegung besteht im Hinblick auf **geltendes Unionsrecht**. Das bedeutet, dass die Verpflichtung zur unionsrechtskonformen Auslegung zu dem Zeitpunkt einsetzt, zu dem die fragliche Unionsrechtsvorschrift ihre Rechtswirkungen erzeugt. Mit Ausnahme der Richtlinien ist dies der Zeitpunkt des **In-Kraft-Tretens der fraglichen Unionsrechtsvorschrift**. Im Falle der Richtlinien sind zwei Fallkonstellationen zu unterscheiden: Erlass der nationalen Umsetzungsakte vor und nach Ablauf der Umsetzungsfrist. Wird eine Richtlinie **vor Ablauf der Umsetzungsfrist** in nationales Recht umgesetzt, besteht die Verpflichtung zur richtlinienkonformen Auslegung des nationalen Umsetzungsakts mit dessen In-Kraft-Treten. In diesem Fall sind alle Voraussetzungen für ein Wirksamwerden der Richtlinienvorschriften im nationalen Recht erfüllt, so dass von diesem Zeitpunkt an die nationalen Umsetzungsregelungen im Zusammenhang mit der Richtlinie selbst ausgelegt werden müssen, um eine einheitliche Geltung des Unionsrechts zu gewährleisten. Wird eine Richtlinie hingegen erst **nach Ablauf der Umsetzungsfrist** in nationales Recht umgesetzt, setzt die Verpflichtung zur richtlinienkonformen Auslegung gleichwohl grundsätzlich mit Ablauf der Umset-

161 EuGH C-397/01 – C-403/01, Pfeiffer, Slg. 2004, I-8835 Rdn. 115.
162 EuGH C-106/89, Marleasing, Slg. 1990, I-4135.

zungsfrist ein.[163] Im Moment des Ablaufs der Umsetzungsfrist liegt eine Verletzung der Art. 288 Abs. 3 AEUV und Art. 4 Abs. 3 EUV vor, wenn bis dahin die nationale Umsetzung der Richtlinie nicht vorgenommen worden ist. Es ist dann die Pflicht der nationalen Gerichte und Rechtsanwendungsorgane, das bestehende nationale Recht im Lichte der nicht umgesetzten Richtlinie auszulegen bzw. anzuwenden. Eine **Ausnahme** gilt allerdings für **Vorschriften mit Strafcharakter**; aus Gründen der Rechtssicherheit und des Rückwirkungsverbots ist eine richtlinienkonforme Auslegung nicht bereits mit dem Ablauf der Umsetzungsfrist möglich, sondern erst mit dem Erlass des konkreten Umsetzungsaktes[164], und zwar auch dann, wenn dieser Umsetzungsakt erst nach Ablauf der Umsetzungsfrist erlassen wird.

Die bloße **Existenz einer Richtlinie vor Ablauf der Umsetzungsfrist** kann hingegen keine Verhaltenspflichten der staatlichen Organe nach sich ziehen, weil die Herstellung einer richtlinienkonformen Rechtslage zu diesem Zeitpunkt noch nicht geboten ist. Dies gilt auch für eine richtlinienkonforme Auslegung des nationalen Rechts. Verwaltung und nationale Gerichte können nicht durch das Unionsrecht verpflichtet werden, bereits im Vorgriff auf die konkrete Umsetzung einer Richtlinie durch den Gesetzgeber bestehendes nationales Recht im Hinblick auf die Vorgaben dieser Richtlinie richtlinienkonform auszulegen. Verwaltung und nationale Gerichte müssen grundsätzlich erst die Umsetzung der Richtlinie in abstrakt-generelle Normen abwarten, um nicht in die Kompetenzen des Gesetzgebers einzugreifen. Es kann daher auch keine Verletzung des Art. 4 Abs. 3 EUV angenommen werden, wenn Verwaltung und nationale Gerichte trotz einer theoretischen Möglichkeit zur richtlinienkonformen Auslegung bestehenden nationalen Rechts und ihrer abstrakten Verpflichtung aus Art. 288 Abs. 3 AEUV weiterhin nationales Recht ohne Rücksicht auf die Richtlinie anwenden. Ob eine theoretische Möglichkeit zur richtlinienkonformen Auslegung vor Ablauf der Umsetzungsfrist besteht, ist letztlich eine Frage des nationalen Rechts[165]; allerdings dürfte dem nichts entgegenstehen, solange die richtlinienkonforme Auslegung sich im Rahmen der allgemeinen Grenzen für jedwede Auslegung hält, insbesondere nicht zu einem Auslegungsergebnis führt, das eindeutig mit dem Wortlaut der auszulegenden Regelung unvereinbar ist.

Die unionsrechtskonforme Auslegung findet ihre **Grenzen** im eindeutigen Wortlaut **153** der nationalen Vorschrift, der eine Auslegung nicht zulässt; auch unter der unionsrechtlichen Verpflichtung zur unionsrechtskonformen Auslegung darf das nationale Recht nicht „contra legem" ausgelegt werden. Dies gilt auch in dem Fall einer ausdrücklichen Weigerung des nationalen Gesetzgebers, eine Richtlinie in nationales Recht umzusetzen. Ein dadurch hervorgerufener Konflikt zwischen Unionsrecht und nationalem Recht kann nur über das Vertragsverletzungsverfahren (Art. 258, 259 AEUV) und/oder über die Haftung der Mitgliedstaaten für Verletzungen des Unionsrechts gelöst werden.

163 EuGH C-212/04, Adeneler, Slg. 2006, I-6057; dazu *Junker/Aldea*, EuZW 2007, S. 13.
164 EuGH Rs. 80/86, Kolpinghuis Nijmegen, Slg. 1987, 3969.
165 BGH NJW 1998, 2507; *Ehricke*, EuZW 1999, 553.

VI. Schema zur Prüfung der Vereinbarkeit von nationalem Recht und Unionsrecht

I. Fall beginnt im nationalen Recht/EU-Bezug
1. Umsetzung von EU-Richtlinien
2. Eröffnung eigener Ansprüche durch das Unionsrecht
3. Unionsrechtskonformität des nationalen Rechts

II. Anwendung des Unionsrechts
1. Klärung des Inhalts der Unionsrechtsnorm
   a) Identifizierung der Tatbestandsmerkmale der Unionsrechtsnorm
   b) Bestimmung des Inhalts der Tatbestandsmerkmale (Definition/Auslegung)
   c) Subsumtion
2. Feststellung der Vereinbarkeit bzw. Unvereinbarkeit des nationalen Rechts mit Unionsrecht

III. Lösung eines Konflikts
1. Unionsrechtskonforme Auslegung des nationalen Rechts
2. Unmittelbare Anwendung des Unionsrechts i.V.m. Vorrang des Unionsrechts

IV. Rechtsschutz
1. Vorabentscheidungsverfahren (Auslegungsfragen) nach Art. 267 AEUV
2. Vertragsverletzungsklage nach Art. 258 i.V.m. Art. 260 AEUV
3. Schadenersatzklage gegen den betreffenden Mitgliedstaat wegen Verletzung des Unionsrechts

Weiterführende Literatur: *Beljin,* Die Bedeutung vom Vorrang und Durchführung des EG-Rechts für die nationale Rechtsetzung und Rechtsanwendung, NVwZ 2004, S. 1; *Brechmann,* Die richtlinienkonforme Auslegung, 1994; *Büdenbender,* Das Verhältnis des Europäischen Gerichtshofs zum Bundesverfassungsgericht, 2005; *Ehricke,* Die richtlinienkonforme Auslegung nationalen Rechts vor Ende der Umsetzungsfrist einer Richtlinie, EuZW 1999, S. 553; *Everling,* Das Verhältnis des Europarechts zum nationalen Recht, DVBl. 1985, 1201 ff.; *Grabitz,* Gemeinschaftsrecht bricht nationales Recht, 1966; *ders.,* Das Verhältnis des Europarechts zum nationalen Recht in: Kruse (Hrsg.) Zölle, Verbrauchssteuern, europäisches Marktordnungsrecht, 1988, 33, 40 ff.; *Höpner,* Karlsruhe verdient Anerkennung – Zum PSPP-Urteil des Bundesverfassungsgerichts vom 5. Mai 2020, Wirtschaftsdienst 2020, S. 441ff.; *Huber,* Europäisches und nationales Verfassungsrecht, VVDStRL 60 (2001), S. 194; *Hirsch,* Europäischer Gerichtshof und Bundesverfassungsgericht NJW 1996, S. 2457; *Kirchhof,* Vorrang des Rechts. Zu den Grenzen eines Anwendungsvorrangs von Europarecht, NJW 2022, 1049; *ders.,* Die Gewaltenbalance zwischen staatlichen und europäischen Organen, JZ 1998, S. 965; *Jarass,* Konflikte zwischen EG-Recht und nationalem Recht vor den Gerichten der Mitgliedstaaten, DVBl. 1995, 954; *ders.,* Grundfragen der innerstaatlichen Bedeutung des EG-Rechts, 1994; *Nicolaysen,* Der Streit zwischen dem deutschen Bundesverfassungsgericht und dem Europäischen

Gerichtshof, EuR 2000, S. 197; *Niedobitek,* Kollisionen zwischen EG-Recht und nationalem Recht, VerwArch 2001, S. 58; *Pernice,* Europäisches und nationales Verfassungsrecht, VVDStRL 60 (2001), S. 148; *Schalast/Türkmen,* Anleihekäufe der EZB nach nach dem PSPP-Urtzeil des BVerfG, Recht der Finanzinstrumente 2020, S. 164ff.; *Spieker,* Werte, Vorrang, Identität, Der Dreiklang europäischer Rechtskontflikte vor dem EuGH, EuZW 2022, 305; *Streinz,* Gemeinschaftsrecht bricht nationales Recht, FS für Söllner, 2000, S. 1139; *ders.,* Die Auslegung des Gemeinschaftsrechts durch den EuGH. Eine kritische Betrachtung, ZEuZ 2004, S. 387; *Schroeder,* Die Auslegung des EG-Rechts, JuS 2004, S. 180; *Weber,* Zur Kontrolle grundrechts- bzw. kompetenzwidriger Rechtsakte der EG durch nationale Verfassungsgerichte, FS für Everling, Band II 1995, S. 1625; *Zuleeg,* Das Recht der europäischen Gemeinschaften im innerstaatlichen Bereich, KSE Bd. 9, 1969; *ders.,* Die gemeinschaftsrechtskonforme Auslegung und Fortbildung mitgliedstaatlichen Rechts, in Schulze (Hrsg.), Auslegung europäischen Privatrechts und angeglichenen Rechts, 1999, S. 163.

C. Rechtsstaatlichkeit, Demokratie und Sozialstaatlichkeit

In der EU haben sich Staaten zusammengeschlossen, die im Wesentlichen gleiche Verfassungsstrukturen aufweisen. Die Mitgliedstaaten gewährleisten in ihren Verfassungen die Achtung gemeinsamer rechtlicher, politischer und moralischer Werte und schützen die Prinzipien der parlamentarischen Demokratie, des Rechts, der sozialen Gerechtigkeit und der Wahrung der Menschenrechte. Die Achtung und Aufrechterhaltung der parlamentarischen Demokratie sowie der Rechts- und Sozialstaatlichkeit bilden die Grundlage ihrer Zugehörigkeit zur EU. **154**

Dies hat notwendigerweise Auswirkungen auf die Verfassungsstruktur der EU. Diese wird insoweit inhaltlich definiert, als auch die EU den **Grundforderungen nach Rechtsstaatlichkeit, Demokratie und Sozialstaatlichkeit** gerecht werden muss. Eine „strukturelle Kongruenz" zwischen der Unionsverfassung und den Verfassungen der Mitgliedstaaten kann daraus allerdings nicht abgeleitet werden. Die EU unterscheidet sich in Umfang, Stärke und Zielsetzung ihrer hoheitlichen Befugnisse zu sehr von einem staatlichen Gebilde, als dass ihre Verfassung an die Verfassungsstrukturen eines oder aller Mitgliedstaaten gebunden werden könnte; vielmehr beschränkt sich die Homogenität zwischen den mitgliedstaatlichen Verfassungen und der EU-Verfassungsstruktur im Hinblick auf die Achtung und Gewährleistung der Rechtsstaatlichkeit, der Demokratie und der Sozialstaatlichkeit auf ein **Mindestmaß**. Die Ausgestaltung dieser Verfassungsgrundsätze in der Unionsrechtsordnung wird geprägt durch die Funktion und Wirkungsweise der EU selbst, wobei die Ausprägungen dieser Grundforderungen in den Verfassungen der Mitgliedstaaten zur Orientierung herangezogen und Anpassungen vorgenommen werden können. **155**

Ein allgemeines Bekenntnis zu diesen grundlegenden Verfassungsprinzipien wurde in Art. 2 EUV niedergelegt, wo es ausdrücklich heißt: **156**

„Die Werte, auf die sich die Union gründet, sind die Achtung der Menschenwürde, Freiheit, Demokratie, Gleichheit, Rechtsstaatlichkeit und die Wahrung der Menschenrechte, einschließlich der Rechte der Personen, die Minderheiten angehören."

Diese Verfassungsprinzipien gelten nicht nur gegenüber der EU und ihren Institutionen, sondern auch gegenüber den Mitgliedstaaten. Verletzungen der Verfassungsgrundsätze können nach Art. 7 EUV sanktioniert werden. So hat der EuGH bereits in einem Verfahren gegen Polen wegen der Herabsetzung des Ruhestandsalters für Richter des Obersten Gerichts sein Urteil gesprochen, in dem er feststellt, dass die polnischen Regelungen gegen die Grundsätze der Unabsetzbarkeit der Richter und der richterlichen Unabhängigkeit verstoßen[166]. Gegen Ungarn hat die Kommission im Dezember 2023 wegen Einschränkungen der Meinungs-, Forschungs- und Versammlungsfreiheit sowie der Schwächung des Verfassungs-und Justizsystems und des Vorgehens der Regierung gegen Nichtregierungsorganisationen ein Verfahren beim EuGH eingeleitet.

157 Die Achtung der Rechtsstaatlichkeit und insbesondere die durch unabhängige Gerichte erfolgende wirksame gerichtliche Kontrolle von Ausgabenentscheidungen oder Betrugsfällen sind von wesentlicher Bedeutung, um zu gewährleisten, dass die EU-Mittel ordnungsgemäß verwendet werden.

Deshalb hat die EU im Dezember 2021 eine Verordnung zum Schutz des EU-Haushalts[167] angenommen. Damit ist die Zahlung von Haushaltsmitteln an die Einhaltung der Rechtsstaatlichkeit gebunden und kann gestrichen werden, sofern festgestellt wird, dass Verstöße gegen das Rechtsstaatsprinzip in einem Mitgliedsstaat die wirtschaftliche Führung des Haushalts der EU oder den Schutz ihrer finanziellen Interessen hinreichend unmittelbar beeinträchtigen oder ernsthaft zu beeinträchtigen drohen. Alle EU-Mittel, einschließlich der im Rahmen des Aufbauinstruments „NextGenerationEU" bereitgestellten Mittel, sind abgedeckt. Strafen gegen einen Mitgliedsstaat sollen innerhalb von 7 bis 9 Monaten verhängt werden. Der Mechanismus soll nicht nur bei direkten Missbrauchsfällen von EU-Geldern wie Korruption Anwendung finden, sondern ebenso bei systematischen Verletzungen der EU-Grundwerte[168], einschließlich der Gefährdung der Unabhängigkeit der Justiz oder bei Einschränkungen von Rechtsmitteln. Der präventive Charakter des Instruments ist dadurch gewährleistet, dass er auch ausgelöst werden kann, wenn nationale Maßnahmen ein ernsthaftes Risiko für eine Verletzung der oben genannten Prinzipien darstellen. Der Mechanismus wird durch eine qualifizierte Mehrheitsentscheidung im Rat nach Feststellung einer Verletzung durch die EU-Kommis-

---

166 EuGH C-619/18, KOM/Polen, ECLI:EU:C:2019:531.

167 VO (EU, Euratom) 2020/2092 des EP und des Rates v. 16.12. 2020 über eine allgemeine Konditionalitätsregelung zum Schutz des Haushalts der Union, ABl. 2020 L 433I S. 1–10.

168 Eine solche Verletzung hat die Kommission durch das am 12.12.2023 von der ungarischen Nationalversammlung verabschiedete „Souveränitätsverteidigungsgesetz" angenommen und gegen Ungarn ein Vertragsverletzungsverfahren eingeleitet.

sion ausgelöst. Bislang kam diese Verordnung einmal im Fall Ungarns zur Anwendung.

Gegen diese Verordnung haben Ungarn und Polen vor dem EuGH geklagt. Der EuGH hat diese Klagen jedoch als unbegründet abgewiesen und festgestellt, dass die Verknüpfung von EU-Haushalt und Rechtsstaatlichkeit zulässig ist[169].

I. Rechtsstaatlichkeit

Obwohl die EU keinen Staat im völkerrechtlichen Sinne bildet, zählt die Rechtsstaat- **158**
lichkeit zu den Grundsätzen ihrer Verfassungsstruktur[170]. Der Begriff der Rechtsstaatlichkeit wird durch die jeweiligen politischen, sozialen, wirtschaftlichen und kulturellen Verhältnisse geprägt. Das Grundanliegen des Rechtsstaates besteht in dem Schutz des Individuums und seiner Freiheit gegen hoheitliche Machtausübung[171]. In diesem Sinne ist auch die EU auf den Grundsatz der Rechtsstaatlichkeit verpflichtet, da sie als Träger von Hoheitsgewalt durchaus in der Lage ist, in die Sphäre der Bürger und Unternehmen einzudringen und deren Freiheit und Eigentum zu beeinträchtigen.

Die Verwirklichung des Rechtsstaatsgedankens verlangt im Wesentlichen die Gewährleistungen folgender Prinzipien, die in ihrer Gesamtheit die Rechtsstaatlichkeit ausmachen:

- Teilung der Gewalten
- Achtung der Grundrechte
- Rechtmäßigkeit der Gewaltausübung
- Rechtsschutz durch unabhängige Gerichte.

1. Gewaltenteilung

Eine klassische Gewaltenteilung, wie sie etwa im Grundgesetz verwirklicht ist, lässt **159**
sich den Unionsverträgen nicht entnehmen; vor allem die herkömmliche Trennung der öffentlichen Gewalt in Legislative, Exekutive und Judikative ist in den Unionsverträgen nur zum Teil vollzogen worden. Eine klare Trennung besteht lediglich hinsichtlich der Judikative, während Legislative und Exekutive im Institutionengefüge der EU vielfältig verzahnt und vermischt sind.

Wenn damit auch das klassische Gewaltenteilungssystem in der EU nicht verwirk- **160**
licht ist, so besagt dies keineswegs, dass diesem rechtsstaatlichen Postulat nicht Rech-

169 C-156/21, Ungarn/EP und Rat, Urteil v. 16.2.2022, ECLI:EU:C:2022:97; C-157/21, Polen/EP und Rat, Urteilm v. 16.2.2022, ECLI:EU:C:2022:98.

170 Jetzt ausdrücklich in Art. 2 EUV unter den „Werten der Union" aufgeführt; zuvor bereits EuGH, EuGH Rs. 29/69, Stauder, Slg. 1969, 419 ff., Rs. 4/73, Nold, Slg. 1974, 419 ff.

171 So schon *Immanuel Kant*, Theorie und Praxis im Staatsrecht, in: Henrich (Hrsg.), *Kant/Gentz/Rehberg*, Über Theorie und Praxis, 1967, 39 ff.

nung getragen worden ist. Dem Gewaltenteilungsprinzip, so wie es in den Unionsverträgen angelegt ist, liegt ein System gegenseitiger Kontrolle („checks and balances") zugrunde, das der EuGH als **„institutionelles Gleichgewicht"** bezeichnet. Dieses institutionelle Gleichgewicht verhindert einseitigen Machtmissbrauch durch Unionsorgane[172]. Es wird durch folgende Elemente geprägt:

a) Prinzip der begrenzten Zuständigkeit

161 Die Unionsorgane verfügen – anders als die nationalen Parlamente – nicht über eine Allzuständigkeit, sondern jede ihrer Handlungen bedarf einer Grundlage in den Unionsverträgen selbst oder in einem Rechtsakt, der seinerseits in Ausübung einer durch die Verträge eingeräumten Kompetenz erlassen worden ist (sog. **Prinzip der begrenzten Ermächtigung**)[173].

b) Formen der Zusammenarbeit und institutionelle Abhängigkeiten

162 Beim Erlass von Unionsrechtsakten wird in den Kompetenznormen das Zusammenwirken mehrerer Unionsorgane oder Institutionen verlangt. Dadurch wird zwar keine umfassende Kontrolle im Sinne klassischer Gewaltenteilung gewährleistet, die uneingeschränkte Ausübung von Hoheitsrechten durch einzelne Unionsorgane jedoch verhindert. Als Formen des Zusammenwirkens von Unionsorganen kennen die Unionsverträge die **Zustimmung** eines anderen als des rechtsetzenden Organs, die **Anhörung bzw. Einholung von Stellungnahmen,** bevor die ermächtigten Organe in eigener Verantwortung einen Rechtsakt erlassen, den Erlass eines Rechtsaktes nur aufgrund eines entsprechenden **Vorschlags eines anderen Organs**[174] **und schließlich die gemeinsame Verantwortung** von zwei Organen für Verabschiedung und In-Kraft-Setzung eines Rechtsaktes ggf. nach Durchführung eines Vermittlungsverfahrens[175].

c) Politisch-parlamentarische Kontrolle

163 Eine politisch-parlamentarische Kontrolle findet vor allem durch das EP gegenüber der Europäischen Kommission statt. Die schärfste Waffe des EP besteht darin, dass es der Kommission das Misstrauen aussprechen kann (Art. 234 AEUV). Daneben kann das EP Untersuchungsausschüsse einsetzen, um Verletzungen des Unionsrechts durch andere Organe oder Institutionen oder Missstände bei dessen Anwendung überprüfen zu lassen (Art. 226 AEUV)[176].

---

172 EuGH Rs.9/56, Meroni/Hohe Behörde, Slg. 1958, 1; C-133/06, EP/Rat, Slg. 2008, I-3189.
173 Dazu unter § 5 B. II.
174 Initiativrecht der Kommission; vgl. dazu § 5 A. I. 5.
175 Mitentscheidungsverfahren als ordentliches Gesetzgebungsverfahren (Art. 289 i.V.m. Art. 294 AEUV); vgl. dazu § 6 A. I. 1.
176 Vgl. unter § 5 A. I. 4.

d) Gerichtliche Kontrolle

Das gesamte Handeln der EU steht unter gerichtlicher Kontrolle. Zu diesem Zweck wurde auf EU-Ebene mit dem Gerichtshof der EU eine zentrale und unabhängige Gerichtsinstanz geschaffen, die für die Wahrung des Rechts bei der Anwendung und Auslegung des Unionsrechts zu sorgen hat[177]. **164**

Für die Befassung des Gerichtshofs stellt die Unionsrechtsordnung ein ausgebautes Rechtsschutzsystem zur Verfügung[178].

Weiterführende Literatur: *Petzold*, Die Gewaltenteilung in den Europäischen Gemeinschaften, 1966; *Hummer*, Das „institutionelle Gleichgewicht" als Strukturdeterminante der Europäischen Gemeinschaften, in: Ius Humanitatis, FS für Verdross 1980, S. 459 ff; *Lübkemeier*, Rechtsstaatlichkeit und Handlungsfähigkeit: Zwei Seiten einer Medaille, SWP 2021/A49.

2. Grundrechte

a) Ableitung und Anerkennung der Grundrechte in der Unionsrechtsordnung

Die Geschichte Europas ist seit mehr als zwei Jahrhunderten durch fortwährende Bemühungen um eine Verstärkung des Grundrechtsschutzes gekennzeichnet. Von den Erklärungen der Menschen- und Bürgerrechte des 18. Jahrhunderts ausgehend, zählen die Grund- und Freiheitsrechte zum festen Bestandteil der Verfassungsordnungen der meisten zivilisierten Staaten. Dies gilt in besonderem Maße für die Mitgliedstaaten der EU, deren Rechtsordnungen auf der Wahrung des Rechts sowie auf der Achtung der Würde, Freiheit und Entfaltungsmöglichkeiten des Einzelnen aufgebaut sind. Darüber hinaus gibt es zahlreiche internationale Abkommen über den Schutz der Menschenrechte, von denen der Europäischen Konvention zum Schutz der Menschenrechte und Grundfreiheiten (Europäische Menschenrechtskonvention „EMRK") eine herausragende Bedeutung zukommt. **165**

Eine Grundrechtsordnung hat sich erst auf Grundlage einer ständigen Rechtsprechung des EuGH herausgebildet, die allerdings selbst auch relativ spät, nämlich im Jahre 1969, einsetzte, da der EuGH zunächst alle grundrechtlichen Einwendungen mit dem Hinweis verworfen hatte, er habe sich nicht mit Problemen zu befassen, die dem nationalen Verfassungsrecht angehören. Diese Vorstellung musste der EuGH nicht zuletzt im Hinblick auf den von ihm begründeten Anspruch des Vorrangs des EU-Rechts vor nationalem Recht revidieren, da dieser Vorrang nur durchgesetzt werden kann, wenn das EU-Recht in der Lage ist, aus eigener Kraft einen Grundrechtsschutz zu gewährleisten, der dem durch die nationalen Verfassungen gewährten Schutz gleichwertig ist. **166**

177 Vgl. unter § 5 A. I. 6. und § 6 C.

178 Vgl. dazu § 5 A. I. 6. und § 6 C.

167 Ausgangspunkt dieser Rechtsprechung war das Urteil in der Rechtssache *Stauder*[179], in dem es darum ging, dass ein Empfänger von Kriegsopferfürsorge es als Verletzung seiner Menschenwürde und des Gleichheitsgrundsatzes ansah, dass er bei der Registrierung zum Kauf von „Weihnachtsbutter" seinen Namen angeben musste. Obwohl der EuGH bereits durch eine Auslegung der einschlägigen Vorschrift zu dem Ergebnis kam, dass die Angabe des Namens nicht erforderlich sei, und sich damit die Prüfung einer Grundrechtsverletzung eigentlich erübrigt hatte, stellte er abschließend fest, dass auch die Beachtung der Grundrechte zu den allgemeinen Grundsätzen der Unionsrechtsordnung gehöre, deren Wahrung der EuGH zu sichern habe. Damit hatte der EuGH erstmalig die Existenz einer eigenen Grundrechtsordnung in der EU anerkannt.

168 In der Folgezeit sind dann die einzelnen Grundrechtsgewährleistungen vom EuGH zunächst aus einigen Vertragsbestimmungen selbst und dann auch über die Anerkennung allgemeiner Rechtsgrundsätze, zu deren Konkretisierung sich der EuGH zum einen der gemeinsamen Verfassungsüberlieferungen der Mitgliedstaaten und zum anderen auch der internationalen Verträge über den Schutz der Menschenrechte (insbesondere der EMRK) bediente, die bei der inhaltlichen Ausformung der Unionsgrundrechte wesentliche Orientierungen bezüglich der Schutzanforderungen vorgegeben haben.

169 Bei aller Anerkennung für die Leistung des EuGH bei der Herausbildung ungeschriebener Grundrechte hatte dieses Verfahren zur Gewinnung „Europäischer Grundrechte" einen gravierenden Nachteil: Der EuGH blieb auf den jeweiligen Einzelfall beschränkt. Deshalb konnte er auch nicht für alle Bereiche, in denen es notwendig oder wünschenswert ist, aus den allgemeinen Rechtsgrundsätzen Grundrechte entwickeln. Es war ihm auch nicht möglich, Umfang und Grenzen des Grundrechtsschutzes in der nötigen Allgemeinheit und Differenziertheit herauszuarbeiten. Infolgedessen konnten die EU-Organe nicht hinreichend genau abschätzen, ob sie Gefahr liefen, ein Grundrecht zu verletzen, oder nicht. Auch ein betroffener Unionsbürger konnte nicht ohne weiteres in jedem Fall beurteilen, ob eine Verletzung eines seiner Grundrechte vorlag.

170 Als Ausweg aus dieser Situation wurde lange Zeit der **Beitritt der EU zur EMRK** angesehen. In seinem Gutachten 2/94[180] hat der EuGH hierzu allerdings festgestellt, dass die EU beim damaligen Stand des EU-Rechts nicht über die Kompetenz verfügte, der Konvention beizutreten. Der EuGH führt in diesem Zusammenhang aus, dass die Wahrung der Menschenrechte zwar eine Voraussetzung für die Rechtmäßigkeit der Handlungen der EU sei, der Beitritt zur EMRK jedoch eine wesentliche Änderung des damaligen Unionssystems zur Folge hätte, da er die Einbindung der EU in ein völkerrechtliches, andersartiges institutionelles System und die Übernahme sämtlicher Bestimmungen der EMRK in die EU-Rechtsordnung mit sich brächte.

179 EuGH, Rs. 29/69, Stauder, Slg. 1969, 419.
180 Gutachten 2/94, Slg. 1996, I-1759.

Eine solche Änderung des Systems des Schutzes der Menschenrechte in der EU, die grundlegende institutionelle Auswirkungen sowohl auf die EU als auch auf die Mitgliedstaaten hätte, ist nach Ansicht des Gerichtshofs von verfassungsrechtlicher Dimension und geht daher ihrem Wesen nach selbst über die Grenzen der Vertragsabrundungskompetenz des Art. 352 AEUV hinaus. Der Beitritt der EU zur EMRK wurde gerade auch im Hinblick auf dieses Gutachten des EuGH mit dem Vertrag von Lissabon in Art. 6 Abs. 2 EUV ausdrücklich vorgesehen.

Die Kommission hat dann am 4. Juni 2010 vom Rat ein entsprechendes Verhandlungsmandat für den Beitritt der EU zur EMRK erhalten. Am 5. April 2013 wurde eine Einigung über den Entwurf der Beitrittsübereinkunft[181] erzielt. Die Kommission hat diesen Übereinkunftsentwurf dem Gerichtshof der EU übersandt und gem. Art. 218 Abs. 11 AEUV ein Gutachten über dessen Vereinbarkeit mit EU-Recht angefordert. In seinem Gutachten 2/13[182] kommt der EuGH zu dem Schluss, dass der ***Entwurf der Übereinkunft über den Beitritt der EU zur EMRK nicht mit dem EU-Recht vereinbar ist***, da er in einer ganzen Reihe von Regelungen die Gefahr einer Beeinträchtigung, insbesondere des Vorrangs, der Einheit, der Autonomie und der Wirksamkeit des Unionsrechts sowie des in der GRCh vorgesehenen Schutzniveaus, beinhaltet. **171**

Aufgrund dieses Gutachtens hat die EU von einem Beitritt zur EMRK Abstand genommen.

Vor diesem Hintergrund war es umso wichtiger, dass der Vertrag von Lissabon mit seinem Inkrafttreten am 1. Dezember 2009 einen weiteren, ganz entscheidenden Schritt zur Herausbildung einer Grundrechtsordnung für die EU getan und den Grundrechtsschutz in der EU auf eine neue Grundlage gestellt hat. Durch den neuen Grundrechtsartikel im EU-Vertrag (Art. 6 EUV) erhält die EU mit der *Charta der Grundrechte der Europäischen Union* zum ersten Mal einen geschriebenen Grundrechtskatalog[183]. **172**

181 CDDH (2011) 009 vom 14.10.2011.

182 EuGH, Gutachten 2/13 v. 18.12.2014, ECLI:EU:C:2014:2454.

183 Die Grundrechtecharta geht auf einen Entwurf zurück, den ein Konvent aus 16 Beauftragten der Staats- und Regierungschefs sowie des Präsidenten der Europäischen Kommission, 16 Mitgliedern des EP und 30 nationalen Parlamentariern (zwei aus jedem der damaligen Mitgliedstaaten) unter Vorsitz von Prof. Dr. Roman Herzog erarbeitet hatte, und der von den Präsidenten des EP, des Rates der EU und der Europäischen Kommission zum Auftakt des Europäischen Rates von Nizza am 7. Dezember 2000 feierlich als „Charta der Grundrechte der Europäischen Union" proklamiert wurde. Im Zuge der Beratungen über eine europäische Verfassung wurde diese Grundrechtecharta überarbeitet und zum integrierten Bestandteil des Verfassungsvertrages vom 29. Oktober 2004 gemacht. Nach dem Scheitern des Verfassungsvertrages ist die Grundrechtecharta erneut als selbständiger Rechtsakt von den Präsidenten des EP, des Rates der EU und der Europäischen Kommission am 12. Dezember 2007 in Straßburg feierlich als „Charta der Grundrechte der EU" proklamiert worden. Auf diese Fassung der Charta verweist nunmehr Art. 6 EUV in verbindlicher Form.

173 Die Grundrechtecharta entfaltet Rechtsverbindlichkeit und ist „den Verträgen rechtlich gleichrangig“, d.h. sie ist Bestandteil des Primärrechts. Dies gilt allerdings nicht für Polen, das sich dem Grundrechtsregime der Charta nicht unterwerfen wollte, weil es befürchtete, über die Geltung der in der Charta niedergelegten Grundrechte bestimmte nationale Positionen, etwa in Religions- und Glaubensfragen, aufgeben oder zumindest ändern zu müssen. Für Polen ergibt sich die Bindung an die Grundrechte nicht aus der Grundrechtecharta, sondern wie bisher aus der Grundrechte-Rechtsprechung des EuGH[184]. Der ursprüngliche Grundrechtsschutz der EU, den der EuGH entwickelt hat, wird also nicht bedeutungslos, sondern gehört auch weiterhin zu den allgemeinen Grundsätzen des EU-Rechts.

174 Die Grundrechtecharta legt zugleich den Geltungsbereich der Grundrechte im EU-Recht fest, ohne allerdings neue Kompetenzen für die EU zu begründen. Deshalb ist die Grundrechtecharta auch unter Berücksichtigung der allgemeinen Unionsrechtsbestimmungen zu interpretieren und anzuwenden (Art. 6 Abs. 1 UAbs. 3 EUV).

175 Eine stärkere **institutionelle Verankerung** hat der Grundrechtsschutz auf EU-Ebene durch die Einrichtung einer **Agentur der EU für Grundrechte**[185] im Jahre 2007 erfahren, die ihren Sitz in Wien hat und aus der 1998 ebenfalls in Wien eingerichteten Stelle zur Beobachtung von Rassismus und Fremdenfeindlichkeit (EUMC) hervorgegangen ist.

b) Grundrechtsträger und -adressaten

176 Die Unionsgrundrechte gelten zunächst für alle **Unionsbürger**, d.h. die Staatsangehörigen der Mitgliedstaaten, sowie alle juristischen Personen, die ihren Sitz im Gebiet der EU haben. Ein entsprechender Grundrechtsschutz ist daneben den natürlichen und juristischen **Personen aus Drittstaaten** zu gewähren, soweit sie in gleicher Weise wie die Unionsangehörigen durch unionsrechtliche Maßnahmen betroffen werden[186]. Eine derartige Ausweitung der Trägerschaft von Unionsgrundrechten kann darauf gestützt werden, dass der Vertrag über die Europäische Union die Verpflichtung zur Achtung der Grundrechte unter den einleitenden Gemeinsamen Bestimmungen (Art. 6 EUV) aufführt und damit deren universellen Geltungsanspruch zum Ausdruck bringt.

177 An die Unionsgrundrechte gebunden sind zunächst und vor allem die **EU-Organe**. Das Handeln der EU-Organe wird am Maßstab der Unionsgrundrechte gemessen.

184 Der EuGH bezieht die Grundrechtecharta in seine Rechtsprechung seit 2006 ein, vgl. etwa EuGH C-540/03, EP/Rat, Slg. 2006, I-5769; C-131/03P, Reynolds Tobacco Holding Inc., Slg. 2006, I-7795.

185 Vgl. VO 168/2007 des Rates vom 15.2.2007 zur Errichtung einer Agentur der Europäischen Union für Grundrechte, ABl. 2007 L 53/1-14; zur Agentur *Schlichting/Pietsch*, EuZW 2005, 587.

186 Dies gilt etwa für in Drittstaaten ansässige Unternehmen, denen von Unionsseite unfaire Handelspraktiken (z.B. Dumping) vorgeworfen werden.

Allerdings wird den EU-Organen bei ihrem Handeln vom EuGH ein weiter Ermessensspielraum eingeräumt, der die Kontrolldichte nicht unerheblich begrenzt. Deshalb wird dem EuGH immer wieder vorgeworfen, dass diese Beschränkung auf der „Grundrechtsbilanz" des EuGH einen „hässlichen Fleck" hinterlasse[187]. Dieser Vorwurf ist jedoch nicht gerechtfertigt. In der EU-Rechtsordnung ist, wie in der deutschen Rechtsordnung auch, im Falle eines bestehenden Ermessens die gerichtliche Kontrolle auf die Überprüfung des Vorliegens von Ermessensfehlern begrenzt: Zu unterbinden sind Rechtsfehler, Ermessensüberschreitung, Ermessensunterschreitung und Ermessensfehlgebrauch. Eine weitere Grenze für die Überprüfung von Unionsmaßnahmen am Maßstab der Unionsgrundrechte besteht im Hinblick auf Unionsmaßnahmen, die Entscheidungen des UN-Sicherheitsrates auf EU-Ebene umsetzen[188]. Diese Maßnahmen sind der Rechtmäßigkeitskontrolle durch die europäische Gerichtsbarkeit entzogen. Dies schließt auch die Überprüfung am Maßstab der Unionsgrundrechte ein; einziger Prüfungsmaßstab für diese Umsetzung sind die zwingenden Regeln des allgemeinen Völkerrechts, zu denen auch die universell geltenden Menschenrechte gehören[189].

Die **Mitgliedstaaten** sind insoweit an die Unionsgrundrechte gebunden, als sie im **178**
Anwendungsbereich des EU-Rechts handeln. Dies ist unbestritten der Fall bei der Durchführung und beim Vollzug des EU-Rechts durch die Mitgliedstaaten[190] und bei der Einschränkung der Grundfreiheiten durch nationales Recht im Rahmen des unionsrechtlichen Schrankenvorbehalts[191]. Darüber hinaus wird eine derartige Bindung angenommen bei einer Gefährdung eines unionsrechtlich gewährleisteten Rechts durch nationales Prozess- und Verfahrensrecht[192]. Allerdings haben zwei Urteile des EuGH zur Frage der Grundrechtsbindung der Mitgliedstaaten zu heftiger Kritik in der Literatur und zu einer Klarstellung durch das BVerfG geführt.

---

187 *Nettesheim*, EuZW 1995, 106–108 ; zuletzt auch *Schohe*, EuZW 2006, 33 und EuZW 2005, 641.

188 VO (EG) Nr. 881/2002 des Rates vom 27. 5. 2002, ABl. L 139/9. Im konkreten Fall die Umsetzung der Resolutionen in Bezug auf die Taliban, Osama bin Laden, das Al-Qaida-Netzwerk und die mit ihnen verbundenen Personen und Einrichtungen durch die Verordnung (EG) Nr. 881/2002.

189 EuG T-306/01, Ahmed Ali Yusuf und Al Barakaat International Foundation sowie T-315/01, Yassin Abdullah Kadi/Rat und KOM, Slg. 2005, II-3649.

190 So ausdrücklich jetzt Art. 51 Abs. 1 S. 1 GRCh; so zuvor schon EuGH Rs. 5/88, Wachauf, Slg. 1989, 2609/2639; C-2/92, Bostock, Slg. 1994, I-955/983; C-94/00, Roquette, Slg. 2002, I-9011; C-387/02, Berlusconi, Slg. 2005, I-3565 Rdn. 69; C-256/11, Dereci, ECLI:EU:C:2011:258.

191 EuGH C-260/89, ERT, Slg. 1991, I-2925 ; C-299/95, Kremzow, Slg. 1997, I-2629/2645; C-112/00, Schmidberger, Slg. 2003, I-5659; C-36/02, Omega, Slg. 2004, I-9609.

192 *Scheuing*, Zur Grundrechtsbindung der EU-Mitgliedstaaten, EuR 2005, 162–191 unter Hinweis auf EuGH C-276/01, Steffensen, Slg. 2003, I-3735 Rn. 71 mit Anm. *Schaller*, EuZW 2003, 671; *Scheuing* spricht insoweit neben den herkömmlichen „Durchführungs- und Einschränkungskonstellationen" von der „Rechtsschutzgewährungskonstellation".

In seinen Urteilen *„Akerberg Fransson"*[193] und *„Vinkov"*[194] hat der EuGH klargestellt, dass die Grundrechtsbindung der Mitgliedstaaten bereits dann eintrete, wenn eine nationale Regelung in den „Geltungsbereich" des Unionsrechts falle, was neben der klassischen Durchführung des Unionsrechts auch dann anzunehmen sei, wenn „es andere Anknüpfungspunkte an dieses Recht gibt". An dieser weiten Auslegung entzündet sich der Streit. Es wird dem EuGH vor allem vorgehalten, dass er über den insoweit eindeutigen Wortlaut des Art. 51 Abs. 1 S. 1 GRCh, der gerade nur von „Durchführung" spreche, hinausgehe und sich damit eine umfassende Regelzuständigkeit in Grundrechtsfragen anmaße[195]. In seinem *Urteil zur Antiterrordatei*[196] hat das BVerfG deutlich gemacht, dass die Urteile des EuGH nicht in einer Weise verstanden und angewendet werden dürfen, nach der für eine Grundrechtsbindung der Mitgliedstaaten jeder sachliche Bezug einer Regelung zum bloß abstrakten Anwendungsbereich des Unionsrechts oder rein tatsächlicher Auswirkungen auf dieses ausreichend sei. Dies würde den Schutz und die Durchsetzung der mitgliedstaatlichen Grundrechte in einer Weise gefährden, die die Identität der durch das Grundgesetz errichteten Verfassungsordnung in Frage stellen würde, womit sich die Urteile des EuGH als „Ultra-vires-Akte" darstellen würden. Allerdings sieht das BVerfG dies in der Auslegung in den fraglichen Urteilen durch den EuGH als nicht gegeben an, da der EuGH im Urteil „Akerberg Fransson" selbst ausdrücklich darauf hinweist, dass die Grundrechtecharta nur in „unionsrechtlich geregelten Fallgestaltungen, aber nicht außerhalb derselben Anwendung findet". Es bleibt abzuwarten, ob der EuGH diese Vorgabe des BVerfG aufnehmen wird und zur Klarstellung vielleicht doch noch auf den Auslegungsvorschlag von *Generalanwalt Cruz Villalón* in der Rs. „Akerberg Fransson" zurückkommt, der Art. 51 Abs. 1 S. 1 CRCh im Sinne eines Regel-Ausnahme-Verhältnisses versteht: als Regel habe danach zu gelten, dass die Kontrolle von Handlungen der öffentlichen Gewalt der Mitgliedstaaten, bei denen ein Wertungsspielraum besteht, Sache der Mitgliedstaaten im Kontext ihrer verfassungsmäßigen Ordnung ist; die Anwendung des Unionsrechts durch die Mitgliedstaaten und damit die Verlagerung der Grundrechtsgewährleistung auf die EU bilde hierzu die Ausnahme. Insoweit soll es auf den Grad des Zusammenhangs zwischen dem grundsätzlich angewendeten Unionsrecht und der Ausübung hoheitlicher Befugnisse des Staates ankommen, wobei zwischen der mehr oder weniger nahen „causa" und der reinen „occasio" zu unterscheiden sei.[197]

179 Die nationalen Stellen unterliegen damit einer zweifachen Grundrechtsbindung, der aus dem EU-Recht und der aus dem nationalen Recht. Bei Zweifeln über Inhalte und Tragweite des Unionsgrundrechts steht den nationalen Richtern das Vorabent-

---

193 C-617/10, ECLI:EU:C:2013:105 Rdn. 16.

194 C-27/11, ECLI:EU:C:2012:326 Rdn. 57.

195 Vgl. vor allem *Calliess*, JRP 2015, S. 17/25.

196 BVerfG, Urt. v. 24.4.2013, 1 BvR 1215/07, Rdn. 88.

197 Schlussanträge in C-617/10, Akerberg Fransson, ECLI:EU:C:2012:340 Rdn. 61.

scheidungsverfahren zur Verfügung[198]. Noch offen ist hingegen die Frage, ob den Unionsgrundrechten auch eine Drittwirkung in dem Sinne zukommt, dass sie ihre Wirkungen auch im Verhältnis von Privaten untereinander entfalten. Anerkannt ist eine solche Drittwirkung für das Recht auf Gleichbehandlung, sie ist darüber hinaus auch in allen anderen Fällen vorstellbar, in denen sich das Rechtsverhältnis zwischen den fraglichen privaten Parteien nach EU-Recht richtet.

c) Schutzbereich der Grundrechte

Der Schutzbereich der Grundrechte ergibt sich aus der konkreten Grundrechtsnorm **180** selbst, der notfalls unter Anwendung der im EU-Recht geltenden Auslegungsmethoden[199] näher bestimmt werden muss. Allerdings hat der EuGH lange Zeit auf die Beschreibung des Schutzbereichs eines Grundrechts weitestgehend verzichtet[200]; erst relativ spät ist er dazu übergegangen, den Schutzbereich eines Grundrechts vor allem unter Hinzuziehen der vergleichbaren Norm der EMRK näher zu beschreiben[201]. Es ist davon auszugehen, dass der EuGH in seiner zukünftigen Rechtsprechung zur Grundrechtecharta diesen Weg verstärkt beschreiten und den Schutzbereich der betroffenen Grundrechtsnormen näher bestimmen wird.

d) Grundrechtseingriff

Unter „Eingriff" ist jede Verkürzung des Schutzbereichs durch hoheitliche Maßnah- **181** men oder – soweit eine Drittwirkung der Grundrechte angenommen werden kann – durch Privatpersonen zu verstehen, wobei auch mittelbare Auswirkungen auf den Schutzbereich erfasst werden[202].

e) Rechtfertigung des Grundrechtseingriffs

Die Grundrechtecharta enthält in **Art. 52** eine **allgemeine Schrankenregelung**, **182** die für alle Grundrechtsgewährleistungen gleichermaßen gilt und sich eindeutig an der bisherigen Rechtsprechung des EuGH zur Einschränkbarkeit von Grundrechten orientiert. Danach hat sich der Geltungsanspruch der Grundrechte zum einen in die Struktur und Ziele der Union einzufügen[203] und ist zum anderen in Einklang zu

198 S. dazu unter § 6 C. III.

199 Vgl. dazu *Borchardt*, Auslegung, Rechtsfortbildung und Rechtsschöpfung, in: Schulze/Zuleeg/Kadelbach, Europarecht. Handbuch für die deutsche Rechtspraxis, 5. Aufl. 2020, § 15.

200 Vgl. etwa EuGH, Rs. 5/88, Wachauf, Slg. 1989, 2609.

201 Vgl. etwa EuGH C-347/03, ERSA, Slg. 2005, I-3785; C-154/04, Alliance for Natural Health, Slg. 2005, I-6451.

202 Vgl. EuGH C-84/95, Bosphorus, Slg. 1996, I-3953.

203 EuGH C-306/93, SMW Winzersekt, Slg. 1994, I-5555 Rdn. 22; Rs. 11/70, Internationale Handelsgesellschaft, Slg. 1970, 1135.

bringen mit den sich aus dem Allgemeinwohl ergebenden Sachzwängen, ohne dabei den Wesensgehalt der Grundrechte anzutasten[204].

183 Dieser **Schrankenvorbehalt** führt zu folgenden drei Schranken, an denen Eingriffe in Unionsgrundrechte zu messen sind:

(1) **Gesetzesvorbehalt**: Jeder Eingriff der öffentlichen Gewalt in die Grundrechte einer natürlichen oder juristischen Person bedarf einer Rechtsgrundlage[205].

(2) **Geweinwohlvorbehalt**: Grundrechtseingriffe können durch die dem Allgemeinwohl dienenden Ziele der EU gerechtfertigt werden. Anerkannt als Gemeinwohlziele sind etwa: Verbraucherschutz[206], Schutz der menschlichen Gesundheit[207] Durchsetzung des Wettbewerbsrechts[208].

(3) **Schranken-Schranken**: Die einem Gemeinwohl dienenden Maßnahmen müssen, um einen Grundrechtseingriff rechtfertigen zu können, zunächst ***verhältnismäßig*** sein, d.h. sie müssen zur Erreichung des zulässigerweise mit der fraglichen Maßnahme verfolgten Ziels geeignet und erforderlich sein, und die auferlegten Belastungen müssen in einem angemessenen Verhältnis zu den angestrebten Zielen stehen[209]. Zudem dürfen diese Maßnahmen nicht den Wesensgehalt des geschützten Grundrechts antasten[210].

184 Die Parallelen zur deutschen Schrankensystematik im Bereich des Grundrechtsschutzes sind auffällig; gleichwohl darf diese Systemverwandtschaft nicht darüber hinwegtäuschen, dass die Ausfüllung dieser Maßstäbe, insbesondere die Abwägung der Interessen, allein nach unionsrechtlichen Gesichtspunkten erfolgt.

f) Einzelne Grundrechtsverbürgungen[211]

aa) Würde des Menschen

185 (Titel I, Art. 1–5 GRCh): Sie ist, wie im Grundgesetz auch, in Art. 1 GRCh niedergelegt und strahlt als fundamentales Grundrecht aus auf alle anderen Grundrechte. Einschränkungen der Menschenwürde sind unzulässig, da diese den Wesensgehalt aller Grundrechte prägt. Weitere fundamentale Rechte, die Ausprägungen der Menschenwürdegarantie enthalten, finden sich in den Art. 2–5 des Titels I der GRCh.

204 EuGH C-453/03, ABNA, Slg. 2005, I-10423, Rdn. 87; C-210/03, Swedish Match, Slg. 2004, I-11893 Rdn. 72; C-280/93, Deutschland/Rat [Bananenmarktordnung], Slg. 1994, I-5065.

205 EuGH, Rs. 46/87, Hoechst, Slg. 1989, 2859.

206 EuGH C-234/85, Keller, Slg. 1986, 2897.

207 EuGH C-154/04, Alliance for Natural Health, Slg. 2005, I-6451.

208 EuGH, Rs. 46/87 u. 227/87, Hoechst, Slg. 1989, 2859.

209 EuGH C-86/03, KOM/Griechenland, Slg. 2005, I-10979; Rs. 265/87, Schräder, Slg. 1989, 2237 Rdn. 21.

210 EuGH C-210/03, Swedish Match, Slg. 2004, I-11893, Rdn. 72.

211 Vgl. auch den Bericht der Kommission über die Anwendung der Charta der Grundrechte der Europäischen Union von 2016 (KOM (2017 239 endg.).

Hierzu zählen insbesondere das Recht auf Leben (Art. 2 GRCh) und die Garantie der körperlichen und geistigen Unversehrtheit (Art. 3 Abs. 1 GRCh). Der EuGH hat sich bisher nur in einzelnen Fällen mit diesen Grundrechten befassen müssen. So sah er das Verbot von gewerblich veranstalteten Spielen mit simulierten Tötungshandlungen an Menschen unter Hinweis auf den Schutz der Menschenwürde als Bestandteil der öffentlichen Ordnung für unionsrechtskonform an und erklärte folglich den mit dem Verbot verbundenen Eingriff in die Waren- bzw. Dienstleistungsverkehrsfreiheit als gerechtfertigt[212] Ferner hat der EuGH entschieden, dass der menschliche Körper zwar keine patentierbare Erfindung sein darf, es aber gleichwohl keinen Verstoß gegen die Menschenwürde bedeutet, wenn Bestandteile des menschlichen Körpers als Teile einer wissenschaftlichen oder technischen Erfindung zum Gegenstand einer Patentanmeldung gemacht werden[213].

bb) Freiheitsrechte

(Titel II, Art. 6–19 GRCh): Die Freiheitsrechte sind umfassend im Titel II der Grundrechtecharta gewährleistet. Neben den bisher bereits im Rahmen der Rechtsprechung des EuGH geschützten wirtschaftlichen Freiheiten lehnt sich der Katalog der Freiheitsrechte in der Grundrechtecharta sehr stark den durch die EMRK geschützten Freiheitsrechten an. **186**

Freiheit und Sicherheit der Person (Art. 6 GRCh): Dieses Grundrecht ist vor allem als Verfahrensgrundrecht bei Freiheitsentziehungen und -beschränkungen von Bedeutung. **187**

Achtung des Privat- und Familienlebens (Art. 7 GRCh): Hierunter fallen neben der Privatsphäre und dem Familienleben im engeren Sinne[214] auch das Brief-, Post- und Fernmeldegeheimnis sowie die Unverletzlichkeit der Wohnung. Inzwischen werden Betriebs- und Geschäftsräume vom Schutzbereich mitumfasst[215]. Auch das Recht auf informationelle Selbstbestimmung wird garantiert (Art. 8 GRCh). **188**

Ehe und Familie (Art. 9 GRCh): Die Ehe setzt eine Verbindung zwischen zwei Personen verschiedenen Geschlechts voraus[216]. Gleichgeschlechtliche Lebenspartnerschaften, **189**

---

212 EuGH C-36/02, Omega, Slg. 2004, I-9609.

213 EuGH C-377/98, Niederlande/EP und Rat, Slg. 2001, I-7079; zum Folterverbot s. *Gebauer*, NVwZ 2004, 1405.

214 In der Rechtsprechung des EuGH ist der Schutz des Familienlebens nur im Zusammenhang mit der Arbeitnehmerfreizügigkeit (EuGH, Rs. 249/86, KOM/Deutschland, Slg. 1989, 1263) und der Dienstleistungsfreiheit (EuGH C-60/00, Carpenter, Slg. 2002, I-6279) relevant geworden.

215 Anders noch EuGH C-94/00, Roquette Frères, Slg. 2002, I-9011; Rs. 46/87, Hoechst I, Slg. 1989, 3137/3150 und Rs. 227/88, Hoechst II, Slg. 1989, 2859/2919

216 EuGH C-249/96, Grant, Slg. 1998, I-621; verb. C-122/99P u. C-125/99P, Deutschland u. Schweden, Slg. 2001, I-4319, Rdn. 34; vgl. allg. zur Ehe und Familie in der europäischen Grundrechtsordnung *Geerlings/Tettinger*, EuR 2005, 419.

wie sie in Deutschland durch das Lebenspartnerschaftsgesetz geschützt werden, sind keine Ehen im Sinne des Grundrechts. Dagegen wird von Art. 9 GRCh weder untersagt noch vorgeschrieben, Personen gleichen Geschlechts einen der Ehe entsprechenden Status zu verleihen[217].

190 *Kommunikationsfreiheiten (Art. 10–12 GRCh)*: Als Erstes wird, wie in allen Verfassungen der Mitgliedstaaten auch, die Gedanken-, Gewissens- und Religionsfreiheit durch Art. 10 Abs. 1 GRCh geschützt[218]. Da diese Freiheiten dem durch Art. 9 EMRK garantierten Recht entsprechen und Art. 52 Abs. 3 GRCh für diesen Fall beiden Gewährleistungen die gleiche Bedeutung und die gleiche Tragweite zuweist, muss bei der Anwendung des Art. 10 GRCh auch Art. 9 Abs. 2 EMRK gewahrt werden. Dort heißt es: *„Die Freiheit, seine Religion oder Weltanschauung zu bekennen, darf nur Einschränkungen unterworfen werden, die gesetzlich vorgesehen und in einer demokratischen Gesellschaft notwendig sind für die öffentliche Sicherheit, zum Schutz der öffentlichen Ordnung, Gesundheit oder Moral oder zum Schutz der Rechte und Freiheiten anderer."* Das Recht auf Wehrdienstverweigerung wird in Art. 10 Abs. 2 GRCh zwar normiert, aber insoweit wird auf die einzelstaatlichen Gesetze verwiesen. Das dem Art. 10 EMRK nachgebildete Recht auf Freiheit der Meinungsäußerung und Informationsfreiheit (Art. 11 GRCh) ist vom EuGH mehrfach bestätigt worden[219]. Abzuleiten ist aus dieser Rechtsprechung, dass die Meinungsfreiheit „eine der wesentlichen Grundlagen einer demokratischen Gesellschaft" darstellt und in dieser Funktion als allgemeiner Rechtsgrundsatz in der EU-Rechtsordnung Geltung beansprucht[220]. Auch die Versammlungsfreiheit[221] und die Vereinigungsfreiheit[222] werden in einem Grundrecht (Art. 12 GRCh) gewährleistet. Betont wird hier auch die Bedeutung der Parteien für die demokratische Willensbildung und -vermittlung. Die Ausübung dieser Rechte darf nur Einschränkungen unterworfen werden, die gesetzlich vorgesehen und in einer demokratischen Gesellschaft notwendig sind für die nationale oder öffentliche Sicherheit, zur Aufrechterhaltung der Ordnung oder zur Verhütung von Straftaten, zum Schutz der Gesundheit oder der Moral oder zum Schutz der Rechte und Freiheiten anderer.

---

217 Vgl. Erl. des Präsidiums des Europäischen Konvents, ABl. 2004, C 310/431, 451.

218 Vgl. zur älteren Rspr. EuGH, Rs. 130/75, Prais/ER, Slg. 1976, 1589, Rdn. 12/19.

219 EuGH C-260/89, ERT, Slg. 1991, I-5485; C-71/02, Karner, Slg. 2004, I-3025, Rn. 48 ff.; C-245/01, RTL Television, Slg. 2003, I-12489; C-112/00, Schmidberger, Slg. 2003, I-5659, Rn. 79; C-340/00, KOM/Cwik, Slg. 2001, I-10269; C-274/99 P, Connolly/KOM, Slg. 2001, I-1611, Rn. 37 ff.; C-23/93, TV 10/Commissariaat voor de Media, Slg. 1994, I-4795/4833; C-219/91, Strafverfahren gegen Ter Voort, Slg. 1992, I-5485/5513.

220 Vgl. EuGH C-340/00, KOM/Cwik, Slg. 2001, I-10269, Rdn. 18; C-112/00, Schmidberger, Slg. 2003, I-5659, Rdn. 79.

221 Aus der Rechtsprechung vgl. EuGH C-112/00, Schmidberger, Slg. 2003, I-5659, Rdn. 79 f.; C-235/92P, Montecatini, Slg. 1999, I-4539, Rdn. 137.

222 Aus der Rechtsprechung vgl. EuGH C-415/93, Bosman, Slg. 1995, I-4921; Rs. 175/73, Gewerkschaftsbund Europäischer öffentlicher Dienst/Rat, Slg. 1974, 917; EuG T-222/99, Martinez und de Gaulle/EP, Slg. 2001, II-2823.

Kunst, Wissenschaft, Forschung und Lehre (Art. 13 GRCh) sowie Bildung (Art. 14 GRCh): Art. 13 GRCh schützt die Freiheit von Kunst und Forschung und achtet die akademische Freiheit. Art. 14 GRCh gewährleistet das Recht auf Bildung sowie den Zugang zu beruflicher Ausbildung und Weiterbildung. Dabei wird die Unentgeltlichkeit des Pflichtschulunterrichts (Abs. 2) einerseits, aber auch die Freiheit zur Gründung von (privaten) Lehranstalten (Abs. 3) ausdrücklich geregelt. **191**

Berufsfreiheit (Art. 15 GRCh) und unternehmerische Freiheit (Art. 16 GRCh): Die Berufsfreiheit umfasst sowohl die Aufnahme eines Berufes als auch dessen Ausübung[223]. Dazu gehört auch die freie Wahl des Arbeitgebers[224]. Diese Rechte müssen nach der Rechtsprechung des Gerichtshofs im Hinblick auf die soziale Funktion und Bedeutung der geschützten Rechtsgüter und Tätigkeiten gesehen werden[225]. Folglich sind die Anforderungen an *Beschränkungen der Berufsaufnahme* besonders streng[226]. *Beschränkungen der Berufsausübung* sind demgegenüber eher möglich und werden lediglich daraufhin überprüft, ob *„die mit den Bestimmungen verfolgten Ziele dem Gemeinwohl dienen, ob sie keinen unverhältnismäßigen Eingriff in die Situation ... Einzelner ... darstellen und ob der Rat die Grenzen seines Ermessens nicht überschritten hat"*[227]. Die Wertigkeit dieser Interessen muss umso größer sein, je näher die betreffende Maßnahme an die Freiheit der Aufnahme und damit der Wahl eines Berufs heranreicht[228]. Art. 15 GRCh spricht auch von einem „Recht, zu arbeiten", was aber nicht als einklagbarer Anspruch auf Arbeit zu verstehen ist. **192**

Im Rahmen der *wirtschaftlichen Betätigungsfreiheit* werden neben der allgemeinen Wirtschaftsfreiheit auch die Entfaltungs- und Dispositionsfreiheit geschützt (Art. 16 GRCh). Für diese Freiheiten gelten allerdings weitreichende Schranken, die durch einfache Allgemeinwohlüberlegungen konkretisiert werden können. Im Ergebnis werden diese Freiheiten damit nur im Rahmen der Verhältnismäßigkeit unter Beachtung ihres Wesensgehalts garantiert[229].

---

223 EuGH C-295/03, Allessandrini, Slg. 2005, I-5673 Rdn. 86; C-210/03, Swedish Match, Slg. 2004, I-11893 Rdn. 72; C-435/02, Springer, Slg. 2004, I-8663 Rdn. 48.

224 EuGH C-307/91, Luxlait/Hendel, Slg. 1993, I-6835 Rdn. 14; C-132/91, Katsikas, Slg. 1992, I-6600.

225 EuGH C-44/94, Fishermen's Organisation, Slg. 1995, I-3115 Rdn. 55; C-280/93, Deutschland/Rat (Bananenmarktordnung), Slg. 1994, I-5065 Rdn. 78.

226 Vgl. EuGH C-177/90, Kühn, Slg. 1992, I-35 Rdn. 17.

227 EuGH C-306/93, SMW Winzersekt GmbH, Slg. 1994, I-5555; Rs. 265/87, Schräder/HZA Gronau, Slg. 1989, 2263/2268; Rs. 234/85, Keller, Slg. 1986, 2909/2912; EuG T-466/93, O'Dwyer, Slg. 1995, II-2071 Rdn. 98.

228 EuGH Rs. 4/73, Nold, Slg. 1974, 491/506; Rs. 265/87, Schräder, Slg. 1989, 2263/2268; Rs. 234/85, Keller, Slg. 1986, 2909/2912.

229 Vgl. EuGH C-453/03, ABNA, Slg. 2005, I-10423 Rdn. 87; C-154/04 u. C-155/04, Alliance for Natural Health, Slg. 2005, I-6451Rdn. 126; C-363/01, Flughafen Hannover-Langenhagen, Slg. 2003, I-11893 Rdn. 53, 59; zum Konkurrentenschutz vgl. EuGH Rs. 133-136/85, Rau/BALM, Slg. 1987, 2289.

193 *Eigentumsrecht (Art. 17 GRCh):* Die Regelung des Eigentumsrechts in der Grundrechtecharta basiert auch weiterhin auf der Feststellung des EuGH, wonach das Eigentumsrecht *„in der EU-Rechtsordnung gemäß den gemeinsamen Verfassungskonzeptionen der Mitgliedstaaten gewährleistet wird, die sich auch im Zusatzprotokoll zur Europäischen Menschenrechtskonvention widerspiegeln"*[230]. Das bedeutet, dass auch auf EU-Ebene das Eigentumsrecht keine uneingeschränkte Geltung beanspruchen kann, sondern im Hinblick auf seine gesellschaftliche Funktion gesehen werden muss. Deshalb kann das Eigentumsrecht Beschränkungen unterworfen werden, sofern diese Beschränkungen *„tatsächlich dem Gemeinwohl dienenden Zielen der Union entsprechen und nicht einen im Hinblick auf den verfolgten Zweck unverhältnismäßigen, nicht tragbaren Eingriff darstellen, der das so gewährleistete Recht in seinem Wesensgehalt antastet"*[231]. Dem Eigentumsschutz unterfallen sämtliche wohlerworbenen vermögenswerten Rechte, d.h. sowohl das *Sacheigentum* als auch *Vermögensdispositionen* und die damit verbundenen vermögenswerten Interessen, etwa bei Investitionsmaßnahmen[232]. Auch das geistige Eigentum in der Form von Immaterialgüterrechten, wie Urheberrechte, Patent- und Markenrechte, Warenzeichen oder Gebrauchsmuster, wird geschützt (Art. 17 Abs. 2 GRCh). Nicht geschützt sind jedoch *„bloße kaufmännische Interessen oder Aussichten"*[233]. Auch ein Eigentumsrecht an einem „Marktanteil", den ein Unternehmen zu einem bestimmten Zeitpunkt besessen hat, besteht nicht, „da ein solcher Marktanteil nur eine augenblickliche wirtschaftliche Position darstellt, die den mit einer Änderung der Umstände verbundenen Risiken ausgesetzt ist"[234]. Im Rahmen der konkreten Prüfung unterscheidet der EuGH zwischen Entziehung des Eigentums und Einschränkung seiner Nutzung. Ein *Entzug des Eigentums* ist nur bei Vorliegen zwingender Gründe des Allgemeinwohls und auch nur gegen Entschädigung zulässig[235] (so jetzt ausdrücklich Art. 17 Abs. 1 Satz 2 GRCh). *Beschränkungen der Nut-*

---

230 EuGH Rs. 44/79, Hauer, Slg. 1979, 3727/3745; bestätigt durch EuGH C-453/03 ABNA, Slg. 2005, I-10423 Rdn. 87; C-20/00, Booker Aquaculture, Slg. 2003, I-7411; C-491/01, British American Tobacco and Imperial Tobacco, Slg. 2002, I-11453 Rdn. 149.

231 Vgl. EuGH C-453/03, ABNA, Slg. 2005, I-10423 Rdn. 87; C-154/04 u. C-155/04, Alliance for Natural Health, Slg. 2005, I-6451 Rdn. 126; C-280/93, Deutsch-land/Rat, Slg. 1994, I-4973 Rdn. 78; Rs. 5/88, Wachauf, Slg. 1989, 2583; Rs. 265/87, Schräder, Slg. 1989, 2237 Rdn. 15.

232 EuGH C-44/89, von Deetzen, Slg. 1991, I-5119; C-177/90, Kühn, Slg. 1992, I-35/63.

233 EuGH Rs. 4/73, Nold, Slg. 1974, 491/508.

234 EuGH C-280/93, Deutschland/Rat (Bananenmarktordnung), SIS. 1994, I-4973.

235 Hieran fehlte es bei einer Milchquotenregelung, die vorsah, dass die Milchquote nach Ablauf des Pachtvertrags an den Verpächter zurückfiel, unabhängig davon, welchen Beitrag der Pächter beim Aufbau der Milchwirtschaft auf dem Hof geleistet hatte. Der EuGH erklärte diese Regelung *„mit den Erfordernissen des Grundrechtsschutzes in der Gemeinschaftsrechtsordnung"* für unvereinbar, da sie dazu führen würde, *„dass der Pächter nach Ablauf des Pachtverhältnisses entschädigungslos um die Früchte seiner Arbeit und der von ihm in dem verpachteten Betrieb vorgenommenen Investitionen gebracht würde"* (EuGH, Rs. 5/88, Wachauf, Slg. 1989, 2609, Rdn. 19). Zur Frage der Entschädigung vgl. auch EuGH C-20/00, Booker Aquaculture, Slg. 2003, I-7411, Rdn. 85; EuG T-113/96, Dubois, Slg. 1998, II-125, Rdn. 57; T-184/95, Dorsch Consultant, Slg. 1998, II-667, Rdn. 59.

zung des Eigentums sind dagegen in geringerem Maße geschützt. Sie können durch jedes dem Allgemeinwohl dienende Ziel gerechtfertigt werden und unterliegen damit im Wesentlichen nur einer Verhältnismäßigkeitsprüfung, wobei allerdings stets zu beachten ist, dass der Wesensgehalt des Eigentumsrechts nicht angetastet wird[236]. Einen Eingriff in den Wesensgehalt des Eigentumsrechts nimmt der EuGH etwa an, wenn überhaupt keine alternative Nutzung der Eigentumsposition verbleibt[237].

Asylrecht, Schutz bei Abschiebung, Ausweisung und Auslieferung (Art. 18, 19 GRCh): Die Aufnahme des Asylrechts unter die Grundrechte ist neu. Die EMRK enthält keine entsprechende Regelung, und auch die Mitgliedstaaten gewähren Rechte auf Asyl nur nach den Regelungen der Genfer Flüchtlingskonvention. Vor diesem Hintergrund dürfte auch aus Art. 18 GRCh kein subjektives Recht auf Asyl ableitbar sein. Vielmehr ergeben sich daraus für die Mitgliedstaaten lediglich Respektierungs- und Schutzpflichten nach Maßgabe der Genfer Flüchtlingskonvention zugunsten von Personen mit anerkanntem Flüchtlingsstatus. Eine weitere Ausgestaltung des Asylrechts ist darüber hinaus im Rahmen der Wahrnehmung neuer Kompetenzen der EU auf diesem Gebiet (Art. 77 ff. AEUV) zu erwarten. Kollektivausweisungen sind unzulässig (Art. 19 GRCh). Hiermit soll gewährleistet werden, dass jeder Ausweisungsbeschluss gesondert geprüft werden muss. Die Umstände, unter denen nicht abgeschoben oder ausgewiesen werden darf, sind in Art. 19 Abs. 2 GRCh geregelt; sie knüpfen an die Rechtsprechung des EuGMR an[238]. **194**

Allgemeine Handlungsfreiheit: Der Grundrechtekatalog enthält wie auch die EMRK kein allgemeines Auffanggrundrecht der allgemeinen Handlungsfreiheit, wie es etwa in Art. 2 Abs. 1 GG als Auffanggrundrecht angelegt wurde. Der EuGH hat allerdings betont, dass *„in allen Rechtsordnungen der Mitgliedstaaten Eingriffe der öffentlichen Gewalt in die Sphäre der privaten Betätigung jeder natürlichen oder rechtlichen Person einer Rechtsgrundlage [bedürfen] und […] aus den gesetzlich vorgesehenen Gründen gerechtfertigt sein [müssen]; diese Rechtsordnungen sehen daher, wenn auch in unterschiedlicher Ausgestaltung, einen Schutz gegen willkürliche oder unverhältnismäßige Eingriffe vor"*[239]. **195**

cc) Allgemeiner Gleichheitssatz, Diskriminierungsverbote

(Titel III, Art. 20–26 GRCh): Der allgemeine Gleichheitssatz wird vom EuGH als Grundprinzip des Unionsrechts bezeichnet[240]. Danach dürfen *„vergleichbare Sachver-* **196**

---

236 Vgl. EuGH C-38/94, Country Landowners Association, Slg. 1995, I-3875; C-44/94, Fishermen's Organisations, Slg. 1995, I-3115; C-306/93, SMW Winzersekt, Slg. 1994, I-5555; C-2/92, Bostock, Slg. 1994, I-984; C-44/89, von Deetzen, Slg. 1991, I-5119; EuG T-119/95, Hauer, Slg. 1998, II-2713.

237 EuGH C-177/90, Kühn, Slg. 1992, I-35/63.

238 EGMR, Soering/UK, Nr. 1, 1989/161/217; EGMR, Ahmed/Österreich, Slg. 1996-VI, 2206.

239 EuGH, verb. Rs. 46/87 u. 227/88, Hoechst, Slg. 1989, 2859, Rdn. 19; verb. Rs. 97/87, Dow Chemical Ibérica, Slg. 1989, 3165, Rdn. 16.

240 St. Rspr. EuGH C-344/04, International Air Transport Association, Slg. 2006, I-403, Rdn. 95; C-17/03, VMW, Slg. 2005, I4983 Rdn. 48; C-106/01, Novartis, Slg. 2004, I-4403

halte nicht unterschiedlich behandelt werden, es sei denn, dass eine Differenzierung objektiv gerechtfertigt wäre". Neben dieser objektiv-rechtlichen Funktion enthält der allgemeine Gleichheitssatz aber auch ein subjektives, einklagbares Recht[241]. Dabei kann das Recht auf Gleichbehandlung nicht nur gegenüber Diskriminierungen, die sich aus staatlichen Regelungen ergeben, geltend gemacht werden, sondern dieses Recht entfaltet darüber hinaus eine unmittelbare Drittwirkung in dem Sinne, dass es auch im Verhältnis unter Privatpersonen zur Anwendung kommt[242]. Die **Prüfung** des Gleichheitssatzes vollzieht sich in drei Schritten:

(1) **Die Feststellung „vergleichbarer Sachverhalte":** Auszugehen ist dabei von der jeweils anzuwendenden rechtlichen Regelung, die gewisse Rückschlüsse darüber zulässt, welche Merkmale als wesentlich und damit die Vergleichbarkeit bestimmend angesehen werden können[243]. Ein derartiges Merkmal kann z.B. im Fall der Begünstigung eines bestimmten Produkts die Austauschbarkeit dieses Produkts durch andere, nicht begünstigte Produkte sein (Beihilfe für Zucker, aber nicht für Isoglucose). Eine Ungleichbehandlung kann danach festgestellt werden, wenn vergleichbare Sachverhalte ungleich behandelt werden.

(2) Die Suche nach objektiven Umständen zur **Rechtfertigung einer Ungleichbehandlung**: Der EuGH räumt den EU-Organen bei der Bestimmung der objektiven Umstände einen weiten Beurteilungsspielraum ein, insbesondere wenn es um politische, wirtschaftliche und soziale Entscheidungen geht oder komplexe Beurteilungen und Prüfungen vorzunehmen sind.[244].

(3) **Verhältnismäßigkeit des Eingriffs:** Es ist jeweils zu prüfen, ob die unterschiedliche Behandlung zu den zur Rechtfertigung herangezogenen objektiven Umständen in einem angemessenen Verhältnis stehen[245].

197 Die im AEUV verstreuten **besonderen Diskriminierungsverbote** (vgl. Art. 18, 40, 45, 153, 157 AEUV) stellen nach der Rechtsprechung des EuGH eine spezifische

---

Rdn. 69; C-14/01, Niemann, Slg. 2003, I-2279 Rdn. 49; instruktive Überlegungen zur Dogmatik des Gleichheitssatzes finden sich bei *Kischel,* EuGRZ 1997, S. 1.

241 Vgl. EuG T-57/00, Banan-Kompaniet und Skandinviska Bananimporter/KOM und Rat, Slg. 2003, II-607, Rdn. 64.

242 EuGH C-281/98, Angonese, Slg. 2000, I-4139; C-94/07, Raccanelli, Slg. 2008, I-5939; C-438/05, Viking, Slg. 2007, I-10779; EuGH C-127/07, Arcelor Atlantique et Lorraine, Slg. 2008, I-9895.

243 EuGH C-127/07, Arcelor Atlantique et Lorraine, Slg. 2008, I-9895; C-280/93, Deutschland/Rat, Slg. 1994, I-4973; C-217/91, Spanien/KOM, Slg. 1993, I-3953; EuG T-150/89, Martinelli/KOM, Slg. 1995, II-1186; T-472/93, Campo Ebro/Rat, Slg. 1995,11-450.

244 EuGH C-127/07, Arcelor Atlantique et Lorraine, Slg. 2008, I-9895; C-344/04, IATA, Slg. 2006, I-403; C-84/95, Bosphorus, Slg. 1996, I-3953; C-479/93, Francovich, Slg. 1995, I-3871.

245 EuGH C-346/96, Prolacto, Slg. 1998, I-345; C-354/95, National Farmers Union, Slg. 1997, I-4559; C-295/94, Hüpeden, Slg. 1996, I-3375.

Ausformung des allgemeinen Gleichheitssatzes dar[246]. Nach der Rechtsprechung des EuGH besteht auch bei den spezifischen Diskriminierungsverboten die Möglichkeit einer objektiven Rechtfertigung[247], wobei die jeweiligen Anforderungen an die Rechtfertigung allerdings unterschiedlich streng ausfallen können, je nachdem, ob es um die Rechtfertigung diskriminierender oder unterschiedslos anwendbarer Maßnahmen geht[248].

Nach Auffassung des EuGH steht das EU-Recht einer sog. **„umgekehrten Diskriminierung"** nicht entgegen[249]. Diese besteht darin, dass inländische Personen und Produkte aus unionsrechtlicher Sicht strengeren Anforderungen unterworfen werden können als Staatsangehörige anderer Mitgliedstaaten oder Einfuhrprodukte. Dieses Ergebnis wird als Folge der beschränkten Unionskompetenz angesehen, die sich grundsätzlich nur auf Vorgänge mit grenzüberschreitendem Bezug erstreckt. Regelungen in Bezug auf die Rechtsstellung der eigenen Staatsangehörigen im Inland oder inländischer Produkte fallen nur insoweit in den unionsrechtlichen Regelungsbereich, als bereits eine Harmonisierung auf EU-Ebene erfolgt ist (z.B. im Bereich der Mehrwertsteuer). Ob diese vom EuGH in ständiger Rechtsprechung vertretene Auffassung auch noch unter der Geltung der Unionsbürgerschaft Gültigkeit beanspruchen kann, erscheint zumindest **zweifelhaft**. Der EuGH hat selbst anerkannt, dass die Unionsbürgerschaft im sachlichen Anwendungsbereich der EU-Verträge den Unionsbürgern einen umfassenden Anspruch auf Nichtdiskriminierung gewährt[250]. Mit der Anerkennung eines aus der Unionsbürgerschaft ableitbaren Diskriminierungsverbots bleibt jedoch kein Raum mehr für eine Möglichkeit der Diskriminierung der eigenen Staatsangehörigen gegenüber den Unionsbürgern aus anderen Mitgliedstaaten. Die Unionsbürgerschaft verbindet die Staatsangehörigen der Mitgliedstaaten in einer Weise, dass sie ihnen die in den EU-Verträgen und im davon abgeleiteten Recht eröffneten Ansprüche und Rechte gleichermaßen garantiert. Bildlich gesprochen sind in der die Staatsangehörigen der Mitgliedstaaten ver- 198

246 Vgl. EuGH Rs. 147/79, Hochstrass/Gerichtshof, Slg. 1980, 3005/3019 zum ex-Art. 7 EWGV; C-25/02, Rinke, Slg. 2003, I-8349 Rdn. 25 zu ex-Art. 12 EGV.

247 EuGH Rs. 222/84, Johnston/ChiefConstable, Slg. 1986, 1663/1686; C-122/96, Saldanha, Slg. 1997, I-5325 Rdn. 28, C-360/00, Ricordi, Slg. 2002, I-5089 Rdn. 32; zustimmend *Zuleeg*, Betrachtungen zum Gleichheitssatz im Europäischen Gemeinschaftsrecht, FS für Bodo Börner, 1992, S. 473–483, ablehnend *Holoubek*, in Schwarze, Art. 12 Rdn. 52ff.).

248 Vgl. Einzelheiten dazu unter § 10 E I. 2.

249 EuGH C-332/90, Steen, Slg. 1992, I-341; C-153/91, Camille Petit, Slg. 1992, I-4973; C-206/91, Poirrez, Slg. 1992, I-6685; C-297/88 und C-197/89, Dzodzi, Slg. 1990, I-1763. Nach Ansicht des EuGH kann der „umgekehrten Diskriminierung" allenfalls mit Mitteln des nationalen Rechts abgeholfen werden; vgl. EuGH C-132/93, Steen II, Slg. 1994, I-2720 zur Anwendung des Art. 3 Abs. 1 GG im Falle einer Inländerdiskriminierung. Aus der Literatur zur Frage der Inländerdiskriminierung s. *Epiney*, Umgekehrte Diskriminierung, 1995; *Graser*, Eine Wende im Bereich der Inländerdiskriminierung? Zur Entscheidung des EuGH in der Rechtssache Lancry, EuR 1998, S. 571; *Hammerl*, Inländerdiskriminierung, 1997; *Schilling*, Gleichheitssatz und Inländerdiskriminierung, JZ 1994, S. 8.

250 EuGH C-85/96, Martínez Sala, Slg. 1998, I-2691.

bindenden Unionsbürgerschaft die „Unionsrechte" eingeschrieben; das Recht verbindet nicht mehr nur die Mitgliedstaaten der EU, sondern auch deren Staatsangehörige. Damit ist den Mitgliedstaaten die früher bestehende Möglichkeit genommen, die eigenen Staatsangehörigen gegenüber den anderen Unionsbürgern schlechter zu behandeln[251]. Diesen Ansatz hat der EuGH allerdings noch nicht aufgenommen.

199 Die **Rechtsfolgen einer Verletzung** des allgemeinen Gleichheitssatzes oder der speziellen Diskriminierungsverbote sind zweifacher Natur: Im Falle der Auferlegung einer Belastung wird die diese Belastung anordnende Regelung für nichtig erklärt. Besteht die Ungleichbehandlung hingegen in der Verweigerung einer Begünstigung, so lässt der EuGH die Wirkungen der für nichtig oder ungültig erklärten Regelung fortbestehen, bis der Unionsgesetzgeber sie durch eine diskriminierungsfreie Maßnahme ersetzt. Bis zum Erlass dieser Neuregelung ist die benachteiligte Personengruppe auf der Grundlage der fortgeltenden Regelungen der bevorzugten Personengruppe gleichzustellen, so dass auch ihr die umstrittene Begünstigung gewährt werden muss[252].

dd) Solidarität

200 (Titel IV, Art. 27–38 GRCh): Unter Titel IV, der mit „Solidarität" überschrieben ist, werden soziale Grundrechte, wie z.B. die Koalitionsfreiheit (Art. 28 GRCh) oder das Recht auf gerechte und angemessene Arbeitsbedingungen (Art. 31 GRCh), aber auch sonstige Grundsätze, wie z.B. Gesundheitsschutz (Art. 35 GRCh), Umweltschutz (Art. 37 GRCh) oder Verbraucherschutz (Art. 38 GRCh), aufgeführt. Der Unterschied zwischen sozialen Grundrechten und Grundsätzen besteht in der Bindungswirkung. Während die sozialen Grundrechte als subjektive Rechte ausgestattet sind, auf die sich der Einzelne berufen kann, bilden die Grundsätze Orientierungen für die Mitgliedstaaten, an die diese sich im Rahmen ihrer Zuständigkeiten halten sollen. Die sozialen Grundrechte sind in den Art. 27–34 GRCh geregelt, während die Grundsätze in den Art. 35–38 GRCh enthalten sind.

ee) Bürgerrechte

201 (Titel V, Art. 39–46 GRCh): Als Bürgerrechte werden zunächst eine Reihe von Rechten postuliert, die bereits im AEU-Vertrag enthalten sind und die weitestgehend auf Unionsbürger (mit Ausnahme des 45 Abs. 2 GRCh „Freizügigkeit für Drittstaatsangehörige") beschränkt sind. Dies gilt vor allem für das aktive und passive Wahlrecht bei Wahlen zum EP und Kommunalwahlen (Art. 39, 40 GRCh), den Europäischen Bürgerbeauftragten (Art. 43 GRCh), das Petitionsrecht (Art. 44 GRCh), die Freizügigkeit und die Aufenthaltsfreiheit (Art. 45) sowie den diplomatischen und konsularischen Schutz (Art. 46 GRCh). Daneben gehören zu den Bürgerrechten aber auch

251 Vgl. hierzu ausführlich *Borchardt*, Der sozialrechtliche Gehalt der Unionsbürgerschaft, NJW 2000, S. 2057.

252 EuGH Rs. 117/76 und 16/77, „Quellmehl", Slg. 1977, 1753; Rs. 124/76 und 20/77, „Maisgritz", Slg. 1977, 1735; Rs. 300/86, Van Landschoot, Slg. 1988, 3443/3460.

administrative Grundrechte in Gestalt des universell geltenden ***Rechts auf eine gute Verwaltung*** (Art. 41 GRCh) sowie des nur den Unionsbürgern gewährten ***Rechts auf Zugang zu Dokumenten*** (Art. 42 GRCh). Die Beachtung dieser administrativen Grundrechte ist ein elementarer Grundsatz des EU-Rechts, der in allen Verfahren gilt, die zu einer den Betroffenen beschwerenden Maßnahme führen können, und auch dann beachtet werden muss, wenn es keine ausdrücklichen Regelungen für das betreffende Verfahren gibt[253].

Das **Recht auf eine gute Verwaltung** hat verschiedene Ausprägungen: Es be- **202**
inhaltet zunächst (1) den ***Anspruch auf ein unparteiisches und gerechtes Verfahren*** bei den Organen und Einrichtungen der EU (Art. 41 Abs. 1 GRCh), was dem Grundgedanken des „fair trial" entspricht. Daneben umfasst es (2) den ***Anspruch des Betroffenen auf rechtliches Gehör*** (Art. 41 Abs. 2 GRCh), der gleichzeitig auch als justizielles Grundrecht gewährleistet ist (Art. 47 Abs. 2 GRCh). Zur Wahrung dieses Anspruchs muss jeder, der durch eine Entscheidung beschwert werden kann, zumindest zu den Gesichtspunkten Stellung nehmen können, auf die das Unionsorgan seine beschwerende Entscheidung stützt[254]. Dies gilt nicht nur in Verfahren, die zu Sanktionen führen, sondern in allen Verwaltungs- und Untersuchungsverfahren, die mit einer den Betroffenen belastenden Entscheidung abgeschlossen werden[255]. Im Urteil *„Hoffmann-La Roche"* hat der EuGH den Grundsatz des rechtlichen Gehörs dahingehend umschrieben, dass *„den betroffenen Unternehmen im Laufe des Verwaltungsverfahrens Gelegenheit zu geben [ist], zum Vorliegen und zur Erheblichkeit der behaupteten Tatsachen und Umstände sowie zu den … herangezogenen Unterlagen Stellung zu nehmen"*[256]. Im Urteil *„Timex"* hat der EuGH weiter präzisiert, dass für den Fall, dass bestimmte Tatsachen und Umstände z.B. aus Gründen der Wahrung des Geschäftsgeheimnisses nicht weitergegeben werden können, diese auch nicht berücksichtigt werden dürfen, wenn dadurch die Möglichkeit des Unternehmens beeinträchtigt wird, zum Vorliegen oder zur Tragweite dieser Umstände und Unterlagen oder zu den daraus gezogenen Schlussfolgerungen Stellung zu nehmen[257]. Zum Recht auf

---

253 EuGH C-65/02, ThyssenKrupp/KOM, Slg. 2005, I-6773, Rdn. 92; C-287/02, Spanien/KOM, Slg. 2005, I-5093, Rdn. 37; C-462/98P, Mediocurso/KOM, Slg. 2000, I-7183, Rdn. 36; C-32/95P, KOM/Lisrestal, Slg. 1996, I-5373, Rdn. 21.

254 EuGH C-315/99, Ismeri Europa/Rechnungshof, Slg. 2001, I-5281; C-135/92, Fiskano/KOM, Slg. 1994, I-2885 Rdn. 40; C-49/88, Al Jubail, Slg. 1991, I-3187/3241; EuG T-340/00, Comunità montana della Valnerina/KOM, Slg. 2003, II-811; T-42/96, Eyckeler & Malt AG/KOM („Hilton Beet"), Slg. 1998, II-401 Rdn. 78.

255 EuGH C-49/88, Al Jubail, Slg. 1991, I-3187/3241; EuG T-36/01, Glavabel/OHMI, Slg. 2002, II-3887.

256 EuGH Rs. 85/76, Hoffmann-La Roche, Slg. 1979,461; vgl. auch EuG T-155/94, Climax Paper Converters Ltd./Rat, Slg. 1996, II-873 Rdn. 116.

257 EuGH Rs. 264/82, Slg. 1985,849/870; vgl. auch EuGH C-69/89, Nakajima/Rat, Slg. 1991, I-2069/2197; zum Recht der Verteidigung s. EuGH Rs. 374/87, Orkem/KOM, Slg. 1989, 3283; EuG T-353/94, Postbank NV/KOM, Slg. 1996, II-921 Rdn. 64, 67, 90 – zur Weitergabe von Dokumenten an nationale Gerichte.

eine gute Verwaltung gehört weiterhin (3) das ***Recht auf Akteneinsicht*** (Art. 42 Abs. 2 Buchst. b) GRCh). Dieses Recht ist mit dem Anspruch auf rechtliches Gehör eng verknüpft und garantiert dem Betroffenen die Möglichkeit, sich nicht nur zur Relevanz der Sachumstände zu äußern, sondern auch zu den Unterlagen Stellung zu nehmen, auf die sich das EU-Organ stützt[258]. Bei der Gewährung des Rechts auf Akteneinsicht muss das EU-Organ im Einzelfall dem Bedürfnis nach vertraulicher Behandlung von Auskünften, insbesondere über Unternehmen, Rechnung tragen. Das Organ muss dabei darum bemüht sein, einen Ausgleich zwischen Geheimhaltungsinteresse und dem Informationsanspruch des Betroffenen herbeizuführen.

203 Das **„Recht auf Zugang zu Dokumenten"** des EP, des Rates und der Kommission ist gleichlautend in Art. 15 AEUV und Art. 42 GRCh geregelt. In der Verordnung (EG) Nr. 1049/2001 des EP und des Rates vom 30. Mai 2001 wurde das Recht auf Zugang zu Dokumenten und dessen Grenzen näher ausgestaltet[259]. Als Grundsatz wird dort festgeschrieben, dass die Öffentlichkeit möglichst umfassenden Zugang zu den Dokumenten des EP, der Kommission und des Rates erhält. Dokumente sind unabhängig vom Datenträger sämtliche im Besitz des EP, der Kommission oder des Rates befindlichen Schriftstücke mit bereits vorhandenen Informationen. Der Zugang zu den Dokumenten kann verweigert werden, wenn sich durch deren Verbreitung eine Beeinträchtigung ergeben könnte in Bezug auf den Schutz des öffentlichen Interesses (öffentliche Sicherheit, internationale Beziehungen, Währungsstabilität, Rechtspflege)[260], den Schutz des Einzelnen und der Privatsphäre, den Schutz des Geschäfts- und Industriegeheimnisses[261], den Schutz der finanziellen Interessen der EU, den Schutz des Beratungsgeheimnisses der Organe und die Wahrung der Vertraulichkeit auf Antrag derjenigen Person, die die Information zur Verfügung gestellt hat[262].

204 Schließlich wird in der Rechtsprechung des EuGH noch der Grundsatz der Wahrung der **„Vertraulichkeit"** des Schriftwechsels zwischen Anwalt und Mandanten aner-

---

258 EuGH C-269/90, TU München, Slg. 1991, I-5469; EuG T-42/96, Eyckeler & Malt AG/KOM („Hilton Beet"), Slg. 1998, II-401 Rdn. 79; T-10/92, T-12/92 u. T-15/92, Cimenteries CBR u.a./KOM, Slg. 1992, II-2667.

259 ABl. 2001 Nr. L 145, S. 43; vgl. dazu EuG T-2/03, Verein für Konsumenteninformation VKI/KOM, Slg. 2005, II-1121. Zur Bedeutung des Rechts auf Zugang zu Dokumenten s. auch EuGH C-41/00, Interporc/KOM, Slg. 2003, I-2125 Rdn. 38.

260 Vgl. EuG T-83/96, Gerard van der Wal/KOM, Slg. 1998,11-545; EuGH C-213/15P, KOM ./. Patrick Breyer, Finnland und Schweden, ECLI:EU:C:2017:563 (KOM darf nacht ohne Weiteres den Zugang zu Schriftsätzen der Mitgliedstaaten im Vertragsverletzungsverfahren verweigern).

261 EuGH C-28/08, Bavarian Lager, Slg. 2010, I-6055, Rdn. 63.

262 Vgl. EuG T-105/95, WWF UK (World Wide Fund for Nature), Slg. 1997, II-313; zur Verweigerung des Zugangs zu Stellungnahmen der juristischen Dienste des Rates und der Kommission: EuG T-610/97R, Hanne Norup Carlsen u.a./Rat, Slg. 1998, II-485.

kannt[263]. In seinem Urteil „*AM & S*"[264] hat der EuGH diesen Grundsatz als administratives Grundrecht anerkannt. Die Anwendung dieses auch unter dem Begriff „legal privilege" bekannten Grundsatzes führt dazu, dass Unternehmen, bei denen etwa im Rahmen eines Kartellverfahrens eine Nachprüfung durchgeführt wird, die Einsicht in den mit ihren Anwälten geführten Schriftverkehr verweigern dürfen, wenn sie glaubhaft darlegen, dass die fraglichen Unterlagen die Voraussetzungen für einen solchen rechtlichen Schutz erfüllen.

ff) Justizielle Rechte (Titel VI, Art. 47–50 GRCh):

(1) ***Anspruch auf effektiven Rechtsschutz und auf ein faires Verfahren, das das Recht auf anwaltliche Beratung einschliesst***[265]. Dieser bereits als allgemeiner Rechtsgrundsatz anerkannte Anspruch[266] ist nunmehr in Art. 47 GRCh ausdrücklich niedergelegt. Er entfaltet Wirkung sowohl auf Unionsebene als auch auf nationaler Ebene. Auf Unionsebene kommt der Anspruch auf effektiven Rechtsschutz als Auslegungsmaxime der Bestimmungen über den Rechtsschutz zur Anwendung[267]. Die Mitgliedstaaten werden durch diesen Grundsatz verpflichtet, den aus dem Unionsrecht Begünstigten mindestens gleichwertigen Rechtsschutz zu gewähren wie bei Klagen aus innerstaatlichem Recht; dabei ist sicherzustellen, dass den Begünstigten die Durchsetzung ihrer Rechte praktisch nicht unmöglich gemacht wird[268]. In der Praxis bewirkt dieser Grundsatz, dass sowohl der Zugang zu den Gerichten an sich (Art. 47 Abs. 1, 3 GRCh) als auch ein faires Verfahren nunmehr ausdrücklich innerhalb angemessener Frist (Art. 47 Abs. 2 GRCh) garantiert sein müssen. 205

(2) Das ***Verbot der Doppelbestrafung*** („ne bis in idem") ist jetzt in Art. 50 GRCh ausdrücklich verankert. Es fand zunächst nur im Bereich des Disziplinarrechts Anwendung[269], wurde später dann aber als allgemeiner Rechtsgrundsatz des EU-

---

263 So zuletzt EuGH, C-432/23, F SCS und Ordre des avocats du barreau de Luxembourg v. Administration des contributions directes, Urteil v. 26.9.2024, ECLI:EU:C:2024:791.

264 EuGH Rs. 155/79, Slg. 1982,1575.

265 EuG, T-797/22, T-798/22, T-828/22, ACE v. Rat, Urteil v. 2.10.2024, ECLI:EU:T:2024:670 zum Verbot der Rechtsberatung an die russische Regierung, in Russland niedergelassene juristische Personen, Organisationen oder Einrichtungen zu erbringen.

266 Vgl. EuGH C-263/02, KOM/Jégo-Quéré & Cie SA, Slg. 2004, I-3425, Rdn. 29; C-424/99, KOM/Österreich, Slg. 2001, I-9285 Rdn. 45; Rs. 222/84, Johnston, Slg. 1986,1651/1682 Rdn. 18.

267 EuGH C-228/92, Roquette Frères/HZA Geldern, Slg. 1994, I-1445/1473; C-249/88, KOM/Belgien, Slg. 1991, I-1275 Rdn. 25; EuG T-186/94, Guérin Automobiles/KOM, Slg. 1995, II-1753 Rdn. 23.

268 EuGH C-276/01, Steffensen, Slg. 2003, I-3735 Rdn. 72; C-46/90, Procureur du Roi/Lagauche u.a.; Slg. 1993, I-5267/5329; C-19/92, Kraus, Slg. 1993, I-1663/1698; C-340/89, Vlassopoulou, Slg. 1991, I-2357/2385; C-42/90, Strafverfahren gegen Bellen, Slg. 1990, I-4863/4683.

269 Vgl. EuGH Rs. 18 und 35/65, Gutmann, Slg. 1967, 79; EuG T-146/89, Williams/Rechnungshof, Slg. 1991, II-1293/1313 Rdn. 60 ff.; T-26/89, de Compte/EP, Slg. 1991, II-781/815 Rdn. 101.

Rechts anerkannt[270]. Das Verbot der Doppelbestrafung gilt bei allen Sanktionsentscheidungen[271]. Gleiches gilt für den Grundsatz der Anrechnung[272]. Danach ist nicht nur die Verhängung mehrerer Sanktionen für ein und dieselbe Verfehlung verboten, sondern auch die Einleitung mehrerer Verfahren aufgrund desselben Tatsachenkomplexes. Allerdings hat der EuGH eine Kumulierung strafrechtlicher Sanktionen und verwaltungsrechtlicher Sanktionen mit Strafcharakter zugelassen, wenn die fragliche nationale Regelung folgende vier Voraussetzungen erfüllt: (a) Sie muss eine dem Gemeinwohl dienende Zielsetzung haben, wobei die jeweiligen Sanktionen komplementäre Zwecke verfolgen müssen (b) Sie muss klare und präzise Regeln aufstellen, die es den Bürgern ermöglichen, vorherzusehen, bei welchen Handlungen und Unterlassungen eine solche Kumulierung in Frage kommt (c) Sie muss sicherstellen, dass die Verfahren untereinander koordiniert werden, damit die mit einer Kumulierung von Verfahren verbundene zusätzliche Belastung für die Betroffenen auf das zwingend Erforderliche beschränkt wird, (d) Sie muss gewährleisten, dass die Schwere aller verhängten Sanktionen auf das im Verhältnis zur Schwere der betreffenden Straftat zwingend Erforderliche beschränkt wird.[273] Zudem hat das EuG entschieden, dass sich der unionsrechtliche Ne-bis-in-idem-Grundsatz (unter ausdrücklichem Verweis auf Art. 50 GRCh) nur auf das Gebiet der EU erstreckt, so dass die Verhängung von Bußgeldern durch Drittstaaten für ein und dieselbe Verfehlung nicht zu berücksichtigen ist[274].

(3) ***Auskunftsverweigerungsrecht***: Zur Vermeidung der Selbstbelastung kann ein von der Kommission veranlasstes Auskunftsverlangen zurückgewiesen werden. Dieses Auskunftsverweigerungsrecht gilt jedoch nicht absolut, sondern nur insoweit, als Antworten verlangt werden, durch die das Vorliegen einer Zuwiderhandlung eingestanden würde, für die die Kommission den Nachweis zu erbringen hat[275].

---

270 EuGH C-204/00 P, Aalborg Portman, Slg. 2004, I-123, Rdn. 338-340.

271 Keine Verletzung des Grundsatzes „ne bis in idem" hat der EuGH angenommen, wenn zur Ahndung derselben Tat eine steuerliche Sanktion und danach eine strafrechtliche Sanktion verhängt wird, sofern die erste Sanktion keinen straftrechtlichen Charakter hat (C-617/10, Åklagaren v Hans Åkerberg Fransson, ECLI:EU:C:2013:105), wenn nach Verhängung einer steuerlichen Sanktion gegen eine Gesellschaft wegen desselben Sachverhalts ein entsprechendes Strafverfahren gegen die geseztlichen Vertreter der Gesellschaft als natürliche Personen geführt wuird (C-217/15, Strafverfahren gegen Orsi u. C-350/15 Strafverfahren gegen Baldetti, ECLI:EU:C:2017:264) oder wenn die frühere Strafverfolgung in einem anderen Mitgliedstaat wegen derselben Tat ohne eingehende Ermittlungen eingestellt wurde (C-486/14, Strafverfahren gegen Piotr Kossowski, ECLI:EU:C:2016:483.

272 EuGH C-238/99, Limburgse Vinyl Maatschappij u.a./KOM, Slg. 2002, I-8375, Rdn. 59.

273 EuGH C-524/15, Strafverfahren gegen Luca Menzi, ECLI:EU:C:2018:197

274 EuG T-223/00, Kyowa Hakko Kogyo/KOM, Slg. 2003, II-2553, Rdn. 104; T-236/01, Tokai Carbon/KOM, Slg. 2004, II-1181, Rdn. 137.

275 EuG T-112/98, Mannesmannröhrenwerke, Slg. 2001, II-729 Rdn. 67.

g) Vorbehalte des BVerfG

In seinem **„Solange-I-Beschluss"** vom 29. Mai 1974 hat das sich BVerfG angesichts der damals noch herrschenden Rechtsunsicherheit über einen wirksamen Grundrechtsschutz auf Unionsebene noch die Kompetenz vorbehalten, die Vereinbarkeit von abgeleitetem Unionsrecht mit den Grundrechten des Grundgesetzes zu überprüfen, und dies *solange* bis die EU-Rechtsordnung über einen vom Parlament beschlossenen Grundrechtskatalog verfügt, der dem des deutschen Grundgesetzes vergleichbar ist[276]. **206**

Diesen Vorbehalt hat das BVerfG mit seinem **„Solange-II-Beschluss"** vom 22. Oktober 1986 erheblich relativiert. Es hat anerkannt, dass die EU-Rechtsordnung „inzwischen" über einen dem Grundgesetz gleichwertigen Grundrechtsschutz verfügt, und demgemäß die im Beschluss aus dem Jahre 1974 vorbehaltene Prüfungskompetenz gegenüber Unionsrechtsakten am Maßstab deutscher Grundrechte insoweit zurückgestellt, als ein wirksamer Grundrechtsschutz auf Unionsebene gewährleistet ist. Infolgedessen hat das BVerfG erklärt, dass es eine Normenkontrolle gegenüber Unionsrecht, das als Rechtsgrundlage für ein Verhalten deutscher Gerichte oder Behörden dient, nicht mehr ausüben werde, *solange* der EuGH einen wirksamen Schutz der Grundrechte gegenüber der Hoheitsgewalt der EU gewährleistet. Vorlagen nach Art. 100 GG mit diesem Prüfungsgegenstand seien unzulässig[277]. **207**

Diese Zurücknahme der Gerichtsbarkeit des BVerfG gilt allerdings nur insoweit, als sich die unionsrechtlichen Maßnahmen im Rahmen des durch das Zustimmungsgesetz zu den EU-Verträgen abgesteckten Integrationsprogramms hält, welches seinerseits die rechtsstaatlichen Grenzen wahren muss, die einer Übertragung von Hoheitsrechten nach Art. 23 Abs. 1 GG von Verfassungs wegen gesetzt sind[278]. Diesen Allgemeinvorbehalt hat das BVerfG in seinem Urteil vom 12. Oktober 1993 zum **Vertrag über die Europäische Union** bestätigt und seine Haltung dahingehend präzisiert, dass es seine Prüfungskompetenz in einem *„Kooperationsverhältnis"* zum EuGH ausübt, in welchem der EuGH den Grundrechtsschutz in jedem Einzelfall für das gesamte Gebiet der EU garantiert, während sich das BVerfG auf die Prüfung beschränkt, ob der jeweils als unabdingbar gebotene Grundrechtsschutz **generell** nicht mehr gewährleistet ist[279].

---

276 BVerfGE 27, 271.

277 BVerfGE 73, 339.

278 BVerfGE 75, 223/240.

279 BVerfGE 89, 155; zu diesem Urteil s. auch unter § 4 A. IV. Bestätigt durch den „Bananenbeschluss" des BVerfG vom 7.6.2000, BVerfGE 102, 147, abgedruckt in EuZW 2000, S. 702 und NJW 2000, S. 755; Anm. von *Meier,* EuZW 2000, S. 685; *Classen,* JZ 2000, S. 1157; *Emmerich-Fritscher,* BayVBl. 2000, S. 755; *Lindner,* BayVBl. 2000, S. 758. Weitere Einzelheiten siehe unter § 4 C. I. 2. e).

208 In seinem Beschluss zur **Bananenmarktordnung**[280] hat das BVerfG im Jahr 2000 den Grundrechtsschutz durch das BVerfG in EU-Angelegenheiten wieder auf die Formel aus Solange-II zurückgeführt. Damit hat das BVerfG praktisch seine Rechtsprechung zum Vertrag von Maastricht wieder im Sinne eines allgemeinen Prüfvorbehalts korrigiert. Insbesondere der Begriff des Kooperationsverhältnisses wurde nicht wieder aufgegriffen. In der Praxis werden aber sehr strenge Begründungsanforderungen an Richtervorlagen und Verfassungsbeschwerden gestellt. Schon die Zulässigkeit erfordert eine Gegenüberstellung des nationalen und europäischen Grundrechtsschutzes. Es muss dargelegt werden, dass der Grundrechtsschutz in der EU nicht mehr gewährleistet ist. In seiner Entscheidung zum **Europäischen Haftbefehl**, den Deutschland aufgrund eines Rahmenbeschlusses gem. ex-Art. 34 Abs. 2 lit. b EUV [jetzt aufgehoben] umzusetzen verpflichtet war, übertrug das BVerfG seine „Solange-Rechtsprechung", die bisher nur für abgeleitetes EU-Recht galt, auch auf EU-Rechtsakte im Rahmen der inzwischen integrierten „dritten Säule" der EU[281].

209 In seinem Urteil vom 30. Juni 2009 hat sich das BVerfG im Rahmen einer Verfassungsbeschwerde gegen das **Zustimmungsgesetz zum Vertrag von Lissabon** erneut mit dem „Grundrechtsvorbehalt" auseinandergesetzt[282]. Die Beschwerdeführer haben ihre Klage unter anderem auf die Behauptung gestützt, die Rechtsverbindlichkeit der Grundrechtecharta führe dazu, dass die Menschenwürde zu einem abwägbaren Rechtsgut werde. Das BVerfG verweist diesbezüglich auf die Unterscheidung der deutschen und der europäischen Grundrechtsebene. Die allgemeine Schrankenregelung des Art. 52 Abs. 1 GRCh kann daher höchstens die in Art. 1 GRCh garantierte Menschenwürdegarantie einschränken, nicht jedoch Art. 1 Abs. 1 GG. Als weiterer Beschwerdegrund wird angeführt, die deutschen Staatsorgane würden durch die Grundrechtecharta von ihrer Verpflichtung zur Beachtung der Grundrechte des GG entbunden. Auch diese Rüge wird vom BVerfG als nicht ausreichend begründet zurückgewiesen. Die Grundrechte des GG gehören zu den Verfassungskerngedanken, die die Übertragbarkeit von Hoheitsrechten nach Art. 23 Abs. 1 Satz 2 GG auf die EU begrenzen. Wie im Solange-II-Beschluss festgelegt, übt das BVerfG seine Gerichtsbarkeit nur solange nicht aus, wie die EU einen dem GG im Wesentlichen gleichkommenden Grundrechtsschutz bietet. Dies ist mehr denn je seit der Einführung der Grundrechtecharta in die EU-Rechtsordnung als gegeben anzusehen.

210 Das BVerfG[283] hat diese Rechtsprechung 2019 sehr anschaulich wie folgt zusammengefasst: *„Das BVerfG prüft innerstaatliches Recht und dessen Anwendung grundsätzlich auch dann am Maßstab der Grundrechte des Grundgesetzes, wenn es im Anwendungsbereich des*

280 BVerfGE 102, 147.

281 BVerfG, NJW 2005, 2289 m. Anm. *Böhm*, NJW 2005, 2588; vgl. vertiefend *Masing*, NJW 2006, 264.

282 BVerfGE 2 BvE 2/08, abgedruckt in EuZW 2009, 593.

283 BVerfG-Urteile v. 6.11.2019 „Recht auf Vergessen I" (1-BvR 16/13) und „Recht auf Vergessen II" (1-BvR 276/17).

Unionsrechts liegt, dabei aber durch dieses nicht vollständig determiniert ist. Das gilt auch, soweit im Einzelfall nach Art. 51 Abs. 1 Satz 1 GRCh daneben auch die Grundrechtecharta der Europäischen Union Geltung beansprucht. Die Prüfung von Akten der deutschen öffentlichen Gewalt anhand des Grundgesetzes enspricht der allgemeinen Funktion des BVerfG, dessen Aufgabe gerade die Wahrung des Grundgesetzes ist und zugleich Art. 23 Abs. 1 GG, der eine Mitwirkung an der EU vorsieht, die auf ***föderative Grundsätze und das Prinzip der Subsidiarität*** *verpflichtet ist. Dem entsprechen die europäischen Verträge und die Rechtsprechung des EuGH. Die Präambeln des Unionsvertrages und der Grundrechtecharta anerkennen die Vielfalt der Kulturen und Traditionen, und ebenso findet der Respekt vor der Vielgestaltigkeit des Grundrechtsschutzes in den Bestimmungen der Charta seinen Ausdruck. Entsprechend erklärt Art. 5 Abs. 3 EUV den Grundsatz der Subsidiarität zu den Grundprinzipien der Europäischen Union, was in Art. 51 Abs. 1 Satz 1 GRCh für den Grundrechtsschutz ausdrücklich aufgenommen wird.*

Die ***primäre Anwendung der Grundrechte des Grundgesetzes*** *stützt sich darauf, dass das Unionsrecht dort, wo es den Mitgliedstaaten Gestaltungsspielräume einräumt, regelmäßig nicht auf eine Einheitlichkeit des Grundrechtsschutzes zielt, und auf die Vermutung, dass dort ein auf Vielfalt gerichtetes grundrechtliches Schutzniveau des Unionsrechts durch die Anwendung der Grundrechte des Grundgesetzes mitgewährleistet ist. Belässt der Unionsgesetzgeber den Mitgliedstaaten für die Umsetzung des Unionsrechts Gestaltungsspielräume, ist davon auszugehen, dass dies auch für den Grundrechtsschutz gilt. Anknüpfend an die Rechtsprechung des EuGH kann hier regelmäßig angenommen werden, dass das europäische Grundrechtsschutzniveau innerhalb eines äußeren unionsrechtlichen Rahmens* ***Grundrechtsvielfalt*** *zulässt. Der Umfang, in dem Raum für verschiedene Wertungen der Mitgliedstaaten besteht, richtet sich hier maßgeblich nach dem unionsrechtlichen Fachrecht. Dieses kann für die Umsetzung mitgliedstaatlicher Gestaltungsspielräume allerdings auch grundrechtliche Maßnahmen enthalten. Insoweit ist das Verhältnis zwischen Fachrecht und Grundrechten im Unionsrecht weniger statisch als nach der deutschen Fassung. Ist anzunehmen, dass das Fachrecht auf Grundrechtsvielfalt ausgerichtet ist, kann sich das BVerfG auf die Vermutung stützen, dass durch eine Prüfung am Maßstab der Grundrechte des Grundgesetzes das Schutzniveau der Charta, wie sie vom EuGH ausgelegt wird, in der Regel mitgewährleistet ist. Getragen ist diese Vermutung von einer übergreifenden* ***Verbundenheit des Grundgesetzes und der Charta in einer gemeinsamen europäischen Grundrechtstradition****, die insbesondere ein Fundament in der Europäischen Menschenrechtskonvention hat. Entsprechend werden sowohl die Charta als auch die Grundrechte des Grundgesetzes im Lichte der Menschenrechtskonvention ausgelegt. Die primäre Anwendung der Grundrechte des Grundgesetzes bedeutet nicht, dass dabei die Grundrechtecharta ohne Berücksichtigung bleibt. Vielmehr sind die Grundrechte des Grundgesetzes im Lichte der Charta auszulegen. Damit wird die Eigenständigkeit der Grundrechte des Grundgesetzes ebenso wenig in Frage gestellt wie ihre Auslegung auch aus den Erfahrungen der deutschen Geschichte und unter Berücksichtigung der spezifischen Strukturen der Rechtsordnung und gesellschaftlichen Wirklichkeit der Bundesrepublik. Es ist nicht von vornherein gesichert, dass die Grundrechtsverbürgerungen des Grundgesetzes und der Grundrechtecharta in jeder Hinsicht deckungsgleich sind. Welche Bedeutung anderen Grundrechts-*

quellen für die Auslegung der grundgesetzlichen Grundrechte zukommt, ist eine Frage des Einzelfalls und hängt insbesondere auch von Rang, Inhalt und Verhältnis der aufeinander einwirkenden Rechtsnormen ab. Insoweit kann sich eine Auslegung im Licht der Charta von einer Auslegung im Licht der Menschenrechtskonvention unterscheiden.

Die alleinige Heranziehung der Grundrechte des Grundgesetzes als Prüfungsmaßstab für innerstaatliches Recht, das der Durchführung gestaltungsoffenen Unionsrechts dient, ***gilt nicht ausnahmslos****. Zum einen kann das Fachrecht, auch soweit es den Mitgliedstaaten Gestaltungsspielräume belässt, ausnahmsweise engere grundrechtliche Maßgaben enthalten. Zum anderen ist, soweit das Fachrecht Raum für grundrechtliche Vielfalt eröffnet, die Vermutung eines hinreichenden Grundrechtsschutzes durch die Grundrechte des Grundgesetzes widerleglich. Unbeschadet des substantiellen Gleichklangs der Grundrechtsverbürgerungen auf der Basis der Menschenrechtskonvention weisen die Mitgliedstaaten in ihren Grundrechtsüberlieferungen hinsichtlich des Ausgleichs und der Verrechtlichung von Grundrechtskonflikten durch ihre Geschichte und Lebenswirklichkeit geprägte Unterschiede auf, die die Charte in Ausgleich bringen, aber nicht vereinheitlichen kann und will. Eine Prüfung im Maßstab allein der deutschen Grundrechte ist nur dann nicht ausreichend, wenn konkrete und hinreichende Anhaltspunkte vorliegen, dass hierdurch das grundrechtliche Schutzniveau des Unionsrechts nicht gewahrt sein könnte. Anhaltspunkte dafür, dass das unionsrechtliche Fachrecht ausnahmsweise spezifische grundrechtliche Maßgaben für die mitgliedstaatlichen Gestaltungsspielräume enthalten soll, müssen sich aus dem Wortlaut und Regelungszusammenhang des Fachrechts selbst ergeben. Einschränkungen begründen sich insoweit nicht schon daraus, dass im unionsrechtlichen Fachrecht auf die uneingeschränkte Achtung der Grundrechtecharta oder einzelner ihrer Bestimmungen verwiesen wird. Einer möglichen Widerlegung der Vermutung, dass die Anwendung der Grundrechte des Grundgesetzes das grundrechtliche Schutzniveau der Union mitgewährleistet, ist ebenfalls nur bei konkreten und hinreichenden Anhaltspunkten nachzugehen. Ist erkennbar, dass der Europäische Gerichtshof spezifische Schutzstandards zugrunde legt, die von den deutschen Grundrechten nicht gewährleistet werden, so ist das in die Prüfung einzubeziehen. Dasselbe gilt, wenn sich das im Einzelfall maßgebliche Schutzniveau aus Rechten der Charta herleitet, die keine Entsprechung im Grundgesetz haben.*

Gewährleisten die deutschen Grundrechte das Schutzniveau der Charta ausnahmsweise nicht mit, sind die entsprechenden Rechte der Charta insoweit in die Prüfung einzubeziehen. Soweit sich hierbei ungeklärte Fragen hinsichtlich der Auslegung der Charta stellen, ***legt das BVerfG diese dem EuGH nach Art. 267 Abs. 3 AEUV vor****. Andernfalls hat das BVerfG die Unionsgrundrechte in seinen Prüfungsmaßstab einzubeziehen und grundsätzlich zur Geltung zu bringen. Die primäre Heranziehung der Grundrechte des Grundgesetzes seitens des BVerfG* ***stellt die unmittelbare Anwendbarkeit der Grundrechtecharta in deren Anwendungsbereich nicht in Frage****. Entsprechend können die Fachgerichte dem EuGH sich insoweit stellende Auslegungsfragen zum Unionsrecht nach Art. 267 Abs. 2 AEUV vorlegen. Dies lässt unberührt, dass die Fachgerichte, soweit das Unionsrecht den Mitgliedstaaten Gestaltungsspielräume belässt, immer auch die Grundrechte des Grundgesetzes zur Anwendung zu bringen haben."*

h) Vorbehalte des Europäischen Gerichtshofs für Menschenrechte

Grundrechtsprüfvorbehalte bestehen auch im Verhältnis zu den Grundrechtsverbürgungen der EMRK. Zwar sind die Handlungen der EU-Organe nicht unmittelbar auf Übereinstimmung mit den Grundrechten der EMRK überprüfbar, da die EMRK mangels Mitgliedschaft der EU nicht Bestandteil des EU-Rechts ist, jedoch können diese Handlungen **mittelbar überprüft** werden. Der Europäische Gerichtshof für Menschenrechte „EGMR" überprüft alle Maßnahmen der Mitgliedstaaten der EU, die dem Vollzug und der Durchführung von EU-Recht dienen, auf ihre Vereinbarkeit mit der EMRK. Die Tatsache, dass die Mitgliedstaaten lediglich ihre Verpflichtungen aus den EU-Verträgen erfüllen, ändert nichts an ihrer Bindung an die EMRK[284]. **211**

Allerdings wird die Erfüllung von Verpflichtungen aus der EU-Mitgliedschaft vom EGMR zugunsten des betreffenden Mitgliedstaates als „legitimes Interesse von einigem Gewicht" in die Grundrechtsprüfung einbezogen und insbesondere gegenüber dem Individualinteresse, das aus der konkreten EMRK-Gewährleistung folgt, abgewogen. Dabei kommt dem Prinzip des „gleichwertigen Grundrechtsschutzes" besondere Bedeutung zu. Soweit die EU, deren Verpflichtungen vom betreffenden Mitgliedstaat einzuhalten sind, über einen der EMRK gleichwertigen Grundrechtsschutz verfügt, besteht die Vermutung, dass der betreffende Mitgliedstaat bei der schlichten Umsetzung der von der EU aufgestellten Verpflichtungen nicht von den Grundrechtsverbürgungen der EMRK abgewichen ist. Allerdings ist diese Vermutung widerlegbar, wenn im konkreten Fall nachgewiesen wird, dass der Schutz der EMRK-Verbürgungen eindeutig unzureichend war[285]. **212**

Damit ist der Kontrollvorbehalt von Seiten des EGMR, wenngleich beschränkt auf nationale Umsetzungsmaßnahmen, sogar etwas strenger als der des BVerfG. Während der EGMR die Widerlegbarkeit der Vermutung im Einzelfall prüft, verlangt das BVerfG den Nachweis eines generellen Grundrechtsdefizits im EU-Recht.

3. Rechtsstaatliche Grundsätze

Zu den speziellen rechtsstaatlichen Grundsätzen gehören nach der Rechtsprechung des EuGH der Grundsatz der Verhältnismäßigkeit[286] sowie der Grundsatz des Vertrauensschutzes. Als allgemeine rechtsstaatliche Grundsätze sind die Rechtssicherheit und die Gesetzmäßigkeit der Verwaltung zu erwähnen, die häufig ergänzend und regulierend bei der Anwendung der bereits genannten speziellen rechtsstaatlichen Grundsätze des Unionsrechts herangezogen werden. **213**

---

284 EGMR-Urteil vom 18.2.1999, Application 24833/94, Matthews/UK, EuZW 1999, 308.

285 EGMR-Urteil vom 30.6.2005, Application 45036/98, Bosphorus/Irland.

286 EuGH Rs. 265/87, Schräder, Slg. 1989, 2237; C-331/88, Fedesa, Slg. 1990, I-4057/4062; C-26/90, Wünsche, Slg. 1991, I-4961/4977; EuG T-76/89, ITP/KOM, Slg. 1991, II-575/611.

a) Grundsatz der Verhältnismäßigkeit

214 Der Grundsatz der Verhältnismäßigkeit ist nunmehr in Art. 5 Abs. 4 EUV ausdrücklich niedergelegt worden und hat im Protokoll Nr. 2 eine erste konkrete Ausgestaltung im Hinblick auf seine Anwendung im Rahmen der Gesetzgebungsentwürfe erfahren. Darüber hinaus gelten für den Grundsatz auch weiterhin die Konkretisierungen, wie sie der EuGH in seinem Urteil **„Schräder"** vorgenommen hat. Danach sind *„Maßnahmen, durch die den Wirtschaftsteilnehmern finanzielle Belastungen auferlegt werden, nur rechtmäßig, wenn sie zur Erreichung der zulässigerweise mit der fraglichen Regelung verfolgten Ziele geeignet und erforderlich sind. Dabei ist, wenn mehrere geeignete Maßnahmen zur Auswahl stehen, die am wenigsten belastende zu wählen; ferner müssen die auferlegten Belastungen in angemessenem Verhältnis zu den angestrebten Zielen stehen"*[287]. Die Prüfung einer Maßnahme anhand dieses Grundsatzes hat in folgenden **drei Prüfungsschritten** zu erfolgen:

(1) *Geeignetheit der Maßnahme*: Als ungeeignet sind nur solche Maßnahmen anzusehen, mit denen das angestrebte Ziel unter keinen oder jedenfalls nur beim Zusammentreffen außergewöhnlicher und unwahrscheinlicher Umstände erreicht werden kann.

(2) *Erforderlichkeit der Maßnahme*: In diesem Zusammenhang ist nach alternativen, den Betroffenen weniger belastenden Maßnahmen zu suchen, die ebenfalls zur Erreichung des mit der fraglichen Maßnahme angestrebten Ziels geeignet sind.

(3) *Übermaßverbot*: Es müssen das Unionsinteresse an der Verwirklichung der Maßnahme und das Individualinteresse auf Schutz vor der auferlegten Belastung gegeneinander abgewogen werden.

b) Grundsatz des Vertrauensschutzes

215 Der Grundsatz des Vertrauensschutzes[288] schützt die Wirtschaftsteilnehmer vor einer nachträglichen Umbewertung ihrer im Vertrauen auf die bestehende Rechtslage erworbenen Rechtspositionen oder getroffenen Dispositionen. Die Gewährung des Vertrauensschutzes ist an **drei Voraussetzungen** geknüpft[289]:

---

287 EuGH Rs. 265/87, Slg. 1989, 2237; aus der umfangreichen Rspr. s. noch EuGH C-171/03, Toeters, Slg. 2004, I-10945 Rdn. 51; C-161/96, Südzucker AG Mannheim, Slg. 1998, I-281; EuG T-480/93, Antillean Rice Mills u.a./KOM, Slg. 1995, II-2305 Rdn. 140-143, 149-153, 189-194.

288 Dazu *Borchardt*, Der Grundsatz des Vertrauensschutzes im Europäischen Gemeinschaftsrecht, 1988; *ders.*, EuGRZ 1988, S. 309; *Mengozzi*, Evolution de la méthode suivie par la juris-prudence communautaire en matière de protection de la confiance légitime, Revue du Marché Unique Européen 4/1997, S. 1, 3–29.

289 Aus der Rspr. s. EuGH C-376/02, Goed Wonen, Slg. 2005, I-3445; EuG T-310/06, Ungarn/KOM, Slg. 2007, II-4619 mit jeweils umfangreichen Nachweisen aus der Rspr.

(1) *Bestehen einer Vertrauenslage*, d.h. insbesondere das Vorliegen eines Verhaltens eines EU-Organs, das unmittelbar gesicherte Rechtspositionen einräumt oder an das Erwartungen geknüpft werden, die sich in Dispositionen wirtschaftlicher oder tatsächlicher Art konkretisiert haben.

(2) *Schutzwürdigkeit des Vertrauens*, die bei gesicherten Rechtspositionen stets, bei spekulativen Geschäften niemals vorliegt. Im Hinblick auf die sonstigen Erwartungen hat der EuGH ein engmaschiges Netz vertrauensvernichtender Kriterien geknüpft, das nur in außergewöhnlichen Situationen schutzwürdige Erwartungen zulässt. Dem Wirtschaftsteilnehmer werden ganz erhebliche Anstrengungen im Hinblick auf Informationseinholung, ständige und aufmerksamste Beobachtung der Marktentwicklung und flexible Anpassungen an sich abzeichnende oder bereits vollzogene Rechtsänderungen aufgebürdet sowie die Fähigkeit abverlangt, die einem Regelungskomplex systemimmanenten Änderungsautomatismen in ihrer vollen Tragweite zu erkennen.

(3) *Interessenabwägung* zwischen dem Vertrauensinteresse des Wirtschaftsteilnehmers einerseits und den die Rechtsänderung fordernden Unionsinteressen andererseits.

Eng verbunden mit dem Grundsatz des Vertrauensschutzes sind das **Rückwirkungsverbot** sowie die Grundsätze des **Widerrufs** eines rechtmäßigen und der **Rücknahme** eines rechtswidrigen Verwaltungsaktes[290]. 216

c) Rechtssicherheit und Gesetzmäßigkeit der Verwaltung

Die allgemeinen rechtsstaatlichen **Grundsätze der Rechtssicherheit und der Gesetzmäßigkeit der Verwaltung** werden häufig ergänzend und regulierend bei der Anwendung der speziellen rechtsstaatlichen Grundsätze des EU-Rechts herangezogen[291]. 217

4. Die Rechtmäßigkeit der Gewaltausübung

Dieser fundamentale rechtsstaatliche Grundsatz findet in den EU-Verträgen seinen Ausdruck in dem unionsrechtlichen Verfassungsprinzip, wonach das Handeln der Organe den Bestimmungen der EU-Verträge entsprechen muss. Dies ist in zahlrei- 218

290 Aus der Rspr. vgl. EuGH Rs. 7/56 u. 3-7/57, Algera, Slg. 1957, 87; Rs. 111/63, Lemmerz Werke, Slg. 1965, 883; Rs. 232/81, Olio, Slg. 1985, 3881; EuG T-551/93, T-231/94, T-232/94, T-233/94 u. T-234/94, Industrias Pesqueras Campos u.a./KOM, Slg. 1996, II-247 Rdn. 76, 116, 119-120.

291 Aus der Rspr. vgl. EuGH C-17/01, Sudholz, Slg. 2004, I-4243; C-480/00, Ribaldi, Slg. 2004, I-2943; EuG T-116/01 und T-118/01, P&O European Ferries/KOM, Slg. 2003, II-2957 Rdn. 206; T-551/93, T-231/94, T-232/94, T-233/94 u. T-234/94, Industrias Pesqueras Campos u.a./KOM, Slg. 1996, II-247 Rdn. 76 mit jeweils umfangreichen Nachweisen aus der Rspr.

chen Vertragsvorschriften verankert; so etwa, wenn im Zusammenhang mit den Aufgaben der EU und ihren Organen die Wendungen „gemäß den Bestimmungen der Verträge", „unter den in diesem Vertrag vorgesehenen Bedingungen" und „nach Maßgabe dieses Vertrages" gebraucht werden.

Diese Bindung der Unionsgewalt an den Grundsatz der Rechtmäßigkeit des Handelns gilt aber nicht nur im Hinblick auf das Vertragsrecht, sondern verdient gleichermaßen Beachtung hinsichtlich der Einhaltung des sekundären Unionsrechts beim Erlass von Durchführungsvorschriften und bei der Regelung von Einzelfällen durch Beschlüsse[292]. Die umfassenden und teilweise detaillierten Regelungen des sekundären Unionsrechts können nur dann ihre volle Geltungskraft erlangen, wenn die EU-Organe verpflichtet sind, auch diese Normierungen zu beachten.

5. Die Haftung für rechtswidrige Hoheitsakte

219 Die Haftung der EU für rechtswidrige Hoheitsakte ihrer Organe ist dem Grunde nach in Art. 340 Abs. 2 AEUV geregelt. Diese Haftung ist denkbar weit angelegt und erfasst etwa auch die Haftung für legislatives und jurisdiktionelles Unrecht. Die einzelnen Haftungsvoraussetzungen sind dagegen im AEU-Vertrag nur lückenhaft geregelt; sie bestimmen sich im Übrigen nach den allgemeinen Rechtsgrundsätzen, die den Rechtsordnungen der Mitgliedstaaten gemeinsam sind[293].

6. Der Rechtsschutz durch unabhängige Gerichte

220 Die EU-Rechtsordnung stellt für die Auseinandersetzungen über das EU-Recht und für seine Durchsetzung ein geschlossenes Rechtsschutzsystem zur Verfügung. Im Mittelpunkt dieses Rechtsschutzsystems stehen der Gerichtshof der EU (EuGH), das Gericht (EuG) sowie die ihm beigeordneten Fachgerichte. Der Gerichtshof der EU besitzt die höchste richterliche Gewalt in allen Fragen des Unionsrechts. Seine generelle Aufgabe besteht darin, „die Wahrung des Rechts bei der Auslegung und Anwendung" der Verträge zu sichern (vgl. Art. 19 EUV)[294]. Damit korrespondiert ein Recht des Einzelnen auf einen effektiven gerichtlichen Schutz derjenigen Rechte, die sie aus der EU-Rechtsordnung herleiten, wobei das Recht auf einen solchen Schutz zu den allgemeinen Rechtsgrundsätzen gehört, die sich aus den gemeinsamen Verfassungsüberlieferungen der Mitgliedstaaten ergeben, aber auch ausdrücklich in Art. 47 GRCh sowie Art. 6 und 13 der EMRK niedergelegt sind[295]. Dieser aus dem EU-Recht ableitbare Anspruch auf effektiven Rechtsschutz ist auch bei

292 EuGH Rs. 42 und 49/59, SNUPAT, Slg. 1969, 109; Rs. 14/61, Hoogovens, Slg. 1962, 511; EuG T-116/01 und T-118/01, P&O European Ferries/KOM, Slg. 2003, II-2957 Rdn. 206.

293 Vgl. dazu unter § 3 B. I.

294 Einzelheiten zum Rechtsschutzsystem s. unter § 5 A. 6. sowie § 6 C.

295 EuGH C-279/09, DEB Deutsche Energiehandels- und Beratungsgesellschaft mbH, Slg. 2010, I-13849 Rdn. 29.

der Gestaltung des nationalen Rechtsschutzes zu beachten. Art. 19 Abs. 1 UAbs. 2 EUV stellt nunmehr ausdrücklich klar, dass die Mitgliedstaaten die *„erforderlichen Rechtsbehelfe [schaffen müssen], damit ein wirksamer Rechtsschutz in der vom Unionsrecht erfassten Bereiche gewährleistet ist"*. Dies beinhaltet vor allem, dass die Mitgliedstaaten Rechtswege und Verfahrensmodalitäten, wie insbesondere die Klagebefugnis und das Rechtsschutzinteresse, so zu regeln haben, dass der Schutz der den Unionsbürgern aus der unmittelbaren Wirkung des EU-Rechts erwachsenden Rechte vollumfänglich gewährleistet ist[296].

7. Schema zur Prüfung der Rechtmäßigkeit von Unionsrechtsakten

I. Formelle Gültigkeit
1. *Zuständigkeit:* „Prinzip der begrenzten Ermächtigung" und „Subsidiaritätsprinzip" (Art. 5 Abs. 3 EUV)
2. *Verfahren:* Gesetzgebungsverfahren (Art. 294 AEUV)
3. *Form: Beteiligungs- und Anhörungsrechte;* Begründungspflicht (Art. 296 AEUV); Veröffentlichung

II. Materielle Gültigkeit
1. Bestehen einer Rechtsgrundlage
2. Voraussetzungen der Rechtsgrundlage müssen erfüllt sein:
   a) Inhaltliche Bestimmung der Voraussetzungen (Definition/Auslegung)
   b) Subsumtion
3. Kein Verstoß gegen höherrangiges Recht durch fraglichen Unionsrechtsakt
   a) EU-Verträge und im Rang höher stehendes Sekundärrecht
   b) Grundrechte
   c) Allgemeine Rechtsgrundsätze (Verhältnismäßigkeit, Vertrauensschutz)
   d) Internationales Recht (z.B. WTO-GATT 1984)? (str.)

III. Rechtsschutz
1. Vorabentscheidungsverfahren nach Art. 267 AEUV: Fragen zur Gültigkeit von EU-Recht
2. Nichtigkeits- oder Untätigkeitsklage nach Art. 263 bzw. 265 AEUV
3. Schadensersatzklage nach Art. 268 i.V.m. Art. 340 Abs. 2 AEUV
   a) Haftung für rechtswidriges Handeln
   b) Haftung für rechtmäßiges Handeln

Weiterführende Literatur: ***Rechtsstaatlichkeit****: Buchwald,* Zur Rechtsstaatlichkeit der Europäischen Union, Der Staat 37 (1998), S. 189; *Zuleeg,* Die Europäische Gemeinschaft als Rechtsgemeinschaft, NJW 1994, S. 545; ***Grundrechte****: Broß,* Grundrechte und Grundwerte

296 C-432/05, Unibet, Slg. 2007, I-2271.

in Europa, JZ 2003, S. 429; *Calliess*, Kooperativer Grundrechtsschutz in der Europäischen Union – Überlegungen im Lichte der aktuellen Rechtsprechung von EuGH und deutschem Bundesverfassungsgericht (BVerfG), JRP 2015, S. 17; *von Danwitz*, Der Grundsatz der Verhältnismäßigkeit im Gemeinschaftsrecht, EWS 2003, S. 393; *Ehlers*, Europäische Grundrechte und Grundfreiheiten, 2. Aufl. 2005; *Fries*, Die Grundrechtsbindung der Mitgliedstaaten nach dem Gemeinschaftsrecht, 2002; *Jarass*, EU-Grundrechte, 2005; *Kerth*, Die Geltendmachung der Gemeinschaftsgrundrechte im Wege des Individualrechtsschutzes, JA 2004, S. 340; *Kingreen*, Die Gemeinschaftsgrundrechte, JuS 2000, S. 857; *ders.*, Theorie und Dogmatik der Grundrechte im europäischen Verfassungsrecht, EuGRZ 2004, S. 570; *Kischel*, Die Kontrolle der Verhältnismäßigkeit durch den Europäischen Gerichtshof, EuR 2000, S. 380; *ders.*, Zur Dogmatik des Gleichheitssatzes in der Europäischen Union, EuGRZ 1997, S. 1; *Koch*, Der Grundsatz der Verhältnismäßigkeit in der Rechtsprechung des Gerichtshofs der Europäischen Gemeinschaften, 2003; *Mayer*, Der Vertrag von Lissabon und die Grundrechte, EuR 2009, Beiheft 1, S. 87; *Penski/Elsner*, Eigentumsgewährleistung und Berufsfreiheit als Gemeinschaftsgrundrechte in der Rechtsprechung des Europäischen Gerichtshofs, DÖV 2001, S. 265; *Rau/Schorkopf*, Der EuGH und die Menschenwürde, NJW 2002, S. 2448; *Rengeling/Szczekalla*, Grundrechte in der Europäischen Union, 2004; *Ritgen*, Grundrechtsschutz in der Europäischen Union, ZRP 2000, S. 371; *Ruffert*, Die künftige Rolle des EuGH im europäischen Grundrechtsschutzsystem, EuGRZ 2004, S. 466; *Schilling*, Bestand und allgemeine Lehren der bürgerschützenden allgemeinen Rechtsgrundsätze des Gemeinschaftsrechts, EuGRZ 2000, S. 3; *Skouris*, Das Verhältnis von Grundfreiheiten und Grundrechten im europäischen Gemeinschaftsrecht, DÖV 2006, S. 89; *ders.*, Aspekte des Beitritts der Europäischen Union zur Europäischen Konvention für Menschenrechte, in: FS für Scheuing, 2011, S. 208; *Thiel*, Grundrechtlicher Eigentumsschutz im EG-Recht, JuS 2001, S. 274; *Uerpmann-Wittzack*, Doppelter Grundrechtsschutz für die zukünftige Europäische Union, DÖV 2005, S. 152; *Wallrab*, Die Verpflichteten der Gemeinschaftsgrundrechte, 2004. ***Grundrechtscharta***: *Barriga*, Die Entstehung der Charta der Grundrechte der Europäischen Union, 2003; *Bühler*, Einschränkung von Grundrechten nach der Europäischen Grundrechtecharta, 2005; *Calliess*, Die Charta der Grundrechte der europäischen Union – Fragen der Konzeption, Kompetenz und Verbindlichkeit, EuZW 2001, S. 261; *Ehlers/Germelmann*, Europäische Grundrechte und Grundfreiheiten, 5. Aufl., 2023; *Jarass*, Charta der Grundrechte der Europäischen Union, 4. Aufl. 2021; *Meyer/Bernsdorff*, Kommentar zur Charta der der Grundrechte der Europäischen Union, 6. Aufl. 2024; *Rengeling*, Die wirtschaftsbezogenen Grundrechte in der Europäischen Grundrechtecharta, DVBl. 2004, S. 453; *Rengeling/Szczekalla*, Grundrechte in der Europäischen Union – Charta der Grundrechte und Allgemeine Rechtsgrundsätze, 2004; *Schmitz*, Die EU-Grundrechtscharta aus grundrechtsdogmatischer und grundrechtstheoretischer Sicht, JZ 2001, S. 833; *Schröder*, Wirkungen der Grundrechtscharta in der europäischen Rechtsordnung, JZ 2002, S. 849; *Tettinhger/Stern*, Europäische Grundrechtscharta, 2006; *Weber*, Die Europäische Grundrechtscharta – auf dem Weg zu einer europäischen Verfassung, NJW 2000, S. 537.

II. Demokratie

221 Eine Verfassungsordnung, die auf dem Demokratieprinzip beruht, setzt voraus, dass die rechtsetzenden Institutionen einer freiheitlichen Union über demokratische Legitimation verfügen[297]. Eine solche demokratische Legitimierung der Machtaus-

297 Vgl. Präambel der Satzung des Europarates.

übung vollzieht sich vor allem dadurch, dass grundsätzlich alle Betroffenen die Möglichkeit haben, die Politik, die durch Machtausübung realisiert werden soll, mitzubestimmen.

Diese Grundsätze kommen nunmehr auch in Art. 10 EUV zum Ausdruck, der die EU auf die **repräsentative Demokratie** festlegt. Diese Festlegung hat allerdings nur *programmatischen Charakter* und besagt, dass jegliches hoheitliches Handeln der EU von der Zustimmung der Bevölkerung getragen sein muss. Diese Zustimmung wird in Wahlen zu repräsentativen Körperschaften, d.h. zum EP und zu den jeweiligen nationalen Parlamenten, erklärt. Gleichwohl ist die EU nicht frei von Elementen **direkter, partizipatorischer Demokratie**. Beispiele hierfür sind das Bürgerrecht auf Teilnahme am demokratischen Leben der EU als Individualrecht (Art. 10 Abs. 3 EUV) und das Recht zur Bürgerinitiative (Art. 11 Abs. 4 EUV) in der Ausformung als subjektives öffentliches Recht einer Gruppe von Unionsbürgern. **222**

Die **demokratische Legitimation** der EU ist zweifacher, sich ergänzender Natur: einmal unmittelbar durch das EP und zum anderen mittelbar durch die einzelstaatlichen Parlamente in den Mitgliedstaaten. Diese **zweifache parlamentarische Abstützung** unterscheidet die EU von den herkömmlichen zwischenstaatlichen Kooperationsformen, indem sie den Bürger dem unmittelbaren Zugriff der EU-Organe aussetzt und ihn zugleich zum mitgestaltenden Subjekt mit unmittelbaren Rechten und Pflichten gegenüber den EU-Organen macht. **223**

Die ***unmittelbare****, durch das Wirken des EP vermittelte* ***demokratische Legitimation*** findet ihren Niederschlag in den in der EU bestehenden parlamentarischen Strukturen, wie sie sich aus verschiedenen Bestimmungen in den Verträgen, namentlich aus den Bestimmungen über das EP (Art. 14 EUV), das aktive und passive Wahlrecht (Art. 22 AEUV), das Wahlverfahrensrecht (Art. 223 AEUV) und den Bestimmungen über die Organe und ihr Zusammenwirken im Rahmen der europäischen Gesetzgebung, Verwaltung und Rechtsprechung ergeben. Obwohl Einigkeit darüber besteht, dass das Demokratieprinzip nicht fordert, dass die demokratischen Grundsätze in der EU in gleicher Weise wie in einem verfassten Nationalstaat verwirklicht werden müssen, ist trotz aller Fortschritte der Vorwurf eines **Demokratiedefizits** in der EU immer noch weit verbreitet. Zuletzt hat ihn das BVerfG im Urteil zum Vertrag von Lissabon wiederholt[298]. Das BVerfG billigt dem EP nur eine ergänzende Rolle zu und sieht nach wie vor in den nationalen Parlamenten die entscheidende und vorrangige Legitimationsgrundlage der EU. Die indirekte parlamentarische Verantwortung der Mitglieder des Rates gegenüber den nationalen Parlamenten wird nicht als eine hinreichende Ergänzung der Legitimation im EP betrachtet. Solange keine Wahlgleichheit besteht, kann die EU das in einer staatlich verfassten Demokratie bestehende Legitimationsniveau nach Ansicht des BVerfG nicht erreichen. Das EP ist für das BverfG trotz des Anspruchs, den Art. 10 EUV erhebt, kein Repräsentations- **224**

298 BVerfG-Urteil vom 30.6.2009 Rdn. 264, Rdn. 274 und Rdn. 280.

organ eines souveränen europäischen Volkes, sondern in der Sache aufgrund der nationalen Abgeordnetenkontingente nach wie vor eine Vertretung der Völker. Eine solche Betrachtungsweise wird den Integrationsfortschritten, die gerade auch zur Stärkung und Erweiterung der Rechte des EP geführt haben, nicht gerecht. Wer das Demokratiedefizit beschwört, sollte nicht verkennen, dass schrittweise die Rechte des EP bei der Rechtsetzung, im Haushalt, bei der Bestellung der Kommission und der politischen Kontrolle der EU-Organe erheblich ausgebaut wurden, auch wenn weitere Verbesserungen denkbar sein mögen.

225 Die ***mittelbare***, *durch die einzelstaatlichen Parlamente der Mitgliedstaaten* vermittelte **Legitimation** ist durch den Vertrag von Lissabon ganz erheblich verstärkt worden. So werden durch Art. 12 EUV die nationalen Parlamente erstmalig unmittelbar in den europäischen Gesetzgebungsprozess einbezogen, und zwar vor allem in Bezug auf die Wahrung des Subsidiaritätsprinzips. Die Einbeziehung der nationalen Parlamente in das institutionelle Gefüge der EU ist nicht als Ausdruck einer Renationalisierung der EU zu verstehen, sondern bedeutet vielmehr eine Verbreiterung der demokratischen Legitimationsgrundlage der EU. Die stärkere Rolle der Parlamente in der EU geht einher mit einer weiter fortschreitenden Durchdringung nationaler Kompetenzen durch das EU-Recht. Die Einbeziehung intergouvernementaler Bereiche in die Gemeinschaftsmethode und die immer stärkere Überlagerung der nationalen Gesetzgebung durch das EU-Recht haben die Mitgliedstaaten veranlasst, eine stärkere Beteiligung der nationalen Parlamente an den Willensbildungsprozess für die EU-Politiken vorzusehen. Dies erfordert die Verlagerung der Mitwirkung der nationalen Parlamente ins Vorfeld der Rechtsetzung durch frühzeitige Unterrichtung und Einbeziehung (Frühwarnsystem), und genau diesem Erfordernis wird nunmehr durch Art. 12 EUV Rechnung getragen. Insgesamt gibt es sechs verschiedene Fallgruppen der Mitwirkung der nationalen Parlamente an der Ausübung hoheitlicher Gewalt durch die EU:

(1) ***Unterrichtung der nationalen Parlamente*** (Art. 12 Buchst. (a) EUV): Die Unterrichtung der nationalen Parlamente über anstehende Gesetzentwürfe erfolgt unmittelbar durch die EU-Organe[299]. Der unmittelbaren Einbeziehung der Parlamente auf der Empfängerseite steht jedoch grundsätzlich kein Recht gegenüber, Stellungnahmen der Parlamente direkt an die EU-Organe zu richten[300]. Die Bundesregierung ist innerstaatlich nach Art. 23 GG weitergehende, nämlich umfassende Informationspflichten gegenüber dem Deutschen Bundestag eingegangen[301]. In Deutschland

299 Die Einzelheiten sind in Art. 1 bis 8 des Protokolls über die nationalen Parlamente festgelegt.

300 Zur Subsidiaritätsprüfung siehe gleich unter (2) und § 5 B.V.3.

301 Einzelheiten sind im Gesetz über die Zusammenarbeit von Bundesregierung und Deutschem Bundestag in Angelegenheiten der EU, zuletzt geändert am 22.9.2009 – EUZBBG – festgelegt (dt. BGBl. 2009 I, 3026). Einzelheiten der Beteiligung des Bundesrates sind im Gesetz über die Zusammenarbeit von Bund und Ländern in Angelegenheiten der EU, zuletzt geändert am 22.9.2009 – EUZBLG – festgelegt (dt. BGBl. I, 2009, 3031). Die Mitwirkung von BT und BR in Fragen der Fortentwicklung der europäischen Integration sind im IntVG-neu geregelt, das auf dem Urteil des BVerfG zum Vertrag von Lissabon beruht.

liegt die Prüfung europarechtlicher Vorlagen beim Europaausschuss des Deutschen Bundestags, dem eine im GG hervorgehobene Stellung zukommt (Art. 45 GG), und beim Europaausschuss des Bundesrates.

(2) ***Rolle der nationalen Parlamente für die Beachtung des Subsidiaritätsprinzips*** (Art. 12 Buchst. (b) EUV): Im Rahmen der Prüfung der Einhaltung des Subsidiaritätsprinzips sind die nationalen Parlamente unmittelbar in den EU-Rechtsetzungsprozess einbezogen. Sie erhalten den Entwurf für ein Gesetzgebungsvorhaben unmittelbar von den EU-Organen i.S. eines **Frühwarnsystems**[302].

(3) ***Beteiligung der nationalen Parlamenten an der Bewertung der Polizeilichen und Justiziellen Zusammenarbeit in Strafsachen*** (Art. 12 Buchst. (c) EUV): Die nationalen Parlamente werden auch in die Bewertung bestimmter Mechanismen in der PJZS (insbesondere Eurojust, Art. 85 AEUV, und Europol, Art. 88 AEUV) eingebunden. Hier geht es nicht um Rechtsetzung, sondern um einen Meinungs- und Informationsaustausch über das Funktionieren der internationalen Zusammenarbeit im Raum der Freiheit, der Sicherheit und des Rechts.

(4) ***Beteiligung der nationalen Parlamente an Vertragsänderungen*** (Art. 12 Buchst. (d) EUV): Die nationalen Parlamente sind, wie bisher schon, an allen Verfahren der Vertragsänderung zu beteiligen. Die Befassung mit einem ausgehandelten Text einer Vertragsänderung hat so frühzeitig zu erfolgen, dass die nationalen Parlamente nicht nur ihre Zustimmung oder Ablehnung des Ergebnisses zum Ausdruck bringen können.

(5) ***Beteiligung der nationalen Parlamente an Beitritten*** (Art. 12 Buchst. (e) EUV): Die nationalen Parlamente sind über die Anträge auf einen **EU-Beitritt** (Art. 49 EUV) frühzeitig zu unterrichten. Innerstaatlich ist die Beteiligung des Bundestags in § 10 EUZBBG geregelt. Gegenüber den Ländern setzt die Verpflichtung zur Unterrichtung des Bundesrats erst ein, wenn der Rat die Aufnahme von Beitrittsverhandlungen beabsichtigt[303].

(6) ***Interparlamentarische Zusammenarbeit*** (Art. 12 Bucht. (f) EUV): Die nationalen Parlamente sind schließlich auch aufgerufen, zur guten Arbeitsweise der EU mittels interparlamentarischer Zusammenarbeit unter Einschluss des EP beizutragen. Einzelheiten sind im Protokoll über die nationalen Parlamente (Art. 9 und 10) geregelt. Die Zusammenarbeit ist vor allem in der *„Konferenz der Europaausschüsse aus den nationalen Parlamenten"* organisiert, kurz „COSAC" genannt. Die COSAC-Beiträge haben jedoch keine rechtliche Bindungswirkung, weder sind die EU-Organe zur Berücksichtigung solcher Beiträge verpflichtet, noch sind die nationalen Parlamente an solche Beiträge gebunden.

Weiterführende Literatur: *Bleckmann,* Das europäische Demokratieprinzip, JZ 2001, 53; *Böckenförde,* Demokratie als Verfassungsprinzip in: Isensee/Kirchhof (Hrsg.), Hand-

302 Weitere Einzelheiten zum Subsidiaritätsprinzip s. unter § 5 B. V. 3.

303 Vgl. Anlage zum EUZBLG Teil VII 2, dt. BGBl. I 2009, 3031.

buch des Staatsrechts, Bd. 2, 3. Aufl. 2004, § 24; *von Bogdandy*, Europäisches Verfassungsrecht, 2003; *Drexl/Kreuzer/Scheuing/Sieber* (Hrsg.), Europäische Demokratie [Erster Themenbereich: Demokratiefähigkeit mit Beiträgen von *Zuleeg*, S. 11–27; *Huber*, S. 27–59; *Grewe*, S. 59–71], 1999; *Kurth*, Die demokratische Legitimation der Europäischen Union, 1995; *Heitsch*, Transparenz und demokratische Legitimation, EuR 2001, S. 809; *Huber*, Die Rolle der nationalen Parlamente bei der Rechtssetzung der Europäischen Union: zur Sicherung und zum Ausbau der Mitwirkungsrechte des Deutschen Bundestages, 2001; *Maurer*, Parlamentarische Demokratie in der Europäischen Union, 2002; *Mellein*, Subsidiaritätskontrolle durch nationale Parlamente, 2007; *Peters*, Europäische Öffentlichkeit im europäischen Verfassungsprozeß, EuR 2004, S. 275; *Schroeder*, Die Parlamente im europäischen Entscheidungsgefüge, EuR 2002, S. 301; *Zuleeg*, Demokratie in der Europäischen Gemeinschaft, JZ 1993, S. 1060.

III. Sozialstaatlichkeit

226 Den Anspruch auf Sozialstaatlichkeit der EU erheben die EU-Verträge in ihren Präambeln, in denen als Ziele der EU auch die Verbesserung der Lebens- und Arbeitsbedingungen der Unionsbürger sowie die Stärkung des sozialen Zusammenhalts innerhalb der EU festgeschrieben sind.

Die ursprünglichen Möglichkeiten zur Verwirklichung des Sozialstaatsgedankens waren jedoch eher beschränkt, da man davon ausging, dass das Funktionieren des angestrebten „Gemeinsamen Marktes" gleichsam automatisch zu einer Angleichung der verschiedenen nationalen Sozialordnungen führen würde, aus der zugleich die sozialstaatliche Identität der EU hervorgehen sollte.

227 Die Erfahrung zeigte jedoch schon bald, dass die wirtschaftlichen Mechanismen des Gemeinsamen Marktes nicht automatisch sozialen Fortschritt und Vollbeschäftigung in den Mitgliedstaaten zur Folge haben. Diese Einsicht führte dann schließlich zu einer Korrektur dieses Politikansatzes, die ihren konkreten Ausdruck im sozialpolitischen **Aktionsprogramm des Rates von 21. Januar 1974** fand[304]. Hierin erkennt der Rat ausdrücklich an, dass zur Verwirklichung der drei sozialpolitischen Hauptziele (Bekämpfung der Arbeitslosigkeit, Verbesserung der Lebens- und Arbeitsbedingungen und weitgehende Beteiligung der Sozialpartner) eigenständige Aktionen auf EU-Ebene erforderlich sind, die unter Ausschöpfung des gesamten gemeinschaftlichen Handlungsspielraums einzuleiten sind. Auf dieser Grundlage wurde mit der Verabschiedung von rund 40 sozialpolitischen Maßnahmen eine zweite Etappe auf dem Weg zur Verwirklichung des Anspruchs auf Sozialstaatlichkeit eingeleitet. Realisiert wurden unter anderem europäische Richtlinien über die Gleichbehandlung am Arbeitsplatz[305], über den Schutz vor Massenentlassungen[306], über die Rechte

304 ABl. Nr. C 13/1.

305 Vgl. RL Nr. 75/117/EWG des Rates v. 10.2.1975, ABl. Nr. L 45/19; RL Nr. 76/207/EWG des Rates v. 9.2.1976, ABl. Nr. L 39/40.

306 RL Nr. 75/129/EWG des Rates vom 17.2.1975, ABl. Nr. L 48/29.

von Arbeitnehmern bei Unternehmensübertragungen[307] oder die Erweiterung des Schutzes im Bereich der sozialen Sicherheit[308].

Eine Neuausrichtung hat das sozialpolitische Konzept der EU im Zuge der Verwirklichung des Binnenmarktes erfahren. Der Binnenmarkt muss auch in seiner **sozialen Dimension** verwirklicht werden, da es nicht allein darum gehen kann, das wirtschaftliche Wachstum zu stärken und die außenwirtschaftliche Wettbewerbsfähigkeit der europäischen Unternehmen zu erhöhen, sondern auch zu einer gerechteren Verteilung der daraus erwachsenden Gewinne zu gelangen[309]. Zu diesem Zweck wurde zunächst im Dezember 1989 die **Gemeinschaftscharta der sozialen Grundrechte** beschlossen, welche die europäische Auffassung von der Gesellschaft, vom sozialen Dialog und von den Rechten eines jeden Unionsbürgers zum Ausdruck bringt[310]. Diese Charta beinhaltete allerdings nur unverbindliche Zielvorgaben und Programmsätze, die erst noch durch ein Aktionsprogramm der Kommission[311] in konkrete Vorschläge umgesetzt werden mussten. Auf der Grundlage dieser Vorschläge gelang es dem Rat immerhin, wichtige Richtlinien zur Verbesserung des Gesundheitsschutzes und der Sicherheit am Arbeitsplatz zu verabschieden und damit ein Mindestschutzniveau für alle Mitgliedstaaten festzulegen. Weitere Initiativen galten der Verbesserung des sozialen Schutzes für Wanderarbeitnehmer, der gegenseitigen Anerkennung von Befähigungsnachweisen und schließlich der Gleichbehandlung von Männern und Frauen im Arbeitsleben. Daneben wurde im Rahmen der Schaffung der Europäischen Union durch den **Vertrag von Maastricht** (1993) ein *Protokoll zur Sozialpolitik* verabschiedet, auf dessen Grundlage die Mitgliedstaaten das **Abkommen über die Sozialpolitik**[312]vereinbart haben. Inhaltlich betraf das Abkommen so sensible Bereiche wie die Gewährleistung eines einheitlichen Mindestniveaus an sozialem Schutz der Arbeitnehmer durch Sozialleistungen, die Wiedereingliederung von Arbeitslosen in das aktive Berufsleben, das Koalitions- und Mitbestimmungsrecht sowie das Arbeitszeitrecht. **228**

Mit dem **Vertrag von Amsterdam** (1999) wurden die Regelungen über die Sozialvorschriften im damaligen EG-Vertrag völlig neu gestaltet (ex-Art. 136–145 EGV). Dabei wurden vor allem die bisher im Abkommen über die Sozialpolitik enthaltenen Bestimmungen in den damaligen EG-Vertrag integriert und fortentwickelt. Darüber hinaus wurde ein eigenständiger Titel zur Beschäftigung in den damaligen EG-Vertrag aufgenommen (ex-Titel VIII – ex-Art. 125–129 EGV). Danach wird die Förderung der Beschäftigung als Angelegenheit von gemeinsamem Interesse ver- **229**

307 RL Nr. 77/187/EWG vom 14.2.1977, ABl. Nr. L 61/26.

308 S. dazu unter § 10 B. IV.

309 Vgl. dazu Europäische Kommission, Die soziale Dimension des Binnenmarktes, Sondernummer „Soziales Europa", 1988.

310 KOM (89) 248 endg. vom 9.12.1989.

311 ABl. 1991 Nr. C 157.

312 Dt. BGBl. 1992, S. 125.

standen. Die EU und die Mitgliedstaaten sind aufgefordert, eine Beschäftigungsstrategie zu entwickeln und vor allem die Qualifizierung, Ausbildung und Mobilität der Arbeitnehmer zu fördern. Die Arbeitsmärkte sind an den wirtschaftlichen Wandel anzupassen.

230 Im **Vertrag von Lissabon** (2009) werden der Sozialstaatsgedanke und die Sozialpolitik in ihrer bisherigen Form bestätigt, und es wird nunmehr ausdrücklich anerkannt, dass die Sozialpolitik in geteilter Zuständigkeit von EU und Mitgliedstaaten gemeinsam wahrgenommen wird (Art. 4 AEUV). Unter den gemeinsamen Werten und Prinzipien werden die Gleichheit, die Solidarität und die Geschlechtergleichbehandlung ausdrücklich erwähnt (Art. 2 EUV). Als eine der grundlegenden Zielvorgaben wird die EU darauf verpflichtet, auf *„eine in hohem Maße wettbewerbsfähige soziale Marktwirtschaft, die auf Vollbeschäftigung und sozialen Fortschritt abzielt"*, hinzuwirken (Art. 3 Abs. 2 EUV).

231 Sozialpolitische Bedeutung hat auch die Grundrechtecharta, in der eine ganze Reihe sozialer Grundrechte verbürgt sind, wie z.B. Berufsfreiheit (Art. 15 GRCh), Gleichheit von Frauen und Männern (Art. 23 GRCh), Rechte der Kinder (Art. 24 GRCh), Rechte der älteren Menschen (Art. 25 GRCh), Integration von Menschen mit Behinderung (Art. 26 GRCh), Arbeitnehmerrechte (Art. 27–32 GRCh) oder soziale Sicherheit und soziale Unterstützung (Art. 34 GRCh). Hinzuweisen ist auch auf die neuen Querschnittsklauseln, die die EU-Organe verpflichten, bei allen Maßnahmen der EU der Beschäftigung, dem sozialen Schutz und dem Kampf gegen soziale Ausgrenzung (soziale Querschnittsklausel, Art. 9 AEUV) sowie dem Kampf gegen jedwede Diskriminierung (Diskriminierungsklausel, Art. 10 AEUV) Rechnung zu tragen.

232 Eingeführt wurde nunmehr auch im Sozialbereich die Methode der offenen Koordinierung, wonach die Kommission in enger Verbindung mit den Mitgliedstaaten in Bezug auf national oder international zu behandelnde soziale Fragen in Gestalt von Untersuchungen, Stellungnahmen und die Durchführung von Konsultationen die Initiative ergreift, um Leitlinien und Indikatoren festzulegen und den Austausch bewährter Verfahren durchzuführen (Art. 156 Abs. 2 AEUV). Das frühere Kapitel über die Sozialpolitik im engeren Sinne (ex-Art. 136–148 EGV) wurde aber fast unverändert in den Vertrag von Lissabon übernommen (Art. 151–161 AEUV).

233 Die europäische Sozialpolitik verfügt nunmehr über eine tragfähige Grundlage. Wie ausdrücklich im Bereich der Beschäftigung festgelegt, stellt die Sozialpolitik insgesamt eine **Angelegenheit von gemeinsamem Interesse** dar. Dies spiegelt auch die Kompetenzverteilung zwischen EU und Mitgliedstaaten im Bereich der Sozialpolitik wider: Sie hat sich von einer beinahe ausschließlichen Zuständigkeit der Mitgliedstaaten zu einer geteilten Zuständigkeit entwickelt. Dies ermöglicht es der EU, auch sozialpolitische Akzente zu setzen und zusammen mit den Mitgliedstaaten die Sozialstaatlichkeit der EU zu gewährleisten und im Interesse der Unionsbürger weiterzuentwickeln.

D. Die Unionsbürgerschaft

Die Unionsbürgerschaft sollte ursprünglich nur Ausdruck von mehr Bürgernähe sein; sie hat sich danach aber zum *„grundlegenden Status der Angehörigen der Mitgliedstaaten"* entwickelt[313]. Die Unionsbürgerschaft zählt nach den EU-Verträgen heute zum Kernstück der EU. Sie ist im Zweiten Teil des Vertrags über die Arbeitsweise der EU zusammen mit dem Grundsatz der Nichtdiskriminierung in den Art. 20 bis 25 AEUV niedergelegt. Außerdem werden auch die Bestimmungen über die demokratischen Grundsätze der EU durch eine neu geschaffene Regelung betreffend die Unionsbürgerschaft und die Gleichheit aller Unionsbürger eingeleitet (Art. 9 EUV). **234**

I. Erwerb und Verlust der Unionsbürgerschaft

Erwerb und Verlust der Unionsbürgerschaft richten sich nach nationalem Recht. **235** Der Hinweis auf die „Staatsangehörigkeit eines Mitgliedstaates" in Art. 20 Abs. 1 Satz 2 AEUV stellt keinen autonomen Begriff des Unionsrechts dar, wie dies etwa für andere in den EU-Verträgen verwendeten Begriffe gilt[314], sondern verweist auf das Staatsangehörigkeitsrecht der Mitgliedstaaten[315]. Die Unionsbürgerschaft ersetzt nicht die nationale Staatsbürgerschaft, sondern leitet sich von dieser ab und ergänzt sie[316]. *Deutschland* hatte bereits beim Abschluss des EWG-Vertrages 1957 erklärt, dass als „Staatsangehörige der Bundesrepublik Deutschland alle Deutschen im Sinne des Grundgesetzes" gelten (vgl. Art. 116 GG)[317]. Die Unionsbürgerschaft steht nur natürlichen Personen zu.

II. Rechtscharakter der Unionsbürgerschaft

Die Regelungen betreffend die Unionsbürgerschaft wurden zunächst als beinahe selbstverständliche Wiederholung der ohnehin an anderer Stelle der Verträge und des abgeleiteten Unionsrechts verbürgten Rechte aufgefasst, quasi als eine Art Bündelung des individualrechtlich geprägten „aquis communautaire" ohne **236**

313 So EuGH C-200/02, Zhu und Chen, Slg. 2004, I-9925, Rdn. 25.

314 Siehe dazu unter § 5 A. V. 6. b).

315 Vgl. EuGH C-135/08, Rottmann, Slg. 2010, I-1449, Rdn. 40, wonach es nicht gegen das Unionsrecht verstößt, wenn ein Mitgliedstaat einem Unionsbürger die durch Einbürgerung erworbene Staatsangehörigkeit wieder entzieht, falls die Einbürgerung durch Täuschung erschlichen wurde. EuGH C-221/17/M.G. Thebes, ECLI:EU:C:2019:189, wo der EuGH feststellt, dass Personen, die die Staatsangehörigkeit eines EU-Staats und eines Drittstaats besitzen, die Unionsbürgerschaft verlieren können, wenn eine echte Bindung zu dem EU-Staat entfällt, wozu allerdings aus Verhältnismäßigkeitsgründen eine Einzelfallprüfung der Verlustfolgen für die Betroffenen aus unionsrechtlicher Sicht erforderlich ist.

316 So auch BVerfG-Urteil 2 BvE 2/08, Rdn. 348.

317 Auch die Erklärung des Vereinigten Königreichs zur britischen Staatsangehörigkeit anlässlich ihres Beitritts zur EU im Jahre 1973 wurde vom EuGH als eine solche Erklärung angesehen, EuGH C-192/99, Kaur, Slg. 2001, I-1237.

eigenständigen Regelungsgehalt[318]. Diese Auffassung ist seit dem für die rechtliche Bewertung der Unionsbürgerschaft grundlegenden Urteil des Gerichtshofs in der Rechtssache „*Martínez Sala*“[319] überholt:

In dem vom Bayerischen Landessozialgericht eingeleiteten Vorabentscheidungsverfahren ging es u.a. um die Frage, ob die Gewährung von deutschem Erziehungsgeld an Unionsbürger aus anderen Mitgliedstaaten aus unionsrechtlicher Sicht an den Besitz einer förmlichen Aufenthaltsbescheinigung geknüpft werden darf. Die Brisanz in diesem Fall lag darin, dass unbestritten war, dass die Forderung nach der Vorlage einer förmlichen Aufenthaltsbescheinigung eine unmittelbar an die Staatsangehörigkeit anknüpfende Diskriminierung darstellt, es jedoch aufgrund der konkreten Lebensumstände der Frau Martínez Sala auf den ersten Blick keine unionsrechtliche Grundlage für ein Verbot dieser unmittelbaren Diskriminierung gab. Zwar fiel die begehrte Leistung in den Anwendungsbereich der Verordnung 1408/71[320] und der Verordnung Nr. 1612/68[321], jedoch gehörte Frau Martínez Sala nicht zum persönlichen Anwendungsbereich dieser Regelungen, der ihr die Tür zum Diskriminierungsverbot geöffnet hätte, weil es ihr an der dafür erforderlichen Eigenschaft als Arbeitnehmerin im Sinne der Freizügigkeitsregelungen bzw. der Regelungen der sozialen Sicherheit fehlte. Damit bestand die Gefahr, dass das damals geltende Unionsrecht einer Unionsbürgerin jedweden Schutz vor unmittelbaren Diskriminierungen zu versagen drohte. Dieser Gefahr begegnete der EuGH damit, dass er anerkannt hat, dass sich jeder Unionsbürger in allen vom sachlichen Anwendungsbereich des damaligen EG-Vertrages erfassten Fällen über die Regelung des ex-Art. 17 Abs. 2 EGV [jetzt Art. 20 AEUV] auf das allgemeine Diskriminierungsverbot des ex-Art. 12 EGV [jetzt Art. 18 AEUV] berufen kann, und zwar unabhängig davon, ob er eine wirtschaftliche Tätigkeit ausübt oder nicht.

237 Dieser Wandel in der rechtlichen Qualifizierung vom Programmsatz hin zu einem eigenständigen Rechtsinstitut hat auch in den EU-Verträgen ihren Niederschlag gefunden. Der allgemeine Gleichbehandlungsanspruch aller Unionsbürger ist nunmehr ausdrücklich in Art. 9 EUV niedergelegt, während die sonstigen aus der Unionsbürgerschaft ableitbaren Rechte im Katalog des Art. 20 Abs. 2 AEUV zusammengefasst sind.

---

318 Vgl. *O'Keeffe*, Union Citizenship, in: *O'Keeffe/Twomey* (Hrsg.), Legal Issues of the Maastricht Treaty 1994, S. 87 ff; *Jessurun d'Oliveira*, European Citizenship: its meaning, its potential, in: *Dehousse* (Hrsg.), Europe after Maastricht: An ever closer Union, 1994, S. 126/127.

319 EuGH C-85/96, Martínez Sala/Freistaat Bayern, Slg. 1998, I-2691.

320 VO (EWG) Nr. 1408/71 über die Anwendung der Systeme der sozialen Sicherheit auf Arbeitnehmer und Selbständige sowie deren Familienangehörige, die innerhalb der Gemeinschaft zu- und abwandern (ABl. Nr. L 149/2); diese VO wurde mit Wirkung vom 1.5.2010 durch die VO (EG) Nr. 883/2004 (ABl. 2004 L 166/1) abgelöst.

321 VO (EWG) Nr. 1612/68 über die Freizügigkeit der Arbeitnehmer innerhalb der Gemeinschaft (ABl. Nr. L 257/2); diese VO wurde mit Wirkung vom 16.6.2011 durch die VO (EU) Nr. 492/2011 (ABl. 2011 L 141/1) abgelöst.

III. Die durch die Unionsbürgerschaft vermittelten Rechte

1. Zuweisung allgemeiner Rechte und Pflichten

Nach Art. 20 Abs. 2 AEUV haben die Unionsbürger alle in den EU-Verträgen vorgesehenen Rechte und Pflichten. Der Unionsbürgerstatus fasst folglich die subjektive Rechtsstellung der Unionsbürger im primären Unionsrecht zusammen, ohne allerdings ihren Regelungsbereich zu erweitern. Darüber hinaus bestimmt Art. 9 EUV die Gleichheit aller Unionsbürger ausdrücklich als ein von der EU in ihrem gesamten Handeln zu beachtenden Grundsatz. **238**

Die Mehrzahl der aus der Unionsbürgerschaft abgeleiteten Rechte und Pflichten sind **politischer Natur.** Zu nennen sind etwa **239**

- das aktive und passive Wahlrecht bei Kommunalwahlen und den Wahlen zum EP (Art. 22 AEUV)[322]
- die Inanspruchnahme diplomatischen und konsularischen Schutzes in Drittstaaten (Art. 23 AEUV)
- das Petitionsrecht beim EP, das Beschwerderecht beim europäischen Bürgerbeauftragten oder das allgemeine Informationsrecht (Art. 24 Abs. 2–4 AEUV)
- Recht der Bürgerinitiative (Art. 24 Abs. 1 AEUV i.V.m. Art. 11 EUV)

Daneben werden jedem Unionsbürger aber auch klassische Freiheits- und Gleichheitsrechte gewährt, die **subjektiv-rechtlicher Natur** sind und folglich die Rechtsstellung der Unionsbürger unmittelbar stärken. Es handelt sich dabei **240**

- zum einen um die Gewährleistung der Gleichheit aller Unionsbürger unabhängig davon, ob sie eine wirtschaftliche Tätigkeit ausüben oder nicht (Art. 9 EUV i.V.m. Art. 18, 20 AEUV), und
- zum anderen um das Recht der Unionsbürger, sich im Hoheitsgebiet der Mitgliedstaaten vorbehaltlich der im Vertrag und in den Durchführungsbestimmungen vorgesehenen Beschränkungen und Bedingungen frei zu bewegen und aufzuhalten[323] (Art. 21 AEUV).

Der Katalog der aus der Unionsbürgerschaft ableitbaren Rechte und Pflichten kann durch den Rat nach Zustimmung des EP einstimmig erweitert werden; diese Rechte und Pflichten können allerdings erst nach Zustimmung durch die Mitgliedstaaten entsprechend ihren jeweiligen verfassungsrechtlichen Vorschriften in Kraft treten. **241**

---

322 Obwohl der Wortlaut von Art. 22 AEUV keine Bezugnahme auf die Bedingungen für den Erwerb der Mitgliedschaft in einer politischen Partei oder einer politischen Bewegung enthält, hat der EuGH entschieden, dass die Vorenthaltung des Rechts eines Unionsbürgers mit Wohnsitz in einem Mitgliedstaat, dessen Staatsangehörigkeit er nicht besitzt, Mitglied einer politischen Partei in diesem Mitgliedstaat zu werden, gegen Art. 22 AEUV verstösst, da die Ausübung dieses Rechts durch den Unionsbürger anderen Bedingungen unterworfen wird als denjenigen, die für seine eigenen Staatsangehörigen gelten, C-808/21, Kommission ./. Tschechische Republik, Urteil v. 19.11.2024, ECLI:EU:C:2024:962.

323 Urteil vom 22.6.2023, C-259/20 X gegen Staatssecretaris van Justitie en Veiligheid, ECLI:EU:C:2023:499.

2. Umfassender Anspruch auf Gleichbehandlung

242 Eine der wesentlichen rechtlichen Wirkungen der Unionsbürgerschaft besteht darin, denjenigen Unionsbürgern, *„die sich in der gleichen Situation befinden, unabhängig von ihrer Staatsangehörigkeit und unbeschadet der insoweit ausdrücklich vorgesehenen Ausnahmen Anspruch auf die gleiche rechtliche Behandlung"* zu geben[324]. Damit garantiert die Unionsbürgerschaft i.V.m. Art. 9 EUV einen Anspruch auf Gleichbehandlung in dem Sinne, dass gleiche Sachverhalte nicht ungleich und ungleiche Sachverhalte nicht gleich behandelt werden dürfen, und dies allein über den Unionsbürgerstatus, d.h. unabhängig davon, ob eine wirtschaftliche Tätigkeit in dem betreffenden Mitgliedstaat ausgeübt wird oder nicht[325].

243 Der **EuGH** hat in seiner inzwischen ständigen Rechtsprechung den Zusammenhang zwischen Unionsbürgerschaft und Diskriminierungsverbot immer wieder hervorgehoben. So hat der EuGH nationale Regelungen und Praktiken, selbst wenn diese unzweifelhaft der nationalen Gesetzgebungs- und Regelungskompetenz unterlagen, gleichwohl wegen Verletzung des aus der Unionsbürgerschaft ableitbaren Gleichbehandlungsanspruchs verworfen und mit EU-Recht für unvereinbar erklärt[326]. Damit wird der Handlungsrahmen für den nationalen Gesetzgeber und die nationale Verwaltung erheblich eingeschränkt, wie folgende Beispiele aus der Rechtsprechung nachdrücklich belegen:

- Die Bindung der Altersvorsorgezulage in Deutschland im Rahmen der „Riesterrente" zur Verwendung im Wohnungsbau in Deutschland und die Rückzahlungspflicht bei Beendigung der unbeschränkten Steuerpflicht durch Wegzug in einen anderen Mitgliedstaat verstößt nicht nur bei Wanderarbeitern aus anderen Mitgliedstaaten und Grenzgängern, sondern auch bei nicht wirtschaftlich tätigen Personen gegen das Recht der Freizügigkeit nach Art. 21 AEUV[327].
- Die Speicherung personenbezogener Daten von Unionsbürgern zur Bekämpfung der Kriminalität in einem Mitgliedstaat, ohne für die eigenen Staatsangehörigen zu gelten, widerspricht dem Diskriminierungsverbot[328].
- Leistungen aus der deutschen Pflegeversicherung, im konkreten Fall die Zahlung von Rentenversicherungsbeiträgen für einen Pfleger, dürfen nicht mit der Begründung verweigert werden, dass der Pfleger oder die gepflegte Person nicht seinen/ihren Wohnsitz in Deutschland hat[329].

324 EuGH C-85/96, Martínez Sala/Freistaat Bayern, Slg. 1998, I-2691.

325 Ebenda.

326 EuGH C-34/09, Ruiz Zambrano, Slg. 2011, I-1177, Rdn. 42; C-135/08, Rottmann, Slg. 2010, I-1449 Rdn. 43; C-520/04, Turpeinen, Slg. 2006, I-10685, Rdn. 20; C-403/03, Schempp, Slg. 2005, I-6421, Rdn. 15; C-200/02, Zhu und Chen, Slg. 2004, I-9925, Rdn. 26; C-413/99, Baumbast, Slg. 2002, I-7091, Rdn. 80; C-184/99, Grzelczyk, Slg. 2001, I-6193, Rdn. 31.

327 EuGH C-152/05, KOM/Deutschland, Slg. 2008, I-39 Rdn. 115; C-269/07, Slg. 2009, I-7811.

328 EuGH C-524/06, Huber, Slg. 2008, I-9705 Rdn. 81.

329 EuGH C-502/01, Gaumain-Cerri und Barth, Slg. 2004, I-6483.

Wenn das BverfG in seinem Urteil zum Lissabon-Vertrag ausführt, dass Differenzierungen aufgrund der Staatsangehörigkeit auch weiterhin möglich sein müssen[330], so steht diese Aussage nur dann im Einklang mit der Rechtsprechung des EuGH, wenn andere Gründe als die Staatsangehörigkeit eine Ungleichbehandlung von Unionsbürgern sachlich rechtfertigen. So ist es etwa mit dem Gleichbehandlungsgebot vereinbar, wenn eine nationale Regelung Staatsangehörige anderer Mitgliedstaaten von der Gewährung von Sozialhilfe ausschließt, die Angehörigen von Drittstaaten – im Rahmen einer Aufenthaltsgestattung für Asylanten – gewährt wird[331]. Auch kann es gerechtfertigt sein, die Freistellung von Behinderten von einer Straßennutzungsgebühr (Vignette in Österreich) auf Unionsbürger mit enger Verbindung zum Wohnsitzland zu beschränken und behinderten Touristen aus anderen Mitgliedstaaten zu versagen[332]. **244**

Voraussetzung für die Geltendmachung des Anspruchs auf Gleichbehandlung ist allerdings, dass **ein sachlicher Bezug zum Unionsrecht** besteht. Ein solcher sachlicher Bezug liegt nach Auffassung des EuGH nicht vor, wenn der fragliche Sachverhalt ausschließlich nationale Bezüge aufweist[333]. Allerdings ist der EuGH recht großzügig bei der Beurteilung des Vorliegens unionsrechtlicher Bezüge; es ist dafür nicht notwendig, dass ein Unionsbürger in irgendeiner Form verschiedenen nationalen Rechtsordnungen unterliegt, sondern es genügt etwa auch, dass ein Unionsbürger, der sich nie außerhalb seines Mitgliedstaates begeben hat, aufgrund einer nationalen Maßnahme seinen durch die Unionsbürgerschaft verliehenen Status und der damit verbundenen Rechte verlustig geht[334]. Liegt aber ein rein innerstaatlicher Sachverhalt vor, kann nach Ansicht des EuGH auch der aus der Unionsbürgerschaft ableitbare Anspruch auf Gleichbehandlung den eigenen Staatsangehörigen vorenthalten werden, während er in vergleichbaren Situationen den Staatsangehörigen anderer Mitgliedstaaten gewährt werden muss[335]. Diese Rechtsprechung überzeugt jedoch nicht[336]. Die Unionsbürgerschaft verbindet die Staatsangehörigen der Mitgliedstaaten in einer Weise, dass sie ihnen die in den EU-Verträgen und im davon abgeleiteten Recht eröffneten Ansprüche und Rechte gleichermaßen garantiert. Damit ist den Mitgliedstaaten die früher bestehende **245**

---

330 BVerfG-Urt. v. 30.6.2009, 2 BvE 2/08, Rdn. 350.

331 So der EuGH im Fall von Antragstellern aus Griechenland in Deutschland, EuGH C-22/08, Vatsouros, Slg. 2009, I-4585 Rdn. 49.

332 EuGH C-103/08, Gottwald, Slg. 2009, I-9117.

333 Vgl. EuGH C-434/09, McCarthy, Slg. 2011, I-3375.

334 So EuGH C-135/08, Rottmann, Slg. 2010, I-1449; implizit auch C-34/09, Zambrano, Slg. 2011, I-1177 Rdn. 43/44.

335 EuGH C-403/03, Schempp, Slg. 2005, I-6421 Rdn. 20.

336 Vgl. auch die Kritik zu dieser Rspr. bei GAin *Sharpston* in den SA vom 30.9.2010 in der Rs. C-34/09, Zambrano, Slg. 2011, I-1177, die vorschlägt, Art. 18 AEUV dahin auszulegen, dass er einer umgekehrten Diskriminierung entgegensteht, wenn sie eine Verletzung eines unionsrechtlich geschützten Grundrechts beinhaltet und wenn nach nationalem Recht kein mindestens gleichwertiger Schutz zur Verfügung steht; siehe auch unter § 4 I. 2. f) cc) (3).

Möglichkeit genommen, die eigenen Staatsangehörigen gegenüber den anderen Unionsbürgern schlechter zu behandeln[337].

3. Freizügigkeit und Aufenthaltsrecht

246 Jeder Unionsbürger hat gemäß Art. 21 Abs. 1 AEUV das Recht, sich im Hoheitsgebiet der Mitgliedstaaten vorbehaltlich der im primären und sekundären Unionsrecht vorgesehenen Beschränkungen und Bedingungen frei zu bewegen und aufzuhalten.

247 Eine eigenständige Bedeutung hat dieses **Freizügigkeits- und Aufenthaltsrecht** allerdings nur insoweit, als

- die Freizügigkeit nicht bereits durch andere Regelungen des AEUV, insbesondere der Grundfreiheiten, gewährleistet ist und Art. 21 AEUV folglich durch speziellere Regelungen verdrängt wird[338] oder
- die Freizügigkeitsrechte nur im Sekundärrecht geregelt sind und durch Art. 21 AEUV in den Rang des Primärrechts erhoben werden, ohne sie allerdings inhaltlich zu ändern.

Seine praktische Bedeutung hat Art. 21 AEUV deshalb vor allem in Fällen, in denen ein Unionsbürger ein Aufenthaltsrecht in einem Mitgliedstaat geltend macht, ohne dort eine wirtschaftliche Tätigkeit im Sinne der Art. 45, 49 oder 56 AEUV ausüben zu wollen. In diesen Fällen folgt das Aufenthaltsrecht unmittelbar und ausschließlich aus Art. 21 AEUV[339]. Praktische Bedeutung könnte in Zukunft auch die in Art. 21 Abs. 3 AEUV neu geschaffene Ermächtigung an den Rat erlangen, nach Anhörung des EP durch einstimmigen Beschluss auch Maßnahmen zugunsten der Unionsbürger zu treffen, die den sozialen Schutz und die soziale Sicherheit zum Gegenstand haben.

248 Aber auch das aus Art. 21 AUEV ableitbare Freizügigkeits- und Aufenthaltsrecht gilt nicht schrankenlos. Art. 21 Abs. 1 AEUV stellt die Freizügigkeit und das Aufenthaltsrecht unter den Vorbehalt der Beschränkungen und Bedingungen, die in den EU-Verträgen und im Sekundärrecht festgelegt sind. Ein primärrechtliche Beschränkung stellt vor allem der „ordre-public-Vorbehalt“ in den Art. 45 Abs. 3, Art. 52 und Art. 62 AEUV dar[340]. Die wesentlichen sekundärrechtlichen Beschränkungen und Bedingungen sind neben dem auch hier niedergelegten „ordre-public-Vorbehalt“ vor allem, dass der Unionsbürger für sich und seine Familienangehörigen über eine alle Risiken abdeckende Krankenversicherung sowie über ausreichende Mittel zur Bestreitung des Lebensunterhalts verfügen muss.

---

337 Vgl. hierzu ausführlich *Borchardt*, Der sozialrechtliche Gehalt der Unionsbürgerschaft, NJW 2000, 2057.

338 EuGH C-155/09, KOM/Griechenland, Slg. 2011, I-65 Rdn. 41 u. 60; C-56/09, Emiliano Zanotti, Slg. 2010, I-4517 Rdn. 24.

339 EuGH C-413/99, Baumbast, Slg. 2002, I-7091 Rdn. 80; C-200/02, Catherine Zhu, Slg. 2004, I-9925 Rdn. 26.

340 Siehe Einzelheiten dazu unter § 10 F. IV.

Diese Vorbehalte und Bedingungen beziehen sich allerdings nicht auf die Entstehung des Aufenthaltsrechts, sondern begrenzen lediglich dessen Ausübung. Das bedeutet, dass die Entstehung des Aufenthaltsrechts nicht von der Erfüllung der Bedingungen des Krankenversicherungsschutzes und der ausreichenden Existenzmittel abhängig ist; vielmehr besteht bei Nichterfüllung der Bedingungen lediglich die Möglichkeit, die Ausübung des Aufenthaltsrechts bereits bei der Einreise zu verhindern oder nach erfolgter Einreise bei späterer Nichterfüllung der Bedingungen zu beenden[341]. Allerdings darf im letzteren Fall die Beendigung des Freizügigkeits- und Aufenthaltsrechts nicht die automatische Folge der Tatsache sein, dass der Aufenthaltsberechtigte zu einem bestimmten Zeitpunkt Sozialhilfe in Anspruch nehmen muss[342]. Jeder Unionsbürger verfügt folglich beim Überschreiten einer Binnengrenze innerhalb der EU über ein vertraglich garantiertes Aufenthaltsrecht, das von dem Aufenthaltsstaat im Einzelfall beendet werden kann, wenn die in den EU-Verträgen oder sekundären Unionsrecht aufgestellten Aufenthaltsbedingungen nicht erfüllt sind[343]. Die Aufenthaltsberechtigten dürfen die öffentlichen Finanzen des Aufenthaltsstaates „nicht über Gebühr" belasten; das bedeutet, dass eine bestimmte finanzielle Solidarität auch im Hinblick auf Staatsangehörige anderer Mitgliedstaaten durchaus anerkannt und gefordert wird[344]. **249**

Den aus Drittländern stammenden Familienangehörigen eines Unionsbürgers werden hingegen keine eigenständigen Rechte über die Unionsbürgerschaft verliehen, sondern lediglich aus den Rechten des Unionsbürgers abgeleitete Rechte. Die Rechtfertigung hierfür ist, dass ohne Anerkennung abgeleiteter Rechte für aus Drittländern stammenden Familienangehörigen den Unionsbürger insbesondere in seiner Freizügigkeit im Unionsgebiet beeinträchtigen könnte[345]. **250**

Zur Gewährung eines Aufenthaltsrechts an einen Drittstaatsangehörigen, der Familienangehöriger eines Unionsbürgers ist, bedarf es allerdings des Vorliegens ganz besonderer Sachverhalte, in denen der betreffende Unionsbürger infolge der Verweigerung des Aufenthaltsrechts an seinen Familienangehörigen de facto gezwungen wäre, das Gebiet der EU zu verlassen, wodurch die Unionsbürgerschaft ihrer praktischen Wirksamkeit beraubt würde und dem Unionsbürger dadurch der tatsächliche Genuss des Kernbestands der Rechte, die ihm dieser Status verleiht, verwehrt **251**

341 Zum Nachweis der Erfüllung der Bedingungen vgl. EuGH C-408/03, KOM/Belgien, Slg. 2006, I-2647 Rdn. 38–51; C-456/02, Trojani, Slg. 2004, I-7573; C-424/98, KOM/Italien, Slg. 2000, I-4001 Rdn. 35–37.

342 EuGH C-184/99, Grzelczyk, Slg. 2001, I-6193; kritisch *Hailbronner*, NJW 2004, 2185.

343 Zu dieser Problematik siehe *Borchardt*, NJW 2000, 2057/2060.

344 Zu den Einzelheiten des Ein- und Ausreiserechts, Aufenthalts- und Verbleiberecht siehe unter § 10 F.

345 Urteil vom 7. 9. 2022, C-624/20, Staatssecretaris van Justitie en Veiligheid, EU:C:2022:639, Rn. 51 und die dort angeführte Rechtsprechung.

würde[346]. Dieser de facto Zwang wird immer dann als gegeben angesehen, wenn zwischen dem Drittstaatsangehörigen und dem Unionsbürger, der sein Familienangehöriger ist, ein Abhängigkeitsverhältnis besteht[347].

4. Anspruch auf Sozialleistungen und steuerliche Vergünstigungen

252 Ungeachtet der Tatsache, dass das Vorhandensein ausreichender Mittel zur Bestreitung des Lebensunterhalts eine wesentliche Bedingung für die Ausübung des Freizügigkeits- und Aufenthaltsrechts nach Art. 21 AEUV ist, hat der EuGH den sich rechtmäßig in einem anderen Mitgliedstaat aufhaltenden Unionsbürgern Ansprüche auf Sozialleistungen in Form von Erziehungsgeld[348], Sozialhilfe für Studenten[349] und Überbrückungsgeld bei Arbeitslosigkeit zwischen Schulabgang und Aufnahme einer Beschäftigung[350] sowie steuerlicher Vergünstigungen[351] anerkannt.

253 Die eigentliche Anspruchsgrundlage entnimmt der EuGH dem Diskriminierungsverbot des Art. 18 AEUV. Der persönliche Anwendungsbereich des Diskriminierungsverbots wird dabei durch die Unionsbürgerschaft hergestellt, während der sachliche Anwendungsbereich vor allem durch Bezugnahme der Regelungen in den EU-Verträgen selbst, der Verordnung (EG) Nr. 883/2004 über die soziale Sicherheit der Wanderarbeitnehmer[352] oder des Art. 7 Abs. 2 der Verordnung (EU) Nr. 492/2011[353] betreffend die Gleichstellung von Arbeitnehmern im Hinblick auf soziale und steuerliche Vergünstigungen eröffnet wird. Dieser sehr gleichbehandlungsfreundlichen Rechtsprechung soll mit Art. 24 Abs. 2 der Richtlinie 2004/38/EG zum Einreise-, Aufenthalts- und Verbleiberecht von Unionsbürgern und ihren Familienangehörigen[354] entgegengewirkt werden. Danach ist der Aufnahmemitgliedstaat nicht verpflichtet, anderen Personen als Arbeitnehmern oder Selbständigen und ihren Fami-

---

346 Urteil vom 8.5.2018, C-82/16, K. A. [Familienzusammenführung in Belgien], EU:C:2018:308, Rn. 51 und die dort angeführte Rspr.; Urteil vom 27.4.2023, C-528/21, M. D. [Verbot der Einreise nach Ungarn], EU:C:2023:341, Rn. 60 und die dort angeführte Rspr.

347 Urteil vom 7.9.2022, C-624/20, Staatssecretaris van Justitie en Veiligheid [Natur des Aufenthaltsrechts aus Art. 20 AEUV], EU:C:2022:639, Rn. 37 sowie die in Fn. 348 angeführte Rspr.

348 EuGH C-85/96, Martinez Sala, Slg. 1998, I-2691.

349 EuGH C-184/99, Grzelczyk, Slg. 2001, I-6193.

350 EuGH C-224/98, d'Hoop, Slg. 2002, I-6191 Rdn. 33. Anders jedoch im Hinblick auf eine Klausel, wonach Arbeitslosenunterstützung nur bei Aufenthalt im Leistungsstaat gewährt wird; diese Klausel ist mit EU-Recht vereinbar, da sie aus Gründen der Überwachung der beruflichen und persönlichen Situation des Betroffenen gerechtfertigt ist, vgl. EuGH C-406/04, De Cuyper, Slg. 2006, I-6947 mit Anm. *Wollenschläger*, EuZW 2006, S. 503.

351 EuGH C-224/02, Pusa, Slg. 2004, I-5763 Rdn. 21.

352 VO (EG) Nr. 883/2004 des Rates und des EP vom 29.4.2004 (ABl. L 166), die mit Wirkung vom 1.5.2010 die VO (EG) Nr. 1408/71 abgelöst hat.

353 ABl. 2011 Nr. L 141/1, die die VO (EG) Nr. 612/68 abgelöst hat.

354 ABl. 2004 Nr. L 158/77; Einzelheiten dazu siehe unter § 10 F.

lienangehörigen während der ersten drei Monate des Aufenthalts einen Anspruch auf Sozialhilfe oder vor Erwerb des Rechts auf Daueraufenthalt Studienbeihilfen in Form eines Stipendiums oder Studiendarlehens, einschließlich Beihilfen zur Berufsausbildung, zu gewähren. Der EuGH hat diese Einschränkung in einem Fall des Ausschlusses der Leistungsgewährung von Hartz IV Geldern für EU-Bürger, die sich in einen Mitgliedstaat begeben, deren Staatsangehörigkeit sie nicht besitzen, während der ersten drei Monate des Aufenthalts für zulässig erachtet. Dies stehe im Einklang mit dem Ziel der Erhaltung des finanziellen Gleichgewichts der Systeme der sozialen Sicherheit der Mitgliedstaaten, das mit der Richtlinie 2004/38/EG verfolgt werde. Da die Mitgliedstaaten von EU-Bürgern nicht verlangen dürfen, dass sie für einen Aufenthalt von drei Monaten über ausreichende Mittel zur Bestreitung des Lebensunterhalts und eine persönliche Absicherung für den Fall der Krankheit verfügen, sei es legitim, dass den Mitgliedstaaten nicht auferlegt wird, während dieses Zeitraums die Kosten für sie zu übernehmen.[355]

5. Kommunal- und Europawahlrecht

Jeder Unionsbürger hat in dem Mitgliedstaat, in dem er seinen Wohnsitz hat, dessen Staatsangehörigkeit er aber nicht besitzt, das **aktive und passive Wahlrecht** bei Kommunalwahlen und bei den Wahlen zum Europäischen Parlament (Art. 22 AEUV). Diese Rechte sind auch in der Grundrechtecharta garantiert (Art. 39 Abs. 1, Art. 40 GRCh). Die Regelung ist Ausdruck der Gleichbehandlung aller Unionsbürger im Gebiet der EU hinsichtlich der Ausübung eines wesentlichen politischen Individualrechts und enthält somit ein **Diskriminierungsverbot**[356]. Es handelt sich um unmittelbar anwendbare subjektive Rechte und nicht etwa bloß um Regelungsaufträge an den EU-Gesetzgeber; diesem wurde lediglich die Regelung der Einzelheiten überlassen. **254**

Mit dem **Kommunalwahlrecht** für Unionsbürger soll der Verlust politischer Mitwirkungsrechte im Heimatstaat teilweise ausgeglichen und zugleich die Integration im Wohnstaat gefördert werden. Die Einzelheiten der Ausübung des Kommunalwahlrechts sind in der **Richtlinie 94/80/EG** des Rates vom 19. Dezember 1994 niedergelegt[357]. **255**

Das **Wahlrecht zum EP** hat ähnlich große Bedeutung wie das Kommunalwahlrecht. Es verbürgt nicht nur ein demokratisches Mitwirkungsrecht am europäischen Integrationsprozess, sondern stellt daneben einen Schritt in Richtung einer wirklichen europäischen Volksvertretung dar, da die jeweiligen Europaabgeordneten **256**

---

355 EuGH C-299/14, Jovanna Garcia-Nieto, ECLI:EU:C:2016:114

356 EuGH C-145/04, Spanien/Großbritannien, Slg. 2006, I-7917; C-300/04, Eman und Sevinger, Slg. 2006, I-8055.

357 Richtlinie 94/80/EG des Rates in ihrer Fassung vom 1.7.2013, ABl. 2013, Nr. L 158/231.

eines Mitgliedstaates nicht nur das jeweilige Volk vertreten, sondern auch die in dem betreffenden Mitgliedstaat wohnhaften Unionsbürger[358].

Die Einzelheiten der Ausübung des Wahlrechts zum EP sind in der **Richtlinie 93/109/EG** des Rates vom 6. Dezember 1993 niedergelegt[359]. Art. 14 dieser Richtlinie enthält Sondervorschriften für Mitgliedstaaten mit einem außergewöhnlich hohen Anteil von EU-Ausländern an der Gesamtbevölkerung, von denen jedoch nur Luxemburg Gebrauch gemacht hat.

6. Diplomatischer und konsularischer Schutz

257 Art. 23 AEUV begründet eine gemeinsame Verantwortung aller Mitgliedstaaten für den Schutz der Unionsbürger, die sich außerhalb der EU aufhalten. Er stärkt damit zum einen die Identität der EU gegenüber Drittländern und zum anderen die Solidarität gegenüber den betreffenden Unionsbürgern.

Zur praktischen Umsetzung des Art. 23 AEUV bedarf es, anders als beim Kommunal- und Europawahlrecht, der Durchführung durch die Mitgliedstaaten; Art. 23 AEUV gewährt folglich für die Unionsbürger kein unmittelbar anwendbares subjektives Recht. Die Durchführung erfolgte bisher lediglich durch zwei „uneigentliche Ratsbeschlüsse"[360]. Dieser eher unbefriedigenden Situation soll mit dem neu geschaffenen Art. 23 Abs. 2 AEUV begegnet werden, der vorsieht, dass der Rat zur Erleichterung des Schutzes Richtlinien zur Festlegung der notwendigen Koordinierungs- und Kooperationsmaßnahmen erlassen kann.

7. Petitionsrecht, Bürgerbeauftragte, Informationsrecht

258 Art. 24 Abs. 2–4 AEUV gewährleistet drei verwandte, aber nicht deckungsgleiche Rechte:

(1) Das **Petitionsrecht beim EP** (Abs. 2); es ist in Art. 227 AEUV näher ausgestaltet. Alle zulässigen Petitionen werden von einem Petitionsausschuss sachlich geprüft. Die Ergebnisse der Prüfung werden in einem Bericht oder in einer Stellungnahme zusammengefasst. Der EP-Präsident unterrichtet die Petenten über die gefassten Beschlüsse und deren Begründung. Auf eine bestimmte Sachentscheidung

---

358 Das Wahlrecht für die Wahlen zum EP kann vom Mitgliedstaat auch auf Lebenszeit aberkannt werden, sofern diese Aberkennung in angemessenem Verhältnis zum verfolgten Zweck steht, vgl. EuGH C-650/13, Thierry Delvigne, ECLI:EU:C:2015:648.

359 Richtlinie des Rates 93/109/EC (ABl. Nr. L 329/34), geändert durch Richtlinie des Rates 2013/1/EU (ABl. Nr. L 26/27–29. Einzelheiten dazu unter § 5 I. 4b).

360 Beschluss 95/553/EG der im Rat vereinigten Vertreter der Regierungen der Mitgliedstaaten vom 19.12.1995 über den Schutz der Bürger der EU durch die diplomatischen und konsularischen Vertretungen, ABl. Nr. L 314/73 – dieser Beschluss ist im Mai 2002 in Kraft getreten; Beschluss 96/409/GASP vom 25.6.1996 zur Ausarbeitung eines Rückkehrausweises, ABl. Nr. L 168/4.

besteht kein Anspruch, wohl aber auf Entgegennahme, sachliche Prüfung und begründete Bescheidung. Die Missachtung/Unterlassung kann notfalls mit einer Untätigkeitsklage (Art. 265 AEUV) beim EuGH gerügt werden[361].

(2) Das Recht, **Beschwerden beim Bürgerbeauftragten** einzureichen (Abs. 3). Es steht neben dem Petitionsrecht und wird durch Art. 228 AEUV näher ausgestaltet. Der in der Tradition des skandinavischen Ombudsmanns stehende Bürgerbeauftragte wird vom EP ernannt und kann unter engen Voraussetzungen auf dessen Antrag vom EuGH seines Amtes enthoben werden. Er übt sein Amt in völliger Unabhängigkeit aus und ist deshalb auch kein Hilfsorgan des EP, sondern ein selbständiges Nebenorgan der EU. Nähere Regelungen hat das EP im sog. Statut des Bürgerbeauftragten festgelegt[362]. Das Beschwerderecht erfasst sämtliche Missstände in der Verwaltungstätigkeit der EU-Organe; ausgenommen sind die Gesetzgebungs- und Rechtsprechungstätigkeiten. Ein Missstand liegt vor, wenn Verwaltungsentscheidungen gegen materielles Recht oder Verfahrensvorschriften, einschließlich des Grundsatzes der guten Verwaltung, verstoßen[363]. Der Bürgerbeauftragte muss das betroffene EU-Organ unterrichten, sobald er mit einer Beschwerde befasst worden ist. Welche Untersuchung er zur Klärung des vermeintlichen Missstandes für erforderlich hält, bleibt ihm überlassen (Opportunitätsprinzip). Er kann dazu Auskünfte einholen und Unterlagen einsehen, soweit nicht legitime Gründe der Geheimhaltung entgegenstehen. Wird die geschuldete Mitwirkung verweigert, informiert der Bürgerbeauftragte das EP, das die geeigneten Schritte unternimmt, notfalls sogar Untätigkeitsklage beim EuGH gegen das säumige EU-Organ erhebt. Stellt der Bürgerbeauftragte einen Missstand fest, gibt er dem betroffenen EU-Organ Gelegenheit, innerhalb von drei Monaten Stellung zu nehmen. Ziel ist es, den Missstand zu beseitigen und der Beschwerde im Sinne einer politischen Einigung abzuhelfen. Anschließend legt er dem betroffenen EU-Organ und dem EP einen Bericht vor, der auch konkrete Empfehlungen enthalten kann. Auch der Beschwerdeführer wird über das Ergebnis der Untersuchungen unterrichtet.

(3) Das **Informationsrecht**, das jedem Unionsbürger ermöglicht, sich in einer der gegenwärtig 24 Amtssprachen der EU an die EU-Organe und alle weiteren Einrichtungen zu wenden und eine Antwort in derselben Sprache zu erhalten (Abs. 4). Dieses Informationsrecht ist außerdem grundrechtlich geschützt (vgl. Art. 41 Abs. 4 GRCh).

---

361 Siehe dazu *Mader*, Petitionsgrundrecht light – Wie viel Schutz braucht das Parlament vor dem Bürger?, EuZW 2015, 41.

362 Beschluss des EP vom 9.3.1994 über die Regelungen und allgemeinen Bedingungen für die Ausübung der Aufgaben des Bürgerbeauftragten, ABl. Nr. L 113/15 mit Änderung vom 14.3.2002, ABl. Nr. L 92/13.

363 Der Bürgerbeauftragte hat im März 2002 einen Europäischen Kodex für gute Verwaltungspraxis veröffentlicht.

8. Das Recht der Bürgerinitiative

259 Das Recht der Bürgerinitiative wurde durch den Vertrag von Lissabon sowohl als ein Element der direkten Demokratie in den EU-Vertrag (Art. 11 EUV) als auch als ein neues aus der Unionsbürgerschaft ableitbares Bürgerrecht in den AEU-Vertrag (Art. 24 Abs. 1 AEUV) eingeführt. Die verfahrensmäßige Ausgestaltung der Bürgerinitiative ist seit dem 1. Januar 2020 in der Verordnung (EU) 2019/788 geregelt[364].

260 **Träger des Rechts** sind die wahlberechtigten Unionsbürger. Erforderlich sind 1 Million Unterschriften von Staatsangehörigen aus mindestens einem Viertel der Mitgliedstaaten, d.h. in der EU 27 aus mindestens 7 Mitgliedstaaten. Zugleich wurde für jeden Mitgliedstaat eine Mindestanzahl von Unterzeichnern einer Bürgerinitiative festgelegt[365]. Hierbei hat sich der EU-Gesetzgeber an der Anzahl der auf den jeweiligen Mitgliedstaat entfallenden Mitglieder des EP orientiert, wobei sich allerdings Verzerrungen ergeben, da für das Quorum in großen Mitgliedstaaten 0,1 % der Bevölkerung ausreichen (in Deutschland etwa 74.250 Unterzeichner), während bei kleineren Mitgliedstaaten ca. 1 % der Bevölkerung erforderlich sind (für Luxemburg etwa 4.500 Unterzeichner).

261 **Adressat** einer Bürgerinitiative ist die **Kommission**. Ziel ist der Erlass eines EU-Rechtsakts zur Umsetzung der Verträge, d.h. die Bürgerinitiative muss auf eine gesetzgeberische Tätigkeit innerhalb der Verträge gerichtet sein[366]. Diese Voraussetzung ist immer dann nicht erfüllt, wenn ein Ziel auch ohne den Erlass eines spezifischen

---

364 VO (EU) 2019/788 (ABl. L 130/55) i.V.m. mit der Delegierten VO der Kommission (EU) 2024/1082 v. 6.2.2024 zur Ersetzung des Anhangs I der VO (EU) 2019/788 (ABl. L 2024/1082). Diese Regelungen ersetzen die frühere VO (EU) Nr. 211/201. Ergänzend kommen Durchführungsregelungen der Mitgliedstaaten hinzu, in Deutschland das Bundesgesetz zur Europäischen Bürgerinitiative (EBIG) vom 7.3.2012 (dt. BGBl. 2012 I, 446), in Österreich das Europäische-Bürgerinitiative-Gesetz (EBIG) vom 29.2.2012 (ö. BGBl. I Nr. 12/2012).

365 Anhang I zu VO (EU) 2019/788: Deutschland: 72.096 Unterzeichner; Österreich: 13.518 Unterzeichner.

366 Die Kommission hat bisher elf europäische Bürgerinitiativen zugelassen: „Wasser ist ein Menschenrecht – Right2Water“, „One of us“ gegen Embryonenforschung, „Stoppt Tierversuche“, Verbot von Glyphosat und Schutz von Menschen und Umwelt vor giftigen Pestiziden, Minority SafePack – Schutz für Angehörige nationaler Minderheiten und Sprachminderheiten, End the Cage Age, „Beendet das Käfigzeitalter“, Bienen und Bauern retten!, Stop Finning – Stopp Trade, Schutz kosmetischer Mittel ohne Tierquälerei und ein Europa ohne Tierversuche, Fur Free Europe (Pelzfreies Europa). Die Ablehnung der Bürgerinitiative „Stopp TTIP“ hat der EuGH für nichtig erklärt, da diese Bürgerinitiative keine unzulässige Einmischung in den Gang des Gesetzgebungsverfahrens darstelle, sondern zur rechten Zeit eine legitime demokratische Debatte auslöse, EuG T-754/14, Michael Efler u.a., ECLI:EU:T:2017:323.

Rechtsakts zu erreichen ist, z.B. durch bessere Anwendung bestehenden EU-Rechts. Unzulässig wegen Überschreiten der Grenzen der Verträge wären Bürgerinitiativen, die eine Änderung der Verträge zum Ziel haben oder in einen Bereich fallen, in dem die Kommission nicht befugt ist, dem EU-Gesetzgeber einen Rechtsakt vorzuschlagen[367].

Die Bürgerinitiative ist deshalb als **Vorstufe** für eine **gesetzgeberische Tätigkeit** **262**
zu sehen und verfahrensrechtlich vergleichbar dem Aufforderungsrecht des EP (Art. 225 AEUV) oder des Rates (Art. 241 AEUV). Gegen den ablehnenden Beschuss der Registrierung der Bürgerinitiative durch die Kommission können die Initiatoren aber Klage vor dem Gerichtshof der EU erheben.[368]

Weiterführende Literatur: *Bogdandy/Bitter* Unionsbürgerschaft und Diskriminierungsverbot, FS für Zuleeg, 2005; *Borchardt,* Der sozialrechtliche Gehalt der Unionsbürgerschaft, NJW 2000, S. 2057; *Castenholz,* Die EU-Bürgerinitiative: Entwicklung und Konturen eines Europäischen Bürgerrechts, in: FS für Scheuing, 2011, S. 39; *Guckelberger,* Der Europäische Bürgerbeauftragte und die Petitionen zum Europäischen Parlament, 2004; *ders.,* Das Petitionsrecht zum EP sowie das Recht zur Anrufung des Europäischen Bürgerbeauftragten im Europa der Bürger, DÖV 2003, S. 829; *Hailbronner,* Die Unionsbürgerschaft und das Ende rationaler Jurisprudenz durch den EuGH!, NJW 2004, S. 2185; *Heilbronner/Thym,* Ruiz und Zambrano – Die Entdeckung des Kernbereichs der Unionsbürgerschaft, NJW 2011, S. 2008; *Huber,* Unionsbürgerschaft, EuZ 2013, S.637; *Kadelbach,* Die Unionsbürgerrechte, in: Ehlers, Europäische Grundrechte und Grundfreiheiten, 2003, S. 467; *ders.,* Unionsbürgerschaft, in: von Bogdandy, Europäisches Verfassungsrecht, 2003, S. 539; *Kubicki,* Die subjektivrechtliche Komponente der Unionsbürgerschaft, EuR 2006, S. 489; *Mader,* Petitionsgrundrecht light – Wie viel Schutz braucht das Parlament vor dem Bürger?, EuZW 2015, S. 41; *Mross,* Bürgerbeteiligung am Rechtssetzungsprozess der EU, 2010; *Nettesheim,* Der „Kernbereich" der Unionsbürgerschaft – vom Schutz der Mobilität zur Gewährleistung eines Lebensumfelds, JZ 2011, S. 1030; *Rabenschlag,* Leitbilder der Unionsbürgerschaft, 2009; *Randelzhofer,* Marktbürgerschaft, Unionsbürgerschaft, Staatsbürgerschaft, in: GS Grabitz, 1995, S. 581; *Scheuing,* Freizügigkeit als Unionsbürgerrecht, EuR 2003, S. 744; *Schönberger,* Unionsbürger, 2005; *Schneider,* Petitionen zum Europäischen Parlament mit Berücksichtigung des Bürgerbeauftragten, 2009; *Streinz,* Unmittelbare Anwendbarkeit der Unionsbürgerschaft – Sozialhilfe für Studenten, JuS 2002, S. 387; *ders.,* Rechtsnatur und Tragweite der Unionsbürgerschaft – Folgen für Inländer, JuS 2002, S. 1218; *Wollenschläger,* Grundfreiheit ohne Markt: Die Herausbildung der Unionsbürgerschaft im unionsrechtlichen Freizügigkeitsregime, 2007.

367 EuG T-523/13, Balázs-Árpád Izsák u. Attila Dabis, ECLI:EU:T:2016:282.
368 EuG T-754/14, Michael Efler, ECLI:EU:T:2017:323.

§ 5 Die Organisationsstruktur

A. Die Organe, Einrichtungen und sonstige Stellen

263 Die Durchführung der der EU zugewiesenen Aufgaben und die Steuerung des Integrationsprozesses wurden bewusst nicht allein der Initiative und Zuständigkeit der Mitgliedstaaten oder der internationalen Zusammenarbeit überlassen. Die EU verfügt vielmehr über ein institutionelles System, das sie in die Lage versetzt, der europäischen Einigung neue Impulse und Zielsetzungen zu geben sowie auf den in ihre Zuständigkeit fallenden Sachgebieten für alle Mitgliedstaaten gleichermaßen verbindliches europäisches Recht zu setzen.

264 Die Hauptakteure in diesem System sind zum einen die **Verfassungsorgane** der EU (vgl. Art. 13 EUV):

- Europäischer Rat (ER)
- Rat der EU
- Europäisches Parlament (EP)
- Europäische Kommission (KOM)
- Gerichtshof der EU (EuGH/EuG)
- Europäische Zentralbank (EZB)
- Europäischer Rechnungshof (ERH).

265 Zu den Verfassungsorganen treten noch verschiedene **ergänzende Einrichtungen,** von denen drei einen besonderen Stellenwert im Institutionsgefüge der EU besitzen und deshalb auch vielfach als **„Nebenorgane“** bezeichnet werden. Dabei handelt es sich um:

- den Europäischen Wirtschafts- und Sozialausschuss (EWSA)
- den Ausschuss der Regionen (AdR)
- die Europäische Investitionsbank (EIB).

266 Schließlich gibt es im Institutionengefüge eine ganze Reihe **sonstiger Stellen**, denen ganz spezifische, zumeist nachgeordnete Funktionen und Aufgaben übertragen wurden (z.B. Agenturen).

Übersicht über die Institutionen

Europäischer Rat
27 Staats- und Regierungschefs, Präsident des Europäischen Rates und Präsident der Europäischen Kommission

Rat der EU
27 Minister (einer je Mitgliedstaat)

Europäisches Parlament
720 Abgeordnete

Europäische Kommission
27 Mitglieder

Ausschuss der Regionen
höchstens 329 Mitglieder

Europäischer Wirtschafts- und Sozialausschuss höchstens 329 Mitglieder

Gerichtshof der EU
27 Richter (einer je Mitgliedstaat)

EuG
54 Richter (zwei je Mitgliedstaat)

Europäischer Rechnungshof
27 Mitglieder (einer je Mitgliedstaat)

Europäische Zentralbank

Europäische Investitionsbank

I. Verfassungsorgane der EU

1. Der Europäische Rat (Art. 15 EUV)

267 Der Europäische Rat ist aus den Gipfelkonferenzen der Staats- und Regierungschefs der Mitgliedstaaten der EU hervorgegangen. Auf ihrer Konferenz am 9./10. Dezember 1974 in Paris beschlossen die Staats- und Regierungschefs, jährlich dreimal als Europäischer Rat zusammenzutreffen. Durch die Einheitliche Europäische Akte wurde der Europäische Rat im Jahre 1987 als politisches Leitungs- und Lenkungsorgan formell in das Institutionsgefüge der damaligen EG eingegliedert (vgl. Art. 23 EEA). Aufgrund des Vertrages von Lissabon wurde der Europäische Rat zu einem selbständigen Verfassungsorgan der EU (vgl. Art. 13 EUV).

a) Zusammensetzung

268 Im Europäischen Rat kommen die Staats- und Regierungschefs der Mitgliedstaaten sowie die Präsidenten der Europäischen Kommission und des Europäischen Rates in Brüssel zusammen. Der Hohe Vertreter der EU für die Außen- und Sicherheitspolitik[369] nimmt an den Arbeiten des Europäischen Rates teil, ist aber kein formelles Mitglied dieses EU-Organs. Wenn es die zu beratenden Punkte erfordern, können die Mitglieder des Europäischen Rates beschließen, sich jeweils von einem Minister oder, im Falle des Präsidenten der Kommission, von einem Mitglied der Kommission in ihren Arbeiten unterstützen zu lassen (Art. 15 Abs. 3 EUV).

269 Mit dem Vertrag von Lissabon wurde die Institution des **Präsidenten des Europäischen Rates** geschaffen[370]. Der Präsident des Europäischen Rates hat kein nationales, sondern ein *europäisches Mandat*, das über zweieinhalb Jahre läuft und in Vollzeit ausgeübt wird. Zum Präsidenten soll eine herausragende Persönlichkeit bestellt werden; dies geschieht durch Wahl mit qualifizierter Mehrheit der Mitglieder des Europäischen Rates, wobei eine einmalige Wiederwahl möglich ist. Seine Aufgabe besteht in der Vor- und Nachbereitung der Sitzungen des Europäischen Rates; außerdem repräsentiert er die EU auf den internationalen Gipfeltreffen im Bereich der Außen- und Sicherheitspolitik.

b) Aufgaben

270 Die Aufgaben des Europäischen Rates werden in Art. 15 Abs. 1 EUV wie folgt umschrieben:

---

369 Vgl. hierzu unter § 5 A. I. 3.

370 Als erster Präsident des Europäischen Rates wurde von 2009 bis 2014 der frühere belgische Premierminister *Herman van Rompuy* ernannt. Ihm folgten für die Zeit von 2014–2019 der frühere polnische Premierminister *Donald Tusk*, von 2019–2024 der frühere belgische Premierminister *Charles Michel* und nunmehr von 2024–2026 (2029) der frühere portugiesische Premierminister *António Costa*.

„Der Europäische Rat gibt der Union die für ihre Entwicklung erforderlichen Impulse und legt die allgemeinen politischen Zielvorstellungen und Prioritäten hierfür fest."

Der Europäische Rat wird nicht „gesetzgeberisch" tätig, was aber nicht ausschließt, dass der Europäische Rat als zentrales Entscheidungsgremium vor allem in institutionellen Fragen[371] Rechtsakte beschließen kann, die auch Rechtswirkungen für Dritte entfalten können[372]. Die eigentliche Funktion des Europäischen Rates selbst besteht aber darin, die allgemeinen politischen Leitlinien für das Handeln der EU festzulegen. Die Wahrnehmung seiner Aufgaben erfolgt durch den Erlass von politischen Grundsatzentscheidungen oder die Formulierung von Richtlinien und Aufträgen für die Arbeit des Rates der EU oder der Europäischen Kommission. Derartige Anstöße sind vom Europäischen Rat etwa für die Wirtschafts- und Währungsunion, das Europäische Währungssystem, die Direktwahlen des Europäischen Parlaments sowie für sozialpolitische Aktivitäten und in Beitrittsfragen ausgegangen.

Darüber hinaus nimmt der Präsident des Europäischen Rates – unbeschadet der Befugnisse des Hohen Vertreters der EU für die Außen- und Sicherheitspolitik – die Außenvertretung der EU in Angelegenheiten der Gemeinsamen Außen- und Sicherheitspolitik (Art. 15 Abs. 6 EUV) wahr.

Daneben trifft der Europäische Rat eine ganze Reihe von **Personalentscheidungen**. Er wählt seinen Präsidenten (Art. 15 Abs. 5 EUV), er ernennt mit Zustimmung des Präsidenten der Kommission den Hohen Vertreter der EU für die Außen- und Sicherheitspolitik (Art. 18 Abs. 1 EUV), und er ernennt nach Zustimmung des Europäischen Parlaments den Präsidenten und die Mitglieder der Kommission (Art. 17 Abs. 7 EUV). **271**

c) Arbeitsweise

Der Europäische Rat tritt mindestens zweimal pro Halbjahr unter dem Vorsitz seines Präsidenten zusammen, der im Rat der EU den Vorsitz innehat. Die Tagungen finden nunmehr ausschließlich in Brüssel statt[373]. Daneben können bei Bedarf weitere Zusammenkünfte (sog. „Sondergipfel") einberufen werden. **272**

Die Ergebnisse der Tagungen werden in einem Schlussdokument („Schlussfolgerungen" oder Communiqué) festgehalten. Es enthält neben politischen Grundsatzentscheidungen und allgemeinen Erklärungen zu weltpolitischen Fragen auch mehr **273**

371 Vgl. z.B. Beschluss über die Zusammensetzung des EP, Art. 14 Abs. 2 UAbs. 2 EUV, und des Rates, Art. 236 AEUV, oder Beschluss über die Rotation der Kommission, Art. 17 Abs. 5 UAbs. 2 S. 2 EUV.

372 Folgerichtig sind diese Rechtsakte des Europäischen Rates auch mit der Nichtigkeitsklage nach Art. 263 Abs. 1 S. 1 AEUV angreifbar.

373 Erklärung Nr. 22 zum Vertrag von Nizza – Tagungsort des Europäischen Rates –, wonach alle Tagungen des Europäischen Rates in Brüssel stattfinden sollen, sobald die EU 18 Mitglieder zählt.

oder weniger konkrete Richtlinien und Aufträge für die Arbeit des Rates und der Europäischen Kommission.

Weiterführende Literatur: *Decker,* Die Organe der Europäischen Gemeinschaften und der Europäischen Union, JuS 1995, S. 883, 1072; *Epping,* Grundstrukturen der Europäischen Union, Jura 1995, S. 449; *Everling,* Die Rolle des Europäischen Rates gegenüber den Gemeinschaften, EuR 1995, S. 41; *Glaesner,* Der Europäische Rat EuR 1994, S. 22; *Hummer/Obwexer,* Die „EU-Präsidentschaft", EuR 1999, S. 409; *Ludlow,* Die Führung der Europäischen Union durch den Europäischen Rat: Übergang oder Krise?, integration 2005, S. 3–15; *de Schoutheete/H. Wallace,* Der Europäische Rat, Paris, 2002; *Wessels,* Das politische System der Europäischen Union, 2008, S. 155 ff.; *Westlake,* The Council of the European Union, 1999; *Zuleeg,* Die Organisationsstruktur der Europäischen Union – Eine Analyse der Klammerbestimmungen des Vertrages von Amsterdam –, EuR 1998 [Beiheft 2], S. 151.

2. Rat der Europäischen Union (Art. 16 EUV)[374]

a) Zusammensetzung und Vorsitz

274 Im Rat sind die Regierungen der Mitgliedstaaten vertreten, dies allerdings nicht in der vom Bundesstaat geläufigen Form einer 2. Kammer, sondern als Vertretungen der Mitgliedstaaten. Die Besetzung ist deshalb auch nicht proportional repräsentativ, sondern beruht auf der Gleichheit der Mitgliedstaaten. Alle 27 Mitgliedstaaten entsenden **einen Vertreter auf Ministerebene, der befugt sein muss, für die Regierung des jeweiligen Mitgliedstaats verbindlich zu handeln** (Art. 16 Abs. 2 EUV). Die Befugnis, für die jeweilige Regierung eines Mitgliedstaates zu handeln, ergibt sich aus dem nationalen Recht.

Für **Deutschland** können die Vertretung der Bundesregierung übernehmen:

- ein **Bundesminister**, der nach Art. 62 und 65 Satz 2 GG seinen jeweiligen Geschäftsbereich innerhalb der Richtlinien des Bundeskanzlers selbständig und in eigener Verantwortung leitet.
- ein **Landesminister**, sofern im Schwerpunkt Gesetzgebungsbefugnisse der Länder betroffen sind. Dies ermöglicht Art. 23 Abs. 6 GG, wonach die Wahrnehmung der Rechte der Bundesrepublik Deutschland als Mitgliedstaat der EU vom Bund auf einen vom Bundesrat benannten Vertreter der Länder übertragen werden kann.
- Entgegen dem Wortlaut des Art. 16 Abs. 2 EUV, der einen Vertreter im Ministerrang verlangt, ist gewohnheitsrechtlich anerkannt, dass auch die beamteten oder parlamentarischen **Staatssekretäre** die Regierungen der Mitgliedstaaten im Rat vertreten können.

---

374 Diese Bestimmung wird ergänzt durch Art. 237 ff. AEUV sowie das Protokoll Nr. 36 über die Übergangsbestimmungen und die Schlusserklärung der Regierungskonferenz zu Art. 16 EUV.

Die verschiedenen Möglichkeiten der Vertretung einer Regierung eines Mitgliedstaates machen bereits deutlich, dass es **keine ständigen Ratsmitglieder** gibt; vielmehr tagt der Rat in verschiedener personeller wie fachlicher Zusammensetzung. 275

Im Interesse der Kohärenz und Kontinuität der Arbeiten des Rates wurden die **Formationen des Rates** auf **zehn** reduziert. Zur Behandlung der fach- und ressortübergreifenden Fragen wurde dabei ein *„Rat für Allgemeine Angelegenheiten"* eingerichtet, der gewöhnlich einmal im Monat zusammentritt. Im Rat für allgemeine Angelegenheiten kommen die Außenminister unter Vorsitz der jeweiligen Präsidentschaft zusammen. Als Rat „Allgemeine Angelegenheiten" sorgt er für die Kohärenz der Arbeiten des Rates in seinen verschiedenen Zusammensetzungen und bereitet zusammen mit den Präsidenten des Europäischen Rates und der Kommission die Tagungen des Europäischen Rates vor. Herausgehoben aus den anderen Fachministerräten ist daneben der *„Rat für Außenbeziehungen"*, der stets unter Vorsitz des Hohen Vertreters für die Gemeinsame Außen- und Sicherheitspolitik zusammen kommt. Er gestaltet das auswärtige Handeln der EU entsprechend den strategischen Vorgaben des Europäischen Rates und sorgt für die Kohärenz des Handelns der EU. Daneben bestehen acht weitere Ratsformationen, in denen die jeweiligen Fachminister der Mitgliedstaaten zusammenkommen: (1) Wirtschaft und Finanzen (sog. ECOFIN-Rat), (2) Zusammenarbeit in den Bereichen Justiz und Inneres, (3) Beschäftigung, Sozialpolitik, Gesundheit und Verbraucher, (4) Wettbewerbsfähigkeit, (5) Verkehr, Telekommunikation und Energie, (6) Landwirtschaft und Fischerei, (7) Umwelt, (8) Bildung, Jugend und Kultur.

Der **Vorsitz im Rat** wird, mit Ausnahme des „Rates der Außenminister", von den Mitgliedstaaten nacheinander für jeweils sechs Monate wahrgenommen. Die Reihenfolge wird vom Rat einstimmig beschlossen. Der Wechsel im Vorsitz findet jeweils am 1. Januar und am 1. Juli eines Jahres statt[375] (2025: Polen, Dänemark; 2026: Zypern, Irland; 2027: Litauen, Griechenland; 2028: Italien, Lettland; 2029: Luxenburg, Niederlande; 2030: Slowakei, Malta). Angesichts des relativ häufigen Wechsels im Vorsitz wird unter den jeweiligen Präsidentschaften auf der Grundlage eines Arbeitsprogramms vorgegangen, das mit den zwei jeweils nachfolgenden Präsidentschaften abgestimmt wird und somit über einen Zeitraum von 18 Monaten gültig ist (sog. „Team-Präsidentschaft"). 276

Dem Vorsitz im Rat kommt vor allem die Aufgabe zu, die Arbeiten im Rat und in den ihm zuarbeitenden Ausschüssen federführend zu gestalten. Der Vertreter des den Vorsitz im Rat einnehmenden Mitgliedslandes führt zugleich auch den Vorsitz in den verschiedenen Ausschüssen des Rates. Daneben kommt dem Ratsvorsitz auch politische Bedeutung insoweit zu, als der dem Rat der EU vorstehende Mitgliedstaat in der Weltöffentlichkeit aufgewertet wird und deshalb vor allem auch kleinere Mit- 277

375 Vgl. Beschluss 2016/1316 des Rates v. 26.7.2016 zur Festlegung der Reihenfolge für die Wahrnehmung des Vorsitzes im Rat, ABl. 2016 Nr. L 208/47.

gliedstaaten die Gelegenheit erhalten, sich in dieser Rolle gegenüber den „Großen“ politisch ins Bild zu setzen und in der Europa-Politik zu profilieren.

b) Aufgaben

278 Eine allgemeine Aufgabenumschreibung, d.h. der Rechte und Pflichten des Rates, enthält Art. 16 Abs. 1 EUV. Dort heißt es: *„Der Rat wird gemeinsam mit dem Europäischen Parlament als Gesetzgeber tätig und übt gemeinsam mit ihm die Haushaltsbefugnisse aus. Zu seinen Aufgaben gehört die Festlegung der Politik und die Koordinierung nach Maßgabe der Verträge“*. Damit umfasst der Aufgabenkatalog des Rates Funktionen im Bereich der Gesetzgebung, der Exekutive und der Kontrolle. Hinzu kommen besondere Zuständigkeiten für die wirtschaftspolitische Koordinierungsfunktion.

aa) Rechtsetzung

279 Der Rat ist (zusammen mit dem EP) das eigentliche **Rechtsetzungsorgan**. Seine konkreten Rechtsetzungszuständigkeiten ergeben sich aus den einzelnen Handlungsermächtigungen in den EU-Verträgen. Dabei kommt es teilweise auch zu nicht unbeachtlichen Übergriffen in reine Exekutivfunktionen (z.B. Art. 182 Abs. 4 AEUV: Entscheidung über spezielle Forschungsprogramme; Art. 108 Abs. 2 UAbs. 3 AEUV: Ausnahmen vom Beihilfeverbot; Art. 126 Abs. 6 AEUV: Maßnahmen gegen übermäßige öffentliche Defizite; Art. 215 Abs. 2 AEUV: Embargo-Beschlüsse gegenüber Drittstaaten).

280 Im Rechtsetzungsverfahren[376] kann der Rat zwar nur auf Vorschlag der Kommission tätig werden; er kann die Kommission jedoch auffordern, die nach seiner Ansicht zur Verwirklichung der gemeinsamen Ziele geeigneten Untersuchungen vorzunehmen und ihm entsprechende Vorschläge zu unterbreiten (vgl. Art. 241 und Art. 135 AEUV).

bb) Koordinierung

281 Dem Rat kommt weiterhin eine Koordinierungsfunktion zu. Dabei kann es sich zum einen um die Koordinierung nationaler Politiken handelt, wie z.B. im Falle der Wirtschafts- oder Beschäftigungspolitik (Art. 121 Abs. 2, Art. 136 Abs. 1 bzw. Art. 146 Abs. 2 AEUV), oder zum anderen um die Koordinierung verschiedener Politikinstrumente auf EU-Ebene, wie z.B. im Falle der Koordinierung der Strukturfonds untereinander sowie mit anderen Finanzierungsinstrumenten (Art. 177 Abs. 1 AEUV).

Die Koordinierung kann sowohl in Form unverbindlicher Beschlüsse als auch in Gestalt verbindlicher Rechtsakte geschehen.

---

376 Vgl. dazu im Einzelnen unter § 6 A.

Besonders wichtig und weitreichend sind die Befugnisse des Rates im Bereich der Koordinierung der Wirtschaftspolitiken der Mitgliedstaaten. Der Rat formuliert für die Mitgliedstaaten die „Grundzüge der Wirtschaftspolitik" (für die Mitgliedstaaten allgemein: Art. 121 Abs. 2 AEUV; für Mitgliedstaaten der Eurozone: Art. 136 Abs. 1 Buchstabe b) AEUV). Zur Durchsetzung dieser Grundzüge kann der Rat im Falle eines festgestellten Fehlverhaltens „Empfehlungen" an den betreffenden Mitgliedstaat richten (vgl. Art. 121 Abs. 4 AEUV) und im Falle der Nichtbefolgung „Abmahnungen" aussprechen (vgl. Art. 126 Abs. 9 AEUV) oder „Sanktionen" verhängen (vgl. Art. 126 Abs. 11 AEUV)[377].

cc) Haushalt

Der Rat stellt zusammen mit dem EP auf der Grundlage eines Entwurfs der Kommis- **282**
sion den Haushaltsplan der EU auf (Art. 314 AEUV). Er ist es auch, der dem EP die Entlastung der Kommission im Hinblick auf die Durchführung des Haushaltsplans empfiehlt (Art. 319 AEUV).

dd) Ernennungen und Personalentscheidungen

Der Rat ernennt **283**

- die Mitglieder des Rechnungshofes nach vorheriger Konsultation des EP (Art. 286 AEUV),
- die Mitglieder des Europäischen Wirtschafts- und Sozialausschusses „EWSA" aufgrund von Listen, die von den Mitgliedstaaten aufgestellt werden, und nach Anhörung der maßgeblichen europäischen Verbände und der Kommission (Art. 302 AEUV),
- die Mitglieder des Ausschusses der Regionen „AdR" aufgrund von Listen, die von den Mitgliedstaaten aufgestellt werden (Art. 305 AUGV).

ee) Außenbeziehungen

Der Rat ist das zuständige Organ für den Abschluss von Abkommen zwischen **284**
der EU einerseits und Drittstaaten oder internationalen Organisation andererseits (Art. 218 AEUV).

c) Arbeitsweise

Die Arbeitsweise des Rates ist im Einzelnen in der **Geschäftsordnung des Ra- 285**
tes[378] festgelegt. Sie enthält etwa die Bestimmungen über die Einberufung des Rates

377 Einzelheiten zu den Maßnahmen zur Bekämpfung der gegenwärtigen Schuldenkrise s. unter § 8 B. II. 2.

378 Beschluss 2009/937/EU des Rates vom 1.12.2009 zur Festlegung seiner GO, ABl. Nr. L 325/35 in seiner konsolidierten Fassung vom 1.1.2024.

(Art. 1), die Aufstellung der Tagesordnung (Art. 3), der Öffentlichkeit der Tagungen und Aussprachen (Art. 5), Geheimhaltungspflichten (Art. 6), Zugang der Öffentlichkeit zu Dokumenten (Art. 10), Modalitäten der Abstimmung (Art. 11) oder die Bekanntgabe der Rechtsakte (Art. 17)[379].

286 In der Praxis vollzieht sich das Handeln des Rates im Wesentlichen in **drei Schritten:**

1. Schritt: Vorbereitung der Ratssitzungen

Die Vorbereitung der Ratssitzungen wird von zwei ständigen Einrichtungen wahrgenommen, die in die Organisationsstruktur des Rates eingegliedert sind.

287 (1) *Ausschuss der Ständigen Vertreter der Regierungen der Mitgliedstaaten* (**AStV**). Der AStV, für den auch die französische Abkürzung COREPER (Comité des représentants permanents) als Bezeichnung gebräuchlich ist, hat die Aufgabe, die Arbeiten des Rates **inhaltlich** vorzubereiten und die ihm vom Rat übertragenen Aufträge auszuführen.

Damit dieser Ausschuss alle ihm übertragenen Aufgaben erfüllen kann, tritt er als AStV I und AStV II zusammen. **AStV I:** In ihm kommen die Stellvertreter der Ständigen Vertreter zusammen, die im Wesentlichen für die Vorbereitung der eher technischen Fragen der Fachministerräte zuständig sind. **AStV II:** In ihm tagen die Ständigen Vertreter selbst, wobei im Wesentlichen alle politischen Fragen behandelt werden. Ausgenommen von dieser Aufgabenverteilung ist der Bereich der Landwirtschaft, für den 1960 ein **„Sonderausschuss Landwirtschaft"** (**SAL**) eingerichtet worden ist, der die Rolle des AStV in landwirtschaftlichen Fragen übernimmt.

Die Vorbereitung der Ratssitzungen erfolgt auf der Ebene des AStV und des SAL in zweifacher Weise:

- Zunächst geht das Bemühen dahin, bereits auf Ausschussebene ein Einvernehmen über die Lösung der zu regelnden Fragen herzustellen. In diesem Zusammenhang können die Ausschüsse auf ca. 150 sektorbezogene Arbeitsgruppen zurückgreifen, die ständig im Rat eingerichtet sind. Daneben können sie aber auch sog. „Ad-hoc-Gruppen" einsetzen, denen ein befristetes Mandat zur Lösung spezifischer Probleme übertragen wird.
- Daneben werden die Beratungen im Rat dadurch vorbereitet, dass diejenigen Fragen, die von den Ratsmitgliedern selbst diskutiert und entschieden werden müssen, herausgestellt und durch Hintergrundberichte aufgearbeitet werden.

Diese beiden Ansätze der Vorbereitung spiegeln sich konkret in der Tagesordnung einer Ratssitzung wider. Während diejenigen Fragen, über die Einigkeit erzielt werden konnte, als sog. **„A-Punkte"** auf der Tagesordnung des Rates erscheinen, werden die offenen, noch zu beratenden Fragen als sog. **„B-Punkte"** behandelt.

379 Einzelheiten dazu unter § 6 A. I. 1.

(2) *Generalsekretariat.* Das Generalsekretariat unterstützt den Rat (und in gleichem Maße auch den AStV und den SAL) in **verwaltungsmäßiger** Hinsicht. Es kümmert sich insbesondere um: 288

- die technische Vorbereitung der Sitzungen,
- organisiert den Dolmetscherdienst (die Vertreter der Mitgliedstaaten sprechen in ihrer Landessprache),
- sorgt für notwendige Übersetzungen,
- stellt die Rechtsberatung des Rates und der Ausschüsse und
- verwaltet den Haushalt des Rates.

In **verwaltungsmäßiger** Hinsicht wird das Generalsekretariat geführt vom **Generalsekretär**, der vom Rat benannt wird und unter Aufsicht des Rates für das ordnungsgemäße Funktionieren dieses Apparats zu sorgen hat (vgl. Art. 23 GO des Rates).

2. Schritt: Beratungen im Rat

Der Rat wird von seinem Präsidenten (Vertreter desjenigen Mitgliedstaates, der den 289
Vorsitz im Rat innehat, oder der Hohe Vertreter der EU für die Gemeinsame Außen- und Sicherheitspolitik) aus eigenem Entschluss, auf Antrag eines seiner Mitglieder oder auf Antrag der Kommission einberufen.

Der Ratspräsident stellt für jede Sitzung eine vorläufige Tagesordnung auf, die den anderen Ratsmitgliedern und der Kommission 14 Tage vor Beginn der Sitzung zugeleitet wird. Die vorläufige Tagesordnung besteht aus einem Teil A und einem Teil B. In Teil A werden die Punkte aufgenommen, die der Rat ohne Aussprache annehmen kann. Es sind dies diejenigen Punkte, über die bereits im AStV oder SAL Einvernehmen erzielt werden konnte. Dies schließt allerdings nicht aus, dass ein Ratsmitglied oder die Kommission bei der Annahme dieser A-Punkte Meinungen äußert oder Erklärungen in das Ratsprotokoll aufnehmen lässt. Führt eine solche Stellungnahme jedoch zu einer Aussprache oder wird Letztere sogar ausdrücklich beantragt, wird der Punkt von der Tagesordnung abgesetzt und erscheint auf einer späteren Sitzung als B-Punkt.

Der Rat berät und beschließt nur auf der Grundlage von Schriftstücken, die in den 290
24 Amtssprachen vorliegen. Bei Dringlichkeit kann einstimmig von der Anwendung dieser Sprachenregelung abgewichen werden. Dies gilt auch für Änderungsvorschläge, die noch während der Ratssitzungen eingebracht und diskutiert werden.

Der Rat tagt öffentlich, wenn er über Gesetzgebungsvorschläge berät oder abstimmt. 291
„Beratungen“ in diesem Sinne sind nicht nur Verhandlungen über die inhaltliche Gestaltung des Gesetzgebungsaktes, sondern auch Diskussionen über Verfahrensfragen. „Abstimmungen“ werden bei allen verfahrensabschließenden Maßnahmen durchgeführt. In der Praxis wird die Öffentlichkeit dadurch hergestellt, dass die Ratstagungen audiovisuell in sog. „Mithörsälen“ im Ratsgebäude übertragen werden.

In den Beratungen des Rates vollzieht sich der Ausgleich zwischen den Einzelinteressen der Mitgliedstaaten und dem Unionsinteresse. Auch wenn im Rat vor allem die Interessen der Mitgliedstaaten zur Geltung gebracht werden, so sind die Ratsmitglieder doch zugleich auf die Ziele und Notwendigkeiten der EU im Ganzen verpflichtet. Der Rat ist ein EU-Organ und keine Regierungskonferenz. Deshalb ist auch in den Beratungen des Rates nicht nach dem kleinsten gemeinsamen Nenner zwischen den Mitgliedstaaten zu suchen, sondern nach dem optimalen Ausgleich zwischen dem Unionsinteresse und den Interessen der einzelnen Mitgliedstaaten.

3. Schritt: Beschlussfassung

292 Für die Abstimmungen im Rat sehen die EU-Verträge grundsätzlich die **Mehrheitsregel** vor: Als Regel gilt dabei die ***qualifizierte Mehrheit*** (Art. 16 Abs. 3 EUV). Die **Berechnung der qualifizierten Mehrheit** gestaltet sich wie folgt:

Seit dem **1. November 2014** gilt das ***System der doppelten Mehrheit***, wonach die **qualifizierte Mehrheit** erreicht ist, wenn mindestens 55 % der Mitglieder des Rates, gebildet aus mindestens 15 Mitgliedstaaten, die mindestens 65 % der Bevölkerung der EU repräsentieren, den Gesetzgebungsvorschlag unterstützen. Um zu verhindern, dass wenige bevölkerungsreiche Mitgliedstaaten die Annahme einer Entscheidung verhindern können, ist vorgesehen, dass eine Sperrminorität aus mindestens vier Mitgliedstaaten, die mindestens 35 % der EU-Bevölkerung repräsentieren, bestehen muss. Falls diese Zahl nicht erreicht wird, gilt die qualifizierte Mehrheit selbst dann als erreicht, wenn das Bevölkerungskriterium nicht erfüllt ist. Vervollständigt wird das System durch einen Mechanismus, der dem *„Kompromiss von Ioannina"* sehr ähnlich ist: Für den Fall, dass eine Sperrminorität nicht zustande kommt, kann das Entscheidungsverfahren ausgesetzt werden, falls eine oder mehrere der überstimmten Mitgliedstaaten dies verlangen. Der Rat der EU geht in diesem Fall nicht zur Abstimmung über, sondern setzt die Verhandlungen während eines „angemessenen Zeitraums" fort, sofern die überstimmte Minderheit zusammen mindestens 55 % das für eine Sperminorität notwendige Stimmen- oder Bevölkerungszahl vereinigt.

In den Fällen, in denen der Rat nicht auf der Grundlage eines Vorschlags der Kommission beschließt, wird eine **erweiterte qualifizierte Mehrheit** gefordert, die verlangt, dass 72 % der Mitgliedstaaten, die mindestens 65 % der EU Bevölkerung repräsentieren, den Rechtsakt unterstützen (Art. 238 Abs. 2 AEUV).

Schließlich gibt es noch die „**umgekehrte qualifizierte Mehrheit**", die etwa bei Entscheidungen über eine mögliche Beeinträchtigung der finanziellen Interessen der EU infolge genereller Defizite im Hinblick auf die Rechtsstaatlichkeit in einem Mitgliedstaat zur Anwendung kommt. Hier gilt ein Kommissionsvorschlag als durch den Rat angenommen, es sei denn der Rat weist den Vorschlag der Kommission mit qualifizierter Mehrheit zurück.

De jure kann der Rat der EU dieses System mit qualifizierter Mehrheit ändern; allerdings ist in einem Protokoll vorgesehen, dass darüber zuvor Beratungen im Europäischen Rat zu erfolgen haben, die nur mit Einstimmigkeit zum Beschluss führen können. **293**

Die einzelnen Mitgliedsländer verfügen über die folgende Anzahl von Stimmen im Rat, Bevölkerungszahl und Anteil an der Bevölkerung der EU: **294**

Mitgliedstaat	Bevölkerung (x 1000)	Anteil an der EU Bevölkerung
Deutschland	80 523,7	15,93 %
Frankreich	65 633,2	12,98 %
Italien	59 685,2	11,81 %
Spanien	46 704,3	9,24 %
Polen	38 533,3	7,62 %
Rumänien	20 057,5	3,97 %
Niederlande	16 779,6	3,32 %
Belgien	11 161,6	2,21 %
Tschechische Republik	10 516,1	2,08 %
Griechenland	11 062,5	2,19 %
Portugal	10 487,3	2,07 %
Ungarn	9 908,8	1,96 %
Schweden	9 555,9	1,89 %
Österreich	8 451,9	1,67 %
Bulgarien	7 284,6	1,44 %
Dänemark	5 602,6	1,11 %
Finnland	5 426,7	1,07 %
Slowakei	5 410,8	1,07 %
Irland	4 591,1	0,91 %
Kroatien	4 262,1	0,84 %
Litauen	2 971,9	0,59 %
Slowenien	2 058,8	0,41 %
Lettland	2 023,8	0,40 %
Estland	1 324,8	0,26 %
Zypern	865,9	0,17 %
Luxemburg	537,0	0,11 %
Malta	421,4	0,08 %

295 Die Bedeutung der Mehrheitsabstimmung liegt nicht so sehr darin, dass durch sie *kleine* Staaten gehindert werden können, wichtige Beschlüsse zu blockieren, sondern das Mehrheitsprinzip ermöglicht eine Überstimmung einzelner *großer* Mitgliedstaaten. Allerdings bleibt die sog. *„Luxemburger Vereinbarung"* in der Abstimmungspraxis zumindest als politische Größe zu beachten. Mit dieser Vereinbarung, die einem Mitgliedstaat bei Beeinträchtigung sehr wichtiger staatlicher Interessen ein „Vetorecht" gegenüber der betreffenden EU-Maßnahme einräumt, wurde eine Krise des Jahres 1965 beigelegt, als Frankreich in der Finanzierung der Gemeinsamen Agrarpolitik wichtige Interessen seines Landes nicht berücksichtigt sah und mit einer *„Politik des leeren Stuhls"* die Beschlussfassung im Rat für mehr als sechs Monate blockierte. Mit der Luxemburger Vereinbarung vom 29.1.1966 wurde diese Krise beigelegt. Diese bestimmt hinsichtlich Mehrheitsabstimmungen:

„I. Stehen bei Beschlüssen, die mit Mehrheit auf Vorschlag der Kommission gefasst werden, sehr wichtige Interessen eines oder mehrerer Partner auf dem Spiel, so werden sich die Mitglieder des Rates innerhalb eines angemessenen Zeitraums bemühen, zu Lösungen zu gelangen, die von allen Mitgliedern des Rates unter Wahrung ihrer gegenseitigen Interessen und der Interessen der Gemeinschaft gemäß Artikel 2 des Vertrages angenommen werden können.

II. Hinsichtlich des vorstehenden Absatzes ist die französische Delegation der Auffassung, dass bei sehr wichtigen Interessen die Erörterung fortgesetzt werden muss, bis ein einstimmiges Einvernehmen erzielt worden ist."

III. Die sechs Delegationen stellen fest, dass in der Frage, was geschehen sollte, falls keine vollständige Einigung zustande kommt, weiterhin unterschiedliche Meinungen bestehen.

IV. Die sechs Delegationen sind jedoch der Auffassung, dass diese Meinungsverschiedenheiten nicht verhindern, dass die Arbeit der Gemeinschaft nach dem normalen Verfahren wieder aufgenommen wird."

Da die Luxemburger Vereinbarung außerhalb des EU-Rechts steht, ist sie für die Anwendung der Mehrheitsentscheidungen im Rahmen der EU **rechtlich nicht verbindlich**. Allerdings hat diese Vereinbarung **faktische und politische Wirkungen**. Dies zwar nicht im Sinne eines „Vetorechts" der Mitgliedstaaten, das der Vereinbarung aufgrund des darin zum Ausdruck kommenden Dissenses schon begrifflich nicht entnommen werden kann, wohl aber in dem Sinne, dass in der Praxis Mehrheitsentscheidungen nur noch dann durchgeführt werden, wenn alle Mitgliedstaaten damit einverstanden sind und ggf. signalisieren, dass „sehr wichtige Interessen" nicht betroffen sind, und sie sich daher überstimmen lassen. Zu beachten ist jedoch, dass „im Ernstfall" aufgrund der Geschäftsordnung des Rates eine Abstimmung im Rat durch Mehrheitsbeschluss erzwungen werden kann, was zumindest politisch zu einer gewissen Disziplinierung der Berufung auf „sehr wichtige" Interessen genutzt werden kann. Daneben verlangen Mitgliedstaaten manchmal die Verschiebung von Abstimmungen unter Berufung auf „wichtige Interessen" und bezeichnen dies als Veto, doch handelt es sich dabei um Äußerungen politischer Natur.

Die Luxemburger Vereinbarung wurde auch durch die zwischenzeitlich getroffenen Entscheidungen über die Mehrheitsentscheidungen **formell nicht aufgehoben**; vielmehr entfaltete sie zumindest im Agrarbereich noch praktische Wirkung als Drohkulisse. So drohte Frankreich mit „sehr wichtigen" Interessen im Zusammenhang mit den WTO-Verhandlungen im Juli 2008, und auch Polen erwog im Zusammenhang mit der Reform der Zuckermarktordnung im Februar 2006 für kurze Zeit die Berufung auf „wichtige Interessen" im Sinne der Luxemburger Vereinbarung. Seit 1988 ist jedoch kein Fall vorgekommen, in dem ein Mitgliedstaat sich auf die Luxemburger Vereinbarung **im Abstimmungsverfahren** berufen hätte.

Nur im Einzelfall und in weniger sensiblen Bereichen sehen die Verträge eine ***einfache Mehrheit*** vor, wobei jedes Ratsmitglied eine Stimme hat (einfache Mehrheit also zurzeit bei 14 Stimmen). **296**

Für Beschlüsse in besonders sensiblen Politikbereichen ist in den Verträgen ***Einstimmigkeit*** vorgesehen. Stimmenthaltungen hindern das Zustandekommen eines Beschlusses nicht. Einstimmigkeit gilt etwa noch für den Bereich der Steuern, für den freien Verkehrs der Arbeitnehmer, für Regelungen betreffend die Rechte und Interessen der Arbeitnehmer, die Fortentwicklung der Unionsbürgerschaft, die Feststellung der Verletzung der Verfassungsgrundsätze durch einen Mitgliedstaat sowie für die Festlegung der Grundsätze und Leitlinien in den Bereichen der Gemeinsamen Außen- und Sicherheitspolitik oder der Polizeilichen und Justiziellen Zusammenarbeit in Strafsachen. **297**

d) Sitz

Der Rat hat seinen Sitz in Brüssel. In den Monaten April, Juni und Oktober hält er jedoch seine Tagungen in Luxemburg ab. Darüber hinaus kann der Rat in begründeten Fällen einstimmig beschließen, an einem anderen Ort zu tagen. **298**

Weiterführende Literatur: *Götz,* Mehrheitsbeschlüsse des Rates der Europäischen Union, FS für Everling, 1995, Band 1, S. 339; *Maurer,* Steuerbarkeit und Handlungsfähigkeit: die Reform des Ratssystems, integration 2003, S. 483; *Meutler,* Der Ausschuß der Ständigen Vertreter bei den Europäischen Gemeinschaften, 1996; *Pini,* Der Ministerrat der Europäischen Union, *1996; Schilling,* Zur Verfassungsbindung des deutschen Vertreters bei der Mitwirkung an der Rechtsetzung im Rat der EU, DVBl. 1997, S. 458; *Streinz,* Die Luxemburger Vereinbarung, 1984; *Wuermeling,* Streicht die Räte und rettet den Rat! Überlegungen zur Reform des EU-Ministerrates, EuR 1996, S. 167.

3. Der Hohe Vertreter der Union für Außen- und Sicherheitspolitik (Art. 18 EUV)

Der Hohe Vertreter der Union für Außen- und Sicherheitspolitik ist nicht, wie noch im Vertrag über eine Verfassung für Europa geplant, zum Außenminister der EU geworden; gleichwohl ist seine Stellung im Institutionengefüge erheblich gestärkt und **299** erweitert worden. Der Hohe Vertreter ist Mitglied sowohl im Rat der EU, wo er den Vorsitz des Rates für Außenbeziehungen innehat, als auch in der Kommission, wo er als Vizepräsident für die auswärtigen Angelegenheiten zuständig ist, verwurzelt (sog. „**Doppelhut**").

300 Der Hohe Vertreter wird vom Europäischen Rat mit qualifizierter Mehrheit und mit Zustimmung des Präsidenten der Europäischen Kommission ernannt, bedarf als Vizepräsident der Kommission aber auch der Zustimmung des EP.[380]. Er wird unterstützt vom Europäischen Auswärtigen Dienst (EAD)[381], der sich zusammensetzt aus Beamten der Europäischen Kommission, Beamten des Generalsekretariats des Rates sowie abgeordneten Vertretern der diplomatischen Dienste der Mitgliedstaaten.

4. Europäisches Parlament (Art. 14 EUV)[382]

301 Das EP ist aus der Gemeinsamen Versammlung der EGKS, der Versammlung der EWG und der Versammlung der EAG hervorgegangen, die durch den 1. Fusionsvertrag von 1957 zu einer „Versammlung" vereinigt wurden. Die offizielle Umbenennung in „Europäisches Parlament" erfolgte erst mit dem Vertrag von Maastricht (1993); allerdings wurde damit lediglich einer bereits allgemein gebräuchlichen Bezeichnung Rechnung getragen, die auf eine durch die Versammlung selbst im Jahre 1958 vorgenommene Namensänderung in „Europäisches Parlament" zurückgeht.

302 Das EP besteht aus „*Vertretern der Unionsbürgerinnen und Unionsbürger*" (Art. 14 Abs. 2 Satz 1 EUV) und nicht mehr aus „Vertretern der Völker der Mitgliedstaaten der Gemeinschaft" (so ex-Art. 189 Abs. 2 EG). Damit wird dem Umstand Rechnung getragen, dass nach dem „fortentwickelten Demokratieverständnis" der EU nunmehr die Unionsbürger Träger der demokratischen und politischen Beteiligungsrechte sind und nicht mehr die Völker der Mitgliedstaaten. Es sind die Unionsbürger, die unmittelbar in einem Parlament repräsentiert werden, das aus freien und unmittelbaren Wahlen hervorgeht, aus unabhängigen, nicht weisungsgebundenen Abgeordneten besteht und über Zuständigkeiten verfügt, die – wie etwa die Rechtssetzung – gemäß den Verfassungstraditionen der Mitgliedstaaten zu den klassischen parlamentarischen Aufgaben gehören, ohne allerdings den Anspruch zu erheben, die gleichen Strukturen aufzuweisen wie nationale Parlamente.

a) Zusammensetzung

303 Die Grundsätze für die Zusammensetzung des EP und für die Wahl sind in Art. 14 EUV niedergelegt.

380 In dieses Amt wurde für das Mandat 2024–2029 *Kaja Kallas* berufen.

381 Beschluss des Rates vom 26.7.2010 über die Organisation und die Arbeitsweise des Europäischen Auswärtigen Dienstes, ABl. 2010 Nr. L 201/30.

382 Weitere Bestimmungen zum EP sind Art. 10 EUV, Art. 223 – Art. 234 AEUV.

Der EU-Vertrag legt die Höchstgrenze der Mitgliederzahl im EP auf 751 Abgeordnete fest. Die Aufteilung auf die Mitgliedstaaten erfolgt nach dem Prinzip der *„degressiven Proportionalität"*: Da jeder Abgeordnete eines bevölkerungsreichen Mitgliedstaats mehr Bürger vertritt als jeder Abgeordnete eines bevölkerungsärmeren Mitgliedstaats, darf kein bevölkerungsärmerer Mitgliedstaat über mehr Sitze verfügen als ein bevölkerungsreicher Mitgliedstaat; vielmehr müssen die bevölkerungsreichen Mitgliedstaaten proportional über mehr Sitze verfügen als bevölkerungsärmere Mitgliedstaaten. Dabei wurden allerdings für alle Mitgliedstaaten als Untergrenze sechs Sitze und als Obergrenze 96 Sitze festgeschrieben.

Die Zusammensetzung und Sitzverteilung waren bisher im Vertrag selbst zahlenmäßig für die einzelnen Mitgliedstaaten festgelegt (ex-Art. 190 Abs. 3 EG); nach dem Vertrag von Lissabon wird diese zahlenmäßige Festlegung nun außerhalb der EU-Verträge auf Initiative des EP durch einstimmigen Beschluss des Europäischen Rates nach Zustimmung des EP getroffen (Art. 14 Abs. 2 Satz 2 EUV). **304**

PRÄSIDENT[383]

14 Vizepräsidenten

5 Quästoren (beratend)

Präsident, Vizepräsidenten und Quästoren bilden das *Präsidium* des EP, das vom EP für zweieinhalb Jahre gewählt wird und mit internen Verwaltungs- und Finanzfragen betraut ist. Daneben besteht die Konferenz der Präsidenten, die aus dem Präsidenten des EP und den Fraktionsvorsitzenden besteht und die für Fragen der internen Organisation des EP, der interinstitutionellen Beziehungen und für die Beziehungen zu Institutionen außerhalb der EU zuständig.

Plenum des EP 20242029 mit 720 Mitgliedern

Mitgliedstaat	Sitze im Europäischen Parlament
Deutschland	96
Frankreich	81
Italien	76
Spanien	61
Polen	53
Rumänien	33
Niederlande	31
Belgien	22
Tschechische Republik	21
Griechenland	21
Ungarn	21
Portugal	21

383 Der erste Präsident des Europäischen Parlaments war von 1958–1960 *Robert Schuman*. *Roberta Metsola* wurde 2024 für eine zweite zweieinhalbjährige Amtszeit bis Ende 2026 wiedergewählt.

Mitgliedstaat	Sitze im Europäischen Parlament
Schweden	21
Österreich	20
Bulgarien	17
Dänemark	15
Slowakei	15
Finnland	15
Irland	14
Litauen	12
Kroatien	11
Lettland	98
Slowenien	98
Estland	7
Zypern	6
Luxemburg	6
Malta	6

b) Wahlgrundsätze

305 Die bereits in den Gründungsverträgen vorgesehene **allgemeine und unmittelbare Wahl der Abgeordneten des EP** durch die Bevölkerung der Mitgliedstaaten konnte nach vielen vergeblichen Initiativen erst mit dem Akt zur Einführung allgemeiner, unmittelbarer Wahlen der Abgeordneten des EP vom 20. September 1976 (sog. **„Direktwahlakt"**) verwirklicht werden[384]. Die erste Direktwahl des EP fand dann im Juni 1979 statt und wird seitdem entsprechend der Dauer einer „Legislaturperiode" in Abständen von jeweils fünf Jahren durchgeführt. Vor der Einführung der Direktwahl des EP wurden Vertreter aus der Mitte der nationalen Parlamente in das EP entsandt.

306 Ein **unionsrechtliches Wahlsystem,** wie es in den Verträgen ebenfalls vorgesehen war (ex-Art. 190 Abs. 4 EG), ist nach jahrzehntelangem Bemühen erst durch Änderungen des Direktwahlaktes durch Beschluss 2002/772/EG, Euratom des Rates vom 25. Juni und 23. September 2002 eingeführt worden. Er beruht auf dem Verhältniswahlsystem und gibt eine Reihe von **Wahlgrundsätzen** vor, die aufgrund des Direktwahlaktes allen Mitgliedstaaten gemeinsam sind.

Die Abgeordneten des EP werden in allgemeiner, unmittelbarer, freier und geheimer Wahl gewählt. Diese Grundsätze entsprechen den Verfassungstraditionen der

384 Einführung der Direktwahl durch Beschluss des Rates vom 20.9.1976, der nach der Ratifizierung durch die Mitgliedstaaten zum 1.7.1978 in Kraft treten konnte. Der Direktwahlakt wurde durch Beschluss 2002/772/EG, Euratom des Rates v. 25.6.2002 und 23.9.2002 zur Änderung des Akts zur Einführung allgemeiner unmittelbarer Wahlen der Abgeordneten des EP geändert, ABl. 2002 L 283/1.

Mitgliedstaaten, mit einer Ausnahme: Es fehlt an der Wahlgleichheit. Letztere ist angesichts des anwendbaren Grundsatzes der degressiven Proportionalität nicht verwirklicht. Dies ist auch nach Ansicht des BVerfG unschädlich, da die demokratische *Grundregel der Wahlgleichheit* nur innerhalb eines Volkes, nicht aber in einer supranationalen Vertretung gilt[385]. Der Grundsatz der *Allgemeinheit* der Wahl besagt, dass jeder Unionsbürger das Recht hat, an der Wahl zum EP unabhängig von seinem Wohnsitz teilzunehmen (Art. 22 Abs. 2 EUV). Dies erlaubt es Mitgliedstaaten auch, Personen, die zwar nicht Staatsangehörige dieses Landes sind, aber eine enge Verbindung mit diesem Staat aufweisen, das Wahlrecht zum EP zu gewähren[386]. Der Grundsatz der *Unmittelbarkeit* besagt, dass die Abgeordneten des EP direkt von den Unionsbürgern gewählt werden. Diese Forderung ist seit der ersten Direktwahl im Juni 1979 verwirklicht, wodurch zugleich die Grundlage geschaffen wurde, dass das EP zum (Mit-)Gesetzgeber in der EU aufsteigen konnte.

Daneben legt der Direktwahlakt einige grundlegende Elemente der Wahlen zum EP fest: Es gilt unionsweit das Verhältniswahlrecht. Darüber hinaus gibt es aber kein einheitliches Wahlverfahren, sondern der EU-Vertrag beschränkt sich auf eine Festlegung gemeinsamer Wahlrechtsregelungen, die den Mitgliedstaaten Gestaltungsspielräume belassen. Dazu gehören vor allem: (1) die Aufstellung von landeseinheitlichen Wahllisten und die Festlegung von auch sehr großen Wahlkreisen, die – wie in Deutschland – an die Bundesländer anknüpfen können, (2) die Festlegung von Mindestschwellen (5 %-Klausel)[387], (3) die Festlegung des Wahlalters auf die Vollendung des 18. Lebensjahres (mit einer Ausnahme für Österreich, wo bereits mit 16 Jahren gewählt werden kann), (4) Unvereinbarkeiten, wie z.B. das Verbot der Ausübung von Doppelämtern (Abgeordnete können nicht gleichzeitig das Amt eines Richters, eines Staatsanwalts oder eines Ministers bekleiden), (5) Wahldatum, (6) die Einführung der Wahlpflicht (so geschehen in Belgien, Luxemburg und Griechenland) oder (7) die Gleichstellung von Frauen und Männern. In Deutschland wurde der Direktwahlakt durch das Europawahlgesetz vom 15. August 2003 umgesetzt[388]; in

---

385 BVerfG-Urteil vom 30.6.2009, 2 BvE 2/08, Rdn. 279.

386 Vgl. auch EuGH C-45/04, Spanien/Vereinigtes Königreich, Slg. 2006, I-7917.

387 In Deutschland muss jede Stimme das gleiche Gewicht haben, nachdem das BVerfG die in § 2 Abs. 7 EuWG enthaltene 5 %-Klausel für **nichtig** erklärt hat (BVerfG, Urt. v. 9.11.2011 – 2 BvC – unter Aufgabe seiner früheren Rspr. aus dem Jahr 1979, BVerfGE 51, 222). 13 weitere Mitgliedstaaten haben ebenfalls keine Sperrklausel, 9 Mitgliedtatten wenden die 5 % Klausel, 3 Mitgliedstaaten (u.a. Österreich) eine 4 % Klausel, 1 Mitgliedstaat eine 3 % Klausel und ein Mitgliedstaat eine 1,8 % Klausel an. Einen neuen Anlauf für eine Angleichung der Rechtslage in den Mitgliedstaaten unternimmt der jüngste Direktwahlakt 2018 (siehe dazu unter Rdn. 307). Anfang Mai 2022 hat das EP einen Vorschlag für eine Reform des Europawahlrechts eingebracht, welcher u.a. auch die Einführung einer 3,5-Prozent-Sperrklausel in den bevölkerungsreichsten EU-Staaten vorsieht. In Ländern, in denen mehr als 60 Sitze im EU-Parlament zu vergeben sind, sollen Parteien künftig mindestens 3,5 Prozent der Stimmen benötigen, um ins EP einziehen zu können.

388 Dt. BGBl. 2003 I 1655, zuletzt geändert am 7.3.2008, dt. BGBl. 2008 I,324.

Österreich wurden hierzu die Bundesgesetze in Gestalt der „Europawahlordnung"[389] und des „Europa-Wählerevidenzgesetzes"[390] erlassen.

307 Eine weitere Fortentwicklung des Direktwahlaktes erfolgte durch den Beschluss (EU, Euratom) 2018/994 des Rates vom 13. Juli 2018[391], mit denen das EU-Wahlrecht modernisiert wird. Mit den neuen Vorschriften sollen – unter Wahrung der verfassungs- und wahlrechtlichen Traditionen der Mitgliedstaaten – die Beteiligung der Unionsbürger an der Wahl zum EP gesteigert, das Bewusstsein für den europäischen Charakter der Wahl geschärft und irreguläre Stimmabgaben verhindert werden. Dazu wird vorgesehen, dass

- für Wahlkreise mit über 35 Sitzen eine verbindliche Schwelle zwischen 2 % und 5 % festgelegt wird[392],
- für doppelte Stimmabgaben Sanktionen eingeführt werden,
- die Stimmabgabe in Drittländern von den Mitgliedstaaten zugelassen werden kann,
- für die Stimmabgabe verschiedene Möglichkeiten zur Verfügung stehen (vorzeitige Stimmabgabe, elektronische Stimmabgabe, Stimmabgabe über das Internet und Briefwahl),
- die Sichtbarkeit der europäischen politischen Parteien in den Mitgliedstaaten durch Anbringung des Namens oder des Logos europäischer politischer Parteien auf dem Stimmzettel gesteigert wird, und
- der Schutz personenbezogener Daten gestärkt wird.

---

389 Ö. BGBl. 1996/117 i.d.F. ö. BGBl. I 2003/132.

390 Ö. BGBl. 1996/118 i.d.F. ö. BGBl. I 2003/90.

391 Beschluss (EU, Euratom) 2018/994 des Rates v. 13.7.2018 zur Änderung des dem Beschluss 76/787/EGKS, EWG, Euratom des Rates v. 20.9.1976 beigefügten Akts zur Einführung allgemeiner unmittelbarer Wahlen der Mitglieder des EP, ABl. L 178/1–3. Dieser EU Direktwahlrechtsakt wurde bereits von 25 Mitgliedstaaten ratifiziert und umgesetzt. Neben Spanien ist auch Deutschland in Verzug. In Deutschland ist immerhin nach Annahme des Zustimmungsgesetzes mit der nötigen Zwei-Drittel-Mehrheit durch Bundestag (15.6.2023) und Bundesrat (7.7.2023) sowie der Zurückweisung einer Verfassungsbeschwerde hiergegen als unzulässig durch das BverfG (Beschluss vom 6.2.2024 – 2 BvE 6/23, 2 BvR 994/23) der Weg für eine zügige Umsetzung frei (s. auch Fn. 397).

392 In Deutschland gab es zur Europawahl 2024 keine Sperrklausel; diese soll erst bei der nächsten Europawahl im Jahr 2029 wiedereingeführt werden, welche dann bei mindestens 2 % Prozent liegen soll. Angesichts der klaren Aussage in 2 Urteilen des BverfG aus den Jahren 2011 (NVwZ 2012, 33) und 2014 (NVwZ 2024, 439), wonach Sperrklauseln bei den Europawahlen mit dem Grundgesetz unvereinbar sind, ist für die Umsetzung des Direktwahlakts 2018 (der seinerseits als Primärrechtsakt eine Änderung der vertraglichen Grundlagen der EU beinhaltet) wohl ein verfassungsänderndes Zustimmungsgesetz nach Art. 23 Abs. 1 Satz 3 GG notwendig, das eine 2/3 Mehrheit verlangt. Dieses ist inzwischen von Bundestag und Bundesrat verabschiedet worden. Eine Verfassungsbeschwerde durch „Die Partei", verteten durch ihren Vorsitzenden und MEP Sonneborn, wegen der (Wieder) Einführung einer Sperrklausel in Deutschland wurde vom BverfG als unzulässig verworfen. (s. Fn. 396).

c) Abgeordnetenstatut

Seit dem Jahre 2005 unterliegen die Mitglieder des EP einem einheitlichen Abgeordnetenstatut[393]. Es macht die Bedingungen, unter denen die Abgeordneten des EP arbeiten, transparent und enthält klare Regeln. Diese betreffen die Unabhängigkeit der Abgeordneten (z.B. Unwirksamkeit der Verpflichtung, das Mandat niederzulegen[394]), Beschäftigung persönlicher Mitarbeiter, Fragen der Abgeordnetenbezüge (einheitliches Gehalt für alle Abgeordneten, das aus dem EU-Haushalt gezahlt wird), Versicherungsschutz, Pensionsleistungen oder Hinterbliebenenversorgung[395]. **308**

d) Aufgaben

Mit der Direktwahl hat das EP demokratische Legitimation erhalten und kann für sich in Anspruch nehmen, eine *„Vertretung der Unionsbürger"* zu sein. Zudem wurden durch verschiedene Verträge (zuletzt durch den Vertrag von Lissabon) die Befugnisse des EP stetig ausgebaut, so dass das EP einen wachsenden Einfluss auf die europäische Politik erhalten hat. Insbesondere wurde das EP schrittweise von einer nur beratenden Versammlung in ein Parlament mit Rechtsetzungsbefugnis umgewandelt, das auf europäischer Ebene Aufgaben wahrnimmt, die denen der nationalen Parlamente vergleichbar sind. **309**

Wie alle Parlamente nimmt auch das EP heute **vier grundlegende Aufgaben** und Befugnisse wahr:
- Haushaltsbefugnisse
- Rechtsetzungsbefugnisse
- Kontrollbefugnisse
- Beratungsbefugnisse

Daneben ist das EP mehr oder weniger umfassend in die Gestaltung der Handelsbeziehungen, der GASP, der PJZS und bei Ernennungen eingebunden.

aa) Haushaltsbefugnisse

Die **Haushaltsbefugnisse** des EP ergeben sich aus Art. 314 AEUV. Das EP und der Rat bilden gemeinsam die Haushaltsbehörde, wobei das letzte Wort über alle Ausgaben jetzt beim EP liegt. Die Kontrollbefugnisse des EP bestehen im klassischen Parlamentsbereich des Haushalts, d.h. sowohl bei der jährlichen Aufstellung des Haushalts, wo Rat und EP gemeinsam die Haushaltsbehörde bilden (Art. 314 **310**

393 Beschluss 2005/684/EG, Euratom des EP vom 28.9.2005 zur Annahme des Abgeordnetenstatuts des Europäischen Parlaments, ABl. 2005 Nr. L 262/1.

394 Dazu EuGH C-393/07 und C-9/08, Italien ./. EP, Urteil abgedruckt in ABl. 2009 Nr. C 153/6.

395 Die Einzelheiten zu diesen Fragenkomplexen sind zuletzt geregelt in einem Beschluss des Präsidiums des EP vom 1.7.2024, ABl. C.4279/1.

AEUV), wie auch bei der Haushaltsentlastung, die allein in der Entscheidung des EP liegt (Art. 319 AEUV). Bei Rechtsakten von größerer finanzieller Tragweite hat sich schon frühzeitig ein **Konzertierungsverfahren** zwischen EP, Rat und Kommission herausgebildet[396], das inzwischen zum **Trilog der drei Organe** fortentwickelt wurde. Der starken Stellung des EP auf der Ausgabenseite steht eine geringere Rolle bei der Befugnis zur Regelung der Einnahmen gegenüber. Hier ist das EP auf ein Anhörungsrecht beschränkt (Art. 311 AEUV).

bb) Rechtsetzungsbefugnisse

311 Die Mitwirkung des EP an der Rechtsetzung ist entsprechend dem **Prinzip der begrenzten Ermächtigung**, das die EU-Verträge beherrscht, in den einzelnen Kompetenzvorschriften enthalten, die ein Zusammenwirken von Kommission, Rat und EP in unterschiedlicher Intensität vorsehen. Hierzu heißt es in Art. 14 EUV ausdrücklich, dass das EP seine Aufgaben „nach Maßgabe der Verträge“ erfüllt.

312 Die Rolle des EP im Gesetzgebungsprozess der EU ist durch den Vertrag von Lissabon weiter gestärkt worden. Durch die Erhebung des **Mitentscheidungsverfahrens** (Art. 294 AEUV) zum **ordentlichen Gesetzgebungsverfahren der EU** (Art. 289 Abs. 1 AEUV) ist das EP neben dem Rat der EU quasi zum ***„Mitgesetzgeber“*** geworden. Im Rahmen des ordentlichen Gesetzgebungsverfahrens ist es dem EP möglich, in mehreren Lesungen Änderungen an den Rechtsetzungsakten zu formulieren und in gewissen Grenzen auch gegenüber dem Rat der EU erfolgreich durchzusetzen. Ohne Einigung zwischen Rat der EU und EP kann ein Unionsrechtsakt nicht zustande kommen[397].

313 Dem EP kommt daneben ein, wenn auch unvollkommenes, **Initiativrecht** zu. Mit der Mehrheit seiner Mitglieder, d.h. mit mindestens 361 Stimmen, kann das EP die Kommission zur Vorlage eines Rechtsetzungsvorschlags auffordern (Art. 225 AEUV). Damit bleibt das Vorschlagsmonopol der Kommission unberührt (vgl. Art. 17 Abs. 2 EUV), da das EP – anders als etwa der Deutsche Bundestag (Art. 76 GG) – nicht selbst Entwürfe für einen Gesetzgebungsakt der EU einbringen kann. Allerdings hat sich die Kommission in einer Rahmenvereinbarung über die Beziehungen des EP zur Kommission vom 20. November 2010[398] verpflichtet, allen Aufforderungen des EP Rechnung zu tragen, und damit ihr Ermessen erheblich eingeschränkt.

314 In Bereichen der institutionellen Rechtsetzung und bei Abkommen in den Außenbeziehungen verfügt das Europäische Parlament über ein **Zustimmungsrecht** (sog. „avis conforme“). Die Anwendungsfälle betreffen vor allem sehr wichtige, auch vom

396 Vgl. die gemeinsame Erklärung v. 4.3.1975, ABl. Nr. C 89/1.

397 Einzelheiten zu diesem Verfahren s. unter § 6 A I. 1.

398 EP und Kommission haben am 21.10.2024 neun politische Grundsätze vereinbart, die die Überarbeitung der Interinstitutionellen Rahmenvereinbarung von 2010 leiten werden; dabei geht es vor allem um mehr Mitsprache und eine Selbstverpflichtung der Kommission zur Eindämmung der Eilverfahren nach Art. 122 AEUV.

Rat nur mit Einstimmigkeit zu treffende Entscheidungen, wie z.B. förmliche Vertragsänderungen, die Feststellung einer schwerwiegenden und anhaltenden Verletzung mitgliedschaftlicher Rechte (Art. 7 EUV), die Aufnahme der verstärkten Zusammenarbeit (Art. 329 AEUV), den Abschluss wichtiger internationaler Abkommen mit erheblichen finanziellen Folgen (Art. 218 AEUV), den Erlass von Antidiskriminierungsmaßnahmen (Art. 19 Abs. 1 EUV), die Fortentwicklung der Unionsbürgerschaft (Art. 25 EUV) sowie bestimmte Haushaltsfragen (Art. 311, 312 AEUV).

cc) Beratungsbefugnis

Die Beratungsbefugnis ist in den Politikbereichen von Bedeutung, in denen das EP kein Recht der Mitentscheidung oder Zustimmung hat. Dies gilt für alle Bereiche, in denen die EU-Verträge förmlich die **Anhörung** des EP vorsehen. Soweit die Anhörung von den EU-Verträgen ausdrücklich vorgeschrieben wird, ist sie obligatorisch, d.h. Kommission und Rat müssen das EP vor ihrer Beschlussfassung konsultieren. Eine unterlassene Anhörung macht den Rechtsakt fehlerhaft und vor dem EuGH angreifbar. Weder Rat noch Kommission sind allerdings inhaltlich an die Stellungnahme des EP gebunden. **315**

dd) Kontrollbefugnisse

Die parlamentarische Kontrolle gehört zu den **grundlegenden parlamentarischen Funktionen**. In der Praxis und im Zuge der verschiedenen Vertragsänderungen sind die parlamentarischen **Kontrollbefugnisse** des EP **erheblich erweitert** und auf die Tätigkeit sämtlicher EU-Organe, einschließlich des Europäischen Rates, aber mit Ausnahme der richterlichen Tätigkeit, erstreckt worden. Besonders stark sind diese Befugnisse gegenüber der Kommission ausgeprägt. Mit dem Vertrag von Lissabon wird erstmals ausdrücklich und in allgemeiner Form festgelegt, dass die Verantwortlichkeit der Kommission als Kollegialorgan gegenüber dem EP besteht (Art. 17 Abs. 8 EUV). **316**

Als Instrumente der parlamentarischen Kontrolle sind nunmehr vorgesehen: **317**

- *Fragerecht* der Mitglieder des EP gegenüber Kommission (Art. 230 UAbs. 2 AEUV), EZB (Art. 284 Abs. 3 AEUV) und dem Hohen Vertreter der EU bzw. dem Rat in der GASP und der Gemeinsamen Sicherheits- und Verteidigungspolitik („GSVP"; Art. 36 Abs. 2 EUV).
- *Berichts- und Informationspflichten* gegenüber dem EP von Kommission (Art. 25, Art. 161, Art. 175, Art. 190, Art. 233 AEUV), Europäischem Rat (Art. 15 Abs. 6 EUV), Hohem Vertreter der EU in der GASP und der GSVP (Art. 36 Abs. 1 EUV) sowie Rat (Art. 121 Abs. 2 UAbs. 3 und Abs. 5 AEUV).
- *Einsetzung von Untersuchungsausschüssen* auf Antrag eines Viertels der Mitglieder des EP (Art. 226 AEUV). Aufgabe des Untersuchungsausschusses ist es, Verstösse gegen das EU-Recht oder Missstände bei der Anwendung des EU-Rechts zu untersuchen, die einem EU-Organ, einer öffentlichen Verwaltung eines Mitglied-

staates oder Personen, die durch EU-Recht mit dessen Anwendung beauftragt wurden, zur Last gelegt werden[399]. Ausgenommen sind Sachverhalte, mit denen die nationalen Gerichte oder der EuGH befasst sind[400]. Noch nicht geklärt ist, ob ein Untersuchungsausschuss, der seine Tätigkeit nach Abschluss eines Gerichtsverfahrens aufnimmt, an die Tatsachenfeststellung und die rechtliche Bewertung des Gerichts gebunden ist. Dies dürfte zu bejahen sein, da dem Untersuchungsausschuss des EP eine Prüfung nur im politischen Rahmen obliegt. Die Untersuchungsergebnisse werden in einem Bericht zusammengefasst und dem EP vorgelegt; hiermit ist die Arbeit des Untersuchungsausschusses beendet. Das EP kann auf der Grundlage des Berichts gegenüber dem betroffenen EU-Organ oder Mitgliedstaat Empfehlungen aussprechen[401]. Das EP hat bisher nur sehr wenige Untersuchungsausschüsse eingesetzt: zum gemeinschaftlichen Versandverfahren wegen des Verdachts des Zollbetrugs[402], zum Thema Rinderseuche „BSE"[403], zu Missständen bei der Lebensversicherung „Equitable Life Insurance Society"[404], zu den „Panama Papers" über off-shore-Unternehmen und deren geheim gehaltene Eigentümer[405] und zuletzt im Juni 2020 zum Thema Tiertransporte[406].
- *Petitionsrecht* der Unionsbürger an das EP (Art. 227, Art. 24 AEUV)[407].
- *Misstrauensvotum* gegenüber der Kommission (Art. 234 AEUV). In der Praxis hat es mehrfach Misstrauensanträge gegen die Kommission gegeben, jedoch wurde bisher in keinem Fall die erforderliche Mehrheit erreicht. Der Rücktritt der „Santer-Kommission" im Jahre 1999 wurde durch die Verweigerung der Entlastung für die Haushaltsführung ausgelöst; das ebenfalls angestrengte Misstrauensvotum scheiterte, wenngleich relativ knapp.
- *Entlastung der Kommission* für die Haushaltsführung (Art. 319 AEUV).

318 Eine eher „mittelbare" parlamentarische Kontrolle übt das EP aus:
- durch Erhebung von Klagen gegen Rat und Kommission beim EuGH (Art. 263, Art. 265 AEUV)
- durch Beauftragung des Europäischen Rechnungshofes zur Abgabe von Stellungnahmen (Art. 287 AEUV)
- durch die Einrichtung des Europäischen Bürgerbeauftragten (Art. 228, Art. 24 AEUV)[408].

399 Vgl. Art. 2 Abs. 1 des Beschlusses 95/167/EG-Euratom des EP, des Rates und der Kommission vom 19.4.1995 über Einzelheiten der Ausübung des Untersuchungsrechts des EP, ABl. Nr. L 113/2.

400 Anders das GG, das eine Sperre der Rechtshängigkeit für Untersuchungsausschüsse nicht kennt.

401 Vgl. Art. 4 Abs. 2 des Beschlusses 95/167/EG, Euratom.

402 ABl. 1996 Nr. C 7/1; ABl. 1997 Nr. C 115/157.

403 ABl. 1996 Nr. C 239/1.

404 ABl. 2006 Nr. L 186/58.

405 ABl. 2016 Nr. L 166/10.

406 ABl. 2020 Nr. L 239/1.

407 Einzelheiten dazu unter § 4 D. III. 7.

408 Einzelheiten dazu unter § 4 D. III. 7.

ee) Ernennungen

Das EP ist an folgenden Ernennungen beteiligt: 319

- Das EP muss der Ernennung des Präsidenten und der Mitglieder der Kommission zustimmen; wird diese Zustimmung verweigert, kann die Kommission vom Europäischen Rat nicht eingesetzt werden (Art. 17 Abs. 3 und 7 EUV).
- Das EP wählt den Bürgerbeauftragten der EU (Art. 192 AEUV), und es entscheidet gemeinsam mit dem Rat über die Ernennung des Europäischen Datenschutzbeauftragten.
- Eine Anhörung des EP erfolgt weiter vor der Ernennung der Mitglieder des Direktoriums der EZB (Art. 283 AEUV) und der Mitglieder des Europäischen Rechnungshofs (Art. 286 AEUV).

Das EP und der Rat ernennen in gegenseitigem Einvernehmen den Europäischen Generalstaatsanwalt für eine nicht verlängerbare Amtszeit von sieben Jahren (Art. 14 Verordnung (EU) 2017/1939[409].

Demgegenüber ist eine parlamentarische Mitwirkung an der Berufung der Richter 320
und Generalanwälte des EuGH bisher nicht vorgesehen. Immerhin wurde dem EP das Recht eingeräumt, einen der Juristen vorzuschlagen, die in den neu geschaffenen „Richterprüfausschuss" (Art. 255 AEUV) entsandt werden; dieser Ausschuss gibt vor der Ernennung von Generalanwälten oder Richtern durch die Regierungen der Mitgliedstaaten eine Stellungnahme zur Eignung der Bewerber für die Ausübung dieser Ämter ab.

e) Außenbeziehungen

Das EP besitzt ein *Zustimmungsrecht* zu allen wichtigen internationalen Abkommen, 321
die einen Bereich betreffen, welcher der Mitentscheidung unterliegt, sowie zu den Beitrittsverträgen, die mit neuen Mitgliedstaaten geschlossen werden und die die Bedingungen des Beitritts festlegen.

f) Arbeitsweise

Die Grundregeln der Arbeitsweise des EP sind in seiner Geschäftsordnung nieder- 322
gelegt[410].

---

409 VO (EU) 2017/1939 des Rates vom 12.10.2017zur Durchführung einer Verstärkten Zusammenarbeit zur Errichtung der Europäischen Staatsanwaltschaft (EUStA), ABl. 2017 Nr. L 283/1.

410 GO EP 10. Wahlperiode Juli 2024: Beschluss des Präsidiums des EP v. 15.7.2024 zur Änderung bestimmter Beschlüsse des Präsidiums des EP zur Aktualisierung der Verweise auf die Geschäftsordnung und die Durchführungsbestimmungen zum Abgeordnetenstatut des EP, ABl. 2024, C/2024/4522 .

aa) Präsident und Präsidium des EP

323 Der **Präsident** wird „aus der Mitte" des Parlaments in ***geheimer Wahl*** bestimmt, d.h. er selbst muss Mitglied des EP sein. Zur Wahl genügt die Mehrheit der abgegebenen Stimmen (Art. 231 AEUV). Gibt es drei oder mehr Bewerber und erreicht keiner die erforderliche Mehrheit, findet nach dem 3. Wahlgang eine Stichwahl zwischen den beiden relativ stärksten Kandidaten statt (Art. 16 GO EP). In der Praxis wird der Präsident nur für 2 ½ Jahre und nicht für die volle 5-jährige Legislaturperiode gewählt (Art. 19 GO EP).

324 Der Präsident leitet die Sitzungen des EP und sämtliche Arbeiten des EP und seiner Organe (Art. 22 GO EP). Er vertritt das EP nach außen und gegenüber den anderen EU-Organen.

325 Der Präsident wird unterstützt von 14 Vize-Präsidenten und 5 Quästoren. Gemeinsam bilden sie das **Präsidium**, das die organisatorischen und administrativen Entscheidungen mit Mehrheit trifft, wobei die Quästoren nur beratende Stimme haben (Art. 24 GO EP).

326 Neben dem Präsidium hat sich ein weiteres wichtiges Lenkungsgremium herausgebildet: die **Konferenz der Präsidenten** (Art. 26 GO EP). Ihr gehören außer dem EP-Präsidenten die Vorsitzenden der Fraktionen an. In ihr wird über Fragen im Zusammenhang mit dem Legislativprogramm entschieden.

bb) Fraktionen

327 Die Abgeordneten des EP bilden **Fraktionen.** Entsprechend dem Charakter des EP als ein **Unionsorgan** handelt es sich dabei nicht um nationale Gruppierungen, sondern um parteipolitische Fraktionen, die sich auf EU-Ebene aufgrund ihrer politischen Zusammengehörigkeit[411] zusammenfinden. Die Mindeststärke einer Fraktion beträgt 23 Abgeordnete, die in mindestens einem Viertel der Mitgliedstaaten gewählt worden sind (vgl. Art. 33 GO EP). Die Bildung von und Teilnahme an Fraktionen ist bedeutsam, da bestimmte Initiativen im EP nur von einer Fraktion (oder einer gewissen Anzahl von Abgeordneten) ausgehen können.

328 Ein von EP und Rat erlassenes **europäisches Parteienstatut**[412] legt neben den Grundsätzen für die Parteienfinanzierung auch die Strukturkriterien für die politischen Parteien auf europäischer Ebene fest. Sie müssen ein Programm und eine Satzung haben, die der Öffentlichkeit zugänglich sein müssen. Sie werden darüber hinaus auf die Grundrechte und die demokratischen Grundsätze sowie auf den Rechtsstaat verpflichtet. Schließlich müssen sie in mindestens einem Viertel der Mitglied-

411 Zu diesem Kriterium s. EuG T-222/97, Martinez/EP, Slg. 2001, II-2823; EuGH C-486/01 und C-488/01, Front National und Martinez/EP, Slg. 2002, I-1843.

412 VO (EU, Euratom) Nr. 1141/2014 vom 22.10.2014 über das Statut und die Finanzierung europäischer politischer Parteien und europäischer politischer Stiftungen, ABl. 2014 Nr. L 317/1-27.

staaten parlamentarisch vertreten und politisch auf die Teilnahme an den Wahlen zum EP ausgerichtet sein. Die in der bisherigen Praxis üblichen Bündnisse politischer Parteien werden vom Statut gedeckt.

Nach der letzten Direktwahl im Juni 2024 sieht die **Fraktionsbildung** wie folgt aus: **329**

- Fraktion der Europäischen Volkspartei (Christdemokraten – EVP) 188
- Fraktion der Progressiven Allianz der Sozialdemokraten (S&D) 136
- Patrioten für Europa (PfE) 84
- Fraktion der Europïschen Konservativen und Reformer (EKR) 78
- Fraktion Renew Europe Group 77
- Fraktion Die Grünen/Europäische Freie Allianz (Grüne/EFA) 53
- Die Linke – GUE/NGL – Konföderale Fraktion der Vereinten Europäischen Linken/Nordischen Grünen Linken 46
- Europa Souveräner Staaten (ESN) 25
- Fraktionslose (NI) 33

Sitzverteilung im Europaparlament nach der Wahl 2024

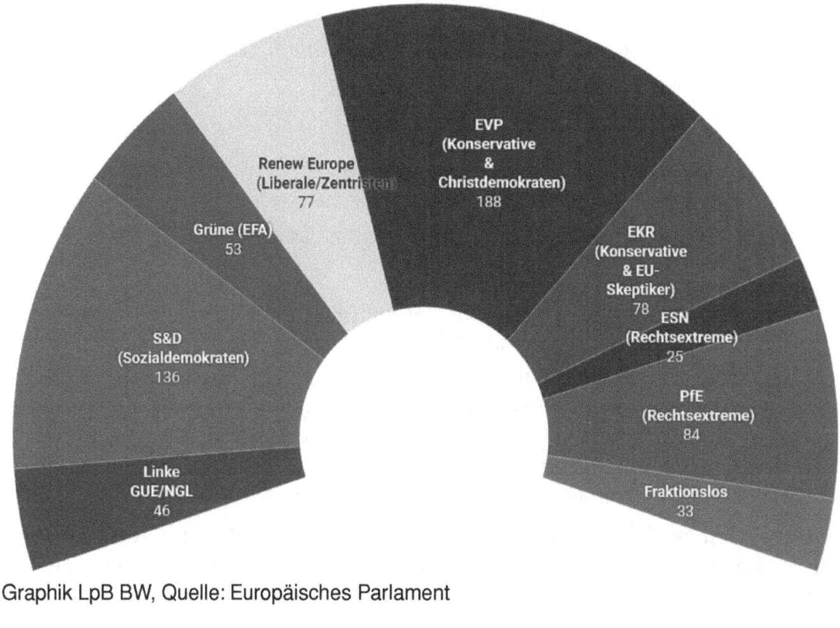

Graphik LpB BW, Quelle: Europäisches Parlament

Bisher wirkten in der Parlamentspraxis die Christdemokraten und Sozialisten, die gemeinsam über eine absolute Mehrheit verfügten, im Sinne einer „Großen Koalition" zusammen. Dies lässt das Ergebnis der Wahl von 2024 nicht mehr zu. Im neuen Parlament muss jeweils eine neue Mehrheit gefunden werden. **330**

cc) Ausschüsse

331 Das EP verfügt über folgende 24 ständige Ausschüsse:

AFET	Auswärtige Angelegenheiten
DROI	Menschenrechte
SEDE	Sicherheit und Verteidigung
DEVE	Entwicklung
INTA	Internationaler Handel
BUDG	Haushalt
CONT	Haushaltskontrolle
ECON	Wirtschaft und Währung
FISC	Steuerfragen
EMPL	Beschäftigung und soziale Angelegenheiten
ENVI	Umweltfragen, Volksgesundheit und Lebensmittelsicherheit
SANT	Öffentliche Gesundheit
ITRE	Industrie, Forschung und Energie
IMCO	Binnenmarkt und Verbraucherschutz
TRAN	Verkehr und Tourismus
REGI	Regionale Entwicklung
AGRI	Landwirtschaft und ländliche Entwicklung
PECH	Fischerei
CULT	Kultur und Bildung
JURI	Recht
LIBE	Bürgerliche Freiheiten, Justiz und Inneres
AFCO	Konstitutionelle Fragen
FEMM	Rechte der Frau und Gleichstellung der Geschlechter
PETI	Petitionen

332 Im jeweiligen Ausschuss erläutert der zuständige Kommissar oder dessen Vertreter die Beschlüsse der Europäischen Kommission, die Vorlagen an den Rat sowie den von der Kommission im Rat vertretenen Standpunkt. Die Ausschüsse erhalten auf diese Weise einen umfassenden Einblick in die Aktivitäten der Kommission; es können im Einzelfall auch vertrauliche Informationen ausgetauscht werden, sofern Sitzungen für nicht öffentlich erklärt werden. Die Ausschüsse sind damit in der Lage, die Tätigkeiten der Kommission wirksam zu kontrollieren.

Es sind auch diese Ausschüsse, welche die Stellungnahmen des EP zu den Vorschlägen der Kommission, die Änderungswünsche des EP an dem vom Rat formulierten „gemeinsamen Standpunkt" sowie die auf eigener Initiative des EP beruhenden Entschließungen vorbereiten.

dd) Plenarsitzungen

333 Die **Plenarsitzungen** des EP finden mit Ausnahme des Monats August einmal im Monat jeweils wöchentlich in Straßburg statt, wobei zusätzliche Sitzungen, insbe-

sondere über den Haushalt, hinzukommen können. Darüber hinaus werden kürzere (einen oder zwei Tage dauernde) Sitzungen in Brüssel abgehalten.

Aus aktuellen Anlässen können schließlich **Dringlichkeitssitzungen** einberufen werden, die es dem EP ermöglichen, zu wichtigen Fragen (z.B. Unionsangelegenheiten, internationale Angelegenheiten, Menschenrechtsverletzungen) unverzüglich Stellung zu nehmen.

Die Plenarsitzungen sind öffentlich wie auch die Ausschusssitzungen, diese aber vorbehaltlich eines anderslautenden Beschlusses (Art. 124 Abs. 2 und 3 GO EP). Darüber hinaus enthält die Geschäftsordnung des EP eine Reihe von Sonderfällen, in denen die Öffentlichkeit ausgeschlossen ist bzw. werden kann (z.B. Art. 122 Abs. 2 GO EP Anhörungen zur GASP, Art. 9 Abs. 11 GO EP Immunitätsverfahren).

Zwischen den monatlichen Sitzungen sind **zwei Wochen** für die Tagungen der ständigen **Parlamentsausschüsse** und die **dritte Woche** für die Sitzungen der **Fraktionen** vorgesehen. Sowohl Ausschüsse als auch Fraktionen tagen regelmäßig in Brüssel.

Auf der Tagesordnung einer jeden Plenarsitzung befinden sich zunächst die durch die jeweiligen Parlamentsausschüsse vorbereiteten **Berichte** zu den vom EP abzugebenden Stellungnahmen oder zu treffenden Entscheidungen und Entschließungen. Die Berichte enthalten zu diesem Zweck konkrete Entscheidungsentwürfe, über die im Plenum nach einer Aussprache und der Behandlung eventueller Änderungsanträge abgestimmt wird.

Die technische Vorbereitung der Plenar- und Ausschusssitzungen des EP sowie deren Entscheidungen obliegt dem Generalsekretariat, das das EP eingerichtet hat (Art. 222 GO EP). Es verfügt über ca. 5.000 Bedienstete und ist in Luxemburg und Brüssel ansässig. **334**

ee) Beschlussfassung

Wie jedes Parlament trifft auch das EP seine Beschlüsse mit Mehrheit. Es sind jedoch verschiedene Mehrheiten zu unterscheiden: **335**

(1) Einfache Mehrheit

Im Regelfall ist für das Zustandekommen von Beschlüssen des EP die **Mehrheit der abgegebenen Stimmen**, d.h. die einfache Mehrheit ausreichend (Art. 231 AEUV). Auf die Zahl der tatsächlich anwesenden Abgeordneten kommt es nicht an, jedenfalls so lange nicht, als noch ein Drittel der dem EP angehörenden Parlamentarier im Plenarsaal anwesend ist (d.h. 240 Mitglieder des EP). Sollten es weniger sein, so steht auch dies dem Zustandekommen von Parlamentsbeschlüssen nicht entgegen, es sei denn, dass der Parlamentspräsident die Beschlussunfähigkeit feststellt, was er entweder auf Antrag von 39 Abgeordneten oder bei weniger als 39 anwesenden Abgeordneten von sich aus tun kann (vgl. Art. 185 GO EP 2024). **336**

337 (2) Mehrheit der gersetzlichen Mitgliederzahl des EP Mit dem schrittweisen Ausbau der Rechte des Parlaments sind gesteigerte Anforderungen an die jeweiligen Mehrheiten eingeführt worden. Mit wachsender Bedeutung des Parlaments stellt der Vertrag über die Arbeitsweise der EU auch strengere Anforderungen an die Präsenzpflicht der Abgeordneten. So wird für eine ganze Reihe von Entscheidungen die **Mehrheit der gesetzlichen Mitgliederzahl des EP** verlangt, was auch als „qualifizierte" Mehrheit bezeichnet wird. Diese Mehrheit beträgt nach den letzten Wahlen zum EP im Juni 2024 bei der Mitgliederzahl von 720 Abgeordneten 361 Stimmen.

Beispiele: Ablehnung des gemeinsamen Standpunktes des Rates bzw. Annahme von Änderungsvorschlägen zum gemeinsamen Standpunkt des Rates in der zweiten Lesung des Verfahrens der Mitentscheidung (Art. 294 Abs. 7 lit. c) AEUV); Zustimmung des EP zu Vertragsänderungen und Beitrittsverträgen (Art. 48 Abs. 7 EUV); Regelung eines einheitlichen Wahlverfahrens (Art. 223 Abs. 1 AEUV); Annahme der Geschäftsordnung des EP (Art. 232 Abs. 1 AEUV).

338 (3) Doppelte Mehrheit

Manche Beschlüsse können nur mit den Stimmen einer Mehrheit der Mitglieder des Parlaments und einer Mehrheit von zwei Dritteln der abgegebenen Stimmen (dafür und dagegen) angenommen werden. Dies gilt etwa für das *Misstrauensvotum* gegen die Kommission (Art. 234 Abs. 2 AEUV) oder für die *Aussetzung von Mitwirkungsrechten* eines Mitgliedstaates bei schwerwiegenden Verletzungen von Verfassungsprinzipien (Art. 334 AEUV).

339 Im *Haushaltsverfahren* entscheidet das EP ebenfalls mit einer **doppelt qualifizierten Mehrheit:** Mit der Mehrheit seiner Mitglieder kann es in erster Lesung Änderungen vorschlagen. In der zweiten Lesung kann es mit der Mehrheit seiner Mitglieder, die zugleich 3/5 der abgegebenen Stimmen ausmachen müssen, Änderungen vornehmen bzw. den Haushaltsplan mit der Mehrheit seiner Mitglieder ablehnen, die jedoch zugleich 2/3 der abgegebenen Stimmen entsprechen muss (Art. 314 EUV).

g) Sitz

340 Das EP hat seinen Sitz in Straßburg. Dort hält es auch die monatlich stattfindenden Plenartagungen, einschließlich der Haushaltstagung ab[413]. Diese Festlegung ist durch ihre Aufnahme in das Protokoll Nr. 6 zum Vertrag von Lissabon gleichsam auf „Vertragsebene" abgesichert. Dies schließt allerdings nicht aus, dass zusätzliche Plenartagungen in Brüssel abgehalten werden, wo auch die Ausschüsse und Fraktionen tagen. So kann das EP etwa einen Teil seiner Haushaltsbefugnisse in Brüssel statt in Straßburg ausüben, wenn es für den reibungslosen Ablauf des Haushaltsverfahrens geboten ist[414]. Das Sekretariat des EP ist in Luxemburg untergebracht. Diese Praxis

413 Beschluss des Europäischen Rates von Edinburgh, ABl. 1992 Nr. C 341/1; Protokoll Nr. 6 zum Vertrag von Lissabon.

414 EuGH C-73/17, Frankreich/EP, ECLI:EU:C:2018:787.

ist natürlich eine sehr kostspielige Lösung, jedoch sind alle Versuche, den Sitz des EP nach Brüssel zu verlagern, gescheitert.

Weiterführende Literatur: *Böttger,* Die Rechtsstellung des Abgeordneten des Europäischen Parlaments, EuR 2002, S. 898; *Bröhmer,* Das Europäische Parlament: Echtes Legislativorgan oder bloßes Hilfsorgan im legislativen Prozeß, ZeuS 1999, S. 197; *Holzapfel,* Sonderausgabe Europäisches Parlament 10. Wahlperiode, 2. August 2024;*Magiera,* Das Europäische Parlament als Garant demokratischer Legitimation in der Europäischen Union, FS für Everling, Band I, 1995, S. 789; *Maurer/Nickel* (Hrsg.), Das Europäische Parlament, 2005; *Maurer/Dialer/Karas,* Das Europäische Parlament: Handbuch für Wissenschaft und Praxis, 2. Aufl. April 2025; *Meyer,* Das Europäische Parlament und der europäische Integrationsprozess. Historische Entwicklung 2019; *Neßler,* Willensbildung im Europäischen Parlament – Abgeordnete und Fraktionen zwischen Konsens und Dissens, ZeuS 1999, S. 157; *Ott,* Die Kontrollfunktion des Europäischen Parlaments gegenüber der Europäischen Kommission, ZeuS 1999, S. 231; *Reich,* Rechte des Europäischen Parlaments in Gegenwart und Zukunft 1999; *Tiemann/Treib/Wimmel,* Die EU und ihre Bürger, 2011; *von Arnim/Schurig,* Das Abgeordnetenstatut des Europäischen Parlaments, DVBl. 2003, S. 1176; *Wessels,* Das Politische System der Europäischen Union, 2020.

5. Europäische Kommission (Art. 17 EUV)[415]

a) Zusammensetzung, Ernennung, Ausscheiden aus dem Amt

Zusammensetzung

27 Mitglieder

(davon)

Präsidentin

6 Exekutive Vizepräsidenten(in)

Hohe Vertreterin der EU für die Außen- und Sicherheitspolitik, zugleich Exekutive Vizepräsidentin

20 Kommissare/innen

aa) Präsidentin und Mitglieder der Kommission

Die Kommission besteht aus 27 Mitgliedern, ein Mitglied je Mitgliedstaat, d.h. ge- **341**
genwärtig sind in der Kommission 27 Kommissare/innen (mit unterschiedlichen Funktionen) tätig (Art. 17 Abs. 4 EUV). Die in Art. 17 Abs. 5 EUV vorgesehene Verkleinerung der Kommission auf zwei Drittel der Zahl der Mitgliedstaaten ab dem 1. November 2011 wurde aufgrund eines Beschlusses des Europäischen Rates nicht aktiviert.

415 Diese Bestimmung wird ergänzt durch Art. 244 ff. AEUV sowie Protokoll Nr. 36 zu Art. 17 EUV.

Die Kommission wird auch in der Legislaturperiode 2024-2029 von einer **Präsidentin**[416] geführt, der innerhalb des Kollegiums eine starke Stellung zukommt. Sie ist nicht lediglich „primus inter pares", sondern ihre Stellung ist insoweit herausgehoben, als sie die Leitlinien festlegt, nach denen die Kommission ihre Aufgaben ausübt, und auch über die interne Organisation der Kommission beschließt (Art. 17 Abs. 6 Buchstaben a) und b) EUV). Die Präsidentin verfügt damit über eine **Richtlinienkompetenz** und **Organisationsgewalt**. Mit diesen Kompetenzen ausgestattet, ist es Sache der Präsidentin, sicherzustellen, dass das Handeln der Kommission kohärent und effizient ist und dem Grundsatz der Kollegialität, das insbesondere in der Beschlussfassung als Kollegium zum Ausdruck kommt (Art. 250 Abs. 1 AEUV), gerecht wird. Sie strukturiert und verteilt die Zuständigkeitsbereiche der Kommission unter ihren Mitgliedern, wobei die Zuständigkeitsverteilung im Laufe der Amtszeit auch geändert werden kann (Art. 248 AEUV). Die Präsidentin ernennt die fünf der sechs Exekutiven Vizepräsidenten (EVP)mit Ausnahme der Hohen Vertreterin der EU für die Gemeinsame Außen- und Sicherheitspolitik[417], die aufgrund dieses Amtes zugleich auch Exekutive Vizepräsidentin in der Kommission ist. Darüber hinaus wird ausdrücklich vorgesehen, dass ein Mitglied der Kommission zurücktreten muss, wenn der Präsident es dazu auffordert (Art. 17 Abs. 6 UAbs. 2 EUV)[418]. Schließlich zeigt sich die herausgehobene Stellung der Präsidentin in ihrem Anhörungsrecht bei der Auswahl der anderen Kommissionsmitglieder und ihrer Zugehörigkeit zum Europäischen Rat.

342 Die sechs Exekutiven Vizepräsidenten/innen haben insofern eine herausgehobene Stellung, als sie in einer Doppelfunktion tätig werden: zum einen sind sie als Vizepräsidenten für eine der poltitischen Top-Prioritäten zuständig (EVP *Teresa Ribera*: Wettbewerbspolitik und die Umsetzung des europäischen Grünen Deals, *EVP Virkkunen*: Sicherheit, Demokratie und Werte einschließlich Digitales, disruptive Technologien, Aspekte der inneren und äußeren Sicherheit und die Grundlagen von Demokratie und Rechtsstaatlichkeit; *Stéphane Séjourné*: zuständig für Wohlstand und eine europäische Industriestrategie. Das umfasst Industrie, KMUs und den Binnenmarkt;

416 Die Präsidenten der Kommission waren von 1958–1960 *Walter Hallstein* (D), von 1967–1970 *Jean Rey* (B), von 1970–1972 *Franco Maria Malfatti* (JT), von 1972–1973 *Sicco Mansholt* (NL), von 1973–1977 *François-Xavier Ortoli* (F), von 1977–1981 *Ray Jenkins* (VK), von 1981–1985 *Gaston Thorn* (L), von 1985–1994 *Jacques Delors* (F), 1995–1999 *Jacques Santer* (L), 1999–2000 *Romano Prodi I* (IT), 2000–2004 *Romano Prodi II* (IT); 2004–2010 *José Manuel Barroso I* (P); 2010–2014 *José Manuel Barroso II* (P); *Jean-Claude Juncker* (L), 2014–2019; 2019–2024 *Ursula von der Leyen I* (DE), 2024–2029 *Ursula von der Leyen II*.

417 Für die Periode 2024-2029 wurde Kaja KALLAS zur Hohen Vertreterin bestellt.

418 Im Klageverfahren T-562/12 „Dalli gegen Kommission" ist es um die Frage gegangen, ob der damalige Präsident Barroso den Kommissar für Gesundheit und Verbraucherschutz Dalli tatsächlich nach Art. 17 Abs. 6 UAbs. 2 EUV zum Rücktritt aufgefordert hatte, nachdem der Kommissar Dalli in den Verdacht geriet, der schwedischen Tabaklobby im Rahmen der unter seiner Verantwortung stehenden Verschärfung der Tabakregelungen „behilflich" gewesen zu sein. Das EuG kam nach einer umfangreichen Beweisaufnahme zu dem Schluß, dass es sich nicht um einen durch Präsident Barroso „erzwungenen", sondern um einen „freiwilligen" Rücktritt gehandelt hat.

Roxana Mînzatu: zuständig für Fachkräfte, Kompetenzen und Vorausschau. Dazu gehören Kompetenzen in Bildung und Kultur, hochwertige Arbeitsplätze und soziale Rechte; *Raffaele Fitto*: zuständig für Kohäsion und Reformen und Überwachung in dieser Funktion der Arbeiten verschiedener Kommissare(innen); zum anderen sind sie aber auch als Kommissare mit einer Generaldirektion direkt für einen konkreten Politikbereich zuständig.

bb) Die Ernennung der Kommission

Die **Ernennung** des Präsidenten, des Hohen Vertreters der EU für Außen- und Sicherheitspolitik und der übrigen Mitglieder der Kommission wurde in Art. 17 Abs. 7 EUV mit dem Vertrag von Lissabon neu geregelt. Es handelt sich um ein mehrstufiges Verfahren. Zunächst erfolgt die Benennung des Präsidenten (UAbs. 1), anschließend werden die Persönlichkeiten ausgewählt, die zu Mitgliedern der Kommission ernannt werden sollen (UAbs. 2), und in einem dritten Schritt werden der Präsident der Kommission, der Hohe Vertreter der EU für Außen- und Sicherheitspolitik sowie die übrigen Mitglieder der Kommission offiziell ernannt (UAbs. 3). **343**

Der **Präsident der Kommission** wird vom Europäischen Rat mit qualifizierter Mehrheit dem EP nach entsprechenden Konsultationen vorgeschlagen. Bei der Auswahl des Kandidaten für das Amt des Präsidenten ist das Ergebnis der Wahlen zum EP zu berücksichtigen. In dieser Voraussetzung ist eine stärkere Politisierung der Kommission angelegt. In letzter Konsequenz bedeutet dies, dass den Fraktionen im EP, die die jeweilige Mehrheit stellen, erhebliches Gewicht bei der Nominierung des Präsidenten zukommt. Das noch bei der Wahl Jean-Claude Junckers 2014 angewandte *„Spitzenkandidatenmodell"* wurde 2019 bei der ersten Wahl von Ursula von der Leyen zur Präsidentin der Kommission ausser Kraft gesetzt. Da das Spitzenkandidatenprinzip im EU-Vertrag bislang noch nicht fest verankert ist, ist es derzeit noch möglich, dieses als eine Art Gewohnheitsrecht eingeführte Modell zu umgehen. Dieser schleichende Verfassungswandel soll nun nach dem Willen des Europäischen Parlaments über eine Wahlrechtsreform verstetigt werden, damit es künftig verbindlich zum Tragen kommt. Im Mai 2022 hat das Europäische Parlament über Refomen des EU-Wahlrechts abgestimmt, die unter anderem auch das Spitzenkandidatenprinzip beinhalten. Danach sollen die Bürgerinnen und Bürger ein Recht darauf haben, den Kommissionspräsidenten nach dem Spitzenkandidatensystem über EU-weite Listen zu wählen. Damit dieser Vorschlag greift, müsste allerdings noch der Rat der EU zustimmen. Das stand vor der Europawahl 2024 noch aus, sodass die Reform – wenn überhaupt – erst zu einem späteren Zeitpunkt umgesetzt wird[419]. Das EP wählt den vorgeschlagenen Kandidaten mit der Mehrheit seiner Mitglieder. **344**

419 Diese Gesetzesinitiative des EP muss vom Rat einstimmig angenommen werden. Danach würde sie wieder dem EP vorgelegt, damit es seine Zustimmung erteilt, und anschließend müsste sie von allen Mitgliedstaaten im Einklang mit ihrem jeweiligen Verfassungsrecht gebilligt werden.

345 Nach der Wahl des Präsidenten nimmt der Europäische Rat die nach den Vorschlägen der einzelnen Mitgliedstaaten erstellte Liste der anderen Persönlichkeiten „im Konsens" (Art. 15 Abs. 4 EUV) an, die er als **Mitglieder der Kommission** zu ernennen beabsichtigt. Dabei sollen Persönlichkeiten aufgrund ihrer allgemeinen Befähigung und ihres Einsatzes für Europa ausgewählt werden, die zudem volle Gewähr für ihre Unabhängigkeit bieten. Für die Benennung des Hohen Vertreters der EU für Außen- und Sicherheitspolitik ist die qualifizierte Mehrheit im Europäische Rat ausreichend (Art. 18 Abs. 1 EUV). Zwischen dem Europäischen Rat und dem gewählten Präsidenten der Kommission ist Einvernehmen hinsichtlich der Kandidaten herzustellen. Für die Benennung des Hohen Vertreters wird sogar explizit die Zustimmung des designierten Kommissionspräsidenten gefordert (Art. 18 Abs. 1 S. 1 EUV). Gegen ein Veto des gewählten Präsidenten der Kommission kann keine Benennung der übrigen Mitglieder der Kommission erfolgen.

346 Im Anschluss an die Wahl des Präsidenten und der Benennung des Hohen Vertreters der EU für Außen- und Sicherheitspolitik und der übrigen Mitglieder der Kommission stellt sich das **Kollegium** dem Zustimmungsvotum des EP. Allerdings müssen sich die designierten Mitglieder der Kommission zunächst in einer Anhörung („Hearing") Fragen der Parlamentarier stellen, die regelmäßig Sachthemen im Hinblick auf die vorgesehene Ressortzuständigkeit sowie persönliche Grundeinstellungen zur Zukunft der EU betreffen (Art. 118 GO EP). Nach Zustimmung des EP, für die eine einfache Mehrheit ausreicht, werden der Präsident und die übrigen Mitglieder der Kommission mit qualifizierter Mehrheit vom Europäischen Rat ernannt. Die Kommission nimmt mit der Ernennung ihrer Mitglieder ihre Tätigkeit auf.

cc) Amtspflichten der Kommissare

347 Die Mitglieder der Kommission müssen ihre Funktion in voller Unabhängigkeit erfüllen (Art. 17 Abs. 3 UAbs. 3 EUV). Sie müssen jederzeit dem allgemeinen Wohl der EU Vorrang vor nationalen und persönlichen Interessen einräumen[420]. Insofern ist die Unabhängigkeit eines für Informationstechnologie und Telekommunikation zuständigen Kommissars gefährdet, wenn er in dieser Funktion eine Stelle bei einer privaten Telekommunikationsgesellschaft annimmt[421]. Die Mitgliedschaft in einer Partei oder eine Kandidatur bzw. Wahl für das EP oder ein nationales Parlament beeinträchtigen hingegen nicht die Unabhängigkeit, solange das Kommissionsmitglied noch nicht die Wahl angenommen hat und das EP noch nicht zu einer konstituierenden Sitzung zusammengetreten ist[422].

348 Obwohl angesichts des Anforderungsprofils und über die Ernennung de facto gewisse politische Einflüsse auf die Bestellung der einzelnen Mitglieder der Kommission

420 EuGH C-432/04, Cresson, Slg. 2006, I-6387, Rdn. 69 ff.

421 EuG T-227/99 und T-134/00, Kvaerner Warnow Werft, Slg. 2002, II-1205, Rdn. 66.

422 EuG T-227/99 und T-134/00, Kvaerner Warnow Werft, Slg. 2002, II-1205, Rdn. 58 ff.

ausgeübt werden können, sind die Kommissare nur ihrem eigenen Urteil unterworfen. Dementsprechend ist es den Mitgliedern verboten, Weisungen einer Regierung, eines Organs, einer Einrichtung oder jeder anderen Stelle anzufordern oder entgegenzunehmen. Dieses Beeinflussungsverbot gilt nur hinsichtlich unredlicher Methoden, wie Weisungen und Druckausübung; denn es kann Regierungen oder anderen Stellen nicht verwehrt sein, auf die Mitglieder der Kommission mit sachlichen Argumenten einzuwirken. Es ist dementsprechend gängige Praxis, dass die Mitgliedstaaten versuchen, insbesondere auf die Kommissare Einfluss nehmen, die aus dem entsprechenden Mitgliedstaat stammen.

Die Mitglieder der Kommission enthalten sich jeder Handlung, die mit ihrem Amt **349** oder der Erfüllung ihrer Aufgaben unvereinbar ist (Art. 17 Abs. 3 UAbs. 3 S. 3 EUV). Neben den allgemeinen vertraglichen Pflichten der Kommissionsmitglieder ergeben sich konkretisierte Pflichten aus dem Verhaltenskodex[423] im Zusammenhang mit Unabhängigkeit, Gemeinwohlverpflichtung, Nebentätigkeitsverbot, Mäßigungspflicht und Sorgfaltspflicht[424].

dd) Das Ausscheiden der Kommissionsmitglieder aus dem Amt

Die Amtszeit der Mitglieder der Kommission endet nach Ablauf der 5-jährigen **350** Amtszeit (Art. 17 Abs. 3 EUV), bei Tod (Art. 246 Abs. 1 AEUV), durch freiwilligen Rücktritt einzelner oder – wie unter der „Santer-Kommission" im Jahre 1999 geschehen – aller Mitglieder (Art. 246 Abs. 1 AEUV), durch erzwungenen Rücktritt (Art. 234 AEUV „Misstrauensvotum des EP") oder durch Amtsenthebung durch den EuGH (Art. 247 AEUV).

Für die verbleibende Amtszeit werden die Nachfolger mit derselben Staatsangehö- **351** rigkeit vom Rat mit Zustimmung des Präsidenten der Kommission und nach Anhörung des EP mit qualifizierter Mehrheit ernannt (Art. 246 Abs. 2 AEUV). Vor allem bei sehr kurzer verbleibender Amtszeit kann der Rat auf Vorschlag des Präsidenten der Kommission von einer Neubesetzung absehen (Art. 246 Abs. 3 AEUV).

Mit Ausnahme des Falles der Amtsenthebung bleiben die Mitglieder der Kommis- **352** sion bis zur Neubesetzung ihres Sitzes im Amt. Sie nehmen ihre Aufgaben ohne jede Beschränkung weiterhin wahr. Etwas anderes gilt lediglich für den Fall des erzwungenen Rücktritts der Kommission infolge eines erfolgreichen Misstrauensvotums des EP; in diesem Fall müssen die Mitglieder ihr Amt geschlossen niederlegen und sind auf die Wahrnehmung der dringenden und laufenden Amtsgeschäfte beschränkt (Art. 234 EGV). Eine Beschränkung auf die laufenden und dringenden Amtsgeschäfte tritt auch ein, wenn bis zum Ablauf der 5-jährigen Amtszeit keine neue Kommission eingesetzt worden ist; in diesem Fall bleibt die alte Kommission bis zur

423 KOM (2018) 700 endg.

424 Zur Sorgfaltspflicht s. den Fall „Cresson": EuGH C-432/04, Slg. 2006, I-6387, Rdn. 146.

Ernennung der neuen Kommission im Amt, allerdings mit beschränkten Kompetenzen[425].

b) Aufgaben

353 Die Kommission fördert die allgemeinen Interessen der EU und ergreift zu diesem Zweck geeignete Initiativen politischer oder legislativer Art, sie sorgt unter der Kontrolle des EuGH für die Anwendung und Einhaltung des EU-Rechts, sie leitet die jährliche und mehrjährige Programmplanung ein, übt Koordinierungs-, Exekutiv- und Verwaltungsfunktionen aus und vertritt die EU, mit Ausnahme der Gemeinsamen Außen- und Sicherheitspolitik, nach außen.

Aufgaben

Initiative zur EU-Gesetzgebung	Kontrolle über die richtige Anwendung und Einhaltung des EU-Rechts	Verwaltung	Rechtsetzung	Vertretung der EU nach Außen

aa) Initiativrecht

354 Die Kommission besitzt im Rahmen der Rechtsetzung der EU auch weiterhin das Initiativrecht oder auch Vorschlagsmonopol, d.h. EP und Rat können Gesetzgebungsakte der EU nur auf der Grundlage entsprechender Vorschläge der Kommission verabschieden (Art. 17 Abs. 2 EUV)[426]. Dabei stehen die Aktivitäten der Kommission nicht in ihrem Belieben, sondern sie ist verpflichtet, tätig zu werden, wenn das Unionsinteresse es gebietet; allerdings kann die Kommission innerhalb des durch die EU-Verträge vorgegebenen Rahmens den Zeitpunkt, den Inhalt sowie Art und Form des Rechtsetzungsprojektes bestimmen.

355 Allerdings haben der Rat (Art. 241 AEUV), das EP (Art. 225 AEUV) und in besonderen Ausnahmefällen auch die Mitgliedstaaten (Art. 135 AEUV) die Möglichkeit, die Kommission aufzufordern, einen Vorschlag auszuarbeiten. Im Rahmen der neu eingeführten Bürgerinitiative kann auch eine Gruppe von Unionsbürgern aus ver-

---

425 Dies war zuletzt auch bei der Einsetzung der„von der Leyen-Kommission I und II" der Fall, die jeweils erst am 1.12.2019, also einen Monat später als vorgesehen, die Arbeit aufnehmen konnte. Der Übergang von der Barroso I- zur Barroso II-Kommission erfolgte sogar mit 3-monatiger Verspätung.

426 Eine punktuelle Durchbrechung des Vorschlagsmonopols der Kommission enthält Art. 257 Abs. 1 AEUV, wonach die Bildung der Fachgerichte auch *auf Antrag des Gerichtshofs nach Anhörung der Kommission* durch eine Verordnung des EP und des Rates gem. dem ordentlichen Gesetzgebungsverfahren (Art. 294 AEUV) erfolgen kann.

schiedenen Mitgliedstaaten eine solche Aufforderung an die Kommission richten (Art. 11 Abs. 4 EUV)[427].

Bis zur endgültigen Verabschiedung des Gesetzgebungsaktes durch EP und/oder Rat bleibt die Kommission „Herrin ihres Vorschlags", d.h. sie kann ihn entweder ändern oder auch zurücknehmen (Art. 293 Abs. 2 AEUV). Letzteres ist insbesondere in Fällen vorstellbar, in denen die Gefahr besteht, dass der ursprüngliche Vorschlag der Kommission durch Änderungen des EP und/oder Rates vollständig umgearbeitet wird und nicht mehr den Vorstellungen der Kommission entspricht. **356**

In dieser Funktion wird die Kommission auch als **„Motor der Unionspolitik"** bezeichnet. **357**

bb) Rechtsetzung

Der Kommission sind **nur punktuell originäre Rechtsetzungsbefugnisse** eingeräumt worden. Erwähnung verdienen vor allem die eigenständigen Rechtsetzungsbefugnisse der Kommission zum Erlass von Finanzmaßnahmen (z.B. im Bereich des EU-Haushalts oder der Strukturfonds), zur Beseitigung von Steuerdiskriminierungen, Beihilfen und Schutzklauseln sowie konkreter Zustimmungen und Genehmigungen (z.B. Beihilfen und Schutzklauseln). **358**

Wesentlich umfangreicher sind dagegen die der Kommission **übertragenen Rechtsetzungsbefugnisse**. Die Übertragung erfolgt durch EP und Rat, die die Kommission in ihren Gesetzgebungsakten oder verbindlichen Rechtsakten ermächtigen können, entweder (1) zur Ergänzung oder Änderung bestimmter nicht wesentlicher Vorschriften des betreffenden Gesetzgebungsaktes sog. **„delegierte Rechtsakte"** zu erlassen (Art. 290 AEUV) oder (2) zur Herstellung einheitlicher Bedingungen für die Durchführung der verbindlichen Rechtsakte der EU sog. **„Durchführungsrechtsakte"** zu erlassen (Art. 291 AEUV)[428]. **359**

cc) Kontrolle

Die Kommission kontrolliert die Anwendung und Durchführung sowohl des primären als auch des sekundären Unionsrechts durch die Mitgliedstaaten. Sie prüft dabei vor allem die ordnungsgemäße Anwendung des EU-Rechts sowie die rechtzeitige und ordnungsgemäße Umsetzung von Richtlinien in nationales Recht. Verletzungen des EU-Rechts werden von ihr im Rahmen des Vertragsverletzungsverfahrens (vgl. Art. 258 AEUV) verfolgt und notfalls vor den EuGH gebracht[429]. Auch Verstöße von natürlichen und juristischen Personen gegen EU-Recht, insbesondere gegen eu- **360**

---

427 Einzelheiten zur Bürgerinitiative s. unter § 4 D. III. 8.

428 Einzelheiten dazu unter § 6 A. I. 4.

429 Vgl. dazu unter § 6 C. I. 1.

ropäisches Wettbewerbsrecht, werden von der Kommission aufgegriffen und nicht zuletzt durch Verhängung empfindlicher Sanktionen geahndet.

361 Im Rahmen ihrer Kontrollbefugnisse besitzt die Kommission das Recht, zur Erfüllung der ihr übertragenen Aufgaben die erforderlichen Auskünfte einzuholen und Nachprüfungen auch in Mitgliedstaaten vorzunehmen (Art. 337 AEUV).

362 Das Eintreten für die Einhaltung des EU-Rechts wird häufig auch mit der Rolle der Kommission als **„Hüterin des Unionsrechts"** umschrieben.

dd) Exekutive

363 Die Kommission ist – wenn auch in begrenztem Umfang – Exekutivorgan. Dies gilt vor allem für den Bereich des Wettbewerbsrechts, wo die Kommission die Tätigkeiten einer ganz normalen Verwaltungsbehörde wahrnimmt. Sie prüft Sachverhalte, erteilt Genehmigungen oder erlässt Verbote und trifft ggf. Sanktionsentscheidungen. Ähnlich weitreichend sind die Verwaltungsbefugnisse der Kommission noch im Bereich der Strukturfonds der EU und der Haushaltsführung[430]. In der Regel sind es jedoch die Mitgliedstaaten, die für die Anwendung und Durchführung vor allem des sekundären EU-Rechts im Einzelfall zu sorgen haben (Art. 291 Abs. 1 AEUV).

ee) Außenbeziehungen

364 Die Kommission vertritt die EU bei internationalen Organisationen (Art. 220 AEUV) und besorgt die laufenden Geschäfte im Rahmen des aktiven und passiven Gesandtschaftsrechts. Sie ist – ausgestattet mit einem entsprechenden Mandat des Rates – zuständig für die Aushandlung von Abkommen der EU mit internationalen Organisationen und Drittstaaten (Art. 218 Abs. 2 AEUV), einschließlich der Beitrittsabkommen mit neuen Mitgliedstaaten.

365 Zu beachten ist jedoch, dass die Kommission keine auswärtigen Befugnisse im Bereich der Gemeinsamen Außen- und Sicherheitspolitik der EU wahrnehmen darf; diese sind dem Hohen Vertreter der EU für die Gemeinsame Außen- und Sicherheitspolitik übertragen (Art. 17 Abs. 1 EUV).

ff) Gerichtliche Vertretung

366 Die Kommission vertritt die Union vor den mitgliedstaatlichen Gerichten (vgl. Art. 335 Satz 2 AEUV) und – ggf. zusammen mit dem Rat der EU – vor dem EuGH.

430 Einzelheiten zu den Verwaltungsbefugnissen s. unter § 6 B.

c) Arbeitsweise

Die Arbeitsweise der Kommission ist im Wesentlichen in der Geschäftsordnung der Kommission geregelt[431]. **367**

aa) Die Verwaltungsstruktur der Kommission

Zur Erfüllung ihrer umfangreichen Aufgaben verfügt die Kommission über einen streng hierarchisch gegliederten Verwaltungsunterbau. **368**

- An der Spitze der Verwaltungsstruktur steht die **Kommission** selbst, wobei jedem Mitglied ein **Kabinett** zugeordnet ist, das ihn bei der Erfüllung seiner Aufgaben unterstützt.
- Zur Vorbereitung der Beschlussfassung, die grundsätzlich unter Wahrung des Kollegialprinzips erfolgt, sind jedem Mitglied der Kommission durch den Kommissionspräsidenten spezielle Aufgabenbereiche zugewiesen. Im Rahmen dieser Aufgabenzuweisung steht das jeweilige Kommissionsmitglied einer oder mehrerer für den jeweiligen Sachbereich zuständigen **Generaldirektion der Kommission** vor.
- **Die Generaldirektionen** der Kommission bestehen jeweils aus mehreren **Direktionen**, welche ihrerseits in **Referate** aufgeteilt sind.

Verwaltungsstruktur der Europäischen Kommission

Kommission

(27 Mitglieder)
[Kabinette]
Generalsekretariat
Juristischer Dienst
Sprecherdienst

Generaldirektionen

Beschäftigung, Soziales und Integration (EMPL)
Bildung, Jugend, Sport und Kultur (EAC)
Binnenmarkt, Industrie, Unternehmertum und KMU (GROW)
Informatik (DIGIT)
Dolmetschen (SCIC)
Energie (ENER)
Europäischer Auswärtiger Dienst (EAD)
Naher Osten, Nordafrika, Golf (MENA)
Eurostat (ESTAT)

---

431 Geschäftsordnung der Kommission, ABl. L 308 v. 8.12.2000, S. 26–34, zuletzt geändert durch Beschluss (EU, Euratom) 2020/555 der Kommission v. 22.4.2020 zur Änderung ihrer Geschäftsordnung, ABl. 2020, L 127 I/1–2.

Finanzstabilität, Finanzdienstleistungen und Kapitalmarktunion (FISMA)
Forschung und Innovation (FTE)
Gemeinsame Forschungsstelle (JRC)
Gesundheit und Lebensmittelsicherheit (SANTE)
Handel (TRADE)
Haushalt (BUDG)
Europäischer Katastrophenschutz und Humanitäre Hilfe (ECHO)
Humanressourcen und Sicherheit (HR)
Internationale Partnerschaften (INTPA)
Justiz und Verbraucher (JUST)
Klimaschutz (CLIMA)
Kommunikation (COMM)
Kommunikationsnetze, Inhalte und Technologien (CONECT)
Krisenvorsorge und -reaktion, gesundheitliche Notlage (HERA)
Landwirtschaft und ländliche Entwicklung (AGRI)
Maritime Angelegenheiten und Fischerei (MARE)
Migration und Inneres (HOME)
Mobilität und Verkehr (MOVE)
Nachbarschaftspolitik und Erweiterungsverhandlungen (NEAR)
Regionalpolitik und Stadtentwicklung (REGIO)
Steuern und Zollunion (TAXUD)
Übersetzung (DGT)
Umwelt (ENV)
Verteidigungsindustrie und Weltraum (DEFIS)
Wettbewerb (COMP)
Wirtschaft und Finanzen (ECFIN)

Dienststellen

Amt für die Feststellung und Abwicklung individueller Ansprüche (PMO)
Amt für Veröffentlichungen (OP)
Datenschutzbeauftragter der Europäischen Kommission
Europäisches Amt für Betrugsbekämpfung (OLAF)
Europäisches Amt für Personalauswahl (EPSO)
Europäisches Zentrum für politische Strategie (EPSC)
Gebäude, Anlagen und Logistik (Brüssel, Luxemburg) (OIB, OIL)
Historisches Archiv
Interner Auditdienst (IAS)
Bibliothek und elektronische Ressourcen

bb) Das Beschlussverfahren

Die **Ausarbeitung** der Kommissionsbeschlüsse erfolgt in der fachlich für den jeweiligen Beschluss zuständigen Generaldirektion unter Aufsicht und nach Weisung des der Generaldirektion vorstehenden Kommissars. **369**

Die federführende Generaldirektion hat, bevor der Kommission eine Vorlage unterbreitet wird, alle nach der Zuständigkeitsverteilung oder nach der Natur der Sache zu beteiligenden Generaldirektionen zu hören. Der Juristische Dienst ist zu allen Entwürfen von Beschlüssen und Vorschlägen von Rechtsakten sowie zu allen Vorlagen zu hören, die rechtliche Wirkungen haben können (Art. 23 Abs. 4 GO); das Gleiche gilt für das Generalsekretariat für Beschlüsse, die von politischer Bedeutung sind, institutionelle Aspekte betreffen, im mündlichen Verfahren genehmigt werden müssen oder im Jahresarbeitsprogramm der Kommission aufgeführt sind (Art. 23 Abs. 5 GO), die für Wirtschaft und Finanzen zuständige Generaldirektion, die zu allen Initiativen konsultiert werden muss, die das Wachstum, die Wettbewerbsfähigkeit oder die wirtschaftliche Stabilität in der EU oder im Euro-Währungsgebiet betreffen oder sich darauf auswirken können (Art. 23 Abs. 5a GO) und für die Generaldirektion „Haushalt" bei Rechtsakten, die Auswirkungen auf den Haushaltsplan, die Finanzen, das Personal und die Verwaltung haben können (Art. 23 Abs. 6 GO).

Die Kommission fasst ihre **Beschlüsse** **370**

- in gemeinschaftlicher Sitzung im Wege des mündlichen Verfahrens (Art. 4 iVm. Art. 8 GO): Die Kommission wird durch ihren Präsidenten mindestens einmal wöchentlich (mittwochs) zur gemeinschaftlichen Sitzung einberufen. Die Sitzung ist nicht öffentlich; die Beratungen sind vertraulich. Beratungssprachen sind Französisch, Englisch und Deutsch.
- im schriftlichen Verfahren (Art. 12 GO): Für die Zustimmung der Kommission zu einem Vorschlag eines oder mehrerer ihrer Mitglieder kann ein schriftliches Verfahren angeordnet werden, sofern die beteiligten Generaldirektionen dem Vorschlag zustimmen und der Juristische Dienst ihn befürwortet. Zu diesem Zweck wird der Vorschlag allen Mitgliedern der Kommission in den drei Beratungssprachen zugeleitet, wobei eine Frist gesetzt wird, vor deren Ablauf die Vorbehalte oder Änderungswünsche mitzuteilen sind. Ist diese Frist, die im normalen Verfahren fünf Tage und im beschleunigten Verfahren drei Tage beträgt, ohne Äußerung abgelaufen, gilt der Vorschlag als angenommen. Das schriftliche Verfahren wird eingestellt, wenn ein Kommissionsmitglied beantragt, dass die Angelegenheit in gemeinschaftlicher Sitzung mündlich behandelt werden soll.
- im Ermächtigungsverfahren (Art. 13 GO): Die Kommission kann – unter der Voraussetzung, dass der Grundsatz der kollegialen Verantwortlichkeit gewahrt bleibt – eines oder mehrere ihrer Mitglieder ermächtigen, in ihrem Namen und vorbehaltlich ihrer Kontrolle eindeutig umschriebene und ermessensfreie Maßnahmen der Geschäftsführung und der Verwaltung zu treffen. Dieses Ermächtigungsverfahren ist keine Delegation von Kommissionskompetenzen, sondern lediglich

eine interne Geschäftsverteilungsmaßnahme in Gestalt der **„Übertragung der Zeichnungsberechtigung“**[432]. In der Praxis kommt dieses Verfahren vor allem im Agrarsektor, im Wettbewerbsrecht und in Anti- Dumping-Verfahren zur Anwendung.

- im Verfahren der Delegation (Art. 14 GO): Die Kommission kann schließlich – unter der Voraussetzung, dass der Grundsatz der kollegialen Verantwortung voll gewahrt bleibt – den Generaldirektoren und Dienststellenleitern die Befugnis übertragen, in ihrem Namen innerhalb der Grenzen und gemäß den Bedingungen, die sie festlegt, Maßnahmen der Geschäftsführung und der Verwaltung zu treffen.

371 Die Beschlüsse der Kommission werden *„mit der Mehrheit der im Vertrag vorgesehenen Zahl der Mitglieder gefasst“* (Art. 8 Abs. 3 GO). Dies entspricht gegenwärtig 14 von 27 Stimmen, also der absoluten Mehrheit.

Für die Beschlussfähigkeit ist die Anwesenheit von 14 Mitgliedern erforderlich (Art. 7 GO „Mehrheit der im Vertrag vorgesehenen Zahl der Mitglieder“); als anwesend gelten auch die Mitglieder der Kommission, die mittels Telekommunikationssystemen an den Beratungen teilnehmen, sofern der Präsident die Teilnahme über Telekommunikationssysteme gestattet, was nur in Ausnahmefällen vorkommt (Art. 7 iVm. Art. 5 Abs. 2 GO). Bei weniger als 14 Mitgliedern ist zwar eine Bewertung, aber keine Beschlussfassung möglich. Abwesende Kommissionsmitglieder können bei der Stimmabgabe **nicht vertreten** werden.

d) Sitz

372 Der Sitz der Kommission ist Brüssel. Daneben verfügt die Kommission über Arbeitsorte vor allem in Luxemburg, aber auch in anderen Städten der EU, wo von der Kommission eingesetzte Agenturen tätig sind.

Weiterführende Literatur: *Borchardt,* Die Europäische Kommission nach Lissabon: Brüsseler Tiger oder Bettvorleger?, in: FS für Scheuing, 2011, S. 26; *Sabathil/Dietz/Joos/Kessler,* Das Räderwerk der Europäischen Kommission, 4. Aufl. 2006; *Klösters,* Kompetenzen der EG-Kommission im innerstaatlichen Vollzug von Gemeinschaftsrecht, 1994; *Naß,* Eine Institution im Wandel: Die Europäische Kommission, FS für Mestmäcker, 1996, S. 411; *Nemitz,* Europäische Kommission: Vom Kollegialprinzip zum Präsidialregime?, EuR 1999, S. 678; *Peterson/Shackleton,* The Insititutions of the European Union, 2006; *Sabbathil/Joos/Keler,* The European Commission – An Essential Guide to the Institution, the Procedures and the Policies, 2008; *Zepter,* Zukunft und Aufgaben der Europäischen Kommission, integration 2000, S. 260.

---

432 So ausdrücklich EuGH Rs. 5/85, AKZO, Slg. 1986, 2607/2615; Rs. 43 u. 63/82, VBVB, UBBB/KOM, Slg. 1984, 19/56.

6. Der Gerichtshof der EU (Art. 19 EUV)[433]

a) Funktion und Zuständigkeiten

Die Aufgaben der Rechtsprechung werden auf **drei Ebenen** wahrgenommen durch: 373

- den „Gerichtshof – EuGH" als oberstes Gericht in der europäischen Gerichtsbarkeit (Art. 253 AEUV)
- das „Gericht – EuG" als ein zweites autonomes Rechtsprechungsorgan der EU (Art. 256 AEUV)
- die „Fachgerichte", die dem EuG beigeordnet werden können, um in bestimmten Sachbereichen die ihnen zugewiesenen Rechtstreitigkeiten zu entscheiden (Art. 257A EUV).

Zu unterscheiden sind die rechtsberatende und die rechtsprechende Funktion. 374 **Rechtsberatung** betreibt allein der EuGH in Form der Erstellung verbindlicher Gutachten zu Übereinkommen, welche die EU mit Drittstaaten oder internationalen Organisationen abschließen will (Art. 218 Abs. 6 AEUV). Ungleich gewichtiger ist jedoch die Funktion von EuGH, EuG und Fachgerichten als Organe der **Rechtsprechung**. Die konkreten **Zuständigkeiten** ergeben sich aus den Kompetenzzuweisungsnormen der EU-Verträge, die durch die Satzung des Gerichtshofs (Satzung/EuGH) ergänzt und durch die Verfahrensordnungen (VerfO) von EuGH und EuG konkretisiert werden.

Danach entscheiden die Rechtsprechungsorgane der EU im Rahmen der EU-Verträ- 375 ge über

- **Streitigkeiten verfassungsrechtlicher Natur,** d.h. Streitigkeiten zwischen den Mitgliedstaaten untereinander, zwischen Mitgliedstaaten und EU-Organen sowie zwischen den EU-Organen untereinander (z.B. Nichtigkeits- und Untätigkeitsklagen, die von Mitgliedstaaten oder EU-Organen erhoben werden, Art. 263 Abs. 1 AEUV, Art. 235 Abs. 1 AEUV; Vertragsverletzungsverfahren, Art. 258 AEUV, Art. 259 AEUV);
- **Streitigkeiten verwaltungsrechtlicher Natur**, d.h. Klagen Einzelner gegen EU-Organe (z.B. Nichtigkeits- und Untätigkeitsklagen, die von natürlichen und juristischen Personen erhoben werden, Art. 263 Abs. 4 AEUV, Art. 265 Abs. 3 AEUV; Schadensersatzklagen, Art. 268 i.V.m. Art. 340 Abs. 2 AEUV; Personalstreitigkeiten, Art. 270 AEUV);
- Streitigkeiten betreffend die Maßnahmen, mit dem gegen einen Mitgliedstaat vorgegangen wird, der die der EU zugrunde liegenden Werte (Art. 2 EUV) schwerwiegend und anhaltend verletzt oder zu verletzen droht (Art. 269 AEUV). Der

433 Weitere Regelungen zum Gerichtshof der EU finden sich in den Art. 251ff. AEUV, in der Satzung des Gerichtshofs der EU (konsolidierte Fassung v. 1.9.2024 mit letzter Änderung durch die VO (EU, Euratom) 2024/2019 des EP und des Rates v. 11.4.2024, ABl. 2024 L) sowie in den Verfahrensordnungen des EuGH (VerfO) EuGH v. 25.9.2012 (ABl. L 215, zuletzt geändert 2.7.2024 (ABl. 2024 L, 2024/2094), und des EuG (VerfO) EuG v. 4.3.2015 (ABl. 2015 L 105:1 (konsolidierte Fassung v. 1.9.2024 mit letzter Änderung v. 10.7.2024).

Umfang dieser Zuständigkeit ist auf die **Überprüfung der formellen Rechtmäßigkeit** dieser Rechtsakte beschränkt.

- Streitigkeiten betreffend gemeinschaftliche Titel für das **geistige Eigentum** (Art. 262 AEUV); der zur Einführung dieser Gerichtszuständigkeit notwendige einstimmige Beschluss des Rates ist inzwischen getroffen worden[434], muss aber noch von den Mitgliedstaaten ratifiziert werden.
- **Vorabentscheidungsersuchen** (Art. 267 AEUV), mit denen der Gerichtshof von den Gerichten der Mitgliedstaaten in Fragen der Gültigkeit und der Auslegung des EU-Rechts befasst wird und die ihrer Natur nach den Verfassungs-, Verwaltungs-, Zivil-, Arbeits-, Sozial-, Steuer- und Strafsachen zuzuordnen sind, je nachdem, von welchem Gericht das Ersuchen um Vorabentscheidung ausgeht.

376 Für diese Streitigkeiten besteht eine **ausschließliche Zuständigkeit der europäischen Gerichtsbarkeit**. Die mitgliedstaatlichen Gerichte oder Schiedsgerichte können nur außerhalb dieser vertraglich festgelegten Zuständigkeitsbereiche mit Streitigkeiten, bei denen die EU Partei ist, befasst werden (Art. 274 AEUV); letzteres gilt darüber hinaus nur insoweit, als nicht auch für diese Fälle durch besondere Schiedsklauseln die Zuständigkeit des EuGH begründet wird (Art. 272 und Art. 273 AEUV).

377 Der Zuständigkeit des Gerichtshofs **entzogen** sind grundsätzlich die Bereiche der **Gemeinsamen Außen- und Sicherheitspolitik** (Art. 275 AEUV) und die **Maßnahmen der Polizei und der Strafverfolgungsbehörden** (Art. 276 AEUV).

- Die **Bestimmungen hinsichtlich der Gemeinsamen Außen- und Sicherheitspolitik** (Art. 23 – Art. 46 EUV) sowie das auf ihrer Grundlage erlassene Sekundärrecht können vom EuGH weder überprüft oder ausgelegt werden noch als Prüfungsmaßstab für andere Rechtshandlungen im Rahmen sonstiger Verfahren vor dem EuGH herangezogen werden[435]. Diese Bestimmungen haben nicht dieselbe rechtliche Qualität wie die supranationalen Normen des EU-Rechts, so dass weder die Grundsätze der unmittelbaren Anwendbarkeit noch der Vorrang des EU-Rechts sowie die spezifischen unionsrechtlichen Auslegungsgrundsätze auf sie Anwendung finden.

Zwei Ausnahmen sind allerdings vorgesehen: Die *erste Ausnahme* betrifft die Möglichkeit der Überprüfung der Einhaltung der Regelungskompetenzen im Rahmen des Art. 40 EUV. In diesem Zusammenhang ist es z.B. durchaus vorstellbar, dass von der Kommission eine Vertragsverletzungsklage nach Art. 258 AEUV mit dem Vorwurf erhoben wird, das Handeln der Mitgliedstaaten im Rahmen der GASP verletze eine ausschließliche oder bereits ausgeübte konkurrierende Zuständigkeit der EU; im Rahmen einer Nichtigkeitsklage nach Art. 263 AEUV können z.B. einzelne

---

434 VO (EU) Nr. 1257/2012.

435 EuGH, C-658/11, EP/Rat, Urteil v. 24.6.2014, EU:C:2014:2025, Rn. 69 und 70; C-455/14 P, H/Rat u.a., Urteil v. 19.7.2016, EU:C:2016:569, Rn. 39 und 40; C-134/19 P, Bank Refah Kargaran/Rat, Urteil v. 6.10.2020, EU:C:2020:793, Rn. 26 und 32.

EU-Rechtsakte daraufhin überprüft werden, ob sie aufgrund einer missbräuchlichen Nutzung der Form eines GASP-Rechtsaktes in andere EU-Zuständigkeiten eingreifen und damit Art. 40 EUV verletzen[436]. Die *zweite Ausnahme* betrifft die Überwachung der Rechtmäßigkeit von Beschlüssen über restriktive Maßnahmen gegenüber natürlichen und juristischen Personen, die der Rat auf der Grundlage der besonderen Bestimmungen hinsichtlich der GASP erlassen hat. Dies betrifft insbesondere die Beschlüsse des Rates zum Schutz natürlicher Personen bei der Verarbeitung personenbezogener Daten durch die Mitgliedstaaten im Rahmen der GASP (Art. 39 EUV) oder auch die Maßnahmen im Rahmen des militärischen Beschaffungswesens (Art. 45 Abs. 1 lit. b) EUV).

Eine Erweiterung dieser Ausnahmen hat der EuGH insoweit mit der Feststellung vorgenommen, dass die Einbeziehung der GASP in den verfassungsrechtlichen Rahmen der EU bedeutet, dass die Grundprinzipien der Unionsrechtsordnung auch im Rahmen dieser Politik gelten. Dazu gehören u.a. die Achtung der Rechtsstaatlichkeit und der Grundrechte, bei denen es sich um Werte handelt, die in Art. 2 EUV genannt und in Art. 19 EUV konkretisiert werden und die verlangen, dass sowohl die Behörden der EU als auch die der Mitgliedstaaten einer gerichtlichen Kontrolle unterliegen. Allerdings genügt für die Anwendung dieses Grundsatzes die schlichte Behauptung, dass die Handlungen oder Unterlassungen, die Gegenstand der Klage eines Einzelnen sind, dessen Grundrechte verletzen, für sich allein nicht, damit sich der EuGH für die Entscheidung über diese Klage für zuständig erklärt[437], da anderenfalls Art. 24 Abs. 1 UAbs. 2 letzter Satz EUV und Art. 275 Abs. 1 AEUV ein Teil ihrer praktischen Wirksamkeit genommen würde und die Grundsätze der begrenzten Einzelermächtigung und des institutionellen Gleichgewichts missachtet würden[438].

- Im Hinblick auf die **Überprüfung der Gültigkeit oder Verhältnismäßigkeit von Maßnahmen der Polizei oder anderer Strafverfolgungsbehörden** eines Mitgliedstaates oder der Wahrnehmung der Zuständigkeiten der Mitgliedstaaten für die Aufrechterhaltung der öffentlichen Ordnung und den Schutz der inneren Sicherheit wird lediglich eine Rechtmäßigkeitskontrolle dieser Maßnahmen ausgeschlossen; diese Zuständigkeitsbegrenzung hindert den EuGH jedoch nicht daran, zu prüfen, ob eine Maßnahme überhaupt als Maßnahme zur Aufrechterhaltung der öffentlichen Ordnung und des Schutzes der inneren Sicherheit anzusehen ist. Im Übrigen bleiben die Zuständigkeiten des Gerichtshofs der EU für die Auslegung und Gültigkeit der Bestimmungen über die justizielle Zusammenarbeit in Strafsachen und die auf ihrer Grundlage erlassenen Rechtsakte unberührt.

---

436 In diesem Sinne EuGH C-72/15, Rosneft, Urteil v. 28.3.2017, EU:C:2017:236, Rn. 60; C-170/96, KOM/Rat [Transit auf Flughäfen], Slg. 1998, I-4521.

437 EuGH, C-565 P, Carvalho u.a./Parlament und Rat, Urteil v. 25.3.2021, EU:C:2021:252, Rn. 48.

438 EuGH, verb. Rs C-29/22 P und C-44/22 P, KS, KD, Urteil v.10.9.2024, ECLI:EU:C:2024:725, Rn. 68-73.

378 **Nicht erfasst** von der Zuständigkeit der europäischen Gerichtsbarkeit werden *Absprachen zwischen den Mitgliedstaaten*[439], Vereinbarungen zwischen einem Mitgliedstaat und Drittstaaten oder auch unverbindliche Empfehlungen und Stellungnahmen eines EU-Organs. Ebenso wenig steht das *Recht der Mitgliedstaaten* zur Disposition des EuGH[440], wenngleich Rückwirkungen des EU-Rechts wegen dessen Vorrangs und unmittelbarer Anwendbarkeit auf das mitgliedstaatliche Recht nicht ausgeschlossen werden können, diese sogar unvermeidlich sind.

b) Aufbau und Aufgaben des EuGH

aa) Organisation

379 Der EuGH setzt sich gegenwärtig aus **27 Richtern** und **11 Generalanwälten** zusammen, die *„im gegenseitigen Einvernehmen der Regierungen der Mitgliedstaaten"* auf 6 Jahre ernannt werden (Art. 19 Abs. 2 EUV, Art. 252 AEUV). Jeder Mitgliedstaat entsendet je einen Richter. Im Interesse der Wahrung der Kontinuität der Rechtsprechung wird die Hälfte der Richterstellen alle drei Jahre jeweils zu Beginn des Gerichtsjahres am 6. Oktober besetzt. Eine Wiederwahl ist möglich.

Zusammensetzung

27 Richter

11 Generalanwälte

(einvernehmlich auf 6 Jahre von den Regierungen der Mitgliedstaaten ernannt)

Verfahrensarten

Vertragsverletzungsverfahren Kommission gegen Mitgliedstaat – Art. 258 Mitgliedstaat gegen Mitgliedstaat – Art. 259	Nichtigkeits- und Untätigkeitsklage eines EU-Organs, eines Mitgliedstaats oder natürlicher und juristischer Personen wegen rechtswidriger oder unterlassener Rechtsakte Art. 263, Art. 265	Vorabentscheidungsverfahren von Gerichten der Mitgliedstaaten zur Auslegung und Gültigkeit von EU-Rechtsakten Art. 267	Rechtsmittel gegenüber Entscheidungen des EuG – Art. 256 und der Fachgerichte – Art. 257

439 Eine Zuständigkeit des EuGH kann hier aber durch einen Schiedsvertrag (Art. 273 AEUV) begründet werden, soweit die Absprache mit dem Gegenstand der EU-Verträge im Zusammenhang steht; so geschehen im Fiskalpakt, Art. 8.

440 Vgl. EuGH C-399/97, Glasoltherm SARL/KOM u.a., Slg. 1998, I-4521.

(1) Generalanwälte

Unterstützt wird der EuGH bei der Rechtsfindung von elf **Generalanwälten,** deren Berufung der der Richter entspricht und die die richterliche Unabhängigkeit genießen (Art. 252 AEUV)[441]. Die Zahl der Generalanwälte kann auf Antrag des EuGH durch einstimmigen Beschluss des Rates erhöht werden (Art. 252 Abs. 2 AEUV). Die Institution des Generalanwalts ist offensichtlich den beim Conseil d'Etat und den französischen Verwaltungsgerichten eingerichteten „Commissaire du Gouvernement“ nachgebildet. Sie wurde auch beim EuGH eingeführt, um einen Ausgleich für die ursprüngliche Eingliedrigkeit der Gerichtsbarkeit und die damit fehlende Rechtsmittelinstanz zu schaffen. **380**

Aufgabe der Generalanwälte ist es, in sog. „Schlussanträgen“ dem EuGH einen – nicht bindenden – Entscheidungsvorschlag zu unterbreiten, der aus einem in völliger Unabhängigkeit und Unparteilichkeit erstellten Rechtsgutachten über die in dem jeweiligen Verfahren aufgeworfenen Rechtsfragen hervorgeht. Die Schlussanträge sind Bestandteil der mündlichen Verhandlung (Art. 82 VerfO/EuGH) und werden zusammen mit dem Urteil in der Amtlichen Sammlung veröffentlicht. Einfluss auf das Urteil gewinnen die Generalanwälte nur durch die Überzeugungskraft ihrer Schlussanträge; an den Urteilsberatungen und Abstimmungen nehmen sie nicht teil. Allerdings ist die Abgabe von Schlussanträgen im Verfahren vor dem EuGH nicht mehr zwingend vorgeschrieben (Art. 252 Abs. 2 AEUV). Wirft eine Rechtssache nach Ansicht des EuGH keine neuen Rechtsfragen auf, so kann dieser nach Anhörung des Generalanwalts beschließen, dass ohne Schlussanträge über die Sache entschieden wird (Art. 20 Abs. 5 Satzung/EuGH). Eine im Zuge der Errichtung einer dreigliedrigen Gerichtsbarkeit neue Aufgabe kommt daneben dem **Ersten Generalanwalt** zu. Er entscheidet darüber, ob ein im Rechtsmittel- oder Vorlageverfahren vom EuG erlassenes Urteil im Interesse der Rechtseinheit und der Kohärenz der Rechtsprechung vom EuGH überprüft werden soll.

(2) Auswahl der Richter und Generalanwälte

Zu Richtern und Generalanwälten sind Persönlichkeiten auszuwählen, die jede Gewähr für Unabhängigkeit bieten und in ihrem Heimatstaat die für die höchsten richterlichen Ämter erforderlichen Voraussetzungen erfüllen oder Juristen von anerkannt hervorragender Befähigung sind (Art. 253 AEUV). Deshalb ist es möglich, dass zu Richtern und Generalanwälten des EuGH neben Richtern etwa auch Beamte, Politiker, Anwälte oder Hochschullehrer aus den jeweiligen Mitgliedstaaten bestellt werden. Die Vielfalt der beruflichen Herkunft und die Verschiedenheit des Erfahrungsschatzes sind der Arbeit am EuGH förderlich, da sie dazu beitragen, die **381**

441 Zur Institution des Generalanwalts s. *K. Borgsmidt,* EuR 1987, S. 162 ff.; *Gaissert,* Der Generalanwalt eine unabdingbare Institution am Gerichtshof der Europäischen Gemeinschaften, 1987.

aufgeworfenen Tatsachen- und Rechtsfragen aus den Gesichtspunkten von Theorie und Praxis möglichst umfassend zu beleuchten.

Das **Ernennungsverfahren** gliedert sich in **drei Stufen**: Auf der *ersten Stufe* schlägt die Regierung des betreffenden Mitgliedstaates einen Kandidaten vor. Auf der *zweiten Stufe* gibt der in Art. 255 AEUV vorgesehene Expertenausschuss eine Stellungnahme dazu ab, ob der Kandidat die Eignungskriterien erfüllt. Auf Basis der Stellungnahme des Ausschusses ernennen die Regierungen der Mitgliedstaaten im gegenseitigen Einvernehmen auf der *dritten Stufe* den jeweiligen Kandidaten. Hierbei üben sie die – vom EuGH nicht überprüfbare – gemeinsame Zuständigkeit der Mitgliedstaaten aus.

Zur *ersten Stufe* hat der EuGH jüngst festgestellt, dass trotz der weiten Ermessensspielräume der Mitgliedstaaten bei der Auswahl der von ihnen entsandten Unionsrichtern, die materiellen Voraussetzungen und die Verfahrensmodalitäten für den Vorschlag eines Bewerbers bei den Rechtssuchenden keine berechtigten Zweifel daran aufkommen lassen dürfen, dass der vorgeschlagene Bewerber die Anforderungen der Eignung und der Unabhängigkeit (Art. 19 Abs. 2 UAbs. 3 EUV und Art. 254 Abs. 2 AEUV) erfüllt. Auf dieser Grundlage hält es der EuGH für mit dem Unionsrecht vereinbar, wenn ein Mitgliedstaat aus einer Rangliste von Bewerbern, die nach Einschätzung nationaler unabhängiger Sachverständiger sämtlich die Anforderungen aus Art. 19 EUV, Art. 254 AEUV erfüllen, nicht den Bestplatzierten vorschlägt, sofern der vorgeschlagene Bewerber tatsächlich die unionsrechtlichen Anforderungen an die Unabhängigkeit und fachliche Eignung erfüllt.[442]

In *Deutschland* sieht § 1 Abs. 3 des Richterwahlgesetzes (RiWG) die Benennung der als EuGH oder EuG-Richter vorzuschlagenden Persönlichkeiten durch die Bundesregierung im Einvernehmen mit dem Richterwahlausschuss vor. Ein Vorschlagsrecht haben sowohl der Bundesminister der Justiz als auch die Mitglieder des Richterwahlausschusses (§ 10 Abs. 1 Satz 2 RiWG). Der Wahlausschuss prüft, ob der für ein Richteramt Vorgeschlagene die sachlichen und persönlichen Voraussetzungen für dieses Amt besitzt. Die Entscheidung über die Zustimmung zu einem Personalvorschlag trifft der Richterwahlausschuss in geheimer Abstimmung mit der Mehrheit der abgegebenen Stimmen (§§ 11, 12 Abs. 1 RiWG). Eine öffentliche Ausschreibung des Richterpostens erfolgt – anders als beispielsweise in Österreich – nicht. In dem *österreichischen Verfahren* muss die dortige Bundesregierung dem Nationalrat und dem Bundespräsidenten ihren Vorschlag mitteilen. Dieser bedarf anschließend der Zustimmung des Hauptausschusses des Nationalrats.

Auf der *zweiten Stufe* gibt der in Art. 255 AEUV vorgesehene „Experten- oder Richterprüfungsausschuss" eine Stellungnahme dazu ab, ob der Kandidat die für die Ausübung des Amts eines Richters oder Generalanwalts beim EuGH und beim EuG die Eignungskriterien erfüllt. Der Ausschuss setzt sich aus sieben Persönlichkeiten

---

442 EuGH, C-119/23, Valan ius, Urteil v. 29.7.2024, ECLI:EU:C:2024:653.

zusammen, die aus dem Kreis ehemaliger Mitglieder des EuGH und des EuG, der Mitglieder der höchsten einzelstaatlichen Gerichte und Juristen von anerkannt hervorragender Befähigung, von denen einer vom EP vorgeschlagen wird, ausgewählt werden[443].

(3) Geschäftsverteilung

Nach Eingang einer Rechtssache beim EuGH bestimmt der Präsident einen Richter **382** als Berichterstatter, dem bis zum fertigen Urteil die Aufgabe zukommt, die während des Verfahrens notwendigen Entscheidungen vorzubereiten und Lösungen vorzuschlagen. Dazu gehört auch der Vorschlag, welcher Spruchkörper eine Rechtssache verhandeln und entscheiden soll.

Der EuGH verfügt über folgende **Spruchkörper:**

- Das **Plenum** (27 Richter). Eine Entscheidung im Plenum ist nur noch bei Amtsenthebungsverfahren und Disziplinarverfahren gegen Mitglieder der EU-Organe zwingend vorgeschrieben, ansonsten bedarf es eines Verweises einer Sache ans Plenum durch den EuGH selbst, was lediglich in ganz außergewöhnlich bedeutsamen und grundsätzlichen Verfahren geschieht.
- Eine **Große Kammer** mit 15 Richtern (Art. 16 Abs. 2 Satzung/EuGH). Der Großen Kammer werden Rechtssachen nur dann zugewiesen, wenn die Schwierigkeit, die Bedeutung der Rechtssache oder besondere Umstände es erfordern oder wenn dies von einem am Verfahren beteiligten Mitgliedstaat oder EU-Organ ausdrücklich beantragt wird.
- **5 Kammern zu 5 Richtern** und
- **5 Kammern zu 3 Richtern.**

Mit Ausnahme der zwingend einem Plenum zugewiesenen Rechtssachen entschei- **383** det der EuGH über die **Verweisung** an eine Kammer am Schluss des schriftlichen Verfahrens auf der Grundlage des Vorberichts des Berichterstatters (Art. 60 VerfO/EuGH). Die Entscheidung erfolgt dabei nach intern festgelegten Kriterien, von denen der rechtliche Schwierigkeitsgrad, das Bestehen einer bereits gefestigten Rechtsprechung oder auch die politischen und finanziellen Implikationen eines Verfahrens von entscheidender Bedeutung sind. Die **Rückgabe** einer Rechtssache an das Plenum ist zu jedem Zeitpunkt, selbst während oder nach der Urteilsberatung, möglich (Art. 60 § 3 VerfO/EuGH). Letzteres hat allerdings zur Folge, dass die mündliche Verhandlung vor dem Plenum erneut zu eröffnen ist.

Die Auswahl des Berichterstatters sowie die Bestimmung des Spruchkörpers lässt **384** Bedenken nach der Vereinbarkeit dieses Verfahrens mit Art. 101 Abs. 1 GG aufkommen, wonach der jeweilige Richter im Voraus allgemein bestimmt sein muss. Obwohl dies beim EuGH nicht wie im deutschen Recht durch Geschäftsverteilungspläne geschieht, erfüllt auch das in der VerfO des EuGH vorgesehene Verfahren

443 Vgl. den Beschluss des Rates v. 11.2.2014 zur Ernennung der Mitglieder des in Art. 255 AEUV vorgesehenen Ausschusses, ABl. L 41/18.

der Zuweisung einer Rechtssache an einen Berichterstatter und einen bestimmten Spruchkörper die grundlegenden Anforderungen des Rechts auf den *„gesetzlichen Richter"*. Auch die VerfO des EuGH ist insoweit an dem Gedanken ausgerichtet, vor Willkür und vor Zuweisungen anhand unsachgerechter Kriterien zu schützen. Dazu dient zum einen, dass der Präsident bei der Auswahl des Berichterstatters und damit zugleich der zuständigen Kammer an die vom EuGH in einem internen Beschluss aufgestellten Kriterien gebunden ist, d.h. dass der Präsident insoweit lediglich über ein gebundenes Ermessen verfügt. Zum anderen entscheidet der EuGH mit allen seinen Mitgliedern über den im Einzelfall zu bestimmenden Spruchkörper, und dies auch nur insoweit, als das Verfahren nicht zwingend dem Plenum zugewiesen ist. Vor diesem Hintergrund können die Verweisungsregeln der VerfO und die entsprechende Praxis des EuGH durchaus als mit dem Grundsatz des gesetzlichen Richters vereinbar angesehen werden; gleichwohl wäre eine größere Transparenz in den Zuweisungsfragen am EuGH wünschenswert.

bb) Aufgaben des EuGH

385 Der EuGH besitzt die höchste richterliche Gewalt in allen Fragen des Unionsrechts. Seine generelle Aufgabe wird in Art. 19 EUV dahingehend umschrieben, dass der Gerichtshof *„die Wahrung des Rechts bei der Auslegung und Anwendung der Verträge"* sichert.

Diese allgemeine Aufgabenumschreibung umfasst drei grundlegende Bereiche:
- Kontrolle der Anwendung des EU-Rechts (1)
- Auslegung des EU-Rechts (2)
- Fortbildung des EU-Rechts (3)

(1) Kontrolle der Anwendung des EU-Rechts

386 Die Kontrolle der Anwendung des EU-Rechts erstreckt sich zum einen auf das Handeln der EU-Organe zum Zwecke der Durchführung der Vertragsvorschriften in Gestalt des Erlasses sekundären EU-Rechts und zum anderen auf das Handeln der Mitgliedstaaten und der Einzelnen zum Zwecke der Erfüllung ihrer Verpflichtungen aus dem EU-Recht.

387 Das **Handeln der EU-Organe** wird vom EuGH unter den Gesichtspunkten der Einhaltung der Kompetenznormen, der Einhaltung des Verfahrens und der Vereinbarkeit mit höherrangigem materiellen Recht überprüft.
- **Einhaltung der Kompetenznormen** bedeutet Respektierung der sich aus den Vertragsvorschriften für das jeweilige EU-Organ ergebenden Grenzen seiner Handlungsbefugnisse (Gewährleistung des Prinzips der begrenzten Ermächtigung)[444].
- **Einhaltung des Verfahrens** bedeutet vor allem die ordnungsgemäße Durchführung der Gesetzgebungsverfahren (Art. 289 AEUV), die Einhaltung der von

444 Vgl. dazu noch im Einzelnen unter § 5 B. II.

der Kommission beim Erlass von delegierten Rechtsakten (Art. 290 AEUV) und Durchführungsrechtsakten (Art. 291 AEUV) zu beachtenden Vorgaben und Verfahren sowie die Gewährleistung der vielfältigen Anhörungs- und Beteiligungsrechte im Entscheidungs- und Verwaltungsverfahren der EU.

- Als Prüfungsmaßstab für die **Vereinbarkeit mit höherrangigem Recht** dienen neben den Vorschriften der EU-Verträge alle verbindlichen Rechtsakte der EU und vor allem die allgemeinen Rechtsgrundsätze. Die die EU bindenden internationalen Verträge sind hingegen nur dann Prüfungsmaßstab für die Rechtmäßigkeit eines EU-Rechtsaktes, wenn die EU mit dem fraglichen Rechtsakt eine im Rahmen des internationalen Vertrages übernommene Verpflichtung umsetzt oder in diesem Rechtsakt ausdrücklich auf eine spezielle Bestimmung dieses internationalen Vertrages verweist[445].

Die Kontrolle vertragskonformen **Verhaltens der Mitgliedstaaten** erfolgt im Rahmen der Vertragsverletzungsverfahren (Art. 258 und Art. 259 AEUV) sowie mittelbar auch im Rahmen der Vorabentscheidungsverfahren (Art. 267 AEUV). 388

(2) Die Auslegung des EU-Rechts

Die verbindliche Auslegung des Unionsrechts liegt in der ausschließlichen Zuständigkeit des Gerichtshofs.[446] Dieser wendet dabei in seiner Rechtsprechungspraxis unionsspezifische Auslegungsmethoden an, die zwar an den aus dem nationalen Recht bekannten Regeln anknüpfen, diese jedoch entsprechend den Besonderheiten der EU-Rechtsordnung gewichtet und ausgebildet werden. 389

Ausgangspunkt ist dabei der Anspruch auf **autonome Auslegung** des Unionsrechts, der sich aus den Grundsätzen der Eigenständigkeit und der einheitlichen Geltung des Unionsrechts ableitet. Ein **Rückgriff auf das nationale Recht** ist nur dann zulässig, wenn das Unionsrecht selbst auf das nationale Recht ausdrücklich verweist; in diesem Fall unterliegt das in Bezug genommene nationale Recht allerdings nicht mehr der Auslegungshoheit des EuGH, sondern der nationalen Gerichte[447]. Das Gleiche gilt ausnahmsweise auch dann, wenn das Unionsrecht auch unter Heranziehung der allgemeinen Rechtsgrundsätze nicht in der Lage ist, den Inhalt der fraglichen Unionsrechtsvorschrift zu bestimmen[448]. 390

---

445 EuGH C-377/02, Léon van Parys, Slg. 2005, I-1465,„WTO-Übereinkommen"; C-69/89, Nakajima/Rat, Slg. 1991, I-2069, „Antidumping- und Antisubventionscode"; C-286/90, Poulsen und Diva Navigation, Slg. 1992, I-6019, „Internationale Fischereiabkommen".

446 In diesem Sinne Urteil vom 2.9.2021, Republik Moldau, C-741/19, EU:C:2021:655, Rn. 45.

447 EuGH C-287/98, Linster, Slg. 2000, I-6917; C-373/00, Truley, Slg. 2003, I-1931; C-103/01, KOM/Deutschland, Slg. 2003, I-5369; C-296/95, EMU Tabac, Slg. 1998, I-1605; Rs 327/82, Ekoo, Slg. 1984, 107.

448 EuG T-43/90, Diaz Garcia, Slg. 1992, II-2619 ; T-85/91, Khouri, Slg. 1992, II-2637; T-9/92, Peugeot, Slg. 1993, II-493; T-172/01, M./Gerichtshof, Slg. 2004, II-1075.

391 Sofern eine Unionsrechtsvorschrift **verschiedene Auslegungen** zulässt, ist nach der Rechtsprechung des EuGH derjenigen der Vorzug zu geben, welche die Wirksamkeit der fraglichen Unionsrechtsvorschrift am effektivsten zur Geltung bringt[449] („effet utile"). Auch ist stets diejenige Auslegung zu wählen, welche die **Gültigkeit** der fraglichen Unionsrechtsvorschrift nicht in Frage stellt[450].

392 Die **wörtliche Auslegung** ist auch im EU-Recht Ausgangspunkt einer jeden Auslegung. Auch der EuGH nimmt in seiner Auslegungspraxis häufig Bezug auf den Wortlaut der auszulegenden Regelung. Eine besondere Schwierigkeit ergibt sich für die wörtliche Auslegung einer Unionsrechtsvorschrift jedoch aus dem Umstand, dass auf Unionsebene der Wortlaut einer Regelung in jeder der zurzeit 24 Amtssprachen gleichermaßen verbindlich ist. Völlig unerheblich ist dabei, wie groß die Verbreitung einer Sprache unter den Mitgliedstaaten der EU tatsächlich ist[451]. Daraus und aus dem Grundsatz der einheitlichen Auslegung leitet der EuGH ab, dass jede Sprachfassung nicht für sich allein ausgelegt werden darf, sondern dass auch die anderen Sprachfassungen in die Auslegung einbezogen werden müssen[452]. Das bedeutet nun nicht, dass in jedem Fall ein Textvergleich unter allen 24 Sprachfassungen anzustellen ist; allerdings muss das aus dem Wortlaut einer Sprachfassung gewonnene Auslegungsergebnis anhand einer repräsentativen Anzahl anderer Sprachfassungen überprüft werden.

Damit sind der wörtlichen Auslegung letztendlich deutliche Grenzen gesetzt, vor allem wenn die Auslegung einer EU-Rechtsvorschrift durch die nationalen Rechtsanwendungs- oder Rechtsprechungsorgane vorgenommen wird, die für den Umgang mit anderen Sprachfassungen nicht über die gleichen Möglichkeiten verfügen wie der multinational zusammengesetzte EuGH oder die Kommission. Aber auch den EU-Organen liefert der Wortlaut einer unionsrechtlichen Bestimmung nicht immer sichere Vorgaben, da dieser aufgrund des schwierigen Entscheidungsverfahrens in der EU und des damit verbundenen Hanges zu Formelkompromissen häufig unklar und damit selbst interpretationsbedürftig ist[453].

Neben der Auslegung im Lichte der anderen Sprachfassungen formuliert die Rechtsprechung des EuGH für eine auf den Wortlaut gestützte Auslegung weiterhin die widerlegbare Vermutung, dass jede Änderung des Wortlauts einer Unionsrechtsvorschrift auch eine Änderung des Bedeutungsgehalts nach sich zieht, wenn der neue Wortlaut eine andere Auslegung nahelegt[454].

---

449 EuGH C-434/97, KOM/Frankreich, Slg. 2000, I-1129; C-437/97, EUW und Wein Co, Slg. 2000, I-1157.

450 EuGH C-403/99, Italien/KOM, Slg. 2001, I-6883.

451 EuGH C-152/01, Kyocera, Slg. 2003, I-13821.

452 EuGH C-174/05, Zuid-Hollandse Milieufederatie und Natuur en Milieu, Slg. 2006, I-2443; C-1/02, Borgmann, Slg. 2004, I-3219.

453 Vgl. EuGH C-219/95P, Ferriere Nord, Slg. 1997, I-4411; Rs. 55/87, Moksel, Slg. 1988, 3485/3865.

454 EuGH Rs 15/60, Simon, Slg. 1961, 225.

Auch die **historische**, am Willen der Vertragsschöpfer oder Unionsgesetzgebers orientierte Auslegung ist ein im EU-Recht durchaus gebräuchliches Hilfsmittel bei der objektiven Bestimmung des Begriffsinhalts einer EU-Rechtsvorschrift[455]. Die Kenntnis dessen, was die Normgeber bei der Abfassung der Regelung tatsächlich wollten, wird aber vom EuGH nicht im Sinne einer strikten Bindung an die subjektiven Vorstellungen der Normgeber verstanden[456]. Im Hinblick auf die historische Auslegung des primären EU-Rechts macht eine solche Bindung auch keinen Sinn, da die Materialien zum EU-Vertrag nicht veröffentlicht sind. Im Hinblick auf die historische Auslegung des sekundären EU-Rechts können subjektive Vorstellungen des Normgebers nur insoweit in die Auslegung einfließen, als sie in der EU-Rechtsvorschrift selbst konkreten Niederschlag gefunden und damit rechtliche Relevanz erhalten haben[457]. Diese Voraussetzung erfüllen Vorbehalte und einseitige oder mehrseitige Erklärungen, die während der Beratungen über die EU-Rechtsvorschrift abgegeben worden sind, nicht; sie sind deshalb nicht geeignet, den Wortlaut einer EU-Rechtsvorschrift in irgendeiner Weise einzuschränken[458]. **Begründungserwägungen**, die jedem unionsrechtlichen Rechtsakt vorangestellt werden, sind integraler Bestandteil des Rechtsakts und können somit grundsätzlich zur Auslegung der Vorschriften des betreffenden Rechtsakts herangezogen werden[459]. Allerdings geben die Begründungserwägungen in aller Regel nicht die subjektiven Vorstellungen des EU-Gesetzgebers wider, sondern erläutern vielmehr die mit den jeweiligen Regelungen angestrebten Ziele und ihren systematischen Zusammenhang. Deshalb leisten die Begründungserwägungen auch eher Dienste im Rahmen der systematisch-teleologischen Auslegung als im Zusammenhang mit der historischen Auslegung. 393

Als notwendige Ergänzung und unerlässliches Korrektiv der Wortlautinterpretation greift der Gerichtshof deshalb regelmäßig auf die **systematisch-teleologische Auslegung** zurück[460]. Diese ist gekennzeichnet durch das Bemühen um die Herausarbeitung des objektiven Sinns einer Regelung. Die systematisch-teleologische Auslegung ist vom Gerichtshof in einer umfangreichen Fallrechtsprechung unter **Heranziehung** folgender allgemeiner **Grundsätze** ausgeformt worden: 394

455 Vgl. EuGH, C-59/18 und C-182/18, Italien und Comune di Milano/Rat [Sitz der Europäischen Arzneimittel-Agentur], Urteil v. 14.7.2022, EU:C:2022:567, Rn. 67 und die dort angeführte Rechtsprechung.

456 EuGH C-327/91, Frankreich/KOM, Slg. 1994, I-3641/3677; C-314/91, Weber, Slg. 1993, 1093/1112.

457 EuGH C-25/94, KOM/Rat, Slg. 1996, I-1469.

458 EuGH Rs. 143/83, KOM/Dänemark, Slg. 1985, 427; C-292/89 Antonissen, Slg. 1990, I-745; C-104/01, Libertel, Slg. 2003, I-3793.

459 EuGH C-355/95P, TWD, Slg. 1997, I-2549; EuG T-346/02 u. T-347/02, Cableuropa, Slg. 2003, II-4251; T-213/95 u. T-18/96, SCK und FNK, Slg. 1997, II-1739; T-204/97 u. T-270/97, EPAC, Slg. 2000, II-2267.

460 EuGH C-72/95, Aanneinersbedrijf Kraaijeveld u.a., Slg. 1996, I-5403; C-70/94, Werner, Slg. 1995, I-3189/3226; EuG T-458/93, ENU/KOM, Slg. 1995, II-2459; T-41/89, Schwedler, Slg. 1990, II-79.

395 An erster Stelle zu nennen ist in diesem Zusammenhang das Bemühen des EuGH um eine **einheitliche Auslegung** des EU-Rechts. Begriffe, die den Anwendungsbereich einer EU-Rechtsvorschrift bestimmen (z.B. Arbeitnehmerbegriff in Art. 45 AEUV, Begriff der Dienstleistung in Art. 56, Art. 57 AEUV, Entgeltbegriff in Art. 157 AEUV), erhalten einen unionsspezifischen Begriffsinhalt, der durchaus von demjenigen abweichen kann, den diese Begriffe in den nationalen Rechtsordnungen haben. Diese an der Wahrung der Rechtseinheit ausgerichtete Vorgehensweise findet ihre Rechtfertigung in dem Umstand, dass der Anspruch nach einheitlicher Geltung des EU-Rechts in allen Mitgliedstaaten in Frage gestellt wäre, wenn jeder Mitgliedstaat über die Festlegung der Begriffsinhalte den Anwendungsbereich einer EU-Rechtsvorschrift letztendlich selbst bestimmen könnte[461].

396 Von Bedeutung in der Rechtsprechung des Gerichtshofs ist daneben der Rückgriff auf den **„effet utile“** einer EU-Regelung[462]. Diese wird nach Möglichkeit so ausgelegt, dass die EU und ihre Organe in die Lage versetzt werden, auf eine möglichst wirksame Erreichung der allgemeinen Vertragsziele hinzuwirken[463]. Als allgemeine Leitmotive der EU gelten dabei vor allem die Gewährleistung von Gleichheit (Verbot aller offenen und verschleierten Diskriminierungen), von Freiheit (Wirtschafts-, Personen-, Dienstleistungs- und Kapitalverkehrsfreiheit), von Solidarität (der Mitgliedstaaten untereinander) sowie von Einheit (Rechts- und Wirtschaftseinheit). Die Auslegungsfigur des „effet utile“ hat etwa Anwendung gefunden in der Rechtsprechung zum Vorrang des EU-Rechts vor nationalem Recht, zur unmittelbaren Anwendbarkeit von Richtlinien sowie zur Haftung der Mitgliedstaaten für Verletzungen des EU-Rechts.

397 Zur Anwendung kommt auch der **Grundsatz der vertragskonformen Auslegung** des sekundären Unionsrechts. Dieser Auslegungsgrundsatz zielt darauf ab, bei verschiedenen Auslegungsmöglichkeiten im konkreten Fall derjenigen den Vorzug zu geben, bei der die Bestimmung des Sekundärrechts mit dem Vertrag als vereinbar angesehen werden kann[464]. Er findet seine innere Rechtfertigung darin, dass die Unionsrechtsordnung eine in sich geschlossene Einheit bildet und dass Widersprüchlichkeiten möglichst vermieden werden müssen. Die vertragskonforme Auslegung kommt vor allem in folgenden **normenhierarchischen Konstellationen**

461 EuGH C-449/93, Rockfon, Slg. 1995, I-4291; C-34/92, GruSa Fleisch, Slg. 1993, I-4147/4172; C-143/88 und C-92/89, Zuckerfabrik Süderdithmarschen und Zuckerfabrik Soest, Slg. 1991, I-415.

462 *Streinz*, Der „effet utile“ in der Rechtsprechung des Gerichtshofs der Europäischen Gemeinschaften, in: FS Everling, Bd. II 1995, S. 1491.

463 EuGH C-46/93 und C-48/93, Brasserie du pêcheur SA und Factortame Ltd., Slg. 1996, I-1029; C-128/93, Fisscher, Slg. 1994, I-4583/4597; C-6/90 und C-9/90, Francovich und Bonifaci, Slg. 1991, I-5357; EuG T-49/93, SIDE/KOM, Slg. 1995, II-2501.

464 EuGH C-135/93, Spanien/KOM, Slg. 1995, I-1651/1683; C-98/91, Herbrink, Slg. 1994, I-223/252; C-314/89, Rauh, Slg. 1991, I-1647/1672; weitere Einzelheiten zur unionsrechtskonformen Auslegung s. unter § 4 B. V.

zur Anwendung: bei der Auslegung von sekundärem Unionsrecht im Verhältnis zu den von der EU abgeschlossenen völkerrechtlichen Verträgen[465], bei der Auslegung von sekundärem Unionsrecht im Verhältnis zu den Vertragsregeln sowie bei der Auslegung von delegierten Rechtsakten im Verhältnis zu den von Rat und EP getroffenen Gesetzgebungsakten[466].

Schließlich ist auf das **Regel/Ausnahme-Prinzip** hinzuweisen, das in der Recht- **398**
sprechung des EuGH in dem Sinne zur Anwendung kommt, dass die für die Rechtsordnung der EU grundlegenden Begriffe und Rechtsfiguren, wie insbesondere die Grundfreiheiten des Binnenmarktes, weit, Ausnahmen und Vorbehalte dazu hingegen eng ausgelegt werden (z.B. Begriff der Beschäftigung in der öffentlichen Verwaltung im Rahmen der Freizügigkeit, Art. 45 Abs. 4 AEUV; Begriff der Ausübung öffentlicher Gewalt im Rahmen der Niederlassungs- und Dienstleistungsfreiheit, Art. 51 i.V.m. Art. 62 AEUV[467]). Dies wirkt sich vor allem bei der auch im EU-Recht anzustellenden Interessen- und Güterabwägung zwischen den Erfordernissen der EU-Verträge einerseits und den beschränkten Wirkungen der nationalen Politiken andererseits aus, indem Ersteren im Zweifel der Vorzug gegeben wird.

(3) Fortbildung des EU-Rechts

Die *Befugnis* der Gerichte *zur Rechtsfortbildung* und Rechtsgewinnung folgt unmittel- **399**
bar aus ihrer Stellung im Verfassungssystem und wird dem Grundsatz nach auch nicht bestritten. Sie sind dazu berufen, für die Einhaltung des Rechts in der täglichen Praxis Sorge zu tragen, indem sie bestehende Unklarheiten und Widersprüche im Rechtsnormengefüge im Wege der Auslegung beseitigen und unvollkommene oder fehlende Regelungen im Wege der Rechtsfortbildung und -gewinnung ergänzen. Der Gerichtshof bezieht diese **Legitimation** aus dem ihm durch Art. 19 EUV zugewiesenen Auftrag, *„die Wahrung des Rechts bei der Auslegung und Anwendung der Verträge“* zu sichern“[468]. Dieser Auftrag ist denkbar weit angelegt und umfasst eben nicht nur die Auslegung des Rechts, sondern gleichermaßen auch die Wahrung des Rechts, die angesichts des unvollkommenen Regelungsbestandes im EU-Recht nur im Wege der Rechtsfortbildung sichergestellt werden kann. Anders als die historisch gewachsenen nationalen Rechtsordnungen, die über einen gesicherten Bestand gemeinsamer Rechtsüberzeugungen und Rechtsansichten verfügen, muss eine solche gefestigte Rechtsordnung auf EU-Ebene erst noch geschaffen werden. Die EU-Verträge sind dynamisch, d.h. auf fortschreitende Entwicklung angelegt, so dass die EU-Rechtsvorschriften notwendigerweise vielfach offen formuliert und auf spätere Entfaltung

---

465 Diese gehen dem Sekundärrecht gem. Art. 216 Abs. 2 AEUV vor. Vgl. hierzu EuGH C-284/95, Safety Hi-Tech, Slg. 1998, I-4301.

466 EuGH C-90/92, Dr. Tretter, Slg. 1993, I-3569; C-61/94, KOM/Deutschland, Slg. 1996, I-3989.

467 EuGH C-397/01 – C-403/01, Pfeiffer, Slg. 2004, I-8835; C-241/99, CIG, Slg. 2001, I-5139; C-303/98, Simap, Slg. 2000, I-7963.

468 Anerkannt auch vom BVerfG mit Beschluss vom 8.4.1987, BVerfGE 75, 223 ff.

und Ergänzung angewiesen sind. Diese Aufgabe kommt zwar in erster Linie dem EU-Gesetzgeber zu, sie wird aber vom Gerichtshof wahrgenommen, sofern der Gesetzgeber diesem Auftrag nicht nachkommt. Der Gerichtshof kann und darf sich dieser Aufgabe im Rahmen der bei ihm zur Entscheidung anstehenden Rechtsstreitigkeiten nicht entziehen, will er sich nicht dem Vorwurf der Rechtsverweigerung aussetzen und damit seinen Auftrag, die Wahrung des Rechts zu sichern, missachten[469].

400 Die Rechtsfortbildung durch den Gerichtshof findet ihre *Grenzen* in dem allgemeinen Kompetenzrahmen der EU, den inhaltlichen Vorgaben des Verfassungsgebers sowie in der Akzeptanzfähigkeit der Urteile[470]. Die Forderung nach **Einhaltung der Kompetenzgrenzen** folgt unmittelbar aus dem Prinzip der begrenzten Ermächtigung. Auch der Gerichtshof kann über seine unbestrittene Kompetenz zur Rechtsfortbildung nicht die Zuständigkeiten der EU zulasten der Mitgliedstaaten verändern. Darüber hinaus bindet auch das Subsidiaritätsprinzip den Gerichtshof bei der Rechtsfortbildung insoweit, als er sich bei der Konkretisierung der Rechtsregeln fragen muss, wie inhaltsreich und detailliert diese Regeln ausgestaltet sein müssen, um das allein auf EU-Ebene zu erreichende Ziel zu verwirklichen. Die Beachtung der **vom Verfassungsgeber gesetzten** Grenzen beinhaltet, die vom Integrationsprogramm bereits positiv vorgegebenen Richtpunkte zu respektieren, d.h. vor allem, dass sich die vom Gerichtshof anerkannten Rechtsregeln in die Zielsetzungen und Strukturen der EU-Rechtsordnung einzufügen haben. Eine weitere Grenze der Rechtsfortbildung besteht in der Gefahr des Autoritätsverlusts oder, positiv ausgedrückt, in der **Akzeptanzfähigkeit der Entscheidungen**. Für die Entscheidungen des Gerichtshofs ist ihre Akzeptanzfähigkeit deshalb von grundlegender Bedeutung, weil die EU-Rechtsordnung, abgesehen von wenigen Ausnahmen (vgl. Art. 260, Art. 280, Art. 299 AEUV), keine Möglichkeit der zwangsweisen Durchsetzung der Entscheidungen des Gerichtshofs vorsieht. Akzeptanz der Entscheidungen bedeutet dabei nicht Rücksichtnahme und Ausrichtung der Rechtsprechung auf Wünsche oder Rechtszustände in einzelnen Mitgliedstaaten; die Rechtsprechung durch den Gerichtshof kann allein auf der Grundlage seiner Bindung an Gesetz und Recht erfolgen. Es ist deshalb die Ausrichtung der Urteile auf Gesetz und Recht, die zusammen mit einer gewissen Zurückhaltung gegenüber Verwaltung, Gesetzgebung und Mitgliedstaaten sowie einem Blick auf die Folgen der Entscheidungen Akzeptanz vermittelt.

401 Bei der Fortbildung des EU-Rechts bedient sich der Gerichtshof in erster Linie eines **Vergleichs der nationalen Rechtsordnungen**. Dabei orientiert sich der Gerichtshof weder an dem in allen Mitgliedstaaten übereinstimmenden Kern eines Rechts oder Rechtsinstituts (Minimaltheorie) noch an einem arithmetischen Mittel oder an dem jeweils höchsten Schutzmaßstab (Maximaltheorie). Vielmehr bemüht sich der Gerichtshof darum, diejenige Lösung auszuwählen, die sich unter Berücksichtigung

469 Vgl. *Everling*, RabelsZ 1986, S. 193–232.

470 Zum Ganzen *Borchardt*, GS für Grabitz, S. 29–43; *ders.*, Auslegung, Rechtsfortbildung, Rechtsschöpfung, in: Schulze/Zuleeg/Kadelbach, Handbuch der Rechtspraxis, 5. Aufl. 2020, A. VII.

der Ziele und Strukturprinzipien der EU als die **„beste Lösung"** erweist. Im Gegensatz zur Praxis in den Anfangsjahren der Rechtsprechungstätigkeit verzichtet der Gerichtshof (und auch die Generalanwälte) heute i.d.R. auf die **Wiedergabe der rechtsvergleichenden Überlegungen** in den Entscheidungsgründen (bzw. den Schlussanträgen). Dies ist nicht zuletzt im Hinblick auf die Akzeptanz der Urteile in den Mitgliedstaaten der EU zu bedauern, da damit eine wichtige Erkenntnisquelle des Gerichtshofs verschlossen bleibt. Die Ergebnisse dieser Rechtsvergleichung werden eingebunden in die systematisch-teleologische Auslegung, die letztendlich den methodologischen Weg zur Gewinnung von Richterrecht durch den Gerichtshof vorgibt.

c) Aufbau und Aufgaben des EuG

aa) Organisation

Das EuG übt seine Tätigkeit seit September 1989 aus. Die Errichtung des EuG erfolgte mit Beschluss 88/591/EGKS, EWG, Euratom vom 24. Oktober 1988[471]. Zum Hintergrund des Einstiegs in eine zweigliedrige Gerichtsbarkeit heißt es in der Präambel des Beschlusses: *„Für Klagen, deren Entscheidung eine eingehende Prüfung komplexer Sachverhalte erfordert, ist die Einführung zweier Rechtszüge geeignet, den Rechtsschutz des einzelnen zu verbessern. Zur Aufrechterhaltung der Qualität und der Effizienz des Rechtsschutzes in der Rechtsprechung der Gemeinschaft muß es dem Gerichtshof ermöglicht werden, seine Tätigkeit auf seine grundlegende Aufgabe – die Gewährleistung einer einheitlichen Auslegung des Gemeinschaftsrechts – zu konzentrieren"*. Zu diesen Gründen tritt als äußerer Anlass für die Schaffung eines Untergerichts die stetig angewachsene Zahl an Verfahren vor dem Gerichtshof der EU und die dadurch entstandene Notwendigkeit einer Entlastung. 402

Zusammensetzung

54 – zwei Richter je Mitgliedstaat

(einvernehmlich auf sechs Jahre
von den Regierungen der Mitgliedstaaten ernannt)

Das EuG ist kein neues EU-Organ, sondern der Institution „Gerichtshof" eingegliedert[472]. Gleichwohl ist es nicht dem EuGH beigeordnet, sondern eigenständig und auch organisatorisch vom EuGH getrennt. Es verfügt über eine eigene Kanzlei und eine eigene Verfahrensordnung. Zur Unterscheidung werden die Rechtssachen des 403

---

471 ABl. 1988 L 319/1; Berichtigung in ABl. 1989 L 241/4, zuletzt geändert durch Beschluss des Rates 1999/291/EG, EGKS, Euratom v. 26.4.1999, ABl. L 114/52.

472 Zum EuG s. v.a. *Deringer,* RIW 1989, S. 122; *Jung,* EuGRZ 1986, S. 229; *Lenaerts,* EuR 1990, 228; *Neye,* DB 1988, S. 2393; *Rabe,* NJW 1989, S. 3041.

EuG mit einem „T“ (= Tribunal) gekennzeichnet (z.B. T-1/12), während die Rechtssachen des EuGH mit einem „C“ (= Cour) versehen sind (z.B. C-1/12).

404 Das EuG besteht aus mindestens zwei Richter je Mitgliedstaat. Diese Mindestzahl an Richtern ist aufgrund der Verordnung zur Reform des Gerichtssystems des Gerichtshofs der EU mit jetzt 54 Richtern erreicht[473].

405 Für die Qualifikation, Ernennung und Rechtsstellung der Richter am EuG gelten dieselben Voraussetzungen und Regeln wie für die Richter des EuGH. Die Qualifikationsmerkmale sind insoweit niedriger als für den EuGH, als die Befähigung zur Ausübung „hoher“ (nicht „höchster) richterlicher Tätigkeit genügt; allerdings müssen die Mitglieder des EuGH diese Befähigung ohne Ausnahme haben, während zu Richtern am EuGH auch Juristen mit allgemein anerkannter juristischer Befähigung bestellt werden können. Ihrer Funktion nach werden die Mitglieder des EuG zwar hauptsächlich als **„Richter“** tätig; sie können aber auch nach Maßgabe der VerfO/EuG ad hoc als **„Generalanwälte“** eingesetzt werden, wenn die tatsächlichen oder rechtlichen Schwierigkeiten einer Rechtssache dies erfordern (Art. 30 VerfO/EuG). Die Mitglieder des EuG wählen aus ihrer Mitte einen **Präsidenten** für eine Amtszeit von drei Jahren.

406 An **Spruchkörpern** verfügt das EuG über eine große Kammer (15 Richter) und neun Kammern, die mit fünf Richtern besetzt sind, die jeweils auch in zwei Spruchkörpern mit drei Richtern unter dem Vorsitz des Präsidenten der Kammer mit fünf Richtern tagen können. Eine Zuweisung an die Große Kammer erfolgt nur in Ausnahmefällen. In der Regel werden die Rechtssachen vor den Kammern verhandelt und von diesen entschieden. Es gibt auch die Möglichkeit, dass die Kammern einzelne Verfahren, die keine besonderen rechtlichen oder tatsächlichen Schwierigkeiten aufwerfen, dem Berichterstatter als **Einzelrichter** übertragen. Dies gilt nicht für Verfahren, in denen die Rechtmäßigkeit eines EU-Rechtsaktes von allgemeiner Bedeutung zu prüfen ist oder in denen es um Fragen aus dem Wettbewerbs- und Antidumpingrecht sowie dem Recht der staatlichen Beihilfen geht (vgl. Art. 29 Abs. 2 VerfO/EuG i.V.m. Art. 1 des Beschlusses 1999/291/EG, EGKS, Euratom).

473 Vor dem Hintergrund kontinuierlich steigender Verfahrenszahlen am EuG hatten EP und Rat mit der VO (EU, Euratom) Nr. 2015/2422 vom 16.12.2015 (ABl. L 341/14) festgelegt, die Zahl der Richter am EuG in drei Stufen auf 54 (2 Richter je Mitgliedstaat) zu verdoppeln. Mehr Richter am Gericht sind erforderlich geworden, um die Funktionsfähigkeit und Qualität der Rechtsprechung auf EU-Ebene gewährleisten zu können und Haftungsrisiken der EU wegen übermäßig langer Verfahrensdauern zu reduzieren (es sind inzwischen fünf Schadensersatzklagen beim Gericht erhoben worden, mit denen Schadensersatz in Höhe von insgesamt 26,8 Millionen Euro verlangt wird; ein erstes Urteil ist bereits gegen die EU wegen überlanger Verfahrensdauer vor dem EuG ergangen, in dem zur Zahlung von 57.000 Euro verurteilt wurde, EuG T-577/14, Gascogne Sack, ECLI:EU:T:2017:1).

bb) Aufgaben des EuG

Verfahrensarten

Nichtigkeits- und Ungültigkeitsklagen von – natürlichen und juristischen Personen – Mitgliedstaaten gegen Kommission oder Rat wegen rechtswidriger oder unterlassener EU-Rechtsakte (Art. 263, 265 AEUV)	**Schadensersatzklagen** wegen vertraglicher und außervertraglicher Haftung (Art. 268, 340 AEUV)	**Berufungsverfahren** gegenüber Entscheidungen der Fachgerichte (Art. 256 Abs. 2 AEUV)	**Klagen im Bereich des geistigen Eigentums** gegen das Amt der EU für geistiges Eigentum und gegen das Gemeinschaftliche Sortenamt	**Streitigkeiten aus dem öffentlichen Dienst der EU**	**Vorabentscheidungsverfahren** in sechs klar abgegrenzten Sachgebieten

Ursprünglich nur für einen begrenzten Kreis von Klagen zuständig, besitzt das EuG **407**
nunmehr **im ersten Rechtszug**, d.h. unter der Rechtskontrolle des EuGH, folgende **Zuständigkeiten**:

- Nichtigkeits- und Untätigkeitsklagen natürlicher und juristischer Personen gegen ein EU-Organ, eine Einrichtung oder sonstige Stelle der EU (Art. 263 Abs. 4 AEUV; Art. 265 Abs. 3 AEUV) sowie der Mitgliedstaaten gegen die Kommission oder gegen den Rat, letzteres in Bezug auf Maßnahmen im Bereich der staatlichen Beihilfen, handelspolitische Schutzmaßnahmen („Dumping“) und Maßnahmen, mit denen der Rat Durchführungsbefugnisse wahrnimmt (Art. 263 AEUV).
- Entscheidungen aufgrund einer Schiedsklausel, die in einem von der EU oder für ihre Rechnung abgeschlossenen öffentlich-rechtlichen oder privatrechtlichen Vertrag enthalten ist (Art. 272 AEUV).
- Schadensersatzklagen, die im Zusammenhang mit dem Gegenstand der genannten Klagen stehen (akzessorische Schadensersatzklagen, Art. 268 i.V.m. Art. 340 Abs. 2 AEUV).
- Klagen im Bereich des geistigen Eigentums gegen das Amt der EU für geistiges Eigentum und gegen das Gemeinschaftliche Sortenamt.
- Rechtsstreitigkeiten zwischen den Organen der EU und ihrem Personal über die Arbeitsbeziehungen und die Sozialversicherung.[474]

---

474 Diese Rechtsstreitigkeiten wurden bis zum 1.9.2016 von einem 2004 eigens dafür eingesetzten Fachgericht für den öffentlichen Dienst der EU behandelt. Mit der Entscheidung,

- Mit Wirkung vom 1. Oktober 2024 wurden dem EuG nunmehr auch (begrenzte) **Zuständigkeit für Vorabentscheidungen** übertragen.[475] Aus Gründen der Rechtssicherheit betrifft die Übertragung nur sechs klar abgegrenzte Sachgebiete, die nur selten Grundsatzfragen aufwerfen, die die Einheit oder die Kohärenz des Unionsrechts berühren könnten, sich hinreichend von anderen Sachgebieten trennen lassen und zu denen es bereits eine umfangreiche Rechtsprechung des EuGH gibt[476]:
  - Gemeinsames Mehrwertsteuersystem;
  - Verbrauchsteuern;
  - Zollkodex;
  - Zolltarifliche Einreihung von Waren in die Kombinierte Nomenklatur;
  - Ausgleichs- und Unterstützungsleistungen für Flug- und Fahrgäste im Fall der Nichtbeförderung,Verspätung oder Annullierung von Transportleistungen;
  - System für den Handel mit Treibhausgasemissionszertifikaten.

Der EuGH wird weiterhin zuständig sein für die Entscheidung über Vorabentscheidungsersuchen, die sich zwar den vorgenannten besonderen Sachgebieten zuordnen lassen, aber auch andere Bereiche betreffen oder aber eigenständige Fragen der Auslegung (1) des Primärrechts, einschließlich der GReCh, (2) des Völkerrechts oder (3) der allgemeinen Grundsätze des Unionsrechts aufwerfen. Darüber hinaus wird das Gericht auch Rechtssachen, die zwar in seine Zuständigkeit fallen, aber eine Grundsatzentscheidung erfordern, die die Einheit oder die Kohärenz des Unionsrechts berühren könnte, zur Entscheidung an den Gerichtshof verweisen können. Aus Gründen der Rechtssicherheit und der Beschleunigung sind sämtliche Vorabentscheidungsersuchen beim EuGH einzureichen, damit dieser nach den in seiner Verfahrensordnung festgelegten Modalitäten prüft, ob das Ersuchen ausschließlich in eines oder mehrere der festgelegten besonderen Sachgebiete fällt und ob es folglich dem EuG zuzuweisen ist.

408 Als **Berufungsgericht** wird das EuG tätig, wenn es seine Zuständigkeit zur Überprüfung der Entscheidungen der Fachgerichte wahrnimmt (Art. 256 Abs. 2 AEUV).

---

die Richerzahl am EuG schrittweise auf 54 zu erhöhen, wurde die Zuständigkeit für die Dienstrechtsstreitigkeiten wieder auf das EuG zurück übertragen und das Fachgericht für den öffentlichen Dienst zum 1.9.2016 aufgelöst.

475 Art. 50b der VO (EU, Euratom) 2024/2019 des EP und des Rates vom 11.4.2024 zur Änderung des Protokolls Nr. 3 über die Satzung des Gerichtshofs der Europäischen Union, ABl. L 2024/2019.

476 Diese Bereiche machen etwa 20 % der dem Gerichtshof vorgelegten Vorabentscheidungsersuchen aus, was eine ausreichend große Zahl von Rechtssachen darstellt, um eine tatsächliche Verringerung der Arbeitsbelastung des Gerichtshofs zu bewirken. Der Gerichtshof wird damit in die Lage versetzt, sich stärker auf seine Aufgaben als Verfassungs- und Höchstgericht der Union zu konzentrieren.

d) Fachgerichte

Die Bildung der Fachgerichte erfolgt durch Verordnung des EP und des Rats nach dem ordentlichen Gesetzgebungsverfahren (Art. 294 AEUV) entweder auf Vorschlag der Kommission nach Anhörung des Gerichtshofs oder auf Antrag des Gerichtshofs nach Anhörung der Kommission[477]. 409

Den Fachgerichten können **Klagen in besonderen Sachgebieten zur Entscheidung im ersten Rechtszug** übertragen werden. Der konkrete Zuständigkeitsbereich wird in der jeweiligen Verordnung über die Bildung eines Fachgerichts im Einzelnen festgelegt. 410

Gegen die Entscheidungen der Fachgerichte kann vor dem **EuG** ein **auf Rechtsfragen beschränktes Rechtsmittel** oder, wenn die Verordnung über die Bildung des Fachgerichts dies ausdrücklich vorsieht, ein **auch Sachfragen betreffendes Rechtmittel** eingelegt werden. Gegen die Urteile des EuG kann der **Erste Generalanwalt**, nicht jedoch die Streitparteien, innerhalb eines Monats nach Verkündung der Entscheidung durch das EuG eine **Überprüfung durch den EuGH** anstrengen, wenn die Rechtseinheit oder die Geschlossenheit der Rechtsprechung bedroht ist (Art. 62 Satzung/EuGH).

Auch die Regeln für die **Zusammensetzung** der Fachgerichte werden in der Gründungsverordnung niedergelegt. Zu Mitgliedern dieser Fachgerichte sind Personen auszuwählen, die jede Gewähr für Unabhängigkeit bieten und über die Befähigung zur Ausübung richterlicher Tätigkeiten verfügen. Für sie gelten die gleichen Regeln, wie sie für Richter des EuGH und EuG sowie für Generalanwälte im Titel I der Satzung/EuGH festgelegt sind. Die Mitglieder der Fachgerichte werden vom Rat mit Einstimmigkeit ernannt. 411

Weiterführende Literatur: *Azizi*, Die Reform der Gerichtsbarkeit der Europäischen Gemeinschaften im Lichte der aktuellen Entwicklung, in *Ginther/Benedek/Isak/Kicker* (Hrsg), Völker- und Europarecht, 25. Österreichischer Völkerrechtstag, 2001, 167ff.; *Berrisch*, Über London nach Luxemburg – die absurden Umwege des Rechtsschutzes in der Gemeinschaft, EuZW 2005, 65; *Borchardt*, Richterrecht durch den Gerichtshof der Europäischen Gemeinschaften, GS Grabitz, 1995, 29; *Calliess*, Kohärenz und Konvergenz beim europäischen Individualrechtsschutz, NJW 2002, 3577; *Everling*, 50 Jahre Gerichtshof der Europäischen Gemeinschaften, DVBl. 2002, 1293; *ders.*, Das Verfahren der Gerichte der EG im Spiegel der verwaltungsgerichtlichen Verfahren der Mitgliedstaaten, FS Starck (2007), 535–553; *ders.*, Zur Gerichtsbarkeit der Europäischen Union, FS Rengeling, 2008, 527; *ders.*, Zur verfehlten Forderung nach einem Kompetenzgericht in der Europäischen Union, FS Hirsch (2008), 63; *Gündisch/Wienhues*, Rechtsschutz in der Europäischen Gemeinschaft, 2. Aufl. 2003; *Hirsch*, Die Rolle des Europäischen Gerichtshofs bei der europäischen Integration, JöR NF 49 (2001), 79; *Hakenberg*, Das Gericht für den Öffentlichen Dienst der EU – Eine neue Ära in der Gemeinschaftsgerichtsbarkeit, EuZW 2006, S. 391; *Kokott/Dervisopoulos/Henze*, Aktuelle Fragen des effektiven Rechtsschutzes durch die Gemeinschaftsgerichte,

---

477 Die zweite Alternative mit dem Vorschlagsrecht des Gerichtshofs der EU stellt eine Durchbrechung des Initiativmonopols der Kommission dar.

EuGRZ 2008, 10; *Lasok*, European Court, Practise and Procedure, 4. Aufl. 2022; *Lavranos*, The new specialized Courts within the European judicial system, ELR 2005, 261; *Mayer*, Individualrechtsschutz im Europäischen Verfassungsrecht, DVBl. 2004, 606; *Nettesheim*, Effektive Rechtsschutzgewährung im arbeitsteiligen System europäischen Rechtsschutzes, JZ 2002, 928; *Rabe*, Nach der Reform ist vor der Reform: zum Gerichtssystem der Europäischen Union, FS Zuleeg, 2005, 195; *Rengeling/Middeke/Gellermann*, Rechtsschutz in der Europäischen Union, 3. Aufl., 2014; *Rodriguez Iglesias*, Der EuGH und die Gerichte der MS – Komponenten der richterlichen Gewalt in der Europäischen Union, NJW 2000, 77; *Scouris*, The Court of Justice and the challenges of the enlarged European Union ERA Forum (2008), 99–125; *Schütz/Sauerbier*, Die Jurisdiktion des EuGH im Unionsrecht, JuS 2002, 658; *Schroeder*, Neuerungen im Rechtsschutz der Europäischen Union durch den Vertrag von Lissabon, DÖV 2009, 61; *Streinz*, Die Auslegung des Gemeinschaftsrechts durch den EuGH: Eine kritische Betrachtung, ZEuS 2004, 387; *Thiele*, Das Rechtsschutzsystem nach dem Vertrag von Lissabon – (K)ein Schritt nach vorn? EuR 2010, 30; *Timmermans*, The European judicial system, CMLR 2004, 393; *Vesterdorf*, The Community Court system ten years from now and in the future, challenges and possibilities, ELR 2003, 303.

7. Europäische Zentralbank (Art. 282–284 AEUV)[478]

412 Die **Europäische Zentralbank (EZB)** und das **Europäische System der Zentralbanken (ESZB)** gehören ebenfalls zu den Institutionen der EU (Art. 13 Abs. 1 EUV); sie stehen im Zentrum der Wirtschafts- und Währungsunion (WWU) und bilden deren institutionelles Gerüst. Ihre Zuständigkeiten sind mit dem Eintritt in die dritte Stufe der WWU (1. Januar 1999) voll wirksam geworden.

413 Die **Zusammensetzung, Aufgaben und Befugnisse** der EZB und des ESZB ergeben sich aus dem AEUV und der Satzung der EZB.

EZB

Rat

- Direktorium mit 6 Mitgliedern
- Präsidenten der 20 nationalen Zentralbanken, die der Eurozone angehören

Direktorium

- Präsident
- Vize-Präsident
- 4 Mitglieder

ESZB

Leitungsorgan

- Rat der EZB
- Direktorium der EZB

20 nationale Zentralbanken, die der Eurozone angehören

478 Weitere Einzelheiten s. unter § 8 B. IV. (Institutioneller Rahmen der WWU).

a) Die Europäische Zentralbank

Die Europäische Zentralbank „EZB“ steuert die Geldmenge der europäischen Währung „Euro“ und ist für die Stabilität dieser Währung verantwortlich. Sie gibt die Banknoten aus bzw. genehmigt deren Ausgabe durch die nationalen Zentralbanken (Art. 128 Abs. 1 AEUV). Daneben kann sie zur Verwirklichung der geldpolitischen Ziele von den in den Mitgliedstaaten niedergelassenen Kreditinstituten verlangen, dass diese Mindestreserven bei ihr oder den nationalen Zentralbanken unterhalten (Art. 19 EZB-Satzung). Außerdem kann die EZB auch selbst Offenmarkt- und Kreditgeschäfte betreiben (Art. 18 EZB-Satzung). Durch einstimmigen Ratsbeschluss können der EZB weitere Aufgaben übertragen werden (Art. 127 Abs. 6 AEUV). 414

Damit die EZB ihre Aufgaben wahrnehmen kann, wird ihre **Unabhängigkeit** durch zahlreiche Bestimmungen garantiert. Weder die EZB noch die Zentralbank eines Mitgliedstaates dürfen bei der Wahrnehmung ihrer Befugnisse, Aufgaben und Pflichten Weisungen von EU-Organen, von Regierungen der Mitgliedstaaten oder anderen Stellen entgegennehmen (Art. 130 AEUV). Die Institutionen der EU und die Regierungen der Mitgliedstaaten enthalten sich jedes Versuchs der Einflussnahme. 415

Die EZB besitzt **Rechtspersönlichkeit** und damit in jedem Mitgliedstaat die weitestgehende Rechts- und Geschäftsfähigkeit, wie sie den juristischen Personen nach den jeweiligen nationalen Rechtsvorschriften zuerkannt ist (Art. 9.1 ESZB-Satzung). 416

Die EZB **besteht** aus einem *Rat* und einem *Direktorium* (Art. 283 AEUV). Dem *Rat* gehören die Mitglieder des Direktoriums der EZB (sechs Mitglieder) und die Präsidenten der nationalen Zentralbanken der Mitgliedstaaten an, die zur Euro-Zone gehören (zurzeit 20 Mitglieder, wobei aber nur 15 stimmberechtigt sind)[479]. Das *Direktorium*, das praktisch die Geschäftsführung der EZB innehat, besteht aus dem Präsidenten, dem Vizepräsidenten und vier weiteren Mitgliedern. Zu Mitgliedern des Direktoriums werden vom Europäischen Rat auf Empfehlung des Rates, der hierzu das EP und den Rat der EZB anhört, in Währungs- und Bankfragen erfahrene Persönlichkeiten mit qualifizierter Mehrheit ausgewählt und ernannt. Ihre Amtszeit beträgt acht Jahre. Eine Wiederernennung ist im Interesse der Gewährleistung der Unabhängigkeit der Direktoriumsmitglieder nicht vorgesehen. 417

479 Mit Blick auf die Erweiterungen des Euro-Währungsgebietes wurde bereits eine Regelung getroffen, die für den (bereits eingetretenen) Fall, dass die Anzahl der Mitglieder des EZB-Rates 21 übersteigt (d.h. mehr als 15 nationale Zentralbankpräsidenten diesem Gremium angehören), die Zahl der stimmberechtigten Zentralbankpräsidenten auf insgesamt 15 beschränkt wird; die Verteilung und Rotation der Stimmrechte erfolgt dabei nach den in Art. 10.2 der ESZB-Satzung enthaltenen allgemeinen Grundsätzen (Art. 10 der ESZB-Satzung). Die Stimmrechte der 6 Direktoriumsmitglieder bleiben von diesem Rotationssystem unberührt. Ziel dieser Regelung ist es, sicherzustellen, dass der EZB-Rat auch nach einer umfassenden Erweiterung des Euro-Währungsgebietes seine Entscheidungen effizient treffen kann.

Der *EZB-Rat* ist das oberste Entscheidungs-, Rechtsetzungs- und Willensbildungsorgan der EZB und – in seinem Kompetenzbereich – auch des Eurosystems. Er legt die Geldpolitik der EU fest und erlässt die für ihre Durchführung erforderlichen Leitlinien und Entscheidungen. Das *EZB-Direktorium* ist dem EZB-Rat als Entscheidungsorgan nachgeordnet. Seine Hauptaufgabe besteht darin, die Geldpolitik entsprechend den Leitlinien und Entscheidungen des EZB-Rats auszuführen. Hierzu kann es den nationalen Zentralbanken die erforderlichen Weisungen erteilen. Darüber hinaus ist das EZB-Direktorium für die Vorbereitung der Sitzungen des EZB-Rats zuständig und führt die laufenden Geschäfte der EZB.

418 Ein erweiterter Rat, bestehend aus dem Präsidenten und Vizepräsidenten der EZB sowie den Präsidenten der nationalen Zentralbanken aller 27 Mitgliedstaaten, beteiligt sich an den Beratungs- und Koordinierungsarbeiten der EZB und an den Vorbereitungen für eine künftige Erweiterung der Eurozone.

b) Das Europäische System der Zentralbanken

419 Das Europäische System der Zentralbanken „ESZB" wird gebildet von der EZB und den nationalen Zentralbanken (Art. 282 Abs. 1 Satz 1 AEUV). Die Leitung des ESZB obliegt den Beschlussorganen der EZB, also dem Rat und dem Direktorium der EZB. Die EZB ist damit so etwas wie das Dach für das ESZB.

Das **vorrangige Ziel** des ESZB ist es, die **Preisstabilität** zu gewährleisten. Preisstabilität ist gewährleistet, wenn der Anstieg des Preisniveaus weniger als 2 % pro Jahr beträgt[480]. Im Falle von Stabilitätsgefahren ist das ESZB nicht etwa nur berechtigt, sondern verpflichtet, Gegenmaßnahmen zu ergreifen. Unbeschadet dieses Ziels unterstützt es die allgemeine Wirtschaftspolitik in der EU, um so zur Verwirklichung der Integrationsziele beizutragen. Das ESZB handelt im Einklang mit dem Grundsatz der offenen Marktwirtschaft mit freiem Wettbewerb. Als „grundlegende Aufgaben" wurden dem ESZB vor allem übertragen: die Geldpolitik der EU festzulegen und auszuführen, die Devisengeschäfte durchzuführen, die offiziellen Währungsreserven zu halten und zu verwalten sowie das reibungslose Funktionieren der Zahlungssysteme zu fördern (Art. 127 Abs. 2 AEUV).

Hinsichtlich der **Finanzmarktaufsicht** trägt das ESZB zur reibungslosen Durchführung der von den zuständigen Behörden ergriffenen Maßnahmen auf dem Gebiet der Aufsicht über die Kreditinstitute und die Stabilität des Finanzsystems bei (Art. 127 Abs. 5). Nicht übertragen wurde dem ESZB hingegen die eigenverantwortliche Aufgabe der **Bankenaufsicht**.

420 Im Zusammenhang mit der Finanzmarktkrise der Jahre 2008/09 wurde eine wesentliche Revision der institutionellen Rahmenbedingungen der **Finanzmarktaufsicht durchgeführt**. Das neue Finanzaufsichtssystem beruht auf zwei Säulen:

480 So die im Oktober 1998 vereinbarte Definition im EZB-Rat.

- einem **Europäischen Ausschuss für Systemrisiken (ESRB)**, der potentielle Risiken für die Finanzmarktstabilität beobachtet und bewertet und erforderlichenfalls Risikowarnungen und Handlungsempfehlungen ausspricht („Aufsicht auf Makroebene") und
- einem **Europäischen Finanzaufsichtssystem (ESFS)**, das drei neue Europäische Finanzaufsichtsbehörden umfasst, die aus den bestehenden Ausschüssen für Banken, Wertpapiere und Versicherungen und betriebliche Altersversorgung hervorgegangen sind („Aufsicht auf Mikroebene"). Das ESFS zielt darauf ab, die Qualität und die Kohärenz der nationalen Aufsicht zu verstärken und die Beaufsichtigung der grenzübergreifend tätigen Finanzgruppen zu verbessern.

c) Eurosystem

Die EZB und die nationalen Zentralbanken der Mitgliedstaaten, die der Euro-Zone angehören, bilden das „Eurosystem" und betreiben die Währungspolitik der EU (Art. 282 Abs. 1 Satz 2 AEUV). **421**

d) Sitz

Die EZB hat ihren Sitz in Frankfurt. **422**

Weiterführende Literatur: *v. Borries,* Die Europäische Zentralbank als Gemeinschaftsinstitution, ZeuS 1999, S. 281; *Endler,* Europäische Zentralbank und Preisstabilität, 1998; *Heun,* Die Europäische Zentralbank in der Europäischen Währungsunion, JZ 1998, S. 866; *Selmayr,* Die Wirtschafts- und Währungsunion als Rechtsgemeinschaft, AöR 124 (1999), S. 357; *Weinbörner,* Die Stellung der Europäischen Zentralbank (EZB) und der nationalen Zentralbanken in der Wirtschafts- und Währungsunion nach dem Vertrag von Maastricht, 1998.

8. Der Rechnungshof (Art. 285–286 AEUV)

a) Zusammensetzung

Der Rechnungshof wurde am 22. Juli 1975 eingerichtet und hat seine Arbeit im Oktober 1977 in Luxemburg aufgenommen. Er ist inzwischen in den Rang eines EU-Organs aufgestiegen (Art. 13 Abs. 1 EUV). Er besteht entsprechend der gegenwärtigen Anzahl an Mitgliedstaaten aus **27 Mitgliedern**, die die volle Gewähr für ihre Unabhängigkeit bieten müssen, d.h. keinerlei Anweisungen von einer Regierung oder sonstigen Stelle anfordern oder entgegennehmen dürfen. Die Ernennung erfolgt für jeweils sechs Jahre durch den Rat, der eine gemäß den Vorschlägen der Mitgliedstaaten erstellte Liste von Mitgliedern nach Anhörung des EP mit qualifizierter Mehrheit annimmt (Art. 286 Abs. 2 AEUV). Die Mitglieder des Rechnungshofes wählen aus ihrer Mitte den Präsidenten des Rechnungshofs für die Dauer von drei Jahren; eine Wiederwahl ist möglich. **423**

b) Aufgaben

424 Die Aufgaben des Rechnungshofs (Art. 287 AEUV) lassen sich wie folgt unterteilen:

- Zunächst prüft der Rechnungshof die Rechnungen über sämtliche **Einnahmen** und **Ausgaben** der EU, unabhängig davon, von wem sie verwaltet werden (Kommission, Europäische Agenturen, Europäische Investitionsbank). Sie sind im Wesentlichen im Haushalt der EU veranschlagt; erfasst werden aber auch die Rechnungen der Einnahmen und Ausgaben anderer Einrichtungen, die von der EU geschaffen wurden (z.B. Europäischer Entwicklungsfonds, Europa-Schulen, Beschaffungsagentur Euratom). Es handelt sich hierbei um eine **klassische buchhalterische Prüfung.**
- Daneben hat der Rechnungshof die **Rechtmäßigkeit und Ordnungsgemäßheit der Einnahmen und Ausgaben der EU** zu prüfen. Diese Prüfung geht über die rein buchhalterische Prüfung hinaus und umfasst die Kontrolle der gesamten Haushaltsführung, die Vollständigkeit der erfassten Buchungsvorgänge, die Begründung und Belegung der einzelnen Rechnungsbeträge sowie der Einhaltung der einschlägigen Rechtsvorschriften. In diesem Zusammenhang nimmt der Rechnungshof für sich auch in Anspruch, eine Bestimmung des EU-Rechts als rechtswidrig zu betrachten und zu behandeln (z.B. eine Ausgabe, die aufgrund einer Bestimmung getätigt wird, die nach Ansicht des Rechnungshofes gegen höherrangiges Recht verstößt[481]). Diese Vorgehensweise ist sehr problematisch, da für jeden EU-Rechtsakt eine „Rechtmäßigkeitsvermutung" so lange gilt, bis der fragliche Rechtsakt vom Gerichtshof der EU für nichtig erklärt wurde. Der Rechnungshof greift mit seiner Praxis in die Rechtsprechungshoheit des Gerichtshofs ein[482]. Die Prüfung kann bei den Unionsorganen, bei Behörden der Mitgliedstaaten und bei Privatpersonen stattfinden (Art. 287 Abs. 3 AEUV).
- Außerdem überzeugt sich der Rechnungshof von der **Wirtschaftlichkeit der Haushaltsführung**, d.h. davon, ob ein bestimmtes oder das bestmögliche Ergebnis mit möglichst geringem (finanziellen) Einsatz oder mit dem Einsatz der wirksamsten Mittel erzielt worden ist. Dabei soll nicht die politische Zielsetzung geprüft werden, sondern ob zur Erreichung des Ziels die optimalen Mittel eingesetzt wurden. Die Abgrenzung ist häufig schwierig und führt zu Auseinandersetzungen zwischen den Organen. In diesem Zusammenhang berichtet der Rechnungshof insbesondere auch über alle Fälle von Unregelmäßigkeiten.
- Der Rechnungshof legt dem Rat und dem EP nach Abschluss seiner Prüfungen eine **„Erklärung über die Zuverlässigkeit der Rechnungsführung"** sowie die Rechtmäßigkeit und Ordnungsmäßigkeit der zugrundeliegenden Vorgänge vor.

481 So z.B. geschehen im Sonderbericht Nr. 19/98, ABl. 1998 C 383/1, Rdn. 42–44.

482 Anders *Inghelram*, Lenz/Borchardt, EU-Verträge Kommentar, Art. 287 Rdn. 4 und *Bieber*, GTE, Art. 248 Rdn. 15, die einen solchen Übergriff wegen der unterschiedlichen Funktionen – EuGH als Rechtsprechungsorgan und ERH als Finanzkontrollorgan – verneinen.

- Der Rechnungshof unterstützt das EP und den Rat bei der Kontrolle der **Ausführung des Haushaltsplans.**
- Schließlich kann der Rechnungshof aufgrund seiner Organstellung Untätigkeitsklage gegen säumige Organe erheben (Art. 265 AEUV) und zur Wahrung seiner eigenen Rechte Nichtigkeitsklage gegen die belastenden Maßnahmen einlegen (Art. 263 AEUV).

c) Arbeitsweise

Im Gegensatz zu einigen nationalen Rechnungshöfen der Mitgliedstaaten verfügt der Rechnungshof **nicht über gerichtliche Kompetenzen** zur zwangsweisen Durchsetzung seiner Kontrollbefugnisse oder zur Ahndung von Rechtsverstößen, die durch seine Kontrolltätigkeit aufgedeckt worden sind. Andererseits ist er in der Wahl des Prüfungsgegenstandes und der Prüfungsmethode autonom. Auch Privatpersonen können so seiner Prüfung unterworfen werden, wie z.B. die rechtmäßige Verwendung einer aus Unionsmitteln gezahlten Subvention beim privaten Empfänger (Art. 287 Abs. 3 AEUV). **425**

Die eigentliche Waffe des Europäischen Rechnungshofes ist jedoch die **Öffentlichkeitswirkung.** Die Ergebnisse seiner Kontrolltätigkeit werden nach Abschluss eines jeden Haushaltsjahres in einem Jahresbericht zusammengestellt, der im Amtsblatt der EU veröffentlicht und auf diese Weise der europäischen Öffentlichkeit zugänglich gemacht wird. Darüber hinaus kann er jederzeit in Sonderberichten zu bestimmten Gegenständen Stellung nehmen, die ebenfalls im Amtsblatt der EU veröffentlicht werden (Art. 287 Abs. 4 AEUV). **426**

Der Rechnungshof entscheidet als Kollegium. Er kann zur Erfüllung bestimmter Aufgaben Kammern bilden. Er wird in seinen Arbeiten von einem Generalsekretariat unterstützt. **427**

d) Sitz

Der Rechnungshof hat seinen Sitz in Luxemburg. **428**

Weiterführende Literatur: *Freytag*, Der Europäische Rechnungshof. Institution, Funktion und politische Wirkung, 2005; *Friedrich/Inghelram*, Die Klagemöglichkeiten des Europäischen Rechnungshofes vor dem Europäischen Gerichtshof, DÖV 1999, 669; *Inghelram*, The European Court of Auditors: Current Legal Issues, CMLRev 2000, 129; *Mader*, Verteidigungsrechte im Europäischen Gemeinschaftsverwaltungsverfahren. Herkunft, Inhalt und Grenzen grundrechtlicher Verfahrensgarantien im unmittelbaren Vollzug sowie die Folgen ihrer Verletzung, unter besonderer Berücksichtigung der externen Finanzkontrolle, 2006.

II. Beratende Einrichtungen der EU

429 Zur Unterstützung ihrer Arbeiten sind dem EP, dem Rat und der Kommission als „beratende Einrichtungen" der Europäische Wirtschafts- und Sozialausschuss sowie der Ausschuss der Regionen zur Seite gestellt (Art. 300 Abs. 1 AEUV).

1. Der Europäische Wirtschafts- und Sozialausschuss (Art. 301–304 AEUV)

430 Der Europäische Wirtschafts- und Sozialausschuss (EWSA) sorgt dafür, dass die verschiedenen Gruppen des sozialen, wirtschaftlichen, beruflichen und kulturellen Lebens, insbesondere Arbeitgeber und Arbeitnehmer, Landwirte, Verkehrsunternehmer, Kaufleute, Handwerker, die freien Berufe und die Leiter von kleinen und mittleren Unternehmen, institutionell in der EU vertreten sind. Auch den Verbrauchern, den Umweltschützern und dem Verbandswesen wird durch den Ausschuss Geltung verschafft.

431 Der Ausschuss besteht aus höchstens 350 (gegenwärtig 329) Mitgliedern (Beratern), die aus den repräsentativsten einzelstaatlichen Organisationen stammen. Ihre Ernennung erfolgt für fünf Jahre durch den Rat (die aktuelle Mandatsperiode läuft von 2020–2025, danach von 2025-2030), der eine gemäß den Vorschlägen der einzelnen Mitgliedstaaten erstellte Liste von Mitgliedern mit qualifizierter Mehrheit annimmt (Art. 302 AEUV). Die Berater sind in drei Gruppen unterteilt (Arbeitgeber, Arbeitnehmer, Vertreter der Zivilgesellschaft). Die Ausarbeitung der im Plenum zu verabschiedenden Stellungnahmen obliegt den „Fachgruppen", die sich aus Sachverständigen zusammensetzen.

432 Über die Zusammensetzung entscheidet der Rat einstimmig auf Vorschlag der Kommission durch Beschluss[483]. Die Verteilung unter den Mitgliedstaaten ergibt folgendes Bild:

• Deutschland, Frankreich, Italien	je 24
• Spanien und Polen	je 21
• Rumänien	15
• Belgien, Bulgarien, Griechenland, die Niederlande, Österreich, Portugal, Schweden, Tschechische Republik und Ungarn	je 12
• Dänemark, Finnland, Irland, Kroatien, Litauen und Slowakei	je 9
• Estland, Lettland und Slowenien	je 7
• Luxemburg, Zypern	je 6
• Malta	5
	Insgesamt: 329

483 Dies ist eine wesentliche Erleichterung gegenüber der Zeit vor dem Vertrag von Lissabon, wo derartige Änderungen nur im Wege der Vertragsänderung möglich waren.

Der EWSA muss in bestimmten Fällen vom EP, vom Rat und von der Kommission angehört werden[484]. Die Missachtung der **obligatorischen Anhörung** ist ein wesentlicher Formfehler und kann mit der Nichtigkeitsklage (Art. 263 AEUV) gerügt werden, allerdings nicht vom EWSA selbst, da dieser kein Klagerecht besitzt. **433**

Außerdem gibt der EWSA aus eigener Initiative **Stellungnahmen** ab (Art. 304 Abs. 1 Satz 3 AEUV). Die Stellungnahmen des Ausschusses verkörpern eine Synthese von mitunter recht stark voneinander abweichenden Ausgangspositionen. Sie sind für die Kommission und den Rat deshalb äußerst nützlich, weil diese auf diese Weise erfahren, welche Anpassungen die von einem Vorschlag unmittelbar betroffenen Kreise wünschen.

Die Arbeitsweise des Ausschusses wird in einer **Geschäftsordnung** geregelt, die der EWSA nunmehr autonom bestimmt und die nicht mehr der Genehmigung durch den Rat bedarf (Art. 303 Abs. 2 AEUV). Die Mitglieder des EWSA wählen aus ihrer Mitte für die Dauer von 2 ½ Jahren einen Präsidenten und ein Präsidium. Der EWSA beschließt als Plenum. Die Beschlüsse werden aber in fachlichen Arbeitsgruppen vorbereitet. Unterstützt wird der EWSA durch ein Generalsekretariat. **434**

Der **Sitz** des EWSA ist Brüssel. **435**

2. Der Ausschuss der Regionen (Art. 305–307 AEUV)

Als weiteres Konsultationsorgan ist mit der Gründung der EU im Jahre 1993 neben dem EWSA der „Ausschuss der Regionen" (AdR) geschaffen worden. Der AdR besteht, wie der EWSA, aus höchstens 350 (gegenwärtig 329) **Mitgliedern**, die für fünf Jahre durch den Rat ernannt werden, indem dieser eine gemäß den Vorschlägen der einzelnen Mitgliedstaaten erstellte Liste von Mitgliedern mit qualifizierter Mehrheit annimmt (Art. 305 AEUV). Dabei handelt es sich um Vertreter der regionalen und lokalen Autoritäten der Mitgliedstaaten, die entweder ein auf Wahlen beruhendes Mandat in einer regionalen oder lokalen Gebietskörperschaft innehaben oder gegenüber einer gewählten Versammlung politisch verantwortlich sein müssen (Art. 300 Abs. 3 AEUV). **436**

Über die Zusammensetzung entscheidet auch hier der Rat einstimmig auf Vorschlag der Kommission durch Beschluss, wobei die Gesamtzahl (329) sowie die für die Besetzung des EWSA vorgenommene Gewichtung der Mitgliedstaaten gleichermaßen für den AdR gilt. Die Amtszeit der Mitglieder des AdR beträgt fünf Jahre. Aus ihrer Mitte wählen die Mitglieder für die Dauer von zweieinhalb Jahren einen Präsidenten und ein Präsidium. **437**

Auch der AdR verfügt über die Möglichkeit, sich autonom eine Geschäftsordnung zu geben (Art. 306 Abs. 2 AEUV). Er wird auf Antrag des EP, des Rates oder der **438**

484 Eine Aufzählung der obligatorischen Anhörungsfälle findet sich bei *Kaufmann-Bühler*, Lenz/Borchardt, EU-Verträge. Kommentar, Art. 304 Rdn. 3.

Kommission von seinem Präsidenten einberufen, kann aber auch von sich aus zusammentreten (Art. 306 Abs. 3 AEUV). Auch der AdR verfügt über ein Generalsekretariat.

439 Als Formen der Beteiligung sind vorgesehen (Art. 307 AEUV): die obligatorische, die fakultative und die akzessorische Stellungnahme sowie das Selbstbefassungsrecht. Seine **obligatorische Anhörung** durch EP, Rat oder Kommission ist in den Bereichen Bildung, Kultur, öffentliche Gesundheit, Kohäsionspolitik, Grundregeln aller Strukturfonds, Transeuropäische Netze, Verkehrs-, Telekommunikations- und Energieinfrastrukturen, Beschäftigung und in der Sozialgesetzgebung vorgesehen. Die Missachtung der obligatorischen Anhörung ist ein wesentlicher Formfehler und kann (wie auch die Nichteinhaltung des Subsidiaritätsprinzips) **unmittelbar vom AdR** mit der Nichtigkeitsklage (Art. 263 AEUV) gerügt werden. Die **fakultative Anhörung** steht im Ermessen des EP, des Rates und der Kommission, die den AdR zur Abgabe einer Stellungnahme in allen Fällen, in denen sie es für zweckmäßig erachten, insbesondere also bei grenzüberschreitenden Sachverhalten, auffordern können. Die **akzessorische Anhörung** findet immer dann statt, wenn EP, Rat oder Kommission eine Stellungnahme des EWSA erhalten haben. Diese wird dem AdR übermittelt, und dieser kann, wenn er der Auffassung ist, dass spezifische regionale Interessen berührt werden, eine entsprechende Stellungnahme abgeben. Schließlich kann der AdR, wenn immer er dies für zweckmäßig hält, **von sich aus** eine Stellungnahme abgeben. Die Stellungnahmen des AdR werden vom Plenum verabschiedet.

440 Der AdR hat seinen **Sitz** in Brüssel.

Weiterführende Literatur: *Hayder, R.*, Der Europäische Wirtschafts- und Sozialausschuss (EWSA) – eine unterschätzte EU-Institution, EuZW 2010, S. 171; *Hierl*, Europa der Regionen, *1995; Kaufmann-Bühler*, Die Entstehung der Vertragsartikel über den Ausschuss der Regionen in Tomuschat (Hrsg.), Mitsprache der dritten Ebene in der europäischen Integration, 1995, 23 ff.; *Schmuck*, Der Ausschuss der Regionen im Jahr 2007/2008, Jahrbuch des Föderalismus 2008, 582; *Kommission*, Umsetzung und Kontrolle des Subsidiaritäts- und Verhältnismäßigkeitsgrundsatzes im Lichte der Verfassung für Europa: der Ausschuss der Regionen, Amt für amtliche Veröffentlichungen der EG, 2006.

III. Weitere Einrichtungen und Stellen

441 Neben den Verfassungsorganen und beratenden Einrichtungen finden sich im Institutionengefüge der EU eine Vielzahl an weiteren Einrichtungen und Stellen mit sehr unterschiedlichem Grad an Selbständigkeit. Von übergeordneter Bedeutung ist dabei die „Europäische Investitionsbank", die den EU-Organen sehr nahekommt, ohne jedoch den Status eines EU-Organs zu besitzen (dazu unter 1.). Daneben haben sich in der Vergangenheit „Agenturen" herausgebildet, die zwar in den EU-Verträgen nicht ausdrücklich vorgesehen sind, deren Zahl und Bedeutung jedoch stetig zugenommen hat (dazu unter 2.). Schließlich gibt es im Rahmen der spezifischen Politikbereiche eine fast unüberschaubare Zahl von Einrichtungen und Stellen, auf die im jeweiligen Zusammenhang einzugehen sein wird, wie z.B. bei der Gemeinsamen Außen- und Sicherheitspolitik auf die „Europäische Verteidigungsagentur" (Art. 42 Abs. 3 UAbs. 2 EUV) und auf das „Politische und Sicherheitspolitische Komitee" (Art. 38 EUV) oder im Bereich der Polizeilichen und Justiziellen Zusammenarbeit in Strafsachen auf Eurojust (Art. 85 AEUV) und Europol (Art. 88 AEUV).

1. Europäische Investitionsbank (Art. 308, 309 AEUV)

Als Finanzierungsinstitut für eine *„ausgewogene und reibungslose Entwicklung"* des Binnenmarktes steht der EU die Europäische Investitionsbank („EIB") zur Verfügung. **442** Sie soll in allen Wirtschaftszweigen Darlehen und Bürgschaften gewähren, insbesondere zur Erschließung unterentwickelter Gebiete, zur Modernisierung oder Umstellung von Unternehmen oder zur Schaffung neuer Arbeitsplätze sowie für Vorhaben, die im gemeinsamen Interesse mehrerer Mitgliedstaaten liegen (Art. 309 AEUV). Die EIB verfolgt keine Gewinnzwecke. Ihr Kapital wird von den Mitgliedstaaten aufgebracht und dient der Finanzierung der Projekte über Anleihen an den internationalen Finanzmärkten.

Die EIB ist eine organisatorisch selbständige öffentlich-rechtliche Institution mit **443** eigener Rechtspersönlichkeit. Mitglieder der EIB sind die Mitgliedstaaten, die aufgrund ihrer Mitgliedschaft in der EU quasi automatisch Mitglieder der EIB werden.

Die EIB hat einen dreigliedrigen Aufbau: **444**

RAT DER GOUVERNEURE
Finanzminister der 27 Mitgliedstaaten

↓

VERWALTUNGSRAT
28 ordentliche Mitglieder
(je ein Vertreter aus den 27 Mitgliedstaaten und aus der Kommission)
19 stellvertretende Mitglieder

↓

DIREKTORIUM
9 Mitglieder

An der Spitze der EIB steht der **Rat der Gouverneure**, gebildet aus den Finanzministern der 27 Mitgliedstaaten. Er bestimmt die Richtlinien der Kreditpolitik und erteilt die Genehmigung zu Aktivitäten der EIB außerhalb der EU.

Dem Rat der Gouverneure folgt der **Verwaltungsrat**, der aus 28 ordentlichen Mitgliedern (jeweils ein Vertreter aus den Mitgliedstaaten und der Kommission) sowie

19 stellvertretenden Mitgliedern besteht, die vom Rat der Gouverneure auf fünf Jahre bestellt werden. Die Mitglieder sind in der Regel hohe Beamte aus den nationalen Finanz- oder Wirtschaftsministerien. Der Verwaltungsrat entscheidet über Darlehen und Bürgschaften sowie über die Aufnahme von Anleihen. Er überwacht die Führung der Bank gemäß den Richtlinien des Rates der Gouverneure.

Die laufenden Geschäfte der EIB werden von einem **Direktorium** geführt, das neun Personen umfasst, die für eine Dauer von sechs Jahren ebenfalls vom Rat der Gouverneure bestellt werden.

445 Der **Sitz** der EIB ist Luxemburg.

2. Agenturen

446 Mit der Vielzahl der heute bestehenden Agenturen ist eine ganz eigene Behördenstruktur der EU geschaffen worden. In der Praxis unterscheidet man „Exekutivagenturen", die für eng begrenzte Verwaltungsaufgaben geschaffen werden, und die „Regulierungsagenturen", denen bestimmte Aufgaben zur eigenständigen Wahrnehmung übertragen werden.

a) Exekutivagenturen

447 Exekutivagenturen sind Einrichtungen, denen die Kommission bestimmte Aufgaben bei der Verwaltung von EU-Programmen übertragen hat[485]. Gegenwärtig existieren sechs Exekutivagenturen:

- die Europäische Exekutivagentur für Klima, Infrastruktur und Umwelt;
- die Europäische Exekutivagentur für Bildung und Kultur;
- die Europäische Exekutivagentur für Gesundheit und Digitales;
- die Europäische Exekutivagentur für den Innovationsrat und für KMU;
- die Exekutivagentur des Europäischen Forschungsrats;
- die Exekutivagentur für die Forschung.

b) Regulierungsagenturen

448 Regulierungsagenturen sind Körperschaften des europäischen öffentlichen Rechts mit eigener Rechtspersönlichkeit. Sie werden grundsätzlich durch Verordnungen geschaffen und sind mittlerweile in der gesamten EU verteilt[486]. Sie sind mit jeweils

485 Die Ermächtigung hierzu findet sich in der VO (EG) Nr. 58/2003, ABl. Nr. L 11/1–8.

486 Beispielhaft seien hier genannt: Europäisches Zentrum für die Förderung der Berufsbildung (Cedefop, Thessaloniki, gegründet 1975, VO (EG) Nr. 2051/2004); Europäische Beobachtungsstelle für Drogen und Drogensucht (EMCDDA, Lissabon, gegründet 1993, VO (EG) Nr. 1920/2006); Europäische Umweltagentur (EEA, Kopenhagen, gegründet 1993, VO (EG) Nr. 401/2009); Europäische Agentur für Sicherheit und Gesundheitsschutz am Arbeitsplatz (EU-OSHA, Bilbao, gegründet 1994, VO (EG) Nr. 1994, 2062/94); Harmo-

spezifischen Aufgaben betraut, die technischer oder wissenschaftlich-beratender Natur sind, aber auch Exekutivtätigkeiten sein können.

Die grundsätzliche Möglichkeit, Regulierungsagenturen zu gründen, wird nicht (mehr) in Frage gestellt. Hieran hat sich auch nach der Einführung der Art. 290 und Art. 291 AEUV nichts geändert. In seinem Urteil „ESMA"[487] zu dieser Frage hat der EuGH festgestellt, dass mit den Art. 290 und 291 AEUV kein einheitlicher rechtlicher Rahmen festgelegt worden sei, wonach ausschließlich der Kommission bestimmte delegierte Befugnisse und Durchführungsbefugnisse zugewiesen werden dürfen, sondern dass es dem Unionsgesetzgeber weiterhin erlaubt sei, die Übertragung derartiger Befugnisse auf Einrichtungen oder sonstige Stellen der EU in Betracht zu ziehen. Dazu stellt der EuGH fest, dass die Verträge zwar keine Vorschrift enthalten, die die Übertragung von Zuständigkeiten auf eine Einrichtung oder sonstige Stelle der EU vorsieht, dass aber mehrere Vorschriften des AEU-Vertrags vom Bestehen einer solchen Möglichkeit ausgehen. Der EuGH verweist in diesem Zusammenhang vor allem auf die Mechanismen einer gerichtlichen Kontrolle, die für die vom Unionsgesetzgeber geschaffenen Einrichtungen und sonstigen Stellen, denen Befugnisse zum Erlass von für natürliche und juristische Personen verbindlichen Rechtsakten auf spezifischen Gebieten eingeräumt wurden, geschaffen worden sind (Art. 263, Art. 265, Art. 267, Art. 277 AEUV). Allerdings ist bei der Schaffung neuer Agenturen die Frage der Rechtsgrundlage sowie der Reichweite der zu übertragenden Kompetenzen im Einzelfall eingehend zu prüfen. **449**

Während die überwiegende Zahl der (älteren) Agenturen auf ex-Art. 308 EG (heute Art. 352 AEUV) gestützt wurde, sind Agenturen in jüngerer Zeit regelmäßig auf Basis der **Rechtsgrundlage** für den einschlägigen Politikbereich gegründet worden. Der EuGH bestätigte diese Praxis in seinem Urteil zur „Europäischen Agentur für Netz- und Informationssicherheit – ENISA"[488], verlangt aber, dass die auf eine **450**

---

nisierungsamt für den Binnenmarkt (HABM, Alicante, gegründet 1994, VO (EG) Nr. 207/2009); Europäische Behörde für Lebensmittelsicherheit (EFSA, Parma, gegründet 2002, VO (EG) Nr. 178/2002); Agentur für die Zusammenarbeit der Energieregulierungsbehörden (ACER, Ljubljana, gegründet 2011, VO (EG) Nr. 713/2009); Europäische Wertpapier- und Marktaufsichtsbehörde (ESMA, Paris, gegründet 2010 durch die Verordnung (EU) Nr. 1095/2010).

487 EuGH-Urteil vom 22.1.2014, C-270/12, Vereinigtes Königreich ./. EP und Rat der EU, EU:C:2014:18; dazu: *Manger-Nestler*, Wirtschafts- und Gesellschaftsrecht 2014, S. 141–143; *Ohler*, JZ 2014, S. 249–252.

488 Europäische Agentur für Flugsicherheit (EASA, Köln, gegründet 2002, VO (EG) Nr. 1592/2002); Europäische Agentur für die operative Zusammenarbeit an den Außengrenzen (FRONTEX, Warschau, gegründet 2004, VO (EG) Nr. 2007/2004); Europäisches Institut für Gleichstellungsfragen (Vilnius, gegründet 2006, VO (EG) Nr. 1922/2006); Europäische Chemikalienagentur (ECHA, Helsinki, gegründet 2007, VO (EG) Nr. 1907/2006); Agentur der Europäischen Union für Grundrechte (Sitz: Wien, gegründet 2007, VO (EG) Nr. 168/2007); Europäische Bankaufsichtsbehörde (EBA, Paris [zuvor London], gegründet 2011, VO (EU) Nr. 1093/2010).EuGH C-217/04, Großbritannien/EP u. Rat, Slg. 2006, I-3771 zu ex-Art. 95 EG (heute: Art. 114 AEUV).

Agentur übertragenen Aufgaben in engem Zusammenhang mit der jeweiligen sekundärrechtlichen Materie stehen. Außerdem hat der EuGH klargestellt, dass einer Agentur auf der Grundlage der jeweiligen Sachkompetenzgrundlage nur *„nicht zwingende Begleit- und Rahmenmaßnahmen zur Erleichterung der einheitlichen Durchführung und Anwendung"* des einschlägigen Sekundärrechts übertragen werden dürfen. Weiterreichende Befugnisse könnten allenfalls auf der Grundlage von Art. 352 AEUV übertragen werden.

451 Welche **Reichweite** die auf eine Agentur **übertragenen Kompetenzen** haben dürfen, bestimmt sich nach der – inzwischen modifizierten – ***„Meroni-Rechtsprechung"*** des EuGH[489]. Die „Meroni- und Folgeurteile" beinhalten – ausgehend vom Prinzip des institutionellen Gleichgewichts – die Vorgaben dafür, welche Kompetenzen auf primärrechtlich nicht vorgesehene Einrichtungen übertragen werden dürfen. Nach dieser Rechtsprechung

- dürfen einer Agentur keine weiter reichenden Befugnisse übertragen werden, als sie der übertragenden Institution zustehen,
- müssen die übertragenen Befugnisse unter denselben Bedingungen ausgeübt werden, wie sie für die übertragende Institution gelten (vor allem Begründungs- und Veröffentlichungserfordernisse),
- muss die Übertragung der Befugnisse ausdrücklich erfolgen,
- darf die Übertragung sich nur auf genau umgrenzte Aus- oder Durchführungsbefugnisse beziehen,
- muss der EU-Gesetzgeber dabei sicherstellen, dass die Agentur einer Kontrolle anhand vorher bestimmter, objektiver Kriterien unterliegt, d.h. der Agentur darf kein politischer Ermessensspielraum eingeräumt werden[490].

B. Die Kompetenzen

I. Allgemeine Kompetenzaufteilung

452 Die Europäische Union übt hoheitliche Gewalt wie die Mitgliedstaaten durch Rechtsetzung, Verwaltungsvollzug und Rechtsprechung aus. Als Grundregel für die Kompetenzverteilung legt Art. 5 Abs. 2 EUV fest, dass *„die Union nur innerhalb der Grenzen der Zuständigkeiten tätig* [wird], *die die Mitgliedstaaten ihr in den Verträgen zur Verwirklichung der darin niedergelegten Ziele übertragen haben"*.

453 Fehlen dagegen Handlungsbefugnisse in den EU-Verträgen, so sind die Mitgliedstaaten Träger der Hoheitsgewalt.

489 EuGH, Rs. 9/56, Meroni/Hohe Behörde, Slg. 1958, 1; Rs. 10/56, Meroni/Hohe Behörde, Slg. 1958, 53.

490 EuGH-Urteil vom 22.1.2014, C-270/12, Vereinigtes Königreich ./. EP und Rat der EU, ECLI:EU:C:2014:18; zuvor C-301/02 P, Tralli/EZB, Slg. 2005, I-4071; C-98/80, Romano, Slg. 1981, S. 1241.

II. Prinzip der begrenzten Ermächtigung

Zur Verwirklichung der in den EU-Verträgen niedergelegten Ziele haben die Mitgliedstaaten den EU-Organen Kompetenzen zugewiesen, die bis dahin überwiegend von den Mitgliedstaaten selbst wahrgenommen worden sind. Diese Kompetenzen sind in den EU-Verträgen niedergelegt. Die EU-Verträge erteilen der EU und ihren Organen dabei keine generelle Befugnis zum Erlass aller zur Verwirklichung der Vertragsziele erforderlichen Maßnahmen, sondern legen in den jeweiligen Vertragsartikeln die Befugnis zum Tätigwerden der EU-Organe fest **(Prinzip der begrenzten Ermächtigung)**. Nach dem Prinzip der begrenzten Ermächtigung dürfen die EU-Organe weder in Bereichen Recht setzen, die in den Verträgen nicht geregelt sind, noch dürfen sie über die in den Verträgen im Einzelnen aufgeführten Ermächtigungen hinausgehen. Dies betrifft allerdings nur die Organakte, die für die Mitgliedstaaten oder die Unionsbürger verbindlich sind; denn nur diese Akte können die Souveränität der Mitgliedstaaten beeinträchtigen. 454

Die Einhaltung des Prinzips der begrenzten Ermächtigung unterliegt der **gerichtlichen Kontrolle** durch den EuGH.

III. Vertikale Kompetenzabgrenzung

Die vertikale Kompetenzabgrenzung betrifft die Abgrenzung der Kompetenzen zwischen der EU und den Mitgliedstaaten. Diese Abgrenzung ist mit dem Vertrag von Lissabon neu geregelt worden. Dabei wurde auf einen Kompetenzkatalog verzichtet; stattdessen wurden Kompetenzkategorien gebildet, deren Reichweite im Einzelnen festgelegt wird (Art. 2–6 AEUV). Zu unterscheiden sind danach: 455

- Ausschließliche Zuständigkeiten, die in Art. 2 Abs. 1 beschrieben und in Art. 3 abschließend aufgezählt sind.
- Geteilte Zuständigkeiten, die in Art. 2 Abs. 2 beschrieben und in Art. 4 beispielhaft benannt sind.
- Unterstützungs-, Koordinierungs- und Ergänzungskompetenzen, die in Art. 2 Abs. 5 dargestellt und in Art. 6 aufgelistet sind.
- Die Koordinierung der Wirtschafts- und Beschäftigungspolitik ist in Art. 3 Abs. 3 genannt und wird in Art. 5 näher umrissen.
- Die Gemeinsame Außen- und Sicherheitspolitik wird in Art. 2 Abs. 4 erwähnt, ebenso die schrittweise Festlegung der Gemeinsamen Verteidigungspolitik.

Daneben gibt es aber mit der „Vertragsabrundungskompetenz", den „implied powers", den „Außenkompetenzen" und der „Offenen Koordinierung" weitere Zuständigkeiten, die nicht von diesen Zuständigkeitskategorien erfasst werden. 456

1. Ausschließliche Zuständigkeit

Eine ausschließliche Zuständigkeit der EU ist vorgesehen für die Zollunion, die Festlegung der für das Funktionieren des Binnenmarktes erforderlichen Wettbe- 457 werbsregeln, die Währungspolitik in der Euro-Zone, die Erhaltung der biologischen Meeresschätze im Rahmen der Gemeinsamen Fischereipolitik sowie für die gemeinsame Handelspolitik (Art. 3 Abs. 1 AEUV). Die EU hat ferner die ausschließliche Zuständigkeit für den Abschluss internationaler Übereinkünfte, wenn dies in einem Gesetzgebungsakt vorgesehen ist und wenn dies notwendig ist, damit die EU ihre interne Zuständigkeit ausüben kann (Art. 3 Abs. 2 AEUV).

458 Soweit eine ausschließliche Zuständigkeit zugunsten der EU vorgesehen ist, darf nur die EU im Wege der Gesetzgebung (Art. 289 AEUV) und der einfachen Rechtsetzung handeln. Mitgliedstaatliche Rechtsetzung ist **grundsätzlich** unzulässig (**Sperrwirkung**[491]).

Nur in **zwei ausdrücklich geregelten Ausnahmefällen** (Art. 2 Abs. 1 AEUV) verbleibt eine Normsetzungsmöglichkeit für die Mitgliedstaaten: *zum einen*, wenn die EU die Mitgliedstaaten durch Rechtsakt ermächtigt, im Bereich einer ausschließlichen Zuständigkeit zu handeln, und zum anderen, wenn Mitgliedstaaten zur Durchführung der EU-Rechtsakte im Bereich ausschließlicher Zuständigkeiten gesetzgeberisch tätig werden müssen; *zum anderen* besteht als ungeschriebene und eng umgrenzte Ausnahme auch in Zukunft die Möglichkeit für die Mitgliedstaaten, im Bereich einer ausschließlichen Zuständigkeit vorläufig und unter Beachtung der EU-Interessen als *„Sachwalter des gemeinsamen Interesses"* auch ohne vorherige Ermächtigung tätig zu werden[492]. Ein mitgliedstaatliches Handeln ist in einem solchen Fall allerdings nur unter Beachtung hoher materieller und prozeduraler Hürden zulässig: das Tätigwerden muss tatsächlich erforderlich sein, der EU-Gesetzgeber darf nicht gehandelt haben, obwohl er dies hätte tun können, und der jeweilige Mitgliedstaat muss sich mit der Kommission in Verbindung setzen und vor Erlass nationalen Rechts Einvernehmen mit ihr herstellen.

2. Geteilte Zuständigkeiten

459 Die geteilte Zuständigkeit, die häufig auch als „konkurrierende Zuständigkeit" bezeichnet wird, stellt den **Regelfall der Kompetenzen der EU** dar. Deshalb werden im Katalog der geteilten Zuständigkeiten auch nur die „Hauptbereiche" der geteilten Zuständigkeiten aufgeführt: Binnenmarkt, Sozialpolitik, wirtschaftlicher, sozialer und territorialer Zusammenhalt, Landwirtschaft und Fischerei (ausgenommen die Erhaltung der Sicherung der biologischen Meeresschätze), Umwelt, Verbraucherschutz, Verkehr, transeuropäische Netze, Energie, Raum der Freiheit, der Sicherheit und des Rechts sowie gemeinsame Sicherheitsanliegen im Bereich der öffentlichen Gesundheit (Art. 4 Abs. 1 AEUV). In den Bereichen Forschung, technologische Ent-

---

491 Vgl. EuGH, Rs. 804/79, KOM/Vereinigtes Königreich [Seefischerei-Erhaltungsmaßnahmen], Slg. 1981, 1045.

492 EuGH, Rs. 804/79, KOM/Vereinigtes Königreich [Seefischerei-Erhaltungsmaßnahmen], Slg. 1981, 1045.

wicklung und Raumfahrt sowie in den Bereichen Entwicklungszusammenarbeit und Humanitäre Hilfe erstreckt sich die Zuständigkeit der EU darauf, Maßnahmen zu treffen, die die Ausübung der den Mitgliedstaaten zustehenden Zuständigkeiten nicht behindern (Art. 4 Abs. 3 und 4 AEUV).

Der EU sind hier und in weiteren einzelnen Bestimmungen der EU-Verträge bestimmte Kompetenzen zugewiesen, die sie durch Rechtsetzung ausüben darf. Aber auch die Mitgliedstaaten dürfen in diesen Bereichen gesetzgeberisch tätig werden, allerdings nur, *„sofern und soweit"* die EU ihre Zuständigkeit nicht ausgeübt hat. Daher ist im Einzelfall anhand der konkreten EU-Regelungen zu ermitteln, wie weit die EU ihre Zuständigkeit ausgeübt hat. Das *„Protokoll (Nr. 25) über die Ausübung der geteilten Zuständigkeiten"* stellt dabei klar, dass die EU durch den Erlass von Sekundärrecht nicht bereits im gesamten Sachbereich des jeweiligen Sekundärrechtsakts ihre Zuständigkeit ausgeübt hat, sondern nur für die in dem entsprechenden Rechtsakt geregelten Elemente. Außerdem dürfen die Mitgliedstaaten erneut gesetzgeberisch tätig werden, sofern und soweit die EU entschieden hat, ihre Zuständigkeit nicht mehr auszuüben. Ein solcher Fall liegt etwa vor, wenn ein bestehender EU-Rechtsakt im regulären Rechtsetzungsverfahren wieder aufgehoben wird[493] oder wenn eine zeitlich befristete Regelung („sunset clause") ausgelaufen ist. Umgekehrt wird eine geteilte Zuständigkeit selbst nach einer vermeintlich oder tatsächlich umfassenden Kompetenzausübung durch die EU nicht zu einer ausschließlichen Kompetenz der EU. **460**

3. Unterstützungs-, Koordinierungs- und Ergänzungszuständigkeiten

Anders als im Fall der geteilten Zuständigkeiten handelt es sich bei der Kompetenzkategorie **Unterstützung, Koordinierung oder Ergänzung** mitgliedstaatlicher Maßnahmen um eine **dauerhaft parallele Zuständigkeit** von EU und Mitgliedstaaten. Auch wenn die EU ihre Zuständigkeit ausgeübt hat, können die Mitgliedstaaten weiter umfassend tätig werden. Sie sind lediglich an den Anwendungsvorrang eventuell erlassenen EU-Rechts gebunden. Wenn eine Rechtsgrundlage als Unterstützungs-, Koordinierungs- oder Ergänzungszuständigkeit ausgewiesen ist, darf die EU **keine Harmonisierung** der mitgliedstaatlichen Rechtsvorschriften vornehmen. **461**

Im Rahmen der Unterstützungs-, Koordinierungs- und Ergänzungszuständigkeiten ergehen Maßnahmen mit europäischer Zielrichtung vor allem in den Bereichen Schutz und Verbesserung der menschlichen Gesundheit, Industrie, Kultur, Tourismus, allgemeine und berufliche Bildung, Jugend und Sport, Katastrophenschutz und Verwaltungszusammenarbeit (Art. 6 AEUV). **462**

493 Nach Art. 241 AEUV kann der Rat die Kommission etwa auffordern, Vorschläge zur Aufhebung von Rechtsakten vorzulegen.

4. Koordinierung der Wirtschafts-, Beschäftigungs- und Sozialpolitik

463 Die Aufnahme der Koordinierung der Wirtschafts-, Beschäftigungs- und Sozialpolitik (Art. 5 AEUV) unter den Kompetenzkatalog stellt einen Fremdkörper dar, da es hierbei nicht um die Festlegung und Abgrenzung der Gesetzgebungskompetenzen geht, sondern um speziell normierte Koordinierungsmechanismen für eine Kooperation der Mitgliedstaaten im Rahmen der EU, die nicht im Wege der Sekundärrechtsetzung erfolgt, sondern in Form von Leitlinien, Empfehlungen und Programmen.

5. Gemeinsame Außen- und Sicherheitspolitik der EU

464 Die Regelung zur **GASP** stellt ebenfalls **keine Legislativkomptenzkategorie** dar. Eine Umschreibung der Zuständigkeit der EU im Bereich der GASP enthält Art. 24 EUV.

6. Zuständigkeiten, die nicht von den Kompetenzkategorien erfasst werden

a) Vertragsabrundungskompetenz

465 Die in den EU-Verträgen enthaltenen speziellen Einzelermächtigungen reichen nicht immer aus, um die in den Verträgen selbst konkret bezeichneten Ziele zu erreichen.

Um diesen Mangel auszugleichen, bestimmt Art. 352 Abs. 1 AEUV:

„Erscheint ein Tätigwerden der Union im Rahmen der in den Verträgen festgelegten Politikbereiche erforderlich, um eines der Ziele der Verträge zu verwirklichen, und sind in den Verträgen die hierfür erforderlichen Befugnisse nicht vorgesehen, so erläßt der Rat einstimmig auf Vorschlag der Kommission und nach Zustimmung des Europäischen Parlaments die geeigneten Vorschriften."

Zweck dieser Handlungsermächtigung ist es, für solche Tätigkeiten, die zwar nicht ausdrücklich in den Verträgen vorgesehen sind, aber doch Konsequenz oder Voraussetzung für die Verwirklichung eines der Vertragsziele sind, die erforderliche Ermächtigung bereitzustellen[494]. Auf der Grundlage dieser Ermächtigung ist es den EU-Organen allerdings nicht möglich, Aufgaben wahrzunehmen, die außerhalb der von den Verträgen vorgegebenen Ziele liegen. Diese Handlungsermächtigung erlaubt es den EU-Organen damit nicht, sich auf Kosten der Mitgliedstaaten neue Kompetenzen zu schaffen (sog. **Kompetenz-Kompetenz**) oder bestehende Kompetenzen zu erweitern.

466 Die Ermächtigung nach Art. 352 kann nur ausgeübt werden, wenn folgende drei Voraussetzungen, die kumulativ erfüllt sein müssen, gegeben sind:

494 EuGH Gutachten 2/94, Beitritt der EG zur EMRK, Slg. 1996, I-1759; Rs. 295/90, EP/Rat, Slg. 1992, I-4193; Rs. 8/73, Massey-Ferguson, Slg. 1973, 897/907; Rs. 275/87, KOM/Rat Slg. 1989, 259.

- Tätigwerden der EU zur **Verwirklichung eines der Ziele der Verträge**: Die Ziele der Verträge sind allgemein in Art. 3 EUV niedergelegt; sie können sich darüber hinaus auch aus Einzelbestimmungen des AEUV ergeben[495]. Deshalb kann auf Art. 352 nach wie vor auch zum Schutz des Wettbewerbs vor Verfälschungen zurückgegriffen werden, obwohl dieser nicht mehr unter den allgemeinen Zielen der EU aufgeführt wird[496]. Das schließt die Anwendung von Art. 352 ausdrücklich ein. Die Verwirklichung von Zielen der Gemeinsamen Außen- und Sicherheitspolitik ist hingegen vom Anwendungsbereich des Art. 352 ausgeschlossen worden (Art. 352 Abs. 4 AEUV).
- Tätigwerden der EU im **Rahmen der in den Verträgen festgelegten Politikbereiche**: Das Tätigwerden der EU muss sich eindeutig im Rahmen eines durch die Verträge gedeckten Politikbereichs bewegen.
- **Erforderlichkeit eines Tätigwerdens der EU**: Die Erforderlichkeit ergibt sich aus dem Fehlen der vorgesehenen Befugnisse in den EU-Verträgen, um die Ziele dieser Verträge zu verwirklichen. Dabei sind die Grundsätze der Subsidiarität und der Verhältnismäßigkeit (Art. 5 Abs. 3 und 4 EUV) zu beachten.

Die Erfüllung der Voraussetzungen des Art. 352 und damit die rechtmäßige Inanspruchnahme dieser Handlungsermächtigung kann vom EuGH überprüft werden.

In der Praxis sind die Möglichkeiten der Vertragsabrundungsermächtigung nach an- **467** fänglich nur zögerlicher und sachlich begrenzter Anwendung immer häufiger genutzt worden[497], da sich der EU Aufgaben stellten, die man bei Abschluss der Gründungsverträge noch nicht vorhergesehen hatte und für die deshalb entsprechende Einzelermächtigungen in den Verträgen fehlten (z.B. Umweltpolitik, Verbraucherpolitik, Forschungspolitik, Einrichtung des Regionalfonds und des Währungsfonds). Für diese Bereiche sind inzwischen jedoch spezielle Ermächtigungen in den EU-Verträgen vorgesehen, so dass die praktische Bedeutung der Vertragsabrundungsermächtigung erheblich abgenommen hat.

b) Implied powers

Neben der subsidiären Handlungsermächtigung des Art. 352 AEUV werden den **468** EU-Organen ungeschriebene Zuständigkeiten durch die Lehre von den **„implied powers“** (Zuständigkeiten kraft Sachzusammenhangs) eingeräumt. Diese aus dem Völkerrecht stammende Lehre besagt – auf das EU-Recht angewandt –, dass die einem EU-Organ durch die EU-Verträge eingeräumte Befugnis gleichzeitig auch zum Erlass solcher Maßnahmen ermächtigt, die zur wirksamen und sinnvollen Ausführung dieser ausdrücklich zugeteilten Befugnis erforderlich sind[498]. Im Gegensatz

495 Vgl. EuGH C-402/05 P, Kadi u.a., Slg. 2008, I-6351 Rdn. 225 f.

496 Dies wird bestätigt durch das Protokoll über den Binnenmarkt und den Wettbewerb, in dem ausdrücklich auch die Anwendung des Art. 352 AEUV erwähnt wird.

497 Einen umfassenden Überblick gibt *Dorn*, Art. 235 EWGV, S. 158–180.

498 *Nicolaysen*, EuR 1966, S. 131; vgl. auch EuGH Rs. 8/55, Fédéchar, Slg. 1956, 299/312.

zur Vertragsabrundungskompetenz werden hier die Handlungsbefugnisse der EU-Organe nicht aus den Vertragszielen abgeleitet, sondern **aus bereits vorhandenen Zuständigkeiten** der EU.

469 Den Hauptanwendungsfall der Implied-powers-Lehre stellte bisher die Ableitung der **Kompetenzen der EU zur Wahrnehmung von Außenbeziehungen** dar[499]. Nachdem diese jedoch inzwischen ausdrücklich in Art. 216 AEUV geregelt worden sind, bleibt der Rückgriff auf die „implied powers" in Zukunft wohl eher theoretischer Natur.

c) Außenkompetenzen

470 Auch die Kompetenzen zum Abschluss internationaler Abkommen sind im AEUV nicht als gesonderte Kompetenzkategorie geregelt. Sie sind teils explizit geregelt oder implizit für den Fall vorgesehen, dass der Abschluss eines Abkommens im Rahmen einer Unionspolitik zur Verwirklichung der Vertragsziele erforderlich ist (Art. 216 AEUV). Zu den **expliziten Außenkompetenzen** gehören insbesondere die Gemeinsame Handelspolitik (Art. 207 AEUV), die Assoziierung (Art. 198 AEUV), GASP-Übereinkünfte mit Drittstaaten und Internationalen Organisationen (Art. 37 EUV), Maßnahmen für den Kapitalverkehr mit Drittstaaten (Art. 64 Abs. 2 AEUV), Förderung der internationalen Zusammenarbeit bei (beruflicher) Bildung und Sport (Art. 165 Abs. 3 und Art. 166 Abs. 3 AEUV), Förderung der internationalen Zusammenarbeit in Kulturangelegenheiten (Art. 167 Abs. 3AEUV), Förderung der internationalen Zusammenarbeit im Gesundheitswesen (Art. 168 Abs. 3 AEUV), Internationale Zusammenarbeit im Bereich Transeuropäische Netze (Art. 171 Abs. 3 AEUV), Forschung und Entwicklung (Art. 186 AEUV), Umweltpolitik (Art. 192 AEUV), Entwicklungszusammenarbeit (Art. 209 Abs. 2 AEUV), wirtschaftliche, finanzielle und technischen Zusammenarbeit mit Drittländern (Art. 212: AEUV), Humanitäre Hilfe (Art. 215 Abs. 4 AEUV), Währungspolitik (Art. 219 AEUV).

471 Allgemein führen die expliziten und impliziten Zuständigkeiten zu einer weitgehenden Parallelität von Innen- und Außenkompetenzen, womit letztendlich die Rechtsprechung des EuGH zu den Außenkompetenzen kodifiziert worden ist.

d) Die offene Methode der Koordinierung

472 Die offene Methode der Koordinierung ist teilweise vertraglich vorgesehen, teilweise aber auch nur politisch vereinbart. Gemeinsam ist beiden Formen der offenen

499 Begründet durch EuGH, Rs. 22/70, AETR, Slg. 1971, 263/275 mit Anm. *Sasse*, EuR 1971, S. 208. Diese Rechtsprechung hat der EuGH in weiteren Gutachten zur Abschlusskompetenz anderer Abkommen bestätigt: vgl. v.a. Gutachten 1/76, Abkommen zur Errichtung des Europäischen Stillegungsfonds für die Binnenschiffahrt, Slg. 1977, 743; Gutachten 1/91, EWR-Abkommen 1, Slg. 1993, I-6079; Gutachten 1/92, EWR-Abkommen 11, Slg. 1992, I-2821; Gutachten 1/94, Abkommen über die WTO, Slg. 1994, I-5267.

Koordinierung, dass ihre **Ergebnisse nicht verbindlich** sind, d.h. keine rechtlich einklagbaren Verpflichtungen enthalten können. Es handelt sich um politische Vereinbarungen zur Zusammenarbeit der Mitgliedstaaten in Bereichen, in denen im gemeinsamen Interesse der EU eine größere Konvergenz der mitgliedstaatlichen Politik erzielt werden soll. Als Instrumente werden bei der offenen Methode der Koordinierung vor allem benutzt: Vereinbarung gemeinsamer Ziele im Europäischen Rat oder Rat (regelmäßig auf Vorschlag der Kommission), Austausch von bewährten Praktiken („best practices") zwischen Mitgliedstaaten, Einigung der Mitgliedstaaten im Europäischen Rat oder Rat auf Indikatoren, statistische Verfahren und Benchmarks für den Vergleich bewährter Praktiken, nationale Aktionspläne oder Berichte sowie regelmäßige Bewertung und Überprüfung der Fortschritte im Rat mit dem Ziel, voneinander zu lernen („peer viewing").

Vertraglich vorgesehen ist die offene Methode der Koordinierung in Politikbe- **473** reichen, in denen die EU nicht gesetzgebend, sondern nur politisch koordinierend tätig werden darf. Dazu gehören insbesondere die Bereiche der Koordinierung der Beschäftigungs- und Sozialpolitik (Art. 149, Art. 156 AEUV). Daneben wurde auf die offene Methode der Koordinierung zurückgegriffen aufgrund entsprechender Aufträge, die von verschiedenen Europäischen Räten ausgegangen sind. Zu nennen sind etwa die „Bessere Rechtsetzung", „Bildung und Ausbildung", „Informationsgesellschaft" (Europäischer Rat von Lissabon, 2001), „Soziale Eingliederung" (Europäischer Rat von Stockholm, 2001), „Umweltpolitik und Nachhaltige Entwicklung", „Gesundheitsschutz", „Alternde Bevölkerung" (Europäischer Rat von Göteborg, 2001) oder die „Rentenpolitik" (Europäischer Rat von Laeken, 2001).

IV. Horizontale Kompetenzabgrenzung

Bei der horizontalen Kompetenzabgrenzung geht es um die Wahl der „richtigen", in **474** den Verträgen für den Erlass eines Rechtsakts vorgesehenen Rechtsgrundlage. Die **Wahl der Rechtsgrundlage** eines Rechtsaktes muss sich im Rahmen des Zuständigkeitssystems der EU auf objektive, gerichtlich nachprüfbare Umstände gründen[500]. Zu diesen Umständen zählen insbesondere das Ziel und der Inhalt des Rechtsaktes[501]. Die Entscheidung über die „richtige" Rechtsgrundlage ist deshalb von besonderer Bedeutung, weil davon nicht nur die jeweils anzuwendenden Verfahrensvorschriften (Beteiligung anderer Organe, Beschlussverfahren) abhängen, sondern dies auch Rückwirkungen auf den zulässigen Inhalt einer Regel haben kann, der sich innerhalb der von der Kompetenznorm gesetzten materiellen Grenzen halten muss[502].

Zunächst ist also in jedem Fall zu prüfen, welchen Regelungsgehalt ein Sekundär- **475** rechtsakt hat und welche Rechtsgrundlage diesen Regelungsgehalt erfasst. In die-

500 Vgl. EuGH C-189/97, EP/Rat, Slg. 1999, I-4741 Rdn. 25.

501 St. Rspr. vgl. EuGH C-271/94, EP/Rat, Slg. 1996, I-1689; C-426/93, Deutschland/Rat, Slg. 1995, I-3723; C-300/89, KOM/Rat (Titandioxid), Slg. 1991, I-2867.

502 EuGH Rs. 45 /86, KOM/Rat, Slg. 1987, 1520.

sem Rahmen muss eine **Auslegung** der jeweiligen Kompetenznormen erfolgen[503]. Kommen in einem Fall **mehrere Rechtsgrundlagen** in Betracht, so ist nach der Rechtsprechung des EuGH der Rechtsakt auf diejenige Rechtsgrundlage zu stützen, die das **Hauptziel des Rechtsakts abdeckt**[504]. Andere Zielsetzungen, die nur nebensächliche Bedeutung haben, bleiben daher bei der Wahl der Rechtsgrundlage unberücksichtigt. Dies kann im Einzelfall dazu führen, dass etwa das Einstimmigkeitserfordernis in einzelnen Politikbereichen umgangen werden kann, nämlich dann, wenn die Regelungen aus diesem Politikbereich in einem Sekundärrechtsakt lediglich nebenbei mitgeregelt werden[505], oder dass de facto ausdrückliche Harmonisierungsverbote unterlaufen werden[506].

476 Die Schwerpunktrechtsprechung kommt auch in den Fällen zum Tragen, in denen die EU-Verträge neben der allgemeinen Rechtsgrundlage für einen bestimmten Politikbereich für bestimmte Teilaspekte eine besondere Regelung vorsehen, wie z.B. als besonderes Verfahren die Einstimmigkeit im Rat[507]. Der EuGH grenzt auch hier – unabhängig davon, ob es sich bei den besonderen Regelungen um eigene Rechtsgrundlagen oder um abweichende Verfahrensvorschriften handelt – nach dem Schwerpunkt des jeweiligen EU-Rechtsakts ab und behandelt die Sonderregelungen damit wie Rechtsgrundlagen[508].

477 Nur in Ausnahmefällen kann ein Sekundärrechtsakt auf **zwei Kompetenznormen** gestützt werden, nämlich nur dann, wenn der Rechtsakt zwei *gleichrangige* Zielsetzungen hat, die *untrennbar miteinander verbunden* sind[509]. Eine Doppelabstützung auf zwei (oder mehr) Rechtsgrundlagen ist allerdings ausgeschlossen, sofern diese prozedural miteinander unvereinbar sind[510]. Eine ***prozedurale Unvereinbarkeit*** ist etwa anzunehmen, wenn in einer Rechtsgrundlage ein *Gesetzgebungs*verfahren (Art. 289)

503 Vgl. EuGH C-155/07, EP/Rat, Slg. 2008, I-8103.

504 St. Rspr. seit EuGH, EP/Rat, C-42/97, Slg. 1999, I-869, vgl. auch C-491/01, British American Tobacco, Slg. 2002, I-11453; C-211/01, KOM/Rat, Slg. 2003, I-8913; C-338/01, KOM/Rat, Slg. 2004, I-4829; EuGH C-178/03, KOM/EP und Rat („Rotterdamer Übereinkommen"), Slg. 2006, I-107.

505 Vgl. EuGH C-211/01, KOM/Rat („Straßengüterverkehr"), Slg. 2003, I-8913 zur untergeordneten Regelung steuerlicher Vorschriften in einem Verkehrsabkommen.

506 Vgl. EuGH C-42/97, EP/Rat, Slg. 1999, I-869 zur Mitregelung kultureller Aspekte in einer industriepolitischen Entscheidung; zur speziellen Problematik bei der Rechtsangleichung siehe einerseits EuGH C-376/98, Deutschland/Rat und EP [„Tabakwerbung I"], Slg. 2000, I-8419 und andererseits C-380/03, Deutschland/Rat und EP [„Tabakwerbung II"], Slg. 2006, I-11573.

507 Vgl. etwa Art. 21 Abs. 3, Art. 64 Abs. 3, Art. 81 Abs. 3, Art. 192 Abs. 2, Art. 194 Abs. 3 AEUV.

508 Vgl. zu Art. 192 AEUV EuGH C-36/98, Spanien/Rat, Slg. 2001, I-779.

509 St. Rspr. seit EuGH C-300/89, KOM/Rat [„Titandioxid-RL"], Slg. 1991, I-2867; C-42/97, EP/Rat, Slg. 1999, I-869; vgl. auch EuGH, Gutachten 2/00, Protokoll von Cartagena, Slg. 2001, I-9713; C-336/00, Huber, Slg. 2002, I-7699; C-178/03, KOM/EP und Rat [„Rotterdamer Übereinkommen"], Slg. 2006, I-107.

510 EuGH C-300/89, KOM/Rat [„Titandioxid-RL"], Slg. 1991, I-2867.

vorgesehen ist und die andere Kompetenznorm ein einfaches *Rechtsetzungs*verfahren vorschreibt, da sich aus der Verabschiedung eines Sekundärrechtsakts als Gesetzgebungsakt eine Reihe von speziellen Rechtsfolgen ergeben, die bei einfachen Rechtsetzungsakten nicht anfallen (z.B. Möglichkeit der Subsidiaritätsrüge oder Zulässigkeit delegierter Rechtsetzung, Art. 290 AEUV). Sind prozedural miteinander unvereinbare Rechtsgrundlagen für einen Rechtsakt einschlägig, so muss dieser aufgeteilt werden. Die Einzelregelungen sind dann gesondert zu verabschieden. ***Keine Unvereinbarkeit*** der Rechtsetzungsverfahren ist hingegen anzunehmen, wenn die verschiedenen Rechtsgrundlagen eine unterschiedlich starke Beteiligung des EP an der Rechtsetzung vorsehen, da der EuGH im Fall einer unterschiedlichen Beteiligung des EP die verschiedenen Verfahren kumuliert und somit das Verfahren zur Anwendung bringt, das die weitestgehenden Beteiligungs- und Mitentscheidungsrechte enthält[511]. Auch unterschiedliche Abstimmungsquoren im Rat (Einstimmigkeit und qualifizierte Mehrheit) stellen keine miteinander unvereinbaren Verfahrensvorschriften dar[512].

Hat der EU-Gesetzgeber eine **falsche Rechtsgrundlage** gewählt, kann der entsprechende Sekundärrechtsakt angegriffen werden und vom EuGH mit Wirkung ex-tunc für nichtig erklärt werden. Bis dahin gilt allerdings eine Vermutung der Rechtsgültigkeit[513]. Soweit der EU-Gesetzgeber fälschlicherweise eine **doppelte Rechtsgrundlage** gewählt hat, hängt das Nichtigkeitsurteil davon ab, ob damit der Wesenskern des Rechtsetzungsverfahrens beeinträchtigt wurde[514]. Ist dies nicht der Fall, bleibt die falsche Doppelabstützung folgenlos. **478**

Soweit der EuGH es für notwendig erachtet, kann er anordnen, dass die Wirkungen eines für nichtig erklärten Sekundärrechtsakts ganz oder teilweise bis zur Neuregelung durch den EU-Gesetzgeber als **fortgeltend** zu betrachten sind (Art. 264 Abs. 2 AEUV)[515]. **479**

V. Subsidiaritätsprinzip

Die Ausübung der Kompetenzen durch die EU unterliegt dem Subsidiaritätsprinzip, das im EU-Vertrag ausdrücklich in Art. 5 Abs. 3 EUV verankert ist und damit **Verfassungsrang besitzt**. Dort heißt es: **480**

„Nach dem Subsidiaritätsprinzip wird die Union in den Bereichen, die nicht in ihre ausschließliche Zuständigkeit fallen, nur tätig, sofern und soweit die Ziele der in Betracht gezogenen Maßnahmen von den Mitgliedstaaten weder auf zentraler noch auf regionaler oder lokaler

511 Vgl. EuGH C-155/07, EP/Rat, Slg. 2008, I-8103; C-94/03, KOM/Rat, Slg. 2006, I-1.

512 EuGH C-166/07, EP/Rat, Slg. 2009, I-7135; anders noch EuGH C-300/89, KOM/Rat [„Titandioxid-RL"], Slg. 1991, I-2867.

513 EuGH, Rs. 101/78, Granaria, Slg. 1979, 623.

514 EuGH C-491/01, British American Tobacco und Imperial Tobacco, Slg. 2002, I-11453.

515 Vgl. EuGH C-155/07, EP/Rat, Slg. 2008, I-8103; C-271/94, EP/Rat, Slg. 1996, I-1689.

Ebene ausreichend erreicht werden können, sondern vielmehr wegen ihres Umfangs oder ihrer Wirkungen auf Unionsebene besser zu verwirklichen sind."

Das Subsidiaritätsprinzip soll die nationalen Interessen und Gewohnheiten schützen und die unterschiedlichen kulturellen und historisch geprägten Traditionen erhalten helfen. Diese Zielsetzung gewinnt mit dem Vertrag von Lissabon noch an Bedeutung, da der *„Schutz und die Entwicklung des kulturellen Erbes Europas"* als von der EU wahrzunehmende Aufgabe ausdrücklich erwähnt wird (Art. 2 Abs. 3 UAbs. 4 EUV). Die Verankerung des Subsidiaritätsprinzips bringt für alle an der Rechtsetzung in der EU beteiligten Organe bestimmte Verpflichtungen mit sich. Aufgrund ihres Initiativrechts besonders gefordert ist die Kommission, die bereits ihre Vorschläge an dem Subsidiaritätsprinzip auszurichten hat. Die Befugnisse der EU als solche werden durch das Subsidiaritätsprinzip allerdings nicht in Frage gestellt, da der unionsrechtliche Besitzstand („acquis communautaire") oder auch der Vorrang des EU-Rechts nicht beeinträchtigt werden dürfen[516]. Auch die Mitgliedstaaten können sich ihren unionsrechtlichen Pflichten nicht unter Berufung auf das Subsidiaritätsprinzip entziehen[517].

Die Voraussetzungen der Anwendung des Subsidiaritätsprinzips sind durch ein dem Vertrag von Lissabon beigefügtes Protokoll konkretisiert worden, das in leicht veränderter Form das entsprechende Protokoll zum Vertrag von Amsterdam (1999) übernommen hat[518].

1. Anwendungsbereich

481 Das Subsidiaritätsprinzip hat Geltung für alle Bereiche der **geteilten Zuständigkeit**, aber auch nur für diese, da nur dort, wo die EU nicht die ausschließliche Zuständigkeit hat, Kompetenzkonflikte auftreten können[519]. Das Bestehen einer geteilten Zuständigkeit für die beabsichtigte Maßnahme wird vom Subsidiaritätsprinzip vorausgesetzt; es weist keine Zuständigkeiten der EU oder den Mitgliedstaaten zu, sondern dies geschieht durch die Verträge selbst. In diesem Sinne wirkt das Subsidiaritätsprinzip als **„Kompetenzausübungsschranke"**.

482 Ob eine ausschließliche oder geteilte Zuständigkeit vorliegt, hängt vom jeweiligen Sachbereich ab und ist im Einzelfall zu prüfen. Merkmal der **ausschließlichen Zuständigkeit**, die nicht dem Subsidiaritätsprinzip unterliegt, ist die Verpflichtung der EU, als allein zuständige Instanz bei der Wahrnehmung bestimmter Aufgaben tätig

---

516 Vgl. ER v. Edinburgh, Schlussfolgerungen, Bull. BReg Nr. 140/1992, S. 1277 f.

517 EuGH C-11/95, KOM/Belgien, Slg. 1996, I-4115.

518 Außerdem hat die KOM 2018 ein Konzept zur besseren Einhaltung von Subsidiarität und Verhältnismäßigkeit vorgelegt, KOM (2018) 703 endg.

519 Vgl. zu dieser Frage *Calliess*, Der Schlüsselbegriff der „ausschließlichen Zuständigkeit" im Subsidiaritätsprinzip des Art. 3 b Abs. 2 EGV, EuZW 1995, S. 693–700.

zu werden, wobei sich diese Verpflichtung klar aus dem Vertrag ergeben muss (z.B. Art. 26 AEUV: *„Die Union erlässt die erforderlichen Maßnahmen, um ...“*).

2. Anwendungsvoraussetzungen

Die in Art. 5 Abs. 3 EUV enthaltene Definition der Subsidiarität grenzt die Zustän- **483**
digkeitsbereiche der EU einerseits und der Mitgliedstaaten andererseits sowohl positiv als auch negativ ab. Danach wird die EU tätig, soweit die Ziele *„der in Betracht gezogenen Maßnahmen von den Mitgliedstaaten weder auf zentraler noch auf regionaler oder lokaler Ebene ausreichend erreicht werden können“* und *„daher wegen ihres Umfangs oder ihrer Wirkungen besser auf Unionsebene zu verwirklichen sind“*.

Die positive und die negative Abgrenzung führen zu einer doppelten Bedingung: Zunächst muss sich der **„qualitative Mehrwert“** des EU-Handelns gerade daraus ergeben, dass die Ziele auf den verschiedenen Ebenen der Mitgliedstaaten nicht in ausreichendem Maße erreicht werden können, und es muss danach ein **„europäischer Mehrwert“** festgestellt werden, der sich gegenüber der Summe der einzelstaatlichen Maßnahmen als überlegen erweist. Das Vorliegen dieser beiden Bedingungen ist für jede einzelne beabsichtigte Maßnahme getrennt zu prüfen, wobei folgende Prüfungsschritte zu durchlaufen sind:

(1) Zunächst muss feststehen, welches **Ziel die EU** verfolgen will. Dieses Ziel ist anhand der in den EU-Verträgen aufgeführten Ziele zu bestimmen.

(2) Sodann ist eine **Kompetenzgrundlage** zu benennen, aufgrund derer ein EU-Organ zur Erreichung des Ziels tätig werden kann.

(3) Diese Kompetenzgrundlage muss eine **geteilte Zuständigkeit** zwischen EU und Mitgliedstaaten ausweisen. Ist die ermittelte Zuständigkeit der EU ausschließlicher Natur, stellt sich die Subsidiaritätsfrage nicht; vielmehr ist nur die Einhaltung des Grundsatzes der Verhältnismäßigkeit (vgl. Art. 5 Abs. 4 EUV) zu prüfen.

(4) Liegt eine geteilte Zuständigkeit vor, müssen zunächst die Fähigkeiten der Mitgliedstaaten untersucht werden, das vorgegebene Ziel zu erreichen. Hierzu ist der sog. ***Effizienztest*** durchzuführen. Im Rahmen des Effizienztestes ist konkret festzustellen, dass keine ausreichende Verwirklichung der EU-Ziele durch die *Mitgliedstaaten* erreicht oder möglich ist **(negative Abgrenzung)**. Dabei genügt es, dass die Mitgliedstaaten den gewünschten Erfolg oder Zustand – auf welcher staatlichen Ebene auch immer (Länder, Regionen oder Gemeinden) – herbeiführen können; er muss nicht bereits vorhanden sein. Fraglich ist, was gilt, wenn die realen Möglichkeiten der Mitgliedstaaten zwar vorhanden sind, diese aber keinerlei Anstalten machen, die erforderlichen Maßnahmen zu ergreifen. Ausschlaggebend muss die Überlegung sein, dass es nicht allein vom Willen einzelner Mitgliedstaaten abhängen kann, ob die EU ihre Kompetenzen ausnutzen kann. Besteht eine konkurrierende Kompetenz zwischen EU und Mitgliedstaaten, so muss die EU den ihr zugewiesenen Handlungs-

auftrag innerhalb der Grenzen des Art. 5 Abs. 3 EUV erfüllen, wenn einige Mitgliedstaaten sich trotz entsprechender Möglichkeiten der Erfüllung der selbst gesetzten Vertragsziele verweigern oder mit der Erfüllung der Ziele selbst überfordert sind.

(5) Den Fähigkeiten der Mitgliedstaaten zur Zielverwirklichung ist sodann der Mehrwert der beabsichtigten EU-Maßnahme gegenüberzustellen. Dies geschieht im Rahmen des sog. ***„Mehrwerttests“***. Es muss ein Mehrwert europäischen Handelns gegeben sein **(positive Abgrenzung)**, wobei zu prüfen ist, ob ein Regelungsbedürfnis der betreffenden Materie gerade aus der Sicht der Zielsetzung der EU besteht. Hierbei sind Gesichtspunkte wie z.B. Umfang, Kosten, grenzüberschreitende Problematik, Auswirkungen auf die Wettbewerbsfähigkeit der europäischen Wirtschaft, die Auswirkungen auf die Beschäftigungslage einzubeziehen. Die Ziele der in Betracht gezogenen Maßnahmen sind die Zielsetzungen der EU, wie sie in Art. 3 EUV festgelegt sind. Grundsätzlich ist dabei der „acquis communautaire“ – die Gesamtheit der zu einem bestimmten Zeitpunkt geltenden Vorschriften des primären und sekundären EU-Rechtes – zu wahren. Steht eine beabsichtigte Maßnahme in eindeutigem Zusammenhang mit einer bereits früher rechtmäßig erlassenen Maßnahme, kann eine EU-Zuständigkeit vermutet werden. Reine Effektivitätserwägungen können eine EU-Zuständigkeit allerdings nicht begründen.

3. Subsidiaritätskontrolle durch die nationalen Parlamente

484 In die Subsidiaritätskontrolle sind auch die nationalen Parlamente unmittelbar einbezogen worden (Art. 12 Buchstabe b EUV i.V.m. Art. 4–8 des Subsidiaritätsprotokolls). Es wurde ein sog. **Frühwarnsystem** eingerichtet, nach dem die nationalen Parlamente den Entwurf für ein Gesetzgebungsvorhaben unmittelbar von den EU-Organen zur Prüfung erhalten. Die nationalen Parlamente können dann innerhalb von acht Wochen in einer Stellungnahme darlegen, weshalb der Entwurf des Gesetzgebungsaktes *„ihres Erachtens nicht mit dem Subsidiaritätsprinzip vereinbar ist“* (Art. 6 Protokoll). Die Stellungnahmen sind im weiteren Rechtsetzungsverfahren zu berücksichtigen; ein „Veto-Recht“ besitzen die nationalen Parlamente nicht. Die unterbliebene Einbeziehung der Parlamente macht den Rechtsakt jedoch fehlerhaft. Zu einer **formellen Überprüfung** des Gesetzgebungsentwurfs kommt es, wenn *„die Anzahl begründeter Stellungnahmen, wonach der Entwurf eines Gesetzgebungsaktes nicht mit dem Subsidiaritätsprinzip im Einklang steht, mindestens ein Drittel der Gesamtzahl der den nationalen Parlamenten […] zugewiesenen Stimmen“* erreicht[520]. Jedes nationale Parlament verfügt dabei über zwei Stimmen, wobei für Zweikammersysteme je eine Stimme für jede Kammer vorgesehen ist. Ist eine Mehrheit der nationalen Parlamente der Auffassung, dass ein Vorschlag nicht im Einklang mit dem Subsidiaritätsprinzip steht, muss das Vorhaben nicht nur überprüft werden, sondern die Kommission muss, wenn sie an dem Vorhaben festhält, mit einer begründeten Ge-

520 Im Bereich des Raums, der Sicherheit und des Rechts beträgt die Mindestzahl lediglich ein Viertel der Stimmen (Art. 76 AEUV).

genäußerung reagieren, die Teil des weiteren Gesetzgebungsverfahrens wird. Der EU-Gesetzgeber kann sich sodann den Bedenken der nationalen Parlamente anschließen und den Entwurf mit einer Mehrheit von 55 % der Mitglieder des Rates oder der einfachen Mehrheit im EP scheitern lassen, wobei Rat und EP unabhängig voneinander agieren. Er kann sich aber auch über die Einwände der nationalen Parlamente hinwegsetzen und den Gesetzgebungsakt, gegebenenfalls mit geändertem Text, beschließen.

4. Gerichtliche Überprüfbarkeit; fehlende unmittelbare Anwendbarkeit

Als rechtlich zwingendes und allgemein anzuwendendes Prinzip verlangt das Subsidiaritätsprinzip nach **rechtlicher Kontrolle** seiner Anwendung[521]. Die Zuständigkeit für die gerichtliche Überprüfung der Einhaltung des Subsidiaritätsprinzips liegt ausschließlich beim EuGH; nationale Gerichte können eine solche gerichtliche Prüfung nicht vornehmen. **485**

Eine Maßnahme, die unter Missachtung des Subsidiaritätsprinzips zustande gekommen ist, verstößt gegen die EU-Verträge und kann daher sowohl aufgrund einer Nichtigkeitsklage (Art. 263 AEUV) als auch in einem Vorabentscheidungsverfahren (Art. 267 AEUV) zur Überprüfung ihrer Gültigkeit für nichtig erklärt werden. **486**

Der Kreis der zur Klage Berechtigten ist durch den Vertrag von Lissabon erweitert worden. Neben den ohnehin im Rahmen einer Nichtigkeitsklage privilegierten Klageberechtigten (Mitgliedstaaten, EP, Rat und Kommission) kann eine Subsidiaritätsklage nach Art. 263 AEUV auch vom Ausschuss der Regionen (Art. 263 Abs. 3 AEUV) sowie den nationalen Parlamenten erhoben werden, wobei Letztere sich ihrer Mitgliedstaaten als Mittler bedienen. Für die nationalen Parlamente besteht ein individuelles Klagerecht; eine repräsentative Zahl von nationalen Parlamenten ist für die Anrufung des EuGH nicht erforderlich (Art. 8 Subsidiaritätsprotokoll). **487**

Innerstaatlich hat Deutschland das Verfahren der Subsidiaritätsrüge mittels Änderung des GG dahingehend geregelt, dass Bundestag und Bundesrat jeweils unabhängig voneinander berechtigt sind, den EuGH wegen eines Verstoßes gegen das Subsidiaritätsprinzip anzurufen (Art. 23 Abs. 2 GG). § 11 IntVG regelt das Verfahren für die Stellungnahme[522]. Für den Antrag des Bundestags zur Anrufung des EuGH soll nach Art. 23 Abs. 2 S. 2 n.F. ein Viertel seiner Mitglieder genügen. Es scheint fraglich, ob die Ausgestaltung des Subsidiaritätskontrollrechts als **Minderheitenrecht** des Bundestags von Art. 12 EUV gedeckt ist. Das BVerfG, das von einer Kla- **488**

521 Nach anfänglicher Zurückhaltung prüft nun auch der EuGH umfassend die Einhaltung des Subsidiaritätsprinzips: vgl. C-491/01, British American Tobacco, Slg. 2002, I-11453; C-233/94, Einlagensicherung, Slg. 1997, I-2405; C-377/98, Biopatent-Richtlinie, Slg. 2001, I-7079.

522 Gesetz über die Wahrnehmung der Integrationsverantwortung des Bundestages und des Bundesrates in Angelegenheiten der Europäischen Union, BGBl. I 2009, 3022.

gepflicht (!) des Bundestags ausgeht, sieht die Ausgestaltung als Minderheitenrecht als verfassungsgemäß an, um der parlamentarischen Minderheit gegenüber der Mehrheit, die ihre Rechte im Verhältnis zu der von ihr getragenen Bundesregierung nicht wahrnehmen will, den Rechtsweg zum EuGH zu eröffnen[523]. Damit ist aber die Frage noch nicht beantwortet, ob die Ausgestaltung als Minderheitenrecht mit EU-Recht vereinbar ist. Zwar wird in Art. 8 des Subsidiaritätsprotokolls auf die jeweilige innerstaatliche Ordnung verwiesen, aber nichts deutet darauf hin, dass hiermit eine Abweichung von der demokratischen Mehrheitsregel, die allen Parlamenten als Grundsatz eigen ist, gestattet werden soll. Es fragt sich daher, ob Art. 23 GG nicht unionsrechtskonform dahin ausgelegt werden muss, dass eine Mehrheitsentscheidung des Bundestages erforderlich ist, dass diese aber mindestens von einem Viertel der gesetzlichen Mitgliederzahl des Bundestages getragen sein muss. Für den Bundesrat besteht eine Minderheitenregelung formell nicht, jedoch gibt es eine informelle Absprache der Ministerpräsidenten der Länder, ein Land, das die Anrufung des EuGH für angezeigt hält, im Bundesrat i.d.R. zu unterstützen. Über Art. 12 EUV hinausgehend billigt die Bundesregierung dem Bundestag die Befugnis zu, die Beratung durch Anrufung des Europäischen Rates mittels des sog. **Notbremsemechanismus** (Art. 9 IntVG) aus wichtigem Grund aufzuhalten, und zwar in den bedeutsamen Bereichen der Sozialversicherungssysteme im Rahmen der Freizügigkeit der Arbeitnehmer (Art. 48 EUV), des Strafverfahrensrechts (Art. 82 AEUV) und der Schwerkriminalität (Art. 85 AEUV). Ebenfalls ohne eine EU-vertragliche Vorgabe hat sich die Bundesregierung gegenüber dem Bundesrat zur Klagerhebung beim EuGH verpflichtet, wenn ein Handeln oder Unterlassen von EU-Organen in **Gesetzgebungsbefugnisse der Länder** eingreift, in denen auch der Bund kein Recht zur Gesetzgebung hat (§ 7 EUZBLG[524]). Der Bund muss dem Verlangen des Bundesrats jedoch nicht entsprechen, wenn Gründe seiner gesamtstaatlichen Verantwortung einer Klagerhebung entgegenstehen. Die Länder unterhalten Verbindungsbüros in Brüssel, die ihnen in § 8 EUZBLG ausdrücklich zugebilligt wurden.

489 Das Subsidiaritätsprinzip ist wegen seiner Unbestimmtheit und des den EU-Organen eröffneten Ermessensspielraums **„nicht unmittelbar anwendbar"**: Dies bedeutet, dass sich Privatpersonen vor einzelstaatlichen Gerichten nicht darauf berufen können, um gegen EU-Rechtsakte vorzugehen.

Weiterführende Literatur: *Boeck*, Die Abgrenzung der Rechtsetzungskompetenzen von Gemeinschaft und Mitgliedstaaten in der Europäischen Union, 2000; *Callies*, Nach dem „Tabakwerbung-Urteil" des EuGH: Binnenmarkt und gemeinschaftsrechtliche Kompetenzverfassung im neuen Licht, Jura 2001, S. 311ff.; *Jürgens*, Die Kompetenzabgrenzung zwischen der Europäischen Union und den Mitgliedstaaten, Diss, München 2010; *Kees*, Die Rechtsnatur der Subsidiaritätsklage nach dem Europäischen Verfassungsvertrag, ZEuS 2006, 423 ff.; *Kenntner*, Das Subsidiaritätsprotokoll des Amsterdamer Vertrages, NJW 1998, S. 2871; *Kirchhof*, Zur indirekten Klagebefugnis eines

523 BVerfG-Urt. v. 30.6.2009, 2 BvE 2/08, Rdn. 403.

524 Gesetz über die Zusammenarbeit von Bund und Ländern in Angelegenheiten der EU.

deutschen Bundeslandes beim Europäischen Gerichtshof in Subsidiaritätsfragen über einen Antrag des Bundesrates, DÖV 2004, S. 893ff.; *Kraußer,* Das Prinzip der begrenzten Ermächtigung im Gemeinschaftsrecht als Strukturprinzip des EWG-Vertrages, 1991; *Mayer,* Die drei Dimensionen der Europäischen Kompetenzdebatte, ZaöRV 2001, S. 577 ff.; *Moersch,* Leistungsfähigkeit und Grenzen des Subsidiaritätsprinzips, 2001; *Nettesheim,* Horizontale Kompetenzkonflikte in der EG, EuR 1993, S. 243; *Pernice,* Kompetenzabgrenzung im Europäischen Verfassungsverbund, JZ 2000, S. 866; *Ruffert,* Die neue Unabhängigkeit: Zur demokratischen Legitimation von Agenturen im europäischen Verwaltungsrecht, in: FS für Scheuing, 2011, S. 399; *Schroeder,* Vertikale Kompetenzverteilung und Subsidiarität im Konventsentwurf für eine europäische Verfassung, JZ 2004, S. 8 ff.; *von Bogdandy/Bast,* Die vertikale Kompetenzordnung der Europäischen Union, EuGRZ 2001, 441 ff.; *von Danwitz,* Subsidiaritätskontrolle in der Europäischen Union, FS für Sellner, 2010, 37 ff; *Zuleeg,* Die Aufteilung der Hoheitsgewalt zwischen der Europäischen Union und ihren Mitgliedstaaten aus der Sicht der deutschen Verfassung, Walter Hallstein-Institut (Hrsg.), Grundfragen der europäischen Verfassungsentwicklung, Band I, 2000, S. 91.

C. Die Rechtsakte und Rechtshandlungsformen

I. Klassifizierung der Rechtsakte und Handlungsformen

Mit dem Vertrag von Lissabon wurde eine neue **Klassifizierung der Rechtsakte** eingeführt. Zu unterscheiden sind ***verbindliche*** und ***unverbindliche Rechtsakte***. Die ***verbindlichen Rechtsakte*** sind unterteilt in *Gesetzgebungsakte* (Art. 289 AEUV), das sind Rechtsakte, die gemäß einem (ordentlichen oder besonderen) Gesetzgebungsverfahren nach Art. 289 AEUV angenommen werden, und *(einfache) Rechtsakte,* die nicht in einem Gesetzgebungsverfahren gemäß Art. 289 AEUV angenommen werden. In den Gesetzgebungsakten können Legislativbefugnisse auf die Kommission (oder unter bestimmten Bedingungen auf Regulierungsagenturen[525]) übertragen werden. Die in Ausübung dieser Befugnis erlassenen Rechtsakte führen die Bezeichnung *„delegierte Rechtsakte"* (Art. 290 AEUV). Sowohl Gesetzgebungsakte als auch einfache, verbindliche Rechtsakte können zu ihrer Durchführung entsprechende exekutive Befugnisse auf die Kommission oder in Ausnahmefällen auch auf den Rat übertragen. Die in Ausübung dieser Befugnis erlassenen Rechtsakte führen die Bezeichnung *„Durchführungsrechtsakte"* (Art. 291 AEUV). Verbindliche Rechtsakte können nur von den EU-Organen oder ausdrücklich ermächtigte Einrichtungen der EU (z.B. Regulierungsagenturen) erlassen werden. Die ***unverbindlichen Rechtsakte*** können von den EU-Organen, aber auch von den sonstigen Einrichtungen, insbesondere dem EWSA und dem AdR, erlassen werden. **490**

Die für den Erlass der verbindlichen und unverbindlichen Rechtsakte zulässigen Handlungsformen sind nunmehr abschließend in Art. 288 AEUV geregelt. Für die ***verbindlichen Rechtsakte*** stehen die *Verordnungen, Richtlinien* und *Beschlüsse* zur Verfügung. Die Beschlüsse ersetzen die früheren individuellen Entscheidungen und umfassen darüber hinaus auch Maßnahmen mit allgemein verbindlicher Wirkung. **491**

---

525 Vgl. dazu unter § 5 III. 2 b).

Die ***unverbindlichen Rechtsakte*** können nur die Form von *Stellungnahmen* und *Empfehlungen* annehmen.

492 Neben den Rechtsakten gibt es eine ***Vielzahl von Handlungsformen***, auf die die EU-Institutionen zurückgreifen können, die aber nicht in den EU-Verträgen systematisiert werden. Diese Handlungsformen können durchaus auch rechtliche Wirkung entfalten, wie etwa das Intra-Organrecht (z.B. Erlass der GO), das ausschließlich rechtliche Wirkung für das erlassende Organ entfaltet, oder das Inter-Organrecht (z.B. interinstitutionelle Vereinbarungen), das über das Prinzip der Selbstbindung eines Organs mittelbar Rechtswirkung entfalten kann. Politische Willensäußerungen, die keine rechtlichen Wirkungen entfalten, enthalten die in der Praxis sehr gebräuchlichen Weißbücher, Grünbücher, Aktionsprogramme und Mitteilungen der Kommission. Sie enthalten zumeist mittel- oder langfristig angelegte Zielsetzungen in bestimmten Politikfeldern, mit denen künftige Rechtsetzungsvorhaben vorbereitet werden.

Rechtsakte und Handlungsformen

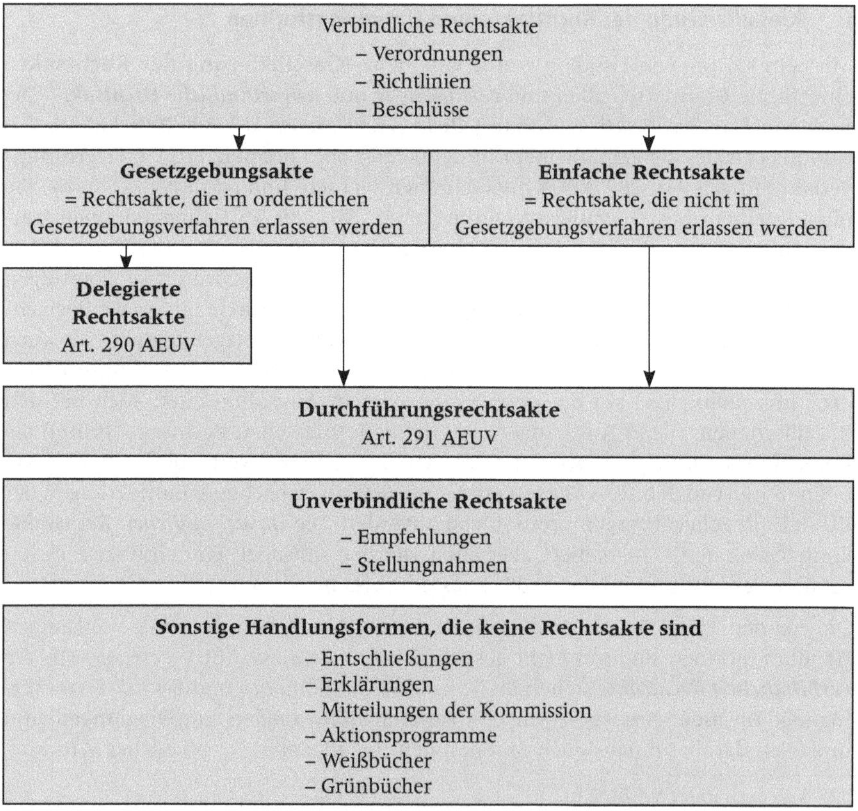

II. Der Katalog der zulässigen Handlungsformen für Rechtsakte

Die Verwirklichung der Ziele, die von der EU verfolgt werden, verlangt auf Seiten der EU Handlungen ihrer Organe, die es ermöglichen, die unterschiedlichen und ungleichen wirtschaftlichen, sozialen und nicht zuletzt ökologischen Bedingungen in den Mitgliedsländern auszugleichen. Das EU-Recht muss daher ein Instrumentarium von Rechtshandlungen bereitstellen, wie es auch von den Organen der Staaten zur Erfüllung nationaler Aufgaben benötigt wird und zur Verfügung steht. **493**

Die an sich naheliegende **Verwendung des überlieferten Handlungsinstrumentariums der Mitgliedstaaten** kam jedoch schon deshalb **nicht in Betracht**, weil die Staaten national unterschiedliche Handlungsformen verwenden und die Übernahme eines Modells eines einzelnen Mitgliedstaates den Bedürfnissen und Interessen der EU kaum entsprechen konnte. Schon bei der Gründung der EWG sah man sich deshalb der schwierigen Aufgabe gegenüber, ein auf die **Strukturen und Aufgaben der Gemeinschaften ausgerichtetes Handlungsinstrumentarium zu „entwickeln"**. Dabei stellte sich vor allem die Frage, welcher Art die Rechtshandlungen sein sollten und welche Wirkungen sie haben sollten. Einerseits sollten die Organe imstande sein, in wirksamer Weise tätig zu werden, ohne auf den guten Willen der Mitgliedstaaten angewiesen zu sein, andererseits sollte in die nationalen Rechtsordnungen nicht mehr eingegriffen werden als nötig. Das Rechtshandlungssystem der EWG war dementsprechend von dem Grundsatz geprägt, dass dort, wo eine auch in den Einzelheiten gleichartige Regelung in allen Mitgliedstaaten erforderlich ist, die Ersetzung nationaler Regelungen durch EU-Rechtsvorschriften erfolgen muss, dass aber dort, wo eine solche Notwendigkeit nicht besteht, auf die bestehenden Rechtsordnungen der Mitgliedstaaten gebührend Rücksicht genommen werden sollte. **494**

Dieser Grundsatz gilt bis heute fort und liegt auch dem durch den Vertrag von Lissabon umgestalteten abschließenden Katalog von zulässigen Handlungsformen für den Erlass von Rechtsakten zugrunde. Betrachtet man die Rechtshandlungen der EU unter den Gesichtspunkten ihrer Adressaten und ihrer Wirkungen, ergibt das Rechtshandlungssystem der EU-Verträge folgendes Bild:

AEUV (Art. 288)	**Adressaten**	**Wirkungen**
Verordnungen	Alle Mitgliedstaaten und natürliche und juristische Personen	Unmittelbar anwendbar und in allen Teilen verbindlich
Richtlinien	Alle oder bestimmte Mitgliedstaaten	• Hinsichtlich des vorgegebenen Ergebnisses verbindlich; • Nur in Ausnahmefällen unmittelbar anwendbar
Beschlüsse I	An Adressaten gerichtet: bestimmte Mitgliedstaaten oder bestimmte natürliche und juristische Personen	Unmittelbar anwendbar und in allen Teilen verbindlich
Beschlüsse II	Nicht an bestimmten Adressaten gerichtet	In allen Teilen verbindlich
Empfehlungen	Alle oder bestimmte Mitgliedstaaten, Anderes EU-Organ, Einzelpersonen	Nicht verbindlich
Stellungnahmen	Anderes EU-Organ; Bestimmte Mitgliedstaaten; Unbestimmter Adressatenkreis	Nicht verbindlich

1. Verordnungen

495 Die Rechtshandlung, mit denen die EU-Organe am tiefsten in die nationalen Rechtsordnungen eingreifen können, ist die **Verordnung**. Sie ist das wichtigste Instrument zur Rechtsvereinheitlichung, d.h. zur Schaffung von Rechtseinheit und -gleichheit innerhalb der EU.

Nach Art. 288 Abs. 2 AEUV hat die Verordnung allgemeine Geltung, ist in allen ihren Teilen verbindlich und gilt unmittelbar in jedem Mitgliedstaat.

(1) **Allgemeine Geltung:** Einer Maßnahme kommt allgemeine Geltung zu, wenn sie auf objektiv bestimmte Sachverhalte anwendbar ist und Rechtswirkungen für allgemein und abstrakt umrissene Personengruppen herbeiführt[526]. Dabei ist unerheblich, ob die Anzahl oder sogar die Identität der Rechtssubjekte, auf welche die Maßnahme zu einem gegebenen Zeitpunkt Anwendung findet, mehr oder weniger genau zu bestimmen ist, sofern die Anwendung der Maßnahme aufgrund einer im Zusammenhang mit ihrer Zielsetzung objektiv umschriebenen Rechts- und Sachlage erfolgt[527].

---

526 EuGH Rs. 101/76, Scholten Honig, Slg. 1977, 797/807.

527 St. Rspr. EuGH Rs. 6/68, Zuckerfabrik Watenstedt, Slg. 1968, 611/621; Rs. 5/81, Alexander Moksel, Slg. 1982, 1129/1144; C-10/95, Asocarne/Rat, Slg. 1995, I-4149.

(2) **Verbindlichkeit in allen Teilen:** Dieses Merkmal grenzt die Verordnungen zunächst einerseits von den unverbindlichen Rechtsakten (Empfehlungen, Stellungnahmen) und andererseits von den Richtlinien ab, die lediglich hinsichtlich des zu erreichenden Ergebnisses verbindlich sind. Darüber hinaus wird klargestellt, dass die mit der Maßnahme verknüpften Rechte und Pflichten abschließend durch das EU-Recht geregelt sind. Aus diesem Grund ist es den Mitgliedstaaten etwa verwehrt, die Bestimmungen einer Verordnung unvollständig anzuwenden oder unter ihnen eine Auswahl zu treffen, um auf diese Weise Regelungen, denen sich ein Mitgliedstaat im Beschlussverfahren bereits widersetzt hat oder die gewissen nationalen Interessen zuwiderlaufen, auszuschalten[528]. Auch ist es den Mitgliedstaaten nicht möglich, sich der Verbindlichkeit der Verordnungsbestimmungen unter Hinweis auf Bestimmungen und Übungen des innerstaatlichen Rechts zu entziehen[529].

(3) **Unmittelbare Anwendbarkeit:** Damit wird zum Ausdruck gebracht, dass Verordnungen in der gesamten EU unmittelbar, d.h. ohne einen besonderen staatlichen Anwendungsbefehl, gleiches Recht setzen und den Adressaten unmittelbar Rechte verleihen und Pflichten auferlegen[530]. Diese Wirkung erfasst nicht nur die Mitgliedstaaten und ihre Behörden, sondern alle Personen, die in den persönlichen Anwendungsbereich der betreffenden Regelung fallen. Innerhalb des sachlichen Anwendungsbereichs von Verordnungen dürfen die Mitgliedstaaten rechtsetzend nur insoweit tätig werden, als sie unter Hinweis auf den unionsrechtlichen Charakter die entsprechenden Regelungen lediglich ihrem Wortlaut nach wiedergeben oder bestehende nationale Rechtsvorschriften den EU-Rechtsnormen anpassen[531]. In keinem Fall aber sind die Mitgliedstaaten befugt, die EU-Rechtsvorschriften und die darin verbürgten Rechte und Pflichten aufzuheben, auszusetzen oder inhaltlich abzuändern[532]. Gleichwohl hindert die unmittelbare Anwendbarkeit nicht daran, dass die Mitgliedstaaten durch die Verordnung zum Erlass bestimmter Durchführungsregelungen ermächtigt werden[533]. Umgekehrt sind die Mitgliedstaaten verpflichtet, die erforderlichen innerstaatlichen Maßnahmen zu ergreifen, um die uneingeschränkte unmittelbare Anwendbarkeit einer Verordnung zu gewährleisten. Dazu gehört vor allem die Abänderung oder Aufhebung von mit der Verordnung kollidierenden nationalen Rechtsvorschriften, da nur so Rechtssicherheit für die Rechtsunterworfenen geschaffen werden kann[534]. Die unmittelbare Wirkung der Verordnung tritt allerdings erst nach deren Veröffentlichung im Amtsblatt der EU ein[535].

528 EuGH Rs. 128/78, KOM/Vereinigtes Königreich, Slg. 1979, 419/428; Rs. 39/72, KOM/Italien, Slg. 1973, 115.

529 EuGH Rs. 93/71, Leonesio, Slg. 1972, 287; Rs. 30/72, KOM/Italien, Slg. 1973, 115.

530 EuGH Rs. 43/71, Politi, Slg. 1971, 1049; Rs. 65/75, Tasca, Slg. 1976, 309.

531 EuGH C-162/99, KOM/Italien, Slg. 2001, I-541 Rdn. 22 zur Unzulässigkeit der Interpretation der Tragweite einer VO durch nationale Regelungen.

532 EuGH Rs. 272/83, KOM/Italien, Slg. 1985, 1057; Rs. 93/71, Leonesio, Slg. 1972, 287.

533 Vgl. EuGH Rs. C-251/91, Teulie, Slg. 1992, I-5599, Rdn. 13.

534 EuGH Rs. 74/86, KOM/Deutschland, Slg. 1988, 2139/2148.

535 EuGH C-345/06, Gottfried Heinrich, Slg. 2009, I-1659; C-161/06, Skoma-Lux, Slg. 2007, I-10841.

2. Richtlinien

496 Die Richtlinie ist neben der Verordnung das wichtigste Handlungsinstrument der EU. Sie versucht, die Verbindung herzustellen zwischen dem Streben nach der notwendigen Einheitlichkeit des EU-Rechts einerseits und der Wahrung der Vielfalt nationaler Eigenarten andererseits. Vorrangiges Ziel der Richtlinie ist deshalb nicht – wie bei der Verordnung – die Rechtsvereinheitlichung, sondern die Rechtsangleichung. Mithilfe der Rechtsangleichung sollen Widersprüche zwischen den nationalen Rechts- und Verwaltungsvorschriften beseitigt oder Unterschiede schrittweise abgebaut werden, damit in den Mitgliedstaaten materiell möglichst gleiche Bedingungen gelten. Die Richtlinie ist für jeden Mitgliedstaat hinsichtlich des zu erreichenden Ziels verbindlich, überlässt ihm aber die Wahl der Form und der Mittel, um die unionsrechtlich festgelegten Ziele im Rahmen der innerstaatlichen Rechtsordnung zu verwirklichen (Art. 288 Abs. 3 AEUV).

497 Der Sinn dieser Rechtsakte liegt darin, dass sie es gestatten, den Eingriffen in das innerstaatliche Rechts- und Verwaltungsgefüge eine mildere Form zu geben, und es den Mitgliedstaaten insbesondere ermöglichen, bei der Verwirklichung der unionsrechtlichen Zielvorgaben nationalen Besonderheiten Rechnung zu tragen. Dies geschieht in der Weise, dass die Regelungen einer Richtlinie nicht automatisch an die Stelle der nationalen Rechtsvorschriften treten, sondern die Mitgliedstaaten werden verpflichtet, ihr nationales Recht entsprechend den EU-Bestimmungen anzupassen.

a) Erlass der Richtlinie

498 Der Erlass einer Richtlinie bedingt ein zweistufiges Verfahren der Rechtsetzung.

(1) Auf der ersten, **unionsrechtlichen** Stufe wird das durch diese Rechtsakte angestrebte Ergebnis für die jeweiligen Adressaten verbindlich festgelegt, das von diesen innerhalb einer festgesetzten Frist verwirklicht werden muss. Die EU-Organe können dieses Ergebnis durch derart detaillierte Regelungen vorbestimmen, dass den Mitgliedstaaten kein Spielraum für eine eigene sachliche Gestaltung verbleibt[536]. Von dieser Möglichkeit wird vor allem im Bereich der technischen Normen sowie im Umweltschutz Gebrauch gemacht. Obwohl sich ein derartiger Rechtsakt sehr stark dem Regelungsinhalt einer Verordnung annähert, bleibt formal sein Rechtscharakter als Richtlinie erhalten. Die Anordnung der unmittelbaren Geltung dieser Rechtsakte erfolgt deshalb grundsätzlich erst durch die Umsetzung der jeweiligen Bestimmungen in nationales Recht. Im Protokoll über die Anwendung des Subsidiaritätsprinzips wurde allerdings klargestellt, dass die EU-Organe einer „Rahmen-Richtlinie" den Vorzug gegenüber einer detaillierten Maßnahme geben sollen und den Mitgliedstaaten die Wahl der Form und der Mittel für die Umsetzung überlassen[537]. Damit wird zwar eine Detailrichtlinie nicht völlig ausgeschlossen, ihre Verwendung jedoch

536 EuGH Rs. 45/75, Royer, Slg. 1976, 497; Rs. 38/77, Enka, Slg. 1977, 2212.
537 Ziffer 6 des Protokolls.

erheblich eingeschränkt. In der Praxis sind die EU-Organe deshalb dazu übergegangen, dort, wo Wahlfreiheit betreffend die Rechtsform des Handelns besteht, verstärkt auf die Verordnung zurückzugreifen, wenn Detailvorschriften erforderlich sind.

(2) Auf der zweiten, **nationalen** Stufe erfolgt die inhaltliche Verwirklichung des unionsrechtlich vorgeschriebenen Ergebnisses im Recht der Mitgliedstaaten. Die Mitgliedstaaten trifft die aus Art. 4 Abs. 3 EUV und der Verbindlichkeit der Richtlinie (Art. 288 Abs. 3 AEUV) ableitbare Verpflichtung, die Richtlinie vollständig und innerhalb der vorgesehenen Frist in nationales Recht umzusetzen. Diese Verpflichtung gilt uneingeschränkt; insbesondere können sich die Mitgliedstaaten dieser Verpflichtung nicht unter Berufung auf tatsächliche oder rechtliche Schwierigkeiten bei der Umsetzung der Richtlinienbestimmungen entziehen[538]. Derartige Schwierigkeiten sind im Interesse der einheitlichen Geltung des Richtlinienrechts allein auf der Ebene der EU, nicht jedoch im nationalen Alleingang zu lösen[539].

Auch wenn die Mitgliedstaaten bei der Wahl der Form und der Mittel der Umsetzung grundsätzlich frei sind, erfolgt die Beurteilung, ob die jeweiligen Regelungen unionsrechtskonform umgesetzt worden sind, nach unionsrechtlichen Kriterien. Als Grundsatz gilt, dass durch die Umsetzung ein Rechtszustand geschaffen werden muss, der die Rechte und Pflichten aus den Vorschriften einer Richtlinie in zweifelsfrei verbindlicher Form hinreichend klar und bestimmt erkennen lässt[540]. Konkret führt dies zu folgenden **drei Voraussetzungen**, die von der nationalen Umsetzungsmaßnahme erfüllt sein müssen: **499**

- ***Rechtsverbindlichkeit***, d.h. die nationalen Umsetzungsmaßnahmen müssen Rechtsnormqualität haben;
- ***Justiziabilität***, d.h. die auf der Grundlage der nationalen Umsetzungsmaßnahmen gewährten Rechte müssen gerichtlich durchsetzbar sein;
- ***Publizität***, d.h. die nationalen Umsetzungsmaßnahmen müssen veröffentlicht werden, damit die Rechtsunterworfenen ihre Rechte zur Kenntnis nehmen können.

In aller Regel erfordert die Umsetzung daher den Erlass **verbindlicher nationaler** **500**
Rechtsakte oder aber die Aufhebung oder Abänderung bestehender Rechtsvorschriften. Diese Regel gilt ausnahmslos für Richtlinienbestimmungen, die Verbote enthalten. Aus Gründen der Rechtssicherheit und im Hinblick auf die Beachtung des Grundsatzes, wonach belastende Maßnahmen einer ausreichenden rechtlichen Grundlage bedürfen, sind diese Verbote stets in nationalen Rechtsvorschriften ausdrücklich niederzulegen[541]. Ansonsten ist nicht notwendigerweise eine förmliche

538 EuGH C-344/96, KOM/Deutschland, Slg. 1998, I-1165 Rdn. 9 – Schwierigkeiten bei der Auslegung der umzusetzenden Richtlinienbestimmungen.

539 EuGH verb. Rs. C-178/94, C-179/94, C-188/94-190/94, Dillenkofer, Slg. 1996, I-4845/4886.

540 EuGH C-429/01, KOM/Frankreich, Slg. 2003, I-14355 Rdn. 83; C-354/98, KOM/Frankreich, Slg. 1999, I-4853 Rdn. 11.

541 EuGH Rs. 339/87, KOM/Niederlande, Slg. 1990, I-85.

und wörtliche Übernahme der unionsrechtlichen Bestimmungen in eine ausdrückliche, besondere Vorschrift erforderlich; vielmehr kann die Umsetzung auch unter Nutzung eines allgemeinen rechtlichen Kontextes erfolgen, vorausgesetzt, dieser gewährleistet in verbindlicher und hinreichend klarer Form die tatsächliche und vollständige Anwendung der Richtlinie[542]. Eine bloße Verwaltungsübung, welche die Verwaltung naturgemäß beliebig ändern kann und die nur unzureichende Publizität genießt, wird diesen Anforderungen nicht gerecht[543]. Selbst qualifizierte Verwaltungsvorschriften erfüllen diese an die Umsetzung von Richtlinien gestellten Bedingungen nicht ohne weiteres. So hat der EuGH im Falle der in Deutschland gebräuchlichen „Technischen Anleitung Luft" (TA-Luft) festgestellt, dass es der Bundesregierung nicht gelungen sei, nachzuweisen, dass die Verbindlichkeit einer Verwaltungsvorschrift wie der TA-Luft nicht nur für die Verwaltung, sondern auch gegenüber Dritten unbestritten und garantiert ist, so dass nicht davon ausgegangen werden konnte, dass der Einzelne mit Gewissheit über den Umfang seiner Rechte hinreichend unterrichtet war[544].

501 Eine fehlerhafte oder nicht fristgerechte Umsetzung einer Richtlinie wird durch das EU-Recht mit **Sanktionen** belegt. Die Kommission kann gegen den betreffenden Mitgliedstaat ein Vertragsverletzungsverfahren (Art. 258 AEUV) einleiten, was in der Praxis auch häufig geschieht[545] und seit dem Vertrag von Lissabon bereits im ersten Klageverfahren eine Sanktion in Gestalt eines Pauschalbetrages und/oder eines Zwangsgeldes gegen den betreffenden Mitgliedstaat vorschlagen kann (Art. 260 Abs. 3 AEUV)[546]. Darüber hinaus hat der EuGH im Wege der Rechtsfortbildung zwei weitere Sanktionsmöglichkeiten eröffnet: Zum einen kann sich der Einzelne unter bestimmten Voraussetzungen unmittelbar auf die ihm durch eine nicht oder nicht ordnungsgemäß umgesetzte Richtlinienbestimmung gewährten Rechte berufen oder, wenn dies nicht möglich ist, zum anderen von dem betreffenden Mitgliedstaat Ersatz des ihm entstandenen Schadens verlangen[547].

b) Wirkungen der Richtlinie

502 Zu unterscheiden sind **drei verschiedene Wirkungen** der Richtlinie:

- Sperrwirkung vor Ablauf der Umsetzungsfrist
- Unmittelbare Wirkung der durch die Richtlinie verliehenen Rechte
- Objektiv-rechtliche Wirkung

---

542 EuGH Rs. 29/84, KOM/Deutschland, Slg. 1985, 1661; Rs. 252/85, KOM/Frankreich, Slg. 1988, 2243; Rs. 339/87, KOM Niederlande, Slg. 1990, I-851.

543 EuGH C-354/99, KOM/Irland, Slg. 2001, I-7657 Rdn. 28.

544 EuGH Rs. 361/88 und 53/88, KOM/Deutschland, Slg. 1991, I-2600 mit Anm. von *Leibrock* in: DVBl. 1991, S. 1119.

545 Dazu unter § 6 C. I. 1.

546 Dazu unter § 6 C. I .1. e).

547 Dazu unter § 5 C. II. 2.d) und § 6 B. IV.

aa) Sperrwirkung vor Ablauf der Umsetzungsfrist

Die Wirkungen einer Richtlinie treten grundsätzlich erst mit deren Umsetzung in nationales Recht ein. Eine Ausnahme von diesem Grundsatz besteht jedoch insoweit, als die Richtlinien gegenüber den Mitgliedstaaten gewisse Sperrwirkungen entfalten. Im Hinblick auf die Zielverbindlichkeit einer Richtlinie und unter Anwendung des Grundsatzes der Unionstreue (Art. 4 Abs. 3 EUV) haben die Mitgliedstaaten schon vor Ablauf der Umsetzungsfrist alle Maßnahmen zu unterlassen, die die Erreichung des mit der Richtlinie angestrebten Ziels ernstlich gefährden würden[548]. **503**

bb) Unmittelbare Wirkung der durch die Richtlinie verliehenen Rechte

Im Verhältnis zu den natürlichen und juristischen Personen begründet eine Richtlinie grundsätzlich keine unmittelbaren Rechte und Pflichten, da sich Richtlinien ausdrücklich nur an die Mitgliedstaaten wenden. Die natürlichen und juristischen Personen werden dagegen erst durch die Ausführung der Richtlinie durch die zuständigen Stellen der Mitgliedstaaten berechtigt oder verpflichtet. Dies ist für die natürlichen und juristischen Personen so lange ohne Bedeutung, wie die Mitgliedstaaten ihren Verpflichtungen aus den EU-Rechtsakten nachkommen. Nachteile ergeben sich für die natürlichen und juristischen Personen allerdings immer dann, wenn die Verwirklichung des in der Richtlinie vorgesehenen Ziels für sie vorteilhaft wäre, die notwendigen staatlichen Ausführungsakte jedoch entweder gar nicht oder nur fehlerhaft erlassen werden oder die ordnungsgemäß erlassenen Umsetzungsvorschriften nicht richtlinienkonform angewendet werden. Um diese Nachteile weitgehend auszuschließen, hat der EuGH **in ständiger Rechtsprechung** entschieden, dass sich natürliche und juristische Personen in diesen Fällen unter bestimmten Bedingungen unmittelbar auf die Bestimmungen der Richtlinie berufen können und die ihnen danach zustehenden Rechte in Anspruch nehmen und gegebenenfalls vor den nationalen Gerichten durchsetzen können[549]. **504**

Diese **Direktwirkung** setzt nach der Rechtsprechung des EuGH voraus, dass **505**
- die Bestimmungen der Richtlinie die Rechte der natürlichen und juristischen Personen hinreichend klar und präzise festlegen,
- die Inanspruchnahme des Rechts an keine Bedingungen oder Auflagen geknüpft ist,
- dem nationalen Gesetzgeber bei der inhaltlichen Gestaltung des Rechts kein Ermessensspielraum eingeräumt wird und
- die Frist für die Umsetzung der Richtlinie verstrichen ist[550].

---

548 EuGH C-129/96, Inter-Environnement Wallonie, Slg. 1997, I-7411/7423; vgl. auch BVerwG 107, 1/18, abgedruckt in NVwZ 1998, S. 616.

549 EuGH Rs. 41/74, van Duyn, Slg. 1974, 1337; Rs. 8/81, Becker, Slg. 1982, 53/70; C-62/00, Marks & Spencer, Slg. 2002, I-6325 Rdn. 27; C-327/01, Pfeiffer, Slg. 2004, I-8835 Rdn. 105.

550 EuGH C-236/92, Regione Lombardia, Slg. 1994, I-483; Rs. 152/84, Marshall, Slg. 1986, 773; Rs. 301/82, Clin-Midy, Slg. 1984, 251.

Die Rechtsprechung des EuGH zur Direktwirkung von Richtlinien beruht im Wesentlichen auf der Überlegung, dass die Richtlinie ihrer praktischen Wirksamkeit („effet utile") beraubt würde, wenn der Eintritt der Rechtswirkungen der Richtlinie einseitig vom Mitgliedstaat verzögert oder sogar vereitelt werden kann. Außerdem soll ein Mitgliedstaat aus seiner Missachtung des EU-Rechts keinen Vorteil ziehen können[551]. In diesem Sinne kommt der Direktwirkung von Richtlinien Sanktionscharakter zu.

506 Bei dieser Einordnung ist es konsequent, wenn der EuGH die unmittelbare Wirkung von Richtlinien bisher nur im **Verhältnis des Einzelnen zum Mitgliedstaat anerkannt** hat, und dies auch nur, soweit sich die Direktwirkung zugunsten der natürlichen und juristischen Personen, nicht aber zu ihren Lasten auswirkt, d.h. nur in den Fällen, in denen das EU-Recht eine für die natürliche oder juristische Person günstigere Regelung bereithält als das nicht angepasste nationale Recht (sog. **vertikale Direktwirkung**)[552]. Die Tatsache, dass die unmittelbare Wirkung einer Richtlinienbestimmung zugunsten eines Einzelnen zwangsläufig mit einer Belastung eines anderen Einzelnen verbunden sein kann (sog. „Richtlinie mit Doppelwirkung", die häufig im Vergabe- und Umweltrecht anzutreffen ist), steht der Anwendung der vertikalen Direktwirkung von Richtlinien nicht entgegen. Diese Belastungen sind lediglich als negativer Rechtsreflex anzusehen, der sich zwangsläufig aus der Verpflichtung der Mitgliedstaaten ergibt, seine Rechtsordnung nach Ablauf der Umsetzungsfrist mit den Zielen einer Richtlinie in Einklang zu bringen; eine darüber hinausgehende Belastung tritt durch die Anerkennung der vertikalen Direktwirkung von Richtlinien nicht ein[553]. Eine Berufung auf die unmittelbare Anwendung einer Richtlinienbestimmung durch den Begünstigten ist nur dann ausgeschlossen, wenn die belastende Drittwirkung in unmittelbarem Zusammenhang mit der Erfüllung der Verpflichtungen aus der Richtlinie steht[554].

507 Die Direktwirkung von Richtlinien im Verhältnis der natürlichen oder juristischen Personen untereinander (sog. **horizontale Direktwirkung**) hat der EuGH demgegenüber **abgelehnt**[555]. Der Sanktionscharakter der Direktwirkung führt den EuGH zu der Feststellung, dass diese Wirkung nicht auch unter Privaten eingreifen kann, da diese nicht für die Versäumnisse des Mitgliedstaates verantwortlich gemacht wer-

551 EuGH C-188/89, Foster, Slg. 1990, I-3313/3348.

552 EuGH Rs. 152/84, Marshall, Slg. 1986, 723; Rs. 80/86, Kolpinghuis Nijmwegen, Slg. 1987, 3969; C-168/95, Arcaro, Slg. 1996, I-4705.

553 EuGH Rs. 103/88, Constanzo, Slg. 1989, 1839/1870; kritisch hierzu *Hetmeier*, Lenz/Borchardt, EU-Verträge. Kommentar, Art. 288 Rdn. 14.

554 EuGH C-201/02, Wells, Slg. 2004, I-723 Rdn. 56ff.; C-321/05, Kofoed, Slg. 2007, I-5795 Rdn. 41; SA von GA *Ruiz-Jarabo*, C-152/07 – 154/07, Arcor/Deutschland, Slg. 2008, I-5959 Rdn. 99ff.

555 EuGH Rs. 152/84, Marshall, Slg. 1986, 723; C-188/89, Forster, Slg. 1990, I-3313; C-106/89, Marleasing, Slg. 1990, I-4135; C-91/92, Faccini Dori, Slg. 1994, I-3325; C-71/94, Eurim-Pharm, Slg. 1996, I-3603; C-97/96, Daihatsu, Slg. 1997, I-6849 Rdn. 24; C-397/01 – C-403/01, Pfeiffer, Slg. 2004, I-8835; C-144/04, Mangold, Slg. 2005, I-9981; C-80/06, Carp, Slg. 2007, I-4473; C-116/08, Meerts, Slg. 2009, I-10063.

den können. Vielmehr streiten für sie die Grundsätze der Rechtssicherheit und des Vertrauensschutzes. Die natürlichen und juristischen Personen müssen darauf vertrauen können, dass ihnen die Wirkungen einer Richtlinie nur nach Maßgabe der nationalen Umsetzungsmaßnahmen entgegengehalten werden können.

Allerdings hat der EuGH einen **primärrechtlichen Grundsatz** entwickelt, nach dem der **Inhalt einer Richtlinie**, soweit er eine **Konkretisierung des allgemeinen Diskriminierungsverbots** vornimmt, auch auf Privatrechtsverhältnisse Anwendung findet. Ausgangspunkt des EuGH ist das Diskriminierungsverbot, das in seiner Konkretisierung durch die jeweilige Richtlinie die staatlichen Stellen, und hier insbesondere die staatlichen Gerichte, verpflichtet, im Rahmen ihrer Zuständigkeiten den rechtlichen Schutz, der sich für den Einzelnen aus dem EU-Recht ergibt, sicherzustellen und die volle Wirksamkeit des EU-Rechts zu gewährleisten. Dies kann bedeuten, dass erforderlichenfalls jede diesem Verbot entgegenstehende Bestimmung des nationalen Rechts unangewendet bleiben muss[556]. Aufgrund des Vorrangs des EU-Rechts setzt sich folglich das Diskriminierungsverbot in seiner Ausgestaltung durch die jeweilige Richtlinie gegenüber entgegenstehendem nationalen Recht durch. Damit stellt der EuGH zwar seine Rechtsprechung zur fehlenden horizontalen Wirkung der Richtlinien nicht in Frage, kommt aber **de facto** in Verbindung mit dem Diskriminierungsverbot in allen Fällen, in denen eine Richtlinie das Diskriminierungsverbot konkretisiert, zu demselben Ergebnis. Eine solche Konkretisierung hat der EuGH bisher anerkannt für Richtlinien, die die klassischen Diskriminierungen aufgrund der Staatsangehörigkeit, des Geschlechts oder auch des Alters zum Gegenstand hatten[557], dürfte aber für alle Richtlinien gelten, die zur Bekämpfung der in Art. 19 AEUV aufgeführten Diskriminierungsgründe erlassen werden.

cc) Unmittelbare objektiv-rechtliche Wirkung

Die unmittelbare Wirkung einer Richtlinie setzt nicht notwendigerweise voraus, **508**
dass eine Richtlinienbestimmung dem Einzelnen Rechte verleiht. Vielmehr kommt Richtlinienbestimmungen eine unmittelbare Wirkung auch insoweit zu, als sie objektiv-rechtliche Wirkung entfalten[558]. Zur Anerkennung dieser Wirkung gelten dieselben Voraussetzungen wie für die Anerkennung einer Direktwirkung, mit der einzigen Besonderheit, dass anstelle eines klar und präzise umrissenen Rechts der natürlichen und juristischen Personen eine **klar und präzise umrissene Verpflichtung der Mitgliedstaaten** festgelegt ist. Ist dies der Fall, sind alle Organe, also Gesetzgeber, Verwaltung und Gerichte der Mitgliedstaaten, an die Richtlinie

556 EuGH C-144/04, Mangold, Slg. 2005, I-9981, danach EuGH C-13/05, Chacón Navas, Slg. 2006, I-6467; C-438/05, Viking, Slg. 2007, I-10779; C-427/06, Bartsch, Slg. 2008, I-7245; C-555/07, Seda Kücükdeveci, Slg. 2010, I-365.

557 Siehe die Rechtsprechungsnachweise in der vorhergehenden Fußnote.

558 EuGH C-431/92, KOM/Deutschland [Großkrotzenburg], Slg. 1995, I-2189/2220; dazu *Pechstein*, EWS 1996, S. 261; *Epiney*, DVBl. 1996, S. 409.

gebunden und haben diese von Amts wegen als vorrangiges EU-Recht zu beachten und anzuwenden[559]. Konkret folgt hieraus etwa auch die Verpflichtung, das nationale Recht richtlinienkonform auszulegen („*richtlinienkonforme Auslegung*") oder der fraglichen Richtlinienbestimmung den Anwendungsvorrang vor entgegenstehendem nationalen Recht einzuräumen[560].

c) Haltung der nationalen Gerichte

509 Die Rechtsprechung des EuGH zur unmittelbaren Wirkung von Richtlinien wird **allgemein anerkannt**. Lediglich der französische Conseil d'Etat[561] und lange Zeit auch der Bundesfinanzhof[562] sind bzw. waren der Auffassung, dass die Rechtsprechung des EuGH die im AEUV vorgesehene unterschiedliche Behandlung von Verordnungen und Richtlinien im Hinblick auf ihre Rechtwirkungen unbeachtet lasse. Während Art. 288 Abs. 2 AEUV die unmittelbare Geltung für Verordnungen ausdrücklich festlegt, fehle in Art. 288 Abs. 3 AEUV eine entsprechende Regelung für die Richtlinien. Damit habe der Vertragsurheber deutlich gemacht, dass den Richtlinien eine unmittelbare Geltung nicht bereits kraft EU-Rechts zukommt, sondern diese Wirkung erst durch den nationalen Umsetzungsakt eintreten könne. Diese Auffassung verkennt jedoch, dass den Richtlinien in Art. 288 Abs. 3 AEUV, wenn auch keine unmittelbare, so doch eine **verbindliche Wirkung** zuerkannt wird. Mit dieser verbindlichen Wirkung wäre es unvereinbar, den Mitgliedstaaten zu gestatten, unter Missachtung der vorgeschriebenen Umsetzungsfristen den natürlichen und juristischen Personen die ihnen durch das EU-Recht eingeräumten Rechte vorzuenthalten. Der EuGH betont in diesem Zusammenhang zu Recht, dass die praktische Wirksamkeit einer Richtlinie erheblich abgeschwächt würde, wenn die Einzelnen sich vor Gericht hierauf nicht berufen und die staatlichen Gerichte sie nicht als Bestandteil des EU-Rechts berücksichtigen könnten[563].

510 Das **BVerfG** ist dem EuGH in dieser Frage gefolgt und hat den Bundesfinanzhof in die Schranken verwiesen. In seinem „*Kreditvermittler-Beschluss*" vom 8. April 1987[564] hat das BVerfG das fragliche Urteil des Bundesfinanzhofes, in dem dieser die Rechtsprechung des EuGH zur unmittelbaren Wirkung von Richtlinien ausdrücklich ablehnte und dem Kläger des Ausgangsverfahren das Recht vorenthielt, sich auf eine Richtlinienbestimmung zu berufen, deren unmittelbare Wirkung vom EuGH bereits

559 EuGH C-431/92, KOM/Deutschland [Großkrotzenburg], Slg. 1995, I-2189/2220; C-312/93, Peterbroek, Slg. 1995, I-4599/4623.

560 Vgl. dazu im Einzelnen unter § 4 B. V.

561 Urteil vom 22.12.1978, Cohn-Bendit, abgedruckt in: EuR 1979, 292 m. Anm. *Bieber.* Ob der Conseil d'Etat bei seiner Haltung bleibt, ist nach dem Urteil in der Rs. Boisdet offen, vgl. *Stotz,* EuZW 1991, S. 118.

562 Beschluss v. 16.7.1981, abgedruckt in: EuR 1981, 444 m. Anm. *Millarg;* Urteil v. 25.4.1985, abgedruckt in: EuR 1985, S. 191.

563 Vgl. EuGH Rs. 148/78, Ratti, Slg. 1979, 1629/1642.

564 BVerfGE 75, 223 ff.

in einem Vorabentscheidungsverfahren ausdrücklich festgestellt worden war, aufgehoben. Das BVerfG sah in der der Rechtsprechung des EuGH widersprechenden Entscheidung einen Verstoß gegen das Gebot des gesetzlichen Richters gemäß Art. 101 Abs. 1 Satz 2 GG und wies die Sache zur erneuten Entscheidung an den Bundesfinanzhof zurück.

d) Schadensersatzpflicht der Mitgliedstaaten bei Nichtumsetzung der Richtlinien

Darüber hinaus hat der EuGH in den Urteilen **„Francovich"** und **„Bonifaci"** aus dem Jahre 1991 eine Verpflichtung der Mitgliedstaaten zum Ersatz derjenigen Schäden anerkannt, die durch die fehlende oder nicht ordnungsgemäße Umsetzung verursacht werden[565]. **511**

In diesen Fällen ging es um die Frage der Haftung des italienischen Staates für die nicht fristgemäße Umsetzung der Richtlinie 80/987/EWG des Rates über den Schutz der Arbeitnehmer bei Zahlungsunfähigkeit des Arbeitgebers vom 20. Oktober 1980. Die Richtlinie betrifft die Sicherung der Ansprüche der Arbeitnehmer auf das Arbeitsentgelt während eines Zeitraumes vor dem Eintritt der Zahlungsunfähigkeit des Arbeitgebers bzw. der Kündigung aus diesem Grund. Zu diesem Zweck waren Garantieeinrichtungen zu bilden, die dem Zugriff anderer Gläubiger des Arbeitgebers nicht unterliegen durften und deren Mittel von den Arbeitgebern und/oder von der öffentlichen Hand aufzubringen waren. Der EuGH stand hier vor dem Problem, dass diese Richtlinie zwar darauf abzielte, den Arbeitnehmern ein subjektives Recht auf Fortzahlung des Arbeitsentgelts aus den Mitteln der zu schaffenden Garantieeinrichtung einzuräumen, diesem Recht aber die unmittelbare Anwendbarkeit, d.h. seine Geltendmachung auch vor den nationalen Gerichten, versagt bleiben musste, weil es infolge fehlender Umsetzung dieser Richtlinie an der Schaffung der Garantieeinrichtung fehlte. Für diesen Fall hat der EuGH in seinem Urteil entschieden, dass sich der italienische Staat dadurch, dass er aufgrund der fehlenden Umsetzung der Richtlinie den Arbeitnehmern das ihnen durch die Richtlinie eingeräumte Recht vorenthalten hat, gegenüber den betroffenen Arbeitnehmern schadensersatzpflichtig gemacht hat.

Die Ersatzpflicht, obwohl im EU-Recht nicht ausdrücklich vorgesehen, ist nach Auffassung des EuGH untrennbarer Bestandteil der EU-Rechtsordnung, da deren volle Wirksamkeit beeinträchtigt und der Schutz der durch sie begründeten Rechte gemindert wäre, wenn die Unionsbürger nicht die Möglichkeit hätten, für den Fall eine Entschädigung zu erlangen, dass ihre Rechte durch unionsrechtswidriges Handeln der Mitgliedstaaten verletzt werden[566]. **512**

565 EuGH C-6/90 und C-9/90, Slg. 1991, I-5357; s. dazu die Anm. von *Nettesheim,* Gemeinschaftsrechtliche Vorgaben für das deutsche Staatshaftungsrecht, DÖV 1992, S. 999–1005; ablehnend zu diesem Urteil *Ossenbühl,* Der gemeinschaftsrechtliche Staatshaftungsanspruch, DVBl. 1992, S. 993/995; *Dänzer-Vanotti,* Unzulässige Rechtsfortbildung des EuGH, RIW 1992, S. 733/737.

566 Zur allgemeinen Haftung der Mitgliedstaaten bei Verletzung des EU-Rechts s. unter § 6 B. IV.

3. Beschlüsse

513 Mit den „Beschlüssen" wurde eine neue Rechtshandlungsform in den Katalog der zulässigen Rechtshandlungen nach Art. 288 Abs. 4 AEUV aufgenommen. Zwei Kategorien von Beschlüssen sind zu unterscheiden: *individuelle Beschlüsse*, die an bestimmte Adressaten gerichtet sind, und *allgemeine Beschlüsse*, die keinen bestimmten Adressaten haben. Während die individuellen Beschlüsse die früheren „Entscheidungen" zur Regelung von Einzelfällen ablösen[567], umfassen die allgemeinen Beschlüsse eine Vielzahl von Regelungstypen, denen gemeinsam ist, dass sie keine Einzelfallregelung bezwecken.

514 Diese einheitliche Bezeichnung zweier ganz unterschiedlicher Rechtshandlungsformen ist zu bedauern, da dadurch wegen der unvermeidbaren Abgrenzungsprobleme Rechtsunsicherheit geschaffen wird. Es wäre besser gewesen, den Begriff der „Entscheidung" für Maßnahmen zur Regelung von Einzelfällen mit Rechtswirkung nach außen beizubehalten und zusätzlich für die anderen verbindlichen Rechtshandlungen den Begriff „Beschluss" einzuführen.

a) Beschlüsse, die an bestimmte Adressaten gerichtet sind

515 Diese Form des Beschlusses bildet den typischen Rechtsakt, mit dem die EU-Organe (insbesondere Kommission und Rat) ihre **Exekutivfunktion** wahrnehmen. Ein solcher Beschluss kann von einem Mitgliedstaat, einem Unternehmen oder einem Unionsbürger ein Handeln oder Unterlassen verlangen, ihnen Rechte einräumen oder Pflichten auferlegen. Er entspricht im Wesentlichen dem Verwaltungsakt im deutschen Recht.

Die Strukturmerkmale dieser Form des Beschlusses lassen sich wie folgt umschreiben:

(1) Der Beschluss, der an einen bestimmten Adressaten gerichtet ist, hat **individuelle Geltung,** wodurch er sich von der Verordnung unterscheidet[568]. Die Adressaten eines Beschlusses müssen individuell bezeichnet sein und werden auch nur individuell gebunden. Eine namentliche Nennung ist aber nicht erforderlich; vielmehr genügt es, wenn der bezeichnete Personenkreis **individualisierbar**[569] ist. Dies ist immer dann der Fall, wenn es sich um einen im Augenblick des Erlasses des Beschlusses bestimmbaren Personenkreis handelt, der künftig nicht mehr er-

567 Deshalb behält die zur „Entscheidung" ergangene Rspr. des EuGH für diese Beschlüsse ihre Gültigkeit, aber auch nur für sie.

568 Dazu EuGH Rs. 147/83, Binderer, Slg. 1985, 257.

569 EuGH Rs. 307/81, Alusuisse, Slg. 1982, 3463; Rs. 231/82, Spiker Kwasten, Slg. 1983, 2559; Rs. 239 u. 275/82, Allied Corporation, Slg. 1984, 1005; C-309/89, Codorniu, Slg. 1994, I-1879. Vgl. auch die Rspr. des EuGH betreffend den Kreis der Wirtschaftsteilnehmer, die durch die Einführung eines Antidumpingzolls unmittelbar und individuell betroffen sind: C-156/87, Gestetner, Slg. 1990, I-781; C-358/89, Extramet, Slg. 1991, I-2501.

weitert werden kann. Abzustellen ist dabei vor allem auf den Inhalt des Beschlusses, der geeignet sein muss, in individueller und unmittelbarer Weise auf die Lage der Rechtsunterworfenen einzuwirken. In diesem Sinne können auch Dritte von einem Beschluss individuell betroffen sein, ohne ausdrücklich Adressat des Beschlusses zu sein, sofern sie wegen bestimmter persönlicher Eigenschaften oder besonderer, sie aus dem Kreis aller übrigen Personen heraushebender Umstände berührt werden und sie daher in ähnlicher Weise individualisiert werden wie der Adressat selbst[570].

(2) Der Beschluss, der an einen bestimmten Adressaten gerichtet ist, ist **in allen seinen Teilen verbindlich**[571]. Hierdurch unterscheidet er sich von der Richtlinie, die nur hinsichtlich des zu erreichenden Ergebnisses verbindlich ist. Abgrenzungsschwierigkeiten bestehen allerdings gegenüber den alle Einzelheiten regelnden Richtlinien.

(3) Der Beschluss, der an einen bestimmten Adressaten gerichtet ist, bindet seinen Adressaten **unmittelbar**[572]. Für den Adressaten muss aber erkennbar sein, dass der Beschluss Rechtswirkungen erzeugt, also Rechte und Pflichten begründet; dies ist bei reinen Zwischenmaßnahmen nicht der Fall[573].

Anwendungsfälle dieser Art von Beschlüssen sind etwa die Genehmigung oder Untersagung der Gewährung staatlicher Beihilfen (vgl. Art. 107, 108 AEUV), die Nichtigerklärung wettbewerbswidriger Vereinbarungen oder Absprachen (vgl. Art. 101 AEUV) sowie die Verhängung von Bußgeldern oder Zwangsmaßnahmen. **516**

b) Allgemeine Beschlüsse, die keinen bestimmten Adressaten haben

Auch die allgemeinen Beschlüsse sind **in allen ihren Teilen verbindlich**, allerdings wird nicht deutlich, für wen die Verbindlichkeit eintritt. Dies kann letztlich erst über den Inhalt des jeweiligen Beschlusses festgestellt werden. Folgende Regelungstypen lassen sich bei den allgemeinen Beschlüssen unterscheiden: **517**

- ***Beschlüsse zur Änderung von Vertragsvorschriften***: Diese Beschlüsse gelten abstrakt-generell, d.h. sie binden alle EU-Organe, Einrichtungen und sonstigen Stellen sowie die Mitgliedstaaten. Zu nennen sind etwa Beschlüsse zur Vereinfachung der Annahmeverfahren (Art. 81 Abs. 3, Art. 192 Abs. 2 Buchstabe c AEUV) oder zur Erleichterung der Mehrheitsanforderungen (Art. 312 Abs. 2, Art. 333 Abs. 1 AEUV).
- ***Beschlüsse zur Konkretisierung des Vertragsrechts***: Diese Beschlüsse entfalten Bindungswirkung für die EU insgesamt oder für die betroffenen EU-Organe, Einrichtungen und sonstigen Stellen, etwa im Fall eines Beschlusses über deren Zusammensetzung; sie haben keine Außenwirkung für die Einzelnen.

---

570 EuGH C-225/91, Matra/KOM, Slg. 1993, I-3209; EuG T-2/93, Air France/KOM, Slg. 1994, II-324.

571 Vgl. EuGH Rs. 53 u. 54/63, Lemmerz-Werke, Slg. 1963, 517.

572 EuGH Rs. 9/70, Grad/Finanzamt Traunstein [Leberpfennig], Slg. 1970, 825/838.

573 EuGH Rs. 60/81, IBM/KOM, Slg. 1981, 2639.

- ***Beschlüsse zum Erlass von Intra- und Inter-Organrecht***: Diese Beschlüsse binden die betroffenen und beteiligten EU-Organe, Einrichtungen und sonstigen Stellen.
- ***Beschlüsse im Rahmen der Organisationsgewalt***: Diese Beschlüsse (z.B. Ernennungen, Vergütung) binden die jeweiligen Funktionsträger oder Organmitglieder.
- ***Beschlüsse zur Politikgestaltung***: Diese Beschlüsse treten in Konkurrenz mit den Verordnungen und Richtlinien, zielen aber nicht auf eine rechtsverbindliche Aussenwirkung für die Einzelnen ab. Grundsätzlich beschränkt sich die Bindungswirkung auf die am Erlass beteiligten Institutionen, insbesondere wenn es um Orientierungen oder Leitlinien geht. Nur ausnahmsweise haben sie abstrakt-generelle Rechtswirkungen oder finanzielle Auswirkungen.
- ***Beschlüsse im Rahmen der GASP***: Diese Beschlüsse haben *rechtliche Bindungswirkung für die EU*. Gegenüber den Mitgliedstaaten wird die Bindungswirkung durch spezielle Vorschriften (Art. 28 Abs. 2 und 5; Art. 31 Abs. 1 EUV) begrenzt. Sie unterliegen nicht der Rechtsprechungshoheit des EuGH.

4. Empfehlungen und Stellungnahmen

518 Eine letzte Kategorie von Rechtshandlungen, die im Handlungskatalog ausdrücklich vorgesehen ist, ermöglicht es den EU-Organen und sonstigen Einrichtungen, sich gegenüber den Mitgliedstaaten und in einigen Fällen auch gegenüber den Unionsbürgern **unverbindlich** zu äußern, d.h. ohne damit für den Adressaten Rechte oder Pflichten zu begründen.

519 In den **Empfehlungen** wird den Adressaten ein bestimmtes Verhalten nahegelegt, ohne diese jedoch rechtlich zu verpflichten[574]. So kann etwa die Kommission in den Fällen, in denen der Erlass oder die Änderung einer Rechts- oder Verwaltungsvorschrift in einem Mitgliedstaat die Wettbewerbsbedingungen auf dem Binnenmarkt verfälschen, dem betreffenden Staat die zur Vermeidung dieser Verzerrung geeigneten Maßnahmen empfehlen (vgl. Art. 117 Abs. 1 Satz 2 AEUV). Empfehlungen können aber auch – ähnlich den Vorschlägen der Kommission – als **Verfahrensvoraussetzung** für ein Tätigwerden eines EU-Organs ausgestaltet sein, und zwar entweder als *verfahrenseinleitende Empfehlungen* oder auch als *verfahrensabschließende Empfehlungen* (vgl. Art. 121 Abs. 4 AEUV: Empfehlung der Kommission an den Rat, eine Empfehlung an einen Mitgliedstaat zu richten, der die Grundzüge der Wirtschaftspolitik missachtet; Art. 126 Abs. 13 AEUV: Empfehlung der Kommission an den Rat, eine Empfehlung an einen Mitgliedstaat zu richten, die den Abbau eines übermäßigen Haushaltsdefizits zum Gegenstand hat).

520 **Stellungnahmen** werden dagegen von den EU-Organen abgegeben, wenn es um die Beurteilung einer gegenwärtigen Lage oder bestimmter Vorgänge in der EU oder in den Mitgliedstaaten geht. Zum Teil dienen sie aber auch der Vorbereitung späterer verbindlicher Rechtsakte oder sind Voraussetzung eines Prozesses vor dem EuGH

574 EuGH Rs. 322/88, Grimaldi, Slg. 1985, 4416.

(z.B. „die mit Gründen versehene Stellungnahme" im Vertragsverletzungsverfahren nach Art. 258, 259 AEUV).

Die wesentliche **Bedeutung** von Empfehlungen und Stellungnahmen liegt vor allem im politischen und psychologischen Bereich. Sie können aber **indirekt rechtliche Wirkungen** in zweifacher Weise entfalten: Wenn sie die Voraussetzungen für spätere verbindliche Rechtsakte schaffen, können sie zur Auslegung dieser Rechtsvorschriften herangezogen werden können[575] oder auch Grundlage für die Verhängung von Sanktionen gegenüber einem Mitgliedstaat sein. Daneben können sie unter Umständen einen Vertrauenstatbestand schaffen, wenn sich die EU-Organe oder sonstigen Einrichtungen durch Empfehlungen und Stellungnahmen selbst binden[576]. **521**

III. Sonstige Rechtshandlungen, die keine Rechtsakte sind

Neben den im Handlungskatalog des Art. 288 AEUV aufgeführten Rechtshandlungen verbleiben den EU-Organen und sonstigen Einrichtungen weitere vielfältige Handlungsformen, um der EU-Rechtsordnung Form und Gestalt zu geben[577]. Von Bedeutung in der Unionspraxis sind vor allem die Entschließungen, Erklärungen, Aktionsprogramme sowie Grün- und Weißbücher. **522**

1. Entschließungen

Urheber von Entschließungen sind der Europäische Rat, der Rat sowie das EP. In den Entschließungen werden die gemeinsamen Auffassungen und Absichten im Hinblick auf die Gesamtentwicklung der Integration sowie über konkrete Aufgaben innerhalb und außerhalb der EU zum Ausdruck gebracht. Die den Innenbereich der EU betreffenden Entschließungen hatten etwa zum Gegenstand Grundsatzfragen der politischen Union, die Regionalpolitik, die Energiepolitik sowie die Wirtschafts- und Währungsunion, insbesondere die Errichtung des Europäischen Währungssystems. Diesen Entschließungen kommt vor allem politische Bedeutung als Orientierungshilfe für die künftige Arbeit des Rates zu. Als **gemeinsame politische Willensäußerungen** erleichtern diese Entschließungen die Konsensfindung im Rat ganz entscheidend. Darüber hinaus gewährleisten sie ein Mindestmaß an Konkordanz zwischen der europäischen und der mitgliedstaatlichen Entscheidungsebene. Dieser Funktion muss auch eine rechtliche Bewertung Rechnung tragen, d.h. das Instrument der Entschließungen muss flexibel bleiben und darf nicht zu stark durch rechtliche Vorgaben und Bindungen belastet werden. **523**

---

575 EuGH C-207/01, Altair Chimica/ENEL, Slg. 2003, I-8875, Rdn. 41.

576 Vgl. zum Grundsatz des Vertrauensschutzes unter § 4 C. I. 3. b).

577 Ein Teil dieser Handlungsformen (völkerrechtliche Verträge der EU, völkerrechtliche Abkommen der Mitgliedstaaten, Beschlüsse der im Rat vereinigten Vertreter der Regierungen der Mitgliedstaaten) wurde bereits im Zusammenhang mit den Rechtsquellen der EU erörtert.

2. Erklärungen

524 Bei den Erklärungen sind **zwei Erscheinungsformen** zu unterscheiden:

- Soweit sich die Erklärungen auf die weitere **Entwicklung der EU** beziehen, wie etwa die Erklärung zur Europäischen Union, zur Demokratie oder zu den Grundrechten, entsprechen sie ihrer Bedeutung nach im Wesentlichen den Entschließungen. Auf sie wird vor allem dann zurückgegriffen, wenn eine breite Öffentlichkeit oder ein bestimmter Adressatenkreis angesprochen werden soll.
- Daneben werden Erklärungen auch im Zusammenhang mit der Beschlussfassung im Rat abgegeben. Es handelt sich dabei um Erklärungen, in denen die Ratsmitglieder gemeinsam oder einseitig ihre Auffassung über die Auslegung der gefassten Ratsbeschlüsse zum Ausdruck bringen[578]. Derartige **auslegende Erklärungen** sind ständige Übung im Rat und stellen ein unerlässliches Mittel dar, Kompromisse im Rat zu erreichen. Die rechtliche Bedeutung dieser Erklärungen ist nach den allgemeinen Auslegungsgrundsätzen zu beurteilen. Danach ist für die Auslegung einer Bestimmung grundsätzlich auch der Wille ihres Urhebers maßgeblich. Allerdings kann dies nur insoweit gelten, als die auslegenden Erklärungen von allen Mitgliedern im Rat getragen werden und die notwendige Publizität besitzen, da etwa sekundäres EU-Recht, das dem Einzelnen unmittelbare Rechte einräumt, nicht aufgrund unveröffentlichter Nebenabreden eingeschränkt werden darf[579].

3. Mitteilungen der Kommission, Aktionsprogramme, Grünbücher, Weißbücher

525 **Mitteilungen der Kommission** enthalten entweder mittel- oder langfristig angelegte Zielsetzungen in bestimmten Politikfeldern, mit denen künftige Rechtsetzungsvorhaben vorbereitet werden, oder sie geben eine Zustandsbeschreibung in einzelnen Politikfeldern. Adressaten der Mitteilungen sind in der Praxis vor allem der Rat und das EP sowie der EWSA und der AdR.

526 Die **Aktionsprogramme** werden vom Rat sowie der Kommission aus eigener Initiative oder auf Anregung des Europäischen Rates erstellt und dienen der Konkretisierung der in den EU-Verträgen niedergelegten Gesetzgebungsprogramme und allgemeinen Zielvorstellungen. Soweit diese Programme in den Verträgen ausdrücklich vorgesehen sind, binden sie die EU-Organe an den Planungsinhalt.

527 Die **Grünbücher** sollen auf europäischer Ebene Denkanstöße zu spezifischen Themen liefern. Sie richten sich hauptsächlich an interessierte Kreise, die damit zur Teilnahme an einem Prozess der Konsultation und Debatte auf der Grundlage der im Grünbuch enthaltenen Vorschläge aufgefordert werden. Im Normalfall geben sie

---

578 *Pechstein,* Die Bedeutung von Protokollerklärungen zu Rechtsakten der EG, EuR 1990, S. 249–268.

579 Vgl. dazu EuGH C-368/96, Gemerics, Slg. 1998, I-7667 Rdn. 26/27; C-292/89, Antonissen, Slg. 1991, I-773.

den Anstoß zur Erarbeitung von Rechtsvorschriften, die dann in Weißbüchern erläutert werden.

Die **Weißbücher** verfolgen den Zweck, eine Debatte in der Öffentlichkeit, bei Interessengruppen, dem EP und dem Rat in Gang zu bringen, um einen politischen Konsens zu erleichtern. Das Weißbuch der Europäischen Kommission über die Vollendung des Binnenmarktes von 1985 ist das Beispiel einer Blaupause, die vom Rat angenommen wurde und zur Annahme weitreichender Rechtsvorschriften in diesem Bereich führte. Weitere erfolgreiche Weißbücher betreffen Wachstum, Wettbewerbsfähigkeit, Beschäftigung (1993), europäisches Regieren (2001), eine europäische Kommunikationspolitik (2006), die Zukunft Europas „Die EU der 27 im Jahr 2025 – Überlegungen und Szenarien" (2017), die Künstlichen Intelligenz – ein europäisches Konzept für Exzellenz und Vertrauen (2020) oder die Gewährleistung fairer Wettbewerbsbedingungen bei Subventionen aus Drittstaaten (2020). **528**

Weiterführende Literatur: *Bast*, Handlungsformen, in: von Bogdandy, Europäisches Verfassungsrecht, 2003, S. 479; *Bast/Arndt*, Handlungsformen im Unionsrecht, ZaöRV 2002, S. 77; *Dreher*, Richtlinienumsetzung durch Exekutive und Judikative, EuZW 1997, S. 522; *ders.*, Ratsprotokollerklärungen, nationale und europäische Publizität und die Umsetzung von EG-Richtlinien, EuZW 1995, S. 743; *Epiney*, Unmittelbare Anwendbarkeit und objektive Wirkung von Richtlinien, DVBl. 1996, S. 407; *Ehricke*, Vermerke der Kommission zur Umsetzung von Richtlinien, EuZW 2004, S. 359ff.; *ders.*, Vorwirkungen von EU-Richtlinien auf nationale Gesetzgebungsvorhaben, ZIP 2001, S. 1311; *Gundel*, Neue Grenzlinien für die Direktwirkung nicht umgesetzter EG-Richtlinien unter Privaten, EuZW 2001, S. 143; *Hartisch*, Die unmittelbare Wirkung von Richtlinien in dreipoligen Rechtsbeziehungen, 2003; *Herdegen*, Auslegende Erklärungen von Gemeinschaftsorganen und Mitgliedstaaten zu EG-Rechtsakten, ZHR 156 (1991), S. 52; *Herrmann*, Richtlinienumsetzung durch Rechtsprechung, 2003; *Hilf*, Richtlinie der EG – ohne Richtung, ohne Linie?, EuR 1993, S. 1; *Hummel*, Zum Anwendungsvorrang von EG-Richtlinien im Zivilrecht, EuZW 2007, S. 268; *Jarass*, Grenzen der Privatbelastung durch unmittelbar wirkende Richtlinien, EuR 2004, S. 714; *Klagian*, Die objektiv unmittelbare Wirkung von Richtlinien, ZÖR 56 (2001), S. 305; *Karl*, Zur Rechtswirkung von Protokollerklärungen in der Europäischen Gemeinschaft, JZ 1991, S. 593; *Klein*, Objektive Wirkungen von Richtlinien, FS für Everling, Band I, 1995, S. 641; *Meier*, Die „Mitteilung" der Kommission: Ein Instrument der Normsetzung der Gemeinschaft?, in: FS für Ernst Steindorff, 1990, S. 1303–1312; *Mörsdorf*, Unmittelbare Anwendung von EG-Richtlinien zwischen Privaten in der Rechtsprechung des EuGH, EuR 2009, S. 219ff.; *Pechstein*, Die Anerkennung der rein objektiven unmittelbaren Richtlinienwirkung, EWS 1996, S. 261; *ders.*, die Bedeutung von Protokollerklärungen zu Rechtsakten der EG, EuR 1990, S. 249–268; *Schenke*, Von der unmittelbaren Geltung von Richtlinien zur richtlinienkonformen Rechtsfortbildung: Die steuerrechtliche Perspektive, in: FS für Scheuing, 2011, S. 149; *Schliesky*, Die Vorwirkung von gemeinschaftsrechtlichen Richtlinien, DVBl. 2003, S. 631; *Skouris*, Rechtswirkungen von nicht umgesetzten Richtlinien und Rahmenbeschlüssen gegenüber Privaten, ZEuS 2005, S. 463ff.; *Stelkens*, Die „Europäische Entscheidung" als Handlungsform des direkten Unionrechtsvollzugs, ZEuS 2005, S. 61ff.

§ 6 Funktionen

A. Rechtsetzung

529 Die Verfahren der Rechtsetzung in der EU sind durch den Vertrag von Lissabon neu geordnet und gestaltet worden. Zu unterscheiden sind: (1) für den Erlass der Gesetzgebungsakte das *ordentliche Gesetzgebungsverfahren* (Art. 289 Abs. 1 AEUV), das im Wesentlichen dem früheren Verfahren der Mitentscheidung entspricht und als Regelfall der Rechtsetzung auf EU-Ebene gilt, sowie das *besondere Gesetzgebungsverfahren* (Art. 289 Abs. 2 AEUV), in dem die Annahme von Gesetzgebungsakten durch das EP mit Beteiligung des Rates oder durch den Rat mit Beteiligung des EP erfolgt (dazu unter I.). (2) Bestimmte Rechtsakte müssen, bevor sie wirksam werden können, ein *Zustimmungsverfahren* beim EP durchlaufen (dazu unter II.). (3) Die Rechtsakte ohne Gesetzescharakter ergehen in einem vereinfachten Verfahren (dazu unter III.). (4) Für den Erlass von delegierten Rechtsakten und Durchführungsrechtsakten stehen besondere Verfahren bereit (dazu unter IV.). (5) Schließlich gibt es atypische Rechtsetzungsverfahren, in denen die Koregulierung zur Anwendung kommt, bei der Private den Inhalt der Rechtsnorm festlegen (dazu unter V.).

I. Verfahren zum Erlass der Gesetzgebungsakte

1. Ordentliches Gesetzgebungsverfahren

530 Das ordentliche Gesetzgebungsverfahren (Art. 294 AEUV) ist das zentrale Rechtsetzungsverfahren der EU, das den Regelfall für den Erlass von Gesetzgebungsakten bildet.

Phase der Entstehung eines Vorschlags

531 Eingeleitet wird das Verfahren grundsätzlich von der Kommission, die einen Vorschlag für die zu treffende Unionsmaßnahme erarbeitet (Initiativrecht)[580]. Dies geschieht in der für den zu regelnden Politikbereich zuständigen Generaldirektion der Kommission, wobei diese vielfach auch nationale Sachverständige beratend hinzuzieht. Die Abstimmung mit nationalen Experten erfolgt dabei teilweise im Rahmen eigens dazu eingerichteter Fachausschüsse oder aber in Form einer von den Kommissionsdienststellen ad hoc durchgeführten Expertenbefragung. Allerdings ist die Kommission bei der Ausarbeitung ihrer Vorschläge an die Ergebnisse der Beratungen

580 In vereinzelten Kompetenznormen ist nicht der Vorschlag der Kommission zur Einleitung des Gesetzgebungsverfahrens vorgesehen, sondern ein Antrag oder eine Empfehlung anderer EU-Organe (Art. 82 Abs. 3, Art. 83 Abs. 3, Art. 87 Abs. 3, Art. 129 Abs. 3 und 4, Art. 257, Art. 281 AEUV und Art. 13 Satzung/EuGH); in diesen Fällen läuft das Verfahren im Wesentlichen gleich ab, nur treten die verschiedenen Bindungen an den Kommissionsvorschlag nicht mutatis mutandis auch für den Antrag oder die Empfehlung ein (vgl. Art. 294 Abs. 15 AEUV); mit dem Antrag oder der Empfehlung ist das Verfahren in Gang gesetzt, und Rat und EP nehmen dann ihre Rechte im Verfahren wahr.

mit den nationalen Experten nicht gebunden. Der von der Kommission ausgearbeitete Entwurf, der Inhalt und Form der zu treffenden Maßnahmen in allen Einzelheiten festlegt, wird von den Kommissionsmitgliedern beraten und schließlich mit einfacher Mehrheit beschlossen. Als *„Vorschlag der Kommission"* wird er gleichzeitig dem Rat und dem Europäischen Parlament sowie ggf. den anzuhörenden Europäischen Wirtschafts- und Sozialausschuss und Ausschuss der Regionen zusammen mit einer ausführlichen Begründung zugeleitet. Zu beachten ist, dass die Kommission ihren Gesetzgebungsvorschlag während des gesamten Verfahrens ändern und bei Bedarf auch zurückziehen kann, solange Rat und EP noch keinen förmlichen Beschluss erlassen haben (Art. 293 abs. 2 AEUV). Dazu hat der Gerichtshof festgestellt, dass aus Art. 17 Abs. 2 EUV i.V.m. Art. 289 und Art. 293 AEUV hervorgehe, dass sich die Befugnis der Kommission im Rahmen des ordentlichen Gesetzgebungsverfahrens nicht allein darin erschöpft, einen Vorschlag vorzulegen, anschließend Kontakte zu fördern und eine Annäherung der Standpunkte des EP und des Rates anzustreben, sondern auch die Befugnis zur Rücknahme ihres Vorschlags umfasst. Allerdings ist hiermit kein Vetorecht der Kommission im Ablauf des Gesetzgebungsverfahrens verbunden, das gegen die Grundsätze der begrenzten Einzelermächtigung und des institutionellen Gleichgewichts verstoßen würde[581].

Erste Lesung im EP und im Rat

Der Präsident des *EP* weist den Vorschlag einem federführenden Ausschuss des Parlaments zur Bearbeitung zu. Das Ergebnis der Ausschussberatungen wird vom **Plenum des EP** beraten und in einer Stellungnahme zum Ausdruck gebracht, die eine Zustimmung oder Ablehnung sowie Änderungsvorschläge enthalten kann. Der Änderungsbefugnis des EP sind keine Grenzen gesetzt. Auch gibt es für die Beschlussfassung weder ein Quorum noch eine einzuhaltende Frist. Das EP übermittelt seinen *Standpunkt* dem Rat. **532**

Auf der Grundlage des Standpunkts des EP verfährt der **Rat** ebenfalls in **erster Lesung** wie folgt:

(1) Billigt der Rat den Standpunkt des EP, so ist der betreffende Rechtsakt in der Fassung des Standpunkts des EP erlassen; das Gesetzgebungsverfahren ist damit beendet.

In der bisherigen Praxis ist es inzwischen zur Regel geworden, dass das Gesetzgebungsverfahren tatsächlich bereits in erster Lesung abgeschlossen wird[582]. Dazu bedient man sich des ***„informellen Trilogs"***, bei dem Vertreter des EP, des Rates und der Kommission an einem Tisch sitzen und bereits in diesem frühen Stadium des Gesetzgebungsverfahrens, häufig mit Erfolg, um einen einvernehmlichen Kompromiss ringen. Einige wenige Regeln für den Ablauf dieser informellen Vermittlung wurden

581 EuGH C-409/13, Rat ./. KOM, ECLI:EU:C:2015:217.

582 Vgl. dazu die Zahlen bei *Oberholzer/Reh*, How to Negotiate under Co-decision in the EU – Reforming Trilogues and First Reading Agreements, CEPS Policy Brief N° 270 (2012): download: http://www.ceps.eu.

2007 in einer Gemeinsamen Erklärung von EP, Rat und Kommission[583] festgehalten. Obwohl der informelle Trilog von großer Bedeutung ist, wurde er bisher nicht primärrechtlich geregelt.

Die *Delegation des EP* setzt sich formal zusammen aus dem Vorsitzenden des federführenden Ausschusses sowie dem Berichterstatter und den Schattenberichterstattern der Fraktionen. Die *Delegation des Rates* setzt sich regelmäßig zusammen aus einem Vertreter des Mitgliedstaates, der den Ratsvorsitz innehat, dem Vorsitzenden des zuständigen Ausschusses der Ständigen Vertreter und dem Vorsitzenden der Arbeitsgruppe. Die *Kommission* wird, je nach Bedeutung und Stand der Verhandlungen, vom zuständigen Kommissar, dem Generaldirektor oder einem Direktor vertreten.

Nachdem ein Termin für ein Trilogtreffen festgesetzt worden ist, legen EP und Rat das *Verhandlungsmandat* fest. Auf Seiten des EP erarbeiten die Mitglieder des federführenden Ausschusses unter Einbeziehung der Stellungnahmen der sonstigen beteiligten Ausschüsse einen Bericht mit Abänderungsanträgen zum Vorschlag der Kommission. Anschließend berät das Plenum über diese Abänderungsanträge. Nachdem die Abänderungsanträge im Plenum angenommen wurden, beantragt der Vorsitzende des federführenden Ausschusses oder der Berichterstatter die Verschiebung der Abstimmung über die formale legislative Entschließung und die Zurückverweisung des Vorhabens an den federführenden Ausschuss. Damit sind die Abänderungsanträge faktisch vom Plenum bestätigt worden, ohne jedoch formal die 1. Lesung abzuschließen. Stattdessen wird der Bericht an den federführenden Ausschuss zurückverwiesen, dem er als Verhandlungsmandat für den informellen Trilog dient. Das *Verhandlungsmandat des Rates* ergibt sich aus der Position des Rates zu den Abänderungsanträgen des EP, die vom Rat in 1. Lesung angenommen wird, ohne sie als formales Ergebnis der 1. Lesung zu verabschieden (sog. allgemeine Ausrichtung). Die Vertreter des EP und des Rates treffen sich dann mit den Vertretern der Kommission zu den Trilogsitzungen. Die Aufgabe der Kommissionsvertreter besteht darin, zwischen den Positionen des EP und des Rates zu vermitteln.

Alle beteiligten Parteien sind angehalten, den anderen Organen, wenn möglich, Entwürfe für Kompromisstexte vor der Trilogsitzung vorzulegen. Die Termine für Triloge werden, um eine „größere Transparenz zu erreichen", vorher öffentlich bekannt gemacht. Die Trilogsitzungen selbst sind nicht öffentlich, und es werden keine Protokolle erstellt. Die Delegationsmitglieder des EP erstatten dem zuständigen Ausschuss im Anschluss an jede Trilogsitzung Bericht. Eine Information der Fraktionen durch die Schattenberichterstatter ist nicht vorgeschrieben, entspricht aber gängiger Praxis. Wird ein Kompromiss erzielt, prüfen EP und Rat, ob er im jeweiligen Organ mehrheitsfähig ist. Zeichnet sich die Zustimmung ab, erklären der Präsident des

583 Gemeinsame Erklärung des Europäischen Parlaments, des Rates und der Kommission vom 13. Juni 2007 zu den praktischen Modalitäten des neuen Mitentscheidungsverfahrens (Art. 251 EGV), ABl. 2007 Nr. C 145/5–9.

EP und der Präsident des Rates wechselseitig die mögliche *Annahme des Kompromisses*[584].

Anschließend wird der Kompromissvorschlag dem Plenum des EP zur Abstimmung vorgelegt. Wenn es den Kompromissvorschlag annimmt und auch der Rat zustimmt, ist der Rechtsakt erlassen.

Kommt es in diesem Trilog zu keiner Einigung über einen Kompromiss, wird das Gesetzgebungsverfahren fortgeführt.

(2) Der Rat legt dann seinen Standpunkt in erster Lesung fest, wobei hier weder zeitliche noch inhaltliche Beschränkungen vorgesehen sind. Der Rat übermittelt seinen Standpunkt dem EP und unterrichtet das EP in allen Einzelheiten über die Gründe, aus denen er seinen Standpunkt festgelegt hat. Die Kommission unterrichtet das EP in allen Einzelheiten über ihren Standpunkt zur Position des Rates.

Zweite Lesung im EP und im Rat

Das **EP** hat in der zweiten Lesung binnen drei Monaten[585] nach der Übermittlung des Standpunktes des Rates drei Handlungsmöglichkeiten: **533**

(1) Das EP kann den Standpunkt des Rates billigen oder sich nicht äußern: dann gilt der betreffende Rechtsakt in der Fassung des Standpunkts des Rates als erlassen;

(2) Das EP lehnt den Standpunkt des Rates mit der Mehrheit seiner Mitglieder ab: dann gilt der vorgeschlagene Rechtsakt als nicht erlassen und das Gesetzgebungsverfahren ist beendet;

(3) Das EP nimmt mit der Mehrheit seiner Mitglieder Abänderungen an dem Standpunkt des Rates vor: dann wird die abgeänderte Fassung dem Rat und der Kommission zugeleitet; die Kommission gibt eine Stellungnahme zu diesen Abänderungen ab.

Der **Rat** berät über den abgeänderten Standpunkt und hat binnen drei Monaten nach Eingang der Abänderungen des EP zwei Handlungsmöglichkeiten:

(1) der Rat kann alle Abänderungen des EP billigen: dann gilt der betreffende Rechtsakt als erlassen; dabei genügt die qualifizierte Mehrheit, wenn auch die Kommission mit den Abänderungen des EP einverstanden ist; ist dies nicht der Fall, kann der Rat nur mit Einstimmigkeit die Abänderungen des EP billigen.

(2) der Rat billigt nicht alle Abänderungen des EP oder verfehlt die dafür erforderliche Mehrheit: dann kommt es zum Vermittlungsverfahren.

---

584 Zur Kritik am informellen Trilog insbesondere im Hinblick auf die begrenzte Transparenz der Entscheidungsfindung und der reduzierten Repräsentanz der Bürger (im Hinblick auf die begrenzte Verhandlungsdelegation des EP) vgl. *M. Dauner und K.-D. Sohn*, Gesetzgebung im Trilog – Das Ende der transparenten und repräsentativen Demokratie?, cepInput 18/2015.

585 Die 3-Monats-Fristen können auf Initiative des EP bzw. des Rates um höchstens 1 Monat verlängert werden.

Vermittlungsverfahren

534 Die Einleitung des Vermittlungsverfahrens erfolgt binnen sechs Wochen[586] durch den Präsidenten des Rates im Einvernehmen mit dem Präsidenten des EP. Dazu wird ein Vermittlungsausschuss eingesetzt, der aus jeweils 28 gleichberechtigten Vertretern des Rates und des EP besteht. Der Vermittlungsausschuss hat die Aufgabe, mit qualifizierter Mehrheit binnen sechs Wochen nach seiner Einberufung eine Einigung auf der Grundlage der jeweils in zweiter Lesung festgelegten Standpunkte des EP und des Rates zu erzielen. Dabei geht es um eine Kompromisslösung, die aufgrund einer *„Prüfung sämtlicher Aspekte des Dissenses"*[587] gefunden werden soll. Es geht dabei aber immer nur um einen Kompromiss zwischen den beiden divergierenden Standpunkten von EP und Rat. Dabei kann auch auf neue Elemente, die die Kompromissfindung erleichtern, zurückgegriffen werden, sofern sie sich in das Gesamtergebnis der zweiten Lesung einpassen. Nicht möglich ist dagegen der Rückgriff auf Änderungen, die in der zweiten Lesung die erforderlichen Mehrheiten verfehlt haben.

Die Kommission nimmt an den Arbeiten des Vermittlungsausschusses teil und ergreift alle erforderlichen Initiativen, um auf eine Annäherung der Standpunkte des EP und des Rates hinzuwirken.

Billigt der Vermittlungsausschuss binnen sechs Wochen nach seiner Einberufung keinen gemeinsamen Entwurf, so gilt der vorgeschlagene Rechtsakt als nicht erlassen.

Dritte Lesung im EP und im Rat

535 Billigt der Vermittlungsausschuss innerhalb der Frist von sechs Wochen einen gemeinsamen Entwurf, so verfügen das EP und der Rat ab dieser Billigung über eine Frist von sechs Wochen, um den betreffenden Rechtsakt entsprechend diesem Entwurf zu erlassen, wobei im EP die Mehrheit der abgegebenen Stimmen und im Rat die qualifizierte Mehrheit erforderlich ist. Andernfalls gilt der vorgeschlagene Rechtsakt als nicht erlassen und das Gesetzgebungsverfahren ist beendet.

Veröffentlichung

536 Der beschlossene Rechtsakt wird in seiner endgültigen Form in den *24* Amtssprachen Bulgarisch, Dänisch, Deutsch, Englisch, Estnisch, Finnisch, Griechisch, Irisch, Italienisch, Kroatisch, Französisch, Lettisch, Litauisch, Maltesisch, Niederländisch, Polnisch, Portugiesisch, Rumänisch, Schwedisch, Slowakisch, Slowenisch, Spanisch, Tschechisch und Ungarisch ausgearbeitet, von den Präsidenten des EP und des Rates unterzeichnet und anschließend im Amtsblatt der EU veröffentlicht oder, wenn der Rechtsakt an einen bestimmten Adressaten gerichtet ist, *„demjenigen, für den er bestimmt ist"*, bekanntgegeben (Art. 297 AEUV). Erst mit der Veröffentlichung können die Rechtsakte Rechtswirksamkeit erlangen und ihre Rechtswirkungen entfalten[588].

586 Die 6-Wochen-Fristen können auf Initiative des EP oder des Rates um höchstens 2 Wochen verlängert werden.

587 So EuGH C-344/04, IATA, Slg. 2006, I-403 Rdn. 58 zum früheren Mitentscheidungsverfahren.

588 EuGH C-345/06, Gottfried Heinrich, Slg. 2009, I-1659; C-161/06, Skoma-Lux, Slg. 2007, I-10841.

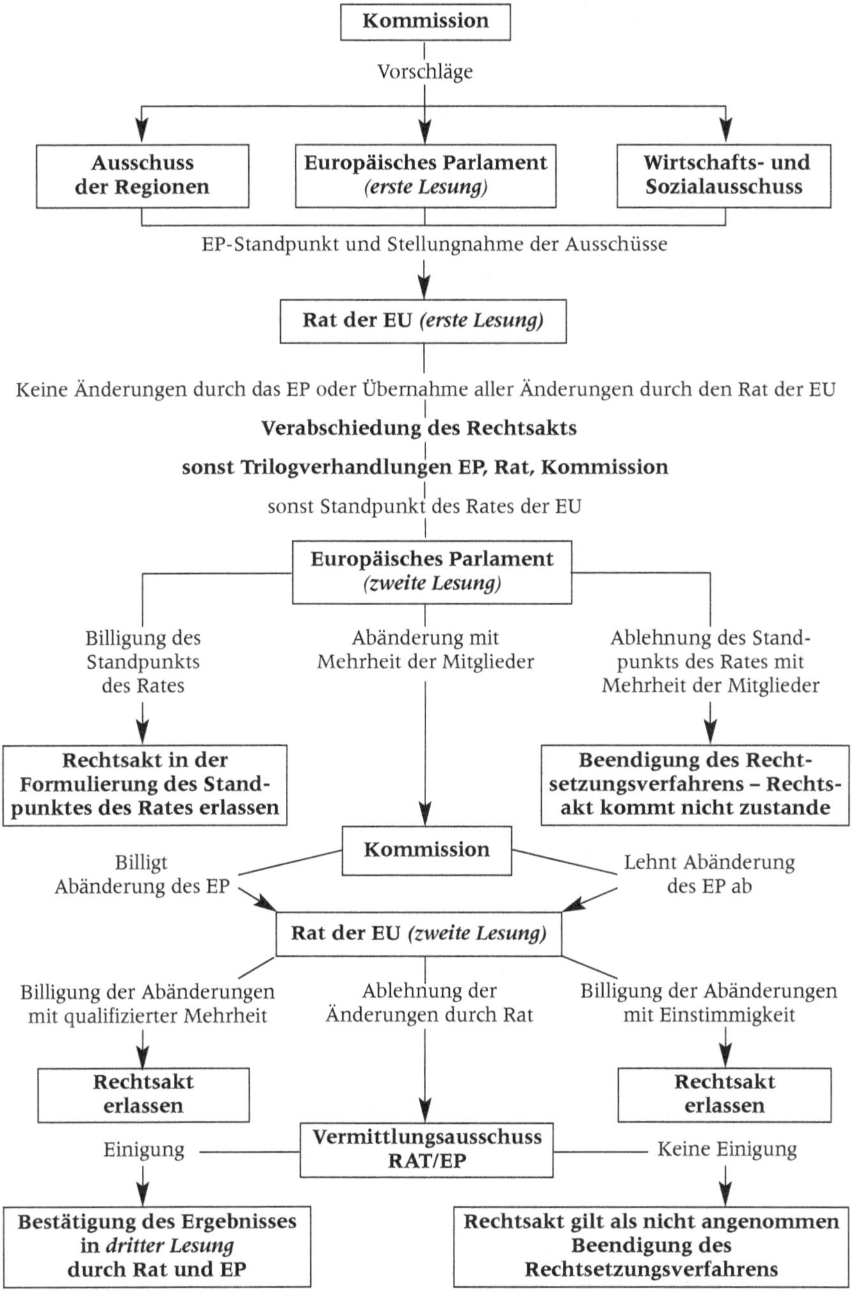
Kommission
Vorschläge
Ausschuss der Regionen
Europäisches Parlament (erste Lesung)
Wirtschafts- und Sozialausschuss
EP-Standpunkt und Stellungnahme der Ausschüsse
Rat der EU (erste Lesung)
Keine Änderungen durch das EP oder Übernahme aller Änderungen durch den Rat der EU
Verabschiedung des Rechtsakts
sonst Trilogverhandlungen EP, Rat, Kommission
sonst Standpunkt des Rates der EU
Europäisches Parlament (zweite Lesung)
Billigung des Standpunkts des Rates
Abänderung mit Mehrheit der Mitglieder
Ablehnung des Standpunkts des Rates mit Mehrheit der Mitglieder
Rechtsakt in der Formulierung des Standpunktes des Rates erlassen
Beendigung des Rechtsetzungsverfahrens – Rechtsakt kommt nicht zustande
Kommission
Billigt Abänderung des EP
Lehnt Abänderung des EP ab
Rat der EU (zweite Lesung)
Billigung der Abänderungen mit qualifizierter Mehrheit
Ablehnung der Änderungen durch Rat
Billigung der Abänderungen mit Einstimmigkeit
Rechtsakt erlassen
Rechtsakt erlassen
Einigung
Vermittlungsausschuss RAT/EP
Keine Einigung
Bestätigung des Ergebnisses in dritter Lesung durch Rat und EP
Rechtsakt gilt als nicht angenommen Beendigung des Rechtsetzungsverfahrens

2. Besondere Gesetzgebungsverfahren

537 Das besondere Gesetzgebungsverfahren ist in der Regel dadurch gekennzeichnet, dass der Rat auf Vorschlag der Kommission nach Anhörung des EP **einstimmig** beschließt (Beispiel: Art. 308 AEUV: Satzung EIB) oder dass das EP nach Zustimmung des Rates einen Rechtsakt erlässt (Beispiele: Art. 226 Abs. 3 AEUV: Ausübung des Untersuchungsrechts durch Einsetzung eines parlamentarischen Untersuchungsausschusses; Art. 228 Abs. 4 AEUV: Bedingungen für die Ausübung der Aufgaben des Bürgerbeauftragten).

538 Daneben gibt es weitere Formen, die diesen Regelfällen nicht entsprechen, gleichwohl aber dem besonderen Gesetzgebungsverfahren zugerechnet werden können:

- Beschlussfassung über den Haushaltsplan (Art. 314 AEUV): Das Verfahren ist detailliert geregelt und entspricht weitestgehend dem ordentlichen Gesetzgebungsverfahren.
- Der Rat entscheidet auf Vorschlag der Kommission nach Anhörung des EP (ggf. noch anderer EU-Organe und beratender Einrichtungen) mit Mehrheit; dies ist das ursprüngliche Anhörungsverfahren, das anfangs das Regelverfahren der Rechtsetzung auf EU-Ebene war, nunmehr aber nur noch punktuell als besonderes Gesetzgebungsverfahren zur Anwendung kommt (Beispiele: Art. 140 Abs. 2 AEUV: Ausnahmeregelungen im Rahmen der WWU; Art. 128 Abs. 2 AEUV: Münzausgaben).
- Der Rat entscheidet ohne Beteiligung des EP. Dies ist eine seltene Ausnahme und kommt, abgesehen vom Bereich der GASP, wo das EP aber von den Ratsbeschlüssen unterrichtet wird (Art. 36 EUV), nur noch sehr vereinzelt vor (Beispiele: Art. 31 AEUV: Festlegung des Gemeinsamen Zolltarifs „GZT"; Art. 301 Abs. 2 AEUV: Zusammensetzung des EWSA).

539 Politikbereiche, für die ein besonderes Gesetzgebungsverfahren vorgesehen ist, können über sog. **„Brückenklauseln"** in das ordentliche Gesetzgebungsverfahren überführt werden oder die Einstimmigkeit im Rat kann durch eine qualifizierte Mehrheit ersetzt werden. Zwei Arten von Brückenklauseln sind zu unterscheiden:

- die allgemeine Brückenklausel, die für alle Politikbereiche gilt; die Anwendung dieser Klausel muss durch einen einstimmigen Beschluss des Europäischen Rates erfolgen;
- die besonderen Brückenklauseln[589], die für bestimmte Politikbereiche gelten; diese Klauseln unterscheiden sich von der allgemeinen Brückenklausel dadurch, dass die nationalen Parlamente in der Regel nicht über ein Vetorecht verfügen und der Beschluss auch durch den Rat und nicht notwendigerweise durch den Europäischen Rat getroffen werden kann.

---

589 Diese bestehen für den mehrjährigen Finanzrahmen (Art. 312 AEUV), die GASP (Art. 31 EUV), die justizielle Zusamenarbeit im Familienrecht (Art. 81 AEUV – mit Vetorecht der nationalen Parlamente), die verstärkte Zusammenarbeit (Art. 333 AEUV), den Sozialbereich (Art. 153 AEUV) und den Umweltbereich (Art. 192 AEUV).

II. Zustimmungsverfahren

Eine ebenfalls starke Form der Beteiligung des EP bei der Rechtsetzung innerhalb der EU stellt das **Zustimmungsverfahren** dar. Danach kann ein Rechtsakt nur zustande kommen, wenn er zuvor die Zustimmung des EP erhalten hat. Allerdings eröffnet dieses Verfahren dem EP keine unmittelbaren inhaltlichen Gestaltungsspielräume; so kann das EP keine Änderungen vorschlagen, sondern bleibt auf die Zustimmung oder Ablehnung des vorgelegten Rechtsaktes beschränkt. **540**

Diese Verfahren ist etwa vorgesehen für den Abschluss internationaler Abkommen (Art. 218 Abs. 6a AEUV), die verstärkte Zusammenarbeit (Art. 329 Abs. 1 AEUV) oder für die Ausübung der Vertragsabrundungskompetenz (Art. 352 Abs. 1 AEUV).

Das Zustimmungsverfahren kann sowohl Bestandteil eines besonderen Gesetzgebungsverfahrens zum Erlass von Gesetzgebungsakten sein als auch Bestandteil des einfachen Rechtsetzungsverfahrens zum Erlass von verbindlichen Rechtsakten ohne Gesetzescharakter. **541**

III. Verfahren zum Erlass von Rechtsakten ohne Gesetzescharakter

Rechtsakte ohne Gesetzescharakter werden in einem einfachen Verfahren erlassen, in dem ein EU-Organ oder eine sonstige Einrichtung aus eigener Zuständigkeit einen Rechtsakt erlässt. Die Befugnis hierfür ergibt sich aus der jeweiligen Kompetenzgrundlage in den EU-Verträgen. **542**

Dieses Verfahren gilt zunächst für die **(einfachen) verbindlichen Rechtsakte**, die von einem EU-Organ in eigener Zuständigkeit erlassen werden (Beispiel: Beschluss der Kommission in Beihilfesachen, Art. 108 Abs. 2 AEUV).

Im einfachen Verfahren werden daneben auch die **unverbindlichen Rechtsakte**, also insbesondere Empfehlungen und Stellungnahmen der EU-Organe sowie beratenden Einrichtungen, erlassen.

IV. Verfahren zum Erlass von delegierten Rechtsakten und Durchführungsrechtsakten

1. Bedeutung und Abgrenzungsfragen

Die Übertragung von Rechtsetzungs- und Durchführungsbefugnissen auf die Kommission durch Rat und EP gehört seit vielen Jahren zur gängigen Praxis. Die Wahrnehmung der übertragenen Befugnisse erfolgte bislang unter Einschaltung von Komitologieausschüssen, in denen der Einfluss von Kommission, Rat und Mitgliedstaaten sowie EP differenziert ausgestaltet war. Allerdings fehlte es bisher an einer klaren Trennung zwischen der Delegation von Rechtsetzungsbefugnissen (legislative Gewalt) und der Übertragung von Durchführungsbefugnissen (exekutive Gewalt). Mit dem Vertrag von Lissabon wurde diese längst überfällige Unterscheidung für die Wahrnehmung legislativer und exekutiver Aufgaben im Primärrecht vorgenommen (Art. 290, 291 AEUV). **543**

544 Die **Delegation von Rechtsetzungsbefugnissen** (Art. 290 AEUV) wird dabei an rechtsstaatlich notwendige Bedingungen geknüpft, ergänzt um Kontroll- und Widerrufsmöglichkeiten für das EP und den Rat. Die **Übertragung von Durchführungsbefugnissen** (Art. 291 AEUV) wird systematisch in den Vollzug des Unionsrechts eingeordnet, und es wird klargestellt, dass Kontrollbefugnisse gegenüber der Kommission nicht von Rat oder EP, sondern von den Mitgliedstaaten wahrgenommen werden, die im Grundsatz für den Gesetzesvollzug zuständig sind.

545 Die **Abgrenzung zwischen der Übertragung legislativer oder exekutiver Befugnisse** erfolgt allein aufgrund des formalen Kriteriums, ob der Übertragungsakt zur *„Ergänzung oder Änderung bestimmter nicht wesentlicher Vorschriften"* eines Gesetzgebungsaktes ausdrücklich ermächtigt. Nur wenn dies der Fall ist, liegt eine Übertragung legislativer Befugnisse und damit eine Ermächtigung zum **Erlass von delegierten Rechtsakten** (Art. 290 AEUV) vor. Wird eine solche Befugnis nicht ausdrücklich übertragen und geht es bei der Präzisierung des Inhalts des Gesetzgebungsaktes um die Sicherstellung der Umsetzung unter einheitlichen Bedingungen in allen Mitgliedstaaten, gelten die Regeln für den **Erlass der Durchführungsrechtsakte** (Art. 291 AEUV). Die Entscheidung, ob der Kommission eine delegierte Befugnis nach Art. 290 Abs. 1 AEUV oder eine Durchführungsbefugnis nach Art. 291 Abs. 2 AEUV übertragen wird, steht im Ermessen des EU-Gesetzgebers. Die gerichtliche Kontrolle beschränkt sich daher auf offensichtliche Beurteilungsfehler in Bezug auf die Frage, ob der Gesetzgeber zu Recht davon ausgehen konnte, dass der Gesetzgebungsakt zu seiner Umsetzung lediglich einer Präzisierung, nicht aber einer Änderung oder Ergänzung nicht wesentlicher Teile des Gesetzgebungsaktes bedarf[590].

2. Der Erlass delegierter Rechtsakte (Art. 290 AEUV)

546 Die Übertragung von legislativen Befugnissen kann nur durch **Gesetzgebungsakte** erfolgen, d.h. durch verbindliche Rechtsakte, die im ordentlichen oder besonderen Gesetzgebungsverfahren (Art. 289 AEUV) erlassen wurden. Der **Gegenstand** der Übertragung kann nur die Ergänzung oder Änderung bestimmter, nicht wesentlicher Vorschriften eines Gesetzgebungsaktes sein. Hiermit wird zum Ausdruck gebracht, dass die grundlegenden Regelungen von der legislativen Gewalt selbst getroffen und nicht auf die Exekutive delegiert werden sollen[591]. Das trägt dem Demokratie- und Gewaltenteilungsprinzip Rechnung. EP und Rat sollen ihrer primären Verantwortung für die Rechtsetzung immer dann unmittelbar selbst nachkommen, wenn es um politisch bedeutsame Entscheidungen von erheblicher Tragweite geht. Dies gilt insbesondere für die politischen Zielsetzungen des gesetzgeberischen Handelns, für die Auswahl der Instrumente zur Zielerreichung sowie für die mögliche Tragweite der Regelungen für natürliche und juristische Personen, insbesondere für

---

590 Vgl. EuGH, Urteil vom 18.3.2014, C-427/12, KOM./EP und Rat, EU:C:2014:170.

591 EuGH C-133/06, EP ./. Rat, Slg. 2008, I-3189 Rdn. 45; C-104/97P, Atlanta, Slg. 1999, I-6983 Rdn. 76.

Einschränkungen grundrechtlich geschützter Positionen[592]. Zudem dürfen delegierte Rechtsakte einen Gesetzgebungsakt nur **ändern oder ergänzen**, also nicht in seiner Grundausrichtung und in seinen wesentlichen Vorschriften beeinträchtigen. Schließlich müssen die Vorschriften, deren Änderung oder Ergänzung ermöglicht werden soll, im Gesetzgebungsakt eindeutig bestimmt werden.

Ziel, Inhalt, Geltungsbereich und Dauer einer Übertragung müssen, ähnlich wie **547** beim Bestimmtheitsgebot des Art. 80 Abs. 1 GG für die Rechtsverordnungsermächtigung, von EP und Rat festgelegt werden[593]. Das Ziel einer Übertragung darf sich nicht nur in einer Entlastung der Gesetzgebungsorgane erschöpfen, sondern es müssen Vorgaben betreffend die konkrete Ausübung der übertragenen Befugnisse gemacht werden. Diese Vorgaben sollten grundsätzlich im Hinblick auf das generelle Ziel des Gesetzgebungsaktes formuliert werden. In Betracht kommen etwa Rechtsanpassungen an künftige Entwicklungen, wie z.B. Änderungen des Standes der Technik, Angleichungen an vorhersehbare Änderungen anderer Rechtsvorschriften oder die Gewährleistung der Anwendung der Vorschriften des Gesetzgebungsakts auch bei Auftreten besonderer Umstände oder neuerer Erkenntnisse. Die Übertragung der Befugnisse kann befristet werden oder, wenn sie unbefristet erfolgt, unter Widerruf gestellt werden.

Wenn Rat und EP die Rechtsetzungsbefugnis auf die Kommission delegiert haben, **548** kann diese die entsprechenden Rechtsakte erlassen. Eine Einbeziehung anderer Institutionen ist primärrechtlich nicht vorgeschrieben. Jedoch ist die Kommission befugt, insbesondere nationale Experten zu konsultieren.

Ein von der Kommission erlassener delegierter Rechtsakt kann nur in Kraft treten, **549** wenn Rat und EP innerhalb einer im Basisrechtsakt festgelegten Frist, im Allgemeinen zwei Monate, keine Einwände erhebt. Allerdings können Rat und EP den deligierten Rechtsakt nur als solchen ablehnen, nicht aber punktuelle Änderungen an den Einzelvorschriften vornehmen.

3. Erlass von Durchführungsrechtsakten (Art. 291 AEUV)

Die Übertragung von Durchführungsbefugnissen auf die Kommission und, bei Vor- **550** liegen besonderer Umstände, auf den Rat ist als Ausnahmeregelung vom Grundsatz der Zuständigkeit der Mitgliedstaaten für den Verwaltungsvollzug des EU-Rechts konzipiert (Art. 289 Abs. 1 AEUV)[594]. Gegenstand einer solchen Befugnisübertragung können aber nicht Bestimmungen sein, deren Erlass politische Entscheidungen erfordert, die in die eigene Zuständigkeit des EU-Gesetzgebers fallen. Auch können

592 EuGH C-355/10, EP/Rat, ECLI:EU:C:2012:516.

593 Zur Erleichterung der praktischen Handhabung einer Delegation i.S.v. Art. 290 haben EP, Rat und Kommission eine Vereinbarung getroffen, die konkretisierende Vorgaben zum verfahrensmäßigen Vorgehen enthält und neben Fristenregelungen auch Standardklauseln enthält, die in die Basisrechtsakte im Falle einer Delegation aufgenommen werden sollen (Rats-Dok 8753/1/11 vom 14.4.2011).

594 Vgl. Einzelheiten dazu unter § 6 B.

Durchführungsvorschriften weder die wesentlichen Bestandteile einer Grundregel ändern noch diese durch neue wesentliche Bestandteile ergänzen. Die Frage, welche Bestandteile einer Materie als „wesentlich" einzustufen sind, liegt nicht in der alleinigen Beurteilung durch den EU-Gesetzgeber, sondern muss sich nach objektiven Gesichtspunkten richten, die Gegenstand einer gerichtlichen Kontrolle sein können. Insoweit sind die Merkmale und die Besonderheiten des betreffenden Sachgebiets zu berücksichtigen[595]

551 Diese Ausnahmeregelung trägt dem Umstand Rechnung, dass zahlreiche Rechtsakte der EU zu ihrer Anwendung konkretisierender Regeln bedürfen, um eine unionseinheitliche Rechtsanwendung sicherzustellen. Dies gilt vor allem für die Förderprogramme, die von der EU z.B. im Rahmen der Forschungspolitik, der Kohäsionspolitik und der Energiepolitik aufgelegt worden sind. Hier müssen die abstrakt-generellen Vorschriften über Förderkriterien und Mittelvergabe sowie die Bedingungen für Ausschreibungen regelmäßig näher bestimmt werden. Daneben hat die Übertragung von Durchführungsbefugnissen erhebliche Bedeutung, wenn Verordnungen und Richtlinien unbestimmte Rechtsbegriffe enthalten, die einer einheitlichen Auslegung und Anwendungspraxis zugeführt werden müssen.

552 Die Übertragung von Durchführungsbefugnissen kann nur auf Grundlage **verbindlicher Rechtsakte** (Verordnung, Richtlinie, Beschluss) erfolgen. In Empfehlungen und Stellungnahmen kann eine Delegation nicht vorgesehen werden; mangels verbindlicher Wirkung besteht insoweit auch kein Bedarf zur Festlegung von Durchführungsbestimmungen.

553 Der Erlass der Durchführungsrechtsakte steht unter der Kontrolle der Mitgliedstaaten. Dies ist eine erhebliche Abweichung von der bisherigen Rechtslage, wonach Rat und EP im Komitologieverfahren über Mitwirkungsrechte beim Erlass von Durchführungsmaßnahmen verfügten. Diese Änderung erklärt sich aus dem Umstand, dass mit der klaren Trennung von delegierten Rechtsakten und Durchführungsrechtsakten auch eine entsprechende Neuzuordnung der Kontroll- und Mitwirkungsrechte vorgenommen werden musste: Während Rat und EP als EU-Gesetzgeber Zugriff auf die delegierten Rechtsakte erhalten, sind es bei den Durchführungsrechtsakten die Mitgliedstaaten entsprechend ihrer originären Zuständigkeit für die verwaltungsmäßige Durchführung des EU-Rechts.

554 Der EU-Gesetzgeber hat, entsprechend seinem Gesetzgebungsauftrag, allgemeine Regeln und Grundsätze zur Ausübung der Durchführungskontrolle in der Verordnung (EU) Nr. 182/2011 (sog. **„Komitologie-Verordnung"**) festgelegt[596]. Die neue Komitologie-Verordnung reduziert die Anzahl der Komitologieverfahren auf zwei: das ***Beratungsverfahren*** und das ***Prüfverfahren***, wobei für die Auswahl der Verfahren konkrete Vorgaben gemacht werden. Im Falle der Blockierung eines Rechtsaktes

---

595 EuGH C-355/10, EP ./. Rat, ECLI:EU:C:2012:516.

596 Vgl. VO (EU) Nr. 182/2011 des EP und des Rates vom 16.2.2011 zur Festlegung der allgemeinen Regeln und Grundsätze, nach denen die Mitgliedstaaten die Wahrnehmung der Durchführungsbefugnisse durch die Kommission kontrollieren, ABl. 2011 Nr. L 55/13.

im Komitologie-Verfahren ist statt der bisherigen Befassung des Rates nun die Befassung des neu geschaffenen „Berufungsausschusses" vorgesehen. Schließlich wurde der Anwendungsbereich der Komitologie auf die Handelspolitik ausgedehnt.

a) Beratungsverfahren

Das neue **Beratungsverfahren** entspricht dem bisherigen Beratungsverfahren. Insbesondere ist weiterhin vorgesehen, dass der beratende Ausschuss Stellungnahmen mit einfacher Mehrheit abgibt, die zu Protokoll genommen werden. Die Kommission soll sie möglichst berücksichtigen, muss dies aber nicht. Die Obliegenheiten der Kommission im Verfahrensverlauf sind jetzt ausführlicher geregelt. Das ändert aber nichts daran, dass die Kommission nach Durchlaufen der vorgesehenen Verfahrensschritte freie Hand hat, ihren Entwurf für Durchführungsmaßnahmen unverändert zu beschließen. **555**

b) Prüfverfahren

Das **Prüfverfahren** ähnelt dem bisherigen Verwaltungsverfahren. Über den Entwurf der Kommission für Durchführungsmaßnahmen wird im Ausschuss mit qualifizierter Mehrheit abgestimmt. Im Falle einer Zustimmung muss die Kommission die Maßnahmen wie vorgelegt erlassen[597]. Wird mangels Erreichen des Quorums kein Beschluss gefasst, kann die Kommission ihren Entwurf beschließen, sofern nicht die Sonderreglung des Art. 5 Abs. 4 UAbs. 2 der VO (EU) Nr. 182/2011 für besonders sensible Politikbereiche einschlägig ist. Bei ablehnender Stellungnahme des Ausschusses oder fehlender Zustimmung in Fällen des Art. 5 Abs. 4 UAbs. 2 der VO (EU) Nr. 182/2011 kann die Kommission einen neuen Entwurf im Prüfungsausschuss vorlegen oder den Berufungsausschuss mit dem ursprünglichen Entwurf befassen. **556**

c) Auswahl des „richtigen" Verfahrens

Für die **Auswahl zwischen Beratungs- und Prüfverfahren** enthält Art. 2 der VO (EU) Nr. 182/2011 konkrete Vorgaben. Danach sind im Grundsatz drei Arten von Kriterien maßgeblich, bei deren Vorliegen das Prüfverfahren angewendet werden soll. Durchführungsrechtsakte **„von allgemeiner Tragweite"** sollen im Prüfverfahren erlassen werden. Damit wird – unabhängig von der betroffenen Materie – auf das Ausmaß der Wirkungen der zu treffenden Maßnahmen abgestellt. Das Prüfverfahren soll auch angewandt werden in Bezug auf Programme **„mit wesentlichen Auswirkungen"**. Hiermit sind diejenigen Maßnahmen angesprochen, die in Umsetzung der zahlreichen Förderprogramme erlassen werden und zum Teil erhebliche politische und finanzielle Auswirkungen haben. Schließlich ist für eine Reihe von Politikfeldern das Prüfverfahren zwingend anzuwenden. Konkret ist dies vorgesehen für die Agrar- und Fischereipolitik, die Handelspolitik, für Fragen der Besteuerung und für **557**

---

597 Vgl. aber auch Erklärung von Rat, EP und Kommission für den Fall des Eintritts außergewöhnlicher Umstände; Rats-Dok. 5768/11.

Durchführungsmaßnahmen in Bezug auf die Umwelt, die Sicherheit und den Schutz der Gesundheit sowie die Sicherheit von Menschen, Tieren und Pflanzen.

d) Berufungsausschuss

558 Der **Berufungsausschuss** ist als eine zweite Verfahrensinstanz neu geschaffen worden. Er ersetzt die nach altem Recht mögliche Befassung des Rates im Komitologieverfahren. Das EP wollte in den Beratungen über die neue Komitologie-VO eine Ratsbefassung nicht akzeptieren, ohne gleichzeitig auch selbst in das Verfahren einbezogen zu sein. Rechtssystematisch ist die Streichung der Ratsbefassung konsequent, da die Kontrolle der Kommission bei Durchführungsmaßnahmen den Mitgliedstaaten (und eben nicht dem EU-Gesetzgeber) obliegt.

559 Die **Befassung des Berufungsausschusses** soll der Kompromissfindung zwischen Kommission und Vertretern der Mitgliedstaaten dienen, wenn im Prüfausschuss kein Ergebnis zu erzielen ist. Die Voraussetzungen für eine Befassung sind höchst kompliziert geregelt. Für einen Überblick ist zunächst festzuhalten, dass bei Zustimmung des Prüfausschusses die Kommission den vorgelegten Entwurf erlassen muss und somit der Berufungsausschuss nicht eingeschaltet wird. Drei Fallgestaltungen, abhängig vom Ergebnis der Beratungen im Prüfausschuss und abhängig von der betroffenen Materie, können unterschieden werden. ***Erstens***: Der Prüfausschuss lehnt den Kommissionsentwurf mit der erforderlichen qualifizierten Mehrheit ab. Dann muss die Kommission entweder den Prüfausschuss mit einem geänderten Entwurf befassen oder im Berufungsausschuss den Ursprungsentwurf vorlegen. ***Zweitens***: Der Prüfausschuss votiert mit einfacher Mehrheit gegen den Kommissionsentwurf. Auch in diesem Fall muss die Kommission entweder einen geänderten Entwurf im Prüfausschuss präsentieren oder den Berufungsausschuss mit dem Erstentwurf befassen. ***Drittens***: Der Ausschuss gibt keine Stellungnahme ab, was in der Praxis mit dem Nichterreichen des erforderlichen Quorums gleichzusetzen ist. Dann kann die Kommission den vorgelegten Entwurf beschließen, es sei denn, dies ist im zugrunde liegenden Basisrechtsakt ausgeschlossen oder die Maßnahmen betreffen besonders sensible Politikfelder, die in § 5 Abs. 4 UAbs. 2, Buchst. a) oder in § 5 Abs. 5 der VO (EU) Nr. 182/2011 definiert sind (Besteuerung, Finanzdienstleistungen, Gesundheitsschutz oder die Sicherheit von Menschen, Tieren oder Pflanzen; daneben aus der Handelspolitik der Erlass endgültiger multilateraler Schutzmaßnahmen oder endgültiger Antidumping- und Antisubventionsmaßnahmen).

560 Die **Beschlussfassung im Berufungsausschuss** ist ebenfalls differenziert ausgestaltet. Als Grundsatz gilt: Bei Zustimmung mit qualifizierter Mehrheit muss die Kommission den vorgelegten Entwurf erlassen. Im Falle einer Ablehnung mit qualifizierter Mehrheit darf der Entwurf nicht erlassen werden. Bei ausbleibender Stellungnahme mangels Erreichens des erforderlichen Quorums kann die Kommission den Entwurf erlassen, muss dies aber nicht. Abweichend davon ist für endgültige multilaterale Schutzmaßnahmen geregelt, dass sie nur bei einer Zustimmung mit qualifizierter Mehrheit im Berufungsausschuss erlassen werden können (vgl. Art. 6 Abs. 4 der VO (EU) Nr. 182/2011).

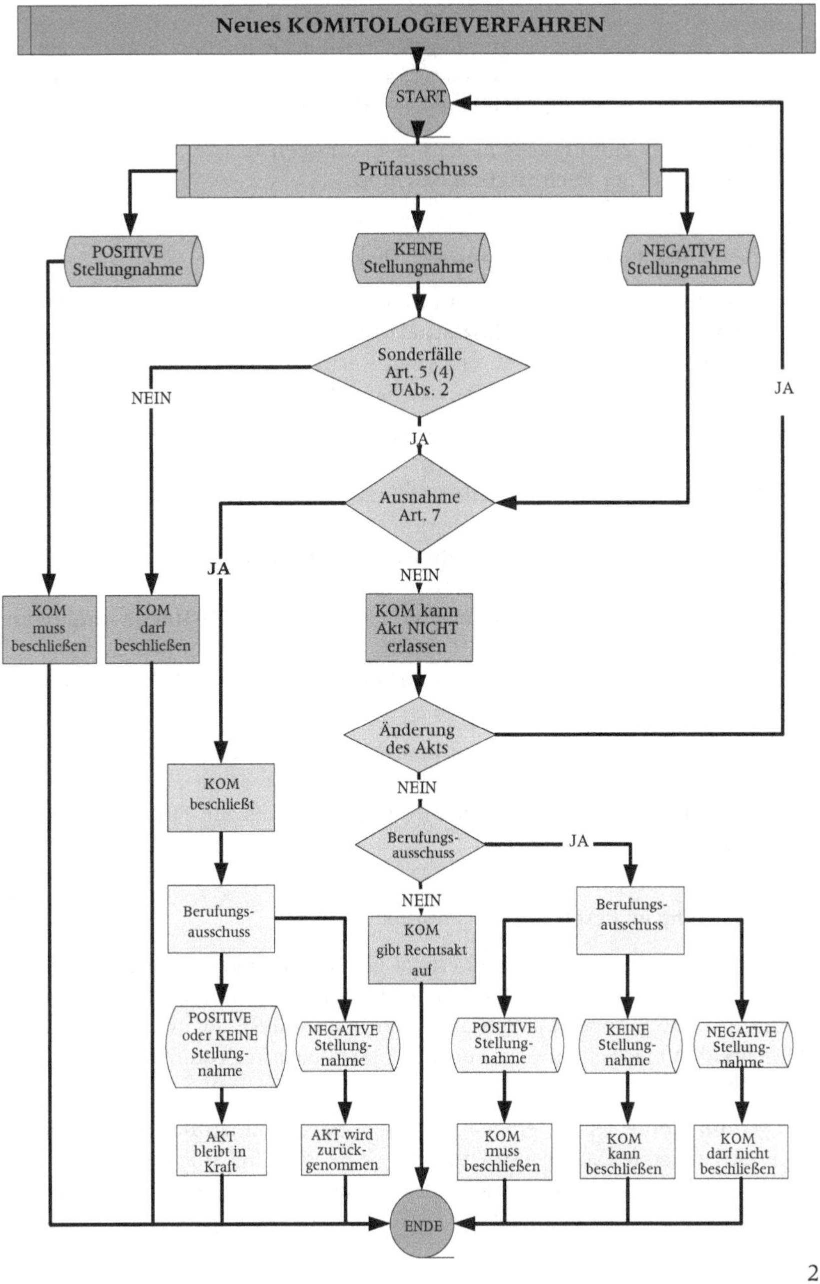

V. Atypische Rechtsetzungsverfahren

561 Unter atypischen Rechtsetzungsverfahren versteht man diejenigen Verfahren, die nicht oder jedenfalls nicht allein von den EU-Organen beherrscht werden, sondern in denen EU-Rechtsnormen unter maßgeblicher Beteiligung der europäischen Sozialpartner, europäischen Verbände, Wirtschaftsunternehmen oder auch Nichtregierungsorganisationen zustande kommen (sog. **„Co-Regulierung"**).

Die wichtigsten Anwendungsfälle in der Praxis kommen aus den Bereichen des **Sozialen Dialogs** und der **Technischen Normen**.

1. Rechtsetzung im Bereich des Sozialen Dialogs

562 Am Rechtsetzungsprozess im Rahmen des Sozialen Dialogs sind neben **Kommission** und **Rat** die **europäischen Sozialpartner** (UNICE als europäischer Dachverband der Arbeitgeber, CEEP als europäischer Dachverband der öffentlichen Unternehmen und EGB als europäischer Dachverband der Arbeitnehmer) beteiligt.

Die betreffenden Sozialpartner handeln zunächst eine Vereinbarung aus. Diese Vereinbarung kann dann

- entweder von den **mitgliedstaatlichen Sozialpartnern** direkt durch Einbeziehung in die tarifvertraglichen Vereinbarungen durchgeführt werden,
- oder durch gesetzgeberische Maßnahmen der **Mitgliedstaaten** umgesetzt werden,
- oder unter Beteiligung von Kommission, EP und Rat **in EU-Recht umgewandelt** werden, vorausgesetzt, die EU verfügt in dem fraglichen Regelungsbereich über eine Regelungskompetenz (das Prinzip der begrenzten Ermächtigung gilt auch hier).

In der **Praxis** ist vor allem von der dritten Möglichkeit der Umwandlung in EU-Recht Gebrauch gemacht worden (z.B. branchenübergreifende Rahmenvereinbarungen über Elternurlaub, über soziale Mindeststandards für Teilzeitarbeitskräfte und über befristete Arbeitsverträge).

2. Rechtsetzung im Bereich der technischen Normen

563 Im Bereich der technischen Normen erfolgt die **Rechtsetzung arbeitsteilig** zwischen EU-Organen und den europäischen Normungsorganisationen, insbesondere dem CEN (Comité Européen de Normalisation), dem CENELEC (Comité Européen de Normalisation Electronique) und dem ETS (European Telecommunications Standards Institute).

Der **EU-Gesetzgeber** legt in einer Richtlinie zunächst die grundlegenden Sicherheitsanforderungen fest, bei deren Einhaltung eine Ware frei auf dem Binnenmarkt vertrieben werden kann. Die **europäischen Normungsorganisationen** werden dann von der Kommission beauftragt, im Rahmen der allgemeinen Leitlinien die erforderlichen technischen Detailregelungen auszuarbeiten.

Diese technischen Spezifikationen behalten ihren Charakter als **„freiwillige“ Normen**, müssen aber von den Verwaltungen der Mitgliedstaaten berücksichtigt werden, da eine Vermutung dafür besteht, dass bei Einhaltung dieser Normen das fragliche Produkt mit den in der Richtlinie aufgestellten Anforderungen vereinbar ist.

Weiterführende Literatur: *Dauner/Sohn*, Gestzgebung im Trilog – Das Ende der transparenten und repräsentativen Demokratie?, cepInput 18/2015; *Edenharter*, Die Komitologie nach dem Vertrag von Lissabon: Verschiebung der Einflussmöglichkeiten zugunsten der Kommission?, DÖV 2011, S. 645 ff.; *Fabricius*, Abgeleitete Rechtsetzung nach dem Vertrag von Lissabon – Überlegungen zu Delegierten Rechtsakten und Durchführungsrechtsakten, ZEuS 2011, S. 567; *Härtel*, Handbuch Europäische Rechtsetzung, Berlin 2006; *Möstl*, Rechtsetzungen der europäischen und nationalen Verwaltungen, DVBl 2011, S. 1076; *Schulze-Fielitz*, Strukturprobleme europäischer Sekundärrechtssetzung, in: FS für Scheuing, 2011, S. 165; *Weiß*, Der Europäische Verwaltungsverbund, Berlin 2010.

B. Verwaltung

I. Kompetenzaufteilung zwischen EU und Mitgliedstaaten

Innerhalb des **Verwaltungsvollzugs** ist die Kompetenzaufteilung zwischen den Mitgliedstaaten und der EU der in einem Bundesstaat am Ähnlichsten. In aller Regel führen die Mitgliedstaaten das von den EU-Organen gesetzte Recht aus; nur ausnahmsweise wird die EU selbst tätig. Dieser Grundsatz hat jetzt auch seinen Niederschlag im Primärrecht gefunden, wo es ausdrücklich heißt, dass *„die Mitgliedstaaten [...] alle zur Durchführung der verbindlichen Rechtsakte der Union erforderlichen Maßnahmen nach innerstaatlichem Recht [ergreifen]“* (Art. 291 Abs. 1 AEUV). **564**

Soweit die EU-Organe das EU-Recht verwaltungsmäßig durchführen, spricht man vom **„direkten Verwaltungsvollzug“** und, soweit dies durch die Mitgliedstaaten geschieht, vom **„indirekten Verwaltungsvollzug“**[598]. **565**

1. Direkter Verwaltungsvollzug

Direkt vollzogen durch die EU-Organe wird das EU-Recht zum einen im Bereich der **unionsinternen Verwaltung**. Dazu zählen die Aufgaben der Personal- und Materialverwaltung sowie die Vergabe und Kontrolle von Haushaltsmitteln. **566**

Direkter Verwaltungsvollzug gegenüber dem einzelnen Unionsbürger sowie juristischen Personen erfolgt zum anderen im Bereich der **unionsexternen Verwaltung**. Das Hauptaufgabenfeld der EU-Organe, insbesondere der Kommission, bilden hier das Wettbewerbsrecht (Art. 101, 102 AEUV), die Beihilfenkontrolle (Art. 107, 108

598 Vgl. *Rengeling*, Rechtsgrundsätze beim Verwaltungsvollzug der Europäischen Gemeinschaftsrechts, S. 9 ff.

AEUV), die Überwachung von Maßnahmen des Außenwirtschaftsrechts (Art. 207 AEUV), die Mittelvergabe im Bereich der beruflichen Bildung (Art. 166 AEUV), die Verwaltung der Strukturfonds (Art. 174–178 AEUV) und die Technologieförderung (Art. 179 AEUV) sowie die Vergabe von öffentlichen Aufträgen.

567 Der **unionsinterne Verwaltungsvollzug** erfolgt durch das jeweils zuständige EU-Organ. Im **unionsexternen Verwaltungsvollzug** wird in erster Linie die Kommission tätig; in bestimmten Bereichen wird sie dabei durch unionseigene Agenturen unterstützt, die durch Verordnungen als selbständige Einrichtungen geschaffen und mit eigener Rechtspersönlichkeit ausgestattet sind[599].

2. Indirekter Verwaltungsvollzug

568 In den übrigen Bereichen sind die Mitgliedstaaten gemäß Art. 4 Abs. 3 UAbs. 2 EUV i.V.m. Art. 291 Abs. 1 AEUV verpflichtet, für einen geordneten Verwaltungsvollzug des EU-Rechts zu sorgen (sog. **indirekter Verwaltungsvollzug**). Die Mitgliedstaaten führen im eigenen Namen das EU-Recht durch; sie allein entscheiden grundsätzlich über den zuständigen Verwaltungsträger und das jeweilige Verfahren, ohne an Weisungen der EU-Organe gebunden zu sein. Es gilt im indirekten Verwaltungsvollzug somit der **Grundsatz der institutionellen und verfahrensmäßigen Autonomie** der Mitgliedstaaten[600]. Allerdings muss die Verwaltungsorganisation so gestaltet sein, dass ein effektiver Verwaltungsvollzug des EU-Rechts sichergestellt ist; vor allem ist es den Mitgliedstaaten nicht möglich, Vollzugsdefizite im Hinblick auf Organisationsprobleme oder Kompetenzkonflikte (Bund-Länder-Gemeinden) zu rechtfertigen.

Soweit unionsrechtliche Vorgaben betreffend die Struktur der Verwaltungsorganisation der Mitgliedstaaten erforderlich sind, müssen diese im sekundären EU-Recht ausdrücklich niedergelegt werden.

3. Verwaltungszusammenarbeit

569 Beim indirekten Verwaltungsvollzug besteht die Gefahr der uneinheitlichen und unterschiedlichen verwaltungsmäßigen Durchführung des EU-Rechts. Deshalb wurde mit dem Vertrag von Lissabon eine neue Regelung über die Verwaltungszusammenarbeit (Art. 197 AEUV) eingeführt, dessen Ziel die Verbesserung und Vereinheitlichung der Durchführung des EU-Rechts ist.

Die effektive Durchführung des EU-Rechts durch die Mitgliedstaaten wird *„als Frage von gemeinsamem Interesse"* betrachtet, ohne allerdings dabei Vollzugskompetenzen

---

599 Vgl. dazu unter § 5 A. III. 2.

600 *Rengeling*, Europäisches Gemeinschaftsrecht und nationaler Rechtsschutz, GS für Sasse Bd. 1, S. 197 f.

auf die EU zurück zu verlagern. Bei dem Ziel der Förderung der besseren Verwaltungszusammenarbeit handelt es sich um eine *„Unterstützungsaufgabe"* der EU.

Konkret geht es bei der **Unterstützung der Mitgliedstaaten** durch die EU um die Verbesserung der für den indirekten Verwaltungsvollzug notwendigen Fähigkeiten und Kenntnisse des EU-Systems bei den nationalen Verwaltungen, insbesondere durch die Erleichterung des Austauschs von Informationen und von Beamten sowie die Unterstützung von Aus- und Weiterbildungsprogrammen. Diese Unterstützung ist nicht verpflichtend, sondern die Mitgliedstaaten sind in der Entscheidung, ob sie sie in Anspruch nehmen wollen, frei. **570**

II. Verfahrensrechtliche Grundsätze im direkten Verwaltungsvollzug

Ein einheitliches Verwaltungsverfahrensrecht der EU besteht bislang nicht. Zu einer allgemeingültigen Kodifikation des Verwaltungsverfahrens, wie sie z.B. in Deutschland mit den Verwaltungsverfahrensgesetzen des Bundes und der Länder besteht, ist es auf EU-Ebene nicht gekommen. **571**

Lediglich in ausgewählten Sachgebieten des direkten Verwaltungsvollzugs gibt es EU-Rechtsakte, die verfahrensrechtliche Spezialregelungen enthalten[601].

Auch wenn es keine generelle sekundärrechtliche Kodifizierung des europäischen Verwaltungsverfahrensrechts gibt, enthalten das Vertragsrecht, die Verfassungsprinzipien und die allgemeinen Rechtsgrundsätze eine Reihe von Regelungen, aus denen sich Grundsätze des Verwaltungsverfahrens herleiten lassen. Dabei handelt es sich um Bestimmungen des Primärrechts, welche die EU-Organe bei ihrem Handeln, also auch beim Verwaltungsvollzug, binden. Sie haben zu einem großen Teil ihren Niederschlag in der neuen Regelung über die „Europäische Verwaltung" gefunden (Art. 298 AEUV), wonach sich die EU zur Ausübung ihrer Aufgaben auf eine **offene, effiziente und unabhängige Verwaltung** stützt.

Die Regelung des Art. 298 AEUV stellt für den direkten Verwaltungsvollzug durch die EU-Organe, Einrichtungen und sonstigen Stellen nunmehr die grundlegenden Anforderungen auf, die bei der Ausübung jedweder Verwaltungstätigkeit auf EU-Ebene einzuhalten sind. Diese Anforderungen gelten nur für die Verwaltungstätigkeit, nicht für die Rechtsetzung, und sie gelten **nur für den direkten Verwaltungsvollzug**, nicht für den indirekten Verwaltungsvollzug durch die Mitgliedstaaten. **572**

Die Anforderungen aus Art. 298 AEUV sind im Zusammenhang mit Art. 41 GRCh zu lesen, der das Grundrecht auf gute Verwaltung verbürgt. Beide Normen stehen als **573**

601 Beispielhaft seien genannt: VO (EWG) Nr. 2988/74 über die Verfolgungs- und Vollstreckungsverjährung im Wettbewerbs- und Verkehrsrecht, ABl. 1974, Nr. L 319, S. 1 ff. (konsolidierte Fassung v. 1.5.2004); VO (EU) 2015/1589 über besondere Vorschriften für die Anwendung von Art. 108 AEUV, ABl. 2015 Nr L 248/9–29.

Bestandteil des Primärrechts gleichrangig nebeneinander und ergänzen sich wechselseitig.

1. Offenheit der Verwaltung

574 Aus dem Gebot der Offenheit der Verwaltung sind insbesondere solche Anforderungen abzuleiten, die für die Unionsbürger den Zugang und die Beteiligung am Verfahren gewährleisten und es ihnen ermöglichen, Anliegen bei eigener Betroffenheit vorbringen zu können.

Zu diesen Anforderungen gehören vor allem:

- Die ***Begründungspflicht für Einzelfallregelungen*** gegenüber Betroffenen: Diese Verpflichtung ist nicht neu, wird nun aber im Hinblick auf ihre grundrechtliche Absicherung in Art. 41 Abs. 1 GRCh auf alle Rechtsakte ausgedehnt (Art. 296 AEUV).
- Der Anspruch auf ***rechtliches Gehör***: Dieser Anspruch ist für viele Bereiche im Sekundärrecht gesondert geregelt[602]. Er ist darüber hinaus in der Rechtsprechung des EuGH als Element des Grundsatzes ordnungsgemäßer Verwaltung allgemein anerkannt[603].
- Das ***Akteneinsichtsrecht in eigener Sache***: Dieses Recht ist Voraussetzung für ein faires Verwaltungsverfahren. Nach der Rechtsprechung des EuGH umfasst das Akteneinsichtsrecht sämtliche Dokumente, auf die sich die Verwaltung bei einer Entscheidung zulasten eines Privaten stützt[604]. Es gilt hier im Interesse eines umfassenden Vertrauensschutzes, dass die Behörden *„ihre Entscheidungen nicht auf solche Unterlagen stützen"* dürfen, *„in die der Betroffene nicht Einsicht nehmen konnte"*[605].

2. Effizienz der Verwaltung

575 Effizienz der Verwaltung bedeutet, dass die Verwaltungsaufgaben **fachkundig, sachangemessen** und **zügig** unter möglichst **wirtschaftlichem Einsatz der Ressourcen** durchgeführt werden.

---

602 Vgl. z.B. VO (EG) Nr. 773/2004 über die Durchführung von Verfahren auf der Grundlage von Art. 81 und 82 EG-Vertrag durch die Kommission (ABl. 2004 Nr. L 123, S. 18 – konsolidierte Fassung v. 6.5.2015) zur Anhörung im Kartellverfahren; VO (EU) Nr. 2016/1037 über den Schutz gegen subventionierte Einfuhren aus nicht zur Europäischen Gemeinschaft gehörenden Ländern (ABl. 2016 Nr. L 176/55-91) zur Anhörung im Antidumping-Verfahren.

603 EuGH C-32/95 P, Lisretal; Slg. 1996, I-5373.

604 Vgl. EuG T-30/91, Solvay, Slg. 1995, II-1775, Rdn. 83; T-54/99, max.mobil, Slg. 2002, II-213ff.

605 Vgl. EuGH C-322/81, Michelin, Slg. 1993, I-3461, Rdn. 8.

Im Hinblick auf das Verhältnis zum Unionsbürger ist vor allem die auch von Art. 41 GRCh geforderte Einhaltung **angemessener Bearbeitungsfristen** von Bedeutung, die von der Rechtsprechung ebenfalls als Element des Grundsatzes ordnungsgemäßer Verwaltung eingestuft wird. Danach ist beim Erlass von belastenden Verwaltungsakten von den Behörden *„eine übermäßig lange Verfahrensdauer zu vermeiden und sicherzustellen, dass jede Verwaltungsmaßnahme innerhalb einer Frist erfolgt, die [...] angemessen ist“*[606]. Im Extremfall kann allein schon die Verzögerung des Verwaltungsverfahrens die Angreifbarkeit einer Verwaltungsmaßnahme rechtfertigen, nämlich dann, wenn dadurch die Rechtschutzmöglichkeiten des Betroffenen eingeschränkt werden[607]. 576

3. Unabhängigkeit der Verwaltung

Die Forderung nach Unabhängigkeit der Verwaltung ist zu verstehen als **Gebot der unparteiischen und gerechten Amtsführung.** Es folgt aus dem Rechtstaatsprinzip und dem Gleichheitsgrundsatz[608]. Auf EU-Ebene gehört es zu den Grundsätzen ordnungsgemäßer Verwaltung[609]. Durch dieses Gebot soll sichergestellt werden, dass die Verwaltungsaufgaben frei von unzulässiger Einflussnahme durch Dritte oder interne Amtsträger ausgeübt wird. 577

4. Rechtsstaatliche Grundsätze

Es ist überraschend, dass unter den Anforderungen, die an eine gute Verwaltung gestellt werden, die Bindung an rechtsstaatliche Grundsätze keine ausdrückliche Erwähnung gefunden hat. Das bedeutet aber nicht, dass eine solche Bindung nicht besteht; vielmehr wird diese, wie bisher schon, über die ständige Rechtsprechung des Gerichtshofs zum Grundsatz der ordnungsgemäßen Verwaltung hergestellt[610]. 578

Für das Verwaltungsverfahren sind dabei folgende rechtsstaatliche Grundsätze anerkannt worden, an denen die Rechtmäßigkeit des Verwaltungshandelns zu messen ist: 579

- *Grundsatz der Gesetzmäßigkeit der Verwaltung:* es findet der Grundsatz des Vorrangs höherrangiger Normen Anwendung, und es gilt der Gesetzesvorbehalt.
- *Grundsatz der Rechtssicherheit*: dieser Grundsatz findet vor allem in Verbindung mit dem Grundsatz der Gesetzmäßigkeit der Verwaltung Anwendung[611].

---

606 EuG T-242/02, Sunrider, Slg. 2005, II-2793, Rdn. 51.
607 EuG T-213/95 u. T-18/96; Stichting, Slg. 1997, II-1739, Rdn. 55.
608 EuGH C-269/90, TU München, Slg. 1991, I-5469, Rdn. 14.
609 St. Rspr. vgl. EuGH C-269/90, TU München, Slg. 1991, I-5469, Rdn. 14; EuG T-54/99, max.mobil, Slg. 2002, II-213 ff.
610 EuG T-3/00 und T-337/04, Pitsiorlas, Slg. 2007, II-4749, Rdn. 163 m.w.N. aus der Rspr.
611 EuGH Rs. 42, 49/59, SNUPAT, Slg. 1961, 172.

- *Grundsatz des Vertrauensschutzes*[612]: an diesem Grundsatz ist zu messen, wann der Widerruf rechtmäßiger Verwaltungsakte zulässig ist, in welchem Umfang Verwaltungsakte Rückwirkung besitzen[613] und unter welchen Voraussetzungen eine Selbstbindung der Verwaltung eintritt.
- *Grundsatz der Verhältnismäßigkeit:* dieser Grundsatz erlangt neben seiner Rolle als Auslegungsmaßstab im Bereich der Grundrechte Bedeutung im Verwaltungsrecht als Gerechtigkeits- und Billigkeitsmaßstab bei der Beurteilung der Rechtmäßigkeit von Normen und Verwaltungshandeln[614].
- *Anwendung der Grundrechte:* die Grundrechte haben neben ihrer Funktion als materieller Maßstab jedes Verwaltungshandelns auch Einfluss auf das Verwaltungsverfahren der EU, und zwar in Gestalt des nicht unter Art. 298 AEUV aufgeführten Grundsatzes der Vertraulichkeit sowie des Verbots der Doppelbestrafung (ne bis in idem)[615].

5. Konkretisierungsauftrag

580 Die Anforderungen an den direkten Verwaltungsvollzug sollen durch das EP und den Rat noch weiter ausgestaltet werden (Art. 291 Abs. 3 AEUV). Dies wird im Wesentlichen auf der Grundlage des von der Rechtsprechung entwickelten Grundsatzes der ordnungsgemäßen Verwaltung sowie des Grundrechts auf gute Verwaltung (Art. 41 GRCh) erfolgen. Ansätze einer Konkretisierung bestehen daneben bereits in Gestalt des Kodex der Kommission *„für gute Verwaltungspraxis in den Beziehungen der Bediensteten […] zur Öffentlichkeit"*[616] sowie des vom Bürgerbeauftragten vorgelegten Kodex für gute Verwaltungspraxis, der vom EP 2001 angenommen wurde[617]. Die Kommission hat darüber hinaus am 19. Mai 2015 eine neue, umfassende Mitteilung über „Bessere Ergebnisse durch bessere Rechtsetzung – eine Agenda der EU[618] herausgebracht, in der neue Ansätze insbesondere zur stärkeren Einbindung der Zivilgesellschaft in die Entscheidungsprozesse innerhalb der EU vorgestellt werden.

---

612 *Borchardt,* Der Grundsatz des Vertrauensschutzes im Europäischen Gemeinschaftsrecht, 1988; *ders.*, Vertrauensschutz im Europäischen Gemeinschaftsrecht, Die Rechtsprechung des EuGH von Algera über CNTA bis Mulder und van Deetzen, EuGRZ 1988, S. 309.

613 Vgl. EuGH C-376/02, Stichting Woenen, Slg. 2005, I-3445, Rdn. 31.

614 Siehe dazu unter § 3 B.I.

615 Einzelheiten hierzu s. unter § 4 C. I. 2.

616 Beschluss (EU) 2024/3083 der Kommission v. 4.12.2024 zur Festlegung des Kodex für gute Verwaltungspraxis in den Beziehungen der Bediensteten der Europäischen Kommission zur Öffentlichkeit, ABl. 2024, Nr. L 2024/3083.

617 EP-Entschließung vom 6.9.2001, ABl. 2002, C 72 E/331. Eine aktualisierte Fassung wurde vom Bürgerbeauftragten 2022 herausgegeben.

618 KOM (2015) 215 endg.

III. Verfahrensrechtliche Grundsätze im indirekten Verwaltungsvollzug

Im indirekten Verwaltungsvollzug ist zu unterscheiden zwischen dem Vollzug unmittelbar anwendbaren EU-Rechts[619] einerseits und dem Vollzug mittelbar anwendbaren EU-Rechts andererseits. 581

1. Vollzug unmittelbar anwendbaren EU-Rechts

Das unmittelbar anwendbare EU-Recht wird im Wesentlichen nach Maßgabe des nationalen Verwaltungsverfahrensrechts vollzogen. Etwas anderes gilt nur insoweit, als das EU-Recht selbst verfahrensrechtliche Vorschriften betreffend den Vollzug des unmittelbar anwendbaren EU-Rechts bereitstellt. Dies ist nur ausnahmsweise, und zwar in den sehr weitgehend vergemeinschafteten Politikbereichen wie z.B. der Landwirtschaft und dem Zollwesen, geschehen[620]. 582

Diesen Grundsatz hat der EuGH in seiner **„Milchkontor-Entscheidung"**[621] wie folgt formuliert: *„Soweit das Gemeinschaftsrecht einschließlich der allgemeinen gemeinschaftsrechtlichen Grundsätze hierfür* (gemeint ist für den Verwaltungsvollzug) *keine gemeinsamen Vorschriften enthält, gehen die nationalen Behörden bei dieser Durchführung der Gemeinschaftsregelungen nach den formellen und materiellen Bestimmungen des nationalen Rechts vor, wobei dieser Grundsatz freilich, ..., mit den Erfordernissen der einheitlichen Anwendung des Gemeinschaftsrechts in Einklang gebracht werden muß, die notwendig ist, um zu vermeiden, dass Wirtschaftsteilnehmer ungerecht behandelt werden."* 583

Dieser Aussage des EuGH sind, übertragen auf die heutige Situation in der EU, zwei grundsätzliche Schranken für die Anwendung des nationalen Verwaltungsverfahrensrechts zu entnehmen: 584

(1) Die Anwendung des nationalen Verwaltungsverfahrensrechts darf nur in einer Weise erfolgen, wie dies auch beim Vollzug nationalen Rechts geschieht (**Grundsatz der Gleichwertigkeit oder Äquivalenz**)[622]; so dürfen etwa für unionsrechtliche Ansprüche keine kürzeren Fristen gelten als für Ansprüche nach nationalem Recht[623].

(2) Die Anwendung des nationalen Verwaltungsverfahrensrechts darf die Tragweite und die Wirksamkeit des EU-Rechts nicht beeinträchtigen (**Grundsatz der Effizienz**); so darf etwa die Anwendung nationalen Verfahrensrechts die Durchsetzung

619 Zum „unmittelbar anwendbaren Unionsrecht" s. oben unter § 4 B. III.

620 VO (EU) Nr. 952/2013 des EP und des Rates v. 9.10.2013 zur Festlegung des Zollkodex der Union (Neufassung), ABl. 2013 L 269/1–101 (konsolidierte Fassung v. 12.12.2022).

621 EuGH Rs. 205-215/82, Deutsches Milchkontor, Slg. 1983, 2633 ff., 2665.

622 Früher wurde dieser Grundsatz vom EuGH auch unter Hinweis auf das Diskriminierungsverbot postuliert; in der neueren Rspr. wird jetzt auf den Grundsatz der Gleichwertigkeit oder der Äquivalenz abgestellt, da es nicht um Diskriminierungen von Personen, sondern von Sachverhalten geht, vgl. EuGH C-88/99, Roquette Frères, Slg. 2000, I-10455 Rdn. 21 (Gleichwertigkeit); C-279/96, Energia, Slg. 1998, I-5025 Rdn. 27/29 (Äquivalenz).

623 EuGH C-231/96, Edis, Slg. 1998, I-4951 Rdn. 21.

des EU-Rechts nicht praktisch unmöglich machen. Dazu gehört, dass nicht zu kurze Verfahrensfristen vorgesehen werden[624]; auch Beweislastregeln, die eine wirksame Durchsetzung der betroffenen EU-Rechtsposition übermäßig erschweren, sind unzulässig, und dies unabhängig davon, ob sie auch für Ansprüche aus dem nationalen Recht gelten[625]. Im nationalen Recht mögliche **Einreden** gegenüber Rückforderungen zu Unrecht gewährter Leistungen, wie z.B. Vertrauensschutz, Wegfall der Bereicherung oder Verjährung, sind hingegen grundsätzlich zulässig, soweit sie den Anforderungen des EU-Rechts genügen[626]. Dies hat der EuGH allerdings **verneint** im Hinblick auf die im deutschen Recht für die Rücknahme von begünstigenden Verwaltungsakten bestehende Jahresfrist (§ 48 Abs. 4 VwVfG), soweit es um die Rückforderung unionsrechtswidriger staatlicher Beihilfen geht[627]. Hintergrund dieser Rechtsprechung dürfte die Überlegung des EuGH sein, dass die nationale Behörde ein Eigeninteresse an der Beihilfengewährung hat[628] und folglich versucht sein kann, die Rückabwicklung ihrer eigenen Beihilfenentscheidung durch Fristablauf rechtlich unmöglich zu machen.

2. Vollzug von mittelbar geltendem EU-Recht

585 Der Vollzug mittelbar geltenden EU-Rechts betrifft die Fälle, in denen die zur Umsetzung von sekundärem EU-Recht, insbesondere von Richtlinien, erlassenen nationalen Rechtsvorschriften angewendet werden.

Der Vollzug dieser nationalen Rechtsvorschriften unterliegt – wie jedes andere, nicht auf EU-Recht beruhende nationale Recht – dem nationalen Verwaltungsverfahrensrecht. Die unionsrechtlichen Schranken für die Anwendung des nationalen Verwaltungsverfahrensrechts (Gleichwertigkeitsgrundsatz und Effizienzgebot) gelten in diesem Zusammenhang nicht, da bereits das nationale Umsetzungsrecht selbst diese Grundsätze beachten und zur Geltung bringen muss.

586 Auf der Vollzugsebene selbst kann es jedoch gegebenenfalls zu „Korrekturen" am nationalen Umsetzungsakt kommen, und zwar unter Rückgriff auf die Figur der richtlinienkonformen Auslegung, die auf der Rechtsanwendungsebene die notfalls erforderlichen Anpassungen des nationalen Umsetzungsakts an die Erfordernisse der Richtlinie herstellt[629].

---

624 EuGH C-312/93, Peterbroeck, Slg. 1995, I-4599 Rdn. 12.

625 EuGH C-147/01, Weber's Wine World, Slg. 2003, I-11365 Rdn. 110.

626 EuGH C-298/96, Ölmühle Hamburg, Slg. 1998, I-4767.

627 EuGH C-24/95, Alcan, Slg. 1997, I-1591 mit Anmerkung *Hoenike*, EuZW 1997, 276 und *Classen*, JZ 1997, 722; im Ergebnis akzeptiert durch BVerwG, 3 C 15/97, Urteil vom 23.4.1998, EuZW 1998, 730 und BVerfG, 2 BvR 1210/98, Urteil vom 17.2.2000, NJW 2000, 2015.

628 In diesem Sinne vgl. etwa EuG T-132/96 und T-136/96, VW und Sachsen/KOM, Slg. 1999, II-3663 Rdn. 89 mit Anm. *Koenig/Kühling*, JZ 2000, 951 und *Wernicke*, EuZW 2000, 115.

629 Zur Figur der richtlinienkonformen Auslegung s. unter § 4 B. V.

Soweit allerdings vereinzelt unionsrechtliche Regelungen für den Vollzug von nationalem Recht, das durch die Umsetzung von Richtlinien der EU entstanden ist, bestehen[630], sind diese vorrangig vor dem nationalen Recht anzuwenden; dabei müssen dann auch die sonstigen allgemeinen Rechtsgrundsätze des EU-Rechts beachtet werden. **587**

Weiterführende Literatur: *Classen,* Unabhängigkeit und Eigenständigkeit der Verwaltung – zu einer Anforderung des Europarechts an das nationale Verwaltungsrecht, in: FS für Scheuing, 2011, S. 293; *von Danwitz,* Europäisches Verwaltungsrecht, Berlin – Heidelberg 2008; *Fastenrath,* Die veränderte Stellung der Verwaltung und ihr Verhältnis zum Bürger unter dem Einfluß des Europäischen Gemeinschaftsrechts, Die Verwaltung 1998, S. 277; *Gornig/Trüe,* Die Rechtsprechung des EuGH und des EuG zum Europäischen Verwaltungsrecht, JZ 2000, S. 395 ff., 446 ff. und 501 ff.; *Grzeszick,* Das Grundrecht auf gute Verwaltung; EuR 2006, S. 161; *Haibach,* Die Rechtsprechung des EuGH zu den Grundsätzen des Verwaltungsverfahrensrechts, NVzW 1998, S. 156; *Heselhaus,* Recht auf eine gute Verwaltung, in Heselhaus/Nowak, Handbuch der Europäischen Grundrechte, 2. Aufl. 2020; *Koch,* Mittelbare Gemeinschaftsverwaltung in der Praxis; EuZW 2005, S. 455 ff.; *Ladenburger,* Evolution oder Kodifikation eines allgemeinen Verwaltungsrechts in der EU, in: Trute, Gross, Röhl, Möllers, Allgemeines Verwaltungsrecht – zur Tragfähigkeit eins Konzepts, 2008; *Lais,* Das Recht auf eine gute Verwaltung unter besonderer Berücksichtigung der Rechtsprechung des Europäischen Gerichtshofs, ZeuS 2002, S. 447; *Nehl,* Europäisches Verwaltungsverfahren und Gemeinschaftsverfassung, 2002; *Ruffert,* Von der Europäisierung des Verwaltungsrechts zum Europäischen Verwaltungsverbund, DÖV 2007, S. 761; *ders.,* Verselbständigte Verwaltungseinheiten: Ein europäischer Megatrend im Vergleich, in: Trute, Gross, Röhl, Möllers, Allgemeines Verwaltungsrecht – zur Tragfähigkeit eins Konzepts, 2008; *Schmidt-Aßmann,* Deutsches und Europäisches Verwaltungsrecht, DVBl. 1993, S. 929; *Schwarze,* Europäisches Verwaltungsrecht, 2. Aufl. 2005; *ders.,* Rechtsstaatliche Grundsätze für das Verwaltungshandeln in der Rechtsprechung des Europäischen Gerichtshofs, in: FS Rodriguez Iglesias 2003, S. 147; *Terhechte,* Verwaltungsrecht der Europäischen Union, 2. Aufl. 2020; *Wittlinger,* „Europäische Satelliten": Anmerkungen zum europäischen Agentur(un)wesen und zur Vereinbarkeit Europäischer Agenturen mit dem Gemeinschaftsrecht; EuR 2008, S. 609 ff.

IV. Die Haftung der Mitgliedstaaten für Verletzungen des EU-Rechts

Die Haftung der Mitgliedstaaten für Schäden, die dem Einzelnen durch eine diesem Staat zuzurechnende Verletzung des EU-Rechts entstanden sind, wurde vom EuGH in seinem *Urteil vom 5. März 1996 in den verb. Rs. C-46/93, „Brasserie du pêcheur" und C-48/93, „Factortame"*[631] dem Grundsatz nach festgestellt. **588**

630 Z.B. RL 2005/36/EG des EP und des Rates über die Anerkennung von Berufsqualifikationen, ABl. 2005 Nr. L 255, S. 22 ff.

631 Slg. 1996, I-1029; Anm. *Streinz,* EuZW 1996, S. 205. Aus der deutschen Rspr. hierzu vgl. BGH, Urteil vom 14. 12. 2000, abgedruckt in JZ 2001, S. 456 m. Anm. *Classen*; BGH ZR 127/91 [Staatshaftung im Anschluss an Urteil „Brasserie du Pêcheur"], BGHZ 134, S. 30 = NJW 1997, S. 123; BGH ZR 342/02 [Anwendbarkeit der §§ 254, 839 Abs. 3 BGB auf den unionsrechtlichen Staatshaftungsanspruch], NJW 2004, S. 1241; BGH, Urteil vom 4.6.2009 – III ZR 144/05, abgedruckt in EuZW 2009, S. 865 [zur Anwendbarkeit von § 839 Abs. 3 BGB und zur Verjährung des Entschädigungsanspruchs].

Dieses Haftungsurteil ist ein Grundsatzurteil, das von seiner Bedeutung in einer Reihe mit den frühen Urteilen des EuGH zum Vorrang des EU-Rechts, zur unmittelbaren Wirkung der Bestimmungen des EU-Rechts und zur Anerkennung unionseigener Grundrechte steht. Es verstärkt erheblich die Möglichkeiten des Einzelnen, gegenüber den staatlichen Organen aller drei Gewalten auf die Einhaltung des EU-Rechts zu dringen.

Der EuGH erweitert seine bereits in den Urteilen *„Francovich und Bonifaci"*[632] eingeleitete Rechtsprechung. Während dort die Haftung der Mitgliedstaaten noch auf den Fall beschränkt war, dass den Einzelnen Schäden durch die nicht fristgerechte Umsetzung einer Richtlinie entstanden sind, die dem Einzelnen subjektive Rechte verleiht, aber keine unmittelbare Wirkung entfaltet, eröffnet dieses Urteil einen **allgemeinen Haftungstatbestand**, der **jede dem Staat zurechenbare Verletzung des EU-Rechts** erfasst.

1. Haftungsgrundlage

589 Der Entschädigungsanspruch stellt nach der Sichtweise des EuGH lediglich die *„notwendige Ergänzung der unmittelbaren Wirkung dar, die den EU-Rechtsvorschriften zukommt, auf deren Verletzung der entstandene Schaden beruht"*[633].

Dem Einwand, ein allgemeiner Entschädigungsanspruch des Einzelnen könne nicht durch Richterrecht, sondern allenfalls im Wege der Gesetzgebung eingeführt werden, begegnet der EuGH mit dem Hinweis, dass die Frage des Bestehens und des Umfangs der Haftung eines Staates für Schäden, die sich aus einem Verstoß gegen seine unionsrechtlichen Verpflichtungen ergeben, die Auslegung der EU-Verträge betrifft, die als solche in die Zuständigkeit des EuGH fällt. In diesem Zusammenhang verweist der EuGH auf den in Art. 340 Abs. 2 AEUV niedergelegten Grundsatz der außervertraglichen Haftung der EU, der lediglich eine besondere Ausprägung des in den Rechtsordnungen der Mitgliedstaaten geltenden allgemeinen Grundsatzes darstellt, wonach rechtswidrige Handlungen oder Unterlassungen die Verpflichtung zum Ersatz des verursachten Schadens nach sich ziehen.

2. Haftungsgegenstand

590 Der EuGH unterwirft dem Grundsatz der Haftung der Mitgliedstaaten jede Verletzung des EU-Rechts, unabhängig davon,

- ob diese Verletzung in einem Handeln oder Unterlassen besteht[634] und

---

632 EuGH C-6/90 und C-9/90, Slg, 1991, I-5357; s. dazu unter § 6 C. II. 2. d).

633 EuGH C-178/94, C-179/94 und C-188/94 – C-190/94, Dillenkofer u.a., Slg. 1996, I-4845 Rdn. 20; C-6/90 und C-9/90, Francovich und Bonifaci, Slg. 1991, I-5357.

634 EuGH C-424/97, Salomone Haim II, Slg. 2000, I-05123, Rdn. 36; C-46/93 u. C-48/93, Brasserie du Pêcheur, Slg. 1996, I-1029.

- ob der schadensverursachende Verstoß der Exekutive, der Legislative oder der Judikative zuzurechnen ist[635].

Eine Haftung für **administratives Fehlverhalten** kommt im Wesentlichen nur in den Fällen in Betracht, in denen die Verwaltung unmittelbar anwendbares oder ordnungsgemäß umgesetztes EU-Recht in einer gegen das EU-Recht verstoßenden Art und Weise anwendet. Dies kann etwa bei der unionsrechtswidrigen Auslegung von unbestimmten Rechtsbegriffen oder im Rahmen der Ausübung von Ermessensspielräumen der Fall sein. Eine Haftung wegen **legislativen Fehlverhaltens** kommt im Wesentlichen in Betracht, nachdem der EuGH eine Verletzung des EU-Rechts explizit im Rahmen eines Vertragsverletzungsverfahrens festgestellt hat, eine Verletzung des EU-Rechts bereits aus einer gefestigten Rechtsprechung des EuGH mittelbar, aber eindeutig ableitbar ist oder schließlich im Falle der Nichtumsetzung einer Richtlinie. Die Haftung für **judikatives Unrecht** ist möglich, wird aber die **Ausnahme** bleiben. Angesichts der Haftungsvoraussetzungen kommt eine Haftung letztlich nur dann in Betracht, wenn sich ein Gericht willkürlich über geltendes EU-Recht hinwegsetzt oder ein letztinstanzliches Gericht unter Missachtung des EU-Rechts eine für den Kläger nachteilige Entscheidung rechtskräftig festschreibt, ohne den EuGH zuvor um Klärung der unionsrechtlichen Rechtslage ersucht zu haben. **591**

3. Haftungsvoraussetzungen

Unter Bezugnahme seines Urteils *„Francovich"* stellt der EuGH zunächst fest, dass die Voraussetzungen, unter denen die Haftung des Mitgliedstaates auch einen Entschädigungsanspruch auslöst, von der Art des Verstoßes gegen das EU-Recht abhängen, der dem entstandenen Schaden zugrunde liegt. Bei der Bestimmung dieser Voraussetzungen werden vom EuGH vor allem zwei grundlegende Prinzipien herangezogen: **592**

- **Wirksamkeit des EU-Rechts**, d.h. die Gewährleistung der einheitlichen Geltung der EU-Rechtsnormen und der effektive Schutz der durch sie verliehenen Rechte, und
- **Kohärenz** zwischen dem System der außervertraglichen Haftung der EU nach Art. 340 Abs. 2 AEUV einerseits und den nationalen Haftungssystemen andererseits. Ohne besonderen Grund dürfen bei vergleichbaren Umständen die Voraussetzungen für die Begründung der Haftung nach den beiden Systemen nicht unterschiedlich ausfallen.

Diese Haftung wird demzufolge von drei Voraussetzungen geprägt, die im Wesentlichen denjenigen Haftungsvoraussetzungen entsprechen, denen die EU in einer vergleichbaren Situation unterliegt:

635 Vgl. vor allem EuGH C-118/00, Larsy/INASTI, Slg. 2001, I-5063; C-424/97, Salomone Haim II, Slg. 2000, I-5123; C-319/96, Brinkmann Tabakfabriken, Slg. 1998, I-5255; C-127/95, Norbrook Laboratories Ltd, Slg.1998, I-1531; C-5/94, Hedley Lomas Ltd., Slg. 1996, I-2553.

a) Vorschrift, die dem Einzelnen Rechte verleiht

593 Die EU-Rechtsnorm, gegen die verstoßen worden ist, muss bezwecken, dem Einzelnen Rechte zu verleihen. Unerheblich ist, ob die „verletzte" EU-Rechtsvorschrift dem primären oder sekundären EU-Recht angehört[636] und ob sie unmittelbar anwendbar ist oder nicht[637]. Das Recht muss allerdings eindeutig bestimmbar sein[638].

b) Hinreichend qualifizierter Verstoß

594 Der Verstoß muss hinreichend qualifiziert sein, d.h. ein Mitgliedstaat muss die Grenzen, die seinem Ermessen gesetzt sind, offenkundig und erheblich überschritten haben[639]. Diese Beurteilung obliegt **den nationalen Gerichten,** die allein für die Feststellung des Sachverhalts und die Qualifizierung der betreffenden Verstöße gegen das EU-Recht zuständig sind. Gleichwohl gibt der EuGH den nationalen Gerichten einige grundlegende Orientierungen vor.

Danach gehören zu den Gesichtspunkten, die das zuständige Gericht gegebenenfalls zu berücksichtigen hat[640]:

- das Maß an Klarheit und Genauigkeit der verletzten Vorschrift,
- der Umfang des Ermessensspielraums, den die verletzte Vorschrift den nationalen oder EU-Behörden belässt,
- die Frage, ob der Verstoß oder der Schaden vorsätzlich oder nicht vorsätzlich begangen bzw. zugefügt wurde,
- die Entschuldbarkeit oder Unentschuldbarkeit eines etwaigen Rechtsirrtums und
- der Umstand, dass die Verhaltensweise eines EU-Organs möglicherweise dazu beigetragen hat, dass nationale Maßnahmen oder Praktiken in unionsrechtswidriger Weise unterlassen, eingeführt oder aufrechterhalten wurden.

Diese Gesichtspunkte müssen **nicht kumulativ** erfüllt sein, sondern sind im Rahmen einer Gesamtbetrachtung zu würdigen. Deshalb kann etwa ein qualifizierter Verstoß auch ohne Verschulden (Vorsatz oder Fahrlässigkeit) vorliegen.

---

636 Zum primären Recht: EuGH C-46/93 und C-48/93, Brasserie du Pêcheur und Factortame, Slg. 1996, I-1029; C-5/94, Hedley Lomas, Slg. 1996, I-2553; zum sekundären Recht: EuGH C-6/90 und C-9/90, Francovich und Bonifaci, Slg. 1991, I-5357; C-178/94, C-179/94 und C-188/94 bis C-190/94, Dillenkofer u.a., Slg. 1996, I-4845; C-91/92, Faccini Dori, Slg. 1994, I-3325.

637 EuGH C-46/93 und C-48/93, Brasserie du Pêcheur und Factortame, Slg. 1996, I-1029; C-6/90 und C-9/90, Francovich und Bonifaci, Slg. 1991, I-5357.

638 EuGH C-178/94, C-179/94 und C-188/94 bis C-190/94, Dillenkofer u.a., Slg. 1996, I-4845.

639 EuGH C-118/00, Larsy/INASTI, Slg. 2001, I-5063, Rdn. 38; C-224/01, Köbler/Republik Österreich, Slg. 2003, I-10239, Rdn. 53; C-173/03, Traghetti del Mediterraneo SpA/Ital. Republik, Slg. 2006, I-5177, Rdn. 44 u. 43, wo nur ein *„offenkundiger"* Verstoß gefordert wird.

640 EuGH C-352/98, Bergaderm und Goupil, Slg. 2000, I-5291; C-424/97, Salomone Haim, Slg. 2000, I-5123; C-46/93 und C-48/93, Brasserie du Pêcheur und Factortame, Slg. 1996, I-1029; C-392/93, British Telecommunications, Slg. 1996, I-1631 Rdn. 42.

Ein Verstoß gegen das EU-Recht ist jedenfalls immer dann offenkundig und qualifiziert, wenn die staatlichen Organe eine Rechtslage aufrechterhalten, die im **Widerspruch zu einem eigens dazu ergangenen Urteil des Gerichtshofs der EU** steht oder deren Rechtswidrigkeit sich aus einem Vorabentscheidungsverfahren oder einer gefestigten Rechtsprechung des Gerichtshofs der EU ohne Weiteres ableiten lässt.[641]. Die **Nichtumsetzung einer Richtlinie** stellt einen qualifizierten Verstoß dar, wenn ein Mitgliedstaat die in der Richtlinie festgesetzte Umsetzungsfrist ohne jegliche Umsetzungsmaßnahme verstreichen lässt. Setzt ein Mitgliedstaat die Richtlinie fristgerecht aber fehlerhaft um, liegt nur dann ein qualifizierter Verstoß vor, wenn die fehlerhafte Umsetzung der Richtlinie klar und eindeutig erkennbar war, nicht dagegen, wenn die Richtlinie inhaltlich unklar ist[642]. **595**

Bei **erheblich verringertem oder gar auf null reduziertem Ermessensspielraum** kann bereits der bloße Verstoß gegen das EU-Recht ohne jegliche zusätzliche Qualifizierung als „schwerwiegend" eingestuft werden[643]. **596**

c) Kausalzusammenhang und Schaden

Zwischen der Rechtsverletzung durch den Mitgliedstaat und dem Schaden des Einzelnen muss ein **unmittelbarer** (und nicht nur mittelbarer) **Kausalzusammenhang** bestehen. Dabei sind die Vorgaben und Zielsetzungen der EU-Regelung zu berücksichtigen. So sollte etwa der Verbraucher durch die frühere Pauschalreise-Richtlinie 90/314/EG umfassend vor den Folgen eines Konkurses eines Reiseveranstalters geschützt werden, unabhängig von den Ursachen des Konkurses, so dass ein Kausalzusammenhang weder durch nur fahrlässiges Verhalten des Reiseveranstalters noch durch außergewöhnliche oder unvorhergesehene Ereignisse ausgeschlossen werden konnte[644]. **597**

Der angeblich erlittene Schaden muss **tatsächlich und sicher** vorliegen, was nicht abstrakt, sondern anhand der konkreten Umstände des jeweiligen Sachverhalts zu prüfen ist. Der Schaden kann **materieller** oder **immaterieller** Natur sein (z.B. Beeinträchtigung des Images oder Rufschädigung). **598**

---

641 EuGH C-173/03, Traghetti del Mediterraneo SpA/Ital. Republik, Slg. 2006, I-5177, Rdn. 43; C-224/01, Köbler, Slg. 2003, I-10239, Rdn 56.

642 EuGH C-190/94, Dillenkofer, Slg. 1996, I-4845; C-319/96, Brinkmann, Slg. 1998, I-5255 Rdn. 28.

643 Der einfache Verstoß wurde als hinreichend qualifiziert anerkannt in EuGH C-118/00, Gervais Larsy, Slg. 2001, I-5063, Rdn. 47 – Entscheidung auf Anspruch einer Altersrente; C-127/95, Norbrook Laboratories Ltd., Slg. 1998, I-1531, Rdn. 108 – Genehmigung für das Inverkehrbringen von Tierarznei, die gegen eine RL verstößt; C-5/94, Hedley Lomas, Slg. 1996, I-2553, Rdn. 28 – Weigerung der nationalen Verwaltungsbehörden, eine Ausfuhrgenehmigung zu erteilen, obwohl dies gegen den freien Warenverkehr verstößt.

644 EuGH C-140/97, Rehberger, Slg. 1999, I-3499 Rdn. 72.

599 Ein **Verschulden** (Vorsatz oder Fahrlässigkeit), das über den hinreichend qualifizierten Verstoß gegen das Unionsrecht hinausgeht, wird **nicht** verlangt.

4. Umfang der Entschädigung

600 Der Ersatz der Schäden, die dem Einzelnen durch Verstöße gegen das EU-Recht entstehen, muss dem erlittenen Schaden angemessen sein, so dass ein effektiver Schutz der Rechte des Einzelnen gewährleistet ist[645].

Soweit es auf diesem Gebiet keine EU-Rechtsvorschriften gibt, ist es Sache der nationalen Rechtsordnung eines jeden Mitgliedstaats, die Kriterien festzulegen, anhand derer der Umfang der Entschädigung bestimmt werden kann, wobei allerdings der Grundsatz der Gleichwertigkeit und das Effizienzgebot zu beachten sind.

a) Berücksichtigung des entgangenen Gewinns

601 Diese Prinzipien sind etwa verletzt, wenn der **entgangene Gewinn** vom ersatzfähigen Schaden *vollständig* ausgeschlossen wird oder der Schadensersatz auf Verstöße nach dem Erlass des vorliegenden Urteils beschränkt wird[646]. Die grundsätzliche Einbeziehung des entgangenen Gewinns als ersatzfähiger Schaden stellt gegenüber der deutschen Rechtslage eine erhebliche Abweichung und Erweiterung dar. Allerdings werden erst die Einzelfälle in der Praxis Aufschluss darüber geben, wie weit die Berücksichtigung des entgangenen Gewinns tatsächlich reicht, da nur der vollständige Ausschluss den unionsrechtlichen Anforderungen widerspricht.

b) Schadensabwendungspflicht

602 Umgekehrt hat das nationale Gericht bei der Bestimmung des ersatzfähigen Schadens den vom EU-Recht anerkannten und den Rechtsordnungen der Mitgliedstaaten gemeinsamen Rechtsgrundsatz zu beachten, wonach der Geschädigte Ersatz seines Schadens nur verlangen kann, wenn er sich in angemessener Form um die Verhinderung des Schadenseintritts oder um die Begrenzung des Schadensumfangs bemüht hat und er insbesondere rechtzeitig von allen ihm zur Verfügung stehenden Rechtsschutzmöglichkeiten Gebrauch gemacht hat[647].

5. Durchsetzung des Entschädigungsanspruchs

603 Falls ein Anspruch auf Entschädigung aus dem EU-Recht besteht, hat der Einzelne diesen im **nationalen Verfahren** geltend zu machen. Der betreffende Mitgliedstaat

---

645 EuGH C-46,93 und C-48/93, Brasserie du Pêcheur und Factortame, Slg. 1996, I-1029 Rdn. 82.

646 Ebenda, Rdn. 86.

647 Ebenda, Rdn. 89; C-190/94, Dillenkofer, Slg. 1996, I-4845 Rdn. 72; LG Bonn, WM 2000, S. 618/620.

hat die Folgen des verursachten Schadens im Rahmen des nationalen Haftungsrechts zu beheben, wobei die dort festgelegten Voraussetzungen den **vollen Schutz** der dem Einzelnen aus dem EU-Recht erwachsenden Rechte **gewährleisten** müssen und nicht ungünstiger sein dürfen als bei entsprechenden innerstaatlichen Ansprüchen **(Grundsatz der Gleichwertigkeit)**; auch dürfen diese Voraussetzungen nicht so ausgestaltet sein, dass die Erlangung der Entschädigung praktisch unmöglich oder übermäßig erschwert ist **(Effizienzgebot)**.

Der unionsrechtliche Haftungsanspruch darf auch nicht durch nationale Ausschlussgründe unmöglich gemacht werden. Dies gilt etwa für die Anwendung der im nationalen Recht vorgesehenen spezifischen **Ausschlussfristen**, die die Geltendmachung des Anspruchs unmöglich machen und folglich keine Berücksichtigung finden dürfen[648]. Zurückgewiesen hat der EuGH auch die Anwendung einer nationalen Haftungsregel, wonach die **Ausschöpfung der innerstaatlichen Rechtsschutzmöglichkeiten** eine Voraussetzung für die erfolgreiche Einbringung einer Haftungsklage ist[649]. Allerdings darf das nationale Recht vorschreiben, dass der Einzelne keinen Ersatz für einen Schaden verlangen kann, wenn er es vorsätzlich oder fahrlässig unterlassen hat, diesen durch Gebrauch eines Rechtsmittels abzuwenden, vorausgesetzt, dass der Gebrauch dieses Rechtsmittels dem Geschädigten zumutbar ist[650]. **604**

6. Rückwirkende Anwendung der Haftungsgrundsätze

Der EuGH hat den Antrag auf zeitliche Begrenzung der Wirkungen des Urteils auf solche Schäden, die nach dem Erlass des Urteils eintreten, abgelehnt, so dass die im Urteil festgestellten Haftungsgrundsätze auch rückwirkend zur Anwendung kommen. **605**

Den dadurch eintretenden Spannungen mit den Erfordernissen des Grundsatzes der Rechtssicherheit kann im Rahmen der im Schadensersatzrecht der einzelnen Mitgliedstaaten festgelegten materiellen und formellen Voraussetzungen (z.B. Verjährung, Bestandskraft) Rechnung getragen werden, soweit diese nicht gegen den Grundsatz der Gleichwertigkeit und das Effizienzgebot verstoßen.

Weiterführende Literatur: *Cremer,* Staatshaftung für Verstöße gegen Gemeinschaftsrecht durch letztinstanzliche Gerichte, NJW 2004, S. 480; *Dederer,* Regress des Bundes gegen ein Land bei Verletzung von EG-Recht, NVwZ 2001, S. 258; *Detterbeck,* Haftung der Europäischen Gemeinschaft und gemeinschaftsrechtlicher Staatshaftungsanspruch, AöR 125 (2000), S. 202; *Doehner,* Immaterieller Schadensersatz bei Pauschalreisen, EuZW 2002, S. 339; *Dörr,* Der gemeinschaftsrechtliche Staatshaftungsanspruch in der Rechtsprechung des Bundesgerichtshofs, DVBl. 2006, S. 598; *Grune,* Staatshaftung bei Verstößen nationaler Gerichte gegen Europäisches Gemeinschaftsrecht, BayVBl. 2004, S. 673; *Gundel,* Die Bestimmung des richtigen Anspruchsgegners der Staatshaftung für Verstöße

648 Vgl. EuGH C-261/95, Palmisani/INPS, Slg. 1997, I-4025.

649 EuGH C-397/98 u. 410/98, Metallges. Ltd u.a., Slg. 2001, I-1727, Rdn. 107.

650 EuGH C-445/06, Danske Slagterier/Deutschland, Slg. 2009, I-2119, Rdn. 69.

gegen Gemeinschaftsrecht, DVBl. 2001, S. 95; *Kischel*, Gemeinschaftsrechtliche Staatshaftung zwischen Europarecht und nationaler Rechtsordnung, EuR 2005, S. 441; *Kluth*, Die Haftung der Mitgliedstaaten für gemeinschaftsrechtswidrige höchstrichterliche Entscheidungen, DVBl. 2004, S. 393; *Pasemann*, Die Entwicklung des Schutzes subjektiver Rechte unter Berücksichtigung des europäischen Einflusses, 2005; *Schoch*, Staatshaftung wegen Verstoßes gegen europäisches Gemeinschaftsrecht, Jura 2002, S. 837; *Stöhr*, Schadensersatzansprüche wegen verspäteter Umsetzung der EG-Pauschalreiserichtlinie, NJW 1999, S. 1063; *Weber*, Neue Konturen des gemeinschaftsrechtlichen Staatshaftungsanspruchs nach der Entscheidung des EuGH in der Rechtssache Konle, NVwZ 2001, S. 287.

C. Rechtsprechung

606 Das Rechtsschutzsystem der EU sieht eine Reihe von Direktklagen (I.), ein Rechtsmittelverfahren (II.) und ein Vorabentscheidungsverfahren (III.) vor. Daneben eröffnet es die Möglichkeit, vorläufigen Rechtsschutz zu erlangen (IV.). Für das Verfahren vor dem Gerichtshof der EU gelten eigenständige, unionsrechtliche Verfahrensgrundsätze (V.).

I. Die Direktklagen

1. Vertragsverletzungsverfahren (Art. 258–260 AEUV)

a) Funktion und Bedeutung

607 Das Vertragsverletzungsverfahren ist das wichtigste Instrument der Kommission, um der ihr nach Art. 17 Abs. 1 EUV zukommenden Aufgabe gerecht zu werden, für die einheitliche Beachtung und Durchsetzung des EU-Rechts Sorge zu tragen. Es eröffnet der Kommission die Möglichkeit, gegen **objektive Verletzungen des EU-Rechts** durch Organe der Mitgliedstaaten einzuschreiten und auf die Herstellung eines vertragskonformen Zustandes zu dringen[651]. Die objektive Natur des Vertragsverletzungsverfahrens schließt es jedoch nicht aus, dass dieses Verfahren auch zur Verstärkung und zur Vervollständigung des unionsrechtlichen **Individualrechtsschutzes** zur Anwendung kommt. Nach Anerkennung der Staatshaftung für Verletzungen des EU-Rechts durch Mitgliedstaaten kann das Interesse an einem Vertragsverletzungsverfahren nunmehr auch darin bestehen, die **Grundlage für eine Haftung** des Mitgliedstaats zu schaffen[652].

608 Die Verantwortlichkeit der Mitgliedstaaten erstreckt sich auf alle Handlungen und Unterlassungen sämtlicher Einrichtungen, die an der Ausübung staatlicher Gewalt beteiligt sind. Dazu gehören neben den Legislativorganen und der Exekutive sowie den ihr angegliederten Einrichtungen auch die Gerichte[653].

---

651 EuGH C-422/92, KOM/Deutschland, Slg. 1995, I-1097 Rdn. 16.

652 EuGH C-233/00, KOM/Frankreich, Slg. 2003, I-6625 Rdn. 31; C-166/00, KOM/Griechenland, Slg. 2001, I-9835 Rdn. 9.

653 EuGH C-129/00, KOM/Italien, Slg. 2003, I-14637 Rdn. 29, 30.

b) Einleitung des Verfahrens

609 Die Einleitung eines Vertragsverletzungsverfahrens kann entweder von Amts wegen erfolgen oder aber auf eine Beschwerde von Seiten eines Einzelnen, eines Unternehmens, eines Verbandes oder einer Gewerkschaft zurückgehen.

Ein **einklagbares Recht auf Einleitung und Durchführung eines Vertragsverletzungsverfahrens** besteht für den Einzelnen allerdings **nicht**. Im Vertragsverletzungsverfahren geht es allein darum, eine von den subjektiven Rechten des Unionsbürgers unabhängige Überprüfung vertragswidrig erscheinender Rechts- und Verwaltungsvorschriften sowie Verwaltungspraktiken des betreffenden Mitgliedstaates durch den EuGH herbeizuführen[654]. Damit fehlt es den im Rahmen eines Vertragsverletzungsverfahrens vorzunehmenden Handlungen an dem unmittelbaren und individuellen Betroffensein des Beschwerdeführers, das allein eine Nichtigkeitsklage gemäß Art. 263 Abs. 4 AEUV gegenüber einer ablehnenden Entscheidung der Kommission betreffend die Verfahrenseinleitung, eine Untätigkeitsklage nach Art. 265 Abs. 3 AEUV wegen vermeintlicher Untätigkeit der Kommission oder einen Schadensersatz gemäß Art. 340 Abs. 2 AEUV ermöglichen würde[655].

c) Verfahrensstadien

610 Das Vertragsverletzungsverfahren nach Art. 258 AEUV ist formell in ein Vorverfahren und ein gerichtliches Verfahren unterteilt. Dem vorgeschaltet ist ein informelles Verfahren, das sich in der Verwaltungspraxis herausgebildet hat.

aa) Informelles Verfahren

611 Das informelle Verfahren dient zum einen der näheren Sachverhaltsaufklärung, und zum anderen wird bereits in diesem Stadium versucht, eine Regelung des Streitfalles herbeizuführen. Zu diesem Zweck werden von den Kommissionsdienststellen Kontakte mit den zuständigen Ministerien und Behörden der betreffenden Mitgliedstaaten aufgenommen, die es ermöglichen, die relevanten Streitfragen einzugrenzen, den Änderungsbedarf näher zu bestimmen oder selbst Lösungen zu vereinbaren.

bb) Förmliches Verfahren

612 Führen die Anstrengungen im Rahmen des förmlichen Verfahrens zu keiner befriedigenden Lösung, beschließt die Kommission die Eröffnung des förmlichen Verfahrens. Dazu wird in einem ersten Schritt dem betreffenden Mitgliedstaat ein

---

654 EuGH C-107/95P, Bundesverband der Bilanzbuchhalter/KOM, Slg. 1997, I-947 Rdn. 11.

655 Zur Nichtigkeitsklage: EuG T-182/97, Samnor SA u.a./KOM, Slg. 1998, II-271; zur Untätigkeitsklage: EuGH C-196/97P, Intertronic F. Cornelis GmbH/KOM, Slg. 1998, I-199; EuG T-47/96, SDDDA/KOM, Slg. 1996, II-1559 Rdn. 42; zum Schadensersatz: EuG T-202/02, Makedoniko Metro und Michaniki, Slg. 2004, II-181.

Mahnschreiben übermittelt, das eine Sachverhaltsschilderung, die Wiedergabe des informellen Verfahrens, den Verweis auf die anwendbaren EU-Rechtsvorschriften sowie deren Verletzung durch nationale Regelungen oder Handlungen nationaler Stellen mit diesem und die Schlussfolgerung der Kommission enthält, dass der betreffende Mitgliedstaat gegen bestimmte Vorschriften und Verpflichtungen aus dem EU-Recht verstoßen hat. Der Mitgliedstaat wird aufgefordert, sich binnen einer näher bestimmten Frist (in der Regel zwei Monate) zu dem Vorwurf zu äußern. Dieses Mahnschreiben bietet dem Mitgliedstaat die Möglichkeit, nach förmlicher Feststellung des beanstandeten Rechtsverstoßes durch die Kommission entweder seinen unionsrechtlichen Verpflichtungen nachzukommen[656] oder aber seine Verteidigungsmittel gegenüber den Rügen der Kommission zur Geltung zu bringen[657]. Gleichzeitig wird der Gegenstand eines künftigen Rechtsstreits näher eingegrenzt[658]. Eine Erweiterung des Streitgegenstandes in einem späteren Verfahrensstadium ist nicht möglich; später hinzugekommene Gesichtspunkte müssen in einem neuen (ergänzenden) Mahnschreiben geltend gemacht werden. Der EuGH hat hierzu festgestellt, dass die Gelegenheit zur Äußerung für den betreffenden Mitgliedstaat eine vom Vertrag gewährte wesentliche Garantie darstellt und die Beachtung dieser Garantie eine Voraussetzung für die Ordnungsmäßigkeit des Verfahrens auf Feststellung der Vertragsverletzung eines Mitgliedstaates bildet[659].

613 Nach Ablauf der im Mahnschreiben gesetzten Frist zur Äußerung beschließt die Kommission über **Fortgang**, **Aussetzung** oder **Einstellung** des Vertragsverletzungsverfahrens. Die Einstellung des Verfahrens kommt dabei nur in Ausnahmefällen in Betracht, nämlich dann, wenn der Mitgliedstaat der Kommission neue Unterlagen und zusätzliche Gesichtspunkte übermittelt, die Letztere veranlassen, ihren Standpunkt aufzugeben. Sofern der Mitgliedstaat die Vertragsverletzung einräumt und die Bereitschaft erkennen lässt, unverzüglich einen unionsrechtskonformen Zustand herzustellen, wird das Verfahren bis zur rechtsförmlichen Beseitigung des Vertragsverstoßes ausgesetzt. Geschieht dies nicht innerhalb einer angemessenen Frist, wird der Aussetzungsbeschluss rückgängig gemacht und das Verfahren weitergeführt. Bestreitet der Mitgliedstaat den ihm vorgeworfenen Vertragsverstoß mit für die Kommission nicht überzeugenden Argumenten oder lässt er sich zur Sache überhaupt nicht ein, eröffnet die Kommission die zweite Etappe des förmlichen Verfahrens mit der Abgabe einer mit Gründen versehenen Stellungnahme.

614 Die **mit Gründen versehene Stellungnahme** enthält eine formalisierte Zusammenfassung der Tatsachen, Rechtsgründe, Beweismittel und des Petitums. Sie wird

656 EuGH C-20/09, KOM/Niederlande, Slg. 2011, I-2637 Rdn. 17; C-490/04, KOM/Deutschland, Slg. 2007, I-6095.

657 EuGH C-20/09, KOM/Portugal, Slg. 2011, I-2637 Rdn. 17; C-422/06, KOM/Italien, Slg. 2008, I-2413 Rdn. 22.

658 EuGH C-156/04, KOM/Griechenland, Slg 2007, I-4129 m.w.N.

659 Vgl. EuGH C-274/93, KOM/Luxemburg, Slg. 1996, I-2019.

so abgefasst, dass sie in einer zusammenhängenden Darstellung die Überzeugung der Kommission von dem Bestehen eines Vertragsverstoßes in tatsächlicher und rechtlicher Hinsicht widerspiegelt[660]. Darüber hinaus enthält diese Stellungnahme die **Aufforderung**, innerhalb einer festgesetzten Frist (in der Regel ebenfalls zwei Monate) den vertragswidrigen Zustand zu beenden und der Kommission alle dazu ergriffenen Maßnahmen mitzuteilen.

Kommt der Mitgliedstaat innerhalb der gesetzten Frist der Aufforderung nicht nach, beschließt die Kommission über die **Anrufung des EuGH**. Ähnlich wie bei der Einleitung eines Vertragsverletzungsverfahrens verfügt die Kommission im Hinblick auf die Entscheidung über die Befassung des EuGH über ein Ermessen, welches in Art. 258 Abs. 2 durch das Wort *„kann"* zum Ausdruck gebracht wird[661].

cc) Klageverfahren

Das Klageverfahren wird durch Einreichung einer Klageschrift beim EuGH eröffnet. **615**
Die Klageschrift muss sich auf dieselben Gründe und Angriffsmittel beschränken, die bereits Gegenstand des Vorverfahrens gewesen sind[662]. Allerdings ist es der Kommission nicht verwehrt, in der Klageschrift ihre ursprünglichen Rügen zu präzisieren oder Umstände zu beanstanden, die zeitlich nach Abgabe der mit Gründen versehenen Stellungnahme liegen, sofern diese Umstände von derselben Art sind wie die, die in dieser Stellungnahme erwähnt waren und die demselben Verfahren zugrunde liegen[663].

Im Rahmen des Klageverfahrens ist es Aufgabe der Kommission, das Vorliegen der behaupteten Vertragsverletzung nachzuweisen. Sie muss dem EuGH die erforderlichen Anhaltspunkte liefern, die es diesem ermöglichen, das Vorliegen der Vertragsverletzung zu prüfen[664]. Dazu kann sie auf alle herkömmlichen **Beweismittel** zurückgreifen; bloße Vermutungen genügen nicht[665]. Die Folgen mangelnder Beweisführung trägt die Kommission[666].

Nicht zuletzt unter dem Eindruck, dass nahezu 75 % aller Vertragsverletzungsver- **616**
fahren die Nicht- oder Schlechtumsetzung von Richtlinien betreffen, wurde mit dem Vertrag von Lissabon die Möglichkeit vorgesehen, dass die Kommission **bereits im ersten Klageverfahren wegen Nicht- oder Schlechtumsetzung einer Richtlinie** eine **Sanktion** in Form eines Pauschalbetrags oder Zwangsgelds, die sie den

660 EuGH C-98/04, KOM/Vereinigtes Königreich, Slg. 2006, I-4003, Rdn. 17.
661 Vgl. zu diesem Ermessen EuGH C-233/00, KOM/Frankreich, Slg. 2003, I-6625 Rdn. 38.
662 EuGH C-156/04, KOM/Griechenland, Slg 2007, I-4129 m.w.N.
663 EuGH C-195/04, KOM/Finnland, Slg. 2007, I-3351 Rdn. 18; C-221/04, KOM/Spanien, Slg. 2006, I-4515, Rdn. 28.
664 EuGH C-221/04, KOM/Spanien, Slg. 2006, I-4515, Rdn. 41.
665 EuGH C-221/04, KOM/Spanien, Slg. 2006, I-4515, Rdn. 41.
666 EuGH C-244/89, KOM/Frankreich, Slg. 1990, I-186.

Umständen nach für angemessen hält, vorsehen **kann**[667] (Einstufiges Verfahren nach Art. 260 Abs. 3 AEUV). Sanktionsfestsetzungen im Erstverfahren wird es danach grundsätzlich immer in denjenigen Fällen geben, in denen es um Verstöße gegen die Umsetzungspflicht von Richtlinien geht, die im ordentlichen oder in einem besonderen Gesetzgebungsverfahren erlassen worden sind. Nur in besonders gelagerten Ausnahmefällen, in denen ein Antrag auf Sanktionen unangemessen erscheint, wird von dieser Möglichkeit kein Gebrauch gemacht. Bei der Nichtumsetzung von nicht in einem Gesetzgebungsverfahren erlassenen Richtlinien ist ein Rückgriff auf Art. 260 Abs. 3 AEUV hingegen nicht möglich. In diesem Fall muss die Kommission den EuGH weiterhin zunächst im Verfahren nach Art. 258 AEUV anrufen, auf das im Falle der Nichtumsetzung des in diesem Verfahren erlassenen Urteils eine zweite Anrufung des EuGH mit Sanktionsfestsetzung gem. Art. 260 Abs. 2 AEUV folgt.

Der in Art. 260 Abs. 3 AEUV genannte Verstoß kann sowohl darin bestehen, dass Maßnahmen zur Umsetzung einer Richtlinie überhaupt nicht notifiziert werden, als auch darin, dass eine Notifizierung von Umsetzungsmaßnahmen unvollständig ist. Letzteres ist dann der Fall, wenn sich die mitgeteilten Umsetzungsmaßnahmen nicht auf das ganze Hoheitsgebiet des Mitgliedstaates erstrecken oder wenn sie sich nur auf einen Teil der Richtlinie beziehen. Etwaige Meinungsverschiedenheiten darüber, ob die mitgeteilten Umsetzungsmaßnahmen oder die bestehenden innerstaatlichen Rechtsvorschriften ausreichend sind, sind im Verfahren nach Art. 258 AEUV über die ordnungsgemäße Umsetzung der Richtlinie zu klären. Damit wird dem objektiven Charakter des Vertragsverletzungsverfahrens Rechnung getragen, der in einem solchen Fall die Anwendung des neuen Sanktionsmechanismus nicht zulässt[668].

Die Sanktion selbst wird durch das (Erst-)Urteil des EuGH verhängt. Die Zahlungsverpflichtung für Pauschalbetrag und Zwangsgeld kann in beiden Fällen (anders als im Verfahren nach Art. 260 Abs. 2 AEUV) erst ab dem vom EuGH in seinem Urteil festgelegten Zeitpunkt gelten, da mangels Erst-Urteils Pauschalbetrag und Zwangsgeld nur auf einen unionsrechtskonformen Zustand in der Zukunft hinwirken, nicht jedoch die bewusste Verzögerung der Herstellung eines unionsrechtskonformen Zustandes durch den betreffenden Mitgliedstaat nach Feststellung des Vertragsverstoßes durch den EuGH sanktionieren können.

617 Gelingt es der Kommission, den EuGH von dem Vorliegen einer Vertragsverletzung zu überzeugen, wird in einem der Klage stattgebenden **Urteil** durch den EuGH

667 Wie die Kommission diesen Ermessensspielraum, der vergleichbar ist mit dem zur Einleitung eines Vertragsverletzungsverfahrens, in Zukunft auszuüben gedenkt, hat sie in ihrer Mitteilung zur Anwendung von Art. 260 Abs. 3 AEUV im Einzelnen dargelegt (ABl. 2011 Nr. C 12, S. 1). Vgl. auch die ersten Urteile des EuGH zum einstufigen Vertragsverletzungsverfahren EuGH C-543/17 KOM/Belgien, ECLI:EU:C:2019:573; C-549/18, KOM/Rumänien, ECLI:EU:C:2020:563; C-550/18, KOM/Irland, ECLI:EU:C:2020:564.

668 So schon die Forderung von *Everling*, EuR Beiheft 1/2009, 71; *Thiele*, EuR 2010, S. 30/35.

festgestellt, dass der betreffende Mitgliedstaat gegen seine Verpflichtungen aus dem EU-Recht verstoßen hat. Dabei ist das Vorliegen einer Vertragsverletzung anhand der Lage zu beurteilen, in der sich der Mitgliedstaat bei Ablauf der Frist befand, die in der mit Gründen versehenen Stellungnahme gesetzt wurde; später eintretende Veränderungen können vom EuGH nicht berücksichtigt werden[669]. Das **Feststellungsurteil** hebt weder die vertragswidrige Maßnahme selbst auf, noch schreibt es dem vertragsbrüchigen Mitgliedstaat die zur Beseitigung des unionsrechtswidrigen Zustandes erforderlichen Maßnahmen verbindlich vor.

Die Verpflichtung des verurteilten Mitgliedstaates zur **Beseitigung** des Vertragsver- 618
stoßes folgt aus Art. 260 AEUV, wonach dieser Mitgliedstaat die sich aus dem Urteil des Gerichtshofes ergebenden Maßnahmen zu ergreifen hat. Diese Pflicht zur Durchführung des Urteils kann dreifacher Natur sein: (1) Sie kann erstens in einer **Abänderungspflicht** hinsichtlich der für vertragswidrig erklärten nationalen Rechtsvorschriften oder administrativen Maßnahmen bestehen; (2) sie kann zweitens in einer **Ausführungspflicht** der nationalen Organe, entsprechend dem Urteilstenor zu handeln, bestehen[670], oder (3) sie kann drittens in einer **Schadensersatzpflicht** gegenüber den durch die Verletzung von EU-Recht geschädigten natürlichen oder juristischen Personen bestehen[671].

Eine **Frist für die Befolgung des Urteils** ist in Art. 260 AEUV nicht vorgesehen 619
und kann auch nicht durch das Urteil selbst angeordnet werden. Allerdings hat der EuGH bereits mehrfach hervorgehoben, dass das EU-Interesse an der sofortigen und einheitlichen Anwendung des EU-Rechts verlangt, dass die erforderlichen Maßnahmen unverzüglich einzuleiten und schnellstens durchzuführen sind[672].

d) Sanktionen bei Nichtbeachtung des Urteils des EuGH (Art. 260 AEUV)

Die aus dem (Erst-)Urteil des EuGH erwachsenden Verpflichtungen sind nicht 620
zwangsweise durchzusetzen. Die Kommission kann allerdings, abgesehen von **politischen Einwirkungsmöglichkeiten** im Rat oder der Mobilisierung der öffentlichen Meinung, insbesondere der Befassung des EP oder der nationalen Parlamente, gemäß Art. 260 Abs. 2 AEUV erneut den EuGH anrufen. Konkret beantragt die Kommission in diesem Zweitverfahren die Feststellung, dass der betreffende Mitgliedstaat die sich aus dem (Erst-)Urteil des EuGH ergebenden Maßnahmen nicht getroffen und damit gegen seine Verpflichtung aus Art. 260 Abs. 1 verstoßen hat, und verbindet diesen Feststellungsantrag mit einem **Sanktionsantrag**, in dem die Kommission

669 EuGH C-209/02, KOM/Österreich, Slg. 2004, I-1241.

670 Vgl. EuGH Rs. 316/81 und Rs 83/82, Waterkeyn, Slg. 1982, 4337 Rdn. 14; Rs. 131/84, KOM/Italien, Slg. 1985, 3531 Rdn. 4.

671 EuGH C-6/90 und C-9/90, Francovich und Bonifaci, Slg. 1991, I-5357; C-46/93 und C-48/93, Brasserie du pêcheur und Factortame, Slg. 1996, I-1130.

672 EuGH C-334/94, KOM/Frankreich, Slg. 1996, I-1307.

die Höhe des von dem betreffenden Mitgliedstaat zu zahlenden Pauschalbetrags oder Zwangsgelds benennt, die sie den Umständen nach für angemessen hält.

621 Auch in diesem Verfahren verfügt die Kommission über ein Ermessen, ob sie den EuGH anruft. Entscheidet sie sich aber für eine Klageerhebung, so **muss** sie sich zur Sanktion und deren Höhe äußern. Dies bedeutet jedoch nicht, dass die Kommission in allen Fällen die Verhängung einer Sanktion beantragen muss. Wenn die Umstände es rechtfertigen (minder schwerer Verstoß, geringe Wahrscheinlichkeit eines neuen Verstoßes), kann die Kommission von einem derartigen Antrag absehen, muss diese Entscheidung allerdings begründen. Vor Klageerhebung muss die Kommission dem betreffenden Mitgliedstaat Gelegenheit zur Äußerung geben.

622 Als Sanktionsmittel stehen der **Pauschalbetrag** und das **Zwangsgeld** zur Verfügung. Beide Maßnahmen dienen demselben Zweck, nämlich einen säumigen Mitgliedstaat zu veranlassen, ein Vertragsverletzungsurteil unverzüglich umzusetzen, und dienen damit der wirksamen Anwendung des EU-Rechts. Das *Zwangsgeld* besteht aus der Summe der Tagessätze, die ein Mitgliedstaat zu zahlen hat, wenn er einem Urteil des EuGH nicht nachkommt. Es wird fällig mit dem Tag, an dem das zweite Urteil des EuGH dem betreffenden Mitgliedstaat zur Kenntnis gebracht wird, und entfällt erst am Tage der Beendigung des Vertragsverstoßes[673]. Mit dem *Pauschalbetrag* wird die *nach dem ersten Urteil des EuGH* anhaltende Vertragsverletzung sanktioniert. Dem Mitgliedstaat soll bei gerichtlich festgestellten Vertragsverletzungen von einigem Gewicht jeder Anreiz genommen werden, mit der Beseitigung des Vertragsverstoßes bis zum Erlass des zweiten Urteils zuzuwarten. Der Pauschalbetrag besteht dabei wie das Zwangsgeld aus der Summe der Tagessätze, die für einen bestimmten Zeitraum in der Vergangenheit zu zahlen gewesen wären.

623 Um eine schnellstmögliche Pflichterfüllung durch den Mitgliedstaat nach dem zweiten Urteil herbeizuführen, greift die Kommission in der Regel auf das **Zwangsgeld** zurück. Bei diesem Ansatz ist es unvermeidbar, dass ein Mitgliedstaat bis zum Zeitpunkt der Verhängung des Zwangsgelds durch den EuGH im zweiten Urteil gefahrlos mit dem Verstoß gegen das EU-Recht fortfahren kann. Um einem solchen Untergraben des EU-Rechts entgegenzuwirken, setzt die Kommission in ihrer Praxis als Präventivmittel **neben dem Zwangsgeld** auch den **Pauschalbetrag** ein. Diese Praxis der kumulativen Anwendung von Zwangsgeld und Pauschalbetrag ist vom EuGH bestätigt worden, insbesondere für diejenigen Fälle, in denen die Vertragsverletzung sowohl von langer Dauer war als auch die Tendenz hat, sich fortzusetzen[674]. Dem Einwand, dass in Art. 260 Abs. 2 die Konjunktion „oder" zwischen den möglichen

---

673 Auch im Falle der Streichung einer Rechtssache im Register wird das Zwangsgeld nicht etwa rückwirkend beseitigt, sondern bleibt geschuldet für den Zeitraum vom Tag der Zustellung des Beschlusses des EuGH (EuGH, C-121/21 R Tschechische Republik/Polen (Urteil v. 4.2.2022, EU:C:2021:752), bis zum Tag der Streichung dieser Rechtssache im Register (EuG, T-200/22, T-314/22, Polen/Kommission, Urteil v. 29.5.2024, ECLI:EU:T:2024:329).

674 EuGH C-304/02, KOM/Frankreich, Slg. 2005, I-6263 Rdn. 82; C-76/13, KOM/Portugal ECLI:EU:C:2014:2029; C-557/14, KOM/Portugal, ECLI:EU:C:2016:471.

finanziellen Sanktionen verwendet wird, hat der EuGH entgegengehalten, dass diese Konjunktion in sprachlicher Hinsicht sowohl alternative als auch kumulative Bedeutung haben kann und deshalb in dem Zusammenhang gesehen werden müsse, in dem sie verwendet wird; im Hinblick auf den mit Art. 260 verfolgten Zweck sei die Verwendung der Konjunktion „oder" nur in einem kumulativen Sinne zu verstehen. Auch den weiteren Einwand, dass bei der kumulativen Verhängung eines Zwangsgelds und eines Pauschalbetrags derselbe Vertragsverletzungszeitraum zweimal berücksichtigt würde und damit ein Verstoß gegen den Grundsatz „ne bis in idem" vorläge, hat der EuGH zurückgewiesen. Da jede Sanktion ihre eigene Funktion hat, sei sie so zu bestimmen, dass diese Funktion erfüllt wird. Folglich werde im Fall einer gleichzeitigen Verurteilung zur Zahlung eines Zwangsgelds und eines Pauschalbetrags die Dauer der Vertragsverletzung als ein Kriterium unter anderen für die Bestimmung des angemessenen Maßes von Zwang und Abschreckung herangezogen.

Die **letzte Entscheidung über die zu verhängende Sanktion** liegt beim **EuGH**; **624**
die Vorschläge der Kommission können den EuGH nicht binden, sondern stellen nur einen nützlichen Bezugspunkt dar[675]. Dies verstößt nicht gegen den allgemeinen zivilprozessualen Grundsatz, wonach das Gericht nicht über Anträge der Parteien hinausgehen darf; das in Art. 260 Abs. 2 vorgesehene Verfahren ist ein besonderes Verfahren des Unionsrechts, das nicht einem Zivilverfahren gleichgestellt werden kann. Die Verurteilung zur Zahlung eines Zwangsgelds und/oder eines Pauschalbetrags zielt nicht auf den Ausgleich irgendeines von dem betreffenden Mitgliedstaates verursachten Schadens ab, sondern soll auf diesen Mitgliedstaat wirtschaftlichen Zwang ausüben, der ihn dazu veranlasst, die festgestellte Vertragsverletzung abzustellen[676]. Bei der Ausübung seines Ermessens hat der EuGH das Zwangsgeld/den Pauschalbetrag so festzusetzen, dass sie den Umständen angepasst sind und in einem angemessenen Verhältnis zur festgestellten Vertragsverletzung und zur Zahlungsfähigkeit des betreffenden Mitgliedstaates stehen[677].

Maßgebend für die **Höhe der Sanktion** ist der Zweck, der mit der Verhängung der **625**
Sanktion verfolgt wird, nämlich die *wirksame Anwendung des EU-Rechts zu gewährleisten.* Dabei wird auf vier grundlegende Kriterien abgestellt[678]:

---

675 EuGH C-387/97, KOM/Griechenland, Slg. 2000, I-5047, Rdn. 42.

676 EuGH C-304/02, KOM/Frankreich, Slg. 2005, I-6263, Rdn. 91.

677 EuGH C-177/05, KOM/Frankreich, Slg. 2006, I-2461.

678 Aus Gründen der Transparenz, der Vorhersehbarkeit und der Rechtssicherheit im Hinblick auf die Anwendung des Art. 260 Abs. 2 hatte die KOM über die Jahre in verschiedenen Mitteilungen (Mitteilung 96/C 242/09 über die Anwendung von Art. 228, ABl. 1996 C 242/6; Mitteilung 97/C 63/02 über das Verfahren für die Berechnung des Zwangsgeldes nach Art. 228, ABl. 1997 C 63/2; Mitteilungen über die Anwendung von Art. 260 AEUV, SEK [2005] 1658, SEK [2010] 923/3) die Kriterien bekanntgegeben, an denen sie sich bei der Beantragung einer Sanktion orientiert. Um die Höhe der Strafen in einem angemessenen Gleichgewicht zu halten, legte die KOM der Berechnung neben der jeweiligen Wirtschaftsleistung (BIP) auch das institutionelle Gewicht der Staaten in Gestalt seiner im Rat zugeteilten Stimmrechte zugrunde. Diese Berechnungsmethode hat

(1) **Schwere des Verstoßes**: Die Tatsache, dass einem Urteil des EuGH nicht nachgekommen wird, ist bereits an sich ein schwerer Verstoß. Ein weiterer Gesichtspunkt für die Beurteilung der Schwere des Verstoßes ist daneben die Bedeutung der EU-Rechtsvorschriften, gegen die der Mitgliedstaat verstoßen hat. Entscheidend dabei sind die Rechtsnatur und die Tragweite der betreffenden Vorschriften. So stellen etwa Verletzungen des Diskriminierungsverbots, der Grundrechte oder der Grundfreiheiten des Binnenmarktes stets schwere Verstöße dar. Abgestellt wird schließlich in diesem Zusammenhang auch auf die Folgen der Verstöße für das Gemeinwohl oder die Interessen Einzelner.

(2) **Dauer des Verstoßes**: Da es sich um Verfahren handelt, mit denen festgestellt werden soll, dass ein Mitgliedstaat aus einem Urteil des EuGH keine Folgerungen gezogen hat, wird die Dauer in der Regel nicht unerheblich sein.

(3) **Wirksamkeit der Sanktion**: Die Sanktion soll eine abschreckende Wirkung haben. Die Verhängung rein symbolischer Sanktionen würde diesem das Vertragsverletzungsverfahren ergänzenden Instrument die nützliche Wirkung entziehen und dem eigentlichen Ziel dieses Verfahrens, die uneingeschränkte Anwendung des EU-Rechts sicherzustellen, entgegenstehen. Die Abschreckungswirkung setzt voraus, dass die Sanktion verschärft wird, wenn Wiederholungsgefahr besteht (oder ein erneuter Verstoß nachgewiesen wurde), um etwaige wirtschaftliche Vorteile, die der Mitgliedstaat durch den Verstoß erlangt hat, zu neutralisieren.

(4) **Beachtung des Grundsatzes der Verhältnismäßigkeit**: In Fällen, in denen mehrere Verstoßtatbestände vorliegen, die sich auf klarer und objektiver Grundlage getrennt bewerten lassen, wird für jeden Verstoßtatbestand eine getrennte

---

der EuGH mit Urteil v. 14.11.2018 (C-93/17, KOM/Griechenland, ECLI:EU:C:2018:903) verworfen; da sich das Abstimmungsverfahren im Rat zum 1.4.2017 geändert hatte, sah der EuGH hierin keine taugliche Berechnungsgrundlage mehr. Die KOM hat daraufhinam 20.2.2019 eine neue Methode zur Berechnung der Sanktionen in Vertragsverletzungsverfahren vorgestellt, die auf die Sitzverteilung im EP sowie auf das durchschnittliche BIP aller Mitgliedstaaten zurückgreift. Eine entsprechende Mitteilung der Kommission zur Änderung der Berechnungsgrundlage für Pauschalbeträge und Tagessätze für das Zwangsgeld, die von der Kommission im Rahmen von Vertragsverletzungsverfahren vor dem Gerichtshof der EU vorgeschlagen werden, wurde 2019 veröffentlicht, ABl. 2019 C 70/1. Mit vollzogenem Brexit zum 1.1.2021 änderten sich sowohl die Zusammensetzung im EP als auch die jeweiligen Stimmengewichte der verbliebenen 27 Mitgliedstaaten im Rat, so dass die Kommission die entsprechenden Werte in einer neuen *„Mitteilung zur Anpassung der Berechnung der von der Kommission im Rahmen von Vertragsverletzungsverfahren vor dem Gerichtshof der Europäischen Union vorgeschlagenen Pauschalbeträge und Zwangsgelder nach dem Austritt des Vereinigten Königreichs"* (ABl. 2021 C 129) angepasst hat, ohne dabei aber die Berechnungsmethode und die Berechnungselemente als solche in Frage zu stellen. Vgl. aus der Rspr. des EuGH: C-576/11, KOM/Luxemburg, ECLI:EU:C:2013:773; C-387/97, KOM/Griechenland, Slg. 2000, I-5047; C-278/01, KOM/Spanien, Slg. 2003, I-14141; C-304/02, KOM/Frankreich, Slg. 2005, I-6263; C-121/07, KOM/Frankreich, Slg. 2008, I-9159; C-369/07, KOM/Griechenland, Slg. 2009, I-5703.

Sanktion vorschlagen, ohne dass dadurch der Gesamtumfang der vorgeschlagenen Sanktionen im Vergleich zu der vorherigen Praxis erhöht würde; vielmehr wird der Gesamtumfang der Sanktionen insgesamt reduziert, wenn der Mitgliedstaat das Urteil teilweise befolgt, also dem Urteil in Bezug auf einen oder mehrere Tatbestände nachkommt. Fortschritte eines Mitgliedstaats bei der Erfüllung seiner Verpflichtungen werden durch entsprechende Reduzierungen der Sanktionen berücksichtigt[679]. Da nur in regelmäßigen Abständen beurteilt wird, ob und inwieweit ein Erst-Urteil Vorschrift umgesetzt wurde, muss vermieden werden, dass das Zwangsgeld weiter anfällt, obwohl kein Verstoß mehr vorliegt, weil die Abstellung des Verstoßes noch nicht festgestellt wurde[680]. Deshalb wird etwa das Zwangsgeld ausgesetzt, wenn ein Mitgliedstaat angibt, alle erforderlichen Maßnahmen ergriffen zu haben, die Überprüfung der Wirksamkeit der Maßnahmen aber geraume Zeit in Anspruch nimmt.

Der EuGH stellt in seinem Urteil neben der Nichterfüllung der sich aus Art. 260 **626**
Abs. 1 ergebenden Verpflichtung auch die Höhe des von dem betreffenden Mitgliedstaat zu zahlenden Pauschalbetrags oder Zwangsgelds fest.[681] Dieses Urteil ist, soweit es die Zahlung eines Pauschalbetrages oder eines Zwangsgeldes ausspricht, gemäß Art. 280 AEUV i.V.m. Art. 299 AEUV vollstreckbar.

e) Vertragsverletzungsklage durch einen Mitgliedstaat (Art. 259 AEUV)

Auch die **Mitgliedstaaten** haben die Möglichkeit, im Wege einer Vertragsver- **627**
letzungsklage gegen einen anderen vertragsbrüchigen Mitgliedstaat vorzugehen (Art. 259 AEUV). Von dieser Möglichkeit wird aber in der Praxis kaum Gebrauch gemacht, da die Mitgliedstaaten eine gerichtliche Auseinandersetzung untereinander vermeiden und es stattdessen der Kommission überlassen, ihre entsprechenden Vorwürfe gegen einen anderen Mitgliedstaat im Verfahren nach Art. 258 AEUV zu verfolgen. Bevor es zu einer Klageerhebung vor dem EuGH kommt, muss die Kommission mit dem behaupteten Vertragsverstoß befasst werden. Sie gibt dem betroffenen Mitgliedstaat Gelegenheit zur mündlichen und schriftlichen Äußerung in einem kontradiktorischen Verfahren und erlässt auf dieser Grundlage eine mit Gründen versehene Stellungnahme zum Vertragsverstoß. Erst im Anschluss an diese Stellungnahme oder, falls die Abgabe der Stellungnahme unterbleibt, nach Ablauf von drei Monaten seit der Befassung der Kommission kann sich der Mitgliedstaat an den EuGH wenden, wobei es unerheblich ist, ob sich die Kommission der Auffassung des betreffenden Mitgliedstaats über das Vorliegen eines Vertragsverstoßes angeschlossen hat oder nicht.

---

679 Vgl. dazu auch EuGH C-278/01, KOM/Spanien, Slg. 2003, I-14141.

680 Vgl. hierzu auch EuGH C-304/02, KOM/Frankreich, Slg. 2005, I-6263.

681 Für *Deutschland* kann das *Zwangsgeld* in Tagessätzen zwischen € 13.280,85 und € 796.851,- betragen und der *Pauschalbetrag* beläuft sich auf mindestens € 10.990,-. Für *Österreich* liegen die Tagessätze für das *Zwangsgeld* zwischen € 2.012,25 und € 120.735,- – und der *Mindestpauschalbetrag* liegt bei € 1.665,-.

Weiterführende Literatur: *Böhm,* Der Bund-Länder-Regreß nach Verhängung von Zwangsgeldern durch den EuGH, JZ 2000, S. 382; *Borchardt,* Der Europäische Gerichtshof, 2001; *Breuer,* Urteile mitgliedstaatlicher Gerichte als möglicher Gegenstand eines Vertragsverletzungsverfahrens gem. Art. 226 EG?, EuZW 2004, S. 199; *Everling,* Die Mitgliedstaaten der Europäischen Union unter der Aufsicht von Kommission und Gerichtshof, FS für Isensee, 2007, S. 773–791; *ders.*, Rechtsschutz in der Europäischen Union nach dem Vertrag von Lissabon, EuR Beiheft 1/2009, S. 71; *Härtel,* Durchsetzbarkeit von Zwangsgeld-Urteilen des EuGH gegen Mitgliedstaaten, EuR 2001, S. 617; *Heidig,* Die Verhängung von Zwangsgeldern nach Art. 228 Abs. 2 EG, EuR 2000, S. 782; *Pauling,* Es wird teuer – Neuer Bußgeldkatalog der Kommission zur Anwendung von Art. 228 liegt vor, EuZW 2006, S. 492; *Thiele,* Das Rechtsschutzsystem nach dem Vertrag von Lissabon – (K)ein Schritt nach vorn?, EuR 2010, S. 30; *Wenneras,* A new dawn for Commission enforcement under Article 226 and 228 EC: General and persistant (GAP) infringements, lump sums and penalty payments, CMLR 43 (2006), S. 31; *Wägenbaur,* Wie effizient ist das Vertragsverletzungsverfahren?, EuZW 2006, S. 705; *Wollenschläger,* Die Gemeinschaftsaufsicht über die Rechtsprechung der Mitgliedstaaten, 2006.

2. Nichtigkeitsklage (Art. 263 AEUV)

a) Funktion der Nichtigkeitsklage

628 Die Nichtigkeitsklage (auch Anfechtungs- oder Aufhebungsklage genannt) eröffnet die **Möglichkeit einer objektiven richterlichen Kontrolle** der Handlungen der EU-Organe (**abstrakte Normenkontrolle**) und eröffnet den Einzelnen, wenngleich unter einschränkenden Bedingungen, den Zugang zur Gerichtsbarkeit der EU (**Garantie individuellen Rechtsschutzes**). Sie ist damit einer der Eckpfeiler des auf der Grundlage des Art. 19 EUV errichteten Rechtsschutzsystems der EU.

b) Zulässigkeit der Nichtigkeitsklage

aa) Angreifbare Handlungen

629 Mit der Nichtigkeitsklage angreifbar sind alle Maßnahmen, die **verbindliche Rechtswirkungen** erzeugen[682] oder dazu geeignet sind, solche Rechtswirkungen zu erzeugen[683], und welche die **Interessen des Klägers durch einen Eingriff in seine Rechtsstellung beeinträchtigen**[684].

Die Feststellung, ob Handlungen „verbindliche Rechtswirkungen" erzeugen, ist unabhängig von der für die betreffende Maßnahme gewählten Form und Bezeichnung zu treffen; entscheidend ist allein, ob die betreffende Maßnahme ihrem Inhalt nach

---

682 EuG T-251/00, Lagardere, Slg. 2002, II-4825.

683 EuGH, Rs. 307/81, Alusuisse Italia, Slg. 1982, 3463.

684 St. Rspr. EuGH C-123/03 P, Greencore/KOM, Slg. 2004, I-11647; EuG T-29/03, Communidad Autonóma de Andalucía/KOM, Slg. 2004, I-2923 zu Prüfberichten des Amtes für Betrugsbekämpfung „OLAF", die als nicht anfechtbare Handlungen eingestuft wurden; bestätigt durch T-4/05, Guido Strack/KOM, Slg.ÖD 2006, II-A-2-361.

dazu bestimmt ist, konkrete oder allgemeine Sachverhalte mit rechtsverbindlicher Wirkung zu regeln. Deshalb sind grundsätzlich alle von den EU-Organen erlassenen Regelungen, insbesondere Verordnungen, Richtlinien[685] und Beschlüsse, mit der Nichtigkeitsklage anfechtbar, sofern sie nach ihrem anhand objektiver Kriterien zu beurteilenden Wesen verbindliche Wirkubgen erzeugen.

Diese Anforderungen erfüllen rein vorbereitenden Maßnahmen, bestätigende oder wiederholende Entscheidungen, Empfehlungen, Stellungnahmen oder bloße Ankündigungen sowie Handlungen im rein verwaltungsinternen Bereich (z.B. Organisationsakte, Dienstanweisungen) nicht.

Rechtsakte, die offenkundig mit einem derart **schweren Fehler** behaftet sind (vor allem Verletzungen grundlegender Zuständigkeitsregeln), dass die EU-Rechtsordnung ihn nicht tolerieren kann, entfalten keine – nicht einmal vorläufige – Rechtswirkungen; sie sind **rechtlich inexistent**. **630**

Nationale Rechtsakte können grundsätzlich nicht Gegenstand einer Nichtigkeitsklage sein.[686] **631**

bb) Klagebefugnis

Drei Kategorien vom Klageberechtigten sind zu unterscheiden: **632**

(1) Privilegierte Klageberechtigte (Art. 263 Abs. 2 AEUV). Zu den privilegierten Klageberechtigten gehören die *Mitgliedstaaten*, das *EP*, der *Rat* und die *Kommission*. Sie sind bei der Ausübung ihres Klagerechts keinerlei Beschränkungen unterworfen, insbesondere müssen sie kein Rechtsschutzinteresse nachwei-

685 EuGH, C-348/20 P, Nord Stream 2/Parlament und Rat, Urteil v. 12.7.2022, ECLI:EU:C:2022:548, in dem der EuGH feststellt, dass das EuG mit seiner Feststellung, dass eine Richtlinie in keinem Fall selbst Verpflichtungen für einen Einzelnen begründen oder eine unmittelbare oder direkte Quelle solcher Verpflichtungen sein und folglich nicht unmittelbar auf die Rechtsstellung des Betroffenen auswirken könne, solange keine Massnahmen zu ihrer Umsetzung ergriffen worden seien, gegen seine Pflicht verstossen habe, anhand des Wesens und nicht anhand der Form des betreffenden Rechtsakts zu prüfen, ob solche Auswirkungen vorliegen.

686 Eine Ausnahme gilt für Klagen nach Art. 14 ABS. 2 EZB- Satzung gegen einen nationalen Beschluss, den Präsidenten einer nationalen Zentralbank wegen Nichterfüllung der Voraussetzungen für die Ausübung seines Amtes oder einer schweren Verfehlung aus dem Amt zu entheben. Diese Klage stellt eine besondere Form der Nichtigkeitsklage dar. Diese prozessuale Ausnahme erklärt sich durch den besonderen institutionellen Kontext des ESZB. Das ESZB stellt im Unionsrecht eine originäre Rechtsform dar, in der nationale Institutionen und die Organe der EU vereint sind und eng zusammenarbeiten, und in der ein anderer Zusammenhang und eine weniger ausgeprägte Unterscheidung zwischen der Rechtsordnung der EU und den nationalen Rechtsordnungen vorherrschen, vgl. EuGH C-202/18, Rimševicˇs/Lettland und C-238/18, EZB/Lettland, ECLI:EU:C:2019:139.

sen[687]. Den **Mitgliedstaaten** steht das Klagerecht nur als Gesamtverband zu. Die selbständigen oder unselbständigen Untergliederungen, wie z.B. Länder, Regionen, Provinzen oder sonstige Gebietskörperschaften, gehören nicht zum Kreis der privilegierten Klageberechtigten[688]; ihnen kommt ein selbständiges Klagerecht allenfalls unter den erschwerten Voraussetzungen des Art. 263 Abs. 4 AEUV zu.

(2) Klagebefugnis zur Wahrung eigener Rechte (Art. 263 Abs. 3 AEUV). Das Klagerecht des *Rechnungshofes*, der *Europäischen Zentralbank* und des *Ausschusses der Regionen* ist materiell insoweit beschränkt, als es lediglich zum Schutz der eigenen Befugnisse und Rechte eingesetzt werden kann und nur diejenigen Klagegründe umfasst, mit denen die Verletzung dieser Befugnisse und Rechte geltend gemacht wird[689].

(3) Natürliche und juristische Personen (Art. 263 Abs. 4 AEUV). Die Klagebefugnis erstreckt sich auf jede *natürliche und juristische Person*. Der Begriff „natürliche und juristische Person" ist dabei in einem weiten Sinn zu verstehen. So kommt es nicht darauf an, welche Staatsangehörigkeit der Kläger besitzt oder wo er seinen Wohnsitz oder Aufenthaltsort hat. Klageberechtigt sind auch Angehörige von Drittstaaten oder dort ansässige Personen und Gesellschaften. Als juristische Person klageberechtigt sind alle Körperschaften, Verbände, Kapitalgesellschaften des öffentlichen und privaten Rechts[690].

Im Unterschied zur Klagebefugnis nach § 42 Abs. 2 VwGO verlangt Art. 263 Abs. 4 AEUV nicht die Beeinträchtigung subjektiver Rechte; vielmehr unterscheidet Art. 263 Abs. 4 AEUV drei Kategorien von Maßnahmen, durch die der Kläger betroffen werden kann und gegenüber denen die Klagebefugnis besteht:

(a) An den Kläger gerichtete Handlungen

633 In dieser Fallgestaltung ist das „Betroffensein" des Klägers **unproblematisch**. Als Adressat einer Rechtshandlung ist eine natürliche oder juristische Person stets klagebefugt.

---

687 EuGH C-355/10, EP/Rat, ECLI:EU:C:2012:516 Rdn. 37 m.w.N. zur unbegründeten Forderung nach einem Rechtsschutzinteresse des EP.

688 EuGH C-95/97, Wallonische Region/KOM, Slg. 1997, I-1787 Rdn. 6; C-180/97, Regione Toskana/KOM, Slg. 1997, I-5245 Rdn. 6; EuG T-132/96, Freistaat Sachsen, Slg. 1999, II-3663.

689 EuGH C-303/94, EP/Rat Slg. 1996, I-2943 Rdn. 17 [nicht ordnungsgemäße Beteiligung im Rechtsetzungsverfahren]; C-360/93, EP/Rat, Slg. 1996, I-1195 [fehlerhaft gewählte Rechtsgrundlage]; C-303/94, EP/Rat, Slg. 1996, I-2943 Rdn. 18 [Rüge mangelhafter Begründung eines Rechtsaktes genügt nicht].

690 EuG T-366/03, Oberösterreich/KOM, Slg 2005, II-4005 [Gebietskörperschaft]; T-122/96, Fediol/KOM, Slg. 1997, II-1559 [Vereinigungen]; EuGH Rs. 16 und 17/62, Conféderation nationale des producteurs de fruits et légumes/Rat, Slg. 1962, 963 [Unternehmensverbände]; Rs. 193 und 194/87, Maurissen und Allg. Gewerkschaftsbund/ERH, Slg. 1989, 1045 [Gewerkschaften].

(b) Handlungen, die den Kläger unmittelbar und individuell betreffen

Mit dem Kriterium der **„unmittelbaren Betroffenheit"** soll sichergestellt werden, dass es erst dann zur Anrufung des EuGH bzw. EuG kommt, wenn sowohl die Art und Weise als auch der Eintritt der Beeinträchtigung der Rechtsstellung des Klägers mit Sicherheit feststehen. Die unmittelbare Betroffenheit verlangt damit, dass sich die beanstandete EU-Maßnahme unmittelbar auf die Rechtsstellung des Einzelnen auswirkt und dass sie ihren Adressaten, die mit ihrer Durchführung betraut sind, keinerlei Ermessensspielraum lässt, wobei die Durchführung rein automatisch erfolgt und sich allein aus der EU-Rechtsregelung ergibt, ohne dass dabei weitere vermittelnde Rechtsakte erlassen werden müssten[691]. **634**

Das Kriterium der **„individuellen Betroffenheit"** soll die sog. Popularklagen ausschließen. Eine natürliche oder juristische Person, die nicht Adressat einer Maßnahme ist, kann nur dann geltend machen, von der Maßnahme individuell betroffen zu sein, wenn diese sie wegen bestimmter persönlicher Eigenschaften oder besonderer, sie aus dem Kreis aller übrigen Personen heraushebender Umstände berührt und sie daher in ähnlicher Weise individualisiert wie einen Adressaten[692]. **635**

Aufgrund der durch den Vertrag von Lissabon vorgenommenen Änderungen sind nur noch zwei Fallgestaltungen zu prüfen, nämlich die **Individualisierung aufgrund bestimmter persönlicher Eigenschaften** oder besonderer, die betreffende Person aus dem Kreis aller übrigen Personen heraushebender Umstände (dazu unter (a)) und die **an Dritte gerichteten Handlungen** (dazu unter (b)) **636**

(aa) Generelle Regelung vs. Individuelle Anwendung: ***Individualisierung aufgrund bestimmter persönlicher Eigenschaften oder besonderer, die betreffende Person aus dem Kreis aller übrigen Personen heraushebender Umstände***

Wirtschaftsteilnehmer können vor allem dann als individuell betroffen angesehen werden, wenn sie durch die angefochtene Handlung in ihrer Rechtsstellung aufgrund **bestimmter persönlicher Eigenschaften** oder besonderer, sie **aus dem Kreis aller übrigen Personen heraushebender Umstände** berührt und in ähnlicher Weise **wie ein Adressat individualisiert** sind[693]. Daraus folgt, dass ein „individuelles Betroffensein" überhaupt nur in einigen **Sonderfällen** anzunehmen ist, die sich aufgrund der Rechtsprechung wie folgt klassifizieren lassen: **637**

- *Geschlossener Kreis von Wirtschaftsteilnehmern:* Ein „individuelles Betroffensein" wird grundsätzlich durch den Umstand begründet, dass eine natürliche oder juristische Person zu einem **geschlossenen Kreis von Wirtschaftsteilnehmern**

---

691 Vgl. EuGH C-125/06P, KOM/Infront WM AG, Slg. 2008, I-1451 Rdn. 47 m.w.N. aus der Rspr.; EuG T-177/01, Jégo-Quéré et Cie SA/KOM, Slg. 2002, II-2365, Rdn. 26.

692 St. Rspr. seit EuGH, Rs. 25/62, Plaumann/KOM, Slg. 1963, 213/238; C-125/06P, KOM/Infront WM AG, Slg. 2008, I-1451 Rdn. 70; C-309/89, Codorniu/Rat, Slg. 1994, I-1853, Rn. 20; EuG T-47/02, Danzer/Rat, Slg. 2006, II-1779 Rdn. 59.

693 EuGH C-50/00P, Unión de Pequeños Agricultores/Rat, Slg. 2002, I-6677, Rdn. 36; EuG T-14/97 u. T-15/97, Sofio SAS u.a./Rat, Slg. 1998, II-2601, Rdn. 35.

gehört, zu dem im Zeitpunkt des Erlasses der Rechtshandlung kein Rechtssubjekt hinzukommen konnte[694]

- *Einräumung besonderer Verfahrensgarantien:* Zu den anerkannten Sonderfällen gehören vor allem auch **Beteiligungs-, Informations**- oder **Mitwirkungsrechte**, die den Betroffenen im Rahmen der dem Erlass der „Rechtshandlung" vorausgehenden Verwaltungsverfahren eingeräumt worden sind[695]. Die Einräumung der Klagebefugnis hat in diesen Fällen zum Ziel, eine gerichtliche Überprüfung der durchgeführten Verfahrenshandlungen zu gewährleisten.
- *Betroffenheit aufgrund einer besonderen individuellen Situation:* Erfasst werden auch Wirtschaftsteilnehmer, die durch die betreffende EU-Rechtshandlung aufgrund ihres **individuellen Verhaltens** (z.B. individuelle Anträge auf Erteilung von Einfuhrlizenzen, die während eines bestimmten kurzen Zeitraums und für bestimmte Mengen gestellt wurden[696]) oder aufgrund einer **besonderen individuellen Situation** (z.B. Inhaber bestimmter Kategorien von Ausfuhrlizenzen zur Vorausfestsetzung der Ausfuhrerstattung, die in einem bestimmten Zeitraum erteilt worden und zu einem genauen Datum noch gültig waren[697]) betroffen sind. Keine besondere Situation stellt hingegen der Umstand dar, dass die strittige Rechtshandlung **schwerwiegende wirtschaftliche Folgen** für die Wirtschaftstätigkeit hat[698]; die Tatsache, dass ein normativer Akt auf verschiedene Normadressaten im konkreten Fall unterschiedliche Auswirkungen hat, vermag diese nicht aus dem Kreis aller übrigen betroffenen Wirtschaftsteilnehmer herauszuheben, sofern seine Anwendung aufgrund einer objektiv bestimmten Situation erfolgt[699].
- *Verpflichtung der Kommission aufgrund spezifischer Bestimmungen:* Aufgrund **spezifischer Bestimmungen** können Wirtschaftsteilnehmer in einzelnen Fällen von der Kommission verlangen, dass diese den Auswirkungen einer von ihr beabsichtigten Maßnahme auf die Lage bestimmter Personen Rechnung trägt; dies gilt insbesondere beim Erlass von Schutzmaßnahmen[700].

---

694 EuGH C-125/06P, KOM/Infront WM AG, Slg. 2008, I-1451 Rdn. 71; EuG T-47/02, Danzer/Rat, Slg. 2006, II-1779 Rdn. 59/60.

695 EuGH, Rs. 191/82, Fediol, Slg. 1983, 2913; Rs. 264/82, Timex, Slg. 1985, 849; Rs. 169/84, Cofaz/KOM, Slg. 1986, 391; EuG T-177/01, Jégo-Quéré et Cie/KOM, Slg. 2002, II-2365, Rdn. 36; T-481/93 und T-484/93, Exporteurs in Levende Varkens/KOM, Slg. 1995, II-2941, Rdn. 59.

696 Dazu EuGH C-125/06P, KOM/Infront WM AG, Slg. 2008, I-1451 Rdn. 72; Rs. 112/77, Töpfer/KOM, Slg. 1978, 1019; EuG T-70/94, Comafrica und Dole/KOM, Slg. 1996, II-1741, Rdn. 38–41.

697 Dazu EuGH, Rs. 88/76, Société pour l'exportation des sucres/KOM, Slg. 1977, 709/726, Rs. 100/74, CAM/KOM, Slg. 1975, 1333/1403.

698 EuG T-47/00, Rica Foods/KOM, Slg. 2002, II-113.

699 Dazu EuG T-215/00, SCEA La Conqueste/KOM, Slg. 2001, II-181, Rdn. 37; T-585/93, Stichting Greenpeace Council u.a./KOM, Slg. 1995, II-2205, Rdn. 560/51; bestätigt durch EuGH C-321/95P, Slg. 1998, I-1651.

700 Vgl. EuGH C-152/88, Sofrimport/KOM, Slg. 1990, I-2477 – aus dem Vertrauensschutzgrundsatz; Rs. 11/82, Piraiki-Patraiki u.a./KOM, Slg. 1985, 207, Rdn. 75; EuG T-480/93 u.

- *Eingriff in besondere Rechte:* Eine EU-Rechtshandlung mit normativem Charakter kann schließlich Wirtschaftsteilnehmer individuell betreffen, wenn sie **in besondere Rechte dieser Wirtschaftsteilnehmer** eingreift[701].

(bb) An Dritte gerichtete Handlungen

Die Klagebefugnis kann auch in der Fallgestaltung gegeben sein, in der die angegriffene Handlung nicht an den Kläger, sondern an einen Dritten adressiert ist. Voraussetzung ist wiederum, dass der Kläger in seiner Rechtsstellung unmittelbar und individuell beeinträchtigt wird. Dabei sind zu unterscheiden zum einen Rechtsakte, die **an Konkurrenten des Klägers** ergangen sind (oder pflichtwidrig unterlassen werden), und zum anderen Rechtsakte, die **an die Mitgliedstaaten** gerichtet sind: **638**

- Im ersten Fall handelt es sich um die sog. **unmittelbaren Konkurrentenklagen**, die vom EuGH/EuG recht großzügig zugelassen werden. Das Kriterium des **„unmittelbaren Betroffenseins"** des Klägers gilt grundsätzlich bereits dann als erfüllt, wenn der angefochtene Rechtsakt den Dritten individuell betrifft. Das **individuelle Betroffensein** wird auch bei der Konkurrentenklage danach beurteilt, ob der an den Dritten gerichtete Rechtsakt den Kläger aufgrund besonderer persönlicher Eigenschaften oder Umstände in seiner Rechtsstellung besonders betrifft und ihn damit in ähnlicher Weise individualisiert wie den Adressaten. Dies ist immer dann der Fall, wenn das klagende Unternehmen in dem dem Rechtsakt vorausgehenden Verwaltungsverfahren in irgendeiner Form mitgewirkt hat oder beteiligt und informiert worden ist[702].
- In den Fällen, in denen **Beschlüsse an Mitgliedstaaten** ergehen, ist eine natürliche oder juristische Person klageberechtigt, wenn sie als Begünstigter oder Betroffener individualisiert ist und wenn dem Mitgliedstaat bei der Umsetzung ihm gegenüber kein Ermessensspielraum verbleibt. Für die Beurteilung des **individuellen Betroffenseins** gelten im Wesentlichen die gleichen Überlegungen wie bei der unmittelbaren Konkurrentenklage. Allerdings ist hier das Kriterium des **unmittelbaren Betroffenseins** im Einzelfall sehr sorgfältig zu prüfen, da die Rechtsstellung des Einzelnen häufig erst im Zuge der Durchführung des an den Mitgliedstaat gerichteten Beschlusses unmittelbar betroffen wird. Vor diesem Hintergrund liegt ein unmittelbares Betroffensein nur dann vor, wenn der Mitgliedstaat bei rechtmäßiger Ausführung des an ihn ergangenen Beschlusses gezwungen ist, eine dem Kläger nachteilige Maßnahme zu treffen oder eine dem Kläger günstige Maßnahme zu unterlassen, oder aber, wenn der Mitgliedstaat mit Sicherheit oder mit großer Wahrscheinlichkeit ohne den Beschluss die nachteilige Maßnahme unterlassen oder die günstige Maßnahme getroffen hätte, sei es, weil

---

T-483/93, Antillean Rice Mills u.a./KOM, Slg. 1995, II-2305, Rdn. 66 – aus dem Verhältnismäßigkeitsgrundsatz.

701 EuGH C-87/95P, CNPAAP/Rat, Slg. 1996, I-2003, Rdn. 33; C-309/89, Codorniu/Rat, Slg. 1994, I-1853, Rn. 19; EuG T-215/00, SCEA La Conqueste/KOM, Slg. 2001, II-181, Rdn. 39.

702 Vgl. Nachweise aus der Rechtsprechung und Einzelheiten dazu unter Punkt (aa), Individualisierung aufgrund bestimmter persönlicher Eigenschaften.

er hierzu verpflichtet gewesen wäre, sei es, weil er eine entsprechende Absicht bereits deutlich hat erkennen lassen[703].

(c) Rechtsakte mit Verordnungscharakter

639 Mit dem Vertrag von Lissabon wurde mit den Rechtsakten mit Verordnungscharakter eine weitere Kategorie von Handlungen eingeführt, gegen die eine Nichtigkeitsklage erhoben werden kann, soweit diese Rechtsakte den Kläger *„unmittelbar betreffen und keine Durchführungsmaßnahmen nach sich ziehen"*. Auf das Merkmal des individuellen Betroffenseins wird hier also verzichtet.

Mit dieser neuen Kategorie wird eine **„Rechtsschutzlücke" geschlossen**, die vor allem vom EuG in der Rechtssache *„Jégo-Quéré"*[704] aufgezeigt worden war. Das EuG hatte ausgeführt, dass das Recht auf effektiven gerichtlichen Schutz jedenfalls dann nicht gewährleistet sei, wenn ein Wirtschaftsteilnehmer zwar unmittelbar von einer EU-Rechtshandlung betroffen ist, er deren Rechtmäßigkeit aber mit den dafür zur Verfügung stehenden Rechtsbehelfen nicht überprüfen lassen kann, weil die Handlung keiner nationalen Durchführungsmaßnahme bedarf und folglich das Vorabentscheidungsverfahren (Art. 267 AEUV) nicht zur Anwendung kommt (außer in einem etwaigen Strafverfahren wegen Nichtbefolgung der unionsrechtlichen Pflichten durch den Wirtschaftsteilnehmer, was aber außer Betracht bleiben muss, weil dem Wirtschaftsteilnehmer nicht zugemutet werden kann, die Rechtmäßigkeitsüberprüfung durch ein rechtswidriges Verhalten herbeizuführen[705]), die Schadensersatzklage (Art. 268 i.V.m. Art. 340 Abs. 2 AEUV) ohnehin nicht zu einer die Interessen des Rechtsbürgers befriedigenden Lösung führen kann, da sich mit ihr auch ein rechtswidriger Rechtsakt nicht aus der EU-Rechtsordnung entfernen lässt, und die Anfechtung nach Art. 263 AEUV schließlich am Fehlen der individuellen Betroffenheit scheitert. Dadurch, dass Art. 263 Abs. 4 AEUV für die Anfechtbarkeit der Rechtsakte mit Verordnungscharakter auf das „individuelle Betroffensein" verzichtet und stattdessen nur ein unmittelbares Betroffensein und das Fehlen nationaler Durchführungsmaßnahmen verlangt, ist diese Lücke geschlossen worden. Damit wird dem von Artikel 47 GRCh garantierten Recht auf einen wirksamen Rechtsschutz Rechnung getragen.

640 Problematisch ist allerdings, was unter „Rechtsakten mit Verordnungscharakter" zu verstehen ist. Teilweise werden in restriktiver Auslegung darunter nur solche Rechtsakte mit allgemeiner Geltung verstanden, die keine Gesetzgebungsakte sind[706], teilweise werden dagegen in extensiver Auslegung darunter alle Rechtsakte

---

703 EuG T-341/02, Regione Siciliana/KOM, Slg. 2004, II-2877, T-9/98, Mitteldeutsche Erdölraffinerie/KOM, Slg. 2001, II-3367.

704 T-177/01, Jégo-Quéré et Cie/KOM, Slg. 2002, II-2365; anders dagegen EuGH C-50/00 P, Unión de Pequeños Agricultores, Slg. 2002, I-6677 sowie in seinem Rechtsmittelurteil C-263/02 P, KOM/Jégo-Quéré, Slg. 2004, I-3425.

705 EuG T-279/11, T&L Sugars, ECLI:EU:T:2013:299.

706 In diesem Sinne *Herrmann*, NVwZ 2001, 1352; *Cremer*, DÖV 2010, 58; *Schröder*, DÖV 2009, 36/44).

mit allgemeiner Geltung gefasst, darunter auch die Gesetzgebungsakte[707]. Das EuG hat sich in der Rechtssache *„Inuit Tapiriit Kanatami"*[708]. mit diesen beiden Ansätzen ausführlich befasst und ist aufgrund einer grammatikalischen, historischen und teleologischen Auslegung zu dem Schluss gelangt, dass als „Rechtsakte mit Verordnungscharakter" nur solche **Rechtsakte mit allgemeiner Geltung anerkannt werden können, die keine Gesetzgebungsakte sind**. Dazu gehören neben den delegierten Rechtsakten (vgl. Art. 290) und den Durchführungsrechtsakten (vgl. Art. 291) auch abstrakt-generelle Beschlüsse, soweit sie nicht im Gesetzgebungsverfahren erlassen worden sind.
Das EuG geht damit eindeutig von einem engen Verständnis des Verordnungscharakters aus. In seinem Rechtsmittelurteil hat der EuGH dieses Auslegungsergebnis bestätigt[709], womit der Meinungsstreit erledigt sein dürfte. Unter dem Gesichtspunkt der Gewährleistung effektiven Rechtsschutzes ist diese Entwicklung allerdings zu bedauern, da die festgestellte Rechtsschutzlücke mit dem restriktiven Ansatz nur teilweise geschlossen werden kann.

Rechtsakte mit Verordnungscharakter können nur dann mit der Nichtigkeitsklage **641** angegriffen werden, wenn **keine zusätzlichen Durchführungsmaßnahmen**, insbesondere Vollzugsakte der Verwaltung, zur Anwendung des allgemein geltenden Rechtsakts erforderlich sind[710]. Anderenfalls ist gegen diese Durchführungsmaßnahmen vor den jeweils zuständigen nationalen Gerichten vorzugehen, die ggf. im Rahmen der Vorabentscheidung die Überprüfung des Rechtsaktes mit Verordnungscharakter durch den EuGH veranlassen können.

cc) Besonderheiten bei Klagen gegen Handlungen von Einrichtungen und sonstigen Stellen der EU (Art. 263 Abs. 5 AEUV)

Die durch den Vertrag von Lissabon erweiterte Kompetenz des EuGH, auch die **642** Rechtmäßigkeit der mit Rechtswirkung gegenüber Dritten ausgestatteten Handlungen der Einrichtungen und sonstigen Stellen der EU zu überwachen, wird in Art. 263 Abs. 5 AEUV aufgegriffen. In den Gründungsrechtsakten dieser Einrichtungen und Stellen können besondere Bedingungen und Einzelheiten für die Erhebung von Klagen von natürlichen und juristischen Personen vorgesehen werden.

Gemeint sind hiermit Bedingungen und Einzelheiten, die über die normalen Anforderungen an die Klagebefugnis natürlicher und juristischer Personen (unmittelbares und individuelles Betroffensein) hinausgehen, da der Rechtsschutz gegen-

707 In diesem Sinne *Everling*, EuZW 2010, 572; *Pache*, Art. 263 Rn. 40, in Vedder/Heintschel von Heinegg (Hrsg), Europäisches Unionsrecht – Handkommentar, 1. Aufl. 2011.

708 T-18/10, Slg. 2011, II-5599 Rdn. 38–56, bestätigt in EuG T-279/11, T&L Sugars, ECLI:EU:T:2013:299 .

709 C-583/11 P, Inuit Tapiriit Kanatami u.a./EP und Rat, Urteil v. 3.10.2013, ECLI:EU:C:2013:625.

710 Dazu EuGH C-456/13P, T & L Sugars Ltd./KOM, ECLI:EU:C:2015:284.

über Handlungen dieser Einrichtungen und sonstigen Stellen nicht weiter gehen kann als der gegenüber den von den EU-Organen erlassenen Rechtshandlungen. In Frage kommen hier besondere, aus der Natur der Sache und den der Einrichtung oder Stelle übertragenen Verantwortungsbereichen resultierende Anforderungen. Einrichtungen und Stellen der EU haben, wenn überhaupt, nur punktuelle Zuständigkeiten zum Erlass von Handlungen, die Rechtswirkungen auch gegenüber natürlichen und juristischen Personen entfalten. Diese Rechtswirkungen können im Gründungsrechtsakt umschrieben und als besondere Voraussetzungen für die Erhebung von Nichtigkeitsklagen formuliert werden.

643 Damit wird eine bisher nur notdürftig durch die Rechtsprechung geschlossene Rechtsschutzlücke[711] beseitigt und auch im Primärrecht dem Umstand Rechnung getragen, dass diese Einrichtungen teilweise mit Befugnissen ausgestattet worden sind, die es ihnen ermöglichen, Handlungen vorzunehmen, die Rechtswirkungen gegenüber Dritten erzeugen, so dass auch gegenüber diesen Handlungen im Interesse eines lückenlosen Rechtsschutzsystems ein Rechtsweg eröffnet sein muss[712].

dd) Rechtsschutzinteresse

644 Der Nachweis eines Rechtsschutzinteresses wird nur von den **nicht privilegierten** Klageberechtigten verlangt. Das Bestehen eines Rechtsschutzinteresses setzt voraus, dass der Kläger ein rechtlich relevantes, schutzwürdiges Interesse an der Klageerhebung und gerade auch an der Nichtigerklärung des angegriffenen Rechtsaktes geltend machen kann[713]. Davon ist jedenfalls dann auszugehen, wenn der Kläger bei Klageerhebung durch die angegriffene Handlung **unmittelbar und spürbar** in seinen Rechten oder rechtlich geschützten Interessen **beeinträchtigt** ist. Verfahrensfehler beim Zustandekommen der angegriffenen Maßnahme können nur insoweit gerügt werden, als diese Einfluss auf den Inhalt der Maßnahme haben und somit die Möglichkeit besteht, dass ohne den Verfahrensfehler die Maßnahme nicht oder jedenfalls mit anderem Ergebnis getroffen worden wäre[714].

---

711 Vgl. zuletzt EuG T-411/06, Sogelma/Europäische Agentur für Wiederaufbau, Slg. 2008, II-2771 unter Auseinandersetzung mit den ein Klagerecht verneinenden Urteilen des EuGH in C-160/03, Spanien/Eurojust, Slg. 2005, I-70202 und des EuG in T-148/97, Keeling/HABM, Slg. 1998, II-2217, T-311/06, FMC u.a./EFSA, Slg. 2007, II-88; hierzu *Riedel*, EuZW 2009, S. 565.

712 Vgl. die entsprechenden Regelungen in Art. 18 VO (EWG) Nr. 337/75 – Zentrum für die Förderung der Berufsbildung – ABl. 1975 L 39/1; Art. 22 VO (EWG) Nr. 1365/75 – Stiftung zur Verbesserung der Lebens- und Arbeitsbedingungen – ABl. 1975 L 139/1; Art. 22 VO (EG) Nr. 2062/94 – Europäische Agentur für Sicherheit und Gesundheitsschutz am Arbeitsplatz – ABl. 1994 L 216/1.

713 EuG T-178/94, ATM/KOM, Slg. 1997, II-2529 Rdn. 53.

714 EuGH C-304/89, Oliveira/KOM, Slg. 1991, I-2283.

c) Begründetheit der Nichtigkeitsklage

Die Nichtigkeitsklage ist begründet, wenn die angegriffene Handlung mit einem der in Art. 263 Abs. 2 AEUV genannten Mängel, nämlich Unzuständigkeit, Verletzung wesentlicher Formvorschriften, Verletzung der Verträge oder einer bei seiner Durchführung anzuwendenden Rechtsnorm oder Ermessensmissbrauch, behaftet ist. **645**

aa) Unzuständigkeit

Im Rahmen der Rüge der Unzuständigkeit können **vier Zuständigkeitsmängel** unterschieden werden: Die *absolute Unzuständigkeit* erfasst diejenigen Fälle, in denen die Regelungsmaterie nicht in den Zuständigkeitsbereich der EU fällt[715]; bei der *relativen Unzuständigkeit* wird ein Organ im Zuständigkeitsbereich eines anderen Organs tätig; die *räumliche Unzuständigkeit* erfasst das Handeln der EU-Organe, das sich unzulässigerweise auf das Gebiet außerhalb der EU auswirkt[716]; eine *sachliche Unzuständigkeit* liegt schließlich vor, wenn sich das handelnde Organ unzulässiger Handlungsformen bedient oder ein Rechtsakt der Kommission unter Verletzung des Kollegialitätsprinzips nur von dem für den Sachbereich verantwortlichen Kommissar erlassen worden ist[717]. **646**

bb) Verletzung wesentlicher Formvorschriften

Zu den **Formvorschriften** gehören alle Verfahrensregelungen, die beim Zustandekommen der fraglichen Rechtshandlung zu beachten sind. Dazu gehören die Beteiligungs- und Anhörungsrechte, die Vorschriften des Beschlussverfahrens, die Begründungspflicht und die Veröffentlichung[718]. Die Verletzung wesentlicher Formvorschriften führt zur **Nichtigkeit** der angefochtenen Maßnahme[719]. **647**

cc) Verletzung der Verträge oder einer bei ihrer Durchführung anzuwendenden Rechtsnorm

Dieser Klagegrund erfüllt gegenüber den anderen Klagegründen die Funktion eines Auffangtatbestandes, indem jede Verletzung einer höherrangigen Rechtsnorm durch den angegriffenen Rechtsakt gerügt werden kann. **648**

715 EuGH, Gutachten 2/00, Protokoll von Cartagena, Slg. 2001, I-9713; C-376/98, Deutschland/EP u. Rat, Slg. 2000, I-8419 Rdn. 6.

716 EuGH Rs. 89,104, 114, 116, 117 und 125-129/85, Ahlström u.a./KOM, Slg. 1989, 5193/243.

717 EuG T-80/89 u.a., BASF AG u.a./KOM, Slg. 1995, II-729 Rdn. 101/102

718 EuGH Rs. 138/79, Roquette Frères/Rat, Slg. 1980, 3333 [Anhörung im Rechtsetzungsverfahren]; C-376/98, Deutschland/EP, Slg. 2000, I-8419 [Beschlussverfahren/unrichtige Rechtsgrundlage]; C-445/00, Österreich/Rat, Slg. 2003, I-8549 [Begründungspflicht]; Rs. 48/59, ICI/KOM, Slg. 1972, 619 [Veröffentlichung].

719 EuGH C-199/91, Foyer culturel du Sart-Tilman/KOM, Slg. 1993, I-2667 Rdn. 34; EuG T-450/93, Lisrestal u.a./KOM, Slg. 1994, II-1177 Rdn. 40/47.

649 Den ersten Prüfungsmaßstab bilden alle **Normen mit Vertragsrang**. Hierzu zählen neben den Vorschriften der EU-Verträge, einschließlich ihrer Anhänge, Änderungen oder Ergänzungen, auch die allgemeinen (inzwischen teilweise im EUV verankerten) Verfassungsrechtsgrundsätze, insbesondere also die Grundrechte (Art. 6 Abs. 2 EUV sowie die GRCh), die Grundsätze der Verhältnismäßigkeit (Art. 5 Abs. 3 EUV) und des Vertrauensschutzes oder die Verfahrensgarantien (GRCh). Über das Vertragsrecht selbst übt der Gerichtshof keine Kontrolle aus, da seine Kompetenz im Rahmen der Nichtigkeitsklage auf die Überprüfung der Handlungen und Entscheidungen der EU-Organe beschränkt ist.

650 Einen zweiten Verletzungsgegenstand bilden die bei der Durchführung der Verträge anzuwendenden Rechtsnormen, d.h. alle **verbindlichen Rechtsakte** der Organe, wie z.B. die Verordnungen, Richtlinien, Beschlüsse oder die sonstigen **mit Bindungswirkung ausgestatteten Rechtshandlungen**.

651 Damit scheiden die lediglich beratenden Rechtshandlungen wie Empfehlungen und Stellungnahmen als Prüfungsmaßstab im Rahmen der Nichtigkeitsklage aus. Prüfungsmaßstab für EU-Rechtshandlungen können hingegen die die EU **bindenden völkerrechtlichen Verträge** sein[720], jedenfalls soweit die EU mit der fraglichen Rechtshandlung eine bestimmte, im Rahmen des völkerrechtlichen Vertrages übernommene Verpflichtung erfüllen wollte oder wenn diese Handlung ausdrücklich auf spezielle Bestimmungen dieses Abkommens verweist[721]. Unionsangehörige können sich auf die Bestimmungen dieser Verträge allerdings nur dann berufen, wenn diese ein subjektives Recht für sie begründen[722].

652 Dies hat der Gerichtshof allerdings **verneint** für die **WTO-Übereinkünfte**, einschließlich des **GATT 1994**. Aus einer inzwischen gefestigten Rechtsprechung geht hervor,

(1) dass das WTO-Übereinkommen und seine Anhänge wegen ihrer Natur und Systematik grundsätzlich nicht zu den Vorschriften gehören, an denen der EuGH und das EuG die Handlungen der EU-Organe gem. Art. 263 Abs. 1 messen,

(2) dass sie für den Einzelnen keine Rechte begründen, auf die er sich vor Gericht berufen könnte, und

(3) dass ihre etwaige Verletzung nicht die außervertragliche Haftung der EU auslösen kann. Dies gilt selbst dann, wenn das Streitbeilegungsgremium der WTO (Panel oder Appelate Body) eine EU-Regelung für mit dem WTO-Recht unvereinbar erklärt hat[723].

---

720 St. Rspr., vgl. EuGH Rs. 21-24/72, International Fruit Company, Slg. 1972, 1219/1227.

721 So zum GATT 1947 EuGH C-280/93, Deutschland/Rat [Bananenmarktordnung], Slg. 1994, 4973 Rdn. 109–111 m. w. Nachw.

722 EuGH Rs. 270/80, Polydor, Slg. 1982, 329/349; Rs. 104/81, Kupferberg, Slg. 1982, 3641–3665.

723 EuGH C-377/02, León Van Parys, Slg. 2005, I-1465; C-149/96, Portugal/Rat, Slg. 1999, I-8395 Rdn. 47; EuG T 174/00, Biret International, Slg. 2002, II-17; T-30/99, Bocchi food

Diese Rechtsprechung stützt sich auf die Überlegung, dass die WTO-Übereinkünfte die Regelung und Abwicklung der Beziehungen zwischen Staaten und Organisationen der regionalen Wirtschaftsintegration und nicht den Schutz des Einzelnen zum Gegenstand haben. Die Übereinkünfte bauen auf dem Prinzip von Verhandlungen und der Gegenseitigkeit auf und unterscheiden sich daher von den völkerrechtlichen Abkommen der EU mit Drittländern. Hätte der Unionsrichter unmittelbar die Aufgabe, die Vereinbarkeit des EU-Rechts mit den Regelungen des WTO-Rechts zu gewährleisten, so würde den Legislativ- und Exekutivorganen der EU der Spielraum für Verhandlungen genommen, über den die entsprechenden Organe der Handelspartner der EU im Rahmen der WTO verfügen.

dd) Ermessensmissbrauch

Der Begriff des Ermessensmissbrauchs hat eine **unionsspezifische Bedeutung**, wenngleich Anlehnungen an das in Frankreich und Belgien gebräuchliche Institut des „détournement de pouvoir" unverkennbar sind. Eine Rechtshandlung wird nur dann als ermessensmissbräuchlich angesehen, wenn aufgrund objektiver, schlüssiger und übereinstimmender Indizien feststeht, dass die fragliche Handlung zumindest vorwiegend zu anderen als den angegebenen Zwecken oder aber mit dem Ziel erlassen worden ist, ein für die Regelung des fraglichen Sachverhalts vorgesehenes Verfahren zu umgehen[724]. **653**

Dieser so umschriebene Anwendungsbereich bleibt hinter den in Deutschland gebräuchlichen Instituten des „fehlerhaften Verwaltungsermessens" oder „Ermessensfehlgebrauch" erheblich zurück. Er umfasst lediglich diejenigen Fälle, in denen mit den Mitteln des EU-Rechts ein **subjektiv rechtswidriges Ziel oder Zweck** verfolgt wird. Ist ein Rechtsakt auf objektive Erwägungen gestützt, kann ein Ermessensmissbrauch nicht gerügt werden; es bleibt lediglich die Rüge der Rechtsverletzung. Hieraus erklärt sich die Tatsache, dass die Rüge des Ermessensmissbrauchs höchst selten, und dies auch nur in Beamtensachen, zum Erfolg geführt hat[725].

Trade International, Slg. 2001, II-943; T-52/99, T.Port, Slg. 2001, II-981; zum WTO-Recht und dessen Justiziabilität s. *Royla*, WTO-Recht – EG-Recht: Kollision, Justiziabilität, Implementation, EuR 2001, S. 495.

724 Vgl. EuGH C-84/94, Vereinigtes Königreich/Rat, Slg. 1996, I-5755 Rdn. 69; C-331/88, Fedesa, Slg. 1990, I-4023/4065; EuG T-551/93 und T-231 bis 234/94, Industrias Pesqueras Campos SA/KOM, Slg. 1996, II-247 Rdn. 168.

725 Vgl. etwa EuGH Rs. 105/75, Giuffrida, Slg, 1976, 1395/1403. Selbst in einem Fall, in dem der Generalanwalt sich eindeutig für einen Ermessensmissbrauch des Unionsgesetzgebers ausgesprochen hatte, hat der EuGH unter Berufung auf den weiten Gestaltungsspielraum die Regelung aufrechterhalten: EuGH C-154 u. 155/04, Alliance for Natural Health, Slg. 2005, I-6451; dazu *Faßbender*, EuZW 2005, S. 682.

ee) Unbeschränkte Ermessensnachprüfung

654 Verordnungen, die die Verhängung von Zwangsmaßnahmen (Geldbußen) als Vergeltung für begangene Rechtsverletzungen oder Zwangsgelder zur Erzwingung bestimmter Handlungen vorsehen, können dem EuGH/EuG über die reine Rechtmäßigkeitskontrolle hinaus, die im Rahmen von Art. 263 AEUV vorgenommen wird, auch die Befugnis zur **Überprüfung der Zweckmäßigkeit und Billigkeit** der ergriffenen Zwangsmaßnahmen übertragen (Art. 261 AEUV)[726]. Es handelt sich dabei nicht um die Schaffung einer weiteren, eigenständigen Verfahrensart, sondern lediglich um die Erweiterung des Umfangs der Entscheidungsmaßstäbe des EuGH/EuG im Rahmen einer Nichtigkeitsklage nach Art. 263. Von dieser erweiterten Nachprüfungsbefugnis machen EuGH/EuG im konkreten Fall dadurch Gebrauch, dass sie die im Rahmen der Nichtigkeitsklage bestehenden Beschränkungen ihrer Befugnisse unbeachtet lassen.

655 Im Rahmen der unbeschränkten Nachprüfungsbefugnis prüfen EuGH/EuG in vollem Umfang die von der Kommission als dem zur Verhängung von Zwangsmaßnahmen zuständigen Organ angestellten Erwägungen in tatsächlicher und rechtlicher Hinsicht und ersetzen sie ggf. durch ihre eigenen[727]. Dabei geht es vor allem um die Einschätzung darüber, (1) ob die Schwere des Verstoßes richtig gewürdigt wurde, (2) ob die Geldbuße die wirtschaftliche Leistungsfähigkeit des betroffenen Unternehmens übersteigt, (3) ob die Sanktion in einem angemessenen Verhältnis zu den Folgen des Verstoßes steht, (4) ob die Dauer des Verstoßes gebührend berücksichtigt wurde sowie (5) wie schwer der Anteil des Betroffenen an einem gemeinschaftlich mit anderen begangenen Rechtsverstoß wiegt[728].

656 EuGH/EuG sind selbst ohne Vorliegen eines Rechtsfehlers oder einer unzutreffenden Tatsachenwürdigung befugt, die Zwangsmaßnahme zu ändern oder aufzuheben, wenn diese ihnen unangebracht erscheint. Dies schließt die Möglichkeit ein, die Zwangsmaßnahme noch zu verschärfen (**„reformatio in peius“**), d.h. etwa über die von der Kommission festgesetzte Höhe einer Geldbuße hinauszugehen. Allerdings ist es EuGH/EuG im Rahmen der ihnen durch Art. 261 AEUV übertragenen Befugnisse nicht erlaubt, die von der Kommission verhängte Geldbuße durch eine neue, rechtlich von dieser verschiedenen Geldbuße zu ersetzen. Vielmehr be-

---

726 In der bisherigen Praxis hat der Rat von dieser Ermächtigung allerdings nur auf den Gebieten der *Wettbewerbspolitik* (Art. 31 VO (EG) Nr. 1/2003 [DVO zu den ex-Art. 81 u. 82 EG (jetzt Art. 101 u. 102)], ABl. 2003 L 1 (konsolidierte Fassung v. 1.7.2009); Art. 16 VO (EG) Nr. 139/2004 [Kontrolle von Unternehmenszusammenschlüssen], ABl. 2004 L 24) sowie der *Verkehrspolitik* (Art. 25 VO (EWG) Nr. 11 [Beseitigung von Diskriminierungen auf dem Gebiet der Frachten und Beförderungsbedingungen], ABl. 1960 Nr. 52, S. 1121, konsolidierte Fassung vom 10.7.2008) Gebrauch gemacht.

727 EuGH, Rs. 70/63, Collotti, Slg. 1964, 939/984; EuG T-24–26/93 u. T-28/93, Compagnie maritime belge transports SA u.a./KOM, Slg. 1996, II-1201, Rdn. 230–250.

728 Vgl. zu diesen Kriterien EuGH, Rs. 84/82, Hasselblad, Slg. 1984, 883/911; EuG T-229/94, Deutsche Bahn AG/KOM, Slg. 1997, II-1689, Rdn. 125–128.

schränkt sich die Befugnis zu unbeschränkter Nachprüfung ausschließlich auf die von der Kommission verhängte Geldbuße[729].

d) Nichtigerklärung

Mit einem der Klage **stattgebenden Urteil** erklären EuGH/EuG die angefochtene Handlung für nichtig (Art. 264 AEUV). Das Nichtigkeitsurteil ist ein **Gestaltungsurteil**, so dass bis zur Nichtigerklärung eine **Rechtmäßigkeitsvermutung** zugunsten des angefochtenen Rechtsaktes besteht[730]. Eine Ausnahme gilt lediglich für **inexistente Akte**, also für solche Rechtsakte, die mit besonders schweren und offenkundigen Fehlern behaftet sind. 657

Die Nichtigerklärung wirkt grundsätzlich **erga omnes und ex tunc**. Der für nichtig erklärte Rechtsakt wird rückwirkend so angesehen, als habe er niemals existiert. Alle auf ihm beruhenden Handlungen sind folglich wegen fehlender gültiger Rechtsgrundlage als rechtswidrig zu betrachten. Die Parteien werden in die Lage zurückversetzt, die vor dem für nichtig erklärten Rechtsakt bestand. Etwaige Schäden, die auf die Anwendung des für nichtig erklärten Rechtsaktes zurückzuführen sind, können mit der Schadensersatzklage geltend gemacht werden. 658

Die weitreichenden Folgen einer erga-omnes und ex-tunc Nichtigerklärung können im Einzelfall mit den Grundsätzen der Rechtssicherheit, des Vertrauensschutzes, der Achtung wohlerworbener Rechte Dritter oder der Wahrung überragender öffentlicher Interessen kollidieren. Es ist Sache des Unionsrichters, diesen Grundsätzen bei der Nichtigerklärung des Rechtsaktes Rechnung zu tragen und deren **Wirkungen in zeitlicher Hinsicht zu beschränken** sowie diejenigen Wirkungen konkret zu bezeichnen, die als fortgeltend zu betrachten sind[731]. Der Gerichtshof nimmt dabei für sich in Anspruch, die Wirkungen der Nichtigerklärung nicht nur für die Zeit vor dem Erlass des Urteils zu beschränken, sondern auch für die Zeit danach, d.h. bis zur Anpassung der Rechtslage durch die zuständigen EU-Organe[732]. Diese Beschränkung der Wirkungen einer Nichtigerklärung auf die Zukunft kann im Einzelfall für den Kläger oder andere Marktteilnehmer von Nachteil sein. Deshalb behalten sich EuGH/EuG vor, für diejenigen Personen, die bereits vor Erlass des Nichtigkeitsurteils Klage vor den nationalen Gerichten erhoben haben, als Ausnahme von der zeitlichen Beschränkung der Nichtigkeitserklärung die ex-tunc-Wirkung anzuordnen[733]. Die Beschränkung der Wirkungen einer Nichtigerklärung kann im Hinblick auf die 659

729 EuG T-275/94, CB/KOM, Slg. 1995, II-2169, Rdn. 58, 60.

730 EuGH Rs. 101/78, Granaria/Hoofdproduktschap voor Akkerbouwprodukten, Slg. 1979, 623/636.

731 EuGH C-271/94, EP/Rat Slg. 1996, I-1689; C-360/93, EP/Rat, Slg. 1996, I-1195; C-41/95, Rat/EP, Slg. 1995, I-4411.

732 EuGH C-388/92, EP/Rat, Slg. 1994, I-2067 Rdn. 22; C-21/94, EP/Rat, Slg. 1995, I-1827.

733 Vgl. EuGH C-212/94, FMC u.a./Intervention Board, Slg. 1996, I-389; Rs. 33/84, Fragd/Italien, Slg. 1985, 1605.

einheitliche Geltung des EU-Rechts **ausschließlich durch den Unionsrichter** erfolgen, der insoweit über einen weiten Beurteilungsspielraum verfügt.

Weiterführende Literatur: *Borowski,* Die Nichtigkeitsklage gem. Art. 230 Abs. 4 EGV, EuR 2004, S. 879; *Braun/Kettner,* Die Absage des EuGH an eine richterrechtliche Reform des EG-Rechtsschutzsystems, DÖV 2003, S. 58; *Callies,* Kohärenz und Konvergenz beim europäischen Individualrechtsschutz, NJW 2002, S. 3577; *Cremer,* Individualrechtsschutz gegen Richtlinien, EuZW 2001, S. 453, *Dittert,* Effektiver Rechtsschutz gegen EG-Verordnungen: Zwischen Fangnetzen, Olivenöl und kleinen Landwirten, EuR 2002, S. 708; *Drews,* Entstehung und Entwicklung des Rechtsschutzes vor den Gerichten der Europäischen Gemeinschaften am Beispiel der Nichtigkeitsklage, 2000; *Everling,* Lissabon-Vertrag regelt Dauerstreit über Nichtigkeitsklage Privater, EuZW 2010, S. 572; *Herrmann,* Individualrechtsschutz gegen Rechtsakte der EU „mit Verordnungscharakter" nach dem Vertrag von Lissabon, NVwZ 2011, S. 1352; *Karpenstein/Kotzur/Vasel,* Handbuch Rechtsschutz in der Europäischen Union, 4. Aufl. 2024; *Kokott/Dervisopoulos/Henze,* Aktuelle Fragen des effektiven Rechtsschutzes durch die Gemeinschaftsgerichte, EuGRZ 2008, S. 10; *Koenig,* Die Individualklage nach Art. 230 IV EG, JuS 2003, S. 257; *Lenz/Staeglich,* Kein Rechtsschutz gegen EG-Verordnungen? – Europäische Rechtsschutzdefizite und ihr Ausgleich durch die Feststellungsklage nach § 43 VwGO, NVwZ 2004, S. 1421; *Lindner,* Zur Klagebefugnis natürlicher und juristischer Personen für Nichtigkeitsklagen gemäß Art. 230 IV EG gegen EG-Verordnungen, NVwZ 2003, S. 569; *Mayer,* Individualrechtsschutz im Europäischen Verfassungsrecht, DVBl. 2004, S. 606; *Motyka,* Aktuelle Fragen des Konkurrentenschutzes in der Europäischen Fusionskontrolle, EuZW 2007, S. 463; *Rengeling/Middeke/Gellermann,* Rechtsschutz in der Europäischen Union, 3. Aufl., 2014; *Schohe/Arnold,* Betroffen und kein Klagerecht? – Zum Individualrechtsschutz gegen Eingriffsnormen der Europäischen Gemeinschaft, EWS 2002, S. 320; *Röhl,* Rechtsschutz gegen EG-Verordnungen, Jura 2003, S. 830; *Schroeder,* Der bestätigende Rechtsakt in der Rechtsprechung des EuGH und des EuG, EuZW 2007, S. 467; *ders.,* Neuerungen im Rechtsschutz der Europäischen Union durch den Vertrag von Lissabon, DÖV 2009, S. 61; *Schwarze,* Der Rechtsschutz Privater vor dem Europäischen Gerichtshof: Grundlagen, Entwicklungen und Perspektiven des Individualrechtsschutzes im Gemeinschaftsrecht, DVBl. 2002, S. 1297; *ders.,* Rechtsschutz Privater gegen „Rechtsakte mit Verordnungscharakter" gemäß Art. 263 Abs. 4 Var. 3 AEUV, in: FS für Scheuing, 2011, S. 190; *Uerpmann-Wittzack,* Subsidiaritätsklage als parlamentarisches Minderheitsrecht?, EuR 2009, S. 313.

3. Untätigkeitsklage (Art. 265 AEUV)

660 Die Untätigkeitsklage[734] beruht auf der Vorstellung, dass die **rechtswidrige Untätigkeit eines EU-Organs** die Anrufung des Gerichtshofs der EU ermöglicht, um dessen Feststellung zu erwirken, dass die Unterlassung – soweit das betroffene Organ sie nicht abgestellt hat – gegen die Verträge verstößt. Im Unterschied zur Nichtigkeitsklage (Art. 263 AEUV), die als Gestaltungsklage auf die Beseitigung der angefochtenen Handlung abzielt, ist die Untätigkeitsklage auf die „Feststellung der rechtswidrigen Untätigkeit" gerichtet.

734 Einzelheiten zur Untätigkeitsklage bei *Borchardt,* in Lenz/Borchardt, EU-Verträge, Art. 265 und Art. 266.

Bevor die Klage jedoch erhoben werden kann, muss ein **Vorverfahren** durchgeführt werden, in welchem der Kläger das betreffende EU-Organ zum Tätigwerden auffordern muss. Gegenstand einer von den Mitgliedstaaten oder den EU-Organen (Art. 13 EUV) angestrengten Klage ist der Antrag auf Feststellung, dass es das EP, der Europäische Rat, der Rat, die Kommission oder die EZB unter Verletzung der Verträge unterlassen haben, einen Rechtsakt zu erlassen. Bei EU-Bürgern und Unternehmen ist der Gegenstand der Untätigkeitsklage darüber hinaus auf den Antrag beschränkt, festzustellen, dass ein speziell an den Kläger zu richtender Rechtsakt unter Verletzung der Verträge nicht erlassen worden ist. **661**

Mit dem abschließenden **Urteil** wird lediglich die Rechtswidrigkeit eines bestimmten Unterlassens festgestellt. Dagegen ist der EuGH nicht befugt, in seinem Urteil eine Verpflichtung zum Erlass der erforderlichen Maßnahmen auszusprechen. Die unterlegene Partei ist lediglich verpflichtet, die sich aus dem Urteil des EuGH ergebenden Maßnahmen zu ergreifen (Art. 266 AEUV)[735]. **662**

4. Schadensersatzklage (Art. 268 i.V.m. Art. 340 AEUV)

a) Vertragliche Haftung

Nach Art. 340 Abs. 1 bestimmt sich die vertragliche Haftung der EU nach dem Recht, das auf den betreffenden Vertrag anwendbar ist. Es entspricht gängiger EU-Praxis, das anwendbare Recht in dem abgeschlossenen Vertrag ausdrücklich zu bestimmen (in der Regel belgisches Recht)[736]. Ansprüche aus vorvertraglicher Haftung kennt das EU-Recht nicht; diese werden der außervertraglichen Haftung unterstellt[737]. **663**

Für Schadensersatzansprüche aus **vertraglicher Haftung** (vgl. Art. 340 Abs. 1 AEUV) sind grundsätzlich die Gerichte der Mitgliedstaaten zuständig (vgl. Art. 274 AEUV). Eine Zuständigkeit des EuGH kann allenfalls von den Vertragsparteien durch Vereinbarung einer Schiedsklausel (vgl. Art. 272 AEUV) begründet werden. **664**

b) Außervertragliche Haftung

Art. 268 AEUV begründet für Schadensersatzklagen wegen **außervertraglicher Haftung** (Art. 340 Abs. 2 AEUV) eine **ausschließliche Zuständigkeit** des Gerichtshofs der EU. Diese Zuständigkeit wird in erster Instanz vom EuG wahrgenommen. Gegen seine Entscheidungen ist ein auf Rechtsfragen beschränktes Rechtsmittel beim EuGH zulässig. **665**

---

735 Einzelheiten dazu bei *Borchardt*, in Lenz/Borchardt, EU-Verträge, Art. 266.

736 Vgl. EuGH C-42/94, Heidemij Adries, Slg. 1995, I-1417 Rdn. 5.

737 EuG T-203/96, Embassy Limousines & Services, Slg. 1998, II-4239.

aa) Zulässigkeit der Klage

666 Die **Berechtigung zur Erhebung** einer Schadensersatzklage ist denkbar weit gefasst und erstreckt sich auf alle Rechtssubjekte, die durch ein EU-Organ oder einen Beamten bzw. Bediensteten der EU einen Schaden erlitten haben[738].

667 Die Schadensersatzklage kann vom Geschädigten **unmittelbar beim EuG** erhoben werden, ohne dass es der vorherigen Aufforderung an die EU bedarf, den verursachten Schaden zu ersetzen.

668 Die Ansprüche aus außervertraglicher Haftung verjähren in fünf Jahren nach Eintritt des die Haftung auslösenden Ereignisses (Art. 46 Satzung/EuGH). Die **Verjährungsfrist** beginnt erst nach Vorliegen sämtlicher Haftungsvoraussetzungen (d.h. rechtswidriges Verhalten der EU-Organe, Schaden, Kausalität)[739] und insbesondere im Falle einer auf einen Rechtsetzungsakt zurückgehenden Haftung nicht vor Eintritt der Schadensfolgen dieses Aktes[740].

669 Nach inzwischen ständiger Rechtsprechung ist die Schadensersatzklage als **selbständiger Rechtsbehelf** geschaffen worden, der im Klagesystem der EU-Verträge eigene Funktionen erfüllt[741]. Dieser Eigenständigkeit der Klage und der Wirksamkeit des allgemeinen Klagesystems würde es widersprechen, die Unzulässigkeit einer Schadensersatzklage schon dann anzunehmen, wenn die Erhebung dieser Klage im Einzelfall zu einem ähnlichen Ergebnis wie die Nichtigkeits- oder Untätigkeitsklage führt[742]. Die Schadensersatzklage ist folglich **nicht subsidiär** gegenüber der Nichtigkeits- und Untätigkeitsklage; die Geltendmachung von Schadensersatzansprüchen setzt demnach auch nicht die vorherige Aufhebung einer rechtswidrigen Maßnahme bzw. die vorherige Feststellung einer vertragswidrigen Untätigkeit voraus. Dies bedeutet allerdings nicht, dass eine Schadensersatzklage im Einzelfall nicht wegen **Verfahrensmissbrauchs** als unzulässig abgewiesen werden kann, soweit der Nachweis erbracht wird, dass *„mit der Schadensersatzklage in Wirklichkeit die Aufhebung (einer) Einzelfallentscheidung begehrt wird"*[743]. Eine derartige unzulässige Erschleichung des Rechtsweges wird vom Gerichtshof insbesondere dann angenommen, wenn die

---

738 EuGH Rs. 44/81, Deutschland/KOM, Slg. 1982, 1855 [Mitgliedstaaten]; C-182/91, Forafrique, Slg. 1993, I-2161 [juristische Person]; Rs. 145/83, Adams, Slg. 1985, 3539 [natürliche Person].

739 Vgl. EuGH Rs. 4/69, Lütticke/KOM, Slg. 1971, 325 Rdn. 10; EuG T-478/93, Wafer Zoo/KOM, Slg. 1995, II-1479 Rdn. 47.

740 EuGH Rs. 256, 257, 265 u. 267/80 sowie 5/81, Birra Wührer, Slg. 1982, 85 Rdn. 10; EuG T-246/93, Bühring, Slg. 1998, II-171 Rdn. 66; T-20/94, Hartmann, Slg. 1997, II-595 Rdn. 107.

741 EuGH Rs. 4/69, Lütticke, Slg. 1971, 325 Rdn. 6; EuG T-485/93, Dreyfus, Slg. 1996, II-1101 Rdn. 68.

742 EuG T-167/94, Nölle, Slg. 1995, II-2589 Rdn. 30.

743 EuGH Rs. 175/84, Krohn/KOM, Slg. 1986,753/770; bestätigt durch EuGH C-199/94P und C-200/94P, Pesqueria Vasco Montanesa, Slg. 1995, I-3709 Rdn. 27; EuG T-93/95, Laga/KOM, Slg. 1998, II-195 Rdn. 48.

Schadensersatzklage auf Ersatz derjenigen finanziellen Folgen eines (Einzelfall-) Beschlusses abzielt, die bei rechtzeitiger Inanspruchnahme der anderen von den EU-Verträgen vorgesehenen Klagemöglichkeiten (d.h. insbesondere der Nichtigkeits- und Untätigkeitsklage) hätten abgewendet werden können. Die Beweislast für das Vorliegen eines Verfahrensmissbrauchs liegt bei demjenigen, der einen solchen Missbrauch geltend macht. Eine **Verbindung der Schadenersatzklage mit der Nichtigkeits- oder Untätigkeitsklage** ist prozessual zulässig und in der Praxis auch üblich.

Im **Verhältnis zu den innerstaatlichen Rechtsbehelfen** betrachtet der Gerichts- **670**
hof die Schadensersatzklage als **subsidiären Rechtsbehelf**, sofern der Schaden auf einer nationalen Verwaltungsmaßnahme beruht, die in Anwendung des EU-Rechts ergangen ist[744]. Der entscheidende Gesichtspunkt für die Subsidiarität der Schadensersatzklage in diesen Fällen des **indirekten Vollzugs des EU-Rechts** ist, dass die Kontrolle des nationalen Verwaltungshandelns ausschließlich den mitgliedstaatlichen Gerichten obliegt, die – soweit es um Fragen der Auslegung oder Gültigkeit des anzuwendenden EU-Rechts geht – den EuGH im Rahmen des Vorabentscheidungsverfahrens befassen können. Aus diesem Grund weist der Gerichtshof regelmäßig die Schadensersatzklagen als unzulässig ab, in denen der nationale Rechtsweg nicht beschritten wurde, mittels dessen die in Anwendung des EU-Rechts getroffenen nationalen Verwaltungsmaßnahmen hätten überprüft werden können. Dieser Verweis auf die nationalen Rechtsschutzmöglichkeiten gilt allerdings nicht vorbehaltlos, sondern nur insoweit, als **durch die mitgliedstaatlichen Gerichte ein hinreichender Rechtsschutz** und die Möglichkeit der Erlangung von Schadensersatz **gewährleistet werden kann**[745].

Die **Abgrenzung** von mitgliedstaatlicher und unionseigener Verantwortlichkeit **671**
und damit der gerichtlichen Zuständigkeit für eine etwaige Haftungsklage ist in den Fällen schwierig, in denen die EU-Organe Einfluss auf das Entscheidungsverfahren der nationalen Verwaltungsbehörden genommen haben. Sie wird vom Gerichtshof nach der **Art der Einwirkung** der EU-Organe auf den nationalen Entscheidungsprozess vorgenommen:

- Soweit diese Einwirkung lediglich **Ausdruck der notwendigen Zusammenarbeit** zwischen den nationalen Behörden und den EU-Organen im Bereich des indirekten Vollzugs des EU-Rechts ist, wird allein die nationale Verwaltungsmaßnahme als das die Haftung auslösende Verhalten betrachtet, für die eine ausschließliche Zuständigkeit der mitgliedstaatlichen Gerichte besteht. Hierbei han-

744 EuGH C-104/89 und C-37/90, Mulder und Heinemann, Slg. 1992, I-3061 Rdn. 9; EuG T-93/95, Laga/KOM, Slg. 1998, II-195 Rdn. 33.

745 EuGH Rs. 197-200, 243, 245 u. 247/80, Ludwigshafener Walzmühle, Slg. 1981, 3211/3243 [nationale Anfechtungsklage unmöglich]; Rs. 175/84, Krohn, Slg. 1986, 753 [nationale Anfechtungsklage kein geeigneter Rechtsbehelf]; Rs. 64 u. 113/76, 167 u. 239/78, 27, 28 u. 45/79, Dumortier fréres, Slg. 1979, 3091/3112 [Rechtfertigung der Nichtinanspruchnahme der innerstaatlichen Klagemöglichkeiten].

delt es sich vor allem um Hinweise der EU-Organe im Hinblick auf die nach ihrer Auffassung richtigen Auslegung und Anwendung einer EU-Regelung. Soweit die EU-Organe hingegen von ihrem Weisungsrecht Gebrauch machen und den nationalen Behörden den Erlass oder Nichterlass einer Verwaltungsmaßnahme verbindlich vorschreiben, ist der möglicherweise daraus erwachsende Schaden nicht mehr den nationalen Behörden, sondern den EU-Organen anzulasten, mit der Folge, dass eine Zuständigkeit des Gerichtshofs gegeben ist.

- Vorstellbar ist auch eine **gemeinsame Verantwortung** von EU-Organen und nationalen Behörden aufgrund gemeinsamen Handelns. Bei dieser vor allem die Umsetzung von Richtlinien betreffenden Fallgestaltung führt erst das Zusammenwirken von EU-Rechtsakt und nationaler Umsetzungsmaßnahme zu einem Schaden. Eine Rechtsprechung des Gerichtshofs zu der Frage, wie der Schadensausgleich in diesen Fällen vorzunehmen ist, besteht bisher noch nicht. Die Lösung dieser Frage sollte bei der Überlegung ansetzen, dass vom Geschädigten im Hinblick auf seine schutzwürdigen Interessen nicht verlangt werden kann, nacheinander vor den nationalen Gerichten und dem Gerichtshof den anteiligen Schadensersatz einzuklagen. Deshalb sollte es möglich sein, dass der Geschädigte gegen die **EU oder den Mitgliedstaat vorgeht** und dabei den vollen Schadensersatz verlangen kann. Die interne Aufteilung des Schadensersatzes muss anschließend zwischen der EU und den Mitgliedstaaten erfolgen.

bb) Begründetheit der Klage

672 Die **Voraussetzungen der Haftung** der EU sind in den Verträgen nur lückenhaft geregelt; sie bestimmen sich im Übrigen nach den allgemeinen Rechtsgrundsätzen, die den Rechtsordnungen der Mitgliedstaaten gemeinsam sind. Diese sind bereits vom EuGH entwickelt worden. Nach der Rechtsprechung des EuGH besteht eine Schadensersatzpflicht der EU, wenn das den ***EU-Organen oder deren Bediensteten*** zur Last gelegte Verhalten auf der ***Ausübung einer Amtstätigkeit*** beruht und ***rechtswidrig*** ist, ein ***Schaden tatsächlich und sicher vorliegt*** und zwischen der Handlung und dem behaupteten Schaden ein ***ursächlicher Zusammenhang*** besteht.

(1) Verhalten der Organe und Bediensteten der EU

673 Der **Begriff der EU-Organe** in Art. 340 Abs. 2 AEUV erfasst neben den in Art. 13 Abs. 1 EUV abschließend aufgeführten Organen (EP, Europäischer Rat, Rat, Kommission, Gerichtshof, Europäische Zentralbank und Rechnungshof) auch solche Einrichtungen und Stellen der EU, die aufgrund ihrer durch das EU-Recht zugewiesenen Zuständigkeiten einen Schaden herbeiführen können[746].

---

746 Vgl. für die EIB: EuG T-11/00, Houtem/EIB, Slg. 2000, II-4019; für den Europäischen Bürgerbeauftragten: EuGH C-234/02P, Europäischer Bürgerbeauftragter/Lambert, Slg. 2004, I-2803; für das Harmonisierungsamt für Marken, Muster und Modelle des Binnenmarktes: EuGH C-263/09P, Edwin Co. Ltd, Slg. 2011, I-5853; EuG T-223/99, Dejaiffe, Slg. ÖD 2000, IA-277, II-1267.

Zu den **Bediensteten** der EU gehören neben den Beamten auch die sonstigen Bediensteten der EU. Eine Haftungszurechnung erfolgt darüber hinaus auch für das Verhalten aller Personen und Einrichtungen, denen sich die EU zur Erfüllung der ihr übertragenen Aufgaben bedient (insbesondere Agenturen).

(2) Verhalten in Ausübung einer Amtstätigkeit

Die **„Amtstätigkeit"** wird in der Rechtsprechung sehr weitgehend als „Verhalten **674** der Organe" umschrieben. Es genügt, dass eine *unmittelbare innere Beziehung zu den unionsrechtlich bestimmten Aufgaben* besteht[747].

Als **„Verhalten"** kommen neben den Rechtshandlungen auch faktisches Verhalten und ein Unterlassen in Betracht. Besteht das gerügte Verhalten in einer Unterlassung, so kann es die Haftung der EU nur dann begründen, wenn das betreffende Organ gegen eine Rechtspflicht zum Handeln verstoßen hat, die sich aus einer EU-Vorschrift ergibt[748]. Eine Haftung für das primäre Vertragsrecht kommt dagegen nicht in Betracht, da es von den Mitgliedstaaten gesetzt wird und weder eine Handlung der Organe noch der Bediensteten der EU darstellt[749].

Erfasst werden grundsätzlich **administratives, normatives und judikatives** Han- **675** deln. Zum administrativen Handeln gehören vor allem die Beschlüsse der Organe sowie jedes sonstige Verhalten der Bediensteten. Auch für normatives Handeln haftet die EU, wenngleich mit Einschränkungen. Schließlich kann grundsätzlich auch ein durch judikatives Handeln entstandener Schaden geltend gemacht werden; in der Praxis wird dies aus naheliegenden Gründen (EuGH/EuG müssen ihre eigenen Urteile für rechtswidrig erklären und deshalb Schadensersatz zulassen) nur in außergewöhnlichen Fällen der Rechtsbeugung oder Richterbestechung zum Erfolg führen.

(3) Rechtswidrigkeit

Die EU haftet für **rechtswidriges** Handeln ihrer Organe oder deren Bediensteter[750]. **676** Rechtswidrigkeit des Handelns liegt vor, wenn gegen **höherrangige Normen des EU-Rechts** verstoßen wird. Das Verlangen der Verletzung einer höherrangigen Rechtnorm bedeutet keine Beschränkung etwa auf Grundrechte oder fundamentale Rechtsprinzipien, sondern ist im Sinne einer normenhierarchischen Über- und Unterordnung zu verstehen, da anderenfalls der Haftungstatbestand unvertretbar weit eingeschränkt würde.

Im Rahmen der Rechtswidrigkeit sind **zwei Voraussetzungen** zu prüfen: **677**

---

747 EuGH Rs. 136/84, Gerhardus Leussink u.a./KOM, Slg. 1986, 2801; Rs. 9/69, Claude Sayag und S.A. Zürich/Jean-Pierre Leduc u.a., Slg. 1969, Rdn. 5/11.

748 EuG T-113/96, Edouard Dubois et Fils SA/Rat und KOM, Slg. 1998, II-125, Rdn. 56; EuGH C-146/91, KYDEP/Rat und KOM, Slg. 1994, I-4199, Rdn. 58.

749 EuGH C-95/98 P, Dubois et Fils, Slg. 1999, I-4835 Rdn. 18.

750 Zur Frage der Haftung für rechtmäßiges Handeln sogleich unter c).

(a) Die Rechtsnorm, gegen die verstoßen worden ist, muss *dem Einzelnen Rechte verleihen*[751]: Danach genügt nicht [mehr], dass die verletzte Norm zumindest faktisch auch dem individuellen Interesse des Betroffenen dient; verlangt wird nunmehr die Verletzung **subjektiver Rechte und Interessen** der Betroffenen. Das EuG definiert die Anforderungen, die an eine solche Rechtsnorm zu stellen sind, wie folgt: *„Eine Rechtsnorm bezweckt, einem Einzelnen Rechte zu verleihen, wenn eine Vorschrift verletzt wird, die für den Einzelnen Rechte begründet, die die nationalen Gerichte zu wahren haben, so dass sie unmittelbare Wirkung hat, die dem Einzelnen einen Vorteil verschafft, der als wohlerworbenes Recht einzustufen ist"*[752]. Diese Anforderungen werden insbesondere erfüllt von den Grundfreiheiten des Binnenmarktes, den Unionsgrundrechten[753], insbesondere dem Eigentumsrecht und dem Recht am eingerichteten und ausgeübten Gewerbebetrieb, vom Gleichheitsgrundsatz, vom Grundsatz des Vertrauensschutzes sowie vom Verhältnismäßigkeitsgrundsatz, aber auch das in der Grundrechtecharta verankerte Recht auf eine Entscheidung einer Rechtssache innerhalb einer angemessenen Frist[754].

(b) Es muss eine *hinreichend qualifizierte Verletzung* vorliegen[755]. Diese Voraussetzung ist erfüllt, wenn das handelnde Organ die **Grenzen, die seinem Ermessen gesetzt sind, offenkundig und erheblich überschritten** hat[756]. Zur Beurteilung einer offenkundigen und erheblichen Ermessensüberschreitung sind vor allem heranzuziehen die *Erheblichkeit oder Schwere des Rechtsverstoßes*, die nach der Bedeutung der verletzten Rechtsnorm sowie nach dem Fehlen einer Rechtfertigung beurteilt wird, wonach es dann an einer Rechtfertigung fehlt, wenn der Fehler vernünftigerweise nicht hätte unterlaufen dürfen oder wenn keine zwingenden Gründe des öffentlichen Interesses die Rechtswidrigkeit des Handelns ausschließen[757], der *Personenkreis* der von der Verletzung Betroffenen, insbesondere ob eine klar abgrenzbare Gruppe

---

751 St. Rspr. seit EuGH C-352/98 P, Bergaderm/KOM, Slg. 2000, I-5291 Rdn. 42; zuletzt EuGH C-440/07P, KOM/Schneider Electric SA, Slg. 2009, I-6413, Rdn. 160; EuG T-351/03, Schneider Electics SA/KOM, Slg. 2007, II-2237 Rdn. 114.

752 EuG T-415/03, „San Pedro" de Bermeo, Slg. 2005, II-4355, Rdn. 86.

753 Z.B. das Grundrecht auf ein faires Verfahren im Hinblick auf eine überlange Verfahrensdauer, EuGH C-385/07P, Der grüne Punkt – duales system Deutschland GmbH/KOM, Slg. 2009, I-6155, Rdn. 195, oder auf Wahrung der Verteidigungsrechte, EuGH C-440/07P, KOM/Schneider Electric SA, Slg. 2009, I-6413, Rdn. 162.

754 EuG T-571/14, Gascogne, ECLI:EU:T:2017:1 [Überschreitung der normalen Verfahrensdauer um 20 Monate].

755 Vgl. EuGH C-352/98 P, Bergaderm, Slg. 2000, I-5291, Rdn. 46, wo dieses Kriterium erstmals auch *sowohl für legislatives als auch administratives Handeln* gefordert wird; vgl. auch EuGH C-122/22 P, Dyson u.a., Urteil v. 11.1.2024, ECLI:EU:C:2024:11; C-282/05 P Holcim/KOM, Slg. 2007, I-2941.

756 EuGH C-198/03 P, KOM/CEVA, Slg. 2005, I-6357 Rdn. 64; C-312/00 P, KOM/Camar und Tico, Slg. 2002, I-11355 Rdn. 55; C-352/98 P, Bergaderm/KOM, Slg. 2000, I-5291 Rdn. 40.

757 EuGH C-104/89 u. C-37/90, Mulder u.a./Rat und KOM, Slg, 1992, I-3061, Rdn. 16; EuG T-18/99, Cordis/KOM, Slg. 2001, II-913 Rdn. 45.

von Personen oder Unternehmen geschädigt wurde, sowie ein *Überschreiten der Opfergrenze,* d.h. ob der Schaden über die Grenzen der wirtschaftlichen Risiken hinausgeht, die eine Betätigung in dem betreffenden Wirtschaftszweig mit sich bringt[758]. Hat das EU-Organ nur einen *erheblich verringerten oder gar auf null reduzierten Gestaltungsspielraum,* kann die bloße Verletzung des EU-Rechts ausreichen, um einen qualifizierten Verstoß anzunehmen[759].

(4) Schaden

Der Schaden umfasst *„jede Einbuße, die der Betroffene durch ein bestimmtes Ereignis an seinem Vermögen oder an seinen sonstigen Rechtsgütern erleidet"*[760]. Der angeblich erlittene Schaden muss tatsächlich und sicher vorliegen, was nicht abstrakt, sondern anhand der konkreten Umstände des jeweiligen Sachverhalts zu prüfen ist[761]. Er kann materieller oder immaterieller Natur sein[762]. Zum Schaden gehört auch der **entgangene Gewinn**[763]. Dieser Anspruch besteht allerdings nur dann, wenn das Handelsgeschäft wenigstens begonnen wurde[764]. Hingegen ist eine Vermögenseinbuße, die auf wirtschaftliche Schwierigkeiten und Risiken zurückzuführen ist, die dem betreffenden Wirtschaftssektor immanent sind, nicht als Schaden zu qualifizieren[765]. **678**

Ist der Schaden bereits eingetreten, muss die genaue Schadenshöhe bei Klageerhebung noch nicht feststehen. Ist zwar die Schadensursache gewiss, der Schaden selbst aber noch nicht eingetreten, muss die Entstehung des Schadens zum Zeitpunkt der Klageerhebung unmittelbar bevorstehen und mit hinreichender Sicherheit vorhersehbar sein[766].

Die **Höhe des Schadens** ergibt sich aus der Differenz zwischen der sich ohne das schädigende Ereignis ergebenden hypothetischen Vermögenslage und dem tatsächlichen Zustand. Der Anspruch wird jedoch bei **mitwirkendem Verschulden** des **679**

758 EuG T-285/03, Agraz, SA e.a./KOM, Slg. 2008, II-285 nach Aufhebung des Ersturteils (EuG T-285/03, Slg. 2005, II-1063, Rdn. 47 und 54) und Rückverweisung durch den EuGH (C-243/05, Slg. 2006, I-10833).

759 EuG T-320/00, CD Cartondruck AG/Rat und KOM, Slg. 2005, II-5393, Rdn. 85.

760 EuGH Rs. 63-69/72, Wilhelm Werhahn Hansamühle, Slg. 1973, 1229/1245.

761 EuGH C-237/98 P, Dorsch Consult/Rat und KOM, Slg. 2000, I-4549, Rn. 26.

762 EuGH verb. Rs. 5/56 und 3-7/57, Algera, Slg. 1957, 81 [„Aufregung, Verwirrung, Ungewissheit"]; Rs. 145/83, Stanley George Adams/KOM, Slg. 1985, 3539 [„strafrechtliche Verurteilung und Inhaftierung"]; EuG T-59/92, Renato Caronna/KOM, Slg. 1993, II-1129 [„Ehre und Würde eines Beamten"]; EuG T-571/14, Gascogne, ECLI:EU:T:2017:1 [Überschreitung der normalen Verfahrensdauer um 20 Monate].

763 EuGH Rs. 238/78, Ireks Arkady GmbH/Rat und KOM, Slg. 1979, 2955, Rdn. 13.

764 EuGH Rs. 5, 7 und 13-24/66, Fa. E. Kampffmeyer u.a./KOM, Slg. 1967, 331.

765 EuGH Rs. C-104/89 u. C-37/90, Mulder u.a./Rat und KOM, Slg. 1992, I-3061, Rdn. 13; Rs. 59/83, Biovilac, Slg. 1987, 4057; Rs. 238/78, Ireks Arkady GmbH/Rat und KOM, Slg. 1979, 2955, Rdn. 11.

766 EuG T-79/96, I-260/97, I-117/98, Camar und Tico/KOM u. Rat, Slg. 2000, II-2193 Rdn. 192.

Betroffenen **gemindert**. Außerdem ist der Betroffene verpflichtet, möglichen Schaden zu verhindern oder zu mindern[767]. Zur Verhinderung des Schadens ist bedeutsam, ob der Geschädigte alle ihm **zumutbaren** nationalen und unionsrechtlichen **Rechtsbehelfe** ergriffen hat, um bereits den Eintritt des Schadens zu vermeiden[768]. Im Rahmen der Schadensminderungspflicht ist zu berücksichtigen, ob der Geschädigte den Schaden ganz oder teilweise **abwälzen** konnte oder der Geschädigte seiner Pflicht zur Schadensbegrenzung nachgekommen ist. Der Geschädigte muss sich auch alle etwaigen aus der rechtswidrigen Amtstätigkeit gezogenen Vorteile anrechnen lassen (sog. **Vorteilsausgleich**). Umgekehrt ist der als Schadenersatz geschuldete Betrag um Ausgleichszinsen (zur Deckung des Geldwertverlustes) und Verzugszinsen zu erhöhen.

(5) Kausalzusammenhang

680 Die Amtstätigkeit muss *unmittelbar* zu einem Schaden geführt haben. Verlangt wird, dass zwischen dem Schaden und dem rechtswidrigen Verhalten ein **unmittelbarer und ursächlicher Zusammenhang** besteht[769]. Es reicht nicht jede noch so entfernte nachteilige Folge des Verhaltens[770]. Das Vorliegen eines Kausalzusammenhangs wird unter zwei Gesichtspunkten geprüft: Zum einen muss der **Schadenseintritt objektiv vorhersehbar** sein, d.h. nur diejenigen Amtstätigkeiten können für den Schaden kausal sein, die bei einem gewöhnlichen Verlauf nach allgemeiner Lebenserfahrung geeignet sind, den Schaden herbeizuführen (sog. *Adäquanztheorie*). Ein Kausalzusammenhang wird deshalb etwa verneint, wenn der gleiche Erfolg auch ohne die Amtstätigkeit eingetreten wäre[771]. Zum anderen muss der Schaden mit **hinreichender Sicherheit** auf der **rechtswidrigen** Amtshandlung beruhen (sog. *Rechtswidrigkeitszusammenhang*).

(6) Verschulden

681 Ein Verschulden aufseiten der handelnden EU-Organe oder deren Bediensteter ist **nicht erforderlich**.

---

767 EuGH C-104/89 und C-37/90, J. M. Mulder u.a./Rat und KOM, Slg. 1992, I-3061, Rdn. 33.

768 EuGH T-184/95, Dorsch Consult Ingenieurgesellschaft mbH/Rat und KOM, Slg. 1998, II-667, Rdn. 66.

769 EuGH Rs. 4/69, Lütticke, Slg. 1971, 325; Rs. 153/73, Holtz & Willemsen, Slg. 1974, 675; verb. Rs. 64 und 113/76, 167 und 239/78, 27, 28 und 45/79, Dumortier Frères, Slg. 1979, 3091.

770 EuG T-320/00, CD Cartondruck/Rat u. KOM, Slg. 2005, II-27 Rdn. 170.

771 EuGH Rs. 169/73, Compagnie Continentale France/Rat, Slg. 1975, 117, Rdn. 32; Rs. 26/81, S.A. Oleifici Mediterranei/Rat, Slg. 1982, 3057, Rdn. 22 ff.

c) Haftung für rechtmäßiges Handeln

In der **Rechtsprechung** von EuGH und EuG ist nach anfänglichem Zögern[772] die Haftung wegen rechtmäßigen Verhaltens nunmehr anerkannt. Ausgangspunkt waren die **Urteile** in den Rechtssachen *„CD Cartondruck"*[773] und *„Fiamm"*[774], in denen das EuG, unter Hinweis auf die Situation in den nationalen Rechtsordnungen, in welchen in speziellen Bereichen und nach verschiedenen Modalitäten Schäden auch ohne rechtswidrige Handlung ersetzt werden, die Haftung bei rechtmäßigem Handeln dem Grundsatz nach anerkannt und die Haftungsvoraussetzungen festgelegt hat. **682**

Die Ableitung dieser Haftung aus den Rechtsordnungen der Mitgliedstaaten überzeugt nicht. Eine rechtsvergleichende Analyse ergibt, dass keineswegs in allen mitgliedstaatlichen Rechtsordnungen Rechtsinstitute sicher etabliert sind, nach denen staatliche Stellen bei einem Sonderopfer des Einzelnen für rechtmäßige Maßnahmen eine Entschädigung zu leisten haben (*anerkannt in:* Belgien, Dänemark, Deutschland, Frankreich, Luxemburg, Niederlande, Portugal und Spanien; *nicht anerkannt in:* Finnland, Griechenland, Österreich und Schweden; in Italien ist die Haftung streitig). Eine Anerkennung des Instituts einer Haftung für rechtmäßiges Handeln folgt damit keineswegs zwingend aus dem Gesichtspunkt eines allen Rechtsordnungen der Mitgliedstaaten gemeinsamen Rechtsgrundsatzes. Gleichwohl erscheint es angesichts der Autonomie des EU-Rechts und der für Artikel 340 Abs. 2 AEUV angezeigten Methode der wertenden Rechtsvergleichung nicht ausgeschlossen, eine Haftung der EU-Organe für rechtmäßige Akte, einschließlich EU-Gesetzgebungsakte, anzunehmen. Eine Orientierung an besonders rechtsschutzfreundliche Lösungen, wenn sie in die Struktur der EU passen, wird von dem Auftrag wertender Rechtsvergleichung getragen und ist in der Tradition der europäischen Rechtsprechung verankert. Nur so konnte der Gerichtshof eine Haftung für legislatives Unrecht einführen, obwohl diese Haftung in den nationalen Rechtsordnungen allenfalls in Ansätzen vorgesehen war[775]. **683**

Für die Anerkennung dieses Instituts spricht, dass es dazu beiträgt, die Komplexität des EU-Rechts zu bewältigen. Die Rechtmäßigkeit erlassener Maßnahmen, einschließlich der Grundrechtskonformität, wird abstrakt geprüft[776]. Dies birgt die Gefahr in sich, dass ein Rechtsakt einen Einzelnen bei Sonderlagen unangemessen beeinträchtigt. Hinzu kommt, dass die EU-Rechtsakte nicht immer den nationalen Stellen einen Ermessensspielraum belassen, der eine Härtesituation ausgleichen **684**

772 Vgl. EuGH Rs. 267/82, Développement SA u.a., Slg. 1986, 1907, Rdn. 33; Rs. 59/83, Biovilac, Slg. 1984, 4057, Rdn. 28 ff.; EuG T-184/85, Dorsch Consult/Rat u. KOM, Slg. 1998, II-667 mit Anm. *Haack*, EuR 1999, S. 395.

773 EuG T-320/00, Slg. 2005, II-27, Rdn. 150.

774 EuG T-69/00, Slg. 2005, II-5393, Rdn. 159.

775 EuGH Rs. 5/71, Zuckerfabrik Schöppenstedt/Rat, Slg. 1971, 975, Rdn. 11.

776 EuGH C-104/97 P, Atlanta AG, Slg. 1999, I-6983 Rdn. 43; EuG T-521/93, Atlanta, Slg. 1996, II-1707, Rdn. 49, 63–64.

könnte. In aller Regel enthalten die einschlägigen EU-Rechtsakten selbst Härtefallbestimmungen, die es der Kommission als EU-Organ ermöglichen, Abhilfe bei individuellen Härten zu schaffen. Darüber hinaus kann der Gerichtshof in Fällen, in denen eine entsprechende Härtefallregelung fehlen sollte, aufgrund des Verhältnismäßigkeitsprinzips eine partielle Rechtswidrigkeit der Verordnung feststellen und damit eine Haftung für rechtswidriges Verhalten ermöglichen und so die EU-Organe indirekt zum Erlass einer Härtefallregelung zwingen[777]. Es sind jedoch Situationen denkbar, in denen eine entsprechende sekundärrechtliche Regelung fehlt und auch nicht geboten ist. Dann könnte eine Haftung für rechtmäßiges Verhalten als primärrechtliches Institut diese Lücke schließen.

685 Als **Grundlage** für eine Haftung für rechtmäßiges Verhalten dient Art. 340 Abs. 2 AEUV. Der Wortlaut dieser Vorschrift lässt dies zu; insbesondere wird nicht die Rechtswidrigkeit als Haftungsvoraussetzung genannt. Die Vorteile einer solchen Haftungsgrundlage liegen auf der Hand: Das Rechtsinstitut der Haftung für rechtmäßiges Verhalten wird dadurch in einen entwickelten Rahmen gestellt, der sichere Antworten auf viele Zweifelsfragen einer Haftung bereitstellt (Zuständigkeit der Gerichtsbarkeit der EU, Fristen, Beweispflichten, einzelne Tatbestandsmerkmale wie Amtstätigkeit, Kausalität, Schaden, Mitverschulden)[778].

686 Für eine Haftung für rechtmäßiges Verhalten gelten damit die in der Rechtsprechung zu Art. 340 Abs. 2 AEUV entwickelten Haftungsvoraussetzungen: (1) tatsächliches Vorliegen eines Schadens und (2) Kausalzusammenhang zwischen dem Schaden und dem den EU-Organen zur Last gelegten Verhalten. Den Besonderheiten einer Haftung für rechtmäßiges Handeln wird durch die Einführung eines zusätzlichen, die Haftung einschränkenden Kriteriums in Gestalt des „Sonderopfers" Rechnung getragen. Verlangt wird ein „außergewöhnlicher" und „besonderer" Schaden[779]. Ob ein **„außergewöhnlicher"** und **„besonderer" Schaden** vorliegt, wird in jedem Einzelfall in einer Gesamtschau aller Umstände zu bewerten sein. Eine bereits logische Voraussetzung liegt darin, dass es sich um einen Einzelnen oder um eine so kleine Gruppe handeln muss, deren spezifischer Situation eine abstrakte und generelle Prüfung eines Rechtsaktes nicht Rechnung trägt. Ein *wichtiges Indiz* für ein Sonderopfer kann in einer existenzbedrohenden Krise des betroffenen Unternehmens gesehen werden. Ein weiteres Indiz für ein anormales Sonderopfer könnte sich daraus ergeben, dass eine passende sekundärrechtliche Härtefallregelung fehlt und gegenüber den EU-Organen auch nicht gerichtlich durchgesetzt werden kann.

Weiterführende Literatur: *Detterbeck*, Haftung der Europäischen Gemeinschaft und gemeinschaftsrechtlicher Staatshaftungsanspruch, AöR 125 (2000); *Doehner*, Immaterieller

---

777 Zur entsprechenden Pflicht EuGH Rs. 81/86, De Boer Buizen, Slg. 1987, 3677, Rdn. 17.

778 So schon EuG T-184/95, Dorsch Consult/Rat und KOM, Slg. 1998, II-667, Rdn. 59.

779 EuG T-320/00, CD Cartondruck, Slg. 2005, II-27, Rdn. 152; T-69/00, FIAMM, Slg. 2005, II-5393, Rdn. 160; T-184/95, Dorsch Consult/Rat und KOM, Slg. 1998, II-667, Rdn. 59, 76; EuGH C-237/98 P, Dorsch Consult, Slg. 2000, I-4549 Rdn. 17–19.

Schadensersatz bei Pauschalreisen, EuZW 2002, S. 339; *Oliver Dörr (Hrsg.)*, Staatshaftung in Europa, 2014; *Haack*, Die außervertragliche Haftung der Europäischen Gemeinschaft für rechtmäßiges Verhalten ihrer Organe, 1995; *Kischel*, Gemeinschaftsrechtliche Staatshaftung zwischen Europarecht und nationaler Rechtsordnung, EuR 2005, S. 441; *Reinisch*, Entschädigung für die unbeteiligten Opfer des Hormon- und Bananenstreites nach Art. 288 II EG?, EuZW 2000, S. 42; *Anna-Zoe Steiner*, Die außervertragliche Haftung der Europäischen Union nach Art.340 Abs. 2 AEUV für rechtswidriges Verhalten, 1. Aufl. 2015; *Weiß*, Zur Haftung der EG für die Verletzung des WTO-Rechts, EuR 2005, S. 277.

II. Rechtsmittelverfahren (Art. 256 Abs. 1 AEUV)

Das Verhältnis zwischen EuGH und EuG ist dergestalt geregelt worden, dass gegen alle Entscheidungen des EuG ein **Rechtsmittel** beim EuGH eingelegt werden kann. Dasselbe gilt für das Verhältnis zwischen EuG und Fachgerichten, gegen deren Entscheidungen ein Rechtsmittel beim EuG eingelegt werden kann. **687**

1. Rechtsmittel gegenüber Entscheidungen des EuG

a) Beschränkung auf Rechtsfragen

Das Rechtsmittel ist **auf Rechtsfragen beschränkt**. Es kann nur auf Rechtsmittelgründe gestützt werden, die sich auf die Verletzung von Rechtsvorschriften beziehen und jede Tatsachenwürdigung ausschließen[780]. Soweit das EuG jedoch die festgestellten **Tatsachen rechtlich qualifiziert** und aus ihnen rechtliche Folgen abgeleitet hat, ist der EuGH im Rahmen des Rechtsmittelverfahrens zur Kontrolle befugt[781]. Auch soweit das EuG von Amts wegen zu berücksichtigende Umstände übersehen hat, kann dies mit dem Rechtsmittel geltend gemacht werden. **Neue Tatsachen,** die erst nach Erlass des angefochtenen Urteils des EuG aufgetreten sind, können hingegen im Rechtsmittelverfahren nicht geltend gemacht werden[782]. Keine Rechtsfrage stellt grundsätzlich die **Beurteilung der Beweise** dar, die das EuG zur Erhärtung der Tatsachen herangezogen hat. Es ist allein Sache des EuG, den Beweiswert der ihm vorgelegten Beweismittel zu beurteilen[783]. Dagegen ist es Sache des EuGH, zu klären, ob das Gericht bei der Sachverhaltswürdigung dadurch einen Rechtsirrtum begangen hat, dass es gegen die allgemeinen Rechtsgrundsätze wie die Unschuldsvermutung und gegen das Beweisrecht, insbesondere die Beweislastverteilung, verstoßen hat[784]. **688**

---

780 EuGH C–55/97P, AIUFASS u. AKT/KOM, Slg. 1997, I-5383 Rdn. 13.

781 EuGH C-280-282/99 P, Moccia Irme, Slg. 2001, I-4717 Rdn. 78.

782 EuGH C-104/97P, Atlanta AG/Rat und KOM, Slg. 1999, I-6983 Rdn. 17-23.

783 EuGH C-122/01 P, T. Port/KOM, Slg. 2003, I-4261 Rdn. 27; C-24/01 P u. C-25/01 P, Glencore/KOM, Slg. 2002, I-10119 Rdn. 65. Eine Ausnahme gilt nur, wenn die Beweise verfälscht wurden.

784 EuGH C-199/92P, Hüls AG/KOM, Slg. 1999, I-4287 Rdn. 65.

b) Keine Veränderung des Streitgegenstandes

689 Das Rechtsmittel darf den vor dem EuG **verhandelten Streitgegenstand nicht verändern**. Deshalb können Klagegründe, die nicht bereits im Verfahren vor dem EuG vorgetragen oder in der ersten Instanz präkludiert waren, im Rechtsmittelverfahren nicht vorgebracht werden[785]. Davon zu unterscheiden sind neue, zulässige Rechtsmittelgründe, die sich aus dem angefochtenen Urteil oder aus Verfahrensverstößen des EuG ergeben[786].

c) Rechtsmittelgründe

690 Ein Rechtsmittel kann ausschließlich auf folgende Gründe gestützt werden:

- die Unzuständigkeit des EuG, weil das Gericht zu Unrecht seine Zuständigkeit oder Unzuständigkeit angenommen hat;
- einen Verfahrensfehler, durch den die Interessen des Rechtsmittelführers beeinträchtigt werden[787], sowie
- eine Verletzung des EU-Rechts durch das EuG[788].

d) Urteil

691 Ist das **Rechtsmittel zulässig und begründet,** so hebt der EuGH die Entscheidung des EuG auf. Bei **Spruchreife** kann er den Rechtsstreit (einschließlich der Kosten) selbst entscheiden[789]; anderenfalls verweist er die Sache zur erneuten Entscheidung an das EuG zurück, das an die rechtliche Beurteilung des EuGH gebunden ist.

Unzulässige und **unbegründete Rechtsmittel** werden zurückgewiesen, wobei ein Rechtsmittel auch dann unbegründet ist, wenn die angefochtene Entscheidung des EuG sich aus anderen als den vom EuG angestellten rechtlichen Erwägungen als richtig erweist[790]. Bei offensichtlicher Unzulässigkeit oder Unbegründetheit kann der EuGH das Rechtsmittel nach Anhörung des Generalanwalts ganz oder teilweise durch begründeten Beschluss zurückweisen[791].

---

785 EuGH C-280-282/99 P, Moccia Irme, Slg. 2001, I-4717 Rdn. 67.

786 EuGH C-354/92P, Eppe/KOM, Slg. 1993, I-7027/7049.

787 EuGH C-248/99, Frankreich/Monsanto u. KOM, Slg. 2002, I-1, Rdn. 52/62; C-171/00P, Libéros/KOM, Slg. 2002, I-451.

788 EuGH C-401/96P, Somaco/KOM, Slg. 1998, I-2587, Rdn. 53 (Fehlende oder fehlerhafte Begründung des Urteils); C-68/91P, Moritz/KOM, Slg. 1992, I-6849, Rdn. 35–39 (Nichterörterung von Klagegründen); C-30/91P, Lestelle/KOM, Slg. 1992, I-3755 (Verkennung des anwendbaren Rechts)]; EuGH C-321/99P, ARAP/KOM, Slg. 2002, I-4287, Rn. 48/49 (Fehlerhafte Auslegung des EU-Rechts).

789 EuGH C-74 u. 75/00 P, Falck u. Bolzano, Slg. 2002, I-7869.

790 EuGH C-220/91P, KOM/Stahlwerke Peine Salzgitter, Slg. 1993, I-2393/2445.

791 Vgl. dazu EuGH C-104/96P, Dimitriadis/Rechnungshof, Slg. 1997, I-5635; C-325/94P, WWF/KOM, Slg. 1996, I-3727.

2. Rechtsmittel gegenüber Entscheidungen der Fachgerichte

Im Anhang I zur Satzung des Gerichtshofs sind die wesentlichen Verfahrensregeln, **692** die für die Fachgerichte gelten, niedergelegt. Die Art. 9 und Art. 11–13 regeln dabei das Rechtsmittel zum EuG. Es folgt im Wesentlichen den für das Verhältnis EuGH und EuG geltenden Grundsätzen.

3. Rechtsmittel in Rechtssachen, die bereits Gegenstand einer zweifachen Prüfung waren

Der EuGH hat Vorschriften bezüglich der Zulassung von Rechtsmitteln in Rechts- **693** sachen erlassen, die bereits Gegenstand einer zweifachen rechtlichen Überprüfung waren, nämlich in einem ersten Schritt durch eine unabhängige Beschwerdekammer und sodann durch das EuG. Diese Rechtsmittel wurden in der Vergangenheit vom EuGH als offensichtlich unzulässig oder offensichtlich unbegründet zurückgewiesen.

Um es dem EuGH zu ermöglichen, sich auf die Rechtssachen zu konzentrieren, die seine ganze Aufmerksamkeit erfordern, wird im Interesse einer geordneten Rechtspflege für Rechtsmittel bezüglich Rechtssachen der genannten Art ein Mechanismus vorgesehen, der es dem EuGH ermöglicht, ein Rechtsmittel nur dann ganz oder teilweise zuzulassen, wenn damit eine für die *Einheit, die Kohärenz oder die Entwicklung des Unionsrechts bedeutsame Frage aufgeworfen wird.*

Das Protokoll über die Satzung des EuGH (Art. 58a) und die Verfahrensordnung des **694** EuGH (Kapitel 1a des Fünften Titels) wurden daher entsprechend geändert[792]. Gemäß diesen Vorschriften steht die Prüfung von Rechtsmitteln gegen Entscheidungen des EuG, die eine Entscheidung einer unabhängigen Beschwerdekammer (Amt der EU für geistiges Eigentum in Alicante (EUIPO), Gemeinschaftliches Sortenamt in Angers (CPVO), Europäische Chemikalienagentur in Helsinki (ECHA) und Agentur der EU für Flugsicherheit in Köln (EASA)) zum Gegenstand haben, unter der Bedingung der vorherigen Zulassung des jeweiligen Rechtsmittels durch den EuGH.

In diesen Rechtssachen ist der Rechtsmittelschrift ein Antrag auf Zulassung des Rechtsmittels beizufügen, in dem der Rechtsmittelführer die für die Einheit, die Kohärenz oder die Entwicklung des Unionsrechts bedeutsame Frage klar darlegt. Fehlt es an einem solchen Antrag, so wird das Rechtsmittel für unzulässig erklärt. Erfüllt der Antrag die formalen Voraussetzungen, so entscheidet der EuGH zeitnah durch Beschluss über die Zulassung oder die Nichtzulassung des Rechtsmittels.

Weiterführende Literatur: *Böllhoff,* Das Rechtsmittelverfahren vor dem Gerichtshof der Europäischen Gemeinschaften: Verfahren, Prüfungsumfang und Kontrolldichte, 2001; *Hakenberg/Stix-Hackl,* Handbuch zum Verfahren vor dem Europäischen Gerichtshof, 4. Aufl. 2020; *Wägenbaur,* Neuere Entwicklungen im Bereich des Rechtsmittelverfahrens,

792 Diese Änderungen sind am 1.5.2019 in Kraft getreten, ABl. 2019 L 111/1.

EuZW 2003, S. 517; *ders.*, The appeal to the Community Courts – changes and hurdles, ZeuS 2007, S. 161.

III. Das Vorabentscheidungsverfahren (Art. 267 AEUV)

695 Im Wege des Vorabentscheidungsverfahrens können sich die **nationalen Gerichte an den EuGH wenden.** Das nationale Gericht kann, wenn es im Rahmen eines bei ihm anhängigen Rechtsstreits Bestimmungen des EU-Rechts anzuwenden hat, dieses Verfahren aussetzen und dem EuGH die Frage vorlegen, ob der von den EU-Organen erlassene Rechtsakte gültig ist und/oder wie dieser Rechtsakt und die EU-Verträge auszulegen sind.

Der nationale Richter **formuliert** dabei eine **Rechtsfrage**, auf die der EuGH in Form eines Urteils und nicht etwa in Form eines Gutachtens antwortet, womit bereits der verbindliche Charakter seines Richterspruchs auch äußerlich zum Ausdruck gebracht wird. Gleichwohl ist das Vorabentscheidungsverfahren nicht wie die anderen dargestellten Verfahren ein Streitverfahren zur Entscheidung eines Rechtsstreits, sondern es stellt nur einen Teil eines Gesamtverfahrens dar, das vor einem nationalen Gericht beginnt und auch dort endet.

696 **Ziel dieses Verfahrens** ist zunächst die Gewährleistung einer einheitlichen Auslegung des EU-Rechts und damit der Einheitlichkeit der EU-Rechtsordnung. Über diese Funktion der **Wahrung der Rechtseinheit** innerhalb der EU hinaus hat dieses Verfahren Bedeutung auch für den **Individualrechtsschutz**. Zunächst ermöglicht das Vorabentscheidungsverfahren den nationalen Richtern, die Gültigkeit der einem nationalen Vollzugsakt zugrunde liegenden EU-Rechtsregelung auf ihre Rechtmäßigkeit überprüfen zu lassen. Nationale Gerichte können Sekundärrechtsakte nicht selbst für ungültig erklären, müssen aber über die Wahrscheinlichkeit der Gültigkeit entscheiden und bei Zweifeln den Fall dem EuGH vorlegen. Sofern Zweifel an der Gültigkeit bestehen, können nationale Gerichte die für die Abschätzung unerlässlichen Informationen von den EU- Organen herausverlangen. Es gilt das Prinzip der loyalen Zusammenarbeit[793]. Daneben eröffnet das Vorabentscheidungsverfahren den nationalen Gerichten implizit die Möglichkeit, die Vereinbarkeit nationalen Rechts mit dem EU-Recht zu überprüfen und im Falle der Unvereinbarkeit das vorrangig, unmittelbar anwendbare EU-Recht anzuwenden, und schließt damit eine wesentliche Rechtsschutzlücke, da es im EU-Recht keinen Rechtsbehelf für natürliche und juristische Personen gibt, einen Mitgliedstaat unmittelbar vor dem EuGH zur Einhaltung des EU-Rechts zu zwingen.

697 Der EuGH wird im Rahmen des Vorabentscheidungsverfahrens nicht als eine Art europäische Revisions- oder Kassationsinstanz für die nationalen Gerichten tätig, sondern das Verfahren der Vorabentscheidung ist als **Verfahren unmittelbarer**

---

793 EuGH C-644/17, eurobolt, ECLI :EU :C :2019 :555.

gerichtlicher Zusammenarbeit ausgestaltet, das der Parteiherrschaft entzogen ist[794].

1. Gegenstand des Vorabentscheidungsersuchens

Der EuGH entscheidet zum einen über Fragen der **Auslegung des EU-Rechts** (a) und übt zum anderen eine **Gültigkeitskontrolle über die Rechtshandlungen** der EU-Organe aus (b). Bestimmungen des nationalen Rechts können nicht zum Gegenstand einer Vorabentscheidung gemacht werden (c). **698**

a) Auslegungsfragen

Fragen nach der **Auslegung**, d.h. nach Inhalt und Tragweite des EU-Rechts[795], können sich auf alle das EU-Recht bildenden Rechtssätze beziehen. Gegenstand eines Auslegungsersuchens können somit neben dem Vertragsrecht und dem von den EU-Organen gesetzten Recht vor allem auch die allgemeinen Rechtsgrundsätze sein, die vom EuGH anerkannt und in die EU-Rechtsordnung eingeführt worden sind (z.B. Grundrechte, Grundsatz der Verhältnismäßigkeit, Grundsatz des Vertrauensschutzes). Zu den vorlagefähigen Handlungen der EU-Organe gehören auch die völkerrechtlichen Abkommen der EU mit Drittstaaten oder mit Internationalen Organisationen. Dabei ist es unerheblich, ob die jeweiligen unionsrechtlichen Bestimmungen in den Mitgliedstaaten unmittelbar anwendbar sind, d.h. ob sich die Einzelnen auf sie vor den nationalen Gerichten berufen können. Der EuGH hat in ständiger Rechtsprechung im Hinblick auf diese insbesondere bei Richtlinienbestimmungen auftretende Problematik entschieden, dass *„eine Auslegung der Richtlinie unabhängig von ihren Wirkungen ... für das nationale Gericht zweckmäßig sein [kann], damit sichergestellt wird, dass das zur Durchführung der Richtlinie erlassene Gesetz gemeinschaftsrechtskonform ausgelegt und angewendet wird“*[796]. **699**

Von der Auslegung ist die **Anwendung des EU-Rechts** auf den konkreten zur Entscheidung anstehenden Einzelfall zu unterscheiden. Letztere ist aufgrund der strikten Zuständigkeitstrennung zwischen dem vorlegenden Gericht und dem EuGH allein Aufgabe des nationalen Richters. Die Grenzziehung ist allerdings nicht immer leicht, zumal die vom EuGH gegebene Auslegung der unionsrechtlichen Bestimmungen dem nationalen Gericht häufig nur dann eine echte Entscheidungshilfe bieten kann, wenn sie hinreichend auf die Besonderheiten des Ausgangsfalles zugeschnitten ist. Der EuGH hat deshalb seine Zuständigkeit nach Art. 267 AEUV zur Auslegung des EU-Rechts bisher ohne übertriebenen Formalismus nach praktischen Gesichtspunkten gehandhabt, wobei er stets darum bemüht war, dem vorlegenden **700**

---

794 EuGH C-2/06, Willy Kempter, Slg. 2008, I-411 Rdn. 41 m.w.N.

795 Vgl. EuGH C-453/00, Kühne & Heitz, Slg. 2004, I-837; C-50/96, Deutsche Telekom, Slg. 2000, I-743 Rdn. 43.

796 So EuGH Rs. 111/75, Mazzalai, Slg. 1976, 657/666.

Gericht eine zur Entscheidung des konkreten Rechtsstreits möglichst sachdienliche Auslegung des EU-Rechts zu geben.

b) Gültigkeitsfragen

701 Die Gültigkeitsprüfung entspricht einer umfassenden Rechtmäßigkeitskontrolle aller Rechtshandlungen der EU-Organe, Einrichtungen oder sonstigen Stellen der EU am Maßstab des Vertragsrechts, der allgemeinen Rechtsgrundsätze sowie der über dem sekundären EU-Recht stehenden völkerrechtlichen Abkommen, soweit diese vom EuGH als Prüfungsmaßstab anerkannt werden[797]. Die Befugnis des EuGH ist dabei umfassender Natur und, anders als im Rahmen der Nichtigkeitsklage (Art. 263 AEUV), nicht an das Vorbringen von Klagegründen gebunden. Auch steht einem Vorabentscheidungsersuchen die Möglichkeit der Erhebung einer Nichtigkeitsklage nicht entgegen[798]. Umgekehrt kann allerdings die Gültigkeit einer individuellen Entscheidung auch im Rahmen eines Vorabentscheidungsersuchens nicht mehr in Frage gestellt werden, wenn der Adressat der fraglichen Entscheidung von der Erhebung einer Nichtigkeitsklage innerhalb der dafür vorgesehenen Frist abgesehen hat[799].

c) Unzulässigkeit der Überprüfung nationalen Rechts

702 Vorabentscheidungsersuchen sind auf Rechtssätze des EU-Rechts zu beschränken; Bestimmungen des nationalen Rechts können nicht zum Gegenstand einer Vorabentscheidung gemacht werden. Der EuGH ist im Rahmen eines Vorabentscheidungsverfahrens weder befugt, nationales Recht auszulegen noch seine Vereinbarkeit mit dem Unionsrecht zu beurteilen[800]. Dies wird häufig in den Vorlagefragen, die an den EuGH gerichtet werden, übersehen. Dort finden sich vielfach ganz gezielte Fragen nach der Vereinbarkeit einer nationalen Rechtsvorschrift mit einer EU-Rechtsnorm, oder es wird nach der Anwendbarkeit einer bestimmten EU-Regelung in dem vor dem nationalen Gericht zur Entscheidung anhängigen Rechtsstreit gefragt. Diese an sich unzulässigen Vorlagefragen werden vom EuGH allerdings nicht einfach zurückgewiesen, sondern werden in dem Sinne umgedeutet, dass das vorlegende Gericht „im Kern" oder „im Wesentlichen" um Kriterien für die Auslegung des einschlägigen

---

797 Zu den Assoziierungsabkommen vgl. EuGH C-192/89, Sevince, Slg. 1990, I-3497/3501; nur sehr eingeschränkt WTO-Übereinkünfte, vgl. EuGH C-377/02, Léon Van Parys, Slg. 2005, I-1465; C-377/98, Niederlande/Rat, Slg. 2001, I-7079; C-149/96, Portugal/Rat, Slg. 1999, I-8395. Einzelheiten hierzu unter § 6 I. 2. b).

798 EuGH Rs. 13,3-136/85, Rau, Slg. 1987, 2289/2338.

799 EuGH C-239/99, Nachi Europe, Slg. 2001, I-1197 Rdn. 36/37; C-188/92, TWD-Textilwerke Deggendorf, Slg. 1994, I-833; zu dieser Frage s. *Kamann/Selmayr*, Das Risiko der Bestandskraft, NVwZ 1999, S. 1041–1045.

800 Vgl. EuGH Rs. 228/87, Pretura unificata Turin, Slg. 1988, 5099/5119; C-292/92, Hünermund, Slg. 1993, I-6787.

EU-Rechts nachsucht, um selbst die Vereinbarkeit des entscheidungserheblichen nationalen Rechts mit dem EU-Recht beurteilen zu können[801].

Allerdings zieht der EuGH die **Grenze zwischen Auslegung des EU-Rechts und Auslegung des nationalen Rechts** nicht immer ganz scharf. Dies gilt vor allem in den Fällen, in denen nationale Rechtsvorschriften, insbesondere um Inländerdiskriminierungen oder Wettbewerbsverzerrungen zu vermeiden, zur Regelung rein innerstaatlicher Sachverhalte auf Regelungen des EU-Rechts Bezug nehmen oder eine inhaltsgleiche Regelung treffen[802]. Die gleiche Problematik stellt sich daneben auch in den Fällen, in denen der nationale Gesetzgeber im Rahmen der Umsetzung von Richtlinien bei der inhaltlichen Gestaltung der nationalen Umsetzungsmaßnahme über die sich aus der Richtlinie ergebenden Anforderungen hinausgeht[803]. Legt ein nationales Gericht die Auslegung einer solchen nationalen Rechtsvorschrift dem EuGH zur Vorabentscheidung vor, nimmt der EuGH streng genommen eine Auslegung des nationalen Rechts vor. Gleichwohl begründet der EuGH seine Zuständigkeit in diesen Fällen regelmäßig mit dem Interesse der EU an einer einheitlichen Auslegung der aus dem EU-Recht übernommenen Begriffe oder mit dem EU-Recht eng verbundener nationaler Regelungskomplexe[804].

2. Vorlageberechtigung

Zur Vorlage berechtigt sind alle **„Gerichte der Mitgliedstaaten"**. Der Gerichts- **703**
begriff ist dabei unionsrechtlich zu verstehen und stellt nicht auf die Bezeichnung, sondern die Funktion und Stellung einer Einrichtung im Rechtsschutzsystem der Mitgliedstaaten ab. Gerichte sind danach alle unabhängigen, d.h. nicht weisungsgebundenen Einrichtungen, die in einem rechtsstaatlich geordneten Verfahren Rechtsstreitigkeiten mit Rechtskraftwirkung zu entscheiden haben[805]. Vorlageberechtigt sind demnach grundsätzlich auch die Verfassungsgerichte der Mitgliedstaaten[806] oder

801 Vgl. EuGH Rs. 212/87, Unilec, Slg. 1988, 5075/5119; Rs. 14/86, Pretore di Salò/X, Slg. 1987, 2545/2569; Rs. 54/85, Mirepoix, Slg. 1986, 1067/1076.

802 EuGH C-245/09, Omalet NV, Slg. 2010, I-13771, Rdn. 15–17; C-352/08, Modehuis A. Zwijnenburg B.V., Slg. 2010, I-4303, Rdn. 33 m.w.N. aus der Rspr.; C-327/16 u. C-421/16, Marc Jacob u. Marc Lassus, ECLI:EU:C:2018:210 Rdn. 33,34.

803 Vgl. hierzu *Habersack/Mayer*, Die überschießende Umsetzung von Richtlinien, JZ 1999, 913–921.

804 St. Rspr. seit EuGH C-297/88 u. C-197/89, Dzodzi, Slg. 1990, I-3763, Rdn. 36; C-231/89, Gmurzynska-Bscher, Slg. 1990, I-4003, Rdn. 18/19; C-130/95, Giloy, Slg. 1997, I-4291, Rdn. 23; C-1/99, Kofisa Italia, Slg. 2001, I-207.

805 Vgl. EuGH C-118/09, Koller, Slg. 2010, I-13627, Rdn. 22; C-96/04, Standesamt Stadt Niebüll, Slg. 2006, I-3561 Rdn. 12/13; C-516/99, Walter Schmid, Slg. 2002, I-4573, Rdn. 34–44.

806 Als erstes Verfassungsgericht hat der österreichische Verfassungsgerichtshof den EuGH mit einer Vorlage befasst: EuGH C-143/99, Adria-Wien Pipline, Slg. 2001, I-8365; auch der französische Conseil constitutionel (Verfassungsrat) hat erstmals in seiner Geschichte eine Rechtsfrage dem EuGH zur Vorabentscheidung vorgelegt, um eine Verfassungsfra-

auch streitentscheidende Stellen außerhalb der staatlichen Gerichtsbarkeit, nicht jedoch die privaten Schiedsgerichte[807].

704 Ob ein nationaler Richter von seinem Vorlagerecht Gebrauch macht, hängt von der **Entscheidungserheblichkeit** der unionsrechtlichen Fragen für den Ausgangsrechtsstreit ab, über die der nationale Richter selbst entscheidet[808]. Der EuGH ist grundsätzlich gehalten, über diese Fragen zu befinden[809]. Es besteht folglich eine Vermutung für die Entscheidungserheblichkeit der Vorlagefragen eines nationalen Gerichts, die es zur Auslegung des EU-Rechts in den rechtlichen und sachlichen Rahmen stellt, den es in eigener Verantwortung festlegt und dessen Richtigkeit der Gerichtshof der EU nicht zu prüfen hat[810]. Die Parteien des Ausgangsverfahrens können Anregungen geben; sie können auch über die Entscheidungserheblichkeit streitig vor dem nationalen Gericht verhandeln. Die Entscheidung über die Vorlage und den Inhalt der Vorlagefrage trifft jedoch ausschließlich der nationale Richter selbst. Dies gilt auch für den Zeitpunkt der Vorlage, insbesondere ist ein nationaler Richter an einer Vorlage zum Gerichtshof nicht dadurch gehindert, dass in einem Parallelverfahren vor einem nationalen Verfassungsgericht die Verfassungsmäßigkeit der fraglichen Regelung zur Entscheidung ansteht[811].

705 Zur Prüfung seiner eigenen Zuständigkeit untersucht der EuGH allerdings in Ausnahmefällen die Umstände, unter denen er vom nationalen Gericht angerufen wird[812]. Der Geist der Zusammenarbeit, in dem das Vorabentscheidungsverfahren durchzuführen ist, verlangt, dass das vorlegende Gericht auf die dem EuGH übertragene Aufgabe Rücksicht nimmt, die darin besteht, zur Rechtspflege in den Mitgliedstaaten beizutragen, nicht aber Gutachten zu allgemeinen oder hypothetischen Fragen abzugeben[813]. Eine **Überprüfung der Vorlagefrage** durch den EuGH er-

---

ge im Zusammenhang mit dem europäischen Haftbefehl entscheiden zu können: EuGH C-168/13 PPU, Jeremy F./Premier Ministre, ECLI:EU:C:2013:358. Selbst das BVerfG hat den Weg zum EuGH bereits zweimal gefunden und Fragen zum Verbot monetärer Finanzierung der Mitgliedstaaten des Euro-Währungsgebiets im Hinblick auf Beschlüsse des EZB-Rates zu geldpolitischen Outright-Geschäften „OMT" (EuGH C-62/14, P. Gauweiler/Deutscher Bundestag, ECLI:EU:C:2015:400) sowie zu den Staatsanleihenkäufen der EZB (EuGH C-493/17, Heinrich Weiss u.a., ECLI:EU:C:2018:1000 .

807 EuGH C-125/04, Denuit u. Cordenier, Slg. 2005, I-923 Rdn. 13.

808 EuGH C-112/00, Schimberg, Slg. 2003, I-5659 Rdn. 31; C-111/01, Günter Electronic, Slg 2003, I-4207 Rdn. 34.

809 St. Rspr. vgl. EuGH C-466/07, Klarenberg, Slg. 2009, I-803, S. 223; C-112/00, Schmidberger, Slg. 2003, I-5659, Rdn. 31; C-379/98, Preussen Elektra, Slg. 2001, I-2099, Rdn. 38.

810 EuGH C-56/09, Zanotti, Slg. 2010, I-4517, Rdn. 15; C-222/05, van der Weerd, Slg. 2007, I-4233, Rn. 22 m.w.N. aus der Rspr.

811 EuGH C-5/14, Kernkraftwerk Lippe-Ems GmbH, ECLI:EU:C:2015:51 zum Parallelverfahren vor dem BVerfG.

812 EuGH C-466/07, Klarenberg, Slg. 2009, I-803; C-53/04, Christiano Marrosu, Slg. 2006, I-7213 Rdn. 33.

813 EuGH C-111/01, Ganter Electronic, Slg. 2003, I-4207, Rdn. 35; C-451/99, Cura Anlagen, Slg. 2002, I-3193, Rdn. 26.

folgt deshalb insoweit, als der EuGH die Entscheidung über die Vorlagefrage eines nationalen Gerichts dann ablehnt, wenn **offensichtlich** ist, dass

- die von einem nationalen Gericht erbetene Auslegung des EU-Rechts in keinem Zusammenhang mit der Realität oder dem Gegenstand des Ausgangsrechtsstreits steht[814], wozu auch der Fall gehört, dass die Vorlagefragen eindeutig über das Klagebegehren im Ausgangsrechtsstreit hinausgehen[815];
- das Problem hypothetischer Natur ist, d.h. der EuGH angerufen wird, um ein Gutachten zu hypothetischen oder konstruierten Fragestellungen zu erwirken[816]; mit dem Verlangen nach einem „echten Rechtsstreit" sollen manipulierte Parteiabsprachen ausgeschlossen werden, die das Vorabentscheidungsverfahren zu einem von Einzelnen veranlassten verschleierten Vertragsverletzungsverfahren instrumentalisieren, was jedoch mit dem Geist und der Zweckbestimmung des Vorabentscheidungsverfahrens als eines Verfahrens der gerichtlichen Zusammenarbeit unvereinbar wäre;
- der EuGH nicht über die tatsächlichen und rechtlichen Angaben verfügt, die für eine zweckdienliche Beantwortung der ihm vorgelegten Fragen erforderlich ist; das vorlegende Gericht muss deshalb den tatsächlichen und rechtlichen Rahmen der von ihm gestellten Fragen umreißen oder zumindest die tatsächlichen Annahmen erläutert, auf denen diese Fragen beruhen[817].

3. Vorlageverpflichtung

Zur Vorlage verpflichtet ist jedes Gericht, dessen Entscheidung mit Rechtsmitteln **706**
des nationalen Rechts nicht mehr angegriffen werden kann. Diese Verpflichtung soll insbesondere verhindern, dass sich in einem Mitgliedstaat eine nationale Rechtsprechung herausbildet, die mit den Vorschriften des EU-Rechts nicht in Einklang steht[818].

a) Vorlagepflichtige Gerichte

Mit dem ausdrücklichen Hinweis auf oberste Gerichte **und** alle anderen Gerich- **707**
te, deren Entscheidungen nicht mehr mit Rechtsmitteln angegriffen werden können, hat der EuGH die bisher offene Frage, ob sich die Vorlagepflicht nur auf die in der Gerichtshierarchie obersten Gerichte der Mitgliedstaaten bezieht (so die *ab-*

814 EuGH C-545/07, Apis-Hristovich EOOD, Slg. 2009, I-1627.

815 EuGH C-92/09, Scheck Gbr und C-93/09, Eifert, Slg. 2010, I-11063 Rdn. 42.

816 Dies wurde bisher nur in 3 außergewöhnlichen Fällen angenommen: EuGH C-438/05, International Transport Workers' Federation and Finnish Seamen's Union v Viking Line ABP and OÜ Viking Line Eesti, Slg. 2007, I-10779 Rdn. 30; C-83/91, Meilicke, Slg. 1992, I-4919; Rs. 104/79 bzw. 244/80, Foglia/Novello I und II, Slg. 1980, 745 bzw. 1981, 3045.

817 EuGH C-74/09, Pedro IV Servicios SL/Total España, Slg. 2009, I-7267; C-16/00, Claude Laguillaumie, Slg. 2000, I-4979; C-325/98, Anssens, Slg. 1999, I-2969 Rdn. 7.

818 EuGH C-99/00, Lyckeskog, Slg. 2002, I-4839 Rdn. 15.

strakte oder *institutionelle Betrachtungsweise*) oder im Einzelfall nach der tatsächlichen Rechtsmittelmöglichkeit zu beurteilen ist (so die *konkrete* oder *funktionelle Betrachtungsweise*), im Sinne der **konkreten Betrachtungsweise** entschieden[819]. Unter dem Gesichtspunkt des Individualrechtsschutzes verdient diese Rechtsprechung Zustimmung, da sie allein verhindert, dass dem Einzelnen in einem Verfahren vor nationalen Gerichten durch etwaige fehlerhafte Auslegung und Anwendung des EU-Rechts ein endgültiger Schaden entsteht. Auch trägt sie dem Umstand Rechnung, dass auch die nationalen Instanzgerichte für die Durchsetzung und Einhaltung des EU-Rechts Mitverantwortung tragen, der sie sich nicht unter Hinweis auf die bestehenden Obergerichte entziehen können.

b) Begriff des Rechtsmittels

708 Der Begriff des Rechtsmittels umfasst alle Rechtsbehelfe, mit denen eine von einem Gericht erlassene Entscheidung von einer übergeordneten Gerichtsinstanz in tatsächlicher und rechtlicher Hinsicht (z.B. **Berufung)** oder auch nur in rechtlicher Hinsicht (z.B. **Revision)** überprüft werden kann. Nicht erfasst werden hingegen außerordentliche Rechtsbehelfe mit begrenzten und spezifischen Auswirkungen (z.B. Wiederaufnahmeverfahren, Verfassungsbeschwerde). Problematisch sind die Beschwerden gegen die Nichtzulassung der Revision. In der deutschen Rechtsprechung wird diese Beschwerde allgemein als Rechtsmittel im Sinne von Art. 267 AEUV gewertet[820]. Diese Haltung ist im Hinblick auf die Rechtsschutzfunktion des Art. 267 AEUV dann nicht zu beanstanden, wenn die Fragen des EU-Rechts, von denen die Entscheidung des Rechtsstreits abhängt, im Falle der Nichtzulassung der Revision durch das Berufungsgericht einer Beurteilung durch den EuGH nicht entzogen sind, sondern im Rahmen einer Beschwerde gegen die Nichtzulassung der Revision zum Gegenstand revisionsrechtlicher Klärung gemacht und auf dem Weg über Art. 267 Abs. 3 AEUV vom Revisionsgericht einer Klärung durch den EuGH zugeführt werden können[821].

c) Umfang der Vorlagepflicht

709 Das zur Vorlage verpflichtete Gericht kann nach der CILFIT-Rechtsprechung[822] nur dann von einer Vorlage absehen, wenn die Vorlagefrage (1) **für den Ausgang des Rechtsstreits unerheblich ist,** (2) **vom EuGH bereits entschieden** ist oder (3) **kein vernünftiger Zweifel an der Auslegung** einer EU-Rechtsvorschrift möglich ist (sog. „Acte-Clair-Doktrin")[823]. Allerdings sind diese Aussagen des EuGH zur An-

819 Ebenda, Rdn. 15–17.

820 BVerwG, EuroAS 10/93, S. 14; BVerwG, InfAuslR 1990, 293; BVerwG, NJW 1987, S. 601; BFH, NJW 1987, S. 4096.

821 Vgl. die entspr. Möglichkeit in § 132 Abs. 2 Nr. 1 VwGO.

822 Rs. 283/81, C.I.L.F.I.T., Slg. 1982, 3415/3429.

823 Vgl. EuGH Rs. 28-30/62, Da Costa, Slg. 1963, 63/81; Rs. 283/81, C.I.L.F.I.T., Slg. 1982, 3415/3429; C-495/03, International Transport, Slg. 2005, I-8151, wo der EuGH fest-

wendung der drei Fälle im CILFIT Urteil nicht umfassend und auch nicht klar genug. Deshalb hat der EuGH die folgenden erweiterten Handlungsanweisungen in Bezug auf die Wahrnehmung der Möglichkeiten aus dem „CILFIT" Urteil gegeben[824]:

Zunächst stellt der EuGH fest, dass es **allein Sache der in letzter Instanz entscheidenden einzelstaatlichen Gerichte ist, in eigener Verantwortung, unabhängig und mit der gebotenen Sorgfalt zu beurteilen, ob bei ihnen einer der drei Fälle vorliegt**, in denen sie davon absehen können, dem Gerichtshof eine Frage nach der Auslegung des Unionsrechts vorzulegen, die bei ihnen aufgeworfen worden ist. Das in letzter Instanz entscheidende Gericht ist selbst dann nicht zur Anrufung des Gerichtshofs verpflichtet, wenn die Frage nach der Auslegung des Unionsrechts von einer Partei des bei ihm anhängigen Verfahrens aufgeworfen wird.

Ausserdem stellt der EuGH klar, dass ein in letzter Instanz entscheidendes Gericht aus **Unzulässigkeitsgründen**, die dem Verfahren vor diesem Gericht eigen sind, davon absehen kann, dem EuGH eine Frage zur Vorabentscheidung vorzulegen. In dem Fall, in dem das vor einem solchen Gericht geltend gemachte Vorbringen als unzulässig zurückzuweisen ist, ist ein Vorabentscheidungsersuchen nicht als notwendig und für eine Entscheidung dieses Gerichts zweckdienlich anzusehen. Die anwendbaren nationalen Verfahrensvorschriften müssen jedoch die Grundsätze der Äquivalenz und der Effektivität wahren.

Zur Frage, ob **kein vernünftiger Zweifel** vorliegt, führt der EuGH aus, dass diese Frage unter Berücksichtigung der Eigenheiten des Unionsrechts, der besonderen Schwierigkeiten seiner Auslegung und der Gefahr voneinander abweichender Gerichtsentscheidungen innerhalb der EU zu beurteilen ist. Das in letzter Instanz entscheidende einzelstaatliche Gericht darf jedoch nur dann davon ausgehen, dass kein vernünftiger Zweifel an der richtigen Auslegung des Unionsrechts vorliegt, wenn es überzeugt ist, dass auch für die Gerichte der übrigen Mitgliedstaaten und den EuGH die gleiche Gewissheit bestünde. Insoweit kann die bloße Möglichkeit, von einer Vorschrift des Unionsrechts verschiedene Auslegungen vornehmen zu können, nicht die Annahme begründen, dass an ihrer richtigen Auslegung ein vernünftiger Zweifel besteht. Wenn dem in letzter Instanz entscheidenden Gericht jedoch

---

stellt, dass auch eine Zollauskunft durch eine Zollbehörde eines anderen Mitgliedstaates das nationale Gericht nicht daran hindert, von der Offenkundigkeit der Auslegung des EU-Rechts auszugehen, selbst wenn die Auslegung durch das nationale Gericht von der Zollauskunft abweicht. In seiner Entschließung als Antwort auf den Bericht der KOM zur Kontrolle der Anwendung des EU-Rechts im Jahr 2016 vom 14.6.2018 hat das EP die KOM aufgefordert, wirksamer zu überwachen, ob die nationalen Gerichte ihrer in Art. 267 AEUV geregelten Vorlagepflicht nachkommen. Ein interessanter Vorschlag hierzu ist vom Deutschen Anwaltsverein vorgebracht worden, wonach die Mitgliedstaaten ein Nichtvorlageregister einführen müssen, in das alle aufgrund der Acte-Clair-Doktrin verweigerten Vorlagen eingetragen werden.

824 EuGH, C-561/19, Consorzio Italian Management e Catania Multiservizi, Urteil v. 6.10.2021, ECLI:EU:C:2021:799.

das Vorliegen voneinander abweichender Gerichtsentscheidungen – von Gerichten eines Mitgliedstaats oder verschiedener Mitgliedstaaten – zur Auslegung einer auf den Ausgangsrechtsstreit anwendbaren Vorschrift des Unionsrechts zur Kenntnis gebracht wird, muss es bei seiner Beurteilung der Frage, ob es an einem vernünftigen Zweifel in Bezug auf die richtige Auslegung dieser Vorschrift fehlt, besonders sorgfältig sein.

Nimmt ein in letzter Instanz entscheidendes Gericht an, dass es von der Pflicht zur Anrufung des Gerichtshofs befreit ist, muss die **Begründung seiner Entscheidung erkennen lassen, dass einer dieser drei Fälle vorliegt**. Entspricht die Frage nach der Auslegung des Unionsrechts dagegen keinem dieser Fälle, ist das in letzter Instanz entscheidende Gericht verpflichtet, den Gerichtshof anzurufen. Die Vorlagepflicht wird nicht dadurch in Frage gestellt, dass dieses Gericht den EuGH bereits im Rahmen derselben nationalen Rechtssache um Vorabentscheidung ersucht hat, wenn eine Frage nach der Auslegung des Unionsrechts, deren Beantwortung für die Entscheidung des Rechtsstreits erforderlich ist, nach der Entscheidung des EuGH fortbesteht.

710 Eine **uneingeschränkte Vorlagepflicht** besteht hingegen, wenn ein nationales Gericht von der **Ungültigkeit eines EU-Rechtsaktes** ausgehen will[825]. Der EuGH hat insoweit unmissverständlich festgestellt, dass ihm allein das Verwerfungsmonopol für rechtswidriges EU-Recht zusteht. Die nationalen Gerichte haben deshalb bis zu einer Ungültigkeitsfeststellung des EuGH das EU-Recht anzuwenden und zu respektieren. Dies gilt auch für Gerichte, die im Rahmen eines Verfahrens zur Gewährung **vorläufigen Rechtsschutzes** tätig werden. Sie sind nach der Rechtsprechung des EuGH befugt, die Vollziehung eines auf einem EU-Rechtsakt beruhenden nationalen Verwaltungsaktes auszusetzen, sofern sie erhebliche Zweifel an der Gültigkeit des EU-Rechtsakts haben und sofern die Aussetzung zur Abwendung eines schweren und nicht wiedergutzumachenden Schadens erforderlich ist. Diese Vorlagepflicht entfällt nur dann, wenn der EuGH mit der Gültigkeitsfrage bereits im Rahmen eines anderen Ausgangsverfahrens befasst ist[826].

711 In der **deutschen Rechtsprechung** wird im Wesentlichen in Übereinstimmung mit diesen Grundsätzen von der Einholung einer Vorabentscheidung abgesehen, wenn an dem Auslegungsergebnis kein ernsthafter Zweifel besteht oder wenn im Hinblick auf eine gesicherte Rechtsprechung des EuGH eine Vorlage „entbehrlich"

825 Vgl. EuGH Rs. 314/85, Foto-Frost, Slg. 1987, 4199; dazu *Glaesner*, EuR 1990, 143; *Vogel-Claussen*, NJW 1989, 3058; zuletzt EuGH C-461/03, Gaston Schul, Slg. 2005, I-10513, wo der EuGH die Grundsätze der „Foto-Forst"-Rechtsprechung, d.h. Vorlagepflicht bei Annahme der Ungültigkeit eines EU-Rechtsaktes, auch auf den Fall anwendet, in dem der EuGH eine entsprechende Bestimmung einer anderen, vergleichbaren Verordnung bereits für ungültig erklärt hat.

826 EuGH C-143/88 u. C-92/89, Zuckerfabriken Süderdithmarschen und Soest, Slg. 1991, I-534.

erscheint[827]. Das BVerfG fasst diese Grundsätze dahingehend zusammen, dass die innerstaatlichen Gerichte zu einer an objektiven Maßstäben ausgerichteten Prüfung verpflichtet sind, ob die entscheidungserhebliche unionsrechtliche Norm mehrere, für einen kundigen Juristen vernünftigerweise gleichermaßen mögliche Auslegungen zulässt, wobei auch das gesamte EU-Recht, seine Ziele und sein Entwicklungsstand zur Zeit der Anwendung der getroffenen Vorschrift heranzuziehen sind[828].

d) Sanktionen bei Verletzung der Vorlagepflicht

Eine Verletzung der Vorlagepflicht kann sowohl auf der Ebene des EU-Rechts als auch auf der Ebene des nationalen Rechts sanktioniert werden. **712**

Auf **EU-Ebene** stellt die Verletzung der aus Art. 267 Abs. 3 AEUV folgenden Vorlagepflicht durch ein nationales Gericht eine Verletzung des Vertrages dar, die dem betreffenden Mitgliedstaat zugerechnet wird und somit im Wege des **Vertragsverletzungsverfahrens** (Art. 258 AEUV) sanktioniert werden kann[829]. Die praktischen Wirkungen eines solchen Vorgehens sind allerdings eher beschränkt, da die Regierung des betreffenden Mitgliedstaats einer eventuellen Verurteilung durch den EuGH nicht Folge leisten kann, weil sie im Hinblick auf die Unabhängigkeit der Gerichte und des Gewaltenteilungsprinzips dem nationalen Gericht keine Anweisungen erteilen kann. Darüber hinaus hätte ein Vertragsverletzungsverfahren wegen unterlassener Vorlage keine Auswirkungen auf das bereits in der betreffenden Sache rechtskräftige Urteil. Aus diesen Gründen hat die Kommission bisher von der Erhebung einer Klage abgesehen. **713**

Die de facto sehr begrenzte Möglichkeit, das Vertragsverletzungsverfahren zur Bekämpfung von Verletzungen der Vorlagepflicht einzusetzen, wird seit der Anerkennung der **Haftung der Mitgliedstaaten für Verletzungen des EU-Rechts** insoweit kompensiert, als danach sichergestellt ist, dass der Einzelne jedenfalls Ersatz derjenigen Schäden vom betreffenden Mitgliedstaat verlangen kann, die ihm infolge der Vorenthaltung oder **Verletzung der ihm aus dem EU-Recht zustehenden Rechte** durch die Organe des betreffenden Mitgliedstaats entstanden sind[830]. Als Instrument zur Gewährleistung auch des Individualrechtsschutzes kann grundsätzlich auch die Verletzung der Vorlagepflicht nach Art. 267 Abs. 3 zu einer Haftung der Mitgliedstaaten führen. Ein auf die **Verletzung der Vorlagepflicht gestützter Haftungsanspruch** dürfte allerdings angesichts der strengen Haftungsvoraussetzung („qualifizierte Verletzung des EU-Rechts") nur dann begründet sein, wenn die Nichtvorlage auf **„objektiver Willkür"** von Seiten des nichtvorlagewilligen Ge-

827 BVerwGE 66, 29/38; BGH, RIW 1989, S. 745; BVerfG, RIW 1989, S. 823; HessVGH, NVwZ 1989, S. 387; dazu auch *Schiller*, RIW 1988, S. 452; *Spetzler*, RIW 1989, S. 322.

828 Vgl. BVerfG, Beschluss vom 9.1.2001 – 1 BvR 1036/99, abgedruckt in DÖV 2001, S. 379 m.w.N. der früheren Rspr.

829 So ausdrücklich EuGH C-129/00, KOM/Italien, Slg. 2003, I-14637.

830 EuGH C-46/93, Brasserie du pêcheur und C-48/93, Factortame, Slg. 1996, I-1029.

richts beruht. Soweit es um Verletzungen materieller vom EU-Recht verliehener Individualrechte **durch die rechtsprechende Gewalt** geht[831], müssen im Rahmen der Feststellung der Verletzung des EU-Rechts durch das fragliche Gericht auch die materiellen, das EU-Recht betreffenden Fragen erneut überprüft werden, ohne dass sich das mit der Schadensersatzklage befasste Gericht auf etwaige Bindungswirkungen des fachgerichtlichen Urteils zurückziehen könnte. Etwaige Fragen nach der Auslegung oder Gültigkeit der fraglichen EU-Rechtsnorm müssen notfalls im Wege des Vorabentscheidungsverfahrens nach Art. 267 vom EuGH geklärt werden.

714 Im **Bereich des nationalen Rechts** eröffnet die Verletzung der Vorlagepflicht aus Art. 267 AEUV die Möglichkeit der **Verfassungsbeschwerde** zum BVerfG wegen Verletzung des Anspruchs auf den „gesetzlichen Richter" i.S.d. Art. 101 Abs. 1 Satz 2 GG[832]. Das BVerfG erkennt ausdrücklich die Rolle des EuGH als die eines gesetzlichen Richters an und ebnet damit gleichzeitig den Weg dafür, dass auch Einzelne eine Verletzung der Vorlagepflicht durch ein deutsches Gericht im Wege der Verfassungsbeschwerde beim BVerfG rügen können. Eine Verletzung des Anspruchs auf den gesetzlichen Richter setzt nach der Rechtsprechung des BVerfG voraus, dass die Nichtvorlage auf einer **grundsätzlichen Verkennung der Vorlagepflicht** beruht, wovon insbesondere auszugehen ist, wenn

- die Vorlage trotz Entscheidungserheblichkeit der unionsrechtlichen Frage überhaupt nicht in Erwägung gezogen wird, obwohl das Gericht selbst Zweifel an der richtigen Beantwortung der Frage hat,
- die Vorlage trotz Entscheidungserheblichkeit der unionsrechtlichen Frage unterbleibt, obwohl eine einschlägige Rechtsprechung des EuGH noch nicht vorliegt oder eine vorliegende Rechtsprechung die entscheidungserhebliche Frage möglicherweise nicht erschöpfend beantwortet hat,
- das Gericht bewusst von einer bereits zur entscheidungserheblichen Frage bestehenden Rechtsprechung des EuGH abweicht,
- das Gericht es unterlässt, sich hinsichtlich des europäischen Rechts ausreichend kundig zu machen, obwohl dafür offensichtlich Anlass bestand,
- eine Fortentwicklung der Rechtsprechung des EuGH nicht nur als entfernte Möglichkeit erscheint und das Gericht den ihm in solchen Fällen notwendig zukommenden Beurteilungsspielraum in unvertretbarer Weise überschritten hat, wovon auszugehen ist, wenn mögliche Gegenauffassungen zu den entscheidungserheblichen Fragen des EU-Rechts gegenüber der vom Gericht vertretenen Meinung eindeutig vorzuziehen sind.

---

831 Zur Haftung der Mitgliedstaaten für solche Verletzungen vgl. EuGH C-224/01, Köbler, Slg. 2003, I-10239; zum [vergeblichen] Versuch, diese Haftung für fehlerhafte Auslegung des EU-Rechts auszuschließen und auf Fälle von Vorsatz oder grob fehlerhaftem Verhalten der Richter zu beschränken, s. EuGH C-173/03, Traghetti del Mediterraneo SpA in Liquidation/Italien, Slg. 2006, I-5177.

832 BVerfG, Beschluss v. 30.8.2010 – 1 BvR 1631/08 Rn. 46; BVerfGE 73, 339/366.

Diese Rechtsprechung läuft auf eine „**Willkürkontrolle**" heraus[833], wie sie generell bei Beanstandungen der Auslegung und Anwendung von Zuständigkeitsnormen durch das BVerfG vorgenommen wird, indem lediglich geprüft wird, ob die fragliche Auslegung und Anwendung der konkreten Zuständigkeitsnorm bei verständiger Würdigung der das Grundgesetz bestimmenden Gedanken nicht mehr verständlich erscheinen oder offensichtlich unhaltbar sind[834]. Das BVerfG wacht folglich nur über die Einhaltung der Grenzen, die den Fachgerichten bei der Beurteilung einer Vorlage an den EuGH eingeräumt wird; es wird hingegen nicht als oberstes Vorlagenkontrollgericht tätig. Allerdings prüft das BVerfG sehr eingehend, ob das Fachgericht hinreichend Gründe angegeben hat, die zeigen, dass es sich hinsichtlich des europäischen Rechts ausreichend kundig gemacht hat, und so dem BVerfG eine Kontrolle am Maßstab des Art. 101 Abs. 1 S. 2 GG ermöglicht.

Eine unterbliebene Vorlage kann ferner einen **Revisionsgrund** darstellen, wenn in **715** einer Rechtsstreitigkeit über die Auslegung einer unionsrechtlichen Regelung dargelegt wird, dass in dem Revisionsverfahren eine Vorabentscheidung des EuGH einzuholen sein wird und keine hinreichenden Gründe vorliegen, die eine Vorabentscheidung als entbehrlich erscheinen lassen[835]. In einem solchen Fall kann über die Erfolgsaussicht der Revision erst nach Abschluss des Vorabentscheidungsverfahrens endgültig entschieden werden[836]. Die Ablehnung der Annahme der Revision umfasst folglich stets auch die Entscheidung, die unionsrechtlichen Fragen dem EuGH nicht vorzulegen, sondern sie in eigener Verantwortung zu beurteilen. Diese Entscheidung unterliegt dabei den verfassungsrechtlichen Kontrollmaßstäben für die Handhabung des Art. 267 Abs. 3 AEUV.

Fraglich ist, ob und inwieweit Urteile nationaler Gerichte, die unter Verletzung des **716** EU-Rechts, etwa unter Missachtung der Vorlagepflicht nach Art. 267 AEUV, zustande gekommen sind, unter Hinweis auf ihre **Rechtskraft** der Durchsetzung der den Einzelnen aus dem EU-Recht erwachsenden Rechte entgegengehalten werden können. Der EuGH hält unter Hinweis auf die Bedeutung, die der Grundsatz der Rechtskraft sowohl in der EU-Rechtsordnung als auch in den nationalen Rechtsordnungen hat, nämlich Gewährleistung des Rechtsfriedens und der Beständigkeit rechtlicher Beziehungen sowie einer geordneten Rechtspflege, daran fest, dass **Gerichtsurteile**, auch wenn sie unter Verletzung des EU-Rechts zustande gekommen sind, nach Ausschöpfung des Rechtsweges oder Ablauf der Rechtsmittelfristen **rechtskräftig** werden[837]. Danach gebietet das EU-Recht einem nationalen Gericht nicht,

833 Kritisch zur einengenden Rspr. des BverfG *de Weerth*, DStR 2009, S. 61.

834 So BVerfG, Beschluss v. 30.8.2010 – 1 BvR 1631/08 Rdn. 48; BverfG, EuZW 2008, S. 679/680.

835 So zu § 132 II Nr. 1 VwGO BVerwG, NJW 1988, S. 664; vgl. auch *Mutke*, DVBl. 1987, S. 403.

836 BVerfG, Beschluss v. 16.12.1993 – 2 BvR 1725/88, NJW 1994, 2017 unter Hinweis auf BVerfGE 54, 277/285.

837 EuGH C-234/04, Kapferer./.Schlank&Schick GmbH, Slg. 2006, I-2585.

von der Anwendung innerstaatlicher Verfahrensvorschriften, aufgrund deren eine Gerichtsentscheidung Rechtskraft erlangt, abzusehen, selbst wenn dadurch ein Verstoß dieser Entscheidung gegen EU-Recht abgestellt werden könnte[838]. Eine gewisse Öffnung lässt der EuGH aber in den Fällen zu, in denen eine **Behörde** nach nationalem Recht zur **Rücknahme einer bestandskräftigen Entscheidung** befugt ist; in diesem Fall ist diese Behörde nach dem in Art. 4 Abs. 3 EUV verankerten Grundsatz der Zusammenarbeit verpflichtet, im Hinblick auf eine vom EuGH vorgenommene Auslegung einer EU-Rechtsbestimmung auch **eine bestandskräftige Entscheidung zu überprüfen**[839], wenn

- die Entscheidung infolge eines Urteils eines in letzter Instanz entscheidenden nationalen Gerichts bestandskräftig geworden ist,
- das Urteil, wie eine nach seinem Erlass ergangene Entscheidung des EuGH zeigt, auf einer unrichtigen Auslegung des EU-Rechts beruht, die erfolgt ist, ohne dass der EuGH um Vorabentscheidung ersucht wurde, obwohl der Tatbestand des Art. 267 Abs. 3 erfüllt war, und
- der Betroffene sich, unmittelbar nachdem er Kenntnis von der besagten Entscheidung des EuGH erlangt hat, an die Verwaltungsbehörde gewandt hat.

4. Wirkungen der Vorabentscheidung

a) Rechtliche Bindungswirkung des Urteils

717 Die Vorabentscheidung, die in Form eines Urteils ergeht, bindet zunächst das vorlegende Gericht und alle anderen Gerichte, die mit der betreffenden Streitsache befasst werden. Die Bindungswirkung im Ausgangsverfahren besteht darin, dass das zuständige Gericht das Vorabentscheidungsurteil des EuGH bei seiner Entscheidungsfindung zugrunde legt, indem es entweder das fragliche EU-Recht in der vom EuGH gegebenen Auslegung auf den Ausgangsfall anwendet oder für ungültig erklärtes EU-Recht außer Anwendung lässt. Allerdings bleibt es den im Rahmen eines Ausgangsverfahrens befassten Gerichten unbenommen, den EuGH erneut zu befassen, wenn etwa die frühere Vorabentscheidung in der Sache keine hinreichende Klarheit geschaffen hat oder Klarstellungen über die vom EuGH getroffenen Aussagen notwendig erscheinen[840].

718 Darüber hinaus kommt den Vorabentscheidungen, die eine EU-Rechtsvorschrift für **ungültig** erklärt, erga omnes Wirkung zu; die fragliche Regelung wird vom EuGH für nichtig erklärt. Allen weiteren Vorabentscheidungsurteilen zur **Auslegung** des

838 Der Bundesfinanzhof hat entschieden, dass eine Verletzung der Vorlagepflicht durch eine rechtskräftige Entscheidung nur im Wege der Verfassungsbeschwerde und nicht etwa durch eine Nichtigkeitsklage (§ 579 Abs. 1 Nr. 1 ZPO) gerügt werden kann.

839 EuGH C-453/00, Kühne & Heitz NV, Slg. 2004, I-837, Rdn. 23 ff.; C-392/04 u. C-422/04, i-21 Germany u. Arcor, Slg. 2006, I-8559.

840 EuGH C-206/94, Paletta II, Slg, 1996, I-2357.

EU-Rechts kommt schließlich in der Praxis eine erhebliche Präjudizwirkung auch für andere, ähnliche Verfahren zu.

b) Zeitliche Wirkung des Urteils

Auslegungsurteile wie auch Urteile zur Gültigkeit des EU-Rechts haben grundsätzlich **rückwirkende Kraft**, d.h. sie bestimmen verbindlich den Inhalt bzw. den Bestand des fraglichen EU-Rechts mit Wirkung vom Zeitpunkt seines In-Kraft-Tretens[841]. Für **Ungültigkeitsurteile** bedeutet dies, dass die für ungültig erklärte Norm vom Zeitpunkt ihres In-Kraft-Tretens an ungültig wird. Für **Auslegungsurteile** folgt daraus, dass die Gerichte die Vorschriften in der vom EuGH gegebenen Auslegung auch auf Rechtsverhältnisse anwenden können und müssen, die vor Erlass des Vorabentscheidungsurteils entstanden sind, wenn alle sonstigen Voraussetzungen für die Anrufung der zuständigen Gerichte in einem die Anwendung dieser Vorschrift betreffenden Streit vorliegen[842]. **719**

Dies kann im Einzelfall erhebliche Auswirkungen auf die unter dem für nichtig erklärten oder bis dahin irrig ausgelegten EU-Recht entstandenen öffentlich-rechtlichen oder privatrechtlichen Vorgänge haben, die nunmehr rückwirkend abgewickelt werden müssen. Diesem Umstand trägt der EuGH unter **analoger Anwendung des Art. 264 Abs. 2 AEUV** bei Vorliegen gewichtiger Gründe, insbesondere Gründe des Vertrauensschutzes, Gefahr schwerwiegender wirtschaftlicher Auswirkungen oder bedeutender Unsicherheiten bezüglich der Tragweite der EU-Bestimmungen[843], durch eine **Begrenzung der zeitlichen Wirkungen** von Vorabentscheidungsurteilen Rechnung[844], und dies nicht nur für den Fall, dass ein EU-Rechtsakt für ungültig erklärt wird, sondern auch dann, wenn eine EU-Rechtsregelung in einer von dem bisherigen Verständnis und der bisherigen Praxis abweichenden Weise ausgelegt wird und dadurch weitreichende Folgen entstehen[845]. **720**

5. Vereinfachtes Verfahren/Eilverfahren

a) Vereinfachtes Verfahren (Art. 104 VerfO/EuGH)

Stimmt eine zur Vorabentscheidung vorgelegte Frage mit einer Frage überein, über die der EuGH bereits entschieden hat, oder kann die Antwort auf eine solche Frage klar aus der Rechtsprechung abgeleitet werden[846], so kann der EuGH gem. **721**

841 EuGH Rs. 127 u. 128/79, Salumi, Slg. 1980, 1237/1260.

842 EuGH C-292/04, Meilicke, Slg. 2007, I-1835 m.w.A.

843 EuGH C-209/03, Bidar, Slg. 2005, I-2119 Rdn. 68; C-262/88, Barber, Slg. 1990, I-1883.

844 EuGH C-262/88, Barber, Slg. 1990, I-1883.

845 Vgl. EuGH, Rs. 43/75, Defrenne, Slg. 1976, 455; C-209/03, Bidar, Slg. 2005, I-2119 Rdn. 68 ff.; C-292/04, Meilicke, Slg. 2007, I-1835 m.w.N.

846 EuGH C-279/99, C-293/99, C-296/99, C-330/99 u. C-336/99, Petrolvilla & Bortolotti, Slg. 2001, I-2339, Rdn. 13.

Art. 99 VerfO/EuGH nach Anhörung des Generalanwalts jederzeit durch Beschluss entscheiden, der mit Gründen zu versehen ist und auf das frühere Urteil oder auf die betreffende Rechtsprechung verweist. Der EuGH kann nach Unterrichtung des vorlegenden Gerichts und nach Anhörung der Beteiligten und des Generalanwalts ebenfalls durch Beschluss, der mit Gründen zu versehen ist, entscheiden, wenn die Beantwortung der zur Vorabentscheidung vorgelegten Frage keinen Raum für vernünftige Zweifel lässt.[847]

b) Beschleunigtes Verfahren (Art. 105 VerfO/EuGH)

722 Seit dem Jahre 2000 gibt es darüber hinaus die Möglichkeit, Vorabentscheidungsverfahren in einem **beschleunigten Verfahren** abzuwickeln (vgl. Art. 105 VerfO/EuGH). Damit soll dem EuGH ermöglicht werden, in als außerordentlich dringlich angesehenen Rechtssachen rasch zu entscheiden. In Vorabentscheidungsverfahren bestimmt der Präsident des EuGH, nachdem er die Durchführung eines beschleunigten Verfahrens beschlossen hat, sofort den Termin für die mündliche Verhandlung, der den Parteien des Ausgangsverfahrens und den anderen Beteiligten zusammen mit der Entscheidung des nationalen Gerichts mitgeteilt wird. Die Parteien und die anderen Beteiligten können innerhalb einer vom Präsidenten gesetzten Frist von mindestens 15 Tagen Schriftsätze oder schriftliche Erklärungen einreichen. Der Präsident kann die Parteien und die anderen Beteiligten auffordern, Schriftsätze oder schriftliche Erklärungen auf die wesentlichen von der Vorlagefrage aufgeworfenen Rechtsfragen zu beschränken. Der Generalanwalt wird im beschleunigten Verfahren nur angehört, seine Schlussanträge folglich weder in öffentlicher Sitzung verlesen noch veröffentlicht. Der EuGH entscheidet so rasch wie möglich, ist aber an keine Frist gebunden[848].

c) Eilverfahren (Art. 107 VerfO)

723 Seit dem Jahre 2008 gibt es schließlich ein besonderes Eilverfahren, das nicht generell für alle Vorabentscheidungsverfahren gilt, sondern nur in den Bereichen der Polizeilichen und Justiziellen Zusammenarbeit in Strafsachen (Art. 82–89 AEUV) sowie Visa, Asyl, Einwanderung und andere Politiken betreffend den freien Personenverkehr, einschließlich der gerichtlichen Zusammenarbeit in Zivilsachen (Art. 77–81 AEUV) Anwendung findet[849].

---

847 Vgl. EuGH C-259/02, La Mer Technology Inc., Slg. 2004, I-1159; C-267/01, Nyvlt/Flughafen Wien, Rn. 30, abgedruckt in ABl. 2002 C19/1.

848 Der EuGH hat das beschleunigte Verfahren *erstmals* im Jahre 2001 in der Vorabentscheidungssache „Jippens" (EuGH C-189/01, Slg. 2001, I-5689) betreffend die Maul- und Klauenseuche in den Niederlanden angewandt. Der EuGH entschied damals innerhalb von zweieinhalb Monaten.

849 Vgl. Beschluss des EuGH, ABl. 2008, L 24/39, der vom Rat am 16.1.2008 angenommen wurde und mit Wirkung v. 1.3.2008 in Kraft getreten ist.

Der Sinn dieses Eilverfahrens besteht darin, die individuellen Rechte, die durch die mögliche Dauer eines Gerichtsverfahrens gefährdet werden (insbesondere in den Bereichen Asyl, Einwanderung, Ehesachen und elterliche Verantwortung, Untersuchungshaft), mit dem Recht aller Beteiligten auf rechtliches Gehör und Teilnahme am Verfahren in Einklang zu bringen. Es wird zudem ausdrücklich von Art. 267 UAbs. 4 AEUV gefordert, wo es heißt, dass der EuGH in Fällen, in denen das Ausgangsverfahren vor dem nationalen Vorlagegericht eine inhaftierte Person betrifft, *„innerhalb kürzester Zeit“* entscheiden muss. Mit dieser Regelung wird der immer stärkeren Vergemeinschaftung der Polizeilichen und Justiziellen Zusammenarbeit in Strafsachen Rechnung getragen. Diese hat zur Folge, dass Inhaftierungen und der Verbleib in Gefängnissen in immer größerem Maße von EU-Regelungen und deren Auslegung beeinflusst werden. Da der EuGH auch für diese Regelungen das Auslegungs- und Verwerfungsmonopol besitzt, sind Vorabentscheidungsverfahren mit „straf- oder strafverfahrensrechtlichem“ Hintergrund zum Schutz der betroffenen Person in kürzester Zeit durchzuführen. **724**

Weiterführende Literatur: *App,* Vorlage an den EuGH im deutschen Gerichtsverfahren, DZWiR 2002, S. 232; *Azizi,* Unveiling the EU Courts' Internal Decision-Making Process: A Case for Dissenting Opinions?, ERA Forum (2011) 12, S. 49–68; *Berrisch,* Über London nach Luxemburg – die absurden Wege des Rechtsschutzes in der Gemeinschaft, EuZW 2005, S. 65; *Borde/Ehle,* Die Ausweitung des Prüfungsumfangs im Vorabentscheidungsverfahren durch den EuGH, EWS 2001, S. 55; *Dauses,* Das Vorabentscheidungsverfahren nach Art. 177 EG-Vertrag, 2. Aufl. 1995; *Düsterhaus,* Es geht auch ohne Karlsruhe: Für eine rechtsschutzorientierte Bestimmung der zeitlichen Wirkungen von Urteilen im Verfahren nach Art. 234 EG, EuZW 2006, S. 393; *Fastenrath,* Der europäische Gerichtshof als gesetzlicher Richter – Zur verfassungsgerichtlichen Kontrolle der Einhaltung völker- und europarechtlicher Verpflichtungen sowie zum Prüfungsmaßstab bei Art. 101 Abs. 1 S. 2 GG, FS für Ress (2005), S. 461; *Groh,* Auslegung des Gemeinschaftsrechts und Vorlagepflicht nach Art. 234 EG, EuZW 2002, S. 460; *Hakenberg,* Vorabentscheidungsverfahren und europäisches Privatrecht – Erfahrungen aus europäischer Sicht, RabelsZ 66 (2002), S. 367; *Herrmann,* Gebrauchtwagenhandel – Wie Richter aus neuen Mitgliedstaaten den Dialog mit dem EuGH aufnehmen, EuZW 2007, S. 385; *Inghelram,* Judicial review of investigative acts of the European anti-fraud office (OLAF): a search for balance, CMLRev. 2011, S. 601ff.; *Knauff,* Auslegung oder Anwendung des Europarechts? Bemerkungen zur Vorlagepflicht an den EuGH, DÖV 2013, S. 375; *Koenig/Engelmann,* Vorwirkungen des EG-Rechtsschutzes durch ein anhängiges Vorabentscheidungsverfahren, EWS 2002, S. 353; *Kühn,* Grundzüge des neuen Eilverfahrens vor dem Gerichtshof der Europäischen Gemeinschaften im Rahmen von Vorabentscheidungsverfahren, EuZW 2008, S. 263; *Latzel/Streinz,* Das richtige Vorabentscheidungsverfahren, NJOZ 2013, S. 97ff.; *Leopold/Reiche,* Zur Vorlageberechtigung mitgliedstaatlicher Wettbewerbsbehörden, EuZW 2005, S. 143; *Malferrari,* Zurückweisung von Vorabentscheidungsersuchen durch den EuGH – Systematisierung der Zulässigkeitsvoraussetzungen und Reformvorschläge zu Art. 234 EG-Vertrag, 2003; *Oexle,* Einwirkungen des EG-Vorabentscheidungsverfahrens auf das nationale Verfahrensrecht, NVwZ 2002, S. 1328; *Ost,* Europarecht vor dem Bundesverfassungsgericht, NVwZ 2001, S. 399; *Pache/Knauff,* Wider die Beschränkung der Vorlagebefugnis unterinstanzlicher Gerichte im Vorabentscheidungsverfahren – zugleich ein Beitrag zu Art. 68 I EG, NVwZ 2004, S. 26; *Pechstein/Kubicki,* Gültigkeitskontrolle und

Bestandskraft von EG-Rechtsakten, NJW 2005, S. 1825; *Sarcevic,* Der EuGH als gesetzlicher Richter (Art. 101 Abs. 1 GG), DÖV 2000, S. 941; *Sensburg,* Die Vorlagepflicht an den EuGH: Eine einheitliche Rechtsprechung des BVerfG, NJW 2001, S. 1259; *Thomy, P.,* Individualrechtsschutz durch das Vorabentscheidungsverfahren, 2009; *Vesterdorf,* Der gerichtliche Rechtsschutz gegenüber Handlungen der Gemeinschaftsorgane, Unmittelbarer Zugang zum Gemeinschaftsrichter, Zugang zum nationalen Gericht und Vorabentscheidungsersuchen, in 1952–2002, 50. Bestehen des EuGH, 2003, S. 71; *Wägenbaur, B.,* Stolpersteine des Vorabentscheidungsverfahrens, EuZW 2000, S. 37; *Wiedemann,* Zeitlos wie ungeklärt: Die Beschränkung der zeitlichen Wirkung von Urteilen des EuGH im Vorabentscheidungsverfahren nach Art. 234 EG, EuZW 2007, S. 692.

IV. Vorläufiger Rechtsschutz (Art. 278, Art. 279 AEUV)

1. Bedeutung und Formen des vorläufigen Rechtsschutzes

725 Die Gewährung vorläufigen Rechtsschutzes gehört zu den **Grundforderungen des Rechtsstaatsprinzips.** Vorläufiger Rechtsschutz ist Ausdruck eines allgemeinen Grundsatzes des EU-Rechts, der den gemeinsamen Verfassungstraditionen der Mitgliedstaaten zugrunde liegt und auch in den Art. 6 und 13 der EMRK sowie in Art. 47 der GRCh verankert ist[850]. Es muss verhindert werden, dass während der Dauer des Klageverfahrens bereits vollendete Tatsachen geschaffen werden, die unabhängig vom Ausgang des Klageverfahrens zu nicht wiedergutzumachenden Schäden führen[851]. Im Rechtsschutzsystem der EU wird dieser Grundforderung durch **drei Verfahren** entsprochen:

(1) Aussetzung der Durchführung der angefochtenen Handlung

726 Zur Vermeidung der infolge des fehlenden Suspensiveffekts einer Klageerhebung beim Gerichtshof drohenden Nachteile sieht Art. 278 Satz 2 AEUV die Möglichkeit einer **Aussetzung der Durchführung der angefochtenen Handlung** vor. Sie stellt eine Form des vorläufigen Rechtsschutzes dar, die mit § 80 Abs. 5 VwGO vergleichbar ist. Gegenstand sind bestimmte, den Adressaten belastende und vollziehbare Maßnahmen eines EU-Organs sowie einer Einrichtung oder sonstigen Stelle der EU. Der Antrag auf Aussetzung der Durchführung der angefochtenen Handlung ist deshalb mit einer Nichtigkeitsklage (Art. 263 AEUV) oder einer Drittwiderspruchsklage (vgl. Art. 97 VerfO/EuGH; Art. 123, 167 VerfO/EuG – 2015) verbunden.

(2) Aussetzung der Zwangsvollstreckung

727 Eine Sonderregelung gegenüber der Aussetzung des Vollzugs einer Maßnahme sieht Art. 299 Abs. 4 Satz 1 AEUV für die **Aussetzung der Zwangsvollstreckung** vor. Mithilfe dieses Verfahrens kann die Durchsetzung einer Leistungsanordnung, die in einem EU-Rechtsakt ausgesprochen ist, auch dann noch ausgesetzt werden, wenn

850 EuG T-198/01 R, Technische Glaswerke Ilmenau/KOM, Slg. 2002, II-2153 Rdn. 115.

851 Vgl. EuG T-179/96R, Antonissen, Slg. 1996, II-1641; EuGH C-393/96P (R), Antonissen, Slg. 1997, I-441 Rdn. 36.

die Aussetzung des Vollzugs des EU-Rechtsaktes selbst nach Art. 278 Satz 2 AEUV nicht mehr möglich ist. Umgekehrt bedarf es eines Rückgriffs auf die Aussetzung der Zwangsvollstreckung nicht, wenn bereits der Vollzug des die Leistungspflicht anordnenden EU-Rechtsakts ausgesetzt worden ist.

(3) Einstweilige Anordnungen

Im Unterschied zur bloßen Vollzugsaussetzung nach Art. 278 umfasst Art. 279 AEUV alle darüber hinausgehenden Gebote und Verbote, die zur **vorläufigen Regelung eines Rechtsverhältnisses** möglich sind und bei denen die Aussetzung des Vollzugs entweder nur ungenügenden Schutz bietet oder schon deshalb nicht in Betracht kommt, weil die Klage in der Hauptsache nicht die Abwehr einer belastenden EU-Maßnahme zum Ziel hat. Ein Antrag auf Erlass einer einstweiligen Anordnung kommt deshalb im Zusammenhang mit einer Feststellungsklage (Art. 258, Art. 259 AEUV), einer Untätigkeitsklage (Art. 265 AEUV) oder einer Schadensersatzklage (Art. 268 i.V.m. Art. 340 Abs. 2 AEUV) in Betracht. **728**

Diese drei Verfahren zur Gewährung vorläufigen Rechtsschutzes bilden nicht zuletzt aufgrund ihrer gemeinsamen Zielsetzung untereinander eine **systematische Einheit.** Sie unterliegen einheitlichen, in der Satzung des Gerichtshofs (Art. 39) und den Verfahrensordnungen von EuGH und EuG (Art. 160 ff. VerfO/EuGH; Art. 104 ff. VerfO/EuG) niedergelegten verfahrensrechtlichen Bestimmungen. Auch die Zulässigkeits- und Begründetheitsvoraussetzungen für die Anträge auf Gewährung vorläufigen Rechtsschutzes sind in der Rechtsprechung nahezu gleich ausgestaltet worden. **729**

2. Ausschluss der aufschiebenden Wirkung (Art. 278 Satz 1 AEUV)

Die vor dem EuGH/EuG erhobenen Klagen haben gem. Art. 278 Satz 1 AEUV **keine aufschiebende Wirkung.** Diese Regelung ist Ausdruck des Grundsatzes, wonach Rechtshandlungen der öffentlichen Gewalt bis zu ihrer Nichtigerklärung durch ein zuständiges Gericht Bestand haben und vollzogen werden müssen. **730**

3. Antrag auf Vollzugsaussetzung (Art. 278 Satz 2 AEUV) bzw. Antrag auf Erlass einer einstweiligen Anordnung (Art. 279 AEUV)

a) Zulässigkeit des Antrags

Auch vorläufigen Rechtsschutz kann der Gerichtshof nur im Rahmen seiner vertraglich festgelegten Zuständigkeiten gewähren. Im Hinblick darauf, dass der vorläufige Rechtsschutz im Verhältnis zur Klage in der Hauptsache akzessorisch ist, ist der Gerichtshof zur Aussetzung des Vollzugs oder zum Erlass einer einstweiligen Anordnung nur dann zuständig, wenn er **auch im Klageverfahren in der Hauptsache zuständig** ist. Allerdings lässt es der Gerichtshof genügen, dass eine auch **731** nur teilweise Zuständigkeit im Hauptsacheverfahren mit großer Wahrscheinlichkeit festgestellt werden kann[852].

732 Voraussetzung für die Zulässigkeit von Anträgen auf vorläufigen Rechtsschutz ist die **Rechtshängigkeit einer Klage** beim EuGH/EuG in der Hauptsache[853]. Anders als im deutschen Recht können die Anträge deshalb frühestens mit Erhebung der Klage in der Hauptsache gestellt werden.

733 **Antragsbefugt** sind alle potentiellen Klageberechtigten im Hauptsacheverfahren, d.h. neben den Mitgliedstaaten und den EU-Organen als privilegierte Klageberechtigte grundsätzlich auch die natürlichen und juristischen Personen. Die Voraussetzungen der Antragsbefugnis entsprechen damit denen der Klagebefugnis im Hauptsacheverfahren.

b) Begründetheit des Antrags

734 Ein Antrag auf Aussetzung des Vollzugs einer Maßnahme bzw. auf Erlass einer einstweiligen Anordnung ist dann begründet, wenn die **Notwendigkeit und Dringlichkeit der begehrten Anordnung in tatsächlicher und rechtlicher Hinsicht glaubhaft gemacht sind**.

Diese Voraussetzungen sind **kumulativ** zu erfüllen[854]. Der Unionsrichter verfügt bei der Prüfung dieser Voraussetzungen über ein weites Ermessen, und es steht ihm – mangels eines durch die EU-Regelungen vorgegebenen Prüfungsschemas – auch frei, im Hinblick auf die Besonderheiten des Einzelfalls die Art und Weise sowie die Reihenfolge dieser Prüfung selbst zu bestimmen[855]. Auf dieser Grundlage haben sich in der Rechtsprechungspraxis von EuGH und EuG vier Kriterien herausgebildet, nach denen die Begründetheit eines Aussetzungsantrags und eines Antrags auf Erlass einer einstweiligen Anordnung beurteilt wird.

aa) Erfolgsaussichten in der Hauptsache („fumus boni juris")

735 Die hinreichenden Erfolgsaussichten werden im Rahmen einer summarischen Vorprüfung der vom Antragsteller vorgebrachten Umstände beurteilt[856].

Bei sehr schwierigen Rechtsfragen, die einer eingehenden Untersuchung bedürfen, oder bei Grundsatzfragen, für die noch nicht auf eine einschlägige Rechtsprechung

---

852 So ausdrücklich EuGH C-117/91 R, Bosman, Slg. 1991, I-3353/3356; Rs. 118/83 R, CMC/KOM, Slg. 1983, 2583/2595.

853 EuG T-155/02, VVG Internationale Handelsgesellschaft/KOM, Slg. 2002, II-3239 Rdn. 3239.

854 EuG T-73/98 R, Prayon Rupel SA/KOM, Slg. 1998, II-2769 Rdn. 25; EuGH C-268/96P (R), SCK und FNK/KOM, Slg. 1996, I-4971 Rdn. 30.

855 EuGH C-364/98P(R), Emesa Sugar (Free Zone) NV, Slg. 1998, I-8787, Rdn. 44.

856 EuGH C-345/90, Hanning, Slg. 1991, I-231; C-195/90, KOM/Deutschland, Slg. 1990, I-2715; EuG T-79/95R u. T-80/95R, SNCF u. British Railways, Slg. 1995, II-1433.

zurückgegriffen werden kann, beschränkt der Unionsrichter seine Prüfung auf die Frage, ob die **Klage dem ersten Anschein nach unbegründet** erscheint („fumus non mali juris")[857], oder verweist die vollständige Prüfung in das Verfahren der Hauptsache[858]. Gleiches gilt für die Fälle, in denen der Unionsrichter aufgrund der besonderen Eilbedürftigkeit eine Entscheidung ohne Abwarten der Stellungnahme der Gegenpartei trifft[859].

bb) Dringlichkeit der Anordnung

Die Dringlichkeit beurteilt sich danach, ob der Antragsteller zur Überzeugung des Unionsrichters darlegen kann, dass er des vorläufigen Rechtsschutzes bedarf, weil ihm anderenfalls ein **schwerer und nicht wiedergutzumachender Schaden** droht und er deshalb eine Entscheidung im Verfahren zur Hauptsache nicht abwarten kann[860]. **736**

Als Beurteilungskriterien dienen dabei die Art und Schwere des Rechtsverstoßes sowie seine konkreten und endgültigen nachteiligen Auswirkungen auf das Vermögen und die sonstigen rechtlich geschützten Güter des Antragstellers. **737**

- Ein **schwerer Verstoß** ist immer dann anzunehmen, wenn die fragliche EU-Maßnahme unter **grober Missachtung** einzelner Regelungen oder allgemeiner Grundsätze und Prinzipien des EU-Rechts, und hier insbesondere der Grundrechte, erlassen worden ist[861]. Allerdings wird dabei auch berücksichtigt, ob den Antragsteller ein **Mitverschulden am Eintritt der Beeinträchtigung** trifft[862]. Der Antragsteller muss darlegen können, dass es ihm unmöglich war, geeignete Maßnahmen zur Abwendung oder Begrenzung des Schadens zu treffen[863].
- Ein **nicht wiedergutzumachender Schaden** liegt immer dann vor, wenn er im Falle eines Obsiegens des Antragstellers im Hauptsacheverfahren nicht vollständig ersetzt werden kann[864]. Eine wichtige Funktion kommt hier dem Schadensersatz zu, da von einem nicht wiedergutzumachenden Schaden nur dann die

857 Vgl. EuGH C-149/95P (R), KOM/Atlantic Container Line u.a., Slg. 1995, I-2165; EuG T-79/95 R und T-80/95 R, SNCF und British Railways/KOM, Slg. 1995, II-1433.

858 EuG T-79/95 R und T-80/95 R, SNCF und British Railways/KOM, Slg. 1995, II-1433; T-24/92 R, Langnese-Iglo und Schöller Lebensmittel/KOM, Slg. 1992, II-1839 Rdn. 27.

859 EuGH C-110/97 R, Niederlande/Rat, Slg. 1997, I-1795 Rdn. 29/30; C-195/90 R, KOM/Deutschland, Slg. 1990, I-2715 Rdn. 17.

860 Vgl. EuGH C-278/00 R, Griechenland/KOM, Slg. 2000, I-8787 Rdn. 14; EuG T-151/01 R, Der Grüne Punkt – Duales System Deutschland AG/KOM, Slg. 2001, II-3295 Rdn. 187.

861 EuGH Rs. 171/83 R, KOM/Frankreich, Slg. 1983, 2621/2626; EuGH C-619/18, KOM/Polen, ECLI:EU:C:2019:531, bestätigt durch EuGH C-619/18R, Polen/KOM, ECLI:EU:C:2019:575 [Verletzung der richterlichen Unabhängigkeit als Bestandteil des Grundrechts eines fairen Verfahrens durch polnische Zwangspensionierungen von Richtern am Obersten Gericht].

862 EuGH C-87/94 R, KOM/Belgien, Slg. 1994, I-1395.

863 EuGH Rs. 120/83 R, Raznoimport/KOM, Slg. 1983, 2573/2580.

864 EuGH C-130/95 R, Giloy/HZA Frankfurt a.M., Slg. 1997, I-4291 Rdn. 37; EuG T-2/95 R, Industries des poudres spheriques/Rat, Slg. 1995, II-485 Rdn. 28.

Rede sein kann, wenn die Leistung von Schadensersatz im konkreten Fall den eingetretenen oder drohenden Schaden nicht auszugleichen vermag. Letzteres wäre etwa dann der Fall, wenn der Schaden durch Geld nicht geregelt werden kann[865] oder wenn die Schadensersatzleistung, etwa im Falle eines Konkurses vor Erlass des Urteils in der Hauptsache, zu spät käme[866]. Vor diesem Hintergrund wird ein **finanzieller Schaden** dann als schwerer und nicht wiedergutzumachender Schaden angesehen, wenn er von einer Intensität ist, die eine **konkrete Bedrohung für die Existenz** des betreffenden Antragstellers darstellt[867].

cc) Interessenabwägung

738 Die dem Antragsteller bei Ablehnung der einstweiligen Anordnung drohenden Nachteile sind gegenüber dem **Interesse der EU** an der sofortigen Durchführung der Maßnahme sowie gegenüber den Nachteilen, die **Dritte** im Falle des Erlasses der einstweiligen Anordnung erleiden, abzuwägen[868]. Im Rahmen der Abwägung ist der Unionsrichter im allgemeinen darum bemüht, einen **Interessenausgleich** zwischen dem Antragsteller einerseits und den EU-Organen bzw. den etwaig betroffenen Dritten andererseits herzustellen. Dies geschieht in der Weise, dass entweder die Vollzugsaussetzung von besonderen Bedingungen, in aller Regel einer Sicherheitsleistung[869], abhängig gemacht wird oder der Vollzug der angefochtenen Maßnahme nur unter besonderen Voraussetzungen oder Auflagen zugelassen wird[870].

739 Im Rahmen der Interessenabwägung ist auch der Umstand zu berücksichtigen, ob die Vollzugsaussetzung der angefochtenen Maßnahme oder der Erlass der begehrten einstweiligen Anordnung die Umkehrung der Lage erlaubt, die durch die vorläufige Maßnahme entstehen würde, und – umgekehrt – ob die vorläufige Maßnahme ein Hindernis für die volle Wirksamkeit der streitbefangenen Maßnahme sein kann, falls die Klage in der Hauptsache abgewiesen wird **(„Präjudizierung der Haupt-**

865 EuGH C-51 u. 59/90 R, Cosmos Tank, Slg. 1990, I-2167 Rdn. 24; EuG T-339/00 R, Bactria Industriehygiene-Service/KOM, Slg. 2001, II-1721 Rdn. 94; T-169/00 R Esedra/KOM, Slg. 2000, II-2951 Rdn. 44.

866 EuGH Rs. 92/78 R, Simmenthal IV/KOM, Slg. 1978, 1129/1136; EuG T-12/93 R, CCE Vittel/KOM, Slg. 1993, II-785.

867 EuGH C-471/00 R (R), KOM/Cambridge Healthcaire Supplies, Slg. 2001, I-2865 Rdn. 113; EuG T-151/01 R, Der Grüne Punkt – Duales System Deutschland AG/KOM, Slg. 2001, II-3295 Rdn. 214. Bei der Beurteilung der finanziellen Lebensfähigkeit eines Unternehmens werden allerdings auch die finanziellen Möglichkeiten der Gesellschafter oder der Unternehmensgruppe, der das betreffende Unternehmen angehört, berücksichtigt, so EuGH C-232/02 P (R), KOM/Glaswerke Ilmenau, Slg. 2002, I-8977 Rdn. 56.

868 Vgl. etwa EuGH C-445/00 R, Österreich/Rat, Slg. 2001, I-1461 Rdn. 73, C-180/96 R, Vereinigtes Königreich/KOM [BSE], Slg. 1996, I-3903 Rdn. 89-93; EuG T-53/01 R, Poste Italiane/KOM, Slg. 2001, II-1479 Rdn. 43.

869 Art. 162 § 2 VerO/EuGH; Art. 107 § 2 VerO/EuG.

870 Vgl. EuG T-24 u. 28/92 R, Langnese u.a., Slg. 1992, II-1713; T-45/90 R, Speybrouck, Slg. 1990, II-705/714.

sache"). Ist von der Unumkehrbarkeit der Lage auszugehen, kann dem Antrag auf vorläufigen Rechtsschutz nur stattgegeben werden, wenn insbesondere die Dringlichkeit der beantragten Maßnahme als unbestreitbar erscheint[871].

dd) Glaubhaftmachung der Notwendigkeit und Dringlichkeit

Die Notwendigkeit und Dringlichkeit der begehrten einstweiligen Anordnung sind glaubhaft zu machen[872]. Die Glaubhaftmachung verlangt, dass der Antragsteller dem Unionsrichter die erforderliche **Überzeugung von der Richtigkeit seines Sach- und Rechtsvortrags** vermittelt. Hierfür genügt das Vorbringen von rechtlichen Erwägungen oder Tatsachen, die einer eingehenden Prüfung bedürfen, so dass dem Antrag auf vorläufigen Rechtsschutz nicht bereits auf den ersten Anschein jede Rechtfertigung fehlt[873]. Als **Mittel der Glaubhaftmachung** kann sich der Antragsteller aller verfügbaren Beweismittel (z.B. eidesstattlicher Versicherung, Urkundenvorlage, Sachverständigengutachten) bedienen. Auch eine Beweisaufnahme durch den Gerichtshof ist grundsätzlich möglich[874], findet in der Praxis jedoch kaum statt. **740**

c) Entscheidung

Die Entscheidung im Rahmen des vorläufigen Rechtsschutzes ergeht durch **Beschluss**, der mit Gründen zu versehen ist[875]. Sie wird i.d.R. durch den Präsidenten des EuGH/EuG getroffen; nur in Fällen mit grundsätzlicher Bedeutung überträgt der Präsident die Entscheidung dem Plenum oder auch der mit der Hauptsache befassten Kammer. **741**

Die **Beschlüsse des EuGH** oder dessen Präsidenten sind **unanfechtbar**[876]. Gegen die **Beschlüsse des EuG**, seines Präsidenten oder seiner Kammern kann hingegen ein auf Rechtsfragen beschränktes **Rechtsmittel** beim EuGH eingelegt werden[877]. Das Rechtsmittel hat keine aufschiebende Wirkung. **742**

Weiterführende Literatur: *Berrang*, Vorbeugender Rechtsschutz im Recht der Europäischen Gemeinschaften, Baden-Baden 1994; *Brinker*, Vorläufiger Rechtsschutz in nationalen Gerichtsverfahren und Europarecht, NJW 1996, S. 2851; *Haibach*, Vorläufiger Rechtsschutz im Spannungsfeld von Gemeinschaftsrecht und Grundgesetz, DÖV 1996, S. 60–70;

---

871 EuG T-353/00 R, Le Pen/EP, Slg. 2001, II-125 Rdn. 100; T-44/98 R II, Emesa Sugar (Free Zone)/KOM, Slg. 1999, II-1941 Rdn. 137.

872 Vgl. Art. 160 § 3 VerfO/EuGH; Art. 104 § 2 VerfO/EuG.

873 EuGH C-280/93 R, Deutschland/Rat, Slg. 1993, I-3667.

874 Vgl. Art.160 § 6 VerfO/EuGH; Art. 105 § 2 VerfO/EuG.

875 Art. 162 § 1 VerfO/EuGH; Art. 107 § 1 VerfO/EUG.

876 Art. 162 § 1 VerfO/EuGH.

877 Art. 57 IISatzung/EuGH; dazu EuGH C-364/98P (R), Emesa Sugar (Free Zone) NV, Slg. 1998, I-8787, Rdn. 53; C-248/97P (R), Chavas Fonseca Ferrão, Slg. 1997, I-4729; C-268/96P (R), SCK und FNK/KOM, Slg. 1996, I-4971 Rdn. 31.

Janasch, Einwirkungen des Gemeinschaftsrechts auf den vorläufigen Rechtsschutz, NVwZ 1999, S. 495–502; *Karpenstein/Kotzur/Vasel,* Handbuch Rechtsschutz in der Europäischen Union, 4. Aufl. 2024; *Lehr,* Einstweiliger Rechtsschutz und Europäische Union – Nationaler einstweiliger Verwaltungsrechtsschutz im Widerstreit von Gemeinschaftsrecht und nationalem Verfassungsrecht, Berlin 1997; *Pechstein,* EU-/EG-Prozessrecht, 2007; *Schoch,* Die Europäisierung des verwaltungsgerichtlichen vorläufigen Rechtsschutzes, DVBl. 1997, S. 289–297; *Triantafyllou,* Zur Europäisierung des vorläufigen Rechtsschutzes, NVwZ 1992, S. 129–134; *B. Wägenbauer,* Die jüngere Rechtsprechung der Gemeinschaftsgerichte im Bereich des vorläufigen Rechtsschutzes, EuZW 1996, S. 327–335.

V. Das Verfahren vor dem EuGH/EuG

743 Das Verfahren vor dem EuGH/EuG wird durch die Satzung des EuGH[878] und die Verfahrensordnungen von EuGH[879] und EuG[880] geregelt, die an die rechtsstaatlichen Traditionen und Grundsätze der Prozessordnungen der Mitgliedstaaten anknüpfen. Es gelten u.a. die Grundsätze der Schriftlichkeit, der Öffentlichkeit, der Unmittelbarkeit der Beweisaufnahme sowie – eingeschränkt – des Vertretungszwangs. In groben Zügen stellt sich das Verfahren vor dem EuGH/EuG wie folgt dar:

1. Verfahrenseinleitung

744 Die **Direktklagen** und das **Rechtsmittelverfahren** werden durch eine beim EuG/EuGH einzureichende Klageschrift eingeleitet, die den in der Satzung/EuGH und in den Verfahrensordnungen niedergelegten Mindestanforderungen genügen muss. Der Gerichtshof hat zu diesem Zweck praktische Anweisungen für Klagen und Rechtsmittel herausgebracht[881]. Die Klageschrift/Revisionsschrift muss von einem Rechtsanwalt eingereicht werden. Die Verfahrenssprache bestimmt sich nach der in der Klageschrift gewählten Sprache; in Vertragsverletzungsverfahren ist es die Landessprache des beklagten Mitgliedstaats.

Das **Vorabentscheidungsverfahren** beginnt mit der Übersendung des Vorlageersuchens, das in der Regel in Form eines Beschlusses ergeht, unmittelbar durch den vorlegenden Richter oder die Geschäftsstelle des vorlegenden Gerichts an die Kanzlei des EuGH[882]. Die Verfahrenssprache ist die Landessprache des vorlegenden Gerichts.

878 Konsolidierte Fassung des Protokolls (Nr. 3) über die Satzung des Gerichtshofs der Europäischen Union, ABl. C 202 vom 7.6.2016, p. 210–229.

879 Verfahrensordnung des Gerichtshofs vom 25.9.2012 (ABl. L 265/1, zuletzt geändert am 10.7.2024 (ABl. 2024, L 2024/2094).

880 Verfahrensordnung des Gerichts vom 4.3.2015 (ABl. 2015 L 105/1) zuletzt geändert am 10.7.2024 (ABl. 2024, L, 2024/2095).

881 EuGH: Praktische Anweisungen für die Parteien in den Rechtssachen vor dem Gerichtshof, ABl. 30.8. 2024, 2024/2173; EuG: Merkliste – Klageschrift 9/2024; Merkliste – Mündliche Verhandlung 9/2024.

882 Siehe die Empfehlungen an die nationalen Gerichte bezüglich der Vorlage von Vorabentscheidungsersuchen, ABl. 2024, C/2024/6008.

Mit Wirkung vom 1. Juli 2018 anonymisiert der EuGH auch alle Vorabentscheidungssachen vor Veröffentlichung. Unter Verweis auf die neue Datenschutz-Grundverordnung und die Datenschutzverordnung für die Organe der EU ändert der EuGH seine bisherige Praxis dahingehend, dass in allen veröffentlichten Dokumenten der Name der an der Rechtssache beteiligten natürlichen Personen durch Anfangsbuchstaben ersetzt wird; ebenso werden alle Details, anhand deren die Betroffenen identifiziert werden könen, weggelassen.

2. Schriftliches Verfahren

Für alle **Direktklagen und das Rechtsmittelverfahren** ist ein **kontradiktorisches Verfahren** vorgesehen, das mit der Zustellung der Klageschrift/Rechtsmittelschrift beim Klage-/Rechtsmittelgegner eröffnet wird. Der Klage-/Rechtsmittelgegner erwidert mit einer Klage- bzw. Rechtsmittelbeantwortung. In Direktklagen kann jede Partei danach noch jeweils einen weiteren Schriftsatz einreichen (Replik auf Seiten des Klägers; Duplik auf Seiten des Beklagten), in denen die Parteien den Streitgegenstand abschließend zu erörtern haben. 745

Das **Vorabentscheidungsverfahren** wird demgegenüber **nicht kontradiktorisch** durchgeführt, sondern die am Verfahren Beteiligten erhalten zur gleichen Zeit Gelegenheit, innerhalb einer Frist von zwei Monaten schriftliche Erklärungen abzugeben. Beteiligte des Verfahrens sind die Parteien des Ausgangsverfahrens, sämtliche Mitgliedstaaten und die Kommission sowie nach der jüngsten Satzungsänderung des EuGH seit dem 1. Oktober 2024 auch der Rat, das EP und die EZB. Die Wahrnehmung des Beteiligungsrechts ist nicht zwingend; lediglich die Kommission beteiligt sich nach einer Absprache mit dem EuGH an allen Vorabentscheidungsverfahren. 746

Nach Beendigung des schriftlichen Verfahrens legt der Berichterstatter einen **Vorbericht** vor, in welchem er dem Gerichtshof seine Vorschläge über die weitere Gestaltung des Verfahrensablaufs unterbreitet. Er äußert sich in diesem Vorbericht insbesondere zu den Fragen, an welchen Spruchkörper die Sache verwiesen werden soll und welche prozessleitenden Maßnahmen (z.B. Fragen an die Parteien, Beweisaufnahme, Einholung von Gutachten, Verbindung mit anderen Rechtssachen, Entscheidung über die Unzulässigkeit der Klage, Anberaumung der mündlichen Verhandlung) getroffen werden sollen. Gleichzeitig legt der Berichterstatter zur Vorbereitung der mündlichen Verhandlung einen **Sitzungsbericht** vor, in dem der Sachverhalt sowie das Vorbringen der Beteiligten bzw. der Parteien aus dem schriftlichen Verfahren zusammengefasst wird. Durch den Sitzungsbericht wird den Parteien Gelegenheit gegeben, zu überprüfen, ob ihre Ausführungen in tatsächlicher und rechtlicher Hinsicht zur Kenntnis genommen und zutreffend wiedergegeben worden sind. 747

3. Mündliche Verhandlung

748 Die mündliche Verhandlung besteht aus zwei Verfahrensabschnitten: der Verhandlung der Beteiligten bzw. Parteien (EuGH/EuG) und den Schlussanträgen des Generalanwalts (EuGH).

749 Eine **mündliche Verhandlung** der Beteiligten oder Parteien vor dem EuGH ist nicht (mehr) obligatorisch. Der EuGH kann vielmehr auf der Grundlage des Vorberichts des Berichterstatters und nach Anhörung des Generalanwalts sowie nach Unterrichtung der Parteien bzw. Beteiligten von der Durchführung der mündlichen Verhandlung absehen, es sei denn, eine der Parteien oder einer der Beteiligten stellt innerhalb eines Monats nach Mitteilung der Beendigung des schriftlichen Verfahren einen begründeten Antrag, in dem die Punkte aufgeführt werden, zu denen er gehört werden möchte. Im Rechtsmittelverfahren muss die Partei dazu geltend machen, dass sie im schriftlichen Verfahren nicht ausreichend Gelegenheit hatte, ihre Argumente vorzubringen. Im Vorabentscheidungsverfahren können mündliche Erklärungen auch ohne vorherige Teilnahme am schriftlichen Verfahren abgegeben werden.

750 In den mündlichen Verhandlungen besteht grundsätzlich **Anwaltszwang**, allerdings in Vorabentscheidungsverfahren mit der Maßgabe, dass alle diejenigen Personen vor dem EuGH auftreten können, die auch für das Verfahren vor dem vorlegenden (nationalen) Gericht nach dessen Verfahrensrecht zugelassen sind. Besteht danach kein Anwaltszwang und können die Parteien in der mündlichen Verhandlung selbst auftreten oder sich von bestimmten Berufsgruppen vertreten lassen (z.B. Gewerkschaften), so gilt dies auch für das Verfahren vor dem EuGH. Eine besondere Anwaltszulassung beim Gerichtshof besteht nicht.

751 Die mündlichen Verhandlungen sind grundsätzlich **öffentlich**. Lediglich aus wichtigem Grund kann der EuGH auf Antrag oder von Amts wegen die Verhandlung für nicht öffentlich erklären.

752 Den Schlusspunkt der mündlichen Verhandlung setzen vor dem EuGH die **Schlussanträge des Generalanwalts**, die in öffentlicher Sitzung in Auszügen verlesen werden. Dies gilt ausnahmslos, also auch dann, wenn keine mündliche Verhandlung der Parteien oder Verfahrensbeteiligten vor dem EuGH stattgefunden hat. Allerdings kann der EuGH beschließen, dass ohne Schlussanträge des Generalanwalts über eine Sache entschieden wird, wenn diese keine neuen Rechtsfragen aufwirft.

4. Urteil

a) Urteilsberatung

753 Nach Abschluss der mündlichen Verhandlung tritt der jeweilige Spruchkörper des EuGH/EuG in die Urteilsberatung ein. Die Beratungen finden in der Arbeitssprache des Gerichts, d.h. auf Französisch statt. Im Hinblick auf das Beratungsgeheimnis

stehen den Richtern weder Dolmetscher noch Mitarbeiter in den Beratungen zur Verfügung.

Die Beratungen beim EuGH werden unmittelbar im Anschluss an die Schlussanträge des Generalanwalts durch eine einführende Note des Berichterstatters eröffnet. In dieser Note nimmt der Berichterstatter zu den Schlussanträgen sowie den darin enthaltenen Entscheidungsvorschlägen Stellung. Diese Stellungnahme bestimmt den weiteren Verlauf der Beratungen: **754**

- Schlägt der Berichterstatter vor, den Schlussanträgen des Generalanwalts zu folgen, und bleibt dieser Vorschlag von den anderen Richtern des Spruchköpers unwidersprochen, so erfolgt die Beratung auf der Grundlage des dann vom Berichterstatter vorzulegenden Urteilsentwurfs.
- Will der Berichterstatter hingegen ganz oder teilweise von den Schlussanträgen abweichen, so legt er die Gründe hierfür eingehend dar. In diesem Fall wird in einer ersten Orientierungsdebatte die Linie des EuGH festgelegt, und dem Berichterstatter werden erste Kriterien für die Abfassung des Urteilsentwurfs vorgegeben.
- Der auf dieser Grundlage vom Berichterstatter erarbeitete Entwurf wird anschließend in weiteren Beratungen erörtert. Über streitige Punkte, für die selbst eine Kompromisslösung nicht gefunden werden kann, wird mit einfacher Mehrheit abgestimmt.
- Nach Abschluss der Urteilsberatung erstellt der Berichterstatter die Endfassung des Urteils, die von den anderen beteiligten Richtern gebilligt werden muss. Das Urteil trägt die Unterschrift aller am Zustandekommen beteiligten Richter. Die vor allem beim BVerfG üblichen „abweichenden Meinungen" bestehen beim EuGH im Interesse der Gewährleistung der Unabhängigkeit der Richter (politischer Druck aus den Mitgliedstaaten, Möglichkeit der Wiederernennung) nicht. Auch das Abstimmungsergebnis sowie das Abstimmungsverhalten der einzelnen Richter bleiben aus diesem Grund unbekannt.

Die Beratungen beim EuG folgen im Wesentlichen den gleichen Grundsätzen mit Ausnahme der Auseinandersetzung mit den Schlussanträgen der Generalanwälte, die es beim EuG in der Form nicht gibt. Beratungsgegenstand ist von Anfang an der vom Berichterstatter erarbeitete Urteilsentwurf. **755**

b) Entscheidungsgründe

Die Urteile des EuGH entsprechen nicht dem Vorstellungsbild eines deutschen Juristen. Unter der Überschrift **„Urteil"** folgen im Anschluss an das Rubrum die Entscheidungsgründe und danach erst der Tenor. **756**

Die **rechtliche Begründung** des Urteils beschränkte sich lange Zeit, anknüpfend an die Tradition und Praxis französischer Gerichte, auf diejenigen im konkreten Fall angestellten Erwägungen, die zum Verständnis des Ergebnisses der Rechtsfin- **757** dung unbedingt erforderlich sind. Inzwischen ist der EuGH dazu übergegangen, die Begründungen seiner Urteile zu erweitern. Auf die Auseinandersetzung mit dem rechtswissenschaftlichen Schrifttum oder mit Entscheidungen nationaler Gerichte verzichtet der EuGH aber weiterhin vollständig, da es praktisch unmöglich wäre, die dafür notwendige ausgewogene Auswahl in allen nationalen Rechtsordnungen zu treffen. Außer auf die im konkreten Fall anzuwendenden Rechtsvorschriften wird in den Entscheidungsgründen lediglich noch auf die eigene, frühere Rechtsprechung zurückgegriffen. Die Verwendung dieser aus dem „Common Law" bekannten Technik entspricht dem dynamischen Charakter der EU-Rechtsordnung und der schrittweisen Ausweitung der EU-Funktionen.

758 Vor diesem Hintergrund wird auch verständlich, weshalb der EuGH nur in Ausnahmefällen von seiner früheren Rechtsprechung abweicht[883] und sich stattdessen um eine stetige Fortentwicklung und Differenzierung bemüht, wenn es darum geht, neue Situationen zu berücksichtigen.

759 Die **Urteile des EuG** entsprechen in ihrem formalen Aufbau denen des EuGH. Gleichwohl nehmen hier entsprechend der Funktion des EuG als einer Tatsacheninstanz die Ausführungen zum Sachverhalt einen breiteren Raum ein. Auch die Begründungen fallen umfangreicher aus, ohne dass dabei allerdings der typisch französische Urteilsstil aufgegeben wird.

760 Die Endentscheidungen von EuGH/EuG enthalten regelmäßig eine **Kostenentscheidung**. Dabei ist das Verfahren vor dem EuGH/EuG grundsätzlich kostenfrei, so dass sich die erstattungsfähigen Kosten im Wesentlichen auf die Auslagen der Parteien beschränken. In den *Direktklagen* wird die unterliegende Partei auf Antrag zur Tragung der Kosten verurteilt, und zwar sowohl der eigenen als auch der des Gegners. Der EuGH/EuG kann bei Vorliegen außergewöhnlicher Gründe die Kosten verteilen oder entscheiden, dass jede Partei die Kosten selbst trägt. In *Vorabentscheidungsverfahren* stellt der EuGH lediglich fest, dass die Entscheidung über die Kosten entsprechend der Natur des Vorabentscheidungsverfahrens als eines Zwischenstreitverfahrens dem vorlegenden nationalen Gericht überlassen bleibt[884], verbunden mit dem Hinweis, dass die Auslagen der Regierungen der Mitgliedstaaten und der EU-Organe, die sich an dem Verfahren beteiligt haben, nicht erstattungsfähig sind.

761 Ist eine Partei finanziell nicht in der Lage, sich vor dem EuGH/EuG vertreten zu lassen oder persönlich zu erscheinen, kann der EuGH/EuG im Rahmen der **Prozesskostenhilfe** eine Beihilfe bewilligen.

---

883 Von den ohnehin wenigen Fällen sind hervorzuheben: EuGH C-70/88, EP/Rat, Slg. 1990, I-2067, „Befugnis des EP zur Erhebung einer Nichtigkeitsklage" sowie EuGH C-267/91 und C-268/91, Keck und Mithouard, Slg. 1993, I-6126, „Ausnahme vom Verbot der Behinderung des freien Warenverkehrs für den Bereich der Verkaufsmodalitäten".

884 Vgl. EuGH C-442/99 Clean Car Autoservice, Slg. 2001, I-9687.

5. Verkündung, Veröffentlichung, Verfahrensdauer

Das Urteil wird in **öffentlicher Sitzung** in der Verfahrenssprache verkündet. Dies geschieht durch Verlesung lediglich des Urteilstenors. Der Tenor eines jeden Urteils wird im **Amtsblatt der EU (Teil C)** veröffentlicht. Die vollständige Fassung des Urteils erschien bis Ende 2011 zusammen mit den Schlussanträgen des Generalanwalts in der Amtlichen Sammlung der Rechtsprechung in einer Papierfassung; seit dem 1. Januar 2012 wird die Sammlung ausschließlich in digitaler Form auf der Website EurLex als kostenlos zugängliche amtliche Veröffentlichung bereitgestellt. Die Urteile und Schlussanträge sind auch über das Internet abrufbar: http://europa.en.int/de/jurisp/index.htm. **762**

Die **Verfahrensdauer** (Jahr 2023) liegt bei *Vorabentscheidungsverfahren* bei 16,8 Monaten (2022: 17,3 Monaten), in Eilverfahren bei 4,3 (2022: 4,5 Monaten). Die Ursachen für diese relativ lange Dauer liegen vor allem in der ständig steigenden Zahl von Verfahren und den umfangreichen Übersetzungsarbeiten (so wird der Vorlagebeschluss in alle 24 Amtssprachen und die eingehenden Stellungnahmen ggf. in die Verfahrens- und Arbeitssprache beim EuGH übersetzt). In *direkten Klagen* beträgt die Dauer des Verfahrens vor dem EuGH 20,8 (2022: 23,5) Monate und vor dem EuG 18,2 (2022: 26,2) Monate. In *Vertragsverletzungsverfahren* beträgt allein die Dauer des Klageverfahrens vor allem wegen dessen kontradiktorischen Charakters 20 Monate. Hinzu kommen noch 18 Monate, die das Vorverfahren in Anspruch nimmt. **763**

6. Vollziehung und Vollstreckung

Die Urteile des EuGH sind nach Maßgabe des Art. 299 AEUV vollstreckbar (vgl. Art. 280 AEUV). **764**

Art. 299 AEUV bestimmt, dass die Entscheidungen des Rates, der Kommission oder der EZB, die eine Zahlung auferlegen, vollstreckbare Titel sind und dass die Zwangsvollstreckung nach den Vorschriften des Zivilprozessrechts des Staates, in dessen Hoheitsgebiet sie stattfindet, erfolgt.

Diese Regelung trägt dem Umstand Rechnung, dass die EU-Organe über keinen eigenen Vollstreckungsapparat verfügen. Die Vollstreckung wird deshalb den nationalen Stellen übertragen und nach dem jeweiligen nationalen Vollstreckungsrecht durchgeführt. Dabei hat die Regierung jedes Mitgliedstaats eine staatliche Behörde zu benennen, die zur Prüfung der Echtheit des Titels (nicht aber zur materiellen Richtigkeit) befugt ist und die Vollstreckungsklausel erteilt. In Deutschland ist dies der Bundesjustizminister[885].

Eine Vollstreckung gegenüber den Mitgliedstaaten ist hingegen ausgeschlossen. Deren Pflicht zur Befolgung von Urteilen folgt aus Art. 260 AEUV. **765**

885 Vgl. dt. BGBl. 1961 II, S. 50.

2. Teil

Die Wirtschaftsverfassung

§ 7 Der Binnenmarkt

Die Gründung der Europäischen Wirtschaftsgemeinschaft im Jahre 1957 erfolgte im Bewusstsein, dass nur die Integration der Volkswirtschaften der Mitgliedstaaten wirtschaftliche Stabilität und Wachstum garantieren könne. Regelungsgegenstand der Wirtschaftsverfassung ist daher die schrittweise Beseitigung der Wirtschaftsgrenzen durch Ausschaltung staatlicher Maßnahmen als Steuerungsmittel des innergemeinschaftlichen Wirtschaftsaustauschs. Am Ende dieses Prozesses sollte ein Gemeinsamer Markt stehen, auf dem der Wirtschaftsverkehr nach den Gesetzen von Angebot und Nachfrage unter Ausnutzung der natürlichen Standortvorteile abläuft. **766**

Den Normen, die auf die Herstellung dieses Zustandes abzielen, kommt daher Verfassungsrang zu. Zentrale Vorschrift der Wirtschaftsverfassung ist heute Art. 3 Abs. 3 EUV, wo es heißt:

„Die Union errichtet einen Binnenmarkt. Sie wirkt auf die nachhaltige Entwicklung Europas auf der Grundlage eines ausgewogenen Wirtschaftswachstums und von Preisstabilität, eine in hohem Maße wettbewerbsfähige soziale Marktwirtschaft, die auf Vollbeschäftigung und sozialen Fortschritt abzielt, sowie ein hohes Maß an Umweltschutz und Verbesserung der Umweltqualität hin. Sie fördert den wissenschaftlichen und technischen Fortschritt."

Diese Zielbestimmung orientiert sich am **marktwirtschaftlichen Modell** des sog. magischen Vierecks, das von Preisstabilität, hohem Beschäftigungsgrad, außenwirtschaftlichem Gleichgewicht und beständigem Wirtschaftswachstum gebildet wird.

A. Vom Gemeinsamen Markt zum Binnenmarkt

Bereits mit der Gründung der EWG war die Absicht verbunden, einen umfassenden Gemeinsamen Markt für alle Sektoren und Produktionsfaktoren zu errichten. Der Gemeinsame Markt erschien dabei zugleich als Ziel der Europäischen Integration und als Mittel zur Verwirklichung der weiteren Ziele einer harmonischen und stetigen Wirtschaftsentwicklung und der politischen Zusammenarbeit. **767**

Der EuGH hat auf dieser Grundlage den Begriff „Gemeinsamer Markt" in der Rechtssache **„Gaston Schul"**[1] wie folgt definiert: *„Der Begriff Gemeinsamer Markt ... stellt ab auf die Beseitigung aller Hemmnisse im innergemeinschaftlichen Handel mit dem Ziel der Verschmelzung der nationalen Märkte zu einem einheitlichen Markt, dessen Bedingungen denjenigen eines wirklichen Binnenmarktes möglichst nahekommen"*.

---

1 EuGH Rs. 15/81, Slg. 1982, 1409.

768 Durch die Einheitliche Europäische Akte (EEA) wurde eine Vorschrift in den früheren EG-Vertrag eingefügt[2], die der Gemeinschaft das Ziel setzte, bis zum 31. Dezember 1992 den **Binnenmarkt** zu verwirklichen. Dieser wurde in ex-Art. 14 Abs. 2 EG wie folgt definiert:

„Der Binnenmarkt umfasst einen Raum ohne Binnengrenzen, in dem der freie Verkehr von Waren, Personen, Dienstleistungen und Kapital gemäß den Bestimmungen dieses Vertrags gewährleistet ist".

Mit der Verwirklichung des Binnenmarktes sollte Herstellern und Leistungserbringern der ungehemmte Absatz ihrer Produkte in der Gemeinschaft und den Verbrauchern der Zugriff auf die günstigsten Angebote aus den Mitgliedstaaten ermöglicht werden.

769 Zur Erreichung dieses Ziels hatte die Kommission in ihrem **Weißbuch zur Vollendung des Binnenmarktes**[3] 282 konkrete Harmonisierungsmaßnahmen vorgeschlagen, die sich im Wesentlichen auf folgende Bereiche bezogen:

- Beseitigung der **„materiellen Schranken"**, die aus Kontrollen von Waren und Personen an den Binnengrenzen der Gemeinschaft bestehen. Dazu gehören auch die Steuergrenzen, die sich aus unterschiedlich hohen Sätzen für die Mehrwertsteuer und unterschiedlichen Arten und Sätzen und von Verbrauchssteuern ergeben. Diese Schranken erfordern Kontrollen an den Binnengrenzen und erschweren den Zutritt von Waren und Dienstleistungen zu einem anderen Mitgliedstaat.
- Beseitigung von **technischen Schranken**, den sog. nichttarifären Handelshemmnissen, die sich aus unterschiedlichen Vorschriften der Mitgliedstaaten in den Bereichen Gesundheits- und Verbraucherschutz, Sicherheit und Umwelt ergeben.
- **Verbesserung der Rahmenbedingungen** für die grenzüberschreitende Tätigkeit von Unternehmen.

770 Das sehr ehrgeizige Ziel des Weißbuchs **wurde im Wesentlichen erreicht**. Durch den Erlass der im Weißbuch vorgesehenen Rechtsakte ist es auf Unionsebene gelungen, die rechtlichen Rahmenbedingungen für ein erfolgreiches Wirken des Binnenmarktes zu schaffen. Damit der Binnenmarkt aber tatsächlich Realität werden konnte, mussten diese rechtlichen Rahmenbedingungen durch die Mitgliedstaaten und deren Verwaltungen, durch die Wirtschaft und schließlich durch die Unionsbürger verwirklicht und beachtet werden. 90 % der in dem Weißbuch vorgeschlagenen Rechtsakte waren bei Ablauf der Frist zur Vollendung des Binnenmarktes (31.12.1992) abgeschlossen.

---

2 Art. 8a EGV, der später Art. 14 EG wurde, aus dem wiederum der heutige Art. 26 AEUV hervorgegangen ist.

3 Europäische Kommission, Vollendung des Binnenmarktes, Weißbuch der Kommission an den Europäischen Rat, Juni 1985.

Die Vollendung des Binnenmarktes ist aber auch heute noch ein dynamischer Prozess, in den die EU immer wieder eingreifen muss, um neuen Hindernissen, die durch nationale Regelungen entstehen, entgegenzutreten. Die Einführung des Euro (1.1.2002) hat dem freien Personen-, Waren-, Dienstleistungs- und Kapitalverkehr neue Impulse verliehen. In einer Binnenmarktstrategie, in der die Kommission jährlich die Strategien der Entwicklung des Binnenmarktes überprüft, wird die Aufmerksamkeit auf jene Bereiche gelenkt, die am Dringendsten vorangebracht werden müssen[4]. **771**

Mit dem Vertrag von Lissabon sind den Grundfreiheiten zwei neue Artikel vorange- **772**
stellt worden, die sich ausdrücklich mit der Verwirklichung und dem Funktionieren des Binnenmarktes befassen. **Art. 26 AEUV** greift das in Art. 3 EUV formulierte Ziel „Binnenmarkt" auf und wiederholt zunächst die bereits bestehende Definition des Binnenmarktes als ein *„Raum ohne Binnengrenzen, in dem der freie Verkehr von Waren, Personen, Dienstleistungen und Kapital gewährleistet ist"*. Außerdem werden die zu seiner Verwirklichung zur Verfügung stehenden **Mittel**[5] aufgeführt. Die Abschaffung der Personen-, Zoll- und Steuerkontrollen an den Binnengrenzen folgt nunmehr unmittelbar aus Art. 26 AEUV. Auch die Zuständigkeitsverteilung zwischen EU und Mitgliedstaaten wird klargestellt[6]: Der **Binnenmarkt** fällt danach in die **ausschließliche Zuständigkeit der EU**[7], soweit es um die Zollunion, die Wettbewerbsregeln, die Währungspolitik der Mitgliedstaaten, in denen der Euro gilt, sowie die gemeinsame Handelspolitik geht, und in die von der EU mit den Mitgliedstaaten geteilte Zuständigkeit, soweit es um den Binnenmarkt im Übrigen geht[8]. **Art. 27 AEUV** erlaubt es der Kommission, den Umfang der Anstrengungen, die einigen Volkswirtschaften der Mitgliedstaaten mit unterschiedlichem Entwicklungsstand für die Errichtung des Binnenmarktes abverlangt werden, bei der Formulierung ihrer Vorschläge zur Verwirklichung des Binnenmarktes Rechnung zu tragen. Dies kann entweder geschehen durch Regelungen, die den betreffenden Mitgliedstaaten eine Abweichung von der für alle Mitgliedstaaten geltenden Einheitsregelung einräumen, oder durch vollständige oder teilweise Herausnahme einzelner Mitgliedstaaten aus dem Geltungsanspruch des fraglichen Rechtsakts. Im Ergebnis bedeutet diese Regelung eine (allerdings klar begrenzte) Ermächtigung zur Abweichung vom **Grundsatz des gemeinsamen und gleichzeitigen Vorgehens** im Rahmen der Verwirklichung des Binnenmarktes.

---

4 Vgl. zuletzt den Binnenmarktanzeiger vom 20.12.2021 (zugänglich über DG Growth website).

5 EuGH C-9/99, Echirolles Distribution Sa, Slg. 2000, I-8207, Rdn. 23; C-376/98, Deutschland/EP und Rat, Slg. 2000, I-8419, Rdn. 82.

6 In Verbindung mit Art. 3 Abs. 1 AEUV.

7 Vgl. EuGH C-62/14, P. Gauweiler/Deutscher Bundestag, ECLI:EU:C:2015:400, Rdn. 35; C-370/12, Pringle, Slg. 2012, I-756 Rdn. 50.

8 Vgl. Art. 4 Abs. 2 lit. a) AEUV.

B. Rechtliche Prinzipien des Binnenmarktes

773 Der Rechtsbegriff des Binnenmarktes umfasst **nach innen** Marktfreiheit, Marktgleichheit und ein System unverfälschten Wettbewerbs, **nach außen** die Einheitlichkeit des Marktes.

- **Marktfreiheit** besteht, wenn die Freiheit des Waren-, Personen-, Dienstleistungs- sowie des Kapital- und Zahlungsverkehrs verwirklicht sind. Die Marktfreiheitsrechte haben die Funktion, den Zugang zu den Märkten überhaupt erst zu öffnen.
- **Marktgleichheit** ist gewährleistet, wenn die Marktteilnehmer gleiche oder nahezu gleiche Wettbewerbsbedingungen vorfinden[9]. Die Marktgleichheitsrechte zielen auf die Beseitigung solcher Regelungen und Maßnahmen, die den Zugang zu den Märkten erschweren.
- Die Vorschriften über die **Wettbewerbsfreiheit** stellen schließlich sicher, dass die Märkte für alle Wettbewerber offen bleiben und ein freier Wettbewerb stattfinden kann.

Diese drei Grundprinzipien stehen in einem engen Funktionszusammenhang und ermöglichen eine Struktur wirtschaftlicher Austauschbeziehungen, welche die Offenheit der Märkte für alle Unionsbürger garantiert. Sie lassen sich zu einem **Recht auf Zugang zum Markt** verdichten, das für den Binnenmarkt schlechthin konstitutiv ist[10].

I. Die Marktfreiheit im Binnenmarkt

774 Die in Art. 26 Abs. 2 AEUV genannten Freiheitsbereiche des Waren-, Personen- und Dienstleistungsverkehrs sowie des Kapitalverkehrs waren bereits aufgrund der Anerkennung ihrer unmittelbaren Anwendbarkeit im Grundsatz verwirklicht[11].

Die unmittelbar wirksamen Vertragsvorschriften genügen jedoch allein nicht zur Herstellung der Marktfreiheit im Binnenmarkt. Zur Erweiterung der Marktfreiheit zu einem „Raum ohne Grenzen" muss sich die EU vielmehr des Instruments der Rechtsangleichung bedienen. Soweit dafür nicht spezielle Ermächtigungsnormen bereitstehen, wie etwa in Art. 113 AEUV für die indirekten Steuern, kann auf Art. 114 AEUV als **allgemeines Instrument der Rechtsangleichung** zurückgegriffen werden, das eigens zum Zwecke der Verwirklichung des Binnenmarktes geschaffen wurde.[12]

9 EuGH Rs. 6/72, Europemballage, Slg. 1973, 215 ff., 245.

10 Grabitz in: FS für Ipsen, S. 647.

11 Für den freien Kapitalverkehr erfolgte diese Anerkennung relativ spät, nämlich erst mit Wirkung vom 1.1.1994.

12 Zur Rechtsangleichung s. ausführlich unter § 7 C.

II. Die Marktgleichheit im Binnenmarkt

Die Marktgleichheit im Binnenmarkt bedarf ebenfalls der Erweiterung über das Maß ihrer Verwirklichung hinaus, das sie durch die **unmittelbare Wirkung der Vertragsvorschriften** (insbesondere Art. 18 AEUV als allgemeiner Gleichheitsgrundsatz sowie dessen konkrete Ausformungen in den speziellen Grundfreiheitsrechten) erfahren hat. **775**

Auch dieser höhere Grad an Marktgleichheit kann nur auf dem Wege der **Rechtsangleichung** erreicht werden. Die **Notwendigkeit der Rechtsangleichung** ergibt sich aus der Überlegung, dass der Binnenmarkt vollkommen ist, wenn im Gebiet der EU nur eine Rechtsordnung besteht; jedenfalls existieren dann keine Grenzen des Wirtschaftsverkehrs mehr. Rechtseinheit schafft notwendig einen Raum ohne Grenzen.

Rechtsangleichung bezweckt aber **nicht stets eine Einheitsregelung**, wenn es um die Errichtung des Binnenmarktes geht. Diese ist nur eine extreme Form auf einer Skala differenzierender Regelungen, die durch Rechtsangleichung angestrebt werden können. Der auch im Binnenmarkt geltende Gleichheitssatz gebietet sogar solche **Differenzierungen** dort, wo in der Realität Unterschiede vorhanden sind; differenzierende Regelungen der Rechtsangleichung sind ferner in den Fällen geboten, in denen das Ziel, einen Raum ohne Grenzen zu schaffen, auch ohne Einheitsregelung erreichbar ist. Marktgleichheit im Binnenmarkt muss deshalb nicht immer durch eine Einheitsregelung, sondern kann auch durch differenzierende Regelungen im Wege der Rechtsangleichung herbeigeführt werden. **776**

Daneben kann Marktgleichheit im Binnenmarkt auch unter Verzicht auf Rechtsangleichung hergestellt werden. Das ist immer dann der Fall, wenn Schutznormen der Bestimmungsländer, die den Handel hemmen, trotz legitimer Zwecke unzulässig sind, weil ihr Schutzzweck schon durch Normen des Herkunftslandes tatsächlich erfüllt wird. In solchen Fällen genügt **Rechtsgleichheit statt Rechtsangleichung**. Das ist der Inhalt dessen, was die Kommission in ihrem Weißbuch das **Prinzip der gegenseitigen Anerkennung** nennt und wie folgt umschreibt[13]: **777**

„Wenn ein Erzeugnis in einem Mitgliedstaat rechtmäßig hergestellt und in den Verkehr gebracht worden ist, ist nicht einzusehen warum es nicht überall in der Gemeinschaft verkauft werden sollte. Die Ziele nationaler Rechtsvorschriften – wie der Schutz der menschlichen Gesundheit, des menschlichen Lebens und der Umwelt – decken sich in den meisten Fällen. Hieraus folgt, dass die Vorschriften und Kontrollen, mit denen diese Ziele erreicht werden sollen, zwar verschiedene Formen annehmen können, im Kern aber auf das gleiche hinauslaufen und daher normalerweise **in allen Mitgliedstaaten anerkannt werden sollten** *…"*

Dieses Prinzip lässt sich über den Handel hinaus auf alle Bereiche des grenzüberschreitenden Wirtschaftsverkehrs, insbesondere auch auf den Personenverkehr, die **778**

13 Europäische Kommission, Vollendung des Binnenmarktes, Weißbuch der Kommission an den Europäischen Rat, Juni 1985, S. 17, Rdn. 58.

Finanzdienstleistungen der Banken und Versicherungen und auf sonstige Dienstleistungen, vor allem den Rundfunk, anwenden.

III. Die Wettbewerbsfreiheit

779 Die Vorschriften über die Wettbewerbsfreiheit (Art. 101 ff. AEUV) stellen schließlich sicher, dass die Märkte für alle Wettbewerber offen bleiben und ein freier und fairer Wettbewerb stattfinden kann[14].

Weiterführende Literatur: *Capelli,* Die Vollendung des Europäischen Binnenmarktes, EuR, Beiheft 1, 1992, S. 11–25; *Caesar/Scharrer,* Der unvollendete Binnenmarkt, 2003; *Dicke,* Der Europäische Binnenmarkt, in Weidenfeld (Hrsg.), Europa Handbuch, Bd. 1, 2004, S. 223; *Grabitz,* Wirtschaftslenkung durch die EG, WiVerw 1990, S. 50 ff.; *ders.,* Das Recht auf Zugang zum Markt, FS für Ipsen, S. 645 ff.; *ders.,* Über die Verfassung des Binnenmarktes, FS für Steindorff, S. 1229 ff.; *Götz,* Grundsatz der gegenseitigen Anerkennung, FS für Jaenicke, 1999, S. 763; *Grabitz/v. Bogdandy,* Vom Gemeinsamen Markt zum Binnenmarkt – Statik und Dynamik des Europäischen Marktes, JuS 1990, S. 170 ff.; *Steindorff,* Gemeinsamer Markt als Binnenmarkt, ZHR 1986, S. 687 ff.; *Dauses,* Die rechtliche Dimension des Binnenmarktes, EuZW 1990, S. 8 ff.; *Koch,* Die Gewährleistungspflicht der Mitgliedstaaten zur Aufrechterhaltung des Binnenmarktes, 2003; *Müller-Graff,* Binnenmarktziel und Rechtsordnung: Binnenmarktrecht, 1989; *Reich,* Der Binnenmarkt als Rechtsbegriff, EuZW 1991, S. 203; *Schmidhuber,* Perspektiven zum europäischen Binnenmarkt, WuW 1992, S. 981–991; *Schubert,* Der Gemeinsame Markt als Rechtsbegriff, 1999; *Thieffry/van Doorn,* Die Vollendung des Binnenmarktes bis 1992, RIW 1989, S. 123 ff.; *Zacker,* Binnenmarkt und Gemeinsamer Markt, RIW 1989, S. 489 ff.; *Zeitler,* Der Europäische Binnenmarkt, ZfZ 1993, S. 338.

C. Rechtsangleichung

780 Art. 114 Abs. 1 AEUV sieht eine Angleichung der innerstaatlichen Rechtsvorschriften vor, soweit dies für das Funktionieren des Binnenmarktes erforderlich ist.

I. Funktion und Begriff der Rechtsangleichung

781 Die Rechtsangleichung erfüllt in der EU insbesondere **zwei Funktionen:**

- Als **repressiv-ordnendes Instrument** dient sie der Beseitigung störender Rechtsunterschiede und garantiert so einen reibungslosen Ablauf des Binnenmarktes. Divergenzen zwischen den Rechtsvorschriften der Mitgliedstaaten, welche durch die unterschiedlichen Auffassungen in der Wirtschaftspolitik oder durch protektionistische Tendenzen begründet werden, müssen so weit ausgeräumt werden, dass Wettbewerbsverzerrungen ausgeschlossen sind.
- Zugleich geht von der Rechtsangleichung eine **steuernde Wirkung** aus, da das nationale Recht im Lichte des EU-Interesses eine neue Bewertung und Ausrichtung erhält.

---

14 Siehe dazu den 4. Teil.

Die EU-Verträge verwenden für die Rechtsangleichung **keinen einheitlichen Begriff**; vielmehr sprechen Art. 52 und 53 AEUV (Niederlassungsfreiheit) von *„Koordinierung"* oder Art. 113 AEUV (indirekte Steuern) von *„Harmonisierung"*. Diese Begriffe haben aber dieselbe Bedeutung; sie bezeichnen die Aufgabe der EU-Organe, durch Erlass von Normen störende Auswirkungen auf den Binnenmarkt zu beseitigen, die von divergierenden Rechts- und Verwaltungsvorschriften der Mitgliedstaaten ausgehen. 782

Dabei soll **keine Uniformität der nationalen Rechtsordnungen** entstehen, sondern es soll so weit angeglichen werden, wie es dem Integrationsstand der EU entspricht und für das reibungslose Funktionieren des Binnenmarktes erforderlich ist. 783

Die Bedürfnisse des Binnenmarktes entscheiden dabei auch über die **Erforderlichkeit der Angleichungsmaßnahmen**. Diese ist dann gegeben, wenn die nationalen Rechtsvorschriften entweder durch ihre Verschiedenheit zueinander oder durch ihre unzureichenden Regelungsgehalte insgesamt (mögen diese auch in allen Mitgliedstaaten identisch sein) den Anforderungen des Binnenmarktes nicht genügen. Die Entscheidung über Erforderlichkeit und Ausmaß der Rechtsangleichung liegt im Ermessen der EU-Organe. Der Grundsatz der Subsidiarität verlangt dabei, dass die Angleichung nur so weit vorangetrieben wird, wie dies zur Verwirklichung der Vertragsziele erforderlich ist. Dies bedeutet allerdings nicht, dass stets auf die Aufstellung mehr oder weniger klar umrissener Ziele, die dann von den Mitgliedstaaten näher auszufüllen sind, zurückgegriffen werden muss. Vielmehr ist auch eine in allen Einzelheiten normierte Vorgabe vom Begriff der Angleichung gedeckt, solange sie nur durch die Erfordernisse des Binnenmarktes bedingt ist. Dies gilt etwa für die sensiblen Bereiche des Lebensmittel- oder Arzneimittelrechts sowie des Umweltrechts, in denen häufig nur eine detaillierte inhaltliche Regelung die für das Funktionieren des Binnenmarktes erforderliche Rechtsangleichung bewirken kann. 784

II. Generelle Ermächtigungen zur Rechtsangleichung

1. Rechtsangleichung im Binnenmarkt

a) Abgrenzung der Art. 114 und 115 AEUV

Nach **Art. 114 Abs. 1 Satz 2 AEUV** erlassen das EP und der Rat nach dem ordentlichen Gesetzgebungsverfahren und nach Anhörung des EWSA *„die Maßnahmen zur Angleichung der Rechts- und Verwaltungsvorschriften der Mitgliedstaaten, welche die Errichtung und das Funktionieren des Binnenmarktes zum Gegenstand haben"*. Durch Maßnahmen der EU können folglich die Rechts- und Verwaltungsvorschriften der Mitgliedstaaten im Hinblick auf das Ziel, den Binnenmarkt zu errichten und sein Funktionieren zu gewährleisten, angeglichen werden[15]. Die Rechtsangleichung nach **Art. 115 AEUV** erfasst die Rechts- und Verwaltungsvorschriften der Mitgliedstaaten, die sich 785

15 Vgl. auch EuGH C-359/92, Deutschland/Rat, Slg. 1994, I-3681 Rdn. 37.

unmittelbar auf die Errichtung oder das Funktionieren des Binnenmarktes auswirken. Auffallend ist der sprachliche Unterschied in beiden Rechtsangleichungsregelungen: Während in Art. 114 Abs. 1 die Errichtung und das Funktionieren des Binnenmarktes den **Gegenstand** der Rechtsangleichung bildet, können mit Hilfe von Art. 115 die Vorschriften der Mitgliedstaaten angeglichen werden, die sich unmittelbar auf die Errichtung oder das Funktionieren des Binnenmarktes auswirken. Dieser Unterschied in der sprachlichen Formulierung führt aber nicht zu unterschiedlichen Anforderungen bei der Anwendung dieser Ermächtigungen; vielmehr bezwecken beide Ermächtigungen, Hindernisse für die **Grundfreiheiten** zu beseitigen bzw. **Wettbewerbsverzerrungen** auszuschalten, die sich aus Unterschieden zwischen den Rechtsordnungen der Mitgliedstaaten ergeben.

786 Allerdings unterscheiden sich beide Ermächtigungen erheblich im **Umfang ihres Anwendungsbereichs**: Als subsidiäre Auffangregelung für Art. 114 AEUV beschränkt sich die Anwendung von Art. 115 AEUV auf die in Art. 114 Abs. 2 AEUV aufgeführten **Bereichsausnahmen**. Diese betreffen die Bestimmungen über die **Steuern**, die **Freizügigkeit** und die **Rechte und Interessen der Arbeitnehmer**. Allerdings kommt Art. 115 AEUV in diesen Bereichen nur insoweit zur Anwendung, als nicht andere Spezialvorschriften diese Ermächtigung verdrängen. Derartige Spezialvorschriften bestehen für den Bereich der indirekten Steuern (Art. 113 AEUV), die Freizügigkeit (Art. 46 AEUV) und die Rechte und Interessen der Arbeitnehmer (Art. 48 und Art. 153 AEUV), so dass sich der Anwendungsbereich des Art. 115 AEUV praktisch auf die **Angleichung der direkten Steuern reduziert**.

b) Gegenstand der Rechtsangleichung

787 **Gegenstand der Angleichung** können alle Normen sein, welche den Rechtsordnungen der Mitgliedstaaten ihr Gepräge verleihen, d.h. alle von staatlicher Seite erlassenen oder anderweitig mit staatlicher Autorität versehenen generellen Regelungen. Zu den *Rechtsvorschriften* zählen in erster Linie Gesetze und Rechtsverordnungen, aber auch die Organisationsnormen autonomer Träger öffentlicher Gewalt, wie z.B. die Satzungen öffentlich-rechtlicher Körperschaften und Anstalten. Als *Verwaltungsvorschriften* sind die allgemeinen Anweisungen für nationale Verwaltungsbehörden zu verstehen. Auch *technische Normen* können unter den Begriff der Rechts- oder Verwaltungsvorschriften fallen, soweit sie in staatliche Vorschriften aufgenommen worden sind (Inkorporation) oder diese auf sie Bezug nehmen (Verweisung). Damit gibt es praktisch keine inhaltliche Beschränkung für angleichungsfähige Rechtsnormen.

aa) Rechtsangleichung nach Art. 114 AEUV

788 Die auf **Art. 114 AEUV** gestützten Maßnahmen zur Rechtsangleichung müssen die Errichtung und das Funktionieren des Binnenmarktes zum Gegenstand haben. Das ist dann der Fall, wenn durch die Beseitigung der Unterschiede zwischen den

Rechtsordnungen der Mitgliedstaaten die **Einheit des Marktes** hergestellt werden soll[16]. Dies darf jedoch nicht zu einer uferlosen Binnenmarktermächtigung führen. Nach dem insoweit grundlegenden Urteil des EuGH zur ***„Tabakwerberichtlinie"***[17] ist dem EU-Gesetzgeber keine allgemeine Kompetenz zur Regelung des Binnenmarktes eingeräumt worden, da dies mit dem Prinzip der begrenzten Ermächtigung (Art. 5 Abs. 1 EUV) unvereinbar wäre. Vielmehr muss ein Rechtsangleichungsakt tatsächlich den Zweck verfolgen, die Voraussetzungen für die Errichtung und das Funktionieren des Binnenmarktes zu verbessern. Erforderlich ist deshalb das Vorliegen eines **positiven Binnenmarkteffekts**. Die bloße Feststellung von Unterschieden und die abstrakte Gefahr für die Grundfreiheiten oder von Wettbewerbsverzerrungen genügen nicht[18]. Dementsprechend kann ein Rechtsakt nur dann auf Art. 114 gestützt werden, wenn aus ihm **objektiv** und **tatsächlich** hervorgeht, dass er den Zweck hat, die Voraussetzungen für die Errichtung und das Funktionieren des Binnenmarktes zu verbessern[19], nicht aber, wenn die Maßnahme **nur als Nebeneffekt** eine Harmonisierung der Marktbedingungen bewirkt[20].

Art. 114 AEUV kann auch dann als Rechtsgrundlage herangezogen werden, wenn es **789** um die Verhinderung **neuer Hindernisse** für das Funktionieren des Binnenmarktes infolge unterschiedlicher Entwicklung der nationalen Rechtsvorschriften geht. In diesem Fall muss die Entstehung neuer Hindernisse **wahrscheinlich** sein und die Angleichung deren Vermeidung zum Zweck haben[21].

Schließlich kann auf Art. 114 AEUV auch dann zurückgegriffen werden, wenn ein **790** Sachbereich zwar aufgrund vorheriger Rechtsangleichung bereits harmonisiert ist, die **EU aber höhere Standards** (z.B. im Gesundheits- oder Umweltschutz) **einführen will**. So rechtfertigt es der Schutz der Gesundheit, bei Harmonisierungsmaßnahmen im Binnenmarkt die wirtschaftliche Freiheit der Marktteilnehmer so weit einzuschränken, wie es zum Schutz der Gesundheit insbesondere unter dem Gesichtspunkt der **Vorsorge** und der **Vorbeugung** notwendig und angemessen ist[22].

Sind die Voraussetzungen für eine Rechtsangleichung nach Art. 114 AEUV erfüllt, **791** verpflichtet Abs. 3 die EU-Organe, in den Bereichen Gesundheit, Sicherheit, Umweltschutz und Verbraucherschutz von einem hohen Schutzniveau auszugehen. Diese Verpflichtung stellt eine **spezielle Ausprägung der Querschnittsklauseln**

---

16 EuGH C-377/98, Niederlande/EP und Rat, Slg. 2001, I-7079 Rdn. 18.

17 EuGH C-376/98, Deutschland/EP und Rat, Slg. 2000, I-8419, bestätigt durch EuGH C-58/08, Vodafone, Slg. 2010, I-4999, Rdn. 32.

18 EuGH C-434/02, Arnold André, Slg. 2004, I-11825 Rdn. 30.

19 EuGH C-66/04, Vereinigtes Königreich/EP u. Rat, Slg. 2005, I-10553, Rdn. 44.

20 EuGH C-209/97, KOM/Rat, Slg. 1999, I-8067, Rdn. 35.

21 EuGH C-377/98, Niederlande/EP und Rat, Slg. 2001, I-7079 Rdn. 15; C-380/03, Deutschland/EP, Slg. 2006, I-11573, Rdn. 37.

22 EuGH C-180/96, Vereinigtes Königreich/KOM, Slg. 1998, I-2265, Rdn. 98 ff.; C-154/04 u. 155/04, Alliance for Natural Health, Slg. 2005, I-6451, Rn. 111; C-434/02, Arnold André, Slg. 2004, I-11825, Rdn. 47 ff.

dar (Art. 11 AEUV: Umweltschutz; Art. 12 i.V.m. Art. 169 Abs. 1 AEUV: Verbraucherschutz; Art. 168 Abs. 1 UAbs. 1 AEUV: Gesundheitsschutz) und soll gewährleisten, dass das in den Klauseln vorausgesetzte hohe Schutzniveau auch bei der Rechtsangleichung im Binnenmarkt erreicht wird. Der Begriff **„Sicherheit"** ist im Sinne der **technischen Sicherheit** von Produkten, Produktionsanlagen und Dienstleistungen zu verstehen.

bb) Rechtsangleichung nach Art. 115 AEUV

792 Rechtsangleichung **nach Art. 115 AEUV** darf nur insoweit betrieben werden, als die anzugleichenden nationalen Rechtsvorschriften tatsächlich **unmittelbare Auswirkungen auf die Errichtung und das Funktionieren des Binnenmarktes** haben. Von einer unmittelbaren Auswirkung kann immer dann gesprochen werden, wenn innerstaatliche Rechtsvorschriften die Freiheit des Wirtschaftsverkehrs behindern, den Wettbewerb zwischen den Mitgliedstaaten beeinträchtigen oder die gemeinsamen Politiken der EU oder die Koordinierung der Wirtschafts- oder Sozialpolitik der Mitgliedstaaten gefährden. Die Forderung nach einer unmittelbaren Auswirkung der divergierenden nationalen Rechtsvorschriften auf das Funktionieren des Binnenmarktes ist dabei nicht im Sinne eines strikten Kausalzusammenhangs zu verstehen. Entscheidend ist vielmehr das Vorliegen eines sog. **negativen Effekts**, d.h. eine gewisse Sachnähe und Intensität der Auswirkung. Für das Eingreifen von Angleichungsmaßnahmen ist keine aktuelle Beeinträchtigung erforderlich; ausreichend ist vielmehr, dass Unterschiede in den Rechts- oder Verwaltungsvorschriften der Mitgliedstaaten geeignet sind, das Funktionieren des Binnenmarktes zu beeinträchtigen[23].

c) Abweichungsmöglichkeiten der Mitgliedstaaten nach Art. 114 Abs. 4 und 5 AEUV

793 Als Ausgleich für die Einführung des Mehrheitsprinzips und der Anwendung des ordentlichen Gesetzgebungsverfahrens (Art. 289 i.V.m. Art. 294 AEUV), das dazu führen kann, dass schützenswerte nationale Interessen geopfert werden, wird den Mitgliedstaaten die Möglichkeit eröffnet, von den Angleichungsvorschriften **abweichende nationale Regelungen anzuwenden**. Konkret sehen Art. 114 Abs. 4 und 5 AEUV zwei Fälle der Abweichung vor: Zum einen kann ein Mitgliedstaat Vorschriften, die bereits vor der Harmonisierungsmaßnahme bestanden, nach deren Erlass **beibehalten** (Abs. 4), und zum anderen kann ein Mitgliedstaat nach Erlass der Harmonisierungsmaßnahme neue einzelstaatliche Vorschriften **einführen** (Abs. 5). Beide Fälle unterscheiden sich dadurch, dass im *ersten Fall* der EU-Gesetzgeber die Harmonisierung in Kenntnis bestehender nationaler Vorschriften vorgenommen hat und es

---

23 Vgl. EuGH C-380/03, Deutschland/EP, Slg. 2006, I-11573, Rdn. 37; C-376/98, Deutschland/EP und Rat (Tabakwerbe-RL); Slg. 2000, I-8419 (noch zu ex-Art. 95 EG), mit Anm. vom *Götz*, JZ 2001, S. 32/34.

in diesem Zusammenhang als hinnehmbar angesehen wird, dass ein Mitgliedstaat die Fortgeltung seiner eigenen Vorschriften beantragt[24]. Die Rechtfertigungsgründe für die Beibehaltung bestehen im *Schutz der Arbeitsumwelt* oder im *Umweltschutz.* Demgegenüber gefährdet im *zweiten Fall* die Einführung neuer einzelstaatlicher Vorschriften die Harmonisierung stärker, da der EU-Gesetzgeber naturgemäß die Ausarbeitung der Harmonisierungsmaßnahme nicht in Kenntnis dieser Vorschriften vornehmen konnte[25]. Dementsprechend ist die Einführung neuer einzelstaatlicher Vorschriften nur unter der Voraussetzung zulässig, dass sie auf neuen wissenschaftlichen Erkenntnissen in Bezug auf den Schutz der *Umwelt* oder der *Arbeitsumwelt* beruht und für den betreffenden Mitgliedstaat in diesen Bereichen ein *spezifisches Problem* besteht, das erst nach Erlass der Harmonisierungsmaßnahme aufgetreten ist.

In beiden Fällen hat der betreffende Mitgliedstaat ein bestimmtes **Verfahren einzuhalten**, das einer zweifachen Kontrolle, nämlich einer verwaltungsmäßigen (durch die Kommission) und gegebenenfalls einer gerichtlichen (durch den EuGH), unterliegt. Der Mitgliedstaat muss der Kommission die Bestimmungen, deren Anwendung er zum Schutz wesentlicher Güter für erforderlich hält, unter Angabe der Gründe mitteilen. Die Kommission vergewissert sich, dass diese Bestimmungen kein Mittel zur willkürlichen Diskriminierung und keine verschleierte Beschränkung des Handels zwischen den Mitgliedstaaten darstellen und dass sie das Funktionieren des Binnenmarktes nicht behindern. Sie muss innerhalb von sechs Monaten nach der Mitteilung die nationalen Maßnahmen entweder bestätigen oder ablehnen. Lässt die Kommission diese Frist verstreichen, so gelten die einzelstaatlichen Maßnahmen als gebilligt (Art. 114 Abs. 6 AEUV). In jedem Fall darf der Mitgliedstaat die mitgeteilten nationalen Maßnahmen erst dann anwenden, wenn diese ausdrücklich oder stillschweigend von der Kommission gebilligt worden sind.[26] Im Falle der Billigung einer nationalen Maßnahme muss die Kommission unverzüglich prüfen, ob angesichts der zur Rechtfertigung der nationalen Maßnahmen vorgebrachten Gründe eine Anpassung der unionsrechtlichen Angleichungsmaßnahme erforderlich ist (Art. 114 Abs. 7 AEUV). In ihrer **Praxis** hat die Kommission Anträgen auf **Beibehaltung** einzelstaatlicher Bestimmungen nach Abs. 4 überwiegend stattgegeben, hingegen die **Einführung** solcher Bestimmungen nach Abs. 5 regelmäßig abgelehnt[27].

Die Ablehnung der nationalen Maßnahme durch die Kommission kann vom betref- **794**
fenden Mitgliedstaat vor dem EuGH angefochten werden (Art. 263 Abs. 2 AEUV); die Billigung einer nationalen Maßnahme kann von anderen Mitgliedstaaten zum Zwecke der **gerichtlichen Überprüfung** vor den EuGH gebracht werden (Art. 263 Abs. 2 AEUV). Bei nationalen Alleingängen unter Verletzung der Verfahrensrege-

24 Vgl. EuGH C-3/00, Dänemark/KOM, Slg. 2003, I-2643, Rdn. 58.

25 Ebenda, Rdn. 58.

26 So hat die Kommission die Beibehaltung strengerer Schutzvorschriften in Deutschland und Dänemark hinsichtlich des Krebs erzeugenden Holzschutzmittels „Pentachlorphenol – PCP“ gebilligt; dazu EuGH C-41/93, Frankreich/KOM, Slg. 1994, I-1829/1849.

27 Vgl. die Beispiele bei Fischer, in Lenz/Borchardt, Art. 114 Rdn. 34.

lungen und unter Missbrauch der Befugnisse aus Art. 114 Abs. 4 AEUV können die Kommission oder ein anderer Mitgliedstaat den EuGH unmittelbar (d.h. ohne Durchführung eines Vorverfahrens wie beim Vertragsverletzungsverfahren nach Art. 258, 259 EGV) anrufen (Art. 114 Abs. 9 AEUV).

795 Eine Sonderregelung enthält Art. 114 Abs. 8 AEUV für den Fall, dass ein Mitgliedstaat in einem bereits durch EU-Recht harmonisierten Bereich auf **spezielle Gesundheitsprobleme** trifft. Diese sind der Kommission mitzuteilen, die dann ihrerseits umgehend prüft, ob sie dem Rat entsprechende Korrekturen an den unionsrechtlichen Bestimmungen vorschlägt.

796 Im Einzelfall ist es auch möglich, dass die unionsrechtliche Harmonisierungsmaßnahme selbst eine **Schutzklausel** vorsieht, die den Mitgliedstaaten gestattet, aus einem oder mehreren der in Art. 36 AEUV aufgeführten nicht wirtschaftlichen Gründen vorläufige Maßnahmen zu treffen, die einem Kontrollverfahren der EU unterliegen. Diese Schutzklauseln sind als Ausnahmevorschriften eng auszulegen.[28] Ihren wesentlichen Anwendungsbereich finden sie bei Maßnahmen der technischen Harmonisierung und im Lebensmittelrecht.

2. Angleichung der Vorschriften über den Schutz des geistigen Eigentums

797 Eine im Binnenmarkt immer größere Bedeutung spielt der Schutz des geistigen Eigentums. Art. 114 AEUV ermächtigt in diesem Bereich jedoch nur zur Angleichung der einzelstaatlichen Vorschriften, nicht jedoch zur Schaffung von unionseinheitlichen Rechtstiteln, die neben die nationalen Rechtstitel treten. In der Vergangenheit wurde insoweit auf die Vertragsabrundungskompetenz des ex-Art. 308 EG (jetzt Art. 352 AEUV) zurückgegriffen[29].

798 Art. 118 AEUV ermächtigt das EP und den Rat, Maßnahmen zur Schaffung europäischer Titel über einen einheitlichen Schutz der Rechte des geistigen Eigentums im ordentlichen Gesetzgebungsverfahren (Art. 294 AEUV) zu erlassen. Unter „Rechtstitel" sind Ausschließlichkeitsrechte wie etwa das Patent-, Urheber- oder Markenrecht zu verstehen, nicht bloße Verhaltensnormen wie z.B. die Regeln des unlauteren Wettbewerbs. Diese Rechtstitel sollen über einen „einheitlichen Schutz" der Rechte des geistigen Eigentums in der Union geschaffen werden. **„Einheitlicher Schutz"**

---

28 EuGH Rs. 11/82, Piraika-Patraiki, Slg. 1985, 207/245.

29 Vgl. die Regelungen für die *Gemeinschaftsmarke* (VO (EG) Nr. 207/2009 des Rates v. 26.2.2009 über die Gemeinschaftsmarke, ABl. 2009 L 78/1 – aufgehoben und ersetzt durch VO (EU) 2017/1001 des EP und des Rates v. 14.6.2017 über die Unionsmarke, ABl. 2017 L 154/1ff) und das *Gemeinschaftsgeschmacksmuster* (VO (EG) Nr. 6/2002 des Rates v. 12.12.2001 über das Gemeinschaftsgeschmacksmuster, ABl. 2002 L 3/1, geändert durch VO (EG) Nr. 1891/2006 des Rates v. 18.12.2006, ABl. L 386/14; konsolidierter Text v. 1.7.2017). Trotz wiederholter Anläufe scheiterte die Annahme eines *europäischen Patents* an der Sprachenfrage. Deshalb wurde ein Patenpaket mit 2 VOen und einem Abkommen im Wege einer **verstärkten Zusammenarbeit** vereinbart (vgl. dazu unter § 2 B. III.).

bedeutet, dass der Rechtstitel in der gesamten EU die gleiche Wirkung hat, d.h. das aus dem Titel folgende Recht kann nur für die gesamte EU erteilt, beschränkt, übertragen, für nichtig erklärt werden oder erlöschen.

3. Rechtsangleichung nach Art. 352 AEUV

Eine weitere Kompetenznorm zur Rechtsangleichung besteht in Art. 352 AEUV, **799** welche als **Vertragsabrundungsklausel** Anwendung findet, wenn die bestehenden Rechtsgrundlagen der Art. 114 und Art. 115 AEUV tatbestandlich nicht erfüllt sind. Dies ist z.B. der Fall, wenn durch die anzugleichenden Rechts- und Verwaltungsvorschriften keine spürbare Auswirkung auf den Binnenmarkt zu erwarten ist. Nach Art. 352 AEUV können also auch Materien Gegenstand der Rechtsangleichung sein, die nicht nur wirtschaftlicher Natur sind.

III. Spezielle Ermächtigungen zur Rechtsangleichung und Steuerharmonisierung

Neben den „General"-Ermächtigungen zur Rechtsangleichung hält der AEUV in **800** einzelnen Politikbereichen eine Reihe von **speziellen Rechtsgrundlagen** bereit: Art. 43 zur Agrarpolitik; Art. 45 Abs. 2 zum Verbleiberecht; Art. 50 Abs. 1 und Art. 52 Abs. 2 zur Niederlassungsfreiheit; Art. 50 Abs. 2 zum Gesellschaftsrecht; Art. 53 Abs. 2 zur Diplomanerkennung; Art. 91 zur Verkehrspolitik; Art. 100 zur Seeschifffahrt und zum Verkehr; Art. 113 zu den indirekten Steuern; Art. 116 zu Wettbewerbsverfälschungen; Art. 169 zum Verbraucherschutz; Art. 191 zur Umweltpolitik; Art. 207 zur Handelspolitik.

In Wahrnehmung dieser speziellen Ermächtigungen zur Rechtsangleichung kann der Rat auf sämtliche Handlungsformen des Art. 288 AEUV (alle verbindlichen und unverbindlichen Rechtsakte) zurückgreifen.

Die Vollendung der Zollunion und die Entwicklung zum Binnenmarkt lassen die **801** **Steuerhoheit** der Mitgliedstaaten grundsätzlich unberührt. Durch unterschiedliche Steuergesetzgebungen können sich Wettbewerbsverfälschungen ergeben, so dass auch auf dem **Steuersektor** die **Notwendigkeit zur Rechtsangleichung** besteht.

Art. 113 AEUV legt daher fest, dass die Rechtsvorschriften der Mitgliedstaaten über **802** die **indirekten Steuern**, also vor allem die Umsatz- und Verbrauchssteuern, im Interesse des Binnenmarktes angeglichen werden müssen. Diese Regelung hat vor allem durch Art. 26 AEUV eine **Verbesserung** erfahren, da nunmehr die Harmonisierung der indirekten Steuern unmittelbar im Hinblick auf die **Vollendung des Binnenmarktes** zu erfolgen hat. Für den Bereich der **direkten Steuern** findet als Rechtsgrundlage **Art. 115 AEUV** Anwendung, da die spezielle Ermächtigung des Art. 113 AEUV nur für indirekte Steuern gilt. Im Übrigen kann auch auf Art. 116 oder Art. 352 AEUV zurückgegriffen werden.

Weiterführende Literatur: *Bock,* Rechtsangleichung und Regulierung im Binnenmarkt. Zum Umfang der allgemeinen Binnenmarktkompetenz, 2005; *N. Braun Binder,* Rechtsangleichung in der EU im Bereich der direkten Steuern, 2017; *Bücker/Schlacke,* Rechtsangleichung im Binnenmarkt – Zur Konkretisierung verfahrens- und materiellrechtlicher Anforderungen an nationale Alleingänge durch den EuGH, NVwZ 2004, S. 62; *Epiney,* Die Rechtsprechung des EuGH zur Zulässigkeit „nationaler Alleingänge" (Art. 95 Abs. 4–6 und Art. 176 EGV), FS für Rengeling (2008), S. 215 ff.; *Everling,* Zur Funktion der Rechtsangleichung in der Europäischen Gemeinschaft, FS für Pescatore 1987; *Herr,* Grenzen der Rechtsangleichung nach Art. 95 – Zugleich eine Anmerkung zu den Urteilen des EuGH vom 14.12.2004 (Arnold André und Swedish Match), EuZW 2005, S. 171; *Herrmann,* Die Grenzen der Binnenmarktkompetenz in der jüngeren Rechtsprechung des EuGH, in: Schroeder (Hrsg.), Europarecht als Mehrebenensystem, 2008, S. 141; *Ihns,* Entwicklung und Grundlagen der europäischen Rechtsangleichung, 2005; *Laule,* Die Harmonisierung des europäischen Steuerrechts, IstR 2001, S. 297; *Kahl,* Kooperative Rechtsangleichung, FS für Schellenberg, 2010, S. 727; *Ludwigs,* Art. 95 EG als allgemeine Kompetenz zur Regelung des Binnenmarkts oder als „begrenzte Einzelermächtigung"?, EuZW 2006, S. 417; *Möstl,* Grenzen der Rechtsangleichung im europäischen Binnenmarkt, EuR 2002, S. 318; *Richter,* „Nationale Alleingänge" – Förderung hoher Regelungsstandards oder Behinderung eines einheitlichen Binnenmarktes?, 2007; *Schroeder,* Die Sicherung eines hohen Schutzniveaus für Gesundheits-, Umwelt- und Verbraucherschutz im europäischen Binnenmarkt, DVBl. 2002, S. 213; *Weidemann,* Die Bedeutung der Querschnittsklauseln für die Kompetenzen innerhalb der Europäischen Gemeinschaft, 2009; *Christoph Werner,* Steuerliche Zielsetzung der EU in Bezug auf die Steuerharmonisierung, 2014; *M. Zuleeg,* Rechtsangleichung innerhalb und außerhalb der Europäischen Gemeinschaft, ZeuP 1998, S. 506.

§ 8 Die Wirtschafts- und Währungspolitik

A. Die Entwicklung bis zum Eintritt in die Wirtschafts- und Währungsunion

I. Die Gründerjahre

803 Bei Gründung der EWG (1957) war man sich durchaus bewusst, dass die Verwirklichung des Gemeinsamen Marktes sowie eine wirksame Durchführung gemeinsamer Politiken auch von einer gemeinsamen Wirtschafts- und Währungspolitik begleitet sein müssen:

- Zum einen war klar, dass mit der schrittweisen Errichtung des Gemeinsamen Marktes eine wirtschaftliche Verflechtung der Mitgliedstaaten verbunden sein würde, bei der es für die einzelnen Mitgliedstaaten schwieriger werden würde, eigene konjunkturpolitische Zielsetzungen zu verfolgen.
- Zum anderen verstärken sich die Auswirkungen wirtschafts- und währungspolitischer Maßnahmen eines Mitgliedstaats auf die Partnerstaaten bei fortschreitender wirtschaftlicher Verflechtung erheblich.

Damit erschien ein **Minimum an Gemeinsamkeit auch in diesen Politikbereichen unerlässlich**. Dennoch wurde bei Gründung der EWG der Sprung zu einer gemeinsamen Wirtschafts- und Währungspolitik und damit zur Schaffung einer Wirtschafts- und Währungsunion nicht gewagt. Die Mitgliedstaaten waren weder in der Währungs- und Geldpolitik noch in der Haushalts- und Steuerpolitik bereit, ihre Souveränität zugunsten der EWG aufzugeben. Stattdessen wurden lediglich die **Ziele der nationalen Wirtschaftspolitiken gemeinschaftlich verbindlich festgelegt** und die Mitgliedstaaten auf die Sicherung der Vollbeschäftigung, auf ein stabiles Preisniveau, eine ausgeglichene Zahlungsbilanz und eine stabile Währung verpflichtet. Daneben entschlossen sich die Gründerstaaten zu einer Koordinierung ihrer Wirtschaftspolitiken, die in engem Zusammenwirken mit den damaligen Gemeinschaftsorganen erfolgen sollte. Die eigentliche Ausformung und Durchsetzung der Wirtschaftspolitik blieb jedoch in der Verantwortung und Zuständigkeit der Mitgliedstaaten. **804**

II. Ein erster Neuanfang

Im Jahre 1969 wurde auf der Gipfelkonferenz der Staats- bzw. Regierungschefs der Mitgliedstaaten in Den Haag ein Neuanfang zur Schaffung einer Wirtschafts- und Währungsunion versucht. **805**

Der Rat und die Kommission wurden gemeinsam beauftragt, einen **Stufenplan** auszuarbeiten, der die einzelnen Etappen auf dem Wege zu einer Wirtschafts- und Währungsunion festlegen sollte. Zu diesem Zweck wurde ein Ausschuss eingesetzt, der unter dem Vorsitz des damaligen luxemburgischen Ministerpräsidenten und Finanzministers *Pièrre Werner* im Oktober 1970 seinen Schlussbericht präsentierte.

Der **„Werner-Plan"** sah die Verwirklichung der Wirtschafts- und Währungsunion in drei Stufen vor, wobei das Endstadium, d.h. die Vergemeinschaftung der nationalen Instrumente zur Steuerung des Wirtschafts- und Währungsgeschehens, im Jahre 1980 erreicht sein sollte.

Der Rat fasste daraufhin im Jahre 1971 mehrere Beschlüsse, die den Weg für den **Beginn der ersten Stufe** der Wirtschafts- und Währungsunion, rückwirkend zum 1. Januar 1971, freigaben. Bereits ein im April 1973 von der Kommission dem Rat vorgelegter **Erfahrungsbericht** über die erste Stufe der Wirtschafts- und Währungsunion brachte jedoch Ernüchterung. In der Abstimmung der Wirtschaftspolitik hatten die Mitgliedstaaten kaum Fortschritte erzielen können. Unter dem Druck einer sich in allen Mitgliedstaaten beschleunigenden Inflation und angesichts der heftigen Turbulenzen auf dem internationalen Devisenmarkt suchten die Mitgliedstaaten ihr Heil lieber in nationalen Alleingängen, als sich auf ein mittelfristig Erfolg versprechendes abgestimmtes gemeinsames Vorgehen einzulassen. Kurzfristige Erfolge waren gefragt, denen der politische Wille der Mitgliedstaaten zu einer gemein- **806** samen Disziplin und dem effektiven Einsatz gemeinschaftlicher Handlungsinstrumentarien geopfert wurde.

807 Zum Eintritt in die zweite Stufe der Wirtschafts- und Währungsunion, der für 1974 geplant war, kam es nicht mehr. Stattdessen einigte man sich im Februar 1974 auf einzelne Maßnahmen zur Verbesserung und Erweiterung der Instrumentarien auf dem Gebiet der Währungspolitik und der Abstimmung der Wirtschaftspolitik.

III. Das Europäische Währungssystem

808 Mit der Errichtung des Europäischen Währungssystems (EWS) im März 1979[30] erhielt die währungspolitische Zusammenarbeit in Europa eine **neue Dimension**.

Der **Sinn und Zweck des EWS** bestand darin, eine stabile Währungszone in Europa zu errichten, die von tiefgreifenden Wechselkursschwankungen zwischen den Währungen weitgehend befreit ist. Die unbeständigen Währungsverhältnisse zwischen den Währungen der Mitgliedstaaten waren die Ursache dafür, dass die europäischen Unternehmen vor größeren, über Jahre angelegten Investitionen in den Partnerländern zurückschreckten und die Vorteile des Gemeinsamen Marktes so nur zum Teil nutzen konnten. Die häufig unvorhersehbaren Wechselkursschwankungen machten jede wirtschaftliche Kalkulation der Unternehmen zu einem Lotteriespiel, für das der Einsatz vielen Unternehmen zu hoch erschien.

Das EWS versuchte deshalb, seinem erklärten Ziel der internen (Preis-) und externen (Wechselkurs-)Stabilität mit einem **System fester, jedoch anpassungsfähiger Leitkurse**, das sich auf Interventions- und Kreditmechanismen stützt, näherzukommen.[31]

809 Die Verpflichtungen, die sich aus der Existenz und der Funktionsweise des EWS ergaben, haben zu einer verstärkten Konvergenz der Wirtschafts- und Währungspolitik der Mitgliedsländer geführt und damit den Weg für die Verwirklichung der Wirtschafts- und Währungsunion geebnet.

IV. Die drei Stufen zur Wirtschafts- und Währungsunion

810 Der entscheidende Impuls für die Errichtung der Wirtschafts- und Währungsunion (WWU) wurde von den Staats- und Regierungschefs der damaligen EG im Zuge der Verwirklichung des Binnenmarktes im Juni 1988 gegeben.

---

30 Beschluss des Europäischen Rates vom 6./7. Juli 1978, abgedruckt in Europa-Archiv (EA) 1978, D/457 ff.

31 Einzelheiten dieser Mechanismen sind in der VO (EWG) Nr. 3181/78 des Rates geregelt (ABl. 1978 Nr. L 379/1 – nicht mehr in Kraft, Endes der Gültigkeit 3.1.1995). Vgl. dazu *Scharrer/Wessels* (Hrsg.), Das Europäische Währungssystem – Bilanz und Perspektiven eines Experiments, 1983.

Es wurde ein hochrangig besetzter Expertenausschuss eingesetzt, der unter dem Vorsitz des damaligen Kommissionspräsidenten *Jacques Delors* die Mittel und Wege einer schrittweisen Verwirklichung der Wirtschafts- und Währungsunion untersuchen sollte.

Im April 1989 schloss dieser Ausschuss seine Arbeiten mit dem sog. **„Delors-Bericht"** ab, der die Bedingungen für die Schaffung einer Wirtschafts- und Währungsunion im Einzelnen umriss und für deren Verwirklichung einen **„Drei-Stufen-Plan"** vorsah. Dieser Bericht wurde von den Staats- und Regierungschefs im Juni 1989 angenommen und diente als Grundlage für das weitere Vorgehen.

1. Der erfolgreiche Schritt auf die erste Stufe der WWU: Aufhebung der Beschränkungen des Geld- und Kapitalverkehrs

Die **erste Stufe** wurde planmäßig am **1. Juli 1990** begonnen. Mit Beginn der ersten Stufe wurden, bis auf wenige Ausnahmen, alle Beschränkungen des Geld- und Kapitalverkehrs zwischen den Mitgliedstaaten beseitigt[32]. Die Koordinierung und gemeinsame Überwachung der Wirtschaftspolitik der Mitgliedstaaten wurden intensiviert, die Zusammenarbeit der Notenbanken im Ausschuss der Zentralbankpräsidenten verstärkt. **811**

2. Der Eintritt in die zweite Stufe der WWU: Herstellung weitgehender Konvergenz

Der Lissabon Vertrag hat das Datum für den **Eintritt in die zweite Stufe** auf den **1. Januar 1994** festgesetzt und gleichzeitig die vertraglichen Grundlagen für die Endstufe der WWU gelegt. Auf der zweiten Stufe ging es vor allem um die Herstellung weitgehender Konvergenz zwischen den Wirtschaftspolitiken der Mitgliedstaaten. Zu diesem Zweck wurden vom Europäischen Rat Leitlinien der Wirtschaftspolitik formuliert und jeder Mitgliedstaat verpflichtet, ein **„mittelfristiges Konvergenzprogramm"** vorzulegen, in welchem alle wirtschaftspolitischen Maßnahmen aufzuführen waren, die eine uneingeschränkte Teilnahme an der Endstufe der WWU gewährleisten. Im Mittelpunkt dieser Programme standen vor allem die Preisstabilität und solide öffentliche Finanzen. **812**

Da in der Endstufe der WWU eine unabhängige Europäische Zentralbank gegründet werden sollte, mussten jene Mitgliedstaaten, deren Zentralbanken noch Weisungen des Staates unterlagen, in der zweiten Stufe die **Unabhängigkeit ihrer Währungsbehörden** gesetzlich vorbereiten. Als Vorläufer der Europäischen Zentralbank wurde mit Beginn der zweiten Stufe ein Europäisches Währungsinstitut (EWI) mit Sitz in Frankfurt eingerichtet[33]. **813**

---

32 Vgl. die Einzelheiten dazu unter § 11.

33 Einzelheiten zur Besetzung und Arbeitsweise s. § 5 a. VII. 4.

3. Die dritte Stufe der WWU: Einführung des Euro

814 Vor dem Eintritt in die dritte Stufe stellten sich die Mitgliedstaaten Ende 1996 einer **„Reifeprüfung"**, mit deren Hilfe festgestellt wurde, welche Mitgliedstaaten die **strengen Konvergenzkriterien** erfüllten, die für eine **Mitgliedschaft im gemeinsamen Währungsraum** verlangt wurden, und ob die für den Eintritt in die 3. Stufe erforderliche Mehrheit von sieben Mitgliedstaaten erreicht wurde. Als Konvergenzkriterien galten:

- Der Anstieg der Verbraucherpreise darf das Mittel der drei preisstabilsten Länder um nicht mehr als 1,5 %-Punkte übersteigen;
- die Währung des betreffenden Landes muss dem EWS angehören und darf in den letzten beiden Jahren nicht abgewertet worden sein;
- das Niveau der langfristigen Zinsen muss zeigen, dass die Kapitalmärkte der Stabilitätspolitik des jeweiligen Landes vertrauen. Das Zinsniveau darf das Mittel der drei bestplatzierten Mitgliedstaaten nicht um mehr als 2 %-Punkte überschreiten;
- die jährliche Neuverschuldung darf 3 % des Bruttoinlandsprodukts nicht übersteigen;
- die gesamte Staatsverschuldung darf nicht über 60 % des Bruttoinlandsprodukts liegen.

815 Der Rat in der Zusammensetzung der Staats- und Regierungschefs der Mitgliedstaaten musste jedoch am 13./14. Dezember 1996 in Dublin feststellen, dass die erforderliche Mehrheit von sieben Mitgliedstaaten diese Konvergenzkriterien nicht erfüllte. Zum Eintritt in die 3. Stufe der WWU konnte es daher zu diesem Zeitpunkt nicht kommen.

Gleichzeitig wurde jedoch die für diesen Fall vorgesehene Regel des automatischen Eintritts in die WWU am **1. Januar 1999** ausgelöst (ex-Art. 121 Abs. 4 Satz 1 EG; jetzt aufgehoben). Dazu wurde vom Rat auf der Grundlage der Zahlen des Jahres 1997 ein erneutes Prüfverfahren durchgeführt, an dessen Ende der Rat mit qualifizierter Mehrheit entscheiden musste, welche Mitgliedstaaten die Konvergenzkriterien für die Teilnahme an der 3. Stufe der WWU mit der Einführung der gemeinschaftlichen Währung „Euro" erfüllten. Eine Mindestteilnehmerzahl war für diesen Fall nicht mehr vorgesehen. Anfang Mai 1998 entschied der Rat den Eintritt in die 3. Stufe der WWU zum 1. Januar 1999 mit den 11 Mitgliedsländern **Belgien, Deutschland, Finnland, Frankreich, Irland, Italien, Luxemburg, Niederlande, Österreich, Portugal und Spanien**.

816 Die Mitgliedstaaten, die die erforderlichen Voraussetzungen für die Einführung des Euro (noch) nicht erfüllen, werden als *„Mitgliedstaaten, für die eine Ausnahmeregelung gilt"*, oder *„Mitgliedstaaten mit Ausnahmeregelung"* bezeichnet. Der Ausnahmestatus hat zur Folge, dass diese Mitgliedstaaten von den Rechten und Pflichten der Währungsunion ausgeschlossen sind. Für diese Mitgliedstaaten gilt der Rechtszustand der 2. Stufe fort.

Gleichwohl sollen diese Mitgliedsländer weiter an die Währungsunion herangeführt werden, wofür drei Phasen vorgesehen sind:

- In der ersten Phase unterliegt die Geld- und Wechselkurspolitik des jeweiligen Mitgliedsstaates **drei zentralen Erfordernissen**: Erstens ist die Wechselkurspolitik als eine Angelegenheit von gemeinsamem Interesse zu behandeln; zweitens ist Preisstabilität als vorrangiges Ziel der Geldpolitik zu verfolgen; drittens muss der Mitgliedstaat übermäßige Defizite vermeiden.
- Die zweite Phase beginnt mit dem Einbringen der Währung eines Mitgliedstaats in den **Wechselkursmechanismus II** (WKM II). In diesem Mechanismus unterliegt die Währung eines Landes festen, aber anpassungsfähigen Wechselkursen um einen Leitkurs gegenüber dem Euro mit einer Standardschwankungsbreite von +/- 15 %.
- Die dritte Phase ist dann die **Einführung des Euro**, die aber erst dann beginnt, wenn ein Mitgliedstaat alle **Konvergenzkriterien** dauerhaft erfüllt.

Nach erfolgreicher Durchführung dieses Verfahrens konnten inzwischen 9 weitere Mitgliedstaaten dem Euro-Währungsgebiet beitreten: **Griechenland** (1. Januar 2001), **Slowenien** (1. Januar 2007), **Malta** und **Zypern** (1. Januar 2008), **Slowakei** (1. Januar 2009), **Estland** (1. Januar 2010), **Lettland** (1. Januar 2014) und **Litauen** (1. Januar 2015), **Kroatien** (1. Januar 2023), wodurch sich die Gesamtmitgliederzahl auf 20 Mitgliedsländer der EU erhöht.

Mindestens einmal alle zwei Jahre oder auf Antrag eines nicht teilnehmenden Mitgliedstaats berichten die Kommission und die EZB dem Rat, inwieweit die Mitgliedstaaten, für die noch eine Ausnahmeregelung gilt, bei der Verwirklichung der WWU ihren Verpflichtungen nachgekommen sind. Diese Konvergenzberichte können gegebenenfalls auch die Empfehlung enthalten, das Verfahren des Beitritts zum Euro-Währungsgebiet einzuleiten. **817**

Für **Dänemark** gilt allerdings die Sonderregelung des „opting-out". Das **„opting-out"** erlaubt es diesem Mitgliedstaat, selbst zu entscheiden, ob und wann das Prüfverfahren für eine Teilnahme an der einheitlichen Währung eingeleitet wird. **818**

Einen weiteren Sonderfall stellt **Schweden** dar, das zwar nicht über eine „opting-out" Klausel verfügt, wo aber ein Beitritt zur Euro-Zone unter der schwedischen Bevölkerung zurzeit keinen Rückhalt hat. In einer Volksbefragung 2003 zum Euro lehnten 55,9 % die Einführung des Euro ab. Nach einer Umfrage im Dezember 2005 lag die Ablehnung noch bei 49 %, während 36 % der Euro-Übernahme zustimmten.

B. Die rechtlichen Rahmenbedingungen

I. Marktwirtschaftliches Ordnungssystem

Art. 3 EUV legt die wirtschaftspolitischen Zielsetzungen der EU fest und definiert die EU als **marktwirtschaftliches Ordnungssystem**[34]. Die EU soll auf die nach- **819**

34 Vgl. dazu unter § 2 A. II.

haltige Entwicklung Europas u.a. auch durch eine *„in hohem Maße wettbewerbsfähige soziale Marktwirtschaft, die auf Vollbeschäftigung und sozialen Fortschritt abzielt, einwirken"* (Art. 3 Abs. 3 EUV). Der EU wird die Aufgabe zugewiesen, die ihr gestellten wirtschafts-, sozial- und allgemeinpolitischen Ziele mit der Errichtung einer Wirtschafts- und Währungsunion zu verwirklichen (Art. 3 Abs. 4 EUV).

820 **Art. 119 AEUV** legt die Eckpunkte der von der EU im Rahmen der Wirtschafts- und Währungsunion wahrzunehmenden Tätigkeiten fest. Diese allgemeinen Vorgaben und Richtpunkte werden in den **Art. 127–144 AEUV** näher ausgestaltet und weiter vertieft. Danach wird die Wirtschafts- und Währungspolitik von **folgenden Grundsätzen geprägt**:

- Grundsatz einer offenen Marktwirtschaft mit freiem Wettbewerb (Art. 119 Abs. 1 AEUV)
- Enge Koordinierung der Wirtschaftspolitik der Mitgliedstaaten (Art. 121 u. 122 AEUV)
- Ziel gesunder öffentlicher Finanzen und monetärer Rahmenbedingungen (Art. 123–126 AEUV)
- Vorrangiges Ziel der Preisstabilität und Unabhängigkeit für das Europäische Zentralbanksystem (Art. 127 u. 130 AEUV)
- Festlegung und Durchführung einer einheitlichen Geld- und Währungspolitik (Art. 127, Art. 136–138 AEUV).

II. Ausgestaltung der Wirtschaftspolitik

821 Wirtschaftspolitik im Rahmen der WWU vollzieht sich im Wesentlichen im Rahmen allgemeiner wirtschaftlicher Koordinierung und der Überwachung der staatlichen Haushaltspolitik.

1. Allgemeine wirtschaftliche Koordinierung

822 Die allgemeine wirtschaftliche Koordinierung ist in **Art. 121 AEUV** niedergelegt. Danach haben die Mitgliedstaaten ihre Wirtschaftspolitik als **Angelegenheit von gemeinsamem Interesse** zu betrachten und sie im Rat zu koordinieren. Hierfür ist ein mehrstufiges Verfahren vorgesehen:

- Erarbeitung von Grundzügen für die Wirtschaftspolitik im Rat (auf Empfehlung der Kommission).
- Erörterung dieser Grundzüge im Europäischen Rat und Verabschiedung einer Empfehlung an die Mitgliedstaaten.
- Ergänzung dieser Grundzüge durch die *„Beschäftigungspolitischen Leitlinien"*, die dann zu den *„Integrierten Leitlinien für Wachstum und Beschäftigung"* zusammengefasst werden.
- Erstellung der *„nationalen Reformprogramme"*, die von den einzelnen Mitgliedstaaten auf der Grundlage der „Integrierten Leitlinien" erstellt werden.

Die wirtschaftspolitischen Kompetenzen verbleiben aber auch in der WWU grundsätzlich bei den Mitgliedstaaten. Es wird innerhalb der WWU keine europäische Wirtschaftsregierung („gouvernement économique") geschaffen, sondern lediglich die Regelungen festgelegt, die einen fairen Wettbewerb der nationalen Wirtschaftsverfassungen um Standorte, Steuermodelle oder soziale Sicherungssysteme gewährleisten. Dabei werden insbesondere Vorkehrungen getroffen, die verhindern, dass sich die Mitgliedstaaten unter Rückgriff auf kostspielige Steuerungsmaßnahmen ungerechtfertigte Vorteile verschaffen. Verboten ist den Mitgliedstaaten etwa: **823**

- die Kreditaufnahme bei der EZB und den nationalen Zentralbanken (Art. 123 AEUV)[35]
- die Schaffung eines bevorrechtigten Zugangs zu den privaten Finanzinstituten (Art. 124 AEUV)
- die Übernahme von Verbindlichkeiten durch einen anderen Mitgliedstaat oder die Union (Art. 125 AEUV)
- die Anhäufung übermäßiger öffentlicher Defizite (Art. 126 AEUV).

Im Zuge der sich verstärkenden globalen **Finanz- und Wirtschaftskrise** wurde die Zusammenarbeit in der Wirtschaftspolitik auf EU-Ebene weiter verstärkt. So wurde die Koordinierung der Wirtschaftspolitik auf EU-Ebene durch einen **dauerhaften Krisenmechanismus** ergänzt, der vor allem folgende Elemente beinhaltet: **824**

- Aufwertung der Rolle der Kommission
- Einführung von neuen Korrekturautomatismen
- Verankerung der wirtschaftspolitischen Koordinierung auf höchster politischer Ebene
- Eine im Europäischen Semester abgestimmte Koordinierung mit verstärkten Berichtspflichten der Mitgliedstaaten
- Verstärkung der Rolle der nationalen Parlamente und des EP sowie im nationalen Recht zu verankernde Selbstverpflichtungen.

Dieser Krisenmechanismus ist als **Ultima Ratio** zu verstehen; ihm obliegt es, die WWU letztlich abzusichern. Die ordnungspolitische Grundausrichtung bleibt jedoch dieselbe: nationale Verantwortung in der Wirtschafts- und Finanzpolitik, wobei die

35 Die Frage der möglichen Umgehung dieses Verbots durch das von der EZB im September 2012 angekündigte OMT-Programm, das sie ermächtigt, Staatsanleihen von Euro-Krisenstaaten in unbegrenzter Höhe an den Sekundärmärkten zu erwerben, ist vom EuGH auf eine Vorlagefrage des BVerfG verneint worden (EuGH C-62/14, P. Gauweiler/Deutsche Bundestag, ECLI:EU:C:2015:400). Das OMT-Programm ist mit dem EU-Recht vereinbar. Es hält sich im Rahmen der währungspolitischen Befugnisse der EZB. Es verstößt auch nicht gegen das Verbot der monetären Finanzierung von Mitgliedstaaten. Auch eine weitere Vorlage des BVerfG zu den Staatsanleihekäufen durch die EZB aus dem Jahre 2017 wurde vom EuGH in dem Sinne entschieden, dass die EZB mit ihrem massiven Kauf von Staatsanleihen nicht gegen das Verbot der Staatsfinanzierung verstößt, C-453/17, Heinrich Weiss u.a., ECLI:EU:C:2018:1000; siehe dazu die Reaktion des BverfG unter § 4 B. IV. (Der Vorrang des Unionsrechts).

Mitgliedstaaten hierbei ihr Handeln als Angelegenheit von gemeinsamem Interesse begreifen müssen.

2. Überwachung der staatlichen Haushaltspolitik

a) Grundsätze

825 Als Grundsatz gilt nach **Art. 126 Abs. 1 AEUV**, dass die Mitgliedstaaten *„übermäßige öffentliche Defizite vermeiden"*.

Von einem übermäßigen öffentlichen Defizit und damit von einer unsoliden Haushaltsführung kann dann gesprochen werden, wenn das jährliche Haushaltsdefizit eines Mitgliedstaates 3 % des Bruttoinlandsprodukts überschreitet oder die gesamte Staatsverschuldung über 60 % des Bruttoinlandsprodukts liegt. Die Kommission ist gehalten, bei Erreichen dieser Grenzwerte ein Prüfverfahren einzuleiten (Art. 126 Abs. 2–5 AEUV). Auf der Grundlage der Prüfergebnisse stellt der Rat mit qualifizierter Mehrheit das Vorliegen eines übermäßigen Defizits fest. Diese Entscheidung verbindet der Rat mit einer Empfehlung an den betreffenden Mitgliedstaat, das Defizit innerhalb einer bestimmten Frist abzubauen. Kommt der Mitgliedstaat dieser Empfehlung nicht nach, so wird diese Empfehlung im Amtsblatt veröffentlicht; bleibt auch die Veröffentlichung ohne Wirkung, ordnet der Rat konkrete Maßnahmen zum Abbau des Defizits an, die der Mitgliedstaat innerhalb einer festgelegten Frist durchzuführen hat; über die Durchführung ist laufend zu berichten. Kommt der Mitgliedstaat auch dieser Anordnung nicht nach, kann der Rat Sanktionen beschließen, zu denen insbesondere die Verhängung von Geldbußen in angemessener Höhe gehört.

b) Stabilitäts- und Wachstumspakt

826 Diese vertraglich vorgegebenen Regeln und Prüfungsrechte betreffend die nationale Haushaltspolitik wurden vor allem auf deutsche Initiative in einem **Stabilitäts- und Wachstumspakt** weiter konkretisiert. Förmlich niedergelegt wurde dieser Pakt ursprünglich in drei verschiedenen Rechtsakten aus dem Jahre 1997[36], die jedoch 2005 und jüngst im April 2024 grundlegend überarbeitet wurden, nachdem es bei der Anwendung des Stabilitäts- und Wachstumspakts mehrfach zu erheblichen Überwerfungen gekommen war. So beschloss der Rat im November 2003, den Empfehlungen der Kommission zur Einleitung der nächsten Schritte im Verfahren bei

36 Entschließung des Europäischen Rates über den Stabilitäts- und Wachstumspakt" vom 17.6.1997; Verordnung (EG) Nr. 1466/97 über den Ausbau der haushaltspolitischen Überwachung und der Überwachung und Koordinierung der Wirtschaftspolitik, ABl. 1997 L 209/1ff, angepasst durch VO (EG) Nr. 1055/2005, ABl. 2005, L 174/1ff.; Verordnung (EG) Nr. 1467/97 über die Beschleunigung und Klärung des Verfahrens bei einem übermäßigen Defizit, ABl. 1997 L 209/6ff., angepasst durch VO (EG) Nr. 1056/2005, ABl. 2005 L 174/5ff.

einem übermäßigen öffentlichen Defizit gegen Frankreich und Deutschland keine Handlungen folgen zu lassen und stattdessen „Schlussfolgerungen" zu verabschieden, in denen er die beiden Defizitverfahren vorbehaltlich bestimmter Selbstverpflichtungen der betreffenden Länder ruhen ließ. Die hiergegen von der Kommission erhobene Klage vor dem EuGH hatte Erfolg: Der EuGH hat die Ratsentscheidung für nichtig erklärt, weil das Ruhenlassen unbegründet war und die Kommission es nicht empfohlen hatte; der EuGH bestätigte allerdings das Recht des Rates auf Ermessensausübung bei der Umsetzung des Defizitverfahrens[37].

Im April 2024 wurde die wirtschaftspolitische Steuerung der Europäischen Union **827**
grundlegend reformiert. Im Zuge dieser jüngsten Reform wurde die bisherige Verordnung über den präventiven Arm des Stabilitäts- und Wachstumspakts durch die Verordnung 2024/1263 vollständig neu gestaltet[38], die Verordnung über das Verfahren bei einem übermäßigen Defizit durch die Verordnung 2024/1264 reformiert[39] und die Richtlinie (EU) 2024/1265 des Rates über die Anforderungen an die haushaltspolitischen Rahmen der Mitgliedstaaten[40], durch die Richtlinie des Rates vom 29. April 2024 geändert. Das nunmehr geltende Verfahren lässt sich wie folgt zusammenfassen:

- Alle EU-Mitgliedstaaten legen im April[41] einen **nationalen mittelfristigen strukturellen finanzpolitischen Plan** für vier oder fünf Jahre vor[42], in welchem sie ihre Budgetzielwerte sowie Maßnahmen zur Umsetzung ihrer länderspezifischen Empfehlungen und der gemeinsamen EU-Prioritäten darlegen. Zudem müssen die neuen Pläne auch die makro-ökonomischen Ungleichgewichte berücksichtigen, falls diese festgestellt wurden.
- Mitgliedstaaten, die mit ihrem öffentlichen Budgetdefizit 3 % des BIP oder mit ihrem öffentlichen Schuldenstand 60 % des BIP überschreiten, erhalten von der Europäischen Kommission einen **Referenzpfad für die Netto-Ausgaben** für die nächsten vier Jahre, welcher die Tragfähigkeit der öffentlichen Finanzen si-

---

37 EuGH C-27/04, KOM/Rat, Slg. 2004, I-6649. Vgl. auch Hentschelmann, Der Stabilitäts- und Wachstumspakt, 2009. Als Reaktion auf dieses Urteil hat der Europäische Rat auf seiner Tagung am 22./23. März 2005 in Brüssel eine Lockerung des Stabilitätspakts beschlossen, die zu den Anpassungen der beiden Verordnungen aus dem Jahre 1997 geführt haben, s. Fn. 38 und 39. Weitere Einzelheiten zu den Überwerfungen siehe Vorauflage.

38 Verordnung (EU) 2024/1263 des EP und des Rates v. 29.4.2024 über die wirksame Koordinierung der Wirtschaftspolitik und über die multilaterale haushaltspolitische Überwachung und über die multilaterale haushaltspolitische Überwachung und zur Aufhebung der Verordnung (EG) Nr. 1466/97 des Rates, ABl. L 2024/1263;

39 VO (EU) 2024/1264 des Rates vom 29.4.2024 zur Änderung der VO (EG) Nr. 1467/97 über die Beschleunigung und Klärung des Verfahrens bei einem übermäßigen Defizit, ABl. 2024 L 2024/1264.

40 RL (EU) 2024/1265 des Rates zur Änderung der RL (EU) 2011/85/EU über die Anforderungen an die haushaltspolitischen Rahmen der Mitgliedstaaten, ABl. 2024, L 2024/1265.

41 In der ersten Runde war dies bereits im Herbst 2024, ab 2025 wird dies dann jeweils im April stattfinden.

42 Die Planperiode richtet sich nach der Dauer der jeweiligen Legislaturperiode.

cherstellen soll. Diese mehrjährigen Referenzpfade müssen von den Ländern in ihren mittelfristigen Plänen berücksichtigt werden. Geplante Abweichungen vom Referenzpfad sind zu begründen.

- Zusätzliche **budgetäre Spielräume** stehen jenen EU-Ländern zur Verfügung, die sich zu einem umfassenden Reform- und Investitionspaket verpflichten, das bestimmte Kriterien (u.a. Wachstumswirksamkeit; Verbesserung der Schuldentragfähigkeit & Konstanz der Investitionsquote) erfüllt. In diesem Fall kann der regulär gewährte vierjährige budgetäre Anpassungszeitraum auf bis zu maximal sieben Jahre verlängert werden, was in der Regel die jährlichen budgetären Anpassungen verringert.
- Im Frühjahr werden von allen EU-Mitgliedstaaten **jährliche Fortschrittsberichte** vorgelegt, auf Basis derer die Europäische Kommission die Einhaltung der budgetären Vorgaben sowie den Umsetzungsstand von Reformen und Investitionen beurteilt. Stellt die Europäische Kommission **Abweichungen vom Netto-Ausgabenpfad** fest, werden diese auf nationale Kontrollkonten gebucht. Bei Überschreiten von bestimmten Kontrollkonto-Schwellenwerten oder der Verletzung der 3 % Budgetdefizitmarke kann ein **Verfahren bei übermäßigen Defiziten** eröffnet werden, aufgrund dessen in letzter Konsequenz **finanzielle Sanktionen** drohen.
- Jeweils im Herbst müssen Mitgliedstaaten der Euro-Zone eine **Übersicht der nationalen Haushaltsplanungen** für das darauffolgende Jahr an die Europäische Kommission übermitteln.

c) Europäisches Semester

828 Früher wurden die Wirtschaftspolitik im Frühjahr und der Haushaltsrahmen im Herbst von den EU-Institutionen einer Prüfung unterzogen, wobei erst im Nachhinein überprüft wurde, inwieweit die Mitgliedstaaten ihre auf EU-Ebene gemachten Zusagen umgesetzt hatten. Im Grunde wurden die wirtschaftspolitischen Ziele also festgelegt, ohne dass zwangsläufig bekannt war, wie viel Geld dafür zur Verfügung stehen würde. Seit der Einführung des Europäischen Semesters 2011 erörtern die Mitgliedstaaten und die Kommission Strukturreformen, wachstumsfördernde Maßnahmen und die Haushaltsüberwachung gleichzeitig. Die Zielsetzungen des Europäischen Semesters bestehen darin, solide öffentliche Finanzen zu gewährleisten, übermäßige Haushaltsdefizite zu vermeiden und öffentliche Schulden zu vermeiden oder zu verringern, Konvergenz und Stabilität in der EU zu gewährleisten, das Wirtschaftswachstum zu fördern, übermäßige makroökonomische Ungleichgewichte in der EU zu vermeiden, die Umsetzung der nationalen Aufbau- und Resilienzpläne zu überwachen und die Beschäftigungs- und Sozialpolitik zu koordinieren und zu überwachen. Die entsprechenden Diskussionen werden alljährlich auf EU-Ebene von November bis Juni geführt, an die sich die Umsetzung der länderspezifischen Empfehlungen anschliesst. Auf diese Weise wird sichergestellt, dass wirtschaftspolitische

Beschlüsse und budgetäre Sachzwänge miteinander in Einklang stehen. Dies soll die Effektivität und die Umsetzung auf nationaler Ebene verbessern.

Im Einzelnen verläuft das Europäische Semester wie folgt: **829**

- *November:* ***Kursvorgabe durch die Kommission in ihrem sog. „Herbstpaket"***. Mit der Vorlage ihres Jahreswachstumsberichts stößt die Kommission den jeweiligen Zyklus an. Dieser Bericht enthält eine klare Einschätzung der EU-Wirtschaftslage und Orientierungen für weitere notwendige Reformen sowohl auf EU- als auch auf nationaler Ebene. Er wird ergänzt durch die Bewertung der Kommission zur Vereinbarkeit der Entwürfe der Mitgliedstaaten für das kommende Jahr mit den wirtschaftspolitischen Haushaltsregeln der EU, einen Vorschlag für eine Empfehlung des Rates zur Wirtschaftspolitik des Euro-Währungsgebiets, mit politischen Ratschlägen für Euro-Mitgliedstaaten zu Themen, die die Funktionsfähigkeit des Euro-Raums insgesamt betreffen, einen Warnmechanismus-Bericht, der darauf abzielt, makroökonomische Ungleichgewichte aufzudecken, zu verhindern und zu beheben, die das Funktionieren der Volkswirtschaften der Mitgliedstaaten, der Wirtschafts- und Währungsunion oder der Union insgesamt behindern, Bewertungen darüber, inwieweit Mitgliedstaaten als Empfänger von Finanzhilfeprogrammen in der Lage sind, die Hilfen zurückzuzahlen sowie einen Vorschlag für einen gemeinsamen Beschäftigungsbericht, der die wichtigsten beschäftigungs- und sozialpolitischen Entwicklungen in der EU sowie die politischen Reaktionen der nationalen Regierungen analysiert.
- *Januar bis März: politische Billigung durch den Europäischen Rat und das Europäische Parlament.* Die Dokumente des Herbstpakets werden dem EP und dem Europäischen Rat zugestellt.
  Zwischen Januar und Februar erörtert der **Europäische Rat** Schlussfolgerungen zum Jahresbericht zum nachhaltigen Wachstum und zum Warnmechanismus-Bericht und nimmt sie an. Er genehmigt auch den Entwurf der Empfehlung des Rates für den Euro-Raum – gegebenenfalls mit Abänderungen. Die Empfehlung wird dann dem Europäischen Rat vorgelegt. Im März nimmt der Rat den gemeinsamen Beschäftigungsbericht mit Schlussfolgerungen an. Der Europäische Rat billigt den Entwurf einer Empfehlung des Rates zur Wirtschaftspolitik des Euro-Währungsgebiets. Auf dieser Grundlage geben die Staats- und Regierungschefs gemeinsame Leitlinien für die im April fälligen, mittelfristigen strukturellen finanzpolitischen Pläne vor. Darüber hinaus bietet die Kommission haushaltspolitische Leitlinien an, die der Ausarbeitung dieser nationalen Pläne dienen.
  Das **Europäische Parlament** bespricht den Jahresbericht zum nachhaltigen Wachstum und hat die Möglichkeit, einen Initiativbericht zu veröffentlichen.
- *April:* ***Vorlage der nationalen Programme.*** Ende April legen die Mitgliedstaaten der Kommission ihre **mittelfristigen strukturellen finanzpolitischen Pläne** oder die damit verbundenen jährlichen Fortschrittsberichte zur Beurteilung vor. Diese Dokumente beschreiben einen mehrjährigen Nettoausgabenpfad, der dar-

auf abzielt, den nationalen Schuldenstand zu verringern oder ihn auf einem dem Vorsichtsgebot entsprechenden Niveau zu halten. In den Strukturplänen werden auch die Reformen und öffentlichen Investitionen ausführlich dargestellt, die die Länder umsetzen wollen, um Nachhaltigkeit und Wachstum zu fördern und die zentralen Herausforderungen zu bewältigen, die im Europäischen Semester ermittelt wurden. Die Pläne decken einen Zeitraum von mindestens vier Jahren ab, je nach Dauer der nationalen Legislaturperiode. Während der Ausarbeitung der Strategiepläne oder Fortschrittsberichte wird von den Mitgliedstaaten erwartet, die im Rahmen der länderspezifischen Empfehlungen herausgegebenen Leitlinien (vgl. Juni bis Juli), die Empfehlung des Rates zur Wirtschaftspolitik des Euro-Währungsgebiets und zusätzliche haushaltspolitische Leitlinien der Kommission (vgl. Januar bis März) zu berücksichtigen.

- *Mai:* ***Europäisches Semester – Frühjahrspaket***. Die Kommission stellt das Frühjahrspaket mit wirtschafts- und haushaltspolitischen Leitlinien für die Mitgliedstaaten vor. Diese knüpfen an die Bewertung des mittelfristigen strukturellen finanzpolitischen Plans oder den zugehörigen Fortschrittsbericht an.
- *Juni bis Juli:* ***Erörterung und Annahme der länderspezifischen Empfehlungen durch den Rat***. Im Juni bespricht der Rat die vorgeschlagenen länderspezifischen Empfehlungen und einigt sich auf eine Endfassung. Während dieser Gespräche können die Mitgliedstaaten zu ihren jeweiligen mittelfristigen strukturellen finanzpolitischen Plänen Stellung nehmen. Nach Billigung durch den Europäischen Rat nimmt der Rat die Empfehlungen im Juli offiziell an.
- *August bis Oktober:* ***Umsetzung der länderspezifischen Empfehlungen***. Die Mitgliedstaaten werden angehalten, die länderspezifischen Empfehlungen umzusetzen und sie in ihre Reform-, Investitions- und Haushaltspläne für das folgende Jahr einzubinden. Die Mitgliedstaaten des Euro-Währungsgebiets teilen der Kommission ihre Haushaltsentwürfe bis Mitte Oktober vor dem nächsten Herbstpaket mit. Die Kommission bewertet die Pläne mit Blick auf die Anforderungen des Stabilitäts- und Wachstumspakts und die länderspezifischen Empfehlungen. Am Ende des Jahres legen die Mitgliedstaaten ihre nationalen Haushalte fest. Sie tun das unter Berücksichtigung der Stellungnahmen der Kommission zu den Übersichten über die Haushaltsplanung aus dem neuen Herbstpaket.

Danach endet das Europäische Semester und ein neuer Zyklus beginnt.

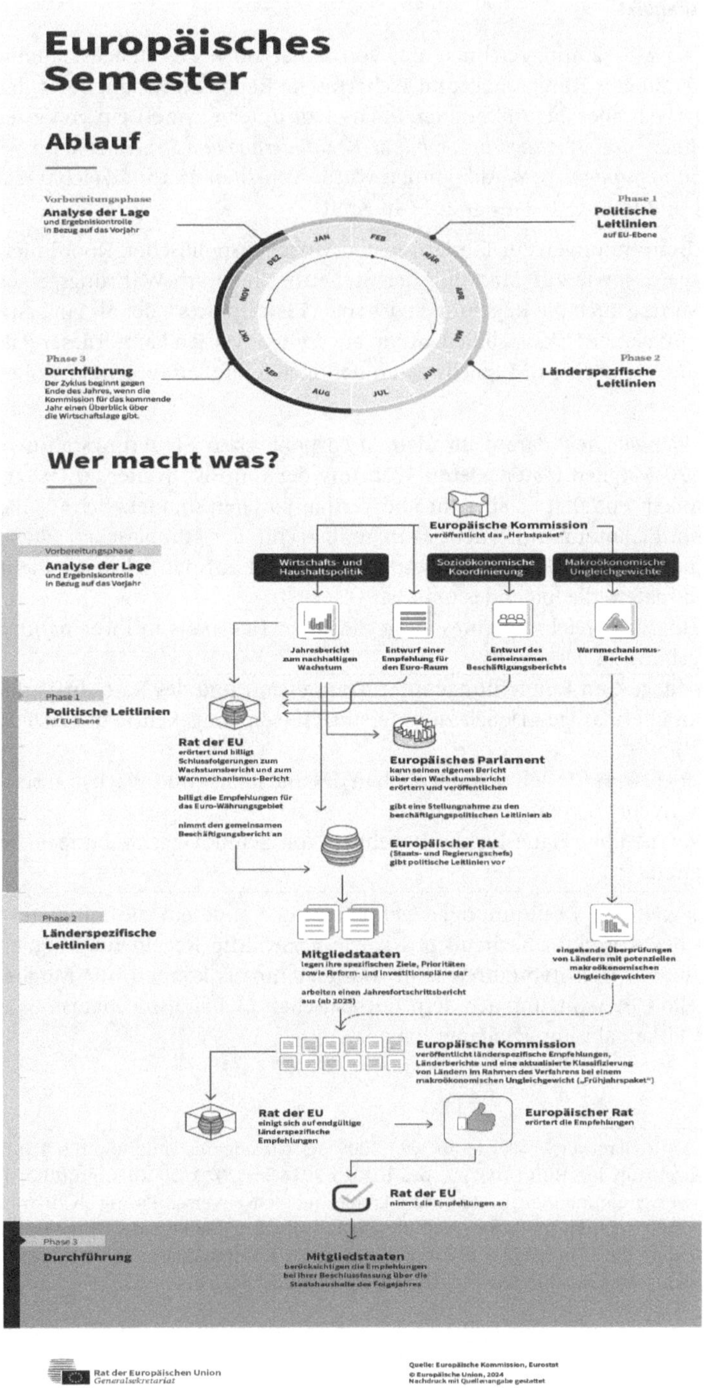

Rat der Europäischen Union
Generalsekretariat

Quelle: Europäische Kommission, Eurostat
© Europäische Union, 2024
Nachdruck mit Quellenangabe gestattet

d) Fiskalpakt

830 Am 2. März 2012 unterzeichneten 25 von damals noch 27 Mitgliedstaaten (Ausnahmen: Vereinigtes Königreichs und Tschechische Republik; Kroatien trat der EU erst 2013 bei, hat aber das Abkommen auch nicht unterzeichnet) ein völkerrechtliches Abkommen, den *„Vertrag über Stabilität, Koordinierung und Steuerung in der Wirtschafts- und Währungsunion"*. Das Abkommen wurde von allen 25 Unterzeichnerstaaten ratifiziert und trat am 1. Januar 2013 in Kraft.

831 Neben Bestimmungen zur Förderung der wirtschaftspolitischen Koordinierung und Konvergenz sowie zur Stärkung der Steuerung im Euro-Währungsgebiet enthält dieser Vertrag auch die Regelungen des sog. **„Fiskalpakts"**, der als ein erster Schritt in Richtung einer Fiskalstabilitätsunion angesehen werden kann. Dieser Pakt nimmt die zuvor in einzelnen Mitgliedstaaten national vereinbarten Schuldenobergrenzen auf[43].

832 Der Fiskalpakt zielt darauf ab, den finanzpolitischen Steuerungsrahmen für die zurzeit 20 Mitgliedstaaten, deren Währung der Euro ist, weiter zu festigen. Seine Wirksamkeit entfaltet er aber für alle Vertragsparteien und letztlich für die gesamte Union. Er kommt ohne neue Durchgriffsrechte der europäischen Ebene auf die nationale Fiskalpolitik aus und beruht stattdessen auf der Selbstverpflichtung der Mitgliedstaaten, die folgendes umfasst:

- Regeln zur Erreichung eines ausgeglichenen Haushalts in ihrer nationalen Gesetzgebung zu verankern,
- Vorschläge und Empfehlungen der Kommission und des Rates in Verfahren bei einem übermäßigen Defizit zu unterstützen (sog. umgekehrte qualifizierte Mehrheit[44]),
- den Richtwert für den Schuldenabbau des Stabilitäts- und Wachstumsgesetzes im Primärrecht zu verankern und
- im Voraus über Pläne für die Begebung von Schuldverschreibungen Bericht zu erstatten.

833 Zu den weiteren Bestimmungen gehören unter anderem die automatische Einleitung des Korrekturmechanismus sowie verschärfte Regeln für Mitgliedsländer, gegen die ein Defizitverfahren läuft. Darüber hinaus können nur Mitgliedstaaten finanzielle Unterstützung aus dem Europäischen Stabilitätsmechanismus erhalten, die den Fiskalpakt unterzeichnet haben.

---

43 In Deutschland etwa wurde im Juni 2009 per Grundgesetzänderung die Schuldenobergrenzen für den Bund (0.35 % des BIP ab 2016 bis 2020; ab 2020 grundsätzlich keine Neuverschuldung mehr) und für die Länder (keine Neuverschuldung ab 2020) festgelegt.

44 Darunter versteht man, dass sich die am Fiskalpakt teilnehmenden Mitgliedstaaten verpflichten, die Vorschläge und Empfehlungen der Kommission im Rat zu unterstützen, es sei denn, eine qualifizierte Mehrheit spricht sich dagegen aus.

Schließlich können im Wege einen Schiedsverfahrens vor dem Gerichtshof der EU Mitgliedstaaten von anderen Mitgliedstaaten verklagt werden, sollten diese Regel nicht ordnungsgemäß umgesetzt werden. 834

Der Fiskalpakt und die Regeln des AEUV gelten nebeneinander; allerdings kann der Fiskalpakt aufgrund des Vorrangs des EU-Vertragsrechts nicht gegen den AEUV durchgesetzt werden. 835

III. Ausgestaltung der Währungspolitik

1. Grundsätze der Währungspolitik

Im Vordergrund der Währungspolitik steht das **Prinzip der Einheitlichkeit der Geldpolitik.** Mit dem Erreichen der Endstufe der Währungsunion sind die Kompetenzen für geld- und währungspolitische Entscheidungen auf das Europäische System der Zentralbanken (ESZB) übergegangen. 836

Grundlagen der Währungspolitik sind: 837
- Verwirklichung des vorrangigen Ziels der Preisstabilität durch das ESZB,
- Unabhängigkeit der Europäischen Zentralbank und der nationalen Notenbanken,
- föderativer Aufbau des ESZB mit grundsätzlicher Stimmengleichheit der Mitglieder in den geld- und währungspolitischen Entscheidungen.

Im Hinblick auf das reibungslose Funktionieren der WWU erlässt der Rat für die Mitgliedstaaten, deren Währung der Euro ist, Maßnahmen, um die Koordinierung und Überwachung ihrer Haushaltsdisziplin zu verstärken, arbeitet für diese Staaten die **Grundzüge der Wirtschaftspolitik** aus, wobei er darauf zu achten hat, dass diese Grundzüge mit den für die gesamte EU angenommenen Grundzügen der Wirtschaftspolitik vereinbar sind, und überwacht die Einhaltung dieser Grundzüge. Bei der Verabschiedung dieser Grundzüge sind nur jene Mitgliedstaaten stimmberechtigt, deren Währung der Euro ist. 838

2. Einführung des „Euro" als gemeinsame Währung

Die Einführung des Euro als gemeinsamer Währung erfolgte zum ersten Tag des Eintritts in die 3. Stufe der WWU, d.h. am 1. Januar 1999. An diesem Tag ging auch die geldpolitische Verantwortung von den nationalen Zentralbanken auf das ESZB über. Der Rat hatte zu diesem Zweck bereits mit einstimmigem Beschluss auf Vorschlag der Kommission und nach Anhörung der EZB sowohl die Umrechnungskurse, auf die die Währungen der teilnehmenden Mitgliedsländer unwiderruflich festgelegt wurden, als auch die unwiderruflich festen Kurse, zu denen diese Währungen durch den Euro ersetzt wurden, festgesetzt[45]. 839

45 Vgl. VO (EG) Nr. 2866/98 des Rates über die Umrechnungskurse zwischen dem Euro und den Währungen der Mitgliedstaaten, die den Euro einführen, ABl. 1998 Nr. L 359/1.

840 Der praktische Übergang von den nationalen Währungen zum Euro wurde im Wesentlichen durch zwei Verordnungen des Rates geregelt:

(1) Die *„Verordnung (EG) Nr. 1103/97 des Rates über bestimmte Vorschriften in Zusammenhang mit der Einführung des Euro"*[46] regelte auf der Grundlage von ex-Art. 308 EG (jetzt Art. 354 AEUV) eine Reihe von Fragen, die bereits vor Inkrafttreten der 3. Stufe der WWU insbesondere für die Finanzmärkte von besonderer Bedeutung waren. Im Mittelpunkt stand dabei die Festlegung des Grundsatzes der **„Kontinuität der Verträge"**, wonach *„die Einführung des Euro weder eine Veränderung von Bestimmungen in Rechtsinstrumenten oder eine Schuldbefreiung* [bewirkt], *noch die Nichterfüllung rechtlicher Verpflichtungen* [rechtfertigt], *noch einer Partei das Recht* [gibt], *ein Rechtsinstrument einseitig zu ändern oder zu beenden"*. Darüber hinaus enthält die Verordnung Regeln für die Umrechnung und Rundung von Währungsbeträgen in nationale Währungen und Euro.

(2) Die *„Verordnung (EG) Nr. 974/98 des Rates vom 3. Mai 1998 über die Einführung des Euro"*[47] enthält die zentralen währungs- und umstellungsrechtlichen Regelungen für die Einführung des Euro und die Ersetzung der nationalen Währungen. Die wesentlichen Elemente der Umstellung lassen sich wie folgt zusammenfassen:

- Der Euro ist seit dem 1. Januar 1999 die Währung der teilnehmenden Mitgliedstaaten. Er ist in 100 Cent unterteilt. Zu den am ersten Tag der 3. Stufe der WWU vom Rat festgelegten Umrechnungskursen trat der Euro an die Stelle der Währungen der teilnehmenden Mitgliedsländer und wurde Recheneinheit der EZB und der Zentralbanken der Mitgliedsländer. Während einer Übergangszeit vom 1. Januar 1999 bis zum 31. Dezember 2001, in der es noch keine Euro-Banknoten und -münzen gab, wurde der Euro auch in nationalen Währungseinheiten ausgedrückt. Es galt der Grundsatz „keinerlei Zwang und keinerlei Verbot", d.h. den Parteien im privaten oder kaufmännischen Rechtsverkehr war es freigestellt, Verträge in Euro oder in nationaler Währung abzuschließen.
- Mit dem 1. Januar 2002 endete diese Übergangszeit und der Euro trat an die Stelle der nationalen Währungseinheiten. Gleichzeitig wurde zu diesem Zeitpunkt mit der Einführung des Euro-Bargeldes begonnen. Als Ausschlussfrist für die parallele Verwendung von nationalem und auf Euro lautendem Bargeld galt der 30. Juni 2002; danach verloren die nationalen Währungen ihren Status als gesetzliche Zahlungsmittel.

Insgesamt betrachtet stellte die Einführung des Euro lediglich eine **Währungsumstellung,** nicht hingegen eine **Währungsreform** dar. Forderungen, Verbindlichkei-

46 ABl. 1997 L 162/1, zuletzt geändert durch Verordnung (EU) Nr 2595/2000 vom 27.11.2000, ABL; 2000, L 300/1.

47 ABl. 1998 L 139/1, zuletzt geändert durch VO (EU) 2022/1207 des Rates vom 12.7.2022 im Hinblick auf die Einführung des Euro in Kroatien, ABl. 2022, L 187/16–17. Vgl. zur Situation in Deutschland das Gesetz zur Einführung des Euro („EuroEG", BGBl. 1998 1, S. 1242).

ten, laufende Zahlungen (z.B. Löhne, Renten) und sämtliche Preise wurden mittels der unwiderruflich festgelegten Umrechnungskurse in Euro konvertiert. Was sich mithin änderte, waren die Rechengrößen, nicht hingegen die Einkommens- oder Vermögenspositionen.

Der **Euro** gilt zurzeit in **20** der 27 **Mitgliedstaaten**[48] als allein gültige Währung. 841

3. Wahrung der Stabilität des Euroraums

Die EU hat auf die staatliche Schuldenkrise im Jahr 2010 mit der **Einführung** 842
befristeter Rettungsschirme[49] reagiert, die dauerhaft durch den **Europäischen Stabilitätsmechanismus** „ESM" abgelöst wurden, der seine Tätigkeit am 8. Oktober 2012 in Luxemburg aufgenommen hat. Der ESM stellt als dauerhafter Krisenbewältigungsrahmen den Mitgliedstaaten des Euroraums externe Finanzhilfen in Form einer effektive Darlehenskapazität von 500 Mrd. EUR bereit.

Der EMS trägt damit dazu bei, die Finanzstabilität des Euroraums zu erhalten. Sein 843
Eingreifen ist allerdings an die Bedingung geknüpft, dass die öffentlichen Finanzen rigoros konsolidiert und Reformprogramme durchgeführt werden. Eurostaaten können auf Antrag finanziellen Beistand unter strengen Auflagen erhalten, die in einem von der Kommission und dem internationalen Währungsfonds (IWF) in enger Zusammenarbeit mit der EZB ausgehandelten wirtschaftlichen Anpassungsprogramm zum Ausdruck kommen. Der ESM verschafft der EU die nötige Handlungsfähigkeit, um den Euro selbst in äußersten Stressszenarien verteidigen zu können. Er ist Ausdruck der Interessengemeinschaft und der Solidarität im Euroraum sowie der individuellen Verantwortung eines jeden Mitgliedstaats gegenüber den anderen[50].

Die Einrichtung des ESM erforderte eine Änderung des **Art. 136 AEUV**, der mit 844
Wirkung vom 1. Januar 2013 einen neuen Abs. 3 mit folgendem Wortlaut erhielt: *„Die Mitgliedstaaten, deren Währung der Euro ist, können einen Stabilitätsmechanismus einrichten, der aktiviert wird, wenn dies unabdingbar ist, um die Stabilität des Euro-Wäh-*

48 Siehe die Aufzählung unter Rdn. 816.

49 Bei diesen zwei befristeten Rettungsschirmen, die von den Eurostaaten und der Kommission am 10.5.2010 beschlossen wurden, handelt es sich um den **Europäischen Finanzstabilisierungsmechanismus (EFSM)**, der auf Garantien aus dem EU-Haushalt von bis zu 60 Mrd. EUR basiert, und um die **Europäische Finanzstabilisierungsfazilität (EFSF)**, eine durch Vertrag zwischen den Euroraum-Staaten geschaffene Einrichtung, die Garantien der Euroraum-Staaten in Höhe von maximal 440 Mrd. EUR bereitstellt. Der IWF beschloss, diese Rettungsschirme durch eine potentielle finanzielle Unterstützung der Eurostaaten von bis zu 250 Mrd. EUR zu ergänzen.

50 In Deutschland verfügt der Deutsche Bundestag über weitreichende Mitwirkungsrechte (Parlamentsvorbehalt, Zuständigkeiten des Haushaltsausschusses, Einsetzung eines Sondergremiums für Fälle des Ankaufs von Staatsanleihen auf dem Sekundärmarkt), die im Gesetz zur finanziellen Beteiligung am Europäischen Stabilitätsmechanismus (ESMFinG) vom 13.9.2012 (BGBl. I 2012, 1918) geregelt sind.

rungsgebiets insgesamt zu wahren. Die Gewährung aller erforderlichen Finanzhilfen im Rahmen des Mechanismus wird strengen Auflagen unterliegen".

IV. Der institutionelle Rahmen

845 Im Zentrum der WWU stehen die unabhängige **Europäische Zentralbank** (EZB) sowie das **Europäische Zentralbankensystem** (ESZB), das von der EZB und den Notenbanken der Mitgliedstaaten gebildet wird[51].

846 Daneben hat sich die **Euro-Gruppe** etabliert. Sie ist ein Gremium auf Ministerebene, das die engere Koordinierung der Wirtschaftspolitiken der Mitgliedstaaten, deren Währung der Euro ist, vorantreibt. Die **Bedeutung der Euro-Gruppe** hat in den ersten zehn Jahren ihres Bestehens stetig zugenommen, was etwa darin zum Ausdruck kommt, dass sie sich neben Diskussionen zur Finanzpolitik vermehrt auch mit Strukturreformen, der Entwicklung der Wettbewerbsfähigkeit einzelner Euro-Staaten, der Wahrnehmung des Euro-Währungsgebiets als eigenständige wirtschaftliche Einheit, der Finanzstabilität und der Wechselkursentwicklung befasst.

Mit dem Vertrag von Lissabon wird in dem speziell der **Euro-Gruppe** gewidmeten Protokoll Nr. 14 die bis dahin informelle Rolle **formal anerkannt**. Die Zielvorgabe besteht darin, die Voraussetzungen für ein stärkeres Wirtschaftswachstum in der EU zu verbessern und zu diesem Zwecke eine immer engere Koordinierung der Wirtschaftspolitik im Euro-Währungsgebiet zu fördern.

Das **politische Gewicht** der Euro-Gruppe hat stetig zugenommen; insbesondern werden zusätzlich zu den Treffen der zuständigen Minister nunmehr auch auf der Ebene der Staats- und Regierungschefs **Euro-Gipfel** abgehalden. Die Minister der Mitgliedstaaten, deren Währung der Euro ist, wählen mit ihrer Mehrheit einen Präsidenten für zweieinhalb Jahre.

847 Den Beschlussorganen der EZB steht ein **eigenständiger Handlungskatalog** zur Verfügung. Vorgesehen sind zunächst der Erlass von **Verordnungen, Beschlüssen** sowie **Empfehlungen und Stellungnahmen** (Art. 132 AEUV). Diese Rechtshandlungen sind wortgleich mit den entsprechenden EU-Rechtsakten des Handlungskatalogs des Art. 288 AEUV definiert. Verordnungen und Beschlüsse können folglich unmittelbar den einzelnen Wirtschaftsteilnehmern, insbesondere Banken und Unternehmen, Verpflichtungen auferlegen oder Rechte verleihen. So hat der EZB-Rat etwa eine Verordnung gemäß Art. 19.1 EZB-Satzung erlassen, in welcher festgelegt wird, in welcher Höhe die im Euro-Raum niedergelassenen Kreditinstitute (verzinste) Mindestreserven bei der EZB oder den nationalen Zentralbanken unterhalten müssen[52]. Eine andere, auf Art. 5.1 EZB-Satzung gestützte Verordnung regelt die Einholung von verlässlichen und vergleichbaren statistischen Daten von den Wirtschaftsteilnehmern im Euro-Raum für den Fall, dass die EZB diese Daten für die Festlegung

51 Vgl. dazu bereits unter § 5 A. VII. 4.

52 ABl. 1998 Nr. L 356/1.

ihrer Geldpolitik benötigt[53]. Richtlinien werden in diesem Katalog hingegen nicht aufgeführt, da den Teilnahme-Mitgliedstaaten keine eigene Zuständigkeit im Bereich der Geldpolitik verbleibt, die Raum für Umsetzungskompetenzen belassen würde.

Darüber hinaus wurden zur Regelung des Verhältnisses zwischen EZB und den nationalen Zentralbanken mit den **Leitlinien und Weisungen** neue Handlungsformen geschaffen (Art. 14.3 ESZB-Satzung). Diese Rechtshandlungen sind verbindlich und dienen dazu, die Durchführung der Geldpolitik durch die nationalen Zentralbanken zu steuern und eine einheitliche Geldpolitik im Euro-Raum zu gewährleisten. Weisungen werden vom Direktorium erlassen und zur punktuellen Steuerung eingesetzt; Leitlinien ergehen vom EZB-Rat und enthalten – ähnlich wie die Richtlinien – allgemeine Zielvorgaben, die den nationalen Zentralbanken einen gewissen Spielraum bei der Durchführung belassen.

Die Rechtsinstrumente der EZB werden im Amtsblatt der EU veröffentlicht. Dane- **848**
ben gibt die EZB eine Sammlung ihrer Rechtsinstrumente in Form eines jährlich erscheinenden „Compendiums" heraus.

Weiterführende Literatur: *Badura,* Von der D-Mark zum Euro, FS für Vogel, 2000, S. 545; *Deutsche Bundesbank,* Die Europäische Wirtschafts- und Währungsunion, April 2008; *dies.*; Auf dem Weg zu einem Europäischen Stabilitätsmechanismus, Monatsbericht Februar 2011, S. 68–69; *dies.*; Zum Fiskalpakt und Europäischen Stabilitätsmechanismus, Monatsbericht Februar 2011; *dies.*, Entwicklung und Perspektiven der Beziehungen der EZB zu den Organen und Einrichtungen der Europäischen Union, Monatsbericht Januar 2010, *dies.*, Zentrale Elemente des Fiskalpakts, Monatsbericht März 2012; *dies.*, Ein Fiskalpakt für eine stärkere Wirtschafts- und Währungsunion, Monatsbericht, Mai 2012; *W.Franzen,* Andere Länder – andere Sichten. Die Finanz- und Eurokrise im Urteil der Bürger aus acht europäischen Ländern, Studien zur ökonomischen Entwicklung Europas, Band 43, Hamburg 2016; *E.Görgens, K.H.Ruckriegel, F.Seitz,* Europäische Geldpolitik. Theorie – Empirie – Praxis, 6. Aufl. 2013; *Hahn,* Der Stabilitätspakt für die Europäische Währungsunion, JZ 1997, S. 1133; *ders.* (Hrsg), Die Europäische Währung, 1999; *Hahn/Häde,* Europa im Wartestand: Bemerkungen zur Währungsunion, FS für Everling, Band I 1995, S. 381; *Heun,* Die Europäische Zentralbank in der Europäischen Währungsunion, JZ 1998, S. 866; *Kilb,* Die Rechtsgrundlagen für den Euro, JuS 1999, S. 17; *Müller-Graff,* Euro, Bundesverfassungsgericht und Gerichtshof der Europäischen Gemeinschaften – Währungsstabilität und richterliche Kontrolle, integration 1998, S. 86; *Palm,* Der Bruch des Stabilitäts- und Wachstumspakts, EuZW 2004, S. 78; *Seidel,* Konstitutionelle Schwächen der Währungsunion, EuR 2000, S. 861; *Scheller,* Die Europäische Zentralbank – Geschichte, Rolle und Aufgaben, 2. Aufl. 2006; *Selmayr,* Die Wirtschafts- und Währungsunion als Rechtsgemeinschaft, AöR 124 (1999), S. 357; *ders.*, Das Recht der Wirtschafts- und Währungsunion, 2009; *Streinz/Ohler/Herrmann,* Totgesagte leben länger – oder doch nicht?, NJW 2004, S. 1553; *P.Torkarsti,* Die Europäische Zentralbank als politischer Akteur in der Eurokrise, SWP-Studien 2016, S. 14; *ders.*, Die Stabilisierung des Euroraums durch Geldpolitik und Finanzhilfen ist nicht nachhaltig, SWP-Studien 2020; *A.Vossenkuhl,* Austritt und Ausschluss aus dem Euro, Studien zum Völker- und Europarecht, Band 175, Hamburg 2021. Vgl. auch die Internetseite der EZB; http://www.ecb.int.

53 ABl. 1998 Nr. L 356/7.

3. Teil

Die Grundfreiheiten

§ 9 Der freie Warenverkehr

Im Mittelpunkt der Schaffung des Binnenmarktes steht die Beseitigung aller Behinderungen des Warenaustausches innerhalb der EU (Gewährleistung eines freien Warenverkehrs). Die Verwirklichung des freien Warenverkehrs soll nach dem AEUV **(Art. 28–37)** auf **drei Wegen** erfolgen: 849

- Errichtung einer Zollunion (Art. 30–32 AEUV),
- Abschaffung aller mengenmäßigen Beschränkungen des Warenverkehrs und Maßnahmen gleicher Wirkung (Art. 34–36 AEUV) und
- Beseitigung der diskriminierenden Praktiken staatlicher Handelsmonopole (Art. 37 AEUV).

Hauptziel des Grundsatzes des freien Warenverkehrs ist dabei, die Hersteller und Verkäufer in der EU in die Lage zu versetzen, von ihrem Recht auf Belieferung der Verbraucher überall in der EU Gebrauch zu machen, und die Verbraucher in der EU in die Lage zu versetzen, unter denselben Voraussetzungen wie für einheimische Produkte Zugang zu den Waren aus anderen Mitgliedstaaten zu erhalten; folglich dürfen die Mitgliedstaaten keine Maßnahmen ergreifen, aufgrund deren Waren aus anderen Mitgliedstaaten ungünstiger behandelt werden als einheimische Produkte[1].

A. Die Zollunion (Art. 30–32 AEUV)

Die **Zollunion** (Art. 28 Abs. 1 und Art. 30 AEUV) verpflichtet die Mitgliedstaaten, untereinander keine Ein- und Ausfuhrzölle (Binnenzölle) und Abgaben gleicher Wirkung zu erheben und gegenüber Drittländern einen Gemeinsamen Zolltarif einzuführen. 850

Das dadurch geschaffene **einheitliche Zollgebiet**[2] erstreckt sich *„auf den gesamten Warenaustausch"* (Art. 28 Abs. 1 AEUV). Dies bedeutet, dass der AEUV nicht nur auf die Herstellung des freien Warenverkehrs für Waren aus der EU abzielt, sondern grundsätzlich auch Waren aus Drittländern umfasst, die nach Erledigung der Einfuhrformalitäten und Entrichtung der Zölle und Abgaben gleicher Wirkung in den Freiverkehr innerhalb der EU gelangt sind (Art. 29 AEUV).

---

1 EuGH C-110/05, KOM/Italien, Slg. 2009, I-519.

2 Zum Zollgebiet s. *Lux*, in Lenz/Borchardt, Art. 28 Rdn. 1; EuGH C-293/02, Jersey Produce Marketing Organisation, Slg. 2005, I-9543.

851 Zu unterscheiden von der Zollunion ist die **Freihandelszone**[3], wie sie z.B. durch das Übereinkommen über die europäische Freihandelszone (EFTA) errichtet wurde. Innerhalb der Freihandelszone werden lediglich die Zölle zwischen den Mitgliedern aufgehoben. Im Gegensatz zur Zollunion wird hingegen kein gemeinsamer Zolltarif gegenüber dritten Staaten erhoben; dieser wird vielmehr von den Mitgliedern der Freihandelszone weiterhin autonom festgesetzt.

I. Der Gemeinsame Außenzoll

1. Festlegung des Gemeinsamen Zolltarifs

852 Der Gemeinsame Zolltarif (GZT)[4] wird von allen Mitgliedstaaten auf Einfuhren aus Drittländern erhoben, und zwar im Regelfall beim Eintritt in das gemeinsame Zollgebiet. Die Erträge aus den Zöllen sind Eigenmittel der EU und daher von den Mitgliedstaaten an die EU abzuführen.

Für die **Festlegung des Gemeinsamen Zolltarifs** besteht eine **ausschließliche Zuständigkeit der EU** (Art. 3 Abs. 1 lit. a) AEUV). Den Mitgliedstaaten steht ein Recht zur Änderung, Aussetzung oder Aufstellung eigener Tarife seit der Einführung des GZT im Jahre 1968 nicht mehr zu[5].

853 Der GZT kann vom Rat autonom (Art. 31 AEUV), im Rahmen allgemeiner Handelsvereinbarungen mit Drittstaaten (vgl. Art. 207 AEUV) oder durch Regelungen in den Assoziierungsabkommen (Art. 217 AEUV) geändert werden[6]. Die bedeutsamsten Zollsenkungen hat die EU aufgrund der Vereinbarungen, die im Rahmen des **Allgemeinen Zoll- und Handelsabkommens** (GATT – General Agreement on Tariffs and Trade) getroffen worden sind, vorgenommen[7]. Daneben hat die EU mit einer Reihe von Drittstaaten **Präferenzabkommen** geschlossen, die – auf der Grundlage der Gegenseitigkeit – einen weitgehenden Abbau der Zölle und Abgaben gleicher Wirkung sowie der mengenmäßigen Beschränkungen und Maßnahmen gleicher Wirkung vorsehen[8]. Besondere Regelungen gelten für die **Entwicklungsländer**,

3 Zur Abgrenzung Zollunion/Freihandelszone vgl. *Lux*, in Lenz/Borchardt, Art. 28 Rdn. 4–9.

4 VO (EWG) Nr. 2658/87 des Rates über die zolltarifliche und statistische Nomenklatur sowie den Gemeinsamen Zolltarif, ABl. 1987, L 256/1 (letzte konsolidierte Fassung vom 26.10.2024). Die Regelzölle werden jedes Jahr in einer vollständigen, aktualisierten Fassung veröffentlicht, vgl. auch *Lux*, in Lenz/Borchardt, Art. 31.

5 EuGH C-125/94, Aprile, Slg. 1995, I-2919; Rs. 37 und 38/73, Diamantarbeider, Slg. 1973, 1609.

6 Vgl. EuGH Rs. 213-215/81, Norddeutsches Vieh- und Fleischkontor, Slg. 1982, 3583.

7 Vgl. dazu *Lux*, in Lenz/Borchardt, EU-Verträge. Kommentar, Art. 28.

8 Eine Übersicht über die zahlreichen Präferenzabkommen der EU finden sich unter https://wup.zoll.de/wup_online/uebersichten.php?id=1. Mit der Türkei ist die EU sogar eine Zollunion eingegangen (die Endphase der Zollunion wurde mit dem Beschluss 1/95 des Assoziationsrates vom 22.12.1995 (ABl. 1996 L 35) festgelegt. Mit Beschluss Nr. 1/2001 des Ausschusses für Zusammenarbeit im Zollwesen EG-Türkei vom 28. März 2001 (ABl. 2001 L 98, auch „Brückengesetzgebung" genannt) wurden die für den Warenverkehr zwischen den

deren Produkte bei der Einfuhr in die EU weitgehend vom Gemeinsamen Zolltarif befreit worden sind. Wichtigstes Vertragswerk ist das Wirtschaftliche Partnerschaftsabkommen (Economic Partnership Agreement) zwischen der EU und ihren Mitgliedstaaten einerseits und den Mitgliedern der Organisation afrikanischer, karibischer und pazifischer Staaten andererseits, das am 15.11.2023 unterzeichnet wurde und seit dem 1.1.2024 vorläufig angewandet wird. Die vorläufige Anwendung gilt bis das für das Inkrafttreten des Abkommens erforderliche Verfahren auf beiden Seiten abgeschlossen ist[9]. Den nicht zur AKP-Gruppe gehörenden Entwicklungsländern gestattet das **„Allgemeine Präferenzsystem zugunsten der Entwicklungsländer"** (APS) zollfreien oder zollermäßigten Zugang zum Binnenmarkt[10].

Die **gültigen Zolltarife** werden **jährlich** in einer Verordnung der Kommission **bekanntgemacht**. **854**

2. Zoll- und Verfahrensrecht

Eine in allen Mitgliedstaaten gleichmäßige und einheitliche Anwendung des Gemeinsamen Zolltarifs, der selbst nur eine begriffliche Umschreibung der Erzeugnisse und die auf die einzelnen Waren zu erhebenden Zollsätze umfasst, erfordert ein einheitliches **Zoll- und Verfahrensrecht**. **855**

Dieses konnte bisher nur zum Teil verwirklicht werden. Die wichtigsten Regelungen der EU sind im sog. **Zollkodex**[11] (ZK) enthalten. Hervorzuheben sind[12]:

- Ursprungsregeln, die sicherstellen sollen, dass nur solche Waren begünstigt werden, die entweder vollständig im Hoheitsgebiet des privilegierten Landes erzeugt oder – falls sie aus Drittländern kommen – dort eine „wesentliche" Be- oder Verarbeitung erfahren haben.

---

beiden Teilen der Zollunion und gegenüber Drittländern geltenden zollrechtlichen Durchführungsvorschriften zu Beschluss Nr. 1/95 festgelegt (geändert durch Beschluss Nr. 1/2003 vom 30.01.2003, ABl. 2003 L 28).

9 Dieses Partnerschaftsabkommen löst das zuvor zwischen der EU und 77 Staaten Afrikas, der Karibik und des Pazifiks geltende AKP-Partnerschaftsabkommen ab, das am 23.6.2000 in Cotonou (Benin) unterzeichnet wurde und bis 2020 galt. Siehe dazu auch unter § 3 A.III.1.

10 Das Präferenzsystem wurde bereits 1971 eingeführt (ABl. 1971, Nr. L 142/1); in seiner gegenwärtigen Form ist es geregelt in der VO (EG) Nr. 980/2005, ABl. 2005 Nr. L 169/1.

11 VO (EWG) Nr. 952/2013 des EP und des Rates zur Festlegung des Zollkodex der Union v. 9.10.2013, ABl. 2013 Nr. L 269/1, zuletzt geändert durch VO (EU) 2022/2399 v. 23.11.2022, ABL; 2022, L 317/1. Hierzu ist die Durchführungs-VO (EU) Nr. 2015/2447 der Kommission v. 24.11.2015 mit Einzelheiten zur Umsetzung von Bestimmungen der Verordnung (EU) Nr. 952/2013 des Europäischen Parlaments und des Rates zur Festlegung des Zollkodex der Union ergangen, ABl. 2015, Nr. L 343/558, zuletzt geändert durch Durchführungs-VO (EU) 2024/635 v. 2.2.2024, ABl. 2024, L 2024/635.

12 Einzelheiten s. bei *Lux*, in Lenz/Borchardt, Art. 28 Rdn. 30–31.

- Zollwertregelungen, wonach grundsätzlich der tatsächlich gezahlte oder zu zahlende Preis, unabhängig davon, wie und warum er in einer bestimmten Höhe vereinbart worden ist, als Zollwert anerkannt wird.
- Regelungen über Waren, die in das Zollgebiet der EU verbracht oder in den freien Verkehr überführt oder vor Überführung umgewandelt worden sind.
- Vorschriften über die Zollschuld und einen eventuellen Zahlungsaufschub.
- Vorschriften über ein gemeinschaftliches Versandverfahren, über das Zolllager sowie über die Freizone.
- Regelungen für den sog. Veredelungsverkehr, die bestimmen, unter welchen Voraussetzungen Waren zollfrei in die EU gelangen können, die nach einer Be- oder Verarbeitung wieder in Drittländer exportiert werden (*aktiver Veredelungsverkehr*) oder zum Zwecke der Be- oder Verarbeitung für eine gewisse Zeit das Zollgebiet der EU verlassen *(passive Veredelung)*.

II. Abschaffung der Binnenzölle

856 Ein- und Ausfuhrzölle zwischen den Mitgliedstaaten sind verboten (Art. 28 Abs. 1 und Art. 30 AEUV).

Unter **Zoll** wird eine Abgabe verstanden, die *„von einem Staat anläßlich der Bewegung von Waren über seine Staatsgrenze entsprechend einem in einem Zolltarif verankerten Satz erhoben und als solcher bezeichnet wird, ohne dass eine entsprechende Abgabe für gleichwertige inländischer Waren besteht"*[13].

Zölle im Handel zwischen den gegenwärtig 27 Mitgliedstaaten der EU bestehen **nicht mehr**.

III. Verbot zollgleicher Abgaben

857 Das Verbot der zollgleichen Abgaben (Art. 28 und 30 AEUV) stellt eine **notwendige und logische Ergänzung** zum Verbot der Zölle dar. Es verhindert nicht nur eine Umgehung des generellen Zollverbots, etwa durch Änderung der Bezeichnung, sondern erfasst auch solche Abgabenregelungen, die zwar nicht bewusst zur Umgehung des Zollverbots eingeführt wurden, aber gleichfalls geeignet sind, den Warenverkehr innerhalb der EU zu beeinträchtigen.

1. Begriffsbestimmung

858 Die Abgabe zollgleicher Wirkung steht dem Zoll funktional insoweit gleich, als auch die aufgrund ihrer Erhebung eintretenden Veränderungen des Preises der ein- bzw.

13 EuGH Rs. 87/75, Bresciani, Slg. 1976, 129; Rs. 2 und 3/69, Diamandarbeiders, Slg. 1969, 211.

ausgeführten Ware den freien Warenverkehr in gleicher Weise wie ein Zoll beschränken[14].

Nach der **Rechtsprechung des EuGH** umfasst der Begriff der zollgleichen Abgabe *„jede den Waren wegen des Überschreitens der Grenze einseitig auferlegte finanzielle Belastung, auch wenn sie kein Zoll im eigentlichen Sinne ist, gleich welcher Art und Schwere und unabhängig von der Bezeichnung der Abgabe oder der Technik ihrer Erhebung"*[15]. **859**

In Betracht kommt danach jede noch so geringfügige Abgabe, soweit sie sich kostensteigernd auswirkt und die Belastung wegen der Ein- oder Ausfuhr der Ware erfolgt. Eine diskriminierende oder protektionistische Wirkung muss von der Abgabe nicht ausgehen. Unerheblich ist auch, ob die Abgabe zugunsten des Staates oder spezieller Einrichtungen erhoben wird.

Abgrenzungsschwierigkeiten ergeben sich sowohl im Hinblick auf **Gebühren**, **860** die im AEUV nicht ausdrücklich untersagt werden und im Gegensatz zu den Abgaben als Gegenleistung für ein konkretes Verwaltungshandeln erhoben werden, als auch im Hinblick auf **inländische Abgaben**, die gemäß Art. 110 AEUV auch weiterhin von den Mitgliedstaaten erhoben werden dürfen, und zwar auch auf Waren aus anderen Mitgliedstaaten, sofern sie Bestandteil eines allgemeinen inländischen Abgabensystems sind.

2. Abgrenzung zu den Gebühren

Eine Gebühr, die für ein Verwaltungshandeln aus Anlass des Grenzübertritts von **861** Waren erhoben wird, ist nach der Rechtsprechung des EuGH **nur dann vom Verbot der zollgleichen Abgaben ausgenommen**, wenn sie ein **der Höhe nach angemessenes Entgelt** für einen dem Importeur oder Exporteur **tatsächlich geleisteten Dienst** darstellt[16]. Eine solche Gegenleistung liegt nur dann vor, wenn ein bestimmter, tatsächlich und individuell geleisteter Vorteil nachgewiesen ist. Die Tätigkeit darf folglich nicht dem Interesse der Allgemeinheit in einem Mitgliedstaat dienen, da in einem solchen Fall die Allgemeinheit diese Kosten zu tragen hat. Außerdem muss eine Proportionalität zwischen Gebühr und Vorteil bestehen[17].

---

14 EuGH Rs. 78/86, Steinike und Weinlig, Slg. 1977, 595; Rs. 7/68, Kunstschätze 1, Slg. 1968, 633; s. auch *Lux*, in Lenz/Borchardt, EU-Verträge. Kommentar, Art. 30 Rdn. 11–24.

15 EuGH Rs. 2 und 3/69, Diamandarbeiders, Slg. 1969, 211; Rs. 46/76, Bauhuis, Slg. 1977, 5; C-209/89, KOM/Italien, Slg. 1991, I-1575.

16 EuGH C-272/95, Deutsche Milch-Kontor, Slg. 1997, I-1905 Rdn. 36–38; C-389/00, KOM/Deutschland, Slg. 2003, I-2001 Rdn. 27.

17 EuGH Rs. 63/74, Cadsky, Slg. 1975, 281; C-11/89, Bakker Hillegrom, Slg. 1990, I-1735. Beispiele: Statistikgebühren (EuGH Rs. 24/68, KOM/Italien, Slg. 1969, 193), Löschungsgebühren (EuGH Rs. 34/73, Variola, Slg. 1973, 981), Gebühren für gesundheitspolizeiliche oder tierärztliche Untersuchungen von Waren (EuGH Rs. 314/82, KOM/Belgien, Slg. 1984, 1543), Gebühren für die Durchführung von Qualitätskontrollen (EuGH C-272/95, Deutsche Milch-Kontor, Slg. 1997, I-1905).

862 Gebühren, die aufgrund unionsrechtlicher Regelungen erhoben werden, sind dagegen **keine zollgleichen Abgaben**, weil sie im Interesse der EU durchgeführt werden und den freien Warenverkehr begünstigen sollen[18]. Dies gilt etwa für die Gebühren, die in Anwendung der Richtlinie zur Harmonisierung der veterinärrechtlichen und tierzüchterischen Kontrollen im Handel mit Tieren und tierischen Erzeugnissen innerhalb der EU erhoben werden.

3. Abgrenzung zu den inländischen Abgaben

863 Von den inländischen Abgaben unterscheiden sich die Abgaben zollgleicher Wirkung dadurch, dass inländische Abgaben in der Regel nicht aus Anlass oder im Zusammenhang mit dem Grenzübertritt von Waren erhoben werden, sondern als **Bestandteil einer allgemeinen inländischen Abgabenregelung** systematisch einheimische und eingeführte Erzeugnisse erfassen (vgl. Art. 110 AEUV)[19]. Maßgebliches Unterscheidungsmerkmal ist, dass die zollgleichen Abgaben nur die eingeführten Waren erfassen, während inländische Abgaben sowohl einheimische als auch eingeführte Waren treffen. Die zollgleiche Wirkung der Abgabe besteht nämlich gerade darin, dass sie aus anderen Mitgliedstaaten stammende Waren verteuert[20].

4. Adressaten des Verbots

864 Adressaten des Verbots der Erhebung zollgleicher Abgaben sind die Mitgliedstaaten. Dazu zählen sämtliche Träger von Hoheitsgewalt; somit sind auch Beiträge, die nicht durch den Staat selbst, sondern durch eine autonome Körperschaft erhoben werden, als Abgabe zollgleicher Wirkung zu qualifizieren[21].

5. Unmittelbare Anwendbarkeit

865 Aufgrund der bereits frühzeitig erfolgten Anerkennung der unmittelbaren innerstaatlichen Wirkung von Art. 30 AEUV durch den EuGH[22] und des damit gegebenen Vorrangs des EU-Rechts kann sich jeder Bürger vor den innerstaatlichen Gerichten gegen unrechtmäßig erhobene Abgaben zur Wehr setzen. Unter Verletzung des Art. 30 AEUV erhobene zollgleiche Abgaben sind vom betreffenden Mitgliedstaat zu **erstatten**, es sei denn, der Mitgliedsstaat kann nachweisen, dass die zu Unrecht

18 EuGH C-284 u. 288/00, Stratmann, Slg. 2002, I-4611; C-389/00, KOM/Deutschland, Slg. 2003, I-2001 Rdn. 23.

19 EuGH C-228/98, Dounias, Slg. 2000, I-577 Rdn. 39.

20 EuGH C-442/98, Kapniki Michailidis, Slg. 2000, I-7145; C-228/98, Donnins, Slg. 2000, I-577.

21 EuGH Rs. 94/74, Parafiskalische Einfuhrabgabe auf Papiererzeugnisse, Slg. 1975, 699.

22 EuGH Rs. 1/63, van Gend & Loos, Slg. 1963, 1.

erhobenen Abgaben bereits vollständig auf den Verbraucher abgewälzt worden sind[23].

Weiterführende Literatur: *Blegen*, Zoll im 21. Jahrhundert, AW-Praxis 2011, S. 47; *Böhne/Möller/Schumann*, Zolltarif, 2003; *Fuchs*, Zollschuld – Probleme der Rechtsfolgen und Abgrenzung, ZfZ 2004, S. 38; *ders.*, Der Modernisierte Zollkodex, ZfZ 2009, S. 141; *Lux*, Der Zollrechtsreformvorschlag der Kommission – Änderungen im Einfuhrprozess und für den verantwortlichen Einführer, ZfZ 2024, 160; *ders.*, Das Zollrecht der EG, 3. Aufl. 2009; *ders.*, Textfassung und Leitfaden UZK, 2. Aufl. 2022; *ders.* Brexit – zoll- und handelspolitische Konsequenzen, AW-Prax 2016, 227; *Lux/Rovetta*, Das WTO-Streitbeilegungsverfahren zwischen den USA und der EG über die Verwaltung und Rechtsprechung in der EG-Zollunion, ZfZ 2007, S. 225; *Weiss*, Herausforderungen des Binnenmarktrechts durch das Welthandelsrecht – Der Begriff des Marktzugangs in der Spruchpraxis von EuGH und GATT/WTO Streitbeilegungsorganen, Europarecht Beiheft I, 2002, S. 155; *Witte/Wolfgang*, Lehrbuch des Zollrechts, 10. Aufl. 2021; *Weerth*, 50 Jahre EWG, 40 Jahre EWG-Zollunion/-Zolltarifunion – ein Grund zum Feiern?, ZfZ 2008, 178; *Witte*, Zollkodex, 8. Aufl., 2022.

B. Das Verbot der mengenmäßigen Beschränkungen und Maßnahmen gleicher Wirkung (Art. 34–36 AEUV)

Neben der Errichtung der Zollunion dient der Verwirklichung des freien Warenverkehrs das grundsätzliche Verbot der mengenmäßigen Beschränkungen und Maßnahmen gleicher Wirkung, das in **Art. 34 AEUV für die Einfuhren** und in **Art. 35 AEUV für die Ausfuhren** niedergelegt ist[24]. **866**

I. Anwendungsbereich

Das Verbot gilt nur für „staatliche Maßnahmen" und bezieht sich nur auf den „freien Warenverkehr", betrifft folglich nur „Waren". **867**

1. Staatliche Maßnahmen

Das Verbot der mengenmäßigen Beschränkungen und der Maßnahmen gleicher Wirkung gilt nur für „staatliche Maßnahmen", die einem Träger öffentlicher Gewalt zuzurechnen sind. Für Behinderungen des innereuropäischen Handels durch Unternehmen oder Private gelten dagegen die Wettbewerbsvorschriften der Art. 101 und 102 AEUV. Die Vorschriften über den freien Warenverkehr enthalten keine Drittwir- **868**

---

23 EuGH C-218/95, Comateb, Slg. 1997, I-165 Rdn. 26; C-126/94, Cadi Surgelés Slg. 1996, I-5647; C-363/93 u. C-407/93, Lancry, Slg. 1994, I-3957; Rs. 331/85 u.a., Bianco u. Girard, Slg. 1988, 1099; Rs. 199/82, San Giorgio, Slg. 1983, 3595.

24 Dieses Verbot gilt grundsätzlich auch für landwirtschaftliche Erzeugnisse. Einschränkungen oder Abweichungen sind nur insoweit zulässig, als sie aus spezifisch landwirtschaftlichen Gründen erforderlich sind und die grundsätzliche Bedeutung der Warenverkehrsfreiheit für den Binnenmarkt gebührend berücksichtigen (vgl. Art. 38 Abs. 2; EuGH Rs. 48.74, Charmasson, Slg. 1974, 1383).

kung in den Rechtsbeziehungen zwischen Privatpersonen[25]. Überschneidungen sind allerdings denkbar bei öffentlichen Unternehmen oder Unternehmen, denen der Staat besondere oder ausschließliche Rechte übertragen hat. In diesen Fällen können Art. 34 und 35 AEUV einerseits und Art. 106 AEUV andererseits nebeneinander zur Anwendung kommen[26].

869 Der Katalog staatlicher Maßnahmen ist deshalb denkbar weit gefasst; darunter fallen etwa neben den klassischen Instrumenten staatlichen Handelns wie Gesetzen, Verordnungen, Satzungen, Verwaltungsvorschriften und Verwaltungspraktiken auch verbindliche Weisungen, Aufforderungen eines Ministeriums, staatlich organisierte Werbekampagnen, Sanktionen oder Ausschreibungen.

870 Die Vorschriften über den freien Warenverkehr verbieten aber nicht nur eigene Handlungen und Verhaltensweisen des Mitgliedstaates, die zu Handelshemmnissen führen können, sondern verpflichten die Mitgliedstaaten i.V.m. Art. 4 Abs. 3 EUV auch dazu, alle erforderlichen und geeigneten Maßnahmen zu ergreifen, um in ihrem Gebiet die Beachtung der Warenverkehrsfreiheit sicherzustellen[27].

2. Waren

871 Als „Waren" gelten grundsätzlich körperliche Gegenstände, die über die Grenze verbracht werden, *„einen Geldwert haben und deshalb Gegenstand von Handelsgeschäften sein können"*[28]. Unter diese Begriffsbestimmung fallen auch Gas, Elektrizität und Abfälle[29]. Gleichwohl ist nicht alles, was Geldwert hat und deshalb Gegenstand von Handelsgeschäften sein kann, notwendigerweise von den Bestimmungen des freien Warenverkehrs erfasst; vielmehr muss im Einzelfall eine Abgrenzung vor allem gegenüber der Dienstleistungsfreiheit und dem Kapitalverkehr vorgenommen werden[30].

872 Gegenüber der **Dienstleistung** ist die Ware danach abzugrenzen, ob die *Dienstleistung in einer Ware verkörpert* ist, wie z.B. in Filmen, Schallplatten, Computerprogrammen, Übersetzungen, Bauplänen – dann gelten die Regelungen über den freien Warenver-

---

25 EuGH C-112/00, Schmidberger, Slg. 2003, I-5659 Rdn. 57 – Brenner-Blockade durch Demonstranten.

26 EuGH C-46/90 und C-93/91, Lagauche, Slg. 1993, I-5267 (zu der einer nationalen Telefongesellschaft verliehenen Befugnis, über die Zulassung von Telefonen zu entscheiden); C-179/90, Merci convenzionali porto di Genova/Siderurgica Gabrielli, Slg. 1991, I-5889 (ein Monopol für den Warenumschlag im Hafen); C-209/98, FFAD/Københavns Kommune, Slg. 2000, I-3743 (Befugnis einzelner Unternehmen zur Abfallbeseitigung).

27 EuGH C-325/00, KOM/Deutschland, Slg. 2002, I-9977 Rdn. 14 [Vergabe des Gütezeichens „Markenqualität aus deutschen Landen" an die Centrale Marketing Gesellschaft der deutschen Agrarwirtschaft „CMA", die aufgrund eines Gesetzes gegründet wurde].

28 EuGH Rs. 7/68, KOM/Italien, Slg. 1968, 633.

29 EuGH C-158/94, KOM/Italien, Slg. 1997, I-5789 [Gas und Elektrizität]; C-2/90, KOM/Belgien, Slg. 1992, I-4431 Rdn. 26 [Abfall].

30 EuGH C-97/98, Peter Jägerskiöld/Torolf Gustafsson, Slg. 1999, I-7319 Rdn. 33.

kehr –[31], oder ob der *körperliche Gegenstand lediglich dazu dient, eine Dienstleistung zu verwirklichen* – dann finden die Vorschriften des Dienstleistungsverkehrs Anwendung. So stellen etwa Tätigkeiten im Lotteriewesen „Dienstleistungen" und keine Tätigkeiten dar, die „Waren" betreffen, selbst wenn sie mit der Verteilung von Werbematerial und Lotterielosen verbunden sind; im Rahmen solcher Tätigkeiten geht es um die Leistungen, die der Veranstalter der Lotterie erbringt, indem er die Käufer von Losen gegen Zahlung des Preises für die Lose an der Lotterie teilnehmen lässt[32]. Auch in Bezug auf die Ausstrahlung von Fernsehsendungen[33] und die Übertragung bestimmter Rechte (z.B. Urheberrechte, Patentrechte, Markenzeichen)[34] gelten grundsätzlich die Regeln über den Dienstleistungsverkehr. Schließlich wird die Zulässigkeit einer Maßnahme nur anhand der Vorschriften über den Dienstleistungsverkehr geprüft, wenn die Warenlieferung nur geringfügig im Vergleich zur Dienstleistung ist[35].

Dem **Kapitalverkehr** als insoweit speziellere Regelung zuzuordnen sind die in **873** der Nomenklatur für den Kapitalverkehr aufgeführten Geschäfte[36]. Dazu gehören neben den gültigen Geldmünzen und Banknoten[37] etwa auch Geschäfte mit Aktien, Schuldverschreibungen und anderen Wertpapieren, die zwar Geldwert haben und Gegenstand von Handelsgeschäften sein können, gleichwohl den spezielleren Regeln des Kapitalverkehrs und nicht der Warenverkehrsfreiheit unterliegen[38].

II. Mengenmäßige Einfuhr- und Ausfuhrbeschränkungen

Das Verbot der mengenmäßigen Einfuhr- und Ausfuhrbeschränkung erfasst alle **874** staatlichen Maßnahmen, die mittels einer Rechtsvorschrift zum Schutz der einheimischen Produktion die Konkurrenz ausländischer Erzeugnisse vom nationalen Markt fernhalten, indem sie die Ein- oder Ausfuhr einer Ware völlig oder für einen bestimmten Zeitraum verbieten (sog. **Verbringungsverbot**) oder aber der Menge oder dem Wert nach begrenzen (sog. **Kontingente**).

---

31 EuGH C-260/89, ERT, Slg. 1991, I-2925 [Handel mit Tonträgern]; C-21/88, Du Pont de Nemours, Slg. 1990, I-889 [Baumaterialien, Bauaufträge, Lieferaufträge]; C-124/97, Läärä, Slg. 1999, I-6067 [Geldspielautomaten].

32 EuGH C-275/92, Schindler, Slg. 1994, I-1039.

33 EuGH Rs. 52/79, Debauve, Slg. 1980, 833.

34 EuGH verb. Rs. C-92/92 u. 326/92, Phil Collins, Slg. 1993, I-5145 Rdn. 22.

35 EuGH C–36/02, Omega Spielhallen- und Automatenaufstellungs-GmbH/Bonn, Slg. 2004, I-9609, Rdn. 26, 27.

36 Der EuGH greift auf die Nomenklatur im Anhang zur RL 88/361/EWG (ABl. 1988 Nr. L 178/5) zurück; vgl. EuGH C-222/97, Trummer und Mayer, Slg. 1999, I-1661 Rdn. 21.

37 EuGH C-163/94, C-165/94 u. C-250/94, Sanz de Lera, Slg. 1995, I-4821; Behinderung des Transfers von Geldmünzen oder Banknoten, die zur Erfüllung einer Zahlungsverpflichtung auf dem Gebiet des Warenverkehrs bestimmt sind, unterliegen hingegen Art. 34, vgl. EuGH verb. Rs. 286/82 u. 26/83, Luisi u. Carbone, Slg. 1984, 377.

38 EuGH C-97/98, Peter Jägerskijöld/Torolf Gustafsson, Slg. 1999, I-7319 Rdn. 34. vgl. auch unter 5.

875 Mengenmäßige Beschränkungen haben zum Ziel, die Verbringung von Waren aus anderen oder in andere Mitgliedstaaten spezifisch zu beschränken; sie führen damit zu einer ungleichen Behandlung des Handels innerhalb des betreffenden Mitgliedstaates einerseits und des Warenverkehrs mit anderen Mitgliedstaaten andererseits mit der Folge, dass die Hersteller oder Verbraucher im betreffenden Mitgliedstaat einen besonderen Vorteil erlangen[39]. Dies geschieht im Rahmen von Rechtsvorschriften, in denen die Verbringung von Waren aus anderen oder in andere Mitgliedstaaten besonderen Voraussetzungen unterworfen wird, die nicht für einheimische Waren gelten und die deren Verbringung völlig oder teilweise unmöglich machen.

876 Diesem Verbot ist von den Mitgliedstaaten im Wesentlichen entsprochen worden. Lediglich bei der **Ausfuhr von Waren** kommen **vereinzelt noch Beschränkungen** vor. Dabei geht es nicht um eine Vorteilsbeschaffung für die einheimische Produktion, sondern um eine Bevorzugung des Absatzes der Ware im nationalen Markt gegenüber der Ausfuhr. Beispiele solcher Ausfuhrbeschränkungen sind etwa das Verlangen besonderer Ausfuhrlizenzen oder ähnlicher Formalitäten[40] sowie die Beschränkung der Ausfuhr von nicht in Flaschen abgefülltem Rioja-Wein[41]. Bei der **Einfuhr von Waren** aus anderen Mitgliedstaaten sind die Handelsschranken in Form von Verbringungsverboten oder Kontingenten hingegen **vollständig abgebaut** worden.

III. Maßnahmen gleicher Wirkung wie mengenmäßige Beschränkungen

877 Erhebliche Probleme bereiten dem freien Warenverkehr nach wie vor diejenigen Eingriffe der Mitgliedstaaten, die sich indirekt auf den Handel innerhalb der EU auswirken, indem sie Ein- oder Ausfuhren unmöglich machen, erschweren oder verteuern, ohne sie ausdrücklich zu verbieten oder zu kontingentieren.

Es sind dies die sog. **Maßnahmen gleicher Wirkung wie mengenmäßige Beschränkungen**. Eine Maßnahme gleicher Wirkung liegt in Abgrenzung zu den mengenmäßigen Beschränkungen immer dann vor, wenn eine der folgenden Voraussetzungen **erfüllt** ist:

- Die Ware hat lediglich bestimmte **Handelshemmnisse** zu überwinden, ohne dass dabei ihr Zustand verändert werden muss (z.B. Etikett mit besonderen Angaben, Gesundheitszeugnis),
- die betreffenden Rechtsvorschriften gelten **unterschiedslos** für einheimische und für aus anderen oder in andere Mitgliedstaaten verbrachte Waren,

---

39 Vgl. EuGH C-302/88, Hennen Olie, Slg. 1990, I-4625.

40 EuGH Rs. 51-54/71, Fruit Company, Slg. 1971, 1107.

41 EuGH C-47/90, Delhaize, Slg. 1992, I-3669; vgl. aber die spätere Rspr., in der diese Regelung als nach Art. 36 AEUV gerechtfertigt angesehen wird, EuGH C-388/95, Belgien/Spanien, Slg. 2000, I-3123.

- die Beschränkung wird **nicht durch Rechtsvorschriften**, sondern auf andere Weise bewirkt (z.B. eine Werbekampagne für einheimische Erzeugnisse oder die Nichtgewährung der für den Kauf erforderlichen Devisen),

Unerheblich für die Einordnung einer Maßnahme unter die Maßnahmen gleicher Wirkung wie mengenmäßige Beschränkungen ist, ob mit der fraglichen Maßnahme protektionistische Ziele, insbesondere die Gewährung eines besonderen Vorteils an die einheimischen Hersteller oder Verbraucher, oder aber legitime Ziele wie z.B. der Umwelt-, Gesundheits- oder Verbraucherschutz verfolgt werden; maßgebend ist allein die tatsächliche oder potentielle Auswirkung auf den Handel innerhalb der EU.

Auch heute noch ist die Versuchung der Mitgliedstaaten groß, durch protektionis- **878** tische Maßnahmen Handelsschranken innerhalb der EU zu errichten und damit Waren aus anderen Mitgliedstaaten vom nationalen Markt fernzuhalten. Sie bestehen in einer unüberschaubaren Zahl unterschiedlicher Vorschriften, die aus Gesundheits-, Sicherheits-, Verbraucherschutz- oder Wettbewerbsgründen detailliert festlegen, wie die jeweiligen Waren beschaffen und gekennzeichnet sein müssen, damit sie in dem betreffenden Mitgliedstaat vertrieben werden dürfen. Die dazu aufgestellten Anforderungen reichen von Vorschriften über die Zusammensetzung der Produkte und Regelungen der Verpackungsformen bis zu den technischen Sicherheitsstandards und den technischen Industrienormen. Das Besondere an diesen Vorschriften ist, dass sie häufig gleichermaßen für einheimische wie für ausländische Produkte gelten, angesichts ihrer Verschiedenartigkeit von Land zu Land aber bewirken, dass die Absatzmöglichkeiten ausländischer Produkte entscheidend behindert werden und im Ergebnis nur die einheimischen Produkte auf den nationalen Märkten vertrieben werden können.

Diese Eingriffe in den freien Warenverkehr sind als „Maßnahmen gleicher Wirkung" **879** ebenso verboten wie die Verbringungsverbote oder die Kontingentierungen. Dieses Verbot ist in den Mitgliedstaaten **unmittelbar anwendbar**[42]. Marktteilnehmer können sich auf dieses Verbot vor den nationalen Behörden und Gerichten[43] berufen; Maßnahmen, die gegen dieses Verbot verstoßen, können den Marktteilnehmern von den nationalen Behörden nicht entgegengehalten werden; die Nichtbeachtung dieser Maßnahmen kann nicht verfolgt werden.

1. Begriff der „Maßnahme gleicher Wirkung" i.S.v. Art. 34 AEUV

Eine erste Klärung des Begriffs „Maßnahme gleicher Wirkung", der in den EU- **880** Verträgen nicht definiert ist, brachte das Urteil des EuGH in der Rechtssache **„Dassonville"**[44] aus dem Jahre 1974.

---

42 EuGH C-358/95, Moratello, Slg. 1997, I-1431; C-46/93 u. C-48/93, Brasserie du Pêcheur u. Factortame, Slg. 1996, I-1029/1143; C-47/90, Delhaize, Slg. 1992, I-3669.

43 Zur Nichtbeachtung der nationalen Maßnahme durch den nationalen Richter vgl. EuGH C-358/95, Morellato, Slg. 1997, I-1431 Rdn. 18.

44 EuGH Rs. 8/74, Slg. 1974, 847.

a) Dassonville-Formel

881 Der EuGH hatte in diesem Fall zu entscheiden, ob die Einfuhr einer Ware, die mit einer Ursprungsbezeichnung versehen war („Scotch Whisky“), zu Recht von der Vorlage einer amtlichen Urkunde abhängig gemacht werden durfte, in der die Berechtigung zur Verwendung dieser Bezeichnung bescheinigt wird. Im konkreten Fall hatte der Großhändler Dassonville in Frankreich aus dem Vereinigten Königreich stammenden „Scotch Whisky“ gekauft und unter Vorlage der den französischen Bestimmungen entsprechenden Begleitdokumente nach Belgien eingeführt. Dort wurde Herr Dassonville gleichwohl strafrechtlich verfolgt, weil er nicht in der Lage war, die für die Einfuhr von „Scotch Whisky“ nach belgischen Rechtsvorschriften erforderliche britische Ursprungsbescheinigung vorzulegen.

Der EuGH führte in seinem Urteil zum Begriff der *„Maßnahme gleicher Wirkung“* aus, *dass „jede Handelsregelung der Mitgliedstaaten, die geeignet ist, den innergemeinschaftlichen Handel unmittelbar oder mittelbar, tatsächlich oder potentiell zu behindern, als Maßnahme mit gleicher Wirkung wie eine mengenmäßige Beschränkung anzusehen ist.“*[45]

Diese Voraussetzungen erfüllten im Ausgangsfall die belgischen Rechtsvorschriften, da sie den Handel innerhalb der EU unmittelbar dadurch behindern, dass sie Importe von Scotch Whiskey aus anderen Mitgliedstaaten als dem Vereinigten Königreich, wie im Fall von Herrn Dassonville, gegenüber Direkteinfuhren aus dem Vereinigten Königreich erheblich erschweren.

882 Diese sog. **„Dassonville-Formel“** des EuGH trifft für die Charakterisierung einer innerstaatlichen Maßnahme als Maßnahme gleicher Wirkung **zwei wesentliche Aussagen:**

(1) Eine tatsächliche Behinderung des innereuropäischen Handels muss nicht eingetreten sein; vielmehr genügt die **Eignung der fraglichen Maßnahme zur Handelsbehinderung**. Es wird deshalb auch kein Nachweis darüber verlangt, ob durch die Maßnahme tatsächlich ein Rückgang der Einfuhren zu verzeichnen ist.

(2) Das Vorliegen einer **Behinderung des innereuropäischen Handels** ist unabhängig von einer eventuellen handelsbeschränkenden Zielrichtung der fraglichen Maßnahme oder der Spürbarkeit der handelshemmenden Wirkung zu beurteilen. Eine Handelsbehinderung liegt nicht nur in der Erschwerung der Einfuhren, sondern auch in der „Kanalisierung“ der Einfuhren oder einer allgemeinen Veränderung der Handelsströme.

In der Folgezeit hat der EuGH diese Formel um eine **dritte Aussage** erweitert:

(3) Dem Anwendungsbereich des Art. 34 AEUV werden nur Regelungen unterstellt, die in **adäquater Verursachung** Handelsbeschränkungen zur Folge haben; sind dagegen derartige Wirkungen unwahrscheinlich, eher hypothetisch oder handelt es sich um auf das notwendige Maß begrenzte Nebenwirkungen einer zulässigen Maß-

---

45 EuGH Rs. 8/74, Slg. 1974, 847.

nahme, ist der Tatbestand des Art. 34 AEUV nicht erfüllt[46]. In dieser Aussage ist nicht etwa die Einführung einer „de-minimis"-Regel zu sehen, da diese im Widerspruch zum Anspruch der Warenverkehrsfreiheit, Beschränkungen des Handels innerhalb der EU umfassend zu verbieten, stehen würde. Der EuGH hat auch stets betont, dass der Grad der Intensität der Handelsbeeinträchtigung unerheblich ist und insbesondere keine „spürbare" Beeinträchtigung erforderlich ist[47].

b) Cassis-de-Dijon-Formel

Bereits im Jahre 1979, also nur fünf Jahre nach der Dassonville-Entscheidung, erhielt der EuGH Gelegenheit, in der Rechtssache **„Cassis de Dijon"**[48] seine Dassonville-Formel zu präzisieren. **883**

Der EuGH hatte zu entscheiden, ob eine **unterschiedslos für einheimische und eingeführte Erzeugnisse geltende Regelung**, die einen Mindestalkoholgehalt für bestimmte Liköre festsetzt, mit Art. 34 AEUV vereinbar ist. Im konkreten Fall beabsichtigte die REWE-Zentral-AG, den in Frankreich hergestellten und dort frei erhältlichen Johannisbeerlikör „Cassis de Dijon" mit einem Weingeistgehalt von 15 bis 20 Vol.-% nach Deutschland einzuführen, und beantragte deshalb bei der Bundesmonopolverwaltung für Branntweine eine entsprechende Einfuhrgenehmigung. Die Behörde erklärte, dass die Einfuhr genehmigungsfrei sei, der Likör aber in Deutschland nicht verkauft werden dürfe, da nach den deutschen Bestimmungen Trinkbranntweine nur mit einem Mindestweingeistgehalt von 32 Vol. % in den Verkehr gebracht werden dürften.

Diese Regelung erfüllt ohne Weiteres die Kriterien der Dassonville-Formel, da sie dazu führt, dass traditionelle Erzeugnisse anderer Mitgliedstaaten mit niedrigerem Alkoholgehalt, darunter der französische „Cassis de Dijon", in Deutschland nicht vertrieben werden können.

Bei dieser Prüfung ist der EuGH jedoch nicht stehengeblieben. Er hat vielmehr anerkannt, dass *„bei Fehlen einer [Unions-]regelung und der dadurch eröffneten Regelungszuständigkeit der Mitgliedstaaten die aus der Verschiedenheit der nationalen Handelsregelungen sich ergebenden Hemmnisse für den freien Warenverkehr in der [Union] hingenommen wer-*

---

46 EuGH C-67/97, Bluhme, Slg. 1998, I-8033 Rdn. 22 [Verbot, lebende Bienen und Zuchtmaterial auf eine dänische Insel zu verbringen]; C-254/98, Schutzverband gegen unlauteren Wettbewerb, Slg. 2000, I-151 Rdn. 30 [Verbot, Waren in einem bestimmten Gebiet durch Herumziehen feilzubieten]; vgl. auch C-379/92, Peralta, Slg. 1994, I-3453 [Verbot der Einleitung schädlicher Stoffe ins Meer]; Rs. 69/88, Kranz, Slg. 1990, I-594 [Pfändung auch solcher Waren, die unter Eigentumsvorbehalt aus einem anderen Mitgliedsland geliefert wurden]; Rs. 23/89, Quietlynn, Slg. 1990, I-3077 [Beschränkung des Verkaufs von Sexartikeln].

47 EuGH C-126/91, Yves Rocher, Slg. 1993, I-2361/2390; verb. Rs. 177 u. 178/82, Van der Haar, Slg. 1984, 1797/1812; Rs. 16/83, Prantl, Slg. 1984, 1299/1326.

48 EuGH Rs. 120/78, Slg. 1979, 649.

den müssen, soweit diese Regelungen auf Erzeugnisse jeder Herkunft Anwendung finden und zum Schutz zwingender Erfordernisse notwendig sind."

884 Die durch dieses Urteil modifizierte Dassonville-Formel führt zu dem **Grundsatz**, dass alle in einem Mitgliedstaat rechtmäßig hergestellten und in den Verkehr gebrachten Erzeugnisse – **vorbehaltlich der zwingenden Erfordernisse und der Rechtfertigungsgründe des Art. 36 AEUV** – Warenfreizügigkeit genießen[49]. Es vollzieht sich damit eine Abkehr vom bisher geltenden **Bestimmungslandprinzip**, wonach ausschließlich die Regelungen desjenigen Staates zur Anwendung kommen, in dem die Ware verbraucht wird, zugunsten einer Hinwendung zum **Ursprungslandprinzip**, das die Anwendung der Regelungen des Herstellungsstaates der Ware favorisiert und damit dem **Prinzip der gegenseitigen Anerkennung** der nationalen Regelungen im Rahmen des Warenverkehrs innerhalb der EU zum Durchbruch verhilft.

c) Keck-Formel

885 In der Rechtssache **„Keck und Mithouard"**[50] ging es um die Frage, ob die französische Regelung, wonach der Weiterverkauf von Erzeugnissen (im konkreten Fall durch zwei elsässische Supermarktfilialen) unter dem Einkaufspreis verboten ist, mit den Grundsätzen des Art. 34 AEUV vereinbar ist. Die gleiche Frage stellte sich in der Rechtssache **„Hünermund"**[51] im Hinblick auf eine deutsche Regelung, die das Betreiben von Werbung für pharmazeutische Produkte außerhalb von Apotheken (im konkreten Fall die des Herrn *Hünermund*) verbietet.

In seinen Urteilen stellt der EuGH, ausgehend von der Dassonville-Formel, zunächst fest, dass die fraglichen Verbote grundsätzlich geeignet sind, das Volumen des Absatzes von Erzeugnissen aus anderen Mitgliedstaaten zu beschränken, da sie den Wirtschaftsteilnehmern eine Methode der Absatzförderung nehmen. Anders als in früheren Entscheidungen genügt diese Feststellung dem EuGH jedoch nicht, um die fraglichen Verbote als Maßnahmen gleicher Wirkung zu qualifizieren. Vielmehr führte der EuGH eine neuartige **Unterscheidung zwischen verkaufsbezogenen und produktbezogenen Beschränkungen** ein[52]:

---

49 Dies gilt auch für Waren aus Drittstaaten, die in der EU zum freien Verkehr zugelassen worden sind; sie werden den aus den Mitgliedstaaten stammenden Waren vollständig gleichgestellt, vgl. EuGH C-525/14, KOM/Tschechische Republik, ECLI:EU:C:2016:714.

50 EuGH C-267/91 und C-268/91, Slg. 1993, I-6097.

51 EuGH C-292/91, Slg. 1993, I-6787; bestätigt durch EuGH C-143/06, Ludwigs-Apotheke/ Juers Pharma Import-Export, Slg. 2007, I-9623.

52 Vgl. aus der teilweise sehr kritischen Literatur: *Ress*, Abschied von Cassis de Dijon und Dassonville?, EuZW 1993, S. 745; *Petschke*, Die Warenverkehrsfreiheit in der neuesten Rechtsprechung des EuGH, EuZW 1994, S. 107; *Remien*, Grenzen der gerichtlichen Privatrechtsangleichung mittels der Grundfreiheiten des EG-Vertrages, JZ 1994, S. 349; *Ackermann*, Warenverkehrsfreiheit und „Verkaufsmodalitäten", RIW 1994, S. 189; *Freund*, Keck und die Folgen, JA 1997, S. 716; *Koenig/Sander*, Bleibt der EuGH dem Keck'schen Telos treu?, EWS 1996, S. 8; *Lüder/Mars*, Zwischen Keck und Cassis, EuZW 1995, S. 606.

aa) Verkaufsbezogene Beschränkungen

Für die verkaufsbezogenen Beschränkungen verlangt der EuGH **zusätzlich,** dass *„die nationalen Regelungen über Verkaufsmodalitäten geeignet sein müssen, den Marktzugang für Erzeugnisse aus einem anderen Mitgliedstaat zu versperren oder stärker zu behindern, als sie dies für inländische Erzeugnisse tun.“*[53] **886**

Das bedeutet, dass staatliche Maßnahmen und Regelungen, die eine Vertriebsbeschränkung bewirken, dann als Maßnahme gleicher Wirkung wie eine mengenmäßige Beschränkung angesehen werden können, wenn sie in dem Sinne **diskriminierend** wirken, dass der Marktzugang für eingeführte Produkte versperrt oder stärker behindert wird als für einheimische Produkte. Dabei wird jede rechtliche wie tatsächliche Ungleichbehandlung erfasst, so dass etwa auch eine Regelung, die ihrem Wortlaut nach allgemein gilt, jedoch in tatsächlicher Hinsicht von den Marktteilnehmern aus anderen Mitgliedstaaten nur mit erheblich größerem Aufwand erfüllt werden kann, nach wie vor unter den Tatbestand des Art. 34 AEUV fällt[54]. Die Beweislast für das Vorliegen einer rechtlichen oder tatsächlichen Ungleichbehandlung trägt derjenige, der sich auf einen Verstoß gegen die Warenverkehrsfreiheit beruft[55].

Als **diskriminierende, verkaufsbezogene Beschränkungen** hat der EuGH etwa **887**
eingestuft:

- *Verbot der Fernsehwerbung* als einziger Form der wirksamen Absatzförderung[56],
- Vorschriften, die den Warenabsatz aus anderen Mitgliedstaaten von der *Gründung einer Niederlassung*[57] oder den *Erwerb einer Einfuhrlizenz* abhängig machen[58],
- Vorschriften über die *öffentliche Versteigerung*[59], das *Verbot von Fernsehwerbung* für bestimmte Erzeugnisse und Wirtschaftszweige[60],
- ein *allgemeines Werbeverbot*[61],
- das *Verbot* der häufigen *Unterbrechung von Spielfilmen durch Werbung*[62],

---

53 EuGH C-20/03, Burmanjer, Slg. 2005, I-4133.

54 EuGH C-239/90, British Motors Wright, Slg. 1991, I-2023 [Erfordernis der Eintragung in das Handelsregister am Versicherungsort]: C-254/98, Schutzverband gegen unlauteren Wettbewerb, Slg. 2000, I-151 Rdn. 30 [Verbot, Waren in einem bestimmten Verwaltungsgebiet durch Herumziehen feilzubieten]; C-322/01, Doc Morris, Slg. 2003, I-14887 [Verbot des Versandhandels]; C-148/15, Deutsche Parkinson Vereinigung, ECLI:EU:C:2016:770 [Festsetzung einheitlicher Apothekenabgabepreise für verschreibungspflichtige Humanmedizinmittel].

55 EuGH C-34-36/95, de Agostini u. TV-Shop, Slg. 1997, I-3848 Rdn. 44.

56 EuGH C-34/95 – C-36/95, de Agostini, Slg. 1997, I-3843 Rdn. 42.

57 EuGH C-254/98, TK Heimdienst, Slg. 2000, I-151 Rdn. 24.

58 EuGH C-189/95, Franzen, Slg. 1997, I-5909 Rdn. 71.

59 EuGH C-239/90, Boscher/British Motors Wright, Slg. 1990, I-2023.

60 EuGH C-412/93, Leclerc-Siplec, Slg. 1995, I-179; C-34-36/95, de Agostini u. TV-Shop, Slg. 1997, I-3843.

61 EuGH C-405/98, Gourmet International Products, Slg. 2001, I-1795.

62 EuGH C-6/98, ARD, Slg. 1999, I-7599.

- das Verbot, *apothekenpflichtige Waren* über das Internet zu vertreiben[63],
- *nationale Absatzförderung*, etwa durch die „Buy Irish campaign"[64],
- *Mindestpreise*, die allein aufgrund der Übernahmepreise inländischer Hersteller bestimmt werden und von den Selbstkosten anderer europäischer Hersteller abweichen[65],
- Verpflichtung zur *Beachtung gesetzlich festgelegter Mindestpreise* für Bücher[66] oder
- die deutsche *PKW-Ausländermaut*[67].

Die Diskriminierung liegt bei derartigen Maßnahmen darin, dass die eingeführten Waren mit zusätzlichen Kosten belastet werden, die bei einheimischen Waren nicht anfallen.

888 Regelungen und Maßnahmen hingegen, die (in rechtlicher und tatsächlicher Hinsicht) **unterschiedslos** auf eingeführte wie auf einheimische Produkte anwendbar sind und den Absatz inländischer Erzeugnisse in gleicher Weise berühren wie den Verkauf von ausländischen Waren, sind grundsätzlich nicht geeignet, den Marktzugang für Waren aus anderen Mitgliedstaaten zu versperren oder stärker zu behindern als in Bezug auf inländische Erzeugnisse; sie werden vom Tatbestand der Maßnahmen gleicher Wirkung wie eine mengenmäßige Beschränkung **nicht** erfasst.

bb) Produktbezogene Beschränkungen

889 Für produktbezogene Beschränkungen gelten die in den Urteilen „Keck und Mithouard" sowie „Hünermund" getroffenen Feststellungen **nicht**. Diese Beschränkungen unterliegen folglich in vollem Umfang der **„Dassonville"- und der „Cassis de Dijon"-Formel**. Dies hat der EuGH in der Rechtssache *„Clinique"* deutlich herausgestellt, wo er den Bezug zum freien Warenverkehr in einem Fall bejaht hat, in dem der Hersteller einer Ware aufgrund nationalen Rechts daran gehindert war, sein Produkt in Deutschland unter demselben Namen und derselben Aufmachung wie in allen anderen Mitgliedstaaten zu vertreiben. Folgerichtig hat der EuGH in dieser Regelung einen Verstoß gegen Art. 34 AEUV erblickt[68]. Einen solchen Verstoß nimmt der EuGH selbst dann an, wenn die Behinderung geringfügig ist und noch andere Möglichkeiten des Vertriebs solcher Waren aus anderen Mitgliedstaaten bestehen[69], vorausgesetzt, die behauptete Behinderungswirkung ist nicht völlig hypothetisch[70].

63 EuGH C-322/01, Doc Morris, Slg. 2003, I-14887 Rdn. 68.

64 EuGH Rs. 249/81, KOM/Irland, Slg. 1982, 4005.

65 EuGH, Rs. 231/83, Cullet, Slg. 1985, 315.

66 EuGH C-531/07, Fachverband der Buch- und Medienwirtschaft/LIBRO, Slg. 2009, I-3713.

67 EuGH C-591/17, Österreich/Deutschland, ECLI:EU:C:2019:99

68 EuGH C-315/92, Slg. 1994, I-317 m. Anm. *Perau*, Die „Clinique"-Entscheidung des EuGH, ZIP 1994, S. 513; vgl. auch EuGH C-110/05, KOM/Italien, Slg. 2009, I-519 mit Anm. *Albin/Valentin*, EuZW 2009, S. 178.

69 EuGH, Rs. 177 u. 178/82, van de Haar, Slg. 1984, 1797.

70 EuGH C-69/88, Krantz, Slg. 1990, I-583; C-126/91, Yves Rocher, Slg. 1993, I-2361.

Als **spezifische, produktbezogene Beschränkungen** hat der EuGH etwa gewertet: **890**

- das Erfordernis einer *Ausfuhrlizenz* oder eines *Prüfungszeugnisses*, welches verweigert werden kann, wenn das Erzeugnis nicht bestimmten Normen entspricht[71],
- das Erfordernis einer *Einfuhrlizenz*, selbst wenn diese automatisch erteilt wird oder Waren aus Drittländern betrifft, die sich in einem anderen Mitgliedstaat im freien Verkehr befinden[72],
- das Erfordernis einer *Echtheitsbescheinigung* für die Verbringung von schottischem Whisky aus einem anderen Mitgliedstaat[73],
- *Vorbehalt von Gattungsbezeichnungen* für nationale Erzeugnisse, wie z.B. „Sekt-Prädikatssekt-Weinbrand“[74], „Genever“[75], „Bocksbeutel“[76] oder einer *Vorzugsbezeichnung* bei Verwendung nationaler Ausgangsstoffe[77],
- *systematische doppelte Kontrollen* sowohl im Versendungs- als auch im Empfangs-Mitgliedstaat, z.B. zur Prüfung der Genusstauglichkeit von Fleisch[78], oder eine Pflicht zur *Voranmeldung* der Verbringung bestimmter Erzeugnisse aus anderen Mitgliedstaaten[79],
- eine *Preisregelung* für pharmazeutische Erzeugnisse, die für aus anderen Mitgliedstaaten gelieferte Waren eine Sonderregelung trifft, die deren Absatz benachteiligt[80],
- ein *Verbot der Zulassung von Autobussen*, die mehr als sieben Jahre alt sind, während für im nationalen Hoheitsgebiet bereits zugelassene Busse keine entsprechende Beschränkung besteht[81],
- eine nationale Regelung, die einen ausschließlichen *Patentschutz* nur dann gewährt, wenn die Waren im betreffenden Mitgliedstaat hergestellt werden, und Zwangslizenzen vorsieht, wenn die Waren aus anderen Mitgliedstaaten geliefert werden[82],
- die Vorschrift einer staatlichen *Krankenkassenregelung*, die eine *Erstattung* von in anderen Mitgliedstaaten erworbenen medizinischen Erzeugnissen (z.B. Brillen) von einer vorherigen Genehmigung abhängig macht[83],

---

71 EuGH, R. 53/76, Bouhelier, Slg. 1977, 197.
72 EuGH, Rs. 41/76, Donckerwolcke, Slg. 1976, 1921.
73 EuGH, Rs. 8/74, Dassonville, Slg. 1974, 837.
74 EuGH Rs. 12/74, KOM/Deutschland, Slg. 1975, 181.
75 EuGH Rs. 182/84, Miro, Slg. 1985, 3731.
76 EuGH Rs. 16/83, Prantl, Slg. 1984, 1299.
77 EuGH Rs. 13/78, Eggers, Slg. 1975, 1953.
78 EuGH, Rs. 251/78, Denkavit, Slg. 1979, 3369.
79 EuGH C-111/03, KOM/Schweden, Slg. 2005, I-8789.
80 EuGH, Rs. 181/82, Roussel Laboratoria, Slg. 1983, 3849.
81 EuGH, Rs. 50/83, KOM/Italien, Slg. 1984, 1633.
82 EuGH C-235/89, KOM/Italien, Slg. 1992, I-777.
83 EuGH C-120/95, Decker, Slg. 1998, I-1831.

- eine nationale Regelung, nach der die Verwendung einer *Ursprungsbezeichnung* für Wein nur dann zulässig ist, wenn dieser dort abgefüllt worden ist[84],
- die Befreiung von einer *Bevorratungspflicht*, wenn die Vertriebsgesellschaft Erdölerzeugnisse bei im betreffenden Mitgliedstaat niedergelassenen Raffinerien kauft[85],
- eine nationale Regelung, die eine *Sicherheitsüberprüfung von Maschinen* aus anderen Mitgliedstaaten selbst dann verlangt, wenn diese Maschinen mit einer CE-Kennzeichnung versehen sind und für sie eine EU-Konformitätsbescheinigung ausgestellt wurde[86],
- die Verpflichtung zur Einhaltung einer *nationalen Norm* oder zu einer *nationalen Zertifizierung*, obwohl die Waren in dem Mitgliedstaat, aus dem sie verbracht werden, zugelassen sind[87],
- die *Verpflichtung zur Kennzeichnung bestimmter Waren* nach der Einfuhr, wie z.B. die Angabe „foreign" auf Souveniren[88] oder die Angabe des Ursprungslands[89].

cc) Abgrenzung von verkaufsbezogenen und produktbezogenen Beschränkungen

891 Aufgrund der unterschiedlichen rechtlichen Behandlung kommt der Abgrenzung von verkaufsbezogenen und produktbezogenen Beschränkungen besondere Bedeutung zu.

Ganz allgemein lässt sich eine Abgrenzung dahingehend vornehmen, dass **verkaufsbezogene Beschränkungen** grundsätzlich *stationär an den Absatzort anknüpfen und Einfluss auf die Vermarktung nehmen*, während **produktbezogene Beschränkungen** in erster Linie *bei den Merkmalen und Eigenschaften des konkreten Erzeugnisses ansetzen*, also insbesondere bei der Aufmachung, Ausstattung, Bezeichnung, Etikettierung, Form, Gewicht, Verpackung und Zusammensetzung.

d) Die Erweiterung der Keck-Formel durch die 3-Stufen-Theorie

892 In der Folgezeit und vielleicht auch als Antwort auf die teilweise sehr heftige Kritik an dem Keck-Urteil hat der EuGH die Keck-Formel zu einer **3-Stufen-Theorie** umgebaut. Ausgangspunkt war das Urteil des EuGH zu Art. 56 der italienischen StVO, der vorsieht, dass nur Automobile, Oberleitungsbusse und Zugmaschinen, nicht aber Kradfahrzeuge Anhänger mitführen dürfen[90]. Ohne ausdrücklich auf die

84 EuGH C-388/95, Belgien/Spanien, Slg. 2000, I-3123.

85 EuGH C-398/98, KOM/Griechenland, Slg. 2001, I-7915.

86 EuGH C-40/2005, Yonemoto, Slg. 2005, I-7755.

87 EuGH C-254/05, KOM/Belgien, Slg. 2007, I-4269 (automatische Brandmeldesysteme); C-297/05, KOM/Niederlande, Slg. 2007, I-7467 (technische Überprüfung von Kfz, die älter als drei Jahre sind).

88 EuGH Rs. 113/80, KOM/Irland, Slg. 1981, 1625.

89 EuGH Rs. 207/83, KOM/Vereinigtes Königreich, Slg. 1985,1201.

90 EuGH C-110/05, KOM/Italien, ECLI:EU:C:2009:66; bestätigt durch EuGH C-61/12, KOM/Litauen, ECLI:EU:C:2014:172; C-443/12, Bonnarde, ECLI:EU:C:2011:641.

Keck-Formel zu verweisen, stellt der EuGH im Hinblick auf die Anhänger, die eigens für Kradfahrzeuge konzipiert sind, fest, dass ein Verwendungsverbot wie im vorliegenden Fall erheblichen Einfluss auf das Verhalten der Verbraucher habe, das sich wiederum auf den Zugang dieses Erzeugnisses zum Markt des Mitgliedstaates auswirke. Die Verbraucher, die wüssten, dass sie ihr Kradfahrzeug nicht mit einem eigens dafür konzipierten Anhänger benutzen dürfen, hätten praktisch kein Interesse daran, einen solchen Anhänger zu kaufen. Da damit praktisch der Zugang für derartige Anhänger zum italienischen Markt versperrt werde, liegt eine Maßnahme gleicher Wirkung i.S.d. Art. 34 AEUV vor. In seiner rechtlichen Ableitung sieht der EuGH eine Maßnahme gleicher Wirkung in **drei Konstellationen** als gegeben an: Die Maßnahme eines Mitgliedstaates bezweckt oder bewirkt:

- *erstens,* dass Erzeugnisse aus anderen Mitgliedstaaten weniger günstig behandelt werden als inländische Erzeugnisse.
- *zweitens,* dass Waren aus anderen Mitgliedstaaten, die dort rechtmäßig hergestellt und in den Verkehr gebracht worden sind, bestimmten inländischen Vorschriften entsprechen müssen und
- *drittens,* dass es sich um eine Maßnahme handelt, die den Zugang zum Markt eines Mitgliedstaates für Erzeugnisse aus anderen Mitgliedstaaten behindert.

e) Synthese der Rechtsprechung zum Begriff der Maßnahme gleicher Wirkung

aa) Maßnahmen, die diskriminierende Beschränkungen enthalten

Maßnahmen, die spezifisch die Verbringung von Waren aus oder nach anderen Mitgliedstaaten behindern, während für im betreffenden Mitgliedstaat erzeugte und gehandelte Waren keine entsprechenden Beschränkungen bestehen, fallen grundsätzlich als diskriminierende Maßnahme unter die Verbote der Art. 34 und 35 AEUV. Dabei genügt es entsprechend der Dassonville-Formel, dass solche **Maßnahmen** geeignet sind, den Handel innerhalb der EU unmittelbar oder mittelbar, tatsächlich oder potentiell zu behindern, ohne dass es auf das damit verfolgte Ziel ankommt. Diese Voraussetzung kann selbst dann erfüllt sein, wenn die **Behinderung** geringfügig ist und noch andere Möglichkeiten des Vertriebs solcher Waren aus anderen Mitgliedstaaten bestehen[91], vorausgesetzt, die behauptete Behinderungswirkung ist nicht völlig hypothetisch[92]. Dies gilt uneingeschränkt für verkaufs- und produktbezogene Beschränkungen. **893**

bb) Unterschiedslos anwendbare Maßnahmen

Im Rahmen des **Art. 34 AEUV** kann eine Maßnahme gleicher Wirkung auch dann vorliegen, wenn eine Maßnahme unterschiedslos für einheimische und für aus an- **894**

91 EuGH, Rs. 177 u. 178/82, van de Haar, Slg. 1984, 1797.
92 EuGH C-69/88, Krantz, Slg. 1990, I-583; C-126/91, Yves Rocher, Slg. 1993, I-2361.

deren Mitgliedstaaten verbrachte Waren gilt. Der Grund für diese Ausweitung des Begriffs „Maßnahme gleicher Wirkung" liegt darin, dass Art. 34 AEUV bezweckt, Handelshemmnisse für Waren aus anderen Mitgliedstaaten, die sich aus dem Fehlen einer Harmonisierung ergeben, so weit wie möglich zu vermeiden *(Grundsatz der gegenseitigen Anerkennung)*.

895 Im Zusammenspiel der Keck-Formel und der 3-Stufen-Theorie kann das Vorliegen einer Maßnahme gleicher Wirkung wie eine mengenmäßige Beschränkung sowohl ***negativ*** (nach der Keck-Formel) oder ***positiv*** (nach der 3-Stufen-Theorie) geprüft werden: die *Keck-Formel repräsentiert die negative Komponente*, wonach eine Maßnahme gleicher Wirkung nicht vorliegt, wenn die fragliche nationale Regelung Verkaufsmodalitäten betrifft und des Weiteren weder de jure noch de facto eine Ungleichbehandlung vorliegt; die *3-Stufen-Theorie repräsentiert dagegen die positive Komponente*, wonach eine Maßnahme gleicher Wirkung vorliegt, wenn die nationale Regelung einen Produktbezug aufweist, de jure diskriminierenden Charakter besitzt oder zu einem erheblichen Hindernis des Marktzugangs führt[93].

2. Wichtige Fallgruppen

896 Die Vielfalt der nationalen Regelungen, die unter die Maßnahmen gleicher Wirkung wie mengenmäßige Beschränkungen eingeordnet werden können, macht eine auch nur annähernd vollständige Aufzählung der Anwendungsfälle unmöglich. Im Folgenden wird deshalb versucht, aufgrund der Unterscheidung zwischen diskriminierenden Beschränkungen und unterschiedslos anwendbaren Maßnahmen einerseits und verkaufsbezogenen und produktbezogenen Maßnahmen andererseits die **wichtigsten Fallgruppen** besonders herauszustellen und zu systematisieren.

a) Beschränkungen in Bezug auf die Ware selbst, ihre Verpackung oder Bezeichnung

897 In der Regel handelt es sich bei den die Zusammensetzung, Beschaffenheit und Bezeichnung von Waren betreffenden Regelungen um unterschiedslose Maßnahmen, die das **Produkt**, also die Ware selbst **betreffen** und folglich unter Art. 34 AEUV fallen. Von besonderer Bedeutung für den Bereich des freien Warenverkehrs sind vor allen die Vorschriften des **Lebensmittelrechts**. Einige Beispiele sollen die Praxis in diesem Bereich verdeutlichen:

- *Vorschriften über die Zusammensetzung:* Verbot der Verarbeitung von Pferdefleisch[94], Gehalt des Brotes an Trockenmasse[95], zulässiger Kochsalzgehalt im

93 So schon *Brogola*, in : Dauses/Ludwigs, Handbuch des EU-Wirtschaftsrechts, C.I. Rdn. 177.
94 EuGH Rs. 15/79, Groenveld, Slg. 1979, 3409.
95 EuGH Rs. 130/80, Keldermann, Slg. 1981, 527.

Brot[96], Verwendung von Milchersatzstoffen[97], Reinheitsgebot von Bier[98], Futtermittel[99].

- *Vorschriften über die Beschaffenheit:* Form der Verpackung von Margarine[100], Punzierung von Silberwaren[101], Flaschenform für schäumenden Traubensaft[102], die Verpflichtung zur Erhebung eines Dosenpfandes[103], Zuchtmaterial von Bienen [104], Gewinnspiel in einer Zeitschrift[105].
- *Bezeichnung und Aufmachung von Waren:* Vorbehalt der Bezeichnung „Essig“ für Weinessig[106], Bezeichnung als „likeur“[107], Beschränkung der Bezeichnung „Edamer“[108], Verbot, kosmetische Mittel unter dem Namen „Clinique“ zu vertreiben[109], Beschränkung der Bezeichnung „Gold“ auf Waren mit einem Feingehalt von 750/1000[110], Bocksbeutelflasche nur für Frankenwein[111], Verbot eines Werbeaufdrucks „+10 %“ auf der Verpackung[112].
- *Etikettierungsvorschriften:* Verpflichtung zur Verwendung einer bestimmten Sprache auf dem Warenetikett[113], Verpflichtung zur Angabe, dass die Zusammensetzung einer als „Sauce hollandaise“ bezeichneten Ware nicht den inländischen Rezepturvorschriften entspricht[114], Verbot, bei Lebensmitteln auf ärztliche Empfehlungen hinzuweisen[115], die Verpflichtung zur Angabe der Anmeldenummer bei der für die Lebensmittelüberwachung zuständigen Behörde[116].

In allen diesen Fällen stellt sich nur noch die Frage einer etwaigen Rechtfertigung aufgrund zwingender Erfordernisse, eines Grundrechts oder einer Schutzklausel.

96 EuGH C-17/93, J.J.J. van der Veldt, Slg. 1994, I-3553; vgl. zum Brot auch C-358/95, Moratello/USL, Slg. 1997, I-1431; C-123/00, Bellamy u.a., Slg. 2001, I-2795.
97 EuGH Rs. 298/87, Samanor, Slg. 1988, 4507.
98 EuGH, Rs. 178/84, KOM/Deutschland, Slg. 1987, 1227.
99 EuGH C-145/02, Denkavit, Slg. 2005, I-51.
100 EuGH Rs. 261/81, Rau, Slg. 1982, 3961.
101 EuGH Rs. 220/81, Robertson, Slg. 1982, 2349.
102 EuGH Rs. 179/85, KOM/Deutschland, Slg. 1986, 3879.
103 EuGH C-387/99, KOM/Deutschland, Slg. 2004, I-3751.
104 EuGH C-67/97, Bluhme, Slg. 1998, I-8033 Rdn. 31.
105 EuGH C-368/95, Familiapress, Slg. 1997, I-3689.
106 EuGH Rs. 788/79, Gilli, Slg. 1980, 2071; Rs. 193/80, KOM/Italien, Slg. 1981, 3019.
107 EuGH Rs. 27/80, Fietje, Slg. 1980, 3839.
108 EuGH Rs. 286/86, Deserbais, Slg. 1988, 4907; C-448/98, Guimont, Slg. 2002, I-10663.
109 EuGH C-315/92, Clinique Laboratories, Slg. 1994, I-317
110 EuGH C-166/03, KOM/Frankreich, Slg. 2004, I-6535.
111 EuGH, Rs. 16/83, Prantl, Slg. 1984, 1299.
112 EuGH C-470/93, Mars, Slg. 1995, I-1936.
113 EuGH C-369/89, Piageme/Peeters, Slg. 1991, I-2971; C-85/94, Piageme/Peeters, Slg. 1995, I-2955; C-366/98, Geffroy u.a., Slg. 2000, I-6579; C-15/15, New Valmar, ECLI:EU:C:2016:464 zu Sprachvorgaben in Flandern (Belgien) für grenzüberschreitende Rechnungen.
114 EuGH C-51/94, KOM/Deutschland, Slg. 1995, I-3599.
115 EuGH C-239/02, Douwe Egberts/Weststrom Pharma, Slg. 2004, I-7007.
116 EuGH C-217/99, KOM/Belgien, Slg. 2000, I-10251.

b) Beschränkungen des Orts oder der Zeit des Verkaufs sowie der Vertriebswege

898 Beschränkungen des Orts oder der Zeit des Verkaufs gehören zu den allgemeinen **Verkaufsmodalitäten**, die – soweit sie unterschiedslos anwendbar sind und Waren aus anderen Mitgliedstaaten im Vergleich zu einheimischen nicht benachteiligen – **nicht** vom Verbot der Maßnahmen gleicher Wirkung erfasst sind. Dies hat der EuGH etwa angenommen für das Verbot des Vertriebs von bestimmter *Säuglingsnahrung* außerhalb von Apotheken[117], Regelungen über den *Sonn und Feiertagsverkauf*[118], die *Ladenschlussregelungen* für Tankstellen[119] oder das *Verkaufsverbot für Videokassetten*, die keine Jugendschutzfreistellung haben, im Einzelhandel[120].

899 Dagegen ist **Art. 34 grundsätzlich anwendbar**, wenn

- bestimmte Waren – z.B. Geflügelschlachtabfälle – **nur an die Verwaltung** der zuständigen Gemeinde veräußert werden dürfen[121],
- bestimmte Waren – z.B. Wein – nicht über das **Internet** bestellt und aus anderen Mitgliedstaaten geliefert werden dürfen[122].
- aus anderen Mitgliedstaaten stammende Waren – ebenso wie einheimische Erzeugnisse – bei bestimmten **ausschließlichen Konzessionären** gegen Entgelt gelagert werden müssen[123],
- eine nationale Regelung das Inverkehrbringen von Geräten für den Empfang von Fernsehsignalen über Satellit von einem vorherigen **Genehmigungsverfahren** und der Eintragung in ein Register abhängig macht[124].

c) Regelungen über Preise und Preisbestandteile

900 In der Regel handelt es sich hier um unterschiedslos anwendbare Preisreglementierungen, insbesondere in Form von Mindestpreisen oder Mindestgewinnspannen. Soweit diese inländische und eingeführte Erzeugnisse „rechtlich wie tatsächlich in gleicher Weise" berühren, handelt es sich nach der „Keck-Formel" lediglich um eine „bestimmte Verkaufsmodalität", die nicht dazu bestimmt ist, den Handel mit Waren zwischen den Mitgliedstaaten zu regeln[125]. Dies hat der EuGH etwa angenommen

---

117 EuGH C-391/92, KOM/Griechenland, Slg. 1995, I-1621.

118 EuGH C-69/93 u. C-258/93, Punto Casa u. PPV, Slg. 1994, I-2355; C-418/93, Semeraro *Casa* Uno, Slg. 1996, I-2975.

119 EuGH C-401 u. 402/92, Tankstation 't Heukske, Slg. 1994, I-2227.

120 EuGH C-244/06, Dynamic Medien Vertriebs GmbH/Avides Media AG, Slg. 2008, I-505.

121 EuGH, Rs. 118/86, Nertsvoederfabriek Nederland, Slg. 1987, 3883.

122 EuGH C-170/04, Rosengren/Riksåklagaren, Slg. 2007, I-4071.

123 Z.B. Tiersamen für die Zucht, EuGH C-323/93, Société civile agricole du Centre dinsémination de la Crespelle/Coopérative délevage et dinsémination artificielle de la Mayenne, Slg. 1994, I-5077.

124 EuGH C-390/99, Canal Satélite Digital/Administración General del Estado, Slg. 2002, I-607.

125 EuGH C-267 u. 268/91, Keck u. Mithouard, Slg. 1993, I-6097; C-412/93, Leclerc-Siplec, Slg. 1995, I-179; C-63/94, Belgaporn, Slg. 1995, I-2486.

für ein nationales Verbot, Waren zum *Verlustpreis* oder mit *niedriger Gewinnspanne* weiterzuverkaufen[126].

d) Werbung und Absatzförderung

Unterschiedslos geltende Werbebeschränkungen sind grundsätzlich als allgemeine Verkaufsmodalitäten anzusehen, die nicht in den Anwendungsbereich des Art. 34 AEUV fallen. Hierzu gehören z.B. Vorschriften, die es Apothekern verbieten, außerhalb der *Apotheke* für andere Waren als Arzneimittel zu werben oder Arzneimittellisten an Apotheker zu versenden[127], die *Fernseh- oder Anzeigenwerbung* für bestimmte Waren oder Vertriebssektoren verbieten[128], *Werbebeschränkungen* für aus einer *Konkursmasse* stammende Waren im Interesse des Verbraucherschutzes festlegen[129] sowie eine *täuschende Werbung* verbieten[130] **901**

Eine Verletzung der Warenverkehrsfreiheit liegt nach der „Keck-Formel" nur noch dann vor, wenn die Werbebeschränkungen einseitig zulasten eingeführter Erzeugnisse gehen, diese mithin diskriminiert werden[131]. Durch die Einbeziehung nicht nur rechtlicher, sondern auch tatsächlicher Ungleichbehandlungen sowie das Abstellen auf den Marktzugang liegt eine unter den Tatbestand des Art. 34 AEUV fallende Werbebeschränkung jedoch schon dann vor, wenn dem eingeführten Erzeugnis damit praktisch die einzig wirksame Form der Absatzförderung im Markt eines anderen Mitgliedstaates genommen wird[132]. Nicht endgültig entschieden scheint hingegen die Frage, ob mit der „Keck-Rechtsprechung" die alte Rechtsprechung des EuGH zu Werbebeschränkungen entfallen ist[133], wonach der Zwang für ein Unternehmen, sich entweder für die einzelnen Mitgliedstaaten unterschiedlicher Systeme der Werbung und Absatzförderung zu bedienen oder ein System, das es für besonders wirkungsvoll hält, aufzugeben, selbst dann ein Einfuhrhindernis darstellen kann, wenn eine solche Regelung unterschiedslos für inländische wie für eingeführte Erzeugnisse gilt[134]. **902**

126 EuGH C-267 u. 268/91, Keck, Slg. 1993, I-6097; C-63/94, Belgapom/ITM Belgium, Slg. 1995, I-2467.

127 EuGH C-292/92, Hünermund, Slg. 1993, I-6787; C-320/93, Ortscheid/Eurim-Pharm Arzneimittel, Slg. 1994, I-5243; C-143/06, Ludwigs-Apotheke/Juers Pharma Import-Export, Slg. 2007, I-9623.

128 EuGH C-412/93, Leclerc-Siplec/TF1 Publicité, Slg. 1995, I-179; C-405/98, Gourmet International Products, Slg. 2001, I-1795.

129 EuGH C-71/02, Karner/Troostwijk, Slg. 2004, I-3025.

130 EuGH C-123/00, Bellamy u.a., Slg. 2001, I-2795.

131 EuGH C-71/02, Karner, Slg. 2004, I-3025; C-1/90 u. 176/90, Aragonesa de Publicidad Exterior u. Publivfa, Slg, 1994, I-5243; Rs. 152/78, KOM/Frankreich, Slg. 1980, 2299.

132 Vgl. in diesem Sinne EuGH C-337/95, Parfums Christian Dior, Slg. 1997, I-6013 Rdn. 51; C-35-36/95, de Agostini u. TV-Shop, Slg. 1997, I-3843 Rdn. 43/44.

133 In diese Richtung deutet EuGH C-71/02, Karner, Slg. 2004, I-3025; dagegen wurde die Fortgeltung ausdrücklich bejaht durch EuGH C-239/02, Douwe Egberts, Slg. 2004, I-7007.

134 EuGH Rs. 286/81, Oosthoek, Slg. 1982, 4575 Rdn. 15.

e) Beschränkungen zur Abwehr von Verwechselungen oder unlauterer Handelspraktiken

903 Maßgebendes Kriterium ist bei diesen Fällen jeweils, ob die **Ware unverändert** im betreffenden Mitgliedstaat verkauft werden darf. Soweit eine Veränderung erforderlich ist, liegen **produktbezogene** Maßnahmen vor, die stets eine Behinderung darstellen. Dies hat der EuGH bejaht bei dem Verbot eines im Ausgangs-Mitgliedstaat rechtmäßig auf der Verpackung der Ware angebrachten *Werbeaufdrucks,* der bei verständigen Verbrauchern keine Täuschung hervorruft[135], bei der Verpflichtung, für parallel eingeführte Autos ein *ungünstigeres Modelljahr* anzugeben als für im Inland gekaufte[136] oder einem Verbot, Zeitschriften zu verkaufen, die ein *Gewinnspiel* enthalten[137]. Soweit die Ware unverändert vermarktet werden kann, liegen **allgemeine Verkaufsmodalitäten** vor, die nur dann unter Art. 34 AEUV fallen, wenn sie die aus anderen Mitgliedstaaten verbrachten Waren gegenüber einheimischen Erzeugnissen benachteiligen. Dies hat der EuGH verneint beim Verbot von *Haustürgeschäften*[138], bei einer *Beweisregel* für die Haftung des Verkäufers bei Mängeln der Ware[139] sowie bei einer vorvertraglichen *Aufklärungspflicht* über Garantieleistungen bei parallel eingeführten Motorrädern[140].

f) Beschränkungen aufgrund gewerblicher Schutzrecht

904 Macht ein Wettbewerber gegenüber einem Konkurrenten aus einem anderen Mitgliedstaat ein nationales Marken-, Warenzeichen-, Geschmacksmuster-, Urheber- oder Patentrecht geltend und kann das Erzeugnis aus einem anderen Mitgliedstaat deshalb überhaupt nicht, nicht in dieser Form oder unter diesem Namen vermarktet werden, so fällt dies in den Anwendungsbereich des Art. 34 AEUV. Im Zusammenhang mit Art. 36 AEUV ist dann zu prüfen, ob und inwieweit die betreffende Maßnahme zulässig ist[141]. Das Gleiche gilt, wenn ein Lieferant aus einem anderen Mitgliedstaat gehindert wird, seine Ware unter dem bei ihm verwendeten Namen zu verkaufen, weil diese Bezeichnung im betreffenden Mitgliedstaat wegen einer Verwechslungsgefahr verboten worden ist[142].

---

135 EuGH C-470/93, Mars, Slg. 1995, I-1923.

136 EuGH C-240/95, Schmit, Slg. 1996, I-3196.

137 EuGH C-368/95, Familiapress, Slg. 1997, I-3689.

138 EuGH, Rs. 382/87, Buet, Slg. 1989, 1235.

139 EuGH C-339/89, Alstholm/Sulzer, Slg. 1991, I-107.

140 EuGH C-93/92, CMC Motorradcenter/Baskiciogullari, Slg. 1993, I-5009.

141 EuGH C-317/91, Deutsche Renault/Audi, Slg. 1993, I-6227 (Verbot, im betreffenden Mitgliedstaat ein Auto mit der Bezeichnung „Quadra" zu vermarkten, weil eine Verwechslungsgefahr mit einem im Inland hergestellten Auto mit der Bezeichnung „quattro" besteht).

142 EuGH C-313/94, Elli Graffione/Ditta Fransa, Slg. 1996, I-6039; C-255/97, Pfeiffer/Löwa, Slg. 1999, I-2835 (Marke „Cotonelle", die vom Verbraucher als Bezeichnung eines Baumwollerzeugnisses missverstanden werden könnte).

3. Maßnahme gleicher Wirkung i.S.v. Art. 35 AEUV

Der Begriff der Maßnahme gleicher Wirkung wie eine mengenmäßige Ausfuhrbeschränkung i.S.v. Art. 35 AEUV wurde vom EuGH zunächst wie der Begriff der Maßnahme gleicher Wirkung wie eine mengenmäßige Einfuhrbeschränkung i.S.v. Art. 34 AEUV ausgelegt, d.h. jede staatliche Regelung oder Praxis, die geeignet war, den innereuropäischen Handel unmittelbar oder mittelbar, tatsächlich oder potenziell zu behindern, war nach Art. 35 AEUV verboten[143]. **905**

Mit dem Urteil *„Groenveld"*[144] ging der EuGH dann aber dazu über, unter Art. 35 AEUV nur noch solche nationalen Regelungen und Praktiken zu erfassen, die eine **spezifische Beschränkung der Ausfuhrströme** bezweckten oder bewirkten und damit unterschiedliche Bedingungen für den Binnenhandel innerhalb eines Mitgliedstaates und seinen Außenhandel geschaffen werden, so dass die nationale Produktion oder der Binnenmarkt des betroffenen Mitgliedstaates zum Nachteil der Produktion oder des Handels anderer Mitgliedstaaten einen besonderen Vorteil erlangte. Konkret prüfte der EuGH das Vorliegen einer Maßnahme gleicher Wirkung wie eine mengenmäßige Ausfuhrbeschränkung i.S.v. Art. 35 AEUV anhand von **drei, kumulativ zu erfüllenden Kriteien**:

(1) Vorliegen einer spezifischen Beschränkung der Ausfuhrstöme,

(2) Ungleichbehandlung von Binnen- und Außenhandel und

(3) Vorteil der nationalen Produktion/des nationalen Handels zum Nachteil der Produktion/des Handels anderer Mitgliedstaaten.

Auch von diesem Ansatz ist der EuGH jüngst in seinem Urteil in der Rs. ***„New Valmar"***[145] abgerückt. In diesem Verfahren ging es um das belgische Gesetz über den Sprachgebrauch sowie das darauf beruhende Dekret der Flämischen Gemeinschaft Belgiens. Diese Normen verpflichteten Unternehmen, die ihren Betriebssitz in der Flämischen Gemeinschaft hatten, sämtliche Angaben auf Rechnungen ausschließlich in der Amtssprache dieser Gemeinschaft, also auf Flämisch, abzufassen; andernfalls waren die fraglichen Dokumente durch das zuständige Gericht von Amts wegen als nichtig anzusehen. Ohne Erwähnung seiner Rechtsprechung „Groenveld" verlangt der EuGH nunmehr nicht mehr eine spezifische Ausfuhrbeschränkung und eine de jure Diskriminierung, sondern beschränkt sich auf die **Prüfung des Vorliegens einer faktischen Ungleichbehandlung** von Ausfuhren gegenüber einem Absatz auf inländischen Märkten. Dies sah der EuGH im Verfahren „New Valmar" als gegeben an. Die Sprachenvorgabe führe nämlich zu einer Handelsbeschränkung, da sie die Möglichkeit nehme, eine Sprache frei zu wählen, die alle Parteien beherrschten. Trotz einer de jure unterschiedslosen Geltung der Regelung sei de facto wahrscheinlich, dass die Verpflichtung zur Verwendung der Sitzsprache Auswirkungen **906**

143 EuGH C-53/76, Bouhelier, Slg. 1977, I-197, ECLI:EU:C:1977:17.

144 EuGH C15/79, Slg. 1979, I-3409, ECLI:EU:C:1979:253.

145 EuGH C-15/15, ECLI:EU:C:2016:464.

auf grenzüberschreitende Vorgänge habe, da in anderen Mitgliedstaaten ansässige Käufer die niederländische Sprache nur mit geringerer Wahrscheinlichkeit verstünden als Käufer, die in Belgien ansässig seien, wo die niederländische Sprache Amtssprache sei.

IV. Schranken des Verbots – Rechtfertigung einer Beschränkung

1. Immanente Schranken

a) „Zwingende Erfordernisse"

907 Immanente Schranken gelten nach der „Cassis-de-Dijon"-Formel für solche Fälle, in denen eine EU-Regelung für das Inverkehrbringen bestimmter Erzeugnisse fehlt[146] und sich Handelshemmnisse allein daraus ergeben, dass Waren bestimmten – unter den Mitgliedstaaten voneinander abweichenden – Vorschriften entsprechen müssen (wie etwa hinsichtlich ihrer Bezeichnung, ihrer Form, ihrer Abmessungen, ihres Gewichts, ihrer Zusammensetzung, ihrer Aufmachung, ihrer Etikettierung und ihrer Verpackung). Solche Unterschiede sind hinzunehmen, soweit die fragliche nationale Regelung, die unterschiedslos für einheimische und für aus anderen Mitgliedstaaten verbrachte Waren gilt, dadurch gerechtfertigt werden kann, dass sie notwendig ist, um zwingenden Erfordernissen gerecht zu werden. Bei Vorliegen derartiger „zwingender Erfordernisse" werden die fraglichen Regelungen und Maßnahmen bereits **tatbestandlich vom Verbot des Art. 34 AEUV ausgenommen**.

908 Als **„zwingende Erfordernisse"** wurden vom EuGH in seiner bisherigen Rechtsprechung anerkannt:

- Wahrnehmung von **Grundrechten**, sofern die Beeinträchtigungen gesetzlich vorgesehen sind, durch ein zwingendes gesellschaftliches Bedürfnis gerechtfertigt sind und in einem angemessenen Verhältnis zu dem verfolgten berechtigten Ziel stehen[147].
- **Verbraucherschutz**, wobei allerdings zu beachten ist, dass den Interessen der Verbraucher häufig bereits durch wirksame Kennzeichnungspflichten (z.B. Etikettierung) Genüge getan werden kann, so dass ein Verkehrsverbot unverhältnismäßig wäre[148]. Keinesfalls darf der einheimische Verbraucher daran gehindert werden, ein nach anderer Tradition hergestelltes Erzeugnis (z.B. Bier) eines anderen Mitgliedstaates kennenzulernen, wenn die Etikettierung deutlich die Herkunft aus einem anderen Gebiet der EU anzeigt[149]. Eine entgegenstehende Praxis oder Regelung wäre geeignet, *„die gegebenen Verbrauchergewohnheiten zu zementie-*

---

146 EuGH C-315/92, Verband Sozialer Wettbewerb/Clinique Laboratories, Slg. 1994, I-317.

147 EuGH C-112/00, Schmidberger, Slg. 2003, I-5659 Rdn. 71.

148 EuGH Rs. 120/78, Cassis de Dijon, Slg. 1979, 649; Rs. 94/82, Kikvorsch, Slg. 1983, 947; C-369/89, PIAGEME/Peeters, Slg. 1991, I-2971; C-383/97, Van der Laan, Slg. 1999, I-731 Rdn. 24.

149 EuGH Rs. 94/82, Kikvorsch, Slg. 1983, 947.

ren" und *„der inländischen Industrie dadurch einen erworbenen Vorteil zu bewahren"*[150]. Der EuGH geht dabei von einem durchschnittlich informierten, aufmerksamen und verständigen Verbraucher aus[151].

- **Umweltschutz**, z.B. bei einem Pfandflaschensystem zur Verringerung des Abfalls[152] oder dem wallonischen Einfuhrverbot für Deponiemüll[153] oder die Verpflichtung von Energieversorgungsunternehmen, Strom aus erneuerbaren Energiequellen zu Mindestpreisen von einem inländischen Lieferanten zu beziehen[154], sowie in Bezug auf die Nutzung von Sportbooten außerhalb öffentlicher Wasserstraßen[155].
- Schutz der **Lauterkeit des Handelsverkehrs**, z.B. bei Maßnahmen zur Bekämpfung betrügerischer oder unlauterer Vermarktungspraktiken[156].

b) Allgemeinwohlinteressen

Darüber hinaus können auch allgemeine wirtschafts-, sozial- oder kulturpolitische Maßnahmen gerechtfertigt sein, die sich durch einen Zweck rechtfertigen lassen, der ein zwingendes Erfordernis des **Allgemeininteresses** darstellt und den Erfordernissen des freien Warenverkehrs vorgeht[157]. Dies hat der EuGH etwa angenommen: **909**

- beim Verbot, Arbeitnehmer sonntags in Einzelhandelsgeschäften zu beschäftigen[158],
- bei der Beschränkung des Verkaufs von Sexartikeln auf konzessionierte Läden, sofern weitere Vertriebswege, wie z.B. der Versandhandel, bestehen[159],
- bei Vorschriften, die es den Steuerverwaltungen gestatten, auch solche Waren zu pfänden, die aus einem anderen Mitgliedstaat unter Eigentumsvorbehalt geliefert wurden[160],

---

150 So EuGH Rs. 178/84, KOM/Deutschland, Slg. 1987, 1227 im Hinblick auf das deutsche *„Reinheitsgebot für Bier"*.

151 EuGH C-210/96, Gut Springenheide und Tusky, Slg. 1998, I-4657/4691; C-313/94, Graffione, Slg. 1996, I-6039 Rdn. 22; C-51/94, KOM/Deutschland, Slg. 1996, 3617; C-470/93, Mars, Slg. 1995, I-1936 Rdn. 24; vgl. auch *Leible*, EuZW 1998, S. 528.

152 EuGH C-387/99, KOM/Deutschland, Slg. 2004, I-3751 Rdn. 68; C-192/01, KOM/Dänemark, Slg. 2003, I-9693 Rdn. 42; C-284/95, Saftey Hi-Tech, Slg. 1998, I-4301; C-341/95, Bettati, Slg. 1998, I-4355; Rs. 302/86, KOM/Dänemark, Slg. 1988, 4607.

153 EuGH C-2/90, KOM/Belgien, Slg. 1992, I-4431.

154 EuGH C-379/98, Preußen Elektra, Slg. 2001, I-2099 Rdn. 73.

155 EuGH C-142/05, Åklagaren/Mickelsson u. Roos, Slg. 2009, I-4273.

156 EuGH Rs. C-67/88, KOM/Italien, Slg. 1990, I-4285; Rs. 16/83, Prantl, Slg. 1984,1299; Rs. 58/80, Dansk Supermarked, Slg. 1981, 181.

157 EuGH C-315/92, Clinique, Slg. 1994, I-319.

158 EuGH C-312/89, SIDEF-Conforama, Slg. 1991, I-997.

159 EuGH C-23/89, Quietlynn, Slg. 1990, I-3059.

160 EuGH C-69/88, Krantz & Co., Slg. 1990, I-594.

- bei einer zeitlich begrenzten Beschränkung der Verbreitung von Filmen ausschließlich in Kinos[161],
- bei einer Begrenzung des Anspruchs auf Kostenerstattung für Arzneimittel im Interesse des finanziellen Gleichgewichts des Krankenversicherungssystems[162],
- bei Maßnahmen zur Gewährleistung der Verkehrssicherheit[163],
- beim Schutz von Büchern als Kulturgut[164].

c) Verhältnismäßigkeit

910 Bei der Berücksichtigung der zwingenden einzelstaatlichen Erfordernisse nimmt der EuGH eine **am Verhältnismäßigkeitsgrundsatz ausgerichtete Güter- und Interessenabwägung** zwischen den Erfordernissen des freien Warenverkehrs im Binnenmarkt und dem berechtigten Schutzinteresse der fraglichen nationalen Maßnahme vor. Danach hat ein Mitgliedstaat, der sich auf zwingende Erfordernisse beruft, nachzuweisen, dass die Beschränkung zur Erreichung eines solchen Zwecks erforderlich ist und dass unter den zur Erreichung des angestrebten Zwecks geeigneten Mitteln dasjenige ausgewählt wurde, das den freien Warenverkehr am wenigsten behindert[165].

911 Wird eine Beschränkung neu eingeführt, so muss eine angemessene Übergangsfrist vorgesehen werden.

2. Rechtfertigung nach Art. 36 AEUV

912 Diskriminierende Regelungen oder unterschiedslos anwendbare Regelungen, die nicht von zwingenden Erfordernissen gedeckt sind, können gemäß Art. 36 AEUV gerechtfertigt werden.

a) Regelungszuständigkeit der Mitgliedstaaten

913 Nach Art. 36 AEUV sind den Mitgliedstaaten weiterhin Beschränkungen des freien Warenverkehrs gestattet, *„die aus Gründen der öffentlichen Sittlichkeit, Ordnung und Sicherheit, zum Schutz der Gesundheit und des Lebens von Menschen, Tieren oder Pflanzen, des nationalen Kulturguts von künstlerischem, geschichtlichem oder archäologischem Wert oder des gewerblichen und kommerziellen Eigentums gerechtfertigt sind"*.

Diese Durchbrechung des freien Warenverkehrs findet ihre innere Rechtfertigung in der **Unverzichtbarkeit des Schutzes dieser überragenden Rechtsgüter**. Keinesfalls sollen damit bestimmte Sachgebiete der Zuständigkeit der Mitgliedstaaten

---

161 EuGH Rs. 60 und 61/84, Cinéthèque, Slg. 1985, 2605.
162 EuGH C-120/95, Decker, Slg. 1998, I-1831 Rdn. 39.
163 EuGH C-110/05, KOM/Italien, Slg. 2009, I-519.
164 EuGH C-531/07, Fachverband der Buch- und Medienwirtschaft/LIBRO, Slg. 2009, I-3717.
165 EuGH C-265/06, KOM/Portugal, Slg. 2008, I-2245.

vorbehalten werden. Die Vorschrift enthält somit **keinen Souveränitätsvorbehalt**. Den Mitgliedstaaten bleibt der Schutz der in Art. 36 AEUV abschließend aufgeführten Rechtsgüter vielmehr nur so lange unbenommen, wie keine EU-Regelung ergangen ist[166]. Daraus folgt, dass sich mit fortschreitender Harmonisierung der Rechts- und Verwaltungsvorschriften der Mitgliedstaaten, die Anlass zur Berufung auf die Vorbehaltsklausel des Art. 36 AEUV sein können, der Anwendungsbereich dieser Klausel verengt. Ebensowenig darf diese Bestimmung als Schutzklausel gegen wirtschaftliche Störungen auch schwerer Art verstanden werden; sie erfasst nur **Tatbestände nicht wirtschaftlicher Art**, die die Verwirklichung der in den Art. 34 und 35 AEUV aufgestellten Grundsätze nicht in Frage stellen können[167]. Auch die Ermächtigungen zu strengeren nationalen Regelungen (z.B. Art. 114 [Rechtsangleichung im Binnenmarkt], Art. 169 Abs. 4 [Verbraucherschutz], Art. 193 [Umweltschutz] AEUV) rechtfertigen grundsätzlich nicht weitergehende Beschränkungen als diejenigen, die im Rahmen zwingender Erfordernisse oder des Art. 36 AEUV zulässig sind[168].

b) Geschützte Rechtsgüter

Soweit eine Regelungszuständigkeit für die Mitgliedstaaten gegeben ist, gilt für die **914**
konkrete **Ausgestaltung des Schutzes** der in Art. 36 AEUV abschließend aufgeführten Rechtsgüter Folgendes:

aa) Öffentliche Sittlichkeit, Ordnung und Sicherheit

Es ist grundsätzlich Sache eines jeden Mitgliedstaates, den **Begriff der öffentli- 915**
chen Sittlichkeit entsprechend seiner eigenen Werteordnung festzulegen und in einer von ihm selbst gewählten Form auszufüllen[169]. Dies gestattet es etwa den Mitgliedstaaten, für anstößige, die Menschenwürde verachtende oder unzüchtige Gegenstände ein Herstellungs- und Betriebsverbot zu verhängen[170]. Bei Bestehen derartiger Verbote ist auch ein Einfuhrverbot für derartige Gegenstände aus anderen Mitgliedstaaten gerechtfertigt; isoliert darf ein Einfuhrverbot hingegen nicht angewendet werden[171].

Eine Berufung auf die **öffentliche Sicherheit und Ordnung** ist nur dann gerechtfertigt, wenn wesentliche Interessen des betreffenden Mitgliedstaates oder die

---

166 EuGH C-350/97, Monsees, Slg. 1998, I-2921 Rdn. 24; C-5/94, Hedley Lomas, Slg. 1996, I-2604; C-323/93, Centre d'insémination de la Crespelle, Slg. 1995, I-5077 Rdn. 31; Rs. 5/77, Tedeschi, Slg. 1977, 1555.

167 EuGH C-398/98, KOM/Griechenland, Slg. 2001, I-7915 Rdn. 29, wo klargestellt wird, dass die Bevorratung von Mineralöl nicht rein wirtschaftlich motiviert sein darf.

168 EuGH C-203/96, Chemische Afvalstoffen Dusseldorp, Slg. 1998, I-4075 zu Art. 193 AEUV.

169 EuGH Rs. 34/79, Strafverfahren gegen M. D. Henn, Slg. 1979, 3795.

170 EuGH C-36/02, Omega Spielhallen- und Automatenaufstellungs-GmbH/Bonn, Slg. 2004, I-9609 in Bezug auf Laserspiele, mit denen Menschen getötet werden.

171 EuGH Rs. 121/85, Conegate, Slg. 1985, 1007.

Funktionsfähigkeit seiner Institutionen betroffen sind, wie z.B. die Versorgungssicherheit mit Rohstoffen[172], die Aufdeckung und Verfolgung von Straftaten[173], die äußere Sicherheit[174] oder die Kenntnis über die Verbringung strategischer Waffen über das Staatsgebiet[175]. Schwierigkeiten des Verwaltungsvollzugs des EU-Rechts, insbesondere die Befürchtung, dieser könnte zur Gefährdung der öffentlichen Ordnung führen, sind so lange unbeachtlich, wie dem Mitgliedstaat andere Mittel zur Aufrechterhaltung der öffentlichen Ordnung zur Verfügung stehen[176].

bb) Gesundheit und Leben von Menschen, Tieren und Pflanzen

916 Die **Gesundheit** und das **Leben** von Menschen nehmen nach der Rechtsprechung des EuGH unter den durch Art. 36 AEUV geschützten Rechtsgütern den *ersten Rang* ein[177]. Soweit in diesem Bereich **keine vollständige Harmonisierung** auf Unionsebene vorliegt, ist es Sache der Mitgliedstaaten, zu bestimmen, in welchem Umfang sie den Schutz von Leben und Gesundheit gewährleisten wollen und wie streng die durchzuführenden Kontrollen gehandhabt werden[178]. Dabei müssen sie allerdings alle Analysen und Untersuchungen, die bereits in einem anderen Mitgliedstaat durchgeführt worden sind, berücksichtigen, wenn diese zur Verfügung stehen oder auf Anfrage zur Verfügung gestellt werden können[179]. Zulässig ist auch, dass die Mitgliedstaaten entsprechend dem Vorsorgeprinzip vorbeugende Maßnahmen ergreifen, um die Gefährdung der Verbraucher zu reduzieren, und dies auch dann, wenn noch keine wissenschaftlichen Erkenntnisse über die konkrete Gefährdungslage vorliegen.[180]

917 Bei **gesundheitspolitisch motivierten Handelsbeschränkungen** ist darüber hinaus stets zu prüfen, ob nicht ein milderes Mittel (Angabe der Inhaltsstoffe von Nahrungsmitteln anstelle eines Verkehrsverbots) ausreicht, um das angestrebte Ziel zu verwirklichen. Die Beweislast für die Erforderlichkeit einer Beschränkung obliegt

---

172 EuGH C-398/98, KOM/Griechenland, Slg. 2001, I-7915; Rs. 72/83, Campus Oil Ltd., Slg. 1984, 2727/2751.

173 EuGH Rs. 154/84, KOM/Italien, Slg. 1987, 2717.

174 EuGH C-124/95, Centro-Com, Slg. 1997, I-81.

175 EuGH C-367/89, Strafverfahren gegen A. Richardt, Slg. 1991, I1-4621.

176 EuGH C-265/95, KOM/Frankreich, Slg. 1997, I-6959/7003; C-52/95, KOM/Frankreich, Slg, 1995, I-4443/4468.

177 EuGH C-322/01, Doc Morris, Slg. 2003, I-14887 Rdn. 103.

178 EuGH C-320/93, Orscheit, Slg. 1994, I-5243; C-347/89, Eurim-Pharma GmbH, Slg. 1991, I-1747.

179 EuGH C-192/01, KOM/Dänemark, Slg. 2003, I-9693 Rdn. 42 [Zulassung von mit Vitaminen angereicherten Lebensmitteln]; C-102/96, KOM/Deutschland, Slg. 1998, I-6871/6900; C-400/96, Harpegnies, Slg. 1998, I-5121/5131; C-105/94, Celestini, Slg. 1997, I-2971/3013.

180 EuGH C-333/08, KOM/Frankreich, Slg. 2010, I-757.

dem betreffenden Mitgliedstaat[181]. Beschränkungen dürfen nicht anhand pauschaler Kriterien festgelegt werden, sondern setzen eine Ermittlung und Bewertung des realen Risikos für die öffentliche Gesundheit in Bezug auf das betreffende Erzeugnis voraus[182].

Entsprechendes gilt für nationale Maßnahmen zum **Schutz von Tieren und Pflanzen**[183]. Im Zuge der Verwirklichung des Binnenmarktes sind jedoch eine Reihe von Harmonisierungsmaßnahmen im Bereich des Gesundheits- und Verbraucherschutzes sowie des Tier- und Pflanzenschutzes[184] auf EU-Ebene getroffen worden, so dass die Zulässigkeit nationaler Maßnahmen vorrangig anhand dieser EU-Regelungen zu prüfen ist; Art. 36 AEUV kommt lediglich außerhalb des Anwendungsbereichs dieser Regelungen zur Anwendung[185]. **918**

cc) Nationales Kulturgut von künstlerischem, geschichtlichem oder archäologischem Wert

Zum Schutz des nationalen Kulturguts bestehen in verschiedenen Mitgliedstaaten Ausfuhrverbote, Ausfuhrgenehmigungsverfahren und öffentlich-rechtliche Vorkaufsrechte. Diese Maßnahmen stellen zwar Beschränkungen der Ausfuhr im **Handel innerhalb der EU** nach Art. 35 AEUV dar; sie können aber aufgrund von Art. 36 AEUV gerechtfertigt werden. Damit die nationalen Kulturgüter ihren Schutz im Binnenmarkt nicht verlieren, regelt die Richtlinie 2014/60/EU[186] das Verfahren und die Bedingungen für die Rückgabe unrechtmäßig aus einem Mitgliedstaat verbrachter Kulturgüter. Die **Ausfuhr** von Kulturgütern **in Drittländer** wird durch die Verordnung (EG) Nr. 116/2009 des Rates geregelt[187]. **919**

---

181 EuGH C-270/02, KOM/Italien, Slg. 2004, I-1559.

182 EuGH C-211/03, HLH u. Orthica, Slg. 2005, I-5141 (zur Einstufung als Arzneimittel statt – wie in anderen Mitgliedstaaten – als Nahrungsmittel); EuGH C–192/01, KOM/Dänemark, Slg. 2003, I-9693 (zum Verbot eines Lebensmittels mit der Begründung, es liege kein Ernährungsbedürfnis vor).

183 EuGH C-350/97, Monsees, Slg. 1999, I-2921 Rdn. 24; C-67/97, Bluhme, Slg. 1998, I-8033 Rdn. 33/34.

184 Vgl. die Zusammenstellung der Rechtsakte im Fundstellennachweis des geltenden EU-Rechts, Kapitel 15.

185 EuGH C-421/00, C-426/00 u. C-16/01, Strebenz und Haug/Unabhängiger Verwaltungssenat Kärnten, Slg. 2003, I-1065.

186 RL 2014/60/EU des EP und des Rates v. 15.5.2014 über die Rückgabe von unrechtmäßig aus dem Hoheitsgebiet eines Mitgliedstaats verbrachten Kulturgütern und zur Änderung der VO (EU) Nr. 1024/2012 (Neufassung), ABl. 2014, L 159/1–10.

187 VO (EG) Nr. 116/2009 des Rates v. 18.12.2008 über die Ausfuhr von Kulturgütern (kodifizierte Fassung), ABl. 2009, L 39/1-7.

dd) Gewerbliches und kommerzielles Eigentum

920 Zum „gewerblichen und kommerziellen Eigentum" im Sinne des Art. 36 AEUV zählen: das Patentrecht[188], das Warenzeichenrecht[189], das Urheberrecht[190], das Sortenschutzrecht[191] und der Schutz von Marken, Mustern und Modellen[192].

Der **Bestand dieser Rechte** wird durch Art. 345 AEUV garantiert, wonach die EU-Verträge die Eigentumsordnung in den verschiedenen Mitgliedstaaten unberührt lassen. Der **territoriale Bezug** dieser Rechte führt allerdings **automatisch zur Annahme einer Maßnahme gleicher Wirkung** im Sinne des Art. 34 AEUV, so dass die Ausgestaltung und Ausübung dieser Rechte nur im Rahmen des Art. 36 AEUV erfolgen kann[193]. Bei Waren aus Drittländern können Rechte am geistigen Eigentum nur dann geltend gemacht werden, wenn nachgewiesen wird, dass solche Waren dazu bestimmt sind, in der EU bzw. dem betreffenden Mitgliedstaat in den Verkehr gebracht zu werden[194].

921 Art. 36 AEUV lässt Ausnahmen vom Grundsatz des freien Warenverkehrs nur insoweit zu, *„als diese Ausnahmen zur Wahrung der Rechte, die den spezifischen Gegenstand des gewerblichen oder kommerziellen Eigentums ausmachen, d.h. dem Schutz vor Konkurrenten, notwendig sind"*[195].

Die Rechtfertigung von Einfuhrbeschränkungen aufgrund des gewerblichen oder kommerziellen Eigentums ist deshalb ausgeschlossen, wenn der Inhaber eines nach den Vorschriften eines Mitgliedstaates geschützten Rechts das betreffende Erzeugnis selbst, mit seiner Zustimmung oder durch eine rechtlich bzw. wirtschaftlich von ihm abhängige Person bereits **in einem anderen Mitgliedstaat** rechtmäßig in den Verkehr gebracht hat (sog. **Erschöpfungsprinzip**); anderenfalls könnte der Rechteinhaber nationale Märkte abschotten, ohne dass dies zur Wahrung des spezifischen Gegenstandes gerechtfertigt wäre[196]. Das Recht zur öffentlichen Aufführung eines

188 EuGH Rs. 16/74, Centrafarmn, Slg. 1974, 1183.

189 EuGH C-349/95, Loendersloot, Slg. 1997, I-6227 Rdn. 22; verb. Rs. C-71-73/94, Eurim-Pharm, Slg. 1996, I-3603 Rdn. 31.

190 EuGH C-61/97, EDV, Slg. 1998, I-5171; C-200/96, Metronome Musik, Slg. 1998, I-1953; Rs. 62/79, Coditel, Slg. 1980, 881.

191 EuGH Rs. 258/78, Nungesser, Slg. 1982, 2015/2061.

192 EuGH Rs. 53/78, Renault, Slg. 1988, 6039; Rs. 144/81, Keurkoop, Slg. 1982, 2853/2810; C-313/94, Graffine/Ditta Fransa, Slg. 1996, I-6039.

193 EuGH C-235/89, KOM/Italien, Slg. 1992, I-777.

194 EuGH, Urt. v. 1.12.2011, C-446/09, Philips und C-495/09, Nokia, ECLI:EU:C:2011:796.

195 *Patentrecht*: EuGH Rs. 35/87, Thetford, Slg. 1988, 3601; *Warenzeichenrecht*: EuGH C-238/89, Pall Dahlhausen, Slg. 1990, I-4844; *Urheberrecht*: EuGH Rs. 62/79, Coditel, Slg. 1980, 881.

196 EuGH C-200/96, Metronome Musik, Slg. 1998, I-1953 Rdn. 14; C-10/89, HAG II, Slg. 1990, I-3711; Rs. 58/80, Dansk Supermarked AS, Slg. 1981, 181; Rs. 78/70, Deutsche Grammophon, Slg. 1971, 487. Wegen Verstoßes gegen den freien Waren- und Dienstleistungsverkehr nicht anerkannt hat der EuGH die internationale Erschöpfung, wonach bereits das Inverkehrbringen in einem Drittland das Ausschließlichkeitsrecht auch in der EU entwertet, vgl. EuGH C-479/04, Laserdisken ApS, Slg. 2006, I-8089.

Werkes oder auch das Vermietungsrecht eines Werkes verbleiben jedoch ungeachtet des Verkaufs des das Werk ausmachenden Trägers beim Urheber und Hersteller[197].

Ist dagegen das Schutzrecht, z.B. ein Warenzeichen, ohne Zustimmung des Rechteinhabers an eine andere Firma übertragen worden, so kann er sich in dem Mitgliedstaat, in dem ihm das Schutzrecht zusteht, dem Vertrieb des aus einem anderen Mitgliedstaat eingeführten Erzeugnisses widersetzen, sofern dieses mit dem gleichen oder einem verwechselungsfähigen Warenzeichen versehen ist[198]. Der bloße Transit von Waren durch einen Mitgliedstaat darf nicht zum Anlass genommen werden, Maßnahmen zum Schutz des gewerblichen oder kommerziellen Eigentums zu treffen[199].

Zu beachten ist in diesem Zusammenhang auch, dass der gewerbliche Rechtsschutz **922** inzwischen zum Gegenstand zahlreicher Rechtsangleichungs- und Vereinheitlichungsmaßnahmen der EU gemacht worden ist.

c) Grenzen der nationalen Regelungszuständigkeit

Die zum Schutz der in Art. 36 AEUV aufgeführten Rechtsgüter von den Mitgliedstaa- **923** ten im Rahmen der ihnen verbliebenen Regelungszuständigkeit getroffenen Maßnahmen unterliegen schließlich einer **dreifachen unionsrechtlichen Bindung**:

(1) Grundsatz der Verhältnismäßigkeit

Danach müssen die den Handel innerhalb der EU beschränkenden Maßnahmen *„ge-* **924** *rechtfertigt"* sein (vgl. Art. 36 Satz 1 AEUV). Im Einzelnen bedeutet dies, dass unter den an sich geeigneten Maßnahmen jeweils die den Warenverkehr innerhalb der EU am wenigsten belastende Regelung zu wählen ist (Grundsatz des geringstmöglichen Eingriffs) und dass die bewirkte Beschränkung in angemessenem Verhältnis zu den angestrebten Zielen stehen muss (Übermaßverbot)[200].

Folgende Grundprinzipien sind dabei zu beachten:
- Etikettierung reicht im Zweifel, um Verbraucher vor Irreführung zu schützen, so dass Verbote wegen Nichteinhaltung der Vorschriften betreffend die Zusammensetzung, Bezeichnung oder Aufmachung in der Regel nicht erforderlich bzw. angemessen sind.
- Der Grundsatz der Gleichwertigkeit als Ausfluss des Herkunftsstaatsprinzips lässt die Erforderlichkeit doppelter Kontrollen und Untersuchungen oder die Ange-

197 EuGH C-61/97, EDV, Slg. 1998, I-5171 Rdn. 15–17.

198 EuGH C-10/89, HAG II, Slg. 1990, I-3711.

199 EuGH C-23/99, KOM/Frankreich, Slg. 2000, I-7653; C-115/02, Rioglass u. Transremar, Slg. 2003, I-12705.

200 Vgl. EuGH Rs. 35/76, Simmenthal, Slg. 1976, 1871; C-347/89, Eurim Pharma GmbH, Slg. 1991, I-1763.

messenheit der Verweigerung der Anerkennung von Qualifikationen[201] oder Qualitäten entfallen.

- Zum Schutz der Gesundheit nicht erforderlich ist, dass bei der Zulassung von Vitaminen als Arzneimittel alle Präparate ab einer bestimmten Dosis pauschal als Arzneimittel behandelt werden, ohne nach der Art des zugelassenen Vitamins und dessen pharmakologischen Eigenschaften zu unterscheiden[202].
- Berücksichtigung der Wahrung der Grundrechte im Rahmen der Güterabwägung[203].
- Wird eine vorherige Genehmigung verlangt, muss das Genehmigungsverfahren auf objektiven, nicht diskriminierenden Kriterien beruhen, darf keine Doppelkontrollen einführen und nicht mit unverhältnismäßig hohen Kosten verbunden sein und muss bei seiner Einführung eine angemessene Übergangsfrist vorsehen[204].

(2) Verbot der „willkürlichen Diskriminierung“

925 Die auf Art. 36 Satz 1 AEUV gestützten Beschränkungen dürfen nicht missbraucht und zu Diskriminierungen von Waren aus anderen Mitgliedstaaten oder zum mittelbaren Schutz bestimmter nationaler Produkte verwendet werden (vgl. Art. 36 Satz 2 AEUV), was insbesondere anhand der Zielsetzungen der betreffenden Vorschriften sowie ihrer Entstehungsgeschichte zu entscheiden ist[205]. Den Hauptanwendungsfall dieses Verbots bilden protektionistische Maßnahmen der Mitgliedstaaten zum Schutz der einheimischen Produktion in Gestalt der künstlichen Abschottung des nationalen Marktes[206].

(3) Verbot der „verschleierten Beschränkung“ des Handels zwischen den Mitgliedstaaten

926 Eine verschleierte Beschränkung des Warenverkehrs innerhalb der EU (Art. 36 Satz 2 AEUV) ist z.B. bejaht worden bei der Werbung für alkoholische Getränke[207] sowie einem Einfuhrverbot für Geflügel, das von Großbritannien erlassen wurde, um französische Einfuhren während des Weihnachtsgeschäfts zu verhindern[208].

---

201 EuGH C-120/95, Decker, Slg. 2001, I-1831 Rdn. 43 [Befähigung von Optikern und die Qualität der medizinischen Hilfsgeräte in den Mitgliedstaaten].

202 EuGH C-397/99, KOM/Deutschland, Slg. 2004, I-3715 Rdn. 77; C-192/01, KOM/Dänemark, Slg. 2003, I-9693 Rdn. 55.

203 EuGH C-112/00, Schmidberger, Slg. 2003, I-5659 Rdn. 77 [Meinungs- und Versammlungsfreiheit]; C-368/95, Familiapress, Slg. 1997, I-151 Rdn. 27 [Aufrechterhaltung der Medienvielfalt].

204 EuGH C-390/99, Canal Satélite Digital, Slg. 2001, I-607; C-309/02, Radlberger, Slg. 2004, I-11763.

205 Vgl. EuGH Rs. 8/74, Dassonville, Slg. 1974, 837; Rs. 153/78, KOM/Deutschland, Slg. 1979, 2555; C-235/89, KOM/Italien, Slg. 1992, I-777; C-143/00, Boehringer Ingelheim, Slg. 2000, I-3759 Rdn. 31.

206 EuGH C-203/96, Dusseldorp, Slg. 1998, I-4075 Rdn. 40 [Verbot der Paralleleinfuhren von Arzneimitteln].

207 EuGH Rs. 152/78, KOM/Frankreich, Slg. 1980, 2299.

208 EuGH Rs. 40/82, KOM/Vereinigtes Königreich, Slg. 1982, 2793.

V. Prüfungsschema

I. Maßnahme eines Mitgliedstaates?

1. Staatliche Maßnahme
2. Vorliegen einer „Ware" in Abgrenzung zu Dienstleistungen und Geschäften des Kapitalverkehrs

II. Bestehen harmonisierten Rechts?

Falls ja, ist dieses alleiniger Prüfungsmaßstab, wobei die Begriffe unionsrechtlich zu verstehen und auszulegen sind. Falls nein, ist das Vorliegen einer Maßnahme gleicher Wirkung wie eine mengenmäßige Beschränkung zu prüfen.

III. „Maßnahme gleicher Wirkung wie mengenmäßige Beschränkungen"

1. **„Dassonville-Formel"**
   a) mittelbare oder unmittelbare, tatsächliche oder potenzielle Einfuhrbehinderung
   b) Auswirkungen sind nicht nur rein hypothetischer Natur
2. **„Cassis-de-Dijon-Formel"**
   a) diskriminierende Maßnahmen = Anwendung der Dassonville-Formel
   b) unterschiedslos anwendbare Maßnahmen = Anwendung der „Keck-Formel" und 3-Stufen Theorie
3. **„Keck-Formel" und 3-Stufen-Theorie**
   a) Eine nationale Regelung oder Praxis schreibt vor, dass Produkte, die in einem Mitgliedstaat rechtmäßig hergestellt und in den Verkehr gebracht worden sind, zusätzlich bestimmten inländischen Normen genügen müssen
   b) Eine nationale Regelung oder Praxis bezweckt oder bewirkt, dass Produkte aus anderen Mitgliedstaaten weniger günstig behandelt werden als inländische (offene oder versteckte Ungleichbehandlung)
   c) Eine nationale Regelung oder Praxis behindert für Produkte aus anderen Mitgliedstaaten den Zugang zum Markt eines Mitgliedstaates (Marktzugangsbarriere).

IV. Rechtfertigung

1. **Bestehen von harmonisiertem Recht im Schrankenbereich**
   Besteht harmonisiertes Recht, ist allein dieses der Maßstab für eine mögliche Rechtfertigung.
2. **Immanente Schranken:** *Rechtfertigung durch „zwingende Erfordernisse"* (Wahrung der Grundrechte, Verbraucherschutz, Umweltschutz, Lauterkeit des Handelsverkehrs, wirtschafts-, sozial- oder kulturpolitische Maßnahmen, die im Allgemeininteresse liegen)
3. **Die geschützten Rechtsgüter**
   - öffentliche Sittlichkeit, Ordnung und Sicherheit
   - Gesundheit und Leben von Menschen, Tieren und Pflanzen
   - nationales Kulturgut von künstlerischem, geschichtlichem oder archäologischem Wert
   - gewerbliches und kommerzielles Eigentum

4. **Schranken-Schranken oder Grenzen der nationalen Regelungszuständigkeit**
   - Grundsatz der Verhältnismäßigkeit
   - Verbot der „willkürlichen Diskriminierung"
   - Verbot der „verschleierten Beschränkung" des Handels zwischen den Mitgliedstaaten

Weiterführende Literatur: *Ackermann,* Warenverkehrsfreiheit und „Verkaufsmodalitäten", RIW 1994, S. 189; *Ahlfeld,* Zwingende Erfordernisse im Sinne der Cassis-Rechtsprechung des Europäischen Gerichtshofs zu Art. 30 EGV, 1997; *Albin/Valentin,* Dassonville oder doch Keck – zwei anstehende Urteile des EuGH zur Anwendung des Art. 28 EG auf Verwendungsbeschränkungen, EWS 2007, S. 533; *Becker,* Von „Dassonville" über „Cassis" zu „Keck" – Der Begriff der Maßnahme gleicher Wirkung in Art. 30 EGV, EuR 1994, S. 162; *Brigola,* Die Figur der Marktaustrittsbeschränkungen als Korrelat der Figur der Marktzugangsbeschränkungen – Anm. zur Rs. C–205/07, EuZW 2009, S. 479; *Cremer/Bothe,* Die Dreistufenprüfung als neuer Baustein der warenverkehrsrechtlichen Dogmatik, EuZW 2015, S. 413; *Dietz/Streinz,* Das Marktzugangskriterium in der Dogmatik der Grundfreiheiten, EuR 2015, S. 50; *Europäische Kommission,* Leitfaden zu den Artikeln 34-36 des Vertrags über die Arbeitsweise der Europäischen Union (AEUV), ABl. 2021, C 100/38); *Everling,* Zum Begriff der Ware im Binnenmarkt der EG und sein Verhältnis zu den Dienstleistungen, FS für Hugo J. Hahn, 1997, S. 365; *Frenz,* Produktverantwortung und Warenverkehrsfreiheit, EWS 2003, S. 67; *Füller,* Grundlagen und inhaltliche Tragweite der Warenverkehrsfreiheit nach dem EG-Vertrag, 2000; *Hesselhaus,* Rechtfertigung unmittelbar diskriminierender Eingriffe in die Warenverkehrsfreiheit, EuZW 2001, S. 695; *Kenntner,* Grundfälle zur Warenverkehrsfreiheit, JuS 2004, S. 22; *Klingreen,* Keine neue Frische in der Rechtsprechung zu den Grundfreiheiten: Der EuGH und das aufgebackene Brot, EWS 2006, S. 488; *Langner,* Das Kaufrecht auf dem Prüfstand der Warenverkehrsfreiheit des EG-Vertrages, RabelsZ 65 (2001), S. 222; *Lenz,* Warenverkehrsfreiheit nach der Doc-Morris-Entscheidung zum Versand von Arzneimitteln, NJW 2004, S. 332; *ders.,* Die Abfallwirtschaft in der Rechtsprechung des Gerichtshofes der Europäischen Gemeinschaften, EWS 2003, S. 345; *Lüder,* Die Grenzen der Keck-Rechtsprechung – Neue Entwicklungen im Bereich grenzüberschreitender Werbung im Binnenmarkt, EuZW 1996, S. 615; *Matthies,* Artikel 30 EG-Vertrag nach Keck, FS für Everling (1995), S. 803; *Mayer,* Die Warenverkehrsfreiheit im Europarecht – eine Rekonstruktion, EuR 2003, 793; *Millarg,* Die Schranken des freien Warenverkehrs in der EG, 2001; *Sack,* Die Warenverkehrsfreiheit nach Art. 34 AEUV und die Ungleichbehandlung von Inlands- und Importware, EWS 2011, S. 265; *Schorkopf,* Beweislast im Recht des freien Warenverkehrs, EuR 2009, S. 645; *Schneider,* Die öffentliche Ordnung als Schranke der Grundfreiheiten im EG-Vertrag, 1998; *Schwarze,* Der Schutz nationalen Kulturguts im europäischen Binnenmarkt, JZ 1994, S. 111; *Schwintowski,* Freier Warenverkehr und Binnenmarkt – Eine Fundamentalkritik an der Rechtsprechung des EuGH zu Art. 28 EGV, RabelsZ 64 (2000), S. 38; *Weyer,* Gemeinschaftsrechtliche Überprüfbarkeit mitgliedstaatlicher Regelungen der Verkaufsmodalitäten, EuZW 2004, S. 455; *Wiebauer,* Import und Produktsicherheit, EuZW 2012, S. 14.

C. Umformung der staatlichen Handelsmonopole (Art. 37 AEUV)

Zur Herstellung eines freien Warenverkehrs bedarf es schließlich der *„Umformung staatlicher Handelsmonopole"* (Art. 37 AEUV). **927**

Die staatlichen Handelsmonopole sind dadurch gekennzeichnet, dass sie die Einfuhr oder die Ausfuhr zwischen den Mitgliedstaaten rechtlich oder tatsächlich kontrollieren, lenken oder beeinflussen können (vgl. Art. 37 Abs. 1 UAbs. 2 AEUV), ohne dass es dazu der Erhebung zollgleicher Abgaben oder der Einführung von Kontingenten oder Maßnahmen gleicher Wirkung bedarf. So ist z.B. die Festsetzung eines Kontingents überflüssig, wenn ein Monopolunternehmen über das ausschließliche Recht verfügt, darüber zu entscheiden, welche Mengen einer bestimmten Ware aus den anderen Mitgliedstaaten bezogen werden. Diese **Einfuhr**- bzw. **Ausfuhrmonopole** sind grundsätzlich **unzulässig**, weil es andere Wirtschaftsbeteiligte von entsprechenden Handelsgeschäften ausschließt und Wirtschaftsteilnehmern in den anderen Mitgliedstaaten die freie Wahl ihrer Kunden bzw. Lieferanten im betreffenden Mitgliedstaat genommen wird[209].

Um derartige Auswirkungen auf den Warenverkehr innerhalb der EU zu vermeiden, **928** **verpflichtet** Art. 37 AEUV die Mitgliedstaaten dazu, ihre staatlichen Handelsmonopole so umzuformen (die Abschaffung solcher staatlichen Handelsmonopole wird nicht verlangt), dass jede Diskriminierung in den Versorgungs- und Absatzbedingungen zwischen den Angehörigen der Mitgliedstaaten ausgeschlossen ist. Art. 31 AEUV soll die Möglichkeit für die Mitgliedstaaten, bestimmte Handelsmonopole als Mittel zur Verfolgung von im öffentlichen Interesse liegenden Zielen beizubehalten, mit den Erfordernissen der Errichtung und des Funktionierens des Binnenmarktes in Einklang bringen. Er soll die Hindernisse für den freien Warenverkehr, allerdings mit Ausnahme der durch das Bestehen der betreffenden Monopole bedingten Einschränkungen des Handels, beseitigen[210]. Dazu bedarf es nicht nur eines schlichten Unterlassens diskriminierenden Verhaltens, sondern dies erfordert eine grundlegende Änderung der Einfuhr- und Vertriebssysteme sowie eine Abschaffung der Exklusivrechte.[211] Diese Umformung sollte bis zum 31. Dezember 1969 abgeschlossen sein; seit Ablauf dieser Frist kann ein Verstoß gegen das Diskriminierungsverbot **unmittelbar geltend gemacht** werden[212].

Die Verpflichtung zur Umformung tritt ein, wenn folgende **zwei Voraussetzungen** erfüllt sind: **929**

(1) Es muss ein staatliches Monopol vorhanden sein. Ein staatliches Monopol liegt dann vor, wenn

209 EuGH C–158/94, KOM/Italien, Slg. 1997, I-5789; Rs. 59/75, Manghera, Slg. 1976, 91.

210 EuGH C-189/95, Franzén, Slg. 1997, I-5909 Rdn. 39.

211 EuGH C-159/94, KOM/Frankreich, Slg. 1997, I-5815 Rdn. 49; C-157/94, KOM/Niederlande, Slg. 1997, I-5699 [zum ausschließlichen Einfuhrrecht]; C-158/94, KOM/Italien, Slg. 1997, I-5789 [zum ausschließlichen Ausfuhrrecht].

212 EuGH Rs. 59/75, Manghera, Slg. 1976, 91; Rs. 91/78, Hansen, Slg. 1979, 935.

- eine in die Verwaltung des Mitgliedstaats eingegliederte Stelle (z.B. Ministerium, Behörde, Gemeinde[213]) auf dem gesamten Gebiet des Mitgliedstaates oder eines Teils davon der einzige Nachfrager oder Anbieter eines bestimmten Erzeugnisses ist oder wenn
- ein Mitgliedstaat eine ein Monopol ausübende Einrichtung unmittelbar oder mittelbar, rechtlich oder tatsächlich kontrolliert, lenkt oder merklich beeinflusst (vgl. Art. 37 Abs. 1 UAbs. 2 AEUV) bzw. der Mitgliedstaat sein Monopol auf andere Rechtsträger, insbesondere private oder öffentliche Unternehmen, überträgt.

(2) Dieses Monopol muss den Handel zwischen den Mitgliedstaaten betreffen. Damit unterliegen Dienstleistungsmonopole nicht der Umformungsverpflichtung. Erfasst werden vielmehr nur Handelsmonopole, die Waren vertreiben, hinsichtlich deren ein Wettbewerb und ein zwischenstaatlicher Warenaustausch möglich ist[214]. Der Handel zwischen den Mitgliedstaaten ist betroffen, wenn

- die Verbringung von Waren aus anderen oder in andere Mitgliedstaaten aufgrund eines Einfuhr- oder Ausfuhrmonopols nur über den Monopolbetrieb erfolgen kann[215] oder
- der Einkauf oder Verkauf bestimmter Waren auf der Einzelhandels- oder Großhandelsebene einem Handelsmonopol vorbehalten ist[216].

930 Die Einräumung eines gegen Art. 37 Abs. 1 AEUV verstoßenden ausschließlichen Rechts kann jedoch gemäß Art. 106 Abs. 2 AEUV unter dem Gesichtspunkt der Erbringung einer **Dienstleistung von allgemeinem wirtschaftlichen Interesse gerechtfertigt** sein. Dazu muss die Erfüllung der dem Unternehmen übertragenen besonderen Aufgabe nur durch die Einräumung solcher ausschließlichen Rechte gewährleistet werden können und die Entwicklung des Handelsverkehrs nicht in einem Ausmaß beeinträchtigt werden, das dem Interesse der EU zuwiderläuft[217]. Nicht anwendbar sind hingegen die Rechtfertigungsgründe des Art. 36 AEUV.

Literatur: *Bungenberg*, Das gemeinschaftsrechtswidrige schwedische Alkoholeinfuhrmonopol – Besprechung von EuGH C–170/04, EuR 2008, S. 232; *Ehricke*, Staatliche Handelsmonopole im Recht der EU – Art. 37 EG-Vertrag: Bestandsaufnahme und Perspektiven, WuW 1995, S. 691; *ders.*, Zur Konzeption von Art. 37 I und 90 II EGV, EuZW 1998, S. 741; *Giesen*, Sozialversicherungsmonopol und EG-Vertrag, 1995; *Heinemann*, Grenzen staatlicher Monopole im EG-Vertrag, 1996; *Kellerhals/Uebe*, § 6 Das Binnenmarktrecht der

---

213 EuGH C-393/3, Almelo, Slg. 1994, I-1477 Rdn. 29-31; Rs. 30/87, Bodson, Slg. 1988, 2507 Rdn. 13.

214 EuGH C-387/93, Banchero, Slg. 1995, I-4663; zuvor bereits Rs. 6/64, Costa/E.N.E.L., Slg. 1964, 1251.

215 EuGH Rs. 59/75, Manghera, Slg. 1976, 91; C-260/89, Elliniki Radiophonia Tileorassi, Slg. 1991, I-2925.

216 EuGH C-438/02, Krister Hanner, Slg. 2005, I-4551 [zum Verkaufsmonopol für Arzneimittel]; Rs. 91/78, Hansen GmbH & Co., Slg. 1979, 935.

217 Vgl. in diesem Sinne EuGH C-157/94, KOM/Niederlande, Slg. 1997, I-5699 Rdn. 32; C-185/94, KOM/Italien, Slg. I-5789 Rdn. 43; C-154/94, KOM/Frankreich, Slg. 1997, I-5815 Rdn. 49.

Warenverkehrsfreiheit, in: Müller-Graff (Hrsg.), Europäisches Binnenmarkt- und Wirtschaftsordnungsrecht, 2. Aufl. 2021; *Schweitzer*, Staatsunternehmen im Wettbewerbsrecht, HWB-EuP 2009.

§ 10 Die Freiheit des Personen- und Dienstleistungsverkehrs

A. Allgemeiner Überblick

I. Die Regelungen

Die Vertragsvorschriften über die Freiheit des Personen- und Dienstleistungsverkehrs sind, wie die über den freien Warenverkehr, im Dritten Teil des AEUV, der die **„Internen Politiken und Maßnahmen der Union"** behandelt, niedergelegt. Sie regeln im Einzelnen **931**

- die Freizügigkeit der Arbeitnehmer (Art. 45–48 AEUV; dazu unter B.),
- die freie Niederlassung (Art. 49–55 AEUV; dazu unter C.) und
- den freien Dienstleistungsverkehr (Art. 56–62 AEUV; dazu unter D.).

Ursprünglich wurden die Freizügigkeit der Arbeitnehmer sowie die Niederlassungs- und Dienstleistungsfreiheit lediglich als **ein Faktor der wirtschaftlichen Integration** angesehen, der den Zufluss billiger Arbeitskräfte in die Industrieregionen der EU ermöglichen sowie die freie Wahl des wirtschaftlich vorteilhaftesten Standorts für die Erbringung der Wirtschaftstätigkeit gewährleisten sollte. In der Zwischenzeit verkörpern diese Freiheiten über ihren wirtschaftlichen Ansatz hinaus einen **Kernbestand spezifischer Rechte der Unionsbürger**. **932**

1. Freizügigkeit der Arbeitnehmer

Nach Art. 45 AEUV umfasst die Freizügigkeit der Arbeitnehmer *„die Abschaffung jeder auf der Staatsangehörigkeit beruhenden unterschiedlichen Behandlung der Arbeitnehmer der Mitgliedstaaten in Bezug auf Beschäftigung, Entlohnung und sonstige Arbeitsbedingungen"* (Abs. 2). Dieses Gebot gilt *„vorbehaltlich der aus Gründen der öffentlichen Ordnung, Sicherheit und Gesundheit gerechtfertigten Beschränkungen"* (Abs. 3). Eine weitere Ausnahme ist vorgesehen für die *„Beschäftigung in der Öffentlichen Verwaltung"* (Abs. 4). **933**

Durch den Erlass von EU-Rechtsakten zur Angleichung und Vereinheitlichung des nationalen Rechts, das der Verwirklichung der Freizügigkeit der Arbeitnehmer entgegensteht, soll die gleiche Behandlung aller EU-Bürger in der Praxis sichergestellt werden (Art. 46, 48 AEUV). Dabei geht es vor allem darum, **934**

- die nationalen Regelungen und Verwaltungspraktiken abzuschaffen, die die freie Wahl des Arbeitsplatzes für Arbeitnehmer aus anderen Mitgliedstaaten und die Gleichbehandlung mit inländischen Arbeitnehmern hinsichtlich der Beschäftigung behindern;

- den Arbeitnehmern zu gewährleisten, dass sie ihre Ansprüche auf Leistungen der sozialen Sicherheit nicht verlieren, wenn sie sich zum Zwecke der Ausübung einer Beschäftigung in ein anderes Mitgliedsland der EU begeben;
- die Zusammenarbeit zwischen den einzelstaatlichen Arbeitsverwaltungen herzustellen.

2. Niederlassungsfreiheit

935 Beschränkungen der **freien Niederlassung** von Staatsangehörigen eines Mitgliedstaates im Hoheitsgebiet eines anderen Mitgliedstaates **sind verboten** (Art. 49 UAbs. 1 AEUV). Die Niederlassungsfreiheit umfasst *„die Aufnahme und Ausübung selbständiger Erwerbstätigkeiten sowie die Gründung und Leitung von Unternehmen, insbesondere von Gesellschaften ..., nach den Bestimmungen des Aufnahmestaates für seine eigenen Angehörigen"* (Art. 49 UAbs. 2 AEUV).

Seine Anwendung ist für Tätigkeiten ausgeschlossen, die *„dauernd oder zeitweise mit der Ausübung öffentlicher Gewalt verbunden sind"* (Art. 51 AEUV).

Darüber hinaus bleiben von diesem Grundsatz diejenigen Rechts- und Verwaltungsvorschriften der Mitgliedstaaten unberührt, die *„eine Sonderregelung für Ausländer vorsehen und aus Gründen der öffentlichen Sicherheit oder Gesundheit gerechtfertigt sind"* (Art. 52 AEUV).

936 **Die praktische Durchsetzung dieser Freiheit** soll erfolgen durch den Erlass von Richtlinien über die gegenseitige Anerkennung der Diplome, Prüfungszeugnisse und sonstigen Befähigungsnachweise sowie zur Koordinierung der nationalen Vorschriften über die Aufnahme und Ausübung selbständiger Erwerbstätigkeiten (Art. 53 AEUV).

3. Dienstleistungsfreiheit

937 Im Bereich des freien **Dienstleistungsverkehrs** sind innerhalb der EU die Beschränkungen *„für Angehörige der Mitgliedstaaten, die in einem anderen Mitgliedstaat als demjenigen des Leistungsempfängers ansässig sind, ... verboten"* (Art. 56 AEUV).

Ausgenommen werden – wie bei der Niederlassungsfreiheit – die innerstaatlichen Vorschriften, die eine Sonderregelung für Ausländer vorsehen und aus Gründen der *öffentlichen Ordnung, Sicherheit oder Gesundheit* gerechtfertigt sind (Art. 62 i.V.m. Art. 52 AEUV), sowie solche Tätigkeiten, die in einem Mitgliedstaat dauernd oder zeitweise mit der *Ausübung öffentlicher Gewalt* verbunden sind (Art. 62 i.V.m. Art. 45 Abs. 1 AEUV).

II. Abgrenzungsfragen

Bei der **Abgrenzung** dieser drei Bereiche ist zunächst auf die **Art der Erwerbstätigkeit** abzustellen: 938

Während die *Freizügigkeit nur* die **abhängige Arbeit** betrifft, regelt das *Niederlassungsrecht* zusammen mit der *Dienstleistungsfreiheit* die Ausübung einer **selbständigen Erwerbstätigkeit**. Die Trennung von unselbständiger und selbständiger Erwerbstätigkeit findet ihren Grund darin, dass man davon ausgegangen ist, die Freizügigkeit der Arbeitnehmer leichter herstellen zu können als die Niederlassungs- und Dienstleistungsfreiheit für Selbständige und Unternehmen. In der Tat sind die berufsspezifischen Anforderungen für die Ausübung unselbständiger und selbständiger Erwerbstätigkeiten unterschiedlich hoch: Im Hinblick auf die **Arbeitnehmer** konnte allgemein davon ausgegangen werden, dass für ihre Tätigkeiten der relativ leicht zu führende Nachweis der erforderlichen Sprachkenntnisse sowie die Fähigkeit, die angestrebte Tätigkeit auch tatsächlich ausüben zu können, genügte. Die Ausübung der **Berufe vieler Selbständiger** hängt hingegen von verschiedenen Fähigkeitsnachweisen und Prüfungen ab (so etwa Handwerksmeistern, Ärzten, Steuerberatern, Rechtsanwälten), die in den einzelnen Mitgliedstaaten ganz unterschiedlich ausgestaltet sind.

Diesem Unterschied trägt auch die **rechtliche Ausgestaltung** der Freiheiten Rechnung: Während die *Freizügigkeit der Arbeitnehmer* innerhalb der EU bis zum Ende der Übergangszeit (d.h. bis zum 31. Dezember 1969) hergestellt werden musste, waren die Beschränkungen der *Niederlassungsfreiheit* und des *freien Dienstleistungsverkehrs* nur schrittweise „aufzuheben". Zwar wurden die Niederlassungs- und die Dienstleistungsfreiheit zwischenzeitlich auch als Behinderungsverbote formuliert[218]; gleichwohl bleiben die Unterschiede in den tatsächlichen Anforderungen für die Wahrnehmung der jeweiligen Freiheit bestehen. 939

Die Abgrenzung zwischen **Niederlassungs- und Dienstleistungsfreiheit** wird allgemein danach vorgenommen, ob die betreffende Person **auf Dauer** ihre Erwerbstätigkeit in einem anderen Mitgliedstaat ausüben will und sich damit gleichsam vollständig in das Berufs- und Wirtschaftsleben des Aufnahmestaates eingliedert – dies ist der Fall bei der Niederlassung – oder sich **nur vorübergehend**, d.h. für die Zeit der Erbringung ihrer Leistungen, in einen anderen Mitgliedstaat begibt – dies ist der Fall bei der Dienstleistung. Allerdings wird die „vorübergehende" Erbringung der Leistung sehr weit ausgelegt. Eine grenzüberschreitende Dienstleistung kann etwa auch dann vorliegen, wenn die Leistung *„über einen längeren Zeitraum, bis hin zu mehreren Jahren"* oder *„mehr oder weniger häufig und regelmäßig auch über einen längeren* 940

218 Dies ist mit den Änderungen durch den Vertrag von Amsterdam geschehen.

Zeitraum" erbracht wird[219]. Es darf nur nicht zu einer Eingliederung in die Volkswirtschaft des Aufnahme-Mitgliedstaates kommen.

Die Abgrenzung kann im Einzelfall schwierig sein. Zu berücksichtigen sind insbesondere neben den Tätigkeitsschwerpunkten die Natur, der Zweck und der Umfang der Dienstleistung sowie die Dauer, Häufigkeit, Periodizität und Kontinuität der Tätigkeit sowie konkrete Abmachungen zwischen den Parteien[220]. Das Bestehen einer festen Einrichtung allein reicht zur Annahme der Dauerhaftigkeit nicht aus, da auch Erbringer von Dienstleistungen sich im Aufnahmestaat mit einer für die Erbringung der Dienstleistungen erforderlichen Infrastruktur ausstatten können[221]. Umgekehrt muss die erforderliche Präsenz im Aufnahmestaat nicht unbedingt in den Formen einer Zweigniederlassung oder Agentur erfolgen, um von der Dauerhaftigkeit und damit der Anwendbarkeit der Niederlassungsfreiheit ausgehen zu können[222].

941 In **Abgrenzung zur Kapitalverkehrsfreiheit** (Art. 63 ff. AEUV) ist die Niederlassungsfreiheit vorrangig anwendbar, sofern das Merkmal der Gründung und Leitung von Unternehmen gem. Art. 49 Abs. 2 AEUV erfüllt ist. Dies ist immer dann der Fall, wenn durch den Erwerb einer Beteiligung an einer Gesellschaft in einem anderen Mitgliedstaat sich der Investor die Möglichkeit verschafft, sicheren Einfluss auf die Entscheidungen der Gesellschaft auszuüben und ihre Geschäftstätigkeit zu kontrollieren[223]. Dies gilt nicht für Beteiligung an einer Gesellschaft, die nach dem Recht eines Drittstaats gegründet wurde oder dort ihren Sitz hat, da die vertraglichen Vorschriften über die Niederlassungsfreiheit nur für die Angehörigen der Mitgliedstaaten und die nach dem Recht dieser Staaten gegründeten Gesellschaften gelten[224]. Erfolgt die Beteiligung am Kapital einer Gesellschaft in der alleinigen Absicht der Geldanlage, ohne dass auf die Verwaltung und Kontrolle des Unternehmens Einfluss genommen werden soll (sog. Portfolioinvestitionen), sind ausschließlich die Vorschriften über den freien Kapitalverkehr anwendbar[225].

---

219 EuGH C-215/00, Schnitzer, Slg. 2002, I-1817 (Eintragung von Handwerksmeistern aus anderen Mitgliedstaaten in die Handwerksrolle); C-171/02, KOM/Portugal, Slg. 2004, I-5645 (Ort der Entgeltzahlung).

220 EuGH C-384/08, Attanasio Group Srl, Slg. 2010, I-2055 (Errichtung einer Straßentankstelleneinrichtung).

221 EuGH C-55/94, Gebhard, Slg. 1995, I-4165 Rdn. 27 (Anwaltskanzlei).

222 EuGH Rs. 205/84, KOM/Deutschland, Slg. 1986, 3755 Rdn. 21 (Büro, das von nur einer Person geführt wird); EuGH C-409/06, Winner Wetten, Slg. 2010, I-8050 (Abwicklung des Sammelns von Wetten in einem Büro).

223 EuGH C-47/12, Kronos International, EULI:C:2014:2200.

224 EuGH C-31/11, Scheunemann, ECLI:EU:C:2012: 481.

225 EuGH C-446/04, Test Claimants in the FII Group Litigation, Slg. 2006, I-11753, Rdn. 36; EuGH C-47/12, Kronos International, ECLI:EU:C:2014:2200; ausführlich zur Abgrenzung von Niederlassungs- und Kapitalverkehrsfreiheit in der Rspr. *Germelmann*, EuZW 2008, 596.

III. Vom Diskriminierungsverbot zum Behinderungsverbot

Der im **Schrifttum** über lange Zeit hinweg ausgetragene Streit darüber, ob die Freizügigkeit und die Niederlassungsfreiheit wie bereits die Dienstleistungsfreiheit (und der freie Warenverkehr) über die Gewährleistung des Grundsatzes der Inländerbehandlung hinaus auch als Behinderungsverbote verstanden werden können, ist vom EuGH in den Rechtssachen ***„Bosman"***[226] [Freizügigkeit] und ***„Gebhard"***[227] [Niederlassungsfreiheit] unzweideutig im letzteren Sinne entschieden worden. In den Vertragsvorschriften (Art. 45 und 49 AEUV) wird diesem Bedeutungswandel inzwischen dadurch Rechnung getragen, dass die frühere Formulierung, wonach Beschränkungen „schrittweise aufzuheben sind", durch ausdrückliche Verbote von Beschränkungen ersetzt worden ist. **942**

Die Freizügigkeit und die Niederlassungsfreiheit begründen in ihrer Ausprägung als Behinderungsverbote ein **Recht auf Berufsfreiheit**, das – ähnlich wie Art. 12 GG in Deutschland – Beschränkungen der Berufsausübung nur aus Gründen des Gemeinwohls und, soweit sie den Zugang zum Beruf betreffen, nur zum Schutz besonders wichtiger Interessen zulässt. Dies hat in der Praxis die bedeutsame Konsequenz, dass ein Angehöriger eines Mitgliedstaates, der in einem anderen Mitgliedstaat einer Beschäftigung nachgehen oder sich dort niederlassen will, den für Inländer geltenden Berufsregelungen nur insoweit unterworfen werden kann, als diese durch Gründe des allgemeinen Wohls gerechtfertigt sind[228].

Die praktischen Konsequenzen der Erweiterung des Tatbestandes der Freizügigkeit und des Niederlassungsrechts sind weit weniger spektakulär, als dies die Diskussionen um diese Erweiterung vermuten lassen. Sie liegen vor allem in der de-facto-**Umkehr der Beweislast**. Beim Diskriminierungsverbot muss die eine Diskriminierung rügende Partei (EU-Bürger oder Kommission) das Vorliegen dieser Diskriminierung beweisen. Da jedoch praktisch in jeder berufsregelnden Maßnahme automatisch eine Behinderung der Freizügigkeit oder des Niederlassungsrechts liegt, kann von einer Beweislast insoweit kaum noch gesprochen werden. Die Frage nach der Zulässigkeit dieser Behinderungen verlagert sich damit auf die Ebene der Rechtfertigung. Die Beweislast für das Vorliegen von Rechtfertigungsgründen liegt jedoch nicht mehr bei den EU-Bürgern oder der Kommission, sondern bei den Mitgliedstaaten. Diese werden über die Anerkennung des Behinderungsverbots praktisch gezwungen, ihre Berufsregelungen im Hinblick auf die Zielsetzung der Verwirklichung der Freizügigkeit und der Niederlassungsfreiheit zu rechtfertigen. **943**

---

226 EuGH C-415/93, Bosman, Slg. 1995, I-4921 Rdn. 95 ff.

227 EuGH C-55/94, Gebhard, Slg. 1995, I-4165.

228 Einzelheiten zu Inhalt und Schranken des Behinderungsverbots s. unter § 10 B. [Freizügigkeit] und § 10 C. [Niederlassungsfreiheit].

IV. Abschaffung der Grenzkontrollen: Schengener Besitzstand

944 In einem Raum ohne Binnengrenzen (Art. 26 Abs. 2 AEUV) müssen auch für den freien Personenverkehr die Grenzkontrollen an den fortbestehenden Staatsgrenzen der Mitgliedstaaten abgeschafft werden.

Ein erster Schritt wurde mit dem am 14. Juni 1985 in Schengen unterzeichneten Übereinkommen betreffend den schrittweisen Abbau der Kontrollen an den gemeinsamen Grenzen sowie vor allem dem ebenfalls in Schengen am 19. Juni 1990 unterzeichneten Durchführungsübereinkommen (sog. „Schengener Übereinkommen") getan[229].

945 Der durch die Schengener Übereinkommen geschaffene Besitzstand ist inzwischen in die EU-Verträge eingegliedert worden. Die Maßnahmen bezüglich der Grenzkontrollen sind nunmehr in Art. 77 AEUV geregelt und umfassen dabei die tatsächliche Aufhebung der Kontrolle an den Binnengrenzen der EU sowie die schrittweise Einführung eines integrierten Grenzschutzsystems an den Außengrenzen. Zwischen beiden Regelungsbereichen besteht ein untrennbarer Zusammenhang. Ein Verzicht auf Grenzkontrollen im Innern der EU ist nur vertretbar, wenn bei der Kontrolle an den Außengrenzen der EU gewährleistet ist, dass keine Sicherheitsdefizite eintreten.

946 Die Bestimmungen des Schengener Besitzstandes sind allerdings nur in dem Maße anwendbar, in dem sie mit den Rechtsvorschriften der EU vereinbar sind. Die verstärkte Zusammenarbeit im Schengen-Bereich hat innerhalb des institutionellen und rechtlichen Rahmens der EU unter Beachtung der EU-Verträge zu erfolgen[230].

Weiterführende Literatur: *Everling*, Von der Freizügigkeit der Arbeitnehmer zum Europäischen Bürgerrecht?, EuR (Beiheft 1) 1990, S. 81–103; *Grabitz*, Europäisches Bürgerrecht zwischen Marktbürgerschaft und Staatsbürgerschaft, 1970; *Magiera*, Die neuen Entwicklungen der Freizügigkeit für Personen auf dem Wege zu einem europäischen Bürgerstatut, EuR 1992, S. 434; *Nettesheim*, Die europarechtlichen Grundrechte auf wirtschaftliche Mobilität (Art. 48, 52), NVwZ 1996, S. 342.

B. Freizügigkeit der Arbeitnehmer (Art. 45–48 EGV)

947 Die Freizügigkeit der Arbeitnehmer gewährleistet **gesamtwirtschaftlich** gesehen die Beweglichkeit eines wesentlichen Produktionsfaktors: der Arbeit. Sie ermöglicht die Herstellung eines Gleichgewichts zwischen Angebot und Nachfrage auf dem Ar-

229 Sartorius II Nr. 280. Vgl. dazu Einzelheiten in § 18. Von den **27 Mitgliedstaaten der EU** sind dem Schengener Abkommen beigetreten und gelten daher als „Schengener Staaten": Deutschland, Belgien, Bulgarien, Dänemark, Estland, Finnland, Frankreich, Griechenland, Italien, Kroatien, Lettland, Litauen, Luxemburg, Malta, Niederlande, Österreich, Polen, Portugal, Rumänien, Schweden, Slowakei, Slowenien, Spanien, Tschechische Republik und Ungarn; nur **Irland** und **Zypern** gehören dem Schengener Raum **nicht** an. Aus dem **EWR** sind Norwegen, Island und zuletzt Liechtenstein dem Schengener Übereinkommen beigetreten. Die **Schweiz** gehört seit 2009 dem Schengener Raum an.

230 EuGH C-503/03, KOM/Spanien, Slg. 2006, I-1097.

beitsmarkt und den **Einsatz des Faktors „Arbeit"** am Ort des größten wirtschaftlichen Nutzens. Die fragliche Tätigkeit kann dabei auch außerhalb der EU ausgeführt werden, soweit das Arbeitsverhältnis einen räumlichen Bezug oder eine hinreichend enge Verbindung zum Gebiet der EU aufweist[231].

Über diesen wirtschaftlichen Zweck hinaus beansprucht das Freizügigkeitsrecht **948** Geltung auch als **Freiheit des Einzelnen**, seine Existenzgrundlage dort zu erwerben, wo ihm die Voraussetzungen dafür am Günstigsten erscheinen. Die Arbeitnehmer erhalten freien Zugang zu Arbeitsplätzen an Orten mit größerer Nachfrage nach Arbeitskräften und daher bessere Lohn- und Arbeitsbedingungen und können gegebenenfalls regionaler Arbeitslosigkeit ausweichen. Die Verordnung (EU) Nr. 492/2011[232] über die Freizügigkeit der Arbeitnehmer innerhalb der EU bringt dieses Verständnis des Freizügigkeitsrechts in ihrer 3. Begründungserwägung wie folgt zum Ausdruck:

„Die Freizügigkeit ist ein Grundrecht der Arbeitnehmer und ihrer Familien. Die Mobilität der Arbeitskräfte innerhalb der Union soll für den Arbeitnehmer eines der Mittel sein, die ihm die Möglichkeit einer Verbesserung der Lebens und Arbeitsbedingungen garantiert, und damit auch seinen sozialen Aufstieg erleichtern".

Die Freizügigkeit bezieht sich **sachlich** auf ein Arbeitsverhältnis eines Arbeitneh- **949** mers, das ein grenzüberschreitendes Element aufweist und eine Tätigkeit im Wirtschaftsleben betrifft.

I. Begünstigter Personenkreis

1. Arbeitnehmer

Die Inanspruchnahme der Freizügigkeit und der mit ihr zusammenhängenden **950** Rechte ist den **„Arbeitnehmern"** der Mitgliedstaaten vorbehalten.

Der Begriff des Arbeitnehmers hat einen **unionsspezifischen Inhalt** und kann deshalb durchaus von den in den Rechtsordnungen der Mitgliedstaaten verwendeten Arbeitnehmerbegriffen abweichen. Der ausschließliche Rückgriff auf das EU-Recht findet seine Rechtfertigung in dem Umstand, dass der Anspruch auf einheitliche Geltung der unionsrechtlich garantierten Freizügigkeit in Frage gestellt wäre, wenn jeder Mitgliedstaat über die Festlegung des Inhalts des Arbeitnehmerbegriffs den Anwendungsbereich der Freizügigkeit selbst bestimmen könnte.

Der **unionsrechtliche Arbeitnehmerbegriff** wurde vom EuGH **weit ausgelegt** **951** und anhand **objektiver Kriterien bestimmt**, die das Arbeitsverhältnis im Hin-

231 EuGH Rs. 36/74, Walrave, Slg. 1974, 1405 (vorübergehende berufliche Tätigkeit in einem Drittland für ein in der EU ansässiges Unternehmen; Rs. 9/88, Lopes de Veija, Slg. 1989, 2989 (Tätigkeit an Bord eines Schiffes, das unter der Flagge eines Mitgliedstaates der EU fährt).

232 ABl. 2011 Nr. L 141/1; diese VO löst die Freizügigkeits-VO Nr. 1612/68 ab.

blick auf die Rechte und Pflichten der betroffenen Personen kennzeichnen. Arbeitnehmer ist danach jeder, der eine tatsächliche und echte Erwerbstätigkeit ausübt. Außer Betracht bleiben Tätigkeiten, die einen so geringen Umfang haben, dass sie sich als völlig untergeordnet und unwesentlich darstellen[233].

Das **entscheidende Merkmal** des Arbeitsverhältnisses besteht nach dieser Rechtsprechung darin, dass *„jemand während einer bestimmten Zeit für einen anderen nach dessen Weisung Leistungen erbringt, für die er als Gegenleistung eine Vergütung erhält."*[234]

Die rechtliche Ausgestaltung des Arbeitsverhältnisses als privat- oder öffentlich-rechtliches Anstellungsverhältnis ist dabei ohne Bedeutung. Auch Beschäftigungsverhältnisse im öffentlichen Dienst (jenseits der Ausnahme des Art. 45 Abs. 4 AEUV) können von den Freizügigkeitsregeln erfasst werden[235].

952 Der Kreis der Personen, die dieses Merkmal erfüllen, ist denkbar weit gefasst. Auf dieser Grundlage wurden in der Rechtsprechung des EuGH als **Arbeitnehmer** etwa ausdrücklich **anerkannt**:

- Teilzeitbeschäftigte und Gelegenheitsarbeiter, und dies selbst dann, wenn das erzielte Einkommen unter dem in dem betreffenden Mitgliedstaat festgelegten Mindesteinkommen liegt, so dass Zuschüsse etwa in Form von Sozialhilfe im Aufnahmestaat in Anspruch genommen werden müssen[236],
- Arbeitssuchende[237],
- Studien- und Rechtsreferendare, ungeachtet der Tatsache, dass ihre Tätigkeit zeitlich begrenzt ist und sich an ein Hochschulstudium anschließt[238],
- Praktikanten im Rahmen einer Berufsausbildung, soweit die geleistete Stundenzahl geeignet ist, sich mit der Beschäftigung vertraut zu machen[239],
- Personen, die eine Erwerbstätigkeit unterbrechen, um im Aufnahmestaat ein Studium zu absolvieren, soweit die frühere Erwerbstätigkeit und der Gegenstand des Studiums einen gewissen Zusammenhang aufweisen[240],

233 Dies hat der EuGH bei einer durch öffentliche Mittel geförderten Tätigkeit bejaht, die der Rehabilitation oder Wiedereingliederung eines Drogenabhängigen dienen sollte: EuGH Rs. 344/87, Bettray, Slg. 1989, 1621; offengelassen in C-456/02, Trojani, Slg. 2004, I-7573 Rdn. 24. Ein auf 2 ½ Monate befristetes Arbeitsverhältnis hat der EuGH hingegen nicht als eine nur geringfügige, untergeordnete Tätigkeit angesehen: EuGH C-413/00, Ninni-Orasche, Slg. 2003, I-1387 Rdn. 26.

234 EuGH C-337/97, Meeusen, Slg. 1999, I-3289 Rdn. 13; C-85/96, Martínez Sala, Slg. 1998, I-2691 Rdn. 32; Rs. 66/85, Lawrie-Blum, Slg. 1986, 2121.

235 EuGH C-15/96, Schöning-Kougebetepoulou, Slg. 1998, I-47 Rdn. 12; Rs. 152/73, Sotgiu, Slg. 1974, 153; C-4/91, Bleis, Slg. 1991, I-5627.

236 EuGH C-14/09, Hava Gene, Slg. 2010, I-931; C-444/93, Megner u. Scheffel, Slg. 1995, I-4745 Rdn. 16; C-357/89, Raulin, Slg. 1992, I-1027; Rs. 53/81, Levin, Slg. 1982, 1035; Rs. 139/85, Kempf, Slg. 1986, 1774.

237 EuGH C-85/96, Martínez Sala, Slg. 1998, I-2691 Rdn. 32.

238 EuGH Rs. 66/85, Lawrie-Blum, Slg. 1986, 2121; Rs. 197/86, Brown, Slg. 1988, 3205.

239 EuGH C-3/90, Bernini, Slg. 1992, I-1071.

240 EuGH Rs. 39/86, Lair, Slg. 1988, 3161; Rs. 3/87, Agegate, Slg. 1989, 4459.

- Personen, die sich im Bereich des Sports betätigen, wie z.B. Profifußballer oder Radrennfahrer[241],
- Personen, die Leistungen im Rahmen einer Religionsgemeinschaft gegen Übernahme des Lebensunterhalts erbringen[242],
- Beschäftigte in einer Bar, selbst wenn sie der gewerbsmäßigen Prostitution nachgehen[243]
- Frauen, die ihre Erwerbstätigkeit oder Arbeitssuche wegen der körperlichen Belastung im Spätstadium der Schwangerschaft und nach der Geburt des Kindes aufgeben, sofern sie innerhalb eines angemessenen Zeitraums nach der Geburt ihres Kindes ihre Beschäftigung wieder aufnehmen oder eine andere Arbeitsstelle finden[244].

Die Arbeitnehmereigenschaft **verneint** hat der EuGH mangels Unterordnungsverhältnisses im Falle eines Geschäftsführers einer Gesellschaft, deren einziger Gesellschafter er ist[245].

Mit der Beendigung des Arbeitsverhältnisses **erlischt** grundsätzlich auch die **Arbeitnehmereigenschaft**; allerdings können bestimmte, mit dieser Eigenschaft zusammenhängende Ansprüche über die Beendigung des Arbeitsverhältnisses hinaus fortbestehen[246]. **953**

2. Familienangehörige

Die Familienangehörigen von Arbeitnehmern, die das Recht auf Freizügigkeit in Anspruch genommen haben, können **sich selbst nicht auf das Freizügigkeitsrecht** aus Art. 45 AEUV **berufen**. **954**

Gleichwohl werden den Familienangehörigen von Arbeitnehmern, die eine Tätigkeit im Hoheitsgebiet eines anderen Mitgliedstaats ausüben[247], im Hinblick auf den Schutz von Ehe und Familie, der auch in der EU grundrechtlich verbürgt ist[248], bestimmte **„abgeleitete" Rechte** durch die **Richtlinie 2004/38/EG**[249] einge-

241 EuGH C-415/93, Bosman, Slg. 1995, I-5062 Rdn. 70–75; Rs. 13/76, Dona, Slg. 1976, 1333; Rs. 36/74, Walrave, Slg. 1974, 1405.

242 EuGH Rs. 196/87, Steymann, Slg. 1988,6159; Rs. 300/84, van Roosmalen, Slg. 1986, 3067.

243 EuGH C-363/89, Roux, Slg. 1991, I-273; Rs. 115 und 116/81, Adoui, Slg. 1982, 1665.

244 EuGH C-507/12, Jessy Saint Prix, ECLI:EU:C:2014:2007.

245 EuGH C-107/94, Asscher, Slg. 1996, I-3089 Rdn. 26.

246 EuGH C-43/99, Leclere, Slg. 2001, I-4265 Rdn. 55; C-35/97, KOM/Frankreich, Slg. 1998, I-5325; C-57/96, Meints, Slg. 1997, I-6689.

247 Vgl. dazu EuGH C-65/96, Uecker, Slg. 1997, I-3182 Rdn. 20.

248 EuGH Rs. 249/86, KOM/Deutschland, Slg. 1989, 1263, Rdn. 10; C-459/99, MRAX, Slg. 2002, I-6591, Rdn. 53 unter Hinweis auch auf Art. 8 EMRK. Vgl. auch Art. 9 GRCh.

249 RL 2004/38/EG des EP und des Rates vom 29. 4. 2004 über das Recht der Unionsbürger und ihrer Familienangehörigen, sich im Hoheitsgebiet der Mitgliedstaaten frei zu bewegen und aufzuhalten, ABl. 2004 Nr. L 229/35–48.

räumt. Danach genießen Familienangehörige (unabhängig von ihrer Staatsangehörigkeit) vor allem die Rechte auf Einreise, Aufenthalt, Zugang und Ausübung einer Beschäftigung im Lohn- und Gehaltsverhältnis, Ausbildung und Verbleib[250]. Ein Angehöriger eines Drittstaates, der mit einem Unionsbürger verheiratet ist, kann das Recht auf Aufenthalt und Zugang zum Arbeitsmarkt allerdings nur in dem Mitgliedstaat geltend machen, in dem der Unionsbürger wirtschaftliche Aktivität ausübt[251], und dies auch nur solange wie der Unionsbürger in diesem Mitgliedstaat verbleibt[252].

955 Nach **Art. 7 Abs. 1 Buchstabe d** der Richtlinie 2004/38/EG dürfen der Ehepartner, die unterhaltsberechtigten Familienangehörigen sowie die unterhaltsberechtigten Verwandten des Arbeitnehmers und seines Ehepartners in aufsteigender und absteigender Linie ungeachtet ihrer Staatsangehörigkeit zusammen mit dem Arbeitnehmer in einem anderen Mitgliedstaat eine **Wohnung nehmen** (sog. **Recht auf Familiennachzug**). Nicht erfasst von dieser Regelung werden nach der Rechtsprechung des EuGH eheähnliche Lebensgemeinschaften[253]; etwas anderes gilt jetzt gem. Art. 7 Abs. 1 Buchstabe d i.V.m. Art. 2 Nr. 2 Buchstabe b) der Richtlinie 2004/38/EG im Hinblick auf die in einigen Mitgliedstaaten (darunter auch Deutschland) gesetzlich der Ehe weitgehend gleichgestellten „Lebenspartnerschaften". Der von einem Arbeitnehmer im Beschäftigungsstaat getrennt lebende Ehepartner behält seine Rechtsposition als Familienangehöriger unter bestimmten Voraussetzungen auch noch nach der rechtskräftigen Scheidung bei[254].

956 **Art. 23** der Richtlinie 2004/38/EG gewährt Ehepartnern und erwachsenen Kindern, die nicht die Staatsangehörigkeit eines Mitgliedstaates besitzen, das Recht, eine **eigene Erwerbstätigkeit auszuüben**.

957 **Nach Art. 24 Abs. 2** der Richtlinie 2004/38/EG können Kinder eines Staatsangehörigen eines Mitgliedstaates, der in einem anderen Mitgliedstaat beschäftigt ist, unter den gleichen Bedingungen wie Kinder von Inländern **am allgemeinen Unterricht sowie an der Lehrlings- und Berufsausbildung teilnehmen**. Dies schließt auch die Teilhabe an den im jeweiligen Beschäftigungsstaat des Arbeitnehmers gewährten Ausbildungsförderungsmaßnahmen ein[255]. In der Bundesrepublik Deutschland betrifft dies vor allem die Ausbildungsförderung nach dem Bundesausbildungsförderungsgesetz (BAföG). Soweit diese Maßnahmen auch Förderungen im Ausland vor-

---

250 Art. 4-7, 12-14 der RL 2004/38/EG.

251 EuGH C-10/05, Mattern u. Cikotic, Slg. 2006, I-3145.

252 So kann ein Drittstaatsangehöriger, der von einem Unionsbürger geschieden wurde, kein Aufenthaltsrecht mehr in seinem Wohnmitgliedstaat beanspruchen, wenn der Unionsbürger vor Einleitung des gerichtlichen Scheidungsverfahrens aus diesem Staat, der sein Aufnahmemitgliedstaat war, weggezogen ist, EuGH C-218/14, Singh, ECLI:EU:C:2015:476.

253 EuGH Rs. 59/85, Florence Reed, Slg. 1986, 1283.

254 So jetzt Art. 13 der RL 2004/38/EG. Zuvor eingeschränkt EuGH Rs. 267/83, Diatta, Slg. 1985, 567.

255 EuGH Rs. 9/74, Casagrande, Slg. 1974, 773; Rs. 68/74, Alaimo, Slg. 1975, 109. Dieser Verpflichtung entspricht nunmehr § 8 Abs. 1 Nr. 5 BAföG.

sehen, besteht ein Anspruch auf diese Leistungen selbst dann, wenn die Ausbildung im Heimatland des Kindes durchgeführt werden soll.

In diesem Sinne hat der EuGH in einem Fall entschieden, in dem das Kind eines italienischen Arbeitnehmers nach Beendigung seiner Schulausbildung in Deutschland wegen der bestehenden Zulassungsbeschränkungen im Fachbereich Medizin an deutschen Hochschulen ein Medizinstudium an der Universität Siena in Italien aufgenommen hatte und dafür die im BAföG vorgesehene Auslandsstudienbeihilfe beanspruchte[256]. Der EuGH weist in seinem Urteil darauf hin, dass *„die Verwirklichung der von der Verordnung Nr. 1612/68* [jetzt Verordnung Nr. 492/2011] *bezweckten Freizügigkeit der Arbeitnehmer in Freiheit und Menschenwürde es erforderlich macht, die bestmöglichen Bedingungen für die Integration der Familie des EU Arbeitnehmers im Aufnahmeland zu schaffen"*. Damit eine solche Integration gelingen kann, sei es unerlässlich, dass das Kind des EU-Arbeitnehmers, der mit seiner Familie im Aufnahmeland wohnt, die Möglichkeit hat, sein Studium unter den gleichen Bedingungen zu wählen wie das Kind eines Staatsangehörigen dieses Staates.

3. Angehörige der neuen Mitgliedstaaten

Für Angehörige von der EU neu beitretenden Staaten können in den Beitrittsakten Sonderregelungen vorgesehen werden, die es den Mitgliedstaaten gestatten, für die vollständige Gewährung aller Freizügigkeitsrechte Übergangszeiten vorzusehen. In der Vergangenheit betrug dieser Übergang 2 Jahre mit einer Verlängerungsmöglichkeit um weitere 3 Jahre[257]. **958**

Unabhängig von der Geltung der Freizügigkeitsregeln des AEUV bleibt den Angehörigen der Beitrittsstaaten jedoch als „Minimalsicherung ihrer Freizügigkeit" die Berufung auf die unmittelbar geltenden Freizügigkeitregelungen der Europa-Abkommen, die die EU mit diesen Staaten zur Vorbereitung ihres Beitritts geschlossen hat. Diese Regelungen bleiben so lange wirksam, bis eine vollständige Geltung der Freizügigkeit nach dem AEUV verwirklicht ist[258]. Unberührt bleiben ebenfalls die **959**

256 EuGH C-308/89, Carmina di Leo, Slg. 1990, I-4185. Noch weiter ist der EuGH in der Rs. C-337/97, Meeusen, Slg. 1999, I-3289 Rdn. 18–25 gegangen, wo ein Anspruch auf holländische Studienfinanzierung für ein Kind eines Grenzgängers festgestellt wurde, das weder die holländische Staatsangehörigkeit besitzt noch in Holland wohnt noch in Holland sein Studium durchführen will. In diesem Sinne auch EuGH C-410/18, Nicolas Aubriet, ECLI:EU:C:2019:582, wo der EuGH die Voraussetzung der Mindestarbeitsdauer des Grenzgängers für die Gewährung einer luxemburgischen Studienbeihilfe für unionsrechtswidrig erklärt hat.

257 So zuletzt Kroatien, dessen 2+3 Jahre Übergangszeit am 30.6.2018 ausgelaufen ist.

258 Vgl. aus der Rspr. des EuGH: EuGH C-438/00, Deutscher Handballbund, Slg. 2003, I-4135, Rdn. 30–43; C-63/99, Gloszczuk, Slg. 2001, I-6369, Rdn. 52; C-327/02, Panayotova u.a., Slg. 2004, I-11055, Rdn. 18 ff.

den Angehörigen der neuen Mitgliedstaaten über die Unionsbürgerschaft zustehenden Rechte[259].

4. Angehörige von Drittstaaten

960 Die Angehörigen von Drittstaaten können sich **aus eigenem Recht nicht** auf die Freizügigkeit nach Art. 45 AEUV berufen; sie verfügen nur in ihrer **Eigenschaft als Familienangehörige** von EU-Arbeitnehmern über bestimmte aus der Freizügigkeit ableitbare Rechte, die ihnen daraus erwachsen, dass ein Unionsbürger sein Recht auf Freizügigkeit ausgeübt hat, indem er sich in einem anderen Mitgliedstaat als dem seiner Staatsangehörigkeit niedergelassen hat[260].

961 Im Übrigen wird die aufenthalts- und arbeitsrechtliche Rechtsstellung der Drittstaatsangehörigen von **Sonderregelungen** bestimmt:

- Angehörige von *Vertragsstaaten des EWR-Abkommens* (Island, Norwegen und Liechtenstein) sowie die Staatsangehörigen der Schweiz verfügen gemäß Art. 28 des EWR-Abkommens bzw. gemäß dem Freizügigkeitsabkommen zwischen der EU und der Schweiz[261] über mit Art. 45 AEUV weitestgehend deckungsgleiche Rechte.
- Den *„langfristig aufenthaltsberechtigten" Drittstaatsangehörigen* wird aufgrund der Richtlinie 2003/109/EG[262] umfassende Gleichbehandlung garantiert. Dies gilt insbesondere für den Zugang zu einer unselbständigen oder selbständigen Erwerbstätigkeit, die Beschäftigungs- und Arbeitsbedingungen, einschließlich Entlassungsbedingungen und Arbeitsentgelt, die allgemeine und berufliche Bildung, einschließlich Stipendien und Ausbildungsbeihilfen gemäß dem nationalen Recht, die Anerkennung der berufsqualifizierenden Diplome, Prüfungszeugnisse und sonstigen Befähigungsnachweise gemäß den einschlägigen nationalen Verfahren, die soziale Sicherheit, Sozialhilfe und Sozialschutz im Sinne des nationalen Rechts und für steuerliche Vergünstigungen (Art. 11 der Richtlinie 2003/109/EG). Sie haben auch das Recht, sich in einem anderen Mitgliedstaat, etwa zur Ausübung einer Tätigkeit oder zu Studienzwecken, aufzuhalten (Art. 14 der Richtlinie

---

259 EuGH C-33/07, Jipa, Slg. 2008, I-5157; s. dazu unter § 4 D. III.

260 EuGH, 15.11.2011, Dereci, C-256/11, ECLI:EU:C:2011:626; EuGH, Lida, C-40/11, ECLI:EU:C:2012:691, wo der EuGH auch festgestellt hat, dass im Vater/Kind-Verhältnis das Freizügigkeitsrecht als Familienangehöriger für den Vater nur besteht, wenn Unterhalt gezahlt wird.

261 ABl. 2002 Nr. L 114/6 (zum 1.6.2002 in Kraft getreten; zum 1.5.2004 wurde dieses Abkommen auf die 10 Beitrittsstaaten und zum 1.6.2009 auf die 2 Beitrittsstaaten ausgedehnt). Dieses und die anderen mit der Schweiz ausgehandelten Abkommen werden gegenwärtig neu verhandelt und weiterentwickelt; drei neue Abkommen kommen hinzu: Strom, Lebensmittelsicherheit, Gesundheit.

262 Richtlinie 2003/109/EG des Rates vom 25.11.2003 betreffend die Rechtsstellung der langfristig aufenthaltsberechtigten Drittstaatsangehörigen, ABl. 2004 L 16/44.

2003/109/EG). Weitere Bestimmungen über die Familienzusammenführung enthält die Richtlinie 2003/85/EG[263].

- Freizügigkeitsrechte können sich schließlich aus den von der EU mit Drittstaaten geschlossenen *Assoziierungsabkommen*[264] und den zu ihrer Durchführung ergangenen *Assoziationsratsbeschlüssen* sowie aus *Partnerschaftsabkommen*[265] ergeben.

a) Weitere Gestaltung der Einwanderungspolitik

Die weitergehende Gestaltung der Einwanderungspolitik gegenüber Drittstaaten erfolgt im Rahmen der Asyl- und Einwanderungspolitik (Art. 78, 79 AEUV). Sie ist Bestandteil des Titels V des AEUV „Der Raum der Freiheit, der Sicherheit und des Rechts"[266]. **962**

II. Inhalt des Freizügigkeitsrechts

Im Mittelpunkt des Freizügigkeitsrechts steht die Gleichbehandlung der Arbeitnehmer in Bezug auf Beschäftigung, Entlohnung und sonstige Arbeitsbedingungen (Art. 45 Abs. 2 AEUV) sowie das Verbot der Behinderung der Freizügigkeit. Hinzu treten die freizügigkeitsspezifischen Rechte auf Stellenbewerbung und Ausübung **963**

---

263 Richtlinie 2003/86/EG des Rates vom 22.9.2003 betreffend das Recht auf Familienzusammenführung, ABl. 2003 L 251/12.

264 Dies gilt insbesondere für die **aufenthalts- und arbeitsrechtliche Rechtsstellung der türkischen Staatsangehörigen**, die sich auf das im Jahre 1963 abgeschlossene Assoziierungsabkommen (ABl. 1964 Nr. L 217/3687) und den zu dessen Durchführung gefassten Beschlüssen des Assoziationsrats (ABl. 1970 Nr. L 293/3) gründet. Obwohl die Freizügigkeit in Anlehnung an die Freizügigkeit nach dem damaligen EG-Vertrag bis zum 1.12.1986 hergestellt sein sollte, sind die zur Verwirklichung der Freizügigkeit erforderlichen Regelungen bis heute nicht getroffen worden. Eine **unmittelbare Anwendbarkeit** der Freizügigkeitsregelungen des Assoziierungsabkommens scheitert an deren Unbestimmtheit; sie enthalten weder hinreichend genaue Voraussetzungen für die Wahrnehmung und Ausübung des Freizügigkeitsrechts, noch geben sie den Inhalt des Freizügigkeitsrechts vor (EuGH Rs. 12/86, Demirel, Slg. 1987, 3747). **Anders ist die Situation** hingegen bei den **Beschlüssen des Assoziationsrates**. So hat der EuGH die unmittelbare Anwendbarkeit einiger Bestimmungen der Beschlüsse 2/76 und 1/80 des Assoziationsrats anerkannt, die den türkischen Arbeitnehmern nach bestimmten Zeiten ordnungsgemäßer Beschäftigung einen Anspruch auf Erteilung einer Arbeitserlaubnis sowie ein Aufenthaltsrecht für die Kinder vermitteln (EuGH C-36/96, Günaydin, Slg. 1997, I-5143 Rdn. 24; C-192/89, Sevince, Slg. 1990, I-3461; EuGH C-434/93, Bozkurt, Slg. 1995, I-1475; C-355/93, Eroglu, Slg. 1994, I-5115 Rdn. 22; C-237/91, Kazim Kus, Slg. 1992, I-6781; C-374/03, Gaye Gürol, Slg. 2005, I-6199).

265 Vgl. etwa das Partnerschaftsabkommen EU-Russland, welches das unmittelbar geltende Verbot enthält, Arbeitnehmer russischer Abstammung hinsichtlich der Beschäftigungsbedingungen zu diskriminieren; dazu EuGH C-265/03, Simutenkov, Slg. 2005, I-2579.

266 Siehe dazu den 5. Teil, §§ 17 und 22.

einer Beschäftigung (Art. 45 Abs. 3 AEUV) sowie die Gewährleistung der gewerkschaftlichen Rechte. Diese Rechte sind durch die (Freizügigkeits-)Verordnung Nr. 492/2011 umfassend geregelt worden.

1. Grundsatz der Gleichbehandlung

a) Begünstigte des Gleichbehandlungsgebots

964 Personen, die im Gebiet eines Mitgliedstaates wohnen und für die die EU-Rechtsvorschriften über die Freizügigkeit gelten, haben in diesem Mitgliedstaat grundsätzlich die gleichen Rechte und Pflichten wie dessen Staatsangehörige. Es gilt der **Grundsatz der Inländerbehandlung**. In ihrem Anwendungsbereich verdrängt die Inländerbehandlung nach Art. 45 Abs. 2 AEUV das allgemeine Diskriminierungsverbot des Art. 18 AEUV[267] .

965 Diese Gleichstellung inländischer und zuwandernder Arbeitnehmer aus anderen Mitgliedstaaten ist umfassend und nicht etwa auf das Verbot unterschiedlicher Behandlung aus Gründen der Staatsangehörigkeit beschränkt, wie dies der Wortlaut des Art. 45 Abs. 2 AEUV vermuten lassen könnte. Die Gleichbehandlung von EU-Arbeitnehmern steht in einem untrennbaren Zusammenhang mit dem Ziel der Freizügigkeit, die EU-Arbeitnehmer in das soziale und gesellschaftliche Leben ihres Beschäftigungsstaates einzubeziehen. Deshalb sind nach der Rechtsprechung des EuGH nicht nur *„offensichtliche Diskriminierungen"* aus Gründen der Staatsangehörigkeit unzulässig, sondern auch *„alle versteckten Formen der Diskriminierung, die durch Anwendung anderer Unterscheidungsmerkmale, wie etwa das Anknüpfen an den Wohnsitz, tatsächlich zu dem gleichen Ergebnis führen"*[268].

Der EuGH wendet sich mit dieser Formel gegen jede sachlich nicht gerechtfertigte unterschiedliche Behandlung der EU-Bürger, sei es in rechtlicher oder tatsächlicher Hinsicht. Eine *versteckte Diskriminierung* im Sinne der Rechtsprechung des EuGH liegt immer dann vor, wenn eine nationale Regelung ohne rechtfertigenden Grund die Gewährung von Rechten oder Leistungen von Bedingungen oder Kriterien abhängig macht, die es zuwandernden Arbeitnehmern im Gegensatz zu den eigenen Staatsangehörigen praktisch unmöglich macht, in den Genuss dieser Rechte oder Leistungen zu kommen.

Dies ist neben dem Abstellen auf den Wohnsitz oder Herkunftsort etwa auch der Fall, wenn an den Abschluss einer Schulausbildung oder die Erfüllung bestimmter

---

267 EuGH C-175/88, Biehl, Slg. 1990, I-1779.

268 EuGH Rs. 152/73, Sotgiu, Slg. 1974, 153; C-175/88, Biehl, Slg. 1990, I-1779; C-111/91, KOM/Luxemburg, Slg. 1993, I-817. Vgl. auch zur Berufserfahrungsregel EuGH C-703/17 Krah/Universität Wien, ECLI:EU:C:2019:850; C-4/23, Mirin, Urteil v. 4.10.2024, ECLI:EU:C:2024:845 zur Weigerung eines Mitgliedstaats, die in einem anderen Mitgliedstaat rechtmässig erlangte Änderung des Vornamens und Geschlechts anzuerkennen.

Sachverhalte im In- oder Ausland angeknüpft wird[269], Beschäftigungszeiten im Ausland bei der Einstellung[270] oder bei der Einstufung in eine Besoldungsgruppe[271] nicht berücksichtigt werden, die Gewährung einer Studienbeihilfe versagt wird, wenn der Student aus einem anderen Mitgliedstaat parallel zum Studium eine erhebliche, nicht nur untergeordnete Berufstätigkeit ausübt[272] oder steuerliche Vergünstigungen vorenthalten werden, wenn ein Arbeitnehmer sein gesamtes Einkommen im Wesentlichen aus seiner beruflichen Tätigkeit im Beschäftigungsstaat bezieht und in einem anderen Mitgliedstaat wohnt[273]. Für die Annahme einer versteckten Diskriminierung reicht die potentielle Eignung einer Regelung, auf Arbeitnehmer aus anderen Mitgliedstaaten stärkere Auswirkungen zu haben als auf einheimische, ohne dass der Nachweis einer tatsächlichen Benachteiligung erforderlich wäre[274].

Gegenüber den **eigenen Staatsangehörigen** sind die Mitgliedstaaten zur Gleich- **966**
behandlung mit den anderen EU-Bürgern nach EU-Recht nur insoweit verpflichtet, als diese einen **unionsrechtlich relevanten Sachverhalt** erfüllen, etwa durch Ausübung einer Beschäftigung in einem anderen Mitgliedstaat[275] oder durch Erwerb

---

269 EuGH C-336/94, Dafeki, Slg. 1997, I-6761 Rdn. 20; C-266/95, Merino Garcia, Slg. 1997, I-3301 Rdn, 34; C-27/91, Le Manoir, Slg. 1991, I-5531; Rs. C-111/91, KOM/Luxemburg, Slg. 1993, I-817.

270 EuGH C-419/92, Scholz, Slg. 1994, I-505 Rdn. 11.

271 EuGH C-15/96, Schöning-Kougebetopoulou, Slg. 1998, I-47 Rdn. 22.

272 EuGH C-46/12, N., ECLI:EU:C:2013:97.

273 EuGH C-169/03, Wallentin, Slg. 2004, I-6443 Rdn. 15; C-385/00, de Groot, Slg. 2002, I-11818 Rdn. 89; C-87/99, Zurstrassen, Slg. 2000, I-3337 Rdn. 21; C-279/93, Schumacker, Slg. 1995, I-225; der EuGH sieht hier eine Diskriminierung darin, dass die persönlichen Verhältnisse des Gebietsfremden weder im Wohnsitz- noch im Beschäftigungsstaat steuerlich berücksichtigt werden können. Weitere Beispiele sind: eine nationale Steuerrechtsregelung, die bewirkt, dass ein Steuerpflichtiger bei einem Wohnsitzwechsel in einen anderen Mitgliedstaat seine Einkünfte nicht mit späteren Verlusten verrechnen kann und hierdurch einen Liquiditätsnachteil erfährt (Verstoß gegen Art. 21 AEUV, EuGH, KOM/Spanien, C-269/09, ECLI:EU:C:2012:439) oder eine nationale Steuerregelung, die eine Befreiung von der Grunderwerbssteuer nur Personen mit ständigem Wohnsitz im Inland gewährt, nicht aber zuzugswilligen, gebietsfremden Unionsbürgern (Verstoß gegen Art. 21 AEUV: EuGH, KOM/Griechenland, C-155/09, Slg. 2011, I-65). Demgegenüber stellt eine Regelung über die Anrechnungsfähigkeit einer beim Ersterwerb gezahlten Grunderwerbssteuer beim Zweiterwerb, wenn sie für eigene und fremde Staatsangehörige unterschiedlich ausgestaltet ist, zwar eine Beschränkung der Freizügigkeit dar, kann aber aus Gründen des Allgemeininteresses gerechtfertigt sein, wenn sie auf objektiven, von der Staatsangehörigkeit der Betroffenen unabhängigen Erwägungen beruht (EuGH C-253/09,KOM/Ungarn, ECLI:EU:C:2011:795).

274 EuGH C-302/98, Sehrer, Slg. 2000, I-4585 Rdn. 34; C-278/94, KOM/Belgien, Slg. 1996, I-4337 Rdn. 20; C-237/94, O'Flynn, Slg. 1996, I-2631 Rdn. 21.

275 EuGH C-424/09, Mc Carthy, Slg. 2011, I-3375; C-232/01, van Lent, Slg. 2003, I-11525 Rdn. 16; C-262/97, Engelbrecht, Slg. 2000, I-7321 Rdn. 39; C-18/95, Terhoeve, Slg. 1999, I-345; C-107/94, Asscher, Slg. 1996, I-3122 Rdn. 32; C-370/90, Singh, Slg. 1992, I-4265.

eines als gleichwertig anzuerkennenden Befähigungsnachweises[276]. Liegt ein solcher unionsrechtlicher Anknüpfungspunkt nicht vor, bleiben die aufgrund des EU-Rechts zu gewährenden Vorteile den eigenen Staatsangehörigen vorenthalten[277].

b) Verpflichtete des Gleichbehandlungsgebots

967 Das Gleichbehandlungsgebot richtet sich nicht nur an die Mitgliedstaaten, sondern entfaltet darüber hinaus eine unmittelbare **Drittwirkung** in dem Sinne, dass auch die Bestimmungen in Einzelarbeitsverträgen, Tarifverträgen, sonstigen Kollektivvereinbarungen und in allen Verträgen zwischen Privatpersonen **von Rechts wegen nichtig** sind, soweit sie für EU-Arbeitnehmer diskriminierende Bedingungen vorsehen oder zulassen[278].

c) Gegenstand des Gleichbehandlungsgebots

aa) Vergünstigungen aus dem Arbeitsverhältnis

968 Die Verpflichtung zur Gleichbehandlung betrifft zunächst **alle Vergünstigungen, die dem Arbeitnehmer aus dem Arbeitsverhältnis erwachsen** (Art. 45 Abs. 2 AEUV i.V.m. Art. 7 Abs. 1 der Verordnung 492/2011), unabhängig davon, ob dieses Arbeitsverhältnis auf einem Arbeitsvertrag oder (vorbehaltlich der Bereichsausnahme des Art. 45 Abs. 4 AEUV) auf Gesetz oder einer anderen hoheitlichen Maßnahme beruht. Erfasst werden ebenfalls **freiwillig gewährte Leistungen**, wie etwa die Gewährung einer Trennungsentschädigung zusätzlich zum Gehalt[279].

Als **typische Vergünstigungen aus dem Arbeitsverhältnis** sind vor allem zu nennen: Regelungen der Arbeitszeit, Abschluss unbefristeter Arbeitsverträge oder Einrichtung von Dauerplanstellen[280], Kündigungsschutzvorschriften[281], Lohnfortzahlung bei Krankheit[282], Anrechnung von Wehrdienstzeiten auf die Betriebszugehörigkeit[283], Bevorrechtigung im Konkurs, Jugendarbeitsschutz.

---

276 EuGH Rs. 246/80, Broekmeulen, Slg. 1981, 2311; C-19/92, Kraus, Slg. 1993, I-1663.
277 Zu dem damit verbundenen Problem der *umgekehrten Diskriminierung* s. Unter §10 E. I. 4.
278 EuGH C-94/07, Raccanelli, Slg. 2008, I-5939 mit Anm. *Repasi*, EuZW 2008, S. 532; C-281/98, Angonese, Slg. 2000, I-4139 Rdn. 30; C-176/96, Lehtonen, Slg. 2000, I-2681 Rdn. 35; Rs. 36/74, Walrave, Slg. 1974, 1405.
279 EuGH C-35/97, KOM/Frankreich, Slg. 1998, I-5325; Rs. 152/73, Sotgiu, Slg. 1974, 153.
280 EuGH C-295/91, Alloué II, Slg. 1993, I-4309; C-272/92, Spotti, Slg. 1993, I-5185.
281 EuGH Rs. 44/72, Marsman, Slg. 1972, 1243.
282 EuGH C-45/90, Paletta, Slg. 1992, I-3423; Rs. 348/85, Borrie Clarke, Slg. 1987, 2865.
283 EuGH C-315/94, De Vos, Slg. 1996, I-1433 Rdn. 15; Rs. 15/69, Ugiola, Slg. 1969, 363.

bb) Soziale und steuerliche Vergünstigungen

Die Gleichstellungsverpflichtung erstreckt sich darüber hinaus aber auch auf **solche Vergünstigungen**, die nicht direkt an das Bestehen eines Arbeitsverhältnisses anknüpfen, gleichwohl aber **spezifisch sozialen Charakter** haben. 969

Nach **Art. 7 Abs. 2** der Verordnung 492/2011 genießen EU-Arbeitnehmer *„die gleichen sozialen und steuerrechtlichen Vergünstigungen wie inländische Arbeitnehmer"*.

Der Begriff der sozialen und steuerrechtlichen Vergünstigungen ist denkbar weit gefasst und umfasst alle Vergünstigungen, *„die, ob sie an einen Arbeitsvertrag anknüpfen oder nicht, den inländischen Arbeitnehmern im allgemeinen hauptsächlich wegen deren objektiver Arbeitnehmereigenschaft oder einfach wegen ihres Wohnsitzes im Inland gewährt werden, und deren Ausdehnung auf die Arbeitnehmer, die Staatsangehörige eines anderen Mitgliedstaates sind, deshalb als geeignet erscheint, deren Mobilität innerhalb der Gemeinschaft [jetzt Union] zu fördern"*[284].

Als **soziale Vergünstigungen** sind etwa in der Rechtsprechung des EuGH anerkannt worden: zinslose Geburtsdarlehen[285], Geburtsbeihilfen[286], Leistungen für kinderreiche Familien[287], Erziehungsgeld für Teilzeitbeschäftigte[288], Ausbildungsförderung und Stipendien[289], Überbrückungsgeld für junge Arbeitslose[290], Hilfe zum Lebensunterhalt[291], Behindertenbeihilfe[292]. Als **steuerliche Vergünstigungen** sind zu nennen: Lohnsteuerjahresausgleich[293], Werbungskosten und Ehegattensplitting[294]. 970

Im Hinblick darauf, dass die Mitgliedstaaten gem. Art. 6 Abs. 1 der Richtlinie 2004/38/EG verpflichtet sind, Unionsbürgern ein Aufenthaltsrecht von bis zu 3 Monaten allein auf der Grundlage der Vorlage eines gültigen Personalausweises oder Reisepasses zu gewähren, hat es der EuGH im Interesse der Erhaltung des finanziellen Gleichgewichts der nationalen Systeme der sozialen Sicherheit für gerechtfertigt erachtet, den Unionsangehörigen für diesen Zeitraum von bis zu 3 Monaten die

---

284 EuGH C-85/96, Martínez Sala, Slg. 1998, I-2691 Rdn. 25; C-57/96, Meints, Slg. 1997, I-6689 Rdn. 39; Rs. 207/78, Even, Slg. 1979, 2019.

285 EuGH Rs. 65/81, Reina, Slg. 1982, 33.

286 EuGH C-111/91, KOM/Luxemburg, Slg. 1993, I-817.

287 EuGH C-185/96, KOM/Griechenland, Slg. 1998, I-6601 Rdn. 22; Rs. 32/75, Cristini, Slg. 1975, 1085.

288 EuGH C-85/96, Martínez Sala, Slg. 1998, I-2691 Rdn. 25/26.

289 EuGH C-3/90, Bernini, Slg. 1992, I-1071; Rs. 235/87, Matteucci, Slg. 1988, 5589.

290 EuGH Rs. 94/84, Deak, Slg. 1985, 1873.

291 EuGH Rs. 249/83, Hoeckx, Slg. 1985, 973; Rs. 122/84, Scrivener, Slg, 1985, 1027.

292 EuGH C-310/91, Hugo Schmid, Slg. 1993, I-3043; C-343/91, Taghavi, Slg. 1992, I-4401.

293 EuGH C-151/94, KOM/Luxemburg, Slg. 1995, I-3699 Rdn. 13; C-175/88, Biehl, Slg. 1990, I-1779.

294 EuGH C-169/03, Wallentin, Slg. 2004, I-6443; C-385/00, de Groot, Slg. 2002, I-11818; C-87/99, Zurstrassen, Slg. 2000, I-3337; C-391/97, Gschwind, Slg. 1999, I-5751 Rdn. 22; C-279/93, Schumacker, Slg. 1995, I-266 Rdn. 31/32.

Sozialleistungen zu versagen, ohne das es hierfür einer individuellen Prûfung bedarf[295].

cc) Berufliche Wiedereingliederung

971 **Art. 7 Abs. 1** der Verordnung 492/2011 verlangt die Gleichstellung der EU-Arbeitnehmer für die **berufliche Wiedereingliederung** und die **Wiedereinstellung im Falle der Arbeitslosigkeit**. Die Teilnahme an derartigen Maßnahmen ist den Arbeitnehmern aus anderen Mitgliedstaaten auch dann zu gewähren, wenn sie nicht an das Bestehen eines Arbeitsvertrages anknüpfen. EU-Arbeitnehmer können darüber hinaus nach Art. 7 Abs. 3 der Verordnung Nr. 492/2011 mit dem gleichen Recht und unter den gleichen Bedingungen wie inländische Arbeitnehmer Berufsschulen und Umschulungszentren in Anspruch nehmen.

dd) Wohnungsmarkt

972 Schließlich haben nach Art. 9 der Verordnung Nr. 492/2011 auch für die Miete, den Erwerb von Eigentum und die Wohnungssuche für Arbeitnehmer aus anderen Mitgliedstaaten die gleichen Bedingungen wie für inländische Arbeitnehmer zu gelten.

2. Behinderungsverbot

973 Der Inhalt der Gewährleistungen der Freizügigkeit wurde vom EuGH in der **Rechtssache „Bosman“**[296] um das Behinderungsverbot erweitert.

In diesem Rechtsstreit war u.a. die unionsrechtliche Vereinbarkeit der Transferregeln im Profifußball zu prüfen[297]. Diese Regeln sehen vor, dass ein Berufsfußballspieler bei Ablauf des Vertrages, der ihn an einen Verein bindet, nur dann von einem Verein in einem anderen Mitgliedstaat beschäftigt werden kann, wenn dieser dem bisherigen Verein eine Transfer-, Ausbildungs- oder Förderungsentschädigung gezahlt hat. Diese Regeln gelten unabhängig von der Staatsangehörigkeit des jeweiligen Berufsfußballspielers, bewirken also keine Diskriminierung. Gleichwohl verstößt diese Transferregel nach Ansicht des EuGH gegen Art. 45 AEUV, da der Umstand, dass die Vereine als Arbeitgeber verpflichtet sind, bei der Einstellung eines Spielers an einen anderen Verein Entschädigungen zu zahlen, die Möglichkeit für die Spieler

295 EuGH C-299/14, Jovanna Garcia-Nieto u.a., ECLI:EU:C:2016:114, wo es um Leistungen der Grundsicherung für Arbeitssuchende und ihre Kinder nach deutschem Recht ging.

296 EuGH C-415/93, Slg. 1995, I-4921; C-385/00, de Groot, Slg. 2002, I-11819, Rdn. 79.

297 Die ebenfalls zur Überprüfung anstehende sog. Ausländerklausel, die die Anzahl der Spieler mit Staatsangehörigkeit eines anderen (Mitglied-) Staates beschränkt, wurde vom EuGH bereits als eine gegen den früheren Art. 39 EG (heute Art. 45 AEUV) verstoßende *unterschiedliche Behandlung* angesehen (Rdn. 116–136 des Urteils „Bosman“, C-415/93, Slg. 1995, I-5062).

beeinflusst, eine Beschäftigung zu finden, und die Bedingungen, zu denen diese Beschäftigung angeboten wird, nachteilig gestaltet.

Das Freizügigkeitsrecht kann folglich *allen unterschiedslos anwendbaren Regelungen entgegengehalten werden, die einen Staatsangehörigen eines Mitgliedstaates daran hindern oder davon abhalten, sein Herkunftsland zu verlassen und von der Freizügigkeit Gebrauch zu machen*[298]. Eine derartige Behinderung liegt vor allem dann vor, wenn die Möglichkeit des Zugangs zu einer Stelle in einem anderen Mitgliedstaat negativ beeinflusst wird. **974**

In Anlehnung an seine Rechtsprechung zum freien Warenverkehr hat der EuGH diese weite Formel der Behinderung als Marktzugangsbeschränkung in der Rechtssache **„Graf"**[299] tatbestandlich eingegrenzt. In diesem Rechtsstreit ging es um die Weigerung der in Österreich ansässigen Filzmoser Maschinenbau GmbH, die von Herrn *Graf* nach österreichischem Angestelltengesetz beanspruchte Abfindung zu zahlen, nachdem Herr *Graf* den Arbeitsvertrag gekündigt hatte, um in Deutschland Arbeit aufzunehmen. Der EuGH stellt zu dieser Regelung fest, dass sie *„eindeutig nicht geeignet* [sei], *den Arbeitnehmer daran zu hindern oder davon abzuhalten, sein Arbeitsverhältnis zu beenden, um eine unselbständige Tätigkeit bei einem anderen Arbeitgeber auszuüben, denn der Abfertigungsanspruch hängt nicht von der Entscheidung des Arbeitnehmers ab, ob er bei seinem derzeitigen Arbeitgeber bleibt oder nicht, sondern von einem zukünftigen hypothetischen Ereignis, nämlich einer späteren Beendigung des Arbeitsverhältnisses, die der Arbeitnehmer selbst weder herbeigeführt noch zu vertreten hat"*. **975**

Hieraus kann als allgemeine Formel abgeleitet werden, dass der Tatbestand des Behinderungsverbots immer dann als nicht erfüllt angesehen werden kann, wenn die fragliche Regelung die Freizügigkeit nur **hypothetisch, d.h. auf ungewisse und indirekte Weise** betrifft. **976**

3. Recht auf Stellenbewerbung

Das Recht, sich in einem anderen Mitgliedstaat um dort angebotene Stellen zu bewerben, ist ausdrücklich in Art. 45 Abs. 3 Buchstabe a) AEUV niedergelegt. Es wird in den Art. 1–6 der Verordnung Nr. 492/2011 konkretisiert. **977**

Der EU-Arbeitnehmer genießt in einem anderen Mitgliedstaat bei der Arbeitsvermittlung den gleichen Vorrang auf Zugang zu den verfügbaren Stellen wie die eigenen Staatsangehörigen (Art. 1 Abs. 2 der VO Nr. 492/2011). Damit sind vor allem die nationalen Rechts- und Verwaltungsvorschriften unanwendbar, die eine zahlen- oder anteilmäßige Begrenzung im Hinblick auf die Beschäftigung ausländischer Arbeitnehmer festlegen (Art. 4 Abs. 1 VO 492/2011).

---

298 EuGH C-33/07, Jipa, Slg. 2008, I-5157.

299 EuGH C-190/98, Volker Graf/Filzmoser Maschinenbau GmbH, Slg. 2000, I-493; vgl. Dazu die Anm. Von *Deckert/Schroeder*, JZ 2001, S. 88 und *Mayr*, ELR 2000, S. 78.

978 Vorschriften oder Praktiken, die den Zugang von EU-Arbeitnehmern zu einer Beschäftigung einschränken oder von Bedingungen abhängig machen, die für Inländer nicht gelten, dürfen auf Staatsangehörige anderer Mitgliedstaaten nicht angewendet werden (Art. 3 Abs. 1und 2 VO 492/2011).

Danach ist es insbesondere **unzulässig**,

- besondere Verfahren für die Anwerbung ausländischer Arbeitnehmer vorzuschreiben;
- die Veröffentlichung eines Stellenangebots durch die Presse oder durch irgendwelche anderen Wege einzuschränken oder von anderen als den Bedingungen abhängig zu machen, die für den Arbeitgeber, der seine Tätigkeit im Hoheitsgebiet dieses Staates ausübt, gelten;
- den Zugang zur Beschäftigung von Bedingungen abhängig zu machen, die sich auf die Einschreibung beim Arbeitsamt beziehen oder die namentliche Anwerbung eines Arbeitnehmers hindern, soweit dadurch Personen betroffen sind, die nicht im Hoheitsgebiet dieses Mitgliedstaates wohnen.

Zulässig ist es hingegen,

- die Aufnahme der Beschäftigung von Sprachkenntnissen abhängig zu machen, die im Hinblick auf die Besonderheit der zu besetzenden Stellen erforderlich sind (Art. 3 Abs. 1 VO 492/2011)[300];
- einen Staatsangehörigen eines anderen Mitgliedstaates im Rahmen seiner Stellenbewerbung auf seine beruflichen Fähigkeiten zu prüfen, soweit der Arbeitgeber eine solche Prüfung bei Abgabe seines Stellenangebots ausdrücklich verlangt hat (Art. 6 Abs. 2 VO 492/2011);
- Stellen aus immateriellen Gründen, zur Förderung kultureller Leistungen oder aus Gründen der öffentlichen Sicherheit und Ordnung für Inländer zu reservieren[301].

979 Schließlich ist dem Staatsangehörigen eines anderen Mitgliedstaates von den Arbeitsämtern des Staates, in dem dieser eine Beschäftigung sucht, die gleiche Hilfe zu gewähren, wie sie inländische Stellensuchende erhalten (Art. 5 VO 492/2011).

4. Recht auf Ausübung einer Beschäftigung

980 Nach Art. 45 Abs. 3 Buchstabe c) AEUV besitzt der EU-Arbeitnehmer das Recht auf Aufnahme und ungehinderte Ausübung einer abhängigen Beschäftigung im Aufnahmestaat.

Für die Ausübung dieses Rechts bedarf der EU-Arbeitnehmer – anders als Arbeitnehmer aus Drittländern, die den allgemeinen innerstaatlichen Regeln des Ausländerrechts unterliegen – **keiner vorherigen Arbeitserlaubnis**.

300 EuGH C-424/97, Haim II, Slg. 2000, I-5123; C-281/98, Angonese, Slg. 2000, I-4139 Rdn. 43/44; Rs. 379/87, Groener, Slg. 1989, 3967.

301 EuGH C-415/93, Bosman, Slg. 1995, I-5062 [sportliche Wettkämpfe]; C-405/81, Colegio de Oficiales, Slg. 2003, I-10391 Rdn. 48 [öffentliche Sicherheit].

Allerdings haben sie, wie die inländischen Arbeitnehmer auch, die **allgemeinen Gesetze des Beschäftigungsstaates zu beachten**, insbesondere also die zwingenden Regelungen des Arbeits-, Sozial- und Steuerrechts. Eine Verletzung dieser Regelungen ermächtigt freilich nicht automatisch zum Entzug der mit der Freizügigkeit garantierten Rechte; vielmehr dürfen nur solche **Sanktionen** verhängt werden, die auch gegenüber inländischen Arbeitnehmern zur Anwendung kommen[302].

5. Gewerkschaftliche Rechte

Ein Arbeitnehmer, der die Staatsangehörigkeit eines Mitgliedstaates besitzt und im **981**
Hoheitsgebiet eines anderen Mitgliedstaates beschäftigt ist, hat Anspruch auf Gleichbehandlung hinsichtlich der Zugehörigkeit zu Gewerkschaften und der Ausübung gewerkschaftlicher Rechte (Art. 8 VO 492/2011). Erfasst werden dabei insbesondere das aktive und passive Wahlrecht zu den Arbeitnehmervertretungen in den Betrieben sowie der Zugang zur Verwaltung oder Leitung der Gewerkschaften[303].

6. Verbleiberecht

Nach Beendigung der aktiven Erwerbstätigkeit (in Ausnahmefällen auch schon frü- **982**
her) steht dem **Arbeitnehmer** ein **Verbleiberecht** im Beschäftigungsmitgliedstaat zu (Art. 45 Abs. 3 Buchstabe d) AEUV, dessen Begleitumstände jetzt die Freizügigkeits-RL 2004/38/EG in ihrem Art. 17 regelt)[304].

Die **Familienangehörigen** genießen ein abgeleitetes Verbleiberecht, das unter be- **983**
stimmten Umständen (Tod des Arbeitnehmers) zu einem eigenen wird, sofern dieser sich unmittelbar vor seinem Tode mindestens zwei Jahre ständig im Aufnahme-Mitgliedstaat aufgehalten hat[305].

III. Rechtfertigung von Beschränkungen der Freizügigkeit

Nach dem hier vertretenen „**System der abgestuften Rechtfertigung**"[306] ist für **984**
die Rechtfertigung von Eingriffen in das Freizügigkeitsrecht zwischen offen diskriminierenden, versteckt diskriminierenden und unterschiedslos anwendbaren Behinderungen zu unterscheiden.

(1) **Offene Diskriminierungen** sind nur dann hinnehmbar, wenn sie aus den in den EU-Verträgen ausdrücklich niedergelegten Gründen gerechtfertigt wer-

---

302 EuGH Rs. 118/75, Watson und Bellmann, Slg. 1976,1185; Rs. 265/88, Messner, Slg. 1989, 4221; C-363/89, Roux, Slg. 1991, 273.

303 EuGH C-118/92, KOM/Luxemburg, Slg. 1994, I-1891.

304 Diese RL löst die frühere Regelung durch die Verbleibe-VO (EWG) Nr. 1251/70 ab, die ihrerseits durch VO (EG) Nr. 635/2006 aufgehoben worden ist.

305 EuGH C-257/00, Givane, Slg. 2003, I-345.

306 Strittig, vgl. Dazu unter § 10 E.

den können. Für das Freizügigkeitsrecht sind dies die Gründe der öffentlichen Ordnung, Sicherheit und Gesundheit (Art. 45 Abs. 4 AEUV – sog. **„ordre-public-Vorbehalt"**). Der „ordre-public-Vorbehalt" vermag allerdings nur solche ausländerrechtlichen Sonderbestimmungen zu rechtfertigen, die **Beschränkungen** des Freizügigkeitsrechts vornehmen, welche im **persönlichen Verhalten** eines Unionsbürgers **begründet liegen**. Dabei handelt es sich im Wesentlichen um die allgemein geltenden ausländerpolizeilichen Vorschriften hinsichtlich der Einreise, des Aufenthalts und des Verbleibs in dem betreffenden Mitgliedstaat[307]. Der „ordre-public-Vorbehalt" deckt hingegen keine wirtschaftlichen Zwecke[308].

(2) **Versteckte Diskriminierungen** können aus Gründen des „ordre public" sowie aus **zwingenden Gründen des Allgemeinwohls** gerechtfertigt sein[309]. Als zwingende Gründe des Allgemeininteresses im Bereich des Freizügigkeitsrechts sind vor allem anerkannt: die Kohärenz der Steuersysteme[310], der Schutz akademischer Grade vor Missbrauch[311], die Aufrechterhaltung des sportlichen und finanziellen Gleichgewichts von Sportvereinen[312] oder die Treue zum Arbeitgeber[313].

(3) Die vom **Behinderungsverbot** erfassten unterschiedslos anwendbaren Maßnahmen können aus Gründen des „ordre public", aus zwingenden Gründen des Allgemeinwohls sowie **durch jedes überwiegende Gemeinwohlinteresse**, was im Rahmen der Verhältnismäßigkeitsprüfung festzustellen ist, gerechtfertigt werden.

Weiterführende Literatur: *Alber,* Das Recht auf Schutz des Familienlebens im Aufenthaltsrecht, FS für Ress, 2005, S. 371; *Bode,* Von der Freizügigkeit zur sozialen Gleichstellung aller Unionsbürger, EuZW 2005, S. 552; *Dienelt,* Freizügigkeit nach der EU-Osterweiterung, 2004; *Dillenburger,* Das Beamtenstatusgesetz als neues Beamtenbundesrecht für die Beamtinnen und Beamten der Länder, NJW 2009, S. 115; *Dietz/Streinz,* Das Marktzugangskriterium in der Dogmatik der Grundfreiheiten, EuR 2015, S. 50; *Dörig,* Erhöhter Ausweisungsschutz für türkische Staatsangehörige, DVBl. 2005, S. 1221; *Fehrenbacher,* Die Freizügigkeitsregelungen im Rahmen der EU-Erweiterung und ihre ausländerrechtlichen Folgen, ZAR 2004, S. 22; *Frenz,* Verpflichtungen Privater durch Richtlinien und Grundfreiheiten, EWS 2005, S. 104; *Fuchs,* Die Bereichsausnahme in Art. 45 Abs. 4 AEUV und Art. 51 Abs. 1 AEUV, 2013; *ders.,* Arbeitnehmerfreizügigkeit und Sozialleistungen, ZESAR 2015, S. 95; *Hailbronner,* Die Freizügigkeit von Unionsbürgern in der neueren Rechtsprechung, JZ 2010, S. 398; *Hailbronner/Leible,* Die unmittelbare Drittwirkung von Grundfreiheiten, EuZW 2000, S. 459; *Hilf/Pache,* Das Bosman-Urteil des EuGH, NJW

307 Einzelheiten dazu unter § 10 F.

308 So ausdrücklich Art. 27 Abs. 1 Satz 2 RL 2004/38/EG.

309 Zu den zwingenden Allgemeinwohlinteressen allgemein siehe unter § 10 E. I. 2.

310 EuGH C-204/90, Bachmann, Slg. 1992, I-249 Rdn. 21.

311 EuGH C-19/92, Kraus, Slg. 1993, I-1163 Rdn. 35

312 EuGH C-415/03, Bosman, Slg. 1995, I-4921 Rdn. 106.

313 EuGH C-224/01, Köbler, Slg. 2003, I-10213 Rdn. 81; C-195/88, Österreichischer Gewerkschaftsbund, Slg. 2000, I-10497 Rdn. 49.

1996, S. 1169; *Hobe/Tietje*, Europäische Grundrechte auch für Profisportler, JuS 1999, S. 10; *Klutli*, Die Bindung privater Wirtschaftsteilnehmer an die Grundfreiheiten des EG-Vertrages – Eine Analyse am Beispiel des Bosman-Urteils des EuGH, AöR 122 (1997), S. 557; *Roloff*, Das Beschränkungsverbot des Art. 39 EG – Freizügigkeit und seine Auswirkungen auf das nationale Arbeitsrecht, 2003; *Remmert*, Grundfreiheiten und Privatrechtsordnung, Jura 2003, S. 13; *Schlegel*, Arbeitnehmerfreizügigkeit für EU-8 seit Mai 2011, AuR 2011, S. 384; *Welte*, Freizügigkeit der Unionsbürger nach dem Freizügkeitsgesetz/EU, InfAuslR 2005, S. 8; *Werding*, Erweiterung der EU und Auswirkungen auf den deutschen Arbeitsmarkt, NZA 2003, S. 194.

IV. Die soziale Sicherheit der Arbeitnehmer

Die Regelungen über die soziale Sicherheit der Arbeitnehmer bilden eine **notwendige Ergänzung des Freizügigkeitsrechts**. Die Freizügigkeit wäre behindert, wenn nicht sogar illusorisch, müsste ein Arbeitnehmer befürchten, dass ihm oder seiner Familie mit der Ausübung einer Beschäftigung in einem anderen Mitgliedstaat und der dadurch bedingten Zugehörigkeit zu verschiedenen nationalen Sozialleistungssystemen bestimmte Sozialleistungen vorenthalten würden oder bereits in einem anderen Mitgliedstaat erworbene Ansprüche verloren gingen[314]. 985

Deshalb sieht **Art. 48 AEUV** die Errichtung eines Systems vor, welches sicherstellt, dass dem Arbeitnehmer und seinen Familienangehörigen aus der Wahrnehmung des Freizügigkeitsrechts in sozialrechtlicher Hinsicht keine Nachteile erwachsen[315]. Dieses System ist in der **Verordnung (EG) Nr. 883/2004**[316] geregelt. 986

1. Persönlicher Anwendungsbereich

In personeller Hinsicht erfasst dieses System alle Personen, die 987

- die Staatsangehörigkeit eines Mitgliedstaats besitzen[317] und
- nach den für die soziale Sicherheit geltenden Rechtsvorschriften eines oder mehrerer Mitgliedstaaten die Eigenschaft als Versicherte besitzen, unabhängig davon, ob sie eine Erwerbstätigkeit ausüben oder nicht[318].

Folgerichtig sind neben den Arbeitnehmern, Arbeitslosen und Arbeitssuchenden auch Selbständige, Familienangehörige und Hinterbliebene in den Anwendungsbe-

314 So ausdrücklich EuGH C-10/90, Masgio, Slg. 1991, I-1119.

315 S. Hierzu EuGH C-349/87, Paraschi, Slg. 1991, I-4501; C-45 und 46/92, Lepore und Scamuffa, Slg. 1993, I-6497.

316 ABl. 2004 Nr. L 166/1. Die VO Nr. 883/2004 ersetzt die bisherige VO Nr. 1408/71, wie auch die Durchführungs-VO (EG) Nr. 987/2009 (ABl. 2009 Nr. L 284/1) die frühere Durchführungs-VO Nr. 574/72 ersetzt.

317 Vgl. EuGH C-105/89, Buhari Haji, Slg. 1990, I-4211; Rs. 10/78, Belbouab, Slg. 1978, 1915.

318 EuGH C-85/96, Martínez Sala, Slg. 1998, I-2691 Rdn. 36 m.w.N.; eine Einschränkung gilt für Familienleistungen gem. Anhang 1 Teil I Buchstabe C für Deutschland, wo die Mitgliedschaft in ganz bestimmten Systemen verlangt wird; dazu EuGH C-4/95 u. C-5/95, Stöber u. Pereira, Slg. 1997, I-511.

reich dieses Systems einbezogen[319]. Erfasst werden daneben auch Staatenlose und Flüchtlinge mit Wohnsitz in einem Mitgliedstaat der EU (Art. 3 Verordnung Nr. 883/2004).

988 Mit diesem **sozialversicherungsrechtlichen Ansatz** gehen die Regelungen über die soziale Sicherheit über den persönlichen Anwendungsbereich der Freizügigkeit, der durch den engeren arbeitsrechtlichen Arbeitnehmerbegriff bestimmt wird, noch hinaus: Eine Person ist bereits dann als **Arbeitnehmer** i.S.d. Verordnung Nr. 883/2004 anzusehen, wenn sie die materiellen Voraussetzungen erfüllt, die von dem für sie geltenden System der sozialen Sicherheit festgesetzt worden sind, auch wenn die für den Anschluss an dieses System erforderlichen Schritte nicht unternommen worden sind[320]. Dabei ist es allerdings Sache der Mitgliedstaaten, festzulegen, unter welchen Voraussetzungen eine Person einem System der sozialen Sicherheit beitreten kann oder muss bzw. unter welchen Voraussetzungen die Zugehörigkeit zu einem System beendet ist[321]. **Selbständiger** ist jede Person, die außerhalb eines Arbeitsvertrages oder im Rahmen eines freien Berufes oder einer gewerblichen Tätigkeit (Industrie, Handel, Handwerk) eine Berufstätigkeit ausübt oder ausgeübt hat, in deren Rahmen sie Leistungen erhält, die es ihr ermöglicht, ganz oder teilweise ihren Lebensunterhalt zu bestreiten.

989 Der soziale Schutz der **Familienangehörigen** wird ebenfalls durch die Verordnung Nr. 883/2004 umfassend gewährleistet[322]. Leistungs- und Schutzansprüche werden ihnen nur insoweit vorenthalten, als es um Bestimmungen geht, die ausschließlich für Arbeitnehmer, also nicht für deren Familienangehörige gelten, wie dies z.B. bei Leistungen für Arbeitslose nach Kapitel 6 der Verordnung Nr. 883/2004 der Fall ist[323]. Umgekehrt gelten für Familienangehörige die Regelungen der Verordnung Nr. 883/2004 über die Familienleistungen (Kapitel 8 der Verordnung Nr. 883/2004), deren Zweck gerade darin besteht, zugunsten der Familienangehörigen, die in einem anderen als dem zuständigen Mitgliedstaat wohnen, die Gewährung der nach den anwendbaren Rechtsvorschriften vorgesehenen Familienleistungen sicherzustellen[324]. Das Gleiche gilt für den Grundsatz der Gleichbehandlung nach Art. 4 der Verordnung Nr. 883/2004. Die sonst im Bereich der Freizügigkeit geltende Unterscheidung zwischen eigenen und abgeleiteten Rechten besteht folglich im Bereich der sozialen Sicherheit nicht mehr.

---

319 VO (EWG) Nr. 1390/81, Abl. 1981, Nr. L 143/1.

320 EuGH Rs. 143/89, Walsh, Slg. 1980, 1639; Rs. 39/76, Mouthaan, Slg. 1976, 1901 (Geltendmachung von Ansprüchen auf Arbeitslosengeld, obwohl der Versicherungspflicht durch den Arbeitgeber nicht nachgekommen wurde).

321 EuGH Rs. 110/79, Coonan, Slg. 1980, 1445; Rs. 275/81, Koks, Slg. 1982, 3013; Rs. 254/84, de Jong, Slg.1986, 671; Rs. 368/87, Troiani, Slg. 1989, 1333 sowie EuGH Rs. 267/78, Brunori, Slg. 1979, 2705; Rs. 43/86, de Rijke, Slg. 1987, 3611.

322 EuGH C-308/93, Cabanis-Issarte, Slg. 1996, I-2097 Rdn. 22.

323 Dies war Gegenstand von EuGH Rs. 40/76, Kermaschek, Slg. 1976, 1669.

324 So EuGH C-245/94 u. C-312/94, Hoever u. Zachow, Slg. 1996, I-4895.

Flüchtlinge und **Staatenlose** sind ebenfalls in den persönlichen Anwendungsbereich der Regelungen über die soziale Sicherheit von Anfang an einbezogen worden. Dies ist zwar von Art. 48 AEUV nicht zwingend gefordert, jedoch im Hinblick auf die von allen Mitgliedstaaten anerkannten internationalen Verpflichtungen im Rahmen der Genfer Flüchtlingskonvention und des New Yorker Übereinkommens über die Rechtsstellung der Staatenlosen geboten[325]. **990**

2. Sachlicher Geltungsbereich

In sachlicher Hinsicht erstrecken sich die Regelungen über die soziale Sicherheit auf folgende, im Systemkatalog des Art. 3 der Verordnung Nr. 883/2004 **abschließend aufgeführten Leistungssysteme:** **991**

- Leistungen bei Krankheit sowie Leistungen bei Mutterschaft und gleichgestellte Leistungen bei Vaterschaft (Art. 17–35 Verordnung Nr. 883/2004)
- Leistungen bei Invalidität (Art. 44–49 Verordnung Nr. 883/2004)
- Leistungen bei Alter und Leistungen an Hinterbliebene (Art. 50–60 Verordnung Nr. 883/2004)
- Leistungen bei Arbeitsunfällen und Berufskrankheiten (Art. 36–41 Verordnung Nr. 883/2004)
- Sterbegeld (Art. 42–43 der Verordnung Nr. 883/2004)
- Leistungen bei Arbeitslosigkeit (Art. 61–65 Verordnung Nr. 883/2004)
- Vorruhestandsleistungen (Art. 66 Verordnung Nr. 883/2004)
- Familienleistungen (Art. 67–69 Verordnung Nr. 883/2004).

Für die Einordnung einer Leistung unter eines dieser Systeme kommt es auf ihre Wesensmerkmale, Zweckbestimmung sowie die Voraussetzungen ihrer Gewährung an[326]. Ausdrücklich **ausgeschlossen** vom sachlichen Anwendungsbereich der Verordnung Nr. 883/2004 sind **Leistungen der Sozialhilfe**[327] (Art. 3 Abs. 5 Buchstabe a) Verordnung Nr. 883/2004). **992**

3. Grundprinzipien des Rechts der sozialen Sicherheit

Ohne auf die sehr technischen und komplizierten Bestimmungen im Einzelnen einzugehen, lassen sich die Unionsrechtsvorschriften im Bereich der sozialen Sicherheit auf folgende **vier Grundprinzipien** zurückführen: **993**

325 EuGH C-95/99 – C-98/99 u. C-180/99, Khalil u. Nasser, Slg. 2001, I-7413.

326 EuGH C-160/02, Skalka, Slg. 2004, I-5613; C-160/96, Molenaar, Slg. 1998, I-843 Rdn. 20; C-25/95, Otte, Slg. 1996, I-3735 Rdn. 22; C-78/91, Hughes, Slg. 1990, I-4839.

327 Sozialhilfeleistungen werden allerdings von der RL 2004/38/EG erfasst: hierzu hat der EuGH in seinem Urteil in der Rs. *„Garcia-Nieto"* (C-299/14, ECLI:EU:C:2016:114) im Hinblick auf den **Ausschluss der Hartz IV-Leistungen** in den ersten drei Monaten des Aufenthalts festgestellt, dass ein solcher Ausschluss zulässig sein müsse, da er im Einklang mit dem Ziel der Erhaltung des finanziellen Gleichgewichts der Systeme der sozialen Sicherheit der Mitgliedstaaten steht, das mit der RL 2004/38/EG verfolgt wird.

a) Koordinierung der nationalen Sozialleistungssysteme

994 Das auf der Grundlage des Art. 48 AEUV errichtete System der sozialen Sicherheit schafft **kein selbständiges, unionsweit gültiges Leistungssystem** im Sinne einer Harmonisierung der sehr unterschiedlichen Leistungssysteme der sozialen Sicherheit der Mitgliedstaaten. Ihr Ziel ist vielmehr, im Interesse einer effektiven Gewährleistung des Freizügigkeitsrechts das **Zusammenwirken der nationalen Leistungssysteme** bei Tatbeständen mit grenzüberschreitendem Bezug **im Wege der Koordinierung sicherzustellen**[328].

Dieses Grundanliegen der EU-Regelungen über die soziale Sicherheit der Arbeitnehmer hat der EuGH bereits in einem Urteil aus dem Jahre 1967 sehr anschaulich wie folgt umschrieben:

„Die Verordnungen haben kein gemeinschaftliches System der sozialen Sicherheit eingeführt, das dem Leistungsempfänger einen einheitlichen Anspruch gewährte und die gleichzeitige Feststellung der einzelnen Rentenansprüche in allen Mitgliedstaaten notwendig machte, sondern sie haben selbständige Systeme bestehen lassen, aus denen sich selbständige Leistungsansprüche gegen selbständige Versicherungsträger ergeben, gegen die der Leistungsempfänger unmittelbare Ansprüche aufgrund der innerstaatlichen Rechtsvorschriften – allein oder erforderlichenfalls in Verbindung mit dem Gemeinschaftsrecht – hat"[329].

995 Hieraus folgt, dass auch nach In-Kraft-Treten der unionsrechtlichen Koordinierungsregeln in Gestalt der Verordnungen über die Anwendung der Systeme der sozialen Sicherheit auf Arbeitnehmer und Selbständige sowie deren Familienangehörige, die innerhalb der Union zu- und abwandern, **die innerstaatlichen Leistungssysteme der sozialen Sicherheit im Wesentlichen unverändert weitergelten**.

Von wenigen Ausnahmen abgesehen[330], schaffen die EU-Regelungen weder neue Leistungsansprüche, noch beseitigen sie bestehende. Die Mitgliedstaaten bleiben nach wie vor zuständig, ihr Sozialversicherungsrecht grundsätzlich nach Belieben zu regeln. Sie können zusätzliche Ansprüche eröffnen, bestehende erweitern oder einengen sowie ihr Recht ganz allgemein unter erschwerende Voraussetzungen stellen[331].

Eine **Haltelinie für den nationalen Gesetz- und Verordnungsgeber** stellen die EU-Verordnungen über die soziale Sicherheit allerdings insoweit dar, als sie gemäß Artikel 288 Abs. 2 AEUV in allen Mitgliedstaaten unmittelbar geltendes Recht schaffen und ihren Bestimmungen Vorrang vor entgegenstehendem nationalen Recht zu-

328 EuGH Rs. 41/84, Pinna I, Slg. 1986, 1; dazu *Borchardt*, Harmonisierung der Systeme sozialer Sicherung: Angleichung nach unten?, in: Neumann, Europa konkret – Zehn Beiträge zur Gestaltung des EG-Binnenmarktes, 1990, S. 73.

329 EuGH Rs. 9/67, Colditz, Slg. 1967, 307 zur VO Nr. 3.

330 S. Art. 28 (Krankenleistungen für Rentner), Art. 38 (Leistungen bei Berufskrankheit), Art. 42 (Sterbegeld) sowie Art. 64 (Arbeitslosenleistungen) der VO 883/2004.

331 EuGH C-322/95, Iurlaro, Slg. 1997, I-4881 Rdn. 23; C-12/93, Drake, Slg. 1994, I-4337 Rdn. 26.

kommt. Nationales Recht kann folglich nach In-Kraft-Treten der EU-Verordnungen nur noch in dem Umfang angewandt werden, als es zu diesem nicht im Widerspruch steht. Das bedeutet vor allem, dass das jeweilige nationale Sozialrecht den typischen Besonderheiten der Arbeitskräfte, die innerhalb der EU zu- und abwandern, Rechnung tragen muss.

b) Grundsatz der Gleichbehandlung

Eines der Hauptanliegen des europäischen Sozialschutzes ist – wie auch im Bereich der Freizügigkeit – die Gewährleistung der Gleichbehandlung der EU-Bürger. Personen, die im Gebiet eines Mitgliedstaates wohnen und für die die EU-Regelungen über die soziale Sicherheit gelten, haben grundsätzlich die gleichen Rechte und Pflichten aufgrund der Rechtsvorschriften eines Mitgliedstaates wie dessen Staatsangehörige (vgl. Art. 4 Verordnung Nr. 883/2004). Der Grundsatz der Gleichbehandlung verbietet es den Mitgliedstaaten auch im Sozialrechtsbereich, ohne rechtfertigenden Grund nationale Regelungen aufrechtzuerhalten, die die Gewährung der Sozialleistungen von Bedingungen oder Kriterien abhängig machen, die es zuwandernden Arbeitnehmern im Gegensatz zu den eigenen Staatsangehörigen erheblich erschweren oder praktisch unmöglich machen, in den Genuss der jeweiligen Leistungen zu kommen[332]. **996**

Eine typische Bedingung, die diese Voraussetzung erfüllt, ist neben der Staatsangehörigkeit das **Wohnsitzerfordernis im Inland**. Dieses Erfordernis benachteiligt die Staatsangehörigen aus anderen Mitgliedstaaten vor allem dann, wenn es um Leistungen an Arbeitnehmer nach Beendigung ihres Erwerbslebens geht, oder dann, wenn die Gewährung einer Leistung vom Wohnsitz der Familienangehörigen im Beschäftigungsstaat abhängig gemacht wird. Dem Wohnsitzerfordernis stehen diejenigen Bedingungen gleich, die die Gewährung einer Leistung von der **Erfüllung bestimmter Tatbestände im Inland** abhängig machen[333], wie z.B. die Verfügbarkeit auf dem deutschen Arbeitsmarkt für die Gewährung von Kindergeld oder die Versagung der Anerkennung von Kindererziehungszeiten für die Altersrente bei zeitweiliger, familiär bedingter Wohnsitzverlagerung ins Ausland, während der keine berufliche Tätigkeit ausgeübt wurde[334]. Der EuGH erblickt in dieser territorialen Beschränkung eine verschleierte Diskriminierung, da sie in erster Linie und typischerweise die Wanderarbeitnehmer trifft[335]. **997**

---

332 EuGH Rs. 249/83, Hoeckx, Slg. 1985, 973; Rs. 22/86, Rindone, Slg. 1987, 1339; Rs. 20/85, Roviello, Slg. 1988, 2805; C-45/90, Paletta, Slg. 1992, I-3423; C-124/99, Borawitz, Slg. 2000, I-7203.

333 EuGH C-12/89, Gatto, Slg. 1990, I-549; C-228/88, Bronzino, Slg. 1990, I- 557.

334 EuGH C-522/10, Reichel-Albert, ECLI:EU:C:2012: 475.

335 EuGH C-212/05, Hartmann, Slg. 2007, I-6303 (Erziehungsgeld nur bei Wohnsitz im Inland). Vgl. Nunmehr die ausdrückliche Regelung in Art. 5 Buchst. B) VO Nr. 883/2004.

998 Im engen Zusammenhang mit der Gleichstellung von Sachverhalten steht die Frage der **Bindungswirkung von Entscheidungen fremder Leistungsträger**. Der *EuGH* hat auch hier für Recht erkannt, dass ein deutscher Träger der gesetzlichen Krankenversicherung an die in einem anderen Mitgliedstaat getroffene Feststellung der Arbeitsunfähigkeit[336] oder von Personenstandsurkunden[337] gebunden sein kann und dass die Feststellung einer Berufskrankheit im Wohnsitzstaat den zuständigen Träger des Beschäftigungsstaates gleichfalls zu binden vermag[338]. Diese Bindung nationaler Behörden an Entscheidungen der Leistungsträger anderer Mitgliedstaaten hat nicht nur verfahrensmäßige Konsequenzen, sondern darüber hinaus auch materielles Gewicht, indem sie auf eine Angleichung der die Bindungswirkung auslösenden Tatbestandsmerkmale sowie der betreffenden Verfahren hinwirkt. Diese **Bindungswirkung tritt** allerdings **nicht ein**, wenn der Arbeitgeber Tatsachen darlegen kann, anhand derer das nationale Gericht feststellen kann, dass der Arbeitnehmer missbräuchlich oder betrügerisch eine Arbeitsunfähigkeit gemeldet hat, ohne krank zu sein[339].

999 Unter Anwendung des Gleichbehandlungsgrundsatzes kann eine versteckte Diskriminierung nur aus **objektiven Gründen gerechtfertigt** werden. Können derartige Gründe nicht nachgewiesen werden, gebietet die Gleichbehandlung eine Gleichstellung auch insoweit, als der für die Gewährung der Leistung geforderte Sachverhalt auch in einem anderen Mitgliedstaat erfüllt werden kann. Damit steht auch das in den Sozialrechtsordnungen der Mitgliedstaaten geltende **Territorialitätsprinzip** unter der Einwirkung des Gleichbehandlungsgrundsatzes und muss sich an ihm messen lassen. Es gibt den Mitgliedstaaten unter der Geltung des EU-Rechts keinen Freibrief mehr, sozialrechtliche Tatbestände nach ihren Vorstellungen beliebig zu regeln; vielmehr sind die Mitgliedstaaten dazu angehalten, die von ihnen getroffenen Maßnahmen auf dem Gebiet des Sozialrechts auf deren Vereinbarkeit mit EU-Recht zu überprüfen. Das bedeutet vor allem, dass die Anwendung des Territorialitätsprinzips diskriminierungsfrei zu erfolgen hat.

c) Zusammenrechnung der Versicherungszeiten

1000 Der Grundsatz der Zusammenrechnung der Versicherungszeiten ermöglicht es dem Wanderarbeitnehmer, im Beschäftigungsstaat auch in den Genuss derjenigen Leistungen zu kommen, deren Gewährung von der Zurücklegung bestimmter Versicherungs-, Beschäftigungs- oder Wohnzeiten abhängt. Zu diesem Zweck bestimmen die EU-Vorschriften, dass die zuständigen Träger eines Mitgliedstaates für den Fall, dass der Erwerb, die Aufrechterhaltung oder das Wiederaufleben eines Leistungsan-

336 EuGH Rs. 22/86, Rindone, Slg. 1987, 1339; bestätigt durch C-45/90, Paletta I, Slg. 1992, I-3423.

337 EuGH C-336/94, Dafeki, Slg. 1997, I-6761 Rdn. 19.

338 EuGH Rs. 28/85, Deghillage, Slg. 1986, 991.

339 EuGH C-206/94, Paletta II, Slg. 1996, I-2357.

spruchs von Versicherungs-, Beschäftigungs- oder Wohnzeiten abhängen, die entsprechenden nach den Rechtsvorschriften eines anderen Mitgliedstaates zurückgelegten Zeiten wie eigene Zeiten zu berücksichtigen haben[340].

d) Export der Sozialleistungen

Um die Arbeitnehmer aus anderen Mitgliedstaaten gegen Nachteile zu schützen, die **1001**
sich aus der Verlegung ihres Wohnsitzes von einem Mitgliedstaat in einen anderen ergeben können, insbesondere um einem Verlust eines in einem Mitgliedstaat bereits erworbenen Anspruchs entgegenzuwirken, sehen die EU-Vorschriften die Möglichkeit eines Exports der Sozialleistungen vor.

Nach dem **Grundsatz des Leistungsexports** sind die Leistungen der sozialen Sicherheit auch dann zu gewähren, wenn der Wanderarbeitnehmer in einem anderen als dem zur Leistung verpflichteten Mitgliedstaat seinen Wohnsitz genommen hat (vgl. Art. 48 AEUV; Art. 7 Verordnung Nr. 883/2004). Der Wohnortwechsel eines Wanderarbeitnehmers innerhalb der EU darf nicht den Verlust von Ansprüchen auf Sozialleistungen nach sich ziehen, und zwar selbst dann nicht, wenn den eigenen Staatsangehörigen eine bestimmte Leistung nur im Falle des Inlandswohnsitzes zusteht[341]. Dies gilt nicht (mehr) für **beitragsunabhängige Sonderleistungen**, für die der EU-Gesetzgeber inzwischen eine Ausnahmevorschrift erlassen hat[342]. Von der Exportverpflichtung nicht erfasst werden auch die **Leistungen bei Arbeitslosigkeit**, die damit grundsätzlich auf das Territorium des Leistungsstaates begrenzt werden können, soweit dies diskriminierungsfrei geschieht. Eine Sonderregelung enthält die Verordnung Nr. 883/2004 jedoch in Art. 64, der den **Export von Arbeitslosenleistungen** für die Dauer von drei Monaten für den Fall vorsieht, dass sich der Arbeitslose zum Zwecke der Arbeitssuche in einen anderen Mitgliedstaat begibt. Auch die Gewährung von eng **an das soziale Umfeld gebundenen Leistungen** kann davon abhängig gemacht werden, dass der Empfänger im Staat des zuständigen Trägers wohnt[343].

Weiterführende Literatur: *Borchardt,* Der sozialrechtliche Gehalt der Unionsbürgerschaft, NJW 2000, S. 2057; *Eichenhofer,* Ausschluss von ausländischen Unionsbürgern aus der deutschen Grundsicherung, EuZW 2015, S. 73; *ders.,* Einführung in das Europäische koordinierte Sozialrecht anhand der wichtigsten Fälle, Jura 1994, S. 11–17; *ders.,* Sozialrecht der Europäischen Union, 8. Aufl. 2022; *ders.,* 50 Jahre nach dem Anfang neue

340 Vgl. Art. 48 AEUV; Art. 6 VO Nr. 883/2004; dazu EuGH C-135/99, Elsen, Slg. 2000, I-10409 Rdn. 34; C-244/97, Lustig, Slg. 1998, I-8701 Rdn. 30.

341 EuGH Rs. 284/84, Spruyt, Slg. 1986, 685; Rs. 379-381/85 und 93/86, Giletti, Slg. 1987, 955; C-236/88, KOM/Frankreich, Slg. 1990, I-3163; C-356/91, Stanton Newton, Slg. 1991, I-3017.

342 Vgl. Art. 70 VO Nr. 883/2004; EuGH C-299/05, KOM/Rat, Slg. 2007, I-8695; C-265/05, Naranjo, Slg. 2007, I-347. Zur früheren Rechtslage s. EuGH C-20/96, Snares, Slg. 1997, I-6057 Rdn. 41 m.w.N.

343 EuGH Rs. 313/86, Lenoir, Slg. 1988, 5391 Rdn. 16.

Regeln über die Koordination sozialer Sicherheit, ZESAR 2008, S. 339; *Eichendorfer/Zuleeg,* Die Rechtsprechung des Gerichtshofs der EG zum Arbeits- und Sozialrecht im Streit, 1995; *Fuchs* (Hrsg.), Kommentar zum Europäischen Sozialrecht, 8. Aufl. 2022; *ders.*, Was bringt die neue VO (EG) Nr. 883/2004?, SGb 2008, S. 201; *Hailbronner,* Die soziale Dimension der EG- Freizügigkeit – Gleichbehandlung und Territorialitätsprinzip, EuZW 1991, S. 171–179; *Schulte,* Die neue europäische Sozialrechtskoordinierung, ZESAR 2010, S. 143 ff. und S. 202 ff.; *Schulte/Kraus/Hauschild,* Die Reform des Europäischen koordinierenden Sozialrechts, 2007; *Welte,* Inanspruchnahme von Sozialleistungen durch Unionsbürger und deren Familienangehörige, ZAR 2009, S. 229.

V. Ausnahmen des Freizügigkeitsrechts zugunsten der öffentlichen Verwaltung

1002 Die Regelungen der Freizügigkeit der Arbeitnehmer finden nach Art. 45 Abs. 4 AEUV **keine Anwendung** *„auf die Beschäftigung in der öffentlichen Verwaltung".*

1003 Inhalt und Tragweite dieser Bereichsausnahme vom Freizügigkeitsrecht werden durch den Begriff der *„Beschäftigung in der öffentlichen Verwaltung"* bestimmt. Als Ausnahme vom Grundprinzip der Freizügigkeit hat der EuGH diesem Begriff einen **unionsspezifischen Inhalt** beigemessen, der für alle Mitgliedstaaten einheitlich und unabhängig von der jeweiligen Gestaltung der Verwaltungsorganisation gilt. Die Auslegung des Begriffs der „Beschäftigung in der öffentlichen Verwaltung" durch den EuGH erfolgt unter Rückgriff auf die Ziele der EU-Verträge.

Dies veranlasst den EuGH zu der Feststellung, dass die Ausnahmebestimmung nur den **Zugang** zu einer Beschäftigung in der öffentlichen Verwaltung betrifft[344]; nach einer rechtswirksamen Einstellung darf der Arbeitnehmer hinsichtlich der Anstellungs- und Arbeitsbedingungen nicht mehr gegenüber Inländern benachteiligt werden.

Im Übrigen beschränkt sich die Tragweite des Begriffs auf den Bereich der öffentlichen Verwaltung, der zur Wahrung der Interessen der Mitgliedstaaten unbedingt erforderlich ist.

1004 Offen bleibt damit allerdings, **welche Bereiche** der öffentlichen Verwaltung von der Ausnahmebestimmung erfasst werden. Der EuGH grenzt diesen Bereich **funktional**, d.h. nach der **Natur der ausgeübten Tätigkeiten**, ein. Es muss sich dabei um Stellen handeln, die *„ein Verhältnis besonderer Verbundenheit des jeweiligen Stelleninhabers zum Staat sowie die Gegenseitigkeit von Rechten und Pflichten voraussetzen, die unmittelbar an das durch die Staatsangehörigkeit zwischen Staat und Bürgern geflochtene Band anknüpfen"*[345].

---

344 EuGH Rs. 152/83, Sotgiu, Slg. 1974, 153; die Ausnahme ist deshalb nicht auf Entgeltregelungen anwendbar, EuGH C-178/04, Marhold, Beschluss vom 10.3.2005, Abl. 2005 Nr. C 182, S. 21.

345 EuGH Rs. 149/79, KOM/Belgien I, Slg. 1980, 3881. Eine gründliche Analyse dieser Rechtsprechung liefert *Everling,* DVBl. 1990, S. 225.

Diese Voraussetzung erfüllen nur diejenigen Stellen, *„die eine unmittelbare oder mittelbare Teilnahme an der Ausübung hoheitlicher Befugnisse und an der Wahrnehmung solcher Aufgaben mit sich bringen, die auf die Wahrung der allgemeinen Belange des Staates oder anderer öffentlicher Körperschaften gerichtet sind"*[346]. Für eine erfolgreiche Berufung auf die Bereichsannahme zugunsten der Beschäftigung in der öffentlichen Verwaltung müssen beide Elemente, *„Teilnahme an der Ausübung hoheitlicher Befugnisse"* **und** *„Wahrung der allgemeinen Belange des Staates"*, kumulativ erfüllt sein. Die zugewiesenen hoheitlichen Befugnisse müssen zudem *„tatsächlich regelmäßig ausgeübt werden und nicht nur einen sehr geringen Teil der Tätigkeit ausmachen"*[347].

Auf der Grundlage dieser Eingrenzung hat der EuGH eine Beschäftigung in der öf- **1005**
fentlichen Verwaltung etwa **verneint** und damit das Freizügigkeitsrecht eröffnet für: Lokomotivführer und Rangierarbeiter[348], Säuglings- und Krankenschwestern in öffentlichen Krankenhäusern[349], (Studien-)Referendaren, selbst wenn sie mit der Abhaltung von Unterrichtseinheiten und der Leistungsbewertung von Schülern betraut sind oder an der Entscheidung über die Versetzung von Schülern beteiligt sind[350], Mitarbeit in einer staatlichen Forschungseinrichtung[351], Fremdsprachenlektoren an den Universitäten[352], private Sicherheitsdienste[353], Einrichtungen, die mit der Erbringung kommerzieller Dienstleistungen der Daseinsvorsorge betraut sind[354], Orchestermusiker in Theatern oder Opern[355].

Die **fehlende Zuordnung einer Tätigkeit zum Ausnahmebereich** des Art. 45 **1006**
Abs. 4 AEUV und die damit einhergehende Verpflichtung, den freien Zugang zur Beschäftigung zu gewährleisten, geht allerdings nicht so weit, dass die Anstellungsverhältnisse ausländischer Arbeitnehmer der EU identisch mit denen von Inländern ausgestaltet werden müssten, etwa in Gestalt der Berufung in das Beamtenverhältnis auf Lebenszeit. Erforderlich ist vielmehr nur, dass im Ergebnis gleichwertige Bedingungen hergestellt und garantiert werden im Hinblick auf die Sicherheit des Arbeitsplatzes, die Entlohnung und die sonstigen Vergünstigungen.

---

346 EuGH C-114/97, KOM/Spanien, Slg. 1998, I-6717 Rdn. 35; C-42/92, Thijssen, Slg. 1993, I-4047 Rdn. 8; Rs. 66/85, Lawrie-Blum, Slg. 1986, 2121; Rs. 149/79, KOM/Belgien I, Slg. 1980, 3881.

347 EuGH C-47/02, Anker, Slg. 2003, I-10447 Rdn. 69.

348 EuGH Rs. 149/79, KOM/Belgien I, Slg. 1980, 3881.

349 EuGH Rs. 307/84, KOM/Frankreich, Slg. 1986, 1725.

350 EuGH Rs. 66/85, Lawrie-Blum, Slg. 1986, 2121 [Studienreferendare]; C-473/93, KOM/Luxemburg, Slg. 1996, I-3248 Rdn. 34; C-5/91, Bleis, Slg. 1991, I-5627 [Lehrer im Schuldienst].

351 EuGH Rs. 225/85, KOM/Italien, Slg. 1987, 2625.

352 EuGH Rs. 33/88, Allué I, Slg. 1989, 1591; Rs. 33/88, Pilar, Slg. 1989, 1591; C-259/91, Allué II, Slg. 1993, I-4309.

353 EuGH C-114/97, KOM/Spanien, Slg. 1998, I-6717 Rdn. 35.

354 EuGH C-290/94, KOM/Griechenland, Slg. 1996, I-3317 Rdn. 34; C-473/93, KOM/Luxemburg, Slg. 1996, I-3248; C-173/94, KOM/Belgien, Slg. 1996, I-3276.

355 EuGH C-290/94, KOM/Griechenland, Slg. 1996, I-3317 Rdn. 34.

Weiterführende Literatur: *Böse*, Arbeitnehmerfreizügigkeit im öffentlichen Dienst EuZW 1992, S. 639; *Burgi*, Freier Personenverkehr in Europa und nationale Verwaltung, JuS 1996, S. 958; *Dörr*, Das deutsche Beamtenrecht und das europäische Gemeinschaftsrecht, EuZW 1990, S. 565; *Everling*, Zur Rechtsprechung des Europäischen Gerichtshofs über die Beschäftigung von EG-Ausländern in der öffentlichen Verwaltung, DVBl. 1990, S. 225; *Fabis*, Neuere Rechtsprechung des EuGH zum Zugang von EU-Ausländern zum öffentlichen Dienst (Art. 48 Abs. 4 EGV), EWS 1998, S. 371.

C. Die Niederlassungsfreiheit

I. Begünstigter Personenkreis

1007 Die Freiheit der Niederlassung (Art. 49 AEUV) genießen **natürliche und juristische Personen**. Begünstigt sind nicht nur Staatsangehörige **anderer** Mitgliedstaaten, sondern auch **eigene** Staatsangehörige, sofern ein **grenzüberschreitender** Niederlassungsvorgang in Form des Wegzugs[356] oder der Rückwanderung vorliegt[357].

Zur *Errichtung einer Hauptniederlassung* genügt bei **natürlichen Personen** die Staatsangehörigkeit eines Mitgliedstaates der EU, unabhängig davon, ob sie ihren Wohnsitz im Gebiet der EU oder einem Drittstaat haben[358]. Personen, die die Niederlassungsfreiheit zur *Gründung von Agenturen, Zweigniederlassungen oder Tochtergesellschaften* in Anspruch nehmen wollen, müssen über die Staatsangehörigkeit hinaus in einem Mitgliedstaat ansässig sein, d.h. dort den Schwerpunkt ihrer Lebensbeziehungen haben (Art. 49 Abs. 1 UAbs. 2 AEUV).

Für **Gesellschaften**, die keine echte Staatsangehörigkeit besitzen, wird die Zugehörigkeit der Gesellschaft zur Rechtsordnung eines Mitgliedstaates und damit zur EU dadurch hergestellt, dass sie nach den Rechtsvorschriften eines Mitgliedstaates gegründet sein und ihren satzungsmäßigen Sitz, die Hauptverwaltung (Ort, an dem die unternehmerische Leitung erfolgt) oder Hauptniederlassung (Ort des tatsächlichen Geschäftsschwerpunkts) innerhalb der EU haben müssen (Art. 54 Abs. 1 AEUV)[359]. Anders als die Kapitalverkehrsfreiheit enthält das Kapitel über die Niederlassungsfreiheit keine Bestimmung, wonach sich der Geltungsbereich dieser Freiheit auch auf Sachverhalte erstreckt, an denen außerhalb der EU ansässige Angehörige eines Drittstaats beteiligt sind. Daher können die Bestimmungen der Niederlassungsfreiheit nicht von einer in einem Drittstaat ansässigen Gesellschaft geltend gemacht werden. Jedoch geht aus keiner Bestimmung des EU-Rechts hervor, dass die Herkunft der Anteilseigner von in der EU ansässigen Gesellschaften für deren Recht, sich auf die Niederlassungsfreiheit zu berufen, eine Rolle spielen würde. Der Unionsstatus einer

356 EuGH C-200/98, X u. Y, Slg. 1999, I-8261 Rdn. 26.

357 EuGH C-107/94, Asscher, Slg. 1996, I-3089, Rdn. 32.

358 EuGH Rs. 292/86, Gullung, Slg. 1988, 111; C-147/91, Ferrer Laderer, Slg. 1992, I-4079; C-369/90, Micheletti, Slg. 1992, I-4239.

359 EuGH C-307/97, Compagnie de Saint-Gobain, Slg. 1999, I-6161 Rdn. 34; C-264/96, ICI, Slg. 1998, I-4695 Rdn. 20.

Gesellschaft hängt gem. Art. 54 AEUV vom Ort des Sitzes und der Rechtsordnung, nach der die Gesellschaft gegründet wird, und nicht von der **Staatsangehörigkeit der Gesellschafter oder Kapitaleigner** ab, so dass auch Drittstaatsangehörige im Rahmen einer in der EU ansässigen Gesellschaft von der Niederlassungsfreiheit Gebrauch machen können[360].

II. Sachlicher Anwendungsbereich

Die Niederlassungsfreiheit umfasst allgemein *„die Aufnahme und Ausübung selbständiger Erwerbstätigkeiten sowie die Gründung und Leitung von Unternehmen"* (Art. 49 Abs. 2 AEUV). Sie ist allerdings, wie die anderen Grundfreiheiten auch, nur auf wirtschaftliche Betätigungen anwendbar, die einen **grenzüberschreitenden Bezug** aufweisen, nicht jedoch auf Sachverhalte, deren maßgebliche Merkmale sämtlich nicht über die Grenzen eines Mitgliedstaats hinausweisen[361]. **1008**

1. Erwerbstätigkeit

Als Erwerbstätigkeiten gelten alle Tätigkeiten wirtschaftlicher Art, die dem Erwerb von Einkünften dienen, ohne dass eine besondere Gewinnerzielungsabsicht erforderlich wäre[362]. **Erfasst** werden davon vor allem die freien Berufe und die gewerblichen Tätigkeiten (Industrie, Handel, Handwerk); **nicht erfasst** werden Gelegenheitsarbeiten und mangels Erwerbszwecks unentgeltliche Tätigkeiten karitativer und kultureller Art. **1009**

2. Niederlassung

Unter Niederlassung versteht man die tatsächliche Ausübung einer wirtschaftlichen Tätigkeit mittels einer festen Einrichtung in einem anderen Mitgliedstaat auf unbestimmte Zeit[363]. Erfasst werden damit die Gründung und das Betreiben eines ständigen Unternehmens, das den Schwerpunkt der wirtschaftlichen Tätigkeit des Selbständigen darstellt **(Hauptniederlassung)**, oder die **Errichtung von Nebenniederlassungen**. Letztere können sowohl in rechtlich unselbständiger Form (Agenturen, Zweigniederlassungen) als auch selbständig (Tochtergesellschaften) betrieben werden[364]. In Abgrenzung zur Kapitalverkehrsfreiheit (Art. 63 AEUV) ist das Merkmal der **Gründung** und des **Betreibens** von Unternehmen erfüllt und die Niederlassungsfreiheit vorrangig anwendbar, wenn durch den Erwerb einer Betei- **1010**

360 EuGH C-80/12, Felixstowe Dock and Railways Company Ltd., ECLI:EU:C:2013:699; C-452/04, Fidium Finanz, Slg. 2006, I-9521; C-221/89, Factortame, Slg. 1991, I-3509.

361 EuGH C-104/08, Kurt, Slg. 2008, I-97, Rdn. 20.

362 EuGH C-153/02, Neri, Slg. 2003, I-13555 Rdn. 39.

363 EuGH C-384/08, Attanasio Group Srl, Slg. 2010, I-2055; C-55/94, Gebhard, Slg. 1995, I-4165 Rdn. 25; C-221/89, Factortame, Slg. 1991, I-3905.

364 EuGH C-524/04, Test Claimants in the Thin Cap Group Litigation, Slg. 2007, I-2107 Rdn. 36.

ligung an einer Gesellschaft in einem anderen Mitgliedstaat sich der Investor die Möglichkeit verschafft, **sicheren Einfluss** auf die Entscheidungen der Gesellschaft auszuüben und deren Geschäftstätigkeit zu **kontrollieren**[365].

3. Ausnahme: „Ausübung hoheitlicher Gewalt"

1011 Von der Niederlassungsfreiheit ausdrücklich **ausgenommen** sind dagegen solche Tätigkeiten, *„die in einem Mitgliedstaat dauernd oder zeitweise mit der **Ausübung öffentlicher Gewalt** verbunden sind"* (Art. 51 AEUV).

Den Mitgliedstaaten steht es dabei grundsätzlich frei, zu bestimmen, welche Berufe sie mit der Ausübung von Hoheitsgewalt betrauen. Damit die Mitgliedstaaten sich aber nicht allein durch einfache Zuordnung bestimmter Berufe zur öffentlichen Gewalt der Liberalisierung des Niederlassungsrechts entziehen können, ist im Einzelfall unter Würdigung der nationalen Bestimmungen über die Struktur und die Ausübung des betreffenden Berufes sorgfältig zu prüfen, ob eine **direkte oder indirekte Beteiligung an der Ausübung der öffentlichen Gewalt** und an Ämtern stattfindet, die für den Schutz der allgemeinen Interessen des Staates, insbesondere der inneren und äußeren Sicherheit, notwendig sind[366]. Dabei reicht es nicht aus, dass ein Beruf in manchen Bereichen mit der Ausübung öffentlicher Gewalt verbunden ist; vielmehr unterliegt in einem solchen Fall **nur derjenige Teil** des betreffenden Berufes **nicht** der Liberalisierungsverpflichtung, der unmittelbar an der Ausübung öffentlicher Gewalt beteiligt ist. Ausübung öffentlicher Gewalt bedeutet nicht notwendigerweise die Ausübung von Zwangsbefugnissen, sondern es genügt die Ausübung hoheitlicher Befugnisse.

III. Inhalt des Niederlassungsrechts

1012 Die Niederlassungsfreiheit postuliert ein umfassendes *„Beschränkungsverbot"* (Art. 49 Abs. 1 UAbs. 1 und 2 AEUV), das alle Maßnahmen umfasst, die die Ausübung der Niederlassungsfreiheit *„unterbinden, behindern oder weniger attraktiv machen"*[367]. Sie

---

365 EuGH C-284/06, Burda, Slg. 2008, I-4571, Rdn. 69 m.w.N.

366 EuGH C-42/92, Thijssen, Slg. 1993, I-4047 (abgelehnt für Wirtschaftsprüfer); Rs. 147/86, KOM/Griechenland, Slg. 1988, 1637 (abgelehnt für Unterrichtsanstalten); Rs. 2/74, Reyners, Slg. 1974, 631 (abgelehnt für den Anwaltsberuf); C-451/03, Servizi Ausiliari Dottori Commercialisti, Slg. 2006, I-2941 (abgelehnt für Steuerberatung); C-438/08, KOM/Portugal, Slg. 2009, I-10219, Rdn. 32 (abgelehnt für die technische Überprüfung von Kraftfahrzeugen durch privatwirtschaftliche Organisationen); EuGH C-160/08, KOM/Deutschland, Slg. 2010, I-3713, Rdn. 73 (abgelehnt für Notfalltransporte und qualifizierte Krankentransporte durch öffentliche Rettungsdienste); C-372/09 u. C-373/09, Josep Peñarroja Fa, Slg. 2011, I-1785, Rdn. 41 (abgelehnt für die Tätigkeit eines gerichtssachverständigen Übersetzers); C-54/08, KOM/Deutschland, Slg. 2011, I-4355 (abgelehnt für den Notarberuf).

367 Vgl. EuGH C-570/07, Blanco Pérez und C-571/07, Chao Gómez, Slg. 2010, I-4629, Rdn. 53; C-169/07, Hartlauer, Slg. 2009, I-1721, Rdn. 33 m.w.N. aus der Rspr.

umfassen sowohl **Diskriminierungen** als auch **Behinderungen**. Das Beschränkungsverbot ist in den Mitgliedstaaten **unmittelbar anwendbar**, so dass entgegenstehendes mitgliedstaatliches Recht nicht angewandt werden darf[368]. Im Rahmen der **Richtlinie 2006/123/EG** über Dienstleistungen im Binnenmarkt[369] sind die Mitgliedstaaten verpflichtet, ihr gesamtes Recht den Erfordernissen der Niederlassungsfreiheit anzupassen, und sie dürfen nur solche Beschränkungen aufrechterhalten, die durch unionsrechtlich anerkannte Grundsätze gerechtfertigt sind.

1. Diskriminierungsverbot

Die Freiheit der Niederlassung richtet sich zunächst gegen alle **offenen oder versteckten Diskriminierungen**, denen natürliche oder juristische Personen bei der Aufnahme und Ausübung selbständiger Erwerbstätigkeiten bzw. bei der Gründung und Leitung von Unternehmen in einem Mitgliedstaat ausgesetzt sind. Die Grundlage der Niederlassungsfreiheit bildet damit, wie bereits im Bereich der Freizügigkeit der Arbeitnehmer, der **Grundsatz der Inländerbehandlung**[370]. Die Geltung dieses Grundsatzes bringt Artikel 49 UAbs. 2 AEUV mit der Formulierung zum Ausdruck, dass *„die Niederlassungsfreiheit die Aufnahme und Ausübung selbständiger Erwerbstätigkeiten sowie die Gründung und Leitung von Unternehmen, insbesondere Gesellschaften …* **nach den Bestimmungen des Aufnahmestaates für seine eigenen Angehörigen** *[umfasst]"*. 1013

Die mit der inhaltlichen Beschränkung des Niederlassungsrechts auf die Gewährleistung der Inländerbehandlung verbundenen praktischen Schwierigkeiten im Hinblick auf die Erfüllung der von den Inländern geforderten Voraussetzungen für den Zugang zur Tätigkeit und die bestehenden Regelungen für die Berufsausübung sollen durch die gegenseitige Anerkennung der Diplome, Prüfungszeugnisse und sonstigen Befähigungsnachweise sowie durch die Koordinierung der Berufsregelungen nach Art. 53 AEUV gemindert werden.

a) Mögliche Eingriffsmaßnahmen

Verletzungen des Gebots der Inländerbehandlung können sich im Rahmen der Niederlassungsfreiheit insbesondere aus den **berufsregelnden Maßnahmen** ergeben, wie z.B. den Berufsordnungen, der Gewerbeordnung oder den Handwerksordnungen. Daneben kommen als Eingriffsmaßnahmen alle Regelungen in Betracht, die sich auf die **Berufsausübung** auswirken, wie z.B. Beitragsbefreiungen im Rahmen 1014

368 EuGH, Rs. 2/74, Reyners, Slg. 1974, 631, Rdn. 24/28.

369 RL des EP u. Des Rates vom 12.12.2006, ABl. 2006 Nr. L 376/36.

370 EuGH C-279/89, KOM/Vereinigtes Königreich, Slg. 1992, I-5785; C-246/89, KOM/Vereinigtes Königreich, Slg. 1991, I-4585; C-221/89, Factortame, Slg. 1991, I-3905; Rs. 198/86, Conradi, Slg. 1987, 4469; Rs. 197/84, Steinhauser, Slg. 1985, 1819; Rs. 115/78, Knoors, Slg. 1979, 399; Rs. 2/74, Reyners, Slg. 1974, 657.

der Sozialversicherungspflicht[371], Erwerb und Nutzung von Immobilien[372], Anmietung eines Geschäftslokals[373]. Schließlich gilt das Beschränkungsverbot nicht nur für staatliche Maßnahmen, sondern auch auf Kollektivvereinbarungen, insbesondere Tarifverträge[374].

b) Verbot von Diskriminierungen

1015 Verboten ist jede Beeinträchtigung der Niederlassungsfreiheit dadurch, dass die wirtschaftlichen Tätigkeiten eines EU-Ausländers **wegen ihres Auslandsbezugs** schlechter behandelt werden als vergleichbare Tätigkeiten eines Inländers[375]. Zu denken ist etwa an einen aus einem anderen Mitgliedstaat kommenden Unternehmer, der **zusätzlichen** oder **strengeren Anforderungen** unterworfen wird als ein entsprechender inländischer Unternehmer.

1016 Soweit diese Anforderungen an die Staatsangehörigkeit anknüpfen, liegt eine offene **Diskriminierung** vor[376]. Diese Fälle sind in der Praxis jedoch sehr selten. In der Regel hat man es mit **versteckten Diskriminierungen** zu tun. Sie werden durch Regelungen hervorgerufen, die, obwohl dem Anschein nach allgemein gültig, tatsächlich überwiegend EU-Ausländer betreffen. Darunter fallen solche Regelungen, bei denen nicht ausdrücklich die Ausländereigenschaft, sondern andere Unterscheidungsmerkmale zum Anlass genommen werden, abweichende Regelungen zu treffen, wobei die Unterscheidungsmerkmale typischerweise immer bewirken, dass nur EU-Ausländern Hindernisse in den Weg gelegt werden. Unter diese Maßnahmen fällt insbesondere eine nationale Regelung, die die Niederlassung eines Unternehmens aus einem anderen Mitgliedstaat von der Erteilung einer vorherigen Erlaubnis abhängig macht. Dieses Erfordernis ist geeignet, die Ausübung der Niederlassungsfreiheit zu beeinträchtigen, da es das Unternehmen daran hindert, seine Tätigkeiten mit Hilfe einer Betriebsstätte frei auszuüben. Das Unternehmen läuft nämlich Gefahr, die zusätzlichen Verwaltungskosten und finanziellen Belastungen tragen zu müssen, die jede Erteilung einer solchen Erlaubnis mit sich bringt, und zum anderen schließt das System der vorherigen Erlaubnis diejenigen Wirtschaftsteilnehmer von der Ausübung einer selbständigen Tätigkeit aus, die im Voraus festgelegte Anforderungen nicht erfüllen, von deren Einhaltung die Erteilung der Erlaubnis

371 EuGH Rs. 79/85, Segers, Slg. 1986, 2375.
372 EuGH Rs. 305/87, KOM/Griechenland, Slg. 1989, 1461.
373 EuGH Rs. 197/84, Steinhauser, Slg. 1985, 1819.
374 EuGH C-438/05, International Transport Workers' Federation u.a., Slg. 2007, I-10779, Rdn. 33.
375 EuGH C-253/09, KOM/Ungarn, ECLI:EU:C:2010:754; C-329/05, Meindl, Slg. 2007, I-1107 Rdn. 22.
376 EuGH C-474/12, Schiebel Aircraft, ECLI:EU:C:2014:2139: Handel und Vermittlung von Waffen und Munition militärischer und nichtmilitärischer Art.

abhängt[377]. Eine Beschränkung stellt auch eine nationale Regelung dar, die die Ausübung einer Tätigkeit von einer Bedingung abhängig macht, die an den wirtschaftlichen und sozialen Bedarf an dieser Tätigkeit anknüpft, denn eine solche Bedingung zielt darauf ab, die Zahl der Dienstleister zu begrenzen[378]. Dementsprechend wird die Niederlassungsfreiheit von Apothekern aus anderen Mitgliedstaaten beschränkt, wenn in einem Mitgliedstaat die Erteilung der Betriebserlaubnisse für neue Apotheken dadurch begrenzt wird, dass in jedem Apothekenbezirk abhängig von der Bevölkerungsdichte grundsätzlich nur eine Apotheke errichtet werden darf und jede neue Apotheke zu bestehenden Apotheken eine Mindestentfernung beachten muss.[379]

In der Rechtsprechung des EuGH sind beispielsweise als **„versteckte Diskriminierungen"** qualifiziert worden: 1017

- die Weigerung der Zulassung eines Belgiers mit belgischem, aber von Frankreich anerkanntem Juradiplom und Doktortitel zur Pariser Anwaltschaft mit der Begründung, die Gleichstellung der Diplome reiche für diese Zulassung nicht aus[380],
- die Versagung der in einer nationalen Regelung vorgesehenen Befreiung von der Beitragspflicht zur Krankenversicherung allein deswegen, weil die Erwerbstätigkeit, aufgrund derer ein Anspruch auf Befreiung bestehen könnte, im Hoheitsgebiet eines anderen Mitgliedstaates ausgeübt wird[381],
- die Versagung der Eintragung als ordentliches Mitglied der Ingenieurskammer Griechenlands, die erst den Zugang zu den Berufen des Architekten, des Bauingenieurs und des Vermessungsingenieurs ermöglicht[382],
- die Beschränkung des Erwerbs von Immobilien durch selbständig Erwerbstätige aus anderen Mitgliedstaaten[383],
- das Verlangen der Gründung einer Gesellschaft nationalen Rechts zur Erlangung einer Meeresfischereilizenz[384],
- die Versagung der Gründung und Leitung eines Unternehmens, wenn die Führungskräfte und das Personal ihren Wohnsitz nicht im Inland haben[385],

---

377 EuGH C-539/11, Ottica New Line di Accardi Vincenzo, ECLI:EU:C:2013:591; C-169/07, Hartlauer, Slg. 2009, I-1721, Rdn. 34/35.

378 EuGH C-570/07 u. C-571/07, Blanco Pérez u. Chao Gómez, Slg. 2010, I-4629, Rdn. 55.

379 EuGH C-570/07 u. C-571/07, Blanco Pérez und Chao Gómez, Slg. 2010, I-4629, Rdn. 56 ff. Dies gilt auch, wenn entsprechende Anforderungen an die Niederlassung von Optikern gestellt werden (EuGH C-539/11, Ottica New Line di Accardi Vincenzo, ECLI:EU:C:2013:591.

380 EuGH Rs. 71/76, Thieffry, Slg. 1977, 765.

381 EuGH Rs. 79/85, Segers, Slg. 1986, 2375; C-577/11, DKV Belgien, ECLI:EU:C:2013:229 zu Tariferhöhungen im Bereich der Krankenversicherung.

382 EuGH Rs. 38/87, KOM/Griechenland, Slg. 1988, 4415.

383 EuGH Rs. 305/87, KOM/Griechenland, Slg. 1989, 1474; C-197/11, Liebert, ECLI:EU:C:2013:288.

384 EuGH C-93/89, KOM/Irland, Slg. 1991, I-4569.

385 EuGH C-114/97, KOM/Spanien, Slg. 1998, I-6717 Rdn. 44.

- die beschränkende Verpflichtung bei der Zulassung zu freien Berufen, wie Rechtsanwälten oder Ärzten, nur eine Kanzlei oder Praxis zu unterhalten[386],
- der Betrieb von Apotheken ausschließlich durch Apotheker unter Ausschluss von Nichtapothekern[387],
- der Betrieb von Glücksspielen in Spielbanken nur durch Wirtschaftsteilnehmer mit Sitz im Inland[388] oder
- das Verbot, verschreibungspflichtige Arzneimittel, deren Kosten vollständig vom Käufer getragen werden, außerhalb von Apotheken in einer Verkaufsstelle für parapharmazeutische Produkte zu vertreiben[389].

Nicht einfach zu beurteilen sind Fälle potentiell diskriminierender Regelungen der **direkten Besteuerung** in Bezug auf **gebietsansässige und gebietsfremde Personen**. Grundsätzlich befinden sich Gebietsansässige und Gebietsfremde im Bereich der direkten Steuern in der Regel nicht in einer vergleichbaren Situation, so dass keine Diskriminierung selbst bei ungleicher Behandlung anzunehmen ist. Die Einkünfte, die ein Gebietsfremder im Hoheitsgebiet eines Mitgliedstaats erzielt, stellen meist nur einen Teil seiner Gesamteinkünfte dar, deren Schwerpunkt an seinem Wohnort liegt, und auch die persönliche Steuerkraft des Gebietsfremden, die sich aus der Berücksichtigung seiner Gesamteinkünfte sowie seiner persönlichen Lage und seines Familienstands ergibt, kann leichter an dem Ort beurteilt werden, an dem der Mittelpunkt seiner persönlichen Interessen und seiner Vermögensinteressen liegt, welcher in der Regel der Ort seines gewöhnlichen Aufenthalts ist[390]. Der Gerichtshof hat daher in der Rs. *„Schumacker"*[391] festgestellt, dass es in Anbetracht der objektiven Unterschiede zwischen der Situation der Gebietsansässigen und derjenigen der Gebietsfremden sowohl hinsichtlich der Einkunftsquelle als auch hinsichtlich der persönlichen Steuerkraft oder der persönlichen Lage und des Familienstands in der Regel nicht diskriminierend ist, wenn ein Mitgliedstaat Gebietsfremden bestimmte Steuervergünstigungen versagt, die er Gebietsansässigen gewährt.

Eine Diskriminierung im Sinne des AEU-Vertrags könnte im Verhältnis zwischen Gebietsansässigen und Gebietsfremden nur dann vorliegen, wenn ungeachtet ihres Wohnsitzes in verschiedenen Mitgliedstaaten nachgewiesen wäre, dass sich die beiden Gruppen von Steuerpflichtigen im Hinblick auf den Zweck und den Inhalt

---

386 EuGH C-106/91, Ramrath, Slg. 1992, I-3351 Rdn. 19; Rs. 107/83, Klopp, Slg. 1984, 2971 Rdn. 17.

387 EuGH C-171/07 u. C-172/07, Apothekerkammer des Saarlandes, Slg. 2009, I-4171, Rdn. 23; C-531/06, KOM/Italien, Slg. 2009, I-4103, Rdn. 44.

388 EuGH C-64/08, Engelmann, Slg. 2010, I-8219, Rdn. 32; C-660/11 und 660/12, Biasci ECLI:EU:C:2013:550.

389 EuGH C-159/12 – C-161/12, Venturini u.a., ECLI:EU:C:2013:791.

390 Vgl. Insbes. Urteile C-279/93, Schumacker ECLI:EU:C:1995:31; C-9/14, Kieback, ECLI:EU:C:2015:406.

391 EuGH C-279/93, ECLI:EU:C:1995:31

der fraglichen nationalen Vorschriften in einer vergleichbaren Lage befinden[392]. Dies ist insbesondere der Fall, wenn ein gebietsfremder Steuerpflichtiger in seinem Wohnmitgliedstaat keine nennenswerten Einkünfte hat und sein zu versteuerndes Einkommen im Wesentlichen aus einer Tätigkeit bezieht, die er in einem anderen Mitgliedstaat ausübt, so dass der Wohnmitgliedstaat nicht in der Lage ist, ihm die Vergünstigungen zu gewähren, die sich aus der Berücksichtigung seiner persönlichen Lage und seines Familienstands ergeben. In einem solchen Fall besteht die Diskriminierung darin, dass die persönliche Lage und der Familienstand eines Gebietsfremden, der in einem anderen Mitgliedstaat als seinem Wohnmitgliedstaat den wesentlichen Teil seiner Einkünfte und praktisch seine gesamten Familieneinkünfte erzielt, weder im Wohnmitgliedstaat noch im Beschäftigungsmitgliedstaat berücksichtigt werden[393].

2. Verbot von Behinderungen

a) Anerkennung und Inhalt des Behinderungsverbots

Die in der Rechtsprechung des EuGH lange Zeit nur andeutungsweise anerkannte[394] **1018**
Erweiterung des Tatbestandes der Niederlassungsfreiheit um das Behinderungsverbot ist mit dem Urteil des EuGH in der Rechtssache **„Gebhard"**[395] endgültig vorgenommen worden.

Der Kläger, ein in Stuttgart zugelassener Anwalt, lebt und arbeitet seit 1978 in Mailand; dort war er zunächst in fremder, später in eigener Kanzlei tätig. Obwohl sein Antrag auf Zulassung zur Anwaltschaft noch nicht beschieden war, übte er seine Anwaltstätigkeit in eigener Kanzlei unter Verwendung der Berufsbezeichnung „avvocato" aus. Hierin sah die Anwaltskammer Mailand einen Verstoß gegen das Gesetz Nr. 31/82. Die im Aufnahmestaat geltenden „personenbezogenen Bedingungen" der Berufsaufnahme und -ausübung (hier: Zulassung zur Anwaltschaft) konnten nach der bis dahin geltenden Rechtsprechung des EuGH nicht abgewehrt werden, da sie gleichermaßen für Inländer wie Ausländer verbindlich sind und damit keine diskriminierenden Wirkungen entfalten; auch ihre Berechtigung unter unionsrechtlichen Gesichtspunkten konnte nicht überprüft werden. Die im Aufnahmestaat zulässigen Anforderungen an die Berufsaufnahme und -ausübung waren unter der Anwendung des früheren Art. 43 EG (jetzt Art. 49 AEUV) lediglich mit denjenigen des Herkunftsstaats zu vergleichen und bei entsprechender Äquivalenz zu berücksichti-

---

392 EuGH C-391/97, Gschwind, ECLI:EU:C:1999:409,

393 EuGH C-9/14, Kieback, ECLI:EU:C:2015:406

394 EuGH Rs. 81/87, Daily Mail, Slg. 1988, 5483; Rs. 107/83, Klopp, Slg. 1984, 2971; Rs. 96/85, KOM/Frankreich, Slg. 1986, 1475; C-340/86, Vlassopoulos, Slg. 1991, I-2357; C-370/90, Singh, Slg. 1992, I-4265; C-19/92, Kraus, Slg. 1993, I-1663.

395 EuGH C-55/94, Slg. 1995, I-4165 Rdn. 37; inzwischen st. Rspr. Vgl. Auch C-255/97, Pfeiffer Großhandel, Slg. 1999, I-2835 Rdn. 19.

gen[396]. Das Urteil in der Rechtssache „Gebhard" geht über diesen Ansatz weit hinaus, indem es nach der **Rechtfertigung** der gleichermaßen für Inländer wie Ausländer geltenden Berufserfordernisse fragt; damit unterstellt dieses Urteil praktisch, dass auch die nicht diskriminierenden Berufsregelungen regelmäßig einen **Eingriff in die Niederlassungsfreiheit darstellen**. Dies hat in der Praxis die bedeutsame Konsequenz, dass ein Angehöriger eines Mitgliedstaates, der sich in einem anderen Mitgliedstaat niederlässt, den für Inländer geltenden Berufs- und Gewerberechtsvorschriften nur insoweit unterworfen werden kann, als diese durch Gründe des allgemeinen Wohls gerechtfertigt sind.

1019 Dem engen Diskriminierungsverbot ist folglich ein **allgemeines Beschränkungs- oder Behinderungsverbot** an die Seite gestellt worden. Dieses Behinderungsverbot ist inzwischen durch die Rechtsprechung des EuGH dahingehend ausgeformt worden, dass alle Maßnahmen als Behinderungen angesehen werden, die die Ausnutzung der Niederlassungsfreiheit dadurch weniger attraktiv machen, dass Hindernisse für den Zugang zu einem „Markt" in einem anderen Mitgliedstaat errichtet werden[397]. Erfasst werden allerdings nur Maßnahmen, die ein Hindernis für den **Zugang** zum Markt eines Mitgliedstaats bilden, nicht aber für die Bedingungen, die diskriminierungsfrei für die **Ausübung** einer Erwerbstätigkeit gelten. Gegenüber unterschiedslos geltenden Ausübungsmodalitäten ist die Niederlassungsfreiheit kein Instrument, um sich gegen Einschränkungen der wirtschaftlichen Freiheit zu wehren, die sich aus der Rechtsordnung des Aufnahmestaates ergeben; bloße Unterschiede in den Rechtsordnungen der Mitgliedstaaten sind keine Beschränkung der Niederlassungsfreiheit[398]. Ist das Erfordernis eines Zugangshindernisses erfüllt, verbietet Art. 49 AEUV auch **geringfügige** oder **unbedeutende** Beschränkungen der Niederlassungsfreiheit[399]. Damit bleibt die Beeinträchtigung des Marktzugangs das entscheidende Kriterium für das Bestehen einer Behinderung der Niederlassungsfreiheit, wobei diese Hindernisse im Hinblick auf die Ausübung der beabsichtigten Tätigkeit geprüft werden. Konkret wird dabei untersucht, ob die Auferlegung von Bedingungen die beabsichtigte Tätigkeit im Wettbewerb gegenüber einheimischen

---

396 So EuGH C-340/89, Vlassopoulou, Slg. 1991, I-2357; dazu *Nachbaur*, EuZW 1991, S. 470; *Zuck*, JZ 1991, S. 1132.

397 EuGH C-570/07 u. C-571/07, Blanco Pérez u. Chao Gómez, Slg. 2010, I-4629, Rdn. 53; C-384/08, Attanasio, Slg. 2010, I-2055, Rdn. 45; C-442/02, Caixa Bank France, Slg. 2004, I-8961 Rdn. 11/12.

398 Bsp. Aus der Rspr.: EuGH C-565/08, KOM/Italien, Slg. 2011, I-2101, Rdn. 51 (Festsetzung von Höchstsätzen für Rechtsanwaltsgebühren, die unterschiedslos für in- wie ausländische Anwälte gelten, sind kein Hindernis für den Marktzutritt für Anwälte aus anderen Mitgliedstaaten, da das System der Höchstsätze sie nicht daran hindert, unter den Bedingungen eines normalen und wirksamen Wettbewerbs in den Markt des Aufnahmestaates einzutreten).

399 EuGH C-9/02, de Lasteyrie du Saillant, Slg. 2004, I-2409, Rdn. 43. Die Grundsätze der Keck-Rechtsprechung zum freien Warenverkehr sind folglich *nicht* auf die Niederlassungsfreiheit übertragbar.

Anbietern benachteiligt, so dass der Niederlassungswillige von der Aufnahme dieser Tätigkeit abgehalten wird.

Als den **Marktzugang beschränkende Maßnahmen** hat der EuGH etwa angesehen: **1020**

- eine nationale Regelung, die die Niederlassung eines Unternehmens aus einem anderen Mitgliedstaat von der Erteilung einer vorherigen Erlaubnis abhängig macht[400],
- eine nationale Regelung, die die Ausübung einer Tätigkeit von einer Bedingung abhängig macht, die an den wirtschaftlichen und sozialen Bedarf an dieser Tätigkeit anknüpft[401],
- eine nationale Regelung, die die Erteilung der Betriebserlaubnisse für neue Apotheken dadurch begrenzt, dass in jedem Apothekenbezirk abhängig von der Bevölkerungsdichte grundsätzlich nur eine Apotheke errichtet werden darf und jede neue Apotheke zu bestehenden Apotheken eine Mindestentfernung beachten muss[402],
- eine nationale Regelung, die die Erlaubnis zur Ansiedlung großer Einzelhandelsgeschäfte in der Region eines Mitgliedstaats davon abhängig macht, welche Auswirkungen die Ansiedlung auf die Einzelhandelsstruktur der Region hat[403],
- eine nationale Regelung, die für die Ansiedlung neuer Straßentankstellenanlagen einen Mindestabstand zu bestehenden Anlagen vorschreibt[404],
- eine nationale Regelung, die zum Betrieb einer erlaubnispflichtigen Verkehrslinie mit Autobussen einen Sitz oder eine andere Niederlassung verlangt (was an sich noch kein Verstoß gegen die Niederlassungsfreiheit ist), noch bevor die Erlaubnis erteilt ist (dies hat eine abschreckende Wirkung auf Wirtschaftsteilnehmer aus anderen Mitgliedstaaten, da ein umsichtiger Wirtschaftsteilnehmer nicht bereit sein wird, erhebliche Investitionen vorzunehmen, wenn die Erteilung der Erlaubnis völlig ungewiss ist).[405]

b) Behinderung der Standortwahl von Gesellschaften

Ein besonderes Problem stellt sich im Zusammenhang mit möglichen Behinderungen der Standortwahl von **Gesellschaften** aufgrund der etwa auch in Deutschland geltenden **„Sitztheorie“**. Nach der Sitztheorie verliert eine Gesellschaft ihre Rechtspersönlichkeit, wenn sie ihren effektiven Verwaltungssitz aus dem Gründungsstaat **1021**

---

400 EuGH C-169/07, Hartlauer, Slg. 2009, I-1721, Rdn. 34 u. 35.

401 EuGH C-570/07, Blanco Pérez u. C-571/07, Chao Gómez, Slg. 2010, I-4629, Rdn. 55.

402 EuGH C-570/07, Blanco Pérez u. C-571/07, Chao Gómez, Slg. 2010, I-4629, Rdn. 56; s. auch EuGH C-315/08, Grisoli, Slg. 2011, I-139. Diese Beschränkung kann aber unter dem Gesichtspunkt des Schutzes der Gesundheit gerechtfertigt sein, siehe unter IV, insbes. Fn. 412.

403 EuGH C-400/08, KOM/Spanien, Slg. 2011, I-1915, Rdn. 66.

404 EuGH C-384/08, Attanasio, Slg. 2010, I-2055, Rdn. 45.

405 EuGH C-338/09, Yellow Cab, Slg. 2010, I-13927, Rdn. 37.

verlegt. Das Konfliktpotential im Hinblick auf eine freie Niederlassung von juristischen Personen ist aufgrund der Sitztheorie dadurch vorgezeichnet, dass inländische juristische Personen nur schwer aus dem nationalen Markt ausbrechen können (sog. *„Gefängniswirkung"*), während ausländische juristische Personen nur schwer auf dem Markt des betreffenden Mitgliedstaates Fuß fassen können (sog. *„Festungswirkung"*). Der **BGH hat den EuGH um Klärung dieses Problems angerufen** in einem Fall, in dem eine nach niederländischem Recht wirksam gegründete Gesellschaft, die einen Bauvertrag über Bauleistungen in Deutschland abgeschlossen und später auch ihren Verwaltungssitz dorthin verlegt hatte, vor den deutschen Gerichten Zahlungsansprüche aufgrund der Mängelgewährleistungsregeln geltend machte. Die Instanzgerichte (LG und OLG) haben die Klage abgewiesen mit der von herrschender Lehre und Rechtsprechung geteilten Begründung, dass eine Gesellschaft niederländischen Rechts mit tatsächlichem Verwaltungssitz in Deutschland vor Gericht nicht parteifähig sei, da es ihr an der notwendigen Rechtsfähigkeit mangle. Rechtsfähigkeit besitzt die Gesellschaft nach der Sitztheorie nicht, weil sie nicht nach dem Recht des Staates gegründet ist, in dem sie ihren Sitz hat, im vorliegenden Fall also Deutschland.

Der **EuGH ist dem nicht gefolgt**. Nach Ansicht des EuGH führt die Verneinung der Rechtsfähigkeit bei Verlegung des Verwaltungssitzes dazu, dass das Unternehmen keine andere Wahl hat, als sich in Deutschland neu zu gründen, um vor den deutschen Gerichten vertragliche Ansprüche gegen seinen Schuldner geltend machen zu können. Dieser Zwang zur Neugründung kommt einer Negierung der durch Art. 49 und Art. 54 AEUV gewährleisteten Niederlassung gleich. Ein derart weitreichender Eingriff findet keine Rechtfertigung, insbesondere nicht in den allgemeinen Schutzbestimmungen eines Mitgliedstaates, wie z.B. dem Schutz der Interessen der Gläubiger, der Minderheitsgesellschafter, der Arbeitnehmer oder des Fiskus, die zwar grundsätzlich als Rechtfertigungsgründe in Betracht kommen, aber hier wegen der Schwere des Eingriffs nicht durchgreifen können[406]. Aber nicht nur die Rechts- und Parteifähigkeit einer ausländischen Gesellschaft sind anzuerkennen, sondern die Mitgliedstaaten müssen darüber hinaus darauf verzichten, der Gesellschaft rechtliche Erschwernisse aufzuerlegen, da sie grundsätzlich unverändert nach dem Recht des Gründungsstaates wirtschaftlich tätig werden, es sei denn, die Mitgliedstaaten können sich auf Rechtfertigungsgründe stützen[407].

1022 Etwas anderes gilt nach der Rechtsprechung des EuGH in den ***Wegzugsfällen***, in denen z.B. eine deutsche Gesellschaft ihren Sitz in einen anderen Mitgliedstaat verlegen will. Hier hat der EuGH entschieden, dass der Mitgliedstaat selbst entscheiden kann, unter welchen Voraussetzungen eine Gesellschaft gegründet werden soll und von der Niederlassungsfreiheit profitieren kann. Dies schließt die Möglichkeit

406 EuGH C-208/00, Überseering, Slg. 2002, I-9919 Rdn. 81/93.

407 EuGH C-167/01, Inspire Art, Slg. 2003, I-10155. Der EuGH hat auch die Weigerung einer dänischen Behörde beanstandet, die Zweigniederlassung einer Gesellschaft im Handelsregister einzutragen, die im Vereinigten Königreich nach den dortigen Bestimmungen wirksam gegründet worden war.

ein, dass ein Mitgliedstaat einer Gesellschaft die Niederlassungsfreiheit vorenthalten kann, wenn diese Gesellschaft durch Verlegung ihres Sitzes in einen anderen Mitgliedstaat die Anknüpfung löst, die das nationale Recht des Gründungsstaates für die Geltendmachung der Niederlassungsfreiheit verlangt[408]. Diese Haltung des EuGH ist nur schwer nachvollziehbar. Aufgrund der Vergleichbarkeit der Wegzugs- und der Zuzugsfälle hätte es eigentlich nahe gelegen, dieselben Regeln gelten zu lassen. Auch werden mit dieser Rechtsprechung rein inländische Sitzverlegungen besser behandelt als grenzüberschreitende Sitzverlegungen[409].

IV. Rechtfertigung von Beschränkungen der Niederlassungsfreiheit

Die Rechtfertigung von Beschränkungen der Niederlassungsfreiheit erfolgt nach **1023**
denselben Regeln wie bei der Freizügigkeit, d.h. es ist zwischen offenen Diskriminierungen, versteckten Diskriminierungen und den unterschiedslos angewendeten Maßnahmen, die zu Behinderungen der Niederlassungsfreiheit führen, zu unterscheiden.[410]

(1) **Offene Diskriminierungen** können ausschließlich unter Berufung auf die öffentliche Ordnung, Sicherheit[411] oder Gesundheit[412] gerechtfertigt werden (Art. 52 AEUV – sog. **„ordre-public-Vorbehalt"**).

(2) **Versteckte Diskriminierungen** können aus Gründen des **„ordre public"** sowie aus **zwingenden Gründen des Allgemeinwohls** gerechtfertigt sein[413].

---

408 EuGH C-210/06, CARTESIO, Slg. 2008, I-9641 mit Anm. *Prießkalla*, EuZW 2009, S. 81.

409 So auch GA *Poiares Maduro* in seinen SA in der Rs. C-210/06 (Slg. 2008, I-9641), der sich klar für eine Gleichbehandlung der Wegzugs- und der Zuzugsfälle ausspricht.

410 Vgl. dazu auch unter § 10 A. VII. sowie zum Erfordernis einer Konzession oder einer polizeilichen Genehmigung für den Betrieb von Glücksspielen, um Straftaten im Glücksspielsektor vorzubeugen EuGH C-660/11 u. C-8/12, Biasci u.a., ECLI:EU:C:2013:550.

411 Vgl. EuGH C-451/03, Servici Ausiliari Dottori Commercialisti, Slg. 2006, I-2941, Rdn. 36; C-503/99, KOM/Belgien, Slg. 2002, I-4809 (Sicherstellung der Energieversorgung im Krisenfall).

412 Ein Mitgliedstaat kann seine Maßnahmen zum Schutz der Gesundheit so gestalten, dass eine den Bedürfnissen der Bevölkerung angepasste Gesundheitsversorgung gewährleistet ist, insbes. Lücken in der Versorgung vermieden werden, sich die Versorgung gleichmäßig auf das gesamte Hoheitsgebiet des Mitgliedstaats erstreckt und spezielle Bedürfnisse geografisch isolierter oder sonst wie benachteiligter Regionen berücksichtigt werden: vgl. EuGH C-570/07 u. 571/07, Blanco Pérez u. Chao Gómez, Slg. 2010, I-4629, Rdn. 70 sowie C-294/00, Gräbner, Slg. 2002, I-6515 (Ausschluss von Heilpraktikern von Heilbehandlungen); C-169/07, Hartlauer Handelsgesellschaft, Slg. 2009, I-1721 und C-367/12, Sokoll-Seebacher, ECLI:EU:C:2014:68 (Aufrechterhaltung einer qualitativ hochwertigen, ausgewogenen und allgemein zugänglichen ärztlichen oder klinischen Versorgung); C-539/11, Ottica New Line di Accardi Vincenzo, ECLI:EU:C:2013:591 (gleichmäßige Verteilung der Gesundheitsdienstleister [Apotheken, Optiker] über das nationale Hoheitsgebiet); C-575/11, Nasipoulos, ECLI:EU:C:2013:430 (Zugang zum Beruf des Physiotherapeuten).

413 Zu den zwingenden Allgemeinwohlinteressen vgl. unter § 10 A. IV.

Als zwingende Gründe des Allgemeinwohls hat der EuGH im Rahmen der Niederlassungsfreiheit anerkannt:

- den Verbraucherschutz[414],
- den Arbeitnehmerschutz[415],
- Schutz der Sozialordnung[416],
- Funktionsfähigkeit der Rechtspflege[417],
- Sicherstellung eines hohen Standards der Hochschulausbildung[418],
- Kohärenz des Steuersystems[419] und die Wirksamkeit der Steueraufsicht[420],
- Schutz der Verkehrssicherheit[421] sowie den
- Gläubiger- und Minderheitenschutz bei Gesellschaften[422].

Beschränkungen der Niederlassungsfreiheit können auch auf der Grundlage von **Art. 346 Abs. 1 lit.b AEUV** gerechtfertigt sein[423]. Nach dieser Vorschrift ist es den Mitgliedstaaten nicht verwehrt, Maßnahmen zu ergreifen, die für die Wahrung seiner wesentlichen Sicherheitsinteressen erforderlich sind, soweit sie die Erzeugung von Waffen, Munition und Kriegsmaterial oder den Handel damit betreffen. Die in Art. 346 AEUV vorgesehene Ausnahme ist als Abweichung von den Grundfreiheiten eng auszulegen. Sie ermächtigt die Mitgliedstaaten nicht dazu, durch bloße Berufung auf ihre Sicherheitsinteressen von den Bestimmungen der Verträge abzuweichen. Vielmehr muss der Mitgliedstaat, der sich auf die Ausnahme beruft, nachweisen, dass ihre Inanspruchnahme erforderlich ist, um seine wesentlichen Sicherheitsinteressen zu wahren[424].

(3) Die vom **Behinderungsverbot** erfassten unterschiedslos anwendbaren Maßnahmen können aus Gründen des **„ordre public"**, aus den **zwingenden**

---

414 EuGH C-6/98, ARD, Slg. 1999, I-7599 Rdn. 50 (Schutz vor übermäßiger kommerzieller Werbung); C-451/03, Servici Ausiliari Dottori Commercialisti, Slg. 2006, I-2941 (Schutz vor Schäden durch unqualifizierte Dienstleister); EuGH C-577/11, DKV Belgium, ECLI:EU:C:2013:146] (Schutz vor einer erheblichen und unerwarteten Erhöhung der Versicherungsprämien im Rahmen einer Krankenversicherung); EuGH C-327/12, Soa Nazionale Costruttori, ECLI:EU:C:2013:827] (Schutz von Unternehmen als Empfänger von Dienstleistungen vor parteiischen oder diskriminierenden Verhaltensweisen in Form von Zertifizierungsleistungen zur Teilnahme an öffentlichen Ausschreibungen für Bauaufträge.

415 EuGH C-438/05, International Transport Workers' Federation u.a., Slg. 2007, I-10779; C-208/00, Überseering, Slg. 2002, I-9919 Rdn. 92.

416 EuGH C-243/01, Gambelli, Slg. 2003, I-13031 (Gefahren bei Wetten und Glücksspielen); C-660/11 u. C-8/12, Biasci u.a., ECLI:EU:C:2013:550 (Vorbeugung von Straftaten im Zusammenhang mit Glücksspielen).

417 EuGH C-3/95, Reisebüro Broede, Slg. 1996, I-6511 Rdn. 31.

418 EuGH C-153/02, Neri, Slg. 2003, I-13555.

419 EuGH C-324/00, Lankhorst-Hohorst, Slg. 2002, I-11279 Rdn. 40.

420 EuGH C-250/95, Futura, Slg. 1997, I-2471 Rdn. 31.

421 EuGH C-151/04 u. C-152/04, Nadin-Lux, Slg. 2005, I-11203.

422 EuGH C-208/00, Überseering, Slg. 2002, I-0019 Rdn. 92.

423 Dazu EuGH C-474/12, Schiebel Aircraft, ECLI:EU:C.2014:2139.

424 EuGH C-615/10, Insinööritoimisto Ins Tiimi, ECLI:EU:C:2012:324.

Gründen des Allgemeinwohls und anderen im Rahmen der Abwägung als höherrangig einzustufenden **Gründe des Allgemeininteresses** gerechtfertigt werden. Die Bestimmung der Allgemeinwohlinteressen ist Sache der Mitgliedstaaten. Sie müssen sich im Einzelfall gegenüber der Wertigkeit der Niederlassungsfreiheit im Rahmen der Interessenabwägung durchsetzen. Einen *„schutzwürdigen Zweck"* verfolgen vor allem die nationalen Berufs- und Gewerberegelungen, namentlich die Vorschriften über Organisation, Kontrolle, Verantwortlichkeit und Haftung. Diesen für Inländer geltenden Berufs- und Gewerberechtsvorschriften darf ein Angehöriger eines Mitgliedstaates, der sich in einem anderen Mitgliedstaat niederlässt, nur insoweit unterworfen werden, als die mit ihnen bewirkte Behinderung der Niederlassungsfreiheit *„sachlich geboten"* ist. Auf eine Anwendung der innerstaatlichen Regelungen muss danach etwa verzichtet werden, wenn diese lediglich Ausdruck eines „Formalismus" wäre. Dies ist z.B. in dem Fall anzunehmen, in dem ein Unternehmer in seinem Herkunftsstaat bereits Voraussetzungen zu erfüllen hatte, die in der Sache den inländischen Voraussetzungen ebenbürtig sind[425]. Ein schutzwürdiger Zweck ist von vornherein ausgeschlossen bei Allgemeininteressen rein wirtschaftlicher Art; auf wirtschaftliche Motive gestützte Ziele können einen Eingriff in die Niederlassungsfreiheit nicht rechtfertigen.[426]

Sämtliche Rechtfertigungsgründe unterliegen einer **strengen Verhältnismäßigkeitsprüfung**. Die Beschränkungen gleich welcher Art müssen zur Verwirklichung des verfolgten Ziels geeignet sein und dürfen nicht über das hinausgehen, was zur Erreichung dieses Ziels erforderlich ist[427]. Die Eignung ist nur dann gegeben, wenn die nationale Maßnahme tatsächlich dem Anliegen gerecht wird, das mit ihr verfolgte Ziel in **kohärenter** und **systematischer Weise** zu erreichen[428]. Eine Beschränkung der Niederlassungsfreiheit aus Gründen des Allgemeininteresses ist nicht gerechtfertigt, wenn das Interesse bereits durch Vorschriften des Herkunftsstaates geschützt wird[429]. Maßnahmen eines Mitgliedstaates sind aber nicht schon deshalb unverhältnismäßig, weil ein anderer Mitgliedstaat weniger strengere Vorschriften **1024**

425 EuGH Rs. 136/78, Auer I, Slg. 1979, 437; Rs. 115/78, Knoors, Slg. 1979, 399; C-61/89, Bouchoucha, Slg. 1990, I-3551; C-370/90, Singh, Slg. 1992, I-4265; C-19/92, Kraus,Slg. 1993, I-1663.

426 EuGH C-243/01, Gambelli, Slg. 2003, I-13031, Rdn. 61 (Verhinderung von Steuermindereinnahmen); C-338/09, Yellow Cab, Slg. 2010, I-13927, Rdn. 51 (Gewährleistung der wirtschaftlichen Betriebsführung eines konkurrierenden Unternehmens).

427 EuGH C-539/11, Ottica New Line di Accardi Vincenzo, ECLI:EU:C:2013:591; C-84/11, Susisalo u.a., ECLI:EU:C:2012:374; C-255/97, Pfeiffer Großhandel, Slg. 1999, I-2835 Rdn. 19; C-55/94, Gebhard, Slg. 1995, I-4165 Rdn. 37.

428 EuGH C-338/04 u.a., Placanica, Slg. 2007, I-1515, Rdn. 53/58.

429 EuGH C-514/03, KOM/Spanien, Slg. 2006, I-963, Rdn. 43 (Verlangen einer finanziellen Sicherheit trotz bestehender Garantie in einem anderen Mitgliedstaat); C-171/02, KOM/Portugal, Slg. 2004, I-5645 und C-514/03, KOM/Spanien, Slg. 2006, I-963 (doppelte Kontrollen und Überprüfungen).

erlassen hat, da der Umstand, dass Mitgliedstaaten unterschiedliche Schutzmaßnahmen getroffen haben, für die Beurteilung der Verhältnismäßigkeit ohne Belang ist[430]. Eine Beschränkung der Niederlassungsfreiheit ist hingegen gerechtfertigt, wenn sie sich speziell auf rein künstlich geschaffene Gestaltungen bezieht, die darauf ausgerichtet sind, die Anwendung der Rechtsvorschriften des betreffenden Mitgliedstaats zu entgehen (z.B. Bekämpfung von Steueroasen). Allerdings verlangt dies den Nachweis, dass das spezifische Ziel der Beschränkung die Verhinderung von Verhaltensweisen ist, die darin bestehen, rein künstliche, jeder wirtschaftlichen Realität widersprechende Konstruktionen zu dem Zweck zu errichten, etwa Steuern zu umgehen, die normalerweise auf die durch Tätigkeiten im Inland erzielten Gewinne zu zahlen ist[431].

Weiterführende Literatur: *Everling*, Das Niederlassungsrecht in der EG als Beschränkungsverbot – Tragweite und Grenzen, GS für B. Knobbe-Keuk, 1997, S. 607; *Forsthoff*, Die Tragweite der Rechtfertigungsmöglichkeiten aus Art. 46 Abs. 1 EGV für die Niederlassungsfreiheit, die Dienstleistungsfreiheit und die Gesellschaften, EWS 2001, S. 59; *Frenz/Grande*, Versteckte Diskriminierung am Schnittpunkt von Niederlassungs- und Dienstleistungsfreiheit, EWS 2002, S. 555; *Germelmann*, Konkurrenz von Grundfreiheiten und Missbrauch von Gemeinschaftsrecht – Zum Verhältnis von Kapitalverkehrs- und Niederlassungsfreiheit in der neueren Rechtsprechung, EuZW 2008, S. 596; *Lackhoff*, Die Niederlassungsfreiheit des EGV – nur ein Gleichheits- oder auch ein Freiheitsrecht?, 2000; *Kiefer*, Die Vereinbarkeit des Fremd- und Mehrbesitzverbots für Apotheken mit der Niederlassungsfreiheit nach Art. 43, 48 EGV und die Nichtanwendung nationalen Rechts durch Verwaltungsbehörden, 2009; *Nowak/Schnitzer*, Erweiterte Rechtfertigungsmöglichkeiten für mitgliedstaatliche Beschränkungen der EG-Grundfreiheiten, EuZW 2000, S. 627; *Obwexer*, Ausländische akademische Grade aus Lehrgängen universitären Charakters in Deutschland, EuZW 2008, S. 300; *Roth*, Die Niederlassungsfreiheit zwischen Beschränkungs- und Diskriminierungsverbot, GS für B. Knobbe-Keuk (1997), S. 729; *Tiedtke/Mohr*, Die Grundfreiheiten als zulässiger Maßstab für die direkten Steuern, EuZW 2008, S. 424; *Wägenbaur*, Inhalt und Etappen der Niederlassungsfreiheit, EuZW 1991, S. 427; *Wank*, Die Entwicklung der Dienstleistungs- und Niederlassungsfreiheit in der EU: die Rechtslage in Deutschland, NZA Beilage 2/2005, S. 88.

V. Maßnahmen zur Erleichterung der Wahrnehmung der Niederlassungsfreiheit

1025 Die Anwendung des Grundsatzes der Inländerbehandlung ändert an der Notwendigkeit des Erlasses von Unionsrechtsakten zur gegenseitigen Anerkennung der Diplome, Prüfungszeugnisse und sonstigen Befähigungsnachweise sowie zur Koordinierung der Rechts- und Verwaltungsvorschriften der Mitgliedstaaten nichts (vgl. Art. 53 Abs. 1 und Abs. 2 AEUV)[432].

430 EuGH C-294/00, Gräbner, Slg. 2002, I-6515, Rdn. 46/47; C-514/03, KOM/Spanien, Slg. 2006, I-963, Rdn. 49.

431 EuGH C-80/12, Felixstowe Dock and Railway Company Ltd u.a., ECLI:EU:C:2014:200.

432 Einen Überblick über die Regelungen mit den dazu ergangenen Urteilen des EuGH gibt *Seyr*, in: Lenz/Borchardt, EU-Verträge. Kommentar. Anhang zu Art. 49–62: Stand der Liberalisierung in einzelnen Bereichen.

Auch unter Anwendung dieses Grundsatzes wird den EU-Ausländern die Niederlassung in einem anderen Mitgliedstaat nur dann erlaubt, wenn sie dieselben Bedingungen erfüllen, wie sie auch von den Angehörigen des Aufnahmelandes verlangt werden. So müssen sie etwa die geforderte inländische Berufsausbildung oder die notwendigen Prüfungen, Zeugnisse oder Diplome des Aufnahmelandes nachweisen, was ihnen in der Regel nicht möglich sein wird.

Gegenseitige Anerkennung und **Koordinierung** sind zwei verschiedene, ein- **1026**
ander ergänzende Techniken zum Abbau von Hindernissen in Form unterschiedlicher Berufsqualifikationen oder Vorschriften. *Gegenseitige Anerkennung* bedeutet dabei die **rechtliche Gleichstellung** von in anderen Mitgliedstaaten erworbenen Befähigungsnachweisen unter grundsätzlichem Verzicht auf eine erneute fachliche Prüfung im Aufnahmestaat, während bei der *Koordinierung* die Vorschriften der Mitgliedstaaten über die Aufnahme und Ausübung einer selbständigen Tätigkeit einander **angeglichen** werden.

1. Die gegenseitige Anerkennung der Diplome und Befähigungsnachweise

Die Anerkennung von Diplomen und Berufsqualifikationen ist einer grundlegen- **1027**
den Reform unterzogen worden. Mit der **Richtlinie 2005/36/EG**[433] sind fünfzehn Richtlinien konsolidiert werden, die im Laufe der vergangenen Jahrzehnte verabschiedet wurden und unterschiedliche Anerkennungsregelungen beinhalten. Dabei handelt es sich um zwölf sektorbezogene Richtlinien, die die Tätigkeiten des Arztes, der Krankenschwester und des Krankenpflegers, des Zahnarztes, des Tierarztes, der Hebamme, des Apothekers und des Architekten betreffen, und drei Richtlinien zur Einführung eines allgemeinen Systems der Anerkennung von Berufsabschlüssen für die meisten anderen geregelten Berufe.

Ausgenommen sind allerdings die spezifischen **Richtlinien über die Ausübung des Rechtsanwalts- und Notarberufs** (Richtlinie 98/5/EG[434]), da sie nicht auf die Anerkennung der Berufsqualifikationen ausgerichtet sind, sondern auf die Anerkennung der Genehmigung zur Berufsausübung. Sie berechtigt Anwälte aus den Mitgliedstaaten, im Aufnahmestaat eine Anwaltstätigkeit unter der ursprünglichen im Herkunftsstaat erworbenen Berufsbezeichnung auszuüben (Art. 2 und Art. 4 der

---

433 RL 2005/36/EG des EP und des Rates vom 7.9.2005 über die Anerkennung der Berufsqualifikationen und zur Aufhebung der Richtlinien 77/425/EWG, 77/453/EWG, 78/686/EWG, 78/687/EWG, 78/1026/EWG, 78/1027/EWG, 80/154/EWG, 80/155/EWG, 85/432/EWG, 85/433/EWG, 89/48/EWG, 92/51/EWG, 93/16/EWG und 1999/42/EG, ABl. 2005 Nr. L 255, zuletzt geändert durch Delegierte RL (EU) 2024/782 der Kommission v. 4.3.2024 zur Änderung der Richtlinie 2005/36/EG des EP und des Rates hinsichtlich der Mindestanforderungen an die Ausbildung der Berufe der Krankenschwester und des Krankenpflegers für allgemeine Pflege, des Zahnarztes und des Apothekers, ABl. 2024 L, 2024/782.

434 ABl. 1995 L 77/36 (konsolidierte Version v. 1.7.2013).

RL 98/5/EG). Dazu muss sich der Anwalt anhand einer Bescheinigung, dass er bei der zuständigen Stelle des Herkunftsstaates eingetragen ist, bei der zuständigen Stelle des Aufnahmestaates eintragen lassen (Art. 3 der RL 98/5/EG). Die Vorlage dieser Bescheinigung ist die einzige Voraussetzung dafür, den Beruf des Anwalts im Aufnahmestaat unter der im Herkunftsstaat erworbenen Bezeichnung ausüben zu können[435]. Es stellt daher keinen Missbrauch des durch die RL 98/5/EG ermöglichten Niederlassungsrechts dar, wenn der Angehörige eines Mitgliedstaates, der in diesem Staat einen Universitätsabschluss erworben hat, sich in einen anderen Mitgliedstaat begibt, um dort die Qualifikation für den Rechtsanwaltsberuf zu erwerben, und anschließend in den Mitgliedstaat, dem er angehört, zurückkehrt, um dort unter der in dem anderen Mitgliedstaat erworbenen Berufsbezeichnung als Anwalt tätig zu sein; insbesondere verstößt die Regelung in Art. 3 der RL 98/5/EG nicht gegen die grundlegenden politischen und verfassungsmäßigen Strukturen der Mitgliedstaaten i.S.v. Art. 4 Abs. 2 EUV[436]. Zusätzlich ermöglicht die RL 98/5/EG dem Anwalt den Zugang zum Rechtsanwaltsberuf im Aufnahmestaat, wenn er eine mindestens dreijährige effektive und regelmäßige Tätigkeit im Recht dieses Staates, einschließlich des EU-Rechts, nachweist.

1028 Die Richtlinie 2005/36/EG gilt für alle Angehörigen eines Mitgliedstaats, die als Selbständige oder abhängig Beschäftigte einen reglementierten Beruf in einem anderen Mitgliedstaat ausüben wollen als dem, in dem sie ihre Berufsqualifikation erworben haben. Die Anerkennung der Berufsqualifikationen ermöglicht dem Betroffenen im Aufnahmemitgliedstaat den Zugang zu dem Beruf, für den er qualifiziert ist, sowie dessen Ausübung unter den gleichen Voraussetzungen, die für die Angehörigen des Aufnahmemitgliedstaats gelten, wenn der betreffende Beruf dort reglementiert ist.

1029 Die Richtlinie 2005/36/EG unterscheidet zwischen „Dienstleistungsfreiheit" und „Niederlassungsfreiheit" und stützt sich dabei auf die vom EuGH entwickelten Kriterien: Dauer, Häufigkeit, regelmäßige Wiederkehr und Kontinuität der Leistungserbringung.

Für den **Bereich der Niederlassung** nimmt die Richtlinie 2005/36/EG in ihrem Titel 3 die drei bereits bestehenden Anerkennungsregelungen wieder auf:

- Allgemeine Regelung für die Anerkennung von Ausbildungsnachweisen (Kapitel I).
- Anerkennung der Berufserfahrung für bestimmte Tätigkeiten in Industrie, Handwerk und Handel (Kapitel II).
- Automatische Anerkennung der Qualifikationen von Ärzten, Krankenschwestern und Krankenpflegern, Zahnärzten, Tierärzten, Hebammen, Apothekern und Architekten (Kapitel III).

---

435 EuGH C-58/13 u. C-59/13, Torresi, ECLI: EU:C:2014:2088.

436 Ebenda, Rdn. 58.

a) Allgemeine Regelung für die Anerkennung von Ausbildungsnachweisen

Wird die Aufnahme oder Ausübung eines reglementierten Berufes[437] in dem Aufnahmemitgliedstaat von dem Besitz bestimmter Berufsqualifikationen abhängig gemacht, so gestattet die zuständige Behörde dieses Mitgliedstaates den Antragstellern die Aufnahme oder Ausübung dieses Berufs unter denselben Voraussetzungen wie Inländern, sofern sie einen in einem anderen Mitgliedstaat erlangten Berufsabschluss nachweisen können, der mindestens dem Ausbildungsniveau entspricht, das weitgehend auf dem im Aufnahmemitgliedstaat geforderten Niveau liegt. Dieses auf dem Gedanken der Gleichwertigkeit beruhende System der gegenseitigen Anerkennung bedeutet nicht, dass durch den Ausbildungsnachweis eine Ausbildung bescheinigt wird, die der im Aufnahmestaat ähnlich oder vergleichbar ist; die Anerkennung erfolgt allein, weil der Nachweis im Herkunfts- wie im Aufnahmestaat den **Zugang zu einem reglementierten Beruf** eröffnet[438]. Der Aufnahmestaat darf daher die Anerkennung nicht wegen etwaiger Unterschiede in Dauer oder Inhalt seiner eigenen und der bescheinigten Ausbildung versagen. 1030

Wird dagegen im Herkunftsmitgliedstaat des Antragstellers die Aufnahme oder Ausübung einer Berufstätigkeit nicht vom Besitz bestimmter Berufsqualifikationen abhängig gemacht, muss der Antragsteller, um in einem Aufnahmemitgliedstaat, der diesen Beruf reglementiert, seine Tätigkeit aufnehmen zu können, neben dem Ausbildungsnachweis eine zweijährige Berufserfahrung in Vollzeittätigkeit nachweisen, die der von ihm im Aufnahmestaat angestrebten Tätigkeit gleichwertig ist[439] und die er während der dem Antrag vorangegangenen zehn Jahre erworben hat. 1031

Die Richtlinie 2005/36/EG unterscheidet **fünf verschiedene Qualifikationsniveaus**: 1032

- den *Befähigungsnachweis* als Nachweis einer allgemeinen Schulbildung von Primär- oder Sekundarniveau, der bescheinigt, dass der Inhaber Allgemeinkenntnisse besitzt, bzw. ein von der zuständigen Stelle des Herkunftsmitgliedstaats ausgestellter Befähigungsnachweis, der eine Ausbildung, für die kein Zeugnis oder Diplom erteilt wird, oder eine dreijährige Berufserfahrung bescheinigt;
- das *Prüfungszeugnis* als Nachweis einer technischen oder berufsbildenden oder allgemein bildenden Sekundarausbildung, die durch einen Berufsausbildungsgang ergänzt wird;
- das *Diplom* über einen Ausbildungsgang, der einer *postsekundären Ausbildung* von mindestens einem Jahr oder einer Ausbildung entspricht, die auf vergleichbare berufliche Funktionen und Verantwortung vorbereitet;
- das *Diplom* über einen Ausbildungsgang, der einer *Hochschul- oder Universitätsausbildung* von mindestens drei und höchstens vier Jahren entspricht;

437 Legaldefinition in Art. 3 Abs. 1 Buchstabe a) RL 2005/36/EG. Vgl. Auch EuGH C-39/07, KOM/Spanien, Slg. 2008, I-3435 Rdn. 33; C-586/08, Rubino, Slg. 2009, I-21013 Rdn. 35.

438 EuGH C-136/07, KOM/Spanien, Slg. 2008, I-7793, Rdn. 54.

439 EuGH C-424/09, Toki, Slg. 2011, I-2587, Rdn. 42.

- das *Hochschuldiplom* als Nachweis einer mindestens vierjährigen Hochschul- oder Universitätsausbildung.

In Ausnahmefällen können andere Ausbildungsgänge einem dieser fünf Niveaus gleichgestellt werden.

1033 Der Aufnahmemitgliedstaat kann die Anerkennung der Ausbildungsnachweise davon abhängig machen, dass der Antragsteller eine **Ausgleichsmaßnahme** absolviert (Eignungstest oder höchstens dreijähriger Anpassungslehrgang), wenn

- die Ausbildungsdauer ein Jahr unter der im Aufnahmemitgliedstaat geforderten Ausbildungsdauer liegt,
- seine bisherige Ausbildung sich auf Fächer bezieht, die sich wesentlich von denen unterscheiden, die durch den Ausbildungsnachweis abgedeckt werden, der im Aufnahmemitgliedstaat vorgeschrieben ist,
- der Beruf nach den Bestimmungen des Aufnahmemitgliedstaats eine oder mehrere reglementierte berufliche Tätigkeiten umfasst, die nicht Bestandteil des Berufs im Herkunftsmitgliedstaat sind, und wenn dieser Unterschied in einer besonderen Ausbildung besteht, die sich auf Fächer bezieht, die sich wesentlich von denen unterscheiden, die von der Ausbildung des Niederlassungswilligen abgedeckt werden, und
- keine praktischen Erfahrungen vorliegen, die geeignet sind, den wesentlichen Unterschied zwischen der Ausbildung des Antragstellers und der im Aufnahmestaat erforderlichen Ausbildung zu kompensieren[440].

Der Aufnahmemitgliedstaat muss im Prinzip dem Antragsteller die Entscheidung zwischen Anpassungslehrgang und Eignungsprüfung überlassen. Der Aufnahmemitgliedstaat darf nur in den ausdrücklich vorgesehenen Fällen oder nach Zustimmung der Kommission vom Grundsatz der freien Wahl des Niederlassungswilligen abweichen.

b) Anerkennung der Berufserfahrung

1034 Wird in einem Mitgliedstaat die Aufnahme oder Ausübung bestimmter Tätigkeiten in Industrie, Handel und Gewerbe vom Besitz allgemeiner, kaufmännischer oder fachlicher Kenntnisse und Fertigkeiten abhängig gemacht, so erkennt der betreffende Mitgliedstaat als ausreichenden Nachweis für diese Kenntnisse und Fertigkeiten die vorherige Ausübung der betreffenden Tätigkeit in einem anderen Mitgliedstaat an (Art. 17–19 Richtlinie 2005/36/EG).

1035 Bei der Anerkennung der Berufserfahrung werden die Dauer und die Art (Tätigkeit als Selbständiger oder abhängig Beschäftigter) der in dem entsprechenden Bereich erworbenen Berufserfahrung berücksichtigt. Auch die vorherige Ausbildung wird berücksichtigt und kann auf die Dauer der geforderten Berufserfahrung angerech-

---

440 EuGH C-422/09, C-425/09 u. C-426/09, Vandorou, Slg. 2010, I-12411 Rdn. 56.

net werden. Alle vorherigen Ausbildungsgänge müssen jedoch durch ein staatlich anerkanntes Zeugnis bescheinigt oder von der zuständigen Berufsorganisation als vollwertig angesehen werden.

c) Regelung zur automatischen Anerkennung spezifischer Berufsqualifikationen

Die Richtlinie 2005/36/EG geht vom Prinzip der automatischen Anerkennung für **1036** die **medizinischen und zahnmedizinischen Fachrichtungen** (Ärzten, Krankenschwestern und Krankenpflegern, Zahnärzten, Tierärzten, Hebammen, Apothekern) und **Architekten** aus[441], die nach geltendem Recht mindestens zwei Mitgliedstaaten gemeinsam sind, begrenzt jedoch die Aufnahme neuer Fachrichtungen, die ebenfalls in den Genuss der automatischen Anerkennung kommen sollen, auf diejenigen, die in mindestens zwei Fünfteln der Mitgliedstaaten vertreten sind.

Zum Zwecke der Anerkennung der Gleichwertigkeit der Diplome legt die Richtlinie für die jeweiligen Berufe Mindestausbildungsvoraussetzungen fest.

d) Sprachkenntnisse

Die Mitgliedstaaten können von den betreffenden Personen verlangen, dass sie über **1037** die Sprachkenntnisse verfügen, die für die Ausübung ihrer Berufstätigkeit im Aufnahmemitgliedstaat erforderlich sind. Diese Bestimmung ist unter Beachtung des Prinzips der Verhältnismäßigkeit anzuwenden, d.h. die entsprechenden Berufsangehörigen dürfen vor Aufnahme ihrer Tätigkeit nicht systematischen Sprachtests unterworfen werden. Eine eventuelle Bewertung der Sprachkenntnisse erfolgt gesondert vom Verfahren zur Anerkennung der Berufsqualifikation, und zwar nach der Anerkennung zum Zeitpunkt der tatsächlichen Aufnahme der Berufstätigkeit.

2. Gegenseitige Anerkennung außerhalb der Richtlinie 2005/36/EG

Bei nicht von der Richtlinie 2005/36/EG oder speziellen Anerkennungsrichtlinien **1038** erfassten Befähigungsnachweisen gelten die Grundsätze, die der EuGH in seinem Urteil „*Vlassopoulou*" entwickelt hat[442]. Danach hat der Aufnahmestaat die berufliche Qualifikation des Angehörigen eines anderen Mitgliedstaates in der Weise zu berücksichtigen, dass er die in dessen Diplom bescheinigte Qualifikation und die einschlägige Berufserfahrung des Betroffenen mit der nach nationalem Recht verlangten beruflichen Qualifikation **vergleicht**. In den Vergleich sind sämtliche Diplome und die Berufserfahrung einzubeziehen, unabhängig davon, ob sie in einem

441 So zum Beruf des Architekten, für den das System der automatischen Anerkennung der Befähigungsnachweise vorgesehen ist, EuGH C-365/13, Ordres des architectes, ECLI:EU:C:2014:280.

442 EuGH C-340/89, Slg. 1991, I-2357, Rdn. 16 ff.; bestätigt durch EuGH C-313/01, Morgenbesser, Slg. 2003, I-13467, Rdn. 57.

Mitgliedstaat oder in einem Drittland erworben wurden[443]. Der Vergleich muss in einem Verfahren erfolgen, das eine objektive Feststellung der Gleichwertigkeit ermöglicht. Liegt eine Gleichwertigkeit der durch das ausländische Diplom bescheinigten Kenntnisse und Fähigkeiten mit den nach nationalem Recht verlangten vor, hat der Aufnahmestaat diese **anzuerkennen**; entsprechen die Kenntnisse und Fähigkeiten einander nur teilweise, kann er den **Nachweis** verlangen, dass die fehlenden Kenntnisse und Fähigkeiten erworben wurden[444]. Für diesen Nachweis sind auch die Kenntnisse zu berücksichtigen, die im **Aufnahmestaat** im Rahmen eines Studiengangs oder praktischer Erfahrung erworben wurden.

3. Koordinierung der Rechts- und Verwaltungsvorschriften der Mitgliedstaaten

1039 Neben der gegenseitigen Anerkennung der Diplome, Prüfungszeugnisse und sonstigen Befähigungsnachweise kommt auch der **Koordinierung der Rechts- und Verwaltungsvorschriften der Mitgliedstaaten** (vgl. Art. 53 Abs. 1 AEUV) für die Verwirklichung der Niederlassungsfreiheit (und Dienstleistungsfreiheit) überragende Bedeutung zu. Im Wege der Rechtsangleichung werden Mindestanforderungen auf EU-Ebene festgelegt, deren Erfüllung zur effektiven Wahrnehmung der Grundfreiheiten berechtigt.

1040 Derartige Koordinierungsrichtlinien sind vor allem im **Banken- und Versicherungssektor** sowie für **selbständige Handelsvertreter** erlassen worden[445]. Eine Koordinierungsrichtlinie ist auch die **Richtlinie 2006/123/EG** über Dienstleistungen im Binnenmarkt[446], mit der die Wahrnehmung der Niederlassungsfreiheit durch Dienstleistungserbringer sowie der freie Dienstleistungsverkehr erleichtert werden sollen. Nach den Vorgaben der Richtlinie dürfen die Mitgliedstaaten im Bereich der Niederlassungsfreiheit die Aufnahme und Ausübung einer Dienstleistungstätigkeit nur dann einer Genehmigungsregelung unterwerfen, wenn die Regelung **nicht diskriminierend**, aus **zwingenden Gründen des Allgemeininteresses gerechtfertigt** und im Hinblick auf das mit ihr verfolgte Ziel **verhältnismäßig** ist.

1041 Erhebliche praktische Bedeutung haben daneben die auf dem Gebiet des **Gesellschaftsrechts** getroffenen Koordinierungsmaßnahmen der EU, die vor allem die in den Mitgliedstaaten bestehenden Bestimmungen zum Schutz der Interessen der Gesellschafter sowie Dritter betreffen (Art. 50 Abs. 3 Buchstabe g AEUV)[447]. Über diese Koordinierung hinaus wurden den Unternehmen mit der **„Europäischen Wirtschaftlichen Interessenvereinigung"**[448] (EWIV), der **„Europäischen Ge-**

443 EuGH C-313/01, Morgenbesser, Slg. 2003, I-13467, Rdn. 58.
444 Ebenda, Rdn. 70.
445 Eine Übersicht über die geltenden Regelungen und die dazu ergangene Rechtsprechung des EuGH gibt *Seyr*, in: Lenz/Borchardt, Anhang zu Art. 49–62 Rdn. 6, 9, 19 und 20.
446 ABl. 2006 Nr. L 376/36-68.
447 Vgl. Auch hierzu die Übersicht bei *Fischer*, in: Lenz/Borchardt, Art. 50 Rdn. 10–14.
448 VO (EWG) Nr. 2137/85 des Rates vom 25.7.1985, ABl. 1985 Nr. L 199/1.

sellschaft"[449] („SE" für „Societas Europaea") sowie der **Europäischen Genossenschaft** (SCE)[450] drei allein auf dem EU-Recht beruhende Kooperationsinstrumente zur Verfügung gestellt. Diese unionsrechtlichen Organisationsformen sollen den Unternehmen der EU die Möglichkeit geben, eine dem Binnenmarkt entsprechende Kooperationsstruktur zu wählen, um auf diese Weise ihre Wettbewerbsfähigkeit gegenüber Konkurrenten aus Drittländern zu stärken.

Die **Europäische Gesellschaft (SE)** bietet konkret Unternehmen, die in mehreren **1042** Mitgliedstaaten tätig sind, die Möglichkeit, eine Unternehmensverfassung nach dem EU-Recht zu wählen und so ihren Aktivitäten überall in der EU nach einheitlichen Regeln mit einer einheitlichen Geschäftsführung und einem einheitlichen Berichtssystem nachzugehen, anstatt in jedem Mitgliedstaat Tochtergesellschaften gründen zu müssen, die den dort geltenden Bestimmungen unterliegen. Die Rechtsform der Europäischen Gesellschaft bietet Unternehmen, die im Binnenmarkt aktiv sind, somit die Aussicht auf geringere Verwaltungskosten und eine dem Binnenmarkt angemessene Rechtsstruktur.

Weiterführende Literatur: *Altmeppen*, Schutz vor „europäischen" Kapitalgesellschaften, NJW 2004, S. 97; *Drygalla*, Europäisches Gesellschaftsrecht, ZeurP 2004, S. 337; *Franzen*, Niederlassungsfreiheit, internationales Gesellschaftsrecht und Unternehmensmitbestimmung, RdA 2004, S. 257; *Forsthoff*, Die Bedeutung der Rechtsprechung des EuGH zur Mobilität der Gesellschaften über das Gesellschaftsrecht hinaus, EuZW 2015, S. 248; *Heussler*, Der Richtlinienvorschlag über die Anerkennung von Berufsqualifikationen, EuZW 2003, S. 229; *Horn*, Deutsches und europäisches Gesellschaftsrecht und die EuGH-Rechtsprechung zur Niederlassungsfreiheit – Inspire Art, NJW 2004, S. 839; *Koch*, Die europäische Niederlassungsfreiheit als Herausforderung für das Gesellschaftsrecht, JuS 2004, S. 755; *Lange*, Überlegungen zur Umwandlung einer deutschen in eine europäische Aktiengesellschaft, NJW 2004, S. 97; *Lemor*, Auswirkungen der Dienstleistungsrichtlinie auf ausgesuchte reglementierte Berufe, EuZW 2007, S. 135; *Mann*, Randnotizen zum Richtlinienentwurf über die Anerkennung von Berufsqualifikationen, EuZW 2004, S. 615; *Schlachter/Ohler* (Hrsg.), Europäische Dienstleistungsrichtlinie, 2008; *Schwarz*, Zum Statut der Europäischen Aktiengesellschaft, ZIP 2002, S. 1847; *Stork*, Die neue Rahmenrichtlinie über die Anerkennung von Berufsqualifikationen (RL 2005/36/EG) unter besonderer Berücksichtigung reglementierter Handwerksberufe, Wirtschaft und Verwaltung 2006, S. 152; *Teichmann*, Gesellschaftsrecht im System der der Europäischen Niederlassungsfreiheit, ZGR 2011, S. 639.

D. Der freie Dienstleistungsverkehr (Art. 56–62 AEUV)

Die Dienstleistungsfreiheit stellte ursprünglich im Verhältnis zu den anderen Grund- **1043** freiheiten des Binnenmarktes einen **„Auffangtatbestand"** dar, der die Liberalisie-

449 Das Statut der „SE" ist in der VO (EG) Nr. 2157/2001 des Rates v. 8.10.2001 über das Statut der Europäischen Gesellschaft (SE) niedergelegt, ABl. 2001 Nr. L 294/1.

450 VO (EG) Nr. 1435/2003 des Rates v. 22.7.2003 über das Statut der Europäischen Genossenschaft (SCE), ABl. 2003 Nr. L 207/127.

rung derjenigen Erwerbstätigkeiten gewährleisten soll, die nicht unter den freien Waren- und Kapitalverkehr oder das Niederlassungsrecht fallen[451].

Ihre **volkswirtschaftliche Bedeutung** im wirtschaftlichen Integrationsprozess hat jedoch ein Ausmaß angenommen, das die Schaffung eines europäischen Binnenmarktes ohne die gleichzeitige Herstellung eines einheitlichen Marktes für Dienstleistungen unmöglich erscheinen lässt.

I. Persönlicher Anwendungsbereich

1044 Die Anwendung der Vorschriften über den freien Dienstleistungsverkehr setzt für **natürliche Personen** voraus, dass Erbringer und Empfänger der Dienstleistung die Staatsangehörigkeit eines Mitgliedstaates besitzen und im Gebiet der EU ansässig sind.

1045 Den natürlichen Personen sind die **juristischen Personen** gleichgestellt; sie müssen nach den Rechtsvorschriften eines Mitgliedstaates gegründet worden sein und eine *„tatsächliche und dauerhafte Verbindung mit der Wirtschaft eines Mitgliedstaates"* aufweisen (Art. 62, 54 AEUV). Die Dienstleistungsfreiheit steht dabei nicht nur den Hauptniederlassungen zu, sondern kann auch von Zweigniederlassungen oder Tochtergesellschaften wahrgenommen werden.

Verbringt ein Unternehmen zum Zwecke der Ausübung der Dienstleistungsfreiheit eigenes Personal in einen anderen Mitgliedstaat, z.B. ein Bauunternehmer seine eigenen Arbeitskolonnen, so steht auch dieses Personal unter dem Schutz der Dienstleistungsfreiheit. Das bedeutet, dass diese Personen den arbeits- und sozialrechtlichen Vorschriften des Sitzstaates des Unternehmens unterliegen. Eine Arbeitserlaubnis für dieses Personal braucht nicht eingeholt zu werden. Dies gilt auch für Beschäftigte aus Drittländern, die im Rahmen der von ihrem Arbeitgeber wahrgenommenen Dienstleistungsfreiheit nicht den allgemeinen ausländerrechtlichen Regelungen eines Mitgliedstaats unterliegen, sondern für die Zeit der Dienstleistungserbringung EU-Freizügigkeit genießen[452].

1046 Von der Möglichkeit des Artikels 56 Abs. 2 AEUV, die Dienstleistungsfreiheit durch Beschluss des EP und des Rates auch auf **Dienstleistende aus Drittländern** auszudehnen, die innerhalb der EU ansässig sind, wurde bisher noch nicht Gebrauch gemacht[453].

---

451 EuGH C-452/04, Fidium Finanz AG, Slg. 2006, I-9521; C-341/05, Laval u. Partneri, Slg. 2007, I-11767 zur Abgrenzung zum Kapitalverkehr. EuGH C-55/94, Gebhard, Slg. 1995, I-4165 zur Abgrenzung zur Niederlassungsfreiheit.

452 EuGH C-341/02, KOM/Deutschland, Slg. 2005, I-2733; C-60/03, Wolff & Müller, Slg. 2004, I-9553; C-445/03, KOM/Luxemburg, Slg. 2004, I-10191; C-113/89, Rush Portuguesa, Slg. 1990, I-1417. Vgl. Die RL 96/71/EG des Rates über die Entsendung von Arbeitnehmern im Rahmen der Erbringung von Dienstleistungen, ABl. 1996 Nr. L 18/1.

453 Ohne eine solche ausdrückliche Ausdehnung des Anwendungsbereichs gilt die Dienstleis-

II. Sachlicher Anwendungsbereich: Begriff der Dienstleistung

Von der Dienstleistungsfreiheit erfasst werden alle Tätigkeiten, die zeitlich beschränkt und in der Regel gegen ein Entgelt ausgeübt werden und die in irgendeiner Form eine Binnengrenze der EU überschreiten. **1047**

Art. 57 Abs. 2 AEUV führt vier Kategorien von Dienstleistungen auf:
- *gewerbliche* (z.B. Baugewerbe, Reisevermittlung, Filmwesen),
- *kaufmännische* (z.B. Bank- und Börsenwesen, Versicherungen),
- *handwerkliche* (z.B. Friseure, sanitäre Dienste),
- *freiberufliche* (z.B. Ärzte, Architekten, Rechtsanwälte).

Erfasst werden alle wirtschaftlichen Tätigkeiten, d.h. Tätigkeiten, die auf einen Erwerbszweck gerichtet sind[454]. Es ist nicht notwendig, dass der Leistungserbringer mit Gewinnerzielungsabsicht handelt[455]. Für die Qualifizierung als Dienstleistung ist auch unerheblich, wie die Tätigkeit moralisch oder sozial eingestuft wird[456]. Sie können auch von geringer wirtschaftlicher Bedeutung sein[457]. **Ausgenommen sind**, wie beim Niederlassungsrecht, diejenigen Tätigkeiten, die mit der Ausübung öffentlicher Gewalt verbunden sind (Art. 62 i.V.m. Art. 51 Abs. 1 AEUV). Zu den Tätigkeiten, die mit der Ausübung öffentlicher Gewalt verbunden sind, ***zählen*** z.B. Leistungen der öffentlichen Gesundheitsdienste (Seuchenvorsorge, Impfwesen, Totenscheine), Funktionen des öffentlichen Erziehungs- und Bildungswesens (hoheitliche Funktionen der Schulen und Universitäten, ***nicht aber*** die Gründung privater Nachhilfeschulen, privater Musik- und Tanzschulen sowie die Tätigkeit eines Hauslehrers), Funktionen der Rechtspflege (notarielle Beurkundungen durch Rechtsanwälte), Tätigkeiten von Sachverständigen für Verkehrsunfälle[458], die Tätigkeit von gerichtssachverständigen Übersetzern[459], öffentliche Krankentransportleistungen[460] sowie Tätigkeiten rein technischer Natur[461].

---

tungsfreiheit nicht für Dienstleister aus Drittstaaten, selbst wenn diese in der EU ansässig sind und die Leistung innerhalb der EU erbracht wird, EuGH C-290/04, FKP Scorpio Konzertproduktionen, Slg. 2006, I-9461.

454 EuGH C-243/01, Gambelli, Slg. 2003, I-13031 [Sportwetten].

455 EuGH C-218/06, Jundt, Slg. 2007, I-12231.

456 Als Dienstleistungen sind deshalb auch anzusehen der Schwangerschaftsabbruch (EuGH C-159/90, Grogan, Slg. 1991, I-4685) und die Veranstaltung von Lotterien (EuGH C-275/92, Schindler, Slg. 1994, I-1039) oder Sportwetten (EuGH C-243/01, Gambelli, Slg. 2003, I-13031).

457 EuGH C-6/01 Anomar, Slg. 2003, I-8621; C-124/97, Laära, Slg. 1999, I-6067.

458 EuGH C-306/89, KOM/Griechenland, Slg. 1991, I-5863.

459 EuGH C-372/09 und C-373/09, Peñarroja Fa, Slg. 2011, I-1785.

460 EuGH C-160/08, KOM/Deutschland, Slg. 2010, I-3713.

461 EuGH C-3/88, KOM/Italien, Slg. 1989, 4035 (Planung, Softwareerstellung und Verwaltung von Datenverarbeitungssystemen).

1048 Folgende **drei Merkmale** sind für den Dienstleistungsbegriff kennzeichnend:

(1) *Zeitlich beschränkte Ausübung der Tätigkeit.* Dieses Merkmal grenzt die Dienstleistungsfreiheit von der Niederlassungsfreiheit ab. Die Dauer richtet sich nach der **Art der Dienstleistung**. Aber auch auf dieser Grundlage ist die Abgrenzung nur schwer möglich und muss jeweils von Fall zu Fall vorgenommen werden.

(2) *Leistung gegen Entgelt.* Für die betreffende Dienstleistung muss eine entsprechende **wirtschaftliche** Gegenleistung erbracht werden[462]. An dieser Voraussetzung fehlt es etwa **staatlichen Ausbildungsleistungen**, die in der Regel unentgeltlich erbracht werden, so dass sich insbesondere Studenten nicht auf die Dienstleistungsfreiheit (als Dienstleistungsempfänger) berufen können[463]. Eine Leistung gegen Entgelt stellt demgegenüber die Erteilung von Unterricht **an privat finanzierten** und auf Gewinnerzielung gerichteten **Bildungseinrichtungen**[464] dar. Nicht erfasst von der Dienstleistungsfreiheit sind aufgrund dieses Merkmals vor allem kirchliche, soziale und karitative Leistungen.

Die Zahlung des Entgelts muss nicht notwendigerweise zwischen dem Dienstleistungserbringer und dem -empfänger abgewickelt werden, sondern kann auch über einen Dritten erfolgen (z.B. über Werbeeinnahmen)[465].

(3) *Grenzüberschreitung.* Das Merkmal der **„Grenzüberschreitung"** schließt Lebenssachverhalte, die sich ausschließlich in einem einzigen Mitgliedstaat zugetragen haben, von der Dienstleistungsfreiheit aus[466]. **Drei Fallgestaltungen** sind zu unterscheiden:

- Der Dienstleistungserbringer begibt sich vorübergehend in den Staat des Dienstleistungsempfängers, überschreitet also selbst die Grenze, um in einem anderen Mitgliedstaat seine Leistung zu erbringen (sog. **aktive Dienstleistungsfreiheit**).
- Der EuGH hat darüber hinaus anerkannt, dass auch die sog. **passive Dienstleistungsfreiheit** vom sachlichen Anwendungsbereich der Art. 56 und 57 AEUV erfasst wird. In diesem Fall begibt sich der Dienstleistungsempfänger in das Land des Dienstleistungserbringers, um dort die Leistung in Anspruch zu nehmen. Als Empfänger von Dienstleistungen sind nach der Rechtsprechung des EuGH insbesondere Touristen und Personen, die eine medizinische Behandlung in Anspruch

462 Vgl. EuGH C-159/90, Grogan, Slg. 1991, I-4685 [Schwangerschaftsabbruch]; C-275/92, Schindler, Slg. 1994, I-1039 [Veranstaltung von Lotterien]; C-218/06, Jundt, Slg. 2007, I-12231 [ehrenamtliche Lehrtätigkeit an Universitäten].

463 EuGH Rs. 263/86, Humbel, Slg. 1988, 5365.

464 EuGH C-56/09, Zanotti, Slg. 2010, I-4517 Rdn. 30; C-109/92, Wirth, Slg. 1993, I-6447.

465 EuGH C-422/01, Försäkringsaktiebolaget Skandia, Slg. 2003, I-6817 (Prämien für Zusatzversicherung]; C-51/96 u. C-191/97, Deliège, Slg. 2000, I-2549 [Teilnahme an Sportwettkämpfen].

466 EuGH C-70/95, Sodemare, Slg. 1997, I-3395.

nehmen, sowie solche Personen anzusehen, die Studien- oder Geschäftsreisen unternehmen[467].

- Die Regelungen der Dienstleistungsfreiheit gelten schließlich auch für den Fall, dass Dienstleistungserbringer und -empfänger in ihren jeweiligen Staaten verbleiben und nur die Dienstleistung die Grenze überschreitet (sog. **Korrespondenzdienstleistung**). Als typische Fälle sind hier die Ausstrahlung von Rundfunk- und Fernsehsendungen[468], die Erbringung von Bank- und Versicherungsdienstleistungen[469], die telefonische Kundenwerbung[470] oder die Verbringung eines Gegenstandes zum Zwecke der Bearbeitung zu nennen, die damit ebenfalls in den Schutzbereich der Dienstleistungsfreiheit fallen.

III. Beschränkung der Dienstleistungsfreiheit

Die Beschränkung der Dienstleistungsfreiheit kann **drei unterschiedliche Formen** annehmen: **1049**

(1) *Unmittelbare oder mittelbare Diskriminierung* durch Anknüpfung an die Staatsangehörigkeit, an die Herkunft oder Bestimmung einer Dienstleistung oder an die Ansässigkeit des Dienstleistungserbringers oder -empfängers.

(2) *Behinderungen* aufgrund innerstaatlicher Vorschriften oder Praktiken, die zwar unterschiedslos auf alle Dienstleistungen bzw. Dienstleistungserbringer oder -empfänger anwendbar sind, sich aber für die aus einem anderen Mitgliedstaat kommenden oder auf einen anderen Mitgliedstaat ausgerichteten Dienstleistungen bzw. die in einem anderen Mitgliedstaat ansässigen Dienstleistungserbringer oder -empfänger erschwerend auswirken.

(3) *Zugangserfordernisse* zu einzelnen Berufen und Tätigkeiten, die nur durch die Koordinierung der einzelstaatlichen Rechtsvorschriften bzw. die wechselseitige Anerkennung der Befähigungsnachweise aufgehoben werden können[471].

1. Diskriminierungsverbot

Die Dienstleistungsfreiheit stellt wie das Niederlassungsrecht zunächst sicher, dass **1050**
die unter den Dienstleistungsbegriff fallenden Tätigkeiten von den Angehörigen ei-

---

467 EuGH Rs. 286/82 und 26/83, Luisi und Carbone, Slg. 1984, 377; Rs. 186/87, Cowan, Slg. 1989, 195; C-45/93, KOM/Spanien, Slg. 1994, I-911; C-388/01, KOM/Italien, Slg. 2003, I-721.

468 EuGH C-447/08 und C-448/08, Sjöberg, Slg. 2010, I-6921 (Veranstaltungen von Glücksspielen im Internet); Rs. 52/79, Debauve, Slg. 1980, 833; Rs. 352/85, Bond van Adverteerders, Slg. 1988, 2085.

469 EuGH Rs. 205/84, KOM/Deutschland, Slg. 1986, 3755.

470 EuGH C-384/93, Alpine Investments, Slg. 1995, I-1141 [„cold calling"].

471 Hier geht es um die gegenseitige Anerkennung von Diplomen und Befähigungsnachweisen (Art. 62 AEUV); vgl. Dazu die Einzelheiten unter V.

nes Mitgliedstaates in einem anderen Mitgliedstaat unter denselben Bedingungen ausgeübt werden können, wie sie für dessen eigene Staatsangehörige gelten. Es gilt auch hier der **Grundsatz der Inländerbehandlung**.

Dieser Grundsatz wurde z.B. in der Rechtsprechung des EuGH **als verletzt angesehen** durch:

- ein Staatsangehörigkeitserfordernis oder das Erfordernis eines satzungsmäßigen Sitzes im Inland für den Zugang zur Tätigkeit von Rechtsanwälten, Architekten, Bau- und Vermessungsingenieuren sowie der Besatzung von Fischereifahrzeugen[472];
- die Erschwerung der Anmietung von Räumen zur beruflichen Nutzung[473];
- das Verbot der Ausstrahlung von Rundfunksendungen aus einem anderen Mitgliedstaat in der Sprache des Empfängerstaates[474];
- das Verlangen einer Prozesskostensicherheit von EU-Ausländern[475];
- das Erfordernis einer Residenz- oder Niederlassungspflicht[476].

2. Behinderungsverbot

1051 Im Bereich der Dienstleistungsfreiheit ist bereits seit dem Urteil des EuGH in der Rechtssache **„Van Binsbergen"** aus dem Jahre 1974[477] anerkannt, dass die inhaltliche Tragweite der Dienstleistungsfreiheit sich nicht allein auf die Gewährleistung der Inländerbehandlung beschränkt, sondern darüber hinaus auch alle sonstigen Anforderungen verbietet, die *„in anderer Weise geeignet sind, die Tätigkeit des Dienstleistenden, der in einem anderen Mitgliedstaat ansässig ist und dort rechtmäßig ähnliche Dienstleistungen erbringt, zu unterbinden, zu behindern oder weniger attraktiv zu machen"*[478].

1052 Die Beeinträchtigung der Dienstleistungsfreiheit kann dabei **zwei Stoßrichtungen** haben: Sie kann einerseits Nachfrager davon abhalten, die Dienstleistung von einem Anbieter aus einem anderen Mitgliedstaat zu beziehen, und andererseits Anbieter davon abhalten, ihre Dienstleistungen auf dem Markt eines anderen Mitgliedstaats anzubieten.

---

472 EuGH C-58/90, KOM/Italien, Slg. 1991, I-4193; Rs. 147/86, KOM/Vereinigtes Königreich, Slg. 1988, 1637; C-279/00, KOM/Italien, Slg. 2002, I-1425.

473 EuGH Rs. 305/87, KOM/Griechenland, Slg. 1989, 1461.

474 EuGH C-211/91, KOM/Belgien, Slg. 1992, I-6757.

475 EuGH C-20/90, Hubbard, Slg. 1993, I-3777; vgl. Auch C-323/95, Hayes, Slg. 1997, I-1711 Rdn. 16.

476 EuGH C-393/05, KOM/Österreich, Slg. 2007, I-10239; C-496/01, KOM/Frankreich, Slg. 2004, I-2351; C-234/01, Gerritse, Slg. 2003, I-5933; C-388/01, KOM/Italien, Slg. 2003, I-721.

477 EuGH Rs. 33/74, Slg. 1974, 1299.

478 St. Rspr. Vgl. EuGH C-564/07, KOM/Österreich, Slg. 2009, I-100, Rdn. 30; C-350/07, Kattner Stahlbau, Slg.2009, I-1513, Rdn. 79; C-389/05, KOM/Frankreich, Slg. 2008, I-5337, Rdn. 57; C-49/04, KOM/Deutschland, Slg. 2007, I-6095 Rdn. 63.

Als Behinderungen werden etwa eingestuft: **1053**

- das Erfordernis einer behördlichen Erlaubnis für eine Dienstleistung, die in einem anderen Mitgliedstaat nicht erlaubnispflichtig ist[479],
- das Erfordernis der Eintragung in ein Register, wie etwa der Handwerksrolle[480],
- das Erfordernis der Rechtsform einer juristischen Person oder eines Mindestkapitals[481],
- arbeitsrechtliche Erschwernisse[482],
- die Schaffung zusätzlicher Kostenelemente[483],
- die Auferlegung eines Zahlungsstopps oder einer Sicherheitsleistung zur Sicherung einer etwaigen Geldbuße, die gegen den in einem anderen Mitgliedstaat ansässigen Dienstleistungserbringer wegen Verstoßes gegen das nationale Arbeitsrecht verhängt werden könnte[484] oder auch
- die Beschränkung der Werbung[485].

IV. Rechtfertigung von Beschränkungen der Dienstleistungsfreiheit

Die Rechtfertigung von Beschränkungen der Dienstleistungsfreiheit erfolgt nach denselben Regeln wie bei der Freizügigkeit und der Niederlassungsfreiheit, d.h. es ist zwischen offenen Diskriminierungen, versteckten Diskriminierungen und den unterschiedslos angewendeten Maßnahmen, die zu Behinderungen der Dienstleistungsfreiheit führen, zu unterscheiden. **1054**

(1) **Offene Diskriminierungen** können **ausschließlich** aus Gründen des „ordre-public-Vorbehalts" (Art. 62, 52 AEUV) gerechtfertigt werden[486].

(2) **Versteckte Diskriminierungen** können zusätzlich zum „ordre-public-Vorbehalt" aus „zwingenden Gründen des Allgemeinwohls" erlaubt sein. Es gelten

479 EuGH C-76/90, Säger/Dennemeyer, Slg. 1991, I-4221; C-338/04, C-359/04 u. C-360/04, Placanica u.a., Slg. 2007, I-1891.

480 EuGH C-58/98, Corsten, Slg. 2000, I-7919; C-215/01, Schnitzer, Slg. 2003, I-14847.

481 EuGH C-171/02, KOM/Portugal, Slg. 2004, I-5645 Rdn. 41–53.

482 EuGH C-398/95, Grafeion, Slg. 1997, I-3091 [Verpflichtung zur Eingebung eines Arbeitsverhältnisses]; C-490/04, KOM/Deutschland, Slg. 2007, I-6095 [Modalitäten der Arbeitnehmerentsendung].

483 EuGH C-158/96, Kohll, Slg. 1998, I-1931 Rdn. 34 [Erstattung von Krankenbehandlungskosten nur bei vorheriger Genehmigung]; C-272/94, Guiot Slg. 1996, I-1905 Rdn. 14 [zusätzliche Arbeitgeberbeiträge].

484 EuGH C-33/17, Čepelnik d.o.o./Michael Vavti., ECLI:EU:C:2018:896.

485 EuGH C-384/93, Alpine Investments, Slg. 1995, I-1141 Rdn. 36; die im Bereich des Warenverkehrs für Verkaufsmodalitäten entwickelten Grundsätze sind im Dienstleistungsbereich nicht anwendbar.

486 So ausdrücklich auch EuGH C-490/04, KOM/Deutschland, Slg. 2007, I-6095 und C-290/04, FKP Scorpio Konzertproduktionen, Slg. 2006, I-9461 in Bezug auf „unmittelbare Diskriminierungen"; allerdings ist nach wie vor die Tendenz zu erkennen, „mittelbare Diskriminierungen" den Behinderungen gleichzustellen und ihnen gegenüber auch den Rechtfertigungsgrund der „zwingenden Gründe des Allgemeininteresses" zuzulassen. Vgl. Auch unter § 10 D. VII.

die gleichen Grundsätze wie bei der Niederlassungsfreiheit. In der **Rechtsprechung** des EuGH wurden **als zwingende Allgemeinwohlinteressen** insbesondere **anerkannt:**

- nationale Berufs- und Gewerberegelungen[487],
- Funktionsfähigkeit der Rechtspflege[488],
- Anliegen der Sozialpolitik und Betrugsbekämpfung[489],
- Bekämpfung der Spielsucht[490],
- Lauterkeit des Handelsverkehrs und Verbraucherschutz[491],
- Schutz des geistigen Eigentums[492],
- Schutz der Arbeitnehmer[493],
- Schutz kulturpolitischer Belange und Erhaltung eines pluralistischen, nicht kommerziellen Rundfunk- und Fernsehwesens[494],
- Kohärenz der Steuerregelungen und wirksame steuerliche Kontrolle[495],
- finanzielles Gleichgewicht des Sozialversicherungssystems[496],
- Schutz der Menschenwürde[497] und die Achtung des Familienlebens[498].

(3) Unterschiedslos anwendbarer Beschränkungen können zusätzlich auch durch **überwiegende Allgemeinwohlinteressen** gerechtfertigt werden, was im Einzelfall im Rahmen einer Interessenabwägung zwischen dem Allgemeininteresse und dem Schutzgut der Dienstleistungsfreiheit zu entscheiden ist. Im Hinblick auf den fundamentalen Charakter der Dienstleistungsfreiheit für den Binnenmarkt sind rein **administrative Erwägungen** ebenso wenig geeignet, eine Behinderung der Dienstleistungsfreiheit zu rechtfertigen[499], wie rein **wirtschaftliche Gründe**[500].

---

487 EuGHC-202/04, Cipolla, Slg. 2006, I-11421; C-215/01, Schnitzer, Slg. 2003, I-14847.

488 EuGH C-3/95, Reisebüro Broede, Slg. 1996, I-6511; C-309/99, Wouters, Slg. 2002, I-1577.

489 EuGH C-564/07, KOM/Österreich, Slg. 2009, I-100; C-338/04, C-359/04 u. C-360/04, Placanica, Slg. 2007, I-1891; C-275/92, Schindler, Slg. 1994, I-1039.

490 EuGH C-316/07, C-407/07, C-410/07, C-358/07, C-359/07 u. C-360/07, Stoß, Slg. 2010, I-8069.

491 EuGH C-386/00, Axa, Slg. 2002, I-2209; C-34-36/95, De Agostini, Slg. 1997, I-3843 Rdn. 53.

492 EuGH Rs. 62/79, Coditel I, Slg. 1980, 881.

493 EuGH C-113/89, Rush Portuguesa, Slg. 1990, I-1417.

494 EuGHC-23/93, TVIO, Slg. 1994, I-4795 Rdn. 18; C-148/91, Veronica Omroep, Slg. 1993, I-487.

495 EuGH C-422/01, Försäkringsaktiebolaget Skandia, Slg. 2003, I-6817; C-204/90, Bachmann, Slg. 1992, I-249; C-300/90, KOM/Belgien, Slg. 1992, I-305; abgelehnt in EuGH C-118/96, Safir, Slg. 1998, I-1897 Rdn. 26; C-484/93, Svensson, Slg. 1995, I-3955 Rdn. 18.

496 EuGH C-350/07, Kattner Stahlbau, Slg. 2009, I-1513; C-158/96, Kohll, Slg. 1998, I-1931 Rdn. 41.

497 EuGH C-36/02, Omega, Slg. 2004, I-9609.

498 EuGH C-60/00, Carpenter, Slg. 2002, I-6279.

499 EuGH C-58/98, Corsten, Slg. 2000, I-7919 Rdn. 42 unter Hinweis auf C-18/95, Terhoeve, Slg. 1999, I-345 Rdn. 45.

500 EuGH C-546/07, KOM/Deutschland, Slg. 2010, I-439 Rdn. 51; C-388/01, KOM/Italien, Slg. 2003, I-721.

In ihrer praktischen Anwendung müssen die Rechtfertigungsgründe den Ansprüchen des **Verhältnismäßigkeitsgrundsatzes** genügen. Danach müssen die fraglichen Regelungen zur Verfolgung des Schutzanliegens erforderlich sein und dürfen nicht durch weniger restriktive Regelungen ersetzbar sein[501]. **1055**

Es ist in jedem Einzelfall zwischen der Bedeutung der Dienstleistungsfreiheit als eines Grundprinzips des europäischen Binnenmarktes und dem staatlichen Regelungsbedürfnis bei der Ausübung beruflicher Tätigkeiten abzuwägen. Danach sind Beschränkungen insbesondere dann **unverhältnismäßig**, wenn dem Allgemeininteresse bereits durch Rechtsvorschriften Rechnung getragen wird, denen der Dienstleistungserbringer in dem Staat unterliegt, in dem er ansässig ist:

- Eine im Herkunftsstaat erteilte Genehmigung ist deshalb im Mitgliedstaat der Dienstleistungserbringung grundsätzlich anzuerkennen, soweit sie unter Voraussetzungen erteilt worden ist, die mit denen im Erbringungsstaat vergleichbar (nicht identisch) sind[502];
- Gleiches gilt, wenn ein Genehmigungsverfahren im Land der Dienstleistungserbringung *„zu einer bloßen Wiederholung der Nachweise und Sicherheiten führen würde, die im Staat der Niederlassung verlangt werden"*[503].

Sofern in sensiblen Bereichen strengere Anforderungen erforderlich sind, darf ein Prüfungs- und Zulassungsverfahren zwar stattfinden, jedoch sind dabei alle Nachweise und Sicherheiten zu berücksichtigen, die der Leistungserbringer bereits mitbringt. Dabei muss gegebenenfalls auch hingenommen werden, dass Dienstleistungserbringer im Bestimmungsstaat geringeren Anforderungen unterliegen als die dort niedergelassenen Personen und Unternehmen. Die daraus resultierende **„umgekehrte Diskriminierung"** rechtfertigt sich aus der Überlegung, dass die volle Anwendung der für den Niederlassungsverkehr geltenden Regeln vielfach für Dienstleistungserbringer entbehrlich ist, da Letztere im Bestimmungsstaat nur vorübergehend tätig werden und zudem dem Regelungsgefüge und den Kontrollen ihres Heimatstaates unterliegen[504]. **1056**

V. Maßnahmen zur Erleichterung der Wahrnehmung der Dienstleistungsfreiheit

Hinsichtlich der Maßnahmen zur **Erleichterung der Ausübung der Dienstleistungsfreiheit**, insbesondere der gegenseitigen Anerkennung von Diplomen, Prüfungszeugnissen und sonstigen Befähigungsnachweisen sowie der Koordinierung der Rechts- und Verwaltungsvorschriften der Mitgliedstaaten, verweist Art. 62 **1057**

501 EuGH C-390/90, Canal Satélite, Slg. 2002, I-607; C-334/02, KOM/Frankreich, Slg. 2004, I-2229; grundlegend auch Rs. 205/84, KOM/Deutschland, Slg. 1986, 3755 Rdn. 31.

502 EuGH Rs. 110 und 111/78, van Wesemael, Slg. 1979, 35.

503 EuGH Rs. 279/80, Webb, Slg. 1981, 3305; C-340/89, Vlassopoulou, Slg. 1991, I-2357.

504 EuGH Rs. 15/78, Koestler, Slg. 1978, 1971.

AEUV ausdrücklich auf die entsprechenden Vorschriften im Kapitel über das Niederlassungsrecht[505].

1058 Mit der **Richtlinie 2005/36/EG** wurden deshalb auch für die Dienstleistungsfreiheit die Regelungen betreffend die Anerkennung der Qualifikationen konsolidiert und die praktische Wahrnehmung dieser Freiheit erheblich erleichtert[506].

Jeder rechtmäßig in einem Mitgliedstaat niedergelassene Unionsbürger darf unter der Berufsbezeichnung seines Herkunftsmitgliedstaats zeitweilig und gelegentlich in einem anderen Mitgliedstaat Dienstleistungen erbringen, ohne die Anerkennung seiner Qualifikationen beantragen zu müssen. Verlässt der Dienstleister jedoch zwecks Erbringung der Dienstleistung seinen Niederlassungsmitgliedstaat, muss er eine zweijährige Berufserfahrung nachweisen, sofern der Beruf in diesem Staat nicht reglementiert ist.

Der Aufnahmemitgliedstaat kann vom Leistungserbringer verlangen, dass er vor der ersten Leistungserbringung auf seinem Hoheitsgebiet eine Meldung abgibt und diese jährlich erneuert. Dieser Meldung sind Einzelheiten über den Versicherungsschutz oder eine andere Art des individuellen oder kollektiven Schutzes in Bezug auf die Berufshaftpflicht beizufügen. Ferner kann der Aufnahmemitgliedstaat verlangen, dass der ersten Meldung eine Reihe von Unterlagen beigefügt wird, die in der Richtlinie 2005/36/EG erschöpfend aufgeführt werden: der Staatsangehörigkeitsnachweis, eine Bescheinigung über die rechtmäßige Niederlassung des Dienstleisters und ein Nachweis über seine Berufsqualifikationen.

Verlangt der Aufnahmemitgliedstaat eine Pro-forma-Eintragung bei der zuständigen Berufsorganisation, so hat diese automatisch zu erfolgen, sobald die Behörde, an die die vorherige Meldung gerichtet ist, die Akte des Betroffenen an die zuständige Berufsorganisation weitergeleitet hat. Bei Berufen, die die öffentliche Gesundheit oder Sicherheit berühren, für die die automatische Anerkennung nicht gilt, kann der Aufnahmemitgliedstaat die Berufsqualifikation des Leistungserbringers im Vorhinein und unter Einhaltung des Prinzips der Verhältnismäßigkeit prüfen.

1059 Die **Richtlinie 2006/123/EG** über Dienstleistungen im Binnenmarkt enthält weitere punktuelle Verbesserungen in der praktischen Ausübung der Dienstleistungsfreiheit[507]. Allerdings ist es nicht gelungen, das **Herkunftslandprinzip** zum Regelfall zu machen[508]. Außerdem wurden Bereiche wie Gesundheit, Sicherheitsdienste und Gewinnspiele von der Geltung der Richtlinie ausgenommen.

1060 Zur Erleichterung der tatsächlichen und ständigen Ausübung des **freien Dienstleistungsverkehrs der Rechtsanwälte** sind die **Richtlinie 77/249/EWG** und

505 Vgl. dazu unter § 10 C.V.1.

506 ABl. 2005 Nr. L 255/22, kodifizierte Fassung v. 24.3.2011.

507 ABl. 2006 Nr. L 376/36.

508 So der ursprüngliche Vorschlag der Kommission.

die **Richtlinie 98/5/EG** erlassen worden[509]. Danach können Rechtsanwälte, auch wenn sie bereits in einem anderen Mitgliedstaat niedergelassen sind, die Zulassung in einem Mitgliedstaat erhalten[510]. Die von Art. 4 der Richtlinie 77/249/EWG vorgesehene Möglichkeit, einem dienstleistenden Rechtsanwalt aus einem anderen Mitgliedstaat aufzuerlegen, seine Tätigkeit *„im Benehmen mit einem zugelassenen nationalen Rechtsanwalt"* auszuüben, muss restriktiv gehandhabt werden. So darf nicht verlangt werden, dass der nationale Rechtsanwalt bei dem Gericht zugelassen ist, an dem die Tätigkeit seines Kollegen erfolgt, oder dass beim Auftreten vor Gericht oder dem Besuch von Mandanten in Strafvollzugsanstalten eine „physische Begleitung" erfolgt[511]. Auch darf für eine nur vorübergehende Berufstätigkeit keine komplette Infrastruktur verlangt werden[512]. Die Eintragung als Rechtsanwalt darf nicht von einer vorherigen Überprüfung von Sprachkenntnissen abhängig gemacht werden[513]. Allerdings bedeutet dies nicht, dass für die Ausübung des Rechtsanwaltsberufs in einem anderen Mitgliedstaat keine besonderen Sprachkenntnisse verlangt werden. Verboten ist lediglich eine Vorabkontrolle; gleichwohl verlangen der Schutz der Rechtsunterworfenen und eine geordnete Rechtspflege hinreichende Sprachkenntnisse.

VI. Öffentliches Auftragswesen

Das **öffentliche Auftragswesen** betrifft neben der Dienstleistungsfreiheit auch das Niederlassungsrecht und den freien Warenverkehr. Zur Verwirklichung dieser Grundfreiheiten gelten im Bereich des öffentlichen Auftragswesens zwei Richtlinien, die gemeinsam den materiell-rechtlichen Rahmen zur Vergabe öffentlicher Aufträge im europäischen Binnenmarkt bilden. Die erste, **„klassische"** Richtlinie 2014/24/EU[514] bezweckt ganz allgemein die „Koordinierung der öffentlichen Auftragsvergabe". Die zweite, **„sektorbezogene"** Richtlinie 2014/25/EU[515] dient der „Koordinierung der Zuschlagserteilung durch Auftraggeber im Bereich der Wasser-, Energie- und Verkehrsversorgung sowie der Postdienste". Diese Richtlinien werden ergänzt durch die Richtlinie 2014/23/EU über die Konzessionsvergabe[516]. Daneben bestehen weiterhin die **Überwachungsrichtlinien**, die die Einführung von Verfah- **1061**

509 RL 77/249/EWG, Abl. 1977 Nr. L 78/17; konsolidierte Fassung v. 1.7.2013; RL 98/5/EG, Abl. L 77/36; konsolidierte Fassung v. 1.7.2013); dazu EuGH C-168/98, Luxemburg/EP und Rat, Slg. 2000, I-9131.

510 EuGH Rs. 292/86, Gullung, Slg. 1988, 111,

511 EuGH C-55/94, Gebhard, Slg. 1995, I-4165.

512 EuGH C-309/99, Wouters, Slg. 2002, I-1577.

513 EuGH C-506/04, Wilson, Slg. 2006, I-8613; C-193/05, KOM/Luxemburg, Slg. 2006, I-8673.

514 ABl. 2014 L 94/65. Sie löst die RL 2004/18/EG ab.

515 ABl. 2014 L 94/243. Diese RL löst die RL 2004/17/EG ab.

516 ABl. 2014 L 94/1.

ren zur Nachprüfung der Vergabeentscheidungen vorsehen[517]. Diese Richtlinien enthalten vor allem Vorschriften über die Veröffentlichung von und die Teilnahme an öffentlichen Ausschreibungen, wodurch gewährleistet werden soll, dass öffentliche Aufträge in allen Mitgliedstaaten für alle Unternehmen in der EU zugänglich sind und damit ein echter Wettbewerb um die öffentlichen Aufträge entsteht[518].

1062 In *Deutschland* wurden die Richtlinien 2014/23/EU, 2014/24/EU und 2014/25/EU durch eine Änderung des Gesetzes gegen Wettbewerbsbeschränkungen (GWB) in nationales Recht umgesetzt sowie durch den Erlass mehrerer Rechtsverordnungen – der Verordnung über die Vergabe öffentlicher Aufträge (Vergabeverordnung – VgV), der Verordnung über die Vergabe von Konzessionen (Konzessionsvergabeverordnung – KonzVgV) und der Verordnung über die Vergabe von öffentlichen Aufträgen im Bereich des Verkehrs, der Trinkwasserversorgung und der Energieversorgung (Sektorenverordnung – SektVO) [519]. In den neuen Regelungen werden zunächst „Grundsätze der Vergabe" definiert, nämlich Wettbewerb, Transparenz, Wirtschaftlichkeit, Verhältnismäßigkeit, Gleichbehandlung sowie der Grundsatz der Berücksichtigung der „Aspekte der Qualität und der Innovation sowie soziale[r] und umweltbezogene[r] Aspekte" (§ 97 Abs. 3 GBW). Dieser Grundsatz wird dann in den Regelungen zu den einzelnen Stufen des Vergabeverfahrens (Leistungsbeschreibung, Zuschlagskriterien, Ausführungsbestimmungen) näher ausgestaltet.

Weiterführende Literatur: *Adler,* Der einheitliche Ansprechpartner gemäß der Dienstleistungs-Richtlinie und seine Umsetzung in ausgewählten Mitgliedstaaten, ZfRV 2010, S. 196; *Albath/Giesler,* Das Herkunftslandprinzip in der Dienstleistungsrichtlinie – eine Kodifizierung der Rechtsprechung? EuZW 2006, S. 38; *Alber,* Dienstleistungen im Gesundheitsberich unter besonderer Berücksichtigung der EuGH-Rechtsprechung, FS Hirsch, 2008, S. 3; *Becker,* Voraussetzungen und Grenzen der Dienstleistungsfreiheit, 2002; *Brigola,* Der Grundsatz der Verhältnismäßigkeit im Gefüge der EU-Grundfreiheiten – Steuerungsinstrument oder Risikofaktor?, EuZW 2017, S. 406; *Bürkle,* Dienstleistungsfreiheit durch Verbraucherinteressen, EuZW 2006, S. 685; *Callies,* Europäischer Binnenmarkt und

517 Vgl. z.B. RL 89/665/EWG des Rates zur Koordinierung der Rechts – und Verwaltungsvorschriften für die Anwendung der Nachprüfungsverfahren im Rahmen der Vergabe öffentlicher Liefer – und Bauaufträge, ABl. EG 1989 Nr. L 395/33, zuletzt geändert durch die RL 2014/23/EU des EP und des Rates v. 26.2.2014 über die Konzessionsvergabe, ABl. 2014, L 94/1–64.

518 EuGH C-243/89, KOM/Dänemark, Slg. 1993, I-3353 Rdn. 33; Rs. 31/87, Beentjes, Slg. 1988, 4635 Rdn. 20; Rs. 199/85, KOM/Italien, Slg. 1987, 1039 Rdn. 12.

519 Gesetz gegen Wettbewerbsbeschränkungen (GWB) i.d.F. der Bekanntmachung vom 26.7.2013 (BGBl. I S. 1750); VO über die Vergabe öffentlicher Aufträge (Vergabeverordnung – VgV) v. 12.4.2016 (BGBl. I S. 624); VO über die Vergabe von Konzessionen (Konzessionsvergabeverordnung – KonzVgV) v. 12.4.2016 (BGBl. I S. 624, 683); VO über die Vergabe von öffentlichen Aufträgen im Bereich des Verkehrs, der Trinkwasserversorgung und der Energieversorgung (Sektorenverordnung – SektVO) v. 12.4.2016 (BGBl. I S. 624, 657). Zur Stellung des Vergabeüberwachungsausschusses des Bundes s. EuGH C-54/96, Dorsch Consult, Slg. 1997, I-4961 Rdn. 22.

europäische Demokratie: Von der Dienstleistungsfreiheit zur Dienstleistungsrichtlinie – und wieder Retour?, DVBl 2007, S. 336; *Calliess/Korte,* Dienstleistungsrecht in der EU, München 2011; *dies.*, Die Dienstleistungsrichtlinie und ihre Umsetzung in Deutschland, EuR Beiheft 2/2009, S. 65; *Cremer,* Umsetzung der Dienstleistungsrichtlinie in Deutschland, EuZW 2008, S. 655; *v. Danwitz,* Die Rechtsprechung des EuGH zum Entsenderecht, EuZW 2002, S. 237; *Forsthoff,* Die Tragweite des Rechtfertigungsgrundes aus Art. 46 Abs. 1 EG für die Niederlassungsfreiheit, die Dienstleistungsfreiheit und für Gesellschaften, EWS 2001, S. 59; *Freyer,* Dienstleistungserbringung ohne Grenzen, EuZW 2008, S. 459; *Gundel,* Fernsehwerbeverbote und Grundfreiheiten, EWS 2004, S. 398; *Haeder,* Das deutsche Notariat als Bereichsausnahme von der Niederlassungs- und Dienstleistungsfreiheit?, ZEuS 2007, S. 117; *Hatje,* Die Dienstleistungsrichtlinie – auf der Suche nach dem liberalen Mehrwert, NJW 2007, S. 2357; *Hertwig,* Die Dienstleistungsfreiheit als Grenze staatlicher Monopole und Eigenleistungen, EuR 2011, S. 745; *Kluth/Rieger,* Die neue EU-Berufsanerkennungsrichtlinie, EuZW 2005, S. 486; *dies.*, Die gemeinschaftsrechtlichen Grundlagen und berufsrechtlichen Wirkungen von Herkunftslandprinzip und Bestimmungslandprinzip, Gewerbearchiv 2006, S. 1; *Konzen,* Europäische Dienstleistungsfreiheit und nationaler Arbeitnehmerschutz, NZA 2002, S. 781; *Korte,* Abschied von der Aufnahmeüberwachung?, DVBl. 2009, S. 489; *Krimphove,* Keine effiziente „Öffnung" staatlicher Glücksspielmonopole durch intransparente und diskriminierende nationale Erlaubniserteilungsverfahren an Private, EuR 2016, S. 313; *Kuhn,* Die Verwirklichung des freien Dienstleistungsverkehrs im Spannungsfeld von wirtschaftlicher Handlungsfreiheit und Sozialgestaltung, 2013; *Lemor/Haake,* Ausgesuchte Rechtsfragen der Umsetzung der Dienstleistungsrichtlinie, EuZW 2009, S. 65; *Leupold,* Die Dienstleistungsfreiheit der Europäischen Union, Jura 2011, S. 762; *Lottes,* Das erweiterte Zeitmoment beim Begriff Dienstleistung, EuZW 2004, S. 112; *Löwisch,* Die horizontale Direktwirkung der Europäischen Grundfreiheiten, 2009; *Mader,* Das neue EG-Vergaberecht, EuZW 2005, S. 425; *Parlow,* Die EG-Dienstleistungsrichtlinie, 2010; *Rolshoven,* Beschränkungen des freien Dienstleistungsverkehrs, 2002; *Weidtmann-Neuer,* EG-Dienstleistungsrichtlinie, 2010; *Schmal,* Das deutsche Glücksspielrecht im Spiegel der Dienstleistungsfreiheit, FS Scheuing (2011), S. 671; *Siegel,* Mindestlöhne im Vergaberecht und der EuGH, EuZW 2016, S. 101.

E. Gemeinsame Grundstruktur der Grundfreiheiten/Prüfungsschema

I. Gemeinsame Grundstruktur der Grundfreiheiten

Mit ihrer Anerkennung als Behinderungsverbote haben auch die Freizügigkeit und die Niederlassungsfreiheit eine inhaltliche Ausgestaltung erfahren, die der des freien Waren- und Dienstleistungsverkehrs entspricht[520]. Die **gemeinsame Grundstruktur der Grundfreiheiten** kann, ausgehend von der Unterscheidung zwischen Eingriffstatbestand und Rechtfertigung des Eingriffs, wie folgt skizziert werden: **1063**

520 Zur Umdeutung aller vier Grundfreiheiten vom Diskriminierungs- zum Behinderungsverbot vgl. V.a. *Zuleeg,* FS für Everling, 1995, Bd, II, S. 1717; *Jarass,* FS für Everling, 1995, Bd. I, S. 593.

1. Eingriffstatbestand

Beschränkung" der Grundfreiheiten aufgrund
(1) unmittelbarer Diskriminierung aufgrund der Staatsangehörigkeit
(2) mittelbarer Diskriminierung
(3) einer Behinderung in der Ausübung dieser Freiheiten, die nicht nur hypothetisch, d.h. auf ungewisse und indirekte Weise, geschehen darf.

2. Rechtfertigung

Die **„Qualität" der Rechtfertigungsgründe** sollte sich nach der **Schwere des Eingriffs** richten. Danach können gerechtfertigt werden:
(1) unmittelbare Diskriminierungen aufgrund der Staatsangehörigkeit nur aufgrund vertraglich ausdrücklich vorgesehener Ausnahmen gem. Art. 45 Abs. 3 AEUV [Freizügigkeit], Art. 52 Abs. 1 AEUV [Niederlassungsfreiheit] und Art. 62 AEUV [Dienstleistungsfreiheit].
(2) mittelbare Diskriminierungen aufgrund vertraglich ausdrücklich vorgesehener Ausnahmen sowie durch zwingende Gründe des Allgemeinwohls.
(3) Behinderungen aufgrund vertraglich ausdrücklich vorgesehener Ausnahmen, durch zwingende Gründe des Allgemeinwohls sowie durch jedwedes Allgemeininteresse, das sich im Einzelfall aufgrund einer Güterabwägung gegenüber den fraglichen Grundfreiheiten durchzusetzen vermag.

1064 In allen Fällen unterliegt die Rechtfertigung einer strengen Prüfung der **Verhältnismäßigkeit**, d.h. es muss ein mit den EU-Verträgen zu vereinbarender berechtigter Zweck verfolgt werden, und die eingesetzte Maßnahme muss zur Zweckverwirklichung geeignet sein und darf über das hierzu erforderliche Maß nicht hinausgehen.

1065 In der Rechtsprechung fehlt es gegenwärtig noch an einer einheitlichen Systematik. Teilweise wird, wie im Urteil in der Rechtssache *„Ciola"*[521], der hier vorgestellte Ansatz von der qualitativ unterschiedlichen Rechtfertigung einer Diskriminierung einerseits und einer Behinderung andererseits gestützt, in anderen Urteilen hingegen, wie etwa in der Rechtssachen *„Kohll und Decker"*[522], hat der EuGH auch Diskriminierungen mit zwingenden Allgemeinwohlinteressen gerechtfertigt[523]. In zwei *Urteilen zur Niederlassungs- und Dienstleistungsfreiheit* hat der EuGH schließlich wiederum ausgeführt, dass offene Diskriminierungen ausschließlich durch die vertraglich vorgesehenen Rechtfertigungsgründe gerechtfertigt werden können, dass aber indirekte Diskriminierungen (und nicht nur Behinderungen) auch durch Allgemeinwohlinteressen gerechtfertigt werden können[524].

---

521 EuGH C-224/97, Ciola, Slg. 1999, I-2517 Rdn. 16.
522 EuGH C-125/95, Decker, Slg. 1998, I-1831; C-158/96, Kohll, Slg. 1998, I-1931.
523 Zu dieser widersprüchlichen Rechtsprechung vgl. Auch *Novak/Schnitzler*, EuZW 2000, S. 627.
524 EuGH C-290/04, FKP Scorpio Konzertproduktionen, Slg. 2006, I-9461; C-490/04, KOM/Deutschland, Slg. 2007, I-6095.

Diskriminierungen, die unmittelbar an die Staatsangehörigkeit anknüpfen, sollten jedoch nur aus den in den EU-Verträgen ausdrücklich vorgesehenen Gründen gerechtfertigt werden können. Außerhalb der vertraglich vorgesehenen Rechtfertigungsgründe sind Diskriminierungen aus Gründen der Staatsangehörigkeit nicht hinnehmbar. Diskriminierungen, die unter Verwendung bestimmter Merkmale und Bedingungen dieselben Wirkungen erzeugen wie das Anknüpfen an die Staatsangehörigkeit, sind in einem Binnenmarkt, in dem die Staatsangehörigen der Mitgliedstaaten als Unionsbürger gleiche Rechte genießen, nur in ganz außergewöhnlichen Situationen zu rechtfertigen. Diese Situationen werden durch die vertraglichen Rechtfertigungsgründe sowie zwingende Allgemeinwohlgründe charakterisiert. Behinderungen hingegen müssen im Hinblick auf ihre Rechtfertigung für alle überwiegenden Allgemeinwohlinteressen offen sein, da sie Ausdruck der den Mitgliedstaaten noch verbliebenen Regelungszuständigkeiten sind. Aufgrund der de-facto-Umkehrung der Beweislast bei Behinderungen muss es den Mitgliedstaaten möglich sein, die im Rahmen ihrer Regelungszuständigkeit erlassenen Regelungen mit Allgemeinwohlinteressen zu rechtfertigen, die nicht notwendigerweise von der EU-Rechtsordnung als zwingende Allgemeinwohlgründe anerkannt sein müssen. **1066**

3. Unmittelbare Anwendbarkeit der Grundfreiheiten

Freizügigkeit, Niederlassungs- und Dienstleistungsfreiheit sind **unmittelbar anwendbare Grundfreiheiten**[525]. Sie begründen Rechte, auf die sich der Einzelne gegenüber den nationalen Behörden und vor den nationalen Gerichten unmittelbar berufen kann. Nationales Recht, das der Durchsetzung dieser Rechte entgegensteht, hat aufgrund des Vorrangs der Grundfreiheiten im konkreten Fall außer Anwendung zu bleiben. Außerdem entfaltet das in den Grundfreiheiten verbürgte Diskriminierungsverbot horizontale Direktwirkung insoweit, als es auch auf Privatrechtsverhältnisse Anwendung findet. **1067**

Eine **missbräuchliche oder betrügerische Geltendmachung** von EU-Recht ist jedoch nicht gestattet. Die nationalen Gerichte können ein missbräuchliches oder betrügerisches Verhalten auf der Grundlage objektiver Kriterien zum Anlass nehmen, dem Betroffenen die Berufung auf das einschlägige EU-Recht zu verwehren[526]. **1068**

525 EuGH Rs. 41/47, van Duyn, Slg. 1974, 1337 [Freizügigkeit]; Rs. 2/74, Reyners, Slg. 1974, 631/652 [Niederlassungsfreiheit]; Rs. 33/74, van Binsbergen, Slg. 1974, 1299 [Dienstleistungsfreiheit].

526 EuGH C-206/94, Paletta II, Slg. 1996, I-2357 Rdn. 24; Rs. 39/86, Lair, Slg., 3161 Rdn. 43 [Freizügigkeit; soziale Sicherheit]; C-23/93, TV 10, Slg. 1994, I-4795 Rdn. 21 [Dienstleistungsfreiheit].

4. Grenzüberschreitender Bezug

1069 Anwendung finden diese Grundfreiheiten nach ständiger Rechtsprechung des EuGH nur insoweit, als die betreffenden Personen oder Unternehmen tatsächlich von ihrem unionsrechtlich verbürgten Freizügigkeits-, Niederlassungs- oder Dienstleistungsrecht Gebrauch machen. Diese Freiheiten sowie die zu ihrer Durchführung ergangenen Rechtsakte finden dagegen **keine Anwendung auf Sachverhalte, die ausschließlich innerstaatliche Bezüge aufweisen**, d.h. keinerlei Berührungspunkte mit dem EU-Recht haben[527]. Diese Beschränkung folgt nach Ansicht des EuGH aus der Zielsetzung der genannten Freiheiten, nämlich zur Beseitigung aller Hindernisse für die Errichtung eines Binnenmarktes beizutragen, in welchem die EU-Bürger und Unternehmen die Möglichkeit haben, sich im Hoheitsgebiet eines jeden Mitgliedstaates frei zu bewegen, um sich wirtschaftlich zu betätigen.

Dies kann zur Folge haben, dass die aufgrund des EU-Rechts gewährten Rechte den eigenen Staatsangehörigen vorenthalten werden, während sie in vergleichbaren Situationen den Staatsangehörigen anderer Mitgliedstaaten gewährt werden müssen. Ihre dadurch bedingte Schlechterstellung gegenüber den anderen EU-Bürgern (sog. **umgekehrte Diskriminierung**) ist nach der Rechtsprechung des EuGH hinzunehmen[528]. Ob diese vom EuGH in ständiger Rechtsprechung vertretene Auffassung weiterhin Gültigkeit beanspruchen kann, erscheint unter der Geltung der Unionsbürgerschaft zumindest **zweifelhaft**[529].

Weiterführende Literatur: *Croon-Gestefeld,* Umgekehrte Diskriminierungen nach dem Unionsrecht – Unterschiedliche Konzepte im Umgang mit einem gemeinsamen Problem, EuR 2016, S. 56; *Müller-Graff,* Die horizontale Direktwirkung der Grundfreiheiten, EuR 2014, S. 3; *Papadileris,* Das Erfordernis des grenzüberschreitenden Bezugs im Recht der Marktfreiheiten, JUS 2011, S. 123; *Sauer,* Die Grundfreiheiten des Unionsrechts, JUS 2017, S. 310; *Schmahl/Jung,* Horizontale Drittwirkung der Warenverkehrsfreiheit?, NVwZ 2013, S. 607.

---

527 Vgl. Aus der Rechtsprechung *Freizügigkeit*: EuGH Rs. 35 und 36/82, Morson und Jhanjan, Slg. 1982, 3723; C-332/90, Steen, Slg. 1992, I- 341; C-153/91, Camille Petit, Slg. 1992, I-4973; C-206/91, Poirrez, Slg. 1992, I-6685; *Niederlassungsfreiheit*: EuGH Rs. C-112/91, Werner, Slg. 1993, I-429.

528 EuGH C-332/90, Steen, Slg. 1992, I-341; C-153/91, Camille Petit, Slg. 1992, I-4973; C-206/91, Poirrez, Slg. 1992, I-6685; C-297/88 und C-197/89, Dzodzi, Slg. 1990, I-1763. Nach *Ansicht des EuGH* kann der „umgekehrten Diskriminierung" allenfalls mit Mitteln des nationalen Rechts abgeholfen werden; vgl. EuGH C-132/93, Steen II, Slg. 1994, I-2720 zur Anwendung des Art. 3 Abs. 1 GG im Falle einer Inländerdiskriminierung. Aus der *Literatur* zur Frage der Inländerdiskriminierung s. *Epiney,* Umgekehrte Diskriminierung, 1995; *Hammerl,* Inländerdiskriminierung, 1997; *Schilling,* Gleichheitssatz und Inländerdiskriminierung, JZ 1994, S. 8.

529 Siehe dazu unter § 4 D. III. 2. Und 4. Vgl. Auch *Croon-Gestefeld,* EuR 2016, 56; *Papadileris,* JUS 2011, 123.

II. Prüfungsschema für die Freizügigkeit, die Niederlassungsfreiheit und die Dienstleistungsfreiheit

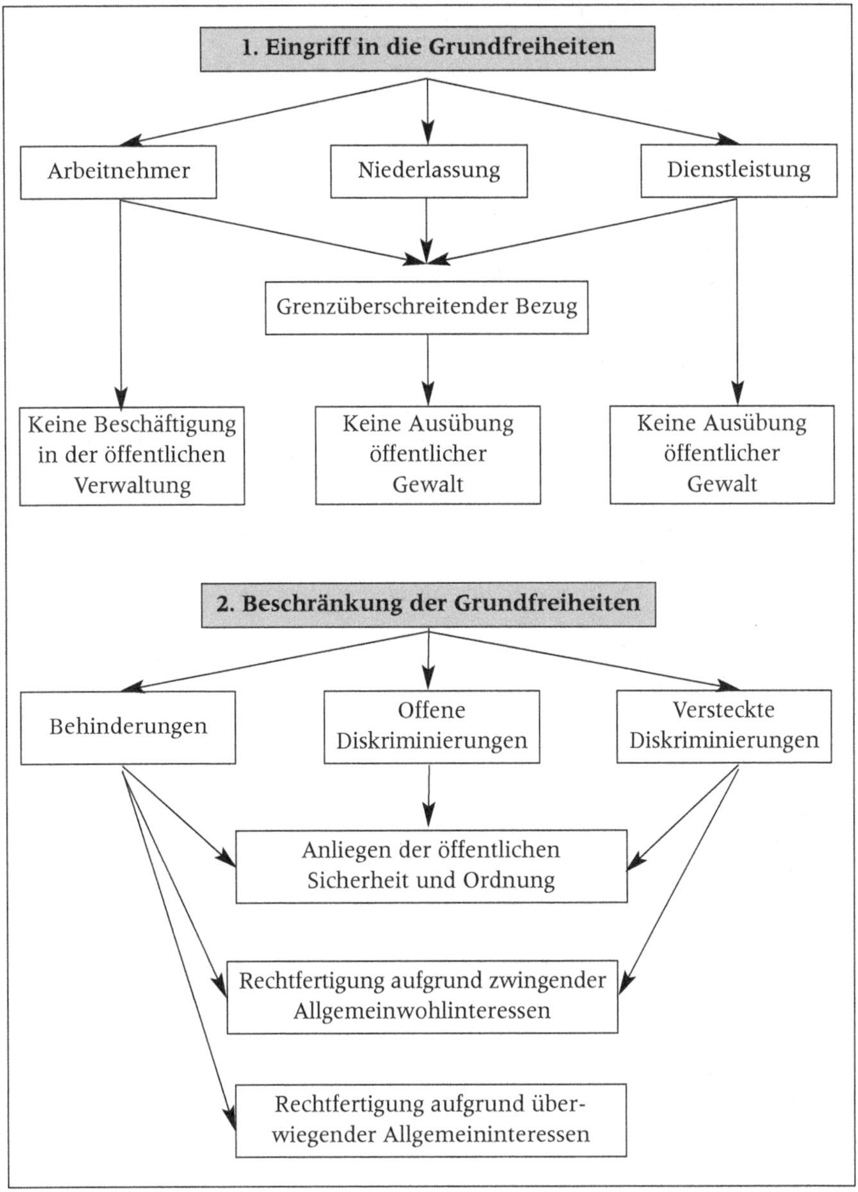

F. Ein- und Ausreiserecht, Aufenthaltsrecht und Verbleiberecht

1070 Das für alle EU-Bürger bestehende Recht, in allen Mitgliedstaaten der EU einer **wirtschaftlichen Tätigkeit** nachzugehen, setzt notwendig das Recht auf Einreise und Aufenthalt in den betreffenden Mitgliedstaaten voraus. Es wird deshalb ebenfalls von den Vertragsvorschriften über die Freizügigkeit der Arbeitnehmer, die Niederlassungsfreiheit und den freien Dienstleistungsverkehr umfasst[530].

Ein allgemeines, **nicht** an die Ausübung einer **wirtschaftlichen Tätigkeit**, sondern allein an die Unionsbürgerschaft anknüpfendes Freizügigkeits- und Aufenthaltsrecht gewährt Art. 21 AEUV.

1071 Die Durchführungsvorschriften zu diesen Freizügigkeits- und Aufenthaltsrechten sind nunmehr in **einer Richtlinie** zusammengefasst. Die Bedingungen und Beschränkungen der Freizügigkeits- und Aufenthaltsrechte ergeben sich jetzt einheitlich aus der **Richtlinie 2004/38/EG** *über das Recht der Unionsbürger und ihrer Familienangehörigen, sich im Hoheitsgebiet der Mitgliedstaaten frei zu bewegen und aufzuhalten*[531].

1072 In **Deutschland** wurde diese Richtlinie im Rahmen des Zuwanderungsgesetzes[532] durch das **Gesetz über die allgemeine Freizügigkeit von Unionsbürgern** (Freizügigkeitsgesetz/EU – FreizügG/EU) in deutsches Recht umgesetzt. Danach haben freizügigkeitsberechtigte Unionsbürger und ihre Familienangehörigen das **Recht auf Einreise und Aufenthalt** in der Bundesrepublik Deutschland[533]. Unionsbürger sind freizügigkeitsberechtigt,

- wenn sie sich als Arbeitnehmer, zur Arbeitssuche oder zur Berufsausbildung aufhalten wollen,
- wenn sie sich niederlassen wollen, um eine selbständige Erwerbstätigkeit auszuüben, und hierzu berechtigt sind,
- als Erbringer oder Empfänger von Dienstleistungen, wobei das Aufenthaltsrecht nur vorübergehend gewährt wird,
- als Verbleibeberechtigte, zu denen Erwerbstätige zählen, die das gesetzlich vorgeschriebene Rentenalter erreicht haben, in Deutschland mindestens in den letzten 12 Monaten tätig gewesen sind und sich dort seit mindestens drei Jahren ständig aufgehalten haben,

530 EuGH Rs. 58/75, Royer, Slg. 1976, 497.

531 RL 2004/38/EG vom 29.4.2004, ABl. L 229/35; diese RL war von den Mitgliedstaaten bis zum 30.6.2006 in nationales Recht umzusetzen. Zu diesem Zeitpunkt traten die bisherigen Einzel-Rlen ebenso außer Kraft wie die Regelungen betreffend die Familienangehörigen in Art. 10 und Art. 11 der früheren VO 1612/68.

532 Gesetz zur Steuerung und Begrenzung der Zuwanderung und zur Regelung des Aufenthalts und der Integration von Unionsbürgers und Ausländern vom 30.6.2004, BGBl. 2004 I, 1950; ausgeführt durch die Aufenthalts-VO/EG, v. 25.11.2004, BGBl. I, 2945 die zuletzt durch Art. 8 des Gesetzes vom 8.5.2024 (BGBl. 2024 I Nr. 152) geändert worden ist.

533 § 1 FreizügG/EU.

- als nicht erwerbstätige Personen, soweit sie für sich und ihre Familienangehörigen über einen ausreichenden Krankenversicherungsschutz und über ausreichende Existenzmittel verfügen.

I. Ein- und Ausreiserecht

Einziges formelles Erfordernis für die **Einreise** in einen anderen Mitgliedstaat ist **1073**
der Besitz eines gültigen Personalausweises oder Reisepasses, der – soweit er Bedingung für die Ausreise ist – eine Gültigkeitsdauer von mindestens fünf Jahren haben muss[534].

Die Mitgliedstaaten dürfen weder einen Sichtvermerk noch einen gleichwertigen Nachweis verlangen[535]. Von diesem letzten Verbot sind Familienangehörige mit Drittstaatsangehörigkeit grundsätzlich ausgenommen[536]. Allerdings folgt aus dem Grundsatz der Verhältnismäßigkeit sowie der Bedeutung, die dem Schutz der Familie auch in Bezug auf die Freizügigkeitsrechte zukommt, dass eine Zurückweisung des Angehörigen an der Grenze dann unzulässig ist, wenn er seine Identität und die Tatsache der Ehe nachweisen kann[537]. Ein Eintrag im Schengener Informationssystem (SIS) kann ein Indiz für das Vorliegen eines Einreiseverweigerungsgrundes sein; dies ersetzt jedoch nicht die Prüfung, ob tatsächlich eine konkrete Gefahr besteht[538]. Fragen nach Zweck und Dauer der Reise und nach den finanziellen Mitteln sind unzulässig[539]; zulässig ist aber die Anbringung eines Stempels im Reisepass zur Kontrolle der Verbleibedauer eines Kfz auf dem Gebiet des Mitgliedstaats zu steuerlichen Zwecken[540].

Dem Einreiserecht korrespondiert die **Freiheit der Ausreise** in einen anderen Mit- **1074**
gliedstaat. Die ausstehende Begleichung einer privatrechtlichen Schuld berechtigt den Heimatstaat nicht zum Erlass eines Ausreiseverbots in andere Mitgliedstaaten; das Unionsrecht steht bei offensichtlichem Verstoß gegen das Freizügigkeitsrecht sogar der Bestandskraft einer solchen Verwaltungsmaßnahme entgegen[541]. Dagegen kann bei Nichtbegleichung einer öffentlich-rechtlichen Abgabeschuld durchaus ein Ausreiseverbot wegen Verletzung der öffentlichen Ordnung gerechtfertigt sein[542].

---

534 Art. 2 bis 4 der RL 2004/38/EG.
535 Art. 2, 3 und 5 der RL 2004/38/EG.
536 Art. 5 der RL 2004/38/EG.
537 EuGH C-459/99, MRAX, Slg. 2002, I-6591 Rdn. 62.
538 EuGH C-503/03, KOM/Spanien, Slg. 2006, I-1097, Rdn. 55.
539 EuGH C-488/21, GV v. Chief Appeals Officer, Social Welfare Appeals Office, The Minister for Employment Affairs and Social Protection, Urteil v. 21.12.2023, ECLI:EU:C:2023:1013; C-68/89, KOM/Niederlande, Slg. 1991, I-2637.
540 EuGH C-91/92, KOM/Griechenland, Slg. 1993, I-4467.
541 EuGH C-249/11, Byankov, ECLI:EU:C:2012:608.
542 EuGH C-434/10, Aladzhov, ECLI:EU:C:2011:750.

II. Aufenthaltsrecht

1075 Die Bedingungen, unter denen Unionsbürger und ihre Familienangehörigen ihr Recht auf Freizügigkeit und Aufenthalt ausüben können, sind nunmehr umfassend in der Richtlinie 2004/38/EG geregelt. Die Richtlinie unterscheidet drei verschiedene Konstellationen:

- Recht auf Aufenthalt von bis zu drei Monaten
- Recht auf Aufenthalt während mehr als drei Monaten
- Recht auf Daueraufenthalt.

1. Recht auf Aufenthalt von bis zu drei Monaten

1076 Jeder **Unionsbürger**, der einen gültigen Personalausweis oder Reisepass mit sich führt, hat das Recht, sich in einen anderen Mitgliedstaat zu begeben[543]. Unter keinen Umständen darf ein Ausreise- oder Einreisevisum verlangt werden. Ist der Unionsbürger nicht im Besitz der erforderlichen Reisedokumente, trifft der betreffende Mitgliedstaat alle Vorkehrungen, um es ihm zu erleichtern, sich diese Reisedokumente zu beschaffen bzw. sie sich zukommen zu lassen.

Familienangehörige, die nicht die Staatsangehörigkeit eines Mitgliedstaats besitzen und einen Unionsbürger begleiten oder ihm nachziehen, haben das gleiche Recht wie ein Unionsbürger[544]. Von ihnen kann ein Visum für einen Kurzaufenthalt verlangt werden[545]. Die von einem Mitgliedstaat ausgestellte Aufenthaltskarte hat den gleichen Wert wie ein Visum für einen Kurzaufenthalt[546].

1077 Unionsbürger, die sich weniger als drei Monate in einem anderen Mitgliedstaat aufhalten (z.B. bei befristeten Arbeitsverhältnissen, Saisonarbeitern, Grenzgängern oder bei Personen, die als Arbeitnehmer eines Dienstleistungserbringers in einen anderen Mitgliedstaat einreisen[547]), müssen im Besitz eines **gültigen Personalausweises oder Reisepasses** sein. Der Aufnahmemitgliedstaat kann lediglich verlangen, dass der Aufenthalt binnen einer angemessenen und nicht diskriminierenden Frist angezeigt wird.

1078 Von dieser Regelung gedeckt sind nunmehr auch die **Einreise** und der **Aufenthalt zum Zwecke der Arbeitssuche**. Zuvor bestand diese Möglichkeit nur im Rah-

543 Vgl. Art. 6 Abs. 1 der RL 2004/38/EG.

544 Vgl. Art. 6 Abs. 2 der RL 2004/38/EG; vgl; auch EuGH C-89/17, Rozanne Banger, ECLI:EU:C:2018:570.

545 Vgl. die VO (EG) Nr. 539/2001 des Rates vom 15.3.2001 zur Aufstellung der Liste der Drittländer, deren Staatsangehörige beim Überschreiten der Außengrenzen im Besitz eines Visums sein müssen, sowie die Liste der Drittländer, deren Staatsangehörige von dieser Visumspflicht befreit sind (ABl. 2001 Nr. L 81/1, kodifizierte Fassung v. 11.1.2011).

546 EuGH C-202/13, McCarthy, ECLI:EU:C:2014:2450.

547 Vgl. dazu EuGH C-43/93, Van der Elst, Slg. 1994, I-3818 Rdn. 21; C-113/89, Rush Portuguesa, Slg. 1990, I-1417; vgl. auch die RL 96/71/EG des Rates über die Entsendung von Arbeitnehmern im Rahmen der Erbringung von Dienstleistungen, ABl. 1996 Nr. L 18/1.

men einer nicht rechtsverbindlichen Erklärung der Mitgliedstaaten, die zum Zwecke der Arbeitssuche ein Aufenthaltsrecht von mindestens drei Monaten vorsah, das bei Inanspruchnahme von Sozialhilfe verkürzt werden konnte. Zu dieser zeitlich festgelegten Beschränkung des Aufenthaltsrechts zur Arbeitssuche hat der EuGH im Urteil **„Antonissen"** festgestellt, dass diese im Hinblick auf das Freizügigkeitsrecht angemessen sein muss, damit die betreffende Person auf dem Gebiet des jeweiligen Mitgliedstaats von Stellenangeboten Kenntnis nehmen und sich darauf bewerben kann. Dies schließt nach Ansicht des EuGH ein, dass auch nach Ablauf der Frist ein Arbeitssuchender nicht ausgewiesen werden darf, wenn er den Nachweis erbringt, dass er auch weiterhin mit begründeter Aussicht auf Erfolg nach Arbeit sucht[548]. Dieser Rechtsprechung wird nun auf EU-Ebene mit der Neuregelung des Aufenthaltsrechts Rechnung getragen[549].

2. Recht auf Aufenthalt während mehr als drei Monaten

Das Recht, sich für einen Zeitraum von über drei Monaten in einem anderen Mitgliedstaat aufzuhalten, ist für Unionsbürger und deren Familienangehörige an folgende **Voraussetzungen** geknüpft[550]: **1079**

- Ausübung einer abhängigen oder selbständigen Erwerbstätigkeit; oder
- Nachweis ausreichender Existenzmittel und einer Krankenversicherung, so dass während des Aufenthalts keine Sozialhilfeleistungen des Aufnahmemitgliedstaats in Anspruch genommen werden müssen, wobei die Mitgliedstaaten den Betrag der als ausreichend betrachteten Existenzmittel nicht festlegen dürfen, sondern die Situation der betroffenen Person berücksichtigen müssen; oder
- Absolvierung eines berufsqualifizierenden Studiums.

Unionsbürger benötigen keine Aufenthaltskarte mehr[551]. Der Aufnahmemitgliedstaat kann jedoch verlangen, dass sich der Unionsbürger binnen einer Frist, die nicht weniger als drei Monate ab dem Zeitpunkt der Einreise betragen darf, bei den zuständigen Behörden anmeldet[552]. Die Anmeldebescheinigung wird bei Vorlage folgender Dokumente unverzüglich ausgestellt: **1080**

- ein gültiger Personalausweis oder Reisepass;
- eine Erklärung oder ein anderes gleichwertiges Mittel nach Wahl des Unionsbürgers, in der/dem bestätigt wird, dass die Voraussetzungen für einen Aufenthalt von mehr als drei Monaten erfüllt sind.

---

548 EuGH C-292/89, Antonissen, Slg. 1991, I-745; C-171/91, Tsiotras, Slg. 1993, I-2925; C-344/95, KOM/Belgien, Slg. 1997, I-1046.

549 Art. 14 Abs. 4 Buchstabe b) RL 2004/38/EG.

550 Vgl. Art. 7 Abs. 1 Buchstabe a) – d) der RL 2004/38/EG; so schon EuGH C-363/89, Roux, Slg. 1991, I-273.

551 Früher war eine Aufenthaltsbescheinigung erforderlich.

552 Art. 8 der RL 2004/38/EG.

Familienangehörige eines Unionsbürgers, die nicht die Staatsangehörigkeit eines Mitgliedstaats besitzen, müssen eine „Aufenthaltskarte für Familienangehörige eines Unionsbürgers" beantragen[553]. Diese wird nur erteilt, wenn sich das Familienmitglied rechtmäßig in dem betreffenden Mitgliedstaat aufhält[554]. Diese Aufenthaltskarte hat eine Gültigkeitsdauer von mindestens fünf Jahren ab dem Zeitpunkt der Ausstellung[555]. Tod oder Wegzug des Unionsbürgers aus dem Hoheitsgebiet des Aufnahmemitgliedstaats sowie Scheidung, Aufhebung der Ehe oder Beendigung der Partnerschaft berühren, bei Erfüllung bestimmter Voraussetzungen, nicht das Aufenthaltsrecht der Familienangehörigen eines Unionsbürgers, die nicht die Staatsangehörigkeit eines Mitgliedstaats besitzen[556].

3. Recht auf Daueraufenthalt

1081 Jeder Unionsbürger, der sich **rechtmäßig fünf Jahre** lang ununterbrochen im Hoheitsgebiet des Aufnahmemitgliedstaats aufgehalten hat, erwirbt das Recht auf Daueraufenthalt, sofern keine Ausweisungsmaßnahme gegen ihn angeordnet wurde[557]. Dieses Recht ist an keinerlei Voraussetzungen mehr geknüpft und findet ebenfalls Anwendung auf Familienangehörige, die nicht die Staatsangehörigkeit eines Mitgliedstaats besitzen und sich fünf Jahre mit dem Unionsbürger im Aufnahmemitgliedstaat aufgehalten haben. Allerdings lässt der EuGH bei der Zuerkennung eines Daueraufenthaltsrechts nach 5-jährigem Aufenthalt in der EU Zurückhaltung in Fällen erkennen, in denen die Gewährung von Sozialhilfe oder von Einkommensbeihilfen von der Zuerkennung des Status eines Unionsbürgers abhing. Eine rein territoriale und zeitliche Betrachtungsweise hat der EuGH abgelehnt und zusätzlich eine qualitative Verbindung mit dem Aufenthaltsstaat gefordert, d.h. der Aufenthalt muss im Einklang mit den unionsrechtlichen Voraussetzungen der Zuerkennung des Daueraufenthaltsrechts stehen[558]. Einen Aufenthalt, der nach nationalem Recht legal war, lässt der EuGH allein nicht genügen[559].

Wurde das Recht auf Daueraufenthalt gewährt, kann es nur aberkannt werden, wenn die Abwesenheit vom Aufnahmestaat zwei aufeinanderfolgende Jahre überschreitet.

1082 Die **Daueraufenthaltskarte** ist unbegrenzt gültig und automatisch alle zehn Jahre verlängerbar[560]. Die Mitgliedstaaten stellen die Daueraufenthaltskarte binnen sechs

553 Art. 9 und 10 der RL 2004/38/EG.
554 EuGH C-109/01, Akrich, Slg. 2003, I-9607.
555 Art. 11 der RL 2004/38/EG.
556 Art. 12 und 13 der RL 2004/38/EG.
557 Art. 14 der RL 2004/38/EG.
558 Art. 7 RL 2004/38.
559 EuGH C-325/09, Dias, Slg. 2011, I-6387; C-424/10, Ziolkowski und Szeja, ECLI:EU:C:2011:866; C-147/11 u. C-148/11, Czop und Punakova, ECLI:EU:C:2012:538.
560 Art. 17 der RL 2004/38/EG.

Monaten nach Antragstellung aus. Der Unionsbürger muss seinen ständigen Aufenthalt durch eines der im Aufnahmemitgliedstaat üblichen Beweismittel nachweisen[561]. Für die Ausstellung der Daueraufenthaltskarte dürfen nur diejenigen Gebühren erhoben werden, die der Mitgliedstaat bei vergleichbaren Leistungen, etwa der Ausstellung eines Personalausweises, von seinen eigenen Staatsangehörigen verlangt[562].

4. Verlust des Aufenthaltsrechts

Eine gültige Aufenthaltsbescheinigung erlischt auch dann nicht, wenn der Arbeitnehmer oder selbständig Beschäftigte infolge Krankheit oder Unfall vorübergehend **arbeitsunfähig** wird. **1083**

Auch **unfreiwillige Arbeitslosigkeit** führt nicht zum Verlust des Aufenthaltsrechts oder zum Erlöschen der Aufenthaltsbescheinigung[563]. Selbst bei **freiwilliger Arbeitslosigkeit** geht das Aufenthaltsrecht nicht verloren, wenn ernsthaft nach einer neuen Stelle gesucht wird[564]. Bei Arbeitslosigkeit von **mehr als zwölf aufeinanderfolgenden Monaten** kann die Aufenthaltsbescheinigung allerdings anlässlich ihrer Verlängerung beschränkt werden.

Der Verlust des Aufenthaltsrechts wird auch nicht durch Verbüßung einer Haftstrafe bewirkt, sofern nach Entlassung aus der Haft bald wieder eine Tätigkeit aufgenommen wird[565]. **1084**

5. Sanktionen

Die Einhaltung der an das Aufenthaltsrecht geknüpften Förmlichkeiten, wie z.B. die Aufenthaltskarte und die Meldepflicht, darf kontrolliert und ihre Missachtung mit Sanktionen belegt werden[566]. Die Kontrollen dürfen jedoch die Grundfreiheiten nicht beeinträchtigen; Sanktionen müssen verhältnismäßig sein und sich an Sanktionen für geringfügige Verfehlungen von Inländern orientieren[567]. Ausweisung oder Haft wären unverhältnismäßig, da die Formalitäten für das Aufenthaltsrecht nicht konstitutiv sind[568]. **1085**

---

561 Vgl. zur Beweislast EuGH C-408/03, KOM/Belgien, Slg. 2006, I-2647, Rdn. 66; C-21/03, Oulane, Slg. 2005, I-1215 Rdn. 55.

562 Art. 25 Abs. 2 der RL 2004/38/EG; so auch schon EuGH C-344/95, KOM/Belgien, Slg. 1997, I-1046 Rdn. 25.

563 EuGH C-357/89, Raulin, Slg. 1992, I-1027.

564 EuGH Rs. 75/63, Unger, Slg. 1963, 379.

565 EuGH C-482/01 u. C-493/01, Orfanopoulos, Slg. 2004, I-5257 Rdn. 50.

566 Vgl. Art. 23 der RL 2004/38/EG.

567 EuGH C-24/97, KOM/Deutschland, Slg. 1998, I-2133 Rdn. 14; C-265/88, Messner, Slg. 1989, 4209; Rs. 8/77, Sagulo, Slg. 1977, 1495.

568 EuGH C-85/96, Martínez Sala, Slg. 1998, I-2691 Rdn. 53.

III. Verbleiberecht

1086 Das Verbleiberecht trägt einem grundlegenden sozialen Bedürfnis Rechnung. Es soll den Erwerbstätigen und ihren Familienangehörigen ermöglichen, dort, wo sie ihren Lebensschwerpunkt gesetzt haben, auch nach Beendigung ihres Erwerbslebens zu verbleiben. Es leitet sich nicht unmittelbar aus den Vertragsvorschriften ab, sondern es besteht heute unter den in Art. 17 der Richtlinie 2004/38/EG festgelegten Bedingungen.

IV. Einschränkungen aus Gründen des „ordre public"

1087 Beschränkungen des Einreise- und Aufenthaltsrechts sind nur *„aus Gründen der öffentlichen Ordnung, Sicherheit oder Gesundheit gerechtfertigt"*[569].

Unter „**Beschränkung**" ist jede allgemeine oder konkrete Maßnahme eines Mitgliedstaates zu verstehen, die das Recht einer freizügigkeitsberechtigten Person berührt, unter den gleichen Bedingungen wie die Angehörigen des jeweiligen Aufenthaltsstaates in dessen Hoheitsgebiet frei einzureisen und sich dort frei aufzuhalten. Beschränkungen sind insbesondere Einreiseverbote, die Beendigung des Aufenthaltes und die Ausweisung[570]. Die Beschränkbarkeit des Einreise- und Aufenthaltsrechts wird durch die Regelungen der Richtlinie 2004/38/EG näher ausgestaltet[571].

1. Bedrohung der öffentlichen Ordnung, Sicherheit und Gesundheit

1088 Der Begriff „öffentliche Sicherung und Ordnung" ist nicht genau definiert und wird von Land zu Land und im zeitlichen Wandel unterschiedlich interpretiert.

Richtpunkte für die Auslegung des Begriffs **„öffentliche Sicherheit und Ordnung"** hat der EuGH in seiner zur Problematik des ordre-public-Vorbehalts bereits umfangreichen Rechtsprechung gesetzt. Die Grundlage dieser Rechtsprechung bildet die Auffassung des EuGH, dass den Mitgliedstaaten bei der Auslegung und Anwendung des Begriffs zwar ein gewisser Beurteilungsspielraum bleiben muss, der Begriff öffentliche Sicherheit und Ordnung aber **eng auszulegen** ist und seine Anwendung stets im Rahmen der durch die Verträge und das EU-Recht bezeichneten Grenzen sowie unter der Kontrolle der EU-Organe zu erfolgen hat[572].

1089 Eine **inhaltliche Konkretisierung** des Vorbehalts hat der EuGH insoweit vorgenommen, als er klargestellt hat, dass die Beurteilung der Frage, ob eine ausreichend

---

569 Vgl. die insoweit gleichlautenden Bestimmungen der Art. 45 Abs. 3 AEUV – Freizügigkeit der Arbeitnehmer; Art. 52 Abs. 1 AEUV – Niederlassungsfreiheit; Art. 62 i.V.m. Art. 52 Abs. 1 AEUV – Dienstleistungsfreiheit.

570 EuGH Rs. 30/37, Bouchereau, Slg. 1977, 1999 Rdn. 21.

571 Vgl. Art. 27 bis Art. 33 der RL 2004/38/EG.

572 EuGH Rs. 41/74, van Duyn, Slg. 1974, 1337; C-363/89, Roux, Slg. 1991, I-237; C-482/01 u. C-493/01, Orfanopoulos, Slg. 2004, I-5257 Rdn. 97.

schwere **Bedrohung der öffentlichen Ordnung** besteht, in jedem Fall vom **Einzelverhalten des Begünstigten** ausgehen muss[573]. Es dürfen **keine wirtschaftlichen Gründe,** wie z.B. die finanzielle Lage, angeführt werden[574]. Auch die Missachtung der Formvorschriften für Einreise und Aufenthalt stellt in keinem Fall eine die Anweisung rechtfertigende Gefahr für die öffentliche Sicherheit und Ordnung dar[575].

Eine Ausweisung ist auch nicht gerechtfertigt, um EU-Bürger von der **Begehung einer strafbaren Handlung** im Aufnahmeland abzuhalten. Eine Ausweisungsverfügung allein aus Gründen der Generalprävention ist danach unzulässig[576]. Dies gilt in ähnlicher Weise auch für eine **strafrechtliche Verurteilung**. Diese Verurteilung kann nur insofern einen Rechtfertigungsgrund für eine Ausweisung darstellen, als die zu ihr führenden Umstände erkennen lassen, dass ein persönliches Verhalten vorliegt, das die öffentliche Ordnung tatsächlich bedroht[577]. Abgesehen von der Störung der Gesellschaftsordnung, die jeder Verstoß gegen ein Strafgesetz in sich birgt, muss also eine ausreichend schwere, ein fundamentales Interesse der Gesellschaft berührende konkrete Bedrohung vorliegen[578]. In die Beurteilung der Gefährdung können die Resozialisierungsprognose und die Aussetzung der Strafe zur Bewährung mit einfließen[579]. Beispiele aus der Rechtsprechung des EuGH: Auch nach über 30-jährigem Aufenthalt im Wohnsitzland, kann die Ausweisung aus zwingenden Gründen der öffentlichen Sicherheit gerechtfertigt sein, so im Fall eines griechischen Staatsangehörigen, der in Deutschland wegen des bandenmäßigen Handels mit Drogen zu einer langjährigen Gefängnisstrafe verurteilt wurde[580]. In einem Fall sexuellen Kindesmissbrauchs und strafrechtlicher Verurteilung kann auch bei langjährigem Aufenthalt im Wohnsitzland ein Aufenthaltsverbot mit Ausweisung aus zwingenden Gründen der öffentlichen Sicherheit (Art. 28 RL 2004/38) gerechtfertigt sein[581]. **1090**

Wegen **Krankheit oder Gebrechen** dürfen die Einreise und der Aufenthalt nur in den im Anhang der Richtlinie 2004/38/EG aufgezählten Fällen verweigert werden[582]. Hierbei handelt es sich um schwere ansteckende Krankheiten und Suchtkrankheiten sowie schwere geistige und seelische Störungen. **1091**

---

573 EuGH Rs. 36/75, Rutili, Slg. 1975, 1219.

574 EuGH Rs. 41 74, van Duyn, Slg. 1974, 1337.

575 EuGH Rs. 157/79, Pieck, Slg. 1980, 2171; siehe auch Art. 15 Abs. 2 der RL 2004/38/EG zum Ablauf der Gültigkeit der Ausweispapiere.

576 EuGH C-100/01, Olazabal, Slg. 2002, I-10981 Rdn. 39; Rs. 67 74, Bonsignore, Slg. 1975, 297. Aus der dt. Rspr. vgl. BVerwGE 42, 133; BVerwGE 49, 60.

577 EuGH C-348/96, Calfa, Slg. 1999, I-11; C-363/89, Roux, Slg. 1991, 273; C-265/88, Messner, Slg. 1989, 4221; Rs. 30/77, Bouchereau, Slg. 1977, 1999; Rs. 118/75, Watson und Bellmann, Slg. 1976, 1185.

578 EuGH C-482/01 u. C-493/01, Orfanopoulos, Slg. 2004, I-5257 Rdn. 82.

579 EuGH C-348/96, Calfa, Slg. 1999, I-11.

580 EuGH C-145/09, Tsakouridis, Slg. 2010, I-11979.

581 EuGH C-348/09, P.I., ECLI:EU:C:2012:300.

582 Vgl. Art. 38 der RL 2004/38/EG.

2. Verfahrensmäßige Rechte

1092 An **verfahrensmäßigen Rechten**, die als Mindestgarantien zu verstehen sind, werden den Begünstigten in der Richtlinie 2004/38/EG im Wesentlichen garantiert[583]:

- der Begründungszwang für die die öffentliche Ordnung betreffenden ausländerpolizeilichen Entscheidungen
- die Rechtsmittelbelehrung
- die Möglichkeit zur Einlegung derjenigen Rechtsmittel, die auch Inländern gegenüber Verwaltungsakten offenstehen.

Weiterführende Literatur: *Hailbronner,* Neue Richtlinie zur Freizügigkeit der Unionsbürger, ZAR 2004, S. 321; *Huber,* Das neue Freizügigkeitsgesetz/EU, NVwZ 2004, S. 1.

§ 11 Die Freiheit des Kapital- und Zahlungsverkehrs

A. Bedeutung und rechtliche Regelungen

1093 Der *freie Kapitalverkehr* stellt ebenso wie der freie Waren-, Personen- und Dienstleistungsverkehr eine der **Grundfreiheiten des Binnenmarktes** dar[584]. Der *freie Zahlungsverkehr* ist demgegenüber nicht als selbständige Grundfreiheit, sondern als unerlässliche Ergänzung des freien Waren-, Personen-, Dienstleistungs- und Kapitalverkehrs zu verstehen[585]. Die Freiheit des Kapital- und Zahlungsverkehrs wird im AEUV dementsprechend gleichfalls unter den **„Internen Politiken und Maßnahmen der Union"** im Anschluss an die Freiheit des Personen- und Dienstleistungsverkehrs geregelt **(Art. 63–66 EGV)**.

1094 Inhaltlich bauen diese Regelungen im Wesentlichen auf die auch als **„Charta des freien Kapitalverkehrs"** bezeichnete **Kapitalverkehrsrichtlinie 88/361/EWG** vom 24. Juni 1988[586] auf. Folgende Grundsätze wurden in die vertraglichen Regelungen der Art. 63–66 AEUV überführt:

- Die Definition des Warenverkehrs und die Klassifizierung der Warenverkehrsgeschäfte erfolgen nach wie vor auf der Grundlage der Nomenklatur für den Kapitalverkehr (Anhang 1 der RL 88/361/EWG)[587].
- Verpflichtung der Mitgliedstaaten, die Beschränkungen des freien Kapitalverkehrs zwischen den Gebietsansässigen zu beseitigen (Art. 63 AEUV; Art. 1 RL 88/361/EWG).
- Verpflichtung der Mitgliedstaaten, die Grundsätze des freien Kapital- und Zahlungsverkehrs auch im Verhältnis zu Drittstaaten anzuwenden („erga-omnes"-

583 Vgl. Art. 30, 31 der RL 2004/38/EG sowie EuGH Rs. 131/79, Santillo, Slg. 1980, 1585.
584 EuGH Rs. 203/80, Casati, Sig. 1981, 2595.
585 EuGH C-163/94, C-165/94 u. C-250/94, Sanz de Lera, Slg. 1995, I-4827, 4839.
586 ABl. 1988, Nr. L 178, S. 5.
587 EuGH C-163/94, C-165/94 u. C-250/94, Sanz de Lera, Slg. 1995, I-4827, 4839.

Prinzip; Art. 63 AEUV; Art. 7 Abs. 1 RL 88/361/EWG noch in Form einer Absichtserklärung).
- Fortbestehen des Rechts der Mitgliedstaaten, auf steuerrechtlichem oder bankenaufsichtsrechtlichem Gebiet die unerlässlichen Maßnahmen zu treffen, um Zuwiderhandlungen gegen ihre Rechts- und Verwaltungsvorschriften zu verhindern (Art. 65 AEUV; Art. 4 RL 88/361/EWG).

Die Kommission hat am 18. Februar 2015 ein Grünbuch zur **„Schaffung einer Kapitalmarktunion"** veröffentlicht[588]. Die Kapitalmarktunion soll als Gegenstück zur Bankenunion die Entwicklung und Integration der Kapitalmärkte vorantreiben, dadurch die Kapitalbeschaffung, insbesondere für KMU, verbilligen und die Abhängigkeit von der Bankenfinanzierung verringern helfen. Zur Umsetzung der Kapitalmarktunion hat die Kommission einen Aktionsplan vorgelegt, der das Fundament für die Kapitalmarktreform legen soll[589]. In der Folgezeit hat die Kommission die im Aktionsplan vorgesehenen gesetzgeberischen Maßnahmen in konkrete Vorschläge gefasst, von denen ein großer Teil bereits von Rat und Parlament beschlossen wurde oder eine politische Einigung erzielt wurde[590]. Auch wenn bereits große Fortschritte beim Aufbau der Kapitalmarktunion erzielt wurden, bleibt noch mehr zu tun, um die Integration der überwiegend national ausgerichteten Kapitalmärkte innerhalb der EU voranzutreiben und international wettbewerbsfähig zu machen. Die Kapitalmärkte in Europa sind weiterhin stark fragmentiert. Es existieren zwischen den einzelnen EU-Ländern erhebliche Unterschiede bei den Finanzierungsbedingungen. Deshalb bleibt die Forderung nach Vollendung der Kapitalmarktunion weiterhin aktuell[591]. **1095**

B. Persönlicher Anwendungsbereich

In den Genuss der Kapital- und Zahlungsverkehrsfreiheit kommen nicht nur alle im Gebiet der Mitgliedstaaten ansässigen natürlichen und juristischen Personen, sondern auch alle in einem Drittstaat ansässigen natürlichen Personen und Gesellschaften. Erfasst werden damit auch die von einer außerhalb der EU ansässigen natürlichen oder juristischen Person getätigten Kapitalverschiebungen innerhalb der EU. Die Staatsangehörigkeit der Personen oder der Anlageort spielen folglich keine Rolle. **1096**

---

588 KOM [2015], 063 endg.; dazu *Gremkow*, Europa-Report, EuZW 2015, 203; *Hopt*, Die Schaffung einer Kapitalmarktunion in Europa – langwierig und schwierig, aber notwendig, EuZW 2015, 289.

589 KOM (2015) 468 final.

590 Einzelheiten dazu siehe in der Mitteilung der Kommission über die Fortschritte bei der Schaffung der Kapitalmarktunion, KOM (2019) 99 final sowie den Zwischenbericht dazu KOM (2017) 292 final.

591 So zuletzt als notwendige Massnahme zur Stärkung der Wettbewerbsfähigkeit der EU hervorgehoben im „Draghi Bericht: The future of European competitiveness" v. 9.9.2024.

1097 Das Verbot der Kapital- und Zahlungsverkehrsbeschränkungen gilt nicht nur im Verhältnis unter den Mitgliedstaaten, sondern auch gegenüber Drittstaaten. Innerstaatliche Vorschriften, die den Verkehr mit Drittstaaten beschränken, dürfen nicht mehr angewendet werden („erga-omnes"-Prinzip).

C. Sachlicher Anwendungsbereich

1098 Die Begriffe „Kapital" und „Kapitalverkehr" werden im AEUV nicht definiert. Der EuGH greift zur Definition auf die **Nomenklatur** zurück, die der Kapitalverkehrsrichtlinie 88/631/EWG als Anhang I beigefügt ist und zur Auslegung des Art. 63 AEUV herangezogen wird[592]. Ihr kommt nach der Rechtsprechung aber nur Hinweischarakter zu, und sie enthält auch keine erschöpfende Aufzählung der Kapitalverkehrsmaßnahmen[593].

I. Kapitalverkehr

1099 Der Begriff des Kapitalverkehrs umfasst danach sowohl das Sachkapital als auch das Geldkapital.

Von besonderer Bedeutung sind dabei:

- *Direktinvestitionen mit dem Ziel der Kontrolle/Einflussnahme*: z.B. Gründung von und Beteiligung an Unternehmen, Erwerb und Veräußerung von Beteiligungsrechten[594].
- *Immobilieninvestitionen*: z.B. Erwerb oder Schenkung von Häusern, Wohnungen oder Grundstücken.
- *Kreditgeschäfte*: z.B. die Gewährung oder Rückzahlung von Darlehen, Bürgschaften, Garantien oder Geldschenkungen.

1100 Der **Verkehr des Kapitals** bezeichnet einen Vorgang der einseitigen Wertübertragung von einem Mitgliedstaat in einen anderen, der regelmäßig auch eine Vermögensanlage darstellt.

II. Zahlungsverkehr

1101 Zahlungsverkehr bedeutet **freie, grenzüberschreitende Ein- und Ausfuhr von Zahlungsmitteln**, die in allen Erscheinungsformen, wie z.B. Geldmittel, elektronisches Geld, Wechsel, Scheck oder Akkreditive, vorkommen können.

---

592 EuGH C-567/07, Sint Servatius, Slg. 2009, I-9021, Rdn. 20; C-112/05, KOM/Deutschland, Slg. 2007, I-8995, Rdn. 18; C-222/97, Trummer, Slg. 1999, I-1661 Rdn. 21.

593 EuGH C-510/08, Mattner, Slg. 2010, I-3553 Rdn. 19.

594 EuGH C-174/04, KOM/Italien, Slg. 2005, I-4933; C-98/01, KOM/Vereinigtes Königreich, Slg. 2003, I-4641; C-463/00, KOM/Spanien, Slg. 2003, I-4581.

Der **Begriff des Zahlungsverkehrs** ist im Hinblick auf seine besondere Bedeutung für den Waren-, Personen- und Dienstleistungsverkehr **weit auszulegen**. Vom freien Zahlungsverkehr **erfasst** werden: **1102**

- alle Zahlungsarten und Zahlungsweisen (z.B. Kaufpreis, Werklohn, Honorar),
- laufende Zahlungen (z.B. Dividenden, Zinsen, Gewinne, Mieten),
- Begleitzahlungen und Folgezahlungen (z.B. Schadenersatz, Rückzahlungen),
- Gewinnrückführungsrechte (bei Auslandsniederlassungen).

Ein Vorbehalt gilt gemäß der Rechtsprechung des EuGH für **Banknoten**. Der Grenzübertritt von Banknoten kann im Hinblick auf die Verhinderung einer Kapitalflucht von den Mitgliedstaaten *„soweit notwendig"* beschränkt werden[595]. Was „notwendig" ist und wo die im Hinblick auf die Verhinderung einer Kapitalflucht **vernünftigen Pauschalgrenzen für die Mitnahme von Bargeld** zu ziehen sind, entscheidet sich im Rahmen einer auf dem Grundsatz der Verhältnismäßigkeit beruhenden Prüfung im Einzelfall[596]. **1103**

III. Abgrenzungsfragen

Kapital- und Zahlungsverkehrsfreiheit können anhand des Kriteriums des „Grundgeschäfts" voneinander abgegrenzt werden: Während der freie Zahlungsverkehr nach Art. 63 Abs. 2 AEUV der Zahlungserbringung als Gegenleistung von Waren-, Dienst- oder Kapitalgeschäften dient, betrifft der freie Kapitalverkehr nach Art. 63 Abs. 1 AEUV das Grundgeschäft und dessen Ausführung selbst[597]. Mit der Angleichung der Beschränkungsmöglichkeiten hat diese Abgrenzung an Bedeutung verloren; sie ist noch relevant für die Anwendung der Art. 64 und 66 AEUV, die nur für den Kapitalverkehr gelten. **1104**

Die **Regelungen des freien Warenverkehrs** kommen anstelle des Kapital- und Zahlungsverkehrs zur Anwendung, wenn es um Transfers von nicht mehr gültigen Zahlungsmitteln oder Wertpapieren geht, die als „Sammlerstücke" unter den Begriff der „Ware" im Sinne des Art. 34 AEUV fallen[598]. Gegenstände wie Edelmetall oder Edelsteine, die der Vermögensanlage dienen, haben zwar eine geldähnliche Funktion und stehen deshalb dem Kapitalverkehr nahe; sie sollten gleichwohl angesichts der geringen geldpolitischen Bedeutung der Warenverkehrsfreiheit zugeordnet werden. Sicherungsübereignungen und Pfandrechte sind dagegen Kapitalverkehrsgeschäfte[599]. **1105**

Angesichts des unterschiedlichen Gegenstandes sind der Kapital- und Zahlungsverkehr gegenüber der **Niederlassungsfreiheit** in der Regel klar abgrenzbar. Gleich- **1106**

---

595 EuGH Rs. 203/80, Casati, Slg. 1981, 2617; Rs. 306/86, Lambert, Slg. 1988, 4391.
596 EuGH Rs. 286/82 und 26/83, Luisi und Carbone, Slg. 1984, 406.
597 EuGH Rs. 286/82 und 26/83, Luisi und Carbone, Slg. 1984, 404.
598 EuGH Rs. 7/78, Thompson, Slg. 1978, 2247/2274.
599 EuGH C-222/97, Trummer und Mayer, Slg. 1999, I 1661, 1679.

wohl gibt es Abgrenzungsprobleme vor allem beim Immobilienerwerb und bei Direktinvestitionen in Unternehmen. Der EuGH löst diese Probleme im Wege einer **Schwerpunktbetrachtung**. Danach ist für die Anwendbarkeit der Grundfreiheiten entscheidend auf den **„Gegenstand"** der in Prüfung stehenden nationalen Regelung abzustellen[600]. So fallen nationale Regelungen, die es ermöglichen, einen sicheren Einfluss auf die Entscheidungen einer Gesellschaft auszuüben und deren Tätigkeit zu bestimmen, in den Anwendungsbereich der Niederlassungsfreiheit (Art. 49 AEUV). Hingegen sind nationale Regelungen über Beteiligungen, die in der alleinigen Absicht der Geldanlage erfolgen, ohne dass auf die Verwaltung und Kontrolle des Unternehmens Einfluss genommen werden soll, ausschließlich im Hinblick auf den freien Kapitalverkehr zu prüfen[601]. Soweit bestimmte Sachverhalte dem Anwendungsbereich der **Niederlassungsfreiheit** unterliegen, kommt dieser Freiheit der **Vorrang** zu[602].

1107 Demgegenüber kommt es im Verhältnis des Kapital- und Zahlungsverkehrs zur **Dienstleistungsfreiheit** grundsätzlich zu einer **parallelen Anwendung der beiden Grundfreiheiten**. Dies bedeutet allerdings nicht, dass in allen Fällen eine Prüfung beider Grundfreiheiten zu erfolgen hat; vielmehr wird eine nationale Maßnahme nur anhand einer Grundfreiheit geprüft, wenn unter den Umständen des Einzelfalls eine der beiden Freiheiten der anderen gegenüber völlig zweitrangig ist und ihr zugeordnet werden kann[603].

D. Beseitigung der Beschränkungen

1108 Art. 63 Abs. 1 und 2 AEUV verpflichtet zur **Beseitigung aller offenen und versteckten Beschränkungen** des grenzüberschreitenden freien Kapital- und Zahlungsverkehrs[604]. In Anlehnung an die zur Warenverkehrsfreiheit entwickelte „Dassonville-Formel" kann das Beschränkungsverbot in dem Sinne verstanden werden, dass es unmittelbare oder mittelbare, aktuelle oder potentielle Behinderungen, Begrenzungen oder Untersagungen für den Zufluss, Abfluss oder Durchfluss von Kapital umfasst. Dabei geht es nicht nur um die **Aufhebung aller denkbaren Formen der Beschränkung**, die geeignet sind, die von ihnen betroffenen Personen davon

600 EuGH C-157/05, Holböck, Slg. 2007, I-4051, Rdn. 22; C-311/08, Société de Gestion Industrielle SA (SGI), Slg. 2010, I-487.

601 EuGH C-686/13, X AB/Skatteverket, ECLI:EU:C:2015:375; C-385/12, Hervis Sport- és Divatkereskedelmi, ECLI:EU:C:2014:47; C-35/11, Test Claimants in the FII Group Litigation, ECLI:EU:C:2012:707; C-492/04, Lasertec, Slg. 2007, I-3775, Rdn. 20 ff.; C-157/05, Holböck, Slg. 2007, I-4051, Rdn. 23.

602 EuGH C-326/07, KOM/Italien, Slg. 2009, I-2291, Rdn. 39; C-492/04, Lasertec, Slg. 2007, I-3775, Rdn. 25; C-196/04, Cadbury Schweppes, Slg. 2006, I-7995, Rdn. 32.

603 Dies hat der EuGH etwa zugunsten der Dienstleistungsfreiheit angenommen im Falle der Kreditvergabe durch eine Bank: EuGH C-452/04, Fidium Finanz AG, Slg. 2006, I-9521 mit Anm. *Ohler*, EuZW 2006, S. 691.

604 EuGH C-510/08, Mattner, Slg. 2010, I-3553 Rdn. 18.

„abzuschrecken", bei Wirtschaftsteilnehmern aus oder in anderen Mitgliedstaaten Kapital aufzunehmen[605]. Ausgehend von ihrem Zweck, sämtliche unnötigen Hindernisse für den freien Kapital- und Zahlungsverkehr zu beseitigen und versteckten Protektionismus zu verhindern, **betrifft die Verbotsregelung** des Art. 63 AEUV:

- den Zufluss, Durchfluss und Abfluss von Kapital,
- auf Dauer oder vorübergehend geplante Kapital- und Zahlungstransaktionen,
- Überweisungen, unabhängig von der Art, dem Wert, der Form oder der Menge des Kapitals,
- Behinderung, Begrenzung oder das völlige Verbot von Kapital- oder Zahlungstransaktionen sowie
- Bedingungen betreffend die Beteiligung am Stammkapital von Unternehmen.

Konkret wurden als **beschränkende Maßnahmen angesehen**: **1109**

(1) *Direkte Beschränkungen in Form von Verboten oder einer Genehmigungspflicht für bestimmte Transaktionen*: traditionelle Devisenverkehrskontrollen[606], ein System der Bewilligung oder Genehmigung von Kapitalverkehrsgeschäften[607], das Verbot für Gebietsansässige, bestimmte Auslandsanleihen zu erwerben[608] oder der Vorbehalt einer vorherigen behördlichen Genehmigung für Wohnungsbauinvestitionen im Ausland[609].

(2) *Indirekte Beschränkungen für grenzüberschreitende Kapitalbewegungen*: Pflicht, für die Bestellung einer Hypothek die inländische Währung zu verwenden[610], die Beschränkung einer staatlichen Zinsvergütung auf den Fall einer Darlehensaufnahme bei einem inländischen Kreditinstitut[611], staatliche Gebühren für den Fall einer Darlehensaufnahme im Ausland[612], Beschränkungen des mit einer Investition in den Unternehmen üblicherweise verbundenen Einflusses aufgrund staatlicher Sonderrechte (sog. „Golden Shares" oder „Goldene Aktien")[613], Versagung einer Steuergutschrift für ausländische Dividenden bei entsprechender Vergünstigung für inländische Di-

605 EuGH C-439/97, Sandoz, Slg. 1999, I-7041; C-22/97, Trummer, Slg. 1999, I-1661; C-484/93, Svensson, Slg. 1995, I-3955.

606 EuGH Rs. 286/82 u. 26/83, Luisi u.Carbone, Slg. 1984, 377; Rs. 157/85, Brugnoni/Ruffinengo, Slg. 1986, 2013.

607 EuGH C-163/94, C-165/94 u. C-250/94, Sanz de Lera u.a., Slg. 1995, I-4821; C-302/97, Konle, Slg. 1999, I-3099; C-54/99, Scientology, Slg. 2000, I-1335.

608 EuGH C-478/98, KOM/Belgien, Slg. 2000, I-7587.

609 EuGH C-567/07, Sint Servatius, Slg. 2009, I-9021.

610 EuGH C-222/97, Trummer und Mayer, Slg. 1999, I-1661; C-464/98, Stefan, Slg. 2001, I-173.

611 EuGH C-484/93, Svensson, Slg. 1995, I-3955.

612 EuGH C-439/97, Sandoz, Slg. 1999, I-7041.

613 EuGH C-483/99, KOM/Frankreich, Slg. 2002, I-4781; C-463/00, KOM/Spanien, Slg. 2003, I-4581; C-174/04, KOM/Italien, Slg. 2005, I-4933; C-112/05, KOM/Deutschland, Slg. 2007, I-8995; C-463/04 u. C-464/04, Federconsumatori, Slg. 2007, I-10419.

videnden[614]oder Steuerbefreiung oder günstigerer Steuersatz nur für inländische Ausschüttungen[615].

1110 Angesichts der klaren und eindeutigen Formulierung in Art. 63 AEUV kommt dem **Beschränkungsverbot** des Kapital- und Zahlungsverkehrs **unmittelbare Wirkung** zu[616].

E. Ausnahmen vom Beschränkungsverbot

I. Ausnahmen im Verhältnis der Mitgliedstaaten untereinander

1111 Die Ausnahmen vom Beschränkungsverbot sind für die Mitgliedstaaten in **Art. 65 AEUV** niedergelegt. Als Ausnahmebestimmung ist Art. 65 AEUV **restriktiv** auszulegen; die Ausnahmegründe sind **abschließend** aufgeführt. Soweit eine Materie sekundärrechtlich abschließend geregelt ist, können die Mitgliedstaaten nicht mehr auf Art. 65 AEUV zurückgreifen[617].

1112 **Ausnahmen** sind vorgesehen für:

- die *unterschiedliche Behandlung von Steuerpflichtigen* mit unterschiedlichem Wohnort oder Kapitalanlageort aufgrund des nationalen Steuerrechts (Art. 65 Abs. 1 Buchstabe a) AEUV). Ohne Steuerharmonisierung in der EU können die Unterscheidungen in Steuerinländer und -ausländer sowie Kapitalanleger im In- und Ausland grundsätzlich aufrechterhalten werden, soweit die entsprechenden Steuervorschriften bereits vor dem 31. Dezember 1993 Bestand hatten[618].
- Maßnahmen zur *Verhinderung von Zuwiderhandlungen gegen innerstaatliche Rechts- und Verwaltungsvorschriften*, insbesondere im Steuerrecht und im Rahmen der Aufsicht über Finanzinstitute („Rechtsbruchverhinderung"; Art. 65 Abs. 1 Buchstabe b) AEUV). Dazu gehören vor allem Maßnahmen zur Sicherstellung der Wirksamkeit der Steueraufsicht und zur Bekämpfung rechtswidriger Tätigkeiten, wie insbesondere Steuerhinterziehung, Geldwäsche, Terrorismus oder Drogenhandel[619]. Diese Maßnahmen sind auf ihre Eignung als Instrument zur Kontrolle und vorbeugenden Verhinderung von Rechtsverletzungen zu überprüfen; die Maßnahmen müssen *„unerlässlich"*, d.h. verhältnismäßig sein. Diese Voraussetzung erfüllt

614 EuGH C-319/02, Manninen, Slg. 2004, I-7477; C-292/04, Meilicke, Slg. 2007, I-1835.

615 EuGH C-446/04, FII Group Litigation, Slg. 2006, I-11753; C-157/05, Holböck, Slg. 2007, I-4051.

616 EuGH C-110/05, Skatteverket, Slg. 2007, I-11531 Rdn. 21; C-163/94, Sanz de Lera, Slg. 1995, I-4821.

617 EuGH C-112/05, KOM/Deutschland, Slg. 2007, I-8995, Rdn. 72.

618 Vgl. die entsprechende Erklärung in der Schlussakte zum Vertrag von Maastricht. Vgl. auch EuGH C-315/02, Lenz, Slg. 2004, I-7063; C-242/03, Weidert, Slg. 2004, I-7379.

619 EuGH C-163/94, C-165/94 u. C-250/94, Sanz de Lera, Slg. 1995, I-4822/4836; C-358/93 u. C-416/93, Bordessa, Slg. 1995, I-362/384.

die Genehmigungspflicht für Kapitaltransaktionen nicht, da mit der Meldepflicht ein milderes, gleich wirksames Mittel zur Verfügung steht[620].

- Unerlässliche Maßnahmen zur *Einrichtung eines Meldeverfahrens* für den Kapitalverkehr zwecks administrativer oder statistischer Informationen (Art. 65 Abs. 1 Buchstabe b) EGV).
- Beschränkungen des Kapital- und Zahlungsverkehrs aus *Gründen der öffentlichen Ordnung und Sicherheit* (Art. 65 Abs. 1 Buchstabe b) AEUV). Diese Ausnahmeregelung stellt den freien Kapital- und Zahlungsverkehr dem freien Warenverkehr und der Niederlassungs- und Dienstleistungsfreiheit gleich. Die in der Rechtsprechung des EuGH zum „ordre-public-Vorbehalt" bei diesen Grundfreiheiten entwickelten Grundsätze können deshalb entsprechend angewendet werden. In jedem Fall müssen sehr wesentliche Interessen des Staates berührt werden[621]. Eine auf Gründe der öffentlichen Ordnung oder Sicherheit gestützte Beschränkung ist nur gerechtfertigt, wenn sie *verhältnismäßig* („unerlässlich") ist, d.h. sie muss geeignet, erforderlich und angemessen sein. Unter dem Gesichtspunkt der Erforderlichkeit bestehen häufig Bedenken gegenüber Systemen vorheriger behördlicher Genehmigungen, da in der Regel mit einem System nachträglicher Anmeldungen eine weniger restriktive Maßnahme zur Verfügung steht[622].
- Wie auch bei den anderen Grundfreiheiten können Beschränkungen des Kapital- und Zahlungsverkehrs über die ausdrücklich im AEUV aufgeführten Ausnahmetatbestände hinaus auch aus *zwingenden Gründen des Allgemeininteresses* gerechtfertigt sein[623]. Bei der Definition solcher Interessen haben die Mitgliedstaaten einen weiten Gestaltungsspielraum. Zu den vom EuGH anerkannten Gründen des Allgemeininteresses zählen im Bereich der *Finanzdienstleistungen* vor allem der Verbraucherschutz[624], der gute Ruf des nationalen Finanzsektors[625] oder die Erbringung öffentlicher Dienstleistungen[626], bei privatisierten Staatsunternehmen insbesondere Dienstleistungen von allgemeinem Interesse[627], aber auch der Schutz der Arbeitnehmerinteressen sowie der Minderheitsaktionäre[628]. Im Zusammenhang mit einem *grenzüberschreitenden Immobilienerwerb* sind als zwingende Gründe des Allgemeininteresses anerkannt die Raumordnung und Bodennutzung sowie

---

620 EuGH C-163/94, C-165/94 u. C-250/94, Sanz de Lera, Slg. 1995, I-4822/4836; C-358/93 u. C-416/93, Bordessa, Slg. 1995, I-362/384.

621 EuGH Rs. 30/77, Bouchereau, Slg. 1977, 2013; vgl. dazu unter § 10 C. IV. und § 10 D. IV. 1.

622 EuGH C-567/07, Sint Servatius, Slg. 2009, I-9021, Rdn. 35 ff.; C-463/00, KOM/Spanien, Slg. 2003, I-4581, Rdn. 69; C-302/97, Konle, Slg. 1999, I-3099, Rdn. 44.

623 EuGH C-35/98, Verkooijen, Slg. 2000, I-4071, Rdn. 43; C-319/02, Manninen, Slg. 2004, I-4933, Rdn. 29; C-43/07, Arens/Sikken, Slg. 2008, I-6887, Rdn. 53.

624 EuGH C-442/02, Caixa-Bank France, Slg. 2004, I-8961, Rdn. 21.

625 EuGH C-384/93, Alpine Investments, Slg. 1995, I-1141, Rdn. 44.

626 EuGH C-463/00, KOM/Spanien, Slg. 2003, I-4581, Rdn. 70.

627 EuGH C-282/04, KOM/Niederlande, Slg. 2006, I-9141 Rdn. 38 [postalischer Universaldienst].

628 EuGH C-112/05, KOM/Deutschland, Slg. 2007, I-8995, Rdn. 74, 77.

die Bekämpfung von Grundstücksspekulation[629]. Im *Steuerrecht* gehören zu den Allgemeininteressen die Bekämpfung von Steuerhinterziehung[630]. Anerkannt ist schließlich die Verfolgung einer Politik des sozialen Wohnungsbaus und deren Finanzierbarkeit[631].
- Maßnahmen, die sich aus zulässigen Beschränkungen der Niederlassungsfreiheit ergeben (Art. 65 Abs. 2 Buchstabe b) AEUV).

1113 Keine dieser hier aufgeführten Maßnahmen darf als **Mittel zur willkürlichen Diskriminierung** oder als **verschleierte Beschränkung** des freien Kapital- und Zahlungsverkehrs eingesetzt werden (Art. 58 Abs. 3 EGV). Unzulässig ist vor allem eine ungleiche Anwendung dieser Maßnahmen je nach Wohnort oder Staatsangehörigkeit des Investors oder nach dem Kapitalanlageort oder dem Ort des Vertragsschlusses[632].

II. Ausnahmen im Verhältnis zu Drittstaaten

1114 Die ausnahmsweise zulässigen **Beschränkungen des Kapitalverkehrs** umschreibt **Art. 64 AEUV**. Danach können Beschränkungen unter folgenden Voraussetzungen zur Anwendung kommen[633]:
- Die Beschränkungen müssen sich auf die Regelungsbereiche der Direktinvestitionen, der Niederlassung, der Erbringung von Finanzdienstleistungen oder auf die Zulassung von Wertpapieren zu Kapitalmärkten beziehen.
- Die Beschränkungen müssen am 31. Dezember 1993 schon bestanden haben[634]; neue Beschränkungen dürfen seit dem 1. Januar 1994 (bzw. 1. Januar 2000 für Bulgarien, Estland und Ungarn, 1. Januar 2003 für Kroatien) auch rückwirkend nicht mehr eingeführt werden (sog. Standstill-Klausel).
- Im Übrigen wird die EU ermächtigt, unter Beachtung des Subsidiaritätsprinzips alle im Bereich des Kapitalverkehrs mit Drittstaaten zweckdienlichen Maßnahmen zu treffen. Diese Regelungen gelten nicht für den Zahlungsverkehr.

1115 Daneben sieht Art. 75 AEUV eine Ermächtigung zum Erlass von Maßnahmen zur Verhütung und Bekämpfung von Terrorismus vor, die in Bezug auf Kapitalbewegungen und Zahlungen auch das Einfrieren von Geldern, finanziellen Vermögenswerten oder wirtschaftlichen Erträgen vorsehen können.

---

629 EuGH C-302/97, Konle, Slg. 1999, I-3099, Rdn. 40; C-370/05, Festersen, Slg. 2007, I-1129, Rdn. 27 f.

630 EuGH C-451/05, ELISA, Slg. 2007, I-8251, Rdn. 81.

631 EuGH C-567/07, Sint Servatius, Slg. 2009, I-9021, Rdn. 30 f.

632 EuGH C-439/97, Sandoz, Slg. 1999, I-7041.

633 Diese Rechtfertigungsgründe sind nach der Rspr. des EuGH restriktiv auszulegen; vgl. EuGH C-101/05, Skatteverket, Slg. 2007, I-11531 mit Anm. *Wunderlich*, EuZW 2008, S. 122.

634 Für Bulgarien, Estland und Ungarn gilt der 31.12.1999, für Kroatien der 31.12.2002 als Stichtag.

Weiterführende Literatur: *Armbruster*, „Golden Shares" und die Grundfreiheiten des EG-Vertrages, JuS 2003, S. 224; *Binder/Broichhausen*, Entwicklungslinien und Perspektiven des europäischen Kapitalmarktrechts, ZBB 2006, S. 85; *Doerfert*, Behinderung ausländischer Investitionen durch nationale Regelungen, JA 2003, S. 16; *Eilmansberger*, Zur Reichweite der Kapitalverkehrsfreiheit, ÖBA 2001, 377; *Elster*, Europäisches Kapitalmarktrecht, 2002; *Fischer, A.*, Die Kapitalverkehrsfreiheit in der Rechtsprechung des EuGH, ZeuS 2000, S. 391; *Germelmann*, Konkurrenz von Grundfreiheit und Missbrauch von Gemeinschaftsrecht – Zum Verhältnis von Kapitalverkehrs- und Niederlassungsfreiheit in der neueren Rechtsprechung, EuZW 2008, S. 596; *Hopt*, Die Schaffung einer Kapitalmarktunion in Europa – langwierig und schwierig, aber notwendig, EuZW 2015, S. 289; *Kalls*, Kapitalmarkt – der stete Bau am Fundament für den Schlüsselmarkt Europas, EuZW 2003, S. 2; *Kilian*, Vom sinkenden Wert der „Goldenen Aktien", NJW 2003, S. 2653; *Krause*, Von „goldenen Aktien", dem VW-Gesetz und der Übernahmerichtlinie, NJW 2002, S. 2747; *Martinez Soria*, Zur Kapitalverkehrsfreiheit, DVBl. 2002, S. 1106; *Müller*, Kapitalverkehrsfreiheit in der Europäischen Union, 2000; *Schneider*, Die Kapitalverkehrsfreiheit im Verhältnis zu Drittstaaten und ihre Auswirkung auf die Anerkennung ausländischer Gesellschaften, 2018; *Stünkel*, EG-Grundfreiheiten und Kapitalmärkte, 2005; *M. Weber*, Die Entwicklung des Kapitalmarktrechts 1998–2000: Organisation, Emission und Vertrieb, NJW 2000, S. 2061.

F. Prüfungsschema für den freien Kapitalverkehr

Eingriffstatbestand
Kapitalverkehr i.S.d. Art. 63 AEUV (Abgrenzung zum freien Waren-, Dienstleistungs- und Personenverkehr sowie zum Zahlungsverkehr)
Grenzüberschreitung
Beschränkung des Kapitalverkehrs: Unmittelbare oder mittelbare, tatsächliche oder potenzielle Behinderungen, Begrenzungen oder Untersagungen für den Zufluss, Abfluss oder Durchfluss von Kapital

Rechtfertigung des Eingriffs

Rechtfertigung gem. Art. 65 Abs. 1 Buchst. a) AEUV
- Zulässige Anwendung einschlägiger Steuerrechtsvorschriften

Rechtfertigung gem. Art. 65 Abs. 1 Buchst. b) AEUV
- Verhinderung von Zuwiderhandlungen gegen innerstaatliche Rechts- und Verwaltungsvorschriften
- Einführung von Meldeverfahren für den Kapitalverkehr zwecks administrativer oder statistischer Information
- Gründe der öffentlichen Ordnung oder Sicherheit

Rechtfertigung gem. Art. 65 Abs. 2 AEUV
- Zulässige Beschränkungen der Niederlassungsfreiheit

Zwingende Gründe des Allgemeinwohls
- z.B. Verbraucherschutz
- Schutz der Arbeitnehmerinteressen
- Schutz des guten Rufs des nationalen Finanzsektors
- Erbringung öffentlicher Dienstleistungen
- Bekämpfung der Grundstücksspekulation
- Bekämpfung von Steuerhinterziehung

4. Teil
Der freie Wettbewerb

§ 12 Die Grundlagen des europäischen Wettbewerbsrechts

A. Zweck und Aufbau der Wettbewerbsvorschriften

Der Binnenmarkt kann nur dann reibungslos funktionieren, wenn auch die Wettbewerbsbedingungen auf diesem Markt einander angepasst werden. Nur so wird verhindert, dass die Chancengleichheit der Wettbewerber auf dem Binnenmarkt durch ein wettbewerbsverzerrendes Verhalten privater (oder öffentlicher) Unternehmen oder durch staatliche Maßnahmen beeinträchtigt wird. 1116

Aufgabe der EU ist deshalb auch die Schaffung eines Systems, das den Wettbewerb innerhalb des Binnenmarktes vor Verfälschungen schützt (vgl. Art. 3 Abs. 1 Buchstabe b AEUV)[1]. Hierfür besitzt die EU die **ausschließliche Zuständigkeit**. Näher ausgestaltet ist dieser Auftrag im Kapitel des AEUV über Wettbewerbsregeln (Art. 101–109 AEUV), das drei Arten von Bestimmungen vorsieht: 1117

- **Vorschriften für Unternehmen** (Art. 101–106 AEUV). Diese Gruppe von Vorschriften richtet sich gegen Wettbewerbsverfälschungen, die durch das Verhalten von Unternehmen hervorgerufen werden, wie z.B. durch Absprachen über Wettbewerbsbeschränkungen (dazu unter § 13 A.) oder die Ausnutzung einer marktbeherrschenden Stellung (dazu unter § 13 B.).
- **Kontrolle von Unternehmenszusammenschlüssen** (Verordnung (EG) Nr. 139/2004 vom 1. 5. 2004[2]). Die Regelungen über die Fusionskontrolle sollen der Ausschaltung des Wettbewerbs durch Unternehmens- und damit Marktkonzentration vorbeugen (dazu unter § 14).
- **Regelungen über die Gewährung staatlicher Beihilfen** (Art, 107–109 AEUV). Die Beihilferegelungen sollen die Schaffung von unzulässigen Wettbewerbsvorteilen durch die Gewährung finanzieller Unterstützung von staatlicher Seite (z.B. Zuschüsse, Darlehen, Bürgschaften, Steuervorteile etc.) an bestimmte Unternehmen oder Wirtschaftszweige verhindern (dazu unter § 15 und § 16).

Dieser Zwecksetzung – Schutz des Wettbewerbs und Verschmelzung der Märkte der Mitgliedstaaten zu einem europäischen Binnenmarkt – entspricht es, den Art. 101 und 102 AEUV **unmittelbare Wirkung** für und gegen jedes Unternehmen einzuräumen. Diese Vorschriften begründen Rechte, die die Gerichte der Mitgliedstaaten zu wahren haben[3]. Dies gilt jetzt auch für die Regelung des Art. 101 Abs. 3 AEUV: Während früher die Erteilung von Freistellungen gemäß Art. 101 Abs. 3 AEUV im 1118

1 So auch EuGH C-52/09, TeliaSonera Sverige, Slg. 2011, I-527, Rdn. 20.
2 ABl 2004 Nr. L 24, S. 1.
3 St. Rspr. EuGH Rs. 127/73, BRT/SABAM, Slg. 1974, 51.

Einzelfall ausschließlich durch die Kommission erfolgte (Art. 101 als Verbot mit Erlaubnisvorbehalt), wurde mit der Verordnung (EG) Nr. 1/2003[4] über das Verfahren in Wettbewerbsfällen ein **System der Legalausnahme** eingeführt, das den Weg auch für die unmittelbare Anwendbarkeit von Art. 101 Abs. 3 AEUV frei gemacht hat[5].

1119 Aufgrund des Vorrangs des EU-Rechts vor nationalem Recht steht daher fest, dass die Durchsetzung des europäischen Kartellrechts nunmehr auch Aufgabe der nationalen Wettbewerbsbehörden und Gerichte ist.

1120 Die **Wettbewerbsregeln der EU gelten grundsätzlich für alle Wirtschaftsbereiche**, also auch für Banken[6], einschließlich der öffentlich-rechtlichen Kreditinstitute, Versicherungen[7], den Bereich des Berufssports[8] sowie für die freien Berufe[9]. Auch die in der Wettbewerbspraxis bedeutsamen Bereiche Telekommunikation, Post, Energie[10] und Verkehr[11] sind den allgemeinen Wettbewerbsvorschriften unterworfen; sie werden allerdings durch konkrete Regelungen zur Regulierung der Sektoren ergänzt. Eine Sonderstellung nimmt die Landwirtschaft ein. Für die Produktion von landwirtschaftlichen Erzeugnissen und den Handel mit diesen Produkten können die Wettbewerbsregeln der EU nur insoweit angewendet werden, als der Rat dies beschließt (vgl. Art. 42 AEUV). In der Praxis ist dies weitestgehend geschehen, und zwar einerseits durch eine horizontale, für alle landwirtschaftlichen Erzeugnisse geltende Verordnung (EG) Nr. 1184/2006[12] und andererseits im Rahmen der einzelnen Marktordnungen. Im Ergebnis bildet die Anwendung der allgemeinen Wettbewerbsvorschriften die Regel, während Abweichungen und Ausnahmen vom Rat in besonderen Regelungen niedergelegt sind[13].

---

4 ABl. 2003 Nr. L 1, S. 1, zuletzt geändert durch Verordnung (EG) Nr. 487/2009 des Rates vom 25.5.2009 zur Anwendung von Artikel 81 Absatz 3 des Vertrags auf bestimmte Gruppen von Vereinbarungen und aufeinander abgestimmten Verhaltensweisen im Luftverkehr (kodifizierte Fassung), ABl. 2009, L 148/1–4 .

5 Vgl. Art. 1 VO (EG) Nr. 1/2003.

6 EuGH Rs. 173/80, Züchner/Bayerische Vereinsbank, Slg. 1981, 2021 Rdn. 6–9.

7 EuGH Rs. 45/85, Verband der Sachversicherer, Slg. 1987, 405 Rdn. 12.

8 Entscheidung vom 19. 4. 2001, UEFA-Übertragungsregelung, ABl. Nr. L 171, S. 12; zweifelhaft EuG T- 313/02, Meca-Medina u. Majcen, Slg. 2004, II-3291 Rdn. 45.

9 Z.B. EuGH C-309/99, Wouters, Slg. 2002, I-1577 Rdn. 48 [Rechtsanwälte]; EuG T-23/09, CNOP u. CCP/KOM, Slg. 2010, II-5291, Rdn. 71 [selbständige Apotheker].

10 Vgl. *Grill*, in Lenz/Borchardt, Vorbem. zu den Art. 101–106, Rdn. 27.

11 Vgl. *Grill*, in Lenz/Borchardt, Vorbem. zu den Art. 101–106, Rdn. 29–33.

12 VO Nr. 1184/2006 des Rates, ABl. 2006 Nr. L 214/7.

13 Zur Nichtanwendung des Art. 101 Abs. 1 AEUV auf Vereinbarungen, Beschlüsse und Verhaltensweisen, die einen wesentlichen Bestandteil einer Marktordnung darstellen oder zur Verwirklichung der Ziele des Art. 39 AEUV notwendig sind (Art. 2 Abs. 1 Satz 1 der VO Nr. 1184/2006); dazu EuG T-70/92 u. T-71/92, Florimex, Slg. 1997, II-697 Rdn. 153, bestätigt durch EuGH C-265/97P, Slg. 2000, I-2061. Zur weiteren Ausnahme vom allgemeinen Kartellverbot gem. Art, 2 Abs. 1 Satz 2 der VO Nr. 26 vgl. EuGH C-319/93, C-40/94 und C-224/94, Dijkstra, Slg. 1995, I-4471 Rdn. 20; C-399/93, Oude Luttikhuis, Slg. 1995, I-4515 Rdn. 23.

B. Verhältnis zum nationalen Wettbewerbsrecht und zu den internationalen Wettbewerbsregeln

I. Europäisches und nationales Wettbewerbsrecht

Zur Verhinderung von Marktbeherrschung, Verfälschungen des Wettbewerbs oder Missbrauch von Marktmacht bestehen Regelungen sowohl auf europäischer (Art. 101, 102 und 106 AEUV) als auch auf nationaler (in Deutschland: GWB) Ebene. Diese Regelungen können grundsätzlich nebeneinander zur Anwendung kommen (Art. 3 Verordnung Nr. 1/2003). Dabei ist allerdings zu berücksichtigen, dass die wettbewerbsrechtlichen Vorschriften auf europäischer und auf nationaler Ebene die missbräuchlichen Praktiken nach unterschiedlichen Kriterien beurteilen[14] und die Anwendungsbereiche dieser Vorschriften nicht deckungsgleich sind[15]. Die **parallele Anwendung** des nationalen Rechts ist deshalb auch nur statthaft, soweit sie nicht die einheitliche Anwendung und die volle Wirksamkeit des EU-Kartellrechts beeinträchtigt[16]. Im Konfliktfall setzt sich das EU-Kartellrecht aufgrund seines **Vorrangs** durch[17]. 1121

Vor diesem Hintergrund **können vier Fallgestaltungen** unterschieden werden: 1122

(1) Sofern wettbewerbsverfälschende Wirkungen ausschließlich im nationalen Rahmen auftreten, greifen nur die Wettbewerbsvorschriften des jeweiligen Mitgliedstaats ein. Ein Konflikt zwischen nationalem und europäischem Wettbewerbsrecht ist in diesem Fall ausgeschlossen.

(2) Ein Konflikt ist ebenfalls ausgeschlossen, wenn sowohl das nationale als auch das europäische Kartellrecht die fragliche Maßnahme für wettbewerbswidrig erklären. Auf der Ebene der Sanktion ist allerdings darauf zu achten, dass die zuerst verhängte Sanktion bei der Bemessung der späteren Sanktion berücksichtigt wird[18].

(3) Ein Konflikt ergibt sich jedoch, wenn bestimmte Maßnahmen oder Verhaltensweisen den Handel zwischen den Mitgliedstaaten beeinträchtigen und diese Maßnahmen bzw. Verhaltensweisen nach nationalem Recht verboten, nach EU-Recht jedoch erlaubt sind. Zur Vermeidung entsprechender Konfliktfälle sieht die Verordnung (EG) Nr. 1/2003 nunmehr ausdrückliche Bestimmungen vor, die zum einen die Anwendung und den Vorrang des EU-Kartellrechts und zum anderen die Beachtung

14 EuGH C-550/07 P, Akzo Nobel Chemicals u. Akcros Chemicals/KOM, Slg. 2010, I-8301, ECLI:EU:C:2010:512.

15 EuGH C-505/07, Compañía Española de Comercialización de Aceite, Slg. 2009, I-8963, Rdn. 52. Diese Situation ist durch die VO (EG) Nr. 1/2003 nicht geändert worden, EuGH C-17/10, Toshiba Corporation u.a., ECLI:EU:C:2012:72.

16 EuGH Rs. 14/68, Walt Wilhelm, Slg. 1969, 1/14; verb. Rs. 253/78 u. 1-3/79, Parfums Guerlain, Slg. 1980, 2327, 2374. Vgl. auch BGH, Beschluss vom 7.10.1999 (KVR 14/96 [KG]), JZ 1998, 960 mit Anm. *Brinker.* Vgl. jetzt auch Art. 5 der VO Nr. 1/2003.

17 EuGH Rs. 14/68, Walt Wilhelm, Slg. 1969, S. 1/14; EuG T-149/89, Sotralentz, Slg. 1995, II-1127 Rdn. 26.

18 EuGH Rs. 14/68, Walt Wilhelm, Slg. 1969, S. 1/15.

der von der Kommission in diesem Bereich erlassenen Entscheidungen gewährleisten sollen. Art. 3 Abs. 1 der Verordnung (EG) Nr. 1/2003 schreibt vor, dass nationale Behörden und Gerichte bei der Anwendung des nationalen Wettbewerbsrechts auf Vereinbarungen, Beschlüsse und Verhaltensweisen, die den Handel zwischen Mitgliedstaaten zu beeinträchtigen geeignet sind, zugleich auch Art. 101 AEUV anzuwenden haben. Ebenso haben nationale Behörden und Gerichte, die das nationale Wettbewerbsrecht auf nach Art. 102 AEUV verbotene Missbräuche anwenden, zugleich auch Art. 102 anzuwenden. Art. 3 Abs. 2 der Verordnung (EG) Nr. 1/2003 bestimmt, dass die Anwendung des nationalen Wettbewerbsrechts nicht zum Verbot von Vereinbarungen, Beschlüssen und Verhaltensweisen führen darf, die den Handel zwischen Mitgliedstaaten zu beeinträchtigen geeignet sind, die aber den Wettbewerb nicht im Sinne von Art. 101 Abs. 1 AEUV einschränken oder die Bedingungen des Art. 101 Abs. 3 AEUV erfüllen oder durch eine Gruppenfreistellungsverordnung erfasst werden. Durch diese Bestimmung wird gewährleistet, dass ein nach Art. 101 AEUV zulässiges Verhalten nicht aufgrund des nationalen Wettbewerbsrechts verboten werden kann. Anders verhält es sich im Bereich des Art. 102 AEUV. Gemäß Art. 3 Abs. 2 Satz 2 der Verordnung (EG) Nr. 1/2003 ist es den Mitgliedstaaten nicht verwehrt, strengere innerstaatliche Vorschriften zur Unterbindung oder Ahndung einseitiger Handlungen von Unternehmen zu erlassen oder anzuwenden[19].

(4) Ein Konflikt besteht schließlich auch dann, wenn umgekehrt eine Maßnahme oder Verhaltensweise nach nationalem Recht erlaubt, nach EU-Recht jedoch verboten ist. In diesem Fall setzt sich das unionsrechtliche Verbot gegenüber der Erlaubnis nach nationalem Recht durch. Dadurch wird insbesondere der Anwendungsbereich der Bereichsausnahmen des nationalen Kartellrechts (vgl. §§ 99–103a GWB) erheblich eingeschränkt.

II. Europäisches und internationales Wettbewerbsrecht

1123 Umfassende Wettbewerbsregelungen enthalten auch einige internationale Übereinkommen. An erster Stelle ist in diesem Zusammenhang das zwischen den EFTA-Staaten einerseits und der EU und den Mitgliedstaaten andererseits am 2. Mai 1992 geschlossene **Abkommen über den Europäischen Wirtschaftsraum** (EWR) zu nennen. Eines der wichtigsten *Ziele dieses Abkommens* besteht in der Gewährleistung gleicher Wettbewerbsbedingungen in diesem Wirtschaftsraum, der das Gebiet der 27 EU-Mitgliedstaaten, Liechtenstein, Island und Norwegen umfasst[20]. Zu diesem Zweck wurden die Wettbewerbsregeln der EU weitgehend auf das EWR-Abkommen übertragen. Die Art. 53, 54 und 59 des EWR-Abkommens entsprechen nahezu wortgleich den Art. 101, 102 und 106 AEUV.

19 Von dieser Erlaubnis macht etwa das deutsche Recht Gebrauch, das in § 20 GWB Vorschriften enthält, die über Art. 102 AEUV hinausgehen.

20 Die Schweiz ist zwar Mitglied der EFTA, nicht aber Vertragspartei des EWR-Abkommens.

Art. 57 des EWR-Abkommens regelt die Fusionskontrolle. Vereinbarungen, Beschlüsse und abgestimmte Verhaltensweisen sowie Missbräuche marktbeherrschender Stellungen werden allerdings nur dann vom EWR-Abkommen erfasst, wenn sie den Handel *„zwischen den Vertragsparteien"* (vgl. Art. 2c des EWR-Abkommens) beeinträchtigen können; wird nur der Handel zwischen Mitgliedstaaten der EU beeinträchtigt, gelten allein die EU-Wettbewerbsregeln.

Die *Anwendung und Überwachung der EWR-Wettbewerbsregeln* ist auf Seiten der EU der Kommission und auf Seiten der beteiligten EFTA-Staaten einer neu gegründeten *EFTA-Überwachungsbehörde* anvertraut, die über die gleichen Befugnisse wie die Kommission verfügt (Art. 55, 108 Abs. 1 des EWR-Abkommens). Zuständig ist jeweils nur *eine* dieser beiden Behörden, wobei die Zuständigkeitsverteilung im Einzelnen im EWR-Abkommen niedergelegt ist (vgl. Art 56 und 57 Abs. 2). Rechtsschutz gegenüber den Entscheidungen der EFTA-Überwachungsbehörde gewährt der ebenfalls neu geschaffene *EFTA-Gerichtshof* (Art. 108 Abs. 2 des EWR-Abkommens).

Von Bedeutung sind auch die Wettbewerbsvorschriften, die im Rahmen der sog. **1124**
Stabilisierungs- und Assoziierungsabkommen mit den Staaten vorgesehen sind, die mittel- oder langfristig der EU beitreten wollen[21].

Die von der EU mit Drittstaaten geschlossenen **Freihandelsabkommen** sehen in **1125**
der Regel vor, dass wettbewerbsbeschränkende Praktiken, die den Warenverkehr zwischen der EU und dem betreffenden Drittland beeinträchtigen, mit dem guten Funktionieren dieser Abkommen unvereinbar sind. Die Bedeutung dieser Klausel ist in der Praxis jedoch gering, da die Freihandelsabkommen die Anwendung der Art. 101 und 102 AEUV nicht ausschließen[22]. Für das Verhältnis der EU-Wettbewerbsregeln zu sonstigen internationalen Vereinbarungen mit wettbewerbsrechtlichen Bestimmungen gelten die allgemeinen Regeln des Art. 351 AEUV[23]. Im Übrigen gelten die EU-Wettbewerbsregeln auch dann, wenn das Recht eines Drittstaates das fragliche Verhalten erlaubt[24]; eine Ausnahme gilt lediglich für den Fall, in dem der Drittstaat die betroffenen Unternehmen zu den wettbewerbsbeschränkenden Absprachen zwingt[25].

Schließlich ist auch die **Europäische Konvention zum Schutze der Menschen-** **1126**
rechte und Grundfreiheiten (EMRK) für die Anwendung der unionsrechtlichen Wettbewerbsregeln von Bedeutung. Art. 6 Abs. 2 EUV bezieht sich im Rahmen der von der EU zu achtenden Grundrechte ausdrücklich auf die Verbürgungen der

21 Solche Abkommen sind etwa mit den beitrittswilligen Staaten des Balkans abgeschlossen worden.

22 Vgl. EuGH Rs. 89/85, Ahlström I, Slg. 1988, 5193 Rdn. 31.

23 Vgl. dazu EuGH C-241/91P und C-242/91P, Radio Telefis Eireann, Slg. 1995, I-743 Rdn. 84.

24 Vgl. EuGH Rs. 89/85, Ahlström I, Slg. 1988, 5193 Rdn. 31.

25 Zur vergleichbaren Problematik innerhalb der EU vgl. EuGH C-359/95P u. C-379/95P, KOM/Ladbroke Racing, Slg. 1997, I-6265 Rdn. 33.

EMRK; ihre Bedeutung für die EU-Rechtsordnung wird auch in ständiger Rechtsprechung anerkannt. Beachtung verdient vor **allem Art. 6 Abs. 1 EMRK**, wonach jedermann Anspruch darauf hat, dass seine Sache *„in billiger Weise innerhalb einer angemessenen Frist gehört wird, und zwar von einem unabhängigen und unparteiischen, auf Gesetz beruhenden Gericht, das über die Stichhaltigkeit der gegen ihn erhobenen strafrechtlichen Anklage zu entscheiden hat"*. Entgegen der anders lautenden Feststellung in Art. 23 Abs. 5 der Verordnung Nr. 1/2003 ist inzwischen unbestreitbar, dass ein von der Kommission durchgeführtes Verfahren zur Abstellung eines Wettbewerbsverstoßes und zur Verhängung einer Geldbuße strafrechtlichen Charakter hat[26]. Die Verfahrensgarantien sind folglich auch für die Durchführung des Verfahrens zur Abstellung eines Wettbewerbsverstoßes relevant. Ihnen ist jedoch im EU-Rahmen Genüge getan, da die Entscheidungen der Kommission in Wettbewerbssachen der Nachprüfung durch den EuGH und das EuG unterliegen (soweit ein Zwangsgeld oder eine Geldbuße festgesetzt wird, sogar der unbeschränkten Nachprüfung, Art. 261 AEUV) und die Kommission bereits nach einem allgemeinen Rechtsgrundsatz des EU-Rechts verpflichtet ist, ihre Entscheidungen innerhalb einer angemessenen Frist zu erlassen[27]. Ebenfalls Anwendung im EU-Wettbewerbsverfahren finden die Unschuldsvermutung[28], die in Art. 6 Abs. 2 EMRK gewährleistet ist, sowie die Grundsätze „nullum crimen sine lege", „nulla poena sine lege" und das „Verbot der Rückwirkung"[29], welche in Art. 7 Abs. 1 EMRK geregelt sind[30].

Weiterführende Literatur: *Bechtold/Bosch/Brinker/Hirsbrunner,* EG-Kartellrecht, 3. Aufl. 2014; *Emmerich,* Kartellrecht, 16. Aufl. 2024; *Degen,* Die Zwischenstaatlichkeitsklausel des europäischen und deutschen Kartellrechts, 2004; *Dlouhy,* Extraterritoriale Anwendung des Kartellrechts im europäischen und US-amerikanischen Recht, 2003; *Hirsch,* Anwendung der Kartellverfahrensordnung (EG) Nr. 1/2003 durch nationale Gerichte, Zeitschrift für Wettbewerbsrecht 2003, S. 233; *Immenga/Mestmäcker* Wettbewerbsrecht, Kommentar, 5 Bände, 7. Aufl. 2023; *Montag/Säcker/Bien/Meier-Beck* (Hrsg.), Münchener Kommentar zum europäischen und deutschen Wettbewerbsrecht, 5 Bände, 4. Aufl. 2022; *Langen/Bunte,* Kommentar zum deutschen und europäischen Kartellrecht, Bd. 2 (Europäisches Kartellrecht), 14. Aufl. 2021; *Köck/Karollus* (Hrsg.), Die Modernisierung des EG-Kartellrechts: erste Erfahrungen mit der VO 1/2003, 2008; ; *Rehbinder,* Zum Verhältnis zwischen nationalem und EG-Kartellrecht nach der VO Nr. 1/2003, FS für Immenga, 2004,

26 Vgl. EuGH C-185/95P, Baustahlgewebe/KOM, Slg. 1998, I-8417 Rdn. 20/21.

27 Vgl. EuGH C-238/99 P, C-244/99 P, C-245/99 P, C-247/99 P, C-247/99 P, C-250/99 P, C-252/99 P, C-254/99 P, LVM u.a./KOM, Slg. 2002, I-8375 Rdn. 179; EuG T-213/95 u. T-18/96, SCK u.a., Slg. 1997, II-1739 Rdn. 56.

28 EuGH C-235/92 P, Montecatini/KOM, Slg. 1999, I-4539 Rdn. 175; EuG T-138/07, Schindler Holding/KOM, Slg. 2011, II-4819 Rdn. 160; T-38/02, Danone/KOM, Slg. 2005, II-4407, Rdn. 216.

29 EuGH C-352/09P, Thyssen Krupp Nirosta/KOM, Slg. 2011, I-2359, Rdn. 80; C-189/02 P, C-202/02 P, C-205/02 P – C-208/02 P u. C-213/02 P, Dansk Rørindustri u.a./KOM, Slg. 2005, I-5425 Rdn. 215.

30 Vgl. dazu EuGH, T-186/06, Solvay/KOM, Slg. 2011, I-2839, Rdn. 53 sowie C-352/09P, Thyssen Krupp Nirosta/KOM, Slg. 2011, I-2359, Rdn. 80. Diese Grundsätze sind jetzt auch in der GRCh der EU verbürgt, s. dazu unter § 4 C. I. 2.

S. 303; *Schmidt*, Umdenken im Kartellverfahrensrecht! Gedanken zur Europäischen VO Nr. 1/2003, BB 2003, S. 1237; *Schnelle/Bartosch/Hübner*, Das neue EU-Kartellverfahrensrecht: Auswirkungen der Verordnung (EG) Nr. 1/2003 auf die Kartellrechtspraxis, 2004; *Wagner/Kleine/Liebach*, Kartellrechtliche Schadensersatzklagen: Bewertung der Vorschläge der Europäischen Kommission im Weißbuch, EWS 2008, S. 305; *Wiedemann* (Hrsg.), Handbuch des Kartellrechts, 4. Aufl. 2020; *Zwiener*, Die Auswirkungen der Verordnung Nr. 1/2003 auf das europäische und deutsche Kartellverfahren, 2005.

§ 13 Vorschriften für Unternehmen

A. Das Kartellverbot (Art. 101 AEUV)

Art. 108 AEUV bezieht sich auf wettbewerbsbeschränkendes Verhalten von zwei oder mehreren Unternehmen oder auf Beschlüsse von Unternehmensvereinigungen und verbietet Vereinbarungen und andere Verhaltensweisen, die den Wettbewerb verfälschen oder den Handel zwischen Mitgliedstaaten beeinträchtigen können. **1127**

I. Tatbestand des Kartellverbots

Der Tatbestand des Kartellverbots ist durch folgende Merkmale gekennzeichnet: **1128**

- Unternehmen als Adressaten des Kartellverbots (1.)
- Vorliegen einer Vereinbarung, eines Beschlusses oder einer abgestimmten Verhaltensweise (2.)
- Verhinderung, Einschränkung oder Verfälschung des Wettbewerbs (3.)
- Beeinträchtigung des zwischenstaatlichen Handels (4.)
- Spürbarkeit (5.)

1. „Unternehmen" als Adressaten des Kartellverbots

Der **Unternehmensbegriff** wird im AEUV nicht definiert. Er umfasst nach der **1129** Rechtsprechung des EuGH *„jede eine wirtschaftliche Tätigkeit ausübende Einheit, unabhängig von ihrer Rechtsform und der Art ihrer Finanzierung"*.[31] Die **„wirtschaftliche Einheit"** ist dadurch gekennzeichnet, dass sie in einer *„einheitlichen Organisation persönlicher, materieller und immaterieller Mittel besteht, die dauerhaft einen bestimmten wirtschaftlichen Zweck verfolgt und an einer Zuwiderhandlung im Sinne des Artikels 81* [jetzt Art. 101] *beteiligt sein kann"*[32]. Unter ***„wirtschaftlicher Tätigkeit"*** ist grundsätzlich jede auf Dauer angelegte Teilnahme am Wirtschaftsverkehr zu verstehen[33]; eine Ge-

31 EuGH C-264/01, C-306/01,C-357/01, C-355/01, AOK Bundesverband u.a., Slg. 2004, I-2493 Rdn. 46; C-218/02, Cisal, Slg. 2002, I-691 Rdn. 22; C-41/90, Höfner und Elser, Slg, 1991, I-1979, Rdn. 21.

32 EuG T-11/89, Shell, Slg. 1992, II-757; T-6/89, Enichem, Slg. 1991, II-1623.

33 EuGH C-35/96, KOM/Italien, Slg. 1998, I-3851 Rdn. 36.

winnerzielungsabsicht ist nicht erforderlich[34]. Der bloße Besitz von Beteiligungen an Unternehmen ist keine wirtschaftliche Tätigkeit, solange darüber kein Einfluss auf das betroffene Unternehmen ausgeübt wird[35].

1130 Dieser Unternehmensbegriff ist denkbar weit gefasst. Darunter fallen insbesondere: Angehörige der freien Berufe[36], Erbringer von Bank-, Finanz- und Versicherungsdienstleistungen[37], Erfinder, Künstler oder Sportler, die ihre Leistungen gewerblich verwerten[38], Handelsvertreter oder Genossenschaften[39].

Erfasst werden dabei nicht nur Unternehmen mit privater Rechtsform, sondern auch öffentliche Einrichtungen, wie z.B. die Bundesanstalt für Arbeit[40], staatliche Arbeitsvermittlungsstellen[41] oder die Rundfunkanstalten[42]. Auch der Staat selbst ist als Unternehmen anzusehen, soweit er sich wirtschaftlich betätigt. Davon zu unterscheiden sind die Fälle, in denen der Staat als öffentliche Hand tätig wird[43]. Die Abgrenzung kann im Einzelfall sehr schwierig sein. Dies zeigt etwa die Rechtsprechung des EuGH zur Unternehmenseigenschaft der Träger der Sozialversicherungssysteme. Im Grundsatz hat der EuGH die Unternehmenseigenschaft verneint, wenn eine öffentliche Aufgabe mit ausschließlich sozialem Charakter ausgeübt wird. Nicht als „Unternehmen" hat der EuGH deshalb die gesetzlichen Krankenkassen angesehen, die auf dem Grundsatz der Solidarität beruhen und deren Versicherungsschutz unabhängig von der Vermögenslage und dem Gesundheitszustand besteht[44]. Als „Unternehmen"

---

34 EuGH C-49/07, MOTOE, Slg. 2008, I-4863, Rdn. 27.

35 EuGH C-222/04, Ministero dell'Economia e delle Finanze/Cassa di Risparmio di Firenze, Slg. 2006, I-289, Rdn. 111 f.; EuG T-208/08 u. T-209708, Gosselin Group u. Stichting Administratiekantoor Portielje/KOM, Slg. 2011, II-3639, Rdn. 47.

36 EuGH C-309/99, Wouters, Slg. 2002, I-1577 Rdn. 48 [Rechtsanwälte]; C-35/96, KOM/Italien, Slg. 1998, I-3851 Rdn. 36 [Zollspediteur].

37 EuGH Rs. 172/80, Züchner, Slg. 1981, 2021.

38 *Erfinder und Künstler:* Entscheidung der KOM v. 2.12.1975, AOIP/Beyard, ABl. EG 1996 Nr. L 6, S. 8; Entscheidung v. 26.5.1978, RAI/UNITEL, ABl. EG 1978 Nr. L 157, S. 39. *Sportler:* EuGH Rs. 36/74, Walrave und Koch, Slg. 1974, 1405; C-415/93, UEFA/Bosman, Slg. 1995, I-4921.

39 EuG T-217/03 u. T-245/03, FNCBV, Slg. 2006, II-4987; T-61/89, Dansk Pelsdyravlerforening, Slg. 1992, II-1931.

40 EuGH C-41/90, Höfner und Elser, Slg. 1991, I-1979, Rdn. 21.

41 EuGH Rs. 55/96, Job Centre coop, Slg. 1997, I-7119 Rdn. 21.

42 EuGH Rs. 155/73, Sacchi, Slg. 1974, 407.

43 EuGH C-343/95, Diego Call, Slg. 1997, I-1547 Rdn. 16; Rs. 30/87, Bodson, Slg. 1988, 2479 Rdn. 18 [Gemeinde, die in ihrer Eigenschaft als Träger öffentlicher Gewalt ein Unternehmen mit der Wahrnehmung öffentlicher Aufgaben betraut]; C-364/92, SAT/Eurocontrol, Slg. 1994, I-43, Rdn. 31, bestätigt durch EuGH C-113/07P, SECEX Sistemi, Slg. 2009, I-2207, Rdn. 7 [Europäische Organisation für Flugsicherung].

44 EuGH C-264/01, C-306/01, C-354/01, C-355/01, AOK Bundesverband u.a., Slg. 2004, I-2493 Rdn. 47; C-159/91 u. C-160/91, Poucet u. Pistre, Slg. 1993, I-673; EuGH C-350/07, Kattner, Slg. 2009, I-1513 [deutsche Berufsgenossenschaft].

hat der EuGH hingegen den Träger eines Rentenversicherungssystems gewertet, das in Ergänzung zur Pflichtversicherung durch Gesetz geschaffen wurde und auf dem Prinzip der Freiwilligkeit und der Kapitaldeckung beruht; nach Ansicht des EuGH steht eine solche Versicherung im Wettbewerb mit privaten Lebensversicherungen und der Grundsatz der Solidarität gilt wegen der Freiwilligkeit und des Kapitaldeckungsprinzips nur eingeschränkt[45]. Selbst eine privatrechtliche Einrichtung, die mit der Überwachungstätigkeit zur Bekämpfung der Umweltverschmutzung in einem Erdölhafen (Genua) betraut ist, wurde vom EuGH nicht als „Unternehmen" angesehen, weil es sich um einen im Allgemeininteresse stehenden Auftrag handelt und die fragliche Tätigkeit, die typischerweise hoheitlicher Natur ist[46], mit der Ausübung von Vorrechten verbunden ist.

Schwierigkeiten bereitet die Einordnung von **„verbundenen Unternehmen"**, soweit diese nicht eine wirtschaftliche Einheit bilden und deshalb als ein Unternehmen anzusehen sind[47]. Für die Anwendung der Wettbewerbsvorschriften kommt es allein auf die rechtliche und wirtschaftliche Selbständigkeit der jeweiligen Unternehmen einer Unternehmensgruppe an, weil Wettbewerbsbeschränkungen nur durch solche Unternehmen möglich sind, die ihr Marktverhalten autonom bestimmen können. **1131**

Eine **Muttergesellschaft muss sich** das Verhalten einer **Tochtergesellschaft** zurechnen lassen, wenn die Tochtergesellschaft *„trotz eigener Rechtspersönlichkeit ihr Marktverhalten nicht autonom bestimmt, sondern im wesentlichen Weisungen der Muttergesellschaft befolgt"*[48]. Ob die Muttergesellschaft tatsächlich von ihrem Weisungsrecht Gebrauch gemacht hat, braucht nur bei geringeren Beteiligungen (z.B. 51 %)[49], nicht aber bei 100 %igen Tochtergesellschaften geprüft zu werden[50]. Im letzteren Fall besteht eine „widerlegliche Vermutung", dass die Muttergesellschaft tatsächlich einen bestimmenden Einfluss auf das Verhalten der Tochtergesellschaft ausübt[51]. Zur Ent- **1132**

---

45 EuGH C-244/94, Fedération française des Sociétés d'Assurance, Slg. 1995, I-4113; in diesem Sinne auch für Betriebsrentenfonds EuGH C-67/96, Albany International, Slg. 1999, I-5751.

46 EuGH C-343/95, Diego Call, Slg. 1997, I-1547 Rdn. 16.

47 Vgl. zur „wirtschaftlichen Einheit" von Konzerngesellschaften EuGH Rs. 323/82, Intermills, Slg. 1984, 3809/3824; vgl. m.w.N. aus der Rspr. EuG T-234/95, DSZG Dradenauer Stahlgesellschaft, Slg. 2000, II-2603 Rdn. 124.

48 EuGH C-286/98 P, Stora Kopparbergs Bergslags/KOM, Slg. 2000, I-9925 Rdn. 26; Rs. 48/69, ICI, Slg. 1972, 619.

49 EuGH Rs. 6-7/73, Commercial Solvents, Slg. 1979, 223 Rdn. 36–38; eine Zurechnung wurde von vornherein ausgeschlossen bei einer Beteiligung von 25,001 % durch EuG T-141/89, Tréfileurope, Slg. 1995, II-791 Rdn. 129.

50 EuGH Rs. 107/82, AEG, Slg. 1983, 3151; EuG T-78/06, Armando Álvarez/KOM, Slg. 2011, II-404: Anteil von 98,6 %; T-71/03, T-74/03, T-87/03 u. T-91/03, Tokai Carbon u.a./KOM, Slg. 2005, II-10, Rdn. 67.

51 EuG T-196/06, Edison/KOM, Slg. 2011, II-3149, Rdn. 28.

kräftung dieser Vermutung muss bewiesen werden, dass die 100 %ige Tochtergesellschaft erkennbar aus eigenem Antrieb handelt oder als getrennte Einheit operiert[52].

1133 Vereinbarungen und abgestimmte Verhaltensweisen zwischen Unternehmen, die als **Mutter- und Tochtergesellschaften demselben Konzern angehören**, fallen hingegen nicht unter das Kartellverbot, *„vorausgesetzt, dass die Unternehmen eine wirtschaftliche Einheit bilden, in deren Rahmen die Tochtergesellschaft ihr Vorgehen auf dem Markt nicht wirklich autonom bestimmen kann, [und dass diese Vereinbarungen oder Verhaltensweisen dem Zweck dienen, die interne Aufgabenverteilung zwischen den Unternehmen zu regeln]"*[53]. Der Grund für die Privilegierung konzerninterner Absprachen ist darin zu sehen, dass die Muttergesellschaft das mit ihnen verfolgte Ziel auch durch Weisungen oder sonstige Ausübung ihrer Kontrolle über das beherrschte Unternehmen erreichen könnte; es fehlt folglich an einem zu schützenden Wettbewerb zwischen diesen Unternehmen.

1134 Eine wirtschaftliche Einheit kann aber auch in anderen Fällen als dem der Mutter-Tochter-Gesellschaften vorliegen. So etwa im **Verhältnis Geschäftsherr und Handelsvertreter**, wenn dieser trotz eigener Rechtspersönlichkeit sein Geschäftsgebaren nicht autonom bestimmt, sondern die Weisungen des Geschäftsherrn befolgt[54].

1135 Die Bestimmung des für den Verstoß gegen die Wettbewerbsvorschriften verantwortlichen Unternehmens wird letztendlich von der Kommission vorgenommen, die dabei über einen beträchtlichen Beurteilungsspielraum verfügt[55].

2. Vereinbarungen, Beschlüsse, abgestimmte Verhaltensweisen

1136 Die verbotenen Handlungen können zum einen in einer Vereinbarung zwischen Unternehmen oder Beschlüssen von Unternehmensverbänden bestehen und zum anderen in abgestimmten Verhaltensweisen.

a) Vereinbarungen

1137 Eine **Vereinbarung** ist ein zwei- oder mehrseitiger Vertrag, in dem *„die betreffenden Unternehmen ihren gemeinsamen Willen zum Ausdruck gebracht haben, sich auf dem Markt*

---

52 EuGH C-279/98 P, Cascades/KOM, Slg. 2000, I-9693 Rdn. 79; Rs. 32 u. 36-38/78, BMW Belgium, Slg. 1979, 2435.

53 EuGH Rs. 30/87, Bodson, Slg. 1988, 2479; bestätigt durch EuG T-102/95, Viho, Slg. 1995, II-17 und EuGH C-73/95P, Viho, Slg. 1996, I-5457, allerdings unter Aufgabe des Erfordernisses „Regelung der internen Aufgabenverteilung".

54 EuG T-325/01, Daimler Chrysler/KOM, Slg. 2005, II-3319, Rdn. 88; T-66/99, Minona Lines/KOM, Slg. 2003, II-5515 Rdn. 121,126.

55 EuGH C-125/07 P, C-133/07 P, C-135/07 P u. C-137/07 P, Erste Bank der österreichischen Sparkassen/KOM, Slg. 2009, I-8681, Rdn. 82; EuG T-42/07, Dow Chemical u.a./KOM, Slg. 2011, II-4531, Rdn. 75; EuG T-349/08, Uralita/KOM, Slg. 2011, II-373, Rdn. 60.

in einer bestimmten Weise zu verhalten"[56]. Dieses Verhalten hat die Einschränkung oder Ausschaltung des gegen die betreffenden Unternehmen gerichteten Wettbewerbs zum Ziel, um auf diese Weise die Profite der beteiligten Unternehmen ohne entsprechende Gegenleistung zu erhöhen. In der Praxis bestehen derartige Abstimmungen zumeist in der Festlegung von Preisen, der Begrenzung von Produktionsmengen, der Marktaufteilung, der Zuordnung von Kunden oder Gebieten, der Manipulierung von Angebotsverfahren oder in der gleichzeitigen Anwendung mehrerer dieser Elemente. Absprachen sind für den Verbraucher und die Gesellschaft in ihrer Gesamtheit schädlich, da die daran beteiligten Unternehmer höhere Preise in Rechnung stellen als Unternehmen in einem Markt, in dem Wettbewerb herrscht. Eine Vereinbarung setzt weiter voraus, dass sich wenigstens einer der Vertragspartner zu einem Tun oder Unterlassen verpflichtet. Eine besondere Form ist nicht erforderlich; vielmehr können Vereinbarungen schriftlich, mündlich oder konkludent abgeschlossen werden[57]. Eine Vereinbarung kann als geschlossen betrachtet werden, wenn eine grundsätzliche Willensübereinstimmung hinsichtlich einer Wettbewerbsbeschränkung vorliegt, selbst wenn über die spezifischen Elemente der vorgesehenen Beschränkungen noch verhandelt wird[58].

Abgrenzungsschwierigkeiten bestehen häufig im Verhältnis zu den abgestimm- 1138
ten Verhaltensweisen und den einseitigen Maßnahmen, die nicht vom Kartellverbot erfasst werden:

(1) **Vereinbarungen/abgestimmte Verhaltensweisen:** Vor allem komplexe Kartelle enthalten ein Geflecht von Vereinbarungen und abgestimmten Verhaltensweisen, das rechtlich nicht aufgelöst werden kann. In diesen Fällen kann das Kartell nach der Rechtsprechung des EuGH als *„Vereinbarung und aufeinander abgestimmte Verhaltensweise"* behandelt werden[59]. Daneben kann, vor allem bei den sog. „gentlemen agreements", im Einzelfall fraglich sein, ob die Vereinbarung für die Beteiligten – wenigstens faktisch – verbindlich ist. In diesen Fällen ist es zulässig, die Frage nach der Bindungswirkung der Vereinbarung offenzulassen und die „Vereinbarung" als abgestimmte Verhaltensweise zu behandeln[60].

(2) Im **Verhältnis zu den einseitigen Maßnahmen** ist jeweils sorgfältig zu prüfen, ob sich die betreffende Handlung nicht in ein bestehendes Vertragsverhältnis einordnen lässt[61]; dies gilt vor allem bei stillschweigender Zustimmung zu den wett-

---

56 St. Rspr, vgl. EuG T-186/06, Solvay/KOM, Slg. 2011, II-2839, Rdn. 85; T-347/94, Mayr-Melnhof Kartongesellschaft./KOM, Slg. 1995, II-1751 Rdn. 65.

57 EuG T-450/05, Peugeot/KOM, Slg. 2009, II-2533 Rdn. 168; EuGH, Rs. 243/83, Binon/AMP, Slg. 1985, 2015 Rdn. 17.

58 EuG T-186/06, Solvay/KOM, Slg. 2011, II-2839, Rdn. 88; T-240/07, Heineken Nederland und Heineken/KOM, Slg. 2011, II-3355, Rdn. 45.

59 EuG T-1 -4/89 u. T-6-14/89, Rhône-Poulenc, Slg. 1991, II-867.

60 Vgl. hierzu EuGH Rs. 41/69, ACF Chemiefarma, Slg. 1970, 661; EuG T-141/89, Trefileurope, Slg. 1995, II-791 Rdn. 35.

61 Vgl. hierzu *Grill*, in: Lenz/Borchardt, Art. 101 Rdn. 3.

bewerbsverzerrenden Maßnahmen[62]. Verweigert z.B. ein Hersteller in der Absicht, ein hohes Preisniveau aufrechtzuerhalten, bestimmten Händlern die Zulassung zu seinem selektiven Vertriebssystem, so fügt sich diese Maßnahme *„in die vertraglichen Beziehungen ein, die das Unternehmen mit seinen Wiederverkäufern unterhält"*[63]. Gleiches gilt, wenn ein Autohersteller zum Schutz des britischen Marktes die Belieferung deutscher Vertragshändler mit Fahrzeugen mit Rechtslenkung einstellt[64] oder seine Vertragshändler in einem Rundschreiben auffordert, keine weiteren Verkäufe an ein bestimmtes Unternehmen zu tätigen[65].

b) Beschlüsse

1139 Beschlüsse von Unternehmensvereinigungen sind **Willensäußerungen** der zuständigen Organe der Vereinigung, die im Einklang mit den Vorschriften der Satzung zustande gekommen sind. Eine staatliche Genehmigung ändert nichts am Charakter der Maßnahme als Beschluss einer Unternehmensvereinigung[66].

1140 Vom Kartellverbot werden nur **verbindliche Beschlüsse** erfasst. Verbindlich ist der Beschluss nur für die Mitglieder einer Unternehmensvereinigung, die der Satzung oder dem Gesellschaftsvertrag zugestimmt haben.[67] Unverbindliche Beschlüsse können jedoch unter dem Gesichtspunkt der **abgestimmten Verhaltensweisen** Bedeutung erlangen. Der EuGH stellt in diesem Zusammenhang darauf ab, ob die in den unverbindlichen Beschlüssen ausgesprochenen Empfehlungen von einigen oder allen Mitgliedern befolgt werden[68].

c) Abgestimmte Verhaltensweisen

1141 In Anlehnung an das Antitrust-Recht der USA sind auch nach dem europäischen Wettbewerbsrecht **„aufeinander abgestimmte Verhaltensweisen"** verboten. Der Begriff der aufeinander abgestimmten Verhaltensweisen umschreibt einen Auffangtatbestand, um *„eine Form der Koordinierung zwischen Unternehmen zu erfassen, die zwar noch nicht bis zum Abschluss eines Vertrages im eigentlichen Sinne gediehen ist, jedoch bewusst eine praktische Zusammenarbeit an die Stelle des mit Risiken verbundenen Wettbewerbs treten lässt"*[69].

---

62 EuG T-450/05, Peugeot/KOM, Slg. 2009, II-2533 Rdn. 173.

63 EuGH Rs. 107/82, AEG, Slg. 1983, 3151.

64 EuGH Rs. 25-26/84, Ford, Slg. 1985, 2725.

65 EuG T-9/92, Peugeot, Slg. 1993, II-493.

66 EuGH C-35/96, KOM/Italien, Slg. 1998, I-3851.

67 EuGH Rs. 209-215 und 218/78, van Landewyck, Slg. 1980, 3125, Rdn. 89; Rs. 45/85, Verband der Sachversicherer, Slg. 1987, 405, Rdn. 30.

68 EuG T-217/03 u. T-245/03, FNCBV, Slg. 2006, II-4987 Rdn. 89.

69 EuGH C-8/08, T-Mobile Netherlands, Slg. 2009, I-4529, Rdn. 23; Rs. 48/69, ICI, Slg. 1972, 619.

Die Kriterien der Zusammenarbeit sind dabei *„im Sinne des Grundgedankens der Wettbewerbsvorschriften des Vertrages zu verstehen, wonach jeder Unternehmer selbständig zu bestimmen hat, welche Politik er auf dem Gemeinsamen Markt zu betreiben gedenkt"*[70].

Diese **Forderung nach autonomer Bestimmung des Marktverhaltens** verbietet den Unternehmen zwar nicht, *„sich dem festgestellten oder erwarteten Verhalten ihrer* ***Konkurrenten mit wachem Sinn anzupassen,*** *sie steht jedoch streng jeder mittelbaren oder unmittelbaren Fühlungnahme zwischen Unternehmen entgegen, die bezweckt oder bewirkt, entweder das Marktverhalten eines gegenwärtigen oder potentiellen Konkurrenten zu beeinflussen oder einen solchen Konkurrenten über das Marktverhalten ins Bild zu setzen, das man selbst an den Tag zu legen entschlossen ist oder in Erwägung zieht"*[71]. 1142

Das klassische Mittel zur Verhaltensabstimmung ist der **Austausch wettbewerbsrelevanter Informationen** (z.B. über Preise oder Mengen) zwischen Konkurrenten, durch den diese das Ziel verfolgen, die Ungewissheit über ihr künftiges Wettbewerbsverhalten zu beseitigen. Ob in diesem Informationsaustausch ein abgestimmtes Verhalten liegt, beurteilt sich entscheidend nach der Art der ausgetauschten Informationen und der Struktur des jeweiligen Marktes. Während bei einem geringen Grad von Konzentration die Förderung von Markttransparenz den Wettbewerb anregen kann, führt ein Austausch vertraulicher Informationen auf einem hochgradig konzentrierten Markt in aller Regel zu einem Nachlassen des Wettbewerbs, und dies umso mehr, je genauer und aktueller die ausgetauschten Informationen sind[72]. 1143

Kann im Einzelfall eine Abstimmung zwischen Unternehmen nicht nachgewiesen werden, so kann eine abgestimmte Verhaltensweise auch auf der Grundlage von **Indizien** angenommen werden[73]. Ein bloßes **Parallelverhalten** kann jedoch nur dann als Beweis für das Vorliegen einer abgestimmten Verhaltensweise angesehen werden, wenn sich die Gleichförmigkeit des Verhaltens der Unternehmen bei Gesamtwürdigung aller Indizien **allein** durch eine Abstimmung **plausibel erklären lässt**[74]. Die Beweislast, an die der EuGH sehr strenge Anforderungen stellt, liegt bei der Kommission als Kartellbehörde. So reicht es bereits zur Entlastung aus, wenn das betroffene Unternehmen das Vorliegen von Umständen nachweist, die den von 1144

70 St. Rspr., vgl. EuGH Rs 40-48/73, Suiker Unie, Slg. 1975, 1663 ff., S. 1965 f.; C-89/85, Ahlström II, Slg. 1993, I-1307, Rdn. 63.

71 St. Rspr. seit EuGH Rs. 40-48/73, Suiker Unie, Slg. 1975, 1965 f.; EuG T-2/91, Petrofina, Slg. 1991, II-1087, Rdn. 213.

72 Zu einem Informationsaustauschsystem betreffend landwirtschaftliche Nutzfahrzeuge vgl. die Leitlinien der Kommission für Vereinbarungen über horizontale Zusammenarbeit, Ziff. 55-110 (ABl. 2011 Nr. C 11/1); aus der Rspr. EuG T-35/92, John Deere Ldt., Slg. 1994, II-957, bestätigt durch EuGH C-7/95P, John Deere Ltd., Slg. 1998, I-3138.

73 EuGH Rs. 48/69, ICI, Slg. 1972, 658, Rdn. 83-119.

74 EuGH C-89/85, Ahlström II, Slg. 1993, I-1307, Rdn. 71; Rs. 29-30/83, CRAM und Rheinzink, Slg. 1984, 1679, Rdn. 16-20.

der Kommission festgestellten Sachverhalt in einem anderen Licht erscheinen lassen und damit eine andere plausible Erklärung der Tatsachen ermöglichen[75].

1145 Auch im EU-Kartellrecht gilt die **Unschuldsvermutung**[76]. Die Beteiligung an einem Kartell muss daher von der Wettbewerbsbehörde oder der Partei, die sie geltend macht, nachgewiesen werden. Hat ein Unternehmen jedoch an einem Treffen teilgenommen, das einen wettbewerbswidrigen Zweck verfolgte, und war ihm dieser Zweck bekannt, so ist ein Verstoß gegen Art. 101 Abs. 1 AEUV auch dann gegeben, wenn das Unternehmen anschließend die eine oder andere der dort vereinbarten Maßnahmen nicht durchführt[77]. Werden bei solchen Treffen wettbewerbswidrige Vereinbarungen getroffen, so obliegt dem Unternehmen der Beweis dafür, dass es diesen Vereinbarungen nicht zugestimmt hat[78].

3. Verhinderung, Einschränkung oder Verfälschung des Wettbewerbs

1146 Bei diesem Tatbestandsmerkmal geht es um die Feststellung, ob die Freiheit eines Unternehmens, sein **Verhalten am Markt autonom bestimmen zu können,** eingeschränkt worden ist. Die Beschränkung des autonomen Handlungsspielraums muss dabei auf Abstimmungsmaßnahmen zwischen Unternehmen und nicht etwa auf hoheitliche Maßnahmen zurückzuführen sein[79]. Im letzteren Fall kann die Wettbewerbsbeschränkung nicht dem Verhalten der Unternehmen zugerechnet werden, da ein autonomes Marktverhalten aufgrund der staatlichen Maßnahme gerade nicht möglich ist[80].

1147 Die **„Verfälschung"** des Wettbewerbs ist als Oberbegriff der ***„Verhinderung"*** und der ***„Einschränkung"*** des Wettbewerbs zu verstehen. Die „Verhinderung" betrifft dabei die Fälle der vollständigen Ausschaltung des Wettbewerbs, während die „Einschränkung" – ausgehend vom Selbständigkeitspostulat – grundsätzlich jede Beeinträchtigung der wirtschaftlichen Handlungsfreiheit nicht nur aller oder einzelner an der Abstimmungsmaßnahme Beteiligten, sondern auch davon betroffener Dritter erfasst[81].

1148 Der Begriff des **„Wettbewerbs"** ist umfassend zu verstehen. Unerheblich ist insbesondere, ob die Beteiligten auf der gleichen Wirtschaftsstufe (horizontale Abspra-

---

75 EuG T-122/07 – T-124/07, Siemens Österreich/KOM, Slg. 2011, II-793, Rdn. 49.

76 EuGH C-199/92 P, Hüls/KOM, Slg. 1999, I-4287, Rdn. 149 f.; EuG. T-474/04, Pergan/KOM, Slg. 2007, II-4225 Rn. 77 ff.

77 EuGH C-238/99P, C-244/99P, C-247/99P, C-250/99P – C-252/99P u. C-254/99P, LVM/KOM, Slg. 2002, I-8375, Rdn. 509.

78 EuGH C-49/92P, KOM/Anic Partecipazioni, Slg. 1999, I-4125, Rdn. 96.

79 EuGH C-35/96, KOM/Italien, Slg. 1998, I-3851 Rdn. 53; C-2/91, Meng, Slg. 1993, I-5751 Rdn. 14; C-18/88, GB-Inno-BM, Slg. 1991, I-5941.

80 EuGH C-359/95P u. C-379/95P, Ladbroke Racing, Slg. 1997, I-6265 Rdn. 33.

81 EuGH C-306/96, Javico/YSL, Slg. 1998, I-1983 Rdn. 13; C-70/93, BMW/ALD, Slg. 1995, I-3439 Rdn. 19; EuG T-504/93, Tiercé Ladbroke, Slg. 1997, II-923 Rdn. 156.

chen) oder auf verschiedenen Stufen (vertikale Absprachen) tätig sind. Geschützt wird damit nicht nur der Wettbewerb zwischen verschiedenen Herstellern (sog. *„Interbrand-Wettbewerb"*), sondern auch der Wettbewerb beim Absatz von Erzeugnissen desselben Herstellers (sog. *„Intrabrand-Wettbewerb"*)[82]. Das Verbot erstreckt sich weiterhin auf den aktuellen und den potentiellen, etwa durch Produktionsumstellungen oder geographische Erweiterung zu erwartenden Wettbewerb. Nicht geschützt wird hingegen der unlautere oder sonst gesetzlich verbotene Wettbewerb[83].

Art. 101 Abs. 1 Buchstaben a–e AEUV liefern eine Reihe von Beispielen für die **Arten von Maßnahmen**, die eine derartige wettbewerbsschädigende Wirkung haben. Danach dürfen etwa durch Vereinbarungen, Beschlüsse oder abgestimmte Verhaltensweisen weder eingeschränkt noch vorbestimmt werden: **1149**

- die eigenständige Festlegung von Preisen und Geschäftsbedingungen (a),
- die Auswahl der herzustellenden oder zu verkaufenden Waren/Dienstleistungen sowie ihre Mengen (b),
- die Entscheidung über Investitionen und Forschungs- sowie Entwicklungsvorhaben (b),
- die Festlegung der zu beliefernden Märkte und der Absatzorganisation (b und c),
- die Nutzung von Versorgungsquellen (Buchstabe c).

Als **weitere missbilligte Handlungen** werden beispielhaft erwähnt:

- die Anwendung diskriminierender Bedingungen gegenüber Handelspartnern (d) oder
- der Abschluss von sachwidrigen Kopplungsverträgen (e).

In der Praxis als verbotene Praktiken **anerkannt** sind auf dieser Grundlage: **1150** Festsetzung von Festpreisen, Höchstpreisen, Zielpreisen, Richtpreisen oder Preisbestandteilen, wie insbesondere Rabatte und Provisionen[84], Vereinbarungen über Produktions- und Lieferquoten[85], gemeinsame Verkaufsbüros, Absprachen über die Aufteilung eines Marktes[86], exklusive Gemeinschaftsverträge, Absprachen, die zur Diskriminierung von Handelspartnern führen, Sammelboykott, Vereinbarungen zur Selbstbeschränkung, die darauf abzielen, bestimmte Wettbewerbsmaßnahmen zu unterlassen.

Die Absicht der Beteiligten an einem Kartell, wettbewerbsbeschränkende Wirkun- **1151** gen herbeizuführen, reicht für ein Verbot dieses Kartells aus, selbst wenn der ver-

82 EuGH Rs. 56 u. 58/64, Consten-Grundig, Slg. 1966, 322 Rdn. 26.

83 EuGH verb. Rs. 100-103/80, Musique Diffusion (Pioneer), Slg. 1983, 1825; EuG T-29/92, SPO/KOM, Slg. 1995, II-289 Rdn. 294.

84 EuGH, Rs. 243/83, Binon/AMP, Slg. 1985, 2015 [Festpreis]; Rs. 123/83, BNIC/Clair, Slg. 1985, 391 [Mindestpreis]; EuG T-1/89, Rhône-Poulenc, Slg. 1991, II-867 [Zielpreis]; EuG T-64/02, Heubach/KOM, Slg. 2005, II-5137 [Richtpreis]; EuGH, Rs. 311/85, Vlaamse Reisbureaus, Slg. 1987, 3801 [Rabatte].

85 EuG T-7/92, Asia Motor, Slg. 1993, II-669.

86 Entscheidung v. 19.12.1990, ABl. 1991 L 152/16 – Solvay/CFK; Entscheidung v. 21.12.1994, ABl. L 378/45 – Tretorn.

folgte Zweck in der Praxis nicht eintritt („bezwecken")[87]. Umgekehrt genügt es jedoch auch, wenn Wettbewerbsverzerrungen hervorgerufen werden, ohne dass eine entsprechende Absicht dahintersteht („bewirken"). Somit werden alternative, nicht kumulative Voraussetzungen aufgestellt[88]. Die Unterscheidung zwischen Zweck und Wirkung ist in der Praxis insoweit von Bedeutung, als die tatsächlichen Auswirkungen einer Absprache nicht gesondert geprüft werden müssen, wenn diese eine Beschränkung des Wettbewerbs bezweckt[89].

1152 Die Prüfung schließlich, ob eine Wettbewerbsbeschränkung **„bezweckt"** oder **„bewirkt"** ist, hat stets bei einem Vergleich zwischen den wettbewerbsrechtlichen Verhältnissen mit und ohne die konkrete Maßnahme anzusetzen[90]. Dabei ist der wirtschaftliche und rechtliche Gesamtzusammenhang, in dem die konkrete Maßnahme steht, zu berücksichtigen, insbesondere die Art und Menge der betroffenen Erzeugnisse, die Marktstellung der Beteiligten, die Einbettung der Maßnahme in ein Bündel gleichartiger Maßnahmen, die Offenheit des betroffenen Marktes und der Marktzugang für Dritte[91].

4. Beeinträchtigung des zwischenstaatlichen Handels

1153 Die wettbewerbsbeschränkenden Maßnahmen müssen ferner dazu geeignet sein, den Handel zwischen den Mitgliedstaaten zu beeinträchtigen.

Diese sog. **Zwischenstaatlichkeitsklausel** wird vom EuGH sehr weit ausgelegt. Danach ist lediglich darauf abzustellen, ob eine wettbewerbsbeschränkende Maßnahme unter Berücksichtigung *„der Gesamtheit der objektiven rechtlichen und tatsächlichen Umstände mit hinreichender Wahrscheinlichkeit"* erwarten lässt, dass sie *„unmittelbar oder mittelbar, tatsächlich oder der Möglichkeit nach den Warenverkehr zwischen den Mitgliedstaaten in einer Weise beeinflusst, die der Verwirklichung der Ziele eines einheitlichen zwischenstaatlichen Marktes nachteilig sein könnte"*[92].

Entscheidend ist dabei die Eignung, *„die Freiheit des Handels zwischen den Mitgliedstaaten in einer Weise zu gefährden, die der Verwirklichung der Ziele der Verwirklichung eines einheitlichen Marktes zwischen den Mitgliedstaaten nachteilig sein kann, indem insbesondere*

87 EuGH C-89/85, Ahlström II, Slg. 1993, I-1307 Rdn. 175.

88 EuGH Rs. 40-48/73, Suiker Unie, Slg. 1975, 2025.

89 EuGH Rs. 45/85, Verband der Sachversicherer, Slg. 1987,405 Rdn. 39; EuG T-39/92 u. T-40/92, Groupement des cartes bancaires „CB" und Europay International, Slg, 1994, II-49 Rdn. 87.

90 EuGH Rs. 56/65, LTM/Maschinenbau Ulm, Slg. 1966, 281; EuG T-34/92, Fiatagri u. New Holland, Slg. 1994, II-905.

91 EuGH C-8/08, T-Mobile Netherlands, Slg. 2009, I-4529, Rdn. 28; C-234/89, Delimitis, Slg. 1991, I-935 Rdn. 16.

92 EuGH C-219/95P, Ferriere Nord, Slg. 1997, I-4411; Rs. 56/64, Consten-Grundig, Slg. 1966, 322, 389; Rs. 31/80, L'Oreal, Slg. 1980, 3375/3791; EuG T-7/93, Langnese, Slg. 1995, II-1533; T-77/92, Parker Pen, Slg. 1994, II-549.

die nationalen Märkte abgeschottet werden oder die Wettbewerbsstruktur der Gemeinschaft verändert wird"[93].

Unerheblich ist somit auch, ob sich der Einfluss auf den zwischenstaatlichen Wirtschaftsverkehr förderlich oder hemmend auswirkt.

Beispiele, in denen die Voraussetzungen der Zwischenstaatlichkeitsklausel als erfüllt anzusehen sind: **1154**

(1) Unproblematisch sind die Fälle, in denen die wettbewerbsschädigenden Maßnahmen zwischen zwei oder mehreren Unternehmen aus zwei oder mehreren Mitgliedstaaten getroffen werden.

(2) Bei zwei oder mehreren Unternehmen aus nur einem Mitgliedstaat ist die Zwischenstaatlichkeitsklausel erfüllt, wenn die Wettbewerbsbeschränkung die Ein- oder Ausfuhr von Waren betrifft, eine Aufteilung der Auslandsmärkte zum Gegenstand hat oder durch Ausschließlichkeitsverträge der Zugang von Lieferanten oder Abnehmern aus anderen Mitgliedstaaten beschränkt oder verhindert wird[94].

(3) Die Zwischenstaatlichkeitsklausel ist schließlich auch bei Vereinbarungen zwischen zwei oder mehreren Unternehmen aus der EU über ihr Verhalten auf Drittlandsmärkten erfüllt, soweit diese Vereinbarung spürbare Rückwirkungen auf den Binnenmarkt, z.B. in Gestalt von Beeinträchtigungen der Exportchancen anderer Unternehmen, zeitigt[95].

In ihren Leitlinien über den Begriff der Beeinträchtigung des zwischenstaatlichen Handels in den Art. 101 und 102 AEUV vom 25. Mai 2020[96] hat die Kommission nützliche Hinweise zur Auslegung der Zwischenstaatlichkeitsklausel gegeben. **1155**

5. Spürbarkeit

Ein letztes, von der Rechtsprechung des EuGH und der Verwaltungspraxis der Kommission entwickeltes Tatbestandsmerkmal des Kartellverbots verlangt, dass sowohl die Wettbewerbsbeschränkung als auch die Beeinträchtigung des Handels zwischen den Mitgliedstaaten **spürbar** sind[97]. Entscheidend für die Spürbarkeit ist, ob der **Markteinfluss** der Wettbewerbsbeschränkung unter Berücksichtigung des *Marktanteils*, der *finanziellen Ressourcen* und der *Produktionsgröße* der beteiligten Unternehmen sowie des *Umfangs der betreffenden Waren- oder Dienstleistungsbereiche* insgesamt **1156**

93 EuGH Rs. 22/78, Hugin/Liptons, Slg. 1979, 1899.

94 EuGH C-70/93, BMW/ALD, Slg. 1995, I-343; C-89/85 u.a., Ahlström I, Slg. 1993, I-1307; Rs. 243/83, Binon, Slg. 1985, 2545; EuG T-7/93, Langnese, Slg. 1995, II-1533; T-77/92, Parker Pen, Slg. 1994, II-549.

95 EuGH verb. Rs. 40-48, 50, 54-56, 111, 113 u. 114/73, Suiker Unie u.a., Slg. 1975, 1663; Rs. 29 u. 30/83, CAM und Rheinzink, Slg. 1984,1679.

96 ABl. 2024, C 48/1.

97 EuGH Rs. 5/69, Völk/Vervaecke, Slg. 1969, 295/302; Rs. 260/82, NSO, Slg. 1985, 3801, Rdn. 49; EuG T-50/00, Dalmine/KOM, Slg. 2004, II-2395 Rdn. 156.

als erheblich anzusehen ist. Dabei sind das Vorhandensein gleichartiger Vereinbarungen und die daraus resultierende kumulative Wirkung zu berücksichtigen (sog. **„Bündeltheorie“**)[98].

1157 Diesen Markteinfluss hat die Kommission in ihrer sog. **Bagatellbekanntmachung**[99] unter Zuhilfenahme quantitativer Kriterien zu konkretisieren versucht. Keine spürbare Wettbewerbsbeschränkung liegt danach *„regelmäßig“* bei einer Vereinbarung vor, wenn die von allen beteiligten Unternehmen zusammen gehaltenen Marktanteile auf keinem der betroffenen Märkte 10 % (bei horizontalen Vereinbarungen) oder 15 % (bei vertikalen Vereinbarungen) übersteigen. Der Marktanteil verbundener Unternehmen ist dabei mitzuzählen. Im Hinblick auf die Förderung kleiner und mittlerer Unternehmen (KMU) steht die Bekanntmachung Vereinbarungen zwischen KMU im Sinne der Empfehlung 2003/361/EG[100] der Kommission (weniger als 250 Beschäftigte *und* höchstens 50 Mio. Euro Jahresumsatz *oder* 43 Mio. Euro Jahresbilanzsumme *sowie* nicht zu 25 % oder mehr im Besitz von Nicht-KMU) aufgeschlossen gegenüber: diese fallen in der Regel nicht unter das Verbot des Art. 101 Abs. 1, oder falls dies doch einmal der Fall sein sollte, besteht kein ausreichendes Unionsinteresse, das ein Einschreiten der Kommission rechtfertigen würde. Etwas Anderes gilt allerdings im Falle des Vorliegens eines Bündels gleichartiger Vereinbarungen. Diese Bekanntmachung liefert nützliche Anhaltspunkte für die Beurteilung des Merkmals der Spürbarkeit; allerdings sind weder der EuGH noch die nationalen Gerichte an diese Bekanntmachung gebunden.

II. Rechtsfolge des Kartellverbots

1158 Sobald eine Vereinbarung, ein Beschluss oder eine abgestimmte Verhaltensweise die aufgeführten Tatbestandsvoraussetzungen des Kartellverbots erfüllt, sind sie **ohne weiteres nichtig**, soweit eine Freistellung nach Art. 101 Abs. 3 AEUV nicht in Betracht kommt. Eine ausdrückliche Entscheidung der Kartellbehörde, des EuGH oder eines Gerichts der Mitgliedstaaten ist nicht erforderlich. Die Nichtigkeit tritt automatisch mit der Erfüllung der Tatbestandsvoraussetzungen des Art. 101 AEUV ein. Das bedeutet etwa, dass die Erfüllung der in einer wettbewerbswidrigen Vereinbarung übernommenen Verpflichtung allein unter Hinweis auf die Verletzung des Art. 101 Abs. 1 AEUV verweigert werden kann. Umgekehrt ist auch die klageweise Durchsetzung dieser Verpflichtungen ausgeschlossen.

1159 Aufgrund der unmittelbaren Geltung des Art. 101 Abs. 1 AEUV können die nationalen Gerichte selbständig entscheiden, ob der Tatbestand dieser Vorschrift erfüllt ist.

98 EuGH C-230/96, Cabour, Slg. 1998, I-2055; EuG T-77/94, Bloemkewekerijprodukten, Slg. 1997, II-759; T-7/93, Langnese, Slg. 1995, II-1533.

99 Bekanntmachung über Vereinbarungen von geringer Bedeutung, die den Wettbewerb gem. Art. 101 Abs. 1 nicht spürbar beschränken, ABl. 2014, C 291 sowie dazu das Staff Working Document der Kommission SWD [2014] 198 endg.

100 ABl. 2003 Nr. L 124/3.

Dabei haben die Gerichte nunmehr auch Art. 101 Abs. 3 AEUV zu berücksichtigen und zu prüfen, ob die Voraussetzungen einer Freistellung erfüllt sind. Ist dies nicht der Fall und liegt ein Verstoß gegen Art. 101 Abs. 1 AEUV vor, so bestehen nach **nationalem Recht** folgende **„Sanktionsmöglichkeiten"**:

- Zunächst besteht gemäß § 33 Abs. 1 GWB bei Verstößen gegen Art.101 (oder 102) AEUV ein Anspruch auf **Beseitigung** bzw. auf **Unterlassung.**
- Außerdem sieht § 34a GWB die Möglichkeit einer Verbandsklage vor, mit der im Falle eines vorsätzlichen Verstoßes gegen Art. 101 (oder 102) AEUV Klage auf **Herausgabe des durch den Verstoß erlangten Vermögensvorteils** (an den Bundeshaushalt) erwirkt werden kann.
- Am Bedeutendsten dürfte jedoch die Möglichkeit einer **Klage auf Schadensersatz** sein, durch welche die unmittelbar betroffenen Wirtschaftsteilnehmer (in ihrem eigenen Interesse) zur Durchsetzung des EU-Kartellrechts beitragen können. Art. 101 ist (ebenso wie Art. 102) AEUV ein Schutzgesetz im Sinne von § 823 Abs. 2 BGB, dessen Verletzung zur Leistung von Schadenersatz verpflichtet. Eine Schadensersatzpflicht in Fällen eines Verstoßes gegen Art. 101 (oder 102) AEUV ist jetzt auch ausdrücklich in § 33 Abs. 3 GWB geregelt. Der EuGH hat zudem entschieden, dass die volle Wirksamkeit des Art. 101 beeinträchtigt wäre, wenn nicht jedermann den Ersatz des Schadens verlangen könne, der ihm durch eine wettbewerbsbeschränkende Abrede oder ein entsprechendes abgestimmtes Verhalten entstanden ist[101].

Daneben kann die Kommission auf **EU-Ebene** anordnen, dass die Vertragspartner die **1160**
wettbewerbswidrige Verhaltensweise abstellen, und **Geldbußen** bis zu 10 % des Jahresumsatzes der beteiligten Unternehmen verhängen[102]. Die Geldbußen werden an die Kommission und nicht etwa an die durch das wettbewerbswidrige Verhalten Geschädigten abgeführt.

III. Freistellungen vom Kartellverbot

Nach Art. 101 Abs. 3 AEUV können bestimmte Vereinbarungen, Beschlüsse oder **1161**
abgestimmte Verhaltensweisen vom Kartellverbot ausgenommen werden, wenn ihre nachteiligen Wirkungen auf den Wettbewerb von den mit ihnen verbundenen Vorteilen aufgewogen werden.

Art. 101 Abs. 3 AEUV enthält damit unter den dort genannten Voraussetzungen eine **Ausnahme vom Verbot der wettbewerbsbeschränkenden Absprachen**, wobei Art. 101 Abs. 1 und Abs. 3 AEUV eine systematische Einheit bilden[103]. Mit der Bestimmung des Art. 101 Abs. 3 AEUV wird anerkannt, dass bestimmte Koordinierungen zwischen Unternehmen, auch wenn sie wettbewerbsbeschränkend im

101 EuGH C-453/99, Courage/Crehan, Slg. 2001, I-6297, Rdn. 26; zum Umfang des Schadensersatzes vgl. EuGH C-295/04 – C-298/04, Manfredi, Slg. 2006, I-6619.

102 Einzelheiten dazu noch unter § 13 C. I. 6.

103 EuGH Rs. 209-213/84, Asjes, Slg. 1986, 1425 Rdn. 64.

Sinne des Art. 101 Abs. 1 AEUV sind, positive Ziele verfolgen können, die eine Ausnahme vom Verbot rechtfertigen. Dahinter steht die Erkenntnis, dass unbeschränkter Wettbewerb zwar grundsätzlich zu vorteilhaften Ergebnissen führt, Wettbewerb allein aber nicht in der Lage ist, in allen Marktsituationen optimale Ergebnisse zu gewährleisten.

1. Voraussetzungen der Freistellung

1162 Die Verordnung (EG) Nr. 1/2003 hat im Hinblick auf die Anwendung des Art. 101 Abs. 3 AEUV einen **Systemwandel** vollzogen. Während früher eine Freistellung nur durch ausschließlich der Kommission vorbehaltene Entscheidungen möglich war, ist Art. 101 Abs. 3 AEUV nunmehr **unmittelbar anwendbar**, und zwar nicht nur von der Kommission, sondern auch von den nationalen Wettbewerbsbehörden und Gerichten. Art. 101 Abs. 1 und 3 AEUV bilden als **Verbot mit Ausnahmen** eine Gesamtheit, wobei Art. 101 Abs. 3 AEUV die Funktion einer **Legalausnahme** erfüllt. Das bedeutet, dass Vereinbarungen, die unter Art. 101 Abs. 1 AEUV fallen, aber gleichzeitig die Voraussetzungen des Art. 101 Abs. 3 AEUV erfüllen, nicht verboten sind, ohne dass es einer vorhergehenden Freistellungsentscheidung bedarf[104]. Kommission, nationale Wettbewerbsbehörden und Gerichte haben folglich immer dann, wenn sie Art. 101 Abs. 1 AEUV anwenden, gleichzeitig auch die Bestimmung des Art. 101 Abs. 3 AEUV zu berücksichtigen. Nationale Wettbewerbsbehörden und Gerichte sind allerdings an Entscheidungen der Kommission über dieselbe Vereinbarung, denselben Beschluss oder dieselbe Verhaltensweise gebunden.

1163 Im Einzelnen müssen aber folgende, in Art. 101 Abs. 3 AEUV ausdrücklich niedergelegte **vier Bedingungen kumulativ** erfüllt sein:

(1) Die betreffende Absprache muss zur Verbesserung der Warenerzeugung oder -verteilung oder zur Förderung des technischen und wirtschaftlichen Fortschritts beitragen.

Erfasst werden alle objektiven wirtschaftlichen **Effizienzgewinne**. Es muss sich jedoch jeweils um spürbare objektive Vorteile handeln, die geeignet sind, die mit der Vereinbarung verbundenen Nachteile für den Wettbewerb auszugleichen[105]. Die positiven Wirkungen einer wettbewerbsbeschränkenden Vereinbarung können folglich nur dann eine Freistellung rechtfertigen, wenn sie zu einer Verbesserung im Vergleich zu der Situation führen, die ohne Wettbewerbsbeschränkung, d.h. bei unverfälschtem Wettbewerb, bestanden hätte. Als solche Vorteile kommen insbesondere in Betracht: Einsparungen von Kosten in der Produktion oder im Vertrieb, Vermeidung mehrfacher Forschungsaufwendungen, Verringerung der Kosten für Werbung oder Transport (sog. Rationalisierungseffekte). Vorteile sind auch die Schaffung neu-

---

104 Vgl. Art. 1 Abs. 2 der VO (EG) Nr. 1/2003.

105 EuGH Rs. 56 u. 58/64, Consten u. Grundig/KOM, Slg. 1966, 322/396; Rs. 209-215, 218/75, van Landewyk/KOM, Slg. 1980, 3125 Rdn. 185.

er Arbeitsplätze oder eine bessere Versorgung und Betreuung (z.B. Kundendienst, Ersatzteilbeschaffung). Einen Sonderfall der Verbesserung des Warenangebots stellt die Erschließung neuer Märkte, etwa durch Ausschließlichkeitsbindungen, dar. Vereinbarungen über einheitliche Preise, Rabatte, Allgemeine Geschäftsbedingungen oder bei Einkaufs- bzw. Verkaufsbeschränkungen (Exportverbote/Marktaufteilung) führen demgegenüber grundsätzlich zu keinen spürbaren Vorteilen für die Warenerzeugung oder Warenverteilung.

(2) Die **Verbraucher** (d.h. sowohl Endverbraucher als auch Händler) müssen an dem aus der betreffenden Absprache resultierenden Gewinn angemessen beteiligt werde, z.B. durch niedrigere Preise, eine bessere Warenqualität, Umweltfreundlichkeit des zu entwickelnden Produkts oder durch einen besseren Kundendienst.

(3) Es dürfen nur solche Wettbewerbsbeschränkungen auferlegt werden, die zur Erreichung eines eine Freistellung rechtfertigenden Ziels unerlässlich sind **(Grundsatz der Verhältnismäßigkeit)**. Dies schließt auch die Prüfung der **zeitlichen Dauer** der Wettbewerbsbeschränkung mit ein.

(4) Der **Wettbewerb** in dem betreffenden Marktsektor darf **nicht völlig ausgeschaltet** werden. Zweifel am Fortbestehen eines wirksamen Wettbewerbs bestehen insbesondere dann, wenn die Beteiligten zusammen über einen Marktanteil von mehr als 50 % verfügen.

Eine Vereinbarung, ein Beschluss oder eine abgestimmte Verhaltensweise, welche die vier Bedingungen für die Freistellung kumulativ erfüllen, kommen in den Genuss einer **Legalausnahme**, d.h. sie sind **quasi per EU-Regelung** (Art. 101 Abs. 3 AEUV) **erlaubt**, ohne dass es eines vorherigen (Freistellungs-) Beschlusses bedarf. Allerdings tragen die Unternehmen oder Unternehmensvereinigungen die Beweislast dafür, dass die Voraussetzungen der Freistellung vorliegen. Wird der Beweis geführt, besteht ein **Rechtsanspruch auf Freistellung**. Die fragliche Wettbewerbsbeschränkung ist von Anfang an wirksam und zivilrechtlich durchsetzbar. **1164**

2. Verfahren der Freistellung

Auch nach dem Systemwandel der Freistellung (statt Anmeldung mit Freistellungsbeschluss der Kommission nun Legalausnahme, die durch die Kommission, die nationalen Wettbewerbsbehörden und Gerichte anzuwenden ist) besteht auch weiterhin die Möglichkeit der **Gruppenfreistellung**. Gruppenfreistellungen werden in Form von Verordnungen vom Rat oder, was die Regel ist, nach entsprechender Ermächtigung durch den Rat von der Kommission erlassen, wenn bestimmten Gruppen von Vereinbarungen gemeinsame oder vergleichbare Tatbestände zugrunde liegen, die angesichts der Gleichförmigkeit der Interessen der Beteiligten selbst, ihrer Handelspartner, ihrer Wettbewerber sowie der Verbraucher die Gewähr dafür bieten, dass ihre wirtschaftlichen Vorteile die wettbewerbsbeschränkenden Nachteile überwiegen. Gruppenfreistellungsverordnungen sind **unmittelbar anwendbares EU-** **1165**

Recht. Sie entfalten damit unmittelbare Wirkungen und sind von den Gerichten und Behörden der Mitgliedstaaten anzuwenden[106].

1166 Derzeit sind Gruppenfreistellungen für die folgenden Gruppen von Vereinbarungen in Kraft:

- *Vertikale Vereinbarungen*[107]: Allgemeine Regeln über die Anwendung von Art. 101 Abs. 3 AEUV auf Gruppen von vertikalen Vereinbarungen und abgestimmten Verhaltensweisen[108]; Vertriebsvereinbarungen im Kraftfahrzeugbereich[109].
- *Lizenzen und Technologietransfer*[110]: Anwendung von Artikel 101 Abs. 3 AEUV auf Gruppen von Technologietransfer-Vereinbarungen[111].
- *Vereinbarungen über horizontale Zusammenarbeit*[112]: Anwendung von Artikel 101 Abs. 3 AEUV auf Gruppen von Spezialisierungsvereinbarungen[113]; Anwendung von Artikel 101 Abs. 3 AEUV auf Gruppen von Forschungs- und Entwicklungsvereinbarungen[114].
- Anwendung von Artikel 101 Abs. 3 AEUV auf Gruppen von *Vereinbarungen in der Versicherungswirtschaft*[115].

3. Rechtsfolge der Freistellung

1167 Eine Freistellung hat zur Folge, dass das betreffende Kartell **in vollem Umfang rechtsgültig** ist. Bußgelder gegen das Kartell dürfen nicht verhängt werden. Die

106 EuGH C-234/89, Delimitis/Henninger, Slg. 1991, I-935 Rdn. 45.

107 Vgl. hierzu allg. die Leitlinien der Kommission für vertikale Beschränkungen, ABl. 2010 C 130/1. Aus der Rspr. s.v.a. EuGH C-279/87, Tipp-Ex, Slg. 1990, I-261 [Exportverbote]; EuGH Rs. 86/82, Hasselblad, Slg. 1984, 883 [Parallelimporte]; C-373/90, X, Slg. 1992, I-131 Rdn. 18 [Herstellergarantie]; C-234/89, Delimitis, Slg. 1991, I-935 Rdn. 36 [Bestimmtheitserfordernis]; C-376/92, Metro/Cartier, Slg. 1994, I-15 Rdn. 28; EuG T-19/91, Vichy, Slg. 1992, II-415 Rdn. 65 [einfache Fachhandelsbindung]; EuGH C-322 9317, Peugeot, Slg. 1994, I-2727 [Vertrieb von KFZ].

108 VO (EU) 2022/720 der Kommission v. 10.5.2022 , ABl. 2022 L 134/4.

109 VO (EU) Nr. 461/2010, ABl. 2010 L 129/32; siehe dazu den Bewertungsbericht der Kommission, KOM(2021) 264 endg. Aus der Rspr. vgl. EuGH Rs 161/84, Pronuptia, Slg. 1986, 353 Rdn. 15.

110 Mitteilung der Kommission – Leitlinien zur Anwendung von Artikel 81 EG-Vertrag [jetzt Art. 101 AEUV] auf Technologietransfer-Vereinbarungen, ABl. 2004 C 101/2.

111 VO (EU) Nr. 316/2014 der Kommission v. 21.3.2014, ABl. 2014 L 93/17. Aus der Rspr., vgl. EuGH C-355/96, Silhouette, Slg. 1998, I-4799 [Erschöpfungstheorie]; C-267/95, Merck/Prime-crown, Slg. 1996, I-6285 [Patentschutz]; Rs. 53/87, CICRA u.a./Renault Slg. 1988, 6039 Rdn. 10 [Geschmacks- und Gebrauchsmusterrecht]; Rs. 62/79, Coditel/Cine Vog Films I, Slg. 1980, 881 Rdn. 17 [Urheberrecht]; C-10/89, HAG II, Slg. 1990, I-3711 Rdn. 14; C-9/93, IHT/Ideal Standard, Slg. 1994, I-2789 Rdn. 60 [Warenzeichenrecht].

112 Leitlinien für Vereinbarungen über horizontale Zusammenarbeit v. 21.7.2023, ABl C 259/1.

113 VO (EU) Nr. 2022/2456 der Kommission v. 8.12.2022, ABl. 2022 L 321/3-4.

114 VO (EU) 2023/1066 der Kommission v. 1.6.2023, ABl. 2023 L 143/9-19.

115 VO (EU) Nr. 267/2010 der Kommission v. 24.3.2010, ABl. 2010 L 83/1.

Freistellung bindet auch Behörden und Gerichte der Mitgliedstaaten, die das Kartell nicht mehr wegen eines Verstoßes gegen Art. 101 Abs. 1 AEUV rügen dürfen; einer Anwendung des Art. 102 AEUV steht eine Freistellung allerdings nicht entgegen[116]. Rechtsstreitigkeiten können aber darüber geführt werden, ob eine Einzelfreistellung zu Recht erfolgt ist oder ob eine Vereinbarung tatsächlich die Bedingungen einer Freistellung oder einer Gruppenfreistellung erfüllt.

Weiterführende Literatur: *Bechtold*, EU-Kartellrecht, 4. Aufl. 2022; *ders.*, EG-Gruppenfreistellungsverordnungen – eine Zwischenbilanz, EWS 2001, S. 49; *ders.*, Faktische Rechtssätze aus Brüssel: zur Bedeutung von Bekanntmachungen, Leitlinien und Mitteilungen der Kommission für die Auslegung europäischen und deutschen Kartellrechts, FS für Hirsch (2008), S. 223; *Brunn*, Die EG-Kartellverfahrensverordnung 1/2003 und ihre Auswirkungen auf die Gruppenfreistellungsverordnungen und die Entzugsverfahren der Vertikal-GVO, 2004; *Dreher*, Die komplexe und fortdauernde Zuwiderhandlung im europäischen Kartellrecht, ZfW 2007, S. 276; *Fuchs*, Neue Entwicklungen beim Konzept der Wettbewerbsbeschränkung in Art. 81 Abs. 1 EG, ZfW 2007, S. 369; *Gruber*, Vereinbarungen, Beschlüsse und abgestimmte Verhaltensweisen, Öst. Zeitschrift für Kartellrecht 2010, S. 43; *Heutz*, Legalausnahme und Gruppenfreistellungsverordnungen im System der VO (EG) Nr. 1/2003, WuW 2004, S. 1255; *Lettl*, Kartellverbot nach Art. 101 AEUV, §§ 1, 2 GWB und vertikale Preisempfehlung/Preisbindung, Wettbewerb in Recht und Praxis 2011, S. 710; *Rittner*, Das Kartellverbot des Art. 81 EGV in teleologischer Reduktion, FS für Huber (2006), S. 1095; *Roth*, Zur Berücksichtigung nicht wettbewerblicher Ziele im europäischen Kartellrecht, FS für Mestmäcker (2006), S. 411.

B. Das Verbot des Missbrauchs einer den Markt beherrschenden Stellung (Art. 102 AEUV)

Nach Art. 102 AEUV ist die missbräuchliche Ausnutzung einer beherrschenden Stel- **1168**
lung auf einem wesentlichen Teil oder auf dem gesamten Binnenmarkt verboten, soweit sie den Handel zwischen den Mitgliedstaaten beeinträchtigen kann[117]. Diese Vorschrift richtet sich gegen den Missbrauch wirtschaftlicher Machtpositionen, nicht jedoch gegen den Bestand oder den Erwerb solcher Positionen selbst[118]. Art. 102 AEUV gilt unmittelbar und ist neben Art. 101 AEUV anwendbar[119].

Im Unterschied zu Art. 101 AEUV besteht keine Möglichkeit der Freistellung vom **1169**
Verbot des Missbrauchs einer marktbeherrschenden Stellung[120].

---

116 EuG T-51/89, Tetra Pak, Slg. 1990, II-309 Rdn. 25.

117 Zur Zwischenstaatlichkeitsklausel vgl. EuGH Rs. 30/87, Bodson, Slg. 1988, 2479 Rdn. 24; C-41/90, Höfner und Elser, Slg. 1991, I-1979 Rdn. 32 (potentielle Auswirkungen genügen); EuG T-69/89, RTE, Slg. 1991, II-485 Rdn. 77.

118 EuGH Rs. 311/84, CBEM/CLT und IPB, Slg. 1985, 3261; C-260/89, ERT, Slg. 1991, I-2925 Rdn. 32.

119 Vgl. EuGH Rs 40-48/73, Suiker Unie, Slg. 1975, 2006.

120 Vgl. EuGH Rs. 66/86, Ahmed Saeed Flugreisen, Slg. 1989, 803 Rdn. 32.

I. Marktbeherrschende Stellung

1170 Wann ein Unternehmen eine marktbeherrschende Stellung einnimmt, ist in Art. 102 AEUV nicht näher festgelegt. Generell kann davon ausgegangen werden, dass eine beherrschende Stellung gegeben ist, wenn ein Unternehmen aufgrund seines wirtschaftlichen Einflusses einen wirksamen Wettbewerb auf dem relevanten Markt behindern kann und somit nachhaltig die Bedingungen, unter denen sich der Wettbewerb abspielt, nach eigenem Belieben beeinflusst. Entscheidende Merkmale sind folglich der **„relevante Markt"** und der **„Marktanteil auf diesem Markt"**.

1. Relevanter Markt

1171 Der relevante Markt ist sachlich, räumlich und zeitlich abzugrenzen[121]:

- In **sachlicher Hinsicht** bezieht er sich auf alle gleichartigen Erzeugnisse, die sich durch besondere Eigenschaften so von anderen Produkten unterscheiden, dass keine beliebige Austauschbarkeit gegeben ist[122]. Neben den typischen Merkmalen und dem Verwendungszweck können für diese Beurteilung herangezogen werden: die Einschätzung von Kunden und Wettbewerbern, Verbraucherpräferenzen oder das Vorliegen von Kundengruppen[123]. Im *„Hoffmann-La-Roche-Fall"*[124], in dem es um die Marktabgrenzung bei Vitaminerzeugnissen ging, wurde z.B. jede Vitamingruppe als gesonderter Markt betrachtet[125].
- In **räumlicher Hinsicht** ist der relevante Markt auf das Gebiet beschränkt, in dem der Wettbewerb tatsächlich stattfindet, bzw. das Gebiet, in dem sich die Maßnahmen auswirken, d.h. in dem die betreffenden Erzeugnisse vertrieben werden, und *„in dem die Wettbewerbsbedingungen hinreichend homogen sind, um eine Einschätzung der wirtschaftlichen Macht des betroffenen Unternehmens zu ermöglichen"*[126]. Bei der Bestimmung dieses Gebiets sind insbesondere die Transportkostenanfälligkeit, die Verbrauchergewohnheiten und die wirtschaftlichen Möglichkeiten der Anbie-

---

121 Vgl. dazu Bekanntmachung der KOM, ABl. 1997 C 372/5; *Grill*, in Lenz/Borchardt, Art. 102 Rdn. 4–8.

122 EuGH Rs. 85/76, Hoffmann-La-Roche, Slg. 1979, S. 461 ff.; EuG T-30/91, Hilti, Slg. 1991, II-1439.

123 Bekanntmachung der KOM von 1997 Rdn. 36-43.

124 EuGH Rs. 85/76, Slg. 1979, S. 461 ff.

125 Zu weiteren sachlich selbständigen Märkten vgl. EuGH Rs. 322/81, Michelin/KOM, Slg. 1983, S. 3461 (Reifenmarkt); EuG T-219/99, Britisch Airways/KOM, Slg. 2003, II-5917 Rdn. 100 (Luftverkehrsdienste); T-30/91, Hilti, Slg. 1991, II-1439 (Markt für Bolzen), bestätigt durch EuGH C-53/92 P, Hilti, Slg. 1994, 325 sowie m.w.N. *Grill*, in Lenz/Borchardt, Art. 102 Rdn. 6.

126 EuGH Rs. 27/76, United Brands, Slg. 1978, 207. Vgl. auch die Bekanntmachung der Kommission von 1997 Rdn. 44–50.

ter[127] sowie eventuell noch bestehende staatliche Handelsschranken zu berücksichtigen[128].

- In **zeitlicher Hinsicht** kann eine Abgrenzung des relevanten Marktes notwendig werden, wenn die Austauschbarkeit des betreffenden Produkts saisonalen Schwankungen unterworfen ist[129].

Zur Anwendung des Art. 102 AEUV ist es erforderlich, dass sich die beherrschende **1172** Stellung auf den Binnenmarkt oder jedenfalls einen wesentlichen Teil des Binnenmarktes erstreckt. Die Größe des betroffenen Gebiets ist dabei nur ein, wenngleich wichtiges Kriterium[130]; daneben ist vor allem auf die wirtschaftliche Bedeutung des fraglichen Gebiets abzustellen[131].

2. Marktanteil

Die **„marktbeherrschende Stellung"** wird definiert als *„die wirtschaftliche Machtstellung eines Unternehmens, die dieses in die Lage versetzt, die Aufrechterhaltung eines wirksamen Wettbewerbs auf dem relevanten Markt zu verhindern, indem sie ihm die Möglichkeit verschafft, sich seinen Wettbewerbern, seinen Abnehmern und letztlich den Verbrauchern gegenüber in einem nennenswerten Umfang unabhängig zu verhalten"*[132]. **1173**

Kennzeichnend für eine „marktbeherrschende Stellung" ist folglich das kumulative Vorliegen eines positiven Elements (**Fähigkeit zu unabhängigem Verhalten**) und eines negativen Elements (**Möglichkeit zur Verhinderung eines wirksamen Wettbewerbs**).

Diese Feststellung bereitet im Fall von Monopolen[133] oder auch nur faktischen Mo- **1174** nopolen[134] auf dem relevanten Markt keine besonderen Schwierigkeiten.

In den anderen Fällen müssen die Gegebenheiten des Marktes und die Struktur der **1175** betreffenden Unternehmen im Einzelnen analysiert werden[135]. Bei dieser Prüfung

127 Vgl. etwa zu den Fluglinien EuG T-374/94, T-375/94, T-384/94 u. T-388/94, European Night Services Ltd. (ENS)/KOM, Slg. 1998, II-314 Rdn. 91.

128 EuGH Rs. 40/73, Suiker Unie, Slg. 1975, 1663; EuG T-30/89, Hilti, Slg. 1991, II-1439.

129 EuGH 27/76, United Brands, Slg. 1978, 207.

130 EuGH C-260/89, ERT, Slg. 1991, I-2925 Rdn. 31 [Gebiet eines einzelnen Mitgliedstaates]; EuG T-69/89, RTE, Slg. 1991, II-485 Rdn. 64 [Gebiet, das noch über das Territorium eines Mitgliedstaates hinausreicht].

131 EuGH C-266/96, Corsica Ferries, Slg. 1998, I-3949 Rdn. 38 [Hafen von Genua]; C-163/96, Silvano Raso, Slg. 1998, I-533 Rdn. 26 [Hafen von La Spezia].

132 EuGH C-395/96 P u. C-396/96 P, Compagnie Maritime Belge des Transports, Slg. 2000, I-1365 Rdn. 85; Rs. 247/86, Alsatel/Novasam, Slg. 1988, 5987 Rdn. 12; Rs. 85/76, Hoffmann-La-Roche, Slg. 1979, S. 461 Rdn. 38.

133 EuGH Rs. 26/75, General Motors, Slg. 1975, 1367; C-260/89, ERT, Slg. 1991, I-2925; C-320/91, Corbeau, Slg. 1993, I-2533.

134 EuGH Rs 226/84, British Leyland, Slg. 1986, 3263 Rdn. 9.

135 EuGH Rs. 27/76, United Brands, Slg. 1978, 207/282.

kommt dem **Marktanteil** eine besondere Bedeutung zu. Im *„Hoffmann-La-Roche-Fall"* hat der EuGH ausdrücklich entschieden, dass *„besonders hohe"* Marktanteile gewöhnlich *„ohne weiteres"* den Beweis für das Vorliegen einer marktbeherrschenden Stellung liefern, und dies für Marktanteile von über **80 %** bejaht[136]. Im Fall *„AKZO"* vertrat der EuGH sogar die Ansicht, dass bereits ein über mehrere Jahre konstant gebliebener Marktanteil von **50 %** eine den Markt beherrschende Stellung begründet[137]. Selbst bei Marktanteilen **unter 50 %** kann eine marktbeherrschende Stellung gegeben sein, wenn weitere Umstände hinzutreten, insbesondere wenn die Marktanteile der Konkurrenten bedeutend geringer sind[138]. Eine Marktbeherrschung wurde verneint bei Marktanteilen von **weniger als 10 %**[139].

1176 Neben dem Marktanteil können für die Prüfung insbesondere relevant werden die **vertikale Integration** eines Unternehmens, sein technologisches Know-how oder sein besonders gut ausgebautes **Vertriebsnetz**[140]. Die Größe oder der Umsatz eines Unternehmens sind für sich genommen hingegen ebenso wenig ein Indiz für das Vorliegen einer marktbeherrschenden Stellung wie der Besitz oder die Ausübung gewerblicher Schutzrechte[141].

1177 Eine marktbeherrschende Stellung können schließlich auch mehrere Unternehmen gemeinsam innehaben, wenn sie auf dem betroffenen Markt als kollektive Einheit auftreten oder handeln[142]. Dies ist der Fall insbesondere bei Unternehmen, die zu demselben Konzern gehören und derart eng miteinander verbunden sind, dass sie auf dem Markt gemeinsam vorgehen können[143], sowie Unternehmen, die aufgrund der durch eine Kartellabsprache begründeten Marktmacht gemeinsam marktbeherrschend sind[144].

II. Missbräuchliche Ausnutzung

1178 Ganz allgemein kann man sagen, dass ein *Missbrauch im Sinne des Art. 102 AEUV vorliegt, wenn ein marktbeherrschendes Unternehmen ohne sachliche Rechtfertigung seine*

---

136 EuGH Rs. 85/76, Slg. 1979, 461.

137 EuGH C-62/86, Slg. 1991, I-3359.

138 EuGH Rs. 27/76, United Brands, Slg. 1978, 207/282; EuG T-219/99, British Airways/KOM, Slg. 2003, II-5917 Rdn. 211 (Marktanteil zwischen 40 % und 46 %).

139 EuGH Rs. 26/76, Metro I, Slg. 1977, 1875 Rdn. 17.

140 Ebenda; Rs. 85/76, Hoffmann-La-Roche, Slg. 1979, S. 461 Rdn. 47.

141 EuGH Rs. 51/75, EMI/CBS, Slg. 1976, 811 Rdn. 36; etwas Anderes kann jedoch gelten, wenn der Zugang zum relevanten Markt nur für den Inhaber dieses Rechts möglich ist, vgl. EuG T-69/89, RTE, Slg. 1991, II-485 Rdn. 63.

142 EuGH C-395/96 P u. C-396/96 P, Compagnie Maritime Belge Transports, Slg. 2000, I-1365 Rdn. 36; EuG T-296/09, European Federation of Inkband Cartridge Manufacturers/KOM, Slg. 2011, II-425, Rdn. 71.

143 EuGH Rs. 247/86, Alsatel/Novasam, Slg. 1988, 5987 Rdn. 20.

144 EuG T-68/89, SIV, Slg. 1992, II-1403 Rdn. 359.

Wettbewerber behindert, um seine dominante Position zu sichern oder auszubauen bzw. sich andere Marktvorteile zu verschaffen[145]. Art. 102 AEUV verbietet es einem marktbeherrschenden Unternehmen aber nicht, seine Stärken im Wettbewerb zur Geltung zu bringen. Verboten sind nur Maßnahmen, die dazu führen könnten, den trotz der starken Marktposition des fraglichen Unernehmens verbleibenden Wettbewerb in missbräuchlicher Weise (insbesondere durch die Behinderung von Wettbewerbern) zu reduzieren oder ganz auszuschalten[146]. Zu beachten ist dabei, dass Art. 102 AEUV dem Schutz des Wettbewerbs dient, nicht aber dem Schutz ineffizienter Wettbewerber. Dies kann durchaus bedeuten, dass Wettbewerber, die den Verbrauchern in Bezug auf Preise, Auswahl, Qualität und Innovation weniger zu bieten haben, aus dem Markt ausscheiden.

Worin der Missbrauch einer marktbeherrschenden Stellung **konkret** zu sehen ist, **1179**
ist in Art. 102 a) – d) AEUV **beispielhaft** aufgezählt:

- Erzwingung unangemessener Einkaufs- oder Verkaufspreise oder sonstiger Geschäftsbedingungen (Buchstabe a),
- Einschränkung der Erzeugung, des Absatzes oder der technischen Entwicklung zum Schaden der Verbraucher (Buchstabe b),
- Anwendung diskriminierender Bedingungen bei gleichwertigen Leistungen gegenüber Handelspartnern (Buchstabe c) sowie
- Abschluss von sachwidrigen Koppelungsverträgen (Buchstabe d).

Dieser Beispielskatalog des Art. 102 AEUV kann in **zwei Gruppen** von Missbrauchstatbeständen zusammengefasst werden: den Ausbeutungsmissbrauch und den Behinderungsmissbrauch.

1. Ausbeutungsmissbrauch

Unter Ausbeutungsmissbrauch versteht man die Ausnutzung von Marktmacht **1180**
durch Unternehmen, insbesondere in Form des **Preis- und Konditionenmissbrauchs**.

- Dem **Preismissbrauch** kommt in der Praxis angesichts fehlender Maßstäbe für die Feststellung einer missbräuchlichen Überhöhung von Preisen keine entscheidende Bedeutung zu. Entscheidend ist der Wert der Gegenleistung: Steht der Preis *„in keinem angemessenen Verhältnis“* zu diesem Wert[147], ist er im Vergleich zu

---

145 EuGH, Rs. 85/76, Hoffmann-La Roche, Slg. 1979, 461, Rdn. 91; C-62/86, AKZO, Slg. 1991, I-3359, Rdn. 69; EuGH C-209/10, Post Danmark, [ECLI:EU:C:2011:342.

146 Das EuG formuliert dies sehr anschaulich dahingehend, dass der Missbrauch einer beherrschenden Stellung meist in einem Verhalten liege, das ansonsten rechtmäßig ist, T-321/05, AstraZeneca AB und AstraZeneca plc/KOM, Slg. 2010, II-2805, Rdn. 677.

147 Vgl. EuGH C-52/07, Kanal 5 u.a., Slg. 2008, I-9275, Rdn. 28.

diesem *„stark überhöht“*[148] oder *„unbillig und unverhältnismäßig“*[149], liegt ein Missbrauch vor[150].

- Die Feststellung der Angemessenheit bzw. Unangemessenheit von **Vertragskonditionen** ist aufgrund einer umfassenden Interessenabwägung unter Berücksichtigung der Vertragsziele und des Verhältnismäßigkeitsgrundsatzes zu entscheiden. Dies gilt gleichermaßen für mächtige Anbieter[151] wie für mächtige Nachfrager, wie etwa die Verwertungsgesellschaften, denen es nach Art. 102 AEUV untersagt ist, in ihren Vertragswerken die Künstler und Autoren mehr als unbedingt für die Wahrnehmung ihrer Rechte nötig an sich zu binden[152].

2. Behinderungsmissbrauch

1181 Unter der Gruppe des Behinderungsmissbrauchs werden diejenigen Maßnahmen von Unternehmen in beherrschender Stellung zusammengefasst, mit denen Wettbewerber vom Markt gedrängt oder ihr Markteintritt verhindert werden soll[153]. Typische Beispiele sind: temporäre Kampfpreise, Rabattsysteme, die Weigerung, bestimmte Kunden zu beliefern, Produktionskoppelungen oder die sog. Kosten-Preis-Schere.

a) Kampfpreisunterbietungen

1182 Gezielte Kampfpreisunterbietungen bilden gleichsam den klassischen Fall des Behinderungsmissbrauchs. Ein lehrreiches Beispiel ist der Fall „AKZO“, in dem ein beherrschendes Unternehmen (AKZO) einem kleinen Konkurrenten, der es gewagt hatte, in seinen Markt einzudringen, einen erbitterten Preiskampf *„ohne Rücksicht auf Verluste“* geliefert hatte[154]. Von derartig eindeutigen Fällen abgesehen, bereitet jedoch häufig die Abgrenzung verbotener Kampfpreisunterbietungen von (auch Unternehmen in beherrschender Stellung) gestattetem Preiswettbewerb erhebliche Schwierigkeiten[155].

---

148 EuGH, Rs. 26/75, General Motors, Slg. 1975, 1367, Rdn. 15/16.

149 EuGH C-385/07P, Der Grüne Punkt, Slg. 2009, I-6155, Rdn. 142.

150 Das Vorliegen eines Preismissbrauchs ist etwa geprüft worden bei der Forderung unbilliger Gebühren durch Fernsehanstalten (EuGH Rs. 155/73, Sacchi, Slg. 1974, 409) oder durch Schutzrechtsinhaber (EuGH Rs. 395/87, Tournier, Slg. 1989, 2521) sowie bei der Durchsetzung unbilliger Flugtarife (EuGH Rs. 66/86, Ahmed Saeed Flugreisen, Slg. 1989, 803).

151 EuGH Rs. 155/73, Sacchi, Slg. 1974, 409 (Fernsehanstalten); Rs. 247/86, Alsatel, Slg. 1988, 5987 (Telefonanlage).

152 EuGH Rs. 395/87, Tournier, Slg. 1989, 2521; Rs. 110/88, 241/88 und 242/88, Lucazeau, Slg. 1989, 2811.

153 Vgl. dazu auch die Mitteilung der KOM über Prioritäten bei der Anwendung von Art. 102 auf Fälle des Behinderungsmissbrauchs durch marktbeherrschende Unternehmen, ABl. 2009 C 45/1.

154 EuGH C-62/86, AKZO, Slg. 1991, I-3476; EuG T-333/94, Tetra Pak, Slg. 1996, II-5951 Rdn. 44.

155 EuGH C-209/10, Post Danmark, ECLI:EU:C:2011:342.

b) Gewerbliche Schutzrechte

Zur Behinderung ihrer Konkurrenten setzen Unternehmen in beherrschender Stellung häufig auch die gewerblichen Schutzrechte oder die diesen gleichstehenden Ausschließlichkeitsrechte ein. Beispiele sind die Eintragung von Defensivzeichen, um ausländische Konkurrenten daran zu hindern, in den beherrschten, nationalen Markt einzudringen[156], oder die Behinderung von Parallelimporten durch die Kraftfahrzeughersteller zum Schutz des eigenen „offiziellen Vertriebsnetzes" durch die Verweigerung der sog. Konformitätsbescheinigungen bzw. durch die Forderung weit überhöhter Gebühren für die Ausstellung solcher Bescheinigungen[157]. Die bloße Ausübung gewerblicher Schutzrechte verstößt dagegen nicht gegen Art. 102 AEUV, solange sie sich im Rahmen der EU-Verträge hält. **1183**

c) Ausschließlichkeitsbindungen und vergleichbare Maßnahmen

Den Markt beherrschende Unternehmen können ihre Konkurrenten auch dadurch behindern, dass sie ihren Lieferanten ausschließliche Lieferpflichten und ihren Abnehmern ausschließliche Bezugspflichten auferlegen. Diese Ausschließlichkeitsbindungen bewirken, dass die Konkurrenz von ihren Versorgungsquellen und Absatzwegen abgeschnitten wird. **1184**

Den Ausschließlichkeitsbindungen vergleichbar sind solche Maßnahmen, durch die die Abnehmer veranlasst werden sollen, ihren gesamten Bedarf möglichst bei dem Lieferanten in beherrschender Stellung zu decken. Beispiele hierfür sind Verträge über den gesamten oder nahezu den gesamten Bedarf eines Abnehmers[158] sowie Rabattsysteme[159], und hier insbesondere Treuerabatte, deren einzige Funktion darin besteht, den ausschließlichen Bezug bei dem beherrschenden Unternehmen und damit wettbewerbsbeschränkendes Verhalten zu belohnen[160]. **1185**

d) Lieferverweigerung

Lieferverweigerungen können einen Missbrauch einer marktbeherrschenden Stellung durch Einschränkung des Absatzes zum Schaden der Abnehmer darstellen. Im Einzelfall ist zu prüfen, ob die Lieferverweigerung, gemessen an den Zielen der EU-Verträge, sachlich gerechtfertigt ist. Dabei steht dem Fall der Lieferverweigerung die **1186**

---

156 EuG T-69/89, RTE, Slg. 1991, II-485; T-76/89, ITP, Slg. 1991, II-575; bestätigt durch EuGH C-241/91P u. C-242/91P, RTE u. ITP, Slg. 1995, I-743; vgl. auch C-481/01, IMS Health, Slg. 2004, I-5039 Rdn. 38.

157 EuGH Rs. 26/75, General Motors, Slg. 1975, 1367.

158 EuG T-155/06, Tomra Systems/KOM, Slg. 2010, II-4361, Rdn. 298; T-30/89, Hilti, Slg. 1991, II-1439.

159 EuGH Rs. 322/81, Michelin, Slg. 1983, 3461.

160 EuGH Rs. 322/81, Michelin, Slg. 1983, 3461; EuG T-203/01, Michelin, Slg. 2003, II-4071 Rdn. 95.

Belieferung zu diskriminierenden Bedingungen oder unter wettbewerbsbeschränkenden Auflagen gleich. Missbräuchlich ist es z.B., wenn ein beherrschender Hersteller von Ersatzteilen die Belieferung anderer Unternehmen ablehnt, um den lukrativen Ersatzteilmarkt für sich zu monopolisieren[161], oder wenn ein beherrschendes Unternehmen die Lieferbeziehungen zu langjährigen Kunden nur deshalb abbricht, weil diese Konkurrenzprodukte vertreiben oder für solche werben[162].

1187 Dieselben Regeln gelten für Dienstleistungsunternehmen. Einen Sonderfall stellt dabei das unter *„essential-facilities-Doktrin"* bekannte Problem dar, ob die Inhaber von Infrastruktureinrichtungen, die den Zugang zu vorgelagerten oder nachgelagerten Märkten beherrschen, anderen Unternehmen die Mitbenutzung dieser Einrichtungen gestatten müssen, selbst wenn ihnen davon eine Konkurrenz auf dem betreffenden Markt droht. Die Kommission steht dieser Doktrin eher aufgeschlossen gegenüber[163]. Der EuGH nähert sich dieser Doktrin dagegen vorsichtiger: So dürfen auf der einen Seite Fernsehanstalten nachgeordnete Märkte, wie z.B. den Markt für Telefonwerbung nicht dadurch für sich oder ihre Tochtergesellschaften monopolisieren, dass sie sich weigern, Werbespots anderer gleichfalls auf dem Markt für Telefonwerbung tätiger Unternehmen auszustrahlen, für die die Fernsehwerbung lebensnotwendig ist[164]; auf der anderen Seite hat ein Verleger keinen Anspruch, sich für die Zustellung seiner Presseerzeugnisse an seine Kunden des landesweiten Botensystems eines Konkurrenten zu bedienen[165].

1188 Missbräuchlich sind auch Praktiken, durch die ein Vertragspartner des beherrschenden Unternehmens dazu angehalten wird, von diesem zusätzliche Leistungen anzunehmen, die *„weder sachlich noch nach Handelsbrauch in Beziehung zum Vertragsgegenstand stehen"* (Art. 102 Abs. 2 Buchstabe d). Das Vorliegen eines solchen *Koppelungsgeschäftes* wurde z.B. bejaht in einem Fall, in dem der führende Hersteller von Getränkeabfüllanlagen seine Abnehmer verpflichtete, nur die von ihm hergestellten Kartons zu benutzen und diese nur bei ihm zu kaufen[166]. Ein weiteres bekanntes Beispiel stellt die Praxis von Microsoft dar, seine Windows-Software nur unter Einschluss des Windows Media Player zu verkaufen[167]. Ein Missbrauch liegt nicht nur dann vor, wenn der Kunde zur Abnahme der zusätzlichen Leistungen verpflichtet ist; vielmehr genügt, dass die Vereinbarung für ihn einen so starken Anreiz zum aus-

161 EuGH Rs. 22/78, Hugin, Slg. 1979, 1869.

162 EuGH Rs. 27/76, United Brands, Slg. 1978, 207.

163 Vgl. etwa die Mitteilung der KOM über die Anwendung der Wettbewerbsregeln auf Zugangsvereinbarungen im Telekommunikationsbereich, ABl. 1998 C 265/2. Aus der *Literatur* hierzu: *Bunte*, WuW 1997, S. 302; *Müller*, EuZW 1998, S. 232. *Deselaers*, EuZW 1995, S. 563.

164 EuGH Rs. 311/84, Telemarketing, Slg. 1985, 3261.

165 Vgl. EuGH C-7/97, Oskar Bronner GmbH/Mediaprint, Slg. 1998, I-7817 Rdn. 41.

166 EuG T-30/89, Hilti, Slg. 1991, II-1439, Rdn. 16 und 101.

167 Die KOM hat hierin ein verbotenes Kopplungsgeschäft gesehen, vgl. Entscheidung vom 2.4.2004, Rdn. 792 ff.; dies wurde auf eine Klage von Microsoft hin durch das EuG bestätigt (T-201/04, Microsoft/KOM, Slg. 2007, II-3601).

schließlichen Bezug beim beherrschenden Unternehmen schafft, dass dessen Konkurrenten nicht zum Zuge kommen können.

e) Begrenzung von Monopolen

1189 Für Unternehmen, die bereits auf einem Markt ein Monopol besitzen, können sich aus Art. 102 AEUV zum Schutz des Wettbewerbs, ihrer Vertragspartner und ihrer Konkurrenten auf anderen Märkten besonders strenge Pflichten ergeben. Dies gilt sowohl für die urheberrechtlichen Verwertungs- und Wahrnehmungsgesellschaften als auch für die nationalen Verwaltungsmonopole (z.B. Tabak-, Rundfunk- oder Arbeitsvermittlungsmonopol)[168].

f) Kosten-Preis-Schere

1190 Von besonderer Bedeutung ist im Hinblick auf die Liberalisierung bislang reservierter Märkte die sog. *Kosten-Preis-Schere*, die auch als *„price squeeze"* bezeichnet wird[169]. Ein solcher Missbrauch liegt vor, wenn Konkurrenten an das marktbeherrschende Unternehmen für den Erwerb eines für die Erbringung ihrer eigenen Dienstleistungen erforderlichen Bestandteil einen Preis zahlen müssen, der so hoch ist, dass es ihnen nicht möglich ist, mit dem marktbeherrschenden Unternehmen auf dem Markt für diese Dienstleistungen zu konkurrieren[170]. Zum Vergleich heranzuziehen sind dabei diejenigen Wettbewerber, die mindestens ebenso effizient sind wie das marktbeherrschende Unternehmen[171]. Der maßgebliche Test zur Ermittlung einer Kosten-Preis-Schere besteht darin, festzustellen, ob ein Wettbewerber mit der gleichen Kostenstruktur ohne Verluste Dienstleistungen erbringen könnte, wenn er den Zugangspreis auf dem Markt, der seinen Konkurrenten berechnet wird, entrichten müsste[172].

III. Rechtsfolgen des Missbrauchs einer marktbeherrschenden Stellung

1191 Liegt eine missbräuchliche Ausnutzung einer marktbeherrschenden Stellung nach Art. 102 AEUV vor, so hat dies folgende Auswirkungen:

- Das Verhalten, das gegen Art. 102 AEUV verstößt, ist verboten, ohne dass es einer besonderen Entscheidung durch die Kommission oder die nationalen Gerichte bedarf.

---

168 Einzelheiten dazu s. bei *Emmerich*, in Dauses, Handbuch EG-Wirtschaftsrecht, Kap. H.I.

169 Bsp. aus der Rspr.: EuGH C-280/08 P, Deutsche Telekom/KOM, Slg. 2010, I-9555; EuG T-336/07, Telefónica und Telefónica de España/KOM, ECLI:EU:T:2012:172; T-398/07, Spanien/KOM, ECLI:EU:T:2012:173.

170 Siehe die Entscheidung der KOM „Deutsche Telekom" v. 21.5.2003, ABl. L 263/9, Rdn. 107.

171 EuGH C-280/08 P, Deutsche Telekom/KOM, Slg. 2010, I-9555, Rdn. 163,177.

172 EuG T-336/07, Telefónica und Telefónica de España/KOM, ECLI:EU:T:2012:172.

- Die Kommission kann – wie beim Kartellverbot – anordnen, das wettbewerbswidrige Verhalten abzustellen, und Geldbußen bis zu 10 % des Jahresumsatzes des betreffenden Unternehmens festsetzen.
- Vor den nationalen Gerichten können Ansprüche auf Unterlassung oder auf Ersatz des entstandenen Schadens (in Deutschland § 823 Abs. 2 BGB) geltend gemacht werden. Verträge, die unter Verletzung des Art. 102 AEUV zustande gekommen sind, können gem. § 138 BGB (Sittenwidrigkeit) und gem. § 134 BGB (Verstoß gegen ein gesetzliches Verbot) nichtig sein.

Weiterführende Literatur: *Asbach,* Treuerabatte und Rabatte mit Treuewirkung als Missbrauch einer marktbeherrschenden Stellung gem. Art. 102 AEUV, 2011; *Bryde,* Rechtfertigungsprüfung in der Anwendung von Art. 102 AEUV, 2011; *Eilmansberger,* Abschlußzwang und Essential Facility Doktrin nach Art. 82 EG, EWS 2003, S. 12; *Jorns,* Europäische Missbrauchsaufsicht über Immaterialgüterrechte unter besonderer Berücksichtigung der „Essential-Facilities"-Doktrin, 2007; *Kirchner,* Das Missbrauchsverbot des Art. 102 AEUV: Sinnfälligkeit einer stärker ökonomischen Ansatzes?, EuR 2011, Beiheft 2, S. 103; *Lange/Pries,* Die Neuorientierung der europäischen Missbrauchsaufsicht in dem Bereich Kampfpreisstrategien (predatory pricing), EWS 2009, S. 57; *Schommer,* Die „essential facility"-Doktrin im europäischen Wettbewerbsrecht, 2003; *Schröter/Jakob/Klotz/Mederer,* Europäisches Wettbewerbsrecht, 3. Aufl. 2024; *Sondermann,* Die kartellrechtliche Beurteilung von Unterkostenpreisen marktmächtiger Unternehmen auf europäischer Ebene, im Vereinigten Königreich und in Deutschland, 2007.

C. Das Kartellverfahren

1192 Das Kartellverfahren der EU ist durch die **Verordnung (EG) Nr. 1/2003**[173] umfassend geregelt worden. Die zentralen Zielsetzungen der Verordnung sind die **wirksame Durchsetzung** der in den Art. 101 und 102 AEUV niedergelegten Verbote und die **einheitliche Anwendung** dieser Wettbewerbsregeln im europäischen Binnenmarkt.

I. Wirksame Durchsetzung der Wettbewerbsregeln

1193 Zur wirksamen Durchsetzung der Art. 101 und 102 AEUV sind in der Verordnung 1/2003 mehrere Instrumente niedergelegt, die im Folgenden dargestellt werden.

1. Unmittelbare Anwendbarkeit des Art. 101 Abs. 3 AEUV

1194 Nach dem neuen Konzept ist **Art. 101 Abs. 3 AEUV als Legalausnahme** zu verstehen mit der Folge, dass eine Vereinbarung, welche die vier Voraussetzungen des Art. 101 Abs. 3 AEUV erfüllt, nicht den Rechtsfolgen des Art. 101 Abs. 1 (Verbot) bzw. des Art. 101 Abs. 2 (zivilrechtliche Nichtigkeit) unterfällt (Art. 1 Abs. 2 VO

173 VO (EG) Nr. 1/2003 des Rates vom 16. 12. 2003 zur Durchführung der in den Art. 81 und 82 EG [jetzt Art. 101 und 102 AEUV] niedergelegten Wettbewerbsregeln, ABl. 2002 L 1/1 (konsolidierte Fassung v. 1.7.2009).

(EG) Nr. 1/2003). Das vormalige Anmeldungs- und Genehmigungssystem ist damit abgeschafft.

2. Dezentralisierung der Anwendung der Art. 101 und 102 AEUV

Eng verbunden mit der unmittelbaren Anwendung des Art. 101 Abs. 3 AEUV ist die **1195** Dezentralisierung der Durchsetzung der EU-Wettbewerbsregeln. Die Durchsetzung der Art. 101 und 102 AEUV liegt nicht mehr – wie bisher – beinahe ausschließlich in den Händen der Kommission, sondern wird nunmehr auch von den **nationalen Wettbewerbsbehörden und Gerichten** wahrgenommen. Die Kommission soll durch die Neuordnung in die Lage versetzt werden, sich auf die Aufdeckung und Verfolgung schwerwiegender Verstöße gegen die EU-Wettbewerbsregeln zu konzentrieren. Gleichzeitig werden die nationalen Wettbewerbsbehörden und innerstaatlichen Gerichte mit Befugnissen ausgestattet, die es ihnen ermöglichen, wirksam die Anwendung und Durchsetzung der Art. 101 und 102 AEUV auf mitgliedstaatlicher Ebene zu gewährleisten.

3. Ermittlungsbefugnisse der Kommission

Der mit der Einführung des Systems der Legalausnahme verbundene Wegfall der **1196** präventiven Kontrolle durch Anmeldung und Genehmigung der Vereinbarungen durch die Kommission wird durch eine **Verstärkung der nachträglichen Kontrollen** von wettbewerbsbeschränkenden Verhaltensweisen ausgeglichen. Zu diesem Zweck sind die Ermittlungsbefugnisse der Kommission verstärkt worden.

a) Nachprüfungsbefugnisse

Zur Erfüllung ihrer Aufgaben kann die Kommission alle erforderlichen **Nachprüfungen** **1197** vornehmen (Art. 20 VO (EG) Nr. 1/2003). Eine solche Maßnahme wird insbesondere dann in Betracht kommen, wenn die Kommission bereits über Informationen verfügt, deren Richtigkeit und Tragweite zu überprüfen sind. Eine ohne konkreten Anfangsverdacht in der bloßen Hoffnung, etwaiges Beweismaterial zu entdecken, durchgeführte Nachprüfung (sog. „fishing expedition") ist unzulässig.

Im Rahmen der Nachprüfungen kann die Kommission alle Räumlichkeiten, Grund- **1198** stücke und Transportmittel der Unternehmen und Unternehmensvereinigungen betreten, die Bücher und Geschäftsunterlagen (zu denen etwa auch Computerprogramme zählen) prüfen, Kopien oder Auszüge aus diesen Büchern und Unterlagen anfertigen, betriebliche Räumlichkeiten und Bücher und Unterlagen erforderlichenfalls versiegeln und Erläuterungen zu Tatsachen und Unterlagen verlangen, die mit dem Gegenstand der Nachprüfung in Zusammenhang stehen. Besteht ein begründeter Verdacht, dass mögliches Beweismaterial außerhalb der Räumlichkeiten, Grundstücke und Transportmittel der Unternehmen und Unternehmensvereinigungen aufbewahrt wird (z.B. in den Privatwohnungen der Leiter oder Mitarbeiter der Unternehmen), kann die Kommission nunmehr eine Nachprüfung auch in diesen Räumlichkeiten, Grundstücken und Transportmitteln durch Beschluss anordnen (Art. 21. Abs. 1 VO (EG) Nr. 1/2003). Ein solcher Beschluss kann allerdings nur mit der vorherigen Genehmigung der nationalen Gerichte durchgeführt werden (Art. 21 Abs. 3 VO (EG) Nr. 1/2003).

1199 Die Nachprüfung wird von Beamten der Kommission durchgeführt, die von Bediensteten der Wettbewerbsbehörden des jeweiligen Mitgliedstaates unterstützt werden können.

b) Befugnis zur Befragung

1200 Die Kommission erhält nunmehr das Recht, Zeugenvernehmungen nicht nur im Rahmen von Nachprüfungen, sondern auch außerhalb von Nachprüfungen vorzunehmen (Art. 19 VO (EG) Nr. 1/2003). Die mit Nachprüfungen beauftragten Beamten sind berechtigt, alle Unternehmensvertreter oder Mitglieder der Belegschaft zu Tatsachen oder Unterlagen zu befragen, die mit Gegenstand und Zweck der Nachprüfung im Zusammenhang stehen. Voraussetzung ist allerdings, dass die betroffenen Personen mit der Befragung einverstanden sind. Die Kommission kann eine Aussage nicht erzwingen. Sanktionen für unrichtige oder irreführende Angaben sind, anders als im Falle der Befragung im Rahmen von Nachprüfungen oder formellen Auskunftsverlangen, erstaunlicherweise hier nicht vorgesehen.

c) Auskunftsverlangen

1201 Die Kommission kann weiterhin formelle Auskunftsverlangen an die Unternehmen richten (Art. 18 VO (EG) Nr. 1/2003). Sie kann darin alle für die Prüfung der Vereinbarungen, Beschlüsse oder Verhaltensweisen erforderlichen Auskünfte einholen oder verlangen, dass ihr die notwendigen Unterlagen übermittelt werden. Klargestellt wird nun, dass diese Verlangen auch von den Anwälten der Unternehmen beantwortet werden können, wobei allerdings die Unternehmen für die Richtigkeit der erteilten Auskünfte einzustehen haben.

1202 Die vollständige und genaue Beantwortung eines Auskunftsersuchens kann durch Zwangsgelder in Höhe von bis zu 5 % des Tagesumsatzes für jeden Tag des Verzugs erzwungen werden (Art. 24 Abs. 1 Buchst. d VO (EG) Nr. 1/2003). Unrichtige oder falsche Auskünfte von Unternehmensvertretern oder eines seiner Mitarbeiter mit Duldung des Unternehmens können mit einer Geldbuße bis zu 1 % des Jahresumsatzes des Unternehmens geahndet werden.

1203 Ein allgemeines **Auskunftsverweigerungsrecht** besteht nicht, weil dies zu einer nicht gerechtfertigten Behinderung der Kommission bei der Erfüllung ihrer Aufgabe, über die Einhaltung der Wettbewerbsregeln zu wachen, führen würde. Die

Beantwortung eines Auskunftsersuchens kann daher nicht mit der Begründung verweigert werden, die angeforderten Auskünfte könnten von der Kommission zum Nachweis eines Verstoßes gegen die Wettbewerbsregeln durch das betroffene Unternehmen benutzt werden. Mit der Wahrung der Verteidigungsrechte unvereinbar wäre es jedoch, wenn die Kommission einem Unternehmen Antworten abverlangen würde, die einem Geständnis eines Verstoßes gegen das EU-Kartellrecht gleichkommen[174].

d) Beachtung rechtstaatlicher Grundsätze

Das Kartellverfahren nach der Verordnung (EG) Nr. 1/2003 ist trotz der Möglichkeit, **1204**
Geldbußen zu verhängen, ein Verwaltungsverfahren[175], wenngleich mit strafrechtlichen Zügen. Die Kommission ist auch kein „Gericht", so dass die Verbindung von Ermittlungs- und Entscheidungsbefugnissen in der Hand der Kommission unschädlich ist. Die Kommission ist bei der Ausübung ihrer Befugnisse allerdings an rechtsstaatliche Grundsätze gebunden.

Daraus ableitbar ist vor allem der Anspruch auf ein *faires Verfahren*[176], die Verpflich- **1205**
tung zur Beachtung der *Verteidigungsrechte* der betroffenen Unternehmen (Art. 27 Abs. 2 VO (EG) Nr. 1/2003), vor dem Erlass des beschwerenden Beschlusses *rechtliches Gehör* zu gewähren (Art. 27 Abs. 1 VO (EG) Nr. 1/2003), *Akteneinsicht* in die zur Begründung der behaupteten Zuwiderhandlung herangezogenen Unterlagen zu ermöglichen (Art. 27 Abs. 2 Satz 2 und 3 VO (EG) Nr. 1/2003), die *Vertraulichkeit der Kenntnisse* zu respektieren, die unter das Berufs- und Geschäftsgeheimnis fallen (Art. 28 Abs. 2 VO (EG) Nr. 1/2003), und die Beschlüsse angemessen zu *begründen* (Art. 296 AEUV).

4. Abstellung von Zuwiderhandlungen

Im Rahmen der Verordnung (EG) Nr. 1/2003 verfügt die Kommission über vier **1206**
förmliche Beschlussmöglichkeiten:

- Feststellung und Abstellung der Zuwiderhandlung (Art. 7 VO (EG) 1/2003)
- Erlass einstweiliger Maßnahmen (Art. 8 VO (EG) 1/2003)
- Beschluss über die Annahme von Verpflichtungszusagen (Art. 9 VO (EG) 1/2003)
- Feststellung der Nichtanwendbarkeit der Wettbewerbsregeln (Art. 10 VO (EG) 1/2003)

---

174 Vgl. zu dieser Problematik EuG T-112/99, Mannesmannröhren-Werke/KOM, Slg. 2001, II-729 Rdn. 67.

175 EuGH Rs. 44/69, Buchler, Slg. 1970, 733 Rdn. 20; Rs. 100-103/80, Musique Diffusion Française, Slg. 1983, 1825 Rdn. 7.

176 EuGH C-411/04P, Salzgitter Mannesmann/KOM, Slg. 2007, I-959 Rdn. 40.

a) Feststellung und Abstellung der Zuwiderhandlung

1207 Stellt die Kommission eine Zuwiderhandlung gegen Art. 101 oder 102 AEUV fest, kann sie die beteiligten Unternehmen verpflichten, diese Zuwiderhandlung abzustellen. Die Kommission kann *„alle erforderlichen* **Abhilfemaßnahmen** *verhaltensorientierter oder struktureller Art"* vorschreiben, soweit diese Maßnahmen verhältnismäßig und erforderlich sind (Art. 7 Abs. 1 S. 2 VO (EG) Nr. 1/2003). Die Abstellungsverfügungen können unmittelbar mit Zwangsgeldern durchgesetzt werden (Art. 24 Abs. 1 Buchst. a) VO (EG) Nr. 1/2003).

- Abhilfemaßnahmen *verhaltensorientierter Art* sind Verhaltensanordnungen im Sinne einer Unterlassungs- oder Handlungsverpflichtung. Diese ergeben sich in der Regel bereits unmittelbar aus der Abstellungsverfügung.
- Abhilfemaßnahmen *struktureller Art* beziehen sich unmittelbar auf die Unternehmensstruktur, für die eine Veränderung angeordnet wird. Ihre Verfügung setzt allerdings zum einen voraus, dass die Unternehmensstruktur selbst in einem ursächlichen Zusammenhang mit der festgestellten Zuwiderhandlung steht, was am Ehesten noch im Rahmen des Art. 102 AEUV vorstellbar ist, und zum anderen, dass keine verhaltensorientierte Abhilfemaßnahme von gleicher Wirksamkeit möglich ist oder eine solche Maßnahme im Vergleich mit strukturellen Abhilfemaßnahmen mit einer größeren Belastung für die betroffenen Unternehmen verbunden wäre. Beispiele für eine solche strukturelle Abhilfemaßnahme sind etwa die Anweisung, sich von der Beteiligung an einem anderen Unternehmen zu trennen, oder eine Entflechtungsanordnung.

1208 Ist die Zuwiderhandlung bereits beendet, kann ein ***Feststellungsbeschluss*** erlassen werden, wenn ein berechtigtes Interesse an einem solchen Beschluss besteht, was insbesondere bei Wiederholungsgefahr zu bejahen ist.

b) Einstweilige Maßnahmen

1209 Die Kommission kann in dringenden Fällen, wenn die Gefahr eines ernsten, nicht wiedergutzumachenden Schadens für den Wettbewerb besteht, von Amts wegen auf der Grundlage einer „prima facie" festgestellten Zuwiderhandlung einstweilige, zeitlich befristete Maßnahmen treffen.

c) Beschluss über Verpflichtungszusagen

1210 Der Beschluss über die Annahme von Verpflichtungszusagen von Seiten der betroffenen Unternehmen führt zur Einstellung des Nachprüfungsverfahrens durch die Kommission. Ausgangspunkt für einen solchen Beschluss ist jedoch zwingend die Mitwirkung der betroffenen Unternehmen. Die Kommission kann nicht von sich aus eine bindende Verpflichtung ohne Mitwirkung der betroffenen Unternehmen treffen; dazu müsste sie auf einen Beschluss zur Abstellung von Zuwiderhandlungen zurückgreifen.

Die Verpflichtungszusagen müssen geeignet sein, die von der Kommission aufgrund ihrer vorläufigen Beurteilung der Wettbewerbssituation geäußerten Bedenken vollständig auszuräumen und die als wettbewerbsverzerrend eingestufte Verhaltensweise bereits vor Erlass der Abstellungsverfügung zu neutralisieren (Art. 8 Abs. 1 VO (EG) Nr. 1/2003). **1211**

Die Verpflichtungszusage wird mit dem Beschluss der Kommission für die betroffenen Unternehmen verbindlich und kann mit Zwangsgeldern durchgesetzt werden. **1212**

d) Feststellung der Nichtanwendbarkeit der Wettbewerbsregeln

Aus Gründen des öffentlichen Interesses der EU kann die **Kommission** schließlich durch Beschluss feststellen, dass eine bestimmte Verhaltensweise nicht unter den Tatbestand der Art. 101 Abs. 1 bzw. Art. 102 AEUV fällt oder die Voraussetzungen der Freistellung nach Art. 101 Abs. 3 AEUV erfüllt. Wegen der unmittelbaren Wirkung dieser Vorschriften hat ein solcher Beschluss nur **deklaratorische Wirkung**. Die Bedeutung dieses Beschlusses liegt darin, dass damit bindend für die Kommission, die nationalen Wettbewerbsbehörden und die innerstaatlichen Gerichte die Vereinbarkeit der fraglichen Verhaltensweise mit den EU-Wettbewerbsregeln festgestellt wird (Art. 10 VO (EG) Nr. 1/2003). **1213**

Den **nationalen Wettbewerbsbehörden** steht diese Möglichkeit nicht zu. Sie können lediglich feststellen, dass nach den ihnen vorliegenden Informationen die Voraussetzungen für ein Verbot nicht vorliegen (Art. 24 Abs. 1 Buchst. a) VO (EG) Nr. 1/2003). Eine über die konkrete Prüfung hinausgehende Bindungswirkung hat ein solcher Ausspruch nicht. **1214**

5. Befugnisse der nationalen Wettbewerbsbehörden

Nachdem nunmehr auch die **Wettbewerbsbehörden der Mitgliedstaaten** für die Anwendung der Art. 101 und 102 AEUV in Einzelfällen zuständig sind, können auch sie – von Amts wegen oder aufgrund einer Beschwerde – Entscheidungen erlassen, mit denen **1215**

- die Abstellung von Zuwiderhandlungen angeordnet wird,
- einstweilige Maßnahmen angeordnet werden,
- Verpflichtungszusagen angenommen werden oder
- Geldbußen, Zwangsgelder oder sonstige im innerstaatlichen Recht vorgesehene Sanktionen verhängt werden (Art. 5 VO (EG) Nr. 1/2003).

Sind nach den Informationen, die den nationalen Wettbewerbsbehörden vorliegen, die Voraussetzungen für ein Verbot nicht gegeben, können diese auch entscheiden, dass kein Bedarf für ein Tätigwerden besteht. Eine solche Entscheidung stellt eine Art **„Negativattest"** dar, dem allerdings im Gegensatz zur Feststellung der Nicht- **1216** anwendbarkeit der Wettbewerbsregeln durch die Kommission keine bindende Wirkung zukommt.

1217 Für das **Verfahren** vor den nationalen Wettbewerbsbehörden gelten die **nationalen Vorschriften**, in Deutschland also die Vorschriften des GWB. Die **Verfahrensmodalitäten** dürfen jedoch weder ungünstiger sein als bei entsprechenden Klagen, die nationale Vorschriften betreffen, noch die Ausübung der durch die EU-Rechtsordnung verliehenen Rechte praktisch unmöglich machen oder übermäßig erschweren[177].

1218 Die **Zuständigkeit** der nationalen Wettbewerbsbehörden **entfällt** automatisch, wenn die Kommission selbst ein Verfahren einleitet (Art. 11 Abs. 6 VO (EG) Nr. 1/2003).

6. Sanktionen

1219 Zum **Zweck** der Gewährleistung der Beachtung der Verbote der Art. 101 und 102 AEUV ist die Verhängung von **Geldbußen** (Art. 23 Abs. 2 Buchst. a) VO (EG) Nr. 1/2003) und von **Zwangsgeldern** (Art. 24 Abs. 1 VO (EG) Nr. 1/2003) vorgesehen. Während Zwangsgelder die möglichst unverzügliche Befolgung und Umsetzung der zur Abstellung eines Wettbewerbsverstoßes getroffenen Entscheidungen zum Ziel hat, haben die Geldbußen neben der normalen repressiven Funktion vor allem auch die Funktion der Abschreckung[178].

1220 Voraussetzung für die Verhängung einer Geldbuße oder eines Zwangsgeldes ist das Vorliegen von **Verschulden**, wobei juristische Personen nach allgemeinen Grundsätzen für das Verhalten der für sie handelnden Personen einzustehen haben. Maßstab ist hier die Verletzung von Sorgfaltspflichten des Unternehmens durch seine Organe und Angestellten bei der Beachtung der Wettbewerbsregeln und der entsprechenden Gestaltung der Geschäftstätigkeit, wobei von den Unternehmen zu verlangen ist, dass sie den Inhalt der Wettbewerbsregeln kennen und ihre Geschäftstätigkeit entsprechend ausrichten und organisieren. Fahrlässigkeit genügt; diese liegt bereits dann vor, wenn die betreffende Person bei Einhaltung der objektiv gebotenen Sorgfalt hätte erkennen können, dass die fragliche Verhaltensweise gegen die Wettbewerbsregeln verstößt.

---

177 EuGH C-242/95, GT-Link, Slg. 1997, I-4449, Rdn. 27; C-295/04 – C-298/04, Manfredi, Slg. 2006, I-6619, Rdn. 62 (zum „Äquivalenzgrundsatz" und „Effektivitätsgrundsatz" allgemein) sowie EuGH C-439/08, VEBIC, Slg. 2010, I-12471, Rdn. 59 zum „Effektivitätsgrundsatz" im Besonderen, wo der EuGH fordert, dass sich die Wettbewerbsbehörde eines Mitgliedstaates an einem Gerichtsverfahren beteiligen können muss, das sich gegen eine ihrer Entscheidungen richtet.

178 EuG T-16/99, Løgstør Rør/KOM, Slg. 2002, II-1633 Rdn. 236; T-45 u. 47/98, Krupp Thyssen und AST/KOM, Slg. 2001, II-3757 Rdn. 198.

Die **Geldbuße** darf 10% des im vorausgegangenen Geschäftsjahr erzielten **Gesamtumsatzes** nicht übersteigen (Art. 23 Abs. 2 VO (EG) 1/2003)[179]. Zweck der Begrenzung der Höhe des Bußgeldes ist es, zu verhindern, dass die Geldbußen außer Verhältnis zur Größe des Unternehmens und zum aus der wettbewerbswidrigen Verhaltensweise gezogenen Nutzen stehen[180]. Die Kommission hat auch die Möglichkeit, die Abstellung eines Verstoßes, die Befolgung einer Abhilfemaßnahme sowie die Einhaltung von für bindend erklärten Verpflichtungszusagen durch **Zwangsgelder** zu erzwingen, deren Höchstbetrag bis zu 5 % des durchschnittlichen Tagesumsatzes betragen kann (Art. 24 Abs. 1 VO (EG) 1/2003). Diese Befugnis wurde im Verfahren gegen Microsoft genutzt, wo ein Zwangsgeld von insgesamt mehr als 1,5 Mrd. Euro verhängt wurde[181]. 1221

Die Geldbußen und Zwangsgelder stellen Instrumente der Wettbewerbspolitik dar, so dass die Kommission über ein Ermessen verfügt, wie sie die Unternehmen zur Einhaltung der Wettbewerbsregeln anzuhalten gedenkt (Art. 23 Abs. 3 VO (EG) Nr. 1/2003). Grundsätzlich ist jedoch bei der **Bemessung** von Geldbußen und Zwangsgeldern auf die Schwere und Dauer der Zuwiderhandlung abzustellen[182]. 1222

- Die **Schwere einer Zuwiderhandlung** ist ausgehend vom Zweck der Verbotsvorschriften der Art. 101 und 102 AEUV und damit letztlich anhand des Schutzes eines Systems des unverfälschten Wettbewerbs zu beurteilen und ergibt sich aus dem Ausmaß der Beeinträchtigung der Verwirklichung der Ziele der EU. Schwere Zuwiderhandlungen sind demnach jedenfalls solche, die auf die Ausschaltung des Wettbewerbsprozesses auf dem relevanten Markt gerichtet sind oder der Verwirklichung eines einheitlichen Marktes zuwiderlaufen. Die Einschätzung des Schweregrades erfolgt anhand von einer Vielzahl von Gesichtspunkten, zu denen vor allem die besonderen Umstände des Wettbewerbsfalles, sein Kontext und die Abschreckungswirkung der Geldbuße gehören; vorsätzliches oder fahrlässiges Verhalten sind hingegen keine Kriterien, die zwingend für die Beurteilung der Schwere des Verstoßes herangezogen werden.
- Für die **Dauer der Zuwiderhandlung** ist der von der Kommission in der Feststellungsentscheidung nachgewiesene Zeitraum der Zuwiderhandlung und der Teilnahme jedes Unternehmens maßgeblich. Die Kommission hat in ihrer Praxis

179 Die Geldbußen können aber möglicherweise den Umsatz auf dem betroffenen Markt übersteigen, EuG T-67/00, T-68/00, T-71/00 und T-78/00, JFE Engineering Corp. u.a./KOM, Slg. 2004, II-2501 Rdn. 536.

180 EuG T-38/02, Danone/KOM, Slg. 2005, II-4407 Rdn. 168, bestätigt durch EuGH C-3/06P, Danone/KOM, Slg. 2007, I-1331; T-16/99, Løgstør Rør/KOM, Slg. 2002, II-1633 Rdn. 359.

181 Entscheidung vom 12.7.2006, ABl. 2008 C 138/10, Entscheidung vom 27.2.2008, ABl. 2009 C 166/20 sowie Entscheidung vom 6.3.2013, Presseerklärung der Kommission, IP/13/196.

182 EuG T-16/99, Løgstør Rør/KOM, Slg. 2002, II-1633 Rdn. 236. Vgl. auch die Leitlinien der KOM für das Verfahren zur Festsetzung von Geldbußen gem. Art. 23 Abs. 1 Buchstabe a) der VO (EG) Nr. 1/2003, ABl. 2006 C 210/2.

die Dauer der Zuwiderhandlung durch gestaffelte Zuschläge zu der aufgrund der Schwere des Verstoßes ermittelten Geldbuße berücksichtigt[183].

1223 Die Geldbuße kann **gemindert** oder, unter bestimmten Umständen, sogar vollständig **erlassen** werden, wenn ein Unternehmen an der Aufklärung des Sachverhalts mitwirkt oder die Entdeckung weiterer wettbewerbswidriger Verhaltensweisen erst ermöglicht (sog. **„Kronzeugenregelung"**)[184]. Die Kommission hat ihre Praxis betreffend den Erlass oder die Ermäßigung von Geldbußen in einer Mitteilung konkretisiert und dadurch ihr Ermessen in diesem Bereich selbst beschränkt. Sie kann daher von dieser Praxis im Einzelfall nicht ohne Angabe von Gründen abweichen, die mit dem Grundsatz der Gleichbehandlung vereinbar sind[185].

II. Einheitliche Anwendung der Wettbewerbsregeln

1224 Die stärkere Einbeziehung der nationalen Wettbewerbsbehörden und innerstaatlichen Gerichte macht es erforderlich, Vorkehrungen für eine einheitliche Anwendung der Art. 101 und 102 AEUV im Gebiet der gesamten EU sicherzustellen. Zu diesem Zweck wurden eine Reihe konkreter Mechanismen eingeführt, die eine kohärente Anwendung der Wettbewerbsregeln in allen Mitgliedstaaten gewährleisten sollen.

1225 Zu nennen sind zunächst die **Konvergenzregeln**, wonach Vereinbarungen nur dann verboten werden dürfen, wenn sie nach den EU-Wettbewerbsregeln verboten sind (Art. 3 Abs. 2 VO (EG) Nr. 1/2003). Die **Anwendung der Art. 101 und 102 AEUV** wird damit für alle Fälle **zwingend** vorgeschrieben, die in den Anwendungsbereich der EU-Wettbewerbsregeln fallen (Art. 3 Abs. 1 VO (EG) Nr. 1/2003).

1226 Von besonderer Bedeutung ist daneben die **Zusammenarbeit von Kommission und einzelstaatlichen Wettbewerbsbehörden** (Art. 11 VO (EG) Nr. 1/2003). Diese Zusammenarbeit wird im „Europäischen Wettbewerbsnetz" gewährleistet[186]. Das Netz der Wettbewerbsbehörden stellt ein Diskussions- und Kooperationsforum dar, das sowohl eine effiziente Arbeitsteilung als auch eine wirksame und kohärente Anwendung der EU-Wettbewerbsregeln sicherstellen soll. Von besonderer Bedeutung sind dabei die **Grundsätze für die Zuweisung der Wettbewerbsfälle**. Danach soll jeder Fall grundsätzlich nur *von einer einzigen Behörde* behandelt werden. Dies gilt insbesondere dann, wenn drei Voraussetzungen kumulativ erfüllt sind:

183 EuG T-220/00, Cheil Jedang Corp./KOM, Slg. 2003, II-2473 Rdn. 77 unter Hinweis auf die durch Leitlinien bewirkte Reduzierung des Ermessens.

184 Vgl. die Mitteilung über den Erlass und die Ermäßigung von Geldbußen in Kartellsachen, ABl. 2006 C 298/17; Änderung dieser Mitteilung am 5.8.2015, die konsolidierte Fassung ist veröffentlicht im ABl. 2015, C 256/1.

185 EuGH C-189/02 P, C-202/02 P, C-205/02 P bis C-208/02 P und C-213/02 P, Dansk Rørindustri u.a./KOM, Slg. 2005, I-5425 Rdn. 209.

186 Zu Einzelheiten siehe Bekanntmachung der KOM über die Zusammenarbeit innerhalb des Netzes der Wettbewerbsbehörden, ABl. 2004 C 101/43.

(1) Die Vereinbarung oder Verhaltensweise hat wesentliche unmittelbare tatsächliche oder absehbare Auswirkungen auf den Wettbewerb innerhalb des Hoheitsgebiets dieser Behörde, wird in diesem Gebiet umgesetzt oder hat dort ihren Ursprung, (2) die Behörde kann die gesamte Zuwiderhandlung wirksam beenden bzw. ahnden, und (3) die Behörde kann, gegebenenfalls mit Unterstützung anderer Behörden, die zum Nachweis der Zuwiderhandlung erforderlichen Beweise erheben. Ein paralleles Vorgehen von zwei oder drei nationalen Wettbewerbsbehörden kann allerdings angemessen sein, wenn die Vereinbarung oder Verhaltensweise wesentliche Auswirkungen auf den Wettbewerb in den jeweiligen Mitgliedstaaten hat und das Vorgehen lediglich einer Behörde nicht ausreichen würde, die gesamte Zuwiderhandlung zu beenden bzw. sie angemessen zu ahnden. Die *Kommission* selbst schließlich hält sich für besonders gut geeignet, einen Fall zu bearbeiten, wenn (1) mehr als drei Mitgliedstaaten betroffen sind, (2) ein Fall mit anderen Vorschriften des EU-Rechts verknüpft ist oder (3) das EU-Interesse eine Entscheidung der Kommission erfordert. Ein Eingreifen der Kommission setzt allerdings voraus, dass diese von einem Verfahren Kenntnis erlangt. Die nationalen Wettbewerbsbehörden werden daher verpflichtet, die *Kommission schriftlich zu informieren*, wenn sie auf der Grundlage von Art. 101 oder 102 AEUV tätig werden wollen. Diese Information der Kommission hat vor Beginn oder unverzüglich nach Einleitung der ersten förmlichen Ermittlungshandlung durch die nationalen Behörden zu erfolgen.

Eine kohärente Anwendung der Wettbewerbsregeln verlangt schließlich, dass ei- **1227**
nander **widersprechende Entscheidungen auf den verschiedenen Ebenen vermieden** werden. Dies wird durch die Einführung weitgehender Bindungswirkungen der Beschlüsse der Kommission und der von ihr eingeleiteten Verfahren sichergestellt. Zu diesem Zweck wird zunächst festgelegt, dass die **Gerichte und Wettbewerbsbehörden der Mitgliedstaaten**, die nach Art. 101 oder 102 AEUV über Vereinbarungen, Beschlüsse oder aufeinander abgestimmte Verhaltensweisen zu befinden haben, die bereits Gegenstand eines Beschlusses der Kommission sind oder in einem von der Kommission geführten Verfahren geprüft werden, keine Entscheidungen erlassen dürfen, die diesem Beschluss der Kommission zuwiderlaufen (Art. 16 Abs. 1 und 2 VO (EG) Nr. 1/2003). Außerdem kann die Kommission für den Fall, dass sie mit einer beabsichtigten Entscheidung der nationalen Wettbewerbsbehörde nicht einverstanden ist, grundsätzlich den Fall an sich ziehen und selbst ein Verfahren einleiten, wodurch die Zuständigkeit der nationalen Wettbewerbsbehörden automatisch beseitigt wird. Die Kommission hat allerdings bereits deutlich gemacht, dass sie von dieser Möglichkeit „im Prinzip" nur Gebrauch machen wird, wenn die betroffenen Behörden keinen Einwand erheben und einer der folgenden Fälle vorliegt: (1) Nationale Wettbewerbsbehörden beabsichtigen in demselben Fall den Erlass widersprüchlicher Entscheidungen; (2) eine Behörde beabsichtigt den Erlass einer Entscheidung, die offensichtlich im Widerspruch zur gesicherten Rechtsprechung des EuGH steht; (3) eine nationale Behörde zieht ein Verfahren unange-

messen in die Länge; oder (4) ein Beschluss durch die Kommission ist zur Weiterentwicklung der europäischen Wettbewerbspolitik erforderlich.

III. Rechtsschutz

1228 Die im Kartellverfahren ergangenen Beschlüsse der Kommission können vor dem Gerichtshof der EU angefochten werden (Art. 263 AEUV). Angesichts der Tatsache, dass im Kartellverfahren komplexe wirtschaftliche Sachverhalte zu würdigen sind, beschränkt sich die gerichtliche Kontrolle auf die Frage, *„ob die Verfahrensvorschriften eingehalten worden sind, ob die Begründung ausreichend ist, ob der Sachverhalt zutreffend festgestellt worden ist und ob keine offensichtlich fehlerhafte Würdigung des Sachverhalts und kein Ermessensmissbrauch vorliegen"*[187]. Dies gilt nicht für Beschlüsse, die eine Geldbuße oder Zwangsgelder auferlegen; diese Beschlüsse unterliegen dem Verfahren der unbeschränkten Ermessensüberprüfung (Art. 261 AEUV; Art. 31 VO [EG] Nr. 1/2003)[188]. Danach könnte der Gerichtshof der EU die Geldbuße/das Zwangsgeld auch erhöhen, wenngleich dies bisher eine theoretische Möglichkeit geblieben ist[189].

1229 Zuständig für Anfechtungsklagen ist in erster Instanz das EuG (Art. 256 AEUV), gegen dessen Entscheidungen binnen zwei Monaten nach Zustellung ein auf Rechtsfragen beschränktes Rechtsmittel zum EuGH eingelegt werden kann.

Weiterführende Literatur: *Von Alemann*, Die Abänderung von Bußgeldentscheidungen durch die Gemeinschaftsgewalt, EuZW 2006, S. 487; *Blake/Schnichels*, Schutz der Kronzeugen im neuen EG-Wettbewerbsrecht, EuZW 2004, S. 551; *Bosch*, Die Entwicklung des deutschen und europäischen Kartellrechts, NJW 2018, S. 1731; *Busse/Leopold*, Entscheidungen über Verpflichtungszusagen nach Art. 9 VO (EG) Nr. 1/2003, WuW 2005, S. 146; *Dalheimer/Feddersen/Miersch*, EU-Kartellverfahrensordnung: Kommentar zur VO 1/2003, 2005; *Dannecker*, Die Neuregelung der Sanktionierung von Verstößen gegen das EG-Kartellrecht nach der Verordnung (EG) Nr. 1/2003, FS für Immenga (2004), S. 61; *Dreher/Thomas*, Rechts- und Tatsachenirrtümer unter der neuen VO Nr. 1/2003, WuW 2004, S. 8; *Flocken*, Die Bußgeldbemessung der Europäischen Kommission in Kartellsachen, 2007; *Hamer*, Die Rolle des nationalen Richters im Rahmen der Kartell-Durchführungsverordnung 1/2003/EG, EWS 2003, S. 415; *Hirsbrunner/Rhomberg*, Verpflichtungszusagen im EG-Kartellverfahren – Erste praktische Erfahrungen mit der Neuregelung der Kartellverfahrensverordnung 1/2003, EWS 2005, S. 61; *Karl*, Europäisches Kartellbußgeldrecht, 2004; *Kirchhoff*, Sachverhaltsaufklärung und Beweislage bei der Anwendung des Art. 81 EG-Vertrag, WuW 2004, S. 745; *Klees*, Europäisches Kartellverfahrensrecht, 2005; *Koch*, Der kartellrechtliche Sanktionsdurchgriff im Unternehmensverbund, ZHR 2007, S. 554; *Oelke*, Das Europäische Wettbewerbsnetz: die Zusammenarbeit von Kommission und nationalen Wettbewerbsbehörden nach der Reform des europäischen Kartellverfahrensrechts, 2006; *Saitzek*, Verpflichtungszusagen im europäischen Kartellrecht, 2008; *Schnelle/*

187 St. Rspr. vgl. etwa EuG T-65/96, Kish Glass, Slg. 2000, II-1885 Rdn. 64; EuGH Rs. 142 u. 156/84, BAT u. Reynolds, Slg. 1987, 4487 Rdn. 62.

188 EuG T-156/94, Aristrain, Slg. 2000, II-645 Rdn. 113 ff.

189 EuG T-348/94, Enso Española, Slg. 1998, II-1875 Rdn. 301 u. 319.

Bartosch/Hübner, Das neue EU-Kartellverfahrensrecht, Auswirkungen der Verordnung (EG) Nr. 1/2003 auf die Kartellrechtspraxis, 2004; *Schubert,* Legal privilege und Nemo tenetur im reformierten europäischen Kartellermittlungsverfahren der VO 1/2003, 2009; *Schwarze,* Rechtsstaatliche Defizite des europäischen Kartellbußgeldverfahrens, WuW 2009, S. 6; *Soltész,* Bußgeldreduzierung bei Zusammenarbeit mit der Kommission in Kartellsachen – „Kronzeugenregelung", EWS 2000, S. 240; *Vocke,* Die Ermittlungsbefugnisse der EG-Kommission im kartellrechtlichen Voruntersuchungsverfahren, 2006. *Weitbrecht,* Das neue EG-Kartellverfahrensrecht, EuZW 2003, S. 69.

§ 14 Fusionskontrolle

A. Entstehungsgeschichte

Die EU-Verträge enthalten keine ausdrückliche Regelung zur Kontrolle von Unternehmenszusammenschlüssen (Fusionskontrolle). Die sich daraus ergebenden Gefahren wurden bereits von der Kommission in deren drittem Wettbewerbsbericht 1974 herausgestellt, wo es heißt: **1230**

„Die Zahl der Unternehmenszusammenschlüsse im Gemeinsamen Markt nimmt ständig zu [...]. Diese Entwicklung darf nicht unkontrolliert fortschreiten. In zahlreichen Sektoren könnte der Fortgang der Konzentrationsentwicklung die Aufrechterhaltung eines wirksamen Wettbewerbs gefährden [...]. Die Wirkungen von Unternehmenszusammenschlüssen sind deshalb besonders schwerwiegend, weil eine Konzentration zu einer unwiderruflichen Veränderung der Marktstruktur führt. Wird eine beherrschende Stellung erreicht, so sind ohne einschneidende Änderung der Marktbedingungen wesentliche Wettbewerbsimpulse von Seiten der restlichen Anbieter in der Regel nicht mehr zu erwarten."

Um diesen Gefahren zu begegnen, versuchten der EuGH und die Kommission, zunächst Art. 102 AEUV und später auch Art. 101 AEUV für die Fusionskontrolle nutzbar zu machen[190]. Diese punktuelle Anwendung der Art. 101 und 102 AEUV konnte jedoch keine effektive Kontrolle von Unternehmenszusammenschlüssen gewährleisten, da die Kommission auf dieser Grundlage nicht in der Lage war, Unternehmenszusammenschlüsse aufzugreifen, die auf EU-Ebene zur Entstehung oder Verstärkung einer marktbeherrschenden Stellung führen. Deshalb hat die Kommission dem Rat bereits im Anschluss an das Urteil des EuGH in der Rechtssache **„Continental Can"** im Jahre 1973 einen Vorschlag über eine Fusionskontrollverordnung vorgelegt. Es vergingen jedoch noch 16 Jahre, bevor im Rat Einigkeit über die Einzelheiten einer europäischen Fusionskontrolle erzielt werden konnte. Das Ergebnis ist in einer Verordnung über die Kontrolle von Unternehmenszusammenschlüssen (im Folgenden „FKVO") niedergelegt, die zurzeit in Gestalt der **Verordnung (EG)** **1231**

190 EuGH Rs. 6/72, Continental Can, Slg. 1973, 215; Rs. 142 und 156/84, BAT und Reynolds, Slg. 1987, 4487.

Nr. 139/2004[191] die alleinige Rechtsgrundlage für die Beurteilung von Fusionen bildet (Art. 22 Abs. 1 FKVO). Damit ist zwar eine Anwendung der Art. 101 und 102 AEUV nicht ausgeschlossen (eine Verordnung als sekundäres EU-Recht kann die Geltung der Art. 101 und 102 AEUV als primäres EU-Recht nicht beschränken), jedoch haben Rat und Kommission in einer gemeinsamen Erklärung klargestellt, *„dass diese neue Verordnung aus zwingenden Gründen der Rechtssicherheit einzig und allein für die (von der FKVO erfassen) Zusammenschlüsse gilt."*[192]

B. Anwendungsbereich der Verordnung über Fusionskontrolle

1232 Die Fusionskontrollverordnung gilt für Zusammenschlüsse von unionsweiter Bedeutung (vgl. Art. 1 Abs. 1 FKVO).

I. Zusammenschluss von Unternehmen

1233 Der Begriff des Zusammenschlusses erfasst nur Vorgänge, die zu einer dauerhaften Veränderung der Struktur der beteiligten Unternehmen führen; kennzeichnend dafür ist, dass mindestens eines der beteiligten Unternehmen seine Selbständigkeit verliert. Unternehmensinterne Strukturveränderungen begründen keinen Zusammenschluss.

1234 Als Zusammenschluss gilt einerseits die **Fusion**, andererseits die **Erlangung der Kontrolle über ein Unternehmen** (Art. 3 Abs. 1 FKVO).

Die **Fusion** bisher voneinander unabhängiger Unternehmen kann im Wege der Verschmelzung entweder durch Aufnahme eines bereits bestehenden Unternehmens oder durch Gründung einer neuen Gesellschaft erfolgen (Art. 3 Abs. 1 Buchstabe a FKVO). Unter **Erlangung der Kontrolle** ist die Möglichkeit zu verstehen, einen bestimmenden Einfluss auf die Tätigkeit eines anderen Unternehmens oder wesentlicher Teile von diesem auszuüben (Art. 3 Abs. 1 Buchstabe b und Abs. 3 FKVO). Der Kontrollerwerb kann durch den Erwerb von Anteilsrechten oder Vermögenswerten, durch Vertrag oder in sonstiger Weise erfolgen. Damit können nicht nur Mehrheitsbeteiligungen, sondern auch qualifizierte Minderheitsbeteiligungen die Kontrolle über ein anderes Unternehmen begründen und damit unter den Tatbestand des Zusammenschlusses fallen.

---

191 Die erste FKVO war die VO [EWG] Nr. 4064/89 vom 21.12.1989, die vom 21.9.1990 bis zum 30.4.2004 galt. Nach einer umfassenden Reform im Jahre 2004 wurde sie durch die VO (EG) Nr. 139/2004 des Rates vom 20.1.2004 (ABl. 2004 L 24/1) mit Wirkung vom 1.5.2004 abgelöst. Vgl. zu Überlegungen der KOM für eine Neugestaltung der FKVO das Weißbuch „Eine wirksame EU-Fusionskontrolle" KOM [2014] 449 endg. Ergänzt wird diese VO durch die Durchführungs-VO (EG) Nr. 802/2004 der Kommission vom 7.4.2004 (ABl. 2004 L 133/1), zuletzt geändert durch VO (EU) Nr. 1269/2013 (ABl. 2013 L 336).

192 Erklärung für das Ratsprotokoll vom 19. Dezember 1989.

Erfasst wird auch die Gründung eines Gemeinschaftsunternehmens (gemeinsame Tochter mehrerer Muttergesellschaften), wenn dieses auf Dauer alle Funktionen einer selbständigen wirtschaftlichen Einheit erfüllt[193] (Art. 3 Abs. 2 FKVO). 1235

II. Unionsweite Bedeutung des Zusammenschlusses

Der Begriff der „unionsweiten Bedeutung"[194] wird nunmehr durch **zwei Gruppen** von Umsatzschwellen konkretisiert. Unionsweite Bedeutung hat der Zusammenschluss dann, wenn **kumulativ alle Schwellen** einer Gruppe erreicht bzw. nicht **überschritten** werden: 1236

(1) Umsatzschwellen nach Art. 1 Abs. 2 FKVO (erste Gruppe)

- Der weltweite Gesamtumsatz aller beteiligten Unternehmen muss mehr als 5 Milliarden Euro betragen (Gesamtumsatzklausel).
- Der unionsweite Gesamtumsatz von mindestens zwei der am Zusammenschluss beteiligten Unternehmen muss jeweils mehr als 250 Millionen Euro betragen (sog. Bagatell- oder De-Minimis-Klausel).

(2) Umsatzschwellen nach Art. 1 Abs. 3 FKVO (zweite Gruppe)

- Der weltweite Gesamtumsatz der beteiligten Unternehmen muss zusammen mehr als 2,5 Milliarden Euro erreichen.
- In mindestens drei Mitgliedstaaten muss der Gesamtumsatz der beteiligten Unternehmen jeweils 100 Millionen Euro übersteigen.
- In jedem dieser drei Mitgliedstaaten muss der Gesamtumsatz von mindestens zwei beteiligten Unternehmen jeweils mehr als 25 Millionen Euro betragen.
- Der unionsweite Gesamtumsatz von mindestens zwei beteiligten Unternehmen muss jeweils 100 Millionen Euro übersteigen; auch hier dürfen die beteiligten Unternehmen nicht mehr als je zwei Drittel ihres Gesamtumsatzes in einem und demselben Mitgliedstaat erzielen.

(3) Berechnung des Umsatzes

Die Berechnung des Umsatzes hat im Grundsatz so zu erfolgen, dass die Wirtschaftskraft der am Zusammenschluss beteiligten Unternehmen möglichst genau erfasst wird. Daher werden solche Umsätze abgezogen, die dafür keine Aussagekraft haben. Es wird nur der Nettoerlös nach Abzug von Steuern und Abgaben berücksichtigt (Art. 5 FKVO).

III. Untersagungskriterien

Zusammenschlüsse, die in den Anwendungsbereich der Verordnung fallen, sind auf ihre Vereinbarkeit mit dem Binnenmarkt zu prüfen. Für die Beurteilung der Vereinbarkeit eines Zusammenschlusses mit dem Binnenmarkt ist entscheidend, ob der 1237

193 EuGH C-248/16, Austria Asphalt, ECLI:EU:C:2017:643.
194 In den Rechtstexten wird die Bezeichnung *„gemeinschaftsweite"* Bedeutung verwendet.

Zusammenschluss eine den Markt beherrschende Stellung begründet oder verstärkt, durch die ein wirksamer Wettbewerb im Binnenmarkt oder in einem wesentlichen Teil desselben erheblich behindert wird.

Ist dies **nicht** der Fall, ist der Zusammenschluss erlaubt (Art. 2 Abs. 2 FKVO); andernfalls ist er verboten (*„unvereinbar mit dem Binnenmarkt"*, Art. 2 Abs. 3 FKVO). Die Fusionskontrollverordnung geht demnach von einem „Entweder-Oder" aus.

1238 Das **Vorliegen einer marktbeherrschenden Stellung** ist aufgrund einer wirtschaftlichen Gesamtbetrachtung zu beurteilen, die sich vor allem an folgenden Kriterien zu orientieren hat (Art. 2 Abs. 1 FKVO):

- Marktstellung auf dem relevanten Markt, d.h. die Marktanteile der beteiligten Unternehmen
- Finanzkraft der Unternehmen
- Aktueller und potentieller Zugang zu den Beschaffungs- und Absatzmärkten
- Wahlmöglichkeit der Lieferanten und Abnehmer
- Rechtliche und tatsächliche Marktzutrittsschranken
- Entwicklung des Angebots und der Nachfrage bei den jeweiligen Erzeugnissen und Dienstleistungen
- Nachfragemacht
- Mögliche Rechtfertigung im Hinblick auf die Interessen der Zwischen- und Endverbraucher, auf den technischen und wirtschaftlichen Fortschritt und auf die fehlende Kausalität zwischen dem Zusammenschluss und dem Entstehen einer beherrschenden Stellung.

1239 In der Praxis macht die Kommission das Vorliegen einer marktbeherrschenden Stellung davon abhängig, ob das betreffende Unternehmen sich in nennenswertem Umfang unabhängig von Wettbewerbern, Kunden und Verbrauchern verhalten kann. Sie orientiert sich dabei an den von der Rechtsprechung des EuGH zu Art. 102 AEUV entwickelten Grundsätzen[195].

C. Verfahren der Fusionskontrolle

I. Zuständigkeiten für die Kontrolle von Unternehmenszusammenschlüssen

1240 Die Zuständigkeiten für die Kontrolle von Unternehmenszusammenschlüssen sind mit der Verordnung (EG) Nr. 139/2004 unter Berücksichtigung des **Subsidiaritätsprinzips** und dem Gesichtspunkt der **Sachgerechtigkeit** zwischen der Kommission einerseits und den Mitgliedstaaten andererseits verteilt worden. Ziel ist es, die sachnähere Behörde über die Zulässigkeit von Zusammenschlüssen entscheiden zu lassen: die Kommission über Zusammenschlüsse mit grenzüberschreitender Bedeutung und die Behörden der Mitgliedstaaten über Fusionen mit vorwiegend nationalen Auswirkungen.

195 Vgl. insbesondere EuGH Rs. 27/76, United Brands, Slg. 1978, 207; Rs. 85/76, Hoffmann-La Roche, Slg. 1979, 461; Einzelheiten dazu unter § 13 B. I.

1. Verweisungen vor Anmeldung

Zur Vermeidung von Mehrfachanmeldungen ist es möglich, Zusammenschlüsse mit unionsweiter Bedeutung der Kommission und umgekehrt Zusammenschlüsse, die keine unionsweite Bedeutung haben, den Mitgliedstaaten zuzuweisen. **1241**

Die Beteiligten eines Zusammenschlusses können eine **Verweisung an die Kommission** beantragen, wenn dieser Zusammenschluss in mindestens drei Mitgliedstaaten geprüft werden könnte. Die Kommission leitet den Antrag an die zuständigen Mitgliedstaaten weiter. Lehnt auch nur ein Mitgliedstaat innerhalb einer Frist von 15 Tagen die Verweisung ab, unterfällt der Zusammenschluss den nationalen Fusionskontrollen. Stimmen die betroffenen Mitgliedstaaten zu oder äußern sich nicht, *„so wird die unionsweite Bedeutung des Zusammenschlusses vermutet"* (Art. 4 Abs. 5 FKVO). Die Kommission erlangt die ausschließliche Zuständigkeit über den Fall. **1242**

Im umgekehrten Fall können die Beteiligten eines Zusammenschlusses eine **Verweisung an einen Mitgliedstaat** beantragen. Sie müssen in ihrem Antrag darlegen, *„dass der Zusammenschluss den Wettbewerb in einem Markt innerhalb eines Mitgliedstaats, der alle Merkmale eines gesonderten Marktes aufweist, erheblich beeinträchtigen könnte und deshalb ganz oder teilweise von diesem Mitgliedstaat geprüft werden sollte"* (Art. 4 Abs. 4 FKVO). Der in dem Antrag genannte Mitgliedstaat kann innerhalb von 15 Tagen der Verweisung zustimmen oder sie ablehnen; Schweigen gilt als Zustimmung. Stimmt der Mitgliedstaat zu oder äußert sich nicht, *„kann"* die Kommission den gesamten Fall oder einen Teil des Falles an den betreffenden Mitgliedstaat verweisen (pflichtgebundenes Ermessen). Im Falle der Verweisung melden die Unternehmen den fraglichen Zusammenschluss in dem betreffenden Mitgliedstaat nach nationalem Recht an. **1243**

2. Verweisung nach Anmeldung

Nach Anmeldung des Zusammenschlusses kommen Verweisungen ebenfalls an die Kommission oder an die Mitgliedstaaten in Betracht: eine **Verweisung an die Kommission** setzt eine Beeinträchtigung des zwischenstaatlichen Handels und eine drohende erhebliche Beeinträchtigung des Wettbewerbs aufgrund des Zusammenschlusses in den Hoheitsgebieten der antragstellenden Mitgliedstaaten voraus (Art. 22 FKVO); eine **Verweisung an die Mitgliedstaaten** setzt die Existenz eines „gesonderten Marktes" in dem Hoheitsgebiet des antragstellenden Mitgliedstaates, auf dem eine erhebliche Behinderung des Wettbewerbs durch den Zusammenschluss droht, voraus (Art. 9 FKVO). **1244**

II. Verfahrensvorschriften und Fristen

Zusammenschlüsse von unionsweiter Bedeutung sind **innerhalb einer Woche** nach Vertragsschluss oder nach dem Erwerb einer die Kontrolle über ein Unternehmen begründenden Mehrheit **bei der Kommission** unter Verwendung eines **1245**

Formblatts anzumelden (Art. 4 Abs. 1 FKVO)[196]. Die Anmeldung wird in der Regel unter Angabe der beteiligten Unternehmen im Amtsblatt der EU, Teil C veröffentlicht (Art. 4 Abs. 3 FKVO).

1246 Um die Wirksamkeit des von der Kommission durchzuführenden Fusionskontrollverfahrens zu gewährleisten, darf ein Zusammenschluss weder vor der Anmeldung noch so lange vollzogen werden, bis er mit dem Binnenmarkt für vereinbar erklärt worden ist (sog. **Vollzugsverbot;** Art. 7 Abs. 1, Ausnahmen und Befreiungen in Art. 7 Abs. 3 und 4 FKVO).

1. Vorabprüfverfahren

1247 Innerhalb eines Monats hat die Kommission zu entscheiden, ob der angemeldete Zusammenschluss unter die Fusionskontrollverordnung fällt und ob Anlass zu ernsthaften Bedenken hinsichtlich der Vereinbarkeit mit dem Binnenmarkt besteht (Art. 6 Abs. 1 i.V.m. Art. 10 Abs. 1 FKVO).

2. Hauptprüfverfahren

1248 Beim Bestehen ernsthafter Bedenken wird das Hauptprüfverfahren eingeleitet, in welchem die Kommission innerhalb einer Frist von höchstens 90 Arbeitstagen nach der Einleitung des Verfahrens entscheiden muss, ob der Zusammenschluss eine marktbeherrschende Stellung begründet oder verstärkt, durch die ein wirksamer Wettbewerb in der EU oder in einem wesentlichen Teil davon erheblich behindert wird (Art. 6 Abs. 1 Buchst. c FKVO i.V.m. Art. 10 Abs. 2 und 3 FKVO).

1249 Am Ende des Hauptprüfverfahrens ergeht entweder ein Vereinbarkeits- oder ein Unvereinbarkeitsbeschluss (Art. 8 Abs. 2 und 3 i.V.m. Art. 10 Abs. 3 FKVO). Der **Vereinbarkeitsbeschluss** kann mit Auflagen und Bedingungen versehen werden, um die Einhaltung von Zusagen der beteiligten Unternehmen sicherzustellen (Art. 8 Abs. 2 UAbs. 2 FKVO). Im Falle eines **Unvereinbarkeitsbeschlusses** ist das dem Zusammenschluss zugrundeliegende Rechtsgeschäft nichtig (Art. 7 Abs. 5 FKVO). Ist der Zusammenschluss bereits vollzogen, so kann die Kommission Entflechtungsmaßnahmen anordnen.

Trifft die Kommission innerhalb dieser Frist **keinen Beschluss,** gilt der Zusammenschluss als genehmigt (sog. **Vereinbarkeitsfiktion**; Art. 10 Abs. 6 FK-VO).

1250 Die Beschlüsse der Kommission werden im Amtsblatt der EU unter Angabe der beteiligten Unternehmen veröffentlicht. Den berechtigten Interessen der Unternehmen an der Wahrung ihrer Geschäftsgeheimnisse ist dabei Rechnung zu tragen (Art. 20 FKVO).

---

196 Einzelheiten hierzu s. in der DVO (EG) Nr. 802/2004.

Verwaltungspraxis: Die Zahl der jährlich notifizierten Fälle ist von 11 im Jahre 1990 stetig bis auf 9471 im Jahre 2024 gestiegen. Bei mehr als 9.000 endgültigen Entscheidungen/Beschlüssen seit dem In-Kraft-Treten der Fusionskontrollverordnung am 21. September 1990 bis 2024 hat die Kommission nur in 33 Fällen festgestellt, dass die Vorhaben nicht mit dem Binnenmarkt vereinbar sind[197]. **1251**

Weiterführende Literatur: *Bechthold*, EU-Kartellrecht, 4. Aufl. 2022; *Bergmann*, Leitlinien zur Bewertung horizontaler Zusammenschlüsse, FS für Huber (2006), S 1051; *Böge*, Reform der Europäischen Fusionskontrolle, WuW 2004, S. 138; *Deselaers/Seeliger*, Die Leitlinien der Kommission zur Bewertung nicht-horizontaler Zusammenschlüsse, EWS 2008, S. 57; *Grüner*, Das Vollzugsverbot in der EU-Fusionskontrolle, 2021; *Hirsbrunner*, Neue Entwicklungen der Europäischen Fusionskontrolle, EuZW 2009, S. 239; *Kiliç*, Nebenabreden nach der europäischen FKV Nr. 139/2004, 2008; *Mestmäcker*, Kommentar: Zur Reform der Europäischen Fusionskontrollverordnung, WuW 2004, S. 135; *Nassar*, Braucht die europäische Fusionskontrolle eine neue transaktionswertbezogene Aufgreifschwelle? Taugt § 35 Abs. 1a GWB als Vorbild? 2019; *Rosenthal*, Neuordnung der Zuständigkeiten und des Verfahrens in der Europäischen Fusionskontrolle, EuZW 2004, S. 327; *Wenz*, Der Begriff der Kontrolle im europäischen und deutschen Fusionskontrollrecht, 2007.

§ 15 Kontrolle staatlicher Beihilfen

Nicht allein Kartelle und Unternehmenszusammenschlüsse können den Handel und den freien Wettbewerb stören. Auch von staatlicher Seite gewährte Subventionen oder sonstige Hilfsmaßnahmen an einheimische Unternehmen oder Wirtschaftszweige können Wettbewerbsverfälschungen nach sich ziehen. **1252**

Diesen Wettbewerbsverfälschungen begegnen die Art. 107–109 AEUV, die sich gegen staatliche Maßnahmen richten, mit denen die Chancengleichheit im Wettbewerb stehender Unternehmen oder Wirtschaftszweige in den verschiedenen Mitgliedstaaten behindert wird[198].

A. Beihilfetatbestand

Art. 107 Abs. 1 AEUV soll verhindern, dass der Handel zwischen Mitgliedstaaten durch von staatlichen Stellen gewährte Vergünstigungen beeinträchtigt wird, die auf unterschiedliche Weise durch die Bevorzugung bestimmter Unternehmen oder Produktionszweige den Wettbewerb verfälschen oder zu verfälschen drohen[199]. **1253**

197 Vgl. die Statistik auf der Website der Generaldirektion Wettbewerb: **„http://ec.europa.eu/competition/mergers/statistics.pdf"**.

198 Die Kommission hat am 8.5.2012 umfassend ihre Vorstellungen über die Modernisierung des EU-Beihilfenrechts dargelegt, KOM (2012) 209 endg.

199 EuGH C-387/92, Banco Exterior de España, Slg. 1994, I-877 Rdn. 12; EuG T-158/99, Thermenhotel Stoiser, Slg. 2004, II-1 Rdn. 74/75.

Der Beihilfentatbestand ist danach durch folgende fünf Merkmale charakterisiert, wovon die ersten drei die Beihilfe selbst umschreiben:

(1) Zuweisung eines wirtschaftlichen Vorteils an Unternehmen
(2) Transfer staatlicher Mittel
(3) Selektiver Charakter der Maßnahme
(4) Vorliegen einer Wettbewerbsverfälschung
(5) Beeinträchtigung des Handels zwischen den Mitgliedstaaten

I. Vorliegen einer Beihilfe

1254 Die Gewährung eines finanziellen Vorteils stellt dann eine „Beihilfe" im Sinne des Art. 107 Abs. 1 AEUV dar, wenn folgende drei Voraussetzungen **kumulativ** erfüllt sind: (1) Zuweisung eines wirtschaftlichen Vorteils an Unternehmen, (2) Transfer staatlicher Mittel und (3) selektiver Charakter der Maßnahme.

1. Zuweisung eines wirtschaftlichen Vorteils an Unternehmen oder Wirtschaftszweige

Bei diesem Merkmal geht es um die Feststellung, ob dem Unternehmen ein wirtschaftlicher Vorteil zugeführt wird, den es unter normalen Marktbedingungen nicht erhalten hätte[200].

1255 Angesichts der Weite des Beihilfenbegriffs (Art. 107 Abs. 1 AEUV spricht von Beihilfen *„gleich welcher Art"*) werden neben den klassischen Subventionen, d.h. den positiven Geld- und Sachleistungen, auch Maßnahmen erfasst, die in verschiedener Form die Belastungen vermindern, die ein Unternehmen normalerweise zu tragen hat[201]. Zu den nach Art. 107 Abs. 1 AEUV verbotenen Unterstützungshandlungen gehören deshalb etwa auch Zinszuschüsse, Steuerbefreiungen, zinsgünstige Darlehen, Bürgschaften, staatliche Garantien, Gewährung von Abschlägen auf Sozialbeiträge, Sondertarife für öffentliche Dienstleistungen, indirekte Kapitalbeteiligungen des Staates und sonstige mittelbare Investitionshilfen.

1256 Abzustellen ist jeweils auf die **Wirkung der Begünstigung**, nicht auf ihren Grund und Zweck[202]. **Typische Begünstigungen** liegen beispielsweise vor, wenn ein Unternehmen vom Staat Kapital oder staatliche Garantien unter Bedingungen erhält, die günstiger sind als die eines Privatinvestors, einem Unternehmen Steuer- oder Sozialabgaben erlassen werden, ein Unternehmen ein im staatlichen Eigentum befindliches Grundstück unter dem Marktpreis kauft/pachtet, ein Unternehmen ein Grundstück an den Staat über dem Marktpreis verkauft oder einem Unternehmen

200 EuGH C-342/96, Spanien/KOM, Slg. 1999, I-2459 Rdn. 41.

201 EuGH C-126/01, GEMO SA, Slg. 2003, I-13769 Rdn. 28; C-256/97, DMT, Slg. 1999, I-3913 Rdn. 19.

202 EuGH C-409/00, Spanien/KOM, Slg. 2003, I-1487 Rdn. 46, C-480/98, Spanien/KOM [Magefesa], Slg. 2000, I-8717; Rdn. 16; Rs. 310/85, Deufil, Slg. 1987, 901/923. EuG T-46/97, SIC, Slg. 2000, II-2125 Rdn. 82.

ein privilegierter Zugang zu Infrastrukturen gewährt wird, ohne dass dafür Gebühren verlangt werden. Eine **Begünstigung** ist **ausgeschlossen**, wenn der Vorteilsgewährung eine angemessene Gegenleistung gegenübersteht. Leistung und Gegenleistung müssen dabei allerdings nicht in einem Austauschverhältnis stehen, sondern es genügt ein wirtschaftlich verbundener, wechselseitiger Zusammenhang von Leistung und Gegenleistung in tatsächlicher Hinsicht.

Die **Begünstigungswirkung** einer Maßnahme ist vor dem Hintergrund normaler Marktverhältnisse zu beurteilen: Keine Schwierigkeiten bestehen, wenn für die angebotene Leistung ein etablierter Marktpreis (z.B. Börsenkurs) besteht; wird dieser gezahlt, liegt keine Begünstigung vor. Für die Beurteilung von Fremdkapitalzufuhren (z.B. Darlehen, Kredite, Zinszuschüsse) oder staatliche Garantien hat die Kommission im Interesse der Rechtssicherheit und der Gleichbehandlung Berechnungsgrundsätze entwickelt[203]. Im Übrigen greift die Kommission auf formale Kriterien zurück: So entfällt die Begünstigungswirkung, wenn die Höhe der Gegenleistung in einem *objektiven Verfahren* bestimmt worden ist (z.B. objektives Wertgutachten bei Verkäufen von Bauten oder Grundstücken durch die öffentliche Hand; Ermittlung des Preises über ein allgemeines und bedingungsloses Bietverfahren). Im Einzelfall kann der Nachweis der *angemessenen Vergütung* auch durch einen *detaillierten Kostennachweis* geführt werden[204]. **1257**

Besonders problematisch ist die Beurteilung von Eigenkapitalzufuhren in öffentliche Unternehmen. Die Kommission, gedeckt durch die Rechtsprechung des EuGH, orientiert sich hier am *Verhalten eines marktwirtschaftlich handelnden privaten Unternehmers (sog. „**Privatinvestor-Prinzip**")*[205]. Würde die Kapitalzufuhr bei einer ex-ante-Betrachtung unter vergleichbaren Marktbedingungen auch von einem wettbewerbsorientierten, privatwirtschaftlich handelnden Investor vorgenommen, entfällt die Begünstigungswirkung. Umgekehrt liegt eine Begünstigungswirkung vor, wenn die Investition unter Umständen und zu Bedingungen erfolgt, die für einen privaten Kapitalgeber unter Marktbedingungen nicht annehmbar wäre. Ob die Investition von einem privaten Kapitalgeber getätigt worden wäre, ist angesichts des prognostischen Elements, das jeder Investition eigen ist, nicht leicht zu beantworten. Die Kommission, gestützt durch den EuGH, unterscheidet hier zwischen einer kurzfristigen und einer langfristigen Anlagestrategie: Bei einer ***kurzfristigen Anlagestrategie*** wird grundsätzlich nur auf die konkreten Renditeerwartungen eines privaten Kapitalgebers abgestellt. Bei einer ***langfristigen Anlagestrategie*** können darüber hinaus auch globale und sektorale strukturpolitische Absichten der öffentlichen Hand berücksichtigt werden, wie sie etwa auch eine private Unternehmensgruppe anstellt. Ob eine

---

203 Mitteilung der KOM über die Anwendung der Art. 87 und 88 EG [jetzt Art. 107 u. 108 AEUV] auf staatliche Beihilfen in Form von Haftungsverpflichtungen und Bürgschaften, ABl. 2008 Nr. C 155/10.

204 EuG T-46/97, SIC, Slg. 2000, II-2125.

205 EuGH C-256/97, DMT, Slg. 1999, I-3913 Rdn. 22; EuG T-228/99 u. T-233/99, WestLB/KOM, Slg. 2003, II-435.

kurzfristige oder langfristige Anlagestrategie verfolgt wird, entscheidet die Kommission danach, ob mit der Eigenkapitalzufuhr eine Minderheits- oder eine Mehrheitsbeteiligung angestrebt wird. Im ersten Fall (Minderheitsbeteiligung) dürfte die Beteiligung eher spekulativer Natur und nur kurzfristig von Interesse sein, während im zweiten Fall (Mehrheitsbeteiligung) von einem langfristigen Interesse auszugehen ist.

2. Transfer staatlicher Mittel

1258 Die Vorschriften über staatliche Beihilfen betreffen lediglich Maßnahmen, welche die Gewährung von Vorteilen *„durch den Staat oder aus staatlichen Mitteln"* zum Gegenstand haben. In der Rechtsprechung hat sich die Auffassung durchgesetzt, dass nicht alle vom Staat gewährten Vorteile Beihilfen darstellen, sondern nur solche, die aus staatlichen Mitteln finanziert sind; die fragliche Maßnahme muss folglich zwingend auf Kosten des Staates erfolgen[206]. Dies hat der EuGH etwa *verneint* im Hinblick auf die Einführung eines internationalen Seeschifffahrtsregisters, das die Lohnkosten von Reedereien und damit indirekt das Steueraufkommen vermindert[207], für die Freistellung von kleinen Unternehmen von den Vorschriften über den Kündigungsschutz[208] sowie für die gesetzlich vorgeschriebene Verpflichtung privater Elektrizitätsversorgungsunternehmen zur Abnahme von Strom aus erneuerbaren Energiequellen zu festgelegten Mindestpreisen[209]. Der EuGH hat es hingegen *bejaht* bei einer vom Staat angeordneten und von einem separaten Fonds verwalteten Abgabe[210] oder bei einem staatlichen Genehmigungserfordernis für die Verwendung von Erträgen einer öffentlichen Einrichtung aus privatwirtschaftlicher Tätigkeit[211]. Die Unterscheidung zwischen „staatlichen Beihilfen" und „aus staatlichen Mitteln gewährte Beihilfen" dient vor diesem Hintergrund lediglich dazu, in den Beihilfenbegriff nicht nur unmittelbar vom Staat gewährte Beihilfen einzubeziehen, sondern auch solche Beihilfen, die durch vom Staat benannte oder errichtete öffentliche oder private Einrichtungen gewährt werden[212].

1259 Der EuGH verweist auf zwei alternative Kriterien, die die Identifizierung „staatlicher Mittel" ermöglichen: Diese sind entweder Mittel, die durch eine Abgabe oder andere Zwangszuschläge nach nationalem Recht finanziert und gemäß diesem Recht

---

206 EuGH C-379/98, Preussen Elektra AG/Schleswag AG, Slg. 2001, I-2099 Rdn. 58; zuvor bereits EuGH C-295/97, Piaggio, Slg. 1999, I-3735 Rdn. 35; C-200/97, Ecotrade, Slg. 1998, I-7907, Rdn. 35.

207 EuGH C-72/91, Sloman Neptun, Slg. 1993, I-887 Rdn. 14–22.

208 EuGH C-189/91, Kirsammer-Hack, Slg. 1993, I-6185 Rdn. 12–19.

209 EuGH C-379/98, Preussen Elektra AG/Schleswag AG, Slg. 2001, I-2099 Rdn. 58; Anm. von *Bartosch*, NVwZ 2001, S. 643; *Ruge*, WuW 2001, S. 560. Zur Problematik s. auch *Gellermann*, DVBl. 2000, S. 509.

210 EuGH Rs. 78/76, Steinike u. Winlig, Slg. 1977, 595 Rdn. 21.

211 EuGH C-482/99, Stardust Marine, Slg. 2002, I-4397 Rdn. 37.

212 EuGH C-379/98, Preussen Elektra AG/Schleswag AG, Slg. 2001, I-2099 Rdn. 58 m.w.N. aus der Rspr.; EuG T-613/97, Ufex, Slg. 2000, II-4055 Rdn. 105.

verwaltet und aufgeteilt werden, oder Beträge, die ständig unter öffentlicher Kontrolle stehen[213]. Der Begriff *„staatliche Mittel"* erfasst damit alle nationalen, regionalen und lokalen Haushaltsmittel, Mittel der öffentlichen Banken oder Stiftungen sowie die Mittel öffentlicher Unternehmen. Die Mittel müssen auch nicht unbedingt vom Staat selbst gewährt werden, sondern können auch von einer vom Staat beauftragten privaten oder öffentlichen Einrichtung zur Verfügung gestellt werden (z.B. einer Privatbank wird die Verantwortung für die Verwaltung einer staatlich geförderten KMU-Beihilfenregelung übertragen)[214].

3. Selektiver Charakter der Maßnahme

Der selektive Charakter unterscheidet staatliche Beihilfen von den sog. *„allgemeinen* **1260**
Maßnahmen", d.h. Maßnahmen, die automatisch und unterschiedslos für sämtliche Unternehmen in allen Wirtschaftszweigen in einem Mitgliedstaat bestimmt sind. Diese Unterscheidung ist von grundlegender Bedeutung, da die Beihilfenaufsicht nur Wettbewerbsverfälschungen bekämpfen soll, die aufgrund besonderer Behandlung einzelner Unternehmen oder Unternehmensgruppen entstehen, nicht jedoch Wettbewerbsverfälschungen, die aufgrund von Unterschieden in der allgemeinen Konjunktur-, Wirtschafts-, Steuer- oder Sozialpolitik bestehen, für die im AEUV das Instrument der Rechtsangleichung bereitgestellt worden ist[215].

Die *Selektivität der Maßnahme* ist vor allem anzunehmen, wenn der oder die Begüns- **1261**
tigten ausdrücklich genannt werden oder nach *Größe* (z.B. Unternehmen mit weniger als 300 Beschäftigten, Förderung von einem bestimmten Schwellenwert der Investition an)[216], nach ihrer *Branchenzugehörigkeit* (z.B. Ermäßigung der Sozialversicherungsabgaben für eine ganze Reihe von Sektoren, allerdings unter Ausschluss von Unternehmen des tertiären Sektors, für die ein hoher Personaleinsatz kennzeichnend ist[217]) oder nach ihrem *Standort* (Steuerbegünstigungen für Investitionen in Unternehmen, die in den neuen Bundesländern niedergelassen sind[218]) bestimmt sind.

Darüber hinaus hat der EuGH grundsätzlich auch die Selektivität einer Maßnahme anerkannt, die eine regionale oder lokale Körperschaft zugunsten der im geographischen Einflussgebiet dieser Körperschaft ansässigen Unternehmen getroffen hat[219]. Diese *regionale Selektivität* setzt voraus, dass die betreffende regionale oder lokale Körperschaft über eine institutionelle und wirtschaftliche Autonomie gegenüber

213 EuGH, verb. Rs. C-702/20 and C-17/21, SIA ‚DOBELES HES' and Sabiedrisko pakalpojumu regulēšanas komisija, Urteil v. 12.1.2023, ECLI:EU:C:2023:1.

214 EuGH C-12/01, GEMO SA, Slg. 2003, I-13769 Rdn. 23.

215 EuGH C-126/01, GEMO SA, Slg. 2003, I-13769 Rdn. 35; C-143/99, Adria-Wien Pipeline, Slg. 2001, I-8365 Rdn. 34.

216 EuGH C-75/97, Belgien/KOM [Maribel], Slg. 1999, I-3671 Rdn. 26–31.

217 Ebenda.

218 EuGH C-156/98, Deutschland/KOM, Slg. 2000, I-6857 Rdn. 23.

219 EuGH C-88/03, Portugal/KOM, Slg. 2006, I-7115, Rdn. 57 ff.; C-428/06 und C-434/06, UGT-Rioja u.a., Slg. 2008, I-6747, Rdn. 47 ff.

dem Zentralstaat verfügt und eine grundlegende Rolle bei der Festlegung des politischen und wirtschaftlichen Umfelds spielt.

1262 Die *allgemeinen Maßnahmen* sind dadurch gekennzeichnet, dass sie nach objektiven Kriterien und ohne jeden Ermessensspielraum[220] auf alle Unternehmen anzuwenden sind. Diese Kriterien sind erfüllt bei einer generellen Senkung der Körperschaftssteuer, bei Zuschüssen für die Einstellung von Langzeitarbeitslosen oder bei der Eröffnung einer Möglichkeit zur beschleunigten Abschreibung von Investitionsausgaben, die von allen Unternehmen (unabhängig von ihrer Größe, ihrer Branchenzugehörigkeit oder ihres Standorts) beansprucht werden kann. Eine allgemeine Maßnahme liegt auch dann vor, wenn sich aus der normalen Anwendung eines allgemeinen Systems, etwa eines Steuer- oder Sozialversicherungssystems, zwar eine Freistellung von finanziellen Lasten von Unternehmen eines bestimmten Wirtschaftszweiges ergibt, diese Freistellung jedoch *„durch das Wesen und die Struktur dieses Systems gerechtfertigt"* ist[221].

II. Verfälschung des Wettbewerbs

1263 Eine Wettbewerbsverfälschung liegt vor, wenn die Beihilfe in ein vorhandenes oder entstehendes Wettbewerbsverhältnis zwischen Unternehmen oder Produktionszweigen eingreift und damit den Ablauf des Wettbewerbs verändert[222]. Dies ist durch einen Vergleich mit der Wettbewerbslage festzustellen, die vor der Gewährung der fraglichen Beihilfe auf dem Binnenmarkt bestand[223].

Dabei ist vor allem zu untersuchen, ob die Stellung einzelner Unternehmen oder Produktionszweige im Wettbewerb durch die Beihilfe in einer Weise verbessert wird, wie dies unter marktkonformen Verhältnissen nicht eintreten könnte. In der Regel ist mit den Beihilfen ein unverdienter Kostenvorteil verbunden, der unmittelbar die Marktposition der begünstigten Unternehmen oder Produktionszweige gegenüber ihren Mitwettbewerbern verbessert, so dass Situationen, in denen der Wettbewerb nicht verfälscht wird, zumindest im gewerblichen Bereich die Ausnahme bleiben (z.B. Fall eines in der Liquidation befindlichen Bauunternehmens, das gerade seine letzten Verträge außerhalb der EU abwickelt). Nicht erforderlich ist, dass eine wettbewerbsverzerrende Wirkung von dem betreffenden Mitgliedsstaat beabsichtigt wurde; entscheidend ist vielmehr allein die tatsächliche Auswirkung der Beihilfe auf den Wettbewerb[224]. Die Möglichkeit der Wettbewerbsverfälschung reicht hierfür aus.

220 EuGH C-256/97, DMT, Slg. 1999, I-3913; C-295/97, Piaggio, Slg. 1999, I-3735 Rdn. 42; C-256/C-200/97, Ecotrade, Slg. 1998, I-7907 Rdn. 38; C-241/94, Frankreich/KOM [Kimberley Clarke], Slg. 1996, I-4551.

221 EuGH C-75/97, Belgien/KOM [Maribel], Slg. 1999, I-3671 Rdn. 33–39; Rs. 173/73, Italien/KOM, Slg. 1974, 709 Rdn. 33.

222 EuGH Rs. 730/79, Philip Morris/KOM, Slg. 1980, 2671/2688.

223 Vgl. EuGH Rs. 173/73, Italien/KOM, Slg. 1974, 709/720.

224 EuGH C-12/01, GEMO SA, Slg. 2003, I-13769 Rdn. 41; C-310/99, Italien/KOM, Slg. 2002, I-2289 Rdn. 84.

III. Beeinträchtigung des zwischenstaatlichen Handels

Zum Nachweis der Handelsbeeinträchtigung genügt, dass der Begünstigte einer Wirtschaftstätigkeit nachgeht und in einem Markt tätig ist, in dem Handel zwischen Mitgliedstaaten besteht. Eine Beeinträchtigung liegt auch vor, wenn das begünstigte Unternehmen selbst keine Ausfuhrgeschäfte vornimmt, weil auch die Unterstützung der heimischen Produktion die Chancen der Wettbewerber aus anderen Mitgliedstaaten schmälert, auf diesem Markt Fuß zu fassen[225]. Eine Beeinträchtigung kann daneben auch in der Stärkung der Marktposition gegenüber konkurrierenden, selbst nur potentiellen Importen bestehen. Auch eine der Höhe nach verhältnismäßig geringfügige Beihilfe kann den Handel zwischen Mitgliedstaaten beeinträchtigen, wenn in der Branche, in der das begünstigte Unternehmen tätig ist, ein lebhafter Wettbewerb herrscht oder Überkapazitäten vorhanden sind[226]. 1264

Die Tatbestandsvoraussetzung der Beeinträchtigung des zwischenstaatlichen Handels ist darüber hinaus untrennbar mit der Tatbestandsvoraussetzung der Wettbewerbsverzerrung verbunden. So muss, wenn eine von einem Mitgliedstaat gewährte Finanzhilfe die Stellung eines Unternehmens gegenüber anderen Wettbewerbern im innereuropäischen Handel verstärkt, dieser als von der Beihilfe beeinflusst erachtet werden[227]. 1265

Nach der **De-minimis-Regel** sind geringfügige Beihilfen freigestellt, da davon ausgegangen wird, dass sie keine Auswirkungen auf den Wettbewerb und den Handel im Binnenmarkt haben. Nach den jüngsten Änderungen an der De-Minimis-Verordnung[228] beträgt der Höchstbetrag pro Unternehmen jetzt 300.000 Euro über drei Jahre (anstelle des seit 2008 geltenden Höchstbetrags von 200.000 Euro über zwei Jahre). Ausserdem werden die Mitgliedstaaten verpflichtet, De-minimis-Beihilfen ab dem 1. Januar 2026 in einem auf nationaler oder EU-Ebene eingerichteten zentralen Register zu erfassen, wodurch die Berichtspflichten für Unternehmen verringert werden. Schließlich wird durch die Einführung von „Safe Harbours" für Finanzintermediäre die Gewährung von Beihilfen in Form von Darlehen und Garantien weiter erleichtert, wobei die Vorteile nicht mehr vollständig von den Finanzintermediären an die Endbegünstigten weitergegeben werden müssen. 1266

225 EuGH C-278/92, Spanien/KOM (Hytasa), Slg. 1994, I-4103 Rdn. 40.

226 EuG T-288/97, Regione autonoma Friuli Venezia Giulia/KOM, Slg. 2001, II-1169 Rdn. 44; EuGH C-305/89, Italien/KOM, Slg. 1991, I-1603 Rdn. 25-28.

227 St. Rspr. EuG T-298/97 u.a., Alzetta Mauro u.a., Slg. 2000, 2319 Rdn. 81 m.w.N.

228 VO (EU) 2023/2391 der Kommission vom 4.10.2023 zur Änderung der VOen (EU) Nr. 717/2014, (EU) Nr. 1407/2013, (EU) Nr. 1408/2013 und (EU) Nr. 360/2012 hinsichtlich De-minimis-Beihilfen für die Verarbeitung und Vermarktung von Erzeugnissen der Fischerei und der Aquakultur und der VO (EU) Nr. 717/2014 hinsichtlich des Gesamtbetrags der einem einzigen Unternehmen gewährten De-minimis-Beihilfen, ihrer Geltungsdauer und anderer Aspekte.

B. Ausnahmen vom Beihilfeverbot

1267 Die Erfüllung des Beihilfetatbestandes führt grundsätzlich dazu, dass die fragliche Maßnahme mit dem Binnenmarkt unvereinbar und folglich „verboten" ist. Dieses Verbot gilt allerdings nicht absolut; vielmehr bestehen *vertragliche Ausnahmen* (Art. 107 Abs. 2 AEUV), *Ausnahmen, die im Ermessen der Kommission liegen* (Art. 107 Abs. 3 AEUV), und Ausnahmen, die in besonderen *„Freistellungsverordnungen"* niedergelegt sind.

I. Legalausnahmen nach Art. 107 Abs. 2 AEUV

1268 Die Legalausnahmen des Art. 107 Abs. 2 AEUV sind in der Kommissionspraxis von nur geringer Bedeutung. Die dort genannten Beihilfen sind zwar per se mit dem Binnenmarkt vereinbar, unterliegen jedoch dem Beihilfekontrollverfahren nach Art. 108 AEUV, da anderenfalls diese Beihilfen der Kontrolle durch die Kommission vollständig entzogen wären. Die Kommission kann aber nur eine Subsumtion der jeweiligen Sachverhalte unter die Tatbestandsvoraussetzungen vornehmen. Dabei kommt ihr zwar ein gewisser Beurteilungsspielraum zu; sie hat aber keinen Ermessensspielraum dergestalt, eine Beihilfegewährung auch bei Vorliegen der Tatbestandsvoraussetzungen wegen der erheblichen Wettbewerbsverzerrungen zu untersagen.

1269 Legalausnahmen sieht Art. 107 Abs. 2 AEUV für drei Kategorien von Beihilfen vor:

- **Beihilfen sozialer Art** an einzelne Verbraucher, wenn sie ohne Diskriminierung nach der Herkunft der Waren gewährt werden (Buchstabe a); Beispiel: Steuerbefreiungen, die den Käufern von Kfz mit einem Katalysator unabhängig von der Automarke eingeräumt werden.
- **Beihilfen zur Beseitigung von Schäden, die durch Naturkatastrophen** oder sonstige außergewöhnliche Ereignisse entstanden sind (Buchstabe b).
- **Beihilfen zum Ausgleich** der durch die **Teilung Deutschlands** bewirkten Nachteile (Buchstabe c). Diese Ausnahme ist zwar durch die Wiedervereinigung Deutschlands nicht obsolet geworden[229], sie ist jedoch eng auszulegen, da es sich um eine Ausnahme vom allgemeinen in Art. 107 Abs. 2 AEUV niedergelegten Grundsatz der Unvereinbarkeit staatlicher Beihilfen mit dem Binnenmarkt handelt. Der Ausdruck „Teilung Deutschlands" bezieht sich historisch auf die Errichtung der Trennungslinie zwischen der Ostzone und den Westzonen im Jahre 1948. Daher sind „durch die Teilung verursachte wirtschaftliche Nachteile" nur solche, die durch die Isolierung aufgrund der Errichtung oder Aufrechterhaltung dieser Grenze verursacht worden sind. Diese Ausnahme kann folglich nicht zur vollständigen Angleichung des wirtschaftlichen Entwicklungsstandes der neuen Bundesländer an das Westniveau herangezogen werden. Die unterschiedliche Entwicklung der alten und der neuen Bundesländer beruht nämlich nicht auf der

229 Allerdings ist jetzt vorgesehen, dass der Rat auf Vorschlag der Kommission fünf Jahre nach In-Kraft-Treten des Vertrages von Lissabon (also ab dem 1.12.2014) beschließen kann, diese Vorschrift aufzuheben; dies ist bisher jedoch noch nicht geschehen.

Teilung Deutschlands als solcher, sondern auf den unterschiedlichen politisch-wirtschaftlichen Systemen, die nach der Teilung errichtet wurden.[230]

II. Ausnahmen nach Art. 107 Abs. 3 AEUV

Art. 107 Abs. 3 AEUV stellt die **wichtigste Bestimmung des materiellen Beihilfenrechts** dar. Die Kommission wird ermächtigt, staatliche Beihilfen als mit dem Binnenmarkt vereinbar zu erklären, wenn bestimmte Zielkriterien erfüllt sind. In der Praxis von herausragender Bedeutung sind dabei: 1270

- *„Förderung der wirtschaftlichen Entwicklung von Gebieten, in denen die Lebenshaltung außergewöhnlich niedrig ist* oder eine erhebliche Unterbeschäftigung herrscht [...]" (Buchstabe a)
- *„Förderung der Entwicklung wichtiger Vorhaben von gemeinsamem europäischem Interesse* oder zur Behebung einer beträchtlichen Störung im Wirtschaftsleben eines Mitgliedstaats" (Buchstabe b)
- *„Förderung der Entwicklung gewisser Wirtschaftszweige oder Wirtschaftsgebiete,* soweit sie die Handelsbedingungen nicht in einer Weise verändern, die dem gemeinsamen Interesse zuwiderläuft" (Buchstabe c).
- *„Kulturförderung"* (Buchstabe d)
- *„Sonstige Arten von Beihilfen, die vom Rat beschlossen werden"* (Buchstabe e).

1. Allgemeine Leitlinien zur Ausübung der Ermächtigung

Die Kommission richtet den ihr eingeräumten **Beurteilungs- und Ermessensspielraum** an folgenden drei Grundsätzen aus: 1271

- Sie bezieht in ihre Betrachtung vor allem die Größe und den Standort des Unternehmens, den Wirtschaftszweig und den Beihilfenzweck mit ein.
- Sie prüft die Erforderlichkeit der Beihilfe und bejaht sie nur, wenn im freien Spiel der Marktkräfte, d.h. ohne die Beihilfe, das Unternehmen nicht bereit wäre, durch sein Verhalten zur Verwirklichung der Ziele des Art. 107 Abs. 3 AEUV beizutragen[231].
- Sie lässt unbefristete Beihilfen und Beihilfen in Branchen mit Überkapazitäten sowie Beihilfen zur normalen Erneuerung von Anlagen nicht zu, wenn keine Innovation oder Umstrukturierung vorliegt[232].

---

230 EuG T-132/96 und T-143/96, Freistaat Sachsen bzw. VW AG und VW Sachsen GmbH/KOM, Slg. 1999, I-3663 Rdn. 132/143, bestätigt im Rechtsmittelverfahren durch EuGH C-57/00 P u. C-61/00 P, Slg. 2003, I-9975; C-156/98, Deutschland/KOM, Slg. 2000, I-6857 Rdn. 52/55.

231 EuGH Rs. 730/79, Philip Morris, Slg. 1980, 67 – Beihilfe zur Erweiterung der Produktionskapazitäten.

232 EuGH Rs. 62/87, Executif Régional Wallon und Glaverbel, Slg. 1988, 1573 – Zinszuschüsse für Kredite zur Durchführung von Investitionen an den Flachglashersteller Glaverbel im Rahmen eines allgemeinen Beihilfenregimes zur Förderung der Expansion der belgischen Wirtschaft und zur Schaffung neuer Industrien.

1272 Eine Konkretisierung dieser Grundsätze sowie eine weitgehende Ermessensbindung hat die Kommission im Hinblick auf die Beurteilung regionaler, horizontaler und sektoraler Beihilfen vor allem in Gestalt von **Leitlinien und Gemeinschaftsrahmen** vorgenommen. Bei den Leitlinien und Gemeinschaftsrahmen handelt es sich um Verwaltungsvorschriften, die formalrechtlich keine Außenwirkung entfalten. Sie binden allerdings die Kommission bei der Beurteilung der ihr notifizierten Beihilfen, d.h. es ist der Kommission verwehrt, die Leitlinien durch spätere individuelle Entscheidungen zu ändern[233]. Diese Bindungswirkung für die Kommission vermittelt zugleich eine faktische Bindung auch der Mitgliedstaaten, da die Kommission alle Beihilfen beanstanden muss, die nicht den Leitlinien und Gemeinschaftsrahmen entsprechen. Den Beihilfegebern und -empfängern wird mit diesen Instrumenten ermöglicht, die Genehmigungsfähigkeit ihrer Vorhaben besser abschätzen zu können.

2. Die wichtigsten Ausnahmekategorien

a) Regionalbeihilfen

1273 Von der Regionalförderung erfasst werden nur Gebiete, in denen die wirtschaftliche Lage im Vergleich zur gesamten EU äußerst ungünstig ist (Verwendung der Begriffe „außergewöhnlich" und „erheblich"). Diese Gebiete werden in der Beschlusspraxis der Kommission gegenüber normalen Wirtschaftsgebieten (Art. 107 Abs. 3 Buchst. c) AEUV) bevorzugt. Die Kriterien für die Würdigung von Regionalbeihilfen sind den „Leitlinien für Regionalbeihilfen"[234] zu entnehmen.

b) Behebung einer beträchtlichen Störung im Wirtschaftsleben

1274 Eine *„beträchtlichen Störung im Wirtschaftsleben eines Mitgliedsstaats"* liegt nicht schon bei einer regionalen Wirtschaftskrise vor; vielmehr muss es sich um eine wirklich schwerwiegende Krise handeln. In den letzten 16 Jahren musste die Kommission auf nicht weniger als **drei schwerwiegende Krisensituationen** reagieren:

(1) Zunächst war dies bei der im Jahre 2008 weltweit einsetzenden Finanz- und Wirtschaftskrise der Fall, auf die die Kommission mit einer Neuausrichtung ihrer Politik der Beihilfenaufsicht im Banken- und Finanzsektor unmittelbar reagiert hat[235].

(2) Ähnlich hat die Kommission im Hinblick auf die Bewältigung der erheblichen wirtschaftlichen Auswirkungen der Coronavirus-Pandemie im Jahre 2020 reagiert. Um wirtschaftliche Erschütterungen abzufedern und Unternehmen zu retten, lockerte die Kommission ihre Beihilfevorschriften dahin gehend, dass die Mitglied-

233 EuGH C-313/90, CIRFS, Slg. 1993, I-1125.

234 Mitteilung der Kommission – Leitlinien für Regionalbeihilfen, ABl. 2021, C 153/01).

235 Mitteilung der Kommission – Die Anwendung der Vorschriften für staatliche Beihilfen auf Maßnahmen zur Stützung von Finanzinstituten im Kontext der derzeitigen globalen Finanzkrise ABl. 2008, C 270/02.

staaten hart getroffene Unternehmen und kleine Betriebe direkt unterstützen konnten[236].

(3) Schließlich musste die Kommission im Jahre 2023 auf die durch den Angriff Russlands auf die Ukraine unmittelbar und mittelbar ausgelösten erheblichen wirtschaftlichen Unsicherheiten reagieren, die Störungen von Handelsströmen und Lieferketten und außergewöhnlich große und unerwartete Preisanstiege hervorgerufen haben, und so zusammengenommen zu einer beträchtlichen Störung im Wirtschaftsleben aller Mitgliedstaaten geführt haben[237].

c) Entwicklung gewisser Wirtschaftszweige

Auf diesen Ausnahmetatbestand wird in der Praxis am häufigsten zurückgegriffen. **1275**
Im Hinblick darauf, dass er auf die Entwicklung gewisser Wirtschaftszweige oder Wirtschaftsgebiete abstellt, wird er für *regionale* Beihilfen[238], für *horizontale* Beihilfen und für *sektorale* Regelungen herangezogen.

Von den *horizontalen Beihilfen* sind vor allem folgende Bereiche zu nennen, die durch Leitlinien oder Gemeinschaftsrahmen der Kommission näher konkretisiert worden sind: Gemeinschaftsrahmen für staatliche Beihilfen für Forschung, Entwicklung und Innovation[239], Leitlinien für staatliche Beihilfen zur Förderung von Risikofinanzierungen 2014–2020[240], Leitlinien für staatliche Klima-, Umweltschutz- und Energiebeihilfen 2022[241], Leitlinien für bestimmte Beihilfemaßnahmen im Zusammenhang mit dem System für den Handel mit Treibhausgaszertifikaten nach 2021[242], Beihilfen für die Beschäftigung von benachteiligten und behinderten Arbeitnehmern[243], Aus-

236 Mitteilung der Kommission – Befristeter Rahmen für staatliche Beihilfen zur Stützung der Wirtschaft angesichts des derzeitigen Ausbruchs von COVID-19 ABl. 2020,C 91/1–9.

237 Mitteilung der Kommission – Befristeter Krisenrahmen für staatliche Beihilfen zur Stützung der Wirtschaft infolge der Aggression Russlands gegen die Ukraine, ABl. 2022 C 426/01; geändert und verlängert durch die Mitteilung v. 20.11.2023 (ABl. 2023, C 101/03) und durch die Mitteilung v. 2.5.2024 (ABl. C/2024/3113).

238 Vgl. die Mitteilung der Kommission – Leitlinien für Regionalbeihilfen, ABl. 2021, C 153/01).

239 Mitteilung der Kommission – Unionsrahmen für staatliche Beihilfen zur Förderung von Forschung, Entwicklung und Innovation, ABl. 2022, C414/01).

240 Mitteilung der Kommission – Leitlinien für staatliche Beihilfen zur Förderung von Risikofinanzierungen, ABl. 2021, C 508/01).

241 Mitteilung der Kommission – Leitlinien für staatliche Klima-, Umweltschutz- und Energiebeihilfen 2022, ABl. 2022/C 80/01).

242 Mitteilung der Kommission – Leitlinien für bestimmte Beihilfemaßnahmen im Zusammenhang mit dem System für den Handel mit Treibhausgasemissionszertifikaten nach 2021, ABl. 2020/C 317/04.

243 Mitteilung der Kommission – Kriterien für die Bewertung der Vereinbarkeit einzeln anzumeldender staatlicher Beihilfen für die Beschäftigung von benachteiligten und behinderten Arbeitnehmern mit dem gemeinsamen Markt, ABl. 2009, C 188/6.

bildungsbeihilfen[244], Leitlinien für staatliche Beihilfen zur Rettung und Umstrukturierung von nichtfinanzieller Unternehmen in Schwierigkeiten[245].

Von den *sektoralen Beihilfen* sind von Bedeutung: Leitlinien für die Anwendung der Vorschriften über staatliche Beihilfen im Zusammenhang mit dem schnellen Breitbandausbau[246], Gemeinschaftsrahmen für die Landwirtschaft[247], Postdienste[248], Verkehr[249].

1276 Die Unterstützung eines Sektors oder Gebietes im betreffenden Mitgliedstaat darf nicht einfach Probleme auf andere Mitgliedstaaten verlagern[250]. Ferner muss die Beihilfe einen Beitrag zur Entwicklung des Sektors leisten und nicht der Erhaltung nicht wettbewerbsfähiger Strukturen dienen[251].

d) Kulturförderung

1277 Der Begriff der Kultur wird beihilferechtlich nicht gesondert definiert, so dass auf den **Kultur-Begriff** des Art. 167 AEUV zurückgegriffen werden kann. Unter „Förderung der Kultur" fallen insbesondere die Verlagsförderung, Theater- und Kinoförderung, Förderung der Filmindustrie. Nicht darunter fallen die in vielen Mitgliedstaaten praktizierten Systeme der Presseförderung. Bei der Tagespresse geht die Kommission davon aus, dass diese einerseits stark sprachgebunden ist und andererseits kaum ein Handel zwischen Mitgliedstaaten besteht, so dass Maßnahmen der Presseförderung nicht von der Definition der Beihilfen in Art. 107 Abs. 1 AEUV erfasst sind.

---

244 Mitteilung der Kommission – Kriterien für die Bewertung der Vereinbarkeit einzeln anzumeldender Ausbildungsbeihilfen mit dem Gemeinsamen Markt, ABl. 2009, C 188/01).

245 Mitteilung der Kommission – Leitlinien für staatliche Beihilfen zur Rettung und Umstrukturierung nichtfinanzieller Unternehmen in Schwierigkeiten, ABl. 2014 C 249/1–28.

246 Mitteilung der Kommission – Leitlinien der EU für die Anwendung der Vorschriften über staatliche Beihilfen im Zusammenhang mit dem schnellen Breitbandausbau, ABl. 2013, C 25.

247 Mitteilung der Kommission – Rahmenregelung für staatliche Beihilfen im Agrar- und Forstsektor und in ländlichen Gebieten, ABl. 2022/C 485/01; Mitteilung der Kommission – Rahmenregelung für staatliche Beihilfen im Agrar- und Forstsektor und in ländlichen Gebieten, ABl. 2022, C 485/1–90; VO (EU) Nr. 702/2014 der KOM zur Feststellung der Vereinbarkeit bestimmter Arten von Beihilfen im Agrar- und Forstsektor und in ländlichen Gebieten mit dem Binnenmarkt in Anwendung der Artikel 107 und 108 AEUV, ABl. 2014 L 193, zuletzt geändert durch VO (EU) 2020/2008 der KOM v. 8.12.2020 zur Änderung der VOen (EU) Nr. 702/2014, (EU) Nr. 717/2014 und (EU) Nr. 1388/2014 hinsichtlich ihrer Geltungsdauer und anderer entsprechender Anpassungen, ABl. 2020, L 414/15–18.

248 Bekanntmachung der KOM über die Anwendung der Wettbewerbsregeln auf den Postsektor und über die Beurteilung bestimmter staatlicher Maßnahmen betreffend Postdienste, ABl. 1998 C 39/2.

249 Leitlinien für staatliche Beihilfen für Flughäfen und Fluglinien, ABl. 2014 C 99/3.

250 EuGH, Rs. 730/79, Philip Morris, Slg. 1980, 2692, Rdn. 26.

251 EuGH, Rs. 301/87, Frankreich/KOM, Slg. 1990, I-307, Rdn. 52–57.

Die Mitteilung der Kommission über die Anwendung der Vorschriften über staatliche Beihilfen auf den **öffentlich-rechtlichen Rundfunk**[252] legt die Bedingungen für Ausnahmegenehmigungen im Bereich der staatlichen Förderung des Rundfunks und des Fernsehens fest. Nach der Rechtsprechung des EuGH sind die Mitgliedstaaten befugt, Dienstleistungen von allgemeinem wirtschaftlichen Interesse im Bereich des Rundfunks weit und qualitätsbezogen zu definieren, so dass sie die Ausstrahlung eines breit gefächerten Programms umfassen, wobei auch eine Finanzierung über Werbung als zulässig angesehen wird[253]. **1278**

e) Vom Rat bestimmte Ausnahmen

Hierbei handelt es sich um einen Auffangtatbestand, der es dem Rat erlaubt, Sonderregelungen zu schaffen, die von den anderen Genehmigungstatbeständen nicht erfasst sind. Dies betrifft insbesondere die Genehmigung von **Betriebsbeihilfen**. Diese sind normalerweise nicht genehmigungsfähig, weil sie die im normalen Wirtschaftsleben anfallenden Kosten der Unternehmen senken, ohne Anreizeffekte für Investitionen oder für sonstige erwünschte Projekte zu haben[254]. Im Gegensatz zu Investitionsbeihilfen verfälschen sie den Wettbewerb, ohne irgendwelche nützlichen Effekte zu haben. Aufgrund dieser Befugnis ist der Rat allerdings nicht ermächtigt, eine bereits von der Kommission als mit dem Binnenmarkt für unvereinbar erklärte Beihilfe „nachträglich“ zu genehmigen. Ebenso wenig kann der Rat aufgrund dieser Befugnis eine Beihilfe genehmigen, die nur dazu dient, eine durch die Kommission angeordnete Rückforderung einer zu Unrecht gezahlten Beihilfe zu neutralisieren[255]. **1279**

f) Wichtige Vorhaben von gemeinsamem europäischem Interesse (IPCEI)

Nach Artikel 107 Abs. 3 Buchstabe b AEUV können Beihilfen zur Förderung der Durchführung eines wichtigen Vorhabens von gemeinsamem europäischem Interesse als mit dem Binnenmarkt vereinbar angesehen werden. Im Jahr 2021 veröffentlichte die Kommission die derzeit geltende Mitteilung über die Kriterien für die Analyse der Vereinbarkeit staatlicher Beihilfen zur Förderung der Durchführung von IPCEI mit dem Binnenmarkt[256]. **1280**

IPCEI ist die Abkürzung für „Important Project of Common European Interest“. Dabei handelt es sich um ein transnationales, wichtiges Vorhaben von gemeinsamem europäischen Interesse, das mittels staatlicher Förderung einen wichtigen Beitrag **1281**

252 Mitteilung der Kommission über die Anwendung der Vorschriften über staatliche Beihilfen auf den öffentlich-rechtlichen Rundfunk, ABl. 2009 C 257/1.

253 EuG T-309/04 u.a., TV 2/Danmark A/S u.a. Slg. 2008, II-2935, Rdn. 113.

254 EuGH C-114/00, Spanien/KOM, Slg. 2002, I-7657, Rdn. 83/84.

255 EuGH C-399/03, KOM/Rat, Slg. 2006, I-5629 mit Anm. *Gross*, EuZW 2006, S. 499.

256 ABl. C 528 vom 30.12.2021, S. 10.

zu Wachstum, Beschäftigung und Wettbewerbsfähigkeit der europäischen Industrie und Wirtschaft leistet. Ein IPCEI muss

- einen Beitrag zu den strategischen Zielen der EU leisten,
- von mehreren Mitgliedstaaten durchgeführt werden,
- eine eigene Ko-Finanzierung durch die beteiligten Unternehmen vorsehen,
- positive Spill-over-Effekte in der gesamten EU bewirken und
- sehr ehrgeizige Ziele in Bezug auf Forschung und Innovation verfolgen, das heißt deutlich über den internationalen Stand der Technik in dem betreffenden Sektor hinausgehen.

1282 IPCEI's wurden vor allem in folgenden Bereichen vereinbart und zugelassen: Europäische Batterie Innovation, Wasserstoff Technologie, Wasserstoff Industrie, Mikroelektronik und Kommunikationstechnologien.

3. Freistellung vom Beihilfeverbot

1283 Im Interesse der Verwaltungsvereinfachung, der Transparenz und der Rechtssicherheit hat der Rat die Kommission in der Verordnung (EU) 2015/1588 ermächtigt, bestimmte Gruppen horizontaler Beihilfen unter bestimmten Voraussetzungen vom Beihilfeverbot freizustellen[257]. Die Freistellung bewirkt vor allem, dass die Mitgliedstaaten bei den von einer Freistellungsverordnung erfassten Fördermaßnahmen von der sonst bestehenden **Anmeldepflicht befreit** sind.

1284 Gruppenfreistellungen durch die Kommission sind vor allem in den Bereichen vorgesehen, in denen die Kommission über ausreichende Erfahrungen verfügt, um allgemeine Vereinbarkeitskriterien festzulegen, d.h. mittels Verordnung zu erklären, dass bestimmte Gruppen von Beihilfen mit dem Binnenmarkt vereinbar sind und freigestellt werden. Als **Mindestbedingungen,** die durch die Kommission im Einzelnen geregelt werden müssen, hat der Rat festgelegt:

- Zweck der Beihilfen
- Begünstigte der Beihilfen
- Beihilfenintensität/Schwellenwerte
- Bedingungen für die Kumulierung mit anderen Beihilfen

Im Hinblick auf eine wirksame Überwachung der Beihilfengewährung durch die Mitgliedstaaten hat der Rat festgelegt, dass von den Mitgliedstaaten unter der Freistellungsverordnung gewährte Beihilfen an die Kommission gemeldet werden müssen, bei Zweifeln an der ordnungsgemäßen Anwendung die Kommission Informationen für eine Vereinbarkeitsprüfung anfordern kann, und die Mitgliedstaaten Jahresberichte zu erstellen haben.

---

257 VO (EU) 2015/1588 v.13.7.2015 über die Anwendung der Artikel 107 und 108 AEUV auf bestimmte Gruppen horizontaler Beihilfen, ABl. 2015 L248/1; diese VO löst die frühere VO (EG) Nr. 994/98 des Rates ab.

Von dieser Ermächtigung hat die Kommission Gebrauch gemacht: Die früher bestehenden Einzelfreistellungsverordnungen für Beihilfen zugunsten von kleinen und mittleren Unternehmen, Forschungs- und Entwicklungsbeihilfen, Umweltschutzbeihilfen, Beschäftigungs- und Ausbildungsbeihilfen sowie Regionalbeihilfen sind durch die **Allgemeine Gruppenfreistellungs-Verordnung (EU) Nr. 651/2014**[258] in einem horizontalen Rechtsakt zusammengefasst worden. Daneben besteht weiterhin die **VO (EU) 2023/2391**[259] für die Freistellung von „De-minimis-Beihilfen". **1285**

C. Beihilfeverfahrensrecht

Das Beihilfeverfahrensrecht ergibt sich zum einen aus der Grundnorm des Art. 108 AEUV und zum anderen aus der Verordnung (EU) 2015/1589[260]. In dieser Verordnung werden die zunächst ausschließlich durch die Rechtsprechung des EuGH konkretisierten Verfahrensgrundsätze zusammengefasst und fortentwickelt. **1286**

Im Mittelpunkt des Verfahrens der Beihilfenaufsicht stehen die Kommission und der die Beihilfe gewährende Mitgliedstaat. Das Aufsichtsverfahren wird von der Kommission gegen diesen Mitgliedstaat eingeleitet, selbst wenn die Beihilfe von einer Region oder in Deutschland einem Bundesland aus Landesmitteln gewährt wird. Die Empfänger der Beihilfe oder deren Wettbewerber sind nur Beteiligte des Verfahrens mit begrenzten Beteiligungs- und Informationsrechten. Sie haben im Wesentlichen nur den Status von „Informationsquellen" der Kommission[261].

I. Verpflichtung zur Notifizierung neuer Beihilfen und Durchführungsverbot

Die Mitgliedstaaten sind verpflichtet, der Kommission alle Vorhaben zur Gewährung von Beihilfen oder zur Änderung bestehender Beihilferegelungen zwecks Genehmigung zu notifizieren (**Anmeldungsprinzip**). Dies gilt auch für Beihilfen, die für eine Genehmigung nach Art. 107 Abs. 2 AEUV in Betracht kommen, da die Kommission das Vorliegen der Voraussetzungen prüfen muss. Eine Notifizierung ist immer dann erforderlich, wenn aufgrund der Rechtsprechung des EuGH und/oder **1287**

258 VO (EU) Nr. 651/2014 der KOM zur Erklärung der Vereinbarkeit bestimmter Gruppen von Beihilfen mit dem Binnenmarkt in Anwendung der Artikel 107 u. 108 AEUV, ABl. 2014 L 187, konsolidierte Fassung v. 1.7.2023.

259 VO (EU) 2023/2391 der Kommission v. 4.10.2023 zur Änderung der VOen (EU) Nr. 717/2014, (EU) Nr. 1407/2013, (EU) Nr. 1408/2013 und (EU) Nr. 360/2012 hinsichtlich De-minimis-Beihilfen für die Verarbeitung und Vermarktung von Erzeugnissen der Fischerei und der Aquakultur und der VO (EU) Nr. 717/2014 hinsichtlich des Gesamtbetrags der einem einzigen Unternehmen gewährten De-minimis-Beihilfen, ihrer Geltungsdauer und anderer Aspekte.

260 VO (EU) 2015/1589 des Rates v. 13.7.2015 über besondere Vorschriften für die Anwendung von Artikel 108 AEUV, ABl. 2015 L 248/9. Diese VO löst die VO (EG) Nr. 659/1999 ab.

261 EuG T-228/99 u. T-233/99; WestLB und NRW/KOM, Slg. 2003, II-435 Rdn. 122/125.

der Praxis der Kommission eine hinreichende Wahrscheinlichkeit dafür besteht, dass eine Maßnahme eine staatliche Beihilfe darstellt. Ausgenommen von der Notifizierungspflicht sind lediglich solche Beihilfen, die unter eine Gruppenfreistellungsverordnung der Kommission fallen und deren Voraussetzungen erfüllen. Der Mitgliedstaat darf die beabsichtigte Maßnahme so lange nicht durchführen, bis die Kommission eine Entscheidung in der Sache getroffen hat (**Sperrwirkung**). „Durchführung" bedeutet nicht nur die tatsächliche Gewährung der Beihilfe, sondern auch die Übertragung von Befugnissen, aufgrund deren die Beihilfe ohne weitere Formalität ausgezahlt werden kann. Wird die Beihilfe vor Genehmigung durch die Kommission „durchgeführt", so wird der Fall als „nicht notifizierte Beihilfe" eingestuft und nach dem entsprechenden Verfahren behandelt[262]. Aufgrund der unmittelbaren Anwendbarkeit des Art. 108 Abs. 3 AEUV kann die Sperrwirkung auch vor den nationalen Gerichten durchgesetzt werden.

II. Kontrolle notifizierter Beihilfen

1288 Die Kommission ist verpflichtet, innerhalb einer angemessenen Frist zur notifizierten Beihilfe Stellung zu nehmen. Der EuGH hat eine allgemeine Frist von zwei Monaten („Lorenz-Frist")[263] ab der Notifizierung festgelegt. Diese Frist kann im Einverständnis mit dem Mitgliedstaat verlängert werden. Lässt die Kommission diese Frist verstreichen, kann der Mitgliedstaat ihr die Absicht mitteilen, das Vorhaben durchzuführen. Unterlässt es die Kommission daraufhin, innerhalb von 15 Werktagen einen Beschluss zu treffen, so kann die Beihilfe rechtmäßig gewährt werden und wird somit zu einer „bestehenden Beihilfe" (Art. 4 Abs. 5 und 6 VO 2015/1589).

1289 Die Kommission kann ohne Einleitung des Hauptprüfverfahrens die Beihilfe genehmigen, wenn sie zu dem Ergebnis gelangt, dass keine Beihilfe i.S.d. Art. 107 Abs. 1 AEUV vorliegt oder dass eine Freistellung nach Art. 107 Abs. 2 oder Abs. 3 AEUV in Betracht kommt. Der Beschluss wird dem betreffenden Mitgliedstaat mitgeteilt und im Amtsblatt der EU veröffentlicht, um andere Mitgliedstaaten und beteiligte Dritte zu informieren.

1290 Die Kommission muss ein Hauptprüfverfahren einleiten, wenn sie erhebliche Schwierigkeiten bei der Feststellung des Vorliegens einer Beihilfe oder der Vereinbarkeit der Beihilfe mit dem Binnenmarkt hat[264]. Das Gleiche gilt, wenn nach ihrer Meinung die Beihilfe nur unter bestimmten Bedingungen genehmigt werden kann. Ein Verfahren muss auch dann eingeleitet werden, wenn die Kommission der Ansicht ist, dass die genehmigten Beihilfen missbräuchlich genutzt werden oder unter

262 Einzelheiten dazu unter § 15 C. III.

263 EuGH Rs. 120/73, Lorenz, Slg. 1973, 1471 Rdn. 4; s. auch C-99/98, Österreich/KOM [Siemens], Slg. 2001, I-1101.

264 EuG T-73/98, Prayon-Rupel, Slg. 2001, II-867; T-46/97, SIC, Slg. 2000, II-2125 Rdn. 72; T-11/95, BP Chemicals, Slg. 1998, II-3327 Rdn. 164.

Missachtung der erteilten Genehmigung (z.B. unter Verletzung der Auflagen und Bedingungen) gewährt werden.

Die Kommission leitet das Verfahren durch ein entsprechendes Schreiben an den betreffenden Mitgliedstaat ein, in dem die Einwände gegenüber der Beihilfe im Einzelnen dargelegt werden. Der Mitgliedstaat wird aufgefordert, sich zu diesen Beschwerdepunkten binnen einer Frist von regelmäßig einem Monat zu äußern. Der Inhalt des Schreibens wird außerdem im Amtsblatt der EU veröffentlicht, um anderen Mitgliedstaaten und beteiligten Dritten (Beihilfenbegünstigten, Konkurrenten, Wirtschaftsverbänden etc.) die Gelegenheit zur Stellungnahme zu geben[265]. Unterlässt es der Mitgliedstaat, sich zur Einleitung des Verfahrens zu äußern, so ist die Kommission befugt, einen Beschluss auf der Grundlage der ihr vorliegenden Informationen zu erlassen. Verfügt sie jedoch nicht über ausreichende Informationen, so muss sie erst eine Anordnung erlassen, mit der dem betreffenden Mitgliedstaat aufgegeben wird, ihr die fehlenden Informationen zu übermitteln (sog. „Pleuger-Anordnung")[266].

Die Kommission kann einen positiven, einen negativen oder auch einen teils po- **1291**
sitiven, teils negativen Beschluss erlassen. Positive Beschlüsse können auch unter Auflagen ergehen, d.h. mit Einschränkungen hinsichtlich der Art, der Höhe, der Empfänger, des Zwecks oder der Dauer der Beihilfe. Im Tenor des Beschlusses ist anzugeben, welche Maßnahmen der betreffende Mitgliedstaat zu unternehmen hat und welche weiteren Verpflichtungen und Bedingungen ihm auferlegt werden. Es ist eine Frist festzusetzen, innerhalb derer die angeordneten Maßnahmen durchgeführt werden müssen (regelmäßig ein oder zwei Monate). Der Beschluss ist ordnungsgemäß zu begründen[267], um eine ordentliche Rechtskontrolle zu gewährleisten. Der Beschluss wird dem betreffenden Mitgliedstaat zugestellt und anschließend im Amtsblatt der EU veröffentlicht.

Kommt der betreffende Mitgliedstaat dem Beschluss oder etwaigen Auflagen, an die **1292**
der Beschluss geknüpft wurde, innerhalb der ihm gesetzten Frist nicht nach, so kann die Kommission gem. Art. 108 Abs. 2 AEUV unmittelbar den EuGH anrufen und ggf. gem. Art. 278 AEUV eine einstweilige Anordnung beantragen.

III. Kontrolle nicht notifizierter Beihilfen

Der Begriff der nicht notifizierten Beihilfe umfasst geleistete oder zugesagte Beihil- **1293**
fen, die aus welchem Grund auch immer zum Zeitpunkt der Notifizierung bereits „durchgeführt" worden waren oder „durchgeführt" werden, nachdem sie notifiziert wurden, aber bevor die Kommission einen Beschluss getroffen hat. Diese vor der Genehmigung gewährten Beihilfen sind **rechtswidrig**.

---

265 EuGH C-167/95 P, Sytraval, Slg. 1998, I-1719; EuG T-371/94 u. T-394/94, British Airways, Slg. 1998, II-2405 Rdn. 90.

266 EuGH C-342/90, Pleugher Worthington, Slg. 1994, 1173.

267 EuG T-371/94 u. T-394/94, British Airways, Slg. 1998, II-2405.

1294 Im Verfahren betreffend nicht notifizierte Beihilfen bestehen gegenüber dem Verfahren bei notifizierten Beihilfen folgende Besonderheiten:

- Die Kommission kann dem Mitgliedstaat aufgeben, binnen 15 Werktagen ihr alle Einzelheiten der vermuteten unrechtmäßigen Beihilfe mitzuteilen. Erhält die Kommission keine oder nur unvollständige Angaben, übermittelt die Kommission ein Erinnerungsschreiben (Art. 7 Abs. 5 der VO (EU) 2015/1589). Gegenüber Unternehmen kann die Kommission eine formelle Anordnung betreffend die Übermittlung der Angaben treffen (Art. 7 Abs. 7 VO (EU) 2015/1589).
- Die Kommission kann einstweilige Anordnungen erlassen, um die Zahlung einer Beihilfe bis zum Abschluss des Hauptprüfverfahrens zu verhindern oder zu stoppen (Art. 11 der VO 659/1999).
- Wenn die Beihilfe für nicht freistellungsfähig erachtet wird, ordnet die Kommission an, dass der Mitgliedstaat diese Beihilfe einschließlich Zinsen von dem Beihilfeempfänger einstweilig wieder zurückzufordern hat (Art. 13 der VO (EU) 2015/1589).
- Die Kommission kann gegen den betreffenden Mitgliedstaat ein Vertragsverletzungsverfahren gem. Art. 258 AEUV einleiten, und zwar sowohl wegen Verletzung der Notifizierungspflicht als auch ggf. wegen Nichtbefolgung der Anordnungen.

1295 Wie bei notifizierten Beihilfen kann die Kommission beschließen, keine Einwände gegen die Beihilfe zu erheben. Bei Zweifeln kann die Kommission unverzüglich das Hauptprüfverfahren eröffnen und in diesem Rahmen auch einstweilige Anordnungen erlassen, insbesondere den Mitgliedstaat aufgeben, die Beihilfengewährung vorläufig einzustellen. Unterlässt es der Mitgliedstaat, auf die Einleitung des Verfahrens und auf eine Anordnung zur Übermittlung der von der Kommission für ihren Beschluss benötigten Informationen zu antworten, so kann die Kommission auf der Grundlage der ihr vorliegenden Informationen einen Beschluss erlassen.

1296 In negativen Entscheidungen bei nicht notifizierten Beihilfen ordnet die Kommission an, dass der Mitgliedstaat die Beihilfe vom Empfänger zurückzufordern hat, zuzüglich Zinsen ab dem Zeitpunkt der unrechtmäßigen Beihilfengewährung bis zur Wiedereinziehung der Beihilfe (Art. 16 der VO (EU) 2015/1589). Eine Rückforderung ist lediglich ausgeschlossen, wenn sie gegen einen allgemeinen Grundsatz des EU-Rechts verstößt (Art. 16 Abs. 1 der VO (EU) 2015/1589). Ein solcher Ausschlussgrund kann jedoch bei fehlender Notifizierung nicht im allgemeinen Rechtsgrundsatz des Vertrauensschutzes liegen, da ein Beihilfeempfänger sich vor dem Erhalt der Beihilfe von deren Rechtmäßigkeit überzeugen muss. Die Rückforderung selbst hat in Übereinstimmung mit einzelstaatlichem Recht zu erfolgen, soweit hierdurch die sofortige und tatsächliche Vollstreckung der Rückforderungsentscheidung der Kommission ermöglicht wird[268]. Dieses darf jedoch nicht die Rückforderung prak-

268 EuGH C-232/05, KOM/Frankreich, Slg. 2006, I-10071; C-360/05, KOM/Italien, Slg. 2006, I-104.

tisch unmöglich machen. Eine Berufung auf den nationalen Grundsatz des Vertrauensschutzes, den Wegfall der Bereicherung oder Verfahrensfristen ist im Falle nicht notifizierter Beihilfen ausgeschlossen[269].

Die Rückforderungsanordnung stellt nach ständiger Rechtsprechung des EuGH die **1297** logische Folge der sich in der Wettbewerbsverfälschung entfaltenden Rechtswidrigkeit der Beihilfe dar[270]. Die Aufhebung einer rechtswidrigen oder mit dem Binnenmarkt unvereinbaren Beihilfe dient dabei der Wiederherstellung der früheren, vor der durch die Beihilfe verursachten Wettbewerbsverfälschung bestehenden Lage (sog. *„status quo ante"*)[271]. Dieses Ziel ist erreicht, wenn der Empfänger der fraglichen Beihilfe den Vorteil, den er auf dem Markt gegenüber seinen Mitbewerbern besaß, verliert[272].

Zum Schutz vor Umgehungen ihrer Rückforderungsentscheidungen kann der Kreis **1298** der Rückforderungsschuldner um die Erwerber der fraglichen Vermögensgegenstände erweitert werden, wenn der tatsächliche Nutzen des mit der Beihilfe verbundenen Wettbewerbsvorteils beim Erwerber erhalten bleibt[273]. Dies ist immer dann nicht der Fall, wenn die Vermögensgegenstände zum Marktpreis erworben werden, da bei Zahlung des Marktpreises der Wettbewerbsvorteil nicht an den Erwerber weitergereicht wird[274].

IV. Kontrolle bestehender Beihilfen

Das Verfahren bei bestehenden Beihilfen (Art. 108 Abs. 1 AEUV) bietet die Möglich- **1299** keit, die Aufhebung oder Anpassung alter oder aus der Zeit vor dem Beitritt stammender Beihilfen, die mit dem Binnenmarkt unvereinbar sind, sicherzustellen und Beihilferegelungen, die früher genehmigt worden sind, aber unter den veränderten Bedingungen des Binnenmarktes nicht mehr haltbar sind, zu überprüfen.

Als **„bestehende Beihilfen"** gelten nach Art. 1 Buchstabe b) der VO (EU) 2015/1589:

- alte oder aus der Zeit vor dem Beitritt stammende Beihilfen,
- genehmigte Beihilfen,

---

269 EuGH C-24/95, Alcan, Slg. 1997, I-1591; dazu Beschluss des BVerfG vom 17.2.2000 (2 BvR 1210/98 – Alcan), abgedruckt in EuZW 2000, 445 m. Anm. *Vögler*.

270 EuGH C-622/16P – C-624/16P, Scuola Elementare Maria Montessori Srl, ECLI:EU:C:2018:873, wo der EuGH aus diesem Grund einen von der Kommission angeordneten Verzicht auf Rückforderung einer rechtswidrigen Beihilfe für nichtig erklärt hat. S auch C-142/87, KOM/Belgien, Slg. 1990, I-959 Rdn. 66; C-169/95, Spanien/KOM, Slg. 1997, I-135 Rdn. 47. Vgl. auch *Borchardt*, ZIP 2001, 1301.

271 EuGH C-350/93, KOM/Italien, Slg. 1995, I-699 Rdn. 21.

272 EuGH C-350/93, KOM/Italien, Slg. 1995, I-699 Rdn. 22.

273 EuGH C-277/00, SMI, Slg. 2004, I-3925 Rdn. 86.

274 EuGH C-277/00, SMI, Slg. 2004, I-3925 Rdn. 87; C-328/96, Seleco, Slg. 2003, I-4035 Rdn. 72; C-390/98, Banks, Slg. 2001, I-6117 Rdn. 77.

- durch Versäumnis genehmigte Beihilfen,
- Beihilfen, die länger als zehn Jahre zurückliegen, sowie
- Beihilfen, die zum Zeitpunkt ihrer Einführung keine Beihilfen waren, zu solchen erst aufgrund der Entwicklung des Binnenmarktes wurden, ohne dass sie eine Änderung durch den Mitgliedstaat erfahren haben.

1300 Ist eine bestehende Beihilferegelung nach Auffassung der Kommission geeignet, das Funktionieren oder die Entwicklung des Binnenmarktes zu beeinträchtigen, so leitet diese eine Überprüfung normalerweise dadurch ein, dass sie von dem betreffenden Mitgliedstaat einschlägige Informationen anfordert. Der Mitgliedstaat ist verpflichtet, innerhalb der gesetzten Frist die angeforderten Auskünfte zu erteilen. Die Einleitung einer Überprüfung bedeutet nicht, dass die Anwendung der Beihilferegelung ausgesetzt werden muss.

1301 Nach Prüfung der bestehenden Beihilferegelungen im Lichte der von den Mitgliedstaaten gemachten Angaben kann die Kommission beschließen, dass die Regelung nicht geändert zu werden braucht, und somit den Fall schließen, oder sie kann die jeweiligen Änderungen vorschlagen, die ihr zweckdienlich erscheinen, um die Regelung mit dem geltenden Recht in Einklang zu bringen.

1302 Erklärt sich der Mitgliedstaat bereit, die empfohlenen Änderungen oder die Abschaffung der Beihilferegelung vorzunehmen, schließt die Kommission den Fall. Lehnt es der Mitgliedstaat jedoch ab, die vorgeschlagenen „zweckdienlichen Maßnahmen“ durchzuführen, und vertritt die Kommission nach Prüfung der Argumente des Mitgliedstaates weiterhin die Auffassung, dass die Maßnahmen notwendig sind, so kann die Kommission den betreffenden Mitgliedstaat hierzu nur im Rahmen des Hauptprüfverfahrens nach Art. 108 Abs. 2 AEUV zwingen. Der Beschluss zur Anordnung der Änderungen gilt nicht rückwirkend und muss dem Mitgliedstaat eine angemessene Frist zur Erfüllung belassen.

D. Rechtsschutzfragen

I. Rechtsschutz vor Anmeldung der Beihilfen

1. Handlungsmöglichkeiten der Kommission

1303 Die Kommission kann den Mitgliedstaat zunächst durch Beschluss verpflichten, die Beihilfengewährung vorläufig auszusetzen, bis über die Vereinbarkeit mit dem Binnenmarkt abschließend entschieden ist (Art. 13 Abs. 1 VO (EU) 2015/1589). Diese Aussetzungsanordnung hat jedoch rein deklaratorischen Charakter, weil sie lediglich das in Art. 3 VO (EU) 2015/1589 niedergelegte Durchführungsverbot wiederholt. Bei Weigerung besteht die Möglichkeit einer Klage beim EuGH nach Art. 108 Abs. 2 AEUV wegen Nichtumsetzung des Beschlusses mit der Möglichkeit des Antrags auf einstweilige Anordnung gem. Art. 278 AEUV.

Außerdem kann sie gegenüber dem Mitgliedstaat eine einstweilige Rückforderungsanordnung erlassen, wenn hinsichtlich des Beihilfecharakters keinerlei Zweifel bestehen, ein Tätigwerden dringend geboten erscheint und ein erheblicher und nicht wiedergutzumachender Schaden für die Konkurrenten ernsthaft zu befürchten ist (Art. 13 Abs. 2 VO (EU) 2015/1589). **1304**

2. Handlungsmöglichkeiten der nationalen Gerichte

Wegen der unmittelbaren Wirkung des Durchführungsverbots können die nationalen Gerichte die Aussetzung weiterer Zahlungen und die Rückforderung bereits gewährter Mittel anordnen. Die Anordnung der Rückforderung stellt eine Sanktion lediglich für die rechtswidrige Nichtanmeldung dar, nicht dagegen für die eventuelle materielle Unvereinbarkeit der Beihilfe mit dem Binnenmarkt. Ein Vertrauensschutz des Beihilfeempfängers ist nur denkbar, wenn dieser sich nach dem Maßstab eines gewissenhaften Gewerbetreibenden vergewissert hat, ob das Verfahren der Notifizierung eingeleitet wurde, oder er glaubhaft machen kann, dass gute Gründe für die Annahme vorlagen, dass keine anmeldungsbedürftige Beihilfe vorlag (wofür als Indiz die Dauer der Prüfung dieser Frage durch die Kommission herangezogen werden kann)[275]. Die Klage vor dem nationalen Gericht ist als Konkurrentenklage vor dem Verwaltungsgericht zu erheben. **1305**

II. Rechtsschutz im Vorprüfverfahren

1. Rechtsschutzmöglichkeiten für die Wettbewerber

Die Konkurrenten des Begünstigten einer staatlichen Beihilfe sind beschwert, wenn die Kommission entscheidet, dass keine Beihilfe vorliegt oder die Beihilfe mit dem Binnenmarkt vereinbar ist. Da die Entscheidungen an die Mitgliedstaaten gerichtet sind, müssen die Konkurrenten zum Nachweis ihrer Klagebefugnis darlegen, dass sie durch die Entscheidung der Kommission *unmittelbar und individuell betroffen* sind (Art. 263 Abs. 4 AEUV). Unmittelbares Betroffensein liegt vor, wenn die Beihilfe bereits gezahlt wurde oder aber sicher ist, dass die Zahlung unmittelbar bevorsteht. Individuelles Betroffensein wird durch die Rechtsprechung allein auf verfahrensmäßige Überlegungen gestützt. Da die Konkurrenten im Vorprüfungsverfahren keinerlei Gelegenheit hatten, ihre Auffassung zur Geltung zu bringen, ist ein Klagerecht zur Wahrung der Verfahrensrechte erforderlich[276]; es muss nicht dargelegt werden, ob und inwieweit die Marktstellung durch die Beihilfe negativ betroffen wird. In der Rechtsprechung des EuGH zeichnet sich in dieser Frage eine andere Argumentationslinie ab: statt ein unmittelbares und individuelles Betroffensein zu verlangen, geht der EuGH offenbar davon aus, dass es sich bei Klagen, die Wettbewerber von **1306**

275 Vgl. EuGH C-24/95, Alcan, Slg. 1997, I-1591; C-99/98, Österreich/KOM, Slg. 2001, I-1101.
276 EuGH C-198/91, Cook, Slg. 1993, I-2487; C-225/91, Matra, Slg. 1993, I-3203; EuG T-11/95, BP Chemicals, Slg. 1998, II-3235.

Begünstigten einer Beihilferegelung unmittelbar gegen einen Beschluss der Kommission erheben, mit dem festgestellt wird, dass die fragliche nationale Regelung keine staatliche Beihilfe darstelle bzw. dass die aufgrund einer rechtswidrigen Regelung gewährten Beihilfe nicht zurückgefordert werden können, um einen Fall des Art. 263 Abs. 4 dritte Variante AEUV handelt. Danach ist die Klagebefugnis auch für Wettbewerber eröffnet, wenn es sich bei dem belastenden Rechtsakt um einen *„Rechtsakt mit Verordnungscharakter“* handelt, was der EuGH für die fraglichen Beihilfebeschlüsse der Kommission bejaht[277]. Die Klage ist innerhalb einer Frist von zwei Monaten zu erheben, die erst mit der Veröffentlichung der Entscheidung im Amtsblatt der EU zu laufen beginnt, da keine förmliche Bekanntmachung an die Konkurrenten erfolgt.

2. Rechtsschutzmöglichkeiten für den Begünstigten

1307 Die Begünstigten einer staatlichen Beihilfe sind beschwert, wenn die Kommission entscheidet, das Hauptprüfverfahren einzuleiten. Die Klagebefugnis entfällt in aller Regel, weil der Beschluss keine selbständige verfahrensabschließende Entscheidung darstellt, und es damit an der anfechtbaren Handlung fehlt. Eine Ausnahme gilt für den Fall, dass Kommission und Mitgliedstaat über die Einordnung einer Maßnahme als bestehende oder neue Beihilfe streiten. Die Einordnung als neue und nicht als bestehende Beihilfe hat Rechtswirkungen insoweit, als bei neuen Beihilfen das Durchführungsverbot gilt und die Rückforderung droht[278].

III. Rechtsschutz im Hauptprüfverfahren

1. Rechtsschutzmöglichkeiten für den Begünstigten

1308 Die Begünstigten einer staatlichen Beihilfe sind beschwert durch Negativbeschlüsse der Kommission sowie durch Positivbeschlüsse, die mit Auflagen oder Bedingungen versehen sind. Die Klagebefugnis bereitet keine Schwierigkeiten, wenn es sich um die Gewährung von *Einzelbeihilfen* handelt. Keine Klagebefugnis besteht hingegen wegen Fehlens des unmittelbaren Betroffenseins bei dem Beschluss über *Beihilfeprogramme oder -regime,* die nach generell abstrakten Kriterien festgelegt sind[279]. Es kann nicht geltend gemacht werden, dass dem einzelnen Unternehmen durch Ablehnung des Programms ein individueller Vorteil genommen wird; unerheblich ist auch, ob das betreffende Unternehmen vor Erlass des Beschlusses seine Auffassung gegenüber der Kommission dargelegt hat.

---

277 EuGH C-622/16P–624/16/P, Scuola Elementare Maria Montessori Srl, ECLI:EU:C:2018:873.

278 EuGH C-312/90, Spanien/KOM, Slg. 1992, I-4117; C-47/91, Italien/KOM, Slg. 1992, I-4145; EuG T-212/95, Officeman, Slg. 1997, II-1161.

279 EuG T-398/94, Kahn, Slg. 1996, II-477; vgl. aber T-188/95, Waterleiding, Slg. 1998, II-3713 Rdn. 62/67.

2. Rechtsschutzmöglichkeiten für Wettbewerber

Wettbewerber werden durch Positivbeschlüsse der Kommission beschwert. Die Klagebefugnis ist insoweit problematisch, als die Möglichkeit der Begründung der Klagebefugnis mit verfahrensrechtlichen Überlegungen hier nicht besteht, da die Wettbewerber im förmlichen Prüfverfahren ihre Anhörungs- und Beteiligungsrechte ausüben können. Verletzungen dieser Rechte können natürlich geltend gemacht werden, beschränken jedoch auch den Gegenstand einer Nichtigkeitsklage. In der Regel muss der Wettbewerber sein *individuelles und unmittelbares Betroffensein* in *materieller* Hinsicht darlegen. Er muss glaubhaft machen können, dass durch die Genehmigung der Beihilfe seine Marktstellung in deutlicher Weise beeinträchtigt wird[280]. In praktischer Hinsicht bedeutet dies, dass er bereits in seinen prozessualen Ausführungen unter Umständen weitreichende materielle Argumente vortragen muss, insbesondere dass er und der Beihilfenempfänger auf demselben sachlichen und geographischen relevanten Markt tätig sind und ob und inwieweit es durch die Gewährung der Beihilfe zu einer Wettbewerbsverzerrung im Verhältnis zum Begünstigten kommt. 1309

3. Rechtsschutzmöglichkeiten für staatliche Stellen

Die Mitgliedstaaten sind – wie die Begünstigten der Beihilfe – beschwert durch Negativbeschlüsse der Kommission sowie durch Positivbeschlüsse, die mit Auflagen oder Bedingungen versehen sind. Ihre Klagebefugnis ist aufgrund ihrer Adressatenstellung unproblematisch. Gebietskörperschaften (z.B. *deutsche Bundesländer*) sind nur insoweit klagebefugt, als sie geltend machen können, durch den Beschluss unmittelbar und individuell betroffen zu sein. Dies ist dann anzunehmen, wenn sie aufgrund der innerstaatlichen Zuständigkeitsverteilung selbst als Beihilfengeber in Erscheinung treten oder aber jedenfalls für eine eventuelle Wiedereinziehung der Beihilfe auf nationaler Ebene zuständig sind[281]. 1310

IV. Rechtsschutz gegenüber Untätigkeit

1. Untätigkeit der Kommission

Eine Untätigkeitsklage gegen die Kommission gem. Art. 265 AEUV kommt immer dann in Betracht, wenn das förmliche Prüfverfahren nicht innerhalb von 18 Monaten (Frist gem. Art. 9 Abs. 6 und 7 VO (EU) 2015/1589) abgeschlossen wird oder ein aufgrund einer Beschwerde eingeleitetes Vorprüfverfahren bei nicht notifizier- 1311

280 EuGH C-313/90, CIRFS, Slg. 1998, I-1125; EuG T-266/94, Skibsvoerftsforeningen, Slg. 1996, II-1399; T-435/93, ASPEC, Slg. 1995, II-1281. Vgl. aber die neuen Tendenzen in der Rspr. des EuGH in C-622/16P – 624/16/P, Scuola Elementare Maria Montessori Srl, ECLI:EU:C:2018:873 (s. dazu unter Rdn. 1311).

281 EuGH C-95/97, Region wallonne, Slg. 1997, I-1787; EuG T-288/97, Regione autonoma Friuli-Venezia, Slg. 2001, II-1169; T-132/96, Freistaat Sachsen, Slg. 1999, II-3663; T-214/95, Vlaamse Gewest, Slg. 1998, II-717.

ten Beihilfen zu keinem Beschluss führt. Sie ist nur zulässig, wenn dargelegt werden kann, dass die Kommission eine Maßnahme unterlassen hat, die den Kläger im Falle ihres Erlasses unmittelbar und individuell betrifft[282].

2. Untätigkeit des Mitgliedstaates

1312 Die Kommission oder jeder betroffene Mitgliedstaat kann nach Art. 108 Abs. 2 AEUV vor dem EuGH Klage gegen einen (anderen) Mitgliedstaat wegen Nichtumsetzung eines Negativbeschlusses mit Rückforderungsanordnung erheben. Wettbewerber des begünstigten Unternehmens können Beschwerden bei der Kommission einreichen; ein Anspruch auf Anrufung des EuGH durch die Kommission besteht jedoch nicht. Bisher wenig Beachtung hat in der Praxis die Möglichkeit der Wettbewerber gefunden, vor den nationalen Gerichten Amtshaftungsansprüche gegen den untätigen Mitgliedstaat bzw. die für die Wiedereinziehung zuständige nationale Stelle geltend zu machen.

1313 Bei missbräuchlicher Anwendung von Beihilfen, insbesondere bei Nichtbeachtung von Auflagen und Bedingungen eines Positivbeschlusses, eröffnet die Kommission von Amts wegen oder aufgrund einer Beschwerde das förmliche Prüfverfahren (Art. 14 VO (EU) 2015/1589). Gegen den das förmliche Prüfverfahren abschließenden Beschluss sind die allgemeinen Klagemöglichkeiten eröffnet.

Weiterführende Literatur: *Arnold,* Globale Finanzkrise und europäisches Beihilfenrecht – Die (neuen) Spielregeln für Beihilfen an Finanzinstitute und ihre praktische Anwendung, EuZW 2008, S. 713; *Bartosch,* EU-Beihilfenrecht, 3. Aufl. 2020; *ders.,* Neues zum Tatbestandsmerkmal der „Belastung des Staatshaushalts" i.S.d. Art. 87 I EG, NVwZ 2001, S. 643; *ders.,* 5 Jahre Verfahrensordnung in Beihilfesachen, eine Zwischenbilanz, EuZW 2004, S. 43; *ders.,* Die Durchsetzung der Beihilferechtswidrigkeit staatlicher Maßnahmen vor nationalen Gerichten, EuZW 2005, S. 396; ders., „Selektivität" – Wie ist es mit der Gestaltungsfreiheit der Mitgliedstaaten in der Wirtschaftsförderung bestellt?, EuZW 2015, S. 99; *Borchardt,* Die Rückforderung zu Unrecht gewährter staatlicher Beihilfen beim Verkauf von Vermögenswerten des Beihilfenempfängers durch den Konkursverwalter, ZIP 2001, S. 1301; *Gundel,* Die Autonomie des EU-Beihilfenrechts gegenüber der EU-Binnenmarktgesetzgebung, EWS 2016, S. 606; *Heidenhaim* (Hrsg.), Handbuch des Europäischen Beihilferechts, 2003; *ders.,* Rechtsfolgen eines Verstoßes gegen das Durchführungsverbot des Art. 108 III 3 EG, EuZW 2005, S. 135; *Herrmann,* Der gemeinschaftsrechtliche Begriff der Beihilfe, ZeuS 2004, S. 415; *Kölbl,* Nationaler Rechtsschutz im EU-Beihilferecht, 2023; *Leisner,* Das europarechtliche Beihilfenverbot in Art. 87 I EG, EuZW 2006, S. 648; *Laitenberger/Lielaender,* Beihilfenaufsicht: die Versöhnung von unabhängiger Rechtsdurchsetzung mit direkter Wirkung und demokratiegesteuerter Ermessensausübung, EuZW 2017, S. 281; *Ludwigs,* Demokratieferne Gestaltung der europäischen Beihilfeaufsicht, EuZW 2017, S. 41; *Luma,* Die Stellung Dritter in der Beihilfe – Kontrolle, EuZW 2004, S. 457; *Mähring,* Grundzüge des EG-Beihilfenrechts, JuS 2003, S. 448; Müller-Ibold, Die beihilfenrechtliche Behandlung großer Investitionsvorhaben, EWS 2017, S. 121; *Quardt/Nielandt,* Nichtigkeit von Rechtsgeschäften bei Verstoß gegen das Durchführungsverbot

282 EuG T-95/96, Gestevisión Telecinco, Slg. 1998, II-3407.

des Art. 88 III 3 EG, EuZW 2004, S. 201; *Reese,* Zum EU-Beihilfenbegriff, EuR 2013, S. 572; *Ritter,* EG-Beihilfenrückforderung von Dritten, 2004; *Säcker/Schmitz,* Die Staatlichkeit der Mittel im Beihilfenrecht, NZKart 2014, S. 202;; *Soltész,* Der Rechtsschutz des Konkurrenten gegen gemeinschaftsrechtswidrige Beihilfen vor nationalen Gerichten, EuZW 2001, S. 202; *Thalmann,* Die Anwendbarkeit des beihilferechtlichen Privatinvestortests auf staatliche Kapitalzuführungen an öffentliche Unternehmen, EuR 2013, S. 432.

§ 16 Das Verbot der Begünstigung öffentlicher Unternehmen

A. Respektierung der nationalen Eigentumsordnungen (Art. 345 AEUV)

Nach Art. 345 AEUV lassen die EU-Verträge die Eigentumsordnung in den Mitgliedstaaten unberührt. Die damit betonte Neutralität der Verträge auf dem Gebiet der nationalen Eigentumsordnungen bedeutet insbesondere die grundsätzlich fortbestehende Möglichkeit der Mitgliedstaaten, Privateigentum in Gemeineigentum zu überführen und umgekehrt. Es bleibt den nationalen Regelungen überlassen, ob eine wirtschaftliche Tätigkeit von Privaten oder von der öffentlichen Hand wahrgenommen werden soll. Art. 345 AEUV sieht folglich öffentliche Wirtschaftstätigkeit ausdrücklich als zulässig an. Daraus lässt sich zunächst das Recht ableiten, für öffentliche Zwecke ein besonderes Vermögen zu bilden und die Organisationsform, mit der diese Zwecke verfolgt werden sollen, nach eigenen Vorstellungen zu regeln. Ebenfalls aus Art. 345 AEUV ableitbar ist das Recht des Staates, frei von Einflüssen des EU-Rechts darüber zu entscheiden, in Konkurrenz zu privaten Unternehmen auf einem Markt tätig zu sein. **1314**

B. Anwendbarkeit der Wettbewerbsregeln auf „unternehmerisches Handeln" des Staates (Art. 106 Abs. 1 AEUV)

Die Anwendung der beihilferechtlichen Vorschriften auf ein „unternehmerisches Handeln" des Staates von Art. 345 AEUV ist weder ausgeschlossen noch beschränkt. Art. 345 AEUV entbindet die öffentliche Wirtschaftstätigkeit nicht von der Beachtung der Wettbewerbsregeln und damit der Beihilfevorschriften. Eine solche Befreiung stünde in offensichtlichem Widerspruch zu Art. 106 Abs. 1 AEUV, der die Geltung des EU-Rechts, insbesondere auch des Rechts der Beihilfeaufsicht, für öffentliche Unternehmen gerade bestätigt. Dort heißt es ausdrücklich, dass *„die Mitgliedstaaten in Bezug auf öffentliche Unternehmen und auf Unternehmen, denen sie besondere oder ausschließliche Rechte gewähren, keine den Verträgen und insbesondere den Artikeln 18 und 101 bis 109 widersprechende Maßnahmen treffen oder beibehalten".* Selbst dort, wo der Staat andere als unternehmerische Ziele mit öffentlichen Unternehmen verfolgt, wird eine Einschränkung der Anwendbarkeit der Wettbewerbs- und Beihilfevorschriften nur im Rahmen von Art. 106 Abs. 2 AEUV zugelassen, da verhindert werden soll, dass öffentliche Unternehmen unter Berufung auf die gleichzeitige Ver- **1315** folgung öffentlicher Aufgaben eine im Wettbewerb bevorzugte Stellung erlangen; vielmehr geht Art. 106 AEUV vom Grundsatz der Gleichbehandlung privater und öffentlicher Unternehmen aus[283].

C. Ausnahmeregelung für „Dienstleistungen von allgemeinem öffentlichen Interesse" (Art. 106 Abs. 2, Art. 14 AEUV)

1316 Art. 106 Abs. 2 AEUV schließt die Anwendung der allgemeinen Wettbewerbsregeln keineswegs aus, sondern legt im Gegenteil genaue Kriterien fest, aufgrund derer für die Erbringung von Dienstleistungen von allgemeinem wirtschaftlichen Interesse, d.h. gemeinwirtschaftlicher Aufgaben, Ausnahmen von der Anwendung der Wettbewerbsregeln gemacht werden können. Dabei findet Art. 106 AEUV auf solche Unternehmen Anwendung, für deren Verhalten die Staaten aufgrund des Einflusses, den sie auf das wirtschaftliche Verhalten ausüben können, besondere Verantwortung tragen. Dies sind insbesondere die großen **Dienstleistungsunternehmen**, deren Tätigkeiten von allgemeinem wirtschaftlichen Interesse sind (z.B. Post, Bahn, Energie, Wasser), oder Finanzmonopole (Tabak, Salz). Solche staatlichen Unternehmen haben ebenso wie die privaten Unternehmen die Vorschriften der EU-Verträge und hier insbesondere die Wettbewerbsbestimmungen der Art. 101–109 AEUV zu beachten[284]. Dieses Gebot gilt nach Art. 106 Abs. 2 AEUV allerdings nur insoweit, als die Anwendung dieser Vorschriften nicht die Erfüllung der diesen Unternehmen übertragenen besonderen Aufgaben rechtlich oder tatsächlich verhindert. Verhinderung ist wörtlich zu nehmen; Schwierigkeiten bei der Erfüllung der Aufgaben reichen nicht aus.

1317 **Finanzielle Zuwendungen**, die Unternehmen zur Erfüllung der ihnen übertragenen Dienstleistung von allgemeinem wirtschaftlichen Interesse gewährt werden, sind **vom Beihilfenverbot des Art. 107 Abs. 1 AEUV ausgenommen**, wenn folgende Voraussetzungen erfüllt sind[285]:

(1) Das begünstigte Unternehmen muss tatsächlich mit der Erfüllung gemeinwirtschaftlicher Verpflichtungen betraut sein, und diese Verpflichtungen müssen klar definiert sein.

---

283 EuG T-228 u. 233/99, WestLB, Slg. 2003, II-435, Rdn. 192.

284 EuG T-228 u. 233/99, WestLB, Slg. 2003, II-435, Rdn. 192.

285 EuGH C-280/00, Altmark Trans, Slg. 2003, I-7747 Rdn. 87; C-53/00, Ferring, Slg. 2001, I-9067 Rdn. 7; anders noch EuG T-106/95, FFSA, Slg. 1997, II-229. Diese Voraussetzungen sind weiter konkretisiert worden durch den Beschluss der KOM vom 20.12.2011 über die Anwendung von Art. 106 Abs. 2 AEUV auf staatliche Beihilfen in Form von Ausgleichszahlungen zugunsten bestimmter Unternehmen, die mit der Erbringung von Dienstleistungen von allgemeinem wirtschaftlichen Interesse betraut sind (ABl. 2012 L 7/3) und durch die Mitteilung der KOM über den Rahmen für staatliche Beihilfen in Form derartiger Ausgleichszahlungen (ABl. 2012 C 8/15).

(2) Die Parameter, anhand deren der Ausgleich berechnet wird, müssen zuvor objektiv und transparent aufgestellt worden sein, um zu verhindern, dass nachträglich auftretende wirtschaftliche Verluste in beliebigem Umfang ausgeglichen werden.

(3) Der Ausgleich darf nicht über das hinausgehen, was erforderlich ist, um die Kosten der Erfüllung der gemeinwirtschaftlichen Verpflichtungen unter Berücksichtigung der dabei erzielten Einnahmen und eines angemessenen Gewinns aus der Erfüllung dieser Verpflichtungen ganz oder teilweise zu decken.

(4) Die Höhe des erforderlichen Ausgleichs muss mittels einer Analyse der Kosten bestimmt werden, die einem durchschnittlich gut geführten Unternehmen bei der Erfüllung der gemeinwirtschaftlichen Verpflichtungen unter Berücksichtigung der dabei erzielten Einnahmen und eines angemessenen Gewinns entstanden wären, sofern nicht das konkret mit der gemeinwirtschaftlichen Aufgabe betraute Unternehmen im Rahmen einer öffentlichen Ausschreibung ausgewählt wurde.

Sind diese **Voraussetzungen kumulativ erfüllt**, stellen die finanziellen Zuwendungen lediglich die Leistung für eine Gegenleistung dar, die in der Erfüllung der gemeinwirtschaftlichen Verpflichtungen besteht, so dass die betreffenden Unternehmen keinen Vorteil erhalten, die ihre Stellung im Wettbewerb im Vergleich zu ihren Konkurrenten verbessert. Es liegt in einem solchen Fall mangels einer „Begünstigung" bereits **tatbestandlich** keine Beihilfe im Sinne des Art. 107 Abs. 1 AEUV vor. Diese finanziellen Zuwendungen bedürfen weder einer Notifizierung noch einer Rechtfertigung nach Art. 108 Abs. 2 AEUV.

Unabhängig von diesem wettbewerbsspezifischen Ansatz ist die Regelung des **Art. 14 AEUV** zu nennen, die ein allgemeines Bekenntnis zu den Diensten von allgemeinem wirtschaftlichen Interesse ablegt. Die Bedeutung dieser Regelung liegt zunächst darin, dass sie zu einer gewissen „Vergemeinschaftung" des Konzepts der Dienstleistungen von allgemeinem wirtschaftlichen Interesse führt. Zwar wird ausdrücklich auf die jeweiligen der EU und den Mitgliedstaaten nach den EU-Verträgen zugewiesenen Befugnisse hingewiesen, jedoch enthält die Bezugnahme des territorialen und sozialen Zusammenhalts auch eine unionsweite Dimension, die das Konzept der Dienstleistungen von allgemeinem wirtschaftlichen Interesse aus der rein staatlichen Betrachtung herausnimmt und eine unionsrechtliche Bestands- und Entwicklungsgarantie abgibt. **1318**

Allerdings wird das Verhältnis dieser unionsrechtlichen Bestands- und Entwicklungsgarantie zu den Wettbewerbsregeln in Art. 14 AEUV lediglich durch eine Rückverweisung auf Art. 106 Abs. 2 AEUV und den Beihilferegelungen geregelt, so dass diese Regelungen nach wie vor den Maßstab vorgeben, wenngleich das Bekenntnis des Art. 14 AEUV bei deren Anwendung in die Betrachtung einzubeziehen ist. Das bedeutet, dass insbesondere die Wirkungen der Dienstleistungen für die Kohäsion, also die soziale und regionale Entwicklung, im Rahmen der Bewertung des EU-Interesses ebenso berücksichtigt werden müssen wie die Tatsache, dass durch diese Dienstleistungen Wettbewerb nicht notwendig verhindert, sondern die Wettbewerbsfähigkeit der europäischen Unternehmen unter Umständen gestärkt wird.

D. Durchführungsbefugnisse der Kommission (Art. 106 Abs. 3 AEUV)

1319 Zur Durchsetzung des Art. 106 AEUV verleiht dessen Abs. 3 der Kommission die Befugnis, an die Mitgliedstaaten geeignete Richtlinien oder Beschlüsse zu richten. Ein wesentliches Instrument hat die Kommission auf dieser Grundlage mit der *„Transparenzrichtlinie"*[286] geschaffen. Danach haben die Mitgliedstaaten regelmäßig umfangreiche Informationen über ihre finanziellen Beziehungen zu den von ihnen unterhaltenen öffentlichen Unternehmen zu liefern; die öffentlichen Unternehmen ihrerseits sind gehalten, getrennte Bücher zu führen, soweit ihr Geschäftsbereich neben der Erbringung von Dienstleistungen von allgemeinem wirtschaftlichen Interesse auch wettbewerbsorientierte Aktivitäten umfasst. Auf diesem Wege werden eventuelle Beihilfen offengelegt.

Weiterführende Literatur: *Borchardt,* Empfiehlt es sich, das Recht der öffentlichen Unternehmen im Spannungsfeld von öffentlichem Auftrag und Wettbewerb national und gemeinschaftlich neu zu regeln?, Referat auf dem 64. Deutschen Juristentag, Berlin 2002, Band II/1 Teil O 11; *Brede* (Hrsg.), Wettbewerb in Europa und die Erfüllung öffentlicher Aufgaben, 2001; *Cox* (Hrsg.), Daseinsvorsorge und öffentliche Dienstleistungen, 2000; *Koenig/Kühling,* Mitgliedstaatliche Kulturförderung und gemeinschaftliche Beihilfenkontrolle durch die EG-Kommission, EuZW 2000, S. 197; *Magiera,* Gefährdung der öffentlichen Daseinsvorsorge durch das EG-Beihilfenrecht?, FS für Rauschning (2001), S. 269; *Mestmäcker,* Daseinsvorsorge und Universaldienstleistungen, FS für Zacher (1998), S. 635; *Rottmann,* Vom Wettbewerbsrecht zur Ordnungspolitik: Art. 86 Abs. 2 EGV, 2008; *Schwarze,* Daseinsvorsorge im Lichte des europäischen Wettbewerbsrechts, EuZW 2001, S. 334; *Simon,* Weiterentwicklung des EU-Beihilfenrechts für Dienstleistungen von allgemeinem wirtschaftlichen Interesse? Schriften zum Europäischen Recht 189, 2019; *Weiß,* Öffentliche Unternehmen und EGV, EuR 2003, S. 165; *Zurheide,* Das Recht der öffentlichen Unternehmen im Spannungsfeld von öffentlichem Auftrag und Wettbewerb, 2008.

286 RL 2006/111/EG der KOM über die Transparenz der finanziellen Beziehungen zwischen den Mitgliedstaaten und den öffentlichen Unternehmen (ABl. 2006 L 318/17), die allerdings lediglich die ursprüngliche RL 80/723/EWG (ABl. 2000 L 193/75) mit allen ihren Änderungen kodifiziert.

5. Teil

Der Raum der Freiheit, der Sicherheit und des Rechts

§ 17 Aufbau des Raums der Freiheit, der Sicherheit und des Rechts

A. Rechtsgrundlage und Ziele

1320 Die zentralen Ziele eines Raums der Freiheit, der Sicherheit und des Rechts werden in Art. 3 Abs. 2 EUV wie folgt umschrieben: *„Die Union bietet ihren Bürgerinnen und Bürgern einen Raum der Freiheit, der Sicherheit und des Rechts ohne Binnengrenzen, in dem – in Verbindung mit geeigneten Maßnahmen in Bezug auf die Kontrollen an den Außengrenzen, das Asyl, die Einwanderung sowie die Verhütung und Bekämpfung der Kriminalität – der freie Personenverkehr gewährleistet ist"*.

1321 Titel V AEUV – Art. 67 bis 89 – ist dem Raum der Freiheit, der Sicherheit und des Rechts gewidmet. Über die allgemeinen Bestimmungen hinaus enthält dieser Titel ein spezielles Kapitel zu jedem der nachstehend aufgeführten Bereiche:

- Politik im Bereich Grenzkontrollen, Asyl und Einwanderung (§ 18),
- Justizielle Zusammenarbeit in Zivilsachen (§ 19),
- Justizielle Zusammenarbeit in Strafsachen (§ 20),
- Polizeiliche Zusammenarbeit (§ 21).
- Einwanderungs- und Asylrecht (§ 22).

1322 Untrennbar mit der Errichtung eines Raums der Freiheit, der Sicherheit und des Rechts verbunden sind weitere Vorschriften des EUV und AEUV, insbesondere Art. 6 EUV über die Charta der Grundrechte und die Europäische Konvention zum Schutz der Menschenrechte und Grundfreiheiten, Art. 8 AEUV über die Bekämpfung von Ungleichheiten, Art. 15 Abs. 3 AEUV über das Recht auf Zugang zu Dokumenten der Organe, Art. 16 AEUV über den Schutz personenbezogener Daten und Art. 18 bis 25 AEUV über die Nichtdiskriminierung und die Unionsbürgerschaft.

1323 Die dem Raum der Freiheit, der Sicherheit und des Rechts zugewiesenen **Ziele** sind in Art. 67 AEUV festgelegt:

- Die Union bildet einen Raum der Freiheit, der Sicherheit und des Rechts, in dem die Grundrechte und die verschiedenen Rechtsordnungen und -traditionen der Mitgliedstaaten geachtet werden.
- Sie stellt sicher, dass Personen an den Binnengrenzen nicht kontrolliert werden, und entwickelt eine gemeinsame Politik in den Bereichen Asyl, Einwanderung und Kontrollen an den Außengrenzen, die sich auf die Solidarität der Mitgliedstaaten gründet und gegenüber Drittstaatsangehörigen angemessen ist.
- Die Union wirkt darauf hin, durch Maßnahmen zur Verhütung und Bekämpfung von Kriminalität sowie von Rassismus und Fremdenfeindlichkeit, zur Koordinierung und Zusammenarbeit von Polizeibehörden und Organen der Strafrechts-

pflege und den anderen zuständigen Behörden sowie durch die gegenseitige Anerkennung strafrechtlicher Entscheidungen und erforderlichenfalls durch die Angleichung der strafrechtlichen Rechtsvorschriften ein hohes Maß an Sicherheit zu gewährleisten.
- Die Union erleichtert den Zugang zum Recht, insbesondere durch den Grundsatz der gegenseitigen Anerkennung gerichtlicher und außergerichtlicher Entscheidungen in Zivilsachen.

B. Schutzklausel

1324 Im Hinblick auf die unvermeidbaren Spannungen zwischen Regelungshoheit der EU und Souveränität der Mitgliedstaaten im Raum der Freiheit, der Sicherheit und des Rechts ist zugunsten der Mitgliedstaaten ein Zuständigkeitsvorbehalt für die Aufrechterhaltung der öffentlichen Ordnung und den Schutz der inneren Sicherheit vorgesehen (Art. 72 AEUV). Diese Schutzklausel garantiert den Mitgliedstaaten einen Kernbereich nationaler Verantwortlichkeit zur Aufrechterhaltung der öffentlichen Ordnung und den Schutz der inneren Sicherheit, der durch EU-Recht nicht angetastet werden darf. Für diesen Bereich besteht keine Regelungszuständigkeit für die EU-Organe[1].

C. Beschlussverfahren und Subsidiaritätskontrolle

1325 EU-Maßnahmen in den Bereichen der justiziellen und polizeilichen Zusammenarbeit in Strafsachen werden auf Vorschlag der Kommission oder auf *Initiative eines Viertels der Mitgliedstaaten* erlassen (Art. 76 AEUV). Dies ist einer der Fälle, in denen das Initiativmonopol der Kommission durchbrochen worden ist. Diese Sonderregelung ist ganz offensichtlich der Preis für die „Vergemeinschaftung" dieser Politikbereiche. Zudem ist diese Regelung nur konsequent, da es bei den EU-Regelungen inhaltlich um die „Zusammenarbeit der Mitgliedstaaten" geht.

1326 Für die Bereiche der justiziellen und polizeilichen Zusammenarbeit in Strafsachen wird die Rolle der nationalen Parlamente im Hinblick auf die Kontrolle der Einhaltung des Subsidiaritätsprinzips besonders hervorgehoben (Art. 69 AEUV). Rechtlich gesehen hat diese Hervorhebung lediglich deklaratorische Bedeutung, da den nationalen Parlamenten bereits in Art. 5 Abs. 3 UAbs. 2 Satz 2 EUV eine umfassende Wächterfunktion betreffend die Einhaltung des Subsidiaritätsprinzips zugewiesen wird. Verständlich ist diese Hervorhebung allerdings insoweit, als gerade die Bereiche der justiziellen und polizeilichen Zusammenarbeit in Strafsachen zu den Kernbereichen nationalstaatlicher Souveränität gehören und der Beachtung des Subsidiaritätsprinzips gerade deshalb besonders große Bedeutung zukommt.

1 Str.: wie hier *Hoppe* in Lenz/Borchardt, Art. 72 Rdn. 2-4 mit Hinweis auf den Streitstand.

D. Opt-Out und Opt-In Rechte

Dem **Vereinigten Königreich** (damals noch Mitglied der EU), **Irland** und **Dänemark** gingen die umwälzenden Neuerungen entschieden zu schnell und zu weit. Diese Mitgliedstaaten der EU haben deshalb während der Amsterdamer Regierungskonferenz umfangreiche Vorbehalte gegen die neue europäische Justiz- und Innenpolitik geltend gemacht. In den Protokollen Nr. 20 bis 22 (Nr. 3 bis 5 zum Amsterdamer Vertrag) wurden dementsprechend für diese Staaten Sonderregelungen vereinbart. **1327**

(1) **Protokoll Nr. 22:** Im Hinblick auf Bestimmungen der dänischen Verfassung, nach denen in den Bereichen Justiz und Inneres besondere Parlamentsmehrheiten oder sogar Volksentscheide für Souveränitätseinschränkungen erforderlich sind, und dem Verfassungsvorbehalt in Folge des Maastricht-Referendums vom 2. Juni 1992, beteiligt sich **Dänemark** in rechtlicher und finanzieller Hinsicht grundsätzlich nicht an der Justiziellen Zusammenarbeit in Zivilsachen. Ausgenommen sind die Bestimmungen zur Visumspflicht für Drittstaatsangehörige und zur einheitlichen Visumsgestaltung. Hinsichtlich des **Schengen-Prozesses**, an dem Dänemark – wie auch Island und Norwegen trotz dessen Vergemeinschaftung – weiter beteiligt ist, kann Dänemark einzelne Maßnahmen umsetzen und sich damit völkerrechtlich binden. Bei den Verhandlungen über den Vertrag von Lissabon wurde Dänemark die Option eingeräumt, sein Opt-Out-Recht in ein flexibles Opt-In-Recht nach dem Vorbild des irischen Opt-Out-Rechts umzuwandeln (Protokoll Nr. 22). Am 3. Dezember 2015 wurde ein Referendum durchgeführt, um über diese Option abzustimmen; sie wurde von 53% der Wähler abgelehnt.

(2) **Protokoll Nr. 20: Irland** und das **Vereinigte Königreich** bilden schon seit den 1920er Jahren insoweit eine Passunion, als sie gegenseitig auf Grenzkontrollen verzichten. Dieses „einheitliche Reisegebiet“ (**Common Travel Area**) darf von den beiden Ländern – unter Einschränkung der Freizügigkeit im Binnenmarkt – aufrechterhalten werden. Die Inselstaaten dürfen mithin weiterhin Grenzkontrollen durchführen, wie umgekehrt auch die anderen Mitgliedstaaten hinsichtlich des Vereinigten Königreichs und Irlands. Mit dem **Austritt des Vereinigten Königreichs** aus der EU zum 1. Februar 2020 ist dieses **Protokoll weitestgehend bedeutungslos** geworden.

(3) **Protokoll Nr. 21**: Irland nimmt grundsätzlich nicht an Maßnahmen der Justiziellen Zusammenarbeit in Zivilsachen teil, d.h. diese Maßnahmen (sowie die dazu ergangenen Entscheidungen des EuGH) entfalten gegenüber Irland keine Rechtswirkungen. Dies gilt auch in finanzieller Hinsicht. Irland kann sich aber direkt an bestimmten Maßnahmen beteiligen (**opt-in**), allerdings ohne hierbei unangemessene Verzögerungen für die anderen Mitgliedstaaten zu verursachen. Auch steht es Irland frei, sich jederzeit nachträglich speziellen Maßnahmen anzuschließen. Das System des opt-in gilt auch bei einer Änderung von Maßnahmen, die für Irland bindend sind, so dass hier die Geltung unterschiedlichen EU-Rechts im Verhältnis zwischen

den Mitgliedstaaten angelegt ist. Irland hat das Recht, insgesamt vom Protokoll Nr. 21 zurücktreten, so dass in diesem Fall Titel V in vollem Umfang für Irland Geltung erlangen würde.

§ 18 Abbau der Kontrollen an den Binnengrenzen und Grenzschutz an den Außengrenzen

A. Abbau der Kontrollen an den Binnengrenzen

1328 Aufgabe der EU ist es, für den Wegfall sämtlicher Personenkontrollen an den Binnengrenzen der EU Sorge zu tragen und damit den freien und ungehinderten Personenverkehr in der EU sicherzustellen (Art. 67 Abs. 2 AEUV). Damit werden zugleich die Übernahme und der Vollzug des **Schengen-Besitzstandes** als Ziel der EU definiert. Deutschland, Belgien, Bulgarien[2], Dänemark, Estland, Finnland, Frankreich, Griechenland, Island, Italien, Kroatien, Lettland, Liechtenstein, Litauen, Luxemburg, Malta, Niederlande, Norwegen, Österreich, Polen, Portugal, Rumänien, Schweden, Schweiz, Slowakei, Slowenien, Spanien, Tschechische Republik und Ungarn sind dem Schengener Abkommen beigetreten und gelten daher als „Schengener Staaten". Es handelt sich folglich um alle EU-Staaten, mit Ausnahme von Irland; Zypern wendet den Schengen-Acquis bislang nur teilweise an. Bis zu der von Zypern angestrebten vollständigen Anwendung des Schengen-Acquis bleiben die Personenkontrollen an den Binnengrenzen einstweilen noch bestehen. Mit Norwegen, Island, Liechtenstein und der Schweiz gehören aber auch vier Nicht-Mitgliedstaaten der EU dem Schengen-Raum an.

1329 Das **Schengener Abkommen** ist die Grundlage dafür, dass zwischen den Vertragsstaaten die Binnengrenzen aufgehoben werden konnten und eine einzige Außengrenze geschaffen wurde, an der Einreisekontrollen nach demselben Verfahren vorgenommen werden. Das Schengener Abkommen steht für:

- die Abschaffung von Personenkontrollen an den Grenzen zwischen den Ländern des Schengen-Raumes,
- gemeinsame Regeln für die Kontrollen an den Außengrenzen,
- eine gemeinsame Visa-Politik,
- eine verstärkte Zusammenarbeit von Polizei und Justiz, die den Wegfall der Grenzkontrollen erst möglich macht und – die Einrichtung des Schengener Informationssystems (SIS).

---

2 Für Bulgarien und Rumänien gilt entsprechend dem Beschluss des Rates v. 30.12.2023 (Beschluss (EU) 2024/210), dass seit dem 31.3.2024 die Personenkontrollen an den Luft- und Seebinnengrenzen zu und zwischen Bulgarien und Rumänien abgeschafft worden sind. An den Landesbinnengrenzen werden weiterhin Personenkontrollen durchgeführt.

Das Schengener Abkommen umfasst nicht die Zollkontrolle von Waren. Wer aus einem Vertragsstaat in einen anderen Vertragsstaat einreist, der nicht Mitglied der Europäischen Zollunion ist, hat die mitgeführten Waren am Zoll zu deklarieren, wenn diese nicht innerhalb der Freigrenze des Einreisestaates liegen. Da sich an den Binnengrenzen des Schengen-Raumes häufig keine Grenzbeamten mehr befinden, gilt das Prinzip der Selbstdeklaration: Mitgeführten Waren müssen schriftlich deklariert und die Deklaration in einen hierfür vorgesehenen Briefkasten an der Grenze eingeworfen werden.

Die **Abschaffung der Grenzkontrollen** im Binnenbereich des Schengen-Raumes **1330** bedeutet allerdings nicht, dass Personen, die Binnengrenzen überschreiten, mit keinerlei Kontrollen mehr rechnen müssen.

- Zunächst ist dauerhaft erlaubt die sog. **Schleierfahndung** (Art. 23 Schengener Grenzkodex)[3]. Sie meint Stichproben zur Bekämpfung grenzüberschreitender Kriminalität. Die Stichproben dürfen aber im Ergebnis keinen Grenzkontrollen gleichkommen.
- Daneben dürfen **Binnengrenzkontrollen** vorübergehend eingeführt werden, wenn eine vorhersehbare *„ernsthafte Bedrohung der öffentlichen Ordnung oder inneren Sicherheit"* für ein Land besteht[4]. Die Grenzkontrollen müssen zur Bekämpfung der Bedrohung unbedingt erforderlich sein. In der Regel dürfen sie 30 Tage andauern. Wenn die Gefahr danach noch besteht, können sie mehrmals um 30 Tage verlängert werden. Die maximale Dauer beträgt sechs Monate. Die anderen Mitgliedstaaten und die Kommission müssen spätestens vier Wochen vor der Einführung der Binnengrenzkontrollen informiert werden.
  Sofern eine Bedrohung der öffentlichen Ordnung oder inneren Sicherheit nicht vorhersehbar und sofortiges Handeln erforderlich ist, haben die Schengen-Vertragsstaaten auch die Möglichkeit kurzfristig zu reagieren: Kontrollen dürfen in diesen Fällen zunächst für die Dauer von zehn Tagen wiedereingeführt werden und höchstens auf zwei Monate verlängert werden (Art. 28 Schengener Grenz-

---

3 VO (EU) Nr. 399/16 des EP und des Rates über einen Gemeinschaftskodex für das Überschreiten der Grenzen durch Personen (Schengener Grenzkodex), ABl. 2016 L 77/1, zuletzt geändert durch VO (EU) 2024/1717 des EP und des Rates v. 13.6.2024 zur Änderung der VO (EU) 2016/399 über einen Unionskodex für das Überschreiten der Grenzen durch Personen, ABl. 2024, L, 2024/1717. Diese Novellierung geht zurück auf die von der KOM im Juni 2021 vorgestellte *„Strategie zur Stärkung des Schengen-Raums"* (KOM/2021/277 endg.). Durch die neuen Maßnahmen und Vorschläge soll der Schengen-Raum besser vor Krisen geschützt werden – mehr Absprachen und Kooperationen unter den Mitgliedstaaten sollen den offenen Grenzverkehr auch in Zukunft gewährleisten.

4 Von dieser Möglichkeit haben im Laufe der letzten Jahre immer mehr Mitgliedstaaten Gebrauch gemacht; 2024 wendeten folgende 8 Mitgliedstaaten des Schengen Raums Grenzkontrollen an: Deutschland (16.6.2024 – 15.12.2024), Österreich (12.11.2024 – 11.5.2025), Niederlande (ohne zeitliche Angabe), Dänemark (12.11.2024 – 11.5.2025), Norwegen (12.11.2024 – 1.12.2024), Schweden (12.11.2024 – 11.5.2025), Slowenien (22.6.2024 – 21.2.2024), Frankreich (1.11.2024 – 30.4.2025).

kodex). Die übrigen Staaten und die Kommission sind sofort über die Einführung der Kontrollen zu informieren.

- Besteht schließlich eine Gefahr für das Funktionieren des Schengen-Raumes selbst, sind Grenzkontrollen bis zur Dauer von zwei Jahren möglich (Art. 21 und 29 Schengener Grenzkodex). Die Kommission muss dafür die Einführung von Grenzkontrollen vorschlagen. Der Vorschlag muss dann vom Ministerrat mit einer Zwei-Drittel-Mehrheit bestätigt werden. Dieser **Notfall-Mechanismus** ist die „Ultima Ratio". In jüngster Zeit sieht sich der Schengen-Raum mit der Einreise von zahlreichen Flüchtlingen konfrontiert. Solange die Außengrenzen nicht ausreichend kontrolliert werden, muss es deshalb vereinzelt Binnengrenzkontrollen geben, damit die illegale Einreise in den Schengen-Raum nicht faktisch zu einem dauerhaften Aufenthaltsrecht wird. Personen, die nicht über die Einreisevoraussetzungen verfügen, werden an einer Weiterreise gehindert, da sie durch die temporären Grenzkontrollen auch an Binnengrenzen mit einer Personenkontrolle rechnen müssen. Durch die Einführung der Binnengrenzkontrollen können die Länder feststellen, wer durch das Land reist und sich dort aufhält. Die Möglichkeit, illegale Einwanderer zu entdecken, wird erhöht. Asylberechtige können trotz der Einführung der Binnengrenzkontrollen weiterhin an jeder Grenze Asyl beantragen.

1331 Angesichts der hohen Zahl ankommender Flüchtlinge und der **Einführung von Binnengrenzkontrollen** durch acht Schengenstaaten (Frankreich, Österreich, Dänemark, Deutschland, Norwegen, Slovenien, Niederlande und Schweden) ist das Schengen-System in Frage gestellt worden. Vor der Aufgabe des Schengen Systems kann jedoch nur gewarnt werden. Die Freiheit, sich ohne Personenkontrollen im Schengen-Raum bewegen zu können, muss dauerhaft für alle gelten. Dabei geht es nicht nur um das finanzielle Risiko der Abschaffung des Schengen-Raums (die Kosten einer dauerhaften Wiedereinführung von Binnengrenzkontrollen lägen für die Schengen-Länder längerfristig bei mehr als 100 Milliarden Euro pro Jahr), sondern um die Preisgabe einer der grundlegenden Errungenschaften der europäischen Integration.

B. Grenzschutz an den Außengrenzen

1332 Als notwendige Ergänzung zum Abbau der Kontrollen an den Binnengrenzen ist es Aufgabe der EU, eine Politik zur Sicherstellung der wirksamen Überwachung der Außengrenzen der EU zu betreiben. Die Grenzschutzpolitik der EU hat seit dem beispiellosen Zustrom von Flüchtlingen und irregulären Migranten, insbesondere seit Mitte 2015, als eine Reihe von Defiziten in der EU-Politik an den Außengrenzen und bei der Migration offenbar wurde, beträchtliche Veränderungen erfahren. Die Herausforderungen im Zusammenhang mit der Zunahme der Migrationsströme in die EU und die zunehmenden Sicherheitsbedenken haben eine neue Welle von Maßnahmen im Bereich des Schutzes der EU-Außengrenzen ausgelöst. Die EU bemüht sich, gemeinsame Normen für die Kontrollen an ihren Außengrenzen zu schaffen und schrittweise ein integriertes System für den Schutz dieser Grenzen einzurichten.

Die Bestimmungen des heutigen Schengen-Besitzstands bezüglich der Außengrenzen finden sich in einer großen Bandbreite von Maßnahmen wieder. Diese können grob in fünf Bereiche unterteilt werden: **1333**

(1) Der **Schengener Grenzkodex** ist die zentrale Säule des Grenzschutzes an den Außengrenzen. In ihm sind die Vorschriften für das Überschreiten der Außengrenzen und die Bedingungen für die vorübergehende Wiedereinführung von Kontrollen an den Binnengrenzen festgelegt.

(2) Das **Schengener Informationssystem (SIS)** ist das zentrale Element der effektiven Personenkontrollen an den Außengrenzen der EU. Es handelt sich dabei um ein hochmodernes Datennetzwerk für Fahndungsinformationen, mit dem konkrete polizeilich und strafrechtlich relevante Tatbestände gespeichert und abgefragt werden können. Das SIS wurde in einer Reform von 2018 grundlegend umgestaltet und etwaige Lücken im System geschlossen. Der Anwendungsbereich des SIS ist nun in drei Rechtsakten in Form von drei Verordnungen – mit denen das SIS II ersetzt wird – festgelegt, und zwar

- im Bereich der polizeilichen und justiziellen Zusammenarbeit in Strafsachen[5],
- im Bereich der Grenzkontrollen[6] und
- im Bereich der Rückführung von Drittstaatsangehörigen[7], die sich illegal im Schengen-Raum aufhalten.

Mit diesen drei Verordnungen werden zusätzliche Kategorien von Ausschreibungen für das System eingeführt, z.B. Ausschreibungen zu unbekannten Tatverdächtigen oder gesuchten Personen, präventive Ausschreibungen von Kindern, die von Entführung durch ein Elternteil bedroht sind, Ausschreibungen zu Rückführungszwecken, eine Ausschreibung zu den Rückführungsentscheidungen gegen sich illegal im Schengen-Raum aufhaltende Drittstaatsangehörige, sowie Handflächenabdrü-

---

5 VO (EU) 2018/1862 des EP und des Rates v. 28.11.2018 über die Einrichtung, den Betrieb und die Nutzung des Schengener Informationssystems (SIS) im Bereich der polizeilichen Zusammenarbeit und der justiziellen Zusammenarbeit in Strafsachen, zuletzt geändert durch VO (EU) 2022/1190 des EP und des Rates v. 6.7.2022 zur Änderung der VO (EU) 2018/1862, ABl. 2022, L 185/1-9 (konsolidierter Text).

6 VO (EU) 2018/1861 des EP und des Rates vom 28.11.2018 über die Einrichtung, den Betrieb und die Nutzung des Schengener Informationssystems (SIS) im Bereich der Grenzkontrollen (ABl. 2018 L 312/14), zuletzt geändert durch VO (EU) 2021/1152 des EP und des Rates v. 7.7.2021, ABl. 2021, L 249/15–37 (konsolidierter Text).

7 VO (EU) 2018/1860 des EP und des Rates v. 28.11.2018 über die Nutzung des Schengener Informationssystems für die Rückkehr illegal aufhältiger Drittstaatsangehöriger (ABl. 2018 L 312/1), zuletzt geändert durch VO (EU) 2021/1152 des EP und des Rates v. 7.7.2021, ABl. 2021, L 249/15–37 (konsolidierter Text).

cke, Fingerabdrücke, Gesichtsbilder und DNA von vermissten Personen, um ihre Identität zu bestätigen.

1334 **Fonds für die innere Sicherheit (ISF):** Nicht alle Mitgliedstaaten müssen Außengrenzen kontrollieren und nicht alle Mitgliedstaaten sind gleichermaßen vom Grenzverkehr betroffen. Daher greift die EU auf ihre Fonds zurück, um einen Teil der Kosten der Mitgliedstaaten, deren eigene Grenzen zugleich EU-Außengrenzen sind, auszugleichen. Das Hauptziel des ISF besteht darin, einen Beitrag zur Gewährleistung eines hohen Maßes an Sicherheit in der Union bei gleichzeitiger Erleichterung legaler Reisen zu leisten.

1335 (4) **Einreise-/Ausreisesystem (EES)**: Beim Einreise-/Ausreisesystem (EES)[8] handelt es sich um ein Informationssystem, mit dem die Grenzkontrollen für Drittstaatsangehörige, die in die EU einreisen, beschleunigt und verstärkt werden. Es ersetzt das manuelle Abstempeln von Reisepässen an der Grenze durch die elektronische Registrierung in der Datenbank. Die wichtigsten Ziele des EES sind: die Reduzierung von Verzögerungen bei den Grenzübertrittskontrollen und die Verbesserung der Qualität der Grenzübertrittskontrollen durch die automatische Berechnung des zulässigen Aufenthalts jedes Reisenden sowie die Verbesserung der inneren Sicherheit und der Bekämpfung des Terrorismus, indem den Strafverfolgungsbehörden Zugang zu den erfassten Reisebewegungen eingeräumt wird.

Zugang zum EES erhalten die nationalen Strafverfolgungsbehörden und Europol, nicht jedoch die Asylbehörden. Die Möglichkeit einer Datenübermittlung zum Zweck der Strafverfolgung oder der Rückführung in Drittstaaten und in EU Mitgliedstaaten, die nicht am EES beteiligt sind, ist gegeben, allerdings nur unter bestimmten Voraussetzungen. Daten von Reisenden (Name, Art des Reisedokuments, Fingerabdrücke, Gesichtsbild sowie Datum und Ort der Einreise und Ausreise) werden beim Überschreiten der Schengen-Außengrenzen im EES registriert. Das EES kommt bei allen Drittstaatsangehörigen zum Einsatz, unabhängig davon, ob sie ein Visum benötigen oder von der Visumpflicht befreit sind. Es wird von konsularischen Behörden und Grenzbehörden verwendet werden.

1336 (5) **Die Europäische Agentur für die Grenz- und Küstenwache (Frontex):** Bei Frontex handelt es sich um einen Zusammenschluss der Europäischen Agentur für die Grenz- und Küstenwache und der nationalen Behörden[9]. Frontex unterstützt die Mitgliedstaaten bei der Migrationsverwaltung, der Bekämpfung grenz-

---

8 VO (EU) 2017/2226 des EP und des Rates v. 30.11.2017 über ein Einreise-/Ausreisesystem (EES) zur Erfassung der Ein- und Ausreisedaten sowie der Einreiseverweigerungsdaten von Drittstaatsangehörigen an den Außengrenzen der Mitgliedstaaten der EU und zur Festlegung der Bedingungen für den Zugang zum EES zu Gefahrenabwehr und Strafverfolgungszwecken (ABl. 2017 L 327/20), zuletzt gedändert durch VO (EU) 2021/1152 des EP und des Rates v. 7.7.2021, ABl. 2021, L 249/15–37 (konsolidierter Text).

9 VO (EU) 2019/1896 des EP und des Rates v. 13.11.2019 über die Europäische Grenz- und Küstenwache, ABl. 2019, L 295/1–131.

überschreitender Kriminalität sowie bei Such- und Rettungseinsätzen. Sie spielt auch eine wichtigere Rolle bei der Rückführung von Migranten in ihre Herkunftsländer gemäß Beschlüssen nationaler Behörden. Der Rat kann die Agentur auf Grundlage eines Vorschlags der Kommission auffordern, zu intervenieren und Mitgliedstaaten im Fall außergewöhnlicher Umstände zu unterstützen. Dies ist der Fall, wenn (1) ein Mitgliedstaat einem bindenden Beschluss des Verwaltungsrats der Agentur, Schwachstellen in seinem Grenzmanagement zu beseitigen, nicht innerhalb einer gesetzten Frist nachkommt und (2) eine Außengrenze einem besonderen und unverhältnismäßigen Druck ausgesetzt ist, der das Funktionieren des Schengen-Raums gefährdet. Widersetzt sich ein Mitgliedstaat einem Beschluss des Rates zur Bereitstellung von Unterstützung, können die anderen Mitgliedstaaten vorübergehend wieder Binnengrenzkontrollen einführen. Mit der Neuregelung im Jahre 2019 durch die Verordnung VO (EU) 2019/1896 wurde die Agentur entscheidend erweitert. Eckpfeiler dieser verstärkten Agentur ist eine ständige Reserve von 10 000 Grenzschutzbeamten mit Exekutivbefugnissen, die jederzeit zur Unterstützung der Mitgliedstaaten bereitstehen werden. Darüber hinaus wird die Agentur über ein stärkeres Mandat für die Rückführung von Migranten in ihr Herkunftsland verfügen und enger mit Drittstaaten zusammenarbeiten. Die neue ständige Reserve der Europäischen Grenz- und Küstenwache ist seit 2021 einsatzbereit und soll bis 2027 ihre volle Kapazität von 10 000 Grenzschutzbeamten erreichen.

§ 19 Justizielle Zusammenarbeit in Zivilsachen

In einem europäischen Rechtsraum dürfen Einzelpersonen nicht an der Ausübung ihrer Rechte gehindert oder davon abgehalten werden. Die Unvereinbarkeit und Komplexität von Rechts- und Verwaltungssystemen in den EU-Mitgliedstaaten dürfen dabei kein Hindernis darstellen. **1337**

Das **internationale Privatrecht** ist deshalb darauf ausgerichtet, sich mit den grenzüberschreitenden Aspekten aller Fragen im Zusammenhang mit den Beziehungen zwischen Privatpersonen zu befassen, etwa des Familienrechts, des Eigentumsrechts und des Vertragsrechts

Die wichtigsten Instrumente zur Erleichterung der Regelung grenzüberschreitender Sachverhalte sind der **Grundsatz der gegenseitigen Anerkennung**, der auf wechselseitigem Vertrauen zwischen den Mitgliedstaaten beruht, und die **unmittelbare justizielle Zusammenarbeit zwischen nationalen Gerichten**. **1338**

Mit den Maßnahmen der Union im Bereich der justiziellen Zusammenarbeit in Zivilsachen (Art. 81 AEUV) sollen in erster Linie die folgenden Ziele erreicht werden: **1339**

- Sicherstellung eines hohen Maßes an Rechtssicherheit für die Bürger bei grenzüberschreitenden Beziehungen im Bereich des Zivilrechts; dies setzt einen Anknüpfungspunkt, wie z.B. Wohnsitz oder Geschäfts- bzw. Vertragsort, in einem zweiten Mitgliedstaat voraus. Allerdings ist der grenzüberschreitende Bezug weit zu verstehen, da der einheitliche Rechtsraum verhindern soll, dass die Befürchtung, grenzüberschreitende Ansprüche nicht oder nur erschwert durchsetzen zu können, Personen von der Ausübung der Grundfreiheiten abschreckt.

- Gewährleistung eines problemlosen und effektiven Zugangs zu Zivilgerichten zur Beilegung grenzüberschreitender Rechtsstreitigkeiten;
- Vereinfachung der Instrumente der grenzüberschreitenden Zusammenarbeit zwischen den nationalen Zivilgerichten;
- Unterstützung der Ausbildung von Richtern und Justizpersonal.

1340 Die Zusammenarbeit in Zivilsachen kommt dabei in folgenden, abschließend in Art. 81 Abs. 2 aufgeführten Bereichen zur Anwendung:

- **Buchstabe a)**: *Sicherstellung der gegenseitigen Anerkennung und der Vollstreckung gerichtlicher und außergerichtlicher Entscheidungen zwischen den Mitgliedstaaten* (Art. 81 Abs. 2 Buchst. a) AEUV).

Eine erste wichtige Maßnahme in diesem Bereich war die Überführung des „Brüsseler Übereinkommens über die gerichtliche Zuständigkeit und die Vollstreckung gerichtlicher Entscheidungen in Zivil- und Handelssachen" (EuGVÜ)[10] in die *„Verordnung über den Europäischen Vollstreckungstitel"* (Verordnung „Brüssel I")[11]. Mit dieser Verordnung sollen die Vorschriften über die internationale Zuständigkeit innerhalb der Mitgliedstaaten harmonisiert sowie die Anerkennung und Vollstreckung der Entscheidungen in Zivil- und Handelssachen vereinfacht und beschleunigt werden.

Weitere Regelungen wurden im Bereich des Familienrechts getroffen, und zwar mit der Verordnung (EU) 2019/1111[12] *über die Zuständigkeit und die Anerkennung und Vollstreckung von Entscheidungen in Ehesachen und in Verfahren betreffend die elterliche Verantwortung*[13] und mit der Verordnung (EG) Nr. 4/2009[14] *über die Zuständigkeit, das anwendbare Recht, die Anerkennung und Vollstreckung von Entscheidungen und die Zusammenarbeit in Unterhaltssachen*. Das *Scheidungs- und Trennungsrecht für Ehen von Partnern mit verschiedener Staatsangehörigkeit* konnte mit der Verordnung (EU) Nr. 1259/2010 (sog. „Rom III-VO") im Rahmen der Verstärkten Zusammenarbeit für 14 Mitgliedstaaten (darunter auch Deutschland und Österreich) mit Wirkung vom 21. Juni 2012

10 BGBl. II 1988, 453.

11 VO (EU) Nr. 1215/2012 des EP und des Rates vom 12.12.2012 über die gerichtliche Zuständigkeit und die Anerkennung und Vollstreckung von Entscheidungen in Zivil- und Handelssachen („Brüssel-I-Verordnung"). ABl. 2012 L 351.

12 VO (EU) 2019/1111 des Rates vom 25.6.2019 über die Zuständigkeit, die Anerkennung und Vollstreckung von Entscheidungen in Ehesachen und in Verfahren betreffend die elterliche Verantwortung und über internationale Kindesentführungen, ABl. 2019, L 178/1–115 (Neufassung der VO (EG) 2201/2003).

13 Dazu EuGH C-168/08, Hadadi/Mesko, Slg. 2009, I-6871.

14 ABl. 2009 L 7/1.

verwirklicht werden[15]. Im Bereich der *Zuständigkeit, des anzuwendenden Rechts und der Anerkennung und Vollstreckung von Entscheidungen in Fragen der Güterstände internationaler Paare,* der sowohl die ehelichen Güterstände als auch die Güterstände eingetragener Partnerschaften umfasst, konnten Fortschritte nur durch den Beschluss von 23 Mitgliedstaaten zur verstärkten Zusammenarbeit (Art. 20 EUV) erzielt werden, der zur Annahme der Verordnung (EU) 2016/1103 vom 24. Juni 2016 führte[16].

- **Buchstabe b)**: *Sicherstellung einer grenzüberschreitenden Zustellung von Schriftstücken.* Bisher liegt eine Maßnahme vor, nämlich die Verordnung über die Zustellung gerichtlicher und außergerichtlicher Schriftstücke in Zivil- und Handelssachen in den Mitgliedstaaten (sog. Zustellungsverordnung „EuZVO")[17].
- **Buchstabe c)**: *Vereinbarkeit von Kollisionsnormen der Mitgliedstaaten und die Vermeidung von Kompetenzkonflikten.* Dies betrifft sowohl die Bestimmung des anwendbaren Rechts als auch des für die Entscheidung international zuständigen Gerichts. Regelungen zur Zuständigkeit finden sich in der Brüssel-I-Verordnung. Eine Regelung über Kollisionsnormen im Bereich der vertraglichen Schuldverhältnisse findet sich in der Rom-I-Verordnung[18] und im Bereich der außervertraglichen Schuldverhältnisse in der Rom-II-Verordnung[19].
- **Buchstabe d)**: *Zusammenarbeit bei der Erhebung von Beweismitteln.* Regelungen hierzu finden sich in der Beweis-Verordnung (EG) Nr. 1206/2001) – EuBVO)[20], die die nationalen Beweisverfahrensrechte weitgehend angeglichen hat.
- **Buchstabe e)**: *Effektiver Zugang zum Recht.* Hierunter fällt gegenwärtig insbesondere die Prozesskostenhilfe-Richtlinie[21], die Mindestvoraussetzungen im Bereich der angemessenen Prozesskostenhilfe bei Zivilrechtssachen mit grenzüberschreitendem Bezug aufstellt. Ziel der Richtlinie ist es, für Personen, die nicht über ausreichende Mittel verfügen, ein „angemessenes" Niveau der Prozesskostenhilfe bei grenzüberschreitenden Rechtsstreitigkeiten zu gewährleisten.
- **Buchstabe f)**: *Beseitigung von Hindernissen für die reibungslose Abwicklung von Zivilverfahren.* Um für die europäischen Bürger und Unternehmen einen leichteren und effizienteren Zugang zu den Gerichten sicherzustellen, hat die EU gemeinsame Verfahrensregeln für vereinfachte und beschleunigte grenzüberschreiten-

---

15 ABl. 2010, L 343/10–16.

16 VO (EU) 2016/1103 des Rates zur Durchführung einer Verstärkten Zusammenarbeit im Bereich der Zuständigkeit, des anzuwendenden Rechts und der Anerkennung und Vollstreckung von Entscheidungen in Fragen des ehelichen Güterstands, ABl. 2016 L 183.

17 VO (EG) Nr. 1393/2007 des Rates, ABl. 2007 L 324/79. Vgl. dazu EuGH C-14/07, Weiß und Partner GmbH, Slg. 2008, I-3367.

18 VO (EG) Nr. 593/2008, ABl. 2008 L 177/6.

19 VO (EG) Nr. 864/2007, ABl. 2007 L 199/40.

20 VO (EG) Nr. 1206/2001 des Rates v. 28.5.2001 über die Zusammenarbeit zwischen den Gerichten der Mitgliedstaaten auf dem Gebiet der Beweisaufnahme in Zivil- oder Handelssachen, ABl. 2001 L 174/1.

21 RL 2003/8 des Rates v. 27. Januar 2003 zur Verbesserung des Zugangs zum Recht bei Streitsachen mit grenzüberschreitendem Bezug durch Festlegung gemeinsamer Mindestvorschriften für die Prozesskostenhilfe in derartigen Streitsachen, ABl. 2003 L 26/41.

de Gerichtsverfahren bei Forderungen mit geringem Streitwert und zur grenzüberschreitenden Beitreibung unbestrittener Geldforderungen in der gesamten EU eingeführt. Es handelt sich um die Verordnung (EG) Nr. 861/2007 zur Einführung eines europäischen Verfahrens für geringfügige Forderungen[22] und die Verordnung (EG) Nr. 1896/2006 zur Einführung eines Europäischen Mahnverfahrens[23]. Diese Verfahren ergänzen die im nationalen Recht vorgesehenen Verfahren und sind freiwillig. Die Richtlinie 2008/52/EG enthält gemeinsame Bestimmungen über bestimmte Aspekte der Mediation in Zivil- und Handelssachen, um die Rechtssicherheit zu verbessern und somit die Anwendung dieser Form der Streitbeilegung zu unterstützen.

Was die Zivilgerichtsverfahren in der Europäischen Union betrifft, hat das EP die Kommission im Juli 2017 gemäß Art. 225 AEUV aufgefordert, bis zum 30. Juni 2018 einen Vorschlag für einen Rechtsakt zu gemeinsamen Mindeststandards des Zivilprozessrechts vorzulegen[24]. Ziel ist die Angleichung der Zivilverfahrensordnungen, um so das Recht auf ein faires Verfahren, wie es auch in Artikel 47 der Charta der Grundrechte der EU und in Art. 6 der EMRK anerkannt wird, uneingeschränkt zur Geltung zu bringen, indem vor den Gerichten der Mitgliedstaaten Mindeststandards bei der Einleitung, der Durchführung und dem Abschluss von Zivilverfahren festgelegt werden.

- **Buchstabe g)**: *Entwicklung alternativer Methoden zur Streitbeilegung.* Ein erstes Instrument ist mit der Mediations-Richtlinie[25] geschaffen worden, welche den Zugang zur außergerichtlichen Streitbeilegung in grenzüberschreitenden Streitigkeiten regelt.
- **Buchstabe h)**: *Förderung der Weiterbildung von Richtern und Justizbeamten.*

Weiterführende Literatur: *Bron,* Rechtsangleichung des Privatrechts auf Ebene der Europäischen Union, 2011; *Fischer (Hrsg.)/Keller, Quarch/Els/Lamberz,* Justiz und innere Sicherheit im EU-Recht, 2014; *Gebauer/Wiedmann,* Zivilrecht unter europäischem Einfluss, 2005; *Geimer/Schütze* (Hrsg.), Europäisches Zivilverfahrensrecht, 4. Aufl. 2020; *Hau,* Das neue europäische Verfahren zur Beitreibung geringfügiger Forderungen, JuS 2008, S. 1056; *Hess,* Europäisches Zivilprozessrecht, 2010; *Junker,* Die Rom II-Verordnung: neues Internationales Deliktsrecht auf europäischer Grundlage, NJW 2007, S. 3675; *Mansel,* Anerkennung als Grundprinzip des Europäischen Rechtsraums, RabelsZ 2006, S. 1; *Mansel/Thorn/Wagner,* Europäisches Kollisionsrecht 2008: Fundamente der Europäischen IPR-

22 VO (EG) Nr. 861/2007 des EP und des Rates v. 11.7.2007 zur Einführung eines europäischen Verfahrens für geringfügige Forderungen und der Verordnung (EG) Nr. 1896/2006 zur Einführung eines Europäischen Mahnverfahrens, ABl. 2007 L 199/1, zuletzt geändert durch VO (EU) 2015/2421 des Europäischen Parlaments und des Rates v. 16.12.2015 zur Änderung der VO (EG) Nr. 861/2007 (ABl. 2005, L 341/1–13).

23 VO (EG) Nr. 1896/2006, ABl. 2006 L 399/1, zuletzt geändert durch VO (EU) 2015/2421 des EP und des Rates v. 16. 12.2015, ABl. 2015, L 341/1.

24 Entschließung des EP v. 4.7.2017 mit Empfehlungen an die KOM zu gemeinsamen Mindeststandards des Zivilprozessrechts in der EU (ABl. 2018 C 334/39). Einen solchen Vorschlag hat die Kommission bisher nicht vorgelegt.

25 RL 2008/52/EG, ABl. 2008 L 136/3.

Kodifikation, IPRax 2009, S. 1; *Wagner*, Zur Kompetenz der Europäischen Gemeinschaft in der justiziellen Zusammenarbeit in Zivilsachen, IPRax 2007, S. 290; *ders.*, Aktuelle Entwicklungen in der justiziellen Zusammenarbeit in Zivilsachen, NJW 2011, S. 1404.

§ 20 Justizielle Zusammenarbeit in Strafsachen

A. Grundsätze der Zusammenarbeit

I. Gegenseitige Anerkennung

Durch die schrittweise Abschaffung der Grenzkontrollen in der EU wurde die Freizügigkeit für die Unionsbürger erheblich vereinfacht, allerdings ist es dadurch auch für Straftäter leichter geworden, über Landesgrenzen hinweg zu operieren. Zur Bewältigung der Herausforderung der grenzübergreifenden Kriminalität umfasst der Raum der Freiheit, der Sicherheit und des Rechts Maßnahmen zur Förderung der justiziellen Zusammenarbeit der Mitgliedstaaten in Strafsachen. Ausgangspunkt ist der Grundsatz der gegenseitigen Anerkennung, ergänzt um Regelungen zur Angleichung des Strafverfahrensrechts durch Mindestvorschriften (Art. 82 AEUV). **1341**

1. Gegenseitige Anerkennung von Urteilen und gerichtlichen Entscheidungen

In der bisherigen EU-Praxis sind bereits eine ganze Reihe von Maßnahmen erlassen **1342** worden, die die gegenseitige Anerkennung verschiedener Rechtsinstrumente zum Gegenstand haben. Zu den wichtigsten Maßnahmen zählen hier:

a) Europäischer Haftbefehl

Gemäß der **Definition** im Rahmenbeschluss 2002/584/JI[26] ist der „Europäische **1343** Haftbefehl" eine justizielle Entscheidung, die in einem Mitgliedstaat ergangen ist und die Festnahme und Übergabe einer gesuchten Person durch einen anderen Mitgliedstaat bezweckt im Hinblick auf eine Strafverfolgung, die Vollstreckung einer Freiheitsstrafe und eine freiheitsentziehende Maßregel der Sicherung. Er gilt seit dem 1. Januar 2005[27] und schafft die Möglichkeit, einen in einem Mitgliedstaat nach

---

26 ABl. 2002 Nr. L 190/1, zuletzt geändert durch Rahmenbeschluss 2009/299/JI, ABl. 2009 Nr. L 81/24.

27 In Deutschland erfolgte die Umsetzung durch das „Gesetz zur Umsetzung des Rahmenbeschlusses über den Europäischen Haftbefehl und die Übergabeverfahren zwischen den Mitgliedstaaten der EU (EuHbG)"; dt.BGBl. I 2006/1721, nachdem die EuHbG-Vorgängerregelung vom BVerfG wegen einer unverhältnismäßigen Einschränkung des Grundrechts jedes Deutschen auf Auslieferungsfreiheit gem. Art. 16 Abs. 2 GG für verfassungswidrig erklärt worden war (2 BvR 2236/04, NJW 2005, 2289). In Österreich erfolgte die Umsetzung durch das Bundesgesetz über die justizielle Zusammenarbeit in Strafsachen mit den Mitgliedstaaten der EU (EU-JZG) v. 30.4.2004, öBGBl. Nr. 36/2004.

dortigem Recht erlassenen Haftbefehl ohne weitere Rechtsprüfung in allen anderen Mitgliedstaaten vollstrecken zu lassen, soweit er sich auf eine der im Rahmenbeschluss katalogmäßig aufgeführten schweren Straftaten bezieht.

1344 Der europäische Haftbefehl muss eine Reihe von Informationen enthalten: Identität der Person, ausstellende Justizbehörde, rechtskräftiges Urteil, Strafmaß usw. (ein Muster des Formblatts ist dem Rahmenbeschluss als Anhang beigefügt). Er wird in die Landessprache des vollstreckenden Mitgliedstaates übersetzt.

1345 Der Haftbefehl kann erlassen werden bei:

- einer rechtskräftigen Verurteilung zu einer Haftstrafe oder einer Anordnung einer Maßregel der Sicherung von mindestens vier Monaten;
- einer Straftat, die mit einer Gefängnisstrafe oder einer freiheitsentziehenden Maßregel der Sicherung im Höchstmaß von mindestens zwölf Monaten bedroht ist.

1346 Der Haftbefehl gilt für die im Rahmenbeschluss aufgeführten Straftaten, für die die Überprüfung des Vorliegens der beiderseitigen Strafbarkeit abgeschafft ist[28]. Die Vollstreckung des Haftbefehls kann nur noch unter engen Voraussetzungen abgelehnt werden[29].

1347 Zum Europäischen Haftbefehl hat sich bereits eine ausgeprägte Rechtsprechung des EuGH entwickelt, aus der folgende Punkte hervorzuheben sind:

- ***Fehlen der unmittelbaren Anwendbarkeit***

Dem Rahmenbeschluss 2002/584/JI über den Europäischen Haftbefehl kommt keine unmittelbare Wirkung zu, so dass das Gericht eines Mitgliedstaats nicht aufgrund des Unionsrechts verpflichtet ist, die Anwendung einer gegen diesen Rahmenbeschluss verstoßenden nationalen Regelung zu unterlassen. Gleichwohl enthält der zwingende Charakter des Rahmenbeschlusses für die nationalen Behörden eine Verpflichtung zu einer rahmenbeschlusskonformen Auslegung des innerstaatlichen Rechts.

- ***Berechtigung zur Ausstellung des Haftbefehls***

Ein Europäischer Haftbefehl kann gem. Art. 1 Abs. 1 des Rahmenbeschlusses 2002/584 nur als justizielle Entscheidung von einer Justizbehörde ausgestellt werden. Auch wenn die Mitgliedstaaten die Behörden zur Ausstellung des Europäischen Haftbefehls bestimmen dürfen, muss der Begriff unionsweit einheitlich ausgelegt werden Der Begriff „Justizbehörde" definiert sich durch eine objektive, unbeeinflusste Entscheidungsfindung. Die Prozess- und Grundrechte des Betroffenen müssen außerdem in allen Stufen des Verfahrens gewährleistet werden. Die deutsche

---

28 Vgl. dazu EuGH C-303/05, Advocaten voor de Wereld VZW, Slg. 2007, I-3633, Rdn. 55.

29 Dazu EuGH C-66/08, Kozlowski, Slg. 2008, I-6041; C-296/08 PPU, Santesteban Goicoechea, Slg. 2008, I-6307; C-388/08 PPU, Leymann und Pustarov, Slg. 2008, I-8993; siehe Einzelheiten unter Rdn. 1356 „Absehen von der Vollstreckung".

Staatsanwaltschaft ist nicht unabhängig genug, um europäische Haftbefehle auszustellen. Auch wenn die deutsche Staatsanwaltschaft weitestgehend objektiv arbeitet, sieht der Gerichtshof die Unabhängigkeit der Behörde durch das Weisungsrecht des Justizministeriums gem. §§ 146, 147 GVG als gefährdet an[30]. Es ist deshalb gegenwärtig ein Gesetzgebungsprozess im Gange, der u.a. auch die Kritik des EuGH aufnimmt und einer Regelung zuführt, die eine hinreichende Unabhängigkeit der deutschen Staatsanwaltschaft gewährleistet[31].

- ***Übergabe des Haftbefehls***

Die für die Vollziehung eines Europäischen Haftbefehls zuständigen Behörden müssen bei erwiesener höherer Gewalt einen dritten Übergabetermin festsetzen, wenn die ersten beiden Übergabeversuche am Widerstand der gesuchten Person gescheitert sind. Es ist Sache der nationalen Gerichte, zu überprüfen, ob dieser Widerstand für die Behörden nicht vorhersehbar war und ob seine Folgen trotz Anwendung der gebotenen Sorgfalt durch die Behörden nicht hätten vermieden werden können[32].

Unter der Voraussetzung, dass die Straftaten im Ausstellungsmitgliedstaat mit einer Freiheitsstrafe von mindestens drei Jahren bedroht sind, kann bei u.a. folgenden Straftaten eine Übergabe ohne Überprüfung des Vorliegens der beiderseitigen Strafbarkeit erfolgen: Terrorismus, Menschenhandel, Korruption, Beteiligung an einer kriminellen Vereinigung, Geldfälschung, Tötung, Rassismus und Fremdenfeindlichkeit, Vergewaltigung, Handel mit gestohlenen Kraftfahrzeugen, Betrugsdelikte, einschließlich Betrug zum Nachteil der finanziellen Interessen der EU. Bei anderen als den vorgenannten Straftaten kann die Übergabe davon abhängig gemacht werden, dass die Handlungen, derentwegen der Europäische Haftbefehl ausgestellt wurde, eine Straftat nach dem Recht des Vollstreckungsmitgliedstaats darstellen (Regel der beiderseitigen Strafbarkeit).

- ***Verpflichtung zur Vollstreckung***

Die Vollstreckung des Europäischen Haftbefehls ist für den Vollstreckungsstaat verpflichtend, d.h. es besteht eine tatsächliche Verpflichtung des Vollstreckungsstaats, die gegen die gesuchte Person verhängte Freiheitsstrafe zu vollstrecken. Es reicht nicht aus, dass dieser Staat seine „Bereitschaft“ zur Strafvollstreckung erklärt. Die vollstreckende Behörde hat zu prüfen, dass sich die gesuchte Person im Vollstre-

30 EuGH C-508/18, OG u. C-82/19 PI. ECLI:EU:C:2019:456. Anders entschied der EuGH in C-509/18, PF, ECLI:EU:C:2019:457, wo die litauische Generalstaatsanwaltschaft als hinreichend unabhängig erachtet wurde sowie in C-489/19, PPU, ECLI:EU:C:2019:849, wo die österreichische Staatsanwaltschaft als hinreichend unabhängig eingestuft wurde. Inzwischen wurde dies auch für die Staatsanwaltschaften für Frankreich (C-506/19, ECLI:EU:C:2019:1077), Schweden (C-625/19, ECLI:EU:C:2019:1078) und Belgien (C-627/19, ECLI:EU:C:2019:1079) bestätigt.

31 Referentenentwurf des Bundesministeriums der Justiz v. 26.3.2024 – Entwurf eines Gesetzes zur Erhöhung der Transparenz von Weisungen gegenüber der Staatsanwaltschaft.

32 EuGH C-640/15, Tomas Vilkas, ECLI:EU:C:2017:39.

ckungsmitgliedstaat aufhält, dessen Staatsangehöriger ist oder dort ihren Wohnsitz hat, dass die verhängte Freiheitsstrafe im Vollstreckungsmitgliedstaat tatsächlich vollstreckt werden kann, sowie dass ein berechtigtes Interesse daran besteht, die im Ausstellungsmitgliedstaat verhängte Strafe im Vollstreckungsmitgliedstaat zu vollstrecken[33].

- ***Absehen von der Vollstreckung***

Die Vollstreckung eines EU-Haftbefehls kann grundsätzlich nur aus den im Rahmenbeschluss genannten, eng auszulegenden Gründen abgelehnt werden[34]. In der Rs. C-649/19 hat der Gerichtshof erneut entschieden, dass die Möglichkeit, die Vollstreckung eines europäischen Haftbefehls (EHB) abzulehnen, extrem beschränkt ist[35].

Die Vollstreckung eines Europäischen Haftbefehls kann nicht mit der Begründung abgelehnt werden, dass ein strafrechtliches Ermittlungsverfahren durch eine Entscheidung der Staatsanwaltschaft eingestellt wurde, wenn die gesuchte Person in diesem Verfahren nur als Zeuge befragt wurde. Der Gerichtshof stellt zudem klar, dass die Justizbehörden der Mitgliedstaaten verpflichtet sind, zu jedem Europäischen Haftbefehl, der ihnen übermittelt wird, eine Entscheidung zu erlassen[36].

Eine Justizbehörde, die zur Vollstreckung eines Europäischen Haftbefehls aufgerufen ist, muss allerdings von dieser absehen oder diese aussetzen, wenn
- für die betroffene Person wegen Mängeln, die die Unabhängigkeit der Justiz in dem Mitgliedstaat, der den Haftbefehl ausgestellt hat, beeinträchtigen könnte, die Gefahr bestünde, dass das Grundrecht dieser Person auf ein unabhängiges Gericht und damit der Wesensgehalt ihres Grundrechts auf ein faires Verfahren angetastet wird[37];
- bereits in einem Mitgliedstaat ein rechtskräftiges Urteil für dieselbe strafbare Handlung gegenüber derselben Person ergangen ist (Grundsatz „ne bis in idem");[38]
- die strafbare Handlung im Vollstreckungsmitgliedstaat unter eine Amnestie fällt;
- die betreffende Person nach dem Recht des Vollstreckungsmitgliedstaats aufgrund ihres Alters nicht strafrechtlich zur Verantwortung gezogen werden kann;
- eine offensichtliche Gefährdung der Gesundheit der inhaftierten Person vorliegt, die eine vorübergehende Aussetzung der Auslieferung auf der Grundlage eines europäischen Haftbefehls rechtfertigt; auch wird die Vollstreckungsbehörde dazu

---

33 EuGH C 573/17, Strafverfahren gegen Daniel Adam Popławski, ECLI:EU:C:2019:530.

34 EuGH, C-699/21, E. D. L., Urteil v. 18.4.2023, ECLI:EU:C:2023:295.

35 EuGH, C-649/19, Strafverfahren gegen IR, Urteil v. 28.1.2021, ECLI:EU:C:2021:75.

36 EuGH C-268/17, Ay, ECLI:EU:C:2018:602.

37 EuGH, C-216/18 K. /Staatssecretaris van Veiligheid en Justitie, ECLI:EU:C:2017:680.

38 Vgl. EuGH C-469/03, Strafverfahren gegen Filomeno Mario Miraglia, Slg. 2005, I-2009; C-187/01 u. C-385/01, Strafverfahren gegen Klaus Brügge u. Hüseyn Gözütok, Slg. 2003, I-1345.

verpflichtet, die Auslieferung auszusetzen, wenn die ernsthafte Gefahr einer erheblichen Verkürzung der Lebenserwartung oder einer ernsten, unumkehrbaren Verschlechterung des Gesundheitszustands besteht[39].
- Anhaltspunkte dafür vorliegen, dass in dem betreffenden Mitgliedstaat systemische oder allgemeine Mängel in Bezug auf das Recht auf ein faires Verfahren bestehen, insbesondere was die Unabhängigkeit der Gerichte betrifft, und ernsthafte Gründe für die Annahme bestehen, dass sich diese Mängel konkret auf das Strafverfahren gegen die betroffene Person auswirken konnten[40].

Die vollstreckende Justizbehörde kann die Vollstreckung des Europäischen Haftbefehls aus anderen Gründen verweigern (wie Verjährung der Strafverfolgung oder der Strafvollstreckung nach den Rechtsvorschriften des Vollstreckungsmitgliedstaats, rechtskräftige Verurteilung wegen derselben Handlung in einem Drittstaat).

- ***Auslieferungshindernis***

Bei Erhalt eines Europäischen Haftbefehls dürfen EU-Mitgliedstaaten nicht automatisch an andere EU-Mitgliedstaaten ausliefern, wenn diesen dort unmenschliche Behandlungen drohen. Vielmehr muss das zuständige Gericht zunächst prüfen, ob es ernsthafte, durch Tatsachen bestätigte Gründe für die Annahme gibt, dass die Betroffenen tatsächlich einer solchen Gefahr ausgesetzt sind. Die allgemeinen Haftbedingungen in einem Land sind kein Grund, die Vollstreckung Europäischer Haftbefehle abzulehnen. Die vollstreckende Justizbehörde muss, wenn die ausstellende Justizbehörde zusichert, dass die betroffene Person unabhängig von der Haftanstalt, in der sie im Ausstellungsstaat inhaftiert werden wird, keine unmenschliche oder erniedrigende Behandlung aufgrund ihrer konkreten und genauen Haftbedingungen erfahren wird. In Anbetracht des gegenseitigen Vertrauens zwischen den Mitgliedstaaten, auf dem das System des Europäischen Haftbefehls beruht, muß die vollstreckende Justizbehörde auf diese Zusicherung zumindest dann vertrauen, wenn keinerlei konkrete Anhaltspunkte dafür vorliegen, dass die Haftbedingungen in einer bestimmten Haftanstalt gegen das Verbot unmenschlicher oder erniedrigender Behandlung verstoßen.[41]

- ***Brexit***

Die Mitteilung des Vereinigten Königreichs über seine Absicht, aus der EU auszutreten, hat nicht zur Folge, dass die Vollstreckung eines von ihm ausgestellten Europäischen Haftbefehls verweigert oder vertagt werden darf. Soweit keine ernsthaften und durch Tatsachen bestätigte Gründe dafür vorliegen, dass dem Betroffenen die

39 EuGH, C-699/21, E. D. L., Urteil v. 18.4.2023, ECLI:EU:C:2023:295.

40 EuGH, C-819/21, Staatsanwaltschaft Aachen, Beteiligter: M. D., Urteil v. 9.11.2023, ECLI:EU:C:2023:841. Siehe auch die Bekanntmachung der Kommission „Handbuch zur Ausstellung und Vollstreckung eines Europäischen Haftbefehls, (C/2023/1270).

41 EuGH C-404/15, Pál Aranyosi u. C-659/15, Robert Căldăraru, ECLI:EU:C:2016:198.

von der Charta der Grundrechte und durch den Rahmenbeschluss 2002/584/JI zuerkannten Rechte genommen werden, ist der Haftbefehl zu vollstrecken.[42]

b) Gegenseitige Anerkennung von Geldstrafen und Geldbußen

1348 Mit dem Rahmenbeschluss 2005/214/JI wird der Grundsatz der gegenseitigen Anerkennung auf Geldstrafen und Geldbußen ausgeweitet[43]. Die zuständigen Behörden müssen die von einem anderen Mitgliedstaat übermittelten Entscheidungen über Geldstrafen und Geldbußen ohne jede weitere Formalität anerkennen. Geldstrafen und Geldbußen werden unter anderem bei folgenden Straftaten und Verstößen auferlegt: Beteiligung an einer kriminellen Vereinigung, Terrorismus, Menschenhandel, Waffenschmuggel, Betrug, Handel mit gestohlenen Kraftfahrzeugen oder Vergewaltigung. Der Rahmenbeschluss findet ebenfalls Anwendung auf Geldstrafen und Geldbußen, die bei Verstößen gegen die Straßenverkehrsordnung auferlegt werden. Bei Straftaten und Verstößen, die in dem Rahmenbeschluss nicht genannt sind, kann der Mitgliedstaat, der die Entscheidung eines anderen Mitgliedstaates vollstrecken soll, die Anerkennung und Vollstreckung einer Entscheidung davon abhängig machen, dass die Entscheidung eine Handlung betrifft, die nach seinem Recht eine Straftat darstellen würde.

1349 Die Geldstrafen oder Geldbußen müssen von den Gerichts- oder Verwaltungsbehörden der Mitgliedstaaten verhängt worden und rechtskräftig sein, d.h. es darf kein Rechtsbehelf gegen die Entscheidung mehr eingelegt werden können. Der Staat, dem die Entscheidung übermittelt wurde, **kann die Vollstreckung verweigern**, wenn einer der im Rahmenbeschluss aufgeführten Gründe vorliegt.

c) Berücksichtigung der in anderen Mitgliedstaaten ergangenen Verurteilungen

1350 Mit dem Rahmenbeschluss 2008/675/JI zur Berücksichtigung der in anderen Mitgliedstaaten ergangenen Verurteilungen in einem neuen Strafverfahren[44] wurde den Mitgliedstaaten als Mindestverpflichtung auferlegt, die in anderen Mitgliedstaaten ergangenen Verurteilungen zu berücksichtigen und diese mit gleichwertigen Rechtswirkungen zu versehen wie im Inland ergangene frühere Verurteilungen.

---

42 EuGH C-327/18, RO, Urteil v. 19.9.2018, ECLI:EU:C:2018:733, ähnlich EuGH, C-4/23, Mirin, Urteil v. 4.10.2024, ECLI:EU:C:2024:845, wo der EuGH entschieden hat, dass auch wenn die Antragstellung auf Anerkennung einer Änderung des Personenstandes in einem Mitgliedstaat (Rumänien) nach dem Brexit erfolgt ist, dies nicht zur Versagung der Anwendung des EU-Rechts führt, falls die Änderung des Personenstandes selbst (im Vereinigten Königreich) vor dem Brexit erfolgt ist.

43 Rahmenbeschluss 2005/214/JAI des Rates vom 24.2.2005 über die Anwendung des Grundsatzes der gegenseitigen Anerkennung von Geldstrafen und Geldbußen, ABl. 2005 Nr. L 76.

44 ABl. 2008 Nr. L 220/32, geändert durch Rahmenbeschluss 2009/299/JI, ABl. 2009 Nr. L 81/24.

d) Überwachung von Bewährungsmaßnahmen

Aufgrund des Rahmenbeschlusses 2008/947/JI wird der Grundsatz der gegenseitigen Anerkennung auf Urteile und Bewährungsentscheidungen auch auf die Überwachung von Bewährungsmaßnahmen und alternativen Sanktionen angewendet[45]. Er findet Anwendung auf Straftäter, die nicht im Urteilsstaat leben. **1351**

e) Europäische Ermittlungsanordnung

Die Richtlinie 2014/41/EU über die Europäische Ermittlungsanordnung (EEA)[46] ist eine gerichtliche Entscheidung, die von einer Justizbehörde eines Mitgliedstaats („Anordnungsstaat“) zur Durchführung einer oder mehrerer spezifischer Ermittlungsmaßnahme(n) in einem anderen Mitgliedstaat („Vollstreckungsstaat“) zur Erlangung von Beweisen gemäß der Richtlinie erlassen wird (Art. 1 Abs. 1 RL 2014/41/EU). Eine EEA kann erlassen werden: **1352**

a) in Bezug auf Strafverfahren, die eine Justizbehörde wegen einer nach dem nationalen Recht des Anordnungsstaats strafbaren Handlung eingeleitet hat oder mit denen sie befasst werden kann,
b) bei Verfahren, die Verwaltungsbehörden oder die Justizbehörde wegen Handlungen eingeleitet haben, die nach dem nationalen Recht des Anordnungsstaats als Zuwiderhandlungen gegen Rechtsvorschriften geahndet werden können, sofern gegen die Entscheidung ein in Strafsachen zuständiges Gericht angerufen werden kann, und
c) im Zusammenhang mit Verfahren, die sich auf Straftaten oder Zuwiderhandlungen beziehen, für die im Anordnungsstaat eine juristische Person zur Verantwortung gezogen oder bestraft werden kann (Art. 4 RL 2014/41/EU).

Die Vollstreckungsbehörde erkennt eine nach der Richtlinie übermittelte EEA ohne jede weitere Formalität an und gewährleistet deren Vollstreckung in derselben Weise und unter denselben Modalitäten, als wäre die betreffende Ermittlungsmaßnahme von einer Behörde des Vollstreckungsstaats angeordnet worden, es sei denn, die Vollstreckungsbehörde beschließt, einen der Gründe für die Versagung der Anerkennung oder der Vollstreckung oder einen der Gründe für den Aufschub der Vollstreckung nach dieser Richtlinie geltend zu machen (Art. 9 Abs. 1 RL 2014/41/EU). **1353**

---

45 ABl. 2008 L 337/102, geändert durch Rahmenbeschluss 2009/299/JI, ABl. 2009 L 81/24.

46 RL 2014/41/EU des EP und des Rates, ABl. 2014 Nr. L 130/1. Diese RL löst den früheren Rahmenbeschluss 2008/978/JI über die Europäische Beweisanordnung (EBA) ab (vgl. VO 2016/95 des EP und des Rates zur Aufhebung bestimmter Rechtsakte im Bereich der polizeilichen und justiziellen Zusammenarbeit in Strafsachen, ABl. 2016 L 26/9. Diese RL wurde zuletzt geändert durch die RL (EU) 2022/228 des EP und des Rates v. 16.2.2022, ABl. 2022, L 39/1–3.

f) Nichtanerkennung von Entscheidungen bei Abwesenheitsurteilen

1354 Mit dem Rahmenbeschluss 2009/299/JI wird zur Stärkung der Verfahrensrechte von Personen und zur Förderung der Anwendung des Grundsatzes der gegenseitigen Anerkennung auf Entscheidungen, die im Anschluss an eine Verhandlung ergangen sind, zu der die betroffene Person nicht erschienen ist, eine einheitliche Grundlage für die Nichtanerkennung von Entscheidungen bei Abwesenheitsurteilen geschaffen[47].

g) Alternative zur Untersuchungshaft

1355 Der Rahmenbeschluss 2009/829/JI über die Anwendung des Grundsatzes der gegenseitigen Anerkennung auf *Entscheidungen über Überwachungsmaßnahmen als Alternative zur Untersuchungshaft* legt die Regeln fest, nach denen ein Mitgliedstaat eine in einem anderen Mitgliedstaat als Alternative zur Untersuchungshaft erlassene Entscheidung über Überwachungsmaßnahmen anerkennt. Der Aufenthaltsstaat kontrolliert danach die Einhaltung der einer natürlichen Person auferlegten Überwachungsmaßnahmen und übergibt die betreffende Person bei Verstößen gegen diese Maßnahmen dem Anordnungsstaat[48].

h) Europäische Schutzanordnung

1356 Mit der Richtlinie 2011/99/EU über die *Europäische Schutzanordnung*[49] sollen gefährdete Personen durch Schutzmaßnahmen auch bei Aufenthalt in anderen Mitgliedstaaten vor strafbaren Handlungen anderer geschützt werden.

2. Verhinderung von Kompetenzkonflikten

1357 Den einzelstaatlichen Behörden steht es frei, in einem bestimmten Fall über dieselbe Tat derselben Person parallel zu den Strafverfolgungsmaßnahmen durch Behörden anderer Mitgliedstaaten eigene Ermittlungen anzustellen. Dadurch kann es hinsichtlich der strafgerichtlichen Zuständigkeit als auch in Bezug auf das anwendbare Strafrecht zu Überschneidungen der Zuständigkeitsbereiche der Mitgliedstaaten kommen, die eigentlich zu verhindern bzw. beizulegen sind.

1358 Die einzige rechtliche Schranke ist gegenwärtig das **Verbot der doppelten Strafverfolgung** („ne bis in idem„), das insbes. in Art. 50 GRCh und in den Art. 54–58 des Schengener Durchführungsübereinkommens (SDÜ) niedergelegt ist[50]. Die Regel „ne bis in idem“ findet nicht nur innerhalb der Gerichtsbarkeit eines Staates, son-

47 ABl. 2009 L 81/24.

48 ABl. 2009 L 294/20.

49 ABl. 2011 L 338/2.

50 Vgl. dazu auch EuGH C-233/99 P, u.a., Limburgse Vinyl Maatschappij NV u.a./KOM, Slg. 2002 I-8375; zu Art. 54 des SDÜ: EuGH C-297/07, Bourquain, Slg. 2008, I-9425.

dern auch zwischen den Gerichtsbarkeiten mehrerer Mitgliedstaaten Anwendung. Sie soll verhindern, dass eine Person aufgrund der Tatsache, dass sie von ihrem Recht auf Freizügigkeit Gebrauch macht, wegen derselben Tat in mehreren Vertragsstaaten verfolgt wird. Das setzt voraus, dass jeder Mitgliedstaat die Anwendung des in den anderen Mitgliedstaaten geltenden Strafrechts akzeptiert, auch wenn die Anwendung seines eigenen nationales Rechts zu einem anderen Ergebnis führen würde[51]. Dieser Grundsatz verhindert jedoch keine Kompetenzkonflikte, wenn in zwei oder mehr Mitgliedstaaten parallel Strafverfolgungsmaßnahmen laufen. Er kommt nur dann zum Tragen, wenn ein Strafverfahren in einem Mitgliedstaat mit einer rechtskräftigen Entscheidung beendet wurde.

3. Zusammenarbeit von Verwaltungs- und Justizbehörden

Aufgrund der unterschiedlichen Rechtsordnungen und Justizsysteme in der EU ist **1359**
eine Zusammenarbeit der Justizbehörden in Strafsachen dringend erforderlich. Die bisherige EU-Praxis bezweckt insbesondere Verfahrensvereinfachungen und Erleichterungen bei materiellen Voraussetzungen der Rechtshilfe in Strafsachen bei Gerichtsverfahren und bei der Vollstreckung von Entscheidungen. Die Kommission hat in ihrer Mitteilung „Eine europäische Strategie für die e-Justiz“[52] einen verstärkten Einsatz von Informations- und Kommunikationstechnologien in der Justiz vorgeschlagen, um auch allgemein den Zugang zum Recht in der EU zu erleichtern. Inzwischen enthält das **Europäische Justizportal (e-justice.europa.eu)** als zentrale elektronische Anlaufstelle für den Justizbereich vielfältige Informationen über die verschiedenen Justizsysteme in den Mitgliedstaaten.

a) Europäisches Justizielles Netz in Strafsachen

Mit dem Beschluss 2008/976/JI[53] wurde das **Europäische Justizielle Netz in** **1360**
Strafsachen weiter entwickelt (EJN; *http://www.ejn-crimjust.europa.eu*). Über dieses Netz sollen insbesondere rechtliche und praktische Informationen über die Rechtshilfe in Strafsachen in anderen Mitgliedstaaten ausgetauscht werden.

b) Rechtshilfe in Strafsachen

Mit dem vom Rat angenommenen **Übereinkommen über die Rechtshilfe in** **1361**
Strafsachen[54] soll die Rechtshilfe zwischen den zuständigen Behörden der Mit-

---

51 EuGH C-187/01, Gözütok u. C-385/01, Brügge, Slg. 2003 I-1345, Rdn. 33.

52 KOM (2008) 329 endg.

53 ABl. 2008 L 348/130, ersetzt die frühere Gemeinsame Maßnahme 98/428/JI (Gründungsbeschluss).

54 ABl. 2000 C 197/5. Das Übereinkommen wird ergänzt durch das Protokoll über die Rechtshilfe bei Auskunftsersuchen und bei der Überwachung von Bankkonten und Bankgeschäften, ABl. 2001 C 326/1.

gliedstaaten (Polizei- und Zolldienststellen, Gerichte) im Sinne einer effizienteren und schnelleren Zusammenarbeit in Strafsachen erleichtert werden[55]. Das Übereinkommen regelt, in welchen Fällen Rechtshilfe gewährt wird[56]. Der ersuchte Mitgliedstaat muss die Förmlichkeiten und Verfahren des ersuchenden Mitgliedstaates einhalten. Folgende Fälle der Rechtshilfe sind hervorzuheben:

In einem anderen Mitgliedstaat wiedergefundene **gestohlene Gegenstände** werden dem ersuchenden Mitgliedstaat im Hinblick auf deren Rückgabe an ihren rechtmäßigen Eigentümer zur Verfügung gestellt. In bestimmten Fällen kann der ersuchte Staat auf die Rückgabe verzichten, wenn dadurch die Rückgabe an den rechtmäßigen Eigentümer erleichtert wird.

Eine im Hoheitsgebiet eines Mitgliedstaats, der um eine Untersuchungshandlung gebeten hat, inhaftierte Person kann aufgrund einer entsprechenden Vereinbarung mit den zuständigen Behörden **zeitweilig in das Hoheitsgebiet eines anderen Mitgliedstaats überstellt werden**, in dem die Untersuchung stattfinden soll. Wenn einer der Mitgliedstaaten dies verlangt, so kann die betreffende Person nur überstellt werden, wenn sie der Überstellung zugestimmt hat.

Ein Zeuge oder ein Sachverständiger in einem Mitgliedstaat kann von den Justizbehörden eines anderen Mitgliedstaates per **Videokonferenz** vernommen werden, wenn dies mit den wesentlichen Rechtsgrundsätzen des ersuchten Staates vereinbar ist und alle Parteien hiermit einverstanden sind.

Zwei oder mehrere Mitgliedstaaten können eine **gemeinsame Ermittlungsgruppe** einsetzen, deren Zusammensetzung die betreffenden Mitgliedstaaten im Wege der Vereinbarung festlegen. Die gemeinsame Ermittlungsgruppe wird für einen bestimmten Zweck und für einen begrenzten Zeitraum eingesetzt.

Außerdem können verdeckt oder unter falscher Identität handelnde Beamte **verdeckte Ermittlungen** vornehmen, sofern die innerstaatlichen Rechtsvorschriften und Verfahren des Mitgliedstaats, in dessen Hoheitsgebiet sie stattfinden, beachtet werden.

Die **Überwachung des Telekommunikationsverkehrs** kann auf Antrag der zuständigen Behörde eines anderen Mitgliedstaats durch eine von dem betreffenden Mitgliedstaat bezeichnete Justiz- oder Verwaltungsbehörde erfolgen.

1362 Ein Mitgliedstaat, dem aufgrund des Übereinkommens **personenbezogene Daten** übermittelt worden sind, darf diese nur verwenden (1) für justizielle und verwaltungsbehördliche Verfahren, auf die das Übereinkommen Anwendung findet, (2) zur Abwehr einer unmittelbaren und ernsthaften Gefahr für die öffentliche Sicherheit

55 Rechtsakt des Rates vom 29. 5. 2000 über die Erstellung des Übereinkommens – gemäß Artikel 34 – über die Rechtshilfe in Strafsachen zwischen den Mitgliedstaaten der EU, ABl. 2000 C 197.

56 Sonderbestimmungen gelten für Irland (Übermittlung von Rechtshilfeersuchen) sowie für Luxemburg (Schutz personenbezogener Daten).

oder (3) für jeden anderen Zweck nach vorheriger Zustimmung des übermittelnden Mitgliedstaats oder der betroffenen Person. Der Mitgliedstaat, der die personenbezogenen Daten übermittelt hat, kann den Mitgliedstaat, dem diese Daten zugeleitet wurden, ersuchen, über ihre Verwendung Auskunft zu erteilen.

c) Geldwäsche

Innerhalb der EU bzw. des EWR gelten die vier Freiheiten des Waren-, Personen-, **1363**
Dienstleistungs- und Kapitalverkehrs. Daher kann eine effektive Bekämpfung von Geldwäsche und Terrorismusfinanzierung innerhalb der EU nur funktionieren, wenn die entsprechenden Vorschriften innerhalb der europäischen Freihandelszone wirksam und einheitlich umgesetzt und überwacht werden. Denn Gesetzeslücken in einem Mitgliedstaat können durch die Freizügigkeit auf die gesamte EU übergreifen. Technologische Innovationen wie virtuelle Währungen sowie die globale Natur terroristischer Organisationen stellen zusätzliche Herausforderungen dar, die bei der Gesetzgebung berücksichtigt werden müssen, um eine effektive Bekämpfung von Geldwäsche und Terrorismusfinanzierung innerhalb der EU zu gewährleisten.

Mit dem Rahmenbeschluss 2001/500/JI wurden Bestimmungen über Geldwäsche **1364**
sowie Ermittlung, Einfrieren, Beschlagnahme und Einziehung von Tatwerkzeugen aus Erträgen von Straftaten festgelegt[57]. Danach werden die Sanktionen für Geldwäsche in der EU verbindlich auf eine Freiheitsstrafe von bis zu vier Jahren festgelegt und auch juristische Personen zur Verantwortung gezogen.

Außerdem haben die Mitgliedstaaten das Übereinkommen des Europarates vom **1365**
8. November 1990 über Geldwäsche sowie Ermittlung, Beschlagnahme und Einziehung von Erträgen aus Straftaten ratifiziert. Das Übereinkommen verpflichtet die Unterzeichnerstaaten, Einziehungsentscheidungen einer anderen Vertragspartei anzuerkennen und zu vollstrecken.

Im Juli 2021 wurde von der Europäischen Kommission ein umfassendes Paket zur **1366**
Stärkung der Bekämpfung der Geldwäsche und Terrorismusfinanzierung – das sogenannte **EU-AML Paket** (Anti-Money-Laundering) – präsentiert. Ziel des Gesetzespakets ist es, die Bekämpfung von Geldwäsche und Terrorismusfinanzierung, die bisher überwiegend durch nationale Vorschriften, wie in der Bundesrepublik durch das Geldwäschegesetz (GwG), geregelt werden durch europäische Vorschriften und Vorgaben zu ersetzen und somit ein einheitliches und konsistentes Vorgehen gegen Geldwäsche und Terrorismusfinanzierung sicherzustellen. Der Rat und das Europäische Parlament haben im April/Mai 2024 eine vorläufige **Einigung über Teile des**

57 ABl. 2001 L 182/1. Dieser Rahmenbeschluss wurde inzwischen ergänzt durch die RL (EU) 2018/1673 des EP und des Rates v. 23.10.2018 über die strafrechtliche Bekämpfung der Geldwäsche, ABl. 2018 L 284/22; RL 2014/42/EU des EP und des Rates v. 3.4.2014 über die Sicherstellung und Einziehung von Tatwerkzeugen und Erträgen aus Straftaten in der EU, ABl. 2014 L 127/39.

Pakets zur Bekämpfung von Geldwäsche erzielt, mit dem die EU-Bürger und das Finanzsystem der EU vor Geldwäsche und Terrorismusfinanzierung geschützt werden sollen. Das AML-Paket umfasst:

Eine **Verordnung zur Errichtung einer neuen EU-Aufsichtsbehörde zur Bekämpfung der Geldwäsche** (Verordnung (EU) 2024/1620 – AMLAR). Mit dieser Verordnung wird die Europäische Aufsichtsbehörde „AMLA" errichtet. Zu den Aufgaben der AMLA gehören insbesondere die direkte Beaufsichtigung von grenzüberschreitend tätigen Unternehmen mit hohem Risiko, die Überprüfung und Koordinierung der nationalen Aufsichtsbehörden sowie die Ausgabe von Leitlinien bspw. zu Risiken, Trends und Methoden bei Geldwäsche und Terrorismusfinanzierung[58].

Eine **Verordnung zur Bekämpfung von Geldwäsche und Terrorismusfinanzierung** mit unmittelbar geltenden Vorschriften in den Mitgliedsstaaten (Verordnung (EU) 2024/1624 – AMLR[59]). Die Verordnung enthält umfangreiche materielle Bestimmungen zu den Verpflichteten, zu den Sorgfaltspflichten, zum wirtschaftlichen Eigentum, zu Meldepflichten und zu internen Strategien, Verfahren und Kontrollen sowie zur Risikobewertung, die derzeit auf nationaler Ebene bspw. durch das Geldwäschegesetz geregelt werden. Mit dieser Verordnung soll eine Harmonisierung und Konvergenz bei der Anwendung der Geldwäschebestimmungen innerhalb der EU erreicht werden.

Eine neue Richtlinie zur Bekämpfung von Geldwäsche und Terrorismusfinanzierung, die die Richtlinie 2015/849/EU ersetzt und Bestimmungen enthält, die in nationales Recht umgesetzt werden müssen (**Richtlinie (EU) 2024/1640 – AMLD 6**[60]).

---

58 VO (EU) 2024/1620 des EP und des Rates v. 31.5.2024 zur Errichtung der Behörde zur Bekämpfung von Geldwäsche und Terrorismusfinanzierung, ABl. 2024, L 2024/1620. Die AMLA ist sieben Tage nach ihrer Veröffentlichung im Amtsblatt in Kraft getreten und wird ab dem 1. Juli 2025 gelten, mit Ausnahme einiger Artikel, die bereits ab dem 26. Juni 2024 gelten, und des Artikels 103, der ab dem 31. Dezember 2025 gelten wird.

59 VO (EU) 2024/1624 des EP und des Rates v. 31.5.2024 zur Verhinderung der Nutzung des Finanzsystems für Zwecke der Geldwäsche oder der Terrorismusfinanzierung, ABl 2024, L 2024/1624. Die AMLR wird drei Jahre nach ihrem Inkrafttreten, d.h. am 10.7.2027, in Kraft treten, mit Ausnahme der Bestimmungen, die Fußballvermittler und Profifußballvereine (in Bezug auf bestimmte Arten von Transaktionen) in den Anwendungsbereich der Verpflichteten einbeziehen, die ab dem 10.7.2029 gelten werden.

60 RL (EU) 2024/1640 des EP und des Rates v. 31.5.2024 über die von den Mitgliedstaaten einzurichtenden Mechanismen zur Verhinderung der Nutzung des Finanzsystems für Zwecke der Geldwäsche oder der Terrorismusfinanzierung, ABl. 2024, L 2024/1640. Die Mitgliedstaaten müssen die AMLD 6 bis zum 10.7.2027 in nationales Recht umsetzen. Im Gegensatz dazu muss eine Änderung in Bezug auf die Zugänglichkeit von Zentralregistern, für wirtschaftliches Eigentum von Unternehmen und Trusts (UBO-Register – Art. 74 AMLD 6) bis zum 10. Juli 2025 umgesetzt werden; die Art. 11-13 und 15 AMLD 6, die sich ebenfalls mit Registern für wirtschaftliche Eigentümer befassen, müssen bis zum 10.7.2026 umgesetzt werden; und die Bestimmungen über die zentrale Zugangsstelle für Informationen über Immobilien (Art. 18 AMLD 6) müssen bis zum 10.7.2029 umgesetzt werden.

Die Richtlinie enthält Anforderungen in Bezug auf Registrierung, Ermittlung und Kontrollen der Führungsebene und der wirtschaftlichen Eigentümer von Verpflichteten, Vorschriften im Hinblick auf die Einrichtung von Registern wirtschaftlicher Eigentümer sowie von Bankkontenregistern einschließlich des Zugangs zu diesen Registern und den Zugang zu Informationen über Immobilien. Zudem regelt die Richtlinie die Zuständigkeiten und Aufgaben zentraler Meldestellen und der an der Beaufsichtigung von Verpflichteten beteiligten Stellen sowie die Zusammenarbeit zwischen den zuständigen Behörden.

Eine überarbeitete Fassung der Geldtransfer-Verordnung von 2015 (Verordnung 2015/847), um denAnwendungsbereich auf Transfers von Kryptowerten zu erweitern (**Verordnung (EU) 2023/1113**[61] **– TFR**). In dieser Verordnung werden insbesondere Vorschriften zu Angaben zu Zahlern und Zahlungsempfängern und zu Angaben zu Urhebern und Begünstigten festgelegt, die für die Zwecke der Verhinderung, Aufdeckung und Ermittlung von Geldwäsche und Terrorismusfinanzierung bei Geldtransfers und Kryptowertetransfers zu übermitteln sind. Ferner werden in dieser Verordnung Vorschriften für interne Strategien, Verfahren und Kontrollen festgelegt, mit denen die Umsetzung restriktiver Maßnahmen gewährleistet werden soll. Die TFR wurde aber aus dem EU-AML Paket herausgelöst, so dass ein zeitgleicher Anwendungsbeginn mit der MiCAR (Markets in Crypto-Assets Regulation) sichergestellt ist, nämlich Anwendung bereits ab dem 30. Dezember 2024.

d) Austausch von Informationen aus dem Strafregister

Der Rahmenbeschluss 2009/315/JI über die Durchführung und den Inhalt des Austauschs von Informationen aus dem Strafregister zwischen den Mitgliedstaaten[62] verpflichtet einen Mitgliedstaat, in dem ein Strafurteil ergangen ist, dem Mitgliedstaat, gegen dessen Staatsangehörige diese Verurteilung erfolgt ist, Informationen über die Verurteilung durch Formblatt zu übermitteln. Darauf gestützt wurde mit Beschluss 2009/316/JI das Europäische Strafregisterinformationssystem (ECRIS) eingerichtet[63]. **1367**

B. Strafverfahrensrecht

I. Inhalt

Das Strafverfahrensrecht in den Mitgliedstaaten unterscheidet sich voneinander und weist zum Teil unterschiedliche Schutzniveaus auf. So sind beispielsweise die Mitgliedstaaten ihrer Pflicht zur Gewährleistung eines fairen Verfahrens, die sich vor **1368**

61 VO (EU) 2023/1113 des EP und des Rates v. 31.5.2023 über die Übermittlung von Angaben bei Geldtransfers und Transfers bestimmter Kryptowerte, ABl. 2023, L 150/1–39.

62 ABl. 2009 L 93/23, ersetzt den bisherigen Ratsbeschluss 2005/876/JI.

63 ABl. 2009 L 93/33.

allem aus ihrem innerstaatlichen Recht und der EMRK ergibt, in unterschiedlichem Maße nachgekommen. Der EU wird daher in Art. 82 Abs. 2 AEUV die Kompetenz eingeräumt, bezüglich bestimmter Aspekte des Strafverfahrensrechts **Mindestvorschriften** zu erlassen, die allerdings die Unterschiede zwischen den Rechtsordnungen und -traditionen der Mitgliedstaaten zu berücksichtigen haben. Ziel dieser Kompetenzzuweisung ist es, durch Mindestvorschriften den Schutzstandard in der EU zu verbessern und ein bestimmtes Schutzniveau zu erreichen, ohne sich allerdings auf dem kleinsten gemeinsamen Nenner zu bewegen, da es den Mitgliedstaaten freisteht, ein **höheres Schutzniveau** für die Rechte der Einzelnen im Strafverfahren beizubehalten oder einzuführen (Art. 82 Abs. 2 UAbs. 3 AEUV)[64].

1369 Die Nutzung dieser Kompetenzgrundlage bedarf zudem einer besonderen Rechtfertigung: Der Erlass von Mindestvorschriften zur Erleichterung der gegenseitigen Anerkennung gerichtlicher Urteile und Entscheidungen nach Abs. 1 und der polizeilichen und justiziellen Zusammenarbeit in Strafsachen mit grenzüberschreitender Dimension ist dem **Grundsatz der Erforderlichkeit** unterworfen[65]. Art. 82 Abs. 2 Buchstaben a) – d) AEUV führt die möglichen Bereiche im Einzelnen auf, die auch bereits durch folgende konkrete Regelungen ausgestaltet worden sind:

- *Zulässigkeit von Beweismitteln* (Buchstabe a)[66]: .
- *Rechte des Einzelnen im Strafverfahren* (Buchstabe b):[67]
- *Rechte der Opfer in Strafverfahren (Buchstabe c)*[68].

64 Vgl. auch EuGH C-84/94, Vereinigtes Königreich/Rat, Slg. 1996, I-5755, Rdn. 42.

65 Vgl. auch EuGH C-176/03, KOM/Rat, Slg. 2005, I-7879, Rdn. 48; s. speziell zu Art. 82 Abs. 2: BVerfG, 2 BvE 2/08 v. 30.6.2009, Rdn. 358.

66 RL 2014/41/EU des EP und des Rates v. 3.4.2014 über die Europäische Ermittlungsanordnung in Strafsachen ABl. 2014 L 130/1, zuletzt geändert durch RL (EU) 2022/228 des EP und des Rates v. 16.2.2022, ABl. 2022, L 39/1–3.

67 RL 2010/64/EU des EP und des Rates v. 20.10.2010 über das Recht auf Dolmetscherleistungen und Übersetzungen in Strafverfahren, ABl. 2010 L 280; RL 2012/13/EU des EP und des Rates vom 22. Mai 2012 über das Recht auf Belehrung in Strafverfahren, ABl. 2012, L 142; –RL 2013/48/EU des EP und des Rates vom 22.10.2013 über das Recht auf Zugang zu einem Rechtsbeistand in Strafverfahren und in Verfahren zur Vollstreckung des Europäischen Haftbefehls sowie über das Recht auf Benachrichtigung eines Dritten bei Freiheitsentzug und das Recht auf Kommunikation mit Dritten und mit Konsularbehörden während des Freiheitsentzugs, ABl. 2013 L 294; –RL (EU) 2016/343 des EP und des Rates vom 9.3.2016 über die Stärkung bestimmter Aspekte der Unschuldsvermutung und des Rechts auf Anwesenheit in der Verhandlung in Strafverfahren, ABl. 2016 L 65; – RL (EU) 2016/800 des EP und des Rates vom 11.5.2016 über Verfahrensgarantien in Strafverfahren für Kinder, die Verdächtige oder beschuldigte Personen in Strafverfahren sind, ABl. 2016 L 132; – RL (EU) 2016/1919 des EP und des Rates vom 26.10.2016 über Prozesskostenhilfe für Verdächtige und beschuldigte Personen in Strafverfahren sowie für gesuchte Personen in Verfahren zur Vollstreckung eines Europäischen Haftbefehls, ABl. 2016 L 297.

68 RL 2012/29/EU des EP und des Rates v. 25.10.2012 über Mindeststandards für die Rechte, die Unterstützung und den Schutz von Opfern von Straftaten sowie zur Ersetzung des Rahmenbeschlusses 2001/220/JI, ABl. 2012 L 315/57.

II. Beschlussverfahren

Die Mindestvorschriften sind durch das **EP** und den **Rat** ausschließlich durch **Richtlinien** im **ordentlichen Gesetzgebungsverfahren** (Art. 294 AEUV) anzunehmen. Das Vorschlagsrecht liegt bei der **Kommission** bzw. bei mindestens einem **Viertel der Mitgliedstaaten** (Art. 76 AEUV). 1370

Für *„spezifische Aspekte des Strafverfahrens"* (Art. 82 Abs. 2 UAbs. 2 Buchst. d) ist des Weiteren ein vorheriger **einstimmiger Ratsbeschluss** sowie die **Zustimmung des EP** erforderlich. Von diesem Einstimmigkeitserfordernis kann im Wege des vereinfachten Änderungsverfahrens (Art. 48 Abs. 7 EUV) zur qualifizierten Mehrheit übergegangen werden. Das BVerfG verlangt bei einer Anwendung dieser allgemeinen Brückenklausel eine vorherige Zustimmung von Bundestag und Bundesrat in Form eines Gesetzes nach Art. 23 Abs. 1 Satz 2 GG[69].

Um den Bedenken einiger Mitgliedstaaten wegen der Abstimmung mit qualifizierter Mehrheit im Rat und der Mitentscheidung des EP Rechnung zu tragen, ist in Art. 82 Abs. 3 AEUV ein sog. **„Notbremsenmechanismus„** enthalten: Ein Mitgliedstaat, der der Auffassung ist, dass ein Richtlinien-Entwurf *„grundlegende Aspekte seiner Strafrechtsordnung"* verletzen würde, kann den Europäischen Rat befassen und damit das ordentliche Gesetzgebungsverfahren aussetzen. Für die Entscheidung des Europäischen Rates ist eine Frist von vier Monaten vorgesehen. Erzielt der Europäische Rat in dieser Frist ein Einvernehmen, verweist er den Richtlinien-Entwurf an den Rat zurück, womit das Verfahren mit qualifizierter Mehrheit seinen Lauf nimmt und die Aussetzung des Gesetzgebungsverfahrens beendet wird. Wenn der Europäische Rat in dieser Frist kein Einvernehmen erzielt, gilt automatisch die Ermächtigung zu einer Verstärkten Zusammenarbeit gem. Art. 20 EUV auf der Grundlage des betreffenden Richtlinien-Entwurfs als erteilt, wenn mindestens neun Mitgliedstaaten sie eingehen wollen und dies binnen derselben Frist dem EP, dem Rat und der Kommission mitgeteilt haben. Weder ein Kommissionsvorschlag noch eine Ratsentscheidung mit qualifizierter Mehrheit sind dafür nötig. 1371

C. Materielles Strafrecht

I. Angleichung in Bereichen besonders schwerer grenzüberschreitender Kriminalität

Die EU ist ausdrücklich ermächtigt, Mindestvorschriften zur Festlegung von Straftaten und Strafen in Bereichen besonders schwerer Kriminalität mit grenzüberschreitender Dimension zu erlassen (Art. 83 AEUV). Hierzu gehören: Terrorismus, Menschenhandel und sexuelle Ausbeutung von Frauen und Kindern, illegaler Drogenhandel, illegaler Waffenhandel, Geldwäsche, Korruption, Fälschung von Zahlungsmitteln, Computerkriminalität und organisierte Kriminalität. Die Beschrän- 1372

69 BVerfG, 2 BvE 2/08 v. 30.6.2009, Rdn. 419.

kung auf Mindestvorschriften schließt eine vollständige Angleichung aus. Unter „Mindestvorschriften“ versteht man, dass bestimmte Strafarten (z.B. Geldstrafe, Freiheitsstrafe, Rechtsverlust), Strafhöhen oder eine unionsweite Definition erschwerender oder mildernder Umstände festgelegt werden. Es kann auch lediglich bestimmt werden, welche Strafen in den Mitgliedstaaten mindestens zur Verfügung stehen müssen[70].

1373 In einer Reihe der genannten Kriminalitätsbereiche sind bereits auf EU-Ebene Regelungen zur Festlegung von Mindestvorschriften getroffen worden.

1. Terrorismusbekämpfung

1374 Seit den Anschlägen vom 11. September 2001 hat sich die Europäische Union die verstärkte Bekämpfung des Terrorismus zum Ziel gesetzt. Mit der Richtlinie (EU) 2017/541[71] sind auf europäischer Ebene überarbeitete **Mindestvorschriften** erlassen worden für die Definition von Straftatbeständen und die Festlegung von Sanktionen auf dem Gebiet von terroristischen Straftaten, Straftaten im Zusammenhang mit einer terroristischen Vereinigung und Straftaten im Zusammenhang mit terroristischen Aktivitäten sowie Maßnahmen zum Schutz, zur Unterstützung und zur Hilfe der Opfer des Terrorismus.

1375 Die Richtlinie findet Anwendung auf **terroristische Straftaten**, die vorsätzlich begangen wurden und die eine internationale Organisation oder ein Land schädigen können (Art. 3 der RL 2017/541). Es muss sich um Straftaten handeln, die die Bevölkerung bedrohen und die politischen, wirtschaftlichen oder gesellschaftlichen Strukturen eines Landes ernsthaft schädigen oder zerstören können (Mord, Körperverletzung, Geiselnahme, Erpressung, Herstellung von Waffen, Anschläge, Androhung, die vorgenannten Straftaten zu begehen).

1376 Der Rahmenbeschluss definiert eine **terroristische Vereinigung** als einen auf längere Dauer angelegten organisierten Zusammenschluss von mindestens zwei Personen, die in Verabredung handeln, terroristische Straftaten zu begehen. Ferner sind Anstiftung, Beihilfe, Mittäterschaft und der Versuch zur Begehung einer terroristischen Straftat strafbar (Art. 14 der RL 2017/541). Ferner können juristische Personen verantwortlich gemacht werden, wenn erwiesen ist, dass die natürliche Person die Befugnis zur Vertretung der juristischen Person oder eine Kontrollbefugnis innerhalb der juristischen Person innehat (Art. 17 der RL 2017/541).

1377 Zur Bestrafung der terroristischen Straftaten sollen die Mitgliedstaaten in ihrer Gesetzgebung effiziente, angemessene und abschreckende Sanktionen, die zur Ausweisung führen können, vorsehen und strafmildernde Umstände (Zusammenarbeit

70 Siehe KOM (2011) 573 endg.

71 RL 2017/541/EU des EP und des Rates vom 15.3.2017 zur Terrorismusbekämpfung und zur Ersetzung des Rahmenbeschlusses 2002/475/JI des Rates und zur Änderung des Beschlusses 2005/671/JI des Rates, ABl. 2017 Nr. L 88/6.

mit den Justiz- und Polizeibehörden; Mithilfe bei der Sammlung von Beweismaterial, Mithilfe bei der Ermittlung anderer Straftäter usw. regeln, Art. 15, 16 der RL 2017/541). Die Mitgliedstaaten verpflichten sich weiter, die erforderlichen Maßnahmen zu ergreifen, um (1) ihre gerichtliche Zuständigkeit im Zusammenhang mit terroristischen Straftaten zu begründen, (2) ihre gerichtliche Zuständigkeit zu begründen, wenn sie sich weigern, eigene Staatsangehörige auszuliefern, und (3) ihr Vorgehen zu koordinieren und die Zuständigkeit festzustellen, um die Strafverfolgungsmaßnahmen in einem einzigen Mitgliedstaat zu zentralisieren, wenn mehrere Mitgliedstaaten zuständig sind (Art. 19 der RL 2017/541). Ferner gewährleisten sie eine angemessene Hilfe für das Opfer der Straftat und seiner Familie (Art. 24 der RL 2017/541).

Eine sehr konkrete Maßnahme zur Bekämpfung von Terrorismus stellt das **Einfrieren von Geldern und sonstigen finanziellen Vermögenswerten** dar. Zu diesem Zweck wurde eine Liste der an terroristischen Handlungen beteiligten Personen, Vereinigungen und Körperschaften aufgestellt. Diese Liste stützt sich auf die von den zuständigen Justiz- bzw. Polizeibehörden der Mitgliedstaaten durchgeführten Ermittlungen und wird alle sechs Monate zwecks Aktualisierung überarbeitet und ergänzt. Die Liste führt u.a. folgende Vereinigungen namentlich auf: ETA (Baskisches Vaterland und Freiheit), IRA (Irische Republikanische Armee), GRAPO (Antifaschistische Widerstandsgruppen Erster Oktober), den terroristischen Flügel der Hamas, den Palästinensischen Islamischen Dschihad und andere aktivistische revolutionäre Gruppen sowie Personen, die ihnen angehören. **1378**

2. Bekämpfung des Menschenhandels

Die Richtlinie 2011/36/EU des EP und des Rates zur **Verhütung und Bekämpfung des Menschenhandels** und zum Schutz seiner Opfer [72] hat zum Ziel, die Unterschiede in den Rechtskonzepten der Mitgliedstaaten in diesem Bereich abzubauen. Der Straftatbestand des Menschenhandels sowie der adäquate Strafrahmen werden bestimmt. Die Richtlinie übernimmt die in entsprechenden Übereinkommen der Vereinten Nationen und des Europarats verwendete umfassende Definition des Straftatbestands, die etwa auch den Menschenhandel zum Zwecke der Entnahme von Organen umfasst. **1379**

In Art. 1 der Richtlinie 2011/36/EU wird der **Begriff des Menschenhandels** zum Zwecke der Ausbeutung der Arbeitskraft oder der sexuellen Ausbeutung definiert. Die Mitgliedstaaten müssen jede Form der Anwerbung, Beförderung, Verbringung oder Unterbringung einer Person, die ihrer Grundrechte beraubt wurde, unter Strafe **1380**

---

72 ABl. 2011 L 101/1, zuletzt geändert durch RL (EU) 2024/1712 des EP und des Rates v. 13.6.2024 zur Verhütung und Bekämpfung des Menschenhandels und zum Schutz seiner Opfer, ABl. 2024, L 2024/1712. Diese RL 2011/36 ersetzte den bisherigen Rahmenbeschlusses 2002/629/JI des Rates vom 19.7.2002 (ABl. 2002 L 203).

stellen. Damit sind sämtliche Formen kriminellen Verhaltens, bei denen die Bedürftigkeit körperlichen oder geistigen Schutzes ausgenutzt wird, strafbar. Das Einverständnis des Opfers ist unerheblich bei Anwendung oder Androhung von Gewalt oder andere Formen der Nötigung, einschließlich Entführung, arglistige Täuschung oder Betrug, Missbrauch von Macht, Einfluss oder Druckmitteln oder Gewährung oder Entgegennahme von Zahlungen.

1381 Nach Art. 4 der Richtlinie 2011/36/EU stellen die Mitgliedstaaten sicher, dass eine Straftat im Bereich des Menschenhandels mit einer **Freiheitshöchststrafe** von mindestens 5 Jahren bedroht ist, die auf 10 Jahre zu erhöhen ist, wenn die Straftat gegenüber besonders schutzbedürftigen Opfern, insbesondere Kindern, oder im Rahmen einer kriminellen Vereinigung begangen wurde, wenn das Leben des Opfers bedroht sowie ein besonders schwerer Schaden verursacht wurde.

1382 Die **Anstiftung zum Menschenhandel**, die Beihilfe zur Begehung oder die versuchte Begehung einer Straftat im Bereich des Menschenhandels ist ebenfalls unter Strafe zu stellen. Die Sanktionen der Mitgliedstaaten müssen „wirksam, angemessen und abschreckend" sein (Art. 3 RL 2011/36/EU).

1383 Art. 5 der Richtlinie 2011/36/EU führt das **Konzept der straf- und zivilrechtlichen Verantwortlichkeit juristischer Personen** ein. Eine juristische Person kann für eine Straftat verantwortlich gemacht werden, wenn die Straftat zu ihren Gunsten von einer Person begangen wurde, die allein oder als Teil eines Organs der juristischen Person gehandelt hat oder die entscheidungsbefugt ist. Auch die Sanktionen, die gegen juristische Personen verhängt werden können, müssen „wirksam, verhältnismäßig und abschreckend" sein; sie können strafrechtliche und nichtstrafrechtliche Geldstrafen umfassen sowie das vorübergehende oder ständige Verbot der Ausübung einer Handelstätigkeit, die richterlich angeordnete Auflösung von Einrichtungen oder den Ausschluss von öffentlichen Zuwendungen oder Hilfen.

1384 Um zu vermeiden, dass eine verdächtige Person sich aufgrund eines Zuständigkeitskonflikts der Strafverfolgung entziehen kann, führt Art. 10 der Richtlinie 2011/36/EU Kriterien zur Begründung der Gerichtsbarkeit ein. Ein Mitgliedstaat begründet seine Gerichtsbarkeit, wenn die Straftat ganz oder teilweise in seinem Hoheitsgebiet begangen wurde (Territorialitätsprinzip) oder es sich bei dem Straftäter um einen seiner Staatsangehörigen handelt (Täterprinzip).

1385 Darüber hinaus können die Mitgliedstaaten ihre gerichtliche Zuständigkeit begründen in Fällen, in denen die Straftat zugunsten einer im Hoheitsgebiet des betreffenden Mitgliedstaats niedergelassenen juristischen Person begangen wurde oder das Opfer Staatsangehöriger dieses Staates ist oder dort seinen gewöhnlichen Aufenthalt hat.

3. Bekämpfung des Drogenhandels

Die Mitgliedstaaten haben sich verpflichtet, bei der **Bekämpfung des Drogenhandels** verstärkt zusammenzuarbeiten und sich zu bemühen, ihre Rechtsvorschriften einander anzugleichen[73]. **1386**

4. Angriffe auf Informationssysteme

Die Richtlinie 2013/40/EU[74] soll die justizielle Zusammenarbeit auf dem Gebiet des Strafrechts bei Angriffen auf Informationssysteme durch die Entwicklung wirksamer Instrumente und Verfahren stärken. **1387**

Die Straftatbestände, die unter Anwendung dieses Rahmenbeschlusses geahndet werden können, sind:
- rechtswidriger Zugang zu Informationssystemen;
- rechtswidriger Systemeingriff (vorsätzliche schwere Behinderung oder Störung des Betriebs eines Informationssystems durch Eingeben, Übermitteln, Beschädigen, Löschen, Verstümmeln, Verändern, Unterdrücken oder Unzugänglichmachen von Computerdaten);
- rechtswidriger Eingriff in Daten.

In allen Fällen muss die Straftat mit Vorsatz begangen worden sein. Anstiftung, Beihilfe, Teilnahme sowie der Versuch, eine oder mehrere der genannten Straftaten zu begehen, sind strafbar. Die Mitgliedstaaten müssen die erforderlichen Maßnahmen treffen, um sicherzustellen, dass die genannten Straftaten mit wirksamen, verhältnismäßigen und abschreckenden Sanktionen bedroht werden. **1388**

Die Tatsache, dass die Straftat im Rahmen einer kriminellen Vereinigung begangen wurde oder schwere Schäden verursacht oder wesentliche Interessen beeinträchtigt hat, wird als erschwerender Umstand gewertet. Wenn hingegen durch die Straftat nur geringfügiger Schaden entstanden ist, kann die zuständige Justizbehörde die Strafe herabsetzen.

Darüber hinaus werden in der Richtlinie Kriterien aufgestellt zur Feststellung der Verantwortlichkeit der juristischen Person sowie der Sanktionen, die verhängt werden können, wenn die juristische Person für die Straftaten verantwortlich gemacht werden kann (vorübergehendes oder dauerhaftes Verbot der Ausübung einer Tätigkeit, gerichtliche Auflösungsanordnung, Verlust staatlicher Leistungen usw.). **1389**

---

73 Rahmenbeschluss 2004/757/JI zur Festlegung von Mindestvorschriften über die Tatbestandsmerkmale strafbarer Handlungen und die Strafe im Bereich des illegalen Drogenhandels, ABl. 2004 L 335/8; zuvor bereits Gemeinsame Maßnahme 96/750/JI, ABl. 1996 L 342/6.

74 RL 2013/40/EU des EP und des Rates v. 12.8.2013 über Angriffe auf Informationssysteme und zur Ersetzung des Rahmenbeschlusses 2005/222/JI des Rates („Richtlinie zur Bekämpfung der Cyberkriminalität"), ABl. 2013 L 2018/8.

1390 Die Mitgliedstaaten sind unter anderem für die in ihrem Hoheitsgebiet oder von einem ihrer Staatsbürger verübten Straftaten zuständig. Falls sich mehrere Mitgliedstaaten für zuständig erklären, müssen sie zusammenarbeiten, um das Verfahren auf einen einzigen Mitgliedstaat zu konzentrieren.

5. Bekämpfung von Rassismus und Fremdenfeindlichkeit

1391 Der Rahmenbeschluss 2008/913/JI zur strafrechtlichen Bekämpfung bestimmter Formen und Ausdrucksweisen von Rassismus und Fremdenfeindlichkeit[75] verpflichtet die Mitgliedstaaten u.a. das öffentliche Billigen, Leugnen oder gröbliche Verharmlosen von Völkermord, Verbrechen gegen die Menschlichkeit und Kriegsverbrechen unter Strafe zu stellen.

II. Angleichung im Rahmen der sonstigen EU-Politiken und Grundfreiheiten

1392 Art. 83 Abs. 2 AEUV lässt eine Angleichung der Strafrechtsnormen auch zu, wenn dies unerlässlich ist, um die wirksame Durchführung einer Politik der EU in einem Bereich sicherzustellen, der zuvor Gegenstand von Harmonisierungsmaßnahmen gewesen ist. Damit wird eine **strafrechtliche Annexkompetenz** festgeschrieben, die in ihren Grundzügen bereits durch den EuGH anerkannt war[76]. Die Möglichkeit der Angleichung der strafrechtlichen Rechtsvorschriften gilt grundsätzlich für alle Unionspolitiken und Grundfreiheiten, für die es zwingende Normen gibt, deren Wirksamkeit gegebenenfalls durch strafrechtliche Maßnahmen gewährleistet werden muss. Der Rückgriff auf strafrechtliche Maßnahmen muss darüber hinaus im Einzelfall dadurch begründet sein, dass der fraglichen EU-Politik Wirksamkeit verliehen werden muss („unerlässlich“).

Eine strafrechtliche Rechtsangleichung ist bisher im Wesentlichen in folgenden Bereichen vorgenommen worden:

(1) Zur Sicherstellung der **Integrität der Finanzmärkte** in der EU und zur Stärkung des Anlegerschutzes und des Vertrauens der Anleger in diese Märkte wurden mit der Richtlinie 2014/57/EU Mindestvorschriften für strafrechtliche Sanktionen bei Insider-Geschäften, unrechtmäßiger Offenlegung von Insiderinformationen und Marktmanipulation erlassen.[77]

(2) Zum **Schutz des Euro** und anderer Währungen gegen Geldfälschung wurden in der Richtlinie 2014/62/EU Mindestvorschriften für die Definition von Straftatbeständen und die Festlegung von strafrechtlichen Sanktionen auf dem Gebiet der Fälschung des Euro und anderer Währungen erlassen. Diese Richtlinie enthält zudem

75 ABl. 2008 L 328/55.

76 Siehe vor allem EuGH C-176/03, KOM/Rat, Slg. 2005, I-7879; C-440/05, KOM/Rat, Slg. 2007, I-9097.

77 RL 2014/57/EU des EP und des Rates v. 16.4.2014 über strafrechtliche Sanktionen bei Marktmanipulation (Marktmissbrauchsrichtlinie), ABl. 2014 L 173/179.

gemeinsame Bestimmungen für eine verstärkte Bekämpfung und eine verbesserte Ermittlung dieser Delikte sowie für eine verbesserte Zusammenarbeit bei der Bekämpfung der Fälschung[78].

(3) Zur Bekämpfung von gegen die **finanziellen Interessen der Union** gerichtetem Betrug wurden in der Richtlinie (EU) 2017/1371 Mindestvorschriften für die Definition von Straftatbeständen und Strafen zur Bekämpfung von Betrug und sonstigen gegen die finanziellen Interessen der Union gerichteten rechtswidrigen Handlungen festgelegt, um im Einklang mit dem Besitzstand der Union in diesem Bereich den Schutz vor Straftaten zu Lasten dieser finanziellen Interessen zu verbessern[79].

(4) Im Bereich der **illegalen Einwanderung** finden die Vorschriften des Rahmenbeschlusses 2002/946/JI betreffend die Verstärkung des strafrechtlichen Rahmens für die Bekämpfung der Beihilfe zur unerlaubten Ein- und Durchreise und zum unerlaubten Aufenthalt[80] und der Richtlinie 2002/90/EG zur Definition der Beihilfe zur unerlaubten Ein- und Durchreise und zum unerlaubten Aufenthalt[81] Anwendung.

(5) Aus Besorgnis über die **Umweltkriminalität** sollte durch den Rahmenbeschluss 2003/80/JI die schwere Umweltkriminalität strafrechtlich geahndet werden, der Austausch von Informationen zwischen den Mitgliedstaaten verstärkt und eine effiziente Zusammenarbeit der nationalen Verwaltungen eingerichtet werden[82]. Dieser Rahmenbeschluss wurde jedoch durch den EuGH wegen des Gebrauchs einer falschen Rechtsgrundlage für nichtig erklärt[83] und anschließend ersetzt durch die Richtlinie 2008/99/EG des EP und des Rates über den strafrechtlichen Schutz der Umwelt[84]. Eine „schwere Umweltkriminalität" stellen danach Handlungen dar, die durch eine Verschmutzung der Luft, des Wassers, des Bodens oder des Untergrunds sowie durch die Lagerung oder Entsorgung von Abfällen oder ähnlichen Stoffen zu einer erheblichen Schädigung der Umwelt führen oder ein Risiko für die Umwelt bedeuten. Erschwerende Umstände liegen vor, wenn die Handlung nicht als Teil einer normalen rechtmäßigen Tätigkeit angesehen werden kann, es sich um eine Straftat beträchtlichen Ausmaßes handelt oder ein finanzieller Vorteil angestrebt wurde. Die Schwere einer Straftat wird danach beurteilt, ob das Verhalten regelmäßig erfolgte oder im Voraus geplant war oder ob versucht wurde, die Handlung zu verheimlichen und der Schaden dadurch vergrößert wurde. Die Mitgliedstaaten stellen sicher, dass

78 RL 2014/62/EU des EP und des Rates v. 15.5.2014 zum strafrechtlichen Schutz des Euro und anderer Währungen gegen Geldfälschung und zur Ersetzung des Rahmenbeschlusses 2000/383/JI des Rates, ABl. 2014 L 151/1.

79 RL (EU) 2017/1371 des EP und des Rates v. 5.7.2017 über die strafrechtliche Bekämpfung von gegen die finanziellen Interessen der Union gerichtetem Betrug, ABl. 2017 L 198/29.

80 ABl. 2002 L 328/1.

81 ABl. 2002 L 328/17.

82 ABl. 2003 L 29/55.

83 EuGH C-176/03, KOM/Rat, Slg. 2005, I-7879.

84 ABl. 2008 L 328/28.

schwere Umweltkriminalität strafrechtlich auf wirksame, der Straftat angemessene und abschreckende Weise geahndet wird und zur Auslieferung führen kann. Auch juristische Personen müssen für schwere Umweltkriminalität strafrechtlich zur Verantwortung gezogen werden können. Schließlich müssen effiziente Schadensersatzregelungen vorgesehen werden. Ergänzt werden diese Regelungen durch die Richtlinie 2005/35/EG des EP und des Rates über die Meeresverschmutzung durch Schiffe und die Einführung von Sanktionen, einschließlich strafrechtlicher Sanktionen, für Verschmutzungsdelikte[85].

III. Beschlussverfahren

1393 Die Rechtsangleichung der Strafrechtsnormen erfolgt im Rahmen des Erlasses von **Mindestvorschriften** durch das Europäische Parlament und den Rat im **ordentlichen Gesetzgebungsverfahren** (Art. 294 AEUV) ausschließlich in Form von **Richtlinien**. Das Vorschlagsrecht liegt bei der **Kommission** bzw. bei mindestens einem **Viertel der Mitgliedstaaten** (Art. 76 AEUV).

1394 Für die Erweiterung um „andere Kriminalitätsbereiche" sind ein vorheriger **einstimmiger Ratsbeschluss** sowie die **Zustimmung des EP** erforderlich. Von diesem Einstimmigkeitserfordernis kann im Wege des vereinfachten Änderungsverfahrens (Art. 48 Abs. 7 EUV) zur qualifizierten Mehrheit übergegangen werden (Brückenklausel). Wie bereits beim Strafverfahrensrecht verlangt das BVerfG hier eine vorherige Zustimmung von Bundestag und Bundesrat in Form eines Gesetzes nach Art. 23 Abs. 1 Satz 2 GG.

1395 Ebenfalls wie beim Strafverfahrensrecht gilt auch hier der sog. **„Notbremsemechanismus„** (Art. 83 Abs. 3 AEUV). Im Rahmen des Notbremsenverfahren kann die Bundesregierung im Rat nur auf entsprechende Weisung des Deutschen Bundestages und, soweit die Regelungen über die Gesetzgebung dies erfordern, des Bundesrates handeln.

D. Eurojust

1396 Eurojust (Art. 85 AEUV) wurde zur Verstärkung der Zusammenarbeit bei der Bekämpfung der Kriminalität ins Leben gerufen[86]. Diese EU-Einrichtung ist für Ermittlung und Strafverfolgung in Fällen von Schwerkriminalität, die mindestens zwei Mitgliedstaaten betreffen, zuständig. Ihre Aufgaben bestehen darin, eigenständig strafrechtliche Ermittlungsmaßnahmen einzuleiten, die Strafverfolgung aufzuneh-

85 I.d.F. der RL 2009/123/EG, ABl. 2009 L 280/52.

86 VO (EU) 2018/1727 des EP und des Rates vom 14.11.2018 betreffend die Agentur der Europäischen Union für justizielle Zusammenarbeit in Strafsachen (Eurojust) und zur Ersetzung und Aufhebung des (Gründungs-)Beschlusses 2002/187/JI des Rates, ABl. 2018, L 295/138; diese VO ist am 12.12.2019 in Kraft getreten, zuletzt geändert durch VO (EU) 2023/2131 des EP und des Rates v. 4.10.2023, ABl. 2023, L 2023/2131.

men, die Koordinierung zwischen den zuständigen Behörden der einzelnen Mitgliedstaaten zu fördern, aber auch die internationale Rechtshilfe und die Erledigung von Übergabe- und Auslieferungsersuchen zu erleichtern. Eurojust soll auch eine wesentliche Rolle bei der Bekämpfung des Terrorismus spielen.

Der Zuständigkeitsbereich von Eurojust erstreckt sich u.a. auf die Kriminalitätsfor- **1397** men und Straftaten, die in die Zuständigkeit von Europol fallen (z.B. Terrorismus, Drogen- und Menschenhandel, Geldfälschungen und Geldwäsche), Computerkriminalität, Betrug und Korruption, Waschen von Erträgen aus Straftaten, Beteiligung an organisierter Kriminalität (Art. 3 VO (EU) 2018/1727). Vor dem Hintergrund des Kriegs in der Ukraine ist der Handlungsrahmen von Eurojust erweitert worden. Eurojust kann jetzt auch selbst Beweismittel zu terroristischen Handlungen und Kriegsverbrechen sammeln und analysieren[87]. Bisher leistet Eurojust lediglich Koordinationsarbeit zwischen den nationalen Ermittlungsbehörden; eigene Ermittlungsarbeit ist in der Verordnung dagegen nicht vorgesehen. Die Verordnung sieht weiterhin vor, dass ein automatisches Datenverwaltungssystem eingerichtet werden soll, das neben das bereits bestehende Fallmanagementsystem tritt. Ferner sollen die bestehenden Datenverarbeitungsbefugnisse Eurojusts um Daten aus Video- und Audioaufnahmen sowie Satellitenbildern erweitert werden.

I. Zusammensetzung

Eurojust ist eine Einrichtung der EU mit eigener Rechtspersönlichkeit und setzt sich **1398** aus den nationalen Mitgliedern, dem Kollegium, dem Verwaltungsrat und dem Verwaltungsdirektor zusammen (Art. 6 VO (EU) 2018/1727).

Jeder Mitgliedstaat muss ein **nationales Mitglied** (Art. 7 VO (EU) 2018/1727) benennen, das die Eigenschaft eines Staatsanwalts, Richters oder Polizeibeamten mit gleichwertigen Befugnissen besitzt. Die nationalen Mitglieder unterliegen hinsichtlich ihres Status dem nationalen Recht des Mitgliedstaates, der sie benannt hat. Außerdem legt jeder Mitgliedstaat die Dauer des Mandats des nationalen Vertreters sowie die ihm übertragenen justiziellen Befugnisse fest.

Das **Kollegium** (Art. 10 VO (EU) 2018/1727) besteht aus den nationalen Mitgliedern, einem Vertreter der Kommission und dem Verwaltungsdirektor (ohne Stimmrecht). Das Kollegium wählt mit einer Mehrheit von zwei Dritteln seiner Mitglieder einen Präsidenten und zwei Vizepräsidenten aus dem Kreis der nationalen Mitglieder.

Das Kollegium wird unterstützt durch einen **Verwaltungsrat** (Art. 16 VO (EU) 2018/1727). Der Verwaltungsrat ist für Verwaltungsbeschlüsse zuständig, mit denen gewährleistet wird, dass Eurojust ordnungsgemäß funktioniert. Er überwacht die

87 VO (EU) 2023/2131 des EP und des Rates v. 4.10.2023 zur Änderung der VO (EU) 2018/1727 des EP und des Rates sowie des Beschlusses 2005/671/JI des Rates im Hinblick auf digitalen Informationsaustausch in Terrorismusfällen, ABl. 2023, L 2023/2131

erforderlichen Vorbereitungsarbeiten des Verwaltungsdirektors, ist aber nicht in die in den Artikeln 4 und 5 genannten operativen Aufgaben von Eurojust eingebunden.

Eurojust wird von seinem **Verwaltungsdirektor** (Art. 17 VO (EU) 2018/1727) verwaltet. Er ist zuständig für die Wahrnehmung der Verwaltungsaufgaben und ist auch der rechtliche Vertreter von Eurojust. Er wird vom Kollegium aus einer Liste von Bewerbern ernannt, die der Verwaltungsrat im Anschluss an ein offenes und transparentes Auswahlverfahren vorschlägt.

Eurojust kann seine Aufgaben über eines oder mehrere nationale Mitglieder oder als Kollegium wahrnehmen. Eurojust kann die Behörden der betroffenen Mitgliedstaaten auffordern, Ermittlungen zu führen und die Strafverfolgung aufzunehmen, oder auch ein **gemeinsames Ermittlungsteam** einsetzen. Die Kommission wird an den Arbeiten von Eurojust in vollem Umfang beteiligt.

II. Verarbeitung personenbezogener Daten

1399 Zur Erreichung seiner Ziele muss Eurojust in der Lage sein, einschlägige Informationen mit den zuständigen Behörden auszutauschen (Art. 26 VO (EU) 2018/1727). Eurojust darf nur Daten über Personen verarbeiten, die strafrechtlich verfolgt werden bzw. als Opfer oder Zeugen betroffen sind. Diese Daten können u.a. betreffen: die Identität der Person und die zur Last gelegten Straftaten. Die genannten Daten sind nur den nationalen Mitgliedern, ihren Mitarbeitern und von Eurojust dazu ermächtigten Personen zugänglich. Die Geheimhaltungspflicht besteht auch nach dem Ausscheiden aus dem Amt oder Dienstverhältnis fort.

1400 Innerhalb von Eurojust wird ein **Datenschutzbeauftragter** bestellt, der dafür zu sorgen hat, dass die Daten rechtmäßig verarbeitet und übermittelt werden (Art. 36 VO (EU) 2018/1727). Generell kann jede Person Auskunft über die sie betreffenden Daten erhalten und eine Berichtigung oder Löschung beantragen, wenn die Daten unrichtig oder unvollständig sind. Ist eine Person der Ansicht, dass sie aufgrund der Verarbeitung unrichtiger Daten einen Schaden erlitten hat, kann sie Eurojust verklagen. Eurojust haftet nach dem innerstaatlichen Recht des Mitgliedstaates, in dem es seinen Sitz hat, und die Mitgliedstaaten sind nach ihrem innerstaatlichen Recht haftbar. Allerdings unterliegt die Konsultation gewissen Beschränkungen, um beispielsweise Ermittlungen nicht zu gefährden. Die Daten werden nur so lange gespeichert, wie dies für die Tätigkeit von Eurojust unbedingt erforderlich ist. Auf jeden Fall ist alle drei Jahre eine periodische Überprüfung vorgesehen. Eurojust und die Mitgliedstaaten schützen die Daten insbesondere vor Löschung, Verlust, Weitergabe, Änderung oder unbefugtem Zugriff.

1401 Die gesamte Tätigkeit von Eurojust wird von einer **unabhängigen Kontrollinstanz** überwacht, um sicherzustellen, dass personenbezogene Daten in Einklang mit diesem Beschluss verarbeitet werden (Art. 40 VO (EU) 2018/1727). Die Kontrollinstanz tritt regelmäßig zusammen bzw. wenn sie vom Vorsitzenden einberufen wird. Dieser wird von dem Mitgliedstaat benannt, der die Präsidentschaft des Rates der EU innehat.

III. Beziehung zu anderen Instanzen

Zur Erfüllung seiner Aufgaben unterhält Eurojust besonders enge Beziehungen zu **1402**
Europol, zur Europäischen Staatsanwaltschaft, zum Europäischen Justiziellen Netz, dem Europäischen Amt für Betrugsbekämpfung und den Verbindungsrichtern/Staatsanwälten der Mitgliedstaaten. Außerdem kann Eurojust über den Rat mit Drittstaaten und internationalen Organisationen Kooperationsabkommen schließen, die den Austausch von Informationen und die Entsendung von Bediensteten vorsehen.

E. Europäische Staatsanwaltschaft

Mit dem Vertrag von Lissabon wurde der EU die Befugnis eingeräumt, ausgehend von **1403**
Eurojust durch Verordnung, die vom Rat einstimmig nach Zustimmung des EP beschlossen wird, eine „Europäische Staatsanwaltschaft" (EUStA) einzurichten (Art. 86 AEUV). Von dieser Kompetenz hat der Rat mit der Verordnung (EU) 2017/1939[88] im Rahmen einer Verstärkten Zusammenarbeit, der sich 24 Mitgliedstaaten angeschlossen haben (zuletzt Schweden[89] und Polen[90]), inzwischen Gebrauch gemacht. Ungarn hat deutlich gemacht, dass es gegenwärtig kein Interesse an einer Mitgliedschaft in der EUStA hat. Irland und Dänemark verfügen über ein opt-out Recht, nicht an dem Raum der Freiheit, der Sicherheit und des Rechts teilzunehmen, das beide Mitgliedstaaten genutzt haben. Nach mehrmaliger Verschiebung des Termins hat die EUStA am 1. Juni 2021 offiziell ihre operativen Tätigkeiten aufgenommen. Sitz der EUStA ist Luxemburg.

I. Zusammensetzung

Die EUStA ist eine unteilbare Einrichtung der EU, die als eine einheitliche Behörde **1404**
mit einem dezentralen Aufbau handelt. Sie gliedert sich in eine zentrale Ebene und in eine dezentrale Ebene. Die *zentrale Ebene* besteht aus der zentralen Dienststelle am Sitz der EUStA. Die zentrale Dienststelle setzt sich aus dem Kollegium, den Ständigen Kammern, dem Europäischen Generalstaatsanwalt, den Stellvertretern

---

88 VO (EU) 2017/1939 des Rates v. 12.10.2017 zur Durchführung einer Verstärkten Zusammenarbeit zur Errichtung der Europäischen Staatsanwaltschaft (EUStA), ABl. 2017 L 283/1. Das EP hat seine Zustimmung in seiner legislativen Entschließung v. 5.10.2017 erteilt.

89 Schwedens Mitgliedschaft in der EUStA wurde bestätigt durch Kommission-Entscheidung (EU) 2024/1952 v. 16.7.2024.

90 Polens Mitgliedschaft in der EUStA wurde bestätigt durch Kommission-Entscheidung (EU) 2024/807 v. 29.2.2024.

des Europäischen Generalstaatsanwalts, den Europäischen Staatsanwälten und dem Verwaltungsdirektor zusammen. Die *dezentrale Ebene* besteht aus den Delegierten Europäischen Staatsanwälten, die in den Mitgliedstaaten angesiedelt sind.

- Das **Kollegium** der EUStA besteht aus dem Europäischen Generalstaatsanwalt und einem Europäischen Staatsanwalt je Mitgliedstaat. Der Europäische Generalstaatsanwalt leitet die Sitzungen des Kollegiums und ist für deren Vorbereitung zuständig. Das Kollegium tritt regelmäßig zusammen und ist für die allgemeine Aufsicht über die Tätigkeiten der EUStA zuständig. Es entscheidet über strategische Fragen und über allgemeine Angelegenheiten, die sich aus Einzelfällen ergeben, insbesondere mit Blick darauf, die Kohärenz, Effizienz und Einheitlichkeit bei der Strafverfolgungspolitik der EUStA in allen Mitgliedstaaten sicherzustellen.
- Die **Ständigen Kammern**, denen neben dem Europäischen Generalstaatsanwalt oder einem seiner Stellvertreter zwei ständige Mitglieder angehören, überwachen und leiten die von den Delegierten Europäischen Staatsanwälten geführten Ermittlungen und Strafverfolgungsmaßnahmen. Sie gewährleisten außerdem die Koordination der Ermittlungen und Strafverfolgungsmaßnahmen in grenzübergreifenden Fällen und gewährleisten die Durchführung der vom Kollegium getroffenen Entscheidungen.
- Der **Europäische Generalstaatsanwalt** ist der Leiter der EUStA[91]. Er organisiert die Arbeit der EUStA, leitet ihre Tätigkeit und trifft Entscheidungen der EUStA. Er hat zwei Stellvertreter, die ihn bei der Erfüllung seiner Aufgaben unterstützen und ihn bei Abwesenheit oder Verhinderung vertreten. Der Europäische Generalstaatsanwalt vertritt die EUStA gegenüber den Organen der EU und der Mitgliedstaaten der EU sowie gegenüber Dritten.
- Die **Europäischen Staatsanwälte** beaufsichtigen für die Ständige Kammer und im Einklang mit etwaigen von dieser erteilten Weisungen die Ermittlungen und Strafverfolgungsmaßnahmen, die von den mit dem Verfahren betrauten Delegierten Europäischen Staatsanwälte in ihrem Herkunftsmitgliedstaat durchgeführt wurden. Die Europäischen Staatsanwälte unterbreiten Zusammenfassungen zu den jeweils von ihnen beaufsichtigten Verfahren und gegebenenfalls — auf der Grundlage von Entscheidungsentwürfen, die von den Delegierten Europäischen Staatsanwälten ausgearbeitet werden — Vorschläge für die von der Ständigen Kammer zu fassenden Entscheidungen.
- Die **Delegierten Europäischen Staatsanwälte**, von denen es in jedem Mitgliedstaat mindestens zwei geben muss[92], handeln im Namen der EUStA in ihrem

91 Geleitet wird die EUStA gegenwärtig von der ehemaligen rumänischen Anti-Korruptions-Staatsanwältin *Laura Kövesi*, die zum erster Europäischen Generalstaatsanwalt ernannt wurde. Einer ihrer beiden Stellvertreter ist *Andrés Ritter*, der zuvor Leitender Oberstaatsanwalt der Staatsanwaltschaft Rostock war.

92 In Deutschland ist die Zahl der Delegierten Staatsanwälte bereits auf 20 Staatsanwälte und Staatsanwältinnen gestiegen.

jeweiligen Mitgliedstaat und haben neben und vorbehaltlich der ihnen übertragenen besonderen Befugnisse und des ihnen zuerkannten besonderen Status in Bezug auf Ermittlungen, Strafverfolgungsmaßnahmen und Anklageerhebung die gleichen Befugnisse wie nationale Staatsanwälte. Sie sind für die von ihnen eingeleiteten, für die ihnen zugewiesenen oder für die durch Wahrnehmung ihres Evokationsrechts von ihnen übernommenen Ermittlungen und Strafverfolgungsmaßnahmen zuständig. Sie befolgen die Weisungen der für das Verfahren zuständigen Ständigen Kammer sowie den Weisungen des die Aufsicht führenden Europäischen Staatsanwalts. Die Delegierten Europäischen Staatsanwälte sind ferner für die Anklageerhebung zuständig und haben insbesondere die Befugnis, vor Gericht zu plädieren, an der Beweisaufnahme teilzunehmen und die zur Verfügung stehenden Rechtsbehelfe gemäß dem nationalen Recht einzulegen.

II. Aufgaben und Verfahren

Die EUStA ist zuständig für die **strafrechtliche Untersuchung und Verfolgung** **1405**
sowie die **Anklageerhebung** in Bezug auf Personen, die als Täter oder Teilnehmer Straftaten zum Nachteil der finanziellen Interessen der EU, die in der Richtlinie (EU) 2017/1371[93] vorgesehen sind, begangen haben. Sie führt Untersuchungen und Strafverfolgungsmaßnahmen zu folgenden gegen die finanziellen Interessen der EU gerichteten Betrugsdelikten und anderen Straftaten durch:

- Betrug im Zusammenhang mit Ausgaben und Einnahmen,
- betrügerische Handlungen im Zusammenhang mit MwSt.-Abgaben, die mit zwei oder mehr Mitgliedstaaten verbunden sind und einen Gesamtschaden von mindestens 10 Mio. Euro verursachen,
- Geldwäsche von Vermögen, das aus gegen den EU-Haushalt gerichteten Betrugsdelikten stammt,
- Bestechung, Bestechlichkeit und Veruntreuung zum Nachteil der finanziellen Interessen der EU,
- Mitwirkung in einer kriminellen Vereinigung, deren Handlungen sich vornehmlich auf die Begehung von Straftaten zum Nachteil des EU-Haushalts konzentrieren.

Die EUStA kann auch alle sonstigen widerrechtlichen Handlungen untersuchen und verfolgen, die mit einer gegen den EU-Haushalt gerichteten Straftat untrennbar verbunden sind.

Die EUStA führt ihre Ermittlungen und Strafverfolgungsmaßnahmen in voller **Unabhängigkeit** von der Kommission und anderen Organen und Einrichtungen der EU sowie den Mitgliedstaaten durch. Sie ergänzt die Arbeit anderer EU-Stellen wie

93 RL (EU) 2017/1371 des EP und des Rates v. 5.7.2017 über die strafrechtliche Bekämpfung von gegen die finanziellen Interessen der Union gerichtetem Betrug, ABl. 2017, L 198/29.

dem OLAF, Eurojust und Europol und arbeitet mit diesen sowie mit den zuständigen Behörden jener Mitgliedstaaten, die sich nicht an der EUStA beteiligen, zusammen.

1406 Die **eigentliche Ermittlungsarbeit** in den Mitgliedsstaaten übernehmen die Delegierten Europäischen Staatsanwälte. Sie werden allein für die EUStA tätig, ermitteln für diese den Sachverhalt und treten vor den nationalen Gerichten für die EUStA auf. Über die wesentlichen Fragen der Verfahrenseinleitung und -einstellung sowie der Anklageerhebung entscheiden jedoch nicht die Delegierten Staatsanwälte, sondern die sog. Ständigen Kammern. Sie sind gegenüber den Delegierten Europäischen Staatsanwälten weisungsbefugt und können diese auch anweisen, Ermittlungen aufzunehmen oder nationale Ermittlungsverfahren an sich zu ziehen.

1407 Die Delegierten Europäischen Staatsanwälte greifen für ihre Ermittlungen auf die **nationalen Rechtsgrundlagen** der jeweiligen Mitgliedsstaaten zurück. Der rechtliche Rahmen ist daher im Wesentlichen bereits durch die ausdifferenzierte nationale Rechtsprechung abgesteckt.

Dies hat bei **grenzüberschreitenden Ermittlungsmaßnahmen** zur Frage geführt, wieweit die Befugnisse des in dem anderen Mitgliedstaat den Delegierten Europäischen Staatsanwalt unterstützenden Staatsanwalt reichen. Hierzu hat der EuGH festgestellt, dass die Verordnung 2017/1939 für die Zwecke der Zusammenarbeit zwischen den Delegierten Europäischen Staatsanwälten im Rahmen grenzüberschreitender Ermittlungen der EUStA zwischen der *Begründung und der Anordnung* der zugewiesenen Maßnahme, für die der betraute Delegierte Europäische Staatsanwalt zuständig ist, und der *Vollstreckung dieser Maßnahme*, für die der unterstützende Delegierte Europäische Staatsanwalt zuständig ist, unterscheidet. Entsprechend dieser Aufteilung der Zuständigkeiten kann sich die Kontrolle im Zusammenhang mit einer etwaigen nach dem Recht des Mitgliedstaats des unterstützenden Delegierten Europäischen Staatsanwalts erforderlichen richterlichen Genehmigung nur auf Gesichtspunkte der Vollstreckung beziehen[94].

1408 Die EUStA gewährleistet, dass bei ihrer Tätigkeit die in der Charta der Grundrechte verankerten Rechte beachtet werden. Sie ist bei allen ihren Tätigkeiten an die Grundsätze der Rechtsstaatlichkeit und der Verhältnismäßigkeit gebunden. Die EUStA führt ihre Ermittlungen unparteiisch und ermittelt alle sachdienlichen Beweise, belastende wie entlastende.

1409 Die Kommission möchte das Mandat der EUStA stärken und ihr die Befugnis zur Bekämpfung des grenzüberschreitenden Terrorismus übertragen. Die entsprechende Mitteilung der Kommission enthält einen Entwurf für einen Beschluss des Europäischen Rates zur Änderung von Art. 86 AEUV in Bezug auf die Erweiterung der Zuständigkeit der EUStA.[95] Durch die geplante Mandatserweiterung auf grenzüberschreitende Terrorismusbekämpfung soll die EUStA als zuständige Ermittlungsbe-

---

94 EuGH, C-281/22 G. K., B. O. D. GmbH, S. L., Urteil v. 23.12.2023, ECLI:EU:C:2023:1018.
95 KOM (2018) 641 endg.

hörde u.a. in der Lage sein, grenzüberschreitende Ermittlungen zu koordinieren. Ferner soll der Informationsaustausch beschleunigt werden, um die Sicherheit in der EU zu erhöhen. Stimmt der Europäische Rat diesem Entwurf mit Einstimmigkeit zu, kann die Kommission einen Vorschlag zur Änderung der Verordnung zur Errichtung der EUStA vorlegen.

III. Jahresbericht

Einmal pro Jahr erscheint der von der EUStA angefertigte Geschäftsbericht. Er ent- 1410
hält länderbezogene Ausführungen zur Ermittlungseröffnungen, angewendeten Ermittlungsmaßnahmen, besonderen Verfahren, die Vorrechte und Befreiungen einschließen sowie Kennzahlen und Ziffern des beschlagnahmten Vermögens, sowie ggf. herausragende Fälle der jeweiligen Länder. Gleichzeitig stellt er eine Art Strafverfolgungsstatistik der EUStA dar und weist Verurteilungen sowie zukünftig auch Freisprüche) sowie Einstellungen aus.

Die **Bilanz** nach einem Jahr Europäische Staatsanwaltschaft **2022**[96]:

- 3318 Strafanzeigen wurden erstellt;
- 865 Ermittlungen wurden eröffnet;
- 1117 aktive Ermittlungen, die einen geschätzten Schaden zu Lasten des EU-Haushalts von 14.1 Billionen Euro zum Gegenstand haben.

Weiterführende Literatur: *Beukelmann*, Das Weisungsrecht gegenüber der Staatsanwaltschaft, NJW-Spezial 2020, S. 760; *Böse*: Die Europäische Staatsanwaltschaft „als" nationale Strafverfolgungsbehörde?, JZ 2017, S. 82 ff.; *Duesberg*, Die Europäische Staatsanwaltschaft – Anklage im Namen der Europäischen Union NJW 2021, S. 1207; *Franzen*, Weisungsrecht gegenüber der Staatsanwaltschaft abschaffen?, ZRP 2019, S. 154ff. *Löffler*, Die Europäische Staatsanwaltschaft – Ein wirksames Instrument zur Bekämpfung von Korruption?, Recht u Politik 2020, S. 73; *Magnus*, Europäische Staatsanwaltschaft – Vorzüge und Schwächen des aktuellen EU-Verordnungsvorschlags, ZRP, 2015, S. 181 ff.; *Petzold*, Entwurf eines Gesetzes zur strafrechtlichen Bekämpfung von gegen die finanziellen Interessen der Union gerichtetem Betrug, EuZW 2019, S. 365 ff.; *Trentmann*, Eurojust und Europäische Staatsanwaltschaft – Auf dem richtigen Weg?, ZStW 129 (1), 2017, S. 108.

§ 21 Polizeiliche Zusammenarbeit

Eine bessere und engere Zusammenarbeit zwischen den nationalen und lokalen 1411
Strafverfolgungsbehörden in der EU ist die entscheidende Voraussetzung dafür, dass sich die EU zu einem Raum der Freiheit, der Sicherheit und des Rechts entwickelt, in dem die persönlichen Rechte geschützt und das grenzüberschreitend agierende Verbrechen wirksam bekämpft werden (Art. 87 AEUV).

96 Der Bilanzreport 2022 ist abrufbar unter https://www.eppo.europa.eu/en/media/news/annual-report-2022-eppo-puts-spotlight-revenue-fraud

A. Inhalt

I. Operative Zusammenarbeit

1412 Die operative polizeiliche Zusammenarbeit soll dem Schutz der öffentlichen Sicherheit und Ordnung in konkreten Gefahrensituationen dienen. Im Mittelpunkt der polizeilichen Zusammenarbeit steht die sog. operative Zusammenarbeit (Art. 87 Abs. 3 AEUV) im Schengen-Raum. Im Schengen-Raum sind die Personenkontrollen an den Binnengrenzen abgeschafft worden. Die polizeiliche Zusammenarbeit bildet hier eine notwendige ergänzende Maßnahme zur Gewährleistung der Sicherheit. Die Mitgliedstaaten sind verpflichtet, eine Anzahl von Bestimmungen bezüglich der operativen Zusammenarbeit an ihren gemeinsamen Binnengrenzen sowie an den Außengrenzen des Schengen-Raums (Landesgrenzen, internationale Flughäfen, Seegrenzen) einzuhalten, um dem Sicherheitsdefizit entgegenzuwirken, das durch die Abschaffung der Binnengrenzkontrollen entstehen könnte.

1413 Die folgenden Regelungen des Schengener Übereinkommens und des zu seiner Durchführung ergangenen Übereinkommens sind dabei von herausragender Bedeutung:

- **Art. 39** fordert die zuständigen Polizeidienste der Mitgliedstaaten dazu auf, im Interesse der Prävention und der Ermittlung strafbarer Handlungen sich gegenseitig Hilfe zu leisten. Mit der Einrichtung von gemeinsamen Kommissariaten und der Schaffung eines Zentrums für Zusammenarbeit von Polizei und Zoll sind wirksame Strukturen für den Informationsaustausch bereits geschaffen worden. Aufgrund der sehr unterschiedlichen Befugnisse der Polizeidienste in den verschiedenen Mitgliedstaaten kommt es allerdings nach wie vor zu Koordinierungsproblemen.
- **Art. 46** verleiht Polizeibehörden das Recht, ohne Auskunftsersuchen Informationen auszutauschen, die zur Verhütung von Straftaten und von Gefahren für die öffentliche Ordnung von Bedeutung sein können.
- **Art. 93 ff.** haben zum Ziel, durch den Austausch von Informationen mithilfe des Schengener Informationssystems (SIS) die öffentliche Ordnung und Sicherheit zu bewahren. Dem SIS kommt für die polizeiliche Zusammenarbeit in Europa eine Schlüsselrolle zu. Es handelt sich um ein datenbankgestütztes Fahndungssystem, das von den nationalen Polizeidienststellen zur Suche von Personen und Sachen genutzt werden kann. Das SIS besteht aus einem zentralen Rechner in Straßburg und nationalen Datenbanken. Die Daten werden von den nationalen Dienststellen nach Maßgabe des nationalen Polizeirechts in das SIS eingegeben und über den zentralen Rechner an alle nationalen Datenbanken weitergeleitet. Möglich sind Einträge zur Festnahme von Straftätern sowie zur Kontrolle von abgewiesenen Asylbewerbern und Drittstaatsangehörigen, die von einem Mitgliedstaat zur Einreiseverweigerung ausgeschrieben wurden. Gegenüber fehlerhaften Einträgen besteht Rechtsschutz vor den nationalen Gerichten.

II. Informationsbeschaffung und -verarbeitung

Die polizeiliche Zusammenarbeit umfasst in zunehmendem Maße die **grenzüberschreitende Informationsgewinnung und -verarbeitung** durch Einholen, Speichern, Verarbeiten, Analysieren und Austauschen von sachdienlichen Informationen (Art. 87 Abs. 2 AEUV). Der Begriff „Information" umfasst nach Auffassung des Rates *„alle Informationen oder strafrechtlichen Erkenntnisse, die die zuständigen Behörden der Mitgliedstaaten benötigen und die ihnen nach dem einschlägigen Rechtsrahmen zur Verfügung stehen, um das Ziel einer Verbesserung der inneren Sicherheit in der EU im Interesse der Unionsbürger zu erreichen"*[97]. Die Reichweite dieser Zusammenarbeit kann äußert umfangreich sein, da jede Information von und über Einzelne möglicherweise für die Strafverfolgung von Bedeutung sein kann, insbesondere zur Verhütung von Straftaten. Von besonderer Bedeutung sind daher die auf diesem Gebiet anzuwendenden Regeln zum Schutz personenbezogener Daten[98]. 1414

Für den **allgemeinen Informationsaustausch** sieht der Rahmenbeschluss 2006/960/JI über die Vereinfachung des Austauschs von Informationen und Erkenntnissen zwischen den Strafverfolgungsbehörden[99] Regeln vor, nach denen die Strafverfolgungsbehörden der Mitgliedstaaten rascher bestehende Informationen und Erkenntnisse zum Zwecke der Durchführung strafrechtlicher Ermittlungen oder polizeilicher Erkenntnisgewinnungsverfahren austauschen können, insbesondere dadurch, dass der Informationsaustausch mit einem anderen Mitgliedstaaten nicht strengeren Bedingungen unterliegen darf als auf nationaler Ebene[100]. 1415

III. Aus- und Weiterbildung

Für die Aus- und Weiterbildung (Art. 87 Abs. 2 AEUV) von auf europäischer Ebene tätigen Polizeibeamten wurden eine Reihe von Programmen aufgelegt. Finanzielle Mittel werden z.B. bereitgestellt durch Ratsbeschluss 2007/126/JI zur Auflegung des spezifischen Programms „Strafjustiz" als Teil des Generellen Programms „Grundrechte und Justiz"[101]. 1416

---

97 Siehe Ratsdokument 16637/09.

98 Eine Zusammenstellung der Maßnahmen auf EU-Ebene, mit denen die Erhebung, Speicherung und der grenzübergreifende Austausch personenbezogener Daten zu Zwecken der Strafverfolgung (und der Migrationssteuerung) geregelt wird, findet sich in der Mitteilung „Überblick über das Informationsmanagement im Bereich Freiheit, Sicherheit und Recht", KOM (2010) 385 endg.

99 ABl. 2006 L 386/89.

100 Das BVerfG beurteilte die konkrete Ausgestaltung der Vorratsdatenspeicherung in Deutschland als nicht verfassungsgemäß, ohne sich jedoch mit der Rechtmäßigkeit der (inzwischen aufgehobenen) RL 2006/24/EG auseinanderzusetzen (BVerfG, 1 BvR 256/08 vom 11.3.2008, NJW 2010, 833).

101 ABl. 2007 L 58/13.

1417 Bedeutung für die Aus- und Weiterbildung der Polizeibeamten kommt auch der **Europäischen Polizeiakademie** „EPA" zu. Sie ist ein Kooperationsnetz bestehend aus den einzelstaatlichen Ausbildungseinrichtungen für hochrangige Führungskräfte der Polizeidienste[102]. Ziel ist die Entwicklung eines gemeinsamen Lösungskonzepts für Fragen der Kriminalitätsbekämpfung und -verhütung durch Ausbildung, Ausarbeitung harmonisierter Programme und die Verbreitung bewährter Verfahren.

IV. Kodex für die polizeiliche Zusammenarbeit

1418 Die EU-Kommission hat einen EU-Kodex für die polizeiliche Zusammenarbeit vorgeschlagen, der eine Empfehlung zur operativen polizeilichen Zusammenarbeit sowie neue Bestimmungen für den Informationsaustausch umfasst und soll wirksamere grenzüberschreitende Einsätze, klare Kanäle und Fristen für den Informationsaustausch und eine stärkere Rolle von Europol ermöglichen. Parallel dazu werden überarbeitete Vorschriften für den automatisierten Austausch bestimmter Kategorien von Daten dafür sorgen, dass in der gesamten EU Zusammenhänge zwischen Straftaten wesentlich wirksamer erkannt werden können.

Konkret, umfassen die Vorschläge der Kommission Folgendes:

- **Empfehlung zur operativen polizeilichen Zusammenarbeit**[103]. Die Empfehlung sieht gemeinsame Standards für die Zusammenarbeit zwischen Polizeibeamten vor, die an gemeinsamen Patrouillen teilnehmen und an Einsätzen im Hoheitsgebiet eines anderen Mitgliedstaats mitwirken. Sie umfassen eine gemeinsame Liste von Straftaten, bei denen eine grenzüberschreitende Nacheile möglich ist, und sichere Kommunikationssysteme für Polizeibeamte, damit sie bei Einsätzen in anderen EU-Ländern mit ihren Amtskollegen kommunizieren können. Während die gemeinsamen Standards den Polizeibeamten Einsätze in anderen EU-Ländern erleichtern werden, bleiben die Polizeieinsätze und strafrechtlichen Ermittlungsverfahren nach wie vor Sache der Mitgliedstaaten. Die Empfehlung zielt auch darauf ab, eine gemeinsame Polizeikultur in der EU durch gemeinsame Schulungen, einschließlich Sprachkursen und Austauschprogrammen, zu fördern.
- Neue **Bestimmungen für den Informationsaustausch**[104] zwischen den Strafverfolgungsbehörden der Mitgliedstaaten: Polizeibeamten in einem Mitgliedstaat sollte unter denselben Bedingungen der gleiche Zugang zu Informationen ge-

---

102 Beschluss 2005/681/JI des Rates vom 20. September 2005 zur Errichtung der Europäischen Polizeiakademie und zur Aufhebung des Beschlusses 2000/820/JI, ABl. 2005 L 256.

103 Vorschlag für eine Empfehlung des Rates zur operativen polizeilichen Zusammenarbeit, KOM (2021) 780 endg. v. 8.12.2021, letzte Erörterung im Rat am 10.2.2023.

104 Vorschlag für eine RL des EP und des Rates über den Informationsaustausch zwischen Strafverfolgungsbehörden der Mitgliedstaaten, KOM (2021) 782 endg. v. 8.12.2021. Gemeinsame Ausrichtung im Rat v. 30.5.2022.

währt werden wie ihren Kollegen in einem anderen Mitgliedstaat. Die Mitgliedstaaten sollten eine rund um die Uhr besetzte zentrale Kontaktstelle einrichten, die über ausreichend Personal verfügt und als zentrale Anlaufstelle für den Informationsaustausch mit anderen EU-Ländern fungiert. Die angeforderten Informationen sollten (in dringenden Fällen) binnen acht Stunden und für höchstens sieben Tage zur Verfügung gestellt werden. Die von Europol verwaltete vertrauenswürdige Netzanwendung für sicheren Datenaustausch (SIENA) sollte zum Standardkommunikationskanal werden.

- Überarbeitete Regeln für den **automatisierten Datenaustausch**[105] bei der polizeilichen Zusammenarbeit. Diese Regeln sollen den Datenaustausch verbessern, erleichtern und beschleunigen und zur Identifizierung von Straftätern beitragen. Die Maßnahmen umfassen die Ergänzung des automatisierten Datenaustauschs um Gesichtsbilder von Verdächtigen und verurteilten Straftätern und um Strafregisterdaten sowie die Einrichtung eines zentralen Routers, an den die nationalen Datenbanken angeschlossen werden können, so dass sich die zahlreichen Verbindungen zwischen den einzelnen nationalen Datenbanken erübrigen. Ferner soll Europol in die Lage versetzt werden, die Mitgliedstaaten effizienter zu unterstützen und Daten aus Drittländern mit den Datenbanken der Mitgliedstaaten abzugleichen, um Straftäter zu identifizieren, die in Drittländern bekannt sind.

B. Europol

I. Einrichtung

Das Europäische Polizeiamt (Europol) mit Sitz in Den Haag ist eine Einrichtung der EU mit eigener Rechtspersönlichkeit (*http://www.europol.europa.eu*). Es soll die Arbeit der nationalen Polizeibehörden Europas im Bereich der grenzüberschreitenden schweren Kriminalität koordinieren und den Informationsaustausch zwischen den nationalen Polizeibehörden fördern. **1419**

Die Gründung des Europäischen Polizeiamtes „Europol" erfolgte durch das Übereinkommen über die Errichtung eines Europäischen Polizeiamts[106]. Dieses Abkommen wurde durch den Ratsbeschluss 2009/371/JI zur Errichtung des Europäischen Polizeiamts (Europol) ersetzt[107], der seinerseits durch die auf Art. 88 AEUV gestützte **Verordnung (EU) 2016/794** mit Wirkung vom 1. Mai 2017 abgelöst wurde[108]. Mit **1420**

105 Vorschlag für eine VO des EP und des Rates über den automatisierten Datenaustausch für die polizeiliche Zusammenarbeit („Prüm II"), KOM/2021/784 endg. v. 8.12.2021. Gemeinsame Ausrichtung im Rat v. 30.5.2022.

106 Rechtsakt des Rates vom 26.7.1995 über die Fertigstellung des Übereinkommens über die Errichtung eines Europäischen Polizeiamts, Europol-Übereinkommen, ABl. 1995 C 316/2.

107 ABl. 2009 L 121/37.

108 VO (EU) 2016/794 des EP und des Rates vom 11.5.2016 über die Agentur der Europäischen Union für die Zusammenarbeit auf dem Gebiet der Strafverfolgung (Europol), ABl. 2016 L 135/53, zuletzt geändert durch VO (EU) 2022/991 des EP und des Rates v. 8.6.2022, ABl. 2022, L 169/1–42.

Wirkung vom selben Tag hat Dänemark seine Mitgliedschaft bei Europol beendet, da das neue durch die Verordnung gewährte Mandat in einem Referendum abgelehnt worden war. Dänemark verfügt nunmehr über den Status eines Beobachters und hat einen Kooperationsvertrag mit Europol unterzeichnet. Darin wird insbesondere festgehalten, dass Dänemark auch weiterhin Informationen teilen wird und einen Zugang zu der Datenbank von Europol erhält.

II. Aufbau

1421 Die **Organe** von Europol sind:

- Der **Verwaltungsrat**, dem je ein Vertreter jedes Mitgliedstaats angehört. Den Vorsitz im Verwaltungsrat führt der Vertreter des Mitgliedstaats, der den Vorsitz im Rat innehat.
- Der **Exekutivdirektor**, der vom Rat für einen Zeitraum von vier Jahren ernannt wird, wobei eine einmalige Wiederernennung zulässig ist. Der Exekutivdirektor leitet Europol und ist gegenüber dem Verwaltungsrat rechenschaftspflichtig. Er ist für die Durchführung der Europol zugewiesenen Aufgaben verantwortlich und ist der gesetzliche Vertreter von Europol.
- Der **Finanzkontrolleur**, der einstimmig vom Verwaltungsrat ernannt wird, dem gegenüber er rechenschaftspflichtig ist.
- Der **Haushaltsausschuss**, in den jeder Mitgliedstaat einen Vertreter entsendet.

III. Auftrag, Zuständigkeiten und Aufgaben

1422 Europol wurde mit dem **Auftrag** gegründet, die Tätigkeiten von nationalen Strafverfolgungsbehörden und deren gegenseitige Zusammenarbeit bei der Verhütung und Bekämpfung von schweren Verbrechen zu unterstützen und zu verstärken. Dabei ist Voraussetzung, dass **zwei oder mehr Mitgliedstaaten betroffen** sind.

1423 Die **Zuständigkeit** von Europol erstreckt sich auf Formen schwerer Kriminalität, Terrorismus und solche Kriminalitätsformen, die ein gemeinsames Interesse verletzen, das Gegenstand einer Politik der EU ist (Art. 88 Abs. 1 AEUV). Zur *schweren Kriminalität* zählen etwa: illegaler Handel mit Drogen; Geldwäschehandlungen; Kriminalität im Zusammenhang mit nuklearen und radioaktiven Substanzen; Schleuserkriminalität; Menschenhandel; Kraftfahrzeugkriminalität; vorsätzliche Tötung, schwere Körperverletzung; illegaler Handel mit Organen und menschlichem Gewebe; Entführung, Freiheitsberaubung und Geiselnahme; Rassismus und Fremdenfeindlichkeit; Raub in organisierter Form; illegaler Handel mit Kulturgütern; Betrugsdelikte; Erpressung und Schutzgelderpressung; Nachahmung und Produktpiraterie; Fälschung von amtlichen Dokumenten und Handel damit; Geldfälschung, Fälschung von Zahlungsmitteln; Computerkriminalität; Korruption; illegaler Handel mit Waffen, Munition und Sprengstoffen; illegaler Handel mit bedrohten Tierarten;

illegaler Handel mit bedrohten Pflanzen- und Baumarten; Umweltkriminalität; illegaler Handel mit Hormonen und Wachstumsförderern.

Daneben sind Europol vor allem auch die *Informationsverarbeitung* (Art. 88 Abs. 2 **1424**
Buchst. a) AEUV) und *Ermittlungstätigkeiten* (Art. 88 Abs. 2 Buchst. b) AEUV) als weitere Aufgabenbereiche zugewiesen.

Die **Informationsverarbeitung** durch Europol umfasst das Einholen, Speichern, **1425**
Verarbeiten, Analysieren und Austauschen von Informationen und Erkenntnissen. Ursprung (und Empfänger) solcher Informationen können neben EU-Stellen auch Behörden der Mitgliedstaaten, Drittstaaten oder Stellen außerhalb der EU sein. Zu diesem Zweck unterhält Europol das **Europol-Informationssystem**, in dem verdächtige oder verurteilte Straftäter und solche Personen gespeichert werden, bei denen aufgrund faktischer Anhaltspunkte oder triftiger Gründe anzunehmen ist, dass sie Straftaten im Zuständigkeitsbereich von Europol begehen werden. Daneben kann Europol fallbezogene **Analysedateien** anlegen, in denen auch Zeugen, Opfer, sowie Kontakt- oder Begleitpersonen gespeichert werden. Die durch die Informationsverarbeitung gewonnenen Erkenntnisse können genutzt werden z.B. für die Erstellung von Bewertungen der Bedrohungslage, strategische Analysen und allgemeine Lageberichte.

Änderung der Europol-Verordnung durch Verordnung (EU) 2022/991 hat Europol mehr **Befugnisse in Bezug auf die Verarbeitung von großen Datenmengen** erhalten. Bei Fällen von sexuellem Kindesmissbrauch und terroristischen Inhalten kann Europol nun außerdem personenbezogene Daten von privaten Parteien entgegennehmen. Als Gegengewicht zu den erweiterten Befugnissen wird die Position eines **Grundrechtsbeauftragten** geschaffen[109], der in Zusammenarbeit mit dem Datenschutzbeauftragten[110] die Achtung der Grundrechte und Datenschutzbestimmungen überwachen soll[111].

Außerdem wird es Europol möglich sein, **Innovations- und Forschungsprojekte** zu betreiben und nationale Behörden bei der Prüfung von sicherheitsrelevanten Direktinvestitionen und der **Bekämpfung von Cyberangriffen** zu unterstützen. **1426**

Europol kann die Aufgabe übertragen bekommen, **eigenständig Ermittlungstätigkeiten und operative Maßnahmen zu koordinieren, zu organisieren und durchzuführen.** Einzige Voraussetzung ist in Bezug auf operative Maßnahmen da- **1427**

---

109 Art. 41c VO (EU) 2022/991.

110 Art. 41, 41a) und 41b) VO (EU) 2022/991.

111 Der Europäische Datenschutzbeauftragte (EDPS) hat am 16.9.2022 Klage beim EuG erhoben und beantragt, Art. 74a und 74b der geänderten Europol-VO (EU) 2022/9991 für nichtig zu erklären, welche rückwirkend die Verarbeitung von Daten zu Personen, ohne dass diese in Verbindung zu Straftaten stehen erlauben. Durch die rückwirkende Legalisierung hätten EP und Rat einen gefährlichen Präzedenzfall geschaffen, da sie betroffene Personen der Garantien berauben, die der EDPS als Aufsichtsbehörde durchsetzen soll (Rs. T-578/22, ABl. 2022, C 424/58).

bei, dass diese gemeinsam mit den zuständigen Behörden der Mitgliedstaaten oder im Rahmen gemeinsamer Ermittlungsgruppen durchgeführt werden, gegebenenfalls in Verbindung mit Eurojust. Zusätzlich darf Europol diese operativen Maßnahmen nur in Verbindung und in Absprache mit den Behörden des Mitgliedstaates oder der Mitgliedstaaten ergreifen, deren Hoheitsgebiet betroffen ist, wobei die Anwendung von Zwangsmaßnahmen ausschließlich den zuständigen einzelstaatlichen Behörden vorbehalten bleibt (Art. 88 Abs. 3 AEUV).

IV. Kontrolle durch das Europäische Parlament und die nationalen Parlamente

1428 Die Tätigkeiten von Europol unterliegen der Kontrolle des EP, das an dieser Kontrolle die nationalen Parlamente zu beteiligen hat (Art. 88 Abs. 2 UAbs. 2 AEUV). Um eine größere Rechenschaftspflicht der Agentur zu erreichen, wurde im Rahmen der Verordnung (EU) 2016/794 ein Gemeinsamer Parlamentarischer Kontrollausschuss (GPKA) für Europol eingerichtet. In Art. 51 der Verordnung (EU) 2016/794 heißt es: *„Der Gemeinsame Parlamentarische Kontrollausschuss führt die politische Kontrolle der Tätigkeiten Europols bei der Erfüllung ihres Auftrags durch, einschließlich hinsichtlich der Auswirkungen dieser Tätigkeiten auf die Grundrechte und Grundfreiheiten natürlicher Personen"*. Damit soll die seit Schaffung von Europol als unzureichend kritisierte demokratische und parlamentarische Kontrolle von Europol sichergestellt werden[112]. Die gerichtliche Kontrolle wird durch den EuGH ausgeübt.

1429 Die Verordnung (EU) 2016/794 enthält in den Art. 28ff. spezifische und ausführliche Vorschriften über den **Schutz personenbezogener Daten** bei der Verarbeitung durch Europol. Jedermann hat beispielsweise einen Auskunftsanspruch gegenüber Europol, um zu erfahren, ob ihn betreffende personenbezogene Daten von Europol verarbeitet werden, und das Recht, sich diese Daten in verständlicher Form übermitteln zu lassen oder sie überprüfen zu lassen.

Weiterführende Literatur: *Albrecht,* Die Strafrechtspolitik der Europäischen Kommission, JR 2005, S. 400; *Böse,* Polizeiliche und justizielle Zusammenarbeit in Strafrechtsfragen, EuR Beiheft 1/2005, S. 55; *Bull,* Das Europäische Polizeiamt – undemokratisch und rechtsstaatswidrig?, Zur Kontroverse um Auftrag und Ausgestaltung von Europol, DRiZ 1998, S. 32; *Esser/Herbold,* Neue Wege für die justizielle Zusammenarbeit in Strafsachen – Das Eurojust-Gesetz, NJW 2004, S. 2421; *Fischer (Hrsg.)/Keller, Quarch/Els/Lamberz,* Justiz und innere Sicherheit im EU-Recht, 2014 *Fromm,* EG-Rechtssetzungsbefugnis im Kriminalstrafrecht, 2009; *Fuchs,* Europäischer Haftbefehl und Staatensouveränität, JB 2003, S. 405; *Griebenow,* Demokratie- und Rechtsstaatsdefizite in Europa: Die Europäische Zusammenarbeit im Bereich Inneres und Justiz, *2004; Gutzwiller,* Der Bereich Justiz und Inneres in der EU-Verfassung: welche Änderungen bringt der Vertrag über eine Verfassung für Europa für den Raum der Freiheit, der Sicherheit und des Rechts?, FS Koller,

112 Vgl. etwa die Empfehlungen des EP: ABl. 2003 C 187 E/144, ABl. 2004 C 64 E/588 sowie die Mitteilung der KOM über die demokratische Kontrolle Europols: KOM (2002) 95 endg.

2006, S; 427; *Haack*, Individuelles Einbezogensein und europarechtliche Ordnung, EuR 2009, S. 283; *Hecker*, Die Europäisierung der inneren Sicherheit, DÖV 2006, S. 273; *Jung*, Konturen und Perspektiven des europäischen Strafrechts, JuS 2000, S. 481; *Kress*, Das Strafrecht der EU vor der Herausforderung durch organisierte Kriminalität und Terrorismus, JA 2005, S. 220; *Lindner*, Europol: Baustein europäischen Polizeirechts, BayVBl. 2001,S. 193; *Müller-Graff*, Der Raum der Freiheit, der Sicherheit und des Rechts im neuen Verfassungsvertrag für Europa, in *Hummer/Obwexer*, Der Vertrag über eine Verfassung für Europa, 2007, S. 283; *ders.*, Der Raum der Freiheit, der Sicherheit und des Rechts in der Lissabonner Reform, EuR 2009, Beiheft 1, S. 105; *Nettesheim*, Grundrechtskonzeptionen des EuGH im Raum der Freiheit, der Sicherheit und des Rechts, EuR 2009, S. 24; *Stiebig*, Strafrechtssetzungskompetenz der Europäischen Gemeinschaft und Europäisches Strafrecht, EuR 2005, S. 466; *Wasmeyer*, Das Strafrecht der Europäischen Union, 2003. *Weber*, Der Raum der Freiheit, der Sicherheit und des Rechts im Vertrag von Lissabon, BayVBl 2008, S. 485; *Zeder*, Europastrafrecht: Aktueller Stand, ÖAnwBl. 2008, S. 249; *ders.*, Mindestvorschriften der EU im materiellen Strafrecht: was bringt der Vertrag von Lissabon Neues?, ERA Forum (2008), S. 209; *Zuleeg (Hrsg.), Europa als Raum der* Freiheit, der Sicherheit und des Rechts, 2007.

§ 22 Einwanderungs- und Asylrecht

A. Einwanderungsrecht

Ziel der EU ist die Entwicklung eines ausgewogenen Konzepts für die Bewälti- **1430**
gung der legalen Einwanderung und das Vorgehen gegen illegale Einwanderung. Zu einer guten Steuerung der Migrationsströme gehören eine faire Behandlung von Drittstaatsangehörigen, die sich rechtmäßig in einem Mitgliedstaat aufhalten, ein verstärktes Vorgehen gegen illegale Einwanderung, darunter auch gegen Menschenhandel und Schleuseraktivitäten, sowie die Förderung einer engeren Zusammenarbeit mit Drittstaaten auf allen Gebieten. Die EU verfolgt das Ziel der Schaffung eines einheitlichen Niveaus von Rechten und Pflichten für legale Einwanderer, das mit dem der EU-Bürger vergleichbar ist.

In dem von der Kommission 2011 verabschiedeten **Gesamtansatz für Migration** **1431**
und Mobilität wird ein allgemeiner Rahmen für die migrationspolitischen Beziehungen der EU zu Drittstaaten festgelegt. Der Ansatz stützt sich auf vier Säulen: (1) legale Einwanderung und Mobilität, (2) Verhinderung und Eindämmung der illegalen Einwanderung und des Menschenhandels, (3) internationaler Schutz und Asylpolitik sowie (4) Menschenrechte der Migranten.

Die Kommission hat am 13. Mai 2015 die **Europäische Migrationsagenda** ver- **1432**
öffentlicht. In der Agenda werden sowohl Sofortmaßnahmen zur Bewältigung der Krise im Mittelmeer als auch Maßnahmen, mit denen die Migrationsströme besser gesteuert werden sollen, vorgeschlagen. Mittel- und langfristig schlägt die Kommission Leitlinien in vier Politikbereichen vor:

(1) Verringerung der Anreize für eine illegale Einwanderung,
(2) Grenzschutz – Menschenleben retten und Außengrenzen sichern,
(3) Entwicklung einer stärkeren gemeinsamen Asylpolitik,
(4) Einführung einer neuen Politik für legale Migration.

1433 Mit dem Vertrag von Lissabon wurden die Verfahren der Abstimmung mit qualifizierter Mehrheit im Bereich der legalen Einwanderung sowie eine neue **Rechtsgrundlage für Integrationsmaßnahmen** eingeführt. Es gilt das ordentliche Gesetzgebungsverfahren für Maßnahmen sowohl im Bereich der legalen als auch der illegalen Einwanderung. Vorläufige Maßnahmen im Falle eines plötzlichen Zustroms von Drittstaatsangehörigen werden allerdings – nach Konsultation des Europäischen Parlaments – allein vom Rat erlassen (Art. 78 Abs. 3 AEUV). Gleichzeitig wurde im Vertrag von Lissabon auch klargestellt, dass sich die EU die Befugnisse in diesem Bereich mit den Mitgliedstaaten teilt, insbesondere was Entscheidungen über die Anzahl der Migranten betrifft, die in einen Mitgliedstaat einreisen dürfen, um dort Arbeit zu suchen (Artikel 79 Absatz 5 AEUV). Der Gerichtshof hat nun die uneingeschränkte Zuständigkeit für die Bereiche Einwanderung und Asyl.

I. Legale Einwanderung

1434 Die EU hat die Befugnis, die Voraussetzungen für die Einreise von Drittstaatsangehörigen in einen Mitgliedstaat und ihren legalen Aufenthalt in diesem Mitgliedstaat, auch zu Zwecken der Familienzusammenführung, festzulegen. Die Mitgliedstaaten haben weiterhin das Recht festzulegen, wie viele Menschen aus Drittstaaten in ihr Hoheitsgebiet einreisen dürfen, um dort Arbeit zu suchen.

1435 Da sich die Verabschiedung einer allumfassenden Regelung für die Einwanderung von Arbeitskräften in die EU schwierig gestaltet, wird derzeit der Ansatz verfolgt, branchenspezifische Rechtsvorschriften für Migrantengruppen zu erlassen und damit auf EU-Ebene den Weg für eine Politik der legalen Einwanderung zu ebnen.

- Mit der Richtlinie (EU) 2021/1883 des Europäischen Parlaments und des Rates vom 20. Oktober 2021 über die Bedingungen für die Einreise und den Aufenthalt von Drittstaatsangehörigen zur Ausübung einer hoch qualifizierten Beschäftigung[113] wurde die 2009 eingeführte **„Blaue Karte EU“** überarbeitet, darunter weniger strenge Einlasskriterien, ein Mindestgehalt bzw. eine kürzere erforderliche Mindestdauer des Arbeitsvertrags, bessere Regelungen für Familienzusammenführungen und die Abschaffung paralleler nationaler Regelungen. Die Blaue Karte EU ist ein Aufenthaltstitel für Hochschulabsolventen und für Drittstaatsangehörige mit besonderer beruflicher Erfahrung, mit dem die dauerhafte Zuwanderung von Hochqualifizierten aus dem Nicht-EU-Ausland nach Mitgliedstaaten der EU erleichtert und gefördert werden soll.

113 ABl. 2021, L 382/1-38.

- Mit der Richtlinie 2011/98/EU über eine kombinierte Aufenthaltserlaubnis[114] werden ein einheitliches und vereinfachtes Verfahren für Drittstaatsangehörige, die eine **Aufenthalts- und Arbeitserlaubnis** für einen Mitgliedstaat beantragen, sowie ein gemeinsames Bündel von Rechten für Einwanderer, die sich rechtmäßig in einem Mitgliedstaat aufhalten, festgelegt.
- In der Richtlinie 2014/36/EU[115] sind die Bedingungen für die **Einreise und den Aufenthalt** von Drittstaatsangehörigen zwecks Beschäftigung als **Saisonarbeitnehmer** festgelegt. Saisonarbeitnehmer aus Drittstaaten dürfen sich für einen begrenzten Zeitraum, der je nach Mitgliedstaat zwischen fünf und neun Monaten variiert, legal in der EU aufhalten, um einer saisonabhängigen Tätigkeit nachzugehen, wobei ihr Hauptwohnsitz in dieser Zeit im Drittstaat bleibt. In der genannten Richtlinie sind auch die Rechte festgelegt, die diese Wanderarbeitnehmer beanspruchen können.
- Die Richtlinie 2014/66/EU über die Bedingungen für die Einreise und den Aufenthalt von Drittstaatsangehörigen im Rahmen einer **konzerninternen Entsendung**[116] wird es für Unternehmen und multinationale Konzerne leichter, angestellte Führungskräfte, Fachkräfte und Praktikanten vorübergehend zu Zweigstellen oder Tochtergesellschaften in die EU zu entsenden.
- Die Richtlinie (EU) 2016/801 des Europäischen Parlaments und des Rates über die Bedingungen für die Einreise und den Aufenthalt von Drittstaatsangehörigen zu Forschungs- oder Studienzwecken, zur Absolvierung eines Praktikums, zur Teilnahme an einem Freiwilligendienst, Schüleraustauschprogrammen oder Bildungsvorhaben und zur Ausübung einer Au-pair-Tätigkeit[117] ersetzt die früheren für **Studierende und Forscher** geltenden Instrumente, weitet deren Anwendungsbereich aus und vereinfacht ihre Anwendung.
- Die Rechtsstellung der **langfristig aufenthaltsberechtigten Drittstaatsangehörigen** in der EU schließlich wird immer noch durch die Richtlinie 2003/109/EG des Rates[118] geregelt, deren Geltungsbereich 2011 durch eine entsprechende Änderung auf Flüchtlinge und andere Personen mit Anspruch auf internationalen Schutz ausgedehnt wurde[119].

---

114 ABl. 2011 L 343.

115 ABl. 2016 L 132/21.

116 ABl. 2014 L 94/375.

117 ABl. 2014 L 157, zuletzt geändert durch RL (EU) 2021/1883 des EP und des Rates v; 20.10.2021 über die Bedingungen für die Einreise und den Aufenthalt von Drittstaatsangehörigen zur Ausübung einer hoch qualifizierten Beschäftigung, ABl. 2021, L 382/1–38.

118 ABl. 2004 L 16/44.

119 RL 2011/51/EU des EP und des Rates v; 11.5.2011 zur Änderung der RL 2003/109/EG des Rates zur Erweiterung ihres Anwendungsbereichs auf Personen, die internationalen Schutz genießen, ABl. 2011, L 132/1–4.

II. Integration

1436 Die EU kann den Mitgliedstaaten Anreize bieten, Maßnahmen zur **Förderung der Integration** von Drittstaatsangehörigen, die sich rechtmäßig in der EU aufhalten, zu ergreifen, und diese Maßnahmen unterstützen. Im EU-Recht ist jedoch keine Harmonisierung der nationalen Gesetze und Vorschriften vorgesehen.

1437 In der Richtlinie 2003/86/EG des Rates[120] sind die Bestimmungen zum Recht auf **Familienzusammenführung** festgelegt. Hierzu hat die Kommission eine Mitteilung veröffentlicht, die Leitlinien zu ihrer Anwendung für die Mitgliedstaaten enthält.[121]

1438 Die **Befugnisse der EU** im Bereich Integration sind begrenzt. Im Juli 2011 verabschiedete die Kommission die Europäische Agenda für die Integration von Drittstaatsangehörigen. Im Juni 2016, legte die Kommission einen Aktionsplan vor, der einen Rahmen für Maßnahmen und konkrete Schritte zur Unterstützung der Mitgliedstaaten bei der Integration der 20 Millionen legal in der EU lebenden Drittstaatsangehörigen beinhaltet. Zu den bestehenden Instrumenten gehören das Europäische Migrationsforum (früher das Europäische Integrationsforum), die Webseite für Integration und das Europäische Integrationsnetz (bis 2016 das Netz der nationalen Kontaktstellen für Integration).

III. Illegale Einwanderung

1439 Die EU muss die illegale Einwanderung unter Achtung der Grundrechte, vor allem durch eine **wirksame Rückführungspolitik**, verhindern und verringern. Dazu wurden einige grundlegende Maßnahmen getroffen:

- Das sogenannte **Schleuser-Paket** besteht aus der Richtlinie 2002/90/EG des Rates[122], die eine gemeinsame Definition des Straftatbestands der Beihilfe zur unerlaubten Ein- und Durchreise und zum unerlaubten Aufenthalt enthält, und dem Rahmenbeschluss 2002/946/JI[123], in dem strafrechtliche Sanktionen für dieses Verhalten festgelegt werden. Als Maßnahme gegen den Menschenhandel dient die Richtlinie 2011/36/EU[124] zur Verhütung und Bekämpfung des Menschenhandels und zum Schutz seiner Opfer. Das Paket wird ergänzt durch die Richtlinie 2004/81/EG[125] des Rates über die Erteilung von Aufenthaltstiteln für Drittstaatsangehörige, die Opfer des Menschenhandels sind oder denen Beihilfe zur illega-

120 ABl. 2003 L 251/12.
121 ABl. 2002 L 328/17.
122 ABl. 2002 L 328.
123 ABl. 2001 L 101.
124 ABl. 2011 L 101, zuletzt geändert durch RL (EU) 2024/1712 des EP und des Rates v; 136.2024 zur Änderung der RL 2011/36/EU zur Verhütung und Bekämpfung des Menschenhandels und zum Schutz seiner Opfer, ABl. 2024, L 2024/1712.
125 ABl. 2004 L 261/19.

len Einwanderung geleistet wurde und die mit den zuständigen Behörden kooperieren.

- In der Entschließung des Parlaments vom 5. Juli 2018 wurde die Kommission aufgefordert, Leitlinien für Mitgliedstaaten auszuarbeiten, mit denen verhindert werden soll, dass **humanitäre Hilfe** kriminalisiert wird.
- Die Rückführungsrichtlinie 2008/115/EG[126] enthält gemeinsame Normen und Verfahren auf EU-Ebene für die Rückführung von Drittstaatsangehörigen, die sich illegal in der EU aufhalten. Die Rückführungsrichtlinie harmonisiert die Bestimmungen und Verfahren, welche bei der Rückführung von Drittstaatsangehörigen ohne gültigen Aufenthaltstitel zur Anwendung kommen. Ob diese Situation dadurch entstanden ist, dass die betreffende Person illegal einreiste, ihr Asylgesuch abgelehnt wurde oder der Gültigkeitszeitraum ihres Aufenthaltstitels ablief, ist grundsätzlich unerheblich. Die Richtlinie legt rechtliche Mindestgarantien für die Rückführung fest[127]; dabei will sie nicht Rechtsvorschriften der Mitgliedstaaten ausschließen, die für Drittstaatsangehörige günstiger sind, soweit diese mit der Richtlinie in Einklang stehen.
- Darüber hinaus haben das Europäische Parlament und der Rat die Verordnung (EU) 2016/1953 über die Einführung eines europäischen Reisedokuments für die Rückkehr sich illegal in der EU aufhaltender Drittstaatsangehöriger[128] angenommen.
- In der Richtlinie 2009/52/EG[129] sind Sanktionen und Maßnahmen gegen Arbeitgeber, die Drittstaatsangehörige ohne rechtmäßigen Aufenthalt beschäftigen, festgelegt.

---

126 ABl. 2008 L 348/98.

127 So hat etwa der EuGH entschieden, dass Art. 6 Abs. 1 der RL 2008/115 i.V.m. ihrem Art. 5 a) und mit Art. 24 Abs. 2 GRCh dahin auszulegen ist, dass ein Mitgliedstaat vor Erlass einer Rückkehrentscheidung gegenüber einem unbegleiteten Minderjährigen eine umfassende und eingehende Beurteilung der Situation des Minderjährigen vornehmen und dabei das Wohl des Kindes gebührend berücksichtigen muss. In diesem Rahmen muss sich der Mitgliedstaat vergewissern, dass für den Minderjährigen eine geeignete Aufnahmemöglichkeit im Rückkehrstaat zur Verfügung steht, wobei nicht nach dem alleinigen Kriterium des Alters unterschieden werden darf. Allerdings ergibt sich aus der Pflicht der Mitgliedstaaten zur loyalen Zusammenarbeit, dass ein Mitgliedstaat, der sich vergewissert hat, dass ein unbegleiteter Minderjähriger einem Mitglied seiner Familie, einem offiziellen Vormund oder einer geeigneten Aufnahmeeinrichtung im Rückkehrstaat übergeben werden kann, der durch Art. 8 der RL 2008/115 auferlegten Pflicht unterliegt, die Abschiebung des Drittstaatsangehörigen innerhalb kürzester Frist zu erfüllen ist, und nicht von einer Abschiebung absehen kann bis er das Alter von 18 Jahren erreicht. (EuGH, C-441/19, TQ v. Staatssecretaris van Justitie en Veiligheid, Urteil v. 14.1.202, ECLI:EU:C:2021:9.

128 ABl. 2016 L 311.

129 ABl. 2009 L 168/24.

IV. Rücknahmeübereinkommen

1440 Die EU verhandelt und schließt mit Herkunfts- und Transitländern Rückübernahmeabkommen[130] über die Rückführung illegaler Einwanderer und arbeitet beim Vorgehen gegen den Menschenhandel mit diesen Ländern zusammen. Die sogenannten Gemischten Rückübernahmeausschüsse überwachen die Umsetzung der Abkommen. Diese Abkommen sind mit Visaerleichterungsabkommen verknüpft, mit denen die notwendigen Anreize für Rückübernahmeverhandlungen in dem betreffenden Land geschaffen werden, ohne dass dadurch die illegale Migration gesteigert wird.

B. Asylrecht

I. Einführung

1441 Die EU strebt die **Entwicklung einer gemeinsamen Politik in den Bereichen Asyl, subsidiärer Schutz und vorübergehender Schutz an**, mit der jedem Drittstaatsangehörigen, der internationalen Schutz benötigt, ein angemessener Status gewährt wird, sowie die Sicherstellung der Einhaltung des Grundsatzes der Nichtzurückweisung. Diese Politik muss mit dem Genfer Abkommen vom 28. Juli 1951 über die Rechtsstellung der Flüchtlinge und dem dazugehörigen Protokoll vom 31. Januar 1967 im Einklang stehen. Weder im AEU-Vertrag noch in der Grundrechtscharta werden die Begriffe „Asyl“ und „Flüchtling“ definiert, aber beide verweisen ausdrücklich auf das Genfer Abkommen und sein Protokoll.

1442 Der Vertrag von Lissabon änderte die Situation, indem er die Asylmaßnahmen von der **Festlegung von Mindeststandards in ein gemeinsames System mit einheitlichem Status und einheitlichen Verfahren** umwandelte. Dieses gemeinsame System muss dabei folgende Aspekte umfassen:

- einen einheitlichen Asylstatus,
- einen einheitlichen subsidiären Schutzstatus,
- eine gemeinsame Regelung für den vorübergehenden Schutz, gemeinsame Verfahren für die Gewährung und den Entzug des Asylstatus bzw. des subsidiären Schutzstatus,
- Kriterien und Verfahren zur Bestimmung des Mitgliedstaats, der für die Prüfung eines Asylantrags zuständig ist,
- Normen für die Aufnahmebedingungen,
- die Partnerschaft und Zusammenarbeit mit Drittländern.

1443 Nach Art. 80 AEUV gilt der **Grundsatz der Solidarität** und der gerechten Aufteilung der Verantwortlichkeiten unter den Mitgliedstaaten, einschließlich etwaiger

---

130 Die EU hat solche Abkommen bereits mit einer Reihe von Drittstaaten geschlossen, z.B. mit der Türkei, Aserbaidschan, Georgien, Armenien, Pakistan, Serbien, Albanien. Konkrete Verhandlungen laufen zurzeit mit Marokko, China, Tunesien und Nigeria.

finanzieller Belastungen. Die asylpolitischen Maßnahmen der EU müssen geeignete Maßnahmen umfassen, mit denen gewährleistet wird, dass dieser Grundsatz eingehalten wird.

Auch das **Beschlussfassungsverfahren** in Asylfragen wurde erheblich verändert, indem er das Mitentscheidungsverfahren als Standardverfahren eingeführt hat. **1444**

Die **gerichtliche Kontrolle durch den EuGH** wurde ebenfalls erheblich verbessert. Von nun an dürfen alle Gerichte eines Mitgliedstaates ein Vorabentscheidungsverfahren anstreben und nicht mehr nur, wie dies früher der Fall war, die letztinstanzlichen nationalen Gerichte. Des hat es dem EuGH ermöglicht, eine umfassendere Rechtsprechung im Asylbereich zu entwickeln.

II. Die Reform des Gemeinsamen Europäischen Asylsystems (GEAS)

Das GEAS-Reformpaket dient dazu, Migration in der EU insgesamt verlässlich zu steuern und zu ordnen, humanitäre Standards für Geflüchtete zu wahren und die irreguläre Sekundärmigration – also das unkontrollierte Weiterziehen in andere EU-Mitgliedstaaten – zu begrenzen. Die GEAS-Reform besteht aus 10 verschiedenen Rechtsakten, die in Folgenden im Überblich vorgestellt werden: **1445**

(1) Aufnahmebedingungen

Mit der Aktualisierung der **Richtlinie über die Aufnahmebedingungen**[131] soll sichergestellt werden, dass Asylsuchende in der gesamten EU **harmonisierte Standards** vorfinden (bezüglich der Unterkunft, des Zugangs zum Arbeitsmarkt ...). So soll eine Sekundärmigration verhindert werden. Registrierte Asylbewerber dürfen spätestens sechs Monate nach ihrem Asylantrag einer Arbeit nachgehen. Sie erhalten außerdem Zugang zu Sprachkursen, staatsbürgerlicher Bildung oder Berufsausbildung. Alle Kinder, die Asyl beantragen, sollten spätestens zwei Monate nach ihrer Ankunft in der Schule angemeldet werden. Für unbegleitete Minderjährige wird ein Vormund bestellt. Mit den neuen Vorschriften sollen die Antragsteller davon abgehalten werden, sich nach ihrer Registrierung innerhalb der EU zu bewegen, da der Zugang zu den Aufnahmebedingungen auf das Land, das ihren Antrag bearbeitet, beschränkt bleibt und die Ausstellung von Reisedokumenten eingeschränkt wird. Die nationalen Behörden können auch die Anwesenheit des Asylbewerbers auf bestimmte Gebiete beschränken. Eine Inhaftierung von Asylbewerbern bleibt weiterhin möglich, allerdings nur in Ausnahmefällen, auf gerichtliche Anordnung und für einen möglichst kurzen Zeitraum. **1446**

---

131 RL (EU) 2024/1346 des EP und des Rates v. 14.5.2024 zur Festlegung von Normen für die Aufnahme von Personen, die internationalen Schutz beantragen, ABl. 2024, L 2024/1346.

(2) Gründe für die Asylgewährung

1447 Mit der **Anerkennungs-Verordnung**[132] sollen die Gründe für die Gewährung von Asyl geklärt werden. Zudem soll eine Gleichbehandlung von Asylsuchenden in allen Mitgliedstaaten sichergestellt werden. Der Schutz soll nur so lange gewährt werden, wie der Flüchtling bedroht ist, und anerkannte Flüchtlinge sollen eine verlängerbare Aufenthaltserlaubnis für mindestens drei Jahre erhalten. Ihre Bewegungsfreiheit wäre auf das Land beschränkt, das ihren Antrag bearbeitet.

(3) Asylverfahrensverordnung

1448 Die Asylverfahrensverordnung[133] hat zum Ziel, **Asylverfahren EU-weit zu vereinheitlichen und schneller durchzuführen**, insbesondere bei Schutzsuchenden, deren Anträge höchstwahrscheinlich erfolglos bleiben werden. Rechtsstaatliche Grundsätze und verbindliche Standards (z.B. angemessene Lebensstandards, medizinische Grundversorgung, Zugang zu Bildung) sollen eingehalten werden.

1449 Künftig sollen die zuständigen Behörden an den EU-Außengrenzen innerhalb von zwölf Wochen über einen Asylantrag entscheiden. Zuständig sind ausschließlich die EU-Mitgliedstaaten. Personen, bei denen eine Gefahr für die nationale Sicherheit oder die öffentliche Ordnung vermutet wird, die die Behörden über ihre Identität getäuscht haben oder aus Ländern kommen, bei denen die Anerkennungsquote in Asylverfahren bei unter 20 Prozent liegt, sollen in grenznahen Einrichtungen oder Transitzonen untergebracht werden. Sie dürfen nicht in das Hoheitsgebiet der EU einreisen. Zwar sollen sich diese Asylzentren auf EU-Gebiet befinden, doch gelten sie in dieser Zeit als nicht-eingereist (sogenannte Fiktion der Nichteinreise). Menschenrechtsorganisationen kritisieren die Unterbringung in solchen Einrichtungen als haftähnliche Bedingungen. Ausgenommen von dieser Regel sind unbegleitete Minderjährige oder wenn speziellen Unterbringungsbedürfnissen nicht entsprochen werden kann (z.B. Schwangere, Minderjährige, Menschen mit Behinderungen).

(4) Rückführungsverfahren an der Grenze

1450 Die **Verordnung zum Rückführungsverfahren an der Grenze**[134] ist an die Asylverfahrensverordnung gekoppelt und regelt das Verfahren an der Grenze nach Ablehnung eines Antrags auf Asyl. Die Mitgliedstaaten müssen diese Personen verpflichten, sich für einen Zeitraum von höchstens 12 Wochen an Standorten an der

132 VO (EU) 2024/1347 des EP und des Rates v. 14.5.2024 über Normen für die Anerkennung von Drittstaatsangehörigen oder Staatenlosen als Personen, denen internationaler Schutz gewährt wurde, für einen einheitlichen Status für Flüchtlinge oder für Personen mit Anspruch auf subsidiären Schutz und für den Inhalt des gewährten Schutzes, ABl. 2024, L 2024/1347.

133 VO (EU) 2024/1348 des EP und des Rates v. 14.5.2024 zur Einführung eines gemeinsamen Verfahrens für internationalen Schutz in der Union, ABl. 2024, L 2024/1348.

134 VO (EU) 2024/1349 des EP und des Rates v. 14.5.2024 zur Festlegung des Rückführungsverfahrens an der Grenze, ABl. 2024, L 2024/1349.

Außengrenze oder in der Nähe der Außengrenze oder in Transitzonen aufzuhalten. Kann ein Mitgliedstaat diese Personen nicht an diesen Standorten unterbringen, so kann er auf andere Standorte in seinem Hoheitsgebiet zurückgreifen. Das Erfordernis des Aufenthalts an einem bestimmten Standort gilt nicht als Genehmigung für die Einreise in das Hoheitsgebiet eines Mitgliedstaats oder den dortigen Verbleib. Diese Verordnung berührt nicht die Wahrnehmung der Zuständigkeiten der Mitgliedstaaten für die Aufrechterhaltung der öffentlichen Ordnung und den Schutz der inneren Sicherheit.

(5) EU-Neuansiedlungsrahmen: Sichere Wege nach Europa

Unter Neuansiedlung („Resettlement") versteht man einen Prozess, bei dem Dritt- **1451** staatsangehörige, die internationalen Schutz benötigen, auf Vorschlag des Flüchtlingshilfswerks der Vereinten Nationen (UNHCR) von einem Drittstaat in einen Mitgliedstaat der EU überstellt werden, wo sie dann als **Flüchtlinge** bleiben dürfen. Es handelt sich dabei um eine der bevorzugten Optionen, um für Flüchtlinge sichere und legale Wege nach Europa zu schaffen.

Die bisher bestehenden „ad-hoc Regelungen" wurden im neuen Paket durch Re- **1452** geln der **Neuansiedlungs-Verordnung**[135] ersetzt. Die Verordnung sieht vor, dass EU-Mitgliedstaaten gefährdete Flüchtlinge, die sich in Drittstaaten aufhalten, freiwillig neu ansiedeln. Diese Menschen werden die Möglichkeit erhalten, auf legale, organisierte und sichere Weise europäischen Boden zu erreichen. In dem auf zwei Jahre angelegten EU-Plan zur Neuansiedlung und humanitären Aufnahme sind die maximale Gesamtzahl der aufzunehmenden Personen und der Beitrag der EU-Mitgliedstaaten festgelegt.

(6) Asyl- und Migrationsmanagement

Ziel der **Verordnung über Asyl- und Migrationsmanagement**[136] ist es, ein abge- **1453** stimmtes Vorgehen von Europäischer Union und Mitgliedstaaten sicherzustellen, die Idee eines Verteilsystems soll grundsätzlich erhalten bleiben. Dabei soll es eine ***dauerhafte und verpflichtende Solidarität unter den EU-Mitgliedstaaten*** geben, wobei jedes Land wählen können soll, ob es Asylbewerber aufnimmt, finanzielle Beiträge leistet oder sich an „Relocations" (Übernahme von Personen) beteiligt. Auf der Basis eines sogenannten Solidaritätspools sollen eine jährliche Mindestzahl von 30.000 Relocations und finanzielle Beiträge in Höhe von 600 Millionen Euro festgelegt werden. Steht ein Land unter besonderem Migrationsdruck, können die anderen Länder sich durch Ausgleichszahlungen oder unterstützende Maßnahmen im Rahmen des Solidaritätsmechanismus beteiligen.

---

135 VO (EU) 2024/1350 des EP und des Rates v. 14. 5.2024 zur Schaffung eines Unionsrahmens für Neuansiedlung und Aufnahme aus humanitären Gründen, ABl. 2024, L 2024/1350.

136 VO (EU) 2024/1351 des EP und des Rates v. 14.5.2024 über Asyl- und Migrationsmanagement, ABl. 2024, L 2024/1351.

1454 Die neuen Regeln fördern auch die ***Zusammenarbeit mit Drittstaaten***, um die Ursachen der irregulären Migration und Zwangsvertreibung anzugehen. Diese Zusammenarbeit sollte auf den Menschenrechten basieren und die gemeinsamen Werte der EU respektieren. Im Dezember 2023 nahm die Europäische Kommission ein Abkommen mit Tunesien an, um zur Eindämmung der irregulären Migration bei gleichzeitiger Wahrung der Menschenrechte beizutragen. Im März 2024 unterzeichnete die Kommission ein ähnliches Abkommen mit Ägypten. Bereits zuvor hatten sich der Europäische Rat und die Türkei im März 2016 darauf geeinigt, den Zustrom illegaler Migranten über die Türkei nach Europa zu verringern.

(7) Screening an den Außengrenzen

1455 Um die offenen Grenzen im Schengen-Raum zu erhalten und zukunftssicher aufzustellen, müssen die EU-Außengrenzen verlässlich kontrolliert werden. Alle Personen, die irregulär in die EU einreisen, sollen ein effizientes und verpflichtendes Screening innerhalb einer kurzen, wenige Tage dauernden Zeitspanne durchlaufen. Dies ermöglicht es zu kontrollieren, wer EU-Territorium betritt und Personen zu identifizieren, die die Voraussetzungen für die Einreise in die EU nicht erfüllen. Nach der **Änderungsverordnung zur Erleichterung des Screening** sowie der **neuen Screenings-Verordnung**[137] sollen an der EU-Außengrenze ankommende Flüchtlinge deshalb möglichst zügig einer ersten Prüfung unterzogen werden, die in der Regel innerhalb von sieben Tagen vollzogen werden soll. Geprüft werden Identität, Gesundheit und Schutzbedürftigkeit. Zudem sollen Sicherheitsüberprüfungen durchgeführt werden. Zusätzlich wird für das Screening- und das sich ggf. anschließende Asylverfahren an der Außengrenze ein unabhängiger Monitoring-Mechanismus eingerichtet, der sicherstellt, dass Grund- und Menschenrechte gewahrt werden und die Mitgliedstaaten die geltenden Regeln einhalten.

1456 Künftig sollen in bestimmten Fällen die Verfahren zur Prüfung von Anträgen auf internationalen Schutz verpflichtend bereits an den europäischen Außengrenzen durchgeführt werden. Dies ist dann der Fall, wenn von den Antragstellerinnen und Antragstellern eine Gefahr für die nationale Sicherheit oder öffentliche Ordnung ausgeht, sie die Behörden bezüglich ihrer Identität getäuscht haben oder aus Herkunftsländern stammen, deren Staatsangehörige ohnehin nur geringe Chancen auf einen internationalen Schutzstatus haben.

137 VO (EU) 2024/1352 des EP und des Rates v. 14.5.2024 zur Einführung der Überprüfung von Drittstaatsangehörigen an den Außengrenzen, ABl. 2024, L, 2024/1352; VO (EU) 2024/1356 des EP und des Rates v. 14.5.2024 zur Einführung der Überprüfung von Drittstaatsangehörigen an den Außengrenzen, ABl. 2024, L 2024/1356.

(8) Ausbau des EURODAC

Das bestehende Europäische System für den Abgleich der Fingerabdruckdaten von Asylsuchenden, soll aufrund der EURODAC-Verordnung[138] zu einer echten Migrationsdatenbank ausgebaut werden. Um einreisende Personen besser zu identifizieren, sollen neben Fingerabdrücken künftig auch Gesichtsbilder erfasst werden. Nicht nur sollen damit Wanderungsbewegungen innerhalb der EU besser nachvollzogen werden können, sondern darüber hinaus sollen auf diese Weise irreguläre Sekundärmigration verhindert werden. Die Erfassung biometrischer Daten wird künftig ab 6 statt ab 14 Jahren verpflichtend. So entsteht eine verlässliche Datengrundlage zu Migration in die EU und innerhalb der EU. **1457**

(9) Asylagentur der Europäischen Union

Das Europäische Unterstützungsbüro für Asylfragen (EASO) wurde in die **Asylagentur der Europäischen Union**[139] umgewandelt. Seit Januar 2022 trägt die neu gestaltete Agentur dazu bei, die Asylverfahren in den EU-Mitgliedstaaten einheitlicher und schneller zu gestalten. Ihre 500 Experten unterstützen die nationalen Asylsysteme, die mit einem hohen Fallaufkommen konfrontiert sind, und machen das gesamte Migrationsmanagementsystem in der EU effizienter und nachhaltiger. **1458**

Darüber hinaus ist die neue **Agentur für die Überwachung der Einhaltung der Grundrechte** im Rahmen der Verfahren zur Gewährung internationalen Schutzes und der Aufnahmebedingungen in den Mitgliedstaaten zuständig. Sie hilft auch bei der Zusammenarbeit zwischen EU-Mitgliedstaaten und Drittstaaten. **1459**

(10) Krisen-Verordnung

Im Krisenfall oder in Fällen höherer Gewalt können die Mitgliedstaaten künftig gemäss der **Krisenbewältigungs-Verordnung**[140] von bestimmten Vorschriften zum Asyl- und Rückkehrverfahren abweichen und andere EU-Länder um verstärkte Solidarität ersuchen. Ein Krisenfall kann etwa eintreten, wenn die Zahl der ankommenden Migrantinnen und Migranten besonders hoch ist. In Ausnahmesituationen können z.B. die Fristen zur Registrierung von Asylbewerbern verlängert oder vom üblichen Grenzverfahren abgewichen werden. Der Solidaritätsmechanismus soll **1460**

---

138 VO (EU) 2024/1358 des EP und des Rates v. 14.5.2024 über die Einrichtung von Eurodac für den Abgleich biometrischer Daten zur effektiven Anwendung der VOer (EU) 2024/1351 und (EU) 2024/1350 des EP und des Rates und der RL 2001/55/EG sowie zur Feststellung der Identität illegal aufhältiger Drittstaatsangehöriger oder Staatenloser und über der Gefahrenabwehr und Strafverfolgung dienende Anträge der Gefahrenabwehr- und Strafverfolgungsbehörden der Mitgliedstaaten und Europols auf den Abgleich mit Eurodac-Daten, ABl. 2024, L 2024/1358.

139 VO (EU) 2021/2303 des EP und des Rates v. 15.12.2021 über die Asylagentur der Europäischen Union, ABl., L 468/1.

140 VO (EU) 2024/1359 des EP und des Rates v. 14.5.2024 zur Bewältigung von Krisensituationen und Situationen höherer Gewalt im Bereich Migration und Asyl, ABl. 2024, L 2024/1359.

auch im Krisenfall gelten – so sollen vor allem die EU-Staaten an den EU-Außengrenzen entlastet werden.

1461 Der vorübergehende Schutz ist ein Mechanismus, den die EU bei einem außergewöhnlichen Massenzustrom aktivieren kann. Diese auch als ***„Massenzustromrichtlinie"***[141] bekannte Regelung bleibt auch nach der GEAS-Reform bestehen. Sie wird durch Regelungen in der „Krisenbewältigungsverordnung" ergänzt. Die Massenzustromrichtlinie wurde nach Beginn des russischen Angriffskrieges gegen die Ukraine am 4. März 2022 erstmals seit ihrer Einführung aktiviert. Diese Richtlinie gewährt Geflüchteten aus der Ukraine einen gegenwärtig bis März 2026 befristeten Schutzstatus, der ihnen einen unbürokratischen Zugang zu Arbeitsmarkt und Bildungssystem, zu sozialstaatlichen Leistungen und zur Gesundheitsversorgung ermöglicht. Ukrainerinnen und Ukrainer dürfen außerdem visafrei in die EU einreisen.

III. EU-Mittel für die Asylpolitik

1462 Der neue **Haushalt des Asyl-, Migrations- und Integrationsfonds** (AMIF) wurde für den Zeitraum 2021–2027 auf 9,88 Milliarden Euro aufgestockt. Mit dem neuen Fonds soll dazu beigetragen werden, die gemeinsame Asylpolitik zu stärken, die legale Migration im Einklang mit den Bedürfnissen der Mitgliedstaaten zu entwickeln, die Integration von Drittstaatsangehörigen zu unterstützen und die irreguläre Migration zu bekämpfen. Zudem werden die Mitgliedstaaten dazu aufgefordert, die Verantwortung für die Aufnahme von Flüchtlingen und Asylsuchenden gerechter zu verteilen.

1463 Darüber hinaus wurde ein neuer **Fonds für integriertes Grenzmanagement** (IBMF) eingerichtet, für den 6,24 Milliarden Euro bereitgestellt sind. Mit dem IBMF sollen die Kapazitäten der Mitgliedstaaten beim Grenzmanagement verbessert und gleichzeitig die Einhaltung der Grundrechte sichergestellt werden. Zudem wird ein Beitrag zu einer gemeinsamen, harmonisierten Visumpolitik geleistet. Ein weiteres Ziel des Fonds ist die Einführung von Schutzmaßnahmen für schutzbedürftige Menschen, die in Europa ankommen, insbesondere für unbegleitete Minderjährige.

Weiterführende Literatur: *Bendel,* Die EU-Migrationspolitik, in: E. Bos/J. Dieringer (Hrsg.), Die Genese einer Union der 27, Wiesbaden 2008, S. 227ff.; *Große Hüttmann,* Die Migrations- und Asylpolitik der Europäischen Union, in: Meier-Braun/Weber (Hrsg.), Deutschland Einwanderungsland, 3. Aufl. 2017, S. 255ff.

---

141 RL 2001/55/EG des Rates v. 20.7.2001 über Mindestnormen für die Gewährung vorübergehenden Schutzes im Falle eines Massenzustroms von Vertriebenen und Maßnahmen zur Förderung einer ausgewogenen Verteilung der Belastungen, die mit der Aufnahme dieser Personen und den Folgen dieser Aufnahme verbunden sind, auf die Mitgliedstaaten, ABl. 2001, L 212/12–23.

Stichwortverzeichnis

(Die Verweise beziehen sich auf die Randziffern, Hauptfundstellen = **fett**).